2025 공무원 시험대비 【8월분】

- 제1회 -

이 름: _____

제1과목 국어
제2과목 영어
제3과목 한국사
제4과목 행정법총론
제5과목 행정학개론

매일 모의고사 정오표

합격까지 박문각

매일 모고 국어 제1회

01 밑줄 친 단어의 품사가 나머지 셋과 다른 것은?
① 영수는 사랑할 만한 사람이다.
② 영호는 말이 많기는 하지만 똑똑하다.
③ 누가 볼까 싶어 조마조마했다.
④ 현숙이는 이유도 묻지 않고 부탁을 들어주었다.

02 ㉠~㉣의 고쳐 쓰기로 적절하지 않은 것은?

> ㉠ 경제를 활성화시키기 위한 방법을 찾아보자.
> ㉡ 말은 하는 것보다 듣는 것이 중요하다.
> ㉢ 피난민들에게 부여할 식사를 준비하기 시작했다.
> ㉣ 광수는 남의 의견을 결코 자신의 의견처럼 말한다.

① 과도한 사동 표현이 사용되었으므로 '시키기'를 '하기'로 고친다.
② 서술어가 요구하는 성분이 부족하므로 '말을'을 추가한다.
③ 어휘의 사용이 부자연스러우므로 '제공할'로 수정한다.
④ 적절하지 못한 의미의 부사가 사용되었으므로 '마치'로 수정한다.

03 다음 명제가 모두 참일 때, 항상 참인 것은?

> ○ A 또는 C가 포럼에 참석하면 D가 참석하지 않는다.
> ○ B가 포럼에 참석하지 않으면 D는 포럼에 참석한다.
> ○ E가 포럼에 참석하지 않으면 C도 포럼에 참석하지 않는다.

① A가 포럼에 참석하면 C도 포럼에 참석한다.
② A가 포럼에 참석하지 않으면 D 그리고 E가 포럼에 참석한다.
③ B가 포럼에 참석하지 않으면 A도 포럼에 참석하지 않는다.
④ D가 포럼에 참석하면 E는 포럼에 참석하지 않는다.

04 다음 명제가 모두 참일 때, 항상 참인 것은?

> ○ 거북이를 키우면 개를 키운다.
> ○ 물고기를 키우지 않으면 햄스터를 키우지 않는다.
> ○ 햄스터를 키우지 않으면 개를 키우지 않는다.

① 거북이를 키우면 물고기를 키우지 않는다.
② 개를 키우면 물고기도 키운다.
③ 햄스터를 키우면 개를 키운다.
④ 거북이를 키우면 햄스터를 키우지 않는다.

05 밑줄 친 표현이 ㉠의 의미와 가장 유사한 것은?

> 지금이 어느 시대인데 봉건사상에 ㉠ 젖어 있다니 말이 되는가?

① 아침 산책을 나갔다가 바짓단이 이슬에 축축하게 젖었다.
② 슬픔에 젖은 그의 목소리는 사람들의 가슴을 울렸다.
③ 요즘 같은 시대에 낡은 관습에 젖어 있는 사람과는 대화가 잘 통하지 않는다.
④ 노을빛에 젖은 하늘 아래에서 두 사람은 조용히 손을 잡았다.

06 밑줄 친 표현이 ㉠의 의미와 가장 유사한 것은?

> 무더운 여름이 되니까 이마에 땀이 ㉠ 돈다.

① 밥맛이 돌아 밥을 두 그릇이나 먹었다.
② 상한 음식을 먹고 두드러기가 돌았다.
③ 어느새 달도 지고 별이 도는 새벽녘이 되었다.
④ 나뭇가지에 싹이 돋았다.

07 ㉠~㉣과 바꿔 쓸 수 있는 유사한 표현으로 적절하지 않은 것은?

> (가) 그는 ㉠ 모호하게 대답을 얼버무렸다.
> (나) 하루 종일 컴퓨터를 봤더니 눈이 ㉡ 침침해서 글자가 잘 안 보인다.
> (다) 그는 나의 얼굴을 뚫어져라 ㉢ 직시하고 있다.
> (라) 실의에 빠진 나를 ㉣ 구원한 것은 바로 어머니의 사랑이었다.

① ㉠: 흐리터분하게
② ㉡: 어두워서
③ ㉢: 보고
④ ㉣: 보태준

08 ㉠~㉣과 바꿔 쓸 수 있는 유사한 표현으로 적절하지 않은 것은?

> (가) 이번 선거에서 여당은 다수 의석을 ㉠ 차지하는 데 실패했다.
> (나) 그는 식구들이 살아가기에 ㉡ 넉넉한 재산을 모았다.
> (다) 아무리 바빠도 점심시간이 되면 그 사무실은 늘 ㉢ 조용해진다.
> (라) 친구와의 중요한 약속을 ㉣ 잊지 않도록 휴대폰에 알람을 설정했다.

① ㉠: 확보하는
② ㉡: 듬직한
③ ㉢: 잠잠해진다
④ ㉣: 망각하지

09 들뢰즈의 견해를 뒷받침하는 사례로 옳은 것은?

> 파리 센강의 물결은 항상 반짝이며, 흘러가고, 부서진다. 특정 지점의 물결을 다른 지점의 물결과 구분할 수 있냐고 물어본다면 대다수는 그런 멍청한 질문이 어디 있느냐고, 흘러가는 똑같은 물결을 어찌 구분하냐며 비웃겠지만 대철학자 들뢰즈는 다른 생각을 떠올린 것이 확실하다. 들뢰즈는 세상에 같은 것은 없다고 주장하며 대상 간의 차이를 '개념적 차이'와 '차이 자체'로 구분하였다. '개념적 차이'는 다른 대상과 비교를 통해 알 수 있는 대상의 특성으로 사람들이 생각하는 '개념'에 해당한다. 예를 들어 '500원 동전'의 '개념적 차이'는 '5000원 지폐'와의 비교를 통해 '은색, 원형'임을 알 수 있다. '차이 자체'는 다른 대상과의 비교를 통해서는 알 수 없는 대상의 절대적 다름을 의미한다. '500원 동전' A는 다른 '500원 동전' B와 개념적으로 동일한 대상이다. 하지만 A만의 은색 농도, 원형의 미묘한 다름은 B와의 비교를 통해 파악할 수 없는 A만의 특성으로, 이는 개념으로 표현할 수 없다.
> 따라서 들뢰즈에게 (㉠) 묻는다면 '네'라고 대답할 것이다.

① 댄스 음악과 발라드 음악을 비교하여 대상의 '차이 자체'를 파악할 수 있냐고
② 쌍둥이는 비교를 통해 다름을 확인할 수 없기 때문에 동일한 대상이냐고
③ 오늘 뜨는 해와 어제 떴던 해를 '밝음, 눈부심'의 개념을 기준으로 비교해 절대적 다름을 파악할 수 있냐고
④ 각 얼음 두 개를 '네모남, 차가움'이라는 개념은 공유하지만 절대적 다름을 지닌 대상이냐고

10 글의 내용과 부합하지 않는 것은?

> 고구려의 천리장성은 현재 중국 영토에 해당하는 영역에 있어 연구가 쉽지 않으며, 길게 이어진 장성 형태의 건축물도 노변강 유역에만 남아있어 그 실체에 논란이 있다. 기록에 따르면 천리장성은 축조에 16년이 걸렸으며, 남자들이 장성 축조에 동원되어 농사일을 할 사람이 없을 정도였다고 한다. 이렇게 거대한 장성이 지금 그 형태를 찾기 힘든 이유는 무엇일까?
> 이는 장성의 방어력과 관련이 있다. 통념과 달리 장성 형태는 적군 방어에 효율적이지 않았다. 중국의 만리장성도 넓은 평야에 인위적으로 국경지대를 조성하려 지은 것이며, 만리장성이 전쟁에서 제 역할을 한 적은 없다시피 하다.
> 이런 이유에서 천리장성이 길게 이어진 형태가 아닌 요새 네트워크를 가리킨다는 주장이 힘을 얻고 있다. 요새 네트워크는 길게 이어진 장성과 달리 일정 거리 이상 떨어진 성끼리의 긴밀한 연합 관계를 말한다. 고구려 역사서에도 한 성이 공격받으면 인접한 성에서 지원군을 보내 성을 구원하는 전략이 여럿 등장한다.
> 또 고구려 성의 80%가 적국과의 접경지대인 요동에 위치하는데, 이는 천리장성이 장성 형태가 아니었음을 암시한다. 수나라와 당나라의 침공 사이에 천리장성을 완공했고, 이에 따라 수나라와 당나라의 고구려 침략 양상도 현격한 차이를 보여 당나라는 고구려의 수도를 공격해보지도 못하고 격퇴당한다. 장성 형태와 달리 효율적인 방어가 가능했던 요새 네트워크의 모습을 보여 주는 예라 하겠다.

① 천리장성 축조 이후 고구려의 방어력이 올라간 것을 볼 때 천리장성이 비효율적인 장성 형태가 아니었음을 알 수 있다.
② 요동 지역에 밀집한 고구려성에서 천리장성이 장성 형태가 아닌 요새 네트워크였음을 알 수 있다.
③ 천리장성 축조에 대한 기록을 고려할 때 요새 네트워크가 장성 형태에 비해 건설하기 어려움을 알 수 있다.
④ 성끼리의 구원이 자주 이루어졌다는 역사서의 기록은 천리 장성이 요새 네트워크였음을 알 수 있는 자료이다.

매일 모고 영어 제1회

01 밑줄 친 부분에 들어갈 말로 가장 적절한 것은?

The residents were instructed to ____ the area immediately as the wildfire was spreading rapidly.

① presume
② maintain
③ initiate
④ evacuate

02 밑줄 친 부분에 들어갈 말로 가장 적절한 것은?

If the symptoms _____ for more than a week without improvement, you should see a doctor immediately.

① persist
② dig
③ flee
④ legislate

03 밑줄 친 부분에 들어갈 말로 가장 적절한 것은?

Customers can ____ from a variety of colors and sizes for their desired product on the website.

① flip
② select
③ inject
④ leave

04 밑줄 친 부분에 들어갈 말로 가장 적절한 것은?

They decided to _____ him from the meeting because of his unexpected behavior.

① proceed
② injure
③ float
④ exclude

05 밑줄 친 부분에 들어갈 말로 가장 적절한 것은?

The ____ effects of marine pollution on marine life are becoming more severe every year.

① contemporary
② adverse
③ rare
④ rational

06 밑줄 친 부분에 들어갈 말로 가장 적절한 것은?

The repairs were urgently needed, but _____ allocated for them in the budget.

① many money was
② few money was
③ little money were
④ little money was

07 밑줄 친 부분 중 어법상 옳지 않은 것은?

He waited quietly by the door, not ① wanting to say goodbye. The sound of her footsteps ② was receded into the distance. As the evening grew darker, the streetlights flickered on one by one. He sighed deeply, ③ knowing this was the last time he would ④ see her tonight.

08 밑줄 친 부분에 들어갈 말로 가장 적절한 것은?

A: Hi, I just finished my checkup. The doctor said I need to get some medicine.
B: Okay. Did the doctor send the prescription to our pharmacy?
A: Yes, he said he already sent it electronically.
B: Great. Please wait a moment while I check the system.
B: Alright, here it is. You have two medications. One is for your sore throat, and the other is for the fever.
A: _____
B: The throat medicine is three times a day after meals, and the fever reducer is every six hours if needed.

① Can I take this medicine with food?
② Where is the pharmacy located?
③ How often should I take them?
④ Is this medicine safe for children?

09 주어진 문장이 들어갈 위치로 가장 적절한 것은?

If we continue to treat AI as a tool without accountability, we risk creating systems that reflect and even amplify human biases.

As artificial intelligence becomes more integrated into daily life, questions about ethics and responsibility grow more urgent. (①) Many people see AI as neutral, assuming that machines make decisions without prejudice. (②) However, algorithms are created by humans and trained on data that often contain historical biases. (③) Without proper oversight, AI systems can perpetuate discrimination in areas like hiring, policing, and lending. (④) Recognizing this, experts call for greater transparency and ethical frameworks to guide the development of intelligent technologies.

10 다음 글의 흐름상 어색한 문장은?

When email was first introduced into the workplace environment, it greatly improved communication efficiency. Electronic messages were much faster than paper-based messages, and they often eliminated the need for face-to-face meetings or phone conversations. ① Nowadays, however, email is losing its effectiveness, and many businesses are looking for other forms of communication. ② This is partly due to the high volume of emails that people receive daily, much of which is junk mail. ③ When a company needs to quickly get information or news to every member of its staff, email is the preferred mode of communication. ④ Another reason for its decline is that younger generations tend to prefer other forms of communication, such as social networking platforms and instant messaging. Consequently, email is playing a reduced role in modern-day workplaces as other technologies increasingly take its place.

매일 모고 한국사 제1회

01 다음 중 역사 서술 방식이 같은 것으로 옳게 짝지어진 것은?

ㄱ. 삼국사기	ㄴ. 고려사
ㄷ. 동국통감	ㄹ. 동사강목
ㅁ. 연려실기술	ㅂ. 해동역사

① ㄱ, ㄹ
② ㄴ, ㅁ
③ ㄷ, ㄹ
④ ㅁ, ㅂ

02 우리나라 구석기시대의 생활에 대한 설명으로 옳지 않은 것은?
① 동굴과 바위그늘, 막집에서 살았다.
② 구석기시대의 전기에는 주먹도끼처럼 하나의 도구를 여러 용도로 활용하였다.
③ 대표적인 유적으로는 평남 상원의 검은 모루, 경기 연천 전곡리, 충남 공주 석장리 등이 있다.
④ 농경과 목축이 시작되어 마을을 이루어 부족사회를 형성하였다.

03 연표의 (가) 시기와 관련된 사료를 <보기>에서 모두 고른 것은?

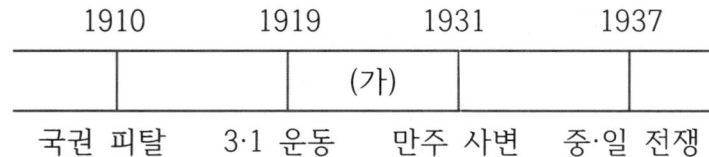

<보기>
ㄱ. 창씨하지 않은 자의 이름이 쓰인 화물은 철도국이나 운송점에서 취급하지 않는다.
ㄴ. 핵심적 친일 인물을 골라 그 인물로 하여금 귀족, 양반, 유생, 부호, 교육가, 종교가에 침투하여 계급과 사정을 참작하여 각종 친일 단체를 조직하게 한다.
ㄷ. 사유 재산을 부인하는 것을 목적으로 결사를 조직하는 자, 결사에 가입하는 자, 또는 결사의 목적 수행을 위한 행위를 돕는 자는 10년 이하의 징역에 처한다.
ㄹ. 우리는 황국 신민이다. 충성으로 군국에 보답한다. 우리들 황국 신민은 서로 신애 협력하여 단결을 굳게한다. 우리들 황국 신민은 인고 단련의 힘을 길러 황도를 선양한다.

① ㄱ, ㄴ
② ㄱ, ㄷ
③ ㄴ, ㄷ
④ ㄴ, ㄹ

04 다음 조치와 관련된 설명으로 옳은 것을 <보기>에서 모두 고른 것은?

제1조 회사의 설립은 조선 총독의 허가를 받아야 한다.
제2조 조선 외에서 설립한 회사가 조선에 본점이나 또는 지점을 설립하고자 할 때는 조선 총독의 허가를 받아야 한다.
제3조 회사가 본령이나 혹 본령에 의거하여 발하는 명령과 허가 조건에 위반하거나 또는 공공 질서와 선량한 풍속에 반하는 행위를 할 때 조선 총독은 사업의 정지, 지점의 폐쇄, 또는 회사의 해산을 명한다.

<보기>
ㄱ. 일본 대자본으로부터 한국을 보호하기 위한 조치였다.
ㄴ. 조선 총독은 민간인의 경제 활동을 크게 간섭할 수 있었다.
ㄷ. 한국을 일본 상품의 판매 시장으로 묶으려는 의도가 있었다.
ㄹ. 한국을 일본의 전쟁 수행을 위한 병참 기지로 만들려고 하였다.

① ㄱ, ㄴ
② ㄱ, ㄷ
③ ㄴ, ㄷ
④ ㄴ, ㄹ

05 다음 정책이 시행되었던 시대의 상황으로 옳은 것을 <보기>에서 모두 고른 것은?

○ 중화학 공업, 군수 공업 중심의 병참 기지화 정책을 펴서 수탈을 강화하였다.
○ 지원병 제도를 비롯하여 징용, 징병, 군 위안부 등의 명목으로 조선인을 강제 동원하였다.

<보기>
ㄱ. 학교에서 우리말과 우리 역사를 배울 수 없었다.
ㄴ. 회사를 설립하려면 총독부의 허가를 받아야 하였다.
ㄷ. 호남선, 경원선 등을 건설하여 일본으로 식량과 원료를 가져갔다.
ㄹ. 일본식으로 성명을 고치지 않으면 우선적으로 징용의 대상이 되었다.

① ㄱ, ㄴ
② ㄱ, ㄷ
③ ㄱ, ㄹ
④ ㄴ, ㄷ

06 다음 상황 전개와 관련된 서술로 옳지 않은 것은?

지주에 대한 소작인의 불평과 불만은 가는 곳마다 없는 곳이 없다. 그러한 가운데 문경군은 더욱 심한 것 같다. 이전에는 지세도 지주 측에서 부담할 뿐 아니라 소출을 반반씩 나누어 주는 반분작을 마다하고 도조로 하여 주기를 희망할 만큼 후하였는데, 지금에 와서는 오히려 그 반분작을 바랄 수도 없다고 한다. 너야 굶어 죽든 말든 내 배만 부르면 그만이라는 셈으로, 한번 매겨 놓은 토지는 수확이 좋든 나쁘든 조금도 감해 주지 않고 그대로 받아 가는데 작년 같은 흉년에도 불벼락 같이 받아 갈 것을 받아 가고야 말았다. …… 예전에는 비교적 후하다고 하던 조선인 지주들도 불과 몇 해 동안에 돌변하여 소작인에게 가혹한 태도를 취하게 된 것도 일본인 지주가 생긴 후부터라고 한다.
- 「○○일보」, 1925년 2월 22일자 -

① 지주의 소작 농민에 대한 수탈이 심하였다.
② 지주들은 식민 통치의 지지 기반이 되었다.
③ 소작 농민들의 경작권은 보호받지 못하였다.
④ 한국인 지주의 토지 소유 면적은 점차 축소되었다.

07 고려시대 토지제도에 대한 설명이다. ㉠, ㉡에 들어갈 말이 바르게 짝지어진 것은?

향리나 하급 관리에게는 (㉠)을 지급하였다. 그리고 관청에는 (㉡)을 지급하여 운영 경비를 마련해 주었다.

	㉠	㉡
①	외역전	한인전
②	구분전	공해전
③	외역전	관청전
④	외역전	공해전

08 다음은 고려시대의 대표적인 역사서이다. 편찬 시기순으로 올바르게 배열한 것은?

ㄱ. 『제왕운기』   ㄴ. 『사략』
ㄷ. 『삼국사기』   ㄹ. 『삼국유사』

① ㄱ - ㄴ - ㄷ - ㄹ
② ㄱ - ㄷ - ㄹ - ㄴ
③ ㄴ - ㄷ - ㄹ - ㄱ
④ ㄷ - ㄹ - ㄱ - ㄴ

09 밑줄 친 '내'가 추진한 정책으로 옳은 것은?

상왕이 나이가 어려 무릇 조치하는 바를 모두 의정부 대신에게 논의하게 하였다. 지금 내가 왕통을 계승하여 국가의 모든 일을 처리하며 우리나라의 옛 제도를 복구하고자 한다. 지금부터 형조의 사형수를 제외한 모든 서무는 6조가 각각 그 직무를 담당하여 직계한다.

① 대동법을 실시하였다.
② 4군 6진을 개척하였다.
③ 김종직을 등용하여 훈구를 견제하였다.
④ 집현전을 폐지하여 왕권강화를 도모하였다.

10 조선 전기의 제도에 대한 설명으로 옳지 않은 것은?
① 지방관에게 상피제를 적용하였다.
② 향, 부곡, 소 등이 완전히 폐지되었다.
③ 성종 때 중앙집권 강화를 위해 유향소를 잠시 폐지하였다.
④ 경재소는 서울과 지방의 연락을 담당하던 곳으로 각 지방 출신 중앙 관리로 구성되었다.

매일 모고 행정법 제1회

01 행정입법에 대한 설명으로 옳지 않은 것은? (다툼이 있는 경우 판례에 의함)
① 법률유보의 원칙은 '법률에 의한' 규율만을 뜻하는 것이 아니라 '법률에 근거한' 규율을 요청하는 것이므로 기본권 제한의 형식이 반드시 법률의 형식일 필요는 없고 법률에 근거를 두면서 헌법 제75조가 요구하는 위임의 구체성과 명확성을 구비하기만 하면 위임입법에 의하여도 기본권 제한을 할 수 있다.
② 법률의 시행령은 법률에 의한 위임이 없는 한 법률이 규정한 개인의 권리·의무에 관한 내용을 변경·보충하거나 법률에 규정되지 아니한 새로운 내용을 규정할 수는 없다.
③ 법률에서 위임받은 사항에 관하여 대강을 정하고 그 중의 특정사항을 범위를 정하여 하위법령에 다시 위임하는 경우에는 재위임이 허용되고, 이러한 법리는 조례가 「지방자치법」에 따라 주민의 권리제한 또는 의무부과에 관한 사항을 법률로부터 위임받은 후, 이를 다시 지방자치단체장이 정하는 '규칙'이나 '고시' 등에 재위임하는 경우에도 마찬가지로 적용된다.
④ 행정소송에 대한 대법원판결에 의하여 명령·규칙이 헌법 또는 법률에 위반된다는 것이 확정된 경우에는 대법원은 지체없이 그 사유를 법제처장에게 통보하여야 한다.

02 행정행위의 취소와 철회에 대한 설명으로 옳지 않은 것은? (다툼이 있는 경우 판례에 의함)
① 권한없는 행정기관이 한 당연무효인 행정처분을 취소할 수 있는 권한은 당해 행정처분을 한 처분청에게 속하고, 당해 행정처분을 할 수 있는 적법한 권한을 가지는 행정청에게 그 취소권이 귀속되는 것이 아니다.
② 수익적 행정처분의 쟁송취소는 취소를 통한 기득권의 침해를 정당화할 만한 중대한 공익상의 필요 또는 제3자 이익보호의 필요가 있는 때에 한하여 허용된다.
③ 도로관리청이 도로점용허가 중 특별사용의 필요가 없는 부분을 소급적으로 직권취소하였다면, 도로관리청은 이미 징수한 점용료 중 취소된 부분의 점용면적에 해당하는 점용료를 반환하여야 한다.
④ 변상금 부과처분에 대한 취소소송이 진행 중이라도 그 부과권자로서는 위법한 처분을 스스로 취소하고 그 하자를 보완하여 다시 적법한 부과처분을 할 수도 있다.

03 취소소송의 대상이 되는 처분에 대한 설명으로 옳은 것은? (다툼이 있는 경우 판례에 의함)
① 총포·화약안전기술협회가 자신의 공행정활동에 필요한 재원을 마련하기 위하여 회비납부의무자에 대하여 한 '회비납부통지'는 항고소송의 대상이 되지 아니한다.
② 「교육공무원법」상 승진후보자 명부에 의한 승진심사 방식으로 행해지는 승진임용에서 승진후보자 명부에 포함되어 있던 후보자를 승진임용인사발령에서 제외하는 행위는 항고소송의 대상인 처분에 해당하지 않는다.
③ 어떠한 처분의 근거가 행정규칙에 규정되어 있다고 하더라도, 그 처분이 상대방에게 권리의 설정 또는 의무의 부담을 명하거나 기타 법적인 효과를 발생하게 하는 등으로 그 상대방의 권리의무에 직접 영향을 미치는 행위라면, 이 경우에도 항고소송의 대상이 되는 행정처분에 해당한다.
④ 거부처분의 처분성을 인정하기 위한 전제 요건이 되는 신청권은 신청인이 그 신청에 따른 단순한 응답을 받을 권리를 넘어서 신청의 인용이라는 만족적 결과를 얻을 권리를 의미한다.

04 처분사유의 추가·변경에 대한 설명으로 옳지 않은 것은? (다툼이 있는 경우 판례에 의함)
① 추가 또는 변경된 사유가 당초의 처분시 그 사유를 명기하지 않았을 뿐 처분시에 이미 존재하고 있었고 당사자도 그 사실을 알고 있었다면 당초의 처분사유와 동일성이 인정된다.
② 행정청은 사실심 변론을 종결할 때까지 당초의 처분사유와 기본적 사실관계가 동일한 범위 내에서 처분사유를 추가 또는 변경할 수 있다.
③ 근거 법령이 추가되는 경우 처분의 성질이 기속행위에서 재량행위로 변경되는 경우에는 당초 처분사유와 소송 과정에서 추가한 처분사유는 기초가 되는 사회적 사실관계의 동일성이 인정되지 않는다.
④ 처분청이 거부처분에 대한 항고소송에서 기존의 처분사유와 기본적 사실관계가 동일하지 않은 사유를 처분사유로 추가·변경한 것에 대하여 처분상대방이 추가·변경된 처분사유의 실체적 당부에 관하여 해당 소송 과정에서 심리·판단하는 것에 명시적으로 동의하는 경우에는, 법원으로서는 그 처분사유가 기존의 처분사유와 기본적 사실관계가 동일한지와 무관하게 예외적으로 이를 허용할 수 있다.

05 이의신청에 대한 설명으로 옳지 않은 것은? (다툼이 있는 경우 판례에 의함)

① 「행정기본법」에 따르면, 행정청의 처분에 이의가 있는 당사자는 처분을 받은 날부터 30일 이내에 해당 행정청에 이의신청을 할 수 있다.
② 청구인이 공공기관의 비공개 결정 등에 대한 이의신청을 하여 공공기관으로부터 이의신청에 대한 결과를 통지받은 후 취소소송을 제기하는 경우 그 제소기간은 비공개 결정이 있음을 안 날부터 기산한다.
③ 과세처분에 관한 이의신청절차에서 과세관청이 이의신청사유가 옳다고 인정하여 과세처분을 직권으로 취소한 이상 그 후 특별한 사유 없이 이를 번복하고 종전 처분을 되풀이하는 것은 허용되지 않는다.
④ 과태료 부과 및 징수에 관한 사항은 「행정기본법」에 따른 이의신청이 인정되지 아니한다.

06 행정법의 효력에 대한 설명으로 옳은 것은? (다툼이 있는 경우 판례에 의함)

① 수강신청 후에 징계요건을 완화하는 학칙개정이 이루어지고 이어 시험이 실시되어 그 개정학칙에 따라 대학이 성적 불량을 이유로 학생에 대하여 징계처분을 하는 것은 특별한 사정이 없는 한 허용되지 아니한다.
② 새로운 법령등은 법령등에 특별한 규정이 있는 경우를 제외하고는 그 법령등의 효력 발생 전에 완성되거나 종결되지 아니한 사실관계 또는 법률관계에 대해서는 적용되지 아니한다.
③ 법령등을 위반한 행위의 성립과 이에 대한 제재처분은 법령등에 특별한 규정이 있는 경우를 제외하고는 법령등을 위반한 행위 당시의 법령등에 따른다.
④ 장해급여 지급을 위한 장해등급 결정과 같이 행정청이 확정된 법률관계를 확인하는 처분을 하는 경우에는 처분시 법령을 적용하여야 한다.

07 행정의 실효성 확보수단에 대한 설명으로 옳지 않은 것은? (다툼이 있는 경우 판례에 의함)

① 경찰서장이 범칙행위에 대하여 통고처분을 한 이상, 통고처분에서 정한 범칙금 납부 기간까지는 원칙적으로 경찰서장은 즉결심판을 청구할 수 없고, 검사도 동일한 범칙행위에 대하여 공소를 제기할 수 없다.
② 통고처분은 상대방의 임의의 승복을 그 발효요건으로 하기 때문에 그 자체만으로는 통고이행을 강제하거나 상대방에게 아무런 권리·의무를 형성하지 않으므로 행정심판이나 행정소송의 대상으로서의 처분성을 인정할 수 없다.
③ 대집행에 요한 비용에 대하여서는 행정청은 사무비의 소속에 따라 국세와 동일한 순위의 선취득권을 가진다.
④ 체납자가 사망한 후 체납자명의의 재산에 대하여 한 압류는 그 재산을 상속한 상속인에 대하여 한 것으로 본다.

08 정보공개에 대한 설명으로 옳은 것은? (다툼이 있는 경우 판례에 의함)

① 교육공무원의 근무성적평정 결과를 공개하지 아니한다고 규정하고 있는 「교육공무원 승진규정」을 근거로 정보공개청구를 거부하는 것은 위법하다.
② 교도소에 수용 중이던 재소자가 담당 교도관들을 상대로 가혹행위를 이유로 형사고소 및 민사소송을 제기하면서 그 증명자료의 확보를 위해 정보공개를 요청한 '근무보고서'는 비공개대상정보이다.
③ 공공기관이 공개청구의 대상이 된 정보를 공개는 하되, 청구인이 신청한 공개방법 이외의 방법으로 공개하기로 하는 결정을 한 경우 이는 정보공개방법만을 달리 한 것이므로 일부 거부처분이라 할 수 없다.
④ 정보공개거부처분의 취소를 구하는 소송에서 공공기관이 청구정보를 증거 등으로 법원에 제출하여 법원을 통하여 그 사본을 청구인에게 교부 또는 송달되게 하여 결과적으로 청구인에게 정보를 공개하는 셈이 되었다면, 당해 정보의 비공개결정의 취소를 구할 소의 이익은 소멸된다.

09 국가배상에 대한 설명으로 옳지 않은 것은? (다툼이 있는 경우 판례에 의함)
① 국회의원의 입법행위는 그 입법 내용이 헌법의 문언에 명백히 위배됨에도 불구하고 국회가 굳이 당해 입법을 한 것과 같은 특수한 경우가 아닌 한 「국가배상법」 제2조제1항 소정의 위법행위에 해당된다고 볼 수 없다.
② 재판상 직무행위가 「국가배상법」에서 말하는 위법한 행위로 되어 국가배상책임이 인정되기 위해서는 법관이 위법 또는 부당한 목적을 가지고 재판을 하였다거나 법이 법관의 직무수행상 준수할 것을 요구하고 있는 기준을 현저하게 위반하는 등 법관이 그에게 부여된 권한의 취지에 명백히 어긋나게 이를 행사하였다고 인정할 만한 특별한 사정이 있어야 한다.
③ 공무원이 관계 법령의 해석이 확립되기 전에 어느 한 설을 취하여 업무를 처리한 것이 결과적으로 위법하더라도 처분 당시 그 이상의 업무처리를 성실한 평균적 공무원에게 기대하기 어려웠던 경우라면 원칙적으로 공무원의 과실을 인정할 수 없다.
④ 공무원의 부작위로 인한 국가배상책임을 인정할 것인지 여부가 문제되는 경우에 관련 공무원에 대하여 작위의무를 명하는 형식적 법률의 규정이 없는 경우에는 국가배상책임이 인정되지 않는다.

10 행정상 손실보상에 대한 설명으로 옳지 않은 것은? (다툼이 있는 경우 판례에 의함)
① 「공익사업을 위한 토지 등의 취득 및 보상에 관한 법률」상 사업시행자에 의한 이주대책 수립·실시 및 이주대책의 내용에 관한 규정은 당사자의 합의에 의하여 적용을 배제할 수 없다.
② 도시개발사업의 사업시행자가 이주대책기준을 정하여 이주대책대상자 가운데 이주대책을 수립·실시하여야 할 자를 선정하여 그들에게 공급할 택지 등을 정할 때는 재량권을 갖는다.
③ 토지소유자가 손실보상금의 액수를 다투고자 하는 경우 토지수용위원회가 아니라 사업시행자를 상대로 보상금의 증액을 구하는 소송을 제기해야 한다.
④ 사업인정고시는 수용재결절차로 나아가 강제적인 방식으로 토지소유자나 관계인의 권리를 취득·보상하기 위한 요건으로서, 영업손실 보상청구를 위해서는 반드시 사업인정이나 수용이 전제되어야 한다.

매일 모고 행정학 제1회

01 행정학 성립에 영향을 준 윌슨(Wilson)의 '행정연구 (The Study of Administration, 1887)'에 대한 설명으로 옳지 않은 것은?
① 행정의 부패를 야기하는 정당정치로부터 행정을 분리하고자 하였다.
② 팬들턴(Pendleton)법에 의해 추진된 실적주의 인사제도를 이론적으로 뒷받침하였다.
③ 행정은 국가의 의지를 실현하는 것을 중심 기능으로 하여야 한다고 보았다.
④ 관료는 전문성보다는 대표성을 갖추는 것이 중요하다고 보았다.

02 신공공관리론의 내용으로 옳지 않은 것은?
① 규정과 절차를 강화하고 관료들의 재량권을 최소화한다.
② 민간부문의 관리기법을 도입하여 행정의 효율성을 향상시킨다.
③ 시민을 고객으로 인식해 고객 만족의 극대화를 추구한다.
④ 민간위탁 등을 통해 공공부문에 경쟁체제를 도입한다.

03 다음 중 우리나라 부패방지제도 및 국민권익위원회의 기능에 대한 설명이 틀린 것은?
① 국민권익위원회는 고충민원 처리 등의 기능을 수행한다.
② 국민권익위원회에 대한 고충민원은 국내에 거주하는 외국인도 신청할 수 있다.
③ 국민권익위원회는 부패에 관한 신고를 접수받고 확인·처리한다.
④ 국민권익위원회는 부패행위에 대한 감사권 및 징벌권이 있다.

04 정책평가의 내적타당도 저해요인에 대한 설명으로 옳지 않은 것은?
① 사건효과는 실험기간 동안에 일어난 역사적 사건이 실험에 영향을 미치는 것을 의미한다.
② 성숙(성장)효과는 실험기간 중 실험집단의 특성이 변화함으로써 결과에 영향을 미치는 것을 의미한다.
③ 시험효과는 측정자와 측정방법이 달라짐으로써 측정결과에 영향을 미치는 것을 의미한다.
④ 통계적 회귀는 실험집단으로 선정된 집단이 잘못 선정되어 측정하고자 하는 결과변수의 수준이 지나치게 높거나 낮았다가 다음 측정에서는 평균치로 향하는 것을 의미한다.

05 점증적 정책결정의 한계로 적절하지 않은 것은?
① 기존 정책이 잘못된 것이면 악순환을 초래한다.
② 사회가 불안정할 때는 적용이 곤란하다.
③ 지나치게 많은 분석 시간과 노력이 요구된다.
④ 환경변화에 대한 적응력이 약하다.

06 관료제의 병리현상인 동조과잉(overconformity)의 원인과 가장 밀접하게 관련된 것은?
① 정실이나 자의에 의한 일처리
② 규칙이나 절차의 엄수에 대한 강조
③ 목표의 다원화
④ 실적과 경쟁의 강조

07 변혁적 리더십의 핵심가치에 관한 설명으로 옳지 않은 것은?
① 리더는 부하로부터 존경심을 이끌어 내는 카리스마를 가져야 한다.
② 부하직원이 미래지향적 비전을 가지고 목표달성에 몰입하도록 영감을 제시한다.
③ 부하직원의 성과에 따라 보상을 제공하는 교환관계를 동기부여의 핵심기제로 강조한다.
④ 부하직원이 기존관행을 넘어 혁신적 아이디어를 가질 수 있도록 자극한다.

08 직업공무원제도에 대한 설명으로 가장 옳은 것은?
① 직위분류제에 입각한 공직분류 구조가 필수적이다.
② 폐쇄형 임용제도와 밀접한 관련성을 가진다.
③ 전문가적 행정인 양성에 유리하다.
④ 완전한 기회균등을 보장한다.

09 우리나라 특별회계에 대한 설명으로 옳지 않은 것은?
① 예산 단일성과 예산 통일성 원칙에 대한 예외이다.
② 일반회계와 구분해 회계처리할 필요가 있을 때 설치하므로, 일반회계로부터의 전입은 금지된다.
③ 정부의 예산에는 일반회계뿐만 아니라 특별회계가 포함된다.
④ 정부기업 특별회계로는 '양곡관리', '조달', '우편', '우체국예금', 책임운영기관 등이 운영되고 있다.

10 다음은 단체자치와 주민자치에 대한 내용이다. 옳지 않은 것은?

	구분	단체자치	주민자치
①	의미	정치적 의미(민주주의의 원리)	법률적 의미(지방분권의 원리)
②	중점	중앙정부와 지방정부 간 관계	지방정부와 주민과의 관계
③	통제	행정적 통제	입법적·사법적 통제
④	권한부여	포괄적 수권주의	개별적 수권주의

2025 공무원 시험대비 【8월분】

- 제2회 -

이 름: _____

제1과목 국어
제2과목 영어
제3과목 한국사
제4과목 행정법총론
제5과목 행정학개론

매일 모의고사 정오표

합격까지 박문각

매일 모고 국어 제2회

01 <보기>의 Ⓐ의 사례로 가장 적절하지 않은 것은?

<보기>
하나의 단어는 보통 하나의 품사 부류에 속한다. 하지만 하나의 단어가 문장에서의 쓰임에 따라 여러 가지 품사의 역할을 할 때가 있다. 이런 단어는 사전에서도 두 가지 이상의 품사로 처리된다. 예를 들어 "마라톤을 좋아하는 사람 다섯이 대회에 참가했다."에서의 '다섯'은 수사이지만 "마라톤을 좋아하는 다섯 사람이 대회에 참가했다."에서의 '다섯'은 관형사이다. 이처럼 하나의 단어가 두 가지 이상의 품사로 처리되는 것을 Ⓐ <u>품사의 통용</u>이라고 한다.

① 뉴스에서 <u>내일</u>의 날씨를 예보하고 있다.
   오늘은 그만하고 <u>내일</u> 다시 시작합시다.
② 키가 <u>큰</u> 나무는 매우 귀하다.
   영호야, 키가 몰라보게 <u>컸구나</u>.
③ 나도 영호<u>만큼</u> 잘 먹을 수 있다.
   각자 먹을 <u>만큼</u> 먹어라.
④ 어느새 태양이 솟아 <u>밝은</u> 빛을 비춘다.
   벽지가 <u>밝아</u> 강의실 안이 환해 보인다.

02 다음 중 부자연스럽거나 잘못된 문장을 고친 예로 가장 적절하지 않은 것은?

① 우리는 외래어의 과도한 사용을 삼가해야 한다.
→ 우리는 외래어의 과다한 사용을 삼가해야 한다.
② 상철이는 비가 오는 날마다 강수량을 측정한다.
→ 상철이는 비가 오는 날마다 강우량을 측정한다.
③ 나는 부대에 있는 오빠를 만나기 위해 면회 접수를 하고 기다렸다.
→ 나는 부대에 있는 오빠를 만나기 위해 면회 신청을 하고 기다렸다.
④ 영자는 한문으로 자기의 이름을 적어 보여 주었다.
→ 영자는 한자로 자기의 이름을 적어 보여 주었다.

03 (가), (나)를 전제로 할 때, 빈칸에 들어갈 결론으로 적절한 것은?

(가) 정원을 가꾸는 어떤 사람은 천재적이다.
(나) 천재적인 모든 사람은 이성적이다.
따라서 _____.

① 천재적이지 않은 어떤 사람도 이성적이지 않다.
② 이성적인 모든 사람은 정원을 가꾼다.
③ 이성적인 어떤 사람은 정원을 가꾼다.
④ 정원을 가꾸지 않는 어떤 사람도 천재적이지 않다.

04 다음 전제들이 참일 때, 타당한 결론의 개수는?

전제 1: 어떤 학생은 수학을 좋아한다.
전제 2: 어떤 학생은 과학을 좋아한다.
결론: 따라서 수학을 좋아하는 학생 가운데는 과학을 좋아하는 학생도 있다.

전제 1: 어떤 음악을 좋아하는 사람은 운동을 좋아한다.
전제 2: 스포츠에 관심이 있는 모든 사람은 음악을 좋아하지 않는다.
결론: 따라서 스포츠에 관심이 있는 어떤 사람은 운동을 좋아한다.

전제 1: 어떤 철학적 이론은 존재의 본질을 설명하려고 한다.
전제 2: 모든 형이상학적 이론은 철학적 이론이다.
결론: 어떤 형이상학적 이론은 존재의 본질을 설명하려고 한다.

① 0개
② 1개
③ 2개
④ 3개

05 밑줄 친 표현이 ㉠의 의미와 가장 유사한 것은?

강물은 ㉠ <u>쉬지</u> 않고 끊임없이 흐른다.

① 결승전이 끝나고 다음 대회까지 훈련을 <u>쉬었다</u>.
② 공장 안에는 <u>쉬지</u> 않고 돌아가는 기계 소리만이 울려 퍼졌다.
③ 이제 다리를 좀 <u>쉬어야</u> 걸을 수 있겠다.
④ 어제 학교를 <u>쉬어서</u> 오늘 결석계를 제출해야 한다.

06 밑줄 친 표현이 ㉠의 의미와 가장 유사한 것은?

여름이니 머리를 짧게 ㉠ <u>잘랐다</u>.

① 그는 무를 <u>자르듯이</u> 나와의 인연을 끊었다.
② 근무 성적이 좋지 못한 직원들을 <u>잘랐다</u>.
③ 그는 부당한 요구를 단호하게 <u>잘랐다</u>.
④ 그는 내 제안을 단호하게 잘라 말했다.

07 ㉠~㉣과 바꿔 쓸 수 있는 유사한 표현으로 적절하지 않은 것은?

> (가) 학생들은 시험과 과제로 인해 ㉠ 분주한 연말을 보내고 있다.
> (나) 그의 자화상은 단순히 자신의 얼굴을 ㉡ 모사하는 데에 그치지 않았다.
> (다) 공무원 시험을 앞둔 친구를 ㉢ 격려하다.
> (라) 그들은 사소한 문제를 두고 너무 심하게 ㉣ 대적하고 있다.

① ㉠: 바쁜
② ㉡: 꾀하다
③ ㉢: 북돋우다
④ ㉣: 맞서고

08 ㉠~㉣과 바꿔 쓸 수 있는 유사한 표현으로 적절하지 않은 것은?

> (가) 그는 정직하여 남을 ㉠ 속이지 않는다.
> (나) 헤어지고 난 후에 그녀와 마주치는 것이 ㉡ 거북해서 일부러 피하였다.
> (다) 경제적으로 ㉢ 가난한 가정에 지원이 절실하다.
> (라) 그는 오랫동안 그녀를 ㉣ 사랑해 왔지만 고백하지 못했다.

① ㉠: 착각하지
② ㉡: 어색해서
③ ㉢: 궁핍한
④ ㉣: 연모해

09 다음의 설명 방식으로 적절하지 않은 것은?

> 자멘호프는 유대계 폴란드인 안과 의사로 뛰어난 언어적 재능을 가져 여러 언어에 능통하여 본인 스스로 러시아 문인이 되고 싶다고 술회할 정도였다. 자멘호프는 한때 유대인 우월주의인 시오니즘에 빠지기도 했으나 그 안에 담긴 선민사상에 반감을 느끼게 되었다. 이후 그는 반시오니즘적인 자세로 전향하여 인류 통합을 주장하며 모두가 쓸 수 있는 공용어인 에스페란토어를 제작하여 배포하였다. 그는 1인 2개 국어를 주장하며 자국민과의 대화에서는 모국어를, 외국인과의 대화에서는 가치 중립적인 에스페란토어를 사용할 것을 주장하였다. 전제주의 광풍에 혼란을 겪던 유럽의 지식인들은 이에 열광하여 에스페란토어를 열정적으로 보급했다.
> 하지만 현재 에스페란토어 보급에 대한 회의론을 펼치는 이들도 있는데 이들은 에스페란토어가 공용어가 된다면 언어적 패권의 지위가 에스페란토어로 옮겨 갈 뿐, 국가나 인류 통합에 기여하지 못한다고 주장한다.

① 통시적 내용 전개 방식을 통해 중심화제에 대한 상반된 인식과 전망을 절충하고 있다.
② 에스페란토어 보급과 관련된 시대 상황을 제시하여 독자의 이해를 돕는다.
③ 인물의 특정 사상에 대한 태도 변화를 통해 중심화제의 등장 배경을 제시한다.
④ 자멘호프의 주장을 구체적으로 서술하여 에스페란토어 보급 목적을 명시적으로 전달한다.

10 다음 글에 나타난 글쓴이의 생각으로 적절하지 않은 것은?

> 우리나라 가족의 모습도 서구를 닮아 가고 있다. 한국인의 경우도 '우리 집'보다 '나'를 먼저 생각하는 사람들이 날로 늘어나는 추세이다. 식구 하나하나를 생활의 기본 단위로 보는 개인주의에 입각하여, 가족을 그 자체가 목적인 유기체로 보기보다는 식구들 각자의 개인적 목적 달성을 돕기 위한 수단적 성격의 조직체로 보는 경향이 우세하다. 물론 모든 사람들이 서구적 가족상을 바람직하다고 생각하는 것은 아니며, 나이 든 세대 가운데는 우리나라의 전통적 가족상에 강한 애착을 느끼는 사람들도 적지 않다. 그러나 전체의 흐름은 서구적 핵가족의 방향으로 변하고 있다.
> 우리나라의 전통적 가족상에는 좋은 점이 있다. 사람들의 자아가 개인의 테두리를 벗어나서 더욱 큰 '우리' 속에 융화된다는 점이다. 작은 '나' 하나만을 지키기에 급급한 인간상보다는 좀 더 큰 '우리'를 위하여 소아(小我)를 잊을 수 있는 인간상이 바람직함에 의심의 여지가 없다. 그러나 우리나라의 전통적 가족상에는 결함도 있다. 우리나라의 전통적 가족 제도 아래서는 여성의 인권이 부당하게 침해당했으며, 젊은이들의 자유가 지나친 억압을 당했다.
> 개인주의의 색채가 강한 현대 서구의 가정에는 식구들이 다른 사람의 억압을 받지 않고, 각자의 뜻에 따라서 자유롭게 살 수 있다는 장점이 있다. 그러나 그것은 식구들 각자가 작은 '나'의 테두리 안에 갇혀 있는 소아적 인간상을 벗어나기 어렵다는 결점도 가지고 있다. 개인과 개인 사이의 칸막이를 넘어서, 여러 사람들이 하나의 '우리'가 되어 고락을 함께하는 심성이 인간의 삶을 더욱 값진 것으로 만든다는 사실을 고려할 때, 오늘의 서구적 가족상을 가장 바람직한 것으로 보기는 어렵다.

① 개인주의의 색채가 강한 현대 서구의 가정은 개인이 각자의 뜻에 따라 자유롭게 살 수 있다는 장점이 있다.
② 우리나라의 전통적 가족상은 사람들의 자아가 더욱 큰 '우리' 속에 융화된다는 점에서 바람직하다.
③ 우리나라의 전통적 가족 제도 아래서 여성의 인권이 부당하게 침해당한 바 있다.
④ 현대 사회는 가족을 집단적 목적 달성을 돕기 위한 수단적 성격의 조직체로 보는 경향이 우세하다.

01 밑줄 친 부분에 들어갈 말로 가장 적절한 것은?

Many large factories still _____ nearby rivers by discharging untreated waste, despite strict environmental laws being in place.

① disagree
② pollute
③ flourish
④ inquire

02 밑줄 친 부분에 들어갈 말로 가장 적절한 것은?

The sweater may _____ if washed in hot water, so you need to be careful when doing the laundry.

① mediate
② insist
③ shrink
④ disappoint

03 밑줄 친 부분에 들어갈 말로 가장 적절한 것은?

He wore an _____ medieval costume for the historical reenactment event.

① fatal
② crisp
③ authentic
④ fierce

04 밑줄 친 부분에 들어갈 말로 가장 적절한 것은?

The scientist noted that even desert areas can become _____ with proper irrigation.

① artificial
② constant
③ fertile
④ folk

05 밑줄 친 부분에 들어갈 말로 가장 적절한 것은?

The museum will _____ rare artifacts from ancient Egypt next month.

① dismiss
② merge
③ fold
④ exhibit

06 밑줄 친 부분에 들어갈 말로 가장 적절한 것은?

They had _____ for a refund after using the entire product.

① audacity to ask
② the audacity to ask
③ to ask the audacity
④ the audacity asking

07 밑줄 친 부분 중 어법상 옳지 않은 것은?

When John started his new job, he ① spent a lot of time studying the employee handbook. He is familiar ② to the company's policies and procedures. This knowledge helped him ③ handle difficult situations with confidence. His manager appreciated how ④ quickly he adapted to the workplace rules.

08 밑줄 친 부분에 들어갈 말로 가장 적절한 것은?

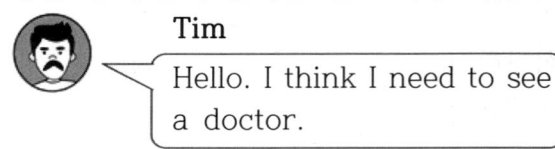
Tim: Hello. I think I need to see a doctor.

Jane: Hello. _____

Tim: I've had a bad cough and sore throat for the past three days.

Jane: Do you also have a fever or any other symptoms?

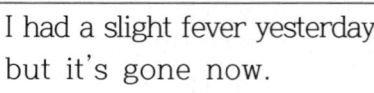
Tim: I had a slight fever yesterday, but it's gone now.

Jane: Alright. Please fill out this form and take a seat. The doctor will call your name shortly.

① Have you received any medical treatment recently?
② What seems to be the problem?
③ When was your last vaccination?
④ Why are you not taking the medicine?

[09~10] 다음 글을 읽고 물음에 답하시오.

How to Use the Personal Data Protection Portal

The Ministry of Public Administration offers a secure online portal where citizens can view and control how their personal data is used. The platform allows you to withdraw consent, request data deletion, or track access history.

To begin, visit privacycontrol.go.kr and log in with your government-issued ID. A step-by-step guide is available in multiple languages for improved usability.

We regularly review portal performance and collect user insights to enhance its accessibility and responsiveness. Your experience helps us <u>optimize</u> digital safeguards against misuse and maintain public trust.

09 밑줄 친 optimize의 의미와 가장 가까운 것은?
① ignore
② refine
③ imitate
④ replace

10 윗글의 목적으로 가장 적절한 것은?
① 공공 데이터 활용 교육 일정을 알리려고
② 개인정보 처리방침 위반 사례를 공개하려고
③ 개인정보 보호 포털의 이용 절차와 개선 노력을 안내하려고
④ 포털 접속 오류를 신고하는 절차를 설명하려고

매일 모고 한국사 제2회

01 다음은 17세기에 발생한 사건들이다. 시대순으로 바르게 나열한 것은?

> ㄱ. 나선정벌
> ㄴ. 정묘호란
> ㄷ. 병자호란
> ㄹ. 인조반정
> ㅁ. 소현세자의 죽음

① ㄱ - ㄴ - ㄷ - ㄹ - ㅁ
② ㄹ - ㄷ - ㄴ - ㅁ - ㄱ
③ ㄹ - ㄴ - ㄷ - ㅁ - ㄱ
④ ㄹ - ㄴ - ㅁ - ㄷ - ㄱ

02 다음 사료와 관련된 지역에 대한 설명으로 옳지 않은 것은?

> 어른과 아이(父老子弟)와 공사천민(公私賤民)은 모두 이 격문을 들어라. 무릇 관서는 기자와 단군 시조의 옛터로, 훌륭한 인물이 넘친다. … (중략) … 그러나 조정에서 서토(西土)를 버림이 분토(糞土)나 다름없이 한다.

① 백정의 인권 향상을 위한 단체가 시작된 지역이었다.
② 조선 후기 상업의 발전으로 신향의 성장이 가장 두드러진 곳이었다.
③ 서북학회 등 구한말 애국계몽운동의 중추적 역할을 이룬 지역이었다.
④ 일제강점기 기독교 인사를 중심으로 물산장려운동이 시작된 지역이었다.

03 다음은 조선 후기 실학자의 주장이다. 이 인물과 관련된 사실을 옳게 고른 것은?

> "천자란 어찌하여 생겨난 것일까? 하늘이 비를 내려주듯 천자를 세워준 것인가? 아니면 땅에서 샘물이 솟는 것처럼 천자가 나타났는가? 다섯 집 1린(隣)이 되어, 다섯 집에서 우두머리를 추대하여 인장(隣長)으로 삼고, 다섯 인(隣)이 1리(里)가 되어, 다섯 인(隣)에서 우두머리를 추대하여 이장(里長)으로 삼는다. 다섯 비(鄙)가 1현(縣)이 되어, 다섯 비(鄙)에서 우두머리를 추대하여 현장(縣長)으로 삼고, 여러 현장(縣長)들이 공동으로 추대한 사람이 제후(諸侯)가 되고, 여러 제후가 공동으로 추대한 사람이 천자(天子)가 된다. 천자란 뭇 사람들이 추대하여 만들어진 것이다. 대저 여러 사람 이 추대해서 만들어진 것은 또한 여러 사람이 추대하지 않으면 물러나야 하는 것이다."
>
> - 『탕론』 -

① 『성호사설』을 저술하였다.
② 자영농 육성을 위해 균전제를 주장하였다.
③ 거대 상업자본의 필요성을 주장하였다.
④ 기예론에 입각하여 거중기, 배다리 등을 설계하였다.

04 다음의 행동 강령을 실천했던 민족 운동 세력이 요구한 사항에 해당하지 않은 것은?

> 첫째, 사람을 함부로 죽이지 말고 가축을 잡아먹지 말라.
> 둘째, 효를 다하여 백성을 구하고 백성을 편안케 하라.
> 셋째, 왜놈을 몰아내고 나라의 경제를 바로잡는다.
> 넷째, 군사를 몰아 서울로 쳐들어가 권귀들을 모두 없앤다.

① 백정 차별을 철폐할 것
② 청상과부의 재혼을 허락할 것
③ 일본과 통하는 자를 엄징할 것
④ 재정을 탁지아문으로 일원화 할 것

05 다음의 근대학교 설립 시기에 대한 설명으로 옳지 않은 것은?

1876	1884	1894	1897
㉠	㉡	㉢	㉣

① ㉠ - 원산학사 설립
② ㉡ - 한성소학교 설립
③ ㉢ - 교육입국조서 발표
④ ㉣ - 오산학교 설립

06 다음 자료와 관련 있는 사상에 대한 내용으로 옳지 않은 것은?

> 무릇 동양의 수천 년 교화계(敎化界)에서 바르고 순수하며 광대 정미하여 많은 성인이 뒤를 이어 전하고 많은 현인이 강명(講明)하는 유교가 끝내 인도의 불교와 서양의 기독교와 같이 세계에 대발전을 하지 못함은 어째서이며, 근세에 이르러 침체 부진이 극도에 달하여 거의 회복할 가망이 없는 것은 무슨 까닭이뇨. …… 그 원인을 탐구하여 말류(末流)를 추측하니 유교계에 3대 문제가 있는지라. 그 3대 문제에 대하여 개량(改良) 구신(求新)을 하지 않으면 우리 유교는 흥왕할 수가 없을 것이며 …… 여기에 감히 외람됨을 무릅쓰고 3대 문제를 들어서 개량 구신의 의견을 바치노라.
> - 「서북학회 월보」 제1권 -

① 조선 후기의 주류 사상이었다.
② 강화학파가 중심이 되어 발전하였다.
③ 일제강점기 정인보 등에 의해 계승되었다.
④ 지행합일의 실천성을 강조하여 양반 신분제의 폐지를 주장하였다.

07 다음과 같은 식민 통치가 실시된 시기에 일어난 일로 옳지 않은 것은?

> 보통학교의 수업연한을 6년으로 늘리고, 조선어를 필수과목으로 선정한다.

① 회사령이 실시되었다.
② 나운규가 감독을 맡은 영화 아리랑이 제작되었다.
③ '운수 좋은 날' 같은 사실주의적 작품들이 많이 나왔다.
④ 관세 철폐에 맞서 평양을 시작으로 물산장려운동이 일어났다.

08 대한민국 임시정부와 관련된 다음 사실들을 시기순으로 바르게 나열한 것은?

> ㉠ 국민대표회의 개최
> ㉡ 한국광복군 창설
> ㉢ 윤봉길의 훙커우 공원 의거
> ㉣ 이승만을 대통령에서 탄핵

① ㉠ - ㉣ - ㉡ - ㉢
② ㉠ - ㉣ - ㉢ - ㉡
③ ㉢ - ㉣ - ㉠ - ㉡
④ ㉢ - ㉠ - ㉡ - ㉣

09 다음은 대한민국 정부의 수립 과정에 있었던 일들이다. 시대순으로 옳게 나열한 것은?

> ㉠ 건국준비위원회 결성
> ㉡ 이승만의 정읍발언
> ㉢ 5·10 총선거
> ㉣ 카이로 회담
> ㉤ 포츠담 회담

① ㉣ → ㉤ → ㉠ → ㉡ → ㉢
② ㉣ → ㉤ → ㉡ → ㉢ → ㉠
③ ㉣ → ㉠ → ㉤ → ㉡ → ㉢
④ ㉣ → ㉠ → ㉤ → ㉢ → ㉡

10 다음 연표에서 (가)~(라)에 들어갈 교육 정책으로 옳은 것을 <보기>에서 두 고른 것은?

1981	1988	1993	1998	2003
(가)	(나)	(다)	(라)	
전두환 정부	노태우 정부	김영삼 정부	김대중 정부	노무현 정부

<보기>
ㄱ. (가) - 교복과 두발의 자율화 조치
ㄴ. (나) - 중학교 입학 무시험제도 실시
ㄷ. (다) - 대학 수학 능력 시험 제도 전면 실시
ㄹ. (라) - 초등학교 의무교육 실시

① ㄱ, ㄴ
② ㄴ, ㄷ
③ ㄷ, ㄹ
④ ㄱ, ㄷ

매일 모고 행정법 제2회

01 행정입법에 대한 설명으로 옳지 않은 것은? (다툼이 있는 경우 판례에 의함)
① 명령·규칙 그 자체에 의하여 직접 기본권이 침해되었을 경우에는 그것을 대상으로 하여 헌법소원심판을 청구할 수 있다.
② 행정처분이 법규성이 없는 내부지침 등의 규정에 위배된다고 하더라도 그 이유만으로 처분이 위법하게 되는 것은 아니며, 내부지침 등에서 정한 요건에 부합한다고 하여 반드시 그 처분이 적법한 것이라고 할 수도 없다.
③ 당사자는 구체적 사건의 심판을 위한 선결문제로서 행정입법의 위법성을 주장하여 법원에 대하여 당해 사건에 대한 적용 여부의 판단을 구할 수 있을 뿐만 아니라 행정입법 자체의 합법성의 심사를 목적으로 하는 독립한 신청을 제기할 수도 있다.
④ 법원이 구체적 규범통제를 통해 위헌·위법으로 선언할 심판대상은, 해당 규정의 전부가 불가분적으로 결합되어 있어 일부를 무효로 하는 경우 나머지 부분이 유지될 수 없는 결과를 가져오는 특별한 사정이 없는 한, 원칙적으로 해당 규정 중 재판의 전제성이 인정되는 조항에 한정된다.

02 행정행위의 내용에 대한 설명으로 옳지 않은 것은? (다툼이 있는 경우 판례에 의함)
① 「국토의 계획 및 이용에 관한 법률」상 개발행위허가는 허가기준 및 금지요건이 불확정개념으로 규정된 부분이 많아 그 요건에 해당하는지 여부는 행정청의 재량판단의 영역에 속한다.
② 기속행위의 경우 법원이 사실인정과 관련 법규의 해석·적용을 통하여 일정한 결론을 도출한 후 그 결론에 비추어 행정청이 한 판단의 적법 여부를 독자의 입장에서 판정한다.
③ 인가는 당사자의 법률적 행위를 보충하여 그 법률적 효력을 완성시키는 행정주체의 보충적 의사표시로서의 법률행위적 행정행위이다.
④ 당사자의 신청에 따른 처분은 법령등에 특별한 규정이 있거나 신청 당시의 법령등을 적용하기 곤란한 특별한 사정이 있는 경우를 제외하고는 신청 당시의 법령등에 따른다.

03 행정행위의 하자에 대한 설명으로 옳은 것은? (다툼이 있는 경우 판례에 의함)
① 민원사무를 처리하는 행정기관이 민원조정위원회를 개최하면서 민원인에게 그 회의일정 등을 사전에 통지하여야 함에도 불구하고 그러하지 아니한 경우, 민원사항에 대한 행정기관의 장의 거부처분에 곧바로 취소사유에 이를 정도의 흠이 존재하는 것으로 볼 수 있다.
② 행정청이 사전에 교통영향평가를 거치지 아니한 채 '건축허가 전까지 교통영향평가 심의필증을 교부받을 것'을 부관으로 붙여서 한 '실시계획변경 승인 및 공사시행변경 인가 처분'은 그 하자가 중대하고 객관적으로 명백하여 당연무효이다.
③ 「주민등록법」상 최고·공고절차가 생략된 주민등록말소처분은 당연무효이다.
④ 신청에 의한 처분의 경우에는 신청에 대하여 일단 거부처분이 행해지면 그 거부처분이 적법한 절차에 의하여 취소되지 않는 한, 사유를 추가하여 거부처분을 반복하는 것은 존재하지도 않는 신청에 대한 거부처분으로서 당연무효이다.

04 법률상 이익에 대한 설명으로 옳은 것은? (다툼이 있는 경우 판례에 의함)
① 대한의사협회는 「국민건강보험법」상 요양급여행위, 요양급여비용의 청구 및 지급과 관련하여 직접적인 법률관계를 갖지 않고 있으므로, 보건복지부 고시인 구 「건강보험요양급여행위 및 그 상대가치점수」의 개정으로 인하여 자신의 법률상 이익을 침해당하였다고 할 수 없다.
② 국가는 국토이용계획과 관련한 지방자치단체의 장의 기관위임사무의 처리에 관하여 지방자치단체의 장을 상대로 취소소송을 제기할 수 있다.
③ 중국 국적자인 외국인이 사증발급 거부처분의 취소를 구하는 경우 항고소송의 원고적격이 인정된다.
④ 개발제한구역 중 일부 취락을 개발제한구역에서 해제하는 내용의 도시관리계획변경결정에 대하여 개발제한구역 해제대상에서 누락된 토지의 소유자가 위 결정의 취소를 구하는 경우 항고소송의 원고적격이 인정된다.

05 행정소송의 집행정지에 대한 설명으로 옳지 않은 것은? (다툼이 있는 경우 판례에 의함)
① 취소소송의 제기는 처분등의 효력이나 그 집행 또는 절차의 속행에 영향을 주지 아니한다.
② 과징금을 납부하기 위하여 무리하게 외부자금을 차입할 경우 자금사정이 악화되어 회사의 존립자체가 위태롭게 될 정도의 중대한 경영상의 위기를 맞게 될 우려가 있다는 사정은 집행정지 요건인 회복하기 어려운 손해에 해당한다.
③ 거부처분의 효력정지는 그 거부처분으로 인하여 신청인에게 생길 손해를 방지하는 데 필요하므로 신청인에게는 그 효력정지를 구할 이익이 있다.
④ 처분의 효력정지는 처분 등의 집행 또는 절차의 속행을 정지함으로써 목적을 달성할 수 있는 경우에는 허용되지 아니한다.

06 공법관계와 사법관계에 대한 설명으로 옳지 않은 것은? (다툼이 있는 경우 판례에 의함)
① 법무사가 사무원을 채용할 때 소속 지방법무사회로부터 승인을 받아야 할 의무는 공법상 의무이다.
② 지방자치단체가 일방 당사자가 되는 이른바 '공공계약'에 대해서는 법령에 특별한 규정이 없다면 사적 자치와 계약자유의 원칙 등 사법의 원리가 그대로 적용되지 않는다.
③ 「공익사업을 위한 토지 등의 취득 및 보상에 관한 법률」상 사업시행자와 토지소유자 사이의 협의취득에 대한 분쟁은 민사소송으로 다투어야 한다.
④ 「개발이익환수에 관한 법률」상 개발부담금부과처분이 취소된 경우 그 과오납금의 반환을 청구하는 소송은 민사소송에 해당한다.

07 신고에 대한 설명으로 옳지 않은 것은? (다툼이 있는 경우 판례에 의함)
① 신고납세방식의 조세의 경우 납세의무자의 신고행위가 중대하고 명백한 하자로 인하여 당연무효로 되지 아니하는 한 신고에 따라 납부한 세액이 바로 부당이득에 해당하는 것은 아니다.
② 장기요양기관의 폐업신고 자체가 효력이 없음에도 행정청이 이를 수리한 경우, 그 수리행위가 당연무효로 되는 것은 아니다.
③ 수리를 요하지 아니한 신고에 있어서 적법한 요건을 갖춘 신고의 경우에는 행정청의 수리처분 등 별단의 조처를 기다릴 필요 없이 그 접수시에 신고로서의 효력이 발생하는 것이므로 그 수리가 거부되었다고 하여 무신고 영업이 되는 것은 아니다.
④ 수리를 요하는 신고에서 행정청의 수리행위에 신고필증 교부의 행위가 반드시 필요한 것은 아니다.

08 행정대집행에 대한 설명으로 옳지 않은 것은? (다툼이 있는 경우 판례에 의함)
① 관계 법령에 위반하여 장례식장 영업을 하고 있는 자의 장례식장 사용중지의무는 대집행의 대상이 아니다.
② 공유수면에 설치한 건물을 철거하여 공유수면을 원상회복하여야 할 의무는 대체적 작위의무에 해당하므로 행정대집행의 대상이 된다.
③ 대집행의 계고를 함에 있어서 의무자가 이행하여야 할 행위와 그 의무불이행시 대집행할 행위의 내용 및 범위는 반드시 대집행계고서에 의하여서만 특정되어야 하는 것은 아니고 그 처분 전후에 송달된 문서나 기타 사정을 종합하여 이를 특정할 수 있으면 족하다.
④ 공유재산 대부계약의 해지에 따른 원상회복으로 행정대집행의 방법에 의하여 그 지상물을 철거시킬 수는 없다.

09 「행정조사기본법」에 대한 설명으로 옳은 것은?
① 「행정조사기본법」 제4조(행정조사의 기본원칙)는 조세에 관한 사항에 대하여는 적용하지 아니한다.
② 행정기관은, 조사대상자의 자발적인 협조를 얻어 실시하는 경우가 아닌 한, 법령등에서 행정조사를 규정하고 있는 경우에 한하여 행정조사를 실시할 수 있다.
③ 행정기관의 장은 조사대상자의 신상이나 사업비밀 등이 유출될 우려가 있으므로 인터넷 등 정보통신망을 통하여 조사대상자로 하여금 자료의 제출 등을 하게 할 수 없다.
④ 행정기관의 장은 조사대상자가 자율신고제도에 따라 신고한 내용이 거짓의 신고라고 인정할 만한 근거가 있거나 신고내용을 신뢰할 수 없는 경우를 제외하고는 그 신고내용을 행정조사에 갈음하여야 한다.

10 정보공개에 대한 설명으로 옳지 않은 것은? (다툼이 있는 경우 판례에 의함)
① 공공기관은 정보공개의 청구를 받으면 그 청구를 받은 날부터 10일 이내에 공개 여부를 결정하여야 하나 부득이한 사유로 이 기간 이내에 공개 여부를 결정할 수 없는 때에는 그 기간이 끝나는 날의 다음 날부터 기산하여 10일의 범위에서 공개 여부 결정기간을 연장할 수 있다.
② 공공기관은 공개 청구된 공개대상정보의 전부 또는 일부가 제3자와 관련이 있다고 인정할 때에는 그 사실을 제3자에게 지체 없이 통지하여야 하며, 공개 청구된 사실을 통지받은 제3자는 그 통지를 받은 날부터 3일 이내에 해당 공공기관에 대하여 자신과 관련된 정보를 공개하지 아니할 것을 요청할 수 있다.
③ 국민의 알권리를 두텁게 보호하기 위해 「공공기관의 정보공개에 관한 법률」 제9조 제1항 제6호 본문의 규정에 따라 비공개대상이 되는 정보는 이름·주민등록번호 등 '개인식별정보'로 한정된다.
④ 전자적 형태로 보유·관리되는 정보의 경우에 그 정보가 청구인이 구하는 대로 되어 있지 않더라도 공개청구를 받은 공공기관이 공개청구대상정보의 기초자료를 검색하여 청구인이 구하는 대로 편집할 수 있으며, 그 작업이 당해 기관의 업무수행에 별다른 지장을 초래하지 않는다면 그 공공기관이 공개청구대상정보를 보유·관리하고 있는 것으로 볼 수 있다.

매일 모고 행정학 제2회

01 다음의 내용과 관련된 개념은 무엇인가?

> ○ 영국의 경제학자 피구(A. C. Pigou)에 의해 처음으로 제시된 개념이다.
> ○ 대기오염, 소음 공해, 교통 체증 등을 통해 다른 사람에게 비용을 유발하거나, 과수원 운영, 양봉업 등을 통해 다른 사람에게 편익을 유발하는 행동이다.
> ○ 시장에 맡겨 둘 경우 과다생산이나 과소생산을 야기할 수 있다.

① 배분적 비효율성
② 비용과 편익의 절연
③ 내부성
④ 외부효과

02 신공공관리론적 행정개혁의 방향과 거리가 먼 것은?
① 정책기능과 집행기능의 통합에 의한 책임행정체제 확립
② 정부와 시장기능의 재정립을 통한 정부역할 축소
③ 공공부문 내에 경쟁원리와 시장기제 도입
④ 행정서비스의 질 향상 노력을 통한 고객지향적 행정체제의 확립

03 행정통제에 대한 설명으로 적절하지 않은 것은?
① 행정통제는 설정된 행정목표 또는 정책목표와 기준에 따라 성과를 측정하고 이에 맞출 수 있도록 시정하는 노력을 의미한다.
② 행정통제의 기준으로는 시민의 자유보전과 공공의 목적에 봉사하는 것을 들 수 있다.
③ 행정통제는 그 주체와 영향력 행사 방향에 따라 외부통제와 내부통제로 나눌 수 있다.
④ 감사원은 대통령 소속의 법률기관으로 감사기능의 전문성을 바탕으로 내부통제기관이다.

04 정책평가 시에 정책수단과 정책목표 간의 인과관계를 검증하기 위한 조건으로 옳지 않은 것은?
① 정책수단이 정책목표의 결과를 가져왔다고 믿어지는 관계를 인과관계라고 한다.
② 정책의 결과는 오직 해당 정책수단에 의해서만 설명되어서는 아니 되며, 제3의 변수가 개입되어야 한다.
③ 정책수단의 변화 정도와 방향에 따라 정책목표의 달성 정도와 방향도 변해야 한다.
④ 시차적으로 정책수단이 정책목표 달성에 앞서 존재해야 한다.

05 쓰레기통 모형의 전제로 옳지 않은 것은?
① 조직화된 무정부상태
② 인과성 있는 선호
③ 불명확한 인과관계
④ 유동적 참여

06 블라우(P. Blau)와 스코트(W. Scott)의 조직유형 중 다음의 조직유형은?

> ○ 국민일반을 수혜자로 하는 조직이며 국민에 의한 외재적 통제가 가능하도록 민주적 장치를 발전시키는 것이 가장 중요한 문제이다.
> ○ 치안서비스를 제공하는 경찰조직이 이에 속한다.

① 봉사 조직
② 호혜적 단체
③ 공익 조직
④ 강요적 조직

07 직무분석과 직무평가에 대한 설명 중 옳은 것은?
① 직무분석은 직급·등급을 결정한다.
② 직무평가는 직렬·직군을 결정한다.
③ 직무분석이 수직적 분석이라면, 직무평가는 수평적 분석이다.
④ 직무분석이 직무평가보다 앞서 이루어진다.

08 A과장이 B공무원의 근무성적 평정을 수행함에 있어서 B는 명문대학 출신이기 때문에 당연히 업무처리 능력이 우수할 것이라는 선입견을 가지고 근무성적평정 시 높은 점수를 주었다면, A과장이 범한 오류에 가장 가까운 것은?
① 상동적 오차(stereotyping)
② 총계적 오차(total error)
③ 유사오차
④ 이기적 착오(self-serving bias)

09 품목별예산제도(LIBS)의 장점에 대한 설명으로 가장 적절하지 않은 것은?
① 행정부 통제 예산제도로 행정부의 자의적 예산 집행을 통제할 수 있다.
② 지출대상에 부합하지 않는 예산을 집행할 수 없으며, 지출대상에 따라 책임성 확보를 가능하게 한다.
③ 의회의 예산심의 및 회계검사를 용이하게 할 수 있다.
④ 예산 배분이 활동별로 이루어지기 때문에 정부활동의 성과를 파악하기 용이하다.

10 우리나라는 자치조직권을 보장하면서도 일정한 제약을 가하고 있다. 다음의 ㉮, ㉯에 들어갈 내용으로 옳은 것은?

> 행정기구의 설치와 지방공무원의 정원은 인건비 등 (㉮)으로 정하는 기준에 따라 그 지방자치단체의 (㉯)로 정한다.

	㉮	㉯
①	대통령령	조례
②	행정안전부령	조례
③	대통령령	규칙
④	행정안전부령	규칙

2025 공무원 시험대비 【8월분】

매일 풀어서 합격을 만드는
매일 합격모의고사
8월

- 제3회 -

이 름: _____

제1과목 국어
제2과목 영어
제3과목 한국사
제4과목 행정법총론
제5과목 행정학개론

매일 모의고사 정오표

합격까지 박문각

매일 모고 국어 제3회

01 밑줄 친 단어의 품사로 가장 옳지 않은 것은?
① 오늘은 눈이 <u>아니</u> 온다. (부사)
  <u>아니</u>, 어떻게 그럴 수가 있어? (감탄사)
② 영수는 <u>의지적</u>이다. (명사)
  영수는 <u>의지적</u> 인간이다. (관형사)
③ 나도 참을 <u>만큼</u> 참았다. (의존 명사)
  나도 그 사람<u>만큼</u> 한다. (조사)
④ 열을 배우면 <u>백</u>을 안다. (명사)
  열 사람이 <u>백</u> 말을 한다. (관형사)

02 ㉠~㉣의 고쳐쓰기 방안으로 적절하지 않은 것은?

㉠ 교사는 교육 환경을 개선시켜야 할 의무가 있다.
㉡ 그는 누군가의 고의적인 방화로 화재가 발생했다고 주장했다.
㉢ 그의 사진은 언제나 인기가 많았다.
㉣ 일기예보에 의하면 내일은 비와 바람이 분다고 한다.

① ㉠: 불필요한 사동 표현이 사용되었으므로 '개선시켜야'를 '개선해야'로 고쳐 쓴다.
② ㉡: '고의적인'과 '방화'는 의미가 중복되므로 '고의적인'을 삭제한다.
③ ㉢: 중의적 표현이 사용되었으므로 '언제나'를 문장 맨 앞으로 옮긴다.
④ ㉣: 주어와 서술어의 호응이 적절하지 않으므로 '비와 바람이 분다'를 '비가 내리고 바람이 분다'로 고쳐 쓴다.

03 다음 진술이 모두 참일 때, 반드시 참인 것은?

○ IQ가 140 이상인 것은 천재이기 위한 필요조건이다.
○ 좋은 직업은 부자이기 위한 충분조건이다.
○ 성실함은 부자이기 위한 필요조건이다.

① IQ가 120인 사람도 천재일 수 있다.
② 좋은 직업을 가진 모든 사람은 성실하다.
③ 부자가 아닌 사람은 모두 성실하지 않다.
④ 좋은 직업은 성실하기 위한 필요조건이다.

04 (가)~(나)를 전제로 할 때, 빈칸에 들어갈 결론으로 적절한 것은?

(가) 모든 창고는 건물이다.
(나) 모든 창고가 고층인 것은 아니다.
따라서 [   ].

① 어떤 창고는 고층이다.
② 어떤 건물은 고층이 아니다.
③ 어떤 건물은 창고가 아니다.
④ 어떤 건물은 고층이다.

05 밑줄 친 표현이 ㉠의 의미와 가장 유사한 것은?

계약 조건에 따라 집주인에게 보증금을 ㉠ <u>내고</u> 열쇠를 받았다.

① 회의에 참신한 아이디어를 <u>냈다</u>.
② 그는 동료들에게 승진 기념으로 한턱을 <u>냈다</u>.
③ 그는 다니던 직장에 사표를 <u>냈다</u>.
④ 교실 안에 있는 청소 도구를 복도로 <u>내다</u>.

06 밑줄 친 표현이 ㉠의 의미와 가장 유사한 것은?

단식을 끝낼 때에는 먼저 미음으로 속을 ㉠ <u>다스려야</u> 한다.

① 흉악한 죄인들은 중벌로 <u>다스려야</u> 한다.
② 삼국을 통일한 신라는 넓은 영토와 많은 국민을 <u>다스리기</u> 위하여 제도를 개편하였다.
③ 예부터 바른 정치를 하려면 물을 잘 <u>다스려야</u> 한다고 했다.
④ 그는 따뜻한 죽 한 그릇으로 허기를 <u>다스렸다</u>.

07 ㉠~㉣과 바꿔 쓸 수 있는 유사한 표현으로 적절하지 않은 것은?

(가) 이 책 한 권을 다 ㉠ <u>필사하려면</u> 시간이 꽤 걸릴 것이다.
(나) 경찰은 사건과 관련된 증거물을 모두 ㉡ <u>회수하여</u> 분석에 들어갔다.
(다) 학부모 상담 전에 미리 생활 기록부 내용을 ㉢ <u>갱신해</u> 두는 것이 좋다.
(라) 그곳은 잿더미만 남은 ㉣ <u>참담한</u> 전쟁터처럼 모든 것이 무너져 있었다.

① ㉠: 베끼려면   ② ㉡: 거두어들여
③ ㉢: 늘려   ④ ㉣: 끔찍한

08 ㉠~㉣과 바꿔 쓸 수 있는 유사한 표현으로 적절하지 않은 것은?

(가) 회사 측은 논란에 대해 공식적으로 ㉠ 밝힐 기회를 가졌다.
(나) 지금 그곳은 고층 아파트들이 ㉡ 빽빽하게 들어섰다.
(다) 나는 역할에 맞게 얼굴을 노인으로 ㉢ 꾸미고 무대에 올라갔다.
(라) 도서관에는 다양한 참고서적이 잘 ㉣ 갖추고 있다.

① ㉠: 소명할
② ㉡: 즐비하게
③ ㉢: 착장하고
④ ㉣: 구비되어

09 다음 글의 내용을 잘못 이해한 사람은?

동서양의 인간관계에 대한 인식을 흔히 '집단주의'와 '개인주의'로 정의하곤 한다. 이는 호프 스테드의 연구결과에 따른 것으로 그는 IBM에 근무하는 관리직 대상으로 가치관 조사를 한 결과 같은 조직에서 근무하는 직원임에도 국가의 문화 특성에 따라 가치관이 다르다는 사실을 발견하였다. 예를 들어, 동양에 일하는 직원들은 서양의 '개인주의'와 대비되는 '집단주의' 가치관을 가진다는 것이다.
하지만 이 연구 결과는 동양인 출신의 학자들에 의해 비판받았다. 호프 스테드는 '집단주의'와 '개인주의'는 대비 관계이며, '집단주의'는 개인보다 조직을 우선시하는 사고를 뜻한다고 말하였다. 동양인 학자들은 동양인들은 표면적으로 호프 스테드의 이론에 따라 사고하는 것같이 보인다고 한다. 하지만 서양인에 비해 개인과 개인의 상호관계, 즉 주변인과의 관계에 더 중점을 두기 때문에 호프 스테드의 이론이 적절하지 않음을 지적하였다.

① 영식 : 호프 스테드는 인간이 성장한 사회의 영향을 받아 가치관을 형성한다고 생각하였군.
② 우주 : 호프 스테드는 서양인이 동양인에 비해 조직보다 개인을 중요시할 것이라 생각했군.
③ 지희 : 동양인 학자들은 서양인이 동양인에 비해 개인과 개인의 상호관계에 무심하다고 생각하겠군.
④ 은영 : 동양인 학자들은 동양인들이 개인주의적 문화를 가지고 있다고 생각하는군.

10 다음 글의 서술상의 특징을 <보기>에서 골라 바르게 묶은 것은?

고대 그리스에서 철학적 사유가 발생하기 전까지 인간은 신화의 세계에서 살았다. 모든 것의 원인과 결과, 시작과 끝은 신이었으므로 인간은 신을 믿고 숭배하면 될 뿐 자연과 자신의 존재에 관해 아무런 의문을 품을 필요가 없었다. 그러나 곧이어 철학자들은 신화를 부정하고 '로고스(logos)'를 앞세웠다. 인간의 지적 세계가 로고스를 중심으로 형성되면서 신화는 점점 영향력을 잃었고 문명적 사유의 대열에서 물러났다.
그런데 현대 사회에서 신화는 또 다른 형태로 존재한다. 신을 섬기는 모든 종교는 고대의 신화적 사유와 크게 다르지 않다. 종교는 여전히 모든 것의 원인과 결과를 신에게로 돌리며, 삶의 과정과 목표도 신의 뜻에 둔다. 이와는 달리 과학기술에 대한 맹목적인 믿음도 신화로 작용한다. 현실의 모든 문제를 과학기술의 힘으로 해결할 수 있다고 믿고 미래에 대한 장밋빛 청사진을 유포하는 것이 전자와 닮았기 때문이다.
이러한 신화의 가면을 벗겨 내기 위해 프랑스의 기호학자인 롤랑 바르트(R. Barthes)는 소쉬르의 기표와 기의의 개념을 도입한다. 기표는 신화의 형태이고, 기의는 신화의 내용이며, 이 둘이 합쳐져 구성되는 기호는 신화의 기능을 나타낸다. 그는 프랑스 군복을 입고 국기에 경례하는 한 흑인 사진을 예로 든다. '군복차림으로 경례하는 흑인 사진'이라는 기호는 신화 체계 안으로 들어오면서 하나의 기표가 되고 제국주의라는 기의와 만나 새로운 기호를 형성한다. 그 의미는 제국주의의 깃발에 무조건적인 충성을 맹세하는 제국주의 옹호의 상징이다.

<보기>
ㄱ. 대상이 지닌 성질을 요소별로 나누어 각각 분석하고 있다.
ㄴ. 전문가의 견해를 인용하여 자신의 견해를 뒷받침하고 있다.
ㄷ. 시간의 흐름에 따른 대상의 의미 변화 양상을 서술하고 있다.
ㄹ. 다른 대상과의 공통점과 차이점에 주목하여 특성을 규명하고 있다.

① ㄱ, ㄴ
② ㄱ, ㄷ
③ ㄴ, ㄷ
④ ㄴ, ㄹ

매일 모고 영어 제3회

01 밑줄 친 부분에 들어갈 말로 가장 적절한 것은?

> The restaurant's food tasted okay, but the service was _____, so we decided not to visit again.

① awful
② apparent
③ confident
④ fond

02 밑줄 친 부분에 들어갈 말로 가장 적절한 것은?

> It is difficult to _____ the outcome of the election because public opinion is constantly changing.

① migrate
② forbid
③ predict
④ dispose

03 밑줄 친 부분에 들어갈 말로 가장 적절한 것은?

> Because human life is _____, unlike the endless universe, we should treasure every moment.

① frequent
② anxious
③ finite
④ foreign

04 밑줄 친 부분에 들어갈 말로 가장 적절한 것은?

> If you have already studied and fully understood the basic concept, you may _____ this chapter.

① skip
② disrupt
③ foster
④ inspire

05 밑줄 친 부분에 들어갈 말로 가장 적절한 것은?

> New laws _____ specific safety protocols that factories must follow to prevent workplace accidents.

① prohibit
② prescribe
③ distort
④ mock

06 밑줄 친 부분에 들어갈 말로 가장 적절한 것은?

> At the dinner party, guests took _____ stories about their favorite travel experiences.

① turn sharing
② turn to share
③ turns shared
④ turns sharing

07 밑줄 친 부분 중 어법상 옳지 않은 것은?

> After ① working nonstop for three days, he finally took a moment ② to rest. He was weak and ③ exhaust. ④ Despite his condition, he knew he had to finish the project by the deadline.

08 밑줄 친 부분에 들어갈 말로 가장 적절한 것은?

> A: The doctor told me I need to get a blood test.
> B: Okay. Would you like to schedule it now?
> A: Yes, please. When is the earliest available time?
> B: Let me check… The earliest slot is tomorrow at 9 a.m.
> A: That works for me.
> B: Great. Please don't eat anything after 10 p.m. tonight. The test requires fasting.
> A: Got it. _____
> B: No, the blood test room is on the second floor. Just follow the signs when you arrive.

① How much will the test cost?
② Can I bring a friend with me?
③ Do I need to fast before the test?
④ Should I come to this floor for the test?

09 다음 글의 주제로 가장 적절한 것은?

Most societies throughout history have created their own systems of measurement for things like length, volume, and weight. These units are usually based on everyday human experiences. For example, a pound represents a handful of meat or grain, and a second reflects a brief moment such as a heartbeat. In fact, many traditional units were based on parts of the human body: a foot was the length of a foot, an inch was the width of a thumb, a cubit was the distance from the elbow to the fingertips, and a mile was the distance of a thousand steps by a Roman soldier. However, the problem with such units is that they can vary from person to person, and converting between them often involves complicated and inefficient calculations. For instance, one mile equals 1,760 yards, 5,280 feet, or 63,360 inches, which can be quite cumbersome. That's why the best approach is to use a standardized system of measurement in which units are logically connected and easy to convert.

① reasons behind countries using different units of measurement
② attempts to standardize measurement units and the challenges they face
③ impact of the standardization of measurement units on industries
④ issues with traditional measurements and the need for standardization

10 주어진 글 다음에 이어질 글의 순서로 가장 적절한 것은?

The human brain develops gradually, and not all parts become functional at the same time. The cerebral cortex, which enables logical thinking and abstract reasoning, becomes significantly active after the age of seven.

(A) They lack the ability to mentally reverse the action, a skill that develops when the cortex begins functioning. If you pour the juice back into the original cups, they might still insist the amount changed.

(B) Before this age, children rely mostly on emotional and sensory input rather than reason. For instance, if shown two equal-sized cups of juice in different shaped glasses, a child might say one has more just because it looks taller.

(C) However, once children reach the age of seven or older, they begin to understand concepts like conservation and fairness, realizing that appearances can be misleading. This development marks a major cognitive milestone.

① (A) - (B) - (C)
② (B) - (A) - (C)
③ (B) - (C) - (A)
④ (C) - (B) - (A)

매일 모고 한국사 제3회

01 우리나라 구석기 시대 유적에 대한 다음 설명 중 옳지 않은 것은?
① 연천 전곡리에서 아슐리안형 주먹도끼가 출토되었다.
② 단양 금굴 유적은 우리나라 최고(最古)의 유적이다.
③ 웅기 굴포리에서 매머드 유적이 나왔다.
④ 부산 동삼동 유적에서 흥수아이가 나왔다.

02 한반도 청동기 시대에 대한 다음 설명 중 옳은 것은 모두 고르면?

가. 유물로는 비파형 동검, 거친무늬 거울 등이 있다.
나. 무덤 양식으로는 고인돌, 돌무지무덤, 돌널무덤 등이 있다.
다. 미송리식 토기, 이른 민무늬토기, 빗살무늬토기 등의 토기가 처음 제작되었다.

① 가
② 가, 나
③ 나, 다
④ 가, 다

03 고구려와 중국왕조 간의 항쟁에 관한 다음 설명 중 옳은 것은?
① 고구려 영양왕이 북방의 돌궐과 연계하면서 말갈병을 보내 당나라의 산둥 지방의 등주를 먼저 공격하였다.
② 고구려 을지문덕 장군은 안시성에서 수나라의 군대를 크게 물리쳤다.
③ 광개토대왕은 당나라의 군대를 격파하고 요동을 차지하였다.
④ 당의 침공을 대비하기 위하여 보장왕 때 천리장성이 완성되었다.

04 아래 자료의 배경이 된 시기의 정치 사회적 상황에 관한 다음 설명 중 옳지 않은 것은?

박종경은 어떤 인물이기에 요직을 멋대로 주무르고 권력을 남용하여 재물을 탐하고, 사방에 심복을 심어 만사를 제 마음대로 하려 합니까? 외척의 지위를 이용하여 인사, 재정, 군사, 시장 운영의 권한은 물론, 비변사와 주교사의 권한까지 모두 장악하여 득의양양해하며 왼손에 칼자루를 오른손에 저울대를 쥔 듯이 아무런 거리낌도 없습니다.

① 공노비가 해방되었다.
② 장용영이 혁파되었다.
③ 병인박해가 있었다.
④ 홍경래의 난이 평안도에서 일어났다.

05 발해에 관한 다음 설명 중 옳은 것을 모두 고르면?

가. 고왕(대조영) 대에는 당과 전쟁하여 산둥반도를 공격하였다.
나. 무왕 대에는 수도를 동경용원부로 천도하였다.
다. 문왕 대에는 당의 3성 6부 체제를 받아들여 중앙 통치기구를 정비하였다.

① 가
② 다
③ 가, 나
④ 나, 다

06 고려 광종 대에 시행된 정책에 관한 다음 설명 중 옳은 것으로 짝지어진 것은?

가. 본래 양인이었으나 억울하게 노비가 된 자를 양인으로 풀어주는 노비안검법을 시행하였다.
나. 고려 토착 귀족인 쌍기의 건의를 받아들여 과거제를 실시하였다.
다. 각 주현 단위로 공물 등을 거두는 주현공부법을 시행하여 국가 수입의 증대를 꾀하였다.
라. 빈민과 행려자의 구호를 위해 의창을 설치하였다.
마. 지배층의 위계질서 확립을 위해 자,비,청의 삼색 공복을 제정하였다.

① 가, 나
② 다, 라
③ 가, 다
④ 라, 마

07 석재를 벽돌 모양으로 깎아 만든 선덕여왕 때 조성한 탑은?
① 미륵사지 석탑
② 불국사 3층 석탑
③ 분황사 모전 석탑
④ 정림사지 5층 석탑

08 다음 글의 (가)~(다)에 들어갈 정당을 순서대로 옳게 나열한 것은?

> 제2대 국회 의원 선거에서 정부에 비판적인 무소속 출마자들이 대거 당선되자, 이승만은 (가) 을(를) 만들고 1952년 대통령 직선제 개헌을 실시하였다. 나아가 1954년에는 다시 헌법을 바꾸어 초대 대통령에 한해서는 횟수의 제한 없이 대통령에 출마할 수 있도록 하였다. 이승만과 갈라선 보수 정치인들은 (나) 을(를) 만들어 "못 살겠다 갈아 보자."를 구호로 내세우면서 이승만 정권에 강력히 도전하였으나, 정권 교체는 수포로 돌아갔다. 한편, 혁신 세력을 대표하는 (다) 의 조봉암이 대통령 선거에서 돌풍을 일으키자 당수 조봉암을 간첩 혐의로 처형하였다.

	(가)	(나)	(다)
①	자유당	진보당	민주당
②	자유당	민주당	진보당
③	진보당	자유당	민주당
④	진보당	민주당	자유당

09 다음 글을 통하여 이 선언문이 발표된 시기를 추론하였을 때 그 시기를 연표에서 고르면?

> ○ 한국 전 인민은 현재 이미 반침략 전선에 참가하였으니 한 개의 전투 단위로서 추축국에 선전한다.
> ○ 1910년의 합방 조약 및 일체의 불평등 조약의 무효를 거듭 선포하며 아울러 반침략 국가의 한국에 있어서의 합리적 기득 권익을 존중한다.
> ○ 한국, 중국 및 서태평양으로부터 왜구를 완전히 구축하기 위하여 최후의 승리를 얻을 때까지 혈전한다.

```
1919      1931      1937      1941      1945
     (가)       (나)       (다)       (라)
 3·1       만주       중·일      태평양
 운동      사변       전쟁       전쟁       광복
```

① (가)
② (나)
③ (다)
④ (라)

10 다음 지도를 토대로 설정할 수 있는 탐구 주제로 적절하지 않은 것은?

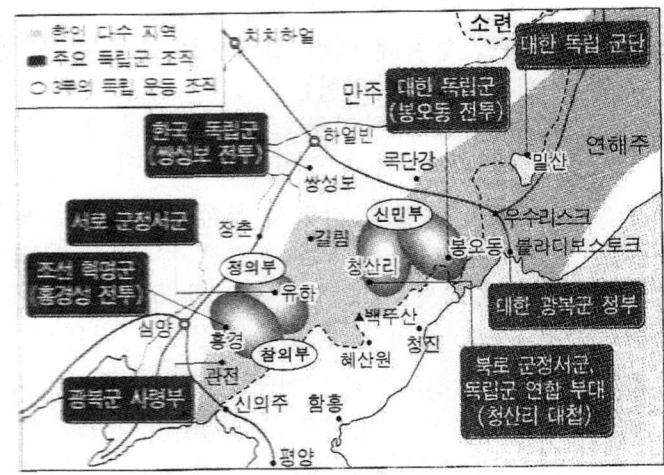

① 만주국의 수립이 독립 전쟁에 끼친 영향
② 연해주에서 전개된 우리 민족의 독립 운동
③ 일제에 의해 간도 참변이 일어나게 된 배경
④ 중·일 전쟁 이후 임시 정부의 군사 조직 정비

매일 모고 행정법 제3회

01 행정입법에 대한 설명으로 옳은 것은? (다툼이 있는 경우 판례에 의함)
① 일반적으로 법률의 위임에 따라 효력을 갖는 법규명령의 경우에 위임의 근거가 없어 무효였다면 나중에 법 개정으로 위임의 근거가 부여되었다고 하여 그때부터 유효한 법규명령이 되는 것은 아니다.
② 헌법에서 채택하고 있는 조세법률주의의 원칙상 과세요건과 징수절차에 관한 사항을 명령·규칙 등 하위법령에 구체적·개별적으로 위임하여 규정할 수 없다.
③ 법령의 위임관계는 반드시 하위법령의 개별조항에서 위임의 근거가 되는 상위법령의 해당 조항을 구체적으로 명시하고 있어야만 하는 것은 아니다.
④ 법률이 주민의 권리의무에 관한 사항에 관하여 구체적으로 아무런 범위도 정하지 아니한 채 조례로 정하도록 포괄적으로 위임하는 것은 허용되지 않는다.

02 행정행위의 부관에 대한 설명으로 옳은 것은? (다툼이 있는 경우 판례에 의함)
① 법정부관에 대하여서도 행정행위에 부관을 붙일 수 있는 한계에 관한 일반적인 원칙이 적용된다.
② 행정청이 처분을 하면서 부제소특약의 부관을 붙인 것은 당사자가 임의로 처분할 수 없는 공법상 권리관계를 대상으로 하여 사인의 국가에 대한 소권을 당사자의 합의로 포기하는 것으로 허용될 수 없다.
③ 수익적 행정처분에 있어서는 행정청이 행정처분을 하면서 부담을 일방적으로 부가할 수 있을 뿐, 부담을 부가하기 이전에 상대방과 협의하여 부담의 내용을 협약의 형식으로 미리 정한 다음 부가할 수는 없다.
④ 처분 당시 법령을 기준으로 처분에 부가된 부담이 적법하였더라도, 처분 후 부담의 전제가 된 주된 행정처분의 근거 법령이 개정됨으로써 행정청이 더 이상 부관을 붙일 수 없게 되었다면 그때부터 부담의 효력은 소멸한다.

03 행정행위의 효력에 대한 설명으로 옳지 않은 것은? (다툼이 있는 경우 판례에 의함)
① 계고처분이 위법한 경우 행정대집행이 완료되면 그 처분의 취소를 구할 소의 이익은 없다 하더라도, 미리 그 행정처분의 취소판결이 있어야만 그 행정처분의 위법임을 이유로 한 손해배상 청구를 할 수 있는 것은 아니다.
② 과세처분의 하자가 단지 취소할 수 있는 정도에 불과할 때에는 과세관청이 이를 스스로 취소하거나 항고쟁송절차에 의하여 취소되지 않는 한, 그로 인한 조세의 납부가 부당이득이 된다고 할 수 없다.
③ 연령미달 결격자가 다른 사람 이름으로 교부받은 운전면허는 당연무효가 아니고 취소되지 않는 한 유효하므로 그 연령미달 결격자의 운전행위는 무면허운전에 해당하지 아니한다.
④ 구 「도시계획법」 제78조 제1항에서 정한 처분이나 조치명령을 받은 자가 이에 위반한 경우, 설령 그 처분이 위법하다 하더라도 당연무효가 아닌 이상 같은 법 제92조 위반죄가 성립한다.

04 행정소송의 피고적격에 대한 설명으로 옳지 않은 것은? (다툼이 있는 경우 판례에 의함)
① 취소소송에서 피고가 될 수 있는 행정청에는 대외적으로 의사를 표시할 수 있는 기관이 아니더라도 국가나 공공단체의 의사를 실질적으로 결정하는 기관이 포함된다.
② 당사자소송은 국가·공공단체 그 밖의 권리주체를 피고로 한다.
③ 취소소송은 다른 법률에 특별한 규정이 없는 한 그 처분등을 행한 행정청을 피고로 하지만, 처분등이 있은 뒤에 그 처분등에 관계되는 권한이 다른 행정청에 승계된 때에는 이를 승계한 행정청을 피고로 한다.
④ 행정처분을 행할 적법한 권한 있는 상급행정청으로부터 내부위임을 받은 데 불과한 하급행정청이 권한 없이 행정처분을 한 경우 실제로 그 처분을 행한 하급행정청을 피고로 하여야 할 것이지 그 처분을 행할 적법한 권한 있는 상급행정청을 피고로 할 것은 아니다.

05 취소소송의 판결에 대한 설명으로 옳지 않은 것은? (다툼이 있는 경우 판례에 의함)

① 주민 등의 도시관리계획의 입안 제안을 거부하는 처분에 대하여 이익형량의 하자를 이유로 취소판결이 확정된 후에 행정청이 다시 이익형량을 하여 주민 등이 제안한 것과는 다른 내용의 계획을 수립한다면 이는 재처분의무를 이행한 것으로 볼 수 없다.
② 취소판결의 당사자인 행정청이 행정소송의 사실심 변론종결 이전의 사유를 내세워 다시 확정판결과 저촉되는 행정처분을 하는 경우, 이러한 행정처분은 그 하자가 중대하고도 명백한 것이어서 당연무효이다.
③ 법원이 사정판결을 함에 있어서는 미리 원고가 그로 인하여 입게 될 손해의 정도와 배상방법 그 밖의 사정을 조사하여야 한다.
④ 취소판결의 기속력은 취소청구가 인용된 판결에서 인정되는 것으로서 당사자인 행정청과 그 밖의 관계 행정청에 확정판결의 취지에 따라 행동하여야 할 의무를 부과한다.

06 「행정심판법」에 대한 설명으로 옳은 것은?

① 당사자의 신청에 대한 행정청의 부당한 거부처분을 취소하는 행정심판은 현행법상 허용되지 않는다.
② 종중이나 교회와 같은 비법인사단은 사단 자체의 명의로 행정심판을 청구할 수 없고 대표자가 청구인이 되어 행정심판을 청구하여야 한다.
③ 선정대표자가 선정되면 다른 청구인들은 그 선정대표자를 통해서만 그 사건에 관한 행위를 할 수 있다.
④ 피청구인의 경정은 행정심판위원회에서 결정하며 언제나 당사자의 신청을 전제로 한다.

07 신뢰보호의 원칙에 대한 설명으로 옳은 것은? (다툼이 있는 경우 판례에 의함)

① 신뢰보호의 원칙이 적용되기 위한 요건인 행정권의 행사에 관하여 신뢰를 주는 선행조치가 되기 위해서는 반드시 처분청 자신의 적극적인 언동이 있어야만 한다.
② 헌법재판소의 위헌결정은 행정청이 개인에 대하여 신뢰의 대상이 되는 공적인 견해를 표명한 것이라고 할 수 있으므로 그 결정에 관련한 개인의 행위에 대하여는 신뢰보호의 원칙이 적용된다.
③ 「지방세법」에서 정한 취득세 등이 면제되는 '기술진흥단체'인지 여부에 관한 질의에 대하여 건설교통부장관과 내무부장관이 비과세 의견으로 회신한 경우 공적인 견해표명에 해당한다.
④ 관할관청이 폐기물처리업 사업계획에 대하여 적정통보를 한 것만으로도 그 사업부지 토지에 대한 국토이용계획변경신청을 승인하여 주겠다는 취지의 공적인 견해표명을 한 것으로 볼 수 있다.

08 행정절차에 대한 설명으로 옳은 것은? (다툼이 있는 경우 판례에 의함)

① 「국가공무원법」상 직위해제처분은 공무원의 인사상 불이익을 주는 처분이므로 「행정절차법」상 사전통지 및 의견청취절차를 거쳐야 한다.
② 별정직 공무원인 대통령기록관장에 대한 직권면직처분에는 처분의 사전통지 및 의견청취 등에 관한 「행정절차법」 규정이 적용되지 않는다.
③ 외국인의 출입국에 관한 사항은 「행정절차법」이 적용되지 않으므로, 미국국적을 가진 교민에 대한 사증거부처분에 대해서도 처분의 방식에 관한 「행정절차법」 제24조는 적용되지 않는다.
④ 신청에 대한 거부처분은 직접 당사자의 권익을 제한하는 처분에 해당하지 않으므로 처분의 사전통지대상이 된다고 할 수 없다.

09 「질서위반행위규제법」에 대한 설명으로 옳지 않은 것은?
① 지방자치단체의 조례도 과태료 부과의 근거가 될 수 있다.
② 과태료의 부과·징수, 재판 및 집행 등의 절차에 관한 다른 법률의 규정 중 「질서위반행위규제법」의 규정에 저촉되는 것은 그 다른 법률의 규정에서 정하는 바에 따른다.
③ 행정청의 과태료 처분이나 법원의 과태료 재판이 확정된 후 법률이 변경되어 그 행위가 질서위반행위에 해당하지 아니하게 된 때에는 변경된 법률에 특별한 규정이 없는 한 과태료의 징수 또는 집행을 면제한다.
④ 신분에 의하여 성립하는 질서위반행위에 신분이 없는 자가 가담한 때에는 신분이 없는 자에 대하여도 질서위반행위가 성립한다.

10 「개인정보 보호법」에 대한 설명으로 옳지 않은 것은? (다툼이 있는 경우 판례에 의함)
① 「개인정보 보호법」상 '개인정보'란 살아있는 개인에 관한 정보로서 사자(死者)나 법인의 정보는 포함되지 않는다.
② 개인정보자기결정권의 보호대상이 되는 개인정보는 반드시 개인의 내밀한 영역에 속하는 정보에 국한되지 않고 공적 생활에서 형성되었거나 이미 공개된 개인정보까지 포함한다.
③ 개인의 고유성, 동일성을 나타내는 지문은 그 정보주체를 타인으로부터 식별가능하게 하는 개인정보이다.
④ 정보주체는 개인정보처리자가 「개인정보 보호법」을 위반한 행위로 손해를 입으면 개인정보처리자에게 손해배상을 청구할 수 있고, 이 경우 정보주체는 개인정보처리자의 고의 또는 과실을 입증하여야 한다.

01 전통적으로 정부는 시장실패의 교정수단으로 간주되었으나 수입할당제, 가격통제, 과도한 규제 등 정부의 지나친 개입은 오히려 시장을 악화시킬 수 있다는 주장이 대두되었다. 이러한 정부실패의 요인에 대한 설명으로 옳지 않은 것은?
① 공공조직의 내부성(internality)
② 비경합적이고 비배타적인 성격의 재화
③ 정부개입으로 인해 의도하지 않은 파생적 외부효과
④ 독점적 특혜로 인한 지대추구행위

02 개방체제이론에 관한 설명으로 적절하지 못한 것은?
① 개방체제는 정의 엔트로피를 증가시키려는 경향을 띠고 있다.
② 개방체제는 투입, 전환, 산출, 환류과정을 되풀이한다.
③ 개방체제는 조직을 외부환경 변화에 신축성 있게 적용하는 체제이다.
④ 개방체제 이론은 구조기능주의와 관계가 깊다.

03 듀브닉과 롬젝(Dubnick and Romzek)의 행정책임성 유형 중 외부지향적이고 통제의 강도가 높은 책임성은?
① 정치적 책임성
② 법적 책임성
③ 전문가적 책임성
④ 관료적 책임성

04 다음의 내용과 관련된 정책평가의 타당성 저해요인은?

공무원교육원에서 연수생을 대상으로 영어시험을 치른 후 최상위 20%에 해당하는 연수생들에게 영어특강을 실시하고 그 효과를 평가하였다.

① 크리밍효과
② 호손효과
③ 선발효과
④ 상실효과

05 다음 중 1종 오류와 관련이 없는 것은?
① 알파(α)오류
② 영가설을 기각하는 오류
③ 틀린 대립가설을 채택하는 오류
④ 올바른 대안을 기각하는 오류

06 다음의 표는 직무전문화와 과제의 성격과의 관계를 나타낸 표이다. ㉠ ~ ㉣의 업무가 잘 연결된 것은?

구분		수직적 전문화	
		높음	낮음
수평적 전문화	높음	㉠	㉡
	낮음	㉢	㉣

	㉠	㉡	㉢	㉣
①	비숙련 업무	전문가적 업무	일선관료 업무	고위관료 업무
②	비숙련 업무	일선관료 업무	전문가적 업무	고위관료 업무
③	고위관료 업무	전문가적 업무	일선관료 업무	비숙련 업무
④	고위관료 업무	일선관료 업무	전문가적 업무	비숙련 업무

07 직무평가의 방법 중에서 다음의 장점을 가진 방법은?

○ 체계적이고 과학적인 방법에 의하여 작성된 직무평가기준표를 사용하기 때문에 평가결과의 타당성과 신뢰성이 인정된다.
○ 한정된 평가요소만을 사용하는 것이 아니라, 분류대상 직위의 직무에 공통적이며 중요한 특징을 평가요소로 사용하기 때문에 관계인들이 평가결과를 쉽게 수용한다.

① 서열법
② 점수법
③ 분류법
④ 요소비교법

08 미국의 행정학자인 스미스(Harold D. Smith)가 제시한 예산원칙으로 잘 묶인 것은?

가. 보고의 원칙	나. 통일의 원칙
다. 책임의 원칙	라. 공개의 원칙
마. 계획의 원칙	바. 단일의 원칙

① 가, 나, 다
② 가, 다, 마
③ 나, 다, 마
④ 다, 마, 바

09 우리나라 예산에 대한 설명으로 옳지 않은 것은?
① 세입예산과목에는 관·항·목이 존재하지 않는다.
② 세출예산과목에서 장은 분야, 관은 부문, 항은 프로그램으로 구분된다.
③ 세출예산과목 중 장·관·항은 입법과목, 세항·목은 행정과목에 해당한다.
④ 세출예산과목에서 장·관·항 간의 상호융통을 이용, 세항·목 간의 상호융통을 전용이라 한다.

10 중앙집권과 지방분권의 측정지표로 보기 어려운 것은?
① 특별지방행정기관의 비중
② 국세와 지방세의 종류
③ 전체공무원 대비 지방공무원 비율
④ 조세총액 중 지방세 비율

2025 공무원 시험대비 【8월분】

8월

-제4회-

이 름: _____

제1과목 국어
제2과목 영어
제3과목 한국사
제4과목 행정법총론
제5과목 행정학개론

매일 모의고사 정오표

합격까지 박문각

매일 모고 국어 제4회

01 다음 예의 밑줄 친 부분에 대한 설명으로 가장 적절한 것은?

> ㉠ 상철이가 웃는다. <u>그리고</u> 현숙이가 웃는다.
> ㉡ 상철이<u>와</u> 현숙이가 서로 닮았다.
> ㉢ 상철이<u>와</u> 현숙이가 웃는다.
> ㉣ 상철이 <u>및</u> 현숙이가 웃는다.

① ㉠의 '그리고'는 문장의 다른 성분을 수식하지 않고 독립적으로 기능하므로 감탄사이다.
② ㉡의 '와'는 부사격 조사이다.
③ ㉢의 '와'는 부사격 조사이다.
④ ㉣의 '및'은 두 문장이 결합될 때 쓰이는 접속 부사(문장 부사)이다.

02 ㉠~㉣의 고쳐 쓰기 방안으로 적절하지 않은 것은?

> ㉠ 그 사건에 대해서는 충분한 해명이 있었습니다.
> ㉡ 영수는 신입사원 시절 훌륭한 가르침과 풍부한 경험을 쌓았다.
> ㉢ 내 의견은 법안에 반대하는 것이 옳다고 생각한다.
> ㉣ 아이를 훈육시키는 일은 쉬운 일이 아니다.

① ㉠: '충분한 해명이 있었습니다'는 번역 투이므로 '충분히 해명했습니다'로 고쳐 쓴다.
② ㉡: '훌륭한 가르침'에 대응하는 서술어가 없으므로 '훌륭한 가르침을 받고'로 고쳐 쓴다.
③ ㉢: '옳다고 생각한다'는 주어 '내 의견은'과 호응하지 않으므로 '옳다'로 고쳐 쓴다.
④ ㉣: 주체의 행위가 객체에 영향을 준다는 의미를 전달해야 하므로 '훈육시키는'은 '훈육하는'으로 고쳐 쓴다.

03 (가), (나)를 전제로 할 때, 빈칸에 들어갈 결론으로 적절한 것은?

> (가) 런닝을 꾸준히 하는 어떤 사람은 건강하다.
> (나) 건강한 모든 사람은 행복하다.
> 따라서 _____.

① 행복한 어떤 사람은 런닝을 꾸준히 한다.
② 행복한 모든 사람은 런닝을 꾸준히 한다.
③ 런닝을 꾸준히 하지 않는 어떤 사람도 건강하지 않다.
④ 건강하지 않은 어떤 사람도 행복하지 않다.

04 다음 글의 모든 문장이 참일 때, 밑줄 친 결론을 이끌어 내기 위해 추가해야 할 것은?

> 성실하지 않은 수강생은 존재하지 않는다.
> 어떤 사람은 성실하다.
> 따라서 <u>어떤 사람은 수강생이다.</u>

① 어떤 수강생은 성실하다.
② 성실한 모든 것은 수강생이다.
③ 어떤 사람은 성실하지 않다.
④ 어떤 성실한 것은 사람이다.

05 밑줄 친 표현이 ㉠의 의미와 가장 유사한 것은?

> 그는 두 귀를 쫑긋 ㉠ <u>세우고</u> 그들의 이야기를 들었다.

① 도끼날을 잘 <u>세워야</u> 나무를 쉽게 벨 수 있다.
② 그는 외투 깃을 <u>세우고</u> 길거리를 나섰다.
③ 기계를 한번 <u>세우면</u> 재가동하는 데 여러모로 손실이 크다.
④ 그는 어제 경기에서 우리가 이기는 데에 큰 공을 <u>세웠다</u>.

06 밑줄 친 표현이 ㉠의 의미와 가장 유사한 것은?

> 양철을 망치로 두드려 ㉠ <u>펴다</u>.

① 구부러진 못을 바르게 <u>펴다</u>.
② 접은 종이를 <u>펴자</u> 안에 편지가 적혀 있었다.
③ 그는 회의 중에 자신의 입장을 밝히며 반론을 <u>폈다</u>.
④ 손자의 재롱잔치에 그는 얼굴의 주름살을 <u>폈다</u>.

07 ㉠~㉣과 바꿔 쓸 수 있는 유사한 표현으로 적절하지 않은 것은?

(가) 여동생은 언니의 옷을 ㉠ 수선해서 입었다.
(나) 겨울 내내 ㉡ 혹독한 추위가 계속되어 사람들의 생활이 힘들었다.
(다) 그는 일이 뜻대로 되지 않자 사람들에게 ㉢ 표독하게 굴었다.
(라) 우리 부서는 보충 인력의 구인 광고를 전자 메일에 ㉣ 공시했다.

① ㉠: 바로잡아
② ㉡: 심한
③ ㉢: 사납게
④ ㉣: 알렸다

08 ㉠~㉣과 바꿔 쓸 수 있는 유사한 표현으로 적절하지 않은 것은?

(가) 그는 자신의 신분을 농부로 ㉠ 꾸민 다음에 그에게 접근했다.
(나) 그는 사람들을 ㉡ 속여 큰 이익을 챙겼다.
(다) 감염병 확산을 ㉢ 막기 위해 마스크 착용이 권고된다.
(라) 아이는 언제부터인가 자신의 방을 ㉣ 가지런하게 정리했다.

① ㉠: 위장한
② ㉡: 몽매하여
③ ㉢: 방지하기
④ ㉣: 단정하게

[09~10] 다음 글을 읽고 물음에 답하시오.

인간은 동물과는 달리 먹고 살아가기 위해서 무엇인가를 생산해야 한다. 이 생산 활동이 바로 '일'이다. 인간이 사회에서 살아남기 위해서는 일을 해야 하므로 인간의 삶에서 일은 필수적일 수밖에 없다. 그렇다면 일은 단순히 살아남기 위한 수단에 불과한 것일까?

원시 사회를 연구한 인류학자 ㉠ 레비스트로스는 일이라는 창조적 작업이 인간이 다른 동물들과 다르다는 것을 증명해 준다고 주장하였다. 그는 일이라는 창조적 작업을 통해서만 인간이 인간임을 확인할 수 있게 된다고 보았다. 그래서 그는 작품 창작에 열중하는 일이든 밭을 갈고 작물을 키우는 일이든 간에 일이란 언제나 거룩하고 귀한 것이라고 하였다.

반면 20세기의 철학자인 ㉡ 러셀은 일을 성스럽게 여기는 것을 비판하였다. 일을 아름답고 훌륭한 대상으로 여기는 것은, 역사적으로 볼 때 남들이 피땀 흘려서 한 일의 열매만을 놀면서 즐기려는 사회의 지배자들이 만든 속임수라는 것이다. 러셀은 인간이 일을 하는 것을 살아남기 위해 어쩔 수 없이 견뎌야 하는 것으로 보고, 일을 아름다운 대상인 것처럼 꾸미는 것은 정치적·경제적으로 권력을 가진 집단이 노동력을 제공하는 집단으로 하여금 복종하도록 하기 위해 사용한 수단이라고 주장하였다.

정치 철학자로 알려진 ㉢ 아렌트는 '일'을 ⓐ '작업(work)'과 ⓑ '고역(labor)'으로 구분하였다. 이 두 가지 모두 인간의 노력과 땀이 따르는 활동이며 어떤 결과를 목적으로 하는 활동이지만, '작업'은 자신의 생각에 따라 행하는 활동으로 창조적인 데 반해서 '고역'은 다른 사람에 의해 강요된 활동으로 기계적이라고 하였다. 창조적 활동의 목적이 작품 창작에 있다면, 기계적 활동의 목적은 상품 생산에만 있다는 것이다.

그런데 작업으로서의 일과 고역으로서의 일의 구별은 단순히 지적인 것과 육체적인 것의 차이에 의해서 결정되는 것이 아니다. 어느 학자가 하는 지적인 일도 경우에 따라서는 고역의 가장 나쁜 예가 될 수 있다. 반대로 육체적으로 극히 어려운 일도 경우에 따라서는 작업의 가장 좋은 예가 될 수 있다. 작업으로서의 일과 고역으로서의 일을 구별하는 기준은 그것이 인간의 존엄성을 높이는 것이냐, 아니면 떨어뜨리는 것이냐에 달려 있다.

09 ㉠~㉢에 대한 설명으로 적절하지 않은 것은?

① ㉠은 인간이 다른 동물과 구별되는 이유는 일을 하기 때문이라고 보았다.
② ㉠은 작품을 창작하는 일을 밭을 가는 일보다 가치 있게 여겼다.
③ ㉡은 인간이 일을 하는 것은 생존 문제와 관련이 있다고 보았다.
④ ㉡이 생각하는 일의 성격은 ㉢이 말한 '고역'에 가까운 것이라 할 수 있다.

10 윗글의 내용을 바탕으로 ⓐ와 ⓑ를 이해한 내용으로 적절하지 않은 것은?

① ⓐ는 창조적인 반면, ⓑ는 기계적이다.
② ⓐ는 인간의 존엄성을 높이는 반면, ⓑ는 인간의 존엄성을 떨어뜨린다.
③ ⓐ에는 작품을 창작하는 일이, ⓑ에는 상품을 생산하는 일이 포함된다.
④ ⓐ는 특정한 목적을 지니고 있는 반면, ⓑ는 어떠한 목적도 지니지 않는다.

매일 모고 영어 제4회

01 밑줄 친 부분에 들어갈 말로 가장 적절한 것은?

The customer became _____ after waiting in line for over an hour without service.

① fortunate
② crucial
③ compatible
④ furious

02 밑줄 친 부분에 들어갈 말로 가장 적절한 것은?

The professor took extra time to _____ the complex theory so that all students could understand it clearly.

① prosper
② explain
③ ignore
④ frustrate

03 밑줄 친 부분에 들어갈 말로 가장 적절한 것은?

Proper maintenance of machinery is essential to _____ unexpected breakdowns and costly repairs.

① pronounce
② prevent
③ distract
④ furnish

04 밑줄 친 부분에 들어갈 말로 가장 적절한 것은?

Our plan to visit the amusement park with the child was _____ by the sudden rain.

① spoiled
② instructed
③ fulfilled
④ distributed

05 밑줄 친 부분에 들어갈 말로 가장 적절한 것은?

Before deciding to _____ the article, the editorial team thoroughly reviewed the content to ensure it met high standards of accuracy and integrity.

① publish
② disturb
③ punish
④ disband

06 밑줄 친 부분에 들어갈 말로 가장 적절한 것은?

After summer vacation, the students will _____ again starting next week.

① go to school
② goes to school
③ go to the school
④ going to school

07 밑줄 친 부분 중 어법상 옳지 않은 것은?

She looked confused ① as she stood in front of the large building, unsure of where ② to head next. I will explain ③ you where to go. First, turn right at the corner and walk two blocks ahead ④ until you reach the park. After that, cross the street and continue straight for another three minutes.

08 밑줄 친 부분에 들어갈 말로 가장 적절한 것은?

 Tim
Hello, my mother was just admitted to a shared room.

 Jane
Yes, I see that here. How can I help you?

 Tim
She's having a hard time resting with other patients around. Is it possible to move her to a private room?

 Jane
Let me check the availability … I'm afraid all private rooms are currently full.

 Tim
I see. _____

 Jane
Of course. I'll put your name on the waiting list and contact you as soon as a private room opens up.

① Could you send the bill now?
② Could you let us know when one becomes available?
③ When will the surgery be possible?
④ Then, is it possible to move to a shared room?

09 주어진 문장이 들어갈 위치로 가장 적절한 것은?

> By exploiting quantum entanglement—a phenomenon Einstein famously referred to as "spooky action at a distance"—quantum computers can perform operations in parallel in ways classical computers cannot.

Traditional computers, though powerful, operate by manipulating bits that exist in one of two states: 0 or 1. (①) These binary operations, while effective for most tasks, impose fundamental limits on computational speed and complexity. (②) Quantum computing, however, leverages the principles of quantum mechanics to go beyond these binary constraints. (③) Its foundational unit, the qubit, can exist in superpositions, representing both 0 and 1 simultaneously. (④) This radical shift opens the door to solving problems in cryptography, chemistry, and optimization that would be practically impossible for classical machines.

10 다음 글의 내용과 일치하지 않는 것은?

SEMINAR: NEW ACCOUNTING SYSTEM INTEGRATION 2025

To support the smooth implementation of our newly adopted accounting system, the company is holding a cross-departmental seminar. Attendees will learn how the system affects operational processes across sales, raw materials, and document logistics departments.

WHO

- Required for all staff in Sales, Raw Materials, and Documentation departments
- Each session includes department-specific case studies and real-time system demonstrations.

WHAT

The seminar covers new invoice tracking features, automated purchase order processing, and document verification protocols.

Each department will explore tailored workflows:

- Sales will use the system to instantly generate client invoices and payment status reports.
- The Raw Materials team will transition to automated stock logging and supplier payment scheduling.
- The Documentation team will handle electronic document certification and compliance checks.

WHEN

- Sessions will run from 2 pm to 5 pm on weekdays.
- Monday, August 18 – Friday, August 29 (no seminar on August 22)

① The seminar introduces workflow changes in three departments.
② The new accounting system allows the sales team to generate reports manually.
③ The raw materials team will start using automated inventory and payment features.
④ The seminar runs in the afternoon for two weeks, excluding one specific date.

매일 모고 한국사 제4회

01 원 간섭기에 대한 다음 설명 중 옳지 않은 것은?
① 친원파들은 고려국을 없애고 고려를 원의 직할령으로 만들자는 주장을 하였다.
② 원의 부마국이 되었으나, 관제는 원래의 것을 그대로 유지하였다.
③ 원의 공녀 요구에 따라 결혼도감을, 매를 징발하기 위해 응방을 설치하였다.
④ 충렬왕 때 일본침공을 위해 정동행성이 설치되었다.

02 고려 시대 여성의 지위에 대한 설명 중 옳지 않은 것은?
① 부모의 유산은 자녀에게 균등하게 분배되었다.
② 아들이 없는 경우 양자를 들이는 경우가 거의 없었다.
③ 가정과 사회진출에 남녀 간의 차별이 크지 않았다.
④ 남귀여가혼의 경우가 많았다.

03 고려 후기에 편찬된 역사서와 그에 관한 설명 중 옳은 것은 무엇인가?

가. 『해동고승전』 - 일연이 왕명으로 편찬하였으며 선종의 입장에서 불교사를 정리하였다.
나. 『제왕운기』 - 충렬왕대 이승휴가 기록한 서사시로 단군신화를 기술하였다.
다. 『삼국유사』 - 충렬왕대 김부식이 저술한 관찬사서로 불교적 입장에서 야사체 혹은 기사본말체로 고대 설화 등을 수록하였다.
라. 『사략』 - 이규보가 성리학적 명분론에 따라 서술한 저서이다.

① 가
② 나
③ 다
④ 라

04 아래의 자료의 (가)에 대한 다음 설명 중 옳지 않은 것은?

처음에 (가)와(과) 남은은 임금을 날마다 뵙고 요동을 공격하기를 권고하고 진도를 익히게 하는 고로 그 급함이 이와 같았다. 이에 앞서 좌정승 조준이 휴가를 청하여 집에 돌아가 있으니, (가)와(과) 남은은 조준의 집에 찾아가서 말하기를 "요동을 공격하는 일은 이미 결정되었으니 공은 다시 말하지 마십시오"라고 하였다.

① 의정부가 정책을 심의하게 하는 의정부서사제를 실시하였다.
② 『조선경국전』, 『경제문감』 등을 저술하였다.
③ 『불씨잡변』을 통해 불교를 비판하였다.
④ 요동정벌을 계획하였다.

05 아래의 사건이 있었던 국왕 통치기에 일어난 사건으로 옳은 것은?

이덕응이 자백하기를 "평소 대윤·소윤에 휘말리지 않으려고 조심하였는데, 그들과 함께 모반을 꾸민다는 것은 말도 안 됩니다." 라고 하였다. 계속 추궁하자 그는 "윤임이 제게 이르되 경원대군이 왕위에 올라 윤원로가 권력을 잡게 되면 자신의 집안은 멸족될 것이니 봉성군을 옹립하자고 하였습니다."라고 실토하였다.

① 조식의 활약으로 백운동서원에 소수서원이라는 편액이 내려졌다.
② 에도막부와 기유약조가 수립되어 우호적 관계의 틀이 마련되었다.
③ 문정왕후의 가문이 권력을 농단하는 척신정치가 벌어졌다.
④ 황해도를 중심으로 광범위하게 전개된 홍경래의 난이 진압되었다.

06 다음 시와 노래가 의미하는 역사적 사건을 파악하여 이 사건이 발생한 순서대로 옳게 나열한 것은?

> (가) 한 많은 피난살이 설움도 많아 / 그래도 잊지 못할 판잣집이여
> 경상도 사투리에 아가씨가 슬피 우네 / 이별의 부산 정거장
> (나) 껍데기는 가라 / 4월도 알맹이만 남고 껍데기는 가라 / 껍데기는 가라
> 껍데기는 가라 / 동학년 곰나루의, 그 아우성만 살고 껍데기는 가라 ……
> (다) 어둠아 물러가라 현해탄 건너 / 눈물아 한숨도 너희도 함께
> 동무여 두손 모아 만세 부르자 / 광막한 시베리아 벌판을 넘어
> 아~ 해방의 해방의 깃발 날린다.
> (라) 월남에서 돌아온 새까만 김상사 / 이제야 돌아왔네
> 월남에서 돌아온 새까만 김상사 / 너무나 기다렸네
> 굳게 닫힌 그 입술 무거운 그 철모 / 웃으며 돌아왔네
> 어린 동생 반기며 그 품에 안기며……

① (가)-(나)-(다)-(라)
② (가)-(다)-(라)-(나)
③ (나)-(나)-(가)-(다)
④ (다)-(가)-(나)-(라)

07 제1차 갑오개혁에 관한 다음 설명 중 옳지 않은 것은?
① 일본의 경복궁 점령으로 시작되었다.
② 개혁 추진을 위한 초법적 기구로 군국기무처가 설치되었다.
③ 고종이 직접 홍범 14조와 교육입국조서를 반포하였다.
④ 추진 정책으로는 공·사노비법 혁파, 연좌제 폐지, 조혼 금지 등이 있었다.

08 아래 자료에서 (가)가 속한 나라에 해당하지 않는 역사적 사실은?

> (가)는(은) 소학교 교사로 초청을 받고 1886년 육영공원에서 외국어를 가르쳤다. 1905년 을사조약 후 한국의 자주 독립을 주장하여 고종의 밀서를 휴대하고 고국에 돌아가 호소하였으나 실패하였다. 1906년 『한국평론』을 통해 일본의 행위를 폭로하고, 고종에게 네덜란드에서 열리는 제2차 만국 회의에 밀사를 보내도록 건의하였다. 이후 조선의 독립을 위해 노력한 외국인으로서 건국 공로 훈장 태극장에 추서되었다.

① 한성전기회사를 설립하였다.
② 일본의 조선 침략을 지원하였다.
③ 거문도를 불법적으로 점령하였다.
④ 조선과의 조약에서 최혜국대우를 최초로 확보하였다.

09 연표에서 (가)~(다)에 들어갈 통일 정책을 순서대로 옳게 나열한 것은?

1988		1993		1998		2003
	(가)		(나)		(다)	
노태우 정부 출범		김영삼 정부 출범		김대중 정부 출범		노무현 정부 출범

	(가)	(나)	(다)
①	북한에 경수로 건설 시작	남북한 유엔 동시 가입	금강산 관광 시작
②	북한에 경수로 건설 시작	금강산 관광 시작	남북한 유엔 동시 가입
③	남북한 유엔 동시 가입	북한에 경수로 건설 시작	금강산 관광 시작
④	남북한 유엔 동시 가입	금강산 관광 시작	북한에 경수로 건설 시작

10 다음은 모두 같은 해에 발생한 사건들이다. 이와 관련하여 다음 설명 중 옳은 것은?

> ○ 4·13 호헌조치   ○ 이한열 최루탄 사망
> ○ 6·26 평화대행진   ○ 6·29 민주화선언

① 대통령 직선제 개헌이 이루어졌다.
② 전국에 계엄령이 선포되고 정치활동이 금지되었다.
③ 4년 중임의 대통령 직선제 개헌안이 국민투표로 확정되었다.
④ 폭력배와 사회문란 사범의 순화를 명목으로 삼청교육대가 만들어졌다.

매일 모고 행정법 제4회

01 법치행정의 원리에 대한 설명으로 옳지 않은 것은? (다툼이 있는 경우 판례에 의함)
① 법률유보의 원칙에서 요구되는 법적 근거는 작용법적 근거를 의미한다.
② 텔레비전방송수신료금액의 결정은 납부의무자의 범위와는 달리 수신료에 관한 본질적인 중요한 사항이 아니므로 국회가 스스로 결정할 필요는 없다.
③ 법률유보의 원칙은 단순히 행정작용이 법률에 근거를 두기만 하면 충분한 것이 아니라, 국가공동체와 그 구성원에게 기본적이고도 중요한 의미를 갖는 영역에 있어서는 행정에 맡길 것이 아니라 국민의 대표자인 입법자 스스로 그 본질적 사항에 대하여 결정하여야 한다는 요구까지 내포한다.
④ 자격이나 신분 등을 취득 또는 부여할 수 없거나 인가, 허가, 지정, 승인, 영업등록, 신고 수리 등을 필요로 하는 영업 또는 사업 등을 할 수 없는 사유는 법률로 정하여야 한다.

02 행정행위의 요건에 대한 설명으로 옳지 않은 것은? (다툼이 있는 경우 판례에 의함)
① 납세고지서의 송달을 받아야 할 자가 수령을 회피하기 위하여 일부러 송달을 받을 장소를 비워 두어 세무공무원이 송달을 받을 자와 보충송달을 받을 자를 만나지 못하여 부득이 사업장에 납세고지서를 두고 왔다고 하더라도 이로써 신의성실의 원칙을 들어 그 납세고지서가 송달되었다고 볼 수는 없다.
② 송달이 불가능하여 관보, 공보 등에 공고한 경우에는 다른 법령등에 특별한 규정이 있는 경우를 제외하고는 공고일부터 14일이 지난 때에 그 효력이 발생한다. 다만, 긴급히 시행하여야 할 특별한 사유가 있어 효력 발생 시기를 달리 정하여 공고한 경우에는 그에 따른다.
③ 내용증명우편이나 등기우편과는 달리, 보통우편의 방법으로 발송되었다는 사실만으로는 그 우편물이 상당한 기간 내에 도달하였다고 추정할 수 없고, 송달의 효력을 주장하는 측에서 증거에 의하여 이를 입증하여야 한다.
④ 상대방 있는 행정처분이 상대방에게 고지되지 아니하였다 하더라도 상대방이 인터넷 홈페이지 등 다른 경로를 통해 행정처분의 내용을 알게 되었다면 행정처분의 효력이 발생한다.

03 인허가의제에 대한 설명으로 옳지 않은 것은? (다툼이 있는 경우 판례에 의함)
① 주된 인허가에 의해 의제된 인허가는 통상적인 인허가와 동일한 효력을 가지나, '부분 인허가의제'가 허용되는 경우 의제된 인허가의 취소나 철회는 허용되지 않으므로 이해관계인이 의제된 인허가의 위법함을 다투고자 하는 경우에는 주된 인허가처분을 항고소송의 대상으로 삼아야 한다.
② 행정청이 건축불허가처분을 하면서 그 처분사유로 건축불허가 사유뿐만 아니라 그 의제의 대상이 되는 형질변경불허가 사유나 농지전용불허가 사유를 들고 있다고 하여 그 건축불허가처분 외에 별개로 형질변경불허가처분이나 농지전용불허가처분이 존재하는 것은 아니다.
③ 인허가의제 제도는 관련 인허가 행정청의 권한을 제한하거나 박탈하는 효과를 가진다는 점에서 법률 또는 법률의 위임에 따른 법규명령의 근거가 있어야 한다.
④ 관련 인허가 의제 제도는 사업시행자의 이익을 위하여 만들어진 것이므로, 사업시행자가 반드시 관련 인허가 의제 처리를 신청할 의무가 있는 것은 아니다.

04 행정소송의 제소기간에 대한 설명으로 옳지 않은 것은? (다툼이 있는 경우 판례에 의함)
① 당사자소송에 관하여 법령에 제소기간이 정하여져 있는 때에는 그 기간은 불변기간으로 한다.
② 보충역편입처분취소처분의 효력을 다투는 소에 공익근무요원복무중단처분, 현역병입영대상편입처분 및 현역병입영통지처분의 취소를 구하는 소를 추가적으로 병합한 경우, 각 추가된 소의 제소기간 준수 여부는 최초로 제기된 소인 보충역편입처분취소처분에 대한 소가 제기된 날을 기준으로 판단한다.
③ 취소소송은 처분등이 있은 날부터 1년을 경과하면 이를 제기하지 못하나, 정당한 사유가 있는 때에는 그러하지 아니하다.
④ 행정청이 영업자에게 행정제재를 한 후 그 처분을 영업자에게 유리하게 변경하였고 그 변경처분에 의해 유리하게 변경된 내용의 행정제재가 위법하다고 소를 제기한 경우 제소기간의 준수 여부는 변경된 내용의 당초 처분을 기준으로 판단한다.

05 행정소송의 심리에 대한 설명으로 옳은 것은? (다툼이 있는 경우 판례에 의함)
① 취소소송의 제기 당시에 원고적격을 갖추었다면 상고심 계속중에 원고적격을 상실하더라도 그 소는 적법하다.
② 피고인 처분청의 처분권한 유무는 피고적격의 문제이므로 법원의 직권조사사항이다.
③ 사실심에서 변론종결시까지 당사자가 주장하지 않던 직권조사사항에 해당하는 사항을 상고심에서 비로소 주장하는 경우 그 직권조사사항에 해당하는 사항은 상고심의 심판범위에 해당한다.
④ 행정처분의 당연무효를 주장하여 그 무효확인을 구하는 행정소송에 있어서는 피고 행정청이 그 행정처분에 중대·명백한 하자가 없음을 주장·입증할 책임이 있다.

06 행정법관계에 대한 설명으로 옳은 것은? (다툼이 있는 경우 판례에 의함)
① 대한변호사협회가 등록사무의 수행과 관련하여 정립한 규범은 협회 내부의 기준을 정한 것이지 대외적 구속력을 가지는 공권력의 행사에 해당하는 것으로 볼 수는 없다.
② 육군3사관학교의 사관생도 행정예규에 따라 사관생도의 모든 사적 생활에서까지 예외 없이 금주의무를 이행할 것을 요구하면서 경위 등을 묻지 않고 일률적으로 2회 위반 시 원칙적으로 퇴학 조치하도록 정한 것은, 사관생도의 특수한 신분관계를 고려할 때 기본권을 지나치게 침해하는 것은 아니다.
③ 「의료급여법」에 의하여 인정되는 의료급여수급권은 사회적권적 기본권의 일종으로서 헌법을 통하여 직접 인정되는 헌법적 권리에 해당한다.
④ 구「군인사법」제47조의2가 군인의 복무에 관한 사항에 관한 규율권한을 대통령령에 위임하면서 다소 개괄적으로 위임하였다고 하여 헌법 제75조의 포괄위임금지원칙에 어긋난다고 보기 어렵다.

07 행정상 즉시강제에 대한 설명으로 옳은 것은?
① 행정상 즉시강제는 직접강제와는 달리 행정상 강제집행에 해당하지 않는다.
② 즉시강제란 법령 또는 행정처분에 의한 선행의 구체적 의무의 불이행으로 인한 목전의 급박한 장해를 제거할 필요가 있는 경우에 행정기관이 즉시 국민의 신체 또는 재산에 실력을 행사하여 행정상의 필요한 상태를 실현하는 작용을 말한다.
③ 행정상 즉시강제가 목전에 급박한 장해를 예방하기 위한 경우에는 예외적으로 법률의 근거가 없이도 발동될 수 있다는 것이 일반적인 견해이다.
④ 「식품위생법」상 영업소 폐쇄명령을 받은 후에도 계속하여 영업을 하는 경우 해당 영업소를 폐쇄하는 조치는 행정상 즉시강제의 수단에 해당한다.

08 행정형벌에 대한 설명으로 옳은 것은? (다툼이 있는 경우 판례에 의함)
① 양벌규정에 의한 법인의 처벌은 어디까지나 행정적 제재처분일 뿐 형벌과는 성격을 달리한다.
② 양벌규정에 의한 영업주의 처벌은 금지위반행위자인 종업원의 처벌에 종속되는 것이므로 영업주만 따로 처벌할 수는 없다.
③ 「개인정보 보호법」에 따르면, 죄형법정주의의 원칙상 '법인격 없는 공공기관'을 「개인정보 보호법」 소정의 양벌규정에 의하여 처벌할 수 없고, 그 경우 행위자 역시 위 양벌규정으로 처벌할 수 없다.
④ 지방자치단체 소속 공무원이 지방자치단체 고유의 자치사무를 수행하던 중 구「도로법」에 위반하는 행위를 한 경우 지방자치단체는 구「도로법」상 양벌규정에 따라 처벌대상이 되는 법인에 해당하지 않는다.

09 영조물책임에 대한 설명으로 옳지 않은 것은? (다툼이 있는 경우 판례에 의함)

① 영조물이 그 용도에 따라 갖추어야 할 안전성을 갖추지 못한 상태에는 영조물이 공공의 목적에 이용됨에 있어 그 이용 상태 및 정도가 일정한 한도를 초과하여 제3자에게 사회통념상 수인할 것이 기대되는 한도를 넘는 피해를 입히는 경우까지 포함된다.

② 소음 등을 포함한 공해 등의 위험지역으로 이주하여 들어가 거주하는 경우와 같이 위험의 존재를 과실로 인식하지 못하고 이주한 경우, 이를 손해배상액의 산정에 있어 형평의 원칙상 과실상계에 준하여 감경 또는 면제사유로 고려하여야 한다.

③ 공유나 사유임을 불문하고 사실상 도로로 사용되고 있었다면, 도로의 노선인정 기타 공용개시가 없었다고 하여도 해당 도로는 「국가배상법」상 영조물이라고 할 수 있다.

④ 국가나 지방자치단체가 손해를 배상할 책임이 있는 경우에 영조물의 설치·관리를 맡은 자와 영조물의 설치·관리 비용을 부담하는 자가 동일하지 아니하면 그 비용을 부담하는 자도 손해를 배상하여야 한다.

10 행정상 손실보상에 대한 설명으로 옳지 않은 것은? (다툼이 있는 경우 판례에 의함)

① 국립공원구역지정 후 토지를 종래의 목적으로도 사용할 수 없거나 토지를 사적으로 사용할 수 있는 방법이 없이 공원구역 내 일부 토지소유자에 대하여 가혹한 부담을 부과하면서 아무런 보상규정을 두지 않은 경우에는 비례의 원칙에 위반되어 당해 토지소유자의 재산권을 과도하게 침해하는 것이라고 할 수 있다.

② 토지의 문화적·학술적 가치는 특별한 사정이 없는 한 손실보상의 대상이 되지 않는다.

③ 공공용물에 관하여 적법한 개발행위 등이 이루어짐으로 말미암아 이에 대한 일정범위의 사람들의 일반사용이 종전에 비하여 제한받게 되었다 하더라도 특별한 사정이 없는 한 그로 인한 불이익은 손실보상의 대상이 되는 특별한 손실에 해당한다고 할 수 없다.

④ 「하천법」 부칙과 이에 따른 특별조치법이 하천구역으로 편입된 토지에 대하여 손실보상청구권을 규정하였다고 하더라도 당해 법률규정이 아니라 관리청의 보상금지급결정에 의하여 비로소 손실보상청구권이 발생한다.

매일 모고 행정학 제4회

01 진보주의 정부관의 특징이 아닌 것은?
① 오류가능성이 있는 인간
② 시장의 잠재력 인정
③ 교환적 정의 중시
④ 정부규제 옹호

02 탈신공공관리론에 대한 설명으로 옳지 않은 것은?
① 신공공관리론의 한계를 보완하고 통치역량을 강화하고자 하는 개혁의 흐름이다.
② 조직개편의 기본방향으로 탈관료제를 지향한다.
③ 조직관리의 기본철학은 자율성과 책임성을 증대하는 것이다.
④ 구조적 통합을 통한 분절화의 축소 및 총체적 정부의 구성을 강조한다.

03 행정통제의 유형과 사례를 연결한 것으로 옳지 않은 것은?
① 외부·공식적 통제 - 국회의 국정감사
② 내부·비공식적 통제 - 국무조정실의 직무감찰
③ 외부·비공식적 통제 - 시민단체의 정보공개 요구 및 비판
④ 내부·공식적 통제 - 감사원의 정기 감사

04 다음 정책평가의 일반적 절차 중 마지막 단계에 해당하는 것은?
① 목표의 식별과 규명
② 평가결과의 활용과 환류
③ 자료 수집 및 분석
④ 평가기준의 설정

05 관련자들이 의사결정에 참여하지 않은 채 서면으로 대안에 대한 아이디어를 제출하도록 하고, 모든 아이디어가 제시된 이후 토의를 거쳐 투표로 의사결정을 하는 집단의사결정기법은?
① 델파이 기법
② 브레인스토밍
③ 지명반론자 기법
④ 명목집단 기법

06 조직구조 및 유형의 특성에 대한 설명으로 옳은 것은?
① 애드호크라시는 공식화 정도가 높고 분권화되어 있으며, 수직적 분화가 심한 특징을 보여주고 있다.
② 공식화는 자원배분을 포함한 의사결정 권한이 조직의 상하 직위 간에 어떻게 분배되어 있는가를 의미한다.
③ 복잡성은 조직이 얼마나 나누어지고 흩어져 있는가의 분화정도를 말하며, 수평적·수직적·공간적 분화 등으로 세분화 할 수 있다.
④ 집권화는 업무수행 방식이나 절차가 표준화되어 있는 정도를 의미하며 직무기술서, 내부규칙, 보고체계 등의 명문화 정도로 측정할 수 있다.

07 다음 중 동기부여에 대한 과정이론만을 모두 고른 것은?

ㄱ. 아담스(Adams)의 공정성이론
ㄴ. 브룸(Vroom)의 기대이론
ㄷ. 매클리랜드(McClelland)의 성취동기이론
ㄹ. 로크(Locke)의 목표설정이론

① ㄱ, ㄴ
② ㄱ, ㄴ, ㄹ
③ ㄴ, ㄷ, ㄹ
④ ㄷ, ㄹ

08 공무원 인사제도와 추구하는 이념이 잘못 연결된 것은?
① 직업공무원제 - 행정의 안정성과 계속성
② 엽관주의 - 행정의 민주성과 책임성
③ 실적주의 - 행정의 능률성과 전문성
④ 대표관료제 - 행정의 생산성과 신뢰성

09 성립시기에 따른 예산 분류에 대한 다음 설명 중 옳지 않은 것은?
① 준예산은 국회의 의결이 불필요하지만 지출항목이 한정적이다.
② 영국과 미국은 예산심의제도상 잠정예산을 사용하고 있다.
③ 한국은 회계연도 개시 30일 전까지 의결이 되지 않을 경우 준예산을 사용한다.
④ 사용기간에 제한이 있는 것은 가예산이다.

10 우리나라의 지방자치단체에 대한 설명으로 옳지 않은 것은?
① 군은 광역시나 특별자치도 및 도의 관할구역 안에, 자치구는 특별시나 광역시의 관할구역 안에 둔다.
② 자치구의 자치권의 범위는 법령으로 정하는 바에 따라 시·군과 다르게 할 수 없다.
③ 특별시·광역시 및 특별자치시가 아닌 인구 50만 이상의 시는 자치구가 아닌 구를 둘 수 있고 도가 처리하는 사무의 일부를 처리하게 할 수 있다.
④ 특별시·광역시 및 특별자치시가 아닌 인구 100만 이상 대도시와 실질적인 행정수요, 국가균형발전 및 지방소멸위기 등을 고려하여 행정안전부장관이 지정하는 시·군·구는 관계 법률로 정하는 바에 따라 추가로 특례를 둘 수 있다.

2025 공무원 시험대비 【8월분】

-제5회-

이 름: _____

제1과목 국어
제2과목 영어
제3과목 한국사
제4과목 행정법총론
제5과목 행정학개론

매일 모의고사 정오표

합격까지 박문각

매일 모고 국어 제5회

01 밑줄 친 부분이 주성분이 아닌 것은?
① 광수는 나에게 커피만 주었다.
② 그 사람 말은 사실도 아니었다.
③ 우리가 사고를 미연에 막지 못했다.
④ 지자체에서 그 일을 적극적으로 추진하고 있다.

02 다음 문장 중에서 의사 전달이 가장 명확한 것은?
① 영호는 미용실에서 미용을 한다.
② 다시 풀려진 묶었던 머리를 나는 움직이지 않게 더 꽉 묶었다.
③ 두 명의 경찰이 범죄자 둘을 잡았다.
④ 국민의 안전을 지키는, 여러분의 공무원이 되겠습니다.

03 다음을 읽고 추론할 수 있는 내용으로 적절하지 않은 것은?

> 생활 환경에서 병원체의 수를 억제하고 전염병을 예방하기 위한 목적으로 사용하는 방역용 화학 물질을 '항(抗)미생물 화학제'라 한다. 항미생물 화학제는 다양한 병원체가 공통으로 갖는 구조를 구성하는 성분들에 화학 작용을 일으키므로 광범위한 살균 효과가 있다. 그러나 병원체의 구조와 성분은 병원체의 종류에 따라 완전히 같지는 않으므로, 동일한 항미생물 화학제라도 그 살균 효과는 다를 수 있다.
> 항미생물 화학제 중 멸균제는 포자를 포함한 모든 병원체를 파괴한다. 감염방지제는 포자를 제외한 병원체를 사멸시키는 화합물로 병원, 공공시설, 가정의 방역에 사용된다. 감염방지제 중 독성이 약해 사람의 피부나 상처 소독에도 사용이 가능한 항미생물 화학제를 소독제라 한다. 사람의 세포막도 지질 성분으로 이루어져 있어 소독제라 하더라도 사람의 세포를 죽일 수 있으므로, 눈이나 호흡기 등의 점막에 접촉하지 않도록 주의해야 한다. 따라서 항미생물 화학제는 병원체에 대한 최대의 방역 효과와 인체 및 환경에 대한 최고의 안전성을 확보할 수 있도록 종류별 사용법을 지켜야 한다.

① 소독제에 사멸되는 병원체는 지질 성분으로 구성된 구조를 가지고 있을 것이다.
② 멸균제는 모든 병원체가 공통으로 갖는 구조를 구성하는 성분들에 화학 작용을 일으킬 것이다.
③ 어떤 소독제의 지질을 파괴하는 기능을 강화한다면 세균에 대한 방역 효과는 높아지겠지만 인체에는 더 위험할 것이다.
④ 항미생물 화학제 중 병원체의 살균 효과가 가장 높은 것은 소독제일 것이다.

04 다음 글의 모든 문장이 참일 때, 밑줄 친 결론을 이끌어 내기 위해 추가해야 할 것은?

> 모든 예술가들은 감성적이다. 따라서 감성적인 어떤 사람은 수학에 재능이 있다.

① 수학에 재능이 없는 어떤 사람은 예술가가 아니다.
② 수학에 재능이 없는 어떤 사람은 감성적이지 않다.
③ 예술가 중 어떤 사람은 수학에 재능이 있다.
④ 예술가들은 모두 수학에 재능이 없다.

05 밑줄 친 표현이 ㉠의 의미와 가장 유사한 것은?

> 그 장사의 힘을 ㉠ 덮을 자가 있다니, 세상엔 정말 무서운 인물도 많은 법이다.

① 책을 덮고 생각에 잠기다.
② 우울한 분위기가 방 안을 덮고 있다.
③ 감기에는 휴식을 덮을 약이 없다.
④ 친구라면 서로의 허물을 덮어 줄 줄도 알아야 한다.

06 밑줄 친 표현이 ㉠의 의미와 가장 유사한 것은?

> 단속반이 나타나자 노점상들은 벌여 놓았던 물건을 부리나케 ㉠ 거두었다.

① 웃음을 거두고 정색을 하다.
② 그는 민망한 상황에 처하자 급히 시선을 거두었다.
③ 그만 저에 대한 노여움을 거두십시오.
④ 이부자리를 거두고 나서 방 안을 깨끗이 청소했다.

07 ㉠~㉣과 바꿔 쓸 수 있는 유사한 표현으로 적절하지 않은 것은?

> (가) 월말마다 상품의 재고량을 ㉠ 파악하고 보고서를 작성한다.
> (나) 지위가 이사로 ㉡ 격상하면 그에 따르는 권한과 책임도 커진다.
> (다) 우리는 나라를 구한 이순신 장군을 영웅으로 ㉢ 추앙한다.
> (라) 하루 종일 정신없이 뛰어다녔더니 몸이 너무 ㉣ 피곤하다.

① ㉠: 알고
② ㉡: 내려가면
③ ㉢: 우러러본다
④ ㉣: 고달프다

08 ㉠~㉣과 바꿔 쓸 수 있는 유사한 표현으로 적절하지 않은 것은?

> (가) 그녀는 그 남자에게서 ㉠ 벗어나고만 싶었다.
> (나) 그가 이사한 집은 생각보다 ㉡ 자그마했다.
> (다) 그는 처음 보는 손님에게도 ㉢ 정겹게 대했다.
> (라) 한번 무너진 신뢰는 ㉣ 되찾기 어렵다.

① ㉠: 도망치고만
② ㉡: 아담했다
③ ㉢: 친절하게
④ ㉣: 요구하기

09 ㉠~㉢에 대한 설명으로 적절하지 않은 것은?

> 빈센트 반 고흐는 짧고 격정적인 삶을 살아가는 동안 화가로서 온당한 인정을 받지 못했지만 사후에 유명해지기까지는 그리 오래 걸리지 않았다. 그의 삶과 예술이 모두 당시에는 이해할 수 없는 것으로 받아들여졌다는 것과 그의 삶을 이해하는 데 있어 해바라기 모티브가 중요한 역할을 했다는 것은, 1892년에 있었던 그의 회고전에 쓰인 카탈로그 표지를 통해 알 수 있다. 그 표지에는 이제 막 해가 떠오르고 있음에도 불구하고 고개를 숙인 ㉠ 해바라기가 애처롭게 그려져 있다.
> 고독한 생활 속에 오해받는 예술가였던 빈센트 반 고흐의 삶은 동생 테오와 주고받은 편지를 통해 엿볼 수 있으며, 이러한 파란만장했던 삶을 소재로 한 최초의 소설은 1913년에 출간되었다. 어빙 스톤이 써서 베스트셀러가 되었던 전기 소설 "빈센트 빈센트 빈센트 반 고흐"는 1934년에 나왔으며, 1950년에는 빈센트 미넬리 감독이 이를 영화화하기도 했다. 이는 모두 빈센트 반 고흐를 신화화하는 데에 어느 정도 기여했다고 볼 수 있다. 지금까지도 반 고흐의 일생을 다룬 책이나 영화는 끊임없이 만들어지고 있다. 물론 반 고흐가 ㉡ 재능을 가진 성실한 화가가 아니었다면 그의 삶을 다룬 이야기는 사람들의 관심을 끌지 못했을 것이다. 하지만 ㉢ 그러한 삶을 사람들에게 확고하게 각인시켜 준 전기들이 없었더라면, 반 고흐의 그림들은 지금 누리고 있는 지위를 얻을 수 없었을 것이다. 그의 전시회는 항상 관람객으로 넘쳐나고 '해바라기'를 활용한 소품들도 끊임없이 팔리고 있다. 그렇게 상품들이 쏟아지는 현상의 이면에는 감상주의와 상업주의가 혼재되어 있는 것으로 해석할 수 있다.

① ㉠을 통해 알 수 있듯이 ㉠과 ㉡을 분리하여 생각할 수는 없을 것이다
② ㉠은 예술의 순수함과 이를 이용하고 있는 상업주의를 함께 찾아볼 수 있게 한다.
③ ㉡이 반 고흐의 그림이 인기를 끌게 된 전제였다면 ㉢은 촉진제 역할을 하였다.
④ ㉢으로 인해 오해가 풀리면서 사람들은 반 고흐가 ㉡임을 알게 되었다.

10 다음 글에 대한 설명으로 적절하지 않은 것은?

> 신라의 종은 중국 종의 영향을 받는 와중에도 독특한 조형 양식을 바탕으로 한 대형 종을 발전시켜 갔다. 타종 부위인 당좌에 새겨진 천인상과 종의 상부, 하부에 각기 위치한 띠 문양의 장식은 중국 종에서 찾아볼 수 없는 모습이었으며, 종 형태 역시 八자형으로 종 하부가 넓은 중국 종과 달리 당좌가 새겨진 정중앙부가 가장 볼록한 형태를 가지고 있었다. 이런 종의 모습은 조선 전기의 극적 변화가 나타나기 전까지 유지되었다.
> 고려 시기 당좌의 위치가 변화하고 장식이 추가되는 등의 변화를 거쳐 조선 초기 범종은 중국 종의 양식을 적극적으로 받아들여 종 형태를 비롯한 다수의 변화를 보인다. 소형 종이 주조되고 종 상하부의 띠 문양 장식과 당좌가 사라진 것이 그 영향이다. 16세기 이후에는 신라 종의 전통을 살린 복고풍의 종이 제작되기 시작하였다. 이런 복고풍의 종과 중국풍의 종은 양립하다가 조선 중기 이후에는 복고풍 종의 주조양식이 사라지는 것으로 결말이 나게 된다.

① 조선 후기의 종은 중국 양식의 종과 완전히 다른 모습일 것이다.
② 고려시대 종은 신라시대 종과 타종 부위가 다를 것이다.
③ 중국 종은 신라 시기의 종보다 그 크기가 작을 것이다.
④ 조선 초기 종은 고려 시기 종과 달리 당좌가 없을 것이다.

매일 모고 영어 제5회

01 밑줄 친 부분에 들어갈 말로 가장 적절한 것은?

> Feeling _____ about the accident, she decided to take responsibility.

① guilty
② civil
③ irresponsible
④ adorable

02 밑줄 친 부분에 들어갈 말로 가장 적절한 것은?

> I had an _____ moment when I suddenly forgot my friend's name while introducing them.

① grateful
② chronic
③ awkward
④ gradual

03 밑줄 친 부분에 들어갈 말로 가장 적절한 것은?

> If you skip meals and _____ yourself because of a diet plan, it can be harmful to your health.

① qualify
② interact
③ starve
④ donate

04 밑줄 친 부분에 들어갈 말로 가장 적절한 것은?

> The audience gradually began to _____ outside the concert hall an hour before the show started.

① interfere
② glance
③ dread
④ gather

05 밑줄 친 부분에 들어갈 말로 가장 적절한 것은?

> Many _____ people rely on guide dogs when moving outdoors.

① cruel
② annual
③ ideal
④ blind

06 밑줄 친 부분에 들어갈 말로 가장 적절한 것은?

> The organization will face challenges maintaining _____ reputation without proper management.

① their
② our
③ it
④ its

07 밑줄 친 부분 중 어법상 옳지 않은 것은?

> This morning, I was waiting ① <u>at</u> the café for our meeting. He let me ② <u>be known</u> they were going to be late for work. ③ <u>Because of</u> the heavy traffic, their arrival ④ <u>was delayed</u> by almost an hour.

08 밑줄 친 부분에 들어갈 말로 가장 적절한 것은?

> A: Hi, the doctor told me I need to be admitted to the hospital.
> B: Okay. Do you have your ID and insurance card with you?
> A: Yes, here they are.
> B: Thank you. Please fill out this admission form. It includes your personal information and emergency contact.
> A: Alright. Do I get a shared room or a private room?
> B: That depends on availability. _____
> A: Yes, I'd like to, if possible.
> B: I've checked, and there is one private room available. We'll assign it to you.

① Would you prefer a private room?
② Is there any reason you can't be admitted?
③ Have you been to this hospital before?
④ Is this your first surgery?

09 다음 글의 흐름상 어색한 문장은?

Scientific breakthroughs often emerge from unexpected observations or even mistakes. ① In 1928, Alexander Fleming noticed that a mold had killed bacteria on a petri dish he had forgotten to clean, leading to the discovery of penicillin. ② Similarly, microwave ovens were developed after Percy Spencer found that a chocolate bar melted in his pocket near radar equipment. ③ The marketing strategy for such inventions usually involves extensive consumer testing and brand positioning. ④ In many cases, these chance discoveries revolutionized entire industries and improved public health or daily life. Such examples show that flexibility and curiosity are essential traits in scientific research.

10 다음 글의 주제로 가장 적절한 것은?

Caring for a child often feels like trying to solve a massive puzzle with constantly changing pieces. You need to help them learn new things, like tying their shoelaces or sharing toys with others, but each day brings new challenges. For example, getting a child to eat vegetables or making bedtime a smooth routine are just some of the ongoing tasks parents face. Children grow quickly, and as they do, they begin to think for themselves and express their emotions—much like learning to ride a wobbly bicycle. Parenting is more than simply guiding a child; it's about finding a balance between letting them do things independently and keeping them safe. Just like being told to color inside the lines, parenting comes with lots of advice, making it feel like everyone has their own rulebook. Though filled with love and laughter, parenting is also a journey that requires solving daily problems like a superhero.

① advice for being a good parent
② challenges that make parenting difficult
③ children's incredible capacity for learning
④ importance of respecting children's independence

매일 모고 한국사 제5회

01 다음과 같은 시대 상황에서 볼 수 있는 모습으로 적절하지 않은 것은?

> 도구와 기술이 발달하면서 생산이 늘자, 사람들은 자신이 일해서 수확한 것을 스스로 관리하고 여러 가지 도구와 재물도 공동의 것으로 하지 않고 개인이 소유하였다. 이렇게 되자 원시 공동체가 무너져 부자와 가난한 자가 생겨나고 권력을 쥐고 남을 부려먹는 지배자가 나타났다.

① 반달 돌칼로 곡식의 이삭을 자르는 사람
② 자신이 하늘의 후손이라고 주장하는 군장
③ 빗살무늬토기에 잡곡을 저장하는 주민
④ 주춧돌 위에 기둥을 세우고 움집을 만드는 사람

02 다음 <보기> 중 하나만 다른 나라이다. 이를 고르면?

<보기>
㉠ 수렵 사회의 전통을 보여 주는 제천 행사가 12월에 열렸으며, 이 때에는 하늘에 제사를 지내고 노래와 춤을 즐겼으며, 죄수를 풀어 주기도 하였다.
㉡ 가축의 이름 딴 부족장이 사출도를 다스렸다.
㉢ 간음을 하거나, 투기가 심한 부인은 사형에 처하였다.
㉣ 5월과 10월에 제천행사를 거행하였다.

① ㉠
② ㉡
③ ㉢
④ ㉣

03 다음 (가)~(다) 시기에 있었던 사실로 옳지 않은 것은?

> 고구려가 신라를 구원하여 왜를 격퇴하다. - (가) - 백제 문주왕이 도읍을 웅진으로 천도하였다. - (나) - 신라가 왕호를 사용하다. - (다) - 대가야가 멸망하다.

① (가) - 고구려가 한강유역을 장악하였다.
② (나) - 백제는 탐라국을 복속하여 속국으로 삼다.
③ (다) - 신라가 경주에 시사를 설치하였다.
④ (다) - 신라가 한강 유역을 장악하였다.

04 다음과 내용을 행동의 규범으로 삼았던 조직에 대한 설명으로 옳지 않은 것은?

> "하나는 충으로써 임금을 섬기고, 둘은 효로써 부모를 섬기며, 셋은 믿음으로써 친구를 사귀고, 넷은 전장에 나아가 물러서지 않으며, 다섯은 생명 있는 것을 가려서 죽인다는 것이다. 너희는 실행에 옮기되 소홀히 하지 말라."라고 하였다.

① 진흥왕 때 국가 차원에서 그 활동을 장려하여 조직이 확대되었다.
② 관등과 신분과 결합시킨 제도였다.
③ 여러 계층이 같은 조직 속에서 일체감을 가지고 활동하였다.
④ 신라 청소년들에게 전통적 사회 규범을 가르치는 역할을 담당하였다.

05 발해사의 전개과정에 대한 설명으로 옳지 않은 것은?
① 대조영은 당으로부터 발해군왕에 책봉된 다음 발해라는 국호를 사용하기 시작했다.
② 발해의 3성은 당의 영향을 받아 이름과 운영을 동일하게 적용하였다.
③ 육정산 고분군에서 발견된 정혜공주의 무덤은 굴식 돌방무덤으로 고구려의 양식을 계승한 모줄임 천장 구조였다.
④ 발해 경제는 목축과 수렵이 활발했고, 농업은 밭농사 중심이었지만 일부 지역에서는 벼농사도 지었다.

06 (가)~(다)에 대한 설명으로 옳은 것은?

① (가) - 통일신라 신문왕 때 제작된 장중하고 웅대한 석탑이다.
② (나) - 복원 과정에서 세계 최고(最古)의 금속활자가 발견되었다.
③ (다) - 신라 중대에 제작된 석탑으로, 기단과 탑신에 부조로 불상을 새겼다.
④ (다) - 승려의 사리를 봉안하고 탑신에는 승려의 일대기를 새겨 넣었다.

- 5 -

07 다음과 같은 구조를 가진 건축물에 대한 설명으로 옳은 것을 <보기>에서 모두 고른 것은?

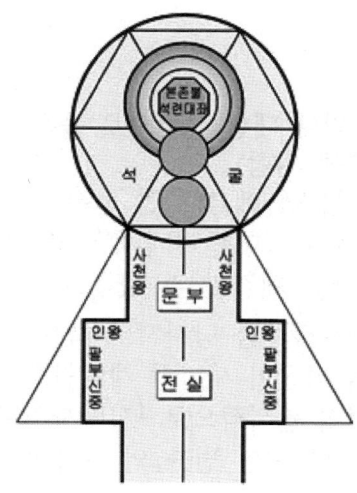

<보기>
ㄱ. 신라의 정밀한 수학적 지식이 이용된 구조물이다.
ㄴ. 인공적으로 축조한 석굴 사원이다.
ㄷ. 경덕왕 때 김대성이 지은 사원으로 다보탑이 조성되어 있다.
ㄹ. 주실 중앙에는 선종의 영향을 받은 승탑이 있다.

① ㄱ
② ㄱ, ㄴ
③ ㄱ, ㄴ, ㄷ
④ ㄱ, ㄴ, ㄷ, ㄹ

08 다음 글의 밑줄 친 내용에 해당하는 사례로 적절한 것은?

그는 고려 중기 전성기를 이끈 성군(聖君)이었다. 그의 통치 기간 중에 고려의 여러 문물제도가 완비되고 최충 등의 노력으로 학문이 발달하였으며, 사회가 안정되었다. 중앙에서는 내사문하성을 중서문하성으로 고쳐 부르게 되었고, 6부의 상서 위에 판사를 두고 2품 이상의 재상들이 이를 겸임하도록 하여 국정의 논의와 행정의 실무를 맡도록 한 '6부 판사제'를 본격적으로 시행하였다. 지방 제도로는 개성부가 다시 복구되어 수도인 개성주위의 경기를 통치하게 되었다. 이러한 정치 제도의 정비를 바탕으로 다양한 제도의 정비도 이루어졌다.

① 호장과 부호장을 상층부로 하는 향리 제도를 처음으로 마련하였다.
② 국방력 강화를 위해 전국적인 군사 조직인 광군을 편성하였다.
③ 5품 이상의 고위 관료를 대상으로 하는 공음전시법을 제정하였다.
④ 관료들의 관품과 인품을 동시에 고려한 전시과 체제를 마련하였다.

09 고려시대의 토지제도이다. 옳은 것을 고르면?

㉠ 역분전은 전국의 토지를 대상으로 지급하였다.
㉡ 시정전시과는 전·현직 관리에게 지급하였다.
㉢ 경정전시과는 경기 지방의 토지로 한정해서 지급했다.
㉣ 개정전시과는 관직의 높낮이와 인품을 반영하였다.

① ㉠
② ㉡
③ ㉢
④ ㉣

10 밑줄 친 ㉠~㉣에 대한 설명으로 옳지 않은 것은?

○○의 이력	
목종 8년	과거에 장원 급제함.
현종 4년	국사수찬관으로 ㉠<u>「칠대실록」</u> 편찬에 참여함.
정종 1년	㉡<u>지공거</u>가 되어 과거를 주관함.
문종 1년	㉢<u>문하시중</u>이 되어 형법의 기틀을 마련함.
문종 4년	도병마사의 판사를 겸하고 동여진에 대한 대비책을 건의함.
문종 9년	퇴직 후 ㉣<u>9재 학당</u>을 설립함.

① ㉠ - 현존 최고의 역사서로 유네스코 기록유산으로 선정되었다.
② ㉡ - 급제자와 함께 좌주 - 문생의 유착 관계를 형성하였다.
③ ㉢ - 중서문하성의 장관으로 고려의 국정을 총괄하였다.
④ ㉣ - 개경의 대표작인 사립학교로 9경(經)과 3사(史)를 가르쳤다.

매일 모고 행정법 제5회

01 행정행위에 대한 설명으로 옳은 것은? (다툼이 있는 경우 판례에 의함)
① 한의사 면허는 강학상 특허에 해당하고, 한약조제시험을 통하여 약사에게 한약조제권을 인정함으로써 한의사들의 영업상 이익이 감소되었다면 이러한 이익은 「약사법」이나 「의료법」 등의 법률에 의하여 보호되는 법률상 이익이라 볼 수 있다.
② 사실의 존부에 대한 판단에도 재량권이 인정될 수 있으므로, 사실을 오인하여 재량권을 행사한 경우라도 처분이 위법한 것은 아니다.
③ 음주운전으로 인한 운전면허취소처분의 재량권 일탈·남용 여부를 판단할 때, 운전면허의 취소로 입게 될 당사자의 불이익보다 음주운전으로 인한 교통사고를 방지하여야 하는 일반예방적 측면이 더 강조되어야 한다.
④ 지적공부 소관청의 지목변경신청 반려행위는 국민의 권리관계에 영향을 미친다고 볼 수 없어서 행정처분에 해당하지 않는다.

02 행정계획에 대한 설명으로 옳은 것은? (다툼이 있는 경우 판례에 의함)
① 도시기본계획은 도시의 장기적 개발 방향과 미래상을 제시하는 도시계획 입안의 지침이 되는 장기적·종합적인 개발계획으로서 직접적인 구속력이 있으므로, 도시계획시설결정 대상면적이 도시기본계획에서 예정했던 것보다 증가할 경우 도시기본계획의 범위를 벗어나 위법하다.
② '4대강 살리기 마스터플랜'은 4대강 정비사업 지역 인근에 거주하는 주민의 권리·의무에 직접 영향을 미치는 것이어서 행정처분에 해당한다.
③ 구 「도시계획법」상 행정청이 정당하게 도시계획결정의 처분을 하였다고 하더라도 이를 관보에 게재하여 고시하지 아니한 이상 대외적으로는 아무런 효력이 발생하지 않는다.
④ 행정계획은 행정기관 내부의 행동 지침에 불과하므로, 도시계획구역 내 토지 등을 소유하고 있는 주민은 입안권자에게 도시계획입안을 요구할 수 있는 법규상 또는 조리상의 신청권이 없다.

03 공법상 계약에 대한 설명으로 옳은 것은? (다툼이 있는 경우 판례에 의함)
① 「행정기본법」에 따르면 신속히 처리할 필요가 있거나 사안이 경미한 경우에는 말 또는 서면으로 공법상 계약을 체결할 수 있다.
② 지방자치단체를 당사자로 하는 계약에 관하여는 그 계약의 성질이 사법상 계약인지 공법상 계약인지와 상관없이 원칙적으로 「지방자치단체를 당사자로 하는 계약에 관한 법률」의 규율이 적용된다고 보아야 한다.
③ 계약직공무원 채용계약해지의 의사표시는 일반공무원에 대한 징계처분과는 다르지만, 「행정절차법」의 처분절차에 의하여 근거와 이유를 제시하여야 한다.
④ 공법상 계약이 법령 위반 등의 내용상 하자가 있는 경우에도 그 하자가 중대명백한 것이 아니면 취소할 수 있는 하자에 불과하고 이에 대한 다툼은 당사자소송에 의하여야 한다.

04 취소소송의 소송요건에 대한 설명으로 옳지 않은 것은? (다툼이 있는 경우 판례에 의함)
① 교육부장관이 갑 대학교를 설치·운영하는 을 학교법인의 이사를 선임한 처분에 대하여 갑 대학교 교수협의회와 전국대학노동조합 갑 대학교지부는 그 취소를 구할 법률상 이익이 있다.
② 사립학교 교원에 대한 징계처분의 경우에는 학교법인 등의 징계처분은 행정처분이 아니므로 그에 대한 소청심사청구에 따라 위원회가 한 결정이 행정처분이고, 행정소송에서의 심판대상은 학교법인 등의 원 징계처분이 아니라 위원회의 결정이 되며, 따라서 피고도 행정청인 위원회가 된다.
③ 소청심사결정의 취소를 구하는 소송에서 소청심사단계에서 이미 주장된 사유만을 행정소송에서 판단대상으로 삼을 것은 아니고 소청심사결정 후에 생긴 사유가 아닌 이상 소청심사단계에서 주장하지 않은 사유도 행정소송에서 주장하는 것이 가능하다.
④ 필요적 행정심판전치주의가 적용되는 경우 행정심판전치 요건은 사실심 변론종결시까지 충족하면 된다.

05 취소소송의 판결에 대한 설명으로 옳은 것은? (다툼이 있는 경우 판례에 의함)

① 행정처분을 취소하는 확정판결이 있으면 그 취소판결 자체의 효력에 의해 그 행정처분을 기초로 하여 새로 형성된 제3자의 권리는 당연히 그 행정처분 전의 상태로 환원된다.

② 처분을 할 것인지 여부와 처분의 정도에 관하여 재량이 인정되는 과징금 납부명령에 대하여 그 명령이 재량권을 일탈하였을 경우, 법원은 재량권의 범위 내에서 어느 정도가 적정한 것인지에 관하여 판단할 수 있고 그 일부를 취소할 수 있다.

③ 새로운 처분의 처분사유가 종전 처분의 처분사유와 기본적 사실관계에서 동일하지 않은 다른 사유에 해당하더라도, 처분사유가 종전 처분 당시 이미 존재하고 있었고 당사자가 이를 알고 있었다면 이를 내세워 새로이 처분을 하는 것은 확정판결의 기속력에 저촉된다.

④ 과세처분을 취소하는 판결이 확정되면 그 과세처분은 처분시에 소급하여 소멸하므로 그 뒤에 과세관청에서 그 과세처분을 경정하는 경정처분을 하였다면 이는 존재하지 않는 과세처분을 경정한 것으로서 그 하자가 중대하고 명백한 당연무효의 처분이다.

06 행정법의 일반원칙에 대한 설명으로 옳지 않은 것은? (다툼이 있는 경우 판례에 의함)

① 비례의 원칙은 법치국가 원리에서 당연히 파생되는 헌법상의 기본원리로서, 모든 국가작용에 적용된다.

② 조례안이 지방의회의 조사를 위하여 출석요구를 받은 증인이 5급 이상 공무원인지 여부, 기관(법인)의 대표나 임원인지 여부 등 증인의 사회적 신분에 따라 미리부터 과태료의 액수에 차등을 두고 있는 것은 평등의 원칙에 위반되지 않는다.

③ 단순히 착오로 어떠한 처분을 계속한 경우는 행정관행이 성립한 경우에 해당되지 않는다 할 것이고, 따라서 처분청이 추후 오류를 발견하여 합리적인 방법으로 변경하는 것은 신뢰보호원칙에 위배되지 않는다.

④ 여러 종류의 자동차운전면허는 서로 별개의 것으로 취급하는 것이 원칙이나, 취소·정지 사유가 특정 면허에 관한 것이 아니고 다른 면허와 공통된 것이거나 운전면허를 받은 사람에 관한 것일 경우에는 여러 면허를 전부 취소·정지할 수도 있다.

07 신고에 대한 설명으로 옳지 않은 것은? (다툼이 있는 경우 판례에 의함)

① 자기완결적 신고의 경우 적법한 요건을 갖춘 신고를 하면 신고의 대상이 되는 행위를 적법하게 할 수 있고, 별도로 행정청의 수리를 기다릴 필요가 없다.

② 구「체육시설의 설치·이용에 관한 법률」에 의한 골프장이용료 변경신고서는 행정청에 제출하여 접수된 때에 신고가 있었다고 볼 것이고, 행정청의 수리행위가 있어야만 하는 것은 아니다.

③ 「행정절차법」상 신고 요건으로는 신고서의 기재사항에 흠이 없고 필요한 구비서류가 첨부되어 있어야 하며, 신고의 기재사항은 그 진실함이 입증되어야 한다.

④ 납골당 설치신고는 수리를 요하는 신고라 할 것이므로, 행정청의 수리처분이 있어야만 납골당을 설치할 수 있다.

08 행정절차에 대한 설명으로 옳지 않은 것은? (다툼이 있는 경우 판례에 의함)

① 행정청의 처분으로 의무가 부과되거나 권익이 제한되는 경우라도 당사자가 의견진술의 기회를 포기한다는 뜻을 명백히 표시한 경우에는 의견청취를 생략할 수 있다.

② 행정청이 청문을 실시하고자 하는 경우에 처분의 사전통지를 청문이 시작되는 날부터 10일 전까지 당사자 등에게 하여야 한다.

③ 청문은 당사자가 공개를 신청하거나 청문 주재자가 필요하다고 인정하는 경우 공개할 수 있다. 다만, 공익 또는 제3자의 정당한 이익을 현저히 해칠 우려가 있는 경우에는 공개하여서는 아니 된다.

④ 고시의 방법으로 불특정 다수인을 상대로 권익을 제한하는 처분을 하는 경우, 상대방에게 사전에 통지하여 의견제출 기회를 주어야 한다.

09 정보공개에 대한 설명으로 옳지 않은 것은? (다툼이 있는 경우 판례에 의함)

① 구「학교폭력예방 및 대책에 관한 법률」에 따른 학교폭력대책자치위원회의 회의록은 「공공기관의 정보공개에 관한 법률」 소정의 '공개될 경우 업무의 공정한 수행에 현저한 지장을 초래한다고 인정할 만한 상당한 이유가 있는 정보'에 해당한다.

② 「공공기관의 정보공개에 관한 법률」 제6조 제1항은 "모든 국민은 정보의 공개를 청구할 권리를 가진다."고 규정하고 있는데, 여기에서 말하는 국민에는 자연인은 물론 법인, 권리능력 없는 사단·재단도 포함되고, 법인, 권리능력 없는 사단·재단 등의 경우에는 설립목적을 불문한다.

③ 정보공개거부처분 취소소송에서 공개청구의 취지에 어긋나지 아니하는 범위 안에서 공개를 거부한 정보가 비공개대상정보에 해당하는 부분과 공개가 가능한 부분으로 분리될 수 있다고 인정되면 법원은 공개가 가능한 부분을 특정하고 판결의 주문에 공개가 가능한 정보에 관한 부분만을 취소한다고 표시해야 한다.

④ 다른 법률 또는 법률에서 위임한 대통령령, 총리령 및 부령에 따라 비밀이나 비공개사항으로 규정된 정보는 비공개대상이 된다.

10 국가배상에 대한 설명으로 옳은 것은? (다툼이 있는 경우 판례에 의함)

① 변호인의 접견신청을 허용하지 않고 변호인의 접견교통권을 침해한 경우에는 접견 불허결정을 한 국가정보원 소속 수사관에게 고의나 과실이 있다고 볼 수 있다.

② 법령의 규정을 따르지 아니한 법관의 재판상 직무행위는 곧바로 「국가배상법」 제2조제1항에서 규정하고 있는 위법행위가 되어 국가의 손해배상책임이 발생한다.

③ 시·도경찰청장 또는 경찰서장이 지방자치단체의 장으로부터 권한을 위탁받아 설치·관리하는 신호기의 하자로 인해 손해가 발생한 경우 「국가배상법」 제5조 소정의 배상책임의 귀속 주체는 국가뿐이다.

④ 경과실로 불법행위를 한 공무원이 피해자에게 손해를 배상하였다면 이는 타인의 채무를 변제한 경우에 해당하므로 피해자는 공무원에게 이를 반환할 의무가 있다.

매일 모고 행정학 제5회

01 행태주의적 접근방법에 대한 설명으로 옳은 것은?
① 1940년대 사이먼(H. Simon)이 주장한 것으로 '사실'과 '가치'에 대한 이분법을 시도하였다.
② 행태주의의 연구초점은 '사실'과 '가치' 중 가치에 있다고 하였다.
③ 행태주의는 현상학을 강조한 반(反)실증주의에서 출발하였다.
④ 행태주의는 공사행정이원론의 관점에서 행정학의 기술성을 강조한 것이다.

02 블랙스버그 선언(Blacksburg Manifesto)에 대한 설명으로 옳지 않은 것은?
① 웜슬리(Wamsley), 굿셀(Goodsell) 등이 관료제와 직업공무원제를 비판하면서 등장하였다.
② 행정의 정체성 확립을 위해 전문직업주의 확립을 강조하였다.
③ 정치행정이원론을 주창하면서도, 공사행정이원론적 관점을 견지하였다.
④ 행정의 규범적 역할을 강조하는 신행정론의 정신을 계승하고 있다.

03 부패의 유형에 관한 설명으로 옳지 않은 것은?
① 일탈형 부패는 부패의 제도화 정도에 따른 유형구분으로서 개인부패에서 많이 발생한다.
② 공금횡령, 개인적 이익의 편취, 회계 부정 등은 사기형 부패에 해당한다.
③ 선의의 목적으로 행해지는 부패를 회색부패(gray corruption)라고 한다.
④ 뇌물을 주고받음으로써 금전적 이익을 보는 사람과 이를 대가로 특혜를 제공받은 사람 간에 발생하는 부패를 거래형 부패라고 한다.

04 다음 중 외적 타당성 저해요인이 아닌 것은?
① 실험조작의 반응효과
② 크리밍 효과
③ 다수적 처리에 의한 간섭
④ 측정도구의 변화

05 다음 중 비용편익분석이 평가하고자 하는 가치로 옳은 것은?
① 형평성(Equity)
② 실현가능성(Feasibility)
③ 능률성(Efficiency)
④ 대응성(Responsiveness)

06 조직상황 요인과 조직구조 간의 관계를 설명한 것으로 옳지 않은 것은?
① 비일상적 기술일수록 복잡성은 높아지고, 집권성은 낮아진다.
② 규모가 작아질수록 공식성은 낮아지고, 집권성은 높아진다.
③ 규모가 커질수록 수평적 분화와 수직적 분화가 촉진된다.
④ 역사가 오래된 조직일수록 공식성과 집권성이 높아진다.

07 다음 괄호에 맞는 말을 찾으시오.

> (㉠)은 시험이 측정하려고 하는 바를 실제로 측정할 수 있는 정도를 말하며, (㉡)은 시험시기나 도구, 형식, 순서 등에 따라 점수가 영향을 받지 않는 정도를 말하며 시기 등을 다르게 하여도 일정한 점수를 나타내면 (㉡)이 높다고 할 수 있다. (㉢)은 어려운 문제와 쉬운 문제의 배합의 적정성을 말하며, (㉣)은 어느 누가 채점을 하여도 동일한 결과를 나타내는 것을 말한다.

① ㉠ - 타당도, ㉡ - 신뢰도, ㉢ - 난이도, ㉣ - 객관성
② ㉠ - 타당도, ㉡ - 실용도, ㉢ - 난이도, ㉣ - 객관성
③ ㉠ - 정확도, ㉡ - 신뢰도, ㉢ - 난이도, ㉣ - 객관성
④ ㉠ - 객관도, ㉡ - 신뢰도, ㉢ - 난이도, ㉣ - 정확도

08 사람을 기준으로 공직을 분류한 계급제의 특성에 대한 설명으로 옳지 않은 것은?
① 순환보직을 통해 다양한 업무를 경험할 수 있도록 한다.
② 공직에 자리가 비었을 때 외부 충원을 원칙으로 한다.
③ 계급을 신분과 동일시하려는 경향이 강하다.
④ 공무원의 신분이 안정적으로 보장된다.

09 다음은 우리나라의 예산에 관한 설명이다. 옳지 않은 것은?
① 예산은 정부만이 제안권을 갖고 있고 국회는 제안권을 갖고 있지 않다.
② 예산안을 심의할 때 국회는 정부가 제출한 예산안의 범위 내에서 삭감할 수 있으나, 정부의 동의 없이 지출예산 각 항의 금액을 증액할 수 없다.
③ 예산은 국가기관만을 구속한다.
④ 국회에서 의결된 예산에 대해서 대통령이 거부권을 행사할 수 있다.

10 지방자치단체 계층구조의 유형 중 중층제의 장점이 아닌 것은?

① 행정의 책임 소재 명확화

② 분업적 업무수행을 통한 효율성 증진

③ 민주주의의 원리 확산

④ 중앙정부 감독기능의 실효성 확보

2025 공무원 시험대비 【8월분】

매일 풀어서 합격을 만드는

8월

— 제6회 —

이 름: _____

제1과목 국어
제2과목 영어
제3과목 한국사
제4과목 행정법총론
제5과목 행정학개론

매일 모의고사 정오표

합격까지 박문각

매일 모고 국어 제6회

01 <보기>의 ㉠~㉣에 대해 탐구한 것으로 적절하지 않은 것은?

<보기>
㉠ 영철이는 마음이 넓다.
㉡ 그 아이는 학원으로 갔다.
㉢ 우리는 그녀가 국어 교수님임을 알았다.
㉣ 나는 아버지가 선물로 주신 가방을 멨다.

① ㉠에서 안은문장의 주어와 안긴문장의 주어는 다르다.
② ㉡은 주어와 서술어의 관계가 한 번 나타나므로 홑문장이다.
③ ㉢에는 목적어의 기능을 하는 안긴문장이 있고, ㉣에는 관형어의 기능을 하는 안긴문장이 있다.
④ ㉣에서 안긴문장의 목적어는 안은문장의 목적어와 다르므로 생략되지 않았다.

02 다음 글의 모든 문장이 참일 때, 밑줄 친 결론을 이끌어 내기 위해 추가해야 할 것은?

두유를 마시는 어떤 사람은 차도 마신다. 스무디를 마시는 모든 사람은 식혜를 마시지 않는다. 따라서 <u>차를 마시는 어떤 사람은 스무디를 마시지 않는다.</u>

① 식혜를 마시는 어떤 사람은 두유를 마시지 않는다.
② 식혜를 마시지 않는 모든 사람은 두유도 마시지 않는다.
③ 스무디를 마시는 어떤 사람은 식혜를 마시지 않는다.
④ 두유를 마시는 어떤 사람은 스무디도 마신다.

03 다음 조건에 따라 A~E 학원 중 정부에서 우수 학원을 선정하려고 한다. 다음 중 반드시 참인 진술을 고른 것은?

○ A학원이 선정되면 D학원과 E학원은 선정되지 않는다.
○ B학원이 선정되지 않으면 C학원은 선정된다.
○ D학원이 선정되지 않으면 B학원도 선정되지 않는다.

① D학원이 선정되지 않으면 C학원도 선정되지 않는다.
② B학원이 선정되면 C학원은 선정되지 않는다.
③ C학원이 선정되지 않으면 A학원은 선정된다.
④ A학원이 선정되면 B학원은 선정되지 않는다.

04 (가)의 ㉠, ㉡, ㉢에 해당하는 예를 (나)의 A~D에서 골라 바르게 짝지은 것은?

(가) 중의성을 유발하는 요인이 언어 형식에 의한 내적인 문제인가 아니면 언어 외적인 문제인가에 따라서 중의성을 우선 두 가지 유형으로 구별할 수 있다. 그리고 언어 내적인 요인에 의한 중의성은 다시 ㉠ <u>어휘적 중의성</u>, ㉡ <u>구조적 중의성</u>, ㉢ <u>영향권 중의성</u>의 세 가지 유형으로 세분할 수 있다. 어휘적 중의성은 문장 속에 사용된 어휘의 특성에 의해서 나타나는 중의성이며, 구조적 중의성은 문장을 이루고 있는 성분들 사이의 통사적 관계에 의해서 나타나는 중의성이다. 그리고 영향권 중의성은 어떤 단어가 의미 해석에 영향을 미치는 작용역(scope)이 달라짐으로써 생기는 중의성으로 영향권 중의성 또는 작용역 중의성(scope ambiguity)이라고 한다. 이에 반하여, 문장 표현의 내부적인 문제가 아니라 언어 외적 요소, 즉 발화 장면에 의해서 일어나는 중의성을 화용적 중의성이라고 한다.

(나) A. 우리는 가야 할 길이 있다.
B. 영철이가 보고 싶은 친구들이 많다.
C. 수강생이 모두 오지 않았다.
D. 고모가 차를 준비했습니다.

	㉠	㉡	㉢
①	A	B	C
②	A	C	B
③	D	A	C
④	D	B	A

05 밑줄 친 표현이 ㉠의 의미와 가장 유사한 것은?

젊은 창업가들이 참신한 아이디어로 다양한 사업을 ㉠ <u>벌이고</u> 있다.

① 책상 위에 책을 어지럽게 <u>벌여</u> 두고 공부를 한다.
② 마을 사람들은 가을 수확을 기념해 큰 잔치를 <u>벌였다</u>.
③ 양측은 의견 차이로 인해 논쟁을 <u>벌이는</u> 중이다.
④ 두 나라가 국경 분쟁으로 전쟁을 <u>벌였다</u>.

06 밑줄 친 표현이 ㉠의 의미와 가장 유사한 것은?

> 그녀는 아이스 발레단이 ㉠ 펼치는 환상적인 무대를 사진으로 남기느라 바빴다.

① 큰 독수리가 날개를 펼쳤다.
② 글쓰기를 통해 생각을 펼치다.
③ 경찰은 강도 사건에 대한 수사를 펼쳤다.
④ 나는 낙서장을 펼쳐 그 부분을 뒤적뒤적 찾았다.

07 ㉠~㉣과 바꿔 쓸 수 있는 유사한 표현으로 적절하지 않은 것은?

> (가) 많은 시민들이 더 나은 사회를 위해 변화를 ㉠ 갈구하고 있다.
> (나) 그 사람의 ㉡ 겸허한 모습이 마음에 들었다.
> (다) 캠프 지도교사는 밤늦게까지 떠드는 아이들을 ㉢ 단속하러 숙소를 돌았다.
> (라) 기품 있고 ㉣ 정숙한 여자를 보통 좋아한다.

① ㉠: 바라고 ② ㉡: 말끔한
③ ㉢: 다잡으러 ④ ㉣: 얌전한

08 ㉠~㉣과 바꿔 쓸 수 있는 유사한 표현으로 적절하지 않은 것은?

> (가) 그녀는 연예계 데뷔 권유를 ㉠ 물리치고 학업에 전념하기로 했다.
> (나) 그는 ㉡ 지저분한 옷차림에도 불구하고 당당한 태도를 보였다.
> (다) 피로가 ㉢ 쌓여 주말에는 집에서 잠만 잔다.
> (라) 지금 회사는 자금난으로 공장을 ㉣ 움직일 수 없는 실정이다.

① ㉠: 거절하고 ② ㉡: 누추한
③ ㉢: 축약되어 ④ ㉣: 가동할

[09~10] 다음 글을 읽고 물음에 답하시오.

> 초상화는 사람의 얼굴을 중심으로 그린 그림을 말하는데, 초상화 중에는 흔히 '프로필(profile)'이라고 부르는 그림이 있다. 이 프로필 초상화는 사람의 측면을 묘사함으로써 인물의 핵심적인 특징을 뽑아낸 그림을 가리킨다. 서양에서는 중세 말에서 르네상스 무렵에 이런 프로필 초상화가 많이 그려졌다. 그러나 우리나라를 비롯한 동양에서는 프로필 초상화가 거의 그려지지 않았다. 대상의 인품과 특징을 압축적으로 나타내려면 정면상이 더 적합하다고 생각했기 때문이다. 서양에서도 정면상을 그리긴 했지만, 동양에 비해서는 그 빈도가 낮다.
> 측면과 정면 중 인물의 특징을 더 잘 나타내는 것은 어느 쪽일까? 우선 동물들의 이미지를 떠올려 보자. 동물들을 그릴 때 정면, 측면, 윗면 가운데 어느 면이 제일 먼저 떠오르는가? 먼저 말을 그린다고 생각해 보자. 말은 일반적으로 옆에서 본 이미지가 가장 먼저 떠오른다. 물고기를 그린다고 해도 옆에서 본 이미지가 떠오른다. 도마뱀을 그려 본다면? 위에서 본 이미지가 제일 먼저 떠오를 것이다. 이런 것들이 우리의 머릿속에 각인된 '대표 이미지'이다.
> 그렇다면 사람은 어떤가? 사람은 다른 동물과 달리 두 개의 경쟁적인 이미지 면을 동시에 갖고 있다. 고대 이집트의 벽화가 이를 잘 보여 준다. 이집트 벽화 중에 귀족 '네바문'을 그린 그림이 있다. 이 그림은 얼굴과 다리는 측면에서 본 모습을, 가슴과 눈은 정면에서 본 모습을 그린 것이다. 이 그림뿐 아니라 고대 이집트 벽화 대부분이 이런 식으로 그려졌다. 이러한 그림으로부터 우리가 확인할 수 있는 것은, 인간은 신체 부위에 따라 정면이 먼저 떠오르기도 하고 측면이 먼저 떠오르기도 하는 존재라는 사실이다.
> 왜 유독 인간의 이미지만이 정면과 측면이 모두 떠오를까? 인류의 진화 과정 속에 단서가 있다. 우리가 네 발로 지상을 돌아다닐 때는 아마도 측면이 우리의 대표적인 이미지 면이었겠지만, 진화를 하여 직립 보행을 하게 되면서 가슴과 배가 드러나 측면과 정면이 동시에 대표적인 이미지 면이 된 것이다.

09 윗글의 내용으로 적절하지 않은 것은?

① 프로필 초상화는 동양보다 주로 서양에서 더 발달하였다.
② 프로필 초상화는 인물의 특징을 측면에서 표현하려는 의도를 담고 있다.
③ 인간이 직립 보행을 시작하게 되면서 측면이 인간의 새로운 대표적 이미지가 되었다.
④ 말을 떠올릴 때 측면에서 바라본 이미지가, 도마뱀을 떠올릴 때 윗면에서 바라본 이미지가 떠오르는 것은 각 동물의 대표 이미지 때문이다.

10 윗글을 읽고 <보기>에 제시된 질문에 답할 때 가장 적절한 것은?

> <보기>
> 5~9세 아이들 중 대부분이 자동차를 그릴 때 자동차의 정면이나 후면이 아닌, 측면을 그리는 것을 목격할 수 있다. 왜 이 아이들은 자동차의 측면을 그리는 것일까?

① 인류의 진화 과정을 고려할 때 인간은 사물의 측면을 더 잘 관찰하기 때문이다.
② 아이들이 자동차의 정면과 후면을 볼 기회가 없었기 때문이다.
③ 아이들이 그림을 그릴 때 서로가 서로의 그림을 따라서 그리기 때문이다.
④ 아이들이 생각하는 자동차의 특성이 측면에 가장 잘 드러나기 때문이다.

매일 모고 영어 제6회

01 밑줄 친 부분에 들어갈 말로 가장 적절한 것은?

If you _____ too long before making a decision, you might miss out on valuable opportunities that don't come around often.

① raise
② hesitate
③ govern
④ drown

02 밑줄 친 부분에 들어갈 말로 가장 적절한 것은?

The government plans to _____ companies that illegally dump toxic waste into rivers with hefty fines and legal action.

① recall
② punish
③ dwell
④ praise

03 밑줄 친 부분에 들어갈 말로 가장 적절한 것은?

The child was scolded because he was caught trying to _____ cookies while no one was looking.

① steal
② interpret
③ relax
④ greet

04 밑줄 친 부분에 들어갈 말로 가장 적절한 것은?

During her speech, she chose to _____ several inspiring lines from famous authors to motivate the audience.

① refuse
② loathe
③ interrupt
④ quote

05 밑줄 친 부분에 들어갈 말로 가장 적절한 것은?

The athlete managed to _____ quickly from the injury and returned to competition ahead of schedule.

① modify
② happen
③ earn
④ recover

06 밑줄 친 부분에 들어갈 말로 가장 적절한 것은?

The decision was made between the manager and _____, without involving others.

① I
② mine
③ me
④ my

07 밑줄 친 부분 중 어법상 옳지 않은 것은?

In the recent company survey, many employees shared their thoughts on productivity. The workers have ① found essential to have a goal. ② Without clear objectives, they said, it's easy to lose motivation ③ during the day. Setting targets helps them stay ④ focused and measure their progress effectively.

08 밑줄 친 부분에 들어갈 말로 가장 적절한 것은?

 Tim: Hi, I picked up this medicine earlier, and I just want to make sure I take it correctly.

 Jane: Of course. That's a good idea. Do you have any questions about it?

Tim: Yes. Are there any foods or drinks I should avoid while taking this?

 **Jane**: Yes, avoid grapefruit juice, as it can affect how the medicine works.

Tim: I see.

 **Jane**: No, please take it after meals to avoid stomach upset.

① Is this medication covered by insurance?
② How should I store this medication?
③ Can I take it on an empty stomach?
④ Does medicine have an expiration date?

09 주어진 글 다음에 이어질 글의 순서로 가장 적절한 것은?

Although sensory organs don't keep you alive the way your heart or brain does, they deeply shape how you experience the world.

(A) A good example is Jose Feliciano, a blind musician who learned to identify money bills by touch and navigated the world through sound and memory.

(B) Unlike organs whose failure results in death, losing a sense like sight or hearing can change your lifestyle dramatically, but not end your life. Some people even find ways to adapt creatively.

(C) When asked if he ever wished to regain his vision, he said no. He felt grateful for the path his blindness had led him on and didn't want to seem unappreciative of the life he had built.

① (A) - (C) - (B)
② (B) - (A) - (C)
③ (B) - (C) - (A)
④ (C) - (B) - (A)

10 주어진 문장이 들어갈 위치로 가장 적절한 것은?

One of the effective learning techniques is to take short breaks during study sessions, which helps the brain consolidate memories and maintain focus.

Many students try to study for hours without stopping, believing that longer sessions will lead to better results. (①) However, research shows that this can lead to mental fatigue, reduced concentration, and poor retention of information. (②) Instead of continuous study, experts suggest adopting techniques that align with how the brain naturally works. (③) For instance, the Pomodoro Technique, which involves studying for 25 minutes and resting for 5, has shown promising results. (④) Short breaks not only refresh the mind but also improve long-term memory formation.

매일 모고 한국사 제6회

01 다음 지도(혼일강리역대국도지도)가 처음 제작된 시기의 왕의 정책으로 옳은 것은?

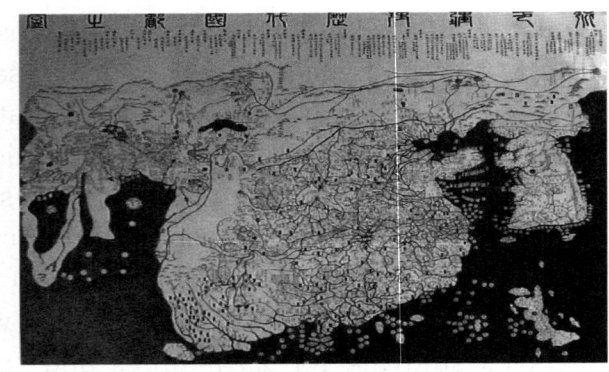

① 6조직계제를 실시하였다.
② 김종직 등의 사림을 중용하였다.
③ 향촌자치기구인 유향소를 폐지하였다.
④ 1차 왕자의 난 이후 개경으로 천도하였다.

02 (가)의 정책으로 옳지 않은 것은?

(가) 의 약력
○ 13세의 나이로 왕위에 올라 7년간 정희 대비가 수렴청정을 함.
○ 계비 윤씨가 투기하고 불손하므로 폐서인한 후 사사(賜死)함.
○ 이극증·어세겸에게 「대전속록」을 완성하게 함.
○ 풍속 교화를 위해 재가녀 자손의 관리 등용을 제한하는 법을 공포함.

① 원각사지 10층 석탑을 건립하였다.
② 『국조오례의』와 『악학궤범』 등을 간행하였다.
③ 사림의 정계진출을 유도하여 훈구 대신을 견제하였다.
④ 도첩제를 폐지하여 승려의 출가를 일절 금지하였다.

03 (가), (나)와 관련된 설명으로 옳은 것은?

인조 때에는 청나라의 요청으로 (가) (을)를 개설하여 소와 소금을 규정에 따라 교역하게 했을 뿐 사상이 따라가는 것은 국법으로 금하였다. 그런데 점차 국법이 해이해지면서 사상들이 함부로 따라가 그곳에서 마음대로 교역하였다. 이것을 (나) (이)라 하였다.

① (가)에서 무역을 주도한 상인을 시전상인이라 하였다.
② (가)를 통해 은, 종이, 무명을 수입하였다.
③ (나)에서의 상행위는 경시서에서 단속하였다.
④ (가)와 (나) 형태의 무역은 조선 후기에 만상이 주도하였다.

04 (가), (나) 신분제와 관련된 설명으로 옳지 않은 것은?

조선의 신분 제도는 법제적으로는 (가), 실제적으로는 (나)로 운영되었다.

① (가) - 양인은 과거 응시 자격이 있었다.
② (나) - 양반은 원래 신분을 뜻하는 것이었으나 시간이 흐르면서 현직 문무 관료를 일컫는 말로 의미가 변하였다.
③ (나) - 양반은 실질적으로 군역을 면제받는 등의 특혜를 누렸다.
④ (나) - 중인은 기술직이나 향리, 서리직을 세습적으로 담당하였다.

05 다음 보기의 (가), (나)와 관련된 설명으로 적절한 것을 <보기>에서 모두 고른 것은?

(가) 왕이 정인지, 정추 등에게 명하여 역서를 편찬하게 하였다. 명의 역서를 첨삭하여 내편을 만들고, 또 회회력을 참고하여 외편을 만들었다.
(나) 서양 선교사 아담 샬이 만든 역법이 중국에서 시행되었는데 매우 정교하였다.

<보기>
(ㄱ) - (가) 서울을 기준으로 천체 운동을 계산하였다.
(ㄴ) - (나) 효종 때 김육에 의해 시헌력이 도입되었다.
(ㄷ) - (나) 18세기 북학파의 주장이 반영되었다.
(ㄹ) - (가) 천문도인 천상열차분야지도를 만들었다.

① (ㄱ), (ㄴ)
② (ㄱ), (ㄷ)
③ (ㄴ), (ㄷ)
④ (ㄴ), (ㄹ)

06 다음 자료의 사건이 일어난 배경으로 적절한 것은?

> ○ 이 역적은 간활한 향리·장교와 결탁하지 않음이 없었으니, 영(營) 아래의 보잘것없는 아전부터 강도나 유민으로 협종(脅從)된 자들까지 심지어 평서 원수(平西元帥)라 일컬었던 것이다.
> - 「조선왕조실록」 -
>
> ○ 그 졸개로는 의주로부터 개성에 이르는 지역의 거의 대부분의 부호, 대상들이 이에 망라되어 있었고, 황해·평안 양도의 파락(破落)들이 모두 부하가 되어 돌아다니고 유민이 또한 많이 투속하였다.
> - 「진중일기」 -

① 지방사족의 힘이 강하여 수탈이 극심하였다.
② 당시 지배층은 의정부와 병조를 권력의 핵심 기구로 삼고 인사권을 남용하였다.
③ 향촌에서는 수령의 역할이 배제되고 향리층에 의한 농민 수탈이 심각하게 나타났다.
④ 자유로운 경제 활동을 억누르는 중앙의 간섭과 오랜 지역 차별에서 비롯하였다.

07 독립협회가 활동하던 시기의 사실로 옳은 것을 모두 고르면?

> ㄱ. 광무를 연호로 하는 대한제국이 수립되었다.
> ㄴ. 을사늑약이 체결되었다.
> ㄷ. 황국 중앙 총상회가 조직되었다.
> ㄹ. 동학농민운동이 일어났다.
> ㅁ. 명동성당이 건축되었다.
> ㅂ. 을사늑약이 체결되었다.

① ㄱ, ㄴ, ㄷ
② ㄱ, ㄷ, ㅁ
③ ㄴ, ㄷ, ㅂ
④ ㄷ, ㄹ, ㅂ

08 아래 (가), (나), (다), (라) 실학자의 이름과 대표적 저서를 옳게 고르면?

> (가) 천체가 운행하는 것이나 지구가 자전하는 것은 그 세가 동일하니, 분리해서 설명할 필요가 없다. 생각건대 9만 리의 둘레를 한 바퀴 도는 데 이처럼 빠르며, 저 별들과 지구와의 거리는 겨우 반경(半徑)밖에 되지 않는데도 오히려 몇 천만 억의 별들이 있는지 알 수가 없다. 하물며 은하계 밖에도 또 다른 별들이 있지 않겠는가!
>
> (나) 비유하건대, 재물은 대체로 샘과 같은 것이다. 퍼내면 차고, 버려두면 말라 버린다. 그러므로 비단옷을 입지 않아서 나라에 비단 짜는 사람이 없게 되면 여공(女紅)이 쇠퇴하고, 쭈그러진 그릇을 싫어하지 않고 기교를 숭상하지 않아서 공장(工匠: 수공업자)이 도야(陶冶: 기술을 익힘)하는 일이 없게 되면 기예가 망하게 되며, 농사가 황폐해져서 그 법을 잃게 되므로, 사농공상의 사민이 모두 곤궁하여 서로 구제할 수 없게 된다.
>
> (다) 소위 사대부란 것들이 무엇이란 말이냐? 오랑캐 땅에 태어나 자칭 사대부라 뽐내다니 이런 어리석을 데가 있느냐? 의복은 흰옷을 입으니 그것이야말로 상인들이나 입는 것이고, 머리를 한데 묶어 송곳같이 만드는 것은 남쪽 오랑캐의 습속에 지나지 못한 데. 대체 무엇을 예법이라 한단 말이냐?
>
> (라) 우리나라의 가장 큰 폐단은 사농공상에 직업적 차별을 두는 것이다. 장사하는 것이나 공장이 수공업품을 생산하는 것이 어찌 사대부의 일이 될 수 없다는 말인가?

① (가) 홍대용 - 성호사설
② (나) 박제가 - 지구전요
③ (다) 박지원 - 난중일기
④ (라) 유수원 - 우서

09 다음 중 의열단에 대한 설명으로 옳은 것을 모두 고르면?

> ㉠ 김원봉이 1919년에 만주길림에서 윤세주와 설립하였다.
> ㉡ 김상옥은 종로경찰서에 김지섭은 일본 왕궁에서 의열활동을 전개하였다.
> ㉢ 윤봉길은 상하이 훙커우 공원에서 의거를 일으켰다.
> ㉣ 이봉창은 일왕에게 폭탄을 투척하였다.
> ㉤ 김원봉은 의열단원을 황포군관학교에 유학 보냈다.
> ㉥ 김원봉은 조선혁명간부학교를 만들고 교장에 취임하였다.

① ㉠, ㉡, ㉢, ㉣
② ㉠, ㉡, ㉣, ㉥
③ ㉠, ㉡, ㉤, ㉥
④ ㉢, ㉣, ㉤, ㉥

10 다음 밑줄 친 '7원칙'에 대한 여러 정치세력의 반응으로 옳지 않은 것은?

> 조선의 좌우합작은 민주 독립의 단계요, 남북통일의 관건인 점에서 3천만 민족의 지상 명령이며, 국제 민주화의 필연적 요청이었음에도 불구하고 저간의 복잡다단한 내외 정세로 오랫동안 파란곡절을 거듭해 오던 바, 10월 4일 좌우 대표가 회담한 결과 좌측의 5원칙과 우측의 8원칙을 절충하여 <u>7원칙</u>을 결정하였다.

① 김구는 이 원칙을 표방한 위원회에 가담하지 않았다.
② 중도세력이 이 운동을 추진하였다.
③ 여운형과 김규식이 주도한 위원회에서 발표한 원칙이다.
④ 이승만 등의 우익 세력은 이 운동에 가담하여 단독 정부론을 폐기하였다.

매일 모고 행정법 제6회

01 행정입법에 대한 설명으로 옳지 않은 것은? (다툼이 있는 경우 판례에 의함)
① 위임명령이 위임 내용을 구체화하는 단계를 벗어나 새로운 입법을 한 것으로 평가할 수 있다면 이는 위임의 한계를 일탈한 것으로서 허용되지 않는다.
② 법률의 시행령이나 시행규칙의 내용이 모법의 입법 취지와 관련 조항 전체를 유기적·체계적으로 살펴보아 모법의 해석상 가능한 것을 명시한 것에 지나지 아니하는 때에는 모법에 이에 관하여 직접 위임하는 규정을 두지 아니하였다고 하더라도 이를 무효라고 볼 수는 없다.
③ 행정청이 법률의 위임에 따른 구체적인 입법의무를 부담하고 있음에도 불구하고 행정입법을 하지 아니하는 경우에는 부작위위법확인소송으로 이를 다툴 수 있다.
④ 법령의 규정이 특정 행정기관에게 법령 내용의 구체적 사항을 정할 수 있는 권한을 부여하면서 권한행사의 절차나 방법을 특정하지 아니한 경우에는 수임 행정기관은 행정규칙으로 법령 내용이 될 사항을 구체적으로 정할 수 있다.

02 행정행위의 효력에 대한 설명으로 옳지 않은 것은? (다툼이 있는 경우 판례에 의함)
① 제소기간이 이미 도과하여 불가쟁력이 생긴 행정처분에 대하여는 개별 법규에서 그 변경을 요구할 신청권을 규정하고 있거나 관계 법령의 해석상 그러한 신청권이 인정될 수 있는 등 특별한 사정이 없는 한 국민에게 그 행정처분의 변경을 구할 신청권이 있다 할 수 없다.
② 「행정기본법」에 따르면, 처분을 유지하는 재심사 결과에 대하여는 행정심판, 행정소송 및 그 밖의 쟁송수단을 통하여 불복할 수 있다.
③ 제소기간의 경과 등으로 처분에 불가쟁력이 발생하였다 하여도 행정청은 실권의 법리에 해당하지 않는다면 직권으로 처분을 취소할 수 있다.
④ 물품을 수입하고자 하는 자가 일단 세관장에게 수입신고를 하여 그 면허를 받고 물품을 통관한 경우에는, 세관장의 수입면허가 중대하고도 명백한 하자가 있는 행정행위이어서 당연무효가 아닌 한 「관세법」 제181조 소정의 무면허수입죄가 성립될 수 없다.

03 행정작용의 내용에 대한 설명으로 옳은 것은? (다툼이 있는 경우 판례에 의함)
① 확약이 위법한 경우 행정청은 확약에 기속되지 아니한다.
② 어업권면허에 선행하는 우선순위결정은 행정청이 우선권자로 결정된 자의 신청이 있으면 어업권면허 처분을 하겠다는 것을 약속하는 행위로서 그 우선순위결정에 공정력과 불가쟁력이 인정된다.
③ 공정거래위원회가 부당한 공동행위를 한 사업자들 중 자진신고자에 대하여 구 독점규제 및 공정거래에 관한 법령에 따라 과징금 부과처분(선행처분)을 한 뒤, 다시 자진신고자에 대한 사건을 분리하여 자진신고를 이유로 과징금 감면처분(후행처분)을 한 경우, 선행처분이 아닌 후행처분의 취소를 구하는 소는 부적법하다.
④ 교도소 내 마약류 관련 수형자에 대한 교도소장의 소변강제채취는 권력적 사실행위이나 헌법소원의 대상은 아니다.

04 취소소송의 소송요건에 대한 설명으로 옳지 않은 것은? (다툼이 있는 경우 판례에 의함)
① 원고가 고의 또는 중대한 과실 없이 행정소송으로 제기하여야 할 사건을 민사소송으로 잘못 제기한 경우, 행정소송에 대한 관할을 가지고 있지 아니한 수소법원은 당해 소송이 행정소송으로서의 제소기간을 도과한 것이 명백하더라도 관할법원에 이송하여야 한다.
② 민사소송인 소가 서울행정법원에 제기되었는데도 피고가 제1심법원에서 관할위반이라고 항변하지 않고 본안에서 변론을 한 경우에는 제1심법원에 변론 관할이 생긴다.
③ 행정청이 행정심판청구를 할 수 있다고 잘못 알린 경우에 행정심판청구가 있은 때의 기간은 재결서의 정본을 송달받은 날부터 기산한다.
④ 저작권 등록처분에 대한 무효확인소송에서 피고적격은 저작권 등록업무의 처분청인 저작권심의조정위원회가 가진다.

05 당사자소송에 대한 설명으로 옳지 않은 것은? (다툼이 있는 경우 판례에 의함)
① 구「광주민주화운동 관련자 보상 등에 관한 법률」에 따른 보상금지급청구소송은 당사자소송에 해당한다.
② 공무원연금공단의 인정에 의해 퇴직연금을 지급받아 오던 중 공무원연금법령 개정 등으로 퇴직연금 중 일부 금액에 대해 지급이 정지된 경우, 미지급퇴직연금에 대한 지급청구권은 공법상 권리로서 그의 지급을 구하는 소송은 당사자소송이다.
③ 「도시재개발법」에 의한 재개발조합의 조합원은 조합원의 자격 인정 여부에 관하여 다툼이 있는 경우 공법상의 당사자소송에 의하여 그 조합원 자격의 확인을 구할 수 있다.
④ 「도시 및 주거환경정비법」상의 주택재건축 정비사업조합이 수립한 관리처분 계획에 대하여 관할 행정청의 인가·고시가 있은 후에 제기하는 관리처분계획에 대한 소송은 당사자소송에 해당한다.

06 행정심판에 대한 설명으로 옳은 것은? (다툼이 있는 경우 판례에 의함)
① 행정심판의 재결이 확정되면 피청구인인 행정청을 기속하는 효력이 있고 그 처분의 기초가 된 사실관계나 법률적 판단이 확정되므로 이후 당사자 및 법원은 이에 모순되는 주장이나 판단을 할 수 없다.
② 영업허가취소처분이 청문절차를 거치지 않았다 하여 행정심판에서 취소되었더라도 그 허가취소처분 이후 취소재결시까지 영업했던 행위는 무허가영업에 해당한다.
③ 교원소청심사위원회의 결정은 학교법인에 대하여 기속력을 가지지만 기속력은 그 결정의 주문에 포함된 사항에 미치는 것이지 그 전제가 된 요건사실의 인정과 불리한 처분 등의 구체적 위법사유에 관한 판단에까지 미치는 것은 아니다.
④ 행정심판위원회가 처분을 취소하는 재결을 할 경우, 행정청은 이 인용재결의 취소를 구하는 행정소송을 제기할 수 없다.

07 행정법의 효력에 대한 설명으로 옳지 않은 것은? (다툼이 있는 경우 판례에 의함)
① 대통령령, 총리령 및 부령은 특별한 규정이 없으면 공포한 날부터 20일이 경과함으로써 효력을 발생한다.
② 조례와 규칙은 특별한 규정이 없으면 공포한 날부터 20일이 지나면 효력을 발생한다.
③ 법령등의 시행일을 정하거나 계산할 때에는 법령등을 공포한 날부터 시행하는 경우 공포한 날을 시행일로 한다.
④ 법령등을 공포한 날부터 일정 기간이 경과한 날부터 시행하는 경우 그 기간의 말일이 토요일 또는 공휴일인 때에는 그 다음날로 기간이 만료한다.

08 행정의 실효성 확보수단에 대한 설명으로 옳지 않은 것은? (다툼이 있는 경우 판례에 의함)
① 공법인이 대집행권한을 위탁받아 공무인 대집행 실시에 지출한 비용을 「행정대집행법」에 따라 강제징수할 수 있음에도 민사소송절차에 의하여 상환을 청구하는 것은 허용되지 않는다.
② 후행처분인 대집행비용납부명령 취소청구 소송에서 선행처분인 계고처분이 위법하다는 이유로 대집행비용납부명령의 취소를 구할 수는 없다.
③ 통고처분은 상대방의 임의의 승복을 그 발효요건으로 하기 때문에 그 자체만으로는 통고이행을 강제하거나 상대방에게 아무런 권리·의무를 형성하지 않으므로 행정심판이나 행정소송의 대상으로서의 처분성을 인정할 수 없다.
④ 구「국세징수법」상 가산금 또는 중가산금의 고지는 항고소송의 대상이 되는 처분이 아니다.

09 국가배상에 대한 설명으로 옳은 것은? (다툼이 있는 경우 판례에 의함)
① 사인이 지방자치단체로부터 공무를 위탁받아 공무에 종사하는 경우 공무의 위탁이 일시적이고 한정적인 사항에 관한 활동이라면 「국가배상법」상 공무원에 해당하지 아니한다.
② 공무원의 행위의 외관을 객관적으로 관찰하여 공무원의 직무행위로 보여질 때에는 비록 그것이 실질적으로 직무행위가 아니거나 또는 행위자의 주관적 의사에 관계없이 그 행위는 공무원의 직무집행행위에 해당하나, 공무원의 행위가 실질적으로 공무집행행위가 아니라는 사정을 피해자가 알았던 경우 「국가배상법」상의 직무행위에 해당하지 않는다.
③ 군인이 교육훈련으로 공상을 입은 경우라도 「군인연금법」 또는 「국가유공자 예우 등에 관한 법률」에 의하여 재해보상금·유족연금·상이연금 등 별도의 보상을 받을 수 없는 경우에는 「국가배상법」 제2조제1항 단서의 적용 대상에서 제외하여야 한다.
④ 가변차로에 설치된 두 개의 신호기에서 서로 모순되는 신호가 들어오는 고장으로 인하여 사고가 발생한 경우, 그 고장이 현재의 기술 수준상 부득이한 것으로 예방할 방법이 없는 것이라면 손해발생의 예견가능성이나 회피가능성이 없어 영조물의 하자를 인정할 수 없다.

10 행정상 손실보상에 대한 설명으로 옳지 않은 것은? (다툼이 있는 경우 판례에 의함)
① 공익사업으로 인해 농업손실을 입은 자가 사업시행자에게서 「공익사업을 위한 토지 등의 취득 및 보상에 관한 법률」에 따른 보상을 받으려면 재결절차를 거쳐야 하고, 이를 거치지 않고 곧바로 민사소송으로 보상금을 청구하는 것은 허용되지 않는다.
② 수용재결에 불복하여 취소소송을 제기하는 때에는 이의신청을 거친 경우에도 수용재결을 한 중앙토지수용위원회 또는 지방토지수용위원회를 피고로 하여 수용재결의 취소를 구하여야 하지만, 이의신청에 대한 재결 자체에 고유한 위법이 있는 경우에는 그 이의재결을 한 중앙토지수용위원회를 피고로 하여 이의재결의 취소를 구할 수 있다.
③ 어떤 보상항목이 공익사업을 위한 토지 등의 취득 및 보상에 관한 법령상 손실보상대상에 해당함에도 관할 토지수용위원회가 사실을 오인하거나 법리를 오해함으로써 손실보상대상에 해당하지 않는다고 잘못된 내용의 재결을 한 경우에는, 피보상자는 관할 토지수용위원회를 상대로 재결취소소송을 제기하여야 한다.
④ 손실보상금에 관한 당사자 간의 합의가 성립하면, 그 합의내용이 토지보상법에서 정하는 손실보상 기준에 맞지 않는다고 하더라도 합의가 적법하게 취소되는 등의 특별한 사정이 없는 한 추가로 토지보상법상 기준에 따른 손실보상금 청구를 할 수 없다.

매일 모고 행정학 제6회

01 테일러(F. Taylor)의 과학적 관리법의 내용이 아닌 것은?
① 합리적 경제인관
② 성과상여금제
③ 시간연구와 동작연구
④ Y이론적 관리

02 행정학의 접근방법 중 포스트모더니티(Postmodernity) 이론에 대한 설명으로 가장 적절하지 않은 것은?
① 거대설화(meta narratives)에 대한 믿음을 견지한다.
② 탈영역화(deterritorialization)와 해체(deconstruction)를 추구한다.
③ 상상(imagination)을 중시한다.
④ 다양성을 선호하고 타인에 대한 개방적 태도를 갖는다.

03 다음 중 결과주의 윤리관에 해당하는 제도가 아닌 것은?
① 퇴직공무원의 취업제한
② 부패행위에 대한 처벌
③ 부정청탁 금지
④ 금품수수 금지

04 각종 정책은 사회환경의 변화에 따라 변동이 있을 수 있다. 다음 정책변동에 대한 설명 중 가장 적절하지 않은 것은?
① 호그우드(Hogwood)와 피터스(Peters)는 정책변동의 유형으로 정책유지, 정책종결, 정책승계, 정책혁신을 들고 있다.
② '정책혁신'은 기존 정책수단이 없는 무(無)에서 새로운 정책을 만드는 것이다.
③ 정책의 기본적 성격은 유지한 채 정책수단인 사업이나 담당조직을 바꾸는 경우는 '정책승계'이다.
④ '정책종결'에 대한 저항원인으로는 매몰비용, 법적 제약, 동태적 보수주의 등이 있다.

05 사이버네틱스(Cybernetics) 모형의 특징으로 가장 거리가 먼 것은?
① 습관적 의사결정
② 적응적 의사결정
③ 최적화 추구
④ 집단적 의사결정

06 페로(C. Perrow)의 기술유형 중 과업의 다양성과 문제의 분석가능성이 모두 낮은 경우에 해당하는 기술은?
① 장인 기술
② 비일상적 기술
③ 공학적 기술
④ 일상적 기술

07 실정법상 공직분류에 관한 설명 중 가장 적절한 것은?
① 경찰공무원은 특수경력직 공무원이다.
② 특정직 공무원은 신분이 보장되며, 정년까지 공무원으로 근무할 것이 예정된다.
③ 별정직 공무원은 경력직 공무원으로, 실적주의와 직업공무원제가 적용된다.
④ 헌법재판소 재판관과 헌법연구관은 경력직 중 특정직에 속한다.

08 예산의 기능에 대한 설명 중 그 성격이 가장 다른 것은?
① 예산은 시장경제를 통해 생산되지 않는 재화나 용역을 공급하기 위하여 자원을 할당한다.
② 예산은 다양한 이해관계의 조정과 타협으로 결정된다.
③ 예산은 개발도상국의 경제성장을 위한 자본을 형성한다.
④ 예산은 시장경제에서 결정된 분배상태가 바람직하지 못할 때 이를 시정한다.

09 성과주의예산(PBS)에 대한 설명 중 옳지 않은 것은?
① 사업중심의 예산이지만 전략적 목표의식이 결여되어 있다.
② 입법부의 예산심의가 용이하지만, 회계책임의 한계가 모호하다.
③ 정치지도자의 예산개입을 약화시키고 관리자의 관리능력을 향상시킨다.
④ 외부통제보다는 내부통제를 중시하는 예산제도로 예산집행의 경직성을 초래한다.

10 우리나라 지방자치단체의 명칭 및 구역변경 등에 관한 내용으로 옳지 않은 것은?

① 자치단체의 명칭과 구역을 바꾸거나 자치단체를 폐지하거나 설치하거나 나누거나 합칠 때에는 법률로 정한다.

② 자치단체의 구역변경 중 관할구역 경계변경과 한자 명칭의 변경은 대통령령으로 정한다.

③ 자치단체를 폐지하거나 설치하거나 나누거나 합칠 때, 구역을 변경할 때, 명칭을 변경할 때에는 반드시 주민투표를 거쳐야 한다.

④ 행정구·읍·면·동을 폐지, 설치, 분리, 합병할 때에는 행정안전부장관의 승인을 받아 조례로 정한다.

2025 공무원 시험대비 【8월분】

– 제7회 –

이 름: _____

제1과목 국어
제2과목 영어
제3과목 한국사
제4과목 행정법총론
제5과목 행정학개론

합격까지 박문각

매일 모고 국어 제7회

01 <보기>를 바탕으로 '필요한 문장 성분'에 대해 판단한 내용으로 적절한 것은?

<보기>
㉠ 상철이는 TV에서 영화를 보았다.
㉡ 소파에 앉은 옥순은 너무 예뻤다.
㉢ 할머니께서 우리들에게 용돈을 주셨다.
㉣ 우리도 지하철이 언제 개통될지 모른다.

① ㉠에서 필수적인 문장 성분은 5개이다.
② ㉡에는 문장 성분이 여러 개 있지만 필수적인 것은 주어와 부사어와 서술어이다.
③ ㉢을 보면 문장의 부속 성분인 부사어 '우리들에게'도 필수적인 문장 성분이 될 수 있다.
④ ㉣에는 서술어 '개통되다'의 주어가 2개이므로 중복되는 주어를 생략해야 한다.

02 밑줄 친 단어의 쓰임이 옳지 않은 것은?
① 비가 올 때에는 순회공연을 <u>지연하기로</u> 하였다.
② 그는 겉으로는 성자인 체하면서 실제로는 <u>타락한</u> 행동을 일삼았다.
③ 자발적 참여자를 <u>근간</u>으로 하여 조직이 결성되었다.
④ <u>금방</u> 밥 먹었는데 또 뭘 먹자고 그러니?

03 (가), (나)를 전제로 할 때, 빈칸에 들어갈 결론으로 적절한 것은?

(가) 닭고기를 좋아하는 모든 사람은 소고기도 좋아한다.
(나) 소고기를 좋아하는 어떤 사람은 나물도 좋아한다.
따라서 _____.

① 닭고기, 소고기, 나물을 모두 좋아하는 사람이 있을 수 있다.
② 닭고기를 좋아하지 않지만 소고기와 나물을 모두 좋아하는 사람이 있다.
③ 닭고기와 나물을 모두 좋아하지만 소고기를 좋아하지 않는 사람이 있을 수 있다.
④ 닭고기와 나물을 좋아하지 않지만 소고기를 좋아하는 사람은 존재하지 않는다.

04 다음 진술이 모두 참일 때, 반드시 참인 것은?

○ 수영을 좋아하는 사람은 테니스를 좋아한다.
○ 야구를 좋아하지 않는 사람은 배구를 좋아한다.
○ 테니스를 좋아하는 사람은 배구를 좋아하지 않는다.

① 수영을 좋아하는 사람은 배구를 좋아한다.
② 야구를 좋아하는 사람은 수영을 좋아한다.
③ 배구를 좋아하는 사람은 수영을 좋아하지 않는다.
④ 테니스를 좋아하는 사람은 야구를 좋아하지 않는다.

05 밑줄 친 표현이 ㉠의 의미와 가장 유사한 것은?

나는 어떤 일이든지 미적미적 ㉠ <u>끄는</u> 것은 질색이다.

① 시간을 <u>끌지</u> 말고 빨리빨리 해라.
② 손님을 <u>끄는</u> 비결이 무엇이냐?
③ 동료들을 <u>끌고</u> 식당에 들어갔다.
④ 주방에서 수도를 <u>끌어</u> 물을 받았다.

06 밑줄 친 표현이 ㉠의 의미와 가장 유사한 것은?

복잡한 상황 속에서 이 일부터 ㉠ <u>끄는</u> 것이 최선의 방법이다.

① 촛불을 훅 불어 <u>끄다</u>.
② 다달이 빚을 <u>꺼</u> 나가다.
③ 차에 타자마자 라디오를 <u>꺼</u> 달라고 부탁했다.
④ 주차를 마친 후 운전자는 엔진을 <u>끄고</u> 내렸다.

07 ㉠~㉣과 바꿔 쓸 수 있는 유사한 표현으로 적절하지 않은 것은?

(가) 전문가에 따르면 이번 지진으로 인한 피해가 ㉠ <u>경미하다고</u> 한다.
(나) 그는 그 안건에 대해 반대 입장을 ㉡ <u>견지하고</u> 있다.
(다) 그들은 다른 일행보다 산 정상에 먼저 ㉢ <u>당도했다</u>.
(라) 그는 ㉣ <u>옹졸한</u> 생각에 사로잡혀 다른 사람의 성공을 시기했다.

① ㉠: 무겁다고
② ㉡: 지키고
③ ㉢: 다다랐다
④ ㉣: 좁은

- 1 -

08 ㉠~㉣과 바꿔 쓸 수 있는 유사한 표현으로 적절하지 않은 것은?

> (가) 그는 마지막까지 유혹을 ㉠ 물리치고 자신의 원칙을 지켰다.
> (나) 출신이 ㉡ 하찮다는 편견을 딛고 그는 성공을 일궈냈다.
> (다) 급한 일이 생겨 약속을 내일로 ㉢ 물렸다.
> (라) 그는 신문에 매주 여행기를 ㉣ 싣고 있다.

① ㉠: 극복하고
② ㉡: 미천하다는
③ ㉢: 연장하다
④ ㉣: 연재하고

09 다음 글에 대한 이해로 가장 적절한 것은?

> 일반적으로 극락은 불교의 사후 세계이자 아미타불이 다스리는 공간으로 알려져 있다. 극락은 현재 삶의 공간인 '예토'와 구분하여 끝없는 행복과 영원한 삶이 이어지며, 타종교의 '천국'과 같은 개념일 것이라 사람들은 생각한다.
> 하지만 불교의 '극락'은 '천국'과는 그 개념이 다르다. 예를 들어 아미타불의 구원을 받았더라도 생전에 지은 죄에 따라 '극락'에서의 생활에 차등을 두어 우주가 생성하고 다시 소멸할 시간 동안 좁은 공간에 갇혀 있는 이들도 있다. 또 '극락'에 간 모든 사람은 불교의 궁극적 목표인 '성불'을 이루지 못한 사람들이라 '성불'을 이루려 노력하며, 이를 돕기 위한 아미타불의 설법이 계속 이어진다. '극락'이 '예토'와 그다지 다를 바 없는 공간임에도 사람들이 극락왕생을 바라는 이유는 '극락'에 태어나는 것이 윤회의 끝을 의미하기 때문이다. 윤회에서 벗어나지 못하면 살아서 지은 죄업과 선행의 무게에 따라 끝없이 환생한다.
> 이런 '극락'을 바라보는 불교의 시각도 흥미로운 점이 많다. 일부 종파는 '극락'이 이 세상과 분리된 또 다른 공간에 존재한다고 생각하고, 다른 이들은 '극락'은 구체적 공간이 아닌 철학적 사유의 비유적 표현으로 현실 세계가 생각에 따라 지옥이 될 수도, '극락'이 될 수도 있다고 본다.

① 극락에서는 성불을 얻지 못한 자들이 아미타불의 설법으로 더 좋은 세계에 환생하기 위해 노력한다.
② 아미타불의 구원을 받더라도 모든 죄가 사라지는 것은 아니며 극락에서 죄의 대가를 치르기도 한다.
③ 극락을 철학적 사유의 비유적 표현이라 말하는 이들은 현실 세계와 예토를 동일시하는 관점을 가지고 있다.
④ 극락이 현실과 다른 공간에 존재한다고 주장하는 불교 종파는 생각에 따라 현실이 '극락'이 될 수도 있다고 본다.

10 글의 내용을 설명하기 위한 사례로 적절하지 않은 것은?

> 주권국 간의 외교는 이를 수행하는 외교 사절의 임명으로 시작한다. 외교 사절의 임명과 파견은 외교 사절 파견 국가의 권리이지만 이를 인정하고 받아들이는 것은 파견 대상국의 권리이다. 파견한 외교 사절을 상대국에서 받아들이겠다는 의사표시를 하는 것을 '아그레망'이라 하며 이는 파견 대상국 국가 원수의 선언으로 이루어진다. '아그레망'을 받아야만 외교 사절은 면책 특권과 같은 권리를 행사하고 자신의 임무를 수행할 수 있다. 다만 UN과 같은 국제기구의 인물은 파견 상대국의 동의 없이 외교 사절의 권리를 행사하고 임무를 수행한다. '아그레망'은 주권국 사이의 외교 절차이기 때문이다.
> 타국의 특정 인물을 파견 상대국에서 받아들이고 싶지 않은 경우, '페르소나 논 그라타'를 선언하게 된다. 이는 '아그레망'과 마찬가지로 '비엔나 협약'에 규정된 주권국의 권리이다. '페르소나 논 그라타'는 이유에 대한 설명 없이 그 누구에게라도 선언할 수 있다. '페르소나 논 그라타'로 선언된 인물이 '아그레망'을 받은 인물인 경우, 파견 대상국은 '아그레망'의 효력을 정지하고 불법 체류자로 간주하여 강제 추방 명령을 내리는 것이 일반적이다.

① B국에 파견된 A국 대사는 '아페르소나 논 그라타'를 선언받은 이후 강제 추방되었다.
② A국이 최근 신청한 B국 대사의 '아그레망'을 거부하며 범법 행위 시 체포될 수 있음을 경고했다.
③ B국에 입국한 국제기구의 직원이 B국 국가 원수의 선언 없이 외교 사절의 임무를 수행했다.
④ B국의 강압적 태도에 실망한 국제기구가 B국 외교 사절에 '페르소나 논 그라타'를 선언하였다.

매일 모고 영어 제7회

01 밑줄 친 부분에 들어갈 말로 가장 적절한 것은?

The military uses various methods to _____ young adults, including advertising and outreach programs.

① relieve
② haunt
③ recruit
④ edit

02 밑줄 친 부분에 들어갈 말로 가장 적절한 것은?

It is mandatory to _____ all the required documents online before participating in the competition.

① reinforce
② remove
③ mount
④ submit

03 밑줄 친 부분에 들어갈 말로 가장 적절한 것은?

Regular practice can significantly _____ your language skills over time.

① ruin
② destroy
③ improve
④ disappear

04 밑줄 친 부분에 들어갈 말로 가장 적절한 것은?

The river is _____ enough for large ships to pass through easily.

① narrow
② ancient
③ cynical
④ broad

05 밑줄 친 부분에 들어갈 말로 가장 적절한 것은?

Companies that _____ their manufacturing waste can reduce costs while contributing to environmental protection.

① recycle
② multiply
③ narrate
④ roast

06 밑줄 친 부분에 들어갈 말로 가장 적절한 것은?

We patiently taught _____, step by step, how to cook by watching online videos.

① yourself
② us
③ ourselves
④ our

07 밑줄 친 부분 중 어법상 옳지 않은 것은?

She has worked ① tirelessly for years, ② overcoming many obstacles along the way. It will not be long before my dream ③ came true. Her dedication and hard work are finally starting ④ to pay off.

08 밑줄 친 부분에 들어갈 말로 가장 적절한 것은?

A: Hello. I have a bad cold. Do you have anything you can recommend?
B: Sure. Are you looking for something over-the-counter, or do you have a prescription?
A: I don't have a prescription. I just need something for a runny nose and sore throat.
B: In that case, I recommend this cold medicine. It helps with both symptoms.
A: How often should I take it?
B: Two tablets, three times a day after meals.
A: Okay. _____
B: It may make you a bit drowsy, so avoid driving or operating machinery.

① Should I take it before or after meals?
② What foods are good for treating a cold?
③ Is this safe for children?
④ Are there any side effects?

[09~10] 다음 글을 읽고 물음에 답하시오.

Enhancing Digital Accessibility for All

The National Digital Agency is committed to ensuring that every citizen can access essential public services online. We are expanding digital resources for elderly users and people with disabilities through simplified interfaces and voice-assist features.

To maintain fairness, users can request support through our toll-free helpline or visit community digital support centers. These centers are staffed with trained professionals who can guide individuals through any online process.

We value your input and invite all users to complete our accessibility survey, available at govaccess.org/survey. Your feedback helps us <u>evaluate</u> service performance and prioritize improvements that reduce digital exclusion.

09 밑줄 친 evaluate의 의미와 가장 가까운 것은?
① enhance
② tolerate
③ predict
④ measure

10 윗글의 목적으로 가장 적절한 것은?
① 고용 신청 조건을 안내하려고
② 정부 보조금 신청 시기를 공지하려고
③ 디지털 접근성 서비스와 의견 제출 방법을 설명하려고
④ 지역 행정구역 변경 절차를 소개하려고

매일 모고 한국사 제7회

01 다음과 같은 무덤이 만들어진 시대에 대한 설명으로 적절한 것은?

| ○ 옹관묘(독무덤)   ○ 목관묘(널무덤) |

① 대표적 유물은 반달 돌칼과 거친무늬 거울 등이 있다.
② 애니미즘, 토테미즘, 샤머니즘 등의 원시적 신앙이 출현하였다.
③ 주요 거주 유적은 대부분 강가나 바닷가에 자리 잡고 있다.
④ 경남 창원 다호리 유적에서 붓이 발견되어 한자가 사용되었음을 알 수 있다.

02 밑줄 친 '노객'에 한 설명으로 옳은 것은?

신라가 사신을 보내 왕에게 말하기를 "왜인이 그 국경에 가득 차 성을 부수었으니, 노객(奴客)은 백성된 자로서 왕에게 귀의하여 분부를 청한다."라고 하였다. 이에 보병과 기병 5만을 보내어 신라를 구원하게 하였다.

① 평양성을 공격하여 고구려의 왕을 살해하였다.
② 창녕 지역을 정복하고 그곳에 순수비를 건립하였다.
③ 국제적 고립에서 벗어나고 고구려의 남진을 막기 위해 신라와 결혼 동맹을 맺었다.
④ 마립간을 표방하여 왕권을 강화하였다.

03 고구려에 대한 다음 설명 중 옳지 않은 것은?
① 고국천왕은 을파소의 건의를 받아들여 진대법을 실시하였다.
② 광개토대왕은 낙랑군을 축출하여 한강유역을 장악하였다.
③ 장수왕은 한강유역을 장악하고 충주에 비석을 세웠다.
④ 연개소문은 영류왕을 시해하고 보장왕을 옹립하였다.

04 밑줄 친 '이 나라'에 대한 설명으로 적절한 것은?

이 나라는 삼한의 종족이며, 지금의 고령에 있었다. 건원 원년(479)에 그 국왕 하지(荷知)는 사신을 보내 남제에 공물을 바쳤다. 남제에서는 국왕 하지에게 "보국장군 본국왕"을 제수하였다.

① 국호를 남부여로 개칭하였고, 수도를 사비로 천도하여 왕권의 강화를 도모하였다.
② 지금의 울릉도인 우산국을 정복해서 영토로 편입하였다.
③ 신라 진흥왕의 침공으로 멸망하였다.
④ 동부여와 숙신을 정복하여 동부 만주로 진출하였다.

05 다음 중 고려의 신분제도에 대한 설명으로 적절하지 않은 것은?
① 백정은 도축업에 종사하는 계층을 부르는 명칭이었다.
② 향리는 실질적인 지방의 지배층으로, 별도의 토지를 분급 받았다.
③ 고려 중기에는 문벌귀족이 중앙권력을 지배했고, 대표적인 가문으로는 경원 이씨, 경주 김씨 등이 있었다.
④ 별다른 거처 없이 떠돌이 생활을 하는 양수척으로 불렸던 천민계층이 있었다.

06 고려 예종의 재위 기간에 일어난 사건으로 옳은 것을 고르면?
① 의천의 건의를 받아들여 주전도감을 설치하였다.
② 제관과 의통을 중국에 유학 보내 천태학을 배우게 했다.
③ 별무반을 동원하여 여진족을 토벌하고 동북 9성을 개척하였다.
④ 불교 사원인 복원궁을 건립하고 불교를 중흥시켰다.

07 역사적으로 존재했던 우리나라의 교육 기관에 대한 설명으로 옳은 것은?
① 고구려는 중앙교육기관으로 국학을 건립하였다.
② 고려는 중앙에 국자감을 두었으나, 지방에는 교육기관을 만들지 않았다.
③ 조선의 성균관은 소과를 준비하기 위한 중앙의 최고 교육기관이었다.
④ 서원은 선현을 제사지내는 기관이었으나, 후학을 양성하는 지방의 사설교육기관 역할도 하였다.

08 밑줄 친 '왕'의 재위 기간에 있었던 사실로 옳은 것은?

> 주전도감에서 왕에게 아뢰기를 "백성들이 화폐를 사용하는 유익함을 이해하고 그것을 편리하게 생각하고 있으니 이 사실을 종묘에 알리십시오."라고 하였다. 이 해에 또 은병을 만들어 화폐로 사용하였는데, 은 한 근으로 우리나라의 지형을 본떠서 만들었고 민간에서는 활구라고 불렀다.

① 노비환천법을 실시하여 일부 양민을 노비로 환천시켰다.
② 의천이 천태종을 중심으로 불교 통합운동을 전개하였다.
③ 주요 호족들에게 왕씨 성을 하사하고, 유력 호족의 딸들과 혼인하는 정책을 실시하였다.
④ 왕권을 강화하기 위해 과거 제도를 시행하고 독자적인 연호와 황제 칭호를 사용하였다.

09 아래 제시문의 밑줄 친 '그'에 대한 설명으로 옳은 것은?

> 그는 고려 말에 온건파 사대부를 대표하는 인물로, 정도전 등의 혁명파 사대부와 대립하다 선죽교에서 피살당하였다.

① 고려 왕조의 유지를 주장하였다.
② 베이징의 만권당에서 원의 학자들과 교류하였다.
③ 최영과 연대하여 이성계의 위화도회군을 비판하였다.
④ 불교를 비판하여 '불씨잡변'을 저술하였다.

10 다음은 대한민국 임시정부의 변천을 정리한 것이다. (가)~(라)에 들어갈 내용으로 옳은 것은?

구분	연도	정부 형태	정부 수반	활동의 중점
제1차	1919	(가)	이승만	민족 운동 통합과 국제 외교
제2차	1925	국무령 중심의 내각 책임제	이동녕 등	(나)
제3차	1927	국무 위원 중심의 집단 지도 체제	(다)	좌우 이념 대립 통합
제4차	1940	주석 중심 체제	김구	(라)

① (가)-복벽주의에 입각한 정부 형태를 갖추었다.
② (나)-국민 대표 회의 이후 임시 정부의 혼란을 수습하고자 하였다.
③ (다)-이승만 등 외교론자들이 다시 집권하였다.
④ (라)-참의부, 정의부, 신민부의 통합에 노력하였다.

매일 모고 행정법 제7회

01 행정행위에 대한 설명으로 옳지 않은 것은? (다툼이 있는 경우 판례에 의함)
① 음주운전으로 인한 운전면허취소처분의 재량권 일탈·남용 여부를 판단할 때, 운전면허의 취소로 입게 될 당사자의 불이익보다 음주운전으로 인한 교통사고를 방지하여야 하는 일반예방적 측면이 더 강조되어야 한다.
② 건축허가는 대물적 허가에 해당하므로, 허가의 효과는 허가대상 건축물에 대한 권리변동에 수반하여 이전되고 별도의 승인처분에 의하여 이전되는 것은 아니다.
③ 행정청의 의사표시를 요소로 하는 법률행위적 행정행위 중에서 명령적 행위에는 하명, 면제, 허가가 속한다.
④ 공익법인의 기본재산 처분에 대한 허가의 법률적 성질은 형성적 행정행위로서의 인가에 해당하므로, 그 허가에 조건으로서의 부관의 부과는 허용되지 아니한다.

02 행정행위의 부관에 대한 설명으로 옳은 것은? (다툼이 있는 경우 판례에 의함)
① 법정부관에 대하여는 행정행위에 부관을 붙일 수 있는 한계에 관한 일반적인 원칙이 적용되지 않는다.
② 행정청이 수익적 행정처분을 하면서 사전에 상대방과 체결한 협약상의 의무를 부담으로 부가하였는데, 부담의 전제가 된 주된 행정처분의 근거 법령이 개정되어 부관을 붙일 수 없게 된 경우에는 곧바로 협약의 효력이 소멸한다.
③ 사도개설허가에서 정해진 공사기간은 사도개설허가 자체의 존속기간을 정한 것이라 볼 수 있으므로 공사기간 내에 사도로 준공검사를 받지 못하였다면 사도개설허가는 당연히 실효된다.
④ 수익적 행정처분에 있어서는 법령에 특별한 근거규정이 있는 경우에만 그 부관으로서 부담을 붙일 수 있다.

03 행정행위의 취소와 철회에 대한 설명으로 옳지 않은 것은? (다툼이 있는 경우 판례에 의함)
① 행정청이 의료법인의 이사에 대한 이사취임승인취소처분(제1처분)을 직권으로 취소(제2처분)한 경우, 제1처분과 제2처분 사이에 법원에 의하여 선임결정된 임시이사들의 지위는 법원의 해임결정이 없더라도 당연히 소멸된다.
② 처분에 대하여 행정심판이나 행정소송이 제기되어 쟁송이 진행되고 있는 도중에는 행정청은 스스로 대상 처분을 취소할 수 없다.
③ 행정청은 처분을 철회하려는 경우에는 철회로 인하여 처분의 상대방이 입게 될 불이익과 철회로 달성되는 공익을 비교·형량하여야 한다.
④ 과세관청은 과세처분의 취소를 다시 취소함으로써 원부과처분을 소생시킬 수는 없다.

04 취소소송의 소송요건에 대한 설명으로 옳은 것은? (다툼이 있는 경우 판례에 의함)
① 사립학교 교원에 대한 징계처분의 경우에는 학교법인 등의 징계처분은 행정처분이 아니므로 그에 대한 소청심사청구에 따라 위원회가 한 결정이 행정처분이고, 행정소송에서의 심판대상은 학교법인 등의 원 징계처분이 아니라 위원회의 결정이 되며, 따라서 피고도 행정청인 위원회가 된다.
② 대리권을 수여받은 행정기관이 대리관계를 명시적으로 밝히지 않고 자신의 명의로 처분을 하였다면, 비록 처분명의자가 피대리 행정청 산하의 행정기관으로서 실제로 피대리 행정청으로부터 대리권한을 수여받아 피대리 행정청을 대리한다는 의사로 행정처분을 하였고 처분명의자는 물론 그 상대방도 그 행정처분이 피대리 행정청을 대리하여 한 것임을 알고서 이를 받아들였다 하더라도 그 처분의 취소소송에서의 피고는 처분명의자인 대리 행정기관이 되어야 한다.
③ '처분이 있음을 안 날'은 처분이 있었다는 사실을 현실적으로 안 날을 의미하므로, 처분서를 송달받기 전 정보공개청구를 통하여 처분을 하는 내용의 일체의 서류를 교부받았다면 그 서류를 교부받은 날부터 제소기간이 기산된다.
④ 현역입영대상자가 현역병입영통지처분에 따라 현실적으로 입영을 한 후에는 처분의 집행이 종료되었고 입영으로 처분의 목적이 달성되어 실효되었으므로 입영통지처분을 다툴 법률상 이익이 인정되지 않는다.

05 행정소송에 대한 설명으로 옳지 않은 것은? (다툼이 있는 경우 판례에 의함)

① 사정판결은 당사자의 명백한 주장이 없는 경우에도 기록에 나타난 여러 사정을 기초로 직권으로 할 수 있다.
② 집행정지의 결정이 확정된 후 집행정지가 공공복리에 중대한 영향을 미치거나 그 정지사유가 없어진 때에는 당사자의 신청 또는 직권에 의하여 결정으로써 집행정지의 결정을 취소할 수 있다.
③ 군인연금법령상 급여를 받으려고 하는 사람이 국방부장관에게 급여지급을 청구하였으나 거부된 경우, 곧바로 국가를 상대로 한 당사자소송으로 급여의 지급을 청구할 수 있다.
④ 법원은 소송의 결과에 따라 권리 또는 이익의 침해를 받을 제3자가 있는 경우에는 당사자 또는 제3자의 신청 또는 직권에 의하여 결정으로써 그 제3자를 소송에 참가시킬 수 있다.

06 공법관계와 사법관계에 대한 설명으로 옳지 않은 것은? (다툼이 있는 경우 판례에 의함)

① 지방자치단체가 사인과 체결한 자원회수시설에 대한 위탁운영협약은 사법상 계약에 해당하므로 그에 관한 다툼은 민사소송의 대상이 된다.
② 중앙행정기관인 방위사업청과 부품개발 협약을 체결한 기업이 협약을 이행하는 과정에서 환율변동 및 물가상승 등 외부적 요인으로 발생한 초과비용 지급에 대한 소송은 행정소송에 의한다.
③ 「공익사업을 위한 토지 등의 취득 및 보상에 관한 법률」에 따른 사업폐지 등에 대한 보상청구권은 사법상 권리로서 그에 관한 소송은 민사소송절차에 의하여야 한다.
④ 「국가를 당사자로 하는 계약에 관한 법률」에 따라 국가가 당사자가 되는 이른바 공공계약에 관한 법적 분쟁은 원칙적으로 민사법원의 관할 사항이다.

07 신고에 대한 설명으로 옳지 않은 것은? (다툼이 있는 경우 판례에 의함)

① 자기완결적 신고의 경우 적법한 요건을 갖춘 신고를 하면 신고의 대상이 되는 행위를 적법하게 할 수 있고, 별도로 행정청의 수리를 기다릴 필요가 없다.
② 「수산업법」상 신고어업을 하려면 법령이 정한 바에 따라 관할 행정청에 신고하여야 하고, 행정청의 수리가 있을 때에 비로소 법적 효과가 발생하게 된다.
③ 「행정절차법」상 신고 요건으로는 신고서의 기재사항에 흠이 없고 필요한 구비서류가 첨부되어 있어야 하며, 신고의 기재사항은 그 진실함이 입증되어야 한다.
④ 법령등으로 정하는 바에 따라 행정청에 일정한 사항을 통지하여야 하는 신고로서 법률에 신고의 수리가 필요하다고 명시되어 있는 경우에는 행정기관의 내부 업무 처리 절차로서 수리를 규정한 경우가 아닌 한, 행정청이 수리하여야 효력이 발생한다.

08 행정대집행에 대한 설명으로 옳지 않은 것은? (다툼이 있는 경우 판례에 의함)

① 대집행 비용은 원칙상 의무자가 부담하며 행정청은 그 비용액과 납기일을 정하여 의무자에게 문서로 납부를 명하여야 한다.
② 대집행에 요한 비용은 「국세징수법」의 예에 의하여 징수할 수 있다.
③ 부작위의무도 대체적 작위의무로 전환하는 규정을 두고 있는 경우에는 대체적 작위의무로 전환한 후에 대집행의 대상이 될 수 있다.
④ 「공익사업을 위한 토지 등의 취득 및 보상에 관한 법률」상의 협의취득시에 매매대상 건물에 대한 철거의무를 부담하겠다는 취지의 약정을 건물소유자가 하였다면, 그 철거의무는 대집행의 대상이 된다.

09 과징금에 대한 설명으로 옳지 않은 것은? (다툼이 있는 경우 판례에 의함)

① 과징금을 부과하면서 여러 개의 처분사유에 터잡아 하나의 과징금 부과처분을 하였고 그 처분사유들 중 일부에 위법이 있으나 그 부분이 과징금 부과처분에 영향을 미치지 아니하였다면 그 부과처분을 위법하다고 할 수 없다.

② 처분을 할 것인지 여부와 처분의 정도에 관하여 재량이 인정되는 과징금 납부명령에 대하여 그 명령이 재량권을 일탈하였을 경우, 법원은 재량권의 범위 내에서 어느 정도가 적정한 것인지에 관하여 판단할 수 있고 그 일부를 취소할 수 있다.

③ 관할 행정청이 여객자동차운송사업자의 여러 가지 위반행위를 인지하였다면 전부에 대하여 일괄하여 최고한도 내에서 하나의 과징금 부과처분을 하는 것이 원칙이고, 인지한 위반행위 중 일부에 대해서만 우선 과징금 부과처분을 하고 나머지에 대해서는 차후에 별도의 과징금 부과처분을 하는 것은 다른 특별한 사정이 없는 한 허용되지 않는다.

④ 과징금은 행정상 제재금이고 범죄에 대한 국가 형벌권의 실행이 아니므로 행정법규 위반에 대해 벌금 이외에 과징금을 부과하는 것은 이중처벌금지의 원칙에 위반되지 않는다.

10 행정절차에 대한 설명으로 옳은 것은? (다툼이 있는 경우 판례에 의함)

① 「국가공무원법」상 직위해제처분은 공무원의 인사상 불이익을 주는 처분이므로 「행정절차법」상 사전통지 및 의견청취절차를 거쳐야 한다.

② 별정직 공무원인 대통령기록관장에 대한 직권면직 처분에는 처분의 사전통지 및 의견청취 등에 관한 「행정절차법」 규정이 적용되지 않는다.

③ 외국인의 출입국에 관한 사항은 「행정절차법」이 적용되지 않으므로, 미국국적을 가진 교민에 대한 사증거부처분에 대해서도 처분의 방식에 관한 「행정절차법」 제24조는 적용되지 않는다.

④ 행정청은 당사자의 신청 내용을 모두 그대로 인정하는 처분을 하는 경우에는 처분 후 당사자가 요청하더라도 당사자에게 그 근거와 이유를 제시하지 않아도 된다.

매일 모고 행정학 제7회

01 행정학 연구의 과학성(science)에 대한 설명으로 옳지 않은 것은?
① 정치행정일원론에서 강조된다.
② 설명성, 객관성 등을 특징으로 한다.
③ 사회현상의 인과적 설명에 초점을 둔다.
④ 경험적 접근을 강조한다.

02 다음 중 뉴거버넌스론의 특징으로 옳지 않은 것은?
① 인식론적 기초 : 공동체주의
② 관료의 역할 : 조정자(coordinator)
③ 정부혁신의 초점 : 조직 내부의 혁신
④ 중심과제 : 과정에 초점

03 다음 중 「공직자윤리법」에 규정된 내용이 아닌 것은?
① 재산등록 및 공개 의무
② 영예 등의 제한
③ 외국정부로부터의 선물신고
④ 직무관련성 있는 주식의 매각 또는 신탁

04 나카무라와 스몰우드(R.Nakamura & F.Smallwood)가 제시한 정책집행자의 유형 중 정책집행자가 정책결정자의 결정권을 장악하고 정책과정 전반을 지배하는 유형은?
① 고전적 기술관료형
② 관료적 기업가형
③ 재량적 실험가형
④ 지시적 위임자형

05 다음은 내용과 관련된 정책분석기법은 무엇인가?

○ 엄밀한 계산이나 이론을 동원하지 않고 개괄적인 결론에 도달하게 하는 일반적인 발견기법들을 통해 해결책을 찾고자 하는 분석방법
○ 직관적 판단, 상식, 시행착오를 통한 경험적 발견법, 주먹구구식 판단, 발견적 학습 등의 활용

① 한정적 합리성 추구
② 시뮬레이션
③ 분기점 분석
④ 휴리스틱스

06 조직은 분업의 원리와 조정의 원리로 구성된다. 다음 중 조정의 원리가 아닌 것은?
① 계층제의 원리
② 참모조직의 원리
③ 명령통일의 원리
④ 권한과 책임 일치의 원리

07 조직문화가 강할 때의 순기능으로 가장 거리가 먼 것은?
① 구성원에게 소속감과 안정감을 가지게 해 준다.
② 구성원의 사고와 행동에 유연성 및 창의성을 촉진한다.
③ 다른 조직과의 경계를 명확히 인식하게 하여 경계를 둘러싼 갈등을 최소화한다.
④ 조직에 바람직하지 않은 행동이 강제수단 없이도 억제될 수 있다.

08 고위공무원단에 대한 설명으로 가장 적절한 것은?
① 미국의 카터 정부가 최초로 도입하였으며, 우리나라는 노무현 정부에서 도입하였다.
② 고위공무원단은 직업공무원제도와 다른 제도로서 정년이 보장되지 않는다.
③ 현재 시행하고 있는 고위공무원단제도는 일반직 공무원만을 대상으로 하고 있다.
④ 고위공무원단에 속하는 모든 일반직 공무원의 신규채용 임용권은 각 부처의 장관이 가진다.

09 다음 중 전통적 예산원칙에 해당하지 않는 것은?
① 예산은 국민에게 공개되고 누구나 알 수 있어야 한다.
② 예산집행 전 입법부의 의결을 거쳐야 한다.
③ 예산은 회계연도 내에 집행되어야 한다.
④ 사업 계획과 예산편성이 연계되어야 한다.

10 다음 중 지방분권을 촉진하는 요인이 아닌 것은?
① 국가의 통치영역 확대
② 규모의 경제 실현
③ 지역단위의 종합행정 실현
④ 주민의 복리 증진

2025 공무원 시험대비 【8월분】

-제8회-

이 름: _____

제1과목 국어
제2과목 영어
제3과목 한국사
제4과목 행정법총론
제5과목 행정학개론

매일 모의고사 정오표

합격까지 박문각

매일 모고 국어 제8회

01 밑줄 친 안긴 문장의 종류로 옳지 않은 것은?
① 그녀는 영수에게 좋아한다고 말했다. - 인용절
② 광수는 책을 읽는 취미가 있다. - 관형절
③ 그는 글씨가 잘 보이도록 글씨를 정자로 썼다. - 부사절
④ 이 설명은 한복이 우리나라 전통 의복임을 보여준다. - 서술절

02 문장의 의미가 모호하게 해석되지 않는 것은?
① 아가는 웃으면서 들어오는 아빠에게 달려간다.
② 엄마는 아침에 사과와 토마토 두 개를 주었다.
③ 그이는 나보다 야구를 더 좋아하는 거 같다.
④ 이 그림은 할아버지가 그린 그림이다.

03 다음 <보기>의 명제를 읽고, 타당하지 않은 추론을 고른 것은?

<보기>
(가) 모든 사람은 프랑스인이다.
(나) 어떤 사람은 프랑스인이다.
(다) 모든 사람은 프랑스인이 아니다.
(라) 어떤 사람은 프랑스인이 아니다.

① (가)와 (라)가 동시에 참인 것은 불가능하다.
② (나)와 (라)는 동시에 참인 것이 가능하다.
③ (가)가 거짓이라면 (나)도 반드시 거짓이다.
④ (다)가 참이라면 (라)는 반드시 참이다.

04 검찰에서는 갑, 을, 병, 정, 무 중에서 범죄자 A가 만난 사람을 추적하고 있다. A가 만난 사람은 모두 A의 공범이라고 할 때, 갑, 을, 병, 정, 무 중 A의 공범의 수는 몇 명인가?

○ 갑을 만나지 않았으면 병 또는 정도 만나지 않았다.
○ 을을 만났으면 정도 만났다.
○ 병을 만나지 않았으면 무를 만났다.
○ 을을 만났으면 무를 만나지 않았다.
○ 을을 만난 것은 이미 확인되었다.

① 2명
② 3명
③ 4명
④ 5명

05 밑줄 친 표현이 ㉠의 의미와 가장 유사한 것은?

그는 건강검진 결과 체중이 ㉠ 불어난 것을 보고 다이어트를 결심했다.

① 장마 때문에 개울물이 불었다.
② 오래되어 불은 국수는 맛이 없다.
③ 북어포가 물에 불어 부드러워지다.
④ 오래된 떡은 물에 담가 두면 다시 붇는다.

06 밑줄 친 표현이 ㉠의 의미와 가장 유사한 것은?

갑자기 눈에서 눈물이 ㉠ 솟아 앞을 볼 수가 없었다.

① 서울에는 남산이 우뚝 솟아 있다.
② 해가 벌써 중천에 솟았는지 방 안이 환했다.
③ 물가가 하늘 높은 줄 모르고 솟는다.
④ 이마에 구슬땀이 솟았다.

07 ㉠~㉣과 바꿔 쓸 수 있는 유사한 표현으로 적절하지 않은 것은?

(가) 갑자기 어지럽고 앞에 있는 물체가 이중으로 ㉠ 중첩되어 보인다.
(나) 어느 한쪽으로만 ㉡ 편향된 태도는 갈등만을 일으킨다.
(다) 응급 상황에서 의료진은 국소를 ㉢ 절개하고 수술을 진행했다.
(라) 정부는 전통과 현대가 어우러진 공공건축물을 ㉣ 조영할 계획을 발표했다.

① ㉠: 겹쳐져
② ㉡: 치우친
③ ㉢: 째고
④ ㉣: 터놓을

08 ㉠~㉣과 바꿔 쓸 수 있는 유사한 표현으로 적절하지 않은 것은?

(가) 전쟁터에서 ㉠ 살아남은 사람들의 이야기는 감동적이다.
(나) 상대방을 무시하며 ㉡ 가볍게 행동하지 마라.
(다) 좌절과 침체에서 ㉢ 벗어나 희망을 되찾다.
(라) 작년과 비교하면 이번 시험 문제는 대체로 ㉣ 쉬웠다.

① ㉠: 생존한
② ㉡: 경망스럽게
③ ㉢: 탈주하여
④ ㉣: 평이했다

09 다음 글에서 추론한 내용으로 적절하지 않은 것은?

빌딩풍은 높은 빌딩 사이로 부는 거센 바람을 말하는 것으로 최근 이로 인한 피해 사례가 심심찮게 보인다. 보통 바람이 높은 빌딩을 마주했을 때 그 속력이 느려질 것이라 예상하지만 좁은 여울을 흐르는 시냇물을 보면 이 생각이 잘못되었음을 알 수 있다. 물길이 넓은 곳에서는 천천히 물이 흐르다가 물길이 좁은 곳에서 유속이 빨라지며 거세게 흐르는 모습을 볼 수 있는데 이는 '벤츄라 효과'라 불리는 현상으로 유체가 좁은 길목을 통과할 때 그 압력이 낮아지고 속도가 빨라지는 현상을 말한다. 높은 건물 사이 사이에서 공기 길의 통로가 급격히 좁아지므로 '벤츄라 효과'가 발생한다. 더욱이 빌딩풍으로 생성된 저기압 때문에 주변의 공기가 몰려들고 바람이 거세져 심각한 피해가 발생하고 있다.
영국은 빌딩풍의 심각함을 미리 알고 초고층빌딩의 경우 빌딩풍을 고려한 건축을 하도록 정부에서 강제하고 있다. 건물의 모서리를 둥글게 만든다든지 건물 중앙에 빈 공간을 만들어 빌딩풍이 지나가는 통로를 만들어 준다든지 하는 것이 그것이다. 이와 달리 현재 우리나라에서는 빌딩풍의 피해를 예방하기 위한 별도의 규제는 없는 상황으로 빌딩풍이 심각한 지역에 거주하는 주민들이 자체적으로 빌딩풍을 막기 위한 노력을 하고 있다.

① 빌딩풍이 발생하는 지역은 주변 지역보다 낮은 기압을 보일 것이다.
② 바람이 높은 빌딩을 마주치면 느려진다고 생각하는 사람은 벤츄라 효과를 잘 모르는 사람일 것이다.
③ 건물의 모서리를 둥글게 만드는 방법을 사용하면 빌딩풍이 부는 지역의 기압을 낮출 수 있다.
④ 우리나라는 빌딩풍을 막기 위한 제도적 장치가 존재하지 않는다.

10 (가)~(라)의 순서를 바르게 배열한 것은?

(가) 국토 과학의 발전이 국가의 번영과 국민의 복지 향상에 얼마나 큰 기여를 할 수 있을지에 대해서는 두말할 필요가 없을 것이다. 그러나 현실적으로 국토 과학에 속하는 과학 분과는 아직 주어진 역할을 제대로 수행하고 있지 못하는 듯하다. 여름마다 빈번히 수해를 겪고, 바다의 어획량은 매년 감소하고 있으며, 해방 이후 50년이 넘었는데도 아직 우리나라에 서식하는 동식물의 목록조차 완성하지 못했다는 사실은 무엇을 의미하는가? 앞으로 생물학계는 이와 관련하여 국토의 보전과 자원의 효율적 이용에 필요한 제반 생물학적 지식을 충분히 제공할 사명이 있다.

(나) 생물학은 일반 과학의 한 분과이다. 따라서 과학의 보편성을 생각한다면 우리나라 생물학의 과제가 따로 있고 미국이나 일본 생물학의 과제가 따로 있을 수 없다. 생물학도 다른 과학 분야처럼 사실과 진리를 발견하는 과학의 한 갈래일 뿐이다. 그러나 연구 인력과 연구 예산이 제한되어 있는 현실과 생물학의 대사회적 역할을 생각할 때 합리적인 전망과 그에 따른 연구 전략이 요청된다.

(다) 21세기 생명 산업과 유전 공학의 발전 가능성으로 인해 생물학의 중요성은 더욱 부각되고 있다. 선진국은 생명 산업을 21세기의 핵심적인 전략 사업으로 손꼽고 있다. 따라서 자원이 부족한 우리나라의 입장에서는 이 분야에서 어느 정도 경쟁력을 갖출 수 있어야만 냉혹한 경제 전쟁에서 살아남을 수 있을 것이다.

(라) 생물학의 상당 부분은 이른바 '국토 과학'에 속한다. 국토 과학이란 우리가 살고 있는 국토의 자원 활용과 환경 보전을 위해 필요한 제반 과학 분야를 일컫는다. 생물학에서는 생태학, 동식물 분류학, 보전 생물학, 해양 생물학, 담수 생물학, 오염 생물학 등이 국토 과학의 영역에 포함된다.

① (가) - (다) - (라) - (나)
② (나) - (라) - (가) - (다)
③ (다) - (라) - (나) - (가)
④ (라) - (나) - (가) - (다)

매일 모고 영어 제8회

01 밑줄 친 부분에 들어갈 말로 가장 적절한 것은?

> Polar bears _____ the Arctic regions where the climate is extremely cold.

① educate
② inhabit
③ intervene
④ neglect

02 밑줄 친 부분에 들어갈 말로 가장 적절한 것은?

> Babies often _____ their thumbs to calm themselves and find comfort when they feel tired or stressed.

① boil
② suck
③ heal
④ oblige

03 밑줄 친 부분에 들어갈 말로 가장 적절한 것은?

> Using energy-efficient appliances can significantly _____ electricity bills over time.

① intrigue
② revive
③ reduce
④ increase

04 밑줄 친 부분에 들어갈 말로 가장 적절한 것은?

> As the ____ relationship between smoking and lung cancer becomes clearer and clearer, smoking cessation is becoming more recommended.

① causal
② alive
③ raw
④ independent

05 밑줄 친 부분에 들어갈 말로 가장 적절한 것은?

> The forged painting looked so _____ to the original that even experts had a hard time telling them apart.

① imperial
② nasty
③ dairy
④ identical

06 밑줄 친 부분에 들어갈 말로 가장 적절한 것은?

> She admitted the truth in spite of _____, even though she tried to hide it.

① her
② oneself
③ hers
④ herself

07 밑줄 친 부분 중 어법상 옳지 않은 것은?

> I often sit on the porch and ① think about how much ② has changed. Ten years have passed since I ③ moving to this house. The neighborhood has grown quieter, and the trees in the yard have grown taller. This place holds so many memories, both joyful and sad. ④ No matter where life takes me next, this house will always feel like home.

08 밑줄 친 부분에 들어갈 말로 가장 적절한 것은?

Tim
Excuse me, do you know why the printer isn't working? I sent my document twice, but nothing's printing.

Jane
Hmm, let me check… Oh, it looks like the printer is out of toner.

Tim
Oh no. I need these documents right away. _____

Jane
Yes, there's another one in the meeting room. You can use that.

Tim
Great. Do I need to connect to it manually?

Jane
If you're using the office Wi-Fi, it should show up automatically.

① Do you know who used the printer last?
② Can I scan this document here?
③ Should I send the file as a PDF or Word document?
④ Is there another printer I can use?

09 다음 글의 흐름상 어색한 문장은?

Introverts and extroverts process social experiences in different ways. ① Introverts often feel drained after prolonged social interaction and prefer solitude to recharge. ② Extroverts, by contrast, gain energy from social engagement and tend to seek out group settings. ③ Research suggests that introverts generally prefer citrus fruits over sweeter options like chocolate. ④ These differences are reflected in brain activity: extroverts show greater stimulation in response to external rewards. This contrast highlights the importance of tailoring environments and expectations to different personality types.

10 다음 글의 주제로 가장 적절한 것은?

"Eat chicken soup when you catch a cold." "Eating carrots improves your eyesight." Most people have probably heard sayings like these at least once. These kinds of beliefs, passed down without scientific proof, are often called "old wives' tales." Such stories have likely been around for a very long time, possibly originating from mothers who cared for and worried about their children. They were probably meant to offer comfort and advice for the common discomforts we all experience. Interestingly, modern science has shown that some of these old tales actually have a basis in fact. For example, while chicken soup may not cure a cold completely, it can help relieve nasal congestion. It also contains natural compounds that thin mucus in the lungs, making coughing easier. Likewise, while carrots don't directly improve eyesight, the beta-carotene they contain helps prevent eye diseases that can lead to vision loss later in life. In the end, some of these old sayings, once thought to lack scientific support, actually do have positive effects on our health.

① how most old wives' tales originate
② why old wives' tales are considered myths
③ examples of old wives' tales for curing a cold
④ the relationship between old wives' tales and modern science

매일 모고 한국사 제8회

01 (가)~(라)와 관련하여 흥선 대원군의 정책을 알아보기 위한 탐구 활동으로 적절하지 않은 것은?

> (가) 나라의 제도로서 인정에 대한 세를 신포라 하였는데, 충신과 공신의 자손에게는 모두 신포가 면제되어 있었다. 이 법이 시행된 지도 이미 오래됨에 턱없이 면제된 자가 매우 많았다.
> - 「근세조선정감」 -
>
> (나) 사족이 있는 곳마다 평민을 못살게 굴지만 가장 심한 곳이 서원이었다. 먹도장을 찍은 다음 편지 한 통을 고을에 보내서 제사에 쓰일 돈을 바치도록 명령하였다.
> - 「근세조선정감」 -
>
> (다) 우리 임금은……조상임금들이 이 궁전을 사용하던 그 당시의 태평한 모습을 그리면서 왜 지금은 옛날처럼 못되는가 하고 때 없이 한탄한다.
> - 「고종실록」 -
>
> (라) 대원군이 여러 재상들을 향하여 말하길, "나는 천 리(千里)를 끌어다 지척(咫尺, 가까운 거리)을 삼겠으며. 태산을 깎아 내려 평지로 만들고, 남대문을 3층으로 높이고 싶소."…… 태산을 평지로 깎아 내리겠다는 말은 노론을 억누르겠다는 뜻이다.
> - 「매천야록」 -

① (가) 호포제의 실시 결과를 검토한다.
② (나) 서원 수의 변화를 조사한다.
③ (다) 경복궁 중건을 위한 자금 마련 과정을 살펴본다.
④ (다) 백성과 유생이 서로 상반된 평가를 내린 이유를 찾아본다.

02 (가), (나)와 관련된 설명으로 옳지 않은 것은?

> (가) 우리나라와 일본은 300년 동안 통신사를 교환하고 왜관을 설치하여 무역하여 왔다. 비록 수년 이래 서계(書契)*를 가지고 서로 버티어왔으나 우호 관계를 존속하려는 처지에서 통상을 굳이 거절할 필요가 없으므로 통상 조약 등의 절차를 잘 협상하여 양국의 편의에 맞춰 조치하라.
> - 「승정원일기」 -
>
> (나) 조선 땅은 실로 아시아의 요충을 차지하고 있어 열강들이 서로 차지하려고 할 것이다. 조선이 위태로우면 중국도 위급해진다. 러시아가 영토를 넓히려고 한다면 반드시 조선이 첫 번째 대상이 될 것이다. ……그렇다면 오늘날 조선이 세워야 할 책략으로 러시아를 막는 것보다 더 급한 일이 없다. 러시아를 막는 책략은 무엇인가? 중국과 친하고, 일본과 맺고, 미국과 이어짐으로써 자강을 도모할 뿐이다.
> - 「조선책략」 -
>
> *서계: 조선 시대에 일본 정부와 주고받던 문서

① (가) - 최초의 불평등 조약이 체결되었다.
② (가) - 청의 알선으로 일본과 수교하였다.
③ (나) - 러시아를 경계할 것을 강조하고 있다.
④ (나) - 국내에서 미국과 수교의 필요성이 제기되었다.

03 다음 중 개화기에 새롭게 변화한 사회적 모습으로 옳지 않은 것은?
① 여성의 교육권을 주장한 여권통문을 발표하는 북촌의 상류층 여성들
② 전차를 타고 관청으로 출근하는 대한제국의 관리
③ 기차를 타고 인천으로 가는 여행객
④ 안경을 끼고 독서를 하는 지방의 학자

04 대한제국 시기의 문예에 대한 설명으로 옳지 않은 것은?
① 이인직은 신소설인 '혈의 누'를 출간하였다.
② 김홍도는 풍속화를 그렸다.
③ 원각사를 중심으로 신극이 공연되었다.
④ 최남선은 신체시인 '해에게서 소년에게'를 창작하였다.

05 우리 역사상 있었던 국경선의 변화에 대한 설명으로 옳은 것은?
① 발해 대조영(고왕) 시기에 요동으로 진출하였다.
② 고려 태조는 영토를 확장하여 압록강까지 진출하였다.
③ 공민왕은 탐라총관부를 무력으로 수복하였다.
④ 세종은 여진족을 축출하고 압록강에서 두만강에 이르는 영토를 확보하였다.

06 밑줄 친 '(가) 우리 집 어른'의 활동으로 옳은 것은?

> 8월 초에 여러 형제분이 모여서 같이 만주로 갈 준비를 하였다. 비밀리에 땅과 집을 파는데, 여러 집을 한꺼번에 처분하니 얼마나 어려우리요. (가) 우리 집 어른은 옛날 범절을 따지지 않고 위아래 구분 없이 뜻만 같으면 악수하여 동지로 대접하였다. 1만여 석의 재산과 가옥을 모두 팔고 경술년(1910) 12월 30일에 큰집, 작은집이 함께 압록강을 건너 떠났다.
> - 이은숙, 「서간도 시종기」 -

① 중국 관내 민족주의 세력을 통합하여 충칭에서 한국 독립당을 창당하였다.
② 미국 샌프란시스코에서 일본의 앞잡이였던 스티븐스를 사살하였다.
③ 만주 삼원보에 신한민촌을 세우고, 신흥강습소를 설립하여 무장투쟁의 전진기지로 삼았다.
④ 중도세력을 규합하여 조선 건국 준비 위원회를 조직하였다.

07 다음 중 일제강점기의 사회변화에 대한 설명으로 적절한 것은?
① 산업의 쇠퇴로 도시에서 농촌으로 이주하는 인구가 급증하였다.
② 경성과 부산 등의 대도시에서 호화로운 삶을 누리는 계층들을 모던보이, 모던걸 등으로 불렀다.
③ 일제의 잡곡 수탈로 잡곡 대신 쌀의 소비가 늘어났다.
④ 일제의 교육정책으로 대부분의 사람들이 보통교육을 이수하게 되었다.

08 ㉠ 정당에 대한 설명으로 적절한 것은?

> 우리는 한국 국민당, 조선 혁명당, 한국 독립당 등 3당의 과거 조직을 공동으로 해산하고 통일적인 ㉠ 을/를 창립하며 창립의 의의를 국내외에 알린다. …(중략)… 중국의 용감한 항일 전쟁은 이미 4년째에 접어들었다. 외적의 붕괴와 중국의 대승리는 이미 기정사실로 공인되고 있다. 이런 천재일우의 시기에 맞춰 함께 왜적을 몰아내고 조국을 광복하는 것이 우리의 중대한 사명이다.

① 신채호가 작성한 조선혁명선언을 활동 지침으로 삼았으며, 전국적인 의거 활동을 전개하였다.
② 대한민국 임시정부의 여당 역할을 하였다.
③ 김원봉의 주도하에 사회주의와 민족주의를 포괄한 조선민족전선연맹의 창설을 주도하였다.
④ 국내 민족주의 진영과 사회주의 진영을 망라한 최대 규모의 민족유일당이었다.

09 다음 중 1940년대에 발생한 사실을 전부 고른 것은?

> ㄱ. 조선어학회의 해체
> ㄴ. 2대 국회의원 선거
> ㄷ. 사사오입개헌
> ㄹ. 이승만의 정읍 발언
> ㅁ. 여수·순천 10·19 사건

① ㄱ, ㄷ
② ㄱ, ㄹ
③ ㄴ, ㅁ
④ ㄱ, ㄹ, ㅁ

10 다음의 남북 간 합의 이후에 나타난 사실로 적절한 것은?

> 쌍방 사이의 관계가 나라와 나라 사이의 관계가 아닌 통일을 지향하는 과정에서 잠정적으로 형성되는 특수 관계라는 것을 인정하고, 평화 통일을 성취하기 위한 공동의 노력을 경주할 것을 다짐하면서, 다음과 같이 합의하였다.
> 제1조 남과 북은 서로 상대방의 체제를 인정하고 존중한다. … (중략) …
> 제9조 남과 북은 상대방에 대하여 무력을 사용하지 않으며, 상대방을 무력으로 침략하지 아니한다.

① 서울과 평양에서 동시에 발표되었다.
② 최초의 이산가족 고향 방문이 이루어졌다.
③ 북한의 총리가 처음으로 서울을 방문하였다.
④ 한반도 비핵화 공동 선언이 채택되었다.

매일 모고 행정법 제8회

01 행정입법에 대한 설명으로 옳은 것은? (다툼이 있는 경우 판례에 의함)
① 법률의 시행령은 법률에 의한 위임 없이도 법률이 규정한 개인의 권리·의무에 관한 내용을 변경·보충하거나 법률에 규정되지 아니한 새로운 내용을 규정할 수 있다.
② 중앙행정기관의 장이 정한 훈령·예규 및 고시 등 행정규칙은 상위법령의 위임이 있다고 하더라도 「행정기본법」상의 '법령'에 해당하지 않는다.
③ 위임입법에 있어 급부행정 영역에서는 기본권침해 영역보다는 위임의 구체성의 요구가 다소 약화되어도 무방하다.
④ 일반적으로 법률의 위임에 따라 효력을 갖는 법규명령의 경우에 위임의 근거가 없어 무효였다면 나중에 법 개정으로 위임의 근거가 부여되었다고 하여 그때부터 유효한 법규명령이 되는 것은 아니다.

02 행정행위의 하자에 대한 설명으로 옳지 않은 것은? (다툼이 있는 경우 판례에 의함)
① 환경영향평가의 실시대상사업에 대하여 환경영향평가를 거치지 않고 행한 승인 등 처분은 당연 무효이다.
② 헌법재판소의 위헌결정의 효력은 따로 위헌제청신청을 하지 아니한 이상 당해 법률 또는 법률의 조항이 재판의 전제가 되어 법원에 계속 중인 사건에 대하여는 미치지 않는다.
③ 행정청이 청문서 도달기간을 다소 어겼다 하더라도 영업자가 이에 대하여 이의하지 아니한 채 스스로 청문일에 출석하여 그 의견을 진술하고 변명하는 등 방어의 기회를 충분히 가졌다면 청문서 도달기간을 준수하지 아니한 하자는 치유된다.
④ 「도시 및 주거환경정비법」상 사업시행계획에 관한 취소사유인 하자는 관리처분계획에 승계되지 않는다.

03 행정작용의 내용에 대한 설명으로 옳지 않은 것은? (다툼이 있는 경우 판례에 의함)
① 행정주체가 행정계획을 입안·결정함에 있어서 이익형량의 고려 대상에 마땅히 포함시켜야 할 사항을 누락한 경우 그 행정계획결정은 재량권을 일탈·남용한 것으로서 위법하다.
② 산업단지개발계획상 산업단지 안의 토지 소유자로서 산업단지개발계획에 적합한 시설을 설치하여 입주하려는 자는 산업단지지정권자 또는 그로부터 권한을 위임받은 기관에 대하여 산업단지개발계획의 변경을 요청할 수 있는 법규상 또는 조리상 신청권이 있다.
③ 행정기관이 같은 행정목적을 실현하기 위하여 많은 상대방에게 행정지도를 하려는 경우에는 특별한 사정이 없으면 행정지도에 공통적인 내용이 되는 사항을 공표하여야 한다.
④ 광주광역시문화예술회관장의 단원 위촉은 광주광역시문화예술회관장이 행정청으로서 공권력을 행사하여 행하는 행정처분에 해당한다.

04 행정소송의 심리 대한 설명으로 옳은 것은? (다툼이 있는 경우 판례에 의함)
① 당사자가 확정된 취소판결의 존재를 사실심 변론종결시까지 주장하지 아니하였다고 하더라도 상고심에서 새로이 이를 주장·입증할 수 있다.
② 행정처분의 당연무효를 주장하여 그 무효확인을 구하는 행정소송에 있어서는 피고 행정청이 그 행정처분에 중대·명백한 하자가 없음을 주장·입증할 책임이 있다.
③ 취소소송의 직권심리주의를 규정하고 있는 「행정소송법」제26조의 규정을 고려할 때, 행정소송에 있어서 법원은 원고의 청구범위를 초월하여 그 이상의 청구를 인용할 수 있다.
④ 행정처분에 대한 무효확인과 취소청구는 서로 양립할 수 없는 청구로서 주위적·예비적 청구로서의 병합은 허용되지 아니한다.

05 취소소송의 판결에 대한 설명으로 옳지 않은 것은? (다툼이 있는 경우 판례에 의함)

① 과세처분의 취소소송에서 청구가 기각된 확정판결의 기판력은 그 과세처분의 무효확인을 구하는 소송에는 미치지 아니한다.
② 원고의 청구가 이유있다고 인정하는 경우에도 처분 등을 취소하는 것이 현저히 공공복리에 적합하지 아니하다고 인정하는 때에는 법원은 원고의 청구를 기각할 수 있고, 이 경우 법원은 그 판결의 주문에서 그 처분등이 위법함을 명시하여야 한다.
③ 조세부과처분을 취소하는 행정판결이 확정된 경우 부과처분의 효력은 처분 시에 소급하여 효력을 잃게 되므로 확정된 행정판결은 조세포탈에 대한 무죄를 인정할 명백한 증거에 해당한다.
④ 주민 등의 도시관리계획 입안 제안을 거부한 처분을 이익형량에 하자가 있어 위법하다고 판단하여 취소하는 판결이 확정된 후, 행정청이 다시 새로운 이익형량을 하여 적극적으로 도시관리계획을 수립하였다면 취소판결의 기속력에 따른 재처분의무를 이행한 것이라고 보아야 한다.

06 「행정심판법」에 대한 설명으로 옳지 않은 것은?

① 위원회는 심판청구의 대상이 되는 처분보다 청구인에게 불리한 재결을 하지 못한다.
② 위원회는 심판청구의 대상이 되는 처분 또는 부작위 외의 사항에 대하여는 재결하지 못한다.
③ 청구인은 행정심판위원회의 간접강제 결정에 불복하는 경우 그 결정에 대하여 행정소송을 제기할 수 있다.
④ 취소심판의 인용재결에는 취소재결, 취소명령재결, 변경재결, 변경명령재결이 있다.

07 행정법의 일반원칙에 대한 설명으로 옳지 않은 것은? (다툼이 있는 경우 판례에 의함)

① 비례의 원칙은 법치국가 원리에서 당연히 파생되는 헌법상의 기본원리로서, 모든 국가작용에 적용된다.
② 과세관청이 질의회신 등을 통하여 어떤 견해를 대외적으로 표명하였더라도 그것이 중요한 사실관계와 법적인 쟁점을 제대로 드러내지 아니한 채 질의한 데 따른 것이라면, 공적인 견해표명에 의하여 정당한 기대를 가지게 할 만한 신뢰가 부여된 경우로 볼 수 없다.
③ 처분청이 착오로 행정서사업 허가처분을 한 후 20년이 다 되어서야 취소사유를 알고 행정서사업 허가를 취소한 경우, 그 허가취소처분은 실권의 법리에 저촉되는 것으로 보아야 한다.
④ 입법 예고를 통해 법령안의 내용을 국민에게 예고한 적이 있다고 하더라도 그것이 법령으로 확정되지 아니한 이상 국가가 이해관계자들에게 그 법령안에 관련된 사항을 약속하였다고 볼 수 없으며, 이러한 사정만으로 어떠한 신뢰를 부여하였다고 볼 수도 없다.

08 행정조사에 대한 설명으로 옳지 않은 것은? (다툼이 있는 경우 판례에 의함)

① 우편물 통관검사절차에서 이루어지는 우편물 개봉 등의 검사는 행정조사의 성격을 가지는 것으로서 수사기관의 강제처분이라고 할 수 없으므로, 압수·수색영장 없이 검사가 진행되었다 하더라도 특별한 사정이 없는 한 위법하다고 볼 수 없다.
② 「행정조사기본법」에 따르면, 행정기관의 장은 법령 등에 특별한 규정이 있는 경우를 제외하고는 행정조사의 결과를 확정한 날부터 10일 이내에 그 결과를 조사대상자에게 통지하여야 한다.
③ 납세자 등이 대답하거나 수인할 의무가 없고 납세자의 영업의 자유 등을 침해하거나 세무조사권이 남용될 염려가 없는 조사행위까지 재조사가 금지되는 '세무조사'에 해당한다고 볼 것은 아니다.
④ 금지되는 재조사에 기하여 과세처분을 하는 것은 단순히 당초 과세처분의 오류를 경정하는 경우에 불과하다는 등의 특별한 사정이 없는 한 그 자체로 위법하다.

09 정보공개에 대한 설명으로 옳지 않은 것은? (다툼이 있는 경우 판례에 의함)
① 모든 국민은 정보의 공개를 청구할 권리를 가진다.
② 정보의 공개 및 우송 등에 드는 비용은 정보공개청구를 받은 행정청이 부담한다.
③ 국가정보원이 그 직원에게 지급하는 현금급여 및 월초수당에 관한 정보는 비공개대상 정보에 해당한다.
④ 정보공개청구인이 공공기관의 비공개 결정 또는 부분 공개 결정에 대한 이의신청을 하여 공공기관으로부터 이의신청에 대한 결과를 통지받은 후 취소소송을 제기하는 경우, 그 제소기간은 이의신청에 대한 결과를 통지받은 날부터 기산한다.

10 행정상 손실보상에 대한 설명으로 옳은 것은? (다툼이 있는 경우 판례에 의함)
① 하나의 수용재결에서 여러 가지의 토지, 물건, 권리 또는 영업의 손실의 보상에 관하여 심리·판단이 이루어졌을 때, 피보상자는 재결 전부에 관하여 불복하여야 하고 여러 보상항목들 중 일부에 관해서만 개별적으로 불복할 수는 없다.
② 사업인정고시는 수용재결절차로 나아가 강제적인 방식으로 토지소유자나 관계인의 권리를 취득·보상하기 위한 요건으로서, 영업손실 보상청구를 위해서는 반드시 사업인정이나 수용이 전제되어야 한다.
③ 어떤 보상항목이 공익사업을 위한 토지 등의 취득 및 보상에 관한 법령상 손실보상대상에 해당함에도 관할 토지수용위원회가 사실을 오인하거나 법리를 오해함으로써 손실보상대상에 해당하지 않는다고 잘못된 내용의 재결을 한 경우에는, 피보상자는 관할 토지수용위원회를 상대로 재결취소소송을 제기하여야 한다.
④ 공익사업으로 인해 농업손실을 입은 자가 사업시행자에서 「공익사업을 위한 토지 등의 취득 및 보상에 관한 법률」에 따른 보상을 받으려면 재결절차를 거쳐야 하고, 이를 거치지 않고 곧바로 민사소송으로 보상금을 청구하는 것은 허용되지 않는다.

매일 모고 행정학 제8회

01 하딘(Hardin)의 '공유지의 비극'에 대한 설명으로 옳지 않은 것은?
① 개인의 합리성과 집단의 합리성이 충돌하는 딜레마 현상이다.
② 개인의 합리적 선택으로 인한 편익의 분산과 비용의 집중 관계로 인해 발생한다.
③ 한 사람의 선택행위가 다른 사람에게 부정적 외부효과를 초래함을 설명한다.
④ 시장실패 및 정부규제의 이론적 근거로 활용될 수 있다.

02 피터스(G. Peters)가 제시한 대안적 모형의 조직구조가 잘못 연결된 것은?
① 신축모형 - 가상조직
② 저통제모형 - 준자치적 조직
③ 참여모형 - 평면조직
④ 시장모형 - 분권화된 조직

03 행정개혁의 접근방법 중 구조적 접근방법이 아닌 것은?
① 기능중복의 제거
② 의사소통체제의 개선
③ 책임의 재규정
④ 리엔지니어링(BPR)

04 정책집행과정의 단계를 구성하는 요소들이다. 순서대로 맞는 것은?

| ㉠ 감시 과정 |
| ㉡ 자원 확보 |
| ㉢ 조직화 |
| ㉣ 혜택과 제한의 전달 |
| ㉤ 지침의 개발 |

① ㉢-㉡-㉠-㉣-㉤
② ㉢-㉤-㉡-㉣-㉠
③ ㉠-㉡-㉢-㉣-㉤
④ ㉡-㉢-㉤-㉠-㉣

05 다음 중 정책유형과 예가 잘못 연결된 것은?
① 재분배정책 - 통합의료보험
② 분배정책 - 국·공립학교를 통한 교육서비스
③ 상징정책 - 문화재 복원
④ 추출정책 - 공무원의 보수 및 연금정책

06 다음의 거시조직이론 중 환경형성론적 시각에 해당하는 이론은?
① 자원의존이론
② 상황적응이론
③ 제도화이론
④ 조직군생태학

07 다음 중 인사행정의 3요소는 무엇인가?
① 유능한 인재채용, 능력발전, 사기앙양
② 신분보장, 유능한 인재채용, 능력발전
③ 정치적 중립, 능력발전, 사기앙양
④ 유능한 인재채용, 사기앙양, 법정주의

08 엽관주의와 실적주의에 대한 설명으로 옳지 않은 것은?
① 엽관주의는 주기적이고 대량적인 공직경질을 전제로 하는 제도이다.
② 엽관주의는 소수상위계층의 공직독점을 야기하였다는 비판을 받는다.
③ 실적주의는 인사행정의 집권화, 합리화, 과학화를 특징으로 한다.
④ 실적주의는 공직채용에서 부적격자 제거에만 초점을 두는 소극성을 지닌다.

09 예산과정에서 점증주의 모형에 관한 설명이라고 볼 수 없는 것은?

① 점증주의는 결정자의 인식능력의 한계를 전제로 한다.

② 총체주의와 달리 결정과 관련된 모든 요소를 검토할 수 없다고 본다.

③ 비용편익분석, 선형계획법 등 계량적 모형을 이용하여 예산을 배정하는 것이 사업목표를 효과적으로 달성할 수 있다.

④ 결정 상황을 제약하는 비용, 시간 등의 요소를 감안하여 결정의 복잡한 문제를 단순화시키자는 것이다.

10 지방자치의 유형 중 단체자치의 요소가 아닌 것은?

① 지방분권의 원리
② 개별적 수권주의방식에 따른 권한부여
③ 이중적 지위를 지닌 지방자치단체
④ 행정적 통제 중시

2025 공무원 시험대비 【8월분】

- 제9회 -

이 름: _____

제1과목 국어
제2과목 영어
제3과목 한국사
제4과목 행정법총론
제5과목 행정학개론

매일 모의고사 정오표

합격까지 박문각

매일 모고 국어 제9회

01 안긴 문장이 없는 것은?
① 우리는 운동을 열심히 하고 있었다.
② 나는 팔굽혀펴기를 남들보다 잘할 수 있다.
③ 순자는 일단 밥부터 먹자고 했다.
④ 영호는 푸른 강물에 마음을 빼앗겼다.

02 다음에 대한 고쳐쓰기 방안으로 옳지 않은 것은?

> 엑스포 개최에 대한 사람들의 의견이 엇갈리고 있다. ㉠ 일부는 엑스포가 경제적 이득을 가져다줄 것이라 예상하고 일부는 경제적 손실을 걱정해 개최를 반대한다. ㉡ 절대 엑스포를 개최해야 한다는 측과 개최 반대측의 의견이 엇갈리는 모습은 엑스포의 화합 정신과 거리가 멀어 보인다. ㉢ '여러 사람의 말은 쇠도 녹인다'라는 말이 있다. ㉣ 다음으로 자신의 의견을 주장하며 상대방을 무시하는 것보다 서로의 의견에 귀 기울이는 자세가 필요하다.

① ㉠: 경제적 이득을 가져다줄 것이라 예상하는 이들의 입장을 명확히 하기 위해 '예상해 개최를 찬성하고'로 수정한다.
② ㉡: 부사어와 서술어의 호응이 부자연스러우므로 '절대'를 삭제하거나 '반드시'로 교체한다.
③ ㉢: 어울리지 않는 관용 표현이므로 삭제하고, '한 개의 화살은 꺾어도 여러 개 화살은 꺾지 못한다'로 교체한다.
④ ㉣: '다음으로'는 문장의 내용과 어울리지 않는 접속 표현이므로 삭제한다.

03 다음 전제가 모두 참이라고 할 때, 반드시 참인 결론은 무엇인가?

> ○ 어떤 자전거는 전기를 사용한다.
> ○ 전기를 사용하는 모든 것은 기계이다.

① 어떤 자전거는 전기를 사용하지 않는다.
② 어떤 기계는 전기를 사용하지 않는다.
③ 모든 자전거는 기계이다.
④ 어떤 자전거는 기계이다.

04 다음 전제들이 참일 때, 타당한 결론의 개수는?

> 전제 1: 소설을 읽는 어떤 사람은 과학에 관심이 없는 사람이다.
> 전제 2: 소설을 읽는 모든 사람은 문학 애호가이다.
> 결론: 어떤 문학 애호가는 과학에 관심이 없는 사람이다.

> 전제 1: 모든 스포츠를 즐기는 사람은 운동을 좋아하는 사람이다.
> 전제 2: 자주 영화를 보는 사람은 모두 스포츠를 즐기지 않는 사람이다.
> 결론: 자주 영화를 보는 모든 사람은 운동을 좋아하지 않는 사람이다.

> 전제 1: 어떤 기업은 세금 면제를 받지 않는다.
> 전제 2: 지켜야 할 세금 의무가 있는 기업은 모두 세금 면제를 받을 수 있다.
> 결론: 세금 의무가 없는 기업이 있다.

① 0개
② 1개
③ 2개
④ 3개

05 밑줄 친 표현이 ㉠의 의미와 가장 유사한 것은?

> 그는 방에서 무슨 일을 하는지 도무지 밖으로 ㉠ 나오지를 않는다.

① 어제 씨를 뿌린 곳에서 싹이 <u>나오기</u> 시작했다.
② 학급 신문에 내 사진이 큼지막하게 <u>나왔다</u>.
③ 어머니는 길에 <u>나오셔서</u> 아들을 기다리셨다.
④ 그 사람은 정계에 <u>나온</u> 후 많은 변신을 했다.

06 밑줄 친 표현이 ㉠의 의미와 가장 유사한 것은?

> 그 한 사람만 ㉠ 놓고 보면 별다른 문제가 없지만, 조직 전체로 보면 상황이 다르다.

① 무사하다는 편지가 왔다고 하기에 겨우 마음을 <u>놓았다</u>.
② 건강이 좋지 않아 일을 <u>놓고</u> 있다.
③ 동문회에서 학교 이전 문제를 <u>놓고</u> 의견이 분분했다.
④ 두 집안 사이에 중매쟁이를 <u>놓아</u> 혼사를 주선했다.

07 ㉠~㉢과 바꿔 쓸 수 있는 유사한 표현으로 적절하지 않은 것은?

> (가) 그 사건은 연합군의 힘이 ㉠ 결집하는 데 결정적인 역할을 했다.
> (나) 어릴 적 고향의 풍경은 마음속에 깊이 ㉡ 각인되어 있다.
> (다) 바리케이드를 사이에 두고 양 진영이 ㉢ 대치하고 있다.
> (라) 그는 실수를 인정하고 상사에게 사실을 ㉣ 진솔하게 털어놓기로 결심했다.

① ㉠: 뭉치는
② ㉡: 깨우쳐
③ ㉢: 맞서고
④ ㉣: 숨김없이

08 ㉠~㉢과 바꿔 쓸 수 있는 유사한 표현으로 적절하지 않은 것은?

> (가) 현장에 출동한 경비병이 침입자에게 ㉠ 쏘고 즉시 제압했다.
> (나) 졸업 후 10년 만에 찾아간 학교는 너무나도 많이 ㉡ 달라져 있었다.
> (다) 담당 의사 선생님이 오늘 ㉢ 쉬셔서 진료를 받을 수 없습니다.
> (라) 농부들은 수확한 벼를 단으로 ㉣ 묶어 마당에 세워 말렸다.

① ㉠: 발포하고
② ㉡: 변모해
③ ㉢: 휴진하셔서
④ ㉣: 포박하여

09 다음 글에서 추론한 내용으로 적절하지 않은 것은?

> 스테이크를 구울 때 겉을 높은 온도로 바싹 익히는 이유를 '고기 겉면 단백질의 변성을 이용해 고기 속 육즙을 고기 안에 가두기 위해서'라 알고 있는 사람이 많다. 하지만 실제로 고기에 열을 가하면 높은 온도에서 고기 안에 갇혀 있던 수분이 날아간다. 고기의 맛을 온전히 즐기려 수분이 날아가지 않는 저온에서 오래 가열하는 수비드라는 조리법도 있는 것을 보면 고기 겉면을 익히는 것과 육즙 보존의 관계에 대해 의문을 품지 않을 수 없다.
> 실제로 스테이크 조리에 활용되는 기법은 육즙을 고기 안에 가두기 위한 조리법이 아니다. 육즙은 고기 안의 아미노산과 영양분이 액화된 것으로 불을 가하면 무조건 증발한다. 스테이크 안쪽의 고기를 자를 때 흘러나오는 육즙은 열이 고기 안쪽까지 퍼지지 않아 증발하지 않았을 뿐이다. 맛있는 스테이크를 위해 높은 열을 가하는 이유는 마이야르 반응을 유도하기 위한 것으로 이는 당분과 단백질 사이의 작용으로 일어난다. 당분과 단백질에 열을 가열하면 산화작용이 일어나 여러 가지 화합물을 생성하고, 이 화합물들은 고기의 풍미를 돋우면서 고기의 표면을 먹음직스러운 갈색으로 만든다. 고기가 갈색으로 변한다는 점은 캐러멜라이즈와 유사해 보이지만 캐러멜라이즈는 단백질 없이 당분만 있는 상태에서 일어나는 현상이다.

① 수비드 조리법으로 요리한 고기는 마이야르 반응을 이용한 고기보다 육즙이 풍부하다.
② 겉면을 바싹 익히는 것은 마이야르 반응과 캐러멜라이즈를 이용하여 미각적, 시각적 만족을 주기 위해서이다.
③ 고기 안쪽의 육즙은 마이야르 반응의 결과로 유지되는 것이 아니다.
④ 마이야르 반응은 고기에 열을 가하면 생성되는 화합물의 독특한 풍미를 즐기기 위한 것이다.

10 ㉠~㉣의 전개 순서로 가장 자연스러운 것은?

> 온실가스 문제가 화두에 오르는 요즘, 전기 자동차의 발매 연기가 뜨겁다. 전기 자동차 구동 장치의 핵심은 전동기인데 전동기는 영구자석 사이 위치한 회전자, 그리고 회전자와 바퀴를 연결하는 회전축으로 구성되어 있다. 전기 자동차의 구동 방식은 다음과 같다.
> ㄱ. 전자기력이 운동 에너지로 전환되어 회전자를 회전시킨다.
> ㄴ. 영구자석의 자기장과 회전자의 자기장이 상호작용하여 전자기력이 발생한다.
> ㄷ. 회전자와 연결된 회전축이 회전하며 자동차가 전진한다.
> ㄹ. 회전자로 전기를 흘리면 회전자에서 자기장이 발생한다.

① ㄱ - ㄴ - ㄹ - ㄷ
② ㄴ - ㄷ - ㄹ - ㄷ
③ ㄴ - ㄹ - ㄱ - ㄷ
④ ㄹ - ㄴ - ㄱ - ㄷ

매일 모고 영어 제9회

01 밑줄 친 부분에 들어갈 말로 가장 적절한 것은?

People with severe pollen allergies _____ from symptoms during the spring.

① elect
② suffer
③ invade
④ observe

02 밑줄 친 부분에 들어갈 말로 가장 적절한 것은?

We decided to _____ solar panels on the roof to save on electricity bills.

① scatter
② hide
③ install
④ dismiss

03 밑줄 친 부분에 들어갈 말로 가장 적절한 것은?

The stubborn woman tends to _____ anything that doesn't align with her beliefs.

① occupy
② invent
③ embrace
④ refuse

04 밑줄 친 부분에 들어갈 말로 가장 적절한 것은?

After receiving three doses of the vaccine, most individuals became _____ to the virus and were no longer at risk of serious illness.

① immune
② brilliant
③ strange
④ identical

05 밑줄 친 부분에 들어갈 말로 가장 적절한 것은?

It is necessary to _____ the corroded parts of the bridge before the rainy season begins.

① offend
② hurt
③ employ
④ reinforce

06 밑줄 친 부분에 들어갈 말로 가장 적절한 것은?

_____ books on the table are for the new students who just enrolled this week, so please don't take them.

① What
② That
③ These
④ This

07 밑줄 친 부분 중 어법상 옳지 않은 것은?

On your first day at the academy, you will ① be given a set of rules to follow. You must ② obey to your senior officers. Discipline and respect are essential qualities in this environment. Those ③ who fail to follow orders may face serious consequences. Remember, following the chain of command ④ is not optional—it's required.

08 밑줄 친 부분에 들어갈 말로 가장 적절한 것은?

A: Hey, do you have a minute? We need to set up a meeting for the new project.
B: Sure. When are you thinking of having it?
A: How about Thursday afternoon? Say, around 3 p.m.?
B: Let me check my calendar… Actually, I have another meeting at 3. Could we do it earlier?
A: No problem. _____
B: That works. Should I book the small conference room?
A: Yes, please. And let's send a group email to the rest of the team.
B: Got it. I'll take care of that now.

① Where is the small conference room?
② Is 1:30 okay for you?
③ In that case, can we move it to the evening?
④ What do you think about the new project idea?

- 3 -

09 다음 글의 내용과 일치하지 않는 것은?

2025 SUMMER CREATIVE LEADERSHIP WORKSHOP

Join the Center for Innovation and Leadership (CIL) for a summer experience designed to empower university students. Participants will take part in collaborative projects, leadership simulations, and a final showcase to share their creative solutions with a panel of professionals.

WHO
- Open to undergraduate students from any major
- Each participant will receive one-on-one mentorship and personalized feedback throughout the program.

WHAT
- This workshop combines hands-on leadership training, creativity labs, and strategic thinking seminars.
- Sessions on design thinking and ethical leadership are led by Dr. Nia Adams, a professor of Organizational Behavior.

WHEN
- Workshops run 10 am-4 pm, Monday-Friday
- Monday, July 14 - Friday, August 8
  (no workshop during the week of July 28)

① Participants will present their projects at a final showcase.
② Undergraduate students from all majors are welcome to apply.
③ A professor of Organizational Behavior leads sessions on ethical leadership.
④ The workshop is held every weekday without interruption from July 14 to August 8.

10 다음 글의 목적으로 가장 적절한 것은?

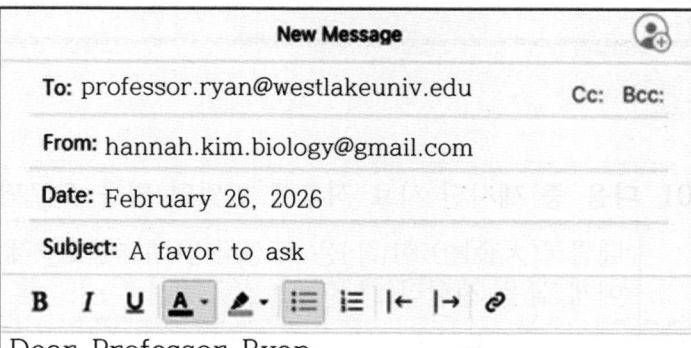

Dear Professor Ryan,

I hope this message finds you well. My name is Hannah Kim, and I was a student in your Molecular Biology and Genetics course during the fall semester of 2023. I thoroughly enjoyed your class and appreciated your encouragement during our group research project on genetic modification.

I am writing to kindly request a letter of recommendation for my application to the Global Research Internship Program at Stanford University this summer. The program focuses on lab-based experience in cellular biology, and I believe your letter would offer valuable insight into my strengths as both a student and a researcher.

If you are willing to support my application, I can provide my resume, transcript, and a brief statement of purpose. The deadline is March 15, and the letter should be submitted online. Thank you very much for considering my request.

Best regards,
Hannah Kim

① To offer feedback on a recent genetics course
② To apply for a position in the biology department
③ To report an error in a grade transcript
④ To request a letter of recommendation

매일 모고 한국사 제9회

01 다음 중 제시된 사료 직후에 있었던 일을 고르면?

> 대금국(大金國) 한(汗)은 조선국왕(朝鮮國王) 제(弟)에게 글을 전한다.
> - 「인조실록」권17, 인조 5년 8월 14일 정미 -

① 후금과 명 사이에서 중립외교를 펼쳤다.
② 조선 중화주의에 입각하여 명의 법통을 계승함을 천명하였고, 이에 입각하여 대보단과 만동묘를 설치하였다.
③ 청의 군신관계 요구에 대해 최명길의 주화론과 김상헌의 척화론이 대립하였다.
④ 청의 침공으로 조선의 국왕이 삼전도에서 굴욕적인 항복의식을 거행하였다.

02 (가)~(다)는 조선 정부가 외국과 체결한 조약의 일부 내용이다. 이에 대한 설명으로 옳지 않은 것은?

> (가) 조선에서 학문을 연구하거나 어문, 과학, 법학 또는 예술을 가르치기 위하여 조선에 가게 되는 프랑스인 들은 우호의 표시로 언제든지 원조와 지원을 받아야 한다.
> - 조·프 수호 통상 조약 -
>
> (나) 조약을 체결한 뒤에 통상 무역 상호 교류 등에서 본 조약에 부여되지 않은 어떠한 권리나 특혜를 다른 나라에 허가할 때에는 자동적으로 미국 관민에게도 똑같이 주어진다.
> - 조·미 수호 통상 조약 -
>
> (다) 일본국 인민은 일본국의 화폐로 조선국 인민의 소유물과 교환할 수 있고, 조선국 인민은 교환한 일본국 화폐로 여러 물화를 살 수 있으니, 이로써 조선국이 지정한 여러 항구에서 인민 상호간에 통용할 수 있다.
> - 조·일 수호 조규 부록 -

① 프랑스는 (가)를 통해 선교의 자유가 인정되었다고 해석하였다.
② (나)는 우리나라가 외국에 최혜국 대우를 보장한 최초의 사례이다.
③ (다)가 체결되면서 조선에 대한 일본의 경제적 침투가 용이하게 되었다.
④ 위의 조약을 체결된 순서대로 나열하면 (나)-(다)-(가)의 순이 된다.

03 밑줄 친 '그'의 저술로 옳은 것은?

> 그는 이익의 실학사상을 계승하였으며, 실증적인 역사연구를 통해, 우리의 옛 강역을 정리한 『아방강역고』를 편찬하였다.

① 『색경』 ② 『의방유취』
③ 『의산문답』 ④ 『목민심서』

04 다음 글의 밑줄 친 한계성에 대한 설명으로 옳은 것을 <보기>에서 모두 고른 것은?

> 흥선 대원군의 정책은 국가 기강을 바로잡아 양반 지배층의 민중에 대한 부당한 억압과 수탈을 약화시켜 민생을 안정시키는 데 기여한 점에서 긍정적으로 평가되지만, 한편으로는 <u>한계성</u>을 지니기도 하였다.

> ㄱ. 전통 체제 내에서의 개혁 정책이었다.
> ㄴ. 봉건적 신분제와 지주제를 유지하려고 하였다.
> ㄷ. 궁극적으로는 전제 왕권을 약화시키려는 정책이었다.
> ㄹ. 붕당 정치와 외척에 의한 세도 정치를 지속하려고 하였다.

① ㄱ, ㄴ ② ㄱ, ㄷ
③ ㄱ, ㄹ ④ ㄴ, ㄷ

05 다음은 어느 시기에 추진된 개혁 요강 중 일부이다. 각 조항의 의미를 바르게 파악한 것은?

> 1. 대원군을 신속히 귀국시키고 청국에 대한 사대 허례(事大虛禮)는 폐지한다.
> 2. 문벌을 폐지하고 인민의 평등 권리를 제정하며 재능에 따라 인재를 등용한다.
> 3. 전국의 지조법(地租法)을 개혁하고 간리(奸吏)를 근절하며, 국민을 구제하고 국가재정을 충실히 한다.
> 11. 4영(營)을 합쳐서 하나로 만들고 영 중에서 장정을 뽑아 근위대를 설치한다.

① 1조 - 청과 상민 수륙 무역 장정을 체결하였다.
② 2조 - 근대 평등 사회로의 이행을 지향하였다.
③ 3조 - 농민의 입장에서 토지 제도를 개혁하였다.
④ 11조 - 별기군이라는 신식 군대를 창설하였다.

[06-07] (가), (나)는 조선 정부가 외국과 맺은 조약의 일부 내용이다. 물음에 답하시오.

(가)
제1관 조선국은 자주의 나라이며, 일본국과 평등한 권리를 가진다.
제4관 조선국은 부산 외에 두 곳을 개항하고 일본인이 왕래 통상함을 허가한다.
제7관 조선국은 일본국의 항해자가 자유로이 해안을 측량하도록 허가한다.
제10관 일본국 인민이 조선국 지정의 각 항구에 머무르는 동안에 죄를 범한 것이 조선국 인민에게 관계되는 사건일 때에는 모두 일본 관원이 심판한다.

(나)
제4관 영국인은 통상 항구에서 100리 이내 혹은 양국 정부의 관할 당국 사이에 동의할 수 있는 구역 내를 여행권 없이 그들이 희망하는 장소에 갈 수 있다.
제8관 양국 중 한 나라의 군함은 다른 나라의 모든 항구에 자유롭게 입항한다.
제10관 영국은 본 조약 실시일 이후 어떠한 혜택이나 이권이든지 타국 및 타국 신민에게 부여하는 일체의 권한을 균점한다.

06 (가) 조약의 체결에 직접적인 영향을 끼친 사실로 옳은 것은?
① 일본이 보낸 외교 문서의 접수를 거부하였다.
② 흥선 대원군이 섭정으로서 정권을 장악하였다.
③ 베이징 조약을 중재한 러시아가 연해주를 차지하였다.
④ 박규수, 오경석, 유홍기 등이 통상 개화를 주장하였다.

07 (가), (나) 조약에 대한 설명으로 옳지 않은 것은?
① (가)의 영사 재판권에서 불평등 조약의 성격을 확인할 수 있다.
② (가)를 통해 일본은 조선에 대한 청의 종주권을 약화시키려 하였다.
③ (나)를 통해 영국은 최혜국 대우의 혜택을 누릴 수 있었다.
④ (가), (나) 모두 해당 국가 상인들에게 조선의 내륙 무역을 허용하고 있었다.

08 다음 글의 흐름으로 보아 빈칸에 들어갈 내용으로 가장 적절한 것은?

삼정의 문란이 극에 달하면서 농민들의 생활은 점점 더 어려워졌다. 이에 진주를 비롯하여 전국 각지에서 농민 봉기가 일어났다. 백성들의 동요가 계속되자 정부는 삼정이정청을 설치하였으나 큰 효과를 거두지 못하였다. 이에 흥선 대원군은 집권 이후 이 문제를 해결하기 위해 ▢▢▢▢

① 환곡을 개혁하여 사창제를 실시하였다.
② 대전회통, 육전조례 등의 법전을 편찬하였다.
③ 안동 김씨 가문을 권력의 중심에서 배제하였다.
④ 왕실의 위엄을 회복하기 위해 경복궁을 중건하였다.

09 다음 내용이 실린 서적에 대한 설명으로 옳은 것은?

조선의 땅덩어리는 실로 아시아의 요충을 차지하고 있어서 형세가 반드시 다투게 마련이며, 조선이 위태로우면 아시아의 형세도 위태로워질 것이다. 따라서 러시아가 강토를 공략하려할진대 반드시 조선에서 시작할 것이다. 그렇다면 조선은 러시아를 막는 일보다 더 급한 일은 없을 것이다. 러시아를 막는 책략은 어떠한가? 중국과 친하고, 일본과 맺고, 미국과 연합함으로써 자강을 도모할 따름이다.

① 조미 수호 통상 조약이 체결되는 데 영향을 끼쳤다.
② 1차 수신사로 일본에 갔던 김기수에 의해 국내에 유입되었다.
③ 외세 침략에 대한 두려움을 고조시켜 삼군부 설치의 계기가 되었다.
④ 조선 정부가 러시아와의 비밀 수교 교섭을 시작하는 계기가 되었다.

10 밑줄 친 '신사상'에 대한 설명으로 옳은 것은?

유대치는 오경석에게 얻은 세계 여러 나라의 지리, 역사에 관한 책들을 김옥균에게 주어 읽게 하였다. 또 열심히 천하 대세를 설명하고 하루라도 빨리 나라를 새롭게 바꿔야 한다고 역설하였다. 오경석이 중국에서 느껴 얻은 신사상은 유대치에게 전해지고, 유대치는 이를 김옥균에게 전하여, 김옥균의 <u>신사상</u>을 낳기에 이르렀다.
- 「김옥균전」 -

① 반외세 민족 운동의 기반이 되었다.
② 임오군란의 기본 사상으로 작용하였다.
③ 주자 성리학의 절대화를 추구하였다.
④ 서구 문물 수용을 통해 부국강병을 이루고자 하였다.

매일 모의 행정법 제9회

01. 행정행위에 대한 설명으로 옳지 않은 것은? (다툼이 있는 경우 판례에 의함)
① 요양기관 업무정지처분은 대물적 처분의 성격을 가지므로, 속임수나 그 밖의 부당한 방법으로 보험자에게 요양급여비용을 부담하게 한 요양기관이 폐업한 때에는 폐업 후 그 요양기관의 개설자가 새로 개설한 요양기관에 대하여 업무정지처분을 할 수 있다.
② 인가처분에 하자가 없다면 기본행위에 하자가 있다 하더라도 따로 그 기본행위의 하자를 다투는 것은 별론으로 하고 기본행위의 무효를 내세워 바로 그에 대한 행정청의 인가처분의 취소 또는 무효확인을 소구할 법률상의 이익이 없다.
③ 납세고지서의 교부송달 및 우편송달에 있어서 반드시 납세의무자 또는 그와 일정한 관계에 있는 사람의 현실적인 수령행위를 전제로 하고 있다고 보아야 하며, 납세자가 과세처분의 내용을 이미 알고 있는 경우에도 납세고지서의 송달이 불필요하다고 할 수 없다.
④ 특허청장의 상표사용권 설정등록행위는 사인간의 법률관계의 존부를 공적으로 증명하는 준법률행위적 행정행위이다.

02. 행정행위의 하자에 대한 설명으로 옳은 것은? (다툼이 있는 경우 판례에 의함)
① 적법한 권한 위임 없이 세관출장소장에 의하여 행하여진 관세부과처분은 당연무효이다.
② 5급 이상의 국가정보원 직원에 대해 임면권자인 대통령이 아닌 국가정보원장이 행한 의원면직처분은 당연무효에 해당한다.
③ 어떤 행정처분이 실효의 법리를 위반하여 위법한 것이라면 이는 행정처분의 당연무효사유에 해당한다.
④ 납세자가 아닌 제3자의 재산을 대상으로 한 압류처분은 당연무효이다.

03. 인허가의제에 대한 설명으로 옳은 것은? (다툼이 있는 경우 판례에 의함)
① 인허가의제에 있어서, 주된 행정청과 관련 행정청 간에 협의가 된 사항에 대해서는 협의 성립시점에 관련 인허가를 받은 것으로 의제된다.
② 주된 인·허가에 관한 사항을 규정하고 있는 법률에서 주된 인·허가가 있으면 다른 법률에 의한 인·허가를 받은 것으로 의제한다는 규정을 둔 경우, 주된 인·허가가 있으면 다른 법률에 의하여 인·허가를 받았음을 전제로 하는 그 다른 법률의 모든 규정들까지 적용되는 것은 아니다.
③ 인·허가 의제에 관계기관의 장과 협의가 요구되는 경우, 주된 인·허가를 하기 전에 의제되는 모든 인·허가 사항에 관하여 관계기관의 장과 사전협의를 거쳐야 한다.
④ 인·허가의제는 의제되는 행위에 대하여 본래적으로 권한을 갖는 행정기관의 권한행사를 보충하는 것이므로 법령의 근거가 없는 경우에도 인정된다.

04. 취소소송의 대상이 되는 처분등에 대한 설명으로 옳은 것은? (다툼이 있는 경우 판례에 의함)
① 재단법인 한국연구재단이 대학교 총장에게 연구개발비의 부당집행을 이유로 과학기술기본법령에 따라 '두뇌한국(BK)21 사업' 협약의 해지를 통보한 것은 공법상 계약을 계약당사자의 지위에서 종료시키는 의사표시에 해당한다.
② 거부처분의 처분성을 인정하기 위한 전제 요건이 되는 신청권은 신청인이 그 신청에 따른 단순한 응답을 받을 권리를 넘어서 신청의 인용이라는 만족적 결과를 얻을 권리를 의미한다.
③ 근로복지공단이 사업주에 대하여 하는 '개별 사업장의 사업종류 변경결정'은 행정청이 행하는 구체적 사실에 관한 법집행으로서의 공권력의 행사인 '처분'에 해당한다.
④ 징계혐의자에 대한 감봉 1월의 징계처분을 견책으로 변경한 소청결정 중 그를 견책에 처한 조치는 재량권의 남용 또는 일탈로서 위법하다는 사유는 소청결정 자체에 고유한 위법을 주장하는 것이어서 소청결정의 취소사유가 된다.

05 당사자소송에 대한 설명으로 옳은 것은? (다툼이 있는 경우 판례에 의함)

① 당사자소송은 공법상 법률관계에 관한 소송이므로 이를 본안으로 하는 가처분에 대하여는 「민사집행법」상 가처분에 관한 규정이 준용되지 않는다.
② 군인연금법령상 급여를 받으려고 하는 사람이 국방부장관에게 급여지급을 청구하였으나 거부된 경우, 곧바로 국가를 상대로 한 당사자소송으로 급여의 지급을 청구할 수 있다.
③ 지방자치단체가 사인과 체결한 자원회수시설에 대한 위탁운영협약은 공법상 계약에 해당하므로 그에 관한 다툼은 당사자소송의 대상이 된다.
④ 「행정소송법」 제39조는 당사자소송의 경우 항고소송과 달리 '행정청'이 아닌 '권리주체'에게 피고적격이 있음을 규정하는 것일 뿐, 피고적격이 인정되는 권리주체를 행정주체로 한정한다는 취지가 아니므로, 이 규정을 들어 사인을 피고로 하는 당사자소송을 제기할 수 없다고 볼 것은 아니다.

06 통치행위에 대한 설명으로 옳지 않은 것은? (다툼이 있는 경우 판례에 의함)

① 비상계엄의 선포와 그 확대행위가 국헌문란의 목적을 달성하기 위하여 행하여진 경우에는 법원은 그 자체가 범죄행위에 해당하는지의 여부에 관하여 심사할 수 있다.
② 신행정수도건설이나 수도이전의 문제가 정치적 성격을 가지고 있는 것은 인정할 수 있지만, 그 자체로 고도의 정치적 결단을 요하여 사법심사의 대상으로 하기에는 부적절한 문제라고까지는 할 수 없다.
③ 개성공단 전면중단 조치는 북한의 핵무기 개발로 인한 위기에 대처하기 위한 조치로서 국가안보와 관련된 대통령의 의사 결정을 포함하고 그러한 의사 결정은 고도의 정치적 결단을 요하는 문제이므로 사법심사의 대상에서 제외된다.
④ 서훈취소는 대통령이 국가원수로서 행하는 행위이지만 통치행위는 아니다.

07 행정법관계에 대한 설명으로 옳지 않은 것은? (다툼이 있는 경우 판례에 의함)

① 국가가 국민의 생명·신체의 안전에 대한 보호의무를 다하지 않았는지 여부를 헌법재판소가 심사할 때에는 국가가 이를 보호하기 위하여 적어도 적절하고 효율적인 최소한의 보호조치를 취하였는가 하는 '과소보호 금지원칙'의 위반 여부를 기준으로 삼는다.
② 조세에 관한 소멸시효가 완성된 후에 부과된 조세부과처분은 위법한 처분이지만 당연무효라고 볼 수는 없다.
③ 조세환급금은 조세채무가 처음부터 존재하지 않거나 그 후 소멸하였음에도 불구하고 국가가 법률상 원인 없이 수령하거나 보유하고 있는 부당이득에 해당하고, 환급가산금은 그 부당이득에 대한 법정이자로서의 성질을 가진다.
④ 행정에 관한 기간의 계산에 관하여는 「행정기본법」 또는 다른 법령등에 특별한 규정이 있는 경우를 제외하고는 「민법」을 준용한다.

08 행정의 실효성 확보수단에 대한 설명으로 옳지 않은 것은? (다툼이 있는 경우 판례에 의함)

① 관계 법령상 행정대집행의 절차가 인정되어 행정청이 행정대집행의 방법으로 건물의 철거 등 대체적 작위의무의 이행을 실현할 수 있는 경우에는 따로 민사소송의 방법으로 그 의무의 이행을 구할 수 없다.
② 국가는 국유재산의 무단점유자에 대하여 변상금부과·징수권의 행사와는 별도로 민사상 부당이득반환청구의 소를 제기할 수 없다.
③ 시정명령을 받은 의무자가 그 시정명령의 취지에 부합하는 의무를 이행하기 위한 정당한 방법으로 행정청에 신청 또는 신고를 하였으나 행정청이 위법하게 이를 거부 또는 반려함으로써 결국 그 처분이 취소되기에 이르렀다면, 특별한 사정이 없는 한 그 시정명령의 불이행을 이유로 이행강제금을 부과할 수는 없다.
④ 통고처분은 상대방의 임의의 승복을 그 발효요건으로 하기 때문에 그 자체만으로는 통고이행을 강제하거나 상대방에게 아무런 권리·의무를 형성하지 않으므로 행정심판이나 행정소송의 대상으로서의 처분성을 인정할 수 없다.

09 행정절차에 대한 설명으로 옳지 않은 것은? (다툼이 있는 경우 판례에 의함)
① 처분의 처리기간에 관한 규정은 강행규정이므로 행정청이 처리기간이 지나 처분을 하였다면 이는 처분을 취소할 절차상 하자로 볼 수 있다.
② 처분 당시 당사자가 어떠한 근거와 이유로 처분이 이루어진 것인지를 충분히 알 수 있어서 그에 불복하여 행정구제절차로 나아가는 데에 별다른 지장이 없었던 것으로 인정되는 경우에는 처분서에 처분의 근거와 이유가 구체적으로 명시되어 있지 않았다고 하더라도 그로 말미암아 그 처분이 위법한 것으로 된다고 할 수는 없다.
③ 행정청이 처분기준 사전공표 의무를 위반하여 미리 공표하지 아니한 기준을 적용하여 처분을 하였다고 하더라도, 그러한 사정만으로 곧바로 해당 처분에 취소사유에 이를 정도의 흠이 존재한다고 볼 수는 없다.
④ 행정청이 청문을 실시하고자 하는 경우에 처분의 사전통지를 청문이 시작되는 날부터 10일 전까지 당사자 등에게 하여야 한다.

10 국가배상에 대한 설명으로 옳지 않은 것은? (다툼이 있는 경우 판례에 의함)
① 행정처분이 후에 항고소송에서 취소되었다고 할지라도 그 기판력에 의하여 당해 행정처분이 곧바로 공무원의 고의 또는 과실로 인한 것으로서 불법행위를 구성한다고 단정할 수는 없다.
② 100년 발생빈도의 강우량을 기준으로 책정된 계획홍수위를 초과하여 600년 또는 1,000년 발생빈도의 강우량에 의한 하천의 범람으로 발생한 재해의 경우 그 영조물의 관리청에게 책임을 물을 수 없다.
③ 예산부족 등 설치·관리자의 재정사정은 배상책임 판단에 있어 참작사유는 될 수 있으나 안전성을 결정지을 절대적 요건은 아니다.
④ 「국가배상법」에 따른 손해배상의 소송은 배상심의회에 배상신청을 하지 아니하면 제기할 수 없다.

매일 모고 행정학 제9회

01 다음 중 정부실패의 원인별 대응방안이 아닌 것은?
① 공급비용 체증 - 정부의 재정지원 삭감
② 내부성 - 감축관리
③ 권력의 편재 - 규제완화
④ 파생적 외부효과 - 민영화

02 거버넌스로서의 행정에서 새롭게 강조하는 요소에 해당하는 것을 모두 바르게 묶은 것은?

㉠ 공사구분	㉡ 협력적 활동
㉢ 독점성	㉣ 신뢰
㉤ 결과	㉥ 조정자 역할

① ㉠, ㉡, ㉢
② ㉡, ㉣, ㉤
③ ㉡, ㉤, ㉥
④ ㉡, ㉣, ㉥

03 다음 중 「국가공무원법」에 규정된 내용이 아닌 것은?
① 부패신고의무
② 영리·겸직금지의무
③ 비밀준수의무
④ 영예 등 제한

04 립스키(Lipsky)가 말하는 일선관료의 업무환경과 거리가 먼 것은?
① 자원이 만성적으로 부족하다.
② 서비스 수요는 증가하는 경향이 있다.
③ 업무를 수행하는 기관에 대한 목표기대는 애매하고, 모호하며, 갈등적이다.
④ 목표달성을 지향하는 성과의 측정이 용이하다.

05 다음 중 정책형성 절차가 순서대로 나열된 것은?
① 목표의 설정 → 정책문제와 국민욕구의 파악 → 정책대안의 수립 및 분석 → 최적안의 선택
② 조직진단 → 목표의 설정 → 정책대안의 수립 및 분석 → 최적안의 선택
③ 정책문제와 국민욕구의 파악 → 목표의 설정 → 정책대안의 수립 및 분석 → 최적안의 선택
④ 목표의 설정 → 조직진단 → 정책대안의 수립 및 분석 → 최적안의 선택

06 왈도(Waldo)는 조직이론을 고전적 조직이론, 신고전적 조직이론, 현대적 조직이론으로 분류하였다. 신고전적 조직이론에 대한 내용으로 옳지 않은 것은?
① 사회적 능률성 중시
② 인간관계론과 행정행태론
③ 공식적, 합리적 구조 중시
④ 폐쇄체제

07 「국가공무원법」에 의할 때, 다음 중 중앙인사관장기관이 아닌 것은?
① 국회사무총장
② 법원행정처장
③ 감사원사무총장
④ 인사혁신처장

08 예산 외 공공재원으로서의 기금에 대한 설명으로 옳지 않은 것은?
① 정부는 매년 기금운용계획안을 마련하여 국무회의의 의결을 받아 성립한다.
② 출연금, 부담금 등 다양한 재원으로 융자 사업 등을 수행한다.
③ 특정 수입과 지출을 연계한다는 점에서 특별회계와 공통점이 있다.
④ 합목적성 차원에서 예산에 비하여 운영의 자율성과 탄력성이 높다.

09 예산원칙과 그 예외 간의 연결이 가장 옳지 않은 것은?
① 단일성의 원칙 - 기금
② 사전의결의 원칙 - 특별회계
③ 한정성의 원칙 - 이월
④ 완전성의 원칙 - 수입대체경비

10 주민들이 지역 간에 자유롭게 이동할 수 있기 때문에 지방공공재에 대한 주민들의 선호가 나타나며, 지방공공재 공급의 적정 규모가 결정된다고 주장한 것과 거리가 먼 것은?
① 발에 의한 투표
② 사무엘슨의 적정 공공재 공급이론
③ 티부 가설
④ 공공선택론적 접근

2025 공무원 시험대비 【8월분】

매일 풀어서 합격을 만드는
매일 합격모의고사 8월

- 제10회 -

이 름: _____

제1과목 국어
제2과목 영어
제3과목 한국사
제4과목 행정법총론
제5과목 행정학개론

매일 모의고사 정오표

합격까지 박문각

매일 모고 국어 제10회

01 밑줄 친 부분의 문장 성분이 나머지 셋과 다른 하나는?
① 이 유모차는 백화점에서 사 왔다.
② 감사한 마음에서 드리는 선물입니다.
③ 정부에서 실시한 조사 결과가 발표되었다.
④ 이에서 어찌 더 좋을 수가 있겠어요?

02 다음 중 문장의 표현이 자연스러운 것은?
① 상철이의 장점은 마음이 선하고 어떤 일이든 최선을 다한다.
② 지금으로써는 그 이슈를 해결할 방법이 없어.
③ 교수님은 학생들의 애환을 친절하게 들어주고 위로해 주시려고 노력하셨다.
④ 가세가 기운 뒤로는 그토록 인심이 후하던 옥순이도 점차 야박해져 갔다.

03 다음 명제가 모두 참일 때, 항상 참인 것은?

○ 월요일에 회의를 하면 화요일에 자료를 작성한다.
○ 수요일에 소풍을 가지 않으면 화요일에 자료를 작성하지 않는다.
○ 수요일에 소풍을 가면 목요일에 쉬지 않는다.
○ 목요일에 쉬지 않으면 금요일에 미팅을 한다.

① 월요일에 회의를 하지 않으면 수요일에 소풍을 가지 않는다.
② 목요일에 쉬면 월요일에 회의를 하지 않는다.
③ 목요일에 쉬지 않으면 수요일에 소풍을 간다.
④ 금요일에 미팅을 하지 않으면 수요일에 소풍을 간다.

04 (가)~(나)를 전제로 할 때, 빈칸에 들어갈 결론으로 적절한 것은?

(가) 모든 기계는 언젠가 고장 난다.
(나) 어떤 물건은 고장 나지 않는다.
따라서 _____.

① 어떤 물건은 기계다.
② 어떤 기계는 고장 나지 않는다.
③ 모든 기계는 물건이다.
④ 고장 나지 않는 물건은 기계가 아니다.

05 밑줄 친 표현이 ㉠의 의미와 가장 유사한 것은?

그 경기는 박진감 ㉠ 넘쳐 최고 시청자 수를 기록하였다.

① 냇물이 넘치지 않게 둑을 높이 쌓아야 한다.
② 분에 넘치는 호화스러운 예물은 필요 없다.
③ 얼굴에 자신감이 넘치다.
④ 그런 생활은 내 분수에 넘친다.

06 밑줄 친 표현이 ㉠의 의미와 가장 유사한 것은?

꺼져 가던 불꽃이 다시 ㉠ 일어나다.

① 기쁨으로 환호성이 일어나다.
② 가족 간의 오해로 갈등이 일어났다.
③ 사흘 동안을 자리에 몸져누워 일어나지 못했다.
④ 온가족의 노력으로 집안이 일어났다.

07 ㉠~㉣과 바꿔 쓸 수 있는 유사한 표현으로 적절하지 않은 것은?

(가) 그렇게 착하던 사람이 ㉠ 흉악한 일을 당했다는 게 믿기지 않았다.
(나) 우리는 앞으로도 경제 발전에 전력을 ㉡ 경주해야 할 책임이 있다.
(다) 그는 위기의 순간에도 포기하지 않고 새로운 활로를 ㉢ 개척했다.
(라) 그는 부하 직원들을 ㉣ 신임하며 중요한 업무를 맡겼다.

① ㉠: 궂은
② ㉡: 기울여야
③ ㉢: 드나들었다
④ ㉣: 믿고

08 ㉠~㉣과 바꿔 쓸 수 있는 유사한 표현으로 적절하지 않은 것은?

(가) 그는 이별을 받아들이지 못하고 ㉠ 지저분하게 굴며 그녀를 괴롭혔다.
(나) 그는 이번 경기에서 ㉡ 놀라운 기록을 세웠다.
(다) 갑작스러운 산사태로 집이 ㉢ 파묻힌 주민들이 긴급 대피했다.
(라) 오랜 실직 생활로 그의 삶은 점점 ㉣ 지쳐 갔다.

① ㉠: 추잡하게
② ㉡: 경이로운
③ ㉢: 침몰되어
④ ㉣: 피폐해져

[09~10] 다음 글을 읽고 물음에 답하시오.

판소리에서 갓을 쓰고 서서 노래 부르는 사람을 '창자'라 하고, 앉아서 북으로 장단을 맞춰 주는 사람을 '고수'라 한다. 그런데 판소리 판이 창자와 고수, 두 사람으로만 구성되는 것은 아니다. 모든 연행 예술이 그렇듯 들어주는 청중이 있어야 한다. 판소리에서도 부르는 사람과 듣는 사람의 호흡이 매우 중요하다. 소리 잘하는 창자를 '명창'이라 높여 부르듯, 판소리를 제대로 감상할 줄 아는 청중을 특별히 '귀 명창'이라 높여 부르는 것은 이 때문이다. 판소리를 부르는 현장에 가면 청중이 '얼쑤', '잘한다', '그렇지' 등의 감탄사를 내며 판소리가 행해지는 곳의 분위기를 띄워 주는 것을 볼 수 있다. 이것을 추임새라 하는데 귀 명창은 추임새를 알맞은 때에 넣을 줄 아는 고급 청중인 것이다.

창자가 판소리 한 작품을 다 부르는 데는 적어도 두세 시간 정도는 걸린다. 청중이 몇 시간씩 소리를 듣는 것은 웬만한 참을성을 가지고는 불가능한 일이다. 판소리 창자들도 그 점을 알고 있었다. 그래서 중간중간 이야기를 섞어 가면서 소리를 하는 방식을 생각해 냈다. 즉 판소리는 노래로 부르는 부분인 '창'과 이야기로 풀어 나가는 '아니리'의 반복으로 구성된다. 소리 높여 창을 하며 힘을 쏟아붓고 긴장감을 끌어올린 창자는 아니리에서 이야기를 섞어 가며 잠시 지친 목을 달랜다. 청중 또한 긴장을 풀고 편하게 들을 수 있는 시간이 필요했기에 아니리 부분에서 잠시 휴식을 취할 수 있었다. 판소리의 구성은 이처럼 ㉠ '긴장'과 ㉡ '이완'을 적절하게 교체하는 방식으로 이루어져 있다.

창과 아니리의 반복으로 거둔 효과는 이것만이 아니다. 판소리의 예술적 감동을 흔히 ⓐ '울리고 웃긴다'라고 표현한다. 어느 부분은 슬프기 그지없는가 하면, 어느 부분은 한없이 즐겁다. 전문적인 용어로 바꿔 말하면 '비장'과 '골계'의 반복이라고 할 수 있다. 창은 주로 비장한 내용이 나오는 부분을 맡고, 아니리는 주로 골계적인 내용이 나오는 부분을 맡는다. 다시 말하면 창과 아니리의 반복은 비장과 골계의 반복이라 말할 수도 있다. 슬픈 이야기로 슬픈 감정으로만 몰아가지도 않고, 흥겨운 사연으로 기쁜 감정으로만 몰아가지도 않는 그야말로 절묘한 배치인 것이다.

09 ㉠과 ㉡을 비교하여 이해한 것으로 가장 적절한 것은?

	㉠	㉡
①	'창'을 하는 부분에서 느껴짐.	'아니리'를 하는 부분에서 느껴짐.
②	청중이 추임새를 넣을 때 활용함.	고수가 장단을 맞출 때 활용함.
③	창자가 잠시 지친 목을 달랠 때 활용함.	창자가 힘을 쏟아부을 때 활용함.
④	고수가 판소리 공연에서 느낌.	창자가 판소리 공연에서 활용함.

10 ⓐ에 관해 이해한 내용으로 적절하지 않은 것은?

① 울리는 것은 '비장'과, 웃기는 것은 '골계'와 관련이 있다.
② 초반에는 사람들을 기쁘게 했다가, 후반에는 슬프게 만든다는 의미이다.
③ '창'과 '아니리'의 반복으로 인해 거둘 수 있는 판소리의 예술적 감동이다.
④ 사람들을 울리는 부분은 주로 '창'으로, 웃기는 부분은 '아니리'로 표현된다.

매일 모고 영어 제10회

01 밑줄 친 부분에 들어갈 말로 가장 적절한 것은?

International organizations often _____ in conflicts to promote peace.

① emit
② intervene
③ scramble
④ instigate

02 밑줄 친 부분에 들어갈 말로 가장 적절한 것은?

Just taking a short walk can help _____ stress and clear your mind.

① serve
② operate
③ relieve
④ enclose

03 밑줄 친 부분에 들어갈 말로 가장 적절한 것은?

Teachers must continuously _____ students closely during the field trip to ensure their safety.

① shave
② supervise
③ oppose
④ soak

04 밑줄 친 부분에 들어갈 말로 가장 적절한 것은?

Wearing seat belts is _____ for all passengers in the vehicle.

① informal
② intermediate
③ damp
④ compulsory

05 밑줄 친 부분에 들어갈 말로 가장 적절한 것은?

The referee decided to _____ the game temporarily due to the heavy rain and notified both teams.

① swear
② steal
③ encourage
④ suspend

06 밑줄 친 부분에 들어갈 말로 가장 적절한 것은?

Saying you'll help is one thing, and actually helping is _____.

① the other
② the others
③ each other
④ another

07 밑줄 친 부분 중 어법상 옳지 않은 것은?

We just finished the planning phase and ① are about to start the main work. It will take at least a month ② complete the project. Everyone on the team ③ is aware of the timeline and ready to stay focused. If we face any delays, we'll adjust our schedule ④ accordingly.

08 밑줄 친 부분에 들어갈 말로 가장 적절한 것은?

Tim: Hi, I submitted the payment request form yesterday. Has the director signed it yet?

Jane: Let me check… It looks like it's still on his desk. He hasn't come in yet this morning.

Tim: I see. It's a bit urgent. _____

Jane: I suggest you leave a note. I'll also remind him when he gets back.

Tim: Thank you so much for your consideration.

Jane: No problem. Once it's signed, I'll let you know right away.

Tim: Great. I'll wait for your message.

① When is the director coming back?
② Is the office open on weekends?
③ Should I leave a note, or come back later?
④ Could you sign this on behalf of the director?

09 주어진 글 다음에 이어질 글의 순서로 가장 적절한 것은?

Recent findings in genetics show that our lifestyle choices can directly influence how our genes function. Healthy habits can "turn on" genes that support disease prevention and "turn off" harmful ones.

(A) These genetic shifts were thought to give people a survival edge in harsh conditions by conserving energy, but in today's world of plenty, they may actually increase the risk of obesity and high blood pressure.

(B) What's more, researchers discovered that such genetic changes could be passed down to later generations, suggesting that a grandmother's nutrition could affect her grandchildren's health.

(C) A well-known case from the Netherlands during the 1944 famine revealed that babies born to malnourished mothers were more likely to suffer from diabetes and heart problems later in life.

① (A) - (C) - (B)
② (B) - (A) - (C)
③ (B) - (C) - (A)
④ (C) - (B) - (A)

10 주어진 문장이 들어갈 위치로 가장 적절한 것은?

Whereas traditional literacy emphasized the ability to read and write static text, digital literacy encompasses the skills to navigate, evaluate, and produce dynamic and often multimodal content.

The definition of what it means to be "literate" has evolved dramatically in recent decades. (①) Once considered merely the ability to decode printed words and encode written responses, literacy is now a much broader concept. (②) As online platforms, hyperlinked documents, and multimedia environments become central to communication, the demands placed on readers and writers have fundamentally changed. (③) Today's literacy requires an active engagement with texts that include videos, interactive graphics, and collaborative tools. (④) Educational systems worldwide are beginning to incorporate digital literacy into curricula, recognizing that reading and writing in the 21st century involve far more than pen and paper.

매일 모고 한국사 제10회

01 다음 두 주장의 공통점을 <보기>에서 모두 고른 것은?

> ○ 부강이 곧 자강이 되지만 자강을 이루기에 앞서 우리의 정교(政敎)를 닦고 우리의 백성과 나라를 지키어 분쟁이 일어나지 않도록 힘쓰는 것이 중요한 일이다.
> ○ 저들의 종교는 사악하다. 마땅히 음탕한 소리나 치장한 여자를 멀리 하듯이 해야 한다. 하지만 저들의 기술은 이롭다. 종교는 배척하되 기술을 본받는 것은 함께 할 수 있다.

<보기>
ㄱ. 일본의 메이지 유신을 모델로 삼고 있다.
ㄴ. 서양 문물에 대한 선택적 수용의 태도를 보인다.
ㄷ. 정치 제도의 개혁을 적극적으로 주장하였다.
ㄹ. 김홍집, 김윤식 등이 위의 주장에 동조하였다.

① ㄱ, ㄴ ② ㄱ, ㄷ
③ ㄴ, ㄷ ④ ㄴ, ㄹ

02 자료를 토대로 지은이의 입장을 옳게 서술한 것을 <보기>에서 모두 고른 것은?

> 일단 강화를 맺고 나면 저 적들의 욕심은 물화를 교역하는 데 있습니다. 저들의 물화는 모두 지나치게 사치하고 기이한 노리개로 공산품이며 양이 무궁합니다. 우리 물화는 모두가 백성들의 생명이 달린 것이고 땅에서 나는 것으로 한정이 있는 것입니다. 피와 살같이 목숨이 달려 있는 유한한 물화를 가지고 사치하고 기이하며 심성을 좀먹고 풍속을 무너뜨리는 물화와 교역을 한다면, 그 양은 틀림없이 1년에도 수만에 달할 것입니다. 그렇게 되면 몇 년 안 지나 땅과 집이 모두 황폐하여 다시 보존하지 못하게 될 것이고 나라도 망하고 말 것입니다.
> - 「면암집」 -

<보기>
ㄱ. 서양 물품이 유입되어서는 안 된다는 입장이다.
ㄴ. 즉각적인 무장 투쟁의 필요성을 역설하고 있다.
ㄷ. 자영농 육성이 경제 안정의 첩경임을 주장하고 있다.
ㄹ. 물화가 인간의 심성에도 영향을 끼친다고 여기고 있다.

① ㄱ, ㄴ ② ㄱ, ㄷ
③ ㄱ, ㄹ ④ ㄱ, ㄴ, ㄷ

03 자료의 사건에 대한 설명으로 옳지 않은 것은?

> 6월 10일 난병들이 대궐을 침범하였다. 중궁은 밖으로 도망치고 이최응, 민겸호, 김보현이 살해되었다. 고종은 변이 일어났다는 말을 듣고 급히 대원군을 불렀으며 대원군은 난병을 따라 들어갔다. 난병들이 궁전으로 올라가다 민겸호를 만나 총칼로 난타하니 시체를 난도질한 것 같았다.
> - 「매천야록」 -

① 서울 변두리에 살던 빈민층이 합세하였다.
② 청이 군대를 파견하여 사태를 진압하였다.
③ 신식 군대인 별기군 창설의 계기가 되었다.
④ 사건 이후 일본 경비병의 주둔이 허용되었다.

04 밑줄 친 부분과 관련하여 김옥균이 품었던 생각으로 가장 적절한 것은?

> 김옥균이 박규수를 방문하였다. 박씨가 지구의를 꺼내 김씨에게 보였다. 박씨 할아버지 연암선생이 중국에서 사 갖고 온 것이었다. 박씨가 지구의를 돌리며 말하였다. "오늘날 중국이 어디 있느냐. 저리 돌리면 미국이 중국이 되고 이리 돌리면 조선이 중국이 된다. 어느 나라든지 한가운데로 돌리면 중국이 된다. 오늘날 어디 정한 중국이 있느냐?" <u>박씨 말에 크게 깨닫고 무릎을 치고 일어났다.</u> 그 끝에 갑신정변이 폭발되었다.
> - 「단채 신채호 전집」 -

① 청의 양무운동을 본받아야 한다.
② 중국의 속박으로부터 벗어나야 한다.
③ 미국과 수호 통상 조약을 체결해야 한다.
④ 우리의 고유한 전통과 제도를 보존하여야 한다.

05 자료의 취지에 가장 부합하는 주장은?

> 러시아는 본래 우리와는 혐의가 없는 나라입니다. 공연히 남의 이간을 듣고 원교를 핑계로 근린을 배척하였다가, 만일 이것을 구실 삼아 분쟁을 일으키면 전하께서는 장차 어떻게 이를 구제하시겠습니까? 하물며 러시아, 미국, 일본은 같은 오랑캐입니다. 그들 사이에 누구는 후하게 대하고 누구는 박하게 대하기는 어려운 일입니다.

① 청의 도움을 받아 일본과 미국을 견제해야 한다.
② 나라를 보전하려면 서양 국가와 수교해서는 안 된다.
③ 러시아의 남하에 대처하기 위해 일본과 결합해야 한다.
④ 일본의 침략을 물리치기 위해서는 미국의 도움이 필요하다.

06 자료에 나타난 사상에 대한 설명으로 옳은 것을 <보기>에서 모두 고른 것은?

> 외국의 문명을 취해서 미개한 나라에 퍼뜨릴 때에는 모름지기 적절하게 취사 선택해야한다. 그러나 문명에는 밖으로 드러나는 사물과 그 안에 담겨 있는 정신의 구별이 있는데, 밖으로 드러나는 문명은 취하기가 쉽고, 그 안에 담겨 있는 문명은 찾아내기 어렵다. 나라의 문명화를 꾀함에 있어서는 어려운 쪽을 먼저 하고 쉬운 쪽을 나중에 해야 한다.
> - 「문명론의 개략」 -

<보기>
ㄱ. 이 사상에 입각하여 기기창과 전환국이 설치되었다.
ㄴ. 김옥균, 박영효 등의 개화당 인사들에게 영향을 끼쳤다.
ㄷ. 수신사로 일본에 갔던 김홍집에 의해 국내에 유포되었다.
ㄹ. 서양의 정치 체제와 사상을 우선적으로 수용하자는 입장이다.

① ㄱ, ㄴ
② ㄱ, ㄷ
③ ㄴ, ㄷ
④ ㄴ, ㄹ

07 지도와 같이 활동을 벌인 당시 급진 개화파의 동향을 <보기>에서 모두 고른 것은?

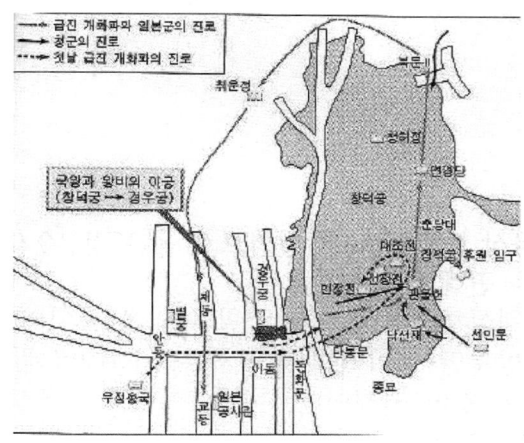

<보기>
ㄱ. 일차적으로 경우궁을 정변의 거점으로 삼았다.
ㄴ. 우정총국에서 고종과 명성 황후의 신병을 확보하였다.
ㄷ. 정변 실패 이후 일본의 도움으로 위기에서 벗어나려 하였다.
ㄹ. 전반적인 화력에서 청군을 능가한다는 자신감을 가지고 있었다.

① ㄱ, ㄴ
② ㄱ, ㄷ
③ ㄴ, ㄷ
④ ㄴ, ㄹ

08 다음은 김옥균이 일본과의 차관 교섭에 실패한 이후 했던 말이다. 밑줄 친 '최후의 선택'에 해당되는 사건에 대한 설명으로 옳은 것은?

> 지금 빈손으로 돌아가면 집권 사대당이 나와 우리 동지들을 비판하며 궁지에 몰아넣을 것이다. 어쨌든 우리들은 심한 타격을 받을 것이며 우리 개혁안도 없어질 것이다. 조선은 영구히 청나라의 속국이 될 수밖에 없다. 우리와 사대당은 공존할 수 없기 때문에 최후의 선택을 할지도 모르겠다.

① 김윤식, 어윤중 등이 참여하였다.
② 일본군에 의해 3일 만에 진압되었다.
③ 사건 이후 제물포 조약이 체결되었다.
④ 근대 국민 국가 수립을 목표로 하였다.

09 지도와 같은 상황이 조성될 무렵의 국내 정세로 옳은 것은?

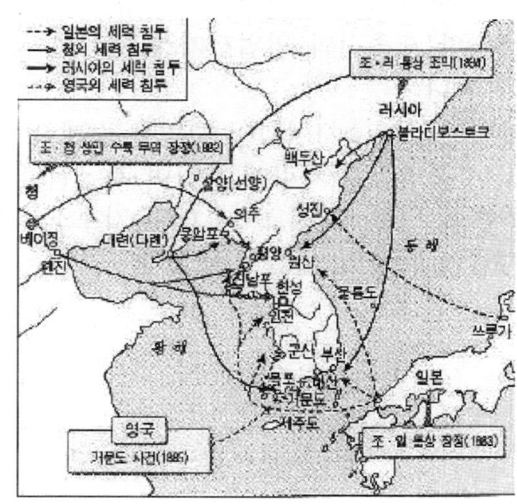

① 명성 황후의 영향력 아래 친러 내각이 수립되었다.
② 이항로, 기정진 등의 유생들이 통상 반대론을 전개하였다.
③ 부들러가 한반도의 영세 중립화를 조선 정부에 건의하였다.
④ 흥선 대원군이 군사력 증강을 위해 전국의 포수를 소집하였다.

10 자료의 사건 직후에 형성된 국내 정세로 옳은 것은?

> 랴오둥 반도를 일본이 소유하면 청국 수도를 위태롭게 한다. 뿐만 아니라 조선국 독립까지도 유명무실하게 만들고 동아시아의 영구적인 평화를 가로막을 것이다. 이에 일본 정부에게 랴오둥 반도 차지하는 것을 포기하기를 권고한다.
> - 1895년 4월 23일 -

① 프랑스의 요구로 천주교의 포교가 허용되었다.
② 한반도를 중립 국가로 만들자는 방안이 제기되었다.
③ 러시아와 비밀 협상을 벌여 통상 조약을 체결하였다.
④ 박영효가 실각하고 이완용과 이범진이 내각에 합류하였다.

매일 모고 행정법 제10회

01 인허가 받은 영업의 양도에 대한 설명으로 옳지 않은 것은? (다툼이 있는 경우 판례에 의함)
① 어떠한 공중위생영업에 대하여 그 영업을 정지할 위법사유가 있다면, 관할 행정청은 그 영업이 양도·양수되었다 하더라도 그 업소의 양수인에 대하여 영업정지처분을 할 수 있다.
② 양도·양수 당시에는 양도인에 대한 운송사업면허 취소사유가 현실적으로 발생하지 않은 경우라도 그 원인되는 사실이 이미 존재하였다면, 관할관청으로서는 그 후 발생한 운송사업면허 취소사유에 기하여 양수인의 사업면허를 취소할 수 있다.
③ 「식품위생법」상 허가영업자의 지위승계신고수리처분을 하는 경우 「행정절차법」 규정 소정의 당사자에 해당하는 종전의 영업자에게 행정절차를 실시하여야 한다.
④ 행정청은 운송사업자의 지위를 승계한 양수인에 대하여 불법증차 차량에 관하여 지급된 유가보조금의 반환을 명할 수 있고, 이 때 유가보조금 반환명령은 대물적 처분의 성질을 갖는다.

02 행정행위의 부관에 대한 설명으로 옳지 않은 것은? (다툼이 있는 경우 판례에 의함)
① 행정청이 종교단체에 대하여 기본재산전환인가를 함에 있어 인가조건을 부가하고 그 불이행 시 인가를 취소할 수 있도록 하였다면 그 인가조건은 부관으로서 철회권의 유보에 해당한다.
② 부담부 행정처분에 있어서 처분의 상대방이 부담에 따른 의무를 이행하지 아니한 경우에 처분행정청으로서는 이를 들어 당해 처분을 철회할 수 있다.
③ 부담의 이행으로서 하게 된 사법상 매매 등의 법률행위는 부담을 붙인 행정처분과는 별개의 법률행위이므로, 그 부담의 불가쟁력의 문제와는 별도로 법률행위가 사회질서 위반이나 강행규정에 위반되는지 여부 등을 따져보아 그 법률행위의 유효 여부를 판단하여야 한다.
④ 부관의 사후변경은 종전의 부관을 변경하지 아니하면 해당 처분의 목적을 달성할 수 없는 경우가 아니라면 인정되지 않는다.

03 행정상 사실행위에 대한 설명으로 옳지 않은 것은? (다툼이 있는 경우 판례에 의함)
① 국민건강보험공단이 행한 '직장가입자 자격상실 및 자격변동 안내' 통보는 가입자 자격의 변동 여부 및 시기를 확인하는 의미에서 한 사실상 통지행위에 불과할 뿐, 항고소송의 대상이 되는 행정처분에 해당하지 않는다.
② 교육인적자원부장관의 공립대학 총장들에 대한 학칙시정요구는 대학총장의 임의적인 협력을 통하여 사실상의 효과를 발생시키는 행정지도의 일종으로서 헌법소원의 대상이 되는 공권력의 행사로 볼 수 없다.
③ 교도소장이 영치품인 티셔츠 사용을 재소자에게 불허한 행위는 항고소송의 대상이 되는 행정처분에 해당한다.
④ 행정지도가 강제성을 띠지 않은 비권력적 작용으로서 행정지도의 한계를 일탈하지 아니하였다면, 그로 인하여 상대방에게 손해가 발생하였다 하더라도 행정기관은 손해배상책임이 없다.

04 법률상 이익에 대한 설명으로 옳은 것은? (다툼이 있는 경우 판례에 의함)
① 행정처분의 취소를 구할 이익은 불이익처분의 상대방뿐만이 아니라 수익처분의 상대방에게도 인정되는 것이 원칙이다.
② 중국 국적자인 외국인이 사증발급 거부처분의 취소를 구하는 경우 항고소송의 원고적격이 인정된다.
③ 대한의사협회는 「국민건강보험법」상 요양급여행위, 요양급여비용의 청구 및 지급과 관련하여 직접적인 법률관계를 갖지 않고 있으므로, 보건복지부 고시인 구「건강보험요양급여행위 및 그 상대가치점수」의 개정으로 인하여 자신의 법률상 이익을 침해당하였다고 할 수 없다.
④ 고등학교졸업학력검정고시에 합격하였다면, 고등학교에서 퇴학처분을 받은 자는 퇴학처분의 취소를 구할 소송상의 이익이 없다.

05 무효등 확인소송에 대한 설명으로 옳지 않은 것은? (다툼이 있는 경우 판례에 의함)
① 과세처분이 무효라 하더라도 직접 민사소송으로 체납처분에 의하여 충당된 세액에 대하여 부당이득으로 반환을 구할 수 있는 경우에는 위 과세처분에 대하여 항고소송으로 무효확인을 구하는 것은 분쟁해결에 직접적이고 유효·적절한 방법이라 할 수 없어 소의 이익이 없다.
② 무효인 처분에 대해 무효선언을 구하는 취소소송을 제기하는 경우에는 제소기간의 제한이 있다.
③ 행정처분에 대하여 무효확인 판결이 내려진 경우에는 그 행정처분이 거부처분인 경우에도 행정청에 판결의 취지에 따른 재처분의무가 인정될 뿐 그에 대하여 간접강제까지 허용되는 것은 아니다.
④ 무효확인소송에서는 사정판결을 할 수 없다.

06 행정법의 효력에 대한 설명으로 옳은 것은? (다툼이 있는 경우 판례에 의함)
① 사인은 반덤핑부과처분이 세계무역기구(WTO) 협정위반이라는 이유로 직접 국내 법원에 회원국 정부를 상대로 그 처분의 취소를 구하는 소를 제기할 수 있다.
② 수강신청 후에 징계요건을 완화하는 학칙개정이 이루어지고 이어 시험이 실시되어 그 개정학칙에 따라 대학이 성적 불량을 이유로 학생에 대하여 징계처분을 한 경우라면 이는 이른바 부진정소급효에 관한 것으로서 특별한 사정이 없는 한 위법이라고 할 수 없다.
③ 법령등을 위반한 행위의 성립과 이에 대한 제재처분은 법령등에 특별한 규정이 있는 경우를 제외하고는 원칙적으로 제재처분 당시의 법령등에 따른다.
④ 신법의 효력발생일까지 진행 중인 사건에 대하여 신법을 적용하는 것은 법률의 소급적용에 해당하므로 원칙적으로 허용될 수 없다.

07 행정벌에 대한 설명으로 옳지 않은 것은? (다툼이 있는 경우 판례에 의함)
① 어떤 행정법규 위반행위에 대해 과태료를 과할 것인지 행정형벌을 과할 것인지는 기본적으로 입법재량에 속한다.
② 「관세법」상 통고처분을 할 것인지의 여부는 관세청장 또는 세관장의 재량에 맡겨져 있고, 따라서 관세청장 또는 세관장이 관세범에 대하여 통고처분을 하지 아니한 채 고발하였다는 것만으로는 그 고발 및 이에 기한 공소의 제기가 부적법하게 되는 것은 아니다.
③ 「질서위반행위규제법」은 대한민국 영역 밖에서 질서위반행위를 한 대한민국의 국민에게 적용한다.
④ 행정청이 질서위반행위를 적발하면 과태료를 부과받을 자의 주소지를 관할하는 지방법원에 통보하여야 하고, 당해 법원은 「비송사건절차법」에 따라 결정으로써 과태료를 부과한다.

08 제재처분에 대한 설명으로 옳지 않은 것은? (다툼이 있는 경우 판례에 의함)
① 당사자가 인허가나 신고의 위법성을 경과실로 알지 못한 경우에는 「행정기본법」상 제재처분의 제척기간인 5년이 지나도 제재처분을 할 수 있다.
② 「행정기본법」에 따르면, 행정청은 법령등의 위반행위가 종료된 날부터 5년이 지나면 해당 위반행위에 대하여 제재처분을 할 수 없으나, 다른 법률에서 이보다 짧거나 긴 기간을 규정하고 있으면 그 법률에서 정하는 바에 따른다.
③ 일정한 법규 위반 사실이 행정처분의 전제사실이자 형사법규의 위반 사실이 되는 경우에 동일한 행위에 관하여 독립적으로 행정처분이나 형벌을 부과하거나 이를 병과할 수 있다.
④ 효력기간이 정해져 있는 제재적 행정처분의 효력이 발생한 이후에도 행정청은 특별한 사정이 없는 한 상대방에 대한 별도의 처분으로써 효력기간의 시기와 종기를 다시 정할 수 있다.

09 「개인정보 보호법」에 대한 설명으로 옳지 않은 것은? (다툼이 있는 경우 판례에 의함)

① 개인정보 보호에 관한 사무를 독립적으로 수행하기 위하여 국무총리 소속으로 개인정보 보호위원회를 둔다.
② '개인정보'란 살아있는 개인에 관한 정보로서 사자(死者)나 법인의 정보는 포함되지 않는다.
③ 정보주체가 개인정보처리자의 「개인정보 보호법」 위반행위로 입은 손해에 대해 그 배상을 청구하는 경우, 개인정보처리자는 「개인정보 보호법」을 위반한 행위를 하였다는 사실이 없음을 입증하지 않으면 책임을 면할 수 없다.
④ 개인정보처리자는 공중위생 등 공공의 안전과 안녕을 위하여 긴급히 필요한 경우에는 개인정보를 수집할 수 있으며 그 수집 목적의 범위에서 이용할 수 있다.

10 행정상 손실보상에 대한 설명으로 옳지 않은 것은? (다툼이 있는 경우 판례에 의함)

① 공공필요에 의한 재산권의 수용·사용 또는 제한 및 그에 대한 보상은 법률로써 하되, 정당한 보상을 지급하여야 한다.
② 도시계획시설의 지정으로 말미암아 당해 토지의 이용가능성이 배제되거나 또는 토지소유자가 토지를 종래 허용된 용도대로도 사용할 수 없기 때문에 이로 인하여 현저한 재산적 손실이 발생하는 경우에는, 원칙적으로 국가나 지방자치단체는 이에 대한 보상을 해야 한다.
③ 「하천법」 부칙과 이에 따른 특별조치법이 하천구역으로 편입된 토지에 대하여 손실보상청구권을 규정하였다고 하더라도 당해 법률규정이 아니라 관리청의 보상금지급결정에 의하여 비로소 손실보상청구권이 발생한다.
④ 토지소유자나 관계인의 재결신청 청구에도 사업시행자가 재결신청을 하지 않을 때 토지소유자나 관계인은 사업시행자를 상대로 거부처분 취소소송 또는 부작위위법확인소송의 방법으로 다투어야 한다.

매일 모고 행정학 제10회

01 다음 중 현대행정의 특징이라고 할 수 없는 것은?
① 강력하고 단일한 권한과 권위에 바탕한 책임성 제고
② 다양한 이해관계자의 등장으로 시간소비적 의사결정
③ 수평적이고 네트워크에 의한 정책생산
④ 협상, 타협, 합의 등에 의한 참여적 의사결정

02 신공공관리론(New Public Management)에 대한 설명으로 옳지 않은 것은?
① 공공서비스의 민간위탁과 민영화보다는 시민과 기업이 참여하는 공동 공급을 중시한다.
② 시장주의와 신관리주의가 결합하여 전통적 관료제 패러다임의 한계를 극복하기 위한 것이다.
③ 가격 메커니즘과 경쟁원리를 활용한 공공서비스의 제공을 강조한다.
④ 고객지향적인 공공서비스의 제공을 중시한다.

03 과도한 선물수수에 대하여 윤리강령에 규정할 수는 있지만 「부패방지법」에 규정하는 것에는 반론이 있는 경우와 관련된 부패는 무엇인가?
① 제도화된 부패
② 백색부패
③ 사기형부패
④ 회색부패

04 현행 「정부업무평가기본법」에 대한 설명으로 옳지 않은 것은?
① 중앙행정기관의 장은 성과관리전략계획에 기초하여 당해 연도의 성과목표를 달성하기 위한 연도별 시행계획을 수립·시행하여야 한다.
② 행정안전부장관은 정부업무평가위원회의 심의·의결을 거쳐 정부업무의 성과관리 및 정부업무평가에 관한 정책목표와 방향을 설정한 정부업무평가기본계획을 수립하여야 한다.
③ 전자통합평가체계는 평가과정, 평가결과 및 환류과정의 통합적인 정보관리 및 평가관련 기관 간 정보공유가 가능하도록 하여야 한다.
④ 중앙행정기관의 장은 성과관리전략계획에 당해 기관의 임무·전략목표 등을 포함하여야 하고 최소한 3년마다 그 계획의 타당성을 검토하여 수정·보완 등의 조치를 하여야 한다.

05 킹던(J. W. Kingdon)의 '정책의 창이론(Policy Window Theory)'에서 서로 결합하여 새로운 정책의제로 형성되는 독립된 흐름이 아닌 것은?
① 정보의 흐름(information stream)
② 정치의 흐름(political stream)
③ 정책의 흐름(policy stream)
④ 문제의 흐름(problem stream)

06 조직구조에 대한 설명으로 옳지 않은 것은?
① 공식화(formalization)의 수준이 높을수록 조직구성원들의 재량이 증가한다.
② 통솔범위(span of control)가 넓은 조직은 일반적으로 저층구조의 형태를 보인다.
③ 집권화(centralization)의 수준이 높은 조직의 의사결정권한은 조직의 상층부에 집중된다.
④ 명령체계(chain of command)는 조직 내 구성원을 연결하는 연속된 권한의 흐름으로, 누가 누구에게 보고하는지를 결정한다.

07 대표관료제에 대한 설명으로 옳지 않은 것은?
① 소극적 대표성이 적극적 대표성을 촉진한다는 가정에 입각하고 있다.
② 외부통제의 한계를 극복하고 내부통제를 강화하기 위한 방안으로 대두되었다.
③ 관료들의 재사회화 현상으로 출신집단의 이익이 반영될 수 있다고 보았다.
④ 실적주의를 훼손하고 행정의 전문성과 생산성을 저해할 수 있다는 비판을 받는다.

08 「국가재정법」상 예산의 원칙에 대한 설명으로 옳지 않은 것은?
① 정부는 예산과정의 전문성과 효율성을 제고하기 위하여 노력하여야 한다.
② 정부는 예산이 온실가스 감축에 미치는 효과를 평가하고, 그 결과를 정부의 예산편성에 반영하기 위하여 노력해야 한다.
③ 정부는 성별영향평가의 결과를 포함하여 예산이 여성과 남성에게 미치는 효과를 평가하고, 그 결과를 정부의 예산 편성에 반영하기 위하여 노력하여야 한다.
④ 정부는 국민부담의 최소화를 위하여 최선을 다하여야 한다.

09 다음 중 지방자치의 긍정적인 측면이 아닌 것은?
① 지방정부 간 경쟁 촉진
② 정책의 실험 용이
③ 지역 간 형평성 강화
④ 지역별 개성이나 특성에 맞는 발전 추구

10 지방자치단체 기관구성형태 중 하나인 기관대립형에 대한 설명으로 옳지 않은 것은?
① 부서 간 분파주의 극복을 통한 행정의 종합성 증진
② 견제와 균형의 원리를 실현하여 민주정치의 가능성 제고
③ 결정과 집행의 유기성을 확보하여 행정의 능률성 제고
④ 전문적인 행정기구를 통한 행정의 전문성 제고

2025 공무원 시험대비 【8월분】

-제11회-

이 름: _____

제1과목 국어
제2과목 영어
제3과목 한국사
제4과목 행정법총론
제5과목 행정학개론

매일 모의고사 정오표

합격까지 박문각

매일 모고 국어 제11회

01 밑줄 친 안긴문장과 같은 기능을 하는 안긴문장을 포함한 것은?

> <u>내가 바라던</u> 합격이 현실이 되었다.

① 내 마음이 바뀌기는 어렵다.
② 하늘이 눈이 부시게 푸르다.
③ 우리의 싸움은 내가 항복함으로써 끝났다.
④ 나는 그 사람이 잡은 손을 놓지 않았다.

02 ㉠~㉣을 고쳐 쓰기 위한 계획으로 적절하지 않은 것은?

> 영국의 경제학자 필립스는 1866년부터 1957년까지 영국의 실업률과 명목 임금 상승률의 관계를 분석한 결과, 두 변수 간에 상충 관계가 있다는 ㉠<u>사실이 발견됐다</u>. ㉡<u>그리고</u> 명목 임금 상승률과 물가 상승률이 비례 관계에 있다는 사실을 바탕으로 명목 임금 상승률을 물가 상승률로 ㉢<u>대행</u>하여 실업률과 물가 상승률 간에 역의 관계를 나타내는 필립스 곡선을 만들었다. 이 곡선은 물가 안정과 완전 고용의 동시 달성이 ㉣<u>어렵다는 것으로 보인다</u>.

① ㉠은 안은 문장의 주어와 호응하지 않는 서술절이므로 '사실을 발견했다'로 수정한다.
② 앞 문장의 개념들은 상충 관계인 반면, 뒤 문장의 개념들은 비례 관계이므로 ㉡을 '그러나'로 수정한다.
③ ㉢은 문맥상 부적절한 어휘이므로 '대체'로 수정한다.
④ ㉣은 주어와 서술어의 호응 및 서술어의 자리수를 고려하여 '어렵다는 것을 보여 준다'로 수정한다.

03 다음 <보기>의 명제를 읽고, 타당하지 않은 추론을 고른 것은?

> <보기>
> (가) 모든 딸기는 달다.
> (나) 어떤 딸기는 달다.
> (다) 모든 딸기는 달지 않다.
> (라) 어떤 딸기는 달지 않다.

① (가)가 참이라면 (다)와 (라)는 모두 거짓이다.
② (나)가 참이라면 (라)는 거짓일 수 있다.
③ (다)가 거짓이라면 (나)도 거짓이다.
④ (나)와 (라)는 동시에 참일 수 있지만 (가)와 (라)는 동시에 참일 수 없다.

04 ㉠의 이유를 추론한 것으로 가장 적절한 것은?

> 질병을 치료하기 위해 병원을 찾은 한 여성은 치료에 사용되는 약이 태아의 뇌 손상을 유발한다는 것을 알게 되었다. 임신을 계획하고 있었던 그 여성은 치료제 복용이 끝나는 1년 뒤에 임신하기로 하였다. 직관에 비추어 볼 때, 이 결정은 타당한 것처럼 보인다.
> 그런데 이는 아기에게 생길 결함만 피하는 것이 아니라 그 아기의 존재 자체가 불가능해지는 것이다. 존재할 수 있었던 아기를 영영 태어나지 않게 하는 것이 그 아기를 위한 것일까?
> 철학자 데릭 파핏은 그의 저서 <이성과 인격>에서 이와 같은 윤리적 딜레마를 제기하였다. 이를 '비동일성 문제' 또는 '미래 개인의 역설'이라고 하며, 출산과 낙태의 정당성 문제를 다룰 때 중요한 쟁점이 되고 있다.
> 공리주의자였던 파핏은 '설령 그 누구도 피해를 입지 않더라도 개개인 행복의 총합이 결과적으로 줄어들 것으로 보이는 선택지는 윤리적으로 그르다.'라고 하였다. 이에 따르면 우리의 직관에 부합하는, ㉠<u>뇌 장애가 있는 아기를 낳지 않기 위해 임신을 미루는 것은 바람직한 선택이 될 수 있다</u>.

① 처음 계획대로 아기가 태어난다면 누구도 생명상의 피해를 입지 않지만, 뇌 장애를 갖고 태어난 아기와 그 가족이 속한 사회 전체의 행복은 줄어들 수 있기 때문이다.
② 뇌 장애가 없는 아기의 삶이 뇌 장애가 있는 아기의 삶보다 행복할 것이기 때문이다.
③ 뇌 장애가 있는 아기는 아직 존재하지 않으므로, 존재하지 않는 아기의 행복은 제외하고 현재 존재하는 사람들의 실질적인 행복만을 고려할 수 있기 때문이다.
④ 아기에게도 명백한 결함을 가진 채 태어나지 않을 권리가 있으며, 뇌 장애가 발생할 수 있다는 것을 알고도 처음 계획대로 임신하는 것은 이 권리를 침해하는 것이기 때문이다.

05 밑줄 친 표현이 ㉠의 의미와 가장 유사한 것은?

> 아무리 감정이 앞서도, 논리가 ㉠<u>서야</u> 남을 설득할 수 있다는 사실을 잊지 말아야 한다.

① 산골에도 학교가 <u>서다</u>.
② 신호등이 고쳐지자 교통질서가 제대로 <u>섰다</u>.
③ 아이가 <u>서는지</u> 입덧이 심하다.
④ 갑자기 기계가 <u>선</u> 이유는 정비 불량이었다.

06 밑줄 친 표현이 ㉠의 의미와 가장 유사한 것은?

> 황소가 꼬리를 흔들어 등의 파리를 ㉠ 쫓았다.

① 머릿속에 드는 망령된 생각을 애써 쫓았다.
② 귀신을 쫓기 위해 별짓을 다 해봤다.
③ 어머니는 아들을 쫓아 방에 들어갔다.
④ 쫓고 쫓기는 숨 막히는 추격전을 벌이다.

07 ㉠~㉣과 바꿔 쓸 수 있는 유사한 표현으로 적절하지 않은 것은?

> (가) 네가 본 것을 조금도 ㉠ 과장하지 말고 사실대로 말해라.
> (나) 그의 ㉡ 독특한 음악 세계는 많은 찬사를 받고 있다.
> (다) 약자의 인권이 ㉢ 잔인하게 짓밟히는 현실을 외면해서는 안 된다.
> (라) 회사는 실적 저조를 이유로 일부 임원을 ㉣ 경질하고 조직을 재정비했다.

① ㉠: 늘이지
② ㉡: 뛰어난
③ ㉢: 모질게
④ ㉣: 바꾸고

08 ㉠~㉣과 바꿔 쓸 수 있는 유사한 표현으로 적절하지 않은 것은?

> (가) 몸무게를 갑자기 ㉠ 줄이면 건강에 이상이 생긴다.
> (나) 다시는 이러한 비극이 ㉡ 되풀이되어서는 안 될 것이다.
> (다) 여러 가지 요인이 ㉢ 거듭되는 경우에는 고치기가 어려워진다.
> (라) 가난하다고 그를 ㉣ 깔보던 친구들이 그가 사장이 되자 180도 태도를 바꾸었다.

① ㉠: 감면하면
② ㉡: 반복되어서는
③ ㉢: 중복되는
④ ㉣: 멸시하던

09 다음 글의 설명 방식으로 적절하지 않은 것은?

> '양적완화'는 중앙은행이 기준금리를 조절하여 간접적으로 유동성을 조절하는 일반적 방식과는 달리, 유동성을 시중에 직접 공급하여 경기를 부양시키는 정책이다. 정책 금리가 0%에 가까운 초저금리 상태에서 더 이상 금리를 내릴 수 없을 때, 중앙은행은 국채 매입 등을 통해 시장에 통화량 자체를 늘린다. 양적완화는 다른 나라 경제에도 영향을 미칠 수 있다. 가령 우리나라에서 양적완화를 시행하여 원화 통화량이 늘어나면 원화 가치가 하락해 환율이 상승하고, 국내 상품의 수출 경쟁력은 커지게 된다. 한편, 양적완화 정책을 점진적으로 축소하는 것을 테이퍼링(tapering)이라고 한다.

① 양적완화 정책이 일반적인 경제 정책과 다른 점을 언급하였다.
② 양적완화 정책이 적용되는 상황을 설명하였다.
③ 양적완화 정책과 유사하여 혼동할 수 있는 정책을 추가적으로 설명하였다.
④ 양적완화 정책이 상품의 수출 경쟁력에 미치는 영향을 설명하였다.

10 다음 글의 전개 순서로 가장 자연스러운 것은?

> 개미와 진딧물은 개미가 진딧물의 이동을 도와주거나 적들로부터 보호해 주는 대신 진딧물이 나무의 수액을 개미에게 제공하는 공생 관계로 알려져 있다.
> ㄱ. 그러나 개미들은 이를 발견하는 즉시 물어뜯어 진딧물들이 도망갈 수 없게 한다.
> ㄴ. 진딧물들이 떠나고 싶어질 경우, 다음 세대는 더 나은 환경으로 날아갈 수 있도록 날개를 기른다.
> ㄷ. 이것만으로는 부족한 듯, 개미들은 길들인 진딧물 무리가 도망가는 것을 막기 위해 진딧물 날개의 성장을 늦추는 화학 물질을 발산하는데, 이는 진딧물의 이동 속도를 늦추기까지 한다.
> ㄹ. 그러나 개미들이 제공하는 혜택에도 불구하고, 진딧물들이 항상 개미들의 곁에 머물고 싶은 것은 아니다.
> ㅁ. 영국의 임페리얼 대학 연구팀은 개미들이 이동했던 지역을 지날 때 진딧물이 더 느리게 움직인다는 것을 발견했는데, 이는 개미들이 남겨 놓은 화학 물질 때문이었다.

① ㄴ-ㄱ-ㄷ-ㄹ-ㅁ
② ㄷ-ㄹ-ㄴ-ㄱ-ㅁ
③ ㄹ-ㄴ-ㄱ-ㄷ-ㅁ
④ ㅁ-ㄷ-ㄹ-ㄴ-ㄱ

매일 모고 영어 제11회

01 밑줄 친 부분에 들어갈 말로 가장 적절한 것은?

> The newly constructed bridge was designed to _____ heavy loads and strong winds.

① strip
② tease
③ toss
④ sustain

02 밑줄 친 부분에 들어갈 말로 가장 적절한 것은?

> The startup managed to _____ the funds wisely and expand its business quickly.

① invest
② endure
③ surround
④ tackle

03 밑줄 친 부분에 들어갈 말로 가장 적절한 것은?

> To prevent contamination and eliminate odors, expired food should be _____ from the refrigerator immediately.

① removed
② enforced
③ suggested
④ transacted

04 밑줄 친 부분에 들어갈 말로 가장 적절한 것은?

> _____ to the common belief that all deserts are hot and dry, there are deserts that are not dry.

① Necessary
② Alike
③ Contrary
④ Decent

05 밑줄 친 부분에 들어갈 말로 가장 적절한 것은?

> The singer's chorus is so addictive that many fans like to _____ it over and over again.

① undermine
② organize
③ repeat
④ enhance

06 밑줄 친 부분에 들어갈 말로 가장 적절한 것은?

> After three _____ days of torrential rain, the streets began to flood, and local authorities issued warnings about possible landslides and road closures.

① successful
② succeed
③ successive
④ success

07 밑줄 친 부분 중 어법상 옳지 않은 것은?

> Last week, the company upgraded its facilities to improve productivity. New ① equipments were installed at the third floor of our building. The employees ② are excited to use the latest technology for their tasks. Management expects ③ these improvements ④ to lead to better performance overall.

08 밑줄 친 부분에 들어갈 말로 가장 적절한 것은?

> A: Hi, as I'm leaving the office today, I want to make sure you have everything you need to take over my tasks.
> B: Thanks for letting me know. Could you please explain the status of the current projects?
> A: Sure. The budget review is almost complete, and the final report should be ready by Friday.
> B: Great. _____
> A: It's scheduled for Tuesday at 10 a.m. I've already sent the meeting agenda to the suppliers.
> B: Perfect. Is there anything else I should be aware of?
> A: Yes, please remember to submit the weekly progress report every Monday morning.

① Did you lock the office door?
② What's the Wi-Fi password?
③ When are you going on your business trip?
④ What about the meeting with the suppliers next week?

[09~10] 다음 글을 읽고 물음에 답하시오.

JOIN THE NATIONAL CLIMATE ACTION PROGRAM

The Environmental Protection Bureau invites all citizens to join the National Climate Action Program, which promotes local sustainability efforts. Participants can take part in tree planting events, waste reduction campaigns, and clean energy workshops in their regions.

Those interested must register via ecoaction.gov/signup and attend an orientation session online or in person. After registration, monthly updates and volunteer opportunities will be provided through email newsletters.

We also conduct periodic surveys to <u>assess</u> program effectiveness and collect participant suggestions. Your honest input enables us to refine our strategies and strengthen public engagement in climate solutions.

09 밑줄 친 assess의 의미와 가장 가까운 것은?
① reject
② dismiss
③ appraise
④ recommend

10 윗글의 목적으로 가장 적절한 것은?
① 기후 행동 프로그램 참여 방법과 피드백 절차를 안내하려고
② 청정 에너지 세금 환급 방식을 설명하려고
③ 폐기물 처리 규정의 위반 사례를 경고하려고
④ 전국 자원봉사자의 개인정보를 수집하려고

매일 모고 한국사 제11회

01 동학 농민 운동의 전개 과정에서 있었던 <보기>의 사실들을 일어난 순서대로 바르게 나열한 것은?

<보기>
ㄱ. 고부 지역 농민들이 군수의 학정으로 봉기하였다.
ㄴ. 동학 농민군은 태인을 점령하고 전라도 감영군을 정읍 황토현에 유인하여 격파하였다.
ㄷ. 정부는 홍계훈이 이끄는 800여 명의 경군을 파견하였으나 장성 황룡촌에서 농민군에 패배하였다.
ㄹ. 전봉준은 전라도 53군에 집강소를 설치하고 전주에 집강소의 총본부인 대도소를 설치하였다.
ㅁ. 동학 농민군은 외국 군대의 철병과 폐정 개혁을 조건으로 정부와 전주 화약을 맺고 해산하였다.

① ㄱ → ㄴ → ㄷ → ㄹ → ㅁ
② ㄱ → ㄴ → ㄷ → ㅁ → ㄹ
③ ㄱ → ㄹ → ㄴ → ㄷ → ㅁ
④ ㄴ → ㄱ → ㄷ → ㄹ → ㅁ

02 다음 글의 밑줄 친 주장을 뒷받침하는 근거로 가장 적절한 것은?

공주 우금치 전투에서 패배한 이후에도 동학 농민군은 각 지역에서 관군과 일본군을 상대로 치열한 전투를 벌였으나 성과를 거두지 못하고 해산하였다. 그러나 동학 농민군의 잔여 세력은 반침략·반외세 운동을 계속해 나갔다.

① 항일 의병 투쟁에 가담하였다.
② 고종의 아관 파천을 주도하였다.
③ 광무개혁을 주도적으로 추진하였다.
④ 독립신문을 창간하여 민중을 계몽하였다.

03 다음은 신민회 활동의 의의를 서술한 것이다. 밑줄 친 내용을 뒷받침하는 근거로 적절한 것은?

애국 계몽 운동이 항일 의병 투쟁을 전개해 온 의병 부대와 연대하는 계기를 마련하여 1910년 이후 민족 운동의 기본 방향을 제시하였다.

① 비밀 결사의 형태로 활동하였다.
② 모범 농촌 건설 운동을 계획하였다.
③ 대성 학교를 설립하여 민족 교육을 실시하였다.
④ 국외에 독립 운동 기지를 건설하고 독립군 양성을 위해 학교를 세웠다.

04 (가), (나) 주장의 공통점을 <보기>에서 모두 고른 것은?

(가)
○ 대원군을 가까운 시일 안에 돌아오게 하고 청에 조공하는 허례를 폐지할 것
○ 문벌을 폐지하여 인민 평등의 권리를 제정하고 능력에 따라 관리를 등용할 것
○ 지조법을 개혁하여 간사한 관리를 뿌리 뽑고 백성의 곤란을 구제하며 국가 재정을 넉넉하게 할 것

(나)
○ 노비 문서는 불태워 버릴 것
○ 관리의 채용은 지벌을 타파하고 인재를 등용할 것
○ 왜적과 통하는 자는 엄징할 것
○ 토지는 평균하여 분작하게 할 것

<보기>
ㄱ. 갑오·을미개혁에 일부 반영되었다.
ㄴ. 모든 외세를 배격하는 태도를 취하였다.
ㄷ. 봉건적인 신분 제도의 철폐를 요구하였다.
ㄹ. 농민 입장에서 현실 사회를 개혁하고자 하였다.

① ㄱ, ㄴ
② ㄱ, ㄷ
③ ㄴ, ㄷ
④ ㄴ, ㄹ

05 자료와 같은 사업이 추진된 시기를 연표에서 옳게 고른 것은?

공공의 의견으로 독립 협회를 발기하여 전 영은문 유지에 독립문을 새로이 세우고 전 모화관을 새로 고쳐 독립관이라 하여 옛날의 치욕을 씻고 후인의 표준을 만들고자 함이요, 그 부근의 땅에 독립 공원을 이루어 그 문과 관을 보관코자 하니 성대한 일이라 아니할 수 없는지라. 돌아보건대, 그 공역이 커서 큰 비용이 될 것이니 합치지 않으면 성취하기를 기약치 못할 것 이요, 이에 알리니 밝게 헤아려 보조금을 다소간의 뜻에 따라 보내고 본회 회원에 참여할 뜻이 있으면 그것을 나타내 주기를 바란다.

1876	1882	1884	1894	1897
	(가)	(나)	(다)	(라)
강화도 조약	임오 군란	갑신 정변	청·일 전쟁	대한제국 수립

① (가)
② (나)
③ (다)
④ (라)

06 다음 자료는 동학 농민 운동에 대한 것이다. 글쓴이의 이러한 인식과 관련하여 나타난 움직임으로 옳은 것은?

> 적당(賊黨 : 동학농민군)은 모두 천인 노예이므로 양반 사족을 가장 증오하였다. ……무릇 집안의 노비로서 도적 무리(농민군)를 따르는 자는 물론이요, 비록 도적들을 따르지 않는 자라 할지라도 모두 지극히 천한 자가 주인을 위협하여 노비 문서를 불사르고 양인이 됨을 강제로 승인케 하거나 그 주인을 결박하여 주리를 틀고 곤장과 매를 치기도 하였다.
> - 황현, 「오하기문」 -

① 전라도 각 지역에 집강소가 설치되었다.
② 남접과 북접의 연합 부대가 결성되었다.
③ 정부와 동학 농민군이 전주 화약을 맺었다.
④ 민보군이 조직되어 동학 농민군을 탄압하였다.

07 다음과 같은 상황에서 설립된 단체의 활동 내용으로 옳은 것은?

> 명성 황후가 궁궐에서 살해당하는 것을 보고 신변에 불안을 느낀 고종은 러시아 공사관으로 처소를 옮겼다. 그 결과 김홍집 내각이 무너지고 친러 내각이 수립되었다. 이후 러시아는 군사 고문, 재정 고문 등을 파견하여 조선 내정에 깊이 관여하면서 각종 이권을 획득하였다.

① 항일 의병 투쟁을 전개하였다.
② 토론회를 열어 민중을 계몽하였다.
③ 대한제국의 광무개혁을 지지하였다.
④ 러시아와의 협력 증대를 주장하였다.

08 다음은 한말의 의병 활동에 대해 서술한 것이다. 빈칸에 들어갈 내용으로 적절한 것은?

> 의병 부대들은 전국에 걸쳐 주로 소규모 부대에 의한 유격 전술을 전개하여 일본군에 큰 타격을 입혔다. 이러한 의병 전쟁에 대해 일제는 기관총과 소총으로 무장한 대규모 군대를 동원하여 무자비하게 의병을 진압하였다.
> 특히 [   ]

① 의병 연합 부대를 와해시키기 위해 서울 진공 작전을 전개하였다.
② 각국 영사관에 통문을 보내 의병 활동을 지원하지 말 것을 요구하였다.
③ 무위영과 장어영의 군대를 해산시켜 의병 활동의 전력을 약화시키려 하였다.
④ 강력하게 의병 전쟁을 수행하던 호남 의병을 진압하기 위해 남한 대토벌 작전을 전개하였다.

09 다음은 의병 항쟁의 과정에서 있었던 사실이다. 이를 통해 파악할 수 있는 의병 항쟁의 한계점으로 옳은 것은?

> ○ 최익현은 제자들을 모아 전라북도 태인에서 봉기하여 정읍, 순창 일대를 장악하였다. 그러나 이를 진압할 목적으로 관군이 출동하자, "그들이 왜(倭)라면 마땅히 한번 결전을 벌여 보겠지만, 왜가 아니고 관군이라면 이것은 우리가 우리를 치는 것이니 어찌 차마 할 수 있겠는가?"라고 하며 항전을 중지하였다.
> ○ 13도 창의군 총대장 이인영은 부친상을 당하자, "나라에 대한 불충은 어버이에 대한 불효요, 어버이에 대한 불효는 나라에 대한 불충이다. 그러므로 나는 3년상을 치른 뒤 다시 의병을 일으켜 일본을 소탕하고 대한을 회복하겠다."라고 하며 고향으로 돌아갔다.

① 사회 진화론의 영향
② 의병 참여 세력의 다양성
③ 양반 유생층의 봉건적 의식
④ 국제 정세에 대한 인식 부족

10 다음 신문 기사의 내용에 공감하는 사람들의 성향으로 옳은 것을 <보기>에서 고르면?

> 오늘 제군을 위해 충고함은 다른 것이 아니라 역시 애국의 성의에서 나옴이니 제군은 깊이 생각하라. 만약 충의의 열성을 어루만져 안정시킬 수 없어 진심으로 국권을 만회하고자 할진대, 눈앞의 치욕을 참고 국가의 원대한 계획을 도모하여 일체 병기를 버리고 각자 향리로 돌아가 …… 산업에 종사하여 자산을 저축하고 자제를 교육하여 지성을 계몽하며 실력을 양성한다면 다른 날에 독립을 회복할 기회를 자연히 기대할 수 있으니, 이것이 실로 오늘 우리들이 힘쓸 정당한 의무요, ……
> - 「황성신문」(1907. 9. 25.) -

<보기>
ㄱ. 일체의 타협을 거부하는 경직된 태도를 고수하였다.
ㄴ. 성리학을 지나치게 신봉하였다.
ㄷ. 사회진화론에 경도된 측면이 있었다.
ㄹ. 의병 전쟁과 같은 무력 투쟁 노선에 대해 비판적인 시각을 가졌다.

① ㄱ, ㄴ
② ㄱ, ㄷ
③ ㄴ, ㄷ
④ ㄷ, ㄹ

매일 모고 행정법 제11회

01 행정행위의 기간에 대한 설명으로 옳지 않은 것은? (다툼이 있는 경우 판례에 의함)
① 허가에 붙은 기한이 그 허가된 사업의 성질상 부당하게 짧은 경우에는 이를 그 허가 자체의 존속기간이 아니라 그 허가조건의 존속기간으로 보아 그 기한이 도래함으로써 그 조건의 개정을 고려한다는 뜻으로 해석할 수 있다.
② 기부채납받은 행정재산에 대한 사용·수익허가에서 공유재산의 관리청이 정한 사용·수익허가의 기간은 그 허가의 효력을 제한하기 위한 행정행위의 부관으로서 이러한 사용·수익허가의 기간에 대해서는 독립하여 행정소송을 제기할 수 없다.
③ 사전에 공표한 갱신기준을 심사대상기간이 이미 경과하였거나 상당부분 경과한 시점에서 처분상대방의 갱신여부를 좌우할 정도로 중대하게 변경하는 것은 특별한 사정이 없는 한 허용되지 않는다.
④ 기한의 도래로 실효한 종전의 허가에 대한 기간연장 신청은 새로운 허가를 내용으로 하는 행정처분을 구하는 것이 아니라, 종전의 허가처분을 전제로 하여 단순히 그 유효기간을 연장하여 주는 행정처분을 구하는 것으로 보아야 한다.

02 행정행위의 하자에 대한 설명으로 옳지 않은 것은? (다툼이 있는 경우 판례에 의함)
① 일반적으로 법률이 헌법에 위반된다는 사정이 헌법재판소의 위헌결정이 있기 전에도 객관적으로 명백한 것이라고 할 수는 없으므로 특별한 사정이 없는 한 이러한 하자는 위 행정처분의 취소사유에 해당한다.
② 행정행위의 내용상의 하자는 치유의 대상이 될 수 있으나, 형식이나 절차상의 하자에 대해서는 치유가 인정되지 않는다.
③ 행정청이 어느 법률관계나 사실관계에 대하여 어느 법률의 규정을 적용하여 행정처분을 한 경우에, 그 법률관계나 사실관계에 대하여는 그 법률의 규정을 적용할 수 없다는 법리가 명백히 밝혀져 해석에 다툼의 여지가 없음에도 행정청이 그 규정을 적용하여 처분을 한 때에는 하자가 중대하고 명백하다.
④ 행정처분이 있은 후에 집행단계에서 그 처분의 근거된 법률이 위헌으로 결정되는 경우 그 처분의 집행이나 집행력을 유지하기 위한 행위는 위헌결정의 기속력에 위반되어 허용되지 않는다.

03 행정상 계약에 대한 설명으로 옳은 것은? (다툼이 있는 경우 판례에 의함)
① 「행정기본법」에 따르면, 신속히 처리할 필요가 있거나 사안이 경미한 경우에는 말 또는 서면으로 공법상 계약을 체결할 수 있다.
② 지방자치단체를 당사자로 하는 계약에 관하여는 그 계약의 성질이 사법상 계약인지 공법상 계약인지와 상관없이 원칙적으로 「지방자치단체를 당사자로 하는 계약에 관한 법률」의 규율이 적용된다고 보아야 한다.
③ 계약직공무원 채용계약해지의 의사표시는 일반공무원에 대한 징계처분과는 다르지만, 「행정절차법」의 처분절차에 의하여 근거와 이유를 제시하여야 한다.
④ 중소기업 정보화지원사업에 대한 지원금출연협약의 해지 및 환수통보는 공법상 계약에 따른 의사표시가 아니라 행정청이 우월한 지위에서 행하는 공권력의 행사로서 행정처분이다.

04 취소소송의 대상이 되는 처분에 대한 설명으로 옳은 것은? (다툼이 있는 경우 판례에 의함)
① 코로나바이러스감염증-19의 예방을 위하여 음식점 및 PC방 운영자 등에게 영업시간을 제한하거나 이용자 간 거리를 둘 의무를 부여하는 서울특별시고시들은 일반적·추상적 규범으로서 항고소송의 대상인 행정처분에 해당하지 않는다.
② 시험승진후보자명부에서의 등재자 성명 삭제행위는 항고소송의 대상인 처분에 해당한다.
③ 과세관청의 소득처분에 따른 소득금액변동통지는 항고소송의 대상이 되는 행정처분에 해당한다.
④ 「국가균형발전 특별법」에 따른 혁신도시 최종입지 선정행위는 항고소송의 대상이 되는 행정처분이다.

05 행정소송에 대한 설명으로 옳지 않은 것은? (다툼이 있는 경우 판례에 의함)
① 「도로교통법」에 따른 처분에 대해서는 행정심판의 재결을 거치지 아니하면 취소소송을 제기할 수 없다.
② 취소소송의 제1심 관할법원은 원고의 주소지를 관할하는 행정법원으로 함을 원칙으로 한다.
③ 「행정소송법」상 행정청이 일정한 처분을 하지 못하도록 그 부작위를 구하는 청구는 허용되지 않는 부적법한 소송이다.
④ 처분등이 있은 뒤에 그 처분등을 행한 행정청이 없게 된 때에는 그 처분등에 관한 사무가 귀속되는 국가 또는 공공단체를 피고로 한다.

06 사인의 공법행위에 대한 설명으로 옳지 않은 것은? (다툼이 있는 경우 판례에 의함)
① 공무원이 한 사직 의사표시의 철회나 취소는 그에 터잡은 의원면직처분이 있을 때까지 할 수 있는 것이고, 일단 면직처분이 있고 난 이후에는 철회나 취소할 여지가 없다.
② 신고납세방식의 조세의 경우 납세의무자의 신고행위가 중대하고 명백한 하자로 인하여 당연무효로 되지 아니하는 한 신고에 따라 납부한 세액이 바로 부당이득에 해당하는 것은 아니다.
③ 주민등록의 신고는 행정청에 도달하기만 하면 신고로서의 효력이 발생하는 것이 아니라 행정청이 수리한 경우에 비로소 신고의 효력이 발생한다.
④ 장기요양기관의 폐업신고 자체가 효력이 없음에도 행정청이 이를 수리한 경우, 그 수리행위가 당연무효로 되는 것은 아니다.

07 「질서위반행위규제법」상 과태료에 대한 설명으로 옳은 것은? (다툼이 있는 경우 판례에 의함)
① 지방자치단체의 조례는 과태료 부과의 근거가 될 수 없다.
② 과태료의 부과·징수, 재판 및 집행 등의 절차에 관한 다른 법률의 규정 중 「질서위반행위규제법」의 규정에 저촉되는 것은 그 다른 법률의 규정에서 정하는 바에 따른다.
③ 행정청의 과태료 부과에 불복하는 당사자는 과태료 부과 통지를 받은 날부터 90일 이내에 관할 법원에 취소소송을 제기할 수 있다.
④ 구「주택건설촉진법」의 규정을 위반하여 주택을 공급한 자에게 과태료를 부과한다고 하여 주택을 공급한 자와 제3자 간에 체결한 주택공급계약의 사법적 효력까지 부인된다고 볼 수는 없다.

08 행정절차에 대한 설명으로 옳은 것은? (다툼이 있는 경우 판례에 의함)
① 「국가공무원법」상 직위해제처분은 공무원의 인사상 불이익을 주는 처분이므로 「행정절차법」상 사전통지 및 의견청취절차를 거쳐야 한다.
② 행정청은 침익적 행정처분의 경우에만 이유를 제시하여야 하고 수익적 행정처분의 경우에는 이유제시를 하지 않아도 무방하다.
③ 「행정절차법」의 규정과 행정의 공정성·투명성 및 신뢰성 확보라는 「행정절차법」의 입법 취지 등을 고려해 보면, 국가에 대해 행정처분을 할 때에도 사전통지, 의견청취, 이유 제시와 관련한 「행정절차법」이 그대로 적용된다.
④ 행정청은 행정처분으로 인하여 권익을 침해받게 되는 제3자에 대하여 처분의 원인이 되는 사실과 처분의 내용 및 법적 근거를 미리 통지하여야 한다.

09 정보공개에 대한 설명으로 옳지 않은 것은? (다툼이 있는 경우 판례에 의함)
① 공개청구된 사실을 통지받은 제3자가 당해 공공기관에 공개하지 아니할 것을 요청하는 때에는 공공기관은 비공개결정을 하여야 한다.
② 문제은행 출제방식을 채택하고 있는 치과의사 국가시험의 문제지와 정답지는 비공개정보에 해당한다.
③ 청구인이 정보공개와 관련한 공공기관의 결정에 대하여 불복이 있거나 정보공개청구 후 20일이 경과하도록 정보공개 결정이 없는 때에는 「행정심판법」에서 정하는 바에 따라 행정심판을 청구할 수 있다.
④ 정보의 공개 및 우송 등에 소요되는 비용은 실비의 범위에서 청구인이 부담하나, 공개를 청구하는 정보의 사용 목적이 공공복리의 유지·증진을 위하여 필요하다고 인정되는 경우에는 그 비용을 감면할 수 있다.

10 국가배상에 대한 설명으로 옳지 않은 것은? (다툼이 있는 경우 판례에 의함)
① 공유나 사유임을 불문하고 사실상 도로로 사용되고 있었다면, 도로의 노선인정 기타 공용개시가 없었다고 하여도 해당 도로는 「국가배상법」상 영조물이라고 할 수 있다.
② '공공의 영조물'이라 함은 국가 또는 지방자치단체에 의하여 특정 공공의 목적에 공여된 유체물 내지 물적 설비를 말하며, 국가 또는 지방자치단체가 소유권, 임차권 그 밖의 권한에 기하여 관리하고 있는 경우뿐만 아니라 사실상의 관리를 하고 있는 경우도 포함된다.
③ 국가나 지방자치단체가 손해를 배상할 책임이 있는 경우에 공무원의 선임·감독 또는 영조물의 설치·관리를 맡은 자와 공무원의 봉급·급여, 그 밖의 비용 또는 영조물의 설치·관리 비용을 부담하는 자가 동일하지 아니하면 그 비용을 부담하는 자도 손해를 배상하여야 한다.
④ 군인이 교육훈련으로 공상을 입은 경우라도 「군인연금법」 또는 「국가유공자예우등에관한법률」에 의하여 재해보상금·유족연금·상이연금 등 별도의 보상을 받을 수 없는 경우에는 「국가배상법」 제2조제1항 단서의 적용 대상에서 제외하여야 한다.

매일 모고 행정학 제11회

01 다음 중 빈칸에 들어가야 할 내용으로 옳은 것은?

> ___㉠___ 은 지능정보사회 정책의 효율적, 체계적 추진을 위하여 관계 중앙행정기관의 장 및 지방자치단체의 장의 의견을 들어 지능정보사회종합계획을 ___㉡___ 단위로 수립하며, 정보통신 전략위원회의 심의를 거쳐 수립, 확정한다.

	㉠	㉡
①	과학기술정보통신부 장관	3년
②	과학기술정보통신부 장관	5년
③	행정안전부장관	3년
④	행정안전부장관	5년

02 다음 중 사회적 형평에 대한 설명 중 옳지 않은 것은?
① 사회적 형평은 부당한 불평등의 시정과 정당한 불평등을 모두 포함한 개념이다.
② 대표관료제는 수직적 형평에 기여할 수 있다.
③ 부가가치세 등의 비례세는 수직적 형평에 기여할 수 있다.
④ 실적주의는 수평적 형평에 기여할 수 있다.

03 규제개혁의 단계로 옳은 것은?
① 규제완화 - 규제품질관리 - 규제관리
② 규제관리 - 규제품질관리 - 규제완화
③ 규제품질관리 - 규제완화 - 규제관리
④ 규제관리 - 규제완화 - 규제품질관리

04 다음의 정책수단 중 직접수단이 아닌 것은?
① 경제적 규제
② 공기업
③ 직접대출
④ 사회적 규제

05 콥(Cobb)과 그의 동료들이 주장한 주도 집단에 따른 정책의제 설정의 유형에 대한 설명으로 옳지 않은 것은?
① 외부주도형은 정책담당자가 아닌 외부 사람들의 주도에 의해 특정 문제를 정부가 해결해야 할 문제로 받아들이게 되는 경우이다.
② 동원형은 정책담당자들에 의해 자발적으로 정책의제가 형성되는 경우이다.
③ 내부접근형은 일반대중이나 관련 집단들의 지원을 유도하기 위한 노력을 수행한 뒤에 의제를 채택한다.
④ 동원형은 정부의 힘이 강하고 민간부문의 힘이 취약한 후진국에서 많이 나타난다.

06 블라우와 스콧(Blau & Scott)은 조직의 주요 수혜자를 중심으로 조직을 분류하였다. 다음 중 블라우와 스콧(Blau & Scott)이 제시한 조직의 유형과 그 예가 잘못 연결된 것은?
① 강제적 조직 - 교도소
② 호혜적 조직 - 노동조합
③ 봉사조직 - 병원, 학교
④ 공익조직 - 행정기관

07 토마스(Thomas)의 갈등관리 방식에 대한 설명으로 옳지 않은 것은?
① 수용(accommodating)은 자신의 이익을 양보하고 상대방의 관심사를 만족시키는 방식이다.
② 회피(avoiding)는 갈등 쟁점으로부터 비켜서거나 해결을 연기하는 방식이다.
③ 협력(collaborating)은 상호 희생과 양보를 통해 당사자 간의 이익을 부분적으로 만족시키는 방식이다.
④ 경쟁(competing)은 권력, 위협 등을 통하여 상대방을 희생시키고 자신의 이익을 취하는 방식이다.

08 대표관료제(Representative Bureaucracy)에 대한 설명으로 옳지 않은 것은?
① 킹슬리(D. Kingsley)가 1944년에 처음 사용한 개념이다.
② 임명직 관료집단이 민주적 방법으로 행동하도록 하기 위한 방안으로 도입되었다.
③ 대표관료제는 내부통제를 강화하는 기능을 가지고 있다.
④ 관료들의 객관적 책임을 매우 현실적이라고 주장한다.

09 재정민주주의에 대한 설명으로 옳지 않은 것은?
① 재정민주주의는 '대표 없이 과세 없다.'라는 표현에서 나타나듯이 재정 주권이 납세자인 국민에게 있다는 의미를 내포하고 있다.
② 납세자인 시민이 국가 또는 지방자치단체의 재정지출과 관련된 부정과 낭비를 감시하는 납세자 소송제도는 재정민주주의의 본질을 잘 반영하고 있다.
③ 주민참여 예산제도는 예산과정에 주민참여를 확대함으로써 지방재정 운영의 투명성 및 공정성을 제고하여 재정민주주의에 기여한다.
④ 정부 예산집행의 신축성을 확대하기 위하여 만들어진 예산의 전용제도는 국회의 동의를 구해야 하므로 재정민주주의 확보에 기여하는 제도적 장치이다.

10 단체자치에 대한 설명으로 옳지 않은 것은?
① 민주주의의 원리보다는 지방분권의 원리에 입각해 있다.
② 지방자치의 내용적·본질적 요소라기보다는 지방자치의 형식적·법제적 요소이다.
③ 입법통제보다는 행정통제와 사법통제가 중시된다.
④ 지방자치단체는 이중적 지위를 지니며, 고유사무와 위임사무가 명확하게 구분된다.

2025 공무원 시험대비 【8월분】

- 제12회 -

이 름: _____

제1과목 국어
제2과목 영어
제3과목 한국사
제4과목 행정법총론
제5과목 행정학개론

매일 모의고사 정오표

합격까지 박문각

매일 모고 국어 제12회

01 밑줄 친 단어의 품사가 다른 하나는?
① 사람은 누구나 늙기 마련이다.
② 상철이는 전화를 끊자마자 어딘가로 달리기 시작했다.
③ 그때는 젊기도 했지만 무엇보다 건강했다.
④ 백의 자리에서 반올림하고 나니 두 수를 곱하기가 수월해졌다.

02 다음 글의 설명 방식으로 적절하지 않은 것은?

> 인메모리 데이터베이스(In-memory Database)란 디스크가 아닌 주 메모리에 모든 데이터를 보유하고 있는 데이터베이스를 말한다. 인메모리 컴퓨터는 데이터를 디스크에 두는 기존 컴퓨터와 다른 방식의 색인을 활용하는데, 이는 기존 컴퓨터보다 내부 최적화 알고리즘을 단순화하고, 더 적은 CPU 명령을 실행할 수 있게 한다. 따라서 인메모리 컴퓨터는 디스크에 데이터를 두고 쓰는 컴퓨터보다 처리 속도가 최대 1만 배까지 빠르다. 이는 데이터의 빠른 증가로 데이터베이스 응답 속도가 떨어지는 문제를 해결할 수 있는 대안으로 주목받고 있다.
> 그러나 인메모리 컴퓨터는 RAM의 휘발성이라는 기술적 문제를 안고 있다. 만약 갑작스러운 정전 등으로 컴퓨터의 전원이 꺼진다면, 휘발성 RAM 안에 저장된 데이터는 손실될 것이다. 이에 전력 손실에도 기억시킨 데이터가 상실되지 않는 비휘발성 RAM 기술이 꾸준히 연구되고 있다.

① 인메모리 컴퓨터가 디스크에 데이터를 두고 쓰는 컴퓨터보다 처리 속도가 빠른 원인을 제시하고 있다.
② 인메모리 컴퓨터의 내부 최적화 알고리즘이 작동하는 과정을 구체적으로 설명하고 있다.
③ 상황을 가정하여 인메모리 컴퓨터의 문제점을 설명하고 있다.
④ 인메모리 데이터베이스의 정의를 제시하고 있다.

03 (가), (나)가 모두 참이라고 할 때, 반드시 옳은 것을 고르면?

> (가) 어떤 금붕어는 전시용이다.
> (나) 어류가 아닌 모든 것은 금붕어가 아니다.

① 어떤 금붕어는 전시용이 아니다.
② 어떤 금붕어는 어류가 아니다.
③ 어떤 어류는 전시용이다.
④ 모든 어류는 전시용이다.

04 (가)와 (나)를 전제로 할 때 빈칸에 들어갈 결론으로 가장 적절한 것은?

> (가) 래퍼 중 활동적인 사람이 있다.
> (나) 진지하지 않은 래퍼는 없다.
> 따라서 _____.

① 어떤 래퍼는 진지하지 않다.
② 활동적인 사람 중 진지한 사람이 있다.
③ 어떤 래퍼는 활동적이지 않다.
④ 활동적인 사람은 모두 진지하다.

05 밑줄 친 표현이 ㉠의 의미와 가장 유사한 것은?

> 나이를 먹으니 유행을 ㉠ 따르는 것도 힘들다.

① 강아지들이 제 어미를 따라서 멍멍 짖는다.
② 의회의 결정을 따르겠습니다.
③ 머리 좋기로는 그를 따를 자가 없다.
④ 우리 집 개는 아버지를 유난히 따른다.

06 밑줄 친 표현이 ㉠의 의미와 가장 유사한 것은?

> 출국 전에 여권 수속을 제대로 ㉠ 밟지 않으면 문제가 생길 수 있다.

① 박사 과정을 밟는 게 쉽지 않다.
② 가난한 사람들을 그렇게 밟아서야 쓰겠니?
③ 실수로 옆 사람 발을 밟다.
④ 형사는 며칠째 용의자의 뒤를 밟았다.

07 ㉠~㉣과 바꿔 쓸 수 있는 유사한 표현으로 적절하지 않은 것은?

> (가) ㉠ 약소한 나라는 강대국에게 괴로움을 당하기 쉽다.
> (나) 아이들이 부모의 갑작스러운 죽음과 ㉡ 직면하기에는 너무 어렸다.
> (다) 옆에서 계속 빨리하도록 ㉢ 재촉하니까 오히려 더 실수하게 된다.
> (라) 어머니는 대학 나온 아들 하나만을 ㉣ 의지하고 살았다.

① ㉠: 작은
② ㉡: 맞서기에는
③ ㉢: 조르니까
④ ㉣: 살피며

08 ㉠~㉣과 바꿔 쓸 수 있는 유사한 표현으로 적절하지 않은 것은?

> (가) 그녀의 목소리가 작아 ㉠ 어렴풋하게 들린다.
> (나) 심한 풍랑에 배가 크게 ㉡ 움직였다.
> (다) 그는 며칠 회사를 ㉢ 빠지더니 장사한다고 하며 회사를 그만두었다.
> (라) 우리 기업이 세계 시장에서 ㉣ 살아남기 위해서는 끊임없이 신상품을 개발해야 한다.

① ㉠: 희미하게
② ㉡: 동요했다
③ ㉢: 근속하더니
④ ㉣: 존속하기

09 밑줄 친 ㉠의 이유로 가장 적절한 것은?

> 세균은 지구상의 거의 모든 곳에 분포하는 미세한 하등 단세포 생명체이다. 현재까지 알려진 세균은 13,000종 이상이며, 매년 600여 종의 신종이 새로 보고되고 있다. 세균은 다른 생물체에 기생하여 병을 일으키기도 하지만, 발효나 부패 작용을 통해 생태계의 물질 순환에 중요한 역할을 한다.
> 세균은 동식물보다 훨씬 오래 존재해 온 생물체인 만큼 더 많은 진화를 거쳤으며, 세대 주기 또한 짧다. 동물 중 몇몇 종은 수일 내에 새끼를 낳을 수 있을 정도로 빨리 자라지만, 세균은 수 분에서 수 시간 내에 증식할 수도 있다. 동식물과 마찬가지로 세균 또한 증식하는 과정에서 돌연변이가 나타날 가능성이 있다. 이는 단독으로는 큰 의미가 없지만, 돌연변이가 축적되면 새로운 종이 출현한다. 오늘날 살아 있는 동식물들이 먼 과거에 살았던 것들과 다른 것 이상으로, ㉠ 원시 세균은 오늘날 알려진 것들과 상당히 달랐을 것이다.

① 세균은 발효나 부패 작용을 통해 스스로 형태를 변화시키기 때문이다.
② 세균은 세대 주기가 짧아 돌연변이가 빈번하게 일어났을 것이기 때문이다.
③ 세균 개체군 내에서 축적되지 않는 다양한 돌연변이들이 나타나기 때문이다.
④ 세균은 지구상의 거의 모든 곳에 분포하기 때문이다.

10 다음 글의 화제에 대한 설명으로 적절하지 않은 것은?

> 과거제는 시험 성적이라는 합리적 기준에 따른 관료 선발 제도라는 점에서 동아시아 사회에서 오랫동안 유지되어 왔다. 공정성을 바탕으로 보다 많은 이들에게 사회적 지위 획득의 기회를 부여하여 개방성을 제고함으로써 사회적 유동성을 증대시켰다. 익명성을 확보하기 위해 여러 가지 장치를 도입하는 것은 공정성 강화를 위한 노력의 일환이다.
> 과거제의 사회적 효과 중 하나는 학습 동기를 제공해 교육의 확대와 지식 보급에 기여했다는 점이다. 그 결과 통치에 참여할 능력을 갖춘 지식인 집단이 폭넓게 형성되었고 유교 경전을 통해 도덕적 가치 기준을 광범위하게 공유하게 되었다. 또한 최종 단계까지 통과하지 못하더라도 국가가 여러 특권을 부여하고, 그들이 지방 사회에 기여하도록 하여 경쟁적 선발 제도의 부작용을 완화하고자 노력했다.
> 과거제는 왕조 교체에도 불구하고, 동질적인 지배층을 형성하여 관료제 통치의 안정성에도 기여했다. 이는 세계적으로 드문 현상이라 과거제에 대한 정보가 선교사들을 통해 유럽에 전해져 많은 관심을 불러일으켰다. 유럽 계몽 사상가들은 세습적 지위보다 학자의 지식이 우위에 있는 과거제와 같은 체제를 정치적 합리성을 갖춘 것으로 보았다.

① 세습적 권리보다는 능력 중심의 관리 선발 시험이다.
② 익명성 확보를 통해 지위 획득의 개방성을 높일 수 있다.
③ 지식인 집단을 형성하여 왕조 중심의 통치에 기여했다.
④ 관리로 최종 선발되지 않더라도 혜택과 함께 사회적 역할을 수행하도록 했다.

매일 모고 영어 제12회

01 밑줄 친 부분에 들어갈 말로 가장 적절한 것은?

> The rise in sea levels is an _____ consequence of global warming.

① aggressive
② inevitable
③ intimate
④ linguistic

02 밑줄 친 부분에 들어갈 말로 가장 적절한 것은?

> It's _____ to have a grocery store within walking distance of my house.

① uncomfortable
② legal
③ convenient
④ upset

03 밑줄 친 부분에 들어갈 말로 가장 적절한 것은?

> He twisted his ankle while playing soccer, and by night it began to _____ gradually.

① swell
② ensure
③ identify
④ investigate

04 밑줄 친 부분에 들어갈 말로 가장 적절한 것은?

> The constant noise from the construction site began to _____ the neighbors.

① irritate
② entertain
③ unify
④ overcome

05 밑줄 친 부분에 들어갈 말로 가장 적절한 것은?

> We need to _____ the old windows with energy-efficient ones to save on heating costs.

① wander
② overlook
③ ignore
④ replace

06 밑줄 친 부분에 들어갈 말로 가장 적절한 것은?

> He accidentally kicked the _____ passenger next to him.

① asleep   ② sleep
③ sleeps   ④ sleeping

07 밑줄 친 부분 중 어법상 옳지 않은 것은?

> For your safety and security, certain rules must ① be followed in the dormitory. You must always leave your room ② locked. This helps ③ preventing theft and unauthorized access. Remember ④ to check your door before leaving and never share your key with others.

08 밑줄 친 부분에 들어갈 말로 가장 적절한 것은?

 Tim
I just realized that the contract document is missing from my desk.

 Jane
That's serious. Have you checked your files and email attachments?

 Tim
Yes, but I can't find the physical copy anywhere.

Jane
_____

 Tim
I'm not sure. I remember bringing it to the conference room yesterday.

 Jane
Let's contact the conference room staff to see if anyone found it. Also, notify the security office in case someone turns it in.

① Did you leave it somewhere outside the office? Maybe at a meeting?
② Have you printed a new copy yet?
③ Can you confirm if your email was sent?
④ When do you think the meeting will end?

09 다음 글의 흐름상 어색한 문장은?

Recent advancements in battery technology are revolutionizing the way we store and use energy. ① One major challenge with traditional lithium-ion batteries is their tendency to overheat and degrade over time. ② To address this, researchers have developed solid-state batteries that use solid electrolytes instead of flammable liquid ones, significantly improving safety and longevity. ③ Another promising approach is to expand fossil fuel extraction to increase short-term energy output. ④ These new technologies not only enhance performance but also pave the way for more sustainable energy systems. Together, these innovations signal a future where energy storage is safer, cleaner, and more efficient.

10 다음 글의 주제로 가장 적절한 것은?

While social media platforms have revolutionized communication, they have also altered the way we process information. Unlike traditional print media, where content is typically curated and reviewed, social media allows rapid, unfiltered sharing of personal opinions and viral trends. This environment encourages users to focus on speed and emotional impact rather than accuracy or context. As a result, people may form opinions based on fragmented or misleading content. Some educators now emphasize digital literacy—helping students critically evaluate online information—as a crucial 21st-century skill.

① The decline of print journalism in the digital era
② The role of digital literacy in the age of social media
③ The mental health effects of constant media exposure
④ The rise of influencer culture in online platforms

매일 모고 한국사 제12회

01 자료는 전봉준의 심문 기록이다. 이를 통해 동학 농민 운동에 관하여 알 수 있는 사실을 <보기>에서 모두 고른 것은?

> 심문자 : 작년 3월 무슨 사연으로 고부 등지에서 민중을 크게 모았는가?
> 전봉준 : 고부 군수의 수탈이 심하여 의거하였다.
> 심문자 : 흩어져 돌아간 후 무슨 일로 군대를 봉기하였느냐?
> 전봉준 : 의거 참가자 대다수가 일반 농민이었음에도 불구하고 모두를 동학으로 통칭하고 체포하여 살육하였기에 군대를 봉기하였다.
> 심문자 : 전주 화약 이후 군대를 일으킨 이유는?
> 전봉준 : 일본이 개화를 구실로 군대를 동원하여 왕궁을 공격하고 임금을 놀라게 하였으니, 충군 애국의 마음으로 의병을 일으켜 일본과 싸워 그 책임을 묻고자 함이다.

<보기>
ㄱ. 일제의 침략 행위를 응징하고자 하였다.
ㄴ. 정치 개혁의 구체적인 방안을 제시하였다.
ㄷ. 지방관의 수탈에 저항한 반봉건 운동이었다.
ㄹ. 교조 최제우의 억울한 죽음을 계기로 일어났다.

① ㄱ, ㄴ ② ㄱ, ㄷ ③ ㄴ, ㄷ ④ ㄴ, ㄹ

02 다음과 같은 개혁 정책을 추진한 정부에 대한 설명으로 옳지 않은 것은?

> ○ 정치면 : 대한국 국제 반포, 원수부 설치
> ○ 경제면 : 양전 사업 실시, 지계 발급
> ○ 기 타 : 유학생 파견, 상공업 진흥

① 원구단을 축조하여 황제 즉위식을 거행하였다.
② 구본신참(舊本新參)의 원칙 아래 개혁을 추진하였다.
③ 고종이 러시아 공사관에서 환궁한 이후에 수립되었다.
④ 급진 개화파가 정부를 장악함으로써 큰 성과를 거두지 못하였다.

03 독립 협회가 전개한 활동 내용으로 옳지 않은 것은?
① 의회식 중추원의 설립을 주장하였다.
② 열강의 이권 침탈에 반대하는 운동을 전개하였다.
③ 황국 협회와 협력하여 러시아인 재정 고문을 퇴출시켰다.
④ 공개 토론회, 만민 공동회를 개최하여 민중 계몽에 힘썼다.

04 다음은 광무개혁에 대한 평가이다. 이를 바탕으로 대한 제국의 개혁 방향을 나타내는 용어를 고르면?

> ○ 국방력 강화를 비롯하여 상공업 발전과 근대적 토지 소유 제도 확립 등을 통한 근대 자본주의 국가로의 전환을 도모하였다.
> ○ 정치적인 측면에서는 전제 군주권의 강화를 도모하여 독립 협회의 민권 운동을 억압하였다.

① 애국계몽 (愛國啓蒙)
② 중체서용 (中體西用)
③ 위정척사 (衛正斥邪)
④ 구본신참 (舊本新參)

05 (가), (나)와 관련된 근대화 운동에 대한 설명으로 적절하지 않은 것은?

> (가) 우리나라가 한쪽에 치우쳐 있어 땅이 적고 오랫동안 남의 아래에 있어 그 문을 영은이라 이름하고 그 관을 모화라 이름함은 뜻있는 선비의 비분 탄식하는 바이었으나, 이제 공공의 의견으로 이를 새롭게 세워 옛날의 치욕을 씻고 후인의 표준을 만들고자 한다.
> (나) 이 해를 광무 원년으로 삼고, 종묘와 사직의 신위판을 고쳐 쓰며, 왕후 민씨를 황후로 책봉하고, 왕태자를 황태자로 책봉한다. 이제 밝은 운명을 크게 가다듬어 의식을 성대하게 진행하려고 한다. 역대의 옛 관례를 상고하여 특별히 대사령을 내린다.

① (가) - 민중 계몽을 위해 토론회, 강연회 등을 개최하였다.
② (가) - 초기에는 정부의 대신들도 적극적으로 참여하였다.
③ (나) - 양전 사업을 시행하여 지계를 발급하였다.
④ (나) - 홍범 14조를 제정하여 국가의 체제를 새롭게 하였다.

06 밑줄 친 '조약'이 체결된 이후 나타난 현상으로 옳은 것을 <보기>에서 모두 고른 것은?

> 우리 대황제 폐하의 거룩하신 뜻이 강경하여 거절하였으니 조약이 성립되지 않은 것인 줄 이토 후작은 스스로도 잘 알았을 것이다. 그러나 슬프도다. 저 개, 돼지만도 못한 우리 정부의 대신이라는 자들이 자기 일신의 영달과 이익이나 바라면서 위협에 겁먹어 머뭇대거나 벌벌 떨며 나라를 팔아먹는 도적이 되기를 감수하였던 것이다.

<보기>
ㄱ. 독립협회가 관민 공동회를 개최하여 헌의 6조를 결의하였다.
ㄴ. 민영환이 고종과 국민에게 보내는 유서를 남기고 자결하였다.
ㄷ. 최익현, 신돌석 등이 국권 회복을 위한 의병 운동을 일으켰다.
ㄹ. 대한 제국 정부는 원수부를 설치하여 외세의 주권 침탈에 대비하였다.

① ㄱ, ㄴ ② ㄱ, ㄷ
③ ㄴ, ㄷ ④ ㄴ, ㄹ

07 다음과 같은 양상이 나타난 시기의 의병 항쟁에 관한 설명으로 옳지 않은 것은?

> 대한 제국의 군대가 해산되던 날 시위대 대대장 박승환은 스스로 목숨을 끊어 군대 해산에 항거하였다. 이를 계기로 서울 시위대의 해산 군인들은 일본군과 치열한 시가전을 벌이고 서울을 벗어나 의병에 합류하기 시작하였다. 또한 지방 진위대의 해산 군인들도 의병으로 전환하였다.

① 규모나 성격 면에서 의병 전쟁으로 발전하였다.
② 일제 축출을 위해 서울 진공 작전을 시도하였다.
③ 의병 간의 연합 전선이 형성되어 13도 창의군이 결성되었다.
④ 신돌석, 홍범도 등 평민 의병장이 전국의 의병을 지도하였다.

08 다음과 같은 활동을 전개한 단체에 대한 설명으로 옳은 것을 <보기>에서 모두 고른 것은?

> ○ 국권을 회복한 후 군주제를 폐지하고 공화국을 수립하려 하였다.
> ○ 국권 회복의 기초 조건으로 실력과 힘을 길러서 기회가 오면 이를 포착하여 국민의 힘으로 국권을 회복하고자 하였다.
> ○ 문화적, 경제적 실력을 기르기 위하여 평양에 대성 학교와 자기 회사를 설립하고 평양과 대구에 태극 서관을 설치하였다.

<보기>
ㄱ. 국외 독립 운동 기지 건설에 앞장섰다.
ㄴ. 고종의 강제 퇴위 반대 투쟁을 전개하였다.
ㄷ. 안창호, 양기탁 등이 중심이 되어 조직하였다.
ㄹ. 을사조약이 체결되자 의병을 조직하여 투쟁하였다.

① ㄱ, ㄴ ② ㄱ, ㄷ
③ ㄴ, ㄷ ④ ㄴ, ㄹ

09 시기적으로 (가)와 (나)의 의병 운동 사이에 있었던 사실이 아닌 것은?

> (가) 머리를 깎이고 의복 제도를 바꾸니 나라의 풍속은 오랑캐로 변하였구나. 국모를 시해하고 임금을 협박하니 갑오·을미의 원수를 아직 갚지 못하였다. 환난을 회피하기란 죽음 보다 더 괴로우며 멸망을 앉아서 기다릴진대 싸워 보는 것만 같지 못하노라.
> (나) 가평, 원주, 제천 등 여러 곳에서 의병이 봉기하였는데 이는 모두가 해산 병정이다. 서양식 총을 갖고 있고 오래 조련을 받아 규율이 있어 일본군과 교전하면 살상을 많이 한다.

① 러·일 전쟁에서 승리한 일본이 을사조약을 강요하였다.
② 대한매일신보가 일제의 기관지인 매일신보로 변질되었다.
③ 평민 출신인 신돌석이 경상도 영해에서 의병을 일으켰다.
④ 최익현이 일본군에 의해 쓰시마 섬에 끌려가 구금되었다.

10 다음과 같은 주장을 반박하려고 할 때 그 근거로서 가장 적절한 것은?

> 계몽 운동가들은 서구 사회가 자본주의 사회로 변화, 발전하면서 형성시킨 사회 발전 이론, 즉 사회 진화론을 아무런 비판 없이 받아들여 우리 사회에 적용하였다. 그런데 사회 진화론은 당시 식민지를 건설하려고 침략 전쟁을 일삼던 제국주의 열강의 침략과 식민지 지배를 합리화하는 침략 사상이었다. 이러한 제국주의 침략 사상을 약소 국가인 조선에 그대로 적용한 계몽 운동가들은 결과적으로 제국주의 국가의 침략을 역사 발전의 필연적인 현실로 받아들이지 않을 수 없다. 때문에 조선이 식민지화된 원인을 제국주의의 침략에서가 아니라 자연히 민족 안에서 찾게 된다.

① 황성신문의 항일 의병 활동 비판
② 헌정 연구회의 입헌 군주제 수립 주장
③ 신민회의 국외 독립군 기지 건설 계획
④ 대한 협회의 민권 신장 및 행정 개선 강령

매일 모고 행정법 제12회

01 행정입법에 대한 설명으로 옳지 않은 것은? (다툼이 있는 경우 판례에 의함)
① 지방자치단체는 법령에 위반되지 않는 범위 내에서 자치사무에 관하여 주민의 권리를 제한하거나 의무를 부과하는 사항이 아닌 한 법률의 위임 없이 조례를 제정할 수 있다.
② 구「도시 및 주거환경정비법」에서 주택재개발사업 시행인가 신청시 토지 등 소유자의 동의요건을 재개발조합의 정관에 포괄적으로 위임하고 있는 것은 헌법 제75조에서 정하고 있는 포괄위임입법금지 원칙에 위배된다.
③ 법원이 법률 하위의 법규명령이 위헌·위법인지를 심사하려면 그것이 재판의 전제가 되어야 하는데, 여기에서 재판의 전제란 구체적 사건이 법원에 계속 중이어야 하고, 위헌·위법인지가 문제 된 경우에는 그 법규명령의 특정 조항이 해당 소송사건의 재판에 적용되는 것이어야 하며, 그 조항이 위헌·위법인지에 따라 그 사건을 담당하는 법원이 다른 판단을 하게 되는 경우를 말한다.
④ 추상적인 법령에 관한 제정의 여부 등은 그 자체로서 국민의 구체적인 권리의무에 직접적 변동을 초래하는 것이 아니어서 부작위위법확인소송의 대상이 될 수 없다.

02 행정행위의 내용에 대한 설명으로 옳은 것은? (다툼이 있는 경우 판례에 의함)
① 당사자의 신청에 따른 처분은 법령등에 특별한 규정이 있거나 신청 당시의 법령등을 적용하기 곤란한 특별한 사정이 있는 경우를 제외하고는 신청 당시의 법령등에 따른다.
② 주택재개발정비사업조합이 수립한 사업시행계획에 하자가 있음에도 불구하고 관할 행정청이 해당 사업시행계획에 대한 인가처분을 하였다면, 그 인가처분에는 고유한 하자가 없더라도 사업시행계획의 무효를 주장하면서 곧바로 그에 대한 인가처분의 무효확인이나 취소를 구하여야 한다.
③ 영업양도행위가 무효임에도 행정청이 승계신고를 수리하였다면 양도자는 민사쟁송이 아닌 행정소송으로 신고수리처분의 무효확인을 구할 수 있다.
④ 행정청이 무허가건물관리대장에서 무허가건물을 삭제하는 행위는 항고소송의 대상이 되는 행정처분에 해당한다.

03 행정행위의 효력에 대한 설명으로 옳지 않은 것은? (다툼이 있는 경우 판례에 의함)
① 민사소송에서 어느 행정처분의 당연무효 여부가 선결문제로 되는 경우 행정소송 등의 절차에 의하여 그 취소나 무효확인을 받아야 한다.
② 과세처분의 하자가 단지 취소할 수 있는 정도에 불과할 때에는 과세관청이 이를 스스로 취소하거나 항고쟁송절차에 의하여 취소되지 않는 한, 그로 인한 조세의 납부가 부당이득이 된다고 할 수 없다.
③ 제소기간이 이미 도과하여 불가쟁력이 생긴 행정처분에 대하여는 개별 법규에서 그 변경을 요구할 신청권을 규정하고 있거나 관계 법령의 해석상 그러한 신청권이 인정될 수 있는 등 특별한 사정이 없는 한 국민에게 그 행정처분의 변경을 구할 신청권이 있다 할 수 없다.
④ 제소기간의 경과 등으로 처분에 불가쟁력이 발생하였다 하여도 행정청은 실권의 법리에 해당하지 않는다면 직권으로 처분을 취소할 수 있다.

04 행정소송의 제소기간에 대한 설명으로 옳지 않은 것은? (다툼이 있는 경우 판례에 의함)
① 당사자소송에 관하여 법령에 제소기간이 정하여져 있는 때에는 그 기간은 불변기간으로 한다.
② 변경처분에 의하여 유리하게 변경된 내용의 행정제재가 위법하다 하여 그 취소를 구하는 경우 그 취소소송의 대상은 변경된 내용의 당초 처분이지 변경처분은 아니고, 제소기간의 준수 여부도 변경처분이 아닌 변경된 내용의 당초 처분을 기준으로 판단하여야 한다.
③ 행정청이 법정 심판청구기간보다 긴 기간으로 잘못 알린 경우에 그 잘못 알린 기간 내에 심판청구가 있으면 그 심판청구는 법정 심판청구기간 내에 제기된 것으로 본다는 취지의「행정심판법」의 규정은 행정소송 제기에도 당연히 적용되는 규정이라고 할 수는 없다.
④ 처분의 불가쟁력이 발생하였고 그 이후에 행정청이 당해 처분에 대해 행정심판청구를 할 수 있다고 잘못 알렸다면, 그 처분의 취소소송의 제소기간은 행정심판의 재결서를 받은 날부터 기산한다.

05 행정심판에 대한 설명으로 옳은 것은? (다툼이 있는 경우 판례에 의함)
① 위원회는 직권에 의하여 심판청구의 대상이 되는 처분 또는 부작위 외의 사항에 대하여도 재결할 수 있다.
② 행정청의 부작위에 대한 의무이행심판은 심판청구 기간 규정의 적용을 받지 않고, 사정재결이 인정되지 아니한다.
③ 조세부과처분이 국세청장에 대한 불복심사청구에 의하여 그 불복사유가 이유있다고 인정되어 취소되었음에도 처분청이 동일한 사실에 관하여 부과처분을 되풀이 한 것이라면 설령 그 부과처분이 감사원의 시정요구에 의한 것이라 하더라도 위법하다.
④ 행정심판의 재결이 확정되면 피청구인인 행정청을 기속하는 효력이 있고 그 처분의 기초가 된 사실관계나 법률적 판단이 확정되므로 이후 당사자 및 법원은 이에 모순되는 주장이나 판단을 할 수 없다.

06 공법관계와 사법관계에 대한 설명으로 옳지 않은 것은? (다툼이 있는 경우 판례에 의함)
① 구 「정부투자기관 관리기본법」의 적용 대상인 정부투자기관이 일방 당사자가 되는 계약은 사법상의 계약으로서 그에 관한 법령에 특별한 정함이 있는 경우를 제외하고는 사적 자치의 원칙이 그대로 적용된다.
② 「공익사업을 위한 토지 등의 취득 및 보상에 관한 법률」상 사업시행자와 토지소유자 사이의 협의취득에 대한 분쟁은 민사소송으로 다투어야 한다.
③ 중앙행정기관인 방위사업청과 부품개발 협약을 체결한 기업이 협약을 이행하는 과정에서 환율변동 및 물가상승 등 외부적 요인으로 발생한 초과비용 지급에 대한 소송은 민사소송에 의한다.
④ 폐기물처리업의 허가를 받은 자가 지방자치단체의 장과 「지방자치단체를 당사자로 하는 계약에 관한 법률」에 따라 재활용품의 수집·운반 업무를 대행하는 계약을 체결한 것은 사법상 계약에 해당한다.

07 행정대집행에 대한 설명으로 옳지 않은 것은? (다툼이 있는 경우 판례에 의함)
① 권원 없이 국유재산에 설치한 시설물에 대하여 관리청이 행정대집행을 통해 철거를 하지 않는 경우 그 국유재산에 대하여 사용청구권을 가진 자는 국가를 대위하여 민사소송으로 그 시설물의 철거를 구할 수 있다.
② 도시공원시설 점유자의 퇴거 및 명도 의무는 「행정대집행법」에 의한 대집행의 대상이 아니다.
③ 계고를 함에 있어서 그 행위의 내용과 범위는 반드시 시정명령서나 대집행계고서에 의하여서만 특정되어야 하는 것은 아니고, 그 처분 전후에 송달된 문서나 기타 사정을 종합하여 이를 특정할 수 있으면 족하다.
④ 수용재결에 따른 행정청의 철거 및 퇴거명령에도 불구하고 상대방이 토지 인도의무를 이행하지 않을 경우, 그 토지 인도의무는 공법상 의무에 해당하므로 그 권리에 끼칠 현저한 손해를 피하기 위한 경우라 하더라도 행정청이 그 권리를 피보전권리로 하는 민사상 명도단행가처분을 구할 수는 없다.

08 행정절차에 대한 설명으로 옳은 것은? (다툼이 있는 경우 판례에 의함)
① 산업기능요원편입취소처분에 대해서는 「행정절차법」이 적용된다.
② 별정직 공무원인 대통령기록관장에 대한 직권면직 처분에는 처분의 사전통지 및 의견청취 등에 관한 「행정절차법」 규정이 적용되지 않는다.
③ 고시의 방법으로 불특정 다수인을 상대로 권익을 제한하는 처분을 하는 경우, 상대방에게 사전에 통지하여 의견제출 기회를 주어야 한다.
④ 「공무원연금법」상 퇴직연금의 환수결정은 당사자에게 의무를 과하는 처분이므로 퇴직연금의 환수결정에 앞서 당사자에게 의견진술의 기회를 주지 아니하면 「행정절차법」상 의견제출에 관한 규정이나 신의칙에 어긋난다.

09 국가배상에 대한 설명으로 옳지 않은 것은? (다툼이 있는 경우 판례에 의함)
① 설치 공사 중인 옹벽은 아직 완성되지 아니하여 일반 공중의 이용에 제공되지 않고 있었던 이상 공공의 영조물에 해당한다고 할 수 없다.
② 식품의약품안전청장이 구 「식품위생법」상의 규제권한을 행사하지 않아서 미니컵 젤리가 수입·유통되어 이를 먹던 아동이 질식사 하였다면 국가는 이에 대한 손해배상책임을 부담해야 한다.
③ 학교관리자에게 고등학교 학생이 교사의 단속을 피해 담배를 피우기 위하여 3층 건물 화장실 밖의 난간을 지나다가 실족할 경우까지 대비하여 화장실 창문에 난간으로의 출입을 막는 출입금지장치를 설치할 의무가 있다고 볼 수는 없다.
④ 지방자치단체의 장이 국도의 관리청이 되었다 하더라도 국가는 도로관리상 하자로 인한 손해배상책임을 면할 수 없다.

10 행정상 손실보상에 대한 설명으로 옳지 않은 것은? (다툼이 있는 경우 판례에 의함)
① 공유수면 매립면허의 고시가 있다고 하여 반드시 그 사업이 시행되고 그로 인하여 손실이 발생한다고 할 수 없으므로, 매립면허 고시 이후 매립공사가 실행되어 관행어업권자에게 실질적이고 현실적인 피해가 발생한 경우에만 공유수면매립법에서 정하는 손실보상청구권이 발생한다.
② 일반 공중의 이용에 제공되는 공공용물을 허가나 특허 없이 일반사용하고 있던 자가 당해 공공용물에 관한 적법한 개발행위로 인하여 종전에 비하여 그 일반사용이 제한을 받게 되었다면 그로 인한 불이익은 특별한 사정이 없는 한 손실보상의 대상이 된다.
③ 공익사업의 시행자가 토지소유자와 관계인에게 보상액을 지급하지 않고 승낙도 받지 않은 채 공사에 착수함으로써 토지소유자와 관계인이 손해를 입은 경우, 토지소유자와 관계인에 대하여 불법행위가 성립할 수 있고, 사업시행자는 그로 인한 손해를 배상할 책임을 진다.
④ 지방토지수용위원회의 재결에 이의가 있는 자는 해당 지방토지수용위원회를 거쳐 중앙토지수용위원회에 이의를 신청할 수 있다.

매일 모고 행정학 제12회

01 다음 중 공공서비스의 유형이 잘못 연결된 것은?
① 사적재 - 택시
② 공공재 - 등대
③ 공유재 - 케이블TV
④ 요금재 - 고속도로

02 행정학의 접근방법 중 공공선택론의 특성에 해당하는 것은?

┌─────────────────────┐
│ ㉠ 방법론적 개체주의 │
│ ㉡ 교환으로서의 정치 │
│ ㉢ 합리적 경제인   │
│ ㉣ 부서목표의 극대화 │
└─────────────────────┘

① ㉠
② ㉠, ㉡
③ ㉠, ㉡, ㉢
④ ㉠, ㉡, ㉢, ㉣

03 「국가공무원법」상 복무에 관한 규정으로 옳지 않은 것은?
① 종교중립의 의무
② 이해충돌 방지의 의무
③ 영예 등의 제한
④ 복종의 의무

04 넛지(Nudge) 방식의 정책설계의 가정에 대한 설명으로 옳지 않은 것은?
① 넛지(Nudge) 방식이란 개인에게 선택의 옵션을 부여하면서도 정부가 의도한대로 선택하도록 하는 메커니즘을 활용하는 선택설계방식을 말한다.
② 심리학의 연구결과를 경제학에 반영한 행동경제학에 이론적 기반을 두고 있다.
③ 개인의 비합리적 의사결정으로 중대한 피해가 발생하는 '행동적 시장실패'를 지적한다.
④ '행동적 시장실패'는 타인이 야기하는 긍정적 혹은 부정적 외부효과가 핵심요인이다.

05 바흐라흐와 바라츠(Bachrach & Baratz)가 주장한 무의사결정의 유형에 해당하지 않는 것은?
① 엘리트의 가치나 이익에 대한 잠재적·현재적인 도전을 억제한다.
② 정치과정에 진입하려는 요구를 제한하여 정책문제화되는 것을 억제한다.
③ 기존의 규칙이나 제도적 과정을 이용한다.
④ 무의사결정은 엘리트의 무지나 실책에 의해 발생한다.

06 우리나라 국가대표팀의 월드컵 목표를 16강에서 8강으로 바꾸는 것은 목표의 변동 중 무엇에 해당하는가?
① 목표의 전환
② 목표의 승계
③ 목표의 다원화
④ 목표의 확대

07 목표관리(MBO)에 대한 설명으로 옳지 않은 것은?
① 상하간 의사소통이 원활하지 않은 경우 실시하기 어렵다.
② 비계량적인 업무는 목표에서 제외되는 경향이 있다.
③ 조직전체의 관점에서 하향적인 방법으로 생산성 향상을 추구한다.
④ 상하 간 협의와 관련자의 참여를 통해 목표뿐만 아니라 목표달성 수단도 결정한다.

08 "공무원의 보수수준은 (   )을(를) 상한선으로 하고, (   )을(를) 하한선으로 하여 결정되는 것이 바람직하다"고 할 때 (   )안에 들어갈 내용으로 적합한 것은?
① 민간부분의 최고임금, 민간부문의 평균임금
② 공무원의 성과, 공직의 시장가격
③ 정부의 재정력, 공무원의 생계비
④ 민간부문의 평균임금, 공직의 시장가격

09 우리나라 기금에 대한 설명이다. 옳지 않은 것은?
① 기금은 국가가 특정한 목적을 위해 특정한 자금을 신축적으로 운영할 필요가 있을 때 예산외로 설치되는 자금으로 법률로 설치한다.
② 국회는 정부가 제출한 기금운용계획안의 주요항목 지출금액을 증액하거나 새로운 과목을 설치하고자 할 때에는 미리 정부의 동의를 얻어야 한다.
③ 기금은 주요항목 지출금액의 변경범위가 10분의 5 이하의 범위에서는 기금운용계획변경안을 국회에 제출하지 아니하고 대통령령으로 정하는 바에 따라 변경할 수 있다.
④ 기획재정부장관은 회계연도마다 전체 기금 중 3분의 1이상의 기금에 대하여 그 운용실태를 조사·평가하여야 하며 3년마다 전체 재정체계를 고려하여 기금의 존치여부를 평가하여야 한다.

10 「지방자치법」상 조례와 규칙에 대한 설명으로 옳지 않은 것은?

① 지방자치단체가 조례로 주민의 권리 제한 또는 의무 부과에 관한 사항이나 벌칙을 정할 때에는 법률의 위임이 있어야 한다.

② 지방자치단체의 장은 법령이나 조례가 위임한 범위에서 그 권한에 속하는 사무에 관하여 규칙을 제정할 수 있다.

③ 시·군 및 자치구의 조례나 규칙은 시·도의 조례나 규칙을 위반하여서는 아니 된다.

④ 지방자치단체는 법령의 범위 안에서 자치사무, 단체위임사무, 기관위임사무에 관하여 조례를 제정할 수 있다.

2025 공무원 시험대비 【8월분】

매일 풀어서 합격을 만드는
매일 합격 모의고사 8월

— 제13회 —

이 름: _____

제1과목 국어
제2과목 영어
제3과목 한국사
제4과목 행정법총론
제5과목 행정학개론

매일 모의고사 정오표

합격까지 박문각

매일 모고 국어 제13회

01 <보기>의 ㉠과 ㉡에 해당하는 높임법의 예로 가장 적절하지 않은 것은?

<보기>
국어에서 높임법은 화자가 높이려는 대상에 따라 주체 높임법, 상대 높임법, 객체 높임법으로 구분된다. ㉠ 주체 높임법은 주어가 나타내는 대상인 주체를 높이는 것이며, 상대 높임법은 대화의 상대인 청자를 높이는 것이고 ㉡ 객체 높임법은 문장의 목적어나 부사어가 나타내는 대상인 객체를 높이는 것이다.

① ㉠에 해당하는 예로, "할머니께서 바다에 가셨다."를 들 수 있다.
② ㉠에 해당하는 예로, "할아버지는 예쁜 벨트가 있으시다."를 들 수 있다.
③ ㉡에 해당하는 예로, "선생님, 현숙이가 혼자 갔어요."를 들 수 있다.
④ ㉡에 해당하는 예로, "옥순이는 존경하는 교수님을 뵈었다."를 들 수 있다.

02 어법이 자연스러운 문장은?
① 우리는 본 행사를 통해 더 많은 국민들이 제주도 관광을 즐기고 참여하는 계기가 되기를 바란다.
② 짜여진 구조대로 설계되어진 고객님의 건축물은 100억 원이십니다.
③ 회장님은 집에 가셔서 아랫사람들에게 답을 여쭤보셨다.
④ 그는 자기만 아는 행동과 생각을 하여 많은 사람들을 실망시켰다.

03 다음 두 명제가 모두 참일 때 항상 참인 명제는?

○ 금리가 상승하면 주가가 하락한다.
○ 주가가 하락하면 가계 소비가 감소한다.

① 가계 소비가 감소하면 주가가 하락한다.
② 주가가 하락하면 금리가 상승한다.
③ 가계 소비가 감소하지 않으면 금리가 상승하지 않는다.
④ 금리가 상승하지 않으면 주가가 하락하지 않는다.

04 다음 글의 모든 문장이 참일 때, 밑줄 친 결론을 이끌어 내기 위해 추가해야 할 것은?

모든 교수는 글쓰기를 좋아한다.
따라서 <u>글쓰기를 좋아하는 어떤 사람은 사색을 즐긴다.</u>

① 사색을 즐기는 교수는 없다.
② 사색을 즐기는 교수가 있다.
③ 모든 교수는 사색을 즐긴다.
④ 글쓰기를 좋아하지 않는 교수는 없다.

05 밑줄 친 표현이 ㉠의 의미와 가장 유사한 것은?

항렬을 ㉠ 따져 보니 먼 조상뻘 되는 분이었다.

① 관계 당국에 사고의 원인을 따지다.
② 물건 살 때는 항상 비용을 따진다.
③ 아이에게 잘잘못을 따지다.
④ 아내는 남편에게 왜 일찍 귀가하지 않았는지를 따졌다.

06 밑줄 친 표현이 ㉠의 의미와 가장 유사한 것은?

실내가 너무 어두워서 한 치 앞도 ㉠ 헤아릴 수가 없었다.

① 이 일의 고충을 헤아려 주십시오.
② 버스비가 모자랄까 봐 미리 동전을 헤아려 두었다.
③ 어머니는 손가락을 헤아려 날짜를 짚어 보았다.
④ 나는 수금하러 온 사람에게 돈을 헤아려 대금을 건네주었다.

07 ㉠~㉣과 바꿔 쓸 수 있는 유사한 표현으로 적절하지 않은 것은?

(가) 선생님은 학생들의 흥미를 ㉠ 환기하기 위해 커다란 도표를 펼치셨다.
(나) 체조 선수는 몸을 ㉡ 기민하게 움직이며 완벽한 연기를 선보였다.
(다) 교수님은 내 논문에 창의성이 없다고 ㉢ 지적하셨다.
(라) 그의 횡설수설한 말투에서 술기운을 ㉣ 감지할 수 있었다.

① ㉠: 떨어뜨리기
② ㉡: 날쌔게
③ ㉢: 나무라셨다
④ ㉣: 느낄

08 ㉠~㉣과 바꿔 쓸 수 있는 유사한 표현으로 적절하지 않은 것은?

(가) 여행객들은 산세가 ㉠ <u>크고 기이한</u> 풍경에 감탄을 금치 못했다.
(나) ㉡ <u>스산한</u> 지하실에서는 이상한 기척이 느껴졌다.
(다) 요즘 청소년들 사이에는 연예인을 ㉢ <u>부러워하는</u> 경향이 많아지고 있다.
(라) 그는 자신의 실수에 대해 고객에게 ㉣ <u>점잖게</u> 사과했다.

① ㉠: 웅장하고
② ㉡: 음침한
③ ㉢: 선망하는
④ ㉣: 상냥하게

09 다음 글의 내용에 부합하지 않는 것은?

지정학은 국제정치학 및 정치지리학의 한 갈래로, 국가의 지리적 분포가 국제 사회에 미치는 영향을 거시적인 관점에서 연구하는 학문이다. 우리나라는 중국, 러시아와 접해 있으며 바다 건너 일본, 미국과도 깊은 관계를 맺고 있다. 이러한 강대국들 사이에 놓인 한국은 경제력과 군사력 모두 세계 10위 안에 드는 강국으로 성장하였다. 그러나 지정학적으로는 막강한 국가들 사이에서 상대적 완충지대로 분류되며, 대륙 세력과 해양 세력의 각축장으로 평가된다.
우리나라는 국경을 맞댄 중국의 여러 왕조와 크고 작은 분쟁을 겪어 왔다. 이보다 빈도는 적었지만, 해양 세력인 일본과의 충돌은 임진왜란이나 일제강점기 등 역사적으로 주권이 크게 위협받았던 사건들이었다. 1940년대 이후 해양 세력은 미국으로 대체되었으며, 대륙 세력과 새로운 해양 세력의 충돌로 한국전쟁이 벌어졌다. 이후 한반도가 남한과 북한으로 분단되어 서로를 국가로 인정하지 않고 군사적 긴장 상태를 유지하고 있는 것 또한 지정학적으로 큰 의미가 있다.

① 우리나라는 역사적으로 대륙 세력보다 해양 세력과의 충돌이 잦았다.
② 한국전쟁은 한반도를 둘러싼 대륙 세력과 해양 세력의 충돌이었다.
③ 1930년대까지 우리나라와 충돌해 온 해양 세력은 주로 일본을 의미한다.
④ 한국은 높은 수준의 경제력과 군사력에도 불구하고 지정학적으로 완충지대로 분류된다.

10 다음 중 빈칸 ㉠에 들어갈 내용으로 가장 적절한 것은?

위기가 닥칠 것처럼 보이거나 끔찍한 사건이 발생했을 때, 많은 사람은 화를 내며 누군가를 비난하고 싶어진다. 그러나 일반적인 사람들은 개인적인 지식이나 경험에 근거하여 왜 새로운 질병이 창궐했는지, 경제가 왜 갑자기 더 나빠졌는지 알 수 없다. 이러한 상황이 발생할 경우, 위기의 원인에 대한 수많은 추측이 제시될 뿐이다. 그런데 이러한 추측들은 충분한 근거가 없음에도 불구하고 매우 빠른 속도로 확산된다. 사람들은 끔찍한 사건들에 쉽게 격분하고, 이때 자신의 감정에 이유를 부여하는 소문들을 더욱 더 쉽게 받아들이기 때문이다. 특히, 사건을 누군가의 의도적인 행위 탓으로 돌리는 소문들은 이를 받아들이는 사람들에게 자신의 감정 상태의 원인을 설명해주는 것처럼 느껴진다. 사람들은 이 설명을 통해 일차적인 정서적 충동을 완화하고, 그 내용을 합리화하게 된다. 이는 상황이 불안정할수록 (㉠)을 시사한다.

① 사람들은 타인의 탓으로 돌리는 부당한 소문을 쉽게 받아들일 수 있다는 것
② 사람들은 현실적인 소문보다 비현실적인 소문을 더욱 신뢰하게 된다는 것
③ 사람들은 자신의 감정을 스스로 통제하는 능력을 잃게 된다는 것
④ 사람들은 자신이 경험하지 않은 일이나 확인하지 않은 소문을 믿지 않게 된다는 것

매일 모고 영어 제13회

01 밑줄 친 부분에 들어갈 말로 가장 적절한 것은?

While my car was being repaired, she offered to _____ me hers so I could get to work.

① weave
② evolve
③ lend
④ award

02 밑줄 친 부분에 들어갈 말로 가장 적절한 것은?

He was _____ by his friends for wearing shoes that didn't match his clothes.

① updated
② illustrated
③ established
④ teased

03 밑줄 친 부분에 들어갈 말로 가장 적절한 것은?

Although they have different personalities, the two brothers _____ each other remarkably in their facial features and expressions.

① overwhelm
② resemble
③ evacuate
④ consent

04 밑줄 친 부분에 들어갈 말로 가장 적절한 것은?

The forest was so _____ that sunlight barely reached the ground.

① bold
② aesthetic
③ dense
④ literal

05 밑줄 친 부분에 들어갈 말로 가장 적절한 것은?

If you leave the frozen meat out on the counter, it will slowly _____ and be ready for cooking in a few hours.

① melt
② imagine
③ involve
④ cough

06 밑줄 친 부분에 들어갈 말로 가장 적절한 것은?

This book has brought joy to _____ children around the world.

① millions of
② million
③ million of
④ both

07 밑줄 친 부분 중 어법상 옳지 않은 것은?

Many authors try ① to capture complex ideas in their writing. Few ② writer approach his richness of language. His words paint vivid pictures and ③ evoke deep emotions. Readers often find ④ themselves lost in the beauty of his expressions.

08 밑줄 친 부분에 들어갈 말로 가장 적절한 것은?

A: Hi, I wanted to update you on the current status of the project.
B: Thanks. How's it going?
A: We've completed the initial research phase, and now we're analyzing the data.
B: Are there any issues so far?
A: Yes, we found some inconsistencies in the data that need to be addressed.
B: _____
A: Probably about two weeks. We're working on a solution with the IT department.

① How long do you think it will take to solve it?
② What is the budget for this project?
③ Is the data backup complete?
④ Have you updated the project timeline?

[09~10] 다음 글을 읽고 물음에 답하시오.

Public Emergency Kit Distribution Program

The National Safety Office is distributing free emergency kits to households in disaster-prone areas. Each kit contains basic medical supplies, non-perishable food, a flashlight, and a portable radio.

To apply, visit safetykit.gov/apply and fill out the eligibility form with proof of residency. Local offices will contact approved applicants for pick-up scheduling.

We continuously monitor distribution results and gather community feedback to revise future programs. This initiative is part of a broader strategy to <u>fortify</u> public preparedness and minimize disaster impact.

09 밑줄 친 fortify의 의미와 가장 가까운 것은?
① weaken
② strengthen
③ scatter
④ substitute

10 윗글의 목적으로 가장 적절한 것은?
① To promote volunteer services after disasters
② To explain how to apply for free emergency kits
③ To report on recent natural disasters in the area
④ To announce the closure of public safety offices

매일 모고 한국사 제13회

01 자료에 언급된 상인에 대한 설명으로 옳은 것을 <보기>에서 모두 고른 것은?

> ○ 객주는 여각이라고 부르기도 하는데, 양자의 구별이 있기도 하고 없기도 하다. 지방에 따라 같지 않지만, 오늘에는 거의 구별이 없는 것이 보통이다. 구별이 있는 경우에도 단순히 자본의 많고 적음에 따라서 이를 구별하는 것으로, 그 큰 것을 여각이라 하고, 그 작은 것을 객주라 부른다.
> ○ 객주란 객상의 주인이란 뜻으로, 일본인은 보통 이를 문옥이라 부른다. 그 업무는 일본의 문옥과 크게 다르지 않은데, 도매업·위탁 판매업·매매 중개업·은행업·숙옥업·환전법의 6종이다.

<보기>
ㄱ. 임오군란 이후 상업 활동이 위축되었다.
ㄴ. 인삼 재배를 통해 부를 축적한 후 종삼 회사를 설립하였다.
ㄷ. 외국과 통상 수교하면서 개항장 주변에서 처음 등장하였다.
ㄹ. 일부 상인들은 상회사를 설립하여 근대 상업으로 전환하였다.

① ㄱ, ㄴ ② ㄱ, ㄷ ③ ㄱ, ㄹ ④ ㄴ, ㄷ

02 다음은 대일 수출입 상품의 품목별 비율을 보여 주고 있다. 자료를 토대로 당시 상황을 바르게 추론한 것을 <보기>에서 모두 고른 것은?

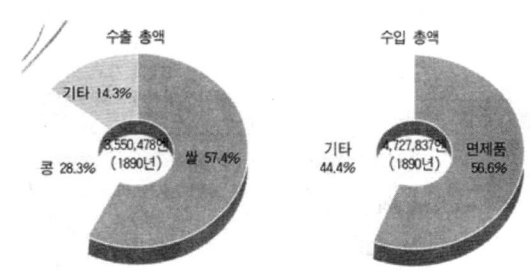

<보기>
ㄱ. 농촌의 면직물 수공업이 타격을 받았다.
ㄴ. 쌀값이 폭등하여 도시의 주민들이 어려움을 겪었다.
ㄷ. 소작농은 쌀 수출을 통하여 자영농으로 성장하였다.
ㄹ. 만주의 잡곡을 수입하여 부족한 식량을 보충하였다.

① ㄱ, ㄴ ② ㄱ, ㄷ ③ ㄱ, ㄹ ④ ㄴ, ㄷ

03 자료와 관련된 시기에 있었던 일본 상인들의 활동을 옳게 설명한 것을 <보기>에서 모두 고른 것은?

> 근일 외국인이 내지의 각군 요지에 점포 가옥을 사서 장사를 하고 또 전답을 구입한다고 하니 이는 외국과 통상에도 없는 것이요, 외국인들이 내지에서 점포를 열어 장사를 하고 전답을 사들이면 대한 인민의 상권이 외국인에게 모두 돌아가고 …… 우리나라 각부 각군 지방에 잡거하는 외국 상인을 모두 철거하게 하고 가옥과 전답 구매를 일체 엄금하여 대한 인민의 상업을 흥왕하게 하여 달라.
> - 「독립신문」, 1898년 10월 18일 -

<보기>
ㄱ. 서울과 개항장에서 상행위를 하였다.
ㄴ. 청 상인들과 치열한 상권 경쟁을 벌였다.
ㄷ. 일본 화폐를 이용하여 조선의 곡물을 수매하였다.
ㄹ. 주로 영국산 면직물을 매개로 중계 무역을 하였다.

① ㄱ, ㄴ ② ㄱ, ㄷ
③ ㄱ, ㄹ ④ ㄴ, ㄷ

04 다음과 같은 조치에 대한 설명으로 옳은 것은?

> 흉년이 들어 국내에 필요한 곡물이 부족함에도 불구하고 일본으로 계속해서 곡물이 유출되자, 일부 지역의 지방관은 방곡령을 내렸다.

① 토지가 척박하여 생산량이 적은 도에서 실시되었다.
② 일본은 지방관의 재량권을 넘는 조치라고 항의하였다.
③ 결과적으로 일본에 대한 곡물 수출이 크게 감소되었다.
④ 이 조치가 철회되면서 농민들의 반일 감정이 더욱 고조되었다.

05 다음과 같은 현상을 억압하기 위해 일제가 추진한 것은?

> 관립 학교와 사립 학교가 세워짐에 따라 정부와 각 학회를 중심으로 많은 교과서가 편찬되어 체계적인 교육을 뒷받침하였다. 더욱이 일부 사립 학교에서는 대학부를 설립하여 고등 학문을 가르치기도 하였다.

① 경성 제국 대학을 설립하였다.
② 보통 교육 수업 연한을 연장하고 학교 수를 늘렸다.
③ 조선 교육령을 개정하여 황국 신민 서사를 암송하게 하였다.
④ 사립 학교령을 공포하여 사립 학교의 설립과 운영을 통제하였다.

06 다음과 같은 상황이 전개된 직접적인 배경으로 옳은 것을 <보기>에서 모두 고른 것은?

> 회장 윤치호가 먼저 인사를 한 다음, 관 측에서는 의정부참정 박정양이 등단하여 간단한 개막 연설을 하였고, 민 측에서는 새 개혁을 상징하기 위해 종래 사회적으로 천대받던 백정 출신 박성춘이 등단하여 다음과 같은 요지의 개막 연설을 하였다.
> "나는 대한의 가장 천한 사람이고 무지몰각합니다. 그러나 충군 애국의 뜻은 대강 알고 있습니다. 이에 나라에 이롭고 백성을 편하게 하는 길인즉 관과 민이 합심한 연후에 가능하다고 생각합니다. 저 차일(천막)에 비유하건대 한 개의 장대로 받친즉 역부족이나, 많은 장대를 합한즉 그 힘이 공고합니다. 원컨대 관민이 합심하여 우리 대황제의 성덕에 보답하고 황제로 하여금 국운이 만만세를 누리게 합시다."

<보기>
ㄱ. 반봉건, 반외세를 표방한 종교가 널리 퍼졌다.
ㄴ. 독립 협회의 계몽 활동으로 민중들의 의식이 높아졌다.
ㄷ. 평등 이념이 확산되었으며, 그에 따라 사회 의식의 변화가 있었다.
ㄹ. 신분 제도의 붕괴로 천민 계급 출신 중에 고관이 된 자가 늘어났다.

① ㄱ, ㄴ
② ㄱ, ㄷ
③ ㄴ, ㄷ
④ ㄴ, ㄹ

07 다음 자료에서 강조하고 있는 정신과 서로 통하는 모습으로 적절하지 않은 것은?

> 교육은 그 길이 있는 것이니, 헛된 이름과 실용을 먼저 분별하여야 할지로다. 독서나 습자로 고인의 찌꺼기나 줍기에 몰두하여 시세 대국에 어두운 자는, 비록 그 문장이 고금을 능가할지라도 쓸모없는 서생에 지나지 못하리라. 이에 짐은 정부에 명하여 널리 학교를 세우고 인재를 등용하여 너희들 신민의 학식으로써 국가 중흥의 큰 공을 세우고자 하노니, 너희들 왕실의 안전이 너희들 신민의 교육에 있고, 또 국가의 부강도 너희들 신민의 교육에 있다.
> — 「교육 입국 조서」 —

① 정부가 각종 관립 학교를 세웠다.
② 일부 사립 학교에서 대학부를 설립하였다.
③ 애국 계몽 운동가들이 여러 사립 학교를 세웠다.
④ 정부가 사립 학교 운영의 통제와 교과서 검정 규정을 마련하였다.

08 다음과 같은 역할을 수행한 민족 운동 단체는?

> 국외에서 민족 운동을 전개하는 과정에서 의병 계열과 애국 계몽 운동 계열의 대립은 차츰 극복되어 갔다. 즉, 국외 독립 운동 기지를 건설하면서 의병 투쟁과 애국 계몽 운동이 독립 전쟁론으로 결합되어 한 단계 발전된 양상을 보였다.

① 신민회
② 신간회
③ 일진회
④ 대한 자강회

09 자료의 (가)~(라)에 대한 설명으로 옳은 것을 <보기>에서 모두 고른 것은?

> 아관 파천 이후 제국주의 열강은 광산 채굴권, (가) 철도 부설권, (나) 삼림 채벌권, (다) 전신가설권 등 국가의 각종 이권을 침탈하였다. 특히 열강은 균점 이익의 원리를 내세워 (라) 한 국가가 이권을 얻으면 다른 국가들도 동등한 권리를 가져야 한다고 주장하면서 이권을 침탈하였다.

<보기>
ㄱ. (가) - 경의선 철도 부설권은 프랑스가 획득하였다가 일본에 넘겨 주었다.
ㄴ. (나) - 이탈리아는 두만강, 압록강, 울릉도의 삼림 채벌권을 장악하였다.
ㄷ. (다) - 일본은 일제강점기에 서울-부산 간의 전신선을 우리나라에 최초로 가설하였다.
ㄹ. (라) - '최혜국 대우' 조항에 근거하여 주장하였다.

① ㄱ, ㄴ
② ㄱ, ㄷ
③ ㄱ, ㄹ
④ ㄴ, ㄷ

10 지도의 짙게 표시된 지역에 대한 설명으로 옳은 것은?

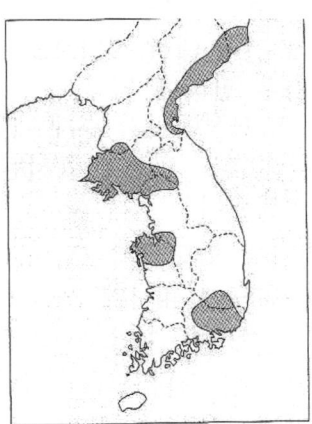

① 장수왕의 남진정책으로 확보한 고구려의 영토이다.
② 곡물의 일본 유출을 저지하기 위해 방곡령이 선포되었다.
③ 반봉건 반침략의 기치를 내걸고 동학농민운동이 시작되었다.
④ 전명운, 장인환이 일본의 앞잡이 스티븐스를 제거하였다.

매일 모고 행정법 제13회

01 법치행정의 원리에 대한 설명으로 옳지 않은 것은? (다툼이 있는 경우 판례에 의함)
① 법률유보의 원칙에서 요구되는 법적 근거는 작용법적 근거를 의미한다.
② 자격이나 신분 등을 취득 또는 부여할 수 없거나 인가, 허가, 지정, 승인, 영업등록, 신고 수리 등을 필요로 하는 영업 또는 사업 등을 할 수 없는 사유는 법률로 정하여야 한다.
③ 수신료 징수업무를 한국방송공사가 직접 수행할 것인지 제3자에게 위탁할 것인지, 위탁한다면 누구에게 위탁하도록 할 것인지, 위탁받은 자가 자신의 고유업무와 결합하여 징수업무를 할 수 있는지는 징수업무 처리의 효율성 등을 감안하여 결정할 수 있는 사항으로서 국민의 기본권제한에 관한 본질적인 사항이 아니다.
④ 토지 등 소유자가 도시환경정비사업을 시행하는 경우, 사업시행인가 신청 시 필요한 토지 등 소유자의 동의요건을 정하는 것은 국민의 권리와 의무의 형성에 관한 기본적이고 본질적인 사항이 아니므로 국회의 법률로써 규정해야 할 사항이 아니다.

02 행정행위의 요건에 대한 설명으로 옳지 않은 것은? (다툼이 있는 경우 판례에 의함)
① 일반적으로 행정행위가 주체·내용·절차와 형식의 요건을 모두 갖추고 외부에 표시된 경우에 행정행위의 존재가 인정된다.
② 법무부장관의 입국금지결정이 그 의사가 공식적인 방법으로 외부에 표시된 것이 아니라 단지 그 정보를 내부 전산망인 출입국관리정보시스템에 입력하여 관리한 것에 지나지 않은 경우, 이는 항고소송의 대상에 해당되지 않는다.
③ 망인에 대한 서훈취소는 유족에 대한 통지로써 효력이 발생한다.
④ 내용증명우편이나 등기우편과는 달리, 보통우편의 방법으로 발송되었다는 사실만으로는 그 우편물이 상당한 기간 내에 도달하였다고 추정할 수 없고, 송달의 효력을 주장하는 측에서 증거에 의하여 이를 입증하여야 한다.

03 행정계획에 대한 설명으로 옳은 것은? (다툼이 있는 경우 판례에 의함)
① 도시계획시설결정 대상면적이 도시기본계획에서 예정했던 것보다 증가하였다 하여 그것이 도시기본계획의 범위를 벗어나 위법한 것은 아니다.
② '4대강 살리기 마스터플랜'은 4대강 정비사업 지역 인근에 거주하는 주민의 권리·의무에 직접 영향을 미치는 것이어서 행정처분에 해당한다.
③ 행정계획은 행정기관 내부의 행동 지침에 불과하므로, 도시계획구역 내 토지 등을 소유하고 있는 주민은 입안권자에게 도시계획입안을 요구할 수 있는 법규상 또는 조리상의 신청권이 없다.
④ 도시계획시설결정의 장기미집행으로 인해 재산권이 침해된 경우, 도시계획시설결정의 실효를 주장할 수 있고, 이는 헌법상 재산권으로부터 당연히 직접 도출되는 권리이다.

04 행정소송의 집행정지에 대한 설명으로 옳은 것은? (다툼이 있는 경우 판례에 의함)
① 집행정지는 행정쟁송절차에서 실효적 권리구제를 확보하기 위한 잠정적 조치일 뿐이므로, 본안 확정판결로 해당 제재처분이 적법하다는 점이 확인되었다면 처분청은 제재처분의 상대방이 집행정지를 통해 집행정지가 이루어지지 않은 경우와 비교하여 제재를 덜 받게 되는 결과가 초래되도록 해서는 안 된다.
② 유흥접객영업허가의 취소처분으로 5,000여만 원의 시설비를 회수하지 못하게 된다면 생계까지 위협받을 수 있다는 등의 사정은 집행정지를 인정하기 위한 회복하기 어려운 손해가 생길 우려가 있는 경우에 해당한다.
③ 「민사집행법」에 따른 가처분은 항고소송에서도 인정된다.
④ 행정처분의 무효란 행정처분이 처음부터 아무런 효력도 발생하지 아니한다는 의미이므로 무효등 확인소송에 대해서는 집행정지가 인정되지 아니한다.

05 행정소송의 판결에 대한 설명으로 옳지 않은 것은? (다툼이 있는 경우 판례에 의함)

① 사정판결은 당사자의 명백한 주장이 없는 경우에도 기록에 나타난 여러 사정을 기초로 직권으로 할 수 있다.
② 법원이 사정판결을 할 때 그 처분등을 취소하는 것이 현저히 공공복리에 적합하지 아니한지 여부는 사실심 변론을 종결할 때를 기준으로 판단한다.
③ 처분을 할 것인지 여부와 처분의 정도에 관하여 재량이 인정되는 과징금 납부명령에 대하여 그 명령이 재량권을 일탈하였을 경우, 법원은 재량권의 범위 내에서 어느 정도가 적정한 것인지에 관하여 판단할 수 있고 그 일부를 취소할 수 있다.
④ 과징금을 부과하면서 여러 개의 처분사유에 터잡아 하나의 과징금 부과처분을 하였고 그 처분사유들 중 일부에 위법이 있으나 그 부분이 과징금 부과처분에 영향을 미치지 아니하였다면 그 부과처분을 위법하다고 할 수 없다.

06 신뢰보호의 원칙에 대한 설명으로 옳은 것은? (다툼이 있는 경우 판례에 의함)

① 헌법재판소의 위헌결정은 행정청이 개인에 대하여 신뢰의 대상이 되는 공적인 견해를 표명한 것이라고 할 수 있으므로 그 결정에 관련한 개인의 행위에 대하여는 신뢰보호의 원칙이 적용된다.
② 폐기물처리업에 대하여 사전에 관할 관청으로부터 적정통보를 받고 막대한 비용을 들여 허가요건을 갖춘 다음 허가신청을 하였음에도 다수 청소업자의 난립으로 안정적이고 효율적인 청소업무의 수행에 지장이 있다는 이유로 한 불허가처분은 신뢰보호의 원칙에 위반된다.
③ 관할관청이 폐기물처리업 사업계획에 대하여 적정통보를 한 것만으로도 그 사업부지 토지에 대한 국토이용계획변경신청을 승인하여 주겠다는 취지의 공적인 견해표명을 한 것으로 볼 수 있다.
④ 국립공원 관리권한을 가진 행정청이 실제의 공원구역과 다르게 경계측량과 표지를 설치한 십수 년 후 착오를 발견하여 지형도를 수정한 조치는 신뢰보호원칙에 위배된다.

07 이행강제금에 대한 설명으로 옳지 않은 것은? (다툼이 있는 경우 판례에 의함)

① 이행강제금은 일정한 기한까지 의무를 이행하지 않을 때에는 일정한 금전적 부담을 과할 뜻을 미리 계고함으로써 의무자에게 심리적 압박을 주어 장래에 그 의무를 이행하게 하려는 행정상 간접적인 강제집행 수단이다.
② 형사처벌과 이행강제금은 병과될 수 있다.
③ 「건축법」상 이행강제금 납부의무는 상속인 기타의 사람에게 승계될 수 없는 일신전속적인 성질의 것이므로 이미 사망한 사람에게 이행강제금을 부과하는 내용의 처분이나 결정은 당연무효이다.
④ 「건축법」상 시정명령을 받은 의무자가 이행강제금이 부과되기 전에 그 의무를 이행하였더라도 그 시정명령에서 정한 기간을 지나서 이행한 경우라면 행정청은 이행강제금을 부과할 수 있다.

08 행정의 실효성 확보수단에 대한 설명으로 옳지 않은 것은? (다툼이 있는 경우 판례에 의함)

① 구 「국세징수법」상 가산금 또는 중가산금의 고지는 항고소송의 대상이 되는 처분이 아니다.
② 종업원 등의 범죄에 대해 법인에게 어떠한 잘못이 있는지를 전혀 묻지 않고, 곧바로 그 종업원 등을 고용한 법인에게도 종업원 등에 대한 처벌조항에 규정된 벌금형을 과하도록 규정하는 것은 책임주의에 반한다.
③ 직접강제는 행정대집행이나 이행강제금 부과의 방법으로는 행정상 의무 이행을 확보할 수 없거나 그 실현이 불가능한 경우에 실시하여야 한다.
④ 「국세징수법」에 근거하여 한국자산관리공사가 행하는 공매의 대행은 세무서장의 공매권한의 위임에 해당하므로 한국자산관리공사의 공매처분에 대한 취소소송에서 피고는 세무서장이다.

09 정보공개에 대한 설명으로 옳은 것은? (다툼이 있는 경우 판례에 의함)
① 공공기관이 공개청구의 대상이 된 정보를 공개는 하되, 청구인이 신청한 공개방법 이외의 방법으로 공개하기로 하는 결정을 한 경우 이는 정보공개방법만을 달리 한 것이므로 일부 거부처분이라 할 수 없다.
② 전자적 형태로 보유·관리되는 정보의 경우에 그 정보가 청구인이 구하는 대로 되어 있지 않더라도 공개청구를 받은 공공기관이 공개청구대상정보의 기초자료를 검색하여 청구인이 구하는 대로 편집할 수 있으며, 그 작업이 당해 기관의 업무수행에 별다른 지장을 초래하지 않는다면 그 공공기관이 공개청구대상정보를 보유·관리하고 있는 것으로 볼 수 있다.
③ 정보공개를 청구한 목적이 손해배상소송에 제출할 증거자료를 획득하기 위한 것이었고 그 소송이 이미 종결되었다면, 그러한 정보공개청구는 권리남용에 해당한다.
④ 법무부령인 「검찰보존사무규칙」은 행정기관 내부의 사무처리준칙인 행정규칙이지만, 「검찰보존사무규칙」상의 열람·등사의 제한은 「공공기관의 정보공개에 관한 법률」 제9조제1항제1호의 '다른 법률 또는 법률에 의한 명령에 의하여 비공개사항으로 규정된 경우'에 해당한다.

10 행정상 손실보상에 대한 설명으로 옳지 않은 것은? (다툼이 있는 경우 판례에 의함)
① 토지수용으로 인한 보상액을 산정함에 있어서 당해 공공사업과 관계없는 다른 사업의 시행으로 인한 개발이익은 이를 배제하지 아니한 가격으로 평가하여야 한다.
② 「감염병의 예방 및 관리에 관한 법률」에 근거한 집합제한조치로 인하여 영업이 제한되어 영업이익이 감소되었다 하더라도, 청구인들이 소유하는 영업시설·장비 등에 대한 구체적인 사용·수익 및 처분권한을 제한받는 것은 아니므로 보상규정의 부재가 청구인들의 재산권을 제한한다고 볼 수 없다.
③ 공용수용은 공공필요에 부합하여야 하므로, 수용 등의 주체를 국가 등의 공적 기관에 한정하여야 한다.
④ 「공익사업을 위한 토지 등의 취득 및 보상에 관한 법률」상 사업시행자에 의한 이주대책 수립·실시 및 이주대책의 내용에 관한 규정은 당사자의 합의에 의하여 적용을 배제할 수 없다.

매일 모고 행정학 제13회

01 다음 중 민간화의 방안이 아닌 것은?
① 정부기업의 공사화
② 정부주식의 매각
③ 정부기능의 이양
④ 정부독점과 규제의 완화

02 덴하트(Denhardt & Denhardt)의 신공공서비스론의 특징이 아닌 것은?
① 민간과 비영리기구의 활용을 중시한다.
② 정부의 역할을 방향잡기가 아닌 봉사로 본다.
③ 공유가치에 대한 담론의 결과를 공익으로 본다.
④ 전략적 사고와 민주적 행동을 지향한다.

03 행정개혁의 저항극복방안 중 규범적·사회적 전략에 해당하지 않은 것은?
① 개혁지도자의 솔선수범
② 시간적 여유 제공
③ 교육훈련을 통한 자기개발 촉진
④ 개혁방법이나 기술의 융통성 있는 수정

04 다음은 정책유형에 대한 설명이다. 옳지 않은 것은?
① 주유비 담합이나 학원비 담합에 대한 과징금 부과는 보호적 규제정책의 대표적인 예이다.
② 구유통 정치 또는 통나무 굴리기식 의사결정이 나타나는 정책유형은 배분정책이다.
③ 재분배정책의 경우 대통령이 중요한 역할을 수행한다는 점에서 엘리트주의적이며, 정책의 자율성이 강하다.
④ 구성정책은 모든 국민을 대상으로 하는 정책이므로 대외적인 가치 배분에는 큰 영향이 없다.

05 정책문제의 정의에 대한 설명으로 옳지 않은 것은?
① 제3종 오류를 방지하는 활동이다.
② 정책목표 및 정책내용의 형성과 직결되는 활동이다.
③ 비정치적이고 객관적인 활동이다.
④ 정책문제의 구성요소, 원인, 결과 등을 규정하는 활동이다.

06 고전적 조직이론들이 갖고 있는 특징에 대한 설명으로 가장 부적합한 것은?
① 조직은 생산과 관련된 경제적 목표를 달성하기 위하여 존재한다.
② 조직의 구성원들은 합리적인 경제적 원리에 따라서 행동하지 못한다고 가정한다.
③ 전문화와 분업을 통하여 조직의 효과적 운영과 생산성 극대화를 추구한다.
④ 조직이 합법적 규칙과 권위에 기초할 때 개인의 오류 제거가 가능하다고 가정한다.

07 우리나라 공직분류체계와 이에 따른 예시로 옳지 않게 연결된 것은?
① 일반직 공무원 - 전문경력관, 기술업무 담당 공무원
② 특정직 공무원 - 헌법재판소 연구관, 법관, 검사
③ 정무직 공무원 - 특허청장, 국무조정실장
④ 별정직 공무원 - 국무총리비서실장, 국회수석전문위원

08 다음 중 개방형 인사관리제도의 장점이 아닌 것은?
① 행정조직의 관료화를 억제하는 기능을 수행한다.
② 내부승진 기회 확대로 공직자의 사기 제고에 기여한다.
③ 행정조직에 대한 민주적 통제를 강화한다.
④ 적극적 인사행정을 가능하게 한다.

09 자본예산제도의 장점과 가장 거리가 먼 것은?
① 국가의 자산상태를 명확하게 파악할 수 있게 한다.
② 자본적 지출에 대한 특별한 사정과 분석을 가능하게 한다.
③ 인플레이션기에 적정한 예산제도로 경제안정에 도움을 준다.
④ 수익자의 부담을 균등화시킬 수 있다.

10 우리나라 행정계층구조 및 자치계층구조에 대한 설명으로 옳지 않은 것은?
① 행정계층은 관리적 효율성을, 자치계층은 정치적 민주성을 중심으로 하는 개념이다.
② 자치단체의 자치계층구조는 대부분 중층구조로 형성되어 있다.
③ 광역자치단체와 기초자치단체의 불명확한 기능분리로 갈등이 상존하고 있다.
④ 기초자치단체인 시가 인구 50만 이상일 때에 자치구가 아닌 행정구를 두며, 별도의 세원을 갖는다.

2025 공무원 시험대비【8월분】

- 제14회 -

이 름: _____

제1과목 국어
제2과목 영어
제3과목 한국사
제4과목 행정법총론
제5과목 행정학개론

매일 모의고사 정오표

합격까지 박문각

매일 모고 국어 제14회

01 주체, 객체, 상대를 모두 높이고 있는 것은?
① 상무님도 진지를 드셨습니까?
② 삼촌이 할머니를 모시고 백화점에 갔습니다.
③ 선생님께서 훈화 말씀을 하셨습니다.
④ 아버지는 할머니께 책을 드리셨습니다.

02 ㉠~㉣의 고쳐 쓰기 방안으로 적절하지 않은 것은?

> ㉠ 나는 그를 친구로 사귀기에 걸맞는 상대라고 여겼다.
> ㉡ 내 동생은 허벅지가 너무 얇아 고민이라고 했다.
> ㉢ 내가 아시는 분도 코로나에 걸려서 자가격리 중이셔.
> ㉣ 경제적 난관에 부딪힌 회사는 결국 문을 닫고 말았다.

① ㉠: '걸맞다'는 형용사이므로 '걸맞는'은 '걸맞은'으로 고쳐 쓴다.
② ㉡: 둘레가 보통의 경우에 미치지 못한다는 의미를 전달해야 하므로 '얇아'를 '가늘어'로 고쳐 쓴다.
③ ㉢: 높임 표현이 적절하지 않으므로 '아시는'을 '아는'으로 고쳐 쓴다.
④ ㉣: '부딪힌'은 '부딪다'의 피동 표현이므로 '부딪친'으로 고쳐 쓴다.

03 다음 진술이 모두 참일 때, 반드시 참인 것은?

> ○ B가 소풍에 참여하면 A도 소풍에 참여한다.
> ○ C가 소풍에 참여하면 D도 소풍에 참여한다.
> ○ D가 소풍에 참여하면 B는 소풍에 참여하지 않는다.

① A가 소풍에 참여하면 C는 소풍에 참여하지 않는다.
② B가 소풍에 참여하면 C는 소풍에 참여하지 않는다.
③ C가 소풍에 참여하지 않으면 D는 소풍에 참여하지 않는다.
④ B가 소풍에 참여하지 않으면 C는 소풍에 참여한다.

04 밑줄 친 표현이 ㉠의 의미와 가장 유사한 것은?

> 환율이 급상승하고 생필품 가격이 오르자 다시 경제 위기설이 정가와 경제계를 ㉠ 떠돌기 시작했다.

① 정확한 정보가 없자 유언비어가 떠돌고 혼란이 커졌다.
② 소녀의 입가에 방긋이 미소가 떠돌았다.
③ 하늘에 구름이 떠돈다.
④ 배를 타고 바다를 떠돈다.

05 (가)~(라)가 모두 참이라고 할 때, 반드시 옳은 것을 고르면?

> (가) 어떤 자동차는 휘발유를 사용한다.
> (나) 모든 자동차는 기계이다.
> (다) 어떤 것은 휘발유를 사용하면서 기계가 아니다.
> (라) 어떤 것은 기계면서 휘발유를 사용하지 않는다.

① 휘발유를 사용하지 않는 자동차가 존재한다.
② 모든 기계는 휘발유를 사용한다.
③ 어떤 것은 기계이면서 휘발유를 사용한다.
④ 휘발유를 사용하지 않는 자동차는 존재하지 않는다.

06 밑줄 친 표현이 ㉠의 의미와 가장 유사한 것은?

> 이번 주는 날씨가 ㉠ 고르다 보니 야외 활동하기에 딱 좋다.

① 이익을 고르게 분배하다.
② 치아가 고르지 않아서 교정 치료를 받기로 했다.
③ 음정이 고른 가수는 듣는 사람에게 편안함을 준다.
④ 이 자료는 데이터가 고른 분포를 보일 때 가장 정확한 분석이 가능하다.

07 ㉠~㉣과 바꿔 쓸 수 있는 유사한 표현으로 적절하지 않은 것은?

> (가) 야간 수업을 주간으로 ㉠ 전환했더니 적응이 잘 안된다.
> (나) 협상에서는 감정보다 ㉡ 신중한 태도가 더 큰 영향을 미친다.
> (다) 양 팀이 일진일퇴 공방전을 벌이는 경기는 ㉢ 관전하는 이의 손에 땀을 쥐게 하였다.
> (라) 교육의 목적은 ㉣ 편협한 사고방식을 깨고 열린 시각을 갖게 하는 데 있다.

① ㉠: 바꿨더니
② ㉡: 조심스러운
③ ㉢: 끼어드는
④ ㉣: 좁은

08 ㉠~㉣과 바꿔 쓸 수 있는 유사한 표현으로 적절하지 않은 것은?

(가) 경제가 어려워지자 임금을 ㉠<u>깎는</u> 기업이 늘고 있다.
(나) 그는 아직 마취에서 완전히 깨어나지 않아 의식이 ㉡<u>흐리멍덩하다</u>.
(다) 면접을 위해 ㉢<u>말쑥하게</u> 정장을 차려입었다.
(라) 냉면에 식초와 겨자를 ㉣<u>넣었더니</u> 맛이 훨씬 좋아졌다.

① ㉠: 삭감하다
② ㉡: 몽롱하다
③ ㉢: 세련되게
④ ㉣: 음미했더니

09 다음 글을 이해한 내용으로 가장 적절한 것은?

1950년대 프랑스의 영화 비평계에는 작가주의라는 비평 이론이 새롭게 등장했다. 작가주의란 감독을 단순한 연출자가 아닌 '작가'로 간주하고, 작품과 감독을 동일시하는 관점을 말한다. 이 이론이 대두될 당시, 프랑스에는 유명한 문학 작품을 별다른 손질 없이 영화화하거나 화려한 의상과 세트, 인기 연극 배우에 의존하는 제작 관행이 팽배해 있었다. 작가주의는 이렇듯 프랑스 영화에 만연했던 문학적, 연극적 색채에 대한 반발로 주창되었다.

작가주의는 상투적인 영화가 아닌 감독 개인의 영화적 세계와 독창적인 스타일을 일관되게 투영하는 작품들을 옹호한다. 감독의 창의성과 개성은 작품 세계를 관통하는 감독의 세계관 혹은 주제 의식, 그것을 표출하는 나름의 이야기 방식, 고집스럽게 되풀이되는 특정한 상황이나 배경 혹은 표현 기법 같은 일관된 문체상의 특징으로 나타난다는 것이다.

① 작가주의의 등장으로 유명한 문학 작품을 원작 그대로 영화화하려는 제작 관행이 확립되었다.
② 작가주의는 감독이 창의성과 개성을 살려 변화되는 문체상의 특징을 구사할 수 있어야 한다고 보았다.
③ 작가주의가 등장하던 당시, 프랑스 영화는 문학적, 연극적 색채가 짙었으며, 감독은 단순한 연출자에 불과했다.
④ 작가주의는 감독 개인의 영화적 세계와 개성을 중시하였으며, 배경이나 표현 기법들이 고집스럽게 되풀이되는 것을 경계하였다.

10 ㉠~㉣ 중 <보기>의 문장이 들어가기에 가장 적절한 것은?

<보기>
이는 대화 상대와 상황 맥락을 공유하므로, 그러한 문장 성분들이 불필요하다고 여기기 때문이다.

한국어는 담화 중심의 언어로, 상황 맥락이 매우 중요한 언어이다. 우리는 대화할 때 "(너) 잘 잤어?"나 "밖에 있는 사람들이 (우리 말소리를) 듣겠다"처럼 주어나 목적어를 생략하는 경향이 강하다. (㉠) 이러한 맥락 의존성이 한국어 화자들에게는 대화를 편리하게 만들어 주지만, 이에 익숙하지 않은 외국어 화자에게는 한국어를 배우기 어려운 요인으로 작용한다. (㉡) 그러나 한국어 화자라도 맥락이 충분하지 않은 상황에서 주격조사나 목적격 조사가 생략된다면 발화의 의미를 파악하기가 어려울 수도 있다. (㉢) 특히, 연구자료나 보고서를 작성할 때 문장 성분 생략은 금기시되는 편이다. (㉣) 전문적인 자료는 다양한 맥락적 상황에서 읽힐 수 있으므로, 주어나 목적어를 명시하지 않으면 혼란을 초래할 수 있기 때문이다.

① ㉠
② ㉡
③ ㉢
④ ㉣

01 밑줄 친 부분에 들어갈 말로 가장 적절한 것은?

> The hotel offers special discounts for guests who _____ their rooms at least a month in advance.

① dispute
② irritate
③ reserve
④ exaggerate

02 밑줄 친 부분에 들어갈 말로 가장 적절한 것은?

> The need for sleep is _____ in human nature and can never be ignored.

① acute
② pale
③ negative
④ inherent

03 밑줄 친 부분에 들어갈 말로 가장 적절한 것은?

> The _____ sound of thunder warned us in advance of the approaching storm.

① distant
② nuclear
③ neutral
④ organic

04 밑줄 친 부분에 들어갈 말로 가장 적절한 것은?

> The company decided to _____ the contract based on the clauses specified in the agreement due to repeated violations.

① flame
② participate
③ immigrate
④ terminate

05 밑줄 친 부분에 들어갈 말로 가장 적절한 것은?

> The witness was called to _____ in court about what he saw on the night of the crime.

① divorce
② testify
③ imply
④ isolate

06 밑줄 친 부분에 들어갈 말로 가장 적절한 것은?

> They moved into _____ house whose garden is full of flowers.

① a three-bedroom
② a three-bedrooms
③ the three-bedrooms
④ three-bedroom

07 밑줄 친 부분 중 어법상 옳지 않은 것은?

> In the past, formal writing ① was considered the only acceptable style for business communication. Many people think ② that business letters must always be stiff and cold. Business letters need not ③ to be formal and impersonal. In fact, a ④ friendly tone can help build better relationships with clients.

08 밑줄 친 부분에 들어갈 말로 가장 적절한 것은?

Tim
I think we need to reconsider the project deadline. The current schedule seems too tight.

Jane
I agree. Some tasks are taking longer than expected.

Tim
Should we request an extension?

Jane
Yes, but we need to explain the reasons clearly to management.

Tim
_____

Jane
That's a good idea. I can help you write the report.

① Can we postpone the meeting?
② Should we hire more staff?
③ How about preparing a detailed report to support our request?
④ Do you think the deadline is realistic?

09 주어진 글 다음에 이어질 글의 순서로 가장 적절한 것은?

Immersive language learning is increasingly viewed as one of the most effective ways to gain fluency.

(A) As a result, learners are more likely to pick up natural expressions and cultural nuances that traditional classroom instruction may not emphasize.

(B) Furthermore, studies show that immersion can improve long-term retention and reduce the anxiety often associated with language learning in formal settings.

(C) This method involves surrounding oneself with the target language through real-life exposure, such as watching movies, reading books, or interacting with native speakers.

① (A) - (B) - (C)
② (A) - (C) - (B)
③ (B) - (C) - (A)
④ (C) - (A) - (B)

10 주어진 문장이 들어갈 위치로 가장 적절한 것은?

In one study, participants who were asked to write about a personal failure for just 15 minutes a day over a week later showed measurable improvements in emotional regulation and cognitive control.

Journaling is often dismissed as a trivial or sentimental habit, but psychological research increasingly supports its therapeutic value. (①) Expressive writing, particularly when it involves reflecting on emotionally charged events, has been linked to various mental health benefits. (②) It allows individuals to process unresolved feelings, organize their thoughts, and gain insight into their internal states. (③) These outcomes are not merely anecdotal; empirical studies have consistently demonstrated that journaling can lead to reduced stress levels, better focus, and even improved immune function. (④) As a result, many therapists now incorporate structured writing tasks into their treatment plans, especially for patients dealing with trauma or chronic stress.

매일 모고 한국사 제14회

01. 독립 협회가 다음과 같은 요구 사항을 정부에 제시한 목적으로 가장 적절한 것은?

> 헌의 6조를 의결하여 광산, 철도, 삼림 등 이권의 양여와 차관의 도입 및 외국과의 조약은 각 부의 대신과 중추원 의장이 합동으로 서명하지 않으면 시행하지 못하도록 요구하였다.

① 민생 안정 ② 왕권 강화
③ 경제 주권 수호 ④ 민족 자본 육성

02. 다음 현상과 관련된 사실로 옳은 것은?

> 을사조약으로 인한 국권 상실의 위기 상황에서 전개된 애국 계몽 운동으로 민중의 근대적 정치 의식과 민족 의식이 고양되었다. 이를 바탕으로 국권 회복을 위한 국민적 연대가 마련되었다.

① 독립 협회가 설립되었다.
② 신민회가 의병과 연대하였다.
③ 의회 설립 운동이 전개되었다.
④ 경제적 구국 운동이 전개되었다.

03. 다음과 같은 사업이 추진됨으로써 나타난 결과로 옳지 않은 것은?

> 제1차 한·일 협약에 따라 재정 고문으로 부임한 일본인 메가타는 화폐 정리 사업을 단행하고, 국고 제도를 실시하여 대한제국의 재정을 식민지 재정으로 재편하였다. 그리고 이에 필요한 막대한 자금도 일본에서 차관을 들여와 충당하였다.

① 일본 제일은행을 조선의 중앙은행으로 만들었다.
② 가옥세, 주세, 연초세 등의 새로운 세금을 징수하였다.
③ 일본은 농공은행과 금융 조합 등 식민지 금융 기관을 설립하였다.
④ 대동 상회, 장통 회사 등의 상회사가 화폐정리사업으로 대자본으로 성장하게 되었다.

04. 자료에 나타나 있는 역사 연구의 경향을 설명한 것으로 옳은 것은?

> ○ 무릇 역사는 국가의 정신이요 영웅은 국가의 원기라. …… 그 국민이 문명할수록 역사를 더욱 존중하고 영웅을 더욱 숭배하니, 그 역사를 존중함과 영웅을 숭배함이 그 국가를 사랑하는 사상이라.
> ○ 국가의 역사는 민족의 소장성쇠의 상태를 서술할지라. 민족을 빼면 역사가 없을지며 역사를 빼어 버리면 민족의 그 국가에 대한 관념이 크지 않을지니. 오호라, 역사가의 책임이 그 역시 무거울진저.

① 민족 정신을 고취시켜 일제에 항거하고자 하였다.
② 우리 역사를 사적 유물론에 입각하여 정리하였다.
③ 영웅 중심의 사관을 배척하고 민중 중심의 사관을 정착시켰다.
④ 정체성, 당파성을 드러내어 민족사의 문제점을 극복하고자 하였다.

05. 다음과 같은 현상이 나타나게 된 원인으로 옳은 것을 <보기>에서 고르면?

> 철도가 지나는 역에는 온전한 땅이 없고, 기력이 남아 있는 사람이 없으며, 열 집에 아홉 집은 텅 비었고, 천리길에 닭과 돼지가 멸종하였다.
> - 「대한매일신보」(1906. 5. 15) -

<보기>
ㄱ. 일제는 실제 필요한 철도 용지의 수십 배를 약탈하였다.
ㄴ. 일제는 철도 주변의 농민들을 동원하여 강제 노역을 시켰다.
ㄷ. 일제는 동양 척식 주식회사를 설립하여 토지 수탈을 강행하였다.
ㄹ. 일제는 고리대 등의 방법을 동원하여 농민들의 토지를 약탈하였다.

① ㄱ, ㄴ ② ㄱ, ㄷ
③ ㄴ, ㄷ ④ ㄴ, ㄹ

06. 다음과 같은 글이 쓰인 배경을 서술한 내용으로 옳은 것은?

> 오호라, 어떻게 하면 우리 이천만의 귀에 항상 애국이란 한 글자가 울리게 할까. 가로되 오직 역사로써 할지니라. 오호라, 어떻게 하면 우리 이천만의 눈에 항상 나라라는 한 글자가 배회하게 할까. 가로되 오직 역사로써 할지니라. …… 오호라, 내가 나라를 사랑하려거든 역사를 읽을지며, 사람들로 하여금 나라를 사랑하게 하려거든 역사를 읽게 할지어다.

① 을사조약 이후 국권 상실의 위기에 있었다.
② 갑오개혁으로 근대식 교육 제도가 마련되었다.
③ 프랑스와 미국의 함대가 강화도를 공격하였다.
④ 서양 선박이 출몰하여 통상을 요구하고 있었다.

07 통감부가 다음과 같은 법률 개정을 통해 억압하고자 했던 것을 <보기>에서 모두 고른 것은?

> 제34조 외국에서 발행하는 국문 혹은 국·한문 혹은 한문으로 된 신문지와 또는 외국인이 국내에서 발행하는 국문 혹은 국·한문 또는 한문으로 된 신문지가 치안을 방해하며 또는 풍속을 교란할 때, 내부대신은 해당 신문지를 국내에서 발매, 반포함을 금지하고 해당 신문지를 압수함.
> - 법률 제8호 「신문지법」 개정
> 1908년 4월 20일자 -

<보기>
ㄱ. 연해주에서 발간한 해조신문이 국내에 유입되었다.
ㄴ. 독립신문이 근대적 민권 사상을 확산시켰다.
ㄷ. 대한매일신보가 일제의 침략상을 폭로하였다.
ㄹ. 황성신문이 시일야방성대곡이라는 논설을 실었다.

① ㄱ, ㄴ ② ㄱ, ㄷ
③ ㄴ, ㄷ ④ ㄴ, ㄹ

08 자료를 토대로 박은식의 입장을 옳게 파악한 학생을 <보기>에서 모두 고른 것은?

> 현재 공자의 가르침이 날로 없어지고 날로 패기되어 두려운 마음으로 등에 땀이 날 정도이다. 그 원인을 …… 유교계에 세 가지 큰 문제가 있는 것을 알 수 있다.
> 첫째는 유교파의 정신이 전적으로 제왕의 편에 있고 인민 사회에 보급할 정신이 부족한 것이다.
> 둘째는 여러 나라를 돌아다니면서 세계의 주의를 바꾸려는 생각을 강구하지 않고, 또한 내가 어린아이를 찾는 것이 아니고 어린이가 나를 찾아오도록 하는 주의만을 지키는 것이다.
> 셋째는 우리 대한의 유가에서는 쉽고 정확한 법문을 구하지 아니하고 질질 끌고 되어 가는대로 내버려 두는 공부를 전적으로 숭상하는 것이다.
> - 「박은식전서」 -

<보기>
문각 : 서양 문물을 적극 수용하여 유교를 바꾸어야지.
단기 : 성리학 정신을 적극적으로 사람들에게 전파해야 해.
남부 : 실천적인 양명학에서 문제 해결 방법을 찾아야 해.
커스 : 유교는 전제 왕권을 사상적으로 뒷받침해야 하는 것이야.

① 문각, 단기 ② 문각, 커스
③ 문각, 남부 ④ 남부, 커스

09 자료의 종교와 관련된 설명으로 옳은 것은?

> 1909년 음력 정월 15일 조선 경성부에서 나철이 조선 민족 간의 신앙에 있어 조선 민족의 시조이며 국조라고 전승하여 온 단군을 숭봉하여 이에 귀일함으로써, 조선 민족 정신의 순화 통일과 조선 민족 의식의 양양을 도모함과 동시에 조선 민족 결합이 강화에 의하여 독립 국가로서 조선의 존속을 목표로 하고, 다수 동지와 함께 결성하여 스스로 제일세 교주라고 한 단체로서, 그 교리라는 것은 유일무이의 천신이 우주 만물을 창조하고 ……
> - 「임오십헌순교실록」 -

① 중광단을 조직하여 간도에서 독립 활동을 전개하였다.
② 많은 신자들이 신민회에 가담하여 항일 운동을 벌였다.
③ 보성 학교와 동덕 여학교를 인수하여 교육 활동을 하였다.
④ 손병희가 친일파인 이용구를 축출하고 종교를 개편하였다.

10 다음 자료와 관련된 철도에 대한 설명으로 옳은 것은?

> 이 철도 부설권은 프랑스의 피브릴 상사 대표인 그릴에게 양여되었다. 그러나 그릴은 부설권을 획득해 놓고도 부설 사업을 전개하지 않았다. 당시 맺은 조약에 의하면 3년 이내에 철도를 기공하지 못하면 부설권을 대한제국 정부에 반환하도록 되어있어 부설권 매각에 실패한 그릴은 철도 부설권을 반납하였다. 대한 제국 정부는 자주적으로 이 철도를 부설하기 위해 노력을 기울였다. 그러나 러·일 전쟁 때 체결된 한·일 의정서에 의거하여 일본이 이 철도의 부설을 강행하여 13개월 만에 528km에 이르는 철도를 속성으로 완공하였다.

① 서울에서 신의주를 연결하는 철도였다.
② 우리나라 최초의 철도로 인천과 노량진 사이에 부설되었다.
③ 철도 학교에서 배출된 한국의 기술 인력에 의해 부설되었다.
④ 한성 전기 회사가 발전소를 건설하면서 운행되기 시작하였다.

매일 모고 행정법 제14회

01 행정행위의 내용에 대한 설명으로 옳지 않은 것은? (다툼이 있는 경우 판례에 의함)
① 토지대장의 기재는 토지소유권을 제대로 행사하기 위한 전제요건으로서 토지소유자의 실체적 권리관계에 밀접하게 관련되어 있으므로 토지대장상의 소유자명의변경신청을 거부한 행위는 국민의 권리관계에 영향을 미치는 것이어서 항고소송의 대상이 되는 행정처분에 해당한다.
② 정년에 달한 공무원에 대한 정년퇴직 발령은 정년퇴직 사실을 알리는 이른바 관념의 통지에 불과하여 행정소송의 대상이 될 수 없다.
③ 「국토의 계획 및 이용에 관한 법률」상 개발행위허가는 허가기준 및 금지요건이 불확정개념으로 규정된 부분이 많아 그 요건에 해당하는지 여부는 행정청의 재량판단의 영역에 속한다.
④ 구 「수도권대기환경특별법」상 대기오염물질 총량관리사업장 설치허가는 재량행위이다.

02 행정행위의 효력에 대한 설명으로 옳지 않은 것은? (다툼이 있는 경우 판례에 의함)
① 구 「소방시설 설치·유지 및 안전관리에 관한 법률」제9조에 의한 소방시설 등의 설치 또는 유지·관리에 대한 명령이 행정처분으로서 하자가 있어 무효인 경우에는 명령에 따른 의무위반이 생기지 아니하므로, 명령 위반을 이유로 행정형벌을 부과할 수 없다.
② 물품을 수입하고자 하는 자가 일단 세관장에게 수입신고를 하여 그 면허를 받고 물품을 통관한 경우에는, 세관장의 수입면허가 중대하고도 명백한 하자가 있는 행정행위이어서 당연무효가 아닌 한 「관세법」제181조 소정의 무면허수입죄가 성립될 수 없다.
③ 불가쟁력이 발생한 행정행위로 손해를 입은 국민은 국가배상청구를 할 수 있다.
④ 처분으로 손해를 입은 자가 제기한 국가배상청구소송에서 수소법원은 당해 처분에 존재하는 하자가 취소사유에 그치는 경우에는 청구인용판결을 할 수 없다.

03 취소소송의 대상이 되는 처분에 대한 설명으로 옳은 것은? (다툼이 있는 경우 판례에 의함)
① 부가가치세 증액경정처분의 취소를 구하는 항고소송에서 납세의무자는 과세관청의 증액경정사유만 다툴 수 있을 뿐이지 당초 신고에 관한 과다신고사유는 함께 주장하여 다툴 수 없다.
② 검사의 불기소결정은 공권력의 행사에 포함되므로, 검사의 자의적인 수사에 의하여 불기소결정이 이루어진 경우 그 불기소결정은 처분에 해당한다.
③ 상표권자인 법인에 대한 청산종결등기가 되었음을 이유로 특허청장이 행한 상표권 말소등록 행위는 항고소송의 대상이 되는 행정처분이다.
④ 재단법인 한국연구재단이 갑 대학교 총장에게 연구개발비의 부당집행을 이유로 두뇌한국(BK)21 사업 협약을 해지한 후, '연구팀장 을에 대한 대학 자체징계를 요구한 것'은 항고소송의 대상인 행정처분에 해당하지 않는다.

04 행정소송에 대한 설명으로 옳은 것은? (다툼이 있는 경우 판례에 의함)
① 취소소송에서 쟁송의 대상이 되는 행정처분의 존부는 법원의 직권조사사항이 아니다.
② 해당 처분을 다툴 법률상 이익이 있는지 여부는 직권조사사항으로 이에 관한 당사자의 주장은 직권발동을 촉구하는 의미밖에 없으므로, 원심법원이 이에 관하여 판단하지 않았다고 하여 판단유탈의 상고이유로 삼을 수 없다.
③ 권한의 대리가 있는 경우, 대리 행정청이 대리관계를 표시하고 피대리 행정청을 대리하여 행정처분을 한 때에는 대리 행정청이 피고로 되어야 한다.
④ 민사사건을 행정소송 절차로 진행한 경우 특별한 사정이 없는 한 당해 소송은 그 자체로 위법하게 된다.

05 「행정심판법」에 대한 설명으로 옳은 것은?
① 행정심판위원회는 처분 또는 부작위가 위법·부당하다고 상당히 의심되는 경우로서 처분 또는 부작위 때문에 당사자가 받을 우려가 있는 중대한 불이익이나 당사자에게 생길 급박한 위험을 막기 위하여 임시지위를 정하여야 할 필요가 있는 경우에는 집행정지로 목적을 달성할 수 있더라도 직권으로 또는 당사자의 신청에 의하여 임시처분을 결정할 수 있다.
② 위원회는 당사자가 주장하지 아니한 사실에 대하여는 심리할 수 없다.
③ 행정심판청구의 변경결정이 있으면 처음 행정심판이 청구되었을 때부터 변경된 청구의 취지나 이유로 행정심판이 청구된 것으로 본다.
④ 행정심판위원회는 당사자의 권리 및 권한의 범위에서 직권으로 심판청구의 신속하고 공정한 해결을 위하여 조정을 할 수 있지만, 그 조정이 공공복리에 적합하지 아니하거나 해당 처분의 성질에 반하는 경우에는 그러하지 아니하다.

06 행정법의 효력에 대한 설명으로 옳은 것은?
① 대통령령, 총리령 및 부령은 특별한 규정이 없으면 공포한 날부터 30일이 경과함으로써 효력을 발생한다.
② 법령등의 시행일을 정하거나 계산할 때에는 법령등을 공포한 날부터 일정 기간이 경과한 날부터 시행하는 경우 법령등을 공포한 날을 첫날에 산입한다.
③ 법령등 또는 처분에서 국민의 권익을 제한하거나 의무를 부과하는 경우 권익이 제한되거나 의무가 지속되는 기간을 계산할 때에 기간을 일, 주, 월 또는 연으로 정한 경우에는 기간의 첫날을 산입한다. 다만, 그러한 기준을 따르는 것이 국민에게 불리한 경우에는 그러하지 아니하다.
④ 새로운 법령등은 법령등에 특별한 규정이 있는 경우를 제외하고는 그 법령등의 효력 발생 전에 완성되거나 종결되지 아니한 사실관계 또는 법률관계에 대해서는 적용되지 아니한다.

07 「행정조사기본법」에 대한 설명으로 옳지 않은 것은?
① 「행정조사기본법」은 행정조사 실시를 위한 일반적인 근거규범으로서 행정기관은 다른 법령 등에서 따로 행정조사를 규정하고 있지 않더라도 「행정조사기본법」을 근거로 행정조사를 실시할 수 있다.
② 행정조사는 법령등의 위반에 대한 처벌보다는 법령등을 준수하도록 유도하는 데 중점을 두어야 한다.
③ 조사원이 현장조사 중에 자료·서류·물건 등을 영치하는 경우에 조사대상자의 생활이나 영업이 사실상 불가능하게 될 우려가 있는 때에는 조사원은 증거인멸의 우려가 있는 경우가 아니라면 사진촬영 등의 방법으로 영치에 갈음할 수 있다.
④ 행정조사를 실시하는 경우 조사개시 7일 전까지 조사대상자에게 출석요구서, 보고요구서·자료제출요구서, 현장출입조사서를 서면으로 통지하여야 하나, 조사대상자의 자발적인 협조를 얻어 행정조사를 실시하는 경우에는 미리 서면으로 통지하지 않고 행정조사의 개시와 동시에 이를 조사대상자에게 제시할 수 있다.

08 행정의 실효성 확보수단에 대한 설명으로 옳지 않은 것은? (다툼이 있는 경우 판례에 의함)
① 「독점규제 및 공정거래에 관한 법률」상의 과징금은 법이 규정한 범위 내에서 그 부과처분 당시까지 부과관청이 확인한 사실을 기초로 일의적으로 확정되어야 할 것이지, 추후에 부과금 산정기준이 되는 새로운 자료가 나왔다고 하여 새로운 부과처분을 할 수 있는 것은 아니다.
② 관할 행정청이 여객자동차운송사업자의 여러 가지 위반행위를 인지하였다면 전부에 대하여 일괄하여 최고한도 내에서 하나의 과징금 부과처분을 하는 것이 원칙이고, 인지한 위반행위 중 일부에 대해서만 우선 과징금 부과처분을 하고 나머지에 대해서는 차후에 별도의 과징금 부과처분을 하는 것은 다른 특별한 사정이 없는 한 허용되지 않는다.
③ 가산세는 납세자가 정당한 이유 없이 법에 규정된 신고, 납세 등 각종 의무를 위반한 경우에 개별세법이 정하는 바에 따라 부과되는 행정상의 제재로서 납세자의 고의·과실 또한 중요한 고려 요소가 된다.
④ 「행정절차법」에 따르면, 행정청은 위반사실등의 공표를 하기 전에 당사자가 공표와 관련된 의무의 이행, 원상회복, 손해배상 등의 조치를 마친 경우에는 위반사실등의 공표를 하지 아니할 수 있다.

09 행정절차에 대한 설명으로 옳지 않은 것은? (다툼이 있는 경우 판례에 의함)
① 행정청이 처분기준 사전공표 의무를 위반하여 미리 공표하지 아니한 기준을 적용하여 처분을 하였다고 하더라도, 그러한 사정만으로 곧바로 해당 처분에 취소사유에 이를 정도의 흠이 존재한다고 볼 수는 없다.
② 수익적 행정행위의 신청에 대한 거부처분은 직접 당사자의 권익을 제한하는 처분에 해당하므로, 그 거부처분은 「행정절차법」상 처분의 사전통지대상이 된다.
③ 행정청이 처분을 하면서 당사자가 그 근거를 알 수 있을 정도로 이유를 제시한 경우에는 처분의 근거와 이유를 구체적으로 명시하지 않았더라도 그로 말미암아 그 처분이 위법하다고 볼 수는 없다.
④ 행정청은 다수 국민에게 불편이나 부담을 주는 처분을 하려는 경우에는 청문 주재자를 2명 이상으로 선정할 수 있다.

10 국가배상에 대한 설명으로 옳지 않은 것은? (다툼이 있는 경우 판례에 의함)
① 재판작용에 대한 국가배상의 경우, 재판에 대하여 불복절차 내지 시정절차 자체가 없는 경우에는 부당한 재판으로 인하여 불이익 내지 손해를 입은 사람은 국가배상책임의 요건이 충족된다면 국가배상을 청구할 수 있다.
② 국가가 일정한 사항에 관하여 헌법에 의하여 부과되는 구체적인 입법의무를 부담하고 있음에도 불구하고 그 입법에 필요한 상당한 기간이 경과하도록 고의·과실로 입법의무를 이행하지 아니하는 경우, 국가배상책임이 인정될 수 있다.
③ 일반적으로 공무원이 필요한 지식을 갖추지 못하고 법규의 해석을 그르쳐 행정처분을 하였다면 그가 법률전문가가 아닌 행정직공무원이라고 하여 과실이 없다고는 할 수 없다.
④ 훈련으로 공상을 입은 군인이 「국가배상법」에 따라 손해배상금을 지급받은 다음 「보훈보상대상자 지원에 관한 법률」이 정한 보훈급여금의 지급을 청구하는 경우, 국가는 「국가배상법」 제2조제1항 단서에 따라 그 지급을 거부할 수 있다.

매일 모고 행정학 제14회

01 행정의 가치에 대한 설명으로 옳지 않은 것은?
① 본질적 행정가치는 행정을 통해 이룩하고자 하는 궁극적 가치이다.
② 민주성과 합법성은 항상 조화의 관계에 있는 것은 아니다.
③ 사회적 형평에는 기회균등을 전제로 실적과 능력의 차이를 인정하는 정당한 불평등의 개념이 내포되어 있다.
④ 효과성은 목표달성도를 의미하며, 구조적 단일목표의 달성비율을 강조하는 양적 개념이다.

02 신공공관리론이 지향하는 정부혁신의 방향과 거리가 먼 것은?
① 성과중심으로의 전환
② 권한위임과 융통성 부여
③ 중앙정부의 전략기능 축소
④ 고객지향성 강화

03 우리나라의 옴부즈만에 대한 내용으로 옳지 않은 것은?
① 신청에 의한 조사만 가능
② 행정부 내부의 통제만 가능
③ 간접적 통제
④ 헌법상 독립기관

04 알몬드와 포웰(Almond & Powell)이 제시한 정책유형이 아닌 것은?
① 재분배정책
② 규제정책
③ 배분정책
④ 상징정책

05 정책결정모형 중 사이먼(Simon)의 만족모형에 관한 설명으로 가장 옳지 않은 것은?
① 합리모형에서 가정하는 의사결정자는 경제인이고, 만족모형에서 가정하는 의사결정자는 합리성의 제약을 받는 행정인이다.
② 경제인은 목표달성의 극대화를 도모하여 모든 가능한 대안 중 최선의 대안을 선택하지만, 행정인은 만족할만한 대안의 선택에 그친다.
③ 경제인은 불확실성이나 불충분한 정보 등으로 대안의 결과를 예측하지 못하나, 행정인은 동태적 상황을 고려하여 대안의 결과예측을 시도한다.
④ 실제의 의사결정자는 모든 대안을 탐색하지 않고 몇 개의 대안만을 탐색하며, 대안의 탐색은 무작위적이고 순차적으로 이루어진다.

06 다음 중 집권화를 촉진하는 요인이 아닌 것은?
① 조직의 개혁이나 변화가 필요할 때
② 규모의 경제를 실현하고자 할 때
③ 신속한 정책결정이 필요할 때
④ 행정업무의 내용이 전문적일 때

07 평정자인 A팀장은 피평정자인 B팀원이 성실하다는 것을 이유로 창의적이고 청렴하다고 평정하였다. A팀장이 범한 오류에 가장 가까운 것은?
① 연쇄효과(halo effect)
② 근접효과(recency effect)
③ 관대화 경향(tendency)
④ 선입견과 편견(prejudicy)

08 우리나라 예산에 대한 다음 설명 중 옳지 않은 것은?
① 세출예산과목에서 장은 분야, 관은 부문, 항은 프로그램으로 구분된다.
② 세출예산과목 중 장, 관, 항은 입법과목에 해당한다.
③ 세입예산과목에는 관과 항이 존재하지 않는다.
④ 예비비는 예산편성의 형식 중 세입세출예산에 포함된다.

09 우리나라 예산과정과 담당주체 간 연결이 바르게 짝지어진 것은?

	편성	심의	집행	결산검사
①	행정부	국회	행정부	국회
②	행정부	행정부	행정부	국회
③	행정부	국회	행정부	행정부
④	국회	행정부	행정부	행정부

10 특별지방행정기관에 대한 설명으로 옳지 않은 것은?
① 국가업무의 효율적이고 광역적인 추진이라는 긍정적인 목적과 부처이기주의적 목적이 결합되어 설치되었다.
② 지방자치단체와의 관계에서 이중행정, 이중감독의 문제를 야기할 수 있다.
③ 단체자치국가가 주민자치국가보다 특별지방행정기관의 필요성이 크다.
④ 지역주민의 의사를 반영시키는 제도적 연결장치가 결여되어 있다.

2025 공무원 시험대비 【8월분】

-제15회-

이 름: _____

제1과목 국어
제2과목 영어
제3과목 한국사
제4과목 행정법총론
제5과목 행정학개론

매일 모의고사 정오표

합격까지 박문각

매일 모고 국어 제15회

01 '주체 높임, 상대 높임, 객체 높임'이 모두 사용된 문장은?
① 우리 아버지께서는 식사를 하실 때마다 늘 정갈하게 드시고는 해.
② 선생님께서 우리 어머니를 만나시고는 내 칭찬을 얼마나 많이 하셨는지 몰라.
③ 제 동생은 이웃집 할머니께 깍듯하게 인사를 해요.
④ 어머니께서 어젯밤 할머니를 뵙고 오셨어요.

02 문장 성분의 연결이 자연스러운 것은?
① 노사 간에 지속적인 대화를 시도하고 있으나, 불필요한 공방으로 인하여 기약 없이 지연되고 있다.
② 이 도시의 바람직한 모습은 이 지방의 예술, 스포츠, 교육 분야의 중심 기능을 담당해야 한다.
③ 해외여행이나 좋은 드라마나 뮤지컬 등은 빼놓지 않고 관람하는 것이 이른바 현대인의 전형적인 생활양식이다.
④ 예전에 일본인은 질만 따진다는 말이 있었으나, 이제는 질뿐 아니라 양을 아울러 따질 수 있게 되었다.

03 다음 글에서 추론한 사례로 적절하지 않은 것은?

> 한 문화에서 내재적으로 새로운 요소가 등장하거나, 다른 문화와의 접촉을 통해 문화가 끊임없이 변화하는 현상을 문화 변동이라고 한다. 다른 지역과의 교류가 활발하지 않던 시기에 문화 변동의 가장 큰 요인은 발명과 발견이었다.
> 발명은 기존에 없었던 문화 요소를 새로 만들어 내는 것이다. 이는 전구나 텔레비전과 같은 물질일 수도 있고, 종교나 관습과 같은 관념일 수도 있다. 한편, 발견은 미처 찾아내지 못하였거나 아직 알려지지 않은 사물이나 현상, 사실 따위를 찾아내는 것이다. 신대륙을 찾아낸 것이나 바이러스를 알아낸 것 등은 모두 발견에 해당한다.
> 발명과 발견은 모두 이전까지 몰랐던 것을 세상에 내놓아 문화를 변화시킨다는 공통점이 있다. 그러나 발견은 이미 존재하고 있었지만 밝혀지지 않았던 원리나 물체 따위를 인식하는 활동인 반면, 발명은 존재하지 않았던 것을 만들어 내는 창조적 활동이라는 점에서 다르다.
> 한편, 발명은 이전까지 전혀 없었던 문화 요소를 새로 만드는 1차 발명과 이미 발견 또는 발명된 문화 요소를 응용하여 새로운 문화 요소를 만드는 2차 발명이 있다. 가령, 바퀴는 1차 발명의 산물이며, 바퀴로 굴러가는 수레는 2차 발명의 산물이다.

① 신대륙을 찾아낸 것은 발견의 사례이지만, 인공섬을 만들어 낸 것은 발명의 사례이다.
② 파스퇴르가 포도주가 상하는 원인을 찾아달라는 양조업자들의 부탁을 받고 연구하여 세균의 존재를 최초로 확인한 것은 발견의 사례이다.
③ 공화제나 입헌군주제, 민주주의나 자본주의와 같은 관념이 등장하여 기존 체제를 대체한 것은 발견의 사례로 볼 수 있다.
④ 서양 음악에서 소나타 형식이 완성된 것은 발명에 해당하며, 모차르트나 베토벤이 소나타 형식에 따라 작곡한 것은 2차 발명으로 볼 수 있다.

04 ㉠~㉣에 대한 평가로 적절한 것을 <보기>에서 모두 고른 것은?

> ㉠ 어떤 직원은 야유회에 참석한다.
> ㉡ 야유회에 참석하는 모든 사람은 부가 수당을 받는다.
> ㉢ 야유회에 참석하지 않는 모든 사람은 부가 수당을 받지 않는다.
> ㉣ 어떤 직원은 부가 수당을 받는다.

<보 기>
㉮: ㉠과 ㉡이 참일 경우 ㉣은 반드시 참이다.
㉯: ㉠과 ㉢이 참일 경우 ㉣은 반드시 참이다.
㉰: ㉢과 ㉣이 참일 경우 ㉠은 반드시 참이다.

① ㉮
② ㉯
③ ㉮, ㉰
④ ㉯, ㉰

05 다음 대화의 ㉠에 들어갈 말로 가장 적절한 것은?

> 민지: 이번에 선택과목 실태 조사를 보니까, <지구과학>을 수강하지 않은 어떤 학생들은 <경제학>도 수강했더라.
> 채영: 맞아. 그런데 <화학>을 수강하지 않은 학생들은 모두 <지구과학>을 수강하던데?
> 민지: 아, 그러면 (㉠).

① <경제학>, <화학>, <지구과학>을 모두 수강한 학생이 있겠구나
② <화학>을 수강한 학생은 모두 <경제학>을 수강했겠구나
③ <경제학>을 수강하지 않고 <화학>을 수강한 학생이 있겠구나
④ <지구과학>을 수강하지 않은 어떤 학생은 <경제학>과 <화학>을 모두 수강했겠구나

06 밑줄 친 표현이 ㉠의 의미와 가장 유사한 것은?

> 게으른 사람에게는 좋은 기회가 잘 ㉠ <u>잡히지</u> 않는 법이다.

① 우리 회사에 일이 <u>잡히질</u> 않아 사원들이 놀고 있다.
② 과장님에게 <u>잡힌</u> 택시는 모범택시였다.
③ 그에게 멱살을 <u>잡힌</u> 것이 너무 화가 난다.
④ 경찰에게 <u>잡힌</u> 도둑은 순순히 범행 사실을 시인했다.

07 ㉠~㉣과 바꿔 쓸 수 있는 유사한 표현으로 적절하지 않은 것은?

> (가) 최근 내전에 외국 군대가 ㉠ <u>개입하면서</u> 갈등은 더욱 격화되고 있다.
> (나) ㉡ <u>우매하게도</u> 그들은 자신들의 진정한 행복이 무엇인지 모르고 있다.
> (다) 정부는 긴급 일자리 사업을 통해 많은 사람들을 실직에서 ㉢ <u>구제했다</u>.
> (라) 그는 공공장소에서도 예의를 지키지 않는 ㉣ <u>저속한</u> 사람이었다.

① ㉠: 끼어들면서
② ㉡: 똑똑하게도
③ ㉢: 도와줬다
④ ㉣: 속된

08 ㉠~㉣과 바꿔 쓸 수 있는 유사한 표현으로 적절하지 않은 것은?

> (가) 문제 풀이 과정에서 잘못된 선택지를 ㉠ <u>없애</u> 정답을 찾았다.
> (나) 그 나라는 빌린 외채를 ㉡ <u>갚을</u> 능력이 없다.
> (다) 시대가 바뀌어도 고전 문학은 여전히 ㉢ <u>살아남아</u> 읽히고 있다.
> (라) 날씨가 계속 건조하면 나무가 ㉣ <u>크지</u> 못한다.

① ㉠: 소거해
② ㉡: 상납할
③ ㉢: 유지되어
④ ㉣: 성장하지

09 다음 글을 이해한 내용으로 가장 적절한 것은?

> 신체의 세포, 조직, 장기가 손상되어 더 이상 제 기능을 하지 못할 때에 이를 대체하기 위해 이식을 실시한다. 이때 이식으로 옮겨 붙이는 세포, 조직, 장기를 이식편이라 한다. 자신이나 일란성 쌍둥이의 이식편을 이용할 수 없다면 다른 사람의 이식편으로 '동종 이식'을 실시한다. 그런데 우리의 몸은 자신의 것이 아닌 물질이 체내로 유입될 경우 면역 반응을 일으키므로, 유전적으로 동일하지 않은 이식편에 대해 항상 거부 반응을 일으킨다. 면역적 거부 반응은 면역 세포가 표면에 발현하는 주조직적합 복합체(MHC) 분자의 차이에 의해 유발된다. 개체마다 MHC에 차이가 있는데 서로 간의 유전적 거리가 멀수록 MHC에 차이가 커져 거부 반응이 강해진다. 이를 막기 위해 면역 억제제를 사용하는데, 이는 면역 반응을 억제하여 질병 감염의 위험성을 높인다.

① 신체에 다른 사람의 장기를 이식할 경우 질병 감염의 위험성을 낮추기 위해 면역 억제제를 사용한다.
② 면역적 거부 반응으로 인해 유전적으로 동일하지 않은 사람의 세포나 장기는 이식할 수 없다.
③ 자신이나 일란성 쌍둥이가 아닌 사람의 이식편을 이식할 경우 신체는 항상 거부 반응을 일으킨다.
④ 자신이나 일란성 쌍둥이의 이식편을 이용한 이식을 '동종 이식'이라고 한다.

10 괄호 안에 들어갈 단어를 순서대로 바르게 나열한 것은?

> 20세기까지만 해도 생물학자들은 인간이 성장하는 과정에서 뇌의 뉴런의 수가 (㉠)한다고 믿었다. 성장 과정에서 키가 자라거나 지식을 더 많이 쌓는 것을 고려했을 때, 이는 직관적으로 타당해 보인다. 그러나 뇌가 실제로 작동하는 방식은 직관과 (㉡).
> 유아는 나이가 든 그 누구보다 더 많은 뉴런을 갖고 있으며, 성장을 마치기 전에 이 뉴런의 40% 정도를 (㉢). 뉴런이 없어지는 과정은 우리가 무엇에 주의를 기울여야 하는지를 선택하는 과정과 구조적으로 같다. 유아의 뇌는 세상의 모든 자극 중에서 주의를 기울일 만한 것들을 선택하며, 뉴런을 편집하기도 한다. 유아가 특정한 것들에 선택적으로 집중하기 시작하면서, 뇌는 사용하지 않는 신경 연결 통로들을 잘라낸다. 그 결과 선택된 신경 연결 통로만 남는다. 만약 이 과정이 정상적으로 이루어지지 않아 뉴런이 없어지지 않는다면 그는 정상적으로 생활할 수 없을 것이며, 정신적으로 장애가 있다고 여겨질 것이다.

	㉠	㉡	㉢
①	감소	일치한다	얻는다
②	증가	일치한다	잃는다
③	증가	반대된다	잃는다
④	무관	반대된다	얻는다

매일 모고 영어 제15회

01 밑줄 친 부분에 들어갈 말로 가장 적절한 것은?

During the conflict, many _____ civilians were caught in the crossfire without any justification.

① permanent
② innocent
③ physical
④ potential

02 밑줄 친 부분에 들어갈 말로 가장 적절한 것은?

Some animals migrate _____ earch of food and breeding grounds.

① migrate
② evaluate
③ justify
④ lecture

03 밑줄 친 부분에 들어갈 말로 가장 적절한 것은?

Plants have evolved to _____ harsh weather conditions in their native environments.

① resist
② examine
③ impress
④ mistake

04 밑줄 친 부분에 들어갈 말로 가장 적절한 것은?

Parents who _____ their children's education may limit their future opportunities.

① perceive
② improve
③ exceed
④ neglect

05 밑줄 친 부분에 들어갈 말로 가장 적절한 것은?

At graduation ceremonies, _____ hats in the air and taking photos to celebrate graduation is a long-standing tradition.

① exhausting
② infecting
③ throwing
④ preaching

06 밑줄 친 부분에 들어갈 말로 가장 적절한 것은?

The company signed a _____ agreement to protect trade secrets.

① confide
② confident
③ confidence
④ confidential

07 밑줄 친 부분 중 어법상 옳지 않은 것은?

Some people believe that ① taking breaks can reduce productivity. Though it sounds ② strangely, it is quite true. Research shows that short breaks help improve ③ focus and creativity. When you rest your mind, it becomes easier ④ to solve problems and generate new ideas.

08 밑줄 친 부분에 들어갈 말로 가장 적절한 것은?

A: Good afternoon. I'd like to file a noise complaint.
B: Of course. Can you tell me what happened?
A: My neighbors have been playing loud music every night until after midnight.
B: _____
A: It's been about a week since the noise started.
B: Have you tried talking to them directly?
A: Yes, but nothing has changed.
B: Alright. We'll send an officer to check the situation tonight. Please provide your address.

① Have you called the police before?
② How long has this been going on?
③ Do you want us to talk to your neighbors?
④ What kind of music are they playing?

09 다음 글의 흐름상 어색한 문장은?

In recent years, rising housing costs have become a major concern in urban centers around the world. ① To combat this issue, several governments have implemented rent control policies to prevent rapid price increases. ② Another approach has been to increase investment in affordable housing projects to ensure equitable access to housing. ③ Some economists argue that high housing prices are a natural consequence of economic growth and should not be regulated. ④ Innovative urban planning, such as mixed-use developments, has also been promoted to create more sustainable and livable communities. Ultimately, these combined efforts aim to stabilize the housing market while meeting the diverse needs of urban populations.

10 다음 글의 주제로 가장 적절한 것은?

Many people assume that loneliness results simply from being alone. However, psychologists argue that loneliness is less about physical isolation and more about perceived social disconnection. A person can be surrounded by others and still feel profoundly lonely if they lack meaningful relationships or emotional intimacy. To address this, mental health experts recommend fostering deeper conversations and reducing surface-level interactions. Activities such as volunteering, joining interest-based groups, or engaging in reflective journaling can help individuals feel more connected. These strategies focus on building authenticity and empathy, which are key to reducing the psychological toll of loneliness. As society becomes more fast-paced and digitally mediated, intentional efforts to cultivate connection are more important than ever.

① The neurological effects of social isolation
② How modern lifestyles intensify physical fatigue
③ The importance of emotional connection in overcoming loneliness
④ The benefits of group therapy for anxiety treatment

매일 모고 한국사 제15회

01. 1910년대 조선 총독에 대한 설명으로 옳은 것을 <보기>에서 고르면?

<보기>
ㄱ. 현역 정치인이 총독으로 임명되었다.
ㄴ. 입법, 행정, 사법, 군대 통수권을 장악하였다.
ㄷ. 일본 의회의 자문을 받아 정책을 집행하였다.
ㄹ. 일왕의 직속으로 일본 내각의 통제를 받지 않았다.

① ㄱ, ㄴ
② ㄱ, ㄷ
③ ㄴ, ㄷ
④ ㄴ, ㄹ

02. 1920년대 일제가 실시한 문화 통치의 내용으로 옳은 것을 <보기>에서 고르면?

<보기>
ㄱ. 헌병 경찰이 태형을 가하였다.
ㄴ. 일본의 국가 종교인 신도를 강요하였다.
ㄷ. 치안 유지를 위해 보통 경찰제를 실시하였다.
ㄹ. 조선일보, 동아일보, 시사신문 등의 신문 발행을 허가하였다.

① ㄱ, ㄴ
② ㄱ, ㄷ
③ ㄴ, ㄷ
④ ㄷ, ㄹ

03. 다음 사건을 계기로 일어난 사실로 옳은 것을 <보기>에서 고르면?

1907년 이준, 이상설, 이위종 등이 고종의 밀서를 가지고 헤이그 만국 평화 회의에 출석하여 일제와 체결한 조약의 부당성을 세계 각국에 호소하고자 하였다. 그러나 일본, 영국 등의 방해로 회의 참석을 거부당하였다.

<보기>
ㄱ. 고종 황제가 강제로 퇴위하였다.
ㄴ. 시위대와 진위대의 군인을 해산하였다.
ㄷ. 일제의 강요에 의해 을사조약이 체결되었다.
ㄹ. 최익현, 민종식, 신돌석 등이 의병 운동을 일으켰다.

① ㄱ, ㄴ
② ㄱ, ㄷ
③ ㄱ, ㄹ
④ ㄴ, ㄹ

04. 다음과 같은 내용의 조약 체결에 반발하여 일어난 우리 민족의 항거를 <보기>에서 고르면?

제1조 일본국 정부는 도쿄에 있는 외무성을 경유하여 금후에 한국이 외국에 가지는 관계 및 사무를 감리 지휘함이 가하고, 일본국 외교 대표자 및 영사는 외국에 거주하는 한국 신민 및 이익을 보호함이 가함.
제2조 일본국 정부는 그 대표자로 하여금 한국 황제 폐하 밑에 한 명의 통감을 두되, 통감은 오로지 외교에 관한 사항을 관리함을 위해 경성에 주재하고 친히 한국 황제 폐하를 내알하는 권리를 가짐.

<보기>
ㄱ. 나철과 오기호가 5적 암살단을 조직하였다.
ㄴ. 조병세, 민영환 등이 조약 폐기 상소를 올렸다.
ㄷ. 장지연이 시일야방성대곡을 황성신문에 실었다.
ㄹ. 유인석, 이소응, 기우만 등이 의병 운동을 일으켰다.
ㅁ. 동학 농민군이 일제를 타도하기 위해 재봉기하였다.

① ㄱ, ㄴ, ㄷ
② ㄱ, ㄴ, ㅁ
③ ㄴ, ㄷ, ㄹ
④ ㄴ, ㄹ, ㅁ

05. 다음 내용을 암송하던 시기에 있었던 사실로 옳은 것은?

1. 우리는 황국 신민이다. 충성으로써 군국에 보답하자.
2. 우리 황국 신민은 신애협력하고 단결을 굳게 한다.
3. 우리 황국 신민은 인고단련의 힘을 길러 황도를 선양한다.

① 한글 신문의 발행을 허가하였다.
② 헌병 경찰에게 즉결 처분권을 부여하였다.
③ 토지를 약탈하여 식민지 지주제를 강화하였다.
④ 우리 민족에게 일본식 성명을 쓰도록 강요하였다.

06 다음 법령에 의해 추진된 정책에 대한 설명으로 옳은 것을 <보기>에서 고르면?

> 제1조 토지의 조사 및 측량은 본령에 의한다.
> 제4조 토지 소유자는 조선 총독이 정하는 기간 내에 주소, 씨명, 명칭 및 소유지의 소재, 지목, 자 전호, 사표, 등급, 지적, 결수를 임시 토지 조사 국장에게 신고해야 한다. 단, 국유지는 보관 관청이 임시 토지 조사 국장에게 통지해야 한다.
> 제6조 토지의 조사 및 측량을 할 때 해당 지역 내 2인 이상의 지주로 총대를 선정하고 조사 및 측량에 관한 사무에 종사하게 할 수 있다.

<보기>
ㄱ. 소작농의 경작권이 안정적으로 유지되었다.
ㄴ. 한국인 지주들의 토지 소유권이 약화되었다.
ㄷ. 신고하지 않은 토지는 모두 총독부 소유로 하였다.
ㄹ. 우리 농민들은 복잡한 절차 때문에 신고하지 못한 경우가 많았다.

① ㄱ, ㄴ   ② ㄱ, ㄷ
③ ㄱ, ㄹ   ④ ㄷ, ㄹ

07 다음 서약문을 제시한 민족 운동 단체에 대한 설명으로 옳은 것을 <보기>에서 고르면?

> 우리는 대한의 독립 광복을 위해 우리의 생명을 희생에 바침은 물론, 우리들이 일생의 목적을 달성하지 못할 때에는 자자손손이 계승하여 원수 일본을 완전히 구축하고 국권을 광복하기까지 절대로 변하지 않고 한마음으로 힘을 다할 것을 천지신명에게 맹서함.

<보기>
ㄱ. 장승원, 박용하 등의 친일파를 처단하였다.
ㄴ. 입헌정체의 근대 국민 국가 건설을 추구하였다.
ㄷ. 국권 반환을 요구하는 서신을 일제 당국에 보냈다.
ㄹ. 만주에 사관 학교를 설립하여 독립군을 양성하고자 하였다.

① ㄱ, ㄴ   ② ㄱ, ㄹ
③ ㄴ, ㄷ   ④ ㄴ, ㄹ

08 다음 두 역사서에서 나타나는 공통점으로 옳은 것은?

> ○ 조국의 명예로운 역사를 통해 못난 자를 경계하고 깨우쳐 주려 함이며, 선조의 위대한 사업을 칭송하여 국민의 영웅 숭배심을 고취하고자 함이고, …… 열성적, 모범적 위인의 행적을 그려 내어 2000년 후 을지문덕과 맞먹는 인물을 기르고자 함이니 ……
> - 「을지문덕전」 -
>
> ○ 지금 이태리를 본다면 …… 삼걸이 출현하면서부터 사납고 세차게 세계에 떨치게 되었고, 수십 년 미만에 발흥하여 이 마음을 가진 자가 많아졌으니, 이 마음이란 무엇인가? 즉, 애국심이란 것이다. 우리 동포는 흥기하지 않을 것인가?
> - 「이태리 건국 삼걸전」 -

① 일본의 침략을 정당화하고 있다.
② 실증적인 역사 연구를 강조하고 있다.
③ 성리학적 역사 의식을 강조하고 있다.
④ 역사를 통해 민족 의식을 고취하고 있다.

09 다음 글의 밑줄 친 '이 단체'에 대한 설명으로 옳은 것을 <보기>에서 고르면?

> 1914년 러시아 전역에서 러·일 전쟁 10주년을 맞아 반일 감정이 고조되는 상황에서 이상설, 이동휘, 이종호, 정재관의 주도로 러시아와 중국에 흩어져 있는 동지들을 규합하여 <u>이 단체</u>를 조직하였다. 정·부통령을 선출하고 군사 업무를 통합하여 지휘하게 하니 정통령은 이상설이 되었고, 부통령은 이동휘가 당선되었다.

<보기>
ㄱ. 블라디보스토크에서 수립하였다.
ㄴ. 무장항일 운동의 토대를 마련하였다.
ㄷ. 사회주의를 바탕으로 독립 운동을 전개하였다.
ㄹ. 명동학교를 설립하여 민족 교육을 실시하였다.
ㅁ. 채응언의 의병 부대와 연결하여 항일 투쟁을 전개하였다.

① ㄱ, ㄴ   ② ㄱ, ㅁ
③ ㄴ, ㄹ   ④ ㄷ, ㄹ

10 다음 선언서에 대한 설명으로 옳은 것은?

> 병자 수호 조규 이래 여러 차례 굳은 약속을 깨뜨렸다 하여 일본이 신의가 없다고 죄하려 아니 하노라. 학자는 강단에서 정치가는 실제에서 우리의 조종세업을 식민지시하고, 우리 문화 민족을 토매인우하여 한갖 정복자의 쾌를 탐할 뿐이요, 우리의 오래된 사회 기초와 탁월한 민족의 심리를 무시한다 하여 일본의 소의함을 책하려 아니 하노라. …… 오늘날 우리의 맡은 바 임무는 다만 자기의 건설이 있을 뿐이요, 결코 타인의 파괴에 있지 아니 하도다.

① 미주 지역의 대한인 국민회에서 발표한 것이다.
② 1910년대 독립 운동의 이론과 논리를 정리하였다.
③ 도쿄 유학생들이 독립 선언식을 위해 작성하였다.
④ 천도교의 손병희와 불교계의 한용운이 작성하였다.

매일 모고 행정법 제15회

01 행정입법에 대한 설명으로 옳지 않은 것은? (다툼이 있는 경우 판례에 의함)
① 형벌법규에 대하여도 특히 긴급한 필요가 있거나 미리 법률로서 자세히 정할 수 없는 부득이한 사정이 있는 경우에 한하여 수권법률이 구성요건의 점에서는 처벌대상인 행위가 어떠한 것일 거라고 이를 예측할 수 있을 정도로 구체적으로 정하고, 형벌의 점에서는 형벌의 종류 및 그 상한과 폭을 명확히 규정하는 것을 조건으로 위임입법이 허용된다.
② 법률의 시행령이 형사처벌에 관한 사항을 규정하면서 법률의 명시적인 위임 범위를 벗어나 처벌의 대상을 확장하는 것은 위임입법의 한계를 벗어난 것으로 그 시행령은 무효이다.
③ 행정소송에 대한 대법원판결에 의하여 명령·규칙이 헌법 또는 법률에 위반된다는 것이 확정된 경우에는 대법원은 지체없이 그 사유를 법무부장관에게 통보하여야 한다.
④ 행정처분이 법규성이 없는 내부지침 등의 규정에 위배된다고 하더라도 그 이유만으로 처분이 위법하게 되는 것은 아니며, 내부지침 등에서 정한 요건에 부합한다고 하여 반드시 그 처분이 적법한 것이라고 할 수도 없다.

02 행정행위의 하자에 대한 설명으로 옳은 것은? (다툼이 있는 경우 판례에 의함)
① 행정처분에 있어 여러 개의 처분사유 중 일부가 적법하지 않으면 다른 처분사유로써 그 처분의 정당성이 인정된다고 하더라도, 그 처분은 위법하게 된다.
② 행정청이 권한을 유월하여 공무원에 대한 의원면직처분을 하였다면 그러한 처분은 다른 일반적인 행정행위에서의 그것과 같이 보아 당연무효로 보아야 한다.
③ 위법하게 구성된 폐기물처리시설 입지선정위원회가 의결을 한 경우, 그에 터잡아 이루어진 폐기물처리시설 입지결정처분의 하자는 무효사유에 해당한다.
④ 자기완결적 신고에 해당하는 대문설치신고가 형식적 하자가 없는 적법한 요건을 갖춘 신고임에도 불구하고 관할 행정청이 수리를 거부한 후 당해 대문의 철거명령을 하였더라도, 후행행위인 대문철거 대집행계고처분이 당연무효가 되는 것은 아니다.

03 행정작용의 내용에 대한 설명으로 옳지 않은 것은? (다툼이 있는 경우 판례에 의함)
① 행정청이 상대방에게 장차 어떤 처분을 하겠다고 공적인 의사표명을 하면서 상대방에게 언제까지 처분의 발령을 신청하도록 유효기간을 둔 경우, 그 기간 내에 상대방의 신청이 없었다면 그 공적인 의사표명은 행정청의 별다른 의사표시를 기다리지 않고 실효된다.
② 공정거래위원회가 부당한 공동행위를 한 사업자들 중 자진신고자에 대하여 구 독점규제 및 공정거래에 관한 법령에 따라 과징금 부과처분(선행처분)을 한 뒤, 다시 자진신고자에 대한 사건을 분리하여 자진신고를 이유로 과징금 감면처분(후행처분)을 한 경우, 후행처분의 취소를 구하는 소는 부적법하다.
③ 지방자치단체가 근무기간을 정하여 임용하는 공무원으로 시민옴부즈만을 채용하는 행위는 공법상 계약에 해당한다.
④ 「행정기본법」은 재량행위에 대해서 자동적 처분을 허용하지 않고 있다.

04 법률상 이익에 대한 설명으로 옳은 것은? (다툼이 있는 경우 판례에 의함)
① 현역입영대상자가 현역병입영통지처분에 따라 현실적으로 입영을 한 후에는 처분의 집행이 종료되었고 입영으로 처분의 목적이 달성되어 실효되었으므로 입영통지처분을 다툴 법률상 이익이 인정되지 않는다.
② 장래의 제재적 가중처분 기준을 대통령령이 아닌 부령의 형식으로 정한 경우에는 이미 제재기간이 경과한 제재적 처분의 취소를 구할 법률상 이익이 인정되지 않는다.
③ 인·허가 등 수익적 처분을 신청한 여러 사람이 상호 경쟁관계에 있다면, 그 처분이 타방에 대한 불허가 등으로 될 수밖에 없는 때에도 수익적 처분을 받지 못한 사람은 처분의 직접 상대방이 아니므로 원칙적으로 당해 수익적 처분의 취소를 구할 수 없다.
④ 국가는 허가권자인 지방자치단체의 장이 한 건축협의 거부행위에 대하여 법적 분쟁을 해결할 실효적인 다른 법적 수단이 없는 경우 허가권자를 상대로 항고소송을 통해 그 거부처분의 취소를 구할 수 있다.

05 행정소송에 대한 설명으로 옳지 않은 것은? (다툼이 있는 경우 판례에 의함)

① 국회의장이 행한 처분의 경우 국회사무총장이 피고가 된다.
② 동종사건에 관하여 이미 행정심판의 기각재결이 있는 경우, 「행정소송법」상 필요적 전치주의가 적용되더라도, 행정심판을 청구하여야 하나 당해 처분에 대한 행정심판의 재결을 거치지 아니하고 취소소송을 제기할 수 있다.
③ 부작위위법확인의 소에 있어 당사자가 행정청에 대하여 어떠한 행정행위를 하여 줄 것을 요구할 수 있는 법규상 또는 조리상 권리를 갖고 있지 아니한 경우에는 원고적격이 없거나 항고소송의 대상인 위법한 부작위가 있다고 볼 수 없어 그 부작위위법확인의 소는 부적법하다.
④ 부작위위법확인소송은 처분의 신청을 한 자로서 부작위의 위법의 확인을 구할 법률상의 이익이 있는 자만이 제기할 수 있다.

06 행정법의 일반원칙에 대한 설명으로 옳은 것은? (다툼이 있는 경우 판례에 의함)

① 과세관청이 납세의무자에게 부가가치세 면세사업자용 사업자등록증을 교부하거나 고유번호를 부여하였다고 하더라도 그가 영위하는 사업에 관하여 부가가치세를 과세하지 않겠다는 언동이나 공적 견해를 표명한 것으로 볼 수 없다.
② 동일한 사항을 다르게 취급하는 것은 합리적 이유가 없는 차별이므로, 같은 정도의 비위를 저지른 자들은 비록 개전의 정이 있는지 여부에 차이가 있다고 하더라도 징계 종류의 선택과 양정에 있어 동일하게 취급받아야 한다.
③ 제1종 보통면허로 운전할 수 있는 차량을 음주운전한 경우에도 이와 관련된 면허인 제1종 대형면허까지 취소할 수 있는 것은 아니다.
④ 공무원 임용신청 당시 잘못 기재된 호적상 출생연월일을 생년월일로 기재하고, 임용 후 36년 동안 이의를 제기하지 않다가, 정년을 1년 3개월 앞두고 정정된 출생연월일을 기준으로 정년연장을 요구하는 것은 신의성실의 원칙에 반한다.

07 사인의 공법행위에 대한 설명으로 옳지 않은 것은? (다툼이 있는 경우 판례에 의함)

① 구 「유통산업발전법」에 따른 대규모점포의 개설등록 및 구 「재래시장 및 상점가 육성을 위한 특별법」에 따른 시장관리자 지정은 행정청이 실체적 요건에 관한 심사를 한 후 수리하여야 하는, 수리를 요하는 신고로서 행정처분에 해당한다.
② 「건축법」상 인·허가의제 효과를 수반하는 건축신고는 특별한 사정이 없는 한 행정청이 그 실체적 요건에 관한 심사를 한 후 수리하여야 하는 이른바 '수리를 요하는 신고'이다.
③ 행정청은 사인의 신청에 구비서류의 미비와 같은 흠이 있는 경우 신청인에게 보완을 요구하여야 하는 바, 이때 보완의 대상이 되는 흠은 원칙상 실체적 발급요건상의 흠은 포함되지 않는다.
④ 「민법」상 비진의 의사표시의 무효에 관한 규정은 그 성질상 공무원이 한 사직의 의사표시와 같은 사인의 공법행위에 적용될 수 있다.

08 행정의 실효성 확보수단에 대한 설명으로 옳지 않은 것은? (다툼이 있는 경우 판례에 의함)

① 법령이 일정한 행위를 금지하고 있는 경우, 그 금지규정으로부터 위반결과의 시정을 명하는 행정청의 처분권한은 당연히 도출되므로 행정청은 그 금지규정에 근거하여 시정을 명하고 행정대집행에 나아갈 수 있다.
② 과징금은 한꺼번에 납부하는 것이 원칙이나 행정청은 과징금을 부과받은 자가 재해 등으로 재산에 현저한 손실을 입어 전액을 한꺼번에 내기 어렵다고 인정될 때에는 그 납부기한을 연기하거나 분할납부하게 할 수 있다.
③ 관할 지방병무청장이 1차로 공개 대상자 결정을 하고, 그에 따라 병무청장이 같은 내용으로 최종적 공개결정을 하였다면, 공개 대상자는 병무청장의 최종적 공개결정만을 다투는 것으로 충분하고, 관할 지방병무청장의 공개 대상자 결정을 별도로 다툴 소의 이익은 없어진다.
④ 시정명령이란 행정법령의 위반행위로 초래된 위법상태의 제거 내지 시정을 명하는 행정행위를 말하는 것으로서, 그 위법행위의 결과가 더 이상 존재하지 않는다면 시정명령을 할 수 없다.

09 국가배상에 대한 설명으로 옳지 않은 것은? (다툼이 있는 경우 판례에 의함)
① 영업허가취소처분이 나중에 행정심판에 의하여 재량권을 일탈한 위법한 처분이 되었더라도 그 처분이 당시 시행되던 「공중위생법시행규칙」에 정하여진 행정처분의 기준에 따른 것이라면 그 영업허가취소처분을 한 공무원에게 그와 같은 위법한 처분을 한 데 있어 어떤 직무집행상의 과실이 있다고 할 수 없다.
② 행정처분이 후에 항고소송에서 취소되었다고 할지라도 그 기판력에 의하여 당해 행정처분이 곧바로 공무원의 고의 또는 과실로 인한 것으로서 불법행위를 구성한다고 단정할 수는 없다.
③ 국가나 지방자치단체가 행정절차를 진행하는 과정에서 주민들의 의견제출 등 절차적 권리를 보장하지 않은 경우, 설령 사후적으로 이를 시정하여 절차를 다시 진행하였다 하더라도 특별한 사정이 없는 한 절차적 권리 침해로 인한 국가배상책임이 성립한다.
④ 외국인이 피해자인 경우에는 해당 국가와 상호보증이 있을 때에만 「국가배상법」이 적용된다.

10 토지보상법상 손실보상에 대한 설명으로 옳지 않은 것은? (다툼이 있는 경우 판례에 의함)
① 공익사업에 필요한 토지등의 취득 또는 사용으로 인하여 토지소유자나 관계인이 입은 손실은 사업시행자가 보상하여야 한다.
② 토지수용위원회는 사업시행자, 토지소유자 또는 관계인이 신청한 범위에서 재결하여야 하고, 손실보상의 경우에는 증액재결을 할 수 없다.
③ 사업시행자가 사업인정고시가 된 날부터 1년 이내에 재결신청을 하지 아니한 경우에는 사업인정고시가 된 날부터 1년이 되는 날의 다음 날에 사업인정은 그 효력을 상실한다.
④ 보상액의 산정은 협의에 의한 경우에는 협의 성립 당시의 가격을, 재결에 의한 경우에는 수용 또는 사용의 재결 당시의 가격을 기준으로 한다.

매일 모고 행정학 제15회

01 전자적 시민참여의 진화과정으로 옳은 것은?
① 전자정보화 - 전자자문 - 전자결정
② 전자자문 - 전자정보화 - 전자결정
③ 전자자문 - 전자결정 - 전자정보화
④ 전자결정 - 전자자문 - 전자정보화

02 다음 중 행정의 민주성과 가장 관련성이 낮은 제도는?
① 엽관주의
② 목표관리(MBO)
③ 정치적 중립
④ 공무원 노조

03 다음의 행정통제수단 중 내부통제이면서 공식통제에 해당하지 않은 것은?
① 계층제에 의한 통제
② 교차기능조직에 의한 통제
③ 독립통제기관에 의한 통제
④ 대표관료제에 의한 통제

04 규제정책에 대한 다음 설명 중 가장 거리가 먼 것은?
① 관련 집단들 사이에서 갈등이 많이 나타난다.
② 개인, 조직의 행동이나 재량권에 제재나 제한을 가한다.
③ 재산이나 권리를 많이 소유한 집단에게서 그렇지 않은 집단으로 이전시킨다.
④ 환경오염, 독과점을 방지할 때 많이 사용되는 정책이다.

05 다음과 같은 정책결정 형태를 설명하는 이론은 무엇인가?

> 정책결정에서 정부의 보다 적극적인 역할을 인정하고 이익집단과의 상호협력을 중시하는 이론이다. 정부는 집단 간 이익의 중재에 머물지 않고 국가 이익이나 사회의 공동선을 달성하기 위한 주도적인 역할을 담당한다.

① 엘리트주의
② 조합주의
③ 이슈네트워크
④ 하위정부

06 학습조직에 대한 설명으로 가장 적절하지 않은 것은?
① 체제적 조직관에 입각한 시스템적 사고를 중시한다.
② 전문적 소양에 기반한 개인적 숙련은 고려하지 않는다.
③ 성과급이나 신상필벌을 거부하고 시행착오적 학습을 강조한다.
④ 관계 지향성과 집합적 행동을 통한 팀학습을 지향한다.

07 허즈버그(F. Herzberg)가 주장한 만족요인·동기요인으로만 구성된 것은?
① 보수, 대인관계, 작업조건
② 성취감, 책임감, 직무내용
③ 성취감, 대인관계, 작업조건
④ 성취감, 직무내용, 대인관계

08 다면평가제도의 장점으로 옳지 않은 것은?
① 입체적·다면적 평가를 통해 평가의 객관성과 공정성을 높일 수 있다.
② 상급자가 직원들을 의식하지 않고 강력하게 업무를 추진할 수 있다.
③ 조직 내 원활한 인간관계를 증진시키려는 동기부여를 통해 업무의 효율성과 상호간 이해의 폭을 높일 수 있다.
④ 계층구조의 완화와 팀워크가 강조되는 새로운 조직 유형에 적합한 평가제도이다.

09 다음 중 총체주의 예산결정이론에 대한 설명으로 가장 옳지 않은 것은?
① 예산결정과정의 합리화를 위한 실증적 성격이 강한 의사결정방식이다.
② PPBS, ZBB 등은 총체주의 예산결정 제도의 대표적 예이다.
③ 예산에 대한 의사결정시 비용편익분석, 체제분석, OR 등의 분석기법을 사용한다.
④ 루이스(Lewis)가 제시한 상대적 가치, 증분분석, 상대적 효과성의 명제도 하나의 예가 될 수 있다.

10 지방교부세제도에 관한 설명 중 옳지 않은 것은?

① 지방자치단체 간 재정수입의 불균형을 완화하기 위한 제도이다.
② 특별교부세는 행정·재정운영 실적이 우수할 경우 지급될 수 있다.
③ 소방안전교부세는 행정안전부장관이 특정재원으로 시·군·구에 교부한다.
④ 보통교부세는 일반재원의 성격을 갖는다.

2025 공무원 시험대비 【8월분】

매일 풀어서 합격을 만드는
매일 합격모의고사 8월

- 제16회 -

이 름: _____

제1과목 국어
제2과목 영어
제3과목 한국사
제4과목 행정법총론
제5과목 행정학개론

매일 모의고사 정오표

합격까지 박문각

매일 모고 국어 제16회

01 <보기>를 참고하여 문장에 실현되는 높임법을 분석할 때, 다음 중 옳지 않은 것은?

<보기>
국어의 높임법에는 주체 높임법, 객체 높임법, 상대 높임법이 있다. 이처럼 다양한 높임법을 체계적으로 살펴보기 위해서 아래의 (예)와 같이 이들 높임법이 문장에 나타날 때와 그렇지 않을 때를 '+'와 '-'로 표시할 수 있을 것이다.
○ 영수가 동생에게 과자를 주었습니다.(-주체, -객체, +상대)

① 어머니께서 순자에게 꽃을 주셨다.
　　(+주체, -객체, -상대)
② 영호가 할머니께 꽃을 드렸다.
　　(-주체, +객체, +상대)
③ 어머니께서 할머니께 꽃을 드리셨습니다.
　　(+주체, +객체, +상대)
④ 어머니께서 영자에게 꽃을 주셨습니다.
　　(+주체, -객체, +상대)

02 다음 고쳐쓰기에 대한 설명으로 옳지 않은 것은?

(가) 교수님이 보고 싶은 학생이 많다.
(나) 아버지는 나를 좋아하는 것보다 축구를 더 좋아한다.
(다) 그는 영재로 불려졌다.
(라) 그는 마음씨 좋은 할머니의 손자이다.

① (가) : 보고 싶은 주체가 다르므로 '교수님이, 보고 싶은 학생이 많다'로 고쳐야 한다.
② (나) : 비교 구문의 중의성이 있으므로 '아버지는 나보다 축구를 더 좋아한다'로 고쳐야 한다.
③ (다) : 불필요한 이중 피동 표현이 쓰이고 있으므로 '그는 영재로 불렸다'로 고쳐야 한다.
④ (라) : 수식 관계의 중의성이 있으므로 '그는 마음씨 좋은, 할머니의 손자이다'로 고쳐야 한다.

03 다음 진술이 모두 참일 때, 반드시 참인 것은?

○ 광수가 수련원을 가면 영자는 수련원을 가지 않는다.
○ 영수가 수련원을 가지 않으면 순자도 수련원을 가지 않는다.
○ 영수 또는 순자가 수련원을 가면 영자도 수련원을 간다.

① 영자가 수련원을 가면 광수도 수련원을 간다.
② 영수가 수련원을 가면 광수도 수련원을 간다.
③ 광수가 수련원을 가면 영자, 영수, 순자 모두 수련원을 가지 않는다.
④ 영자가 수련원을 가지 않을 때 영수는 수련원을 갈 수도 있다.

04 밑줄 친 표현이 ㉠의 의미와 가장 유사한 것은?

괜찮다고 말했지만 불안한 기색을 ㉠ 감추지 못했다.

① 그 사나이는 어디론가 종적을 감추었다.
② 동생이 신발을 가방 속에 감추다.
③ 어머니가 벽장 안에 돈을 감추다.
④ 나에게는 아무것도 감추지 말고 솔직히 털어놓아라.

05 밑줄 친 표현이 ㉠의 의미와 가장 유사한 것은?

구겨진 바지를 다리미로 한 번 ㉠ 밀어라.

① 아무래도 누군가 그를 밀고 있다.
② 수레를 뒤에서 밀다.
③ 면도기를 새로 산 김에 수염을 깨끗이 밀었다.
④ 롤러로 운동장을 밀다.

06 밑줄 친 표현이 ㉠의 의미와 가장 유사한 것은?

명절을 대비하여 산소의 풀을 ㉠ 깎았다.

① 물건값을 만 원이나 깎았다.
② 공연히 남의 위신을 깎는 말은 삼가는 게 예의다.
③ 선수는 공을 깎아 차는 기술로 관중들의 환호를 받았다.
④ 그는 머리를 깎고 중이 되었다.

07 ㉠~㉣과 바꿔 쓸 수 있는 유사한 표현으로 적절하지 않은 것은?

> (가) 그들은 지난밤 훔쳐 낸 장물을 지하 창고에 ㉠ <u>은닉하였다</u>.
> (나) 그는 답변하기 ㉡ <u>곤란한</u> 질문이 나오자 잠시 말을 아꼈다.
> (다) 권투와 같은 ㉢ <u>격렬한</u> 격투기를 운동 삼아 하는 사람들이 늘어나고 있다.
> (라) 신용카드 회사의 무분별한 홍보가 과소비를 ㉣ <u>조장할</u> 위험이 있다.

① ㉠: 파헤쳤다 ② ㉡: 어려운
③ ㉢: 세찬 ④ ㉣: 부추길

08 ㉠~㉣과 바꿔 쓸 수 있는 유사한 표현으로 적절하지 않은 것은?

> (가) 그 업무는 애초에 총감독인 내가 많은 책임을 ㉠ <u>질</u> 수밖에 없는 일이다.
> (나) 맡은 책임이 ㉡ <u>무거워</u> 스트레스를 많이 받지만 견뎌내고 있다.
> (다) 두 형제가 서로 실력을 ㉢ <u>맞대어</u> 보기로 하고 시합에 들어갔다.
> (라) 그의 작은아버지는 불행히도 사고로 ㉣ <u>죽으셨다</u>.

① ㉠: 부담할 ② ㉡: 중대해
③ ㉢: 측정해 ④ ㉣: 횡사하셨다

09 글의 흐름상 ㉠에 들어갈 내용으로 가장 적절한 것은?

> 세계보건기구(WHO)에서는 90개의 음용 관련 수질 검사를 통해 각국 수돗물의 상태를 점검하고 있다. 그러나 한국수자원공사에서는 수돗물에 대해 334개의 자체 수질 검사 항목을 조사하고, 후보물질을 500항목까지 분석하여 더욱 엄격하게 수돗물을 관리한다. 그 결과 한국 수돗물은 UN 발표 국가별 수질 지수에서 8위를 차지했으며, 미국 수도협회에서도 최고 등급을 받았다.
> 엄격한 관리에도 불구하고 우리나라 수도 요금은 1톤당 739원으로, 커피 한 잔, 라면 한 개의 가격보다 저렴하다. 이는 3,910원인 덴마크나 2,250원인 미국, 1,251원인 일본의 수도 요금에 비해서도 매우 저렴한 편이다. 또, 중국 등 몇몇 국가들에서 수돗물이 음용하기에 적합하지 않다며, 별도의 '깨끗한 물' 공급관을 설치하여 높은 요금을 부과하고 있는 것과도 대비된다.
> 맛과 품질이 뛰어난 만큼, 한국의 수돗물은 음용하기에도 적합하다. 그러나 2021년 우리나라의 수돗물 음용률은 5.4%이다. 미국과 일본의 수돗물 음용률이 각각 56%, 33%인 것에 비하면 굉장히 낮은 수준이다. 이에 한국수자원공사에서는 수돗물 음용을 홍보하고 있지만, 아직 그 효과는 미미하다. 품질과 가격 모두 경쟁력을 갖춘 우리 수돗물이 정작 국민에게 외면당하는 것이다. (㉠)

① 이제 자부심과 믿음을 갖고 생수 대신 수돗물을 마셔 보자. 생수병으로 사용되는 플라스틱도 줄일 수 있고, 저렴한 가격은 가정 경제에도 도움이 될 것이다.
② 그러므로 우리 수돗물이 음용수로도 활용되기 위해서는 지금보다 철저한 관리가 필요하다. 지역에 따라서는 별도의 식수 공급관을 설치하는 것도 고려해 볼 수 있을 것이다.
③ 이에 정부에서는 수도 요금이 비싸거나 음용 수도관을 별도로 설치하는 국가에 수돗물을 수출하는 방법을 모색하고 있다.
④ 그 결과, 한국수자원공사의 적자 수지는 매년 누적되고 있다. 현재와 같은 수질을 유지하기 위해서는 수도 요금을 높이는 것이 불가피하다.

10 다음 글을 바탕으로 ㉠을 이해한 내용으로 적절하지 않은 것은?

> 국제표준도서번호 'ISBN'은 전 세계에서 발간되는 책들에 부여되는 13자리 고유 번호이다. 우리나라에서는 국립중앙도서관 산하의 '한국문헌번호센터'에서 발급하며, 책의 뒷면에서 ㉠ <u>ISBN 979-11-954321-0-5</u>'와 같은 형태로 확인할 수 있다.
> 13자리 번호는 접두부, 국가별 번호, 발행자 번호, 서명 식별 번호, 체크 기호로 나뉜다. 맨 앞의 세 자리 숫자는 국제상품코드관리협회에서 978과 979 중 하나를 부여하는데, 이를 '접두부'라고 한다. 다음 두 자리 숫자는 '국가별 번호'로, 국제 ISBN 관리 기구에서 배정한다. 우리나라는 접두부에서 978을 사용하는 경우 '89'를, 979를 사용하는 경우는 '11'을 사용한다. 다음 2~6자리 숫자는 '발행자 번호'로, 뒤에 오는 '서명 식별 번호'와 합쳐져 총 7자리가 된다. 예를 들어 발행자 번호가 3자리 숫자라면, 서명 식별 번호는 4자리 숫자인 것이다. 발행자 번호가 5자리 숫자라면, 서명 식별 번호는 2자리 숫자인 것이다. 발행자 번호는 한국문헌번호센터에서 발행자에게 부여하는데, 동일 출판사에서 출판한 책들은 같은 숫자를 부여받는다. 서명 식별 번호는 발행자가 출판물 발행 시 순차적으로 부여한 것이다. 마지막 자리인 '체크 기호'는 ISBN의 정확성을 자동으로 점검할 수 있는 기호로, 한국 도서 번호 통보서를 신청할 때 자동 계산된다.

① ㉠의 발행자 번호는 '954321', 서명 식별 번호는 '0'이다.
② ㉠의 맨 앞자리 숫자가 '978'이었다면, 뒤에 오는 두 자리 숫자는 '89'였을 것이다.
③ ㉠의 '954321'은 발행자인 출판사에서 부여한 것이다.
④ ㉠의 맨 앞자리 숫자인 '979'는 국제상품코드관리협회에서 부여한 것이다.

매일 모고 영어 제16회

01 밑줄 친 부분에 들어갈 말로 가장 적절한 것은?

> After much discussion, they were able to _____ their differences and reach a compromise.

① pollute
② resolve
③ pair
④ exist

02 밑줄 친 부분에 들어갈 말로 가장 적절한 것은?

> The city plans to _____ the old and unused train station into a public library.

① explain
② plot
③ transform
④ scream

03 밑줄 친 부분에 들어갈 말로 가장 적절한 것은?

> After careful consideration, the party decided to _____ her as the official candidate for the upcoming local elections.

① smoke
② nominate
③ swing
④ explode

04 밑줄 친 부분에 들어갈 말로 가장 적절한 것은?

> The benefits of regular exercise are _____ in the improvement of overall health, which is why physical activity is strongly encouraged.

① evident
② lone
③ polite
④ volatile

05 밑줄 친 부분에 들어갈 말로 가장 적절한 것은?

> Humor from different countries is often difficult to ____ from one language to another.

① wonder
② breed
③ yell
④ translate

06 밑줄 친 부분에 들어갈 말로 가장 적절한 것은?

> This problem is _____ to challenge even experts.

① enough difficultly
② enough difficult
③ difficult enough
④ difficultly enough

07 밑줄 친 부분 중 어법상 옳지 않은 것은?

> Lately, I've been exploring different genres of music to relax ① <u>after</u> work. I find myself ② <u>enjoy</u> classical music. The ③ <u>soothing</u> melodies help me unwind and clear my mind. Sometimes, I even play it ④ <u>while</u> reading or working on my hobbies.

08 밑줄 친 부분에 들어갈 말로 가장 적절한 것은?

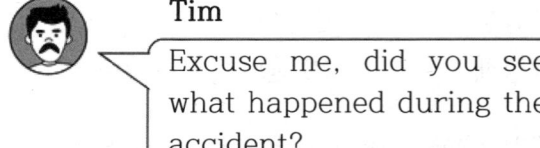

Tim: Excuse me, did you see what happened during the accident?

Jane: Yes, I was walking nearby when it occurred.

Tim: _____

Jane: The red car ran the red light and hit the blue car that was crossing the intersection.

Tim: That's important information. Would you be willing to give a written statement?

Jane: Of course. I want to help.

① Did you call the police?
② Where were you going?
③ Could you describe what you saw?
④ Are you acquainted with the driver?

[09~10] 다음 글을 읽고 물음에 답하시오.

(A)

Every minute, large areas of forest disappear due to development and climate change. The Green City Trees campaign calls on citizens to restore nature by planting trees in urban and suburban areas. Planting a single tree can absorb carbon, provide shade, and improve air quality for years.

This campaign began in Vancouver in 2015 and has since spread across North America. Individuals, families, and schools can all participate in tree planting events and promote reforestation in their communities.

How You Can Participate:
☐ Join a local tree-planting event
☐ Sponsor the planting of a tree (₩10,000 per tree)
☐ Share tree-planting stories on social media
☐ Organize a planting day with your school or neighborhood

Commitment Level:
☐ Plant one tree this weekend
☐ Participate monthly for six months
☐ Start a school-wide tree planting campaign
☐ Make tree planting a family tradition

09 (A)에 들어갈 윗글의 제목으로 가장 적절한 것은?
① Understand the Environmental Impact of Forest Fires
② Join the "Plant a Tree, Grow a Future" Campaign
③ Learn About the Origins of Tree Species
④ The Economic Benefits of the Timber Industry

10 윗글에서 캠페인에 관한 내용으로 일치하지 않는 것은?
① 이 캠페인은 2015년에 밴쿠버에서 시작되었다.
② 참여자는 기부를 통해 나무 심기에 동참할 수 있다.
③ 학교 단위 참여는 제한되며 개인만 참여할 수 있다.
④ 6개월 단위로 참여할 수 있는 방법도 있다.

매일 모고 한국사 제16회

01 표는 일제의 국권 침탈 과정을 나타낸 것이다. (가)~(라)에 들어갈 내용으로 옳지 않은 것은?

국권 침탈 과정	결과
한·일 의정서(1904)	(가)
제1차 한·일 협약 (1904)	(나)
을사조약(1905)	(다)
국권 침탈(1910)	(라)

① (가) - 러·일 전쟁 중에 일본군은 우리나라의 군사적 요충지를 점령하였다.
② (나) - 메가타와 스티븐스가 각각 외교와 재정 고문이 되었다.
③ (다) - 외교권이 박탈되고, 통감부가 설치되었다.
④ (라) - 이토 히로부미가 초대 총독으로 임명되었다.

02 다음 두 자료와 관련된 서술로 옳지 않은 것은?

(가) 첫째, 일본은 필리핀에 대한 미국의 지배권을 확인한다.
둘째, 미국은 한국에 대한 일본의 지배권을 확인한다.
셋째, 극동 평화를 위하여 미국·영국·일본 세 나라가 실질적으로 동맹 관계를 맺는다.

(나) 1882년 이래로 아메리카 합중국과 한국은 ⊙ 우호 통상 조약 관계를 유지해 오고 있습니다. …… 이제 일본은 1904년에 체결한 협정에서 서약한 바를 정면으로 위배하여 우리나라에 대한 보호 정치를 선언하고 …… 나는 귀하가 지금까지 귀하 생애의 특성인 냉철한 판단력으로 이 문제를 심사숙고해 주기를 바라며, 귀하의 언행이 일치되도록 우리를 도울 수 있는 바가 무엇인가를 깊이 성찰해 주기를 바랍니다.

① (가)에 의해 미국은 러·일 전쟁 때 일본을 지원하였다.
② (가)의 내용은 ⊙을 위반한 것이다.
③ (가)가 (나)보다 먼저 이루어졌다.
④ (나)는 일제의 총독부 설치에 대해 미국의 도움을 요청한 문서이다.

03 (가), (나) 무덤이 주로 제작된 시기에 대한 설명으로 옳은 것을 <보기>에서 고른 것은?

(가)　　　　(나)

< 보기 >
ㄱ. (가): 농경과 목축이 시작되었다.
ㄴ. (가): 제정분리의 현상이 나타났다.
ㄷ. (나): 애니미즘의 신앙이 처음 출현하였다.
ㄹ. (나): 거푸집을 이용하여 금속을 제작하였다.

① ㄱ, ㄷ
② ㄱ, ㄹ
③ ㄴ, ㄷ
④ ㄴ, ㄹ

04 다음은 신라에서 최초로 우역이 설치된 기록이다. 그 시대의 왕의 정책으로 가장 적절한 것은?

비로소 사방에 우역(郵驛)을 두고 맡은 관청에 명하여 관도(官道)를 수리하게 하였다.
- 『삼국사기』 -

① 국학의 설립
② 경주에 시사 설치
③ 불교의 공인과 율령 반포
④ 김씨의 독점적 왕위 세습

05 다음 제시어와 관련 있는 신라 승려에 대한 설명으로 옳은 것은?

○ 6두품　　　○ 세속 오계

① 천태종을 창설하고 교관겸수를 주장하였다.
② 수나라에게 고구려에 대한 출병을 권유하였다.
③ 임제종을 중심으로 불교 통합운동을 전개하였다.
④ 화쟁사상을 주장하여 종파간의 화합을 추구하였다.

06 밑줄 친 '왕'이 실시한 정책으로 옳은 것은?

왕이 즉위한 해부터 8년까지 정치와 교화가 청렴하고 공평하였으며, 상벌이 법도에 어긋나지 않았습니다. 그러나 쌍기를 등용한 뒤부터 문사들을 높이고 중용하여 대접이 지나치게 후하였습니다. 이로 인해 재능 없는 사람들이 지나치게 등용되어 순서를 따르지 않고 별안간 승진하여 일 년도 안 되어 갑자기 재상이 되기도 하였습니다.

① 과거제도를 처음으로 실시하였다.
② 관리에게 토지를 지급하는 전시과 제도를 시행하였다.
③ 전국 주요 지역에 9주 5소경을 설치하고 지방관을 파견하였다.
④ 정계와 계백료서를 지어 관리가 지켜야 할 규범을 제시하였다.

07 다음 광고문을 토대로 당시 상황을 추론한 것으로 옳지 않은 것은?

조선은 기후와 풍토가 일본과 다름없고, 작물 종류와 재배 방법도 거의 같다. 1단보의 수확량은 일본인은 보통 현미 2~3석이다. 토지 가격은 조선 총독부의 인가를 받은 시기로 결정되지만, 대개 1단보에 70~80엔에서 300엔이다. 일본에서 1단보를 살 수 있는 금액으로 조선에서는 7단보를 살 수 있다. 토지 가격은 앞으로 더욱 오를 것이다. 회사로부터 양도받은 토지는 대개 철도나 일본인 부락 부근이다. 이미 회사가 경작하던 토지이기 때문에 홋카이도나 사할린 같이 새로이 개간된 토지와는 근본적으로 다르다. 교통도 편리하고 수해와 한해 염려도 없다.
- 「동양척식주식회사지」 -
※ 1단보 = 300평 = 991.74㎡

① 한국에 일본 농민의 이주가 확대되었다.
② 일제는 한국을 식량 공급지로 만들려 하였다.
③ 일제는 철도 부지를 구실로 한국의 토지를 약탈하였다.
④ 토지 조사 사업을 기반으로 동양 척식 회사가 설립되었다.

08 다음 독립 선언서에 대한 설명으로 옳은 것을 <보기>에서 모두 고른 것은?

봉기하라! 독립군아 일제히
독립군은 천지를 휩쓸라! …… 우리는 같은 마음, 같은 덕망의 2천만 형제 자매여! 국민의 본령을 자각한 독립임을 기억하고, 동양의 평화를 보장하고 인류의 평등을 실시하기 위한 자립임을 명심하여, 황천의 명령을 받들고 일제의 못된 굴레에서 해탈하는 건국임을 확신하여 육탄 혈전으로 독립을 완성하라.
- 「대한 독립 선언서」 -

<보기>
ㄱ. 적극적인 무장 투쟁을 주장하였다.
ㄴ. 3·1 운동에 자극을 받아 추진되었다.
ㄷ. 만주에서 망명 독립 운동가들이 발표하였다.
ㄹ. 대한민국 임시정부 수립의 직접적 계기가 되었다.

① ㄱ, ㄴ
② ㄱ, ㄷ
③ ㄴ, ㄷ
④ ㄴ, ㄹ

09 다음과 같은 민족 운동과 관련된 지역을 지도에서 찾는다면?

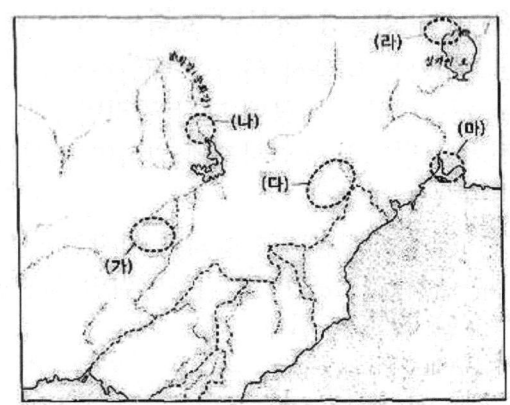

1910년 말 신민회 간부를 비롯한 애국 지사들이 순차적으로 국경을 건너 1911년 2월경에 추자가에 도착하였는데, 이회영 5형제를 비롯하여 15명이다. 이들은 1911년 여름에 경학사를 조직하였다. 이와 아울러 청년 자제들에게 문무겸전의 민족 교육을 실시하기 위하여 신흥 강습소를 설립하였다. 그리고 이 지역 중국인들의 의구심과 한국인 배척 운동을 극복하기 위하여 중국인들의 복장과 두발은 물론 중국인들의 풍습을 익히고, 중국어를 배우기 위한 운동을 벌였다.

① (가)
② (나)
③ (다)
④ (라)

10 다음 정책을 추진한 인물에 대한 설명으로 옳은 것은?

○ 소격서 폐지
○ 공신들의 위훈 삭제
○ 방납의 폐단 시정

① 현량과 실시를 추진하였다.
② 국왕과 연계하여 갑자사화를 주도하여 중종반정의 공신 세력을 몰아내었다.
③ 안향을 제사지내는 백운동서원을 풍기에 설립하여 훈구 세력을 견제하였다.
④ 왕권 강화를 도모하여 관리들에게 침묵을 강요하는 '신언패'를 차고 다니게 하였다.

매일 모고 행정법 제16회

01 행정행위의 내용에 대한 설명으로 옳지 않은 것은? (다툼이 있는 경우 판례에 의함)
① 공무원 임용을 위한 면접전형에서 임용신청자의 능력이나 적격성 등에 관한 판단은 면접위원의 고도의 교양과 학식, 경험에 기초한 자율적 판단에 의존하는 것으로서 면접위원의 자유재량에 속하고, 그와 같은 판단이 현저하게 재량권을 일탈·남용하지 않은 한 이를 위법하다고 할 수 없다.
② 공유수면매립면허의 공동명의자 사이의 면허로 인한 권리의무양도약정은 면허관청의 인가를 받지 않은 이상 법률상 아무런 효력도 발생할 수 없다.
③ 건축허가는 대물적 허가에 해당하므로, 허가의 효과는 허가대상 건축물에 대한 권리변동에 수반하여 이전되고 별도의 승인처분에 의하여 이전되는 것은 아니다.
④ 재단법인의 정관변경 결의에 하자가 있더라도, 그에 대한 인가가 있었다면 기본행위인 정관변경 결의는 유효한 것으로 된다.

02 행정행위의 취소와 철회에 대한 설명으로 옳은 것은? (다툼이 있는 경우 판례에 의함)
① 당사자가 부정한 방법으로 수익적 처분을 받은 경우에도 행정청이 그 처분을 취소하려면 취소로 인하여 당사자가 입게 될 불이익을 취소로 달성되는 공익과 비교·형량하여야 한다.
② 행정행위를 한 처분청이 그 행위의 하자를 이유로 수익적 행정처분을 취소하려는 경우에는 별도의 법적 근거가 있어야 한다.
③ 직권취소는 행정행위의 성립상의 하자를 이유로 하는 것이므로, 개별법에 특별한 규정이 없는 한 「행정절차법」에 따른 절차규정이 적용되지 않는다.
④ 권한없는 행정기관이 한 당연무효인 행정처분을 취소할 수 있는 권한은 당해 행정처분을 한 처분청에게 속하고, 당해 행정처분을 할 수 있는 적법한 권한을 가지는 행정청에게 그 취소권이 귀속되는 것이 아니다.

03 인허가의제에 대한 설명으로 옳지 않은 것은? (다툼이 있는 경우 판례에 의함)
① 인허가의제의 경우 관련 인허가 행정청은 관련 인허가의 처분기준을 주된 인허가 행정청에 제출하여야 하고, 주된 인허가 행정청은 제출받은 관련 인허가의 처분기준을 통합하여 공표하여야 한다.
② 관련 인허가에 필요한 심의, 의견청취 등 절차에 관하여는 법률에 인허가의제 시에도 해당 절차를 거친다는 명시적인 규정이 있는 경우에만 이를 거친다.
③ 「건축법」에서 관련 인·허가 의제 제도를 둔 취지는 인·허가 의제사항 관련 법률에 따른 각각의 인·허가 요건에 관한 일체의 심사를 배제하려는 것이 아니다.
④ 인허가의제의 경우 주된 인허가 행정청은 관련 인허가를 직접 한 것으로 보아 관계 법령에 따른 관리·감독 등 필요한 조치를 하여야 한다.

04 취소소송의 대상이 되는 처분등에 대한 설명으로 옳은 것은? (다툼이 있는 경우 판례에 의함)
① 어떠한 처분의 근거가 행정규칙에 규정되어 있다고 하더라도, 그 처분이 상대방에게 권리의 설정 또는 의무의 부담을 명하거나 기타 법적인 효과를 발생하게 하는 등으로 그 상대방의 권리의무에 직접 영향을 미치는 행위라면, 이 경우에도 항고소송의 대상이 되는 행정처분에 해당한다.
② 어떠한 처분에 법령상 근거가 있는지, 「행정절차법」에서 정한 처분 절차를 준수하였는지는 소송요건 심사단계에서 고려하여야 한다.
③ 한국마사회의 기수에 대한 징계처분은 항고소송의 대상이 되는 행정처분에 해당한다.
④ 「국세기본법」에 따른 과세관청의 국세환급금결정은 항고소송의 대상이 되는 행정처분에 해당한다.

05 취소소송의 피고적격에 대한 설명으로 옳은 것은? (다툼이 있는 경우 판례에 의함)
① 상급행정청의 지시에 의해 하급행정청이 자신의 명의로 처분을 하였다면, 당해 처분에 대한 취소소송에서는 지시를 내린 상급행정청이 피고가 된다.
② 취소소송에서 피고가 될 수 있는 행정청에는 대외적으로 의사를 표시할 수 있는 기관이 아니더라도 국가나 공공단체의 의사를 실질적으로 결정하는 기관이 포함된다.
③ 중앙노동위원회의 처분에 대한 항고소송의 피고는 중앙노동위원회 위원장이 된다.
④ 조례가 집행행위의 개입 없이도 그 자체로서 직접 국민의 구체적인 권리·의무나 법적 이익에 영향을 미치는 등의 법률상 효과를 발생하는 경우 무효확인소송의 피고는 당해 조례를 통과시킨 지방의회가 된다.

06 공법관계와 사법관계에 대한 설명으로 옳지 않은 것은? (다툼이 있는 경우 판례에 의함)
① 「공익사업을 위한 토지 등의 취득 및 보상에 관한 법률」상 환매권의 존부에 관한 확인을 구하는 소송 및 환매금액의 증감을 구하는 소송은 민사소송이다.
② 「개발이익환수에 관한 법률」상 개발부담금부과처분이 취소된 경우 그 과오납금의 반환을 청구하는 소송은 행정소송에 해당한다.
③ 조세부과처분의 당연무효를 전제로 하여 이미 납부한 세금의 반환을 청구하는 것은 민사상 부당이득반환청구로서 당사자소송이 아니라 민사소송절차에 따른다.
④ 「국유림의 경영 및 관리에 관한 법률」에 따른 임산물매각계약은 사법상 계약에 해당한다.

07 신뢰보호의 원칙에 대한 설명으로 옳지 않은 것은? (다툼이 있는 경우 판례에 의함)
① 행정청의 공적 견해표명이 있었는지 여부를 판단하는 데 있어 반드시 행정조직상의 형식적인 권한분장에 구애될 것은 아니고 담당자의 조직상의 지위와 임무, 당해 언동을 하게 된 구체적인 경위 및 그에 대한 상대방의 신뢰가능성에 비추어 실질에 의하여 판단하여야 한다.
② 개발사업을 시행하기 전에 사건 토지 지상에 예식장 등을 건축하는 것이 관계 법령상 가능한지 여부를 질의하여 민원 부서로부터 '저촉사항 없음'이라고 기재된 민원예비심사 결과를 통보받았다면, 이는 이후의 개발부담금부과처분에 관하여 신뢰보호의 원칙을 적용하기 위한 공적인 견해표명을 한 것에 해당한다.
③ 행정청이 외국인인 상대방에게 공신력이 있는 주민등록번호와 이에 따른 주민등록증을 부여한 행위는 그 상대방에게 대한민국 국적을 취득하였다는 공적인 견해를 표명한 것이라고 보아야 한다.
④ 시의 도시계획과장과 도시계획국장이 도시계획사업의 준공과 동시에 사업부지에 편입한 토지에 대한 완충녹지 지정을 해제함과 아울러 당초의 토지소유자들에게 환매하겠다는 약속을 했음에도 이를 믿고 토지를 협의매매한 토지소유자의 완충녹지지정해제 신청을 거부한 것은 신뢰보호의 원칙을 위반하거나 재량권을 일탈·남용한 위법한 처분이다.

08 행정대집행에 대한 설명으로 옳지 않은 것은? (다툼이 있는 경우 판례에 의함)
① 공유수면에 설치한 건물을 철거하여 공유수면을 원상회복하여야 할 의무는 대체적 작위의무에 해당하므로 행정대집행의 대상이 된다.
② 「공익사업을 위한 토지 등의 취득 및 보상에 관한 법률」상의 협의취득시에 매매대상 건물에 대한 철거의무를 부담하겠다는 취지의 약정을 건물소유자가 하였다고 하더라도, 그 철거의무는 대집행의 대상이 되지 않는다.
③ 관계법령에 위반하여 장례식장 영업을 하고 있는 자에게 부과된 장례식장 사용중지의무는 공법상 의무로서 행정대집행의 대상이 된다.
④ 상당한 의무이행기간을 부여하지 아니한 대집행계고처분이 있었다면, 설령 행정청이 대집행영장으로써 대집행의 시기를 늦추었더라도 그 대집행계고처분은 적법절차에 위배한 것으로 위법한 처분이 된다.

09 「질서위반행위규제법」상 과태료에 대한 설명으로 옳지 않은 것은? (다툼이 있는 경우 판례에 의함)
① 질서위반행위에 대하여 과태료를 부과하는 근거 법령이 개정되어 행위 시의 법률에 의하면 과태료 부과대상이었지만 재판 시의 법률에 의하면 부과대상이 아니게 된 때에는 개정 법률의 부칙 등에서 행위 시의 법률을 적용하도록 명시하는 등 특별한 사정이 없는 한 재판 시의 법률을 적용하여야 하므로 과태료를 부과할 수 없다.
② 신분에 의하여 과태료를 감경 또는 가중하거나 과태료를 부과하지 아니하는 때에는 그 신분의 효과는 신분이 없는 자에게도 미친다.
③ 고의 또는 과실이 없는 질서위반행위는 과태료를 부과하지 아니한다.
④ 자신의 행위가 위법하지 아니한 것으로 오인하고 행한 질서위반행위는 그 오인에 정당한 이유가 있는 때에 한하여 과태료를 부과하지 아니한다.

10 정보공개에 대한 설명으로 옳지 않은 것은? (다툼이 있는 경우 판례에 의함)
① 다른 법률 또는 법률에서 위임한 대통령령, 총리령 및 부령에 따라 비밀이나 비공개사항으로 규정된 정보는 비공개의 대상이 된다.
② 국내에 사무소를 두고 있는 외국의 법인 또는 단체는 정보공개청구권자가 될 수 있다.
③ 사면대상자들의 사면실시건의서와 그와 관련된 국무회의 안건자료에 관한 정보는 비공개대상에 해당하지 않는다.
④ 공공기관은 이의신청을 받은 날부터 7일 이내에 그 이의신청에 대하여 결정하고 그 결과를 청구인에게 지체 없이 문서로 통지하여야 한다. 다만, 부득이한 사유로 정하여진 기간 이내에 결정할 수 없을 때에는 그 기간이 끝나는 날의 다음 날부터 기산하여 7일의 범위에서 연장할 수 있으며, 연장 사유를 청구인에게 통지하여야 한다.

매일 모고 행정학 제16회

01 다음 중 사회적 자본(social capital)에 대한 설명으로 가장 옳지 않은 것은?
① 사회적 제재메커니즘을 제공하여 상호 간 소망스러운 행위를 유도한다.
② 대외적인 개방성을 지녀 다양성의 존중과 사회적 통합을 촉진한다.
③ 신뢰를 강화하고 거래비용을 낮추며, 경제발전을 촉진한다.
④ 구성원들 간의 지식공유와 학습을 촉진한다.

02 신행정론(New Public Administration)에 관한 설명으로 옳지 않은 것은?
① 조직내 기술적인 문제보다는 목적과 가치에 중점을 두었다.
② 환경의 변화에 대한 행정의 대응성을 강조하였다.
③ 행정의 도덕성, 고객중심성, 사회적 형평성 등을 강조하였다.
④ 가치중립적이고 순수과학적 연구를 지향하였다.

03 윌슨(J. Q. Wilson)의 규제정치이론 중 다음의 상황과 관련된 것은?

○ 규제의 비용은 동질적인 특정소수에게 집중되어 개인으로 보면 그 크기는 큰 반면, 편익은 불특정 다수에게 분산되어 개인으로 보면 그 크기가 작은 상황이다.
○ 환경규제, 식품안전규제, 원자력안전규제 등 대부분의 사회적 규제가 이에 속한다.

① 대중정치상황
② 이익집단정치상황
③ 기업가정치상황
④ 고객정치상황

04 정책네트워크에 대한 설명이 적절한 것은?
① 공적부문과 사적부문의 불명확한 관계를 설명하고 있다.
② 정책결정과정을 단순하게 설명하기에 적합하다.
③ 정책결정과정의 공식적 측면을 설명하는 것이다.
④ 정책네트워크와 이슈네트워크는 전혀 별개의 개념이다.

05 다음 중 정책결정의 혼합주사모형(Mixed Scanning Model)에 대한 설명으로 옳은 것은?
① 비정형적인 결정의 경우 직관의 활용, 가치판단, 창의적 사고, 브레인스토밍을 통한 초합리적 아이디어까지 고려할 것을 주장한다.
② 거시적이고 장기적인 안목에서 대안의 방향성을 탐색하는 한편 그 방향성 안에서 심층적이고 대안적인 변화를 시도하는 것이 바람직하다.
③ 불확실성과 혼란이 심한 상태로 정상적인 권위구조와 결정규칙이 작동하지 않는 상황에 주로 적용된다.
④ 목표와 수단이 분리될 수 없으며 전체를 하나의 패키지로 하여 정치적 지지와 합의를 이끌어내는 것이 중요하다.

06 다음 내용과 관련된 거시조직이론은 무엇인가?

○ 조직 간 자원의존성을 관리자가 다루어야 할 여러 상황요인 중 가장 중요한 요인으로 인식한다.
○ 조직의 환경에 대한 피동적 대응이 아닌 관리자의 희소자원 통제능력에 의한 능동적, 적극적 환경관리를 강조한다.

① 자원의존이론
② 공동체생태학
③ 제도화이론
④ 전략적선택이론

07 근무성적평가 시 발생하는 오류와 이를 극복하기 위한 기법의 연결이 옳지 않은 것은?
① 관대화 경향(leniency tendency) - 강제배분법
② 연쇄효과(halo effect) - 도표식평정척도법
③ 근접효과(recency effect) - 중요사건기록법
④ 집중화 경향(central tendency) - 강제배분법

08 우리나라의 공직분류에 관한 설명으로 옳지 않은 것끼리 잘 묶인 것은?

> ㉠ 임용주체에 따라 국가공무원과 지방공무원으로 구분되며, 국가공무원과 지방공무원의 인사관리에 적용되는 기본법률은 동일하다.
> ㉡ 실적주의와 직업공무원제의 적용여부에 따라 경력직 공무원과 특수경력직 공무원으로 구분된다.
> ㉢ 특수경력직 공무원은 특정직 공무원과 별정직 공무원으로 구분된다.
> ㉣ 국가공무원 중에서 특정직 공무원이 가장 많은 수를 차지하고 있다.

① ㉠, ㉢
② ㉡, ㉢
③ ㉡, ㉣
④ ㉢, ㉣

09 예산의 이용, 예비비, 계속비는 공통적으로 어떤 예산 원칙에 대한 예외인가?
① 포괄성의 원칙
② 단일성의 원칙
③ 한정성의 원칙
④ 통일성의 원칙

10 중앙정부 차원에서 운영하는 지방재정조정제도로 가장 옳지 않은 것은?
① 지방교부세
② 국고보조금
③ 교육재정교부금
④ 조정교부금

2025 공무원 시험대비 【8월분】

- 제17회 -

이 름: _____

제1과목 국어
제2과목 영어
제3과목 한국사
제4과목 행정법총론
제5과목 행정학개론

매일 모의고사 정오표

합격까지 박문각

매일 모고 국어 제17회

01 <보기>의 ㉠~㉣에 들어갈 것을 바르게 연결한 것은?

<보기>

사동문은 사동주가 피사동주에게 어떤 행위를 하게 하는 것을 표현한 문장이다. 국어 사동문은 주어의 직접적 행위를 의미할 수도 있고, 주어의 간접적 행위를 의미할 수도 있다. (㉠)와 같이 주어의 직접적 행위와 간접적 행위를 모두 나타내는 경우도 있고, (㉡)와 같이 주어의 간접적 행위만을 나타내는 경우도 있다.
한편, 부정문은 (㉢)와 같이 단순 부정 혹은 의지 부정을 뜻하는 문장이 있고, (㉣)와 같이 능력 부정을 뜻하는 경우가 있다.

(가) 누나는 동생에게 밥을 먹였다.
(나) 누나는 동생에게 밥을 먹게 했다.
(다) 정수는 그림을 잘 그리지 못했다.
(라) 정수는 그림을 잘 그리지 않았다.

	㉠	㉡	㉢	㉣
①	(가)	(나)	(다)	(라)
②	(가)	(나)	(라)	(다)
③	(나)	(가)	(다)	(라)
④	(나)	(가)	(라)	(다)

02 (가)~(라)에 대한 고쳐쓰기 방안으로 옳지 않은 것은?

(가) 영수는 친구를 <u>안 만나러</u> 집에 일찍 갔다.
(나) 전에 보니 네 동생 일 참 <u>잘하데</u>.
(다) 할아버지께서는 <u>자기의</u> 책을 소중히 생각하셨다.
(라) 오늘은 그냥 <u>간다만은</u> 다음에는 가만두지 않겠다.

① (가): 연결 어미 '-러'는 부정문과 결합할 수 없으므로 '-려고'로 바꿔 쓴다.
② (나): 과거에 직접 경험한 사실을 말할 때는 종결 어미 '-데'가 아닌 '-대'를 쓴다.
③ (다): '할아버지'는 높임의 대상이므로, 재귀 대명사 '자기'를 높여 이르는 말인 '당신'으로 바꿔 쓴다.
④ (라): 앞의 사실을 인정하면서도 그와 어긋나는 상황을 이어서 제시하고 있으므로, '만'과 '은'이 결합한 '만은'을 보조사 '마는'으로 바꿔 쓴다.

03 학교는 5개의 동아리 A~E 중에서 지원할 동아리를 선정하려고 한다. 다음 진술에 따라 지원한다고 할 때, 학교가 지원할 동아리는?

○ A동아리가 선정되면 B동아리 또는 C동아리가 선정되지 않는다.
○ B동아리가 선정되지 않으면 D동아리도 선정되지 않는다.
○ C동아리가 선정되지 않거나 D동아리가 선정되지 않으면 E동아리가 선정된다.
○ E동아리는 지원 기준 미달로 인하여 선정되지 않는다.

① A, C
② A, C, D
③ B, C, D
④ B, D

04 ㉠~㉣에 대한 평가로 적절한 것을 <보기>에서 모두 고른 것은?

㉠ 어떤 학생은 영어회화를 수강하지 않는다.
㉡ 봉사활동에 참여하지 않는 사람은 영어회화를 수강한다.
㉢ 봉사활동에 참여하는 사람은 영어회화를 수강하지 않는다.
㉣ 어떤 학생은 봉사 활동에 참여한다.

<보 기>

㉮: ㉠과 ㉡이 참일 경우 ㉣은 반드시 참이다.
㉯: ㉠과 ㉢이 참일 경우 ㉣은 반드시 참이다.
㉰: ㉠과 ㉣이 참일 경우 ㉡은 반드시 참이다.

① ㉮
② ㉯
③ ㉮, ㉰
④ ㉯, ㉰

05 밑줄 친 표현이 ㉠의 의미와 가장 유사한 것은?

화가 난 아내는 따끔한 말로 남편을 톡 ㉠<u>쏘아</u> 주었다.

① 쐐기가 손등을 <u>쏘아</u> 퉁퉁 부었다.
② 그녀는 날카로운 말투로 상대를 <u>쏘며</u> 논쟁을 이어갔다.
③ 톡 <u>쏘는</u> 양파 냄새 때문에 눈이 시큰거린다.
④ 과녁을 향해 정확하게 화살을 <u>쏘다</u>.

06 밑줄 친 표현이 ㉠의 의미와 가장 유사한 것은?

그 그림은 종이에 기름이 ㉠ 배어 번진 듯한 독특한 효과를 냈다.

① 웃음이 배어 나오다.
② 일이 손에 배면 효율도 훨씬 좋아진다.
③ 욕이 입에 배지 않도록 조심해야 한다.
④ 농악에는 우리 민족의 정서가 배어 있다.

07 ㉠~㉣과 바꿔 쓸 수 있는 유사한 표현으로 적절하지 않은 것은?

(가) 자신에게 너무 ㉠ 가혹하게 굴지 마세요.
(나) 업무를 새 부서에 ㉡ 이양하기 전 충분한 인수 인계가 필요하다.
(다) 경기가 하강 국면으로 접어들자 기업들은 투자를 ㉢ 기피하고 있다.
(라) 입찰 과정에서 금품을 ㉣ 수수한 정황이 드러났다.

① ㉠: 모질게
② ㉡: 가르치기
③ ㉢: 꺼리고
④ ㉣: 주고받은

08 ㉠~㉣과 바꿔 쓸 수 있는 유사한 표현으로 적절하지 않은 것은?

(가) 우리가 어지러운 세상에서 ㉠ 빠져나갈 수 있는 피난처는 어머니의 품 안이다.
(나) 일의 중심이 제대로 ㉡ 잡히지 않으면 그 일은 성공할 수 없다.
(다) 그는 민사 소송 끝에 피해자에게 배상금을 ㉢ 치르게 되었다.
(라) 이 문제는 이 박사에게 ㉣ 맡겨서 연구하도록 합시다.

① ㉠: 도피할
② ㉡: 포착되지
③ ㉢: 지불하게
④ ㉣: 위촉해서

09 다음 글에서 <보기>가 들어가기에 가장 적절한 곳은?

<보기>
이 경우, 두 활동 중 하나는 집중력을 크게 요구하지 않으며 무의식적으로 수행되는 것이어야 한다.

일반적으로 인간은 두 가지 다른 활동을 동시에 수행할 수 있다. (㉠) 가령, 우리는 운전을 하면서 동시에 옆 사람과 대화를 할 수 있는데, 이는 운전을 완전히 학습한 뒤에는 거의 무의식적으로 수행할 수 있기 때문이다. (㉡) 악보를 보면서 피아노를 연주하는 것처럼 서로 다른 성격의 주의를 필요로 하는 활동들도 동시에 할 수 있는 일이다. (㉢) 악보를 읽는 것은 들어오는 정보에 주의를 기울이는 일이며, 피아노를 연주하는 것은 그 정보에 반응하는 일이다. (㉣) 그러나 대화와 독서를 동시에 하는 것은 거의 불가능한데, 두 활동 모두 비슷한 주의가 필요하기 때문이다.

① ㉠
② ㉡
③ ㉢
④ ㉣

10 다음 중 빈칸 ㉠에 들어갈 내용으로 가장 적절한 것은?

정치 철학자 롤스는 사회 구성원들이 자신과 타인의 성별, 인종, 종교, 재능, 재산 등 개별적 특성을 모르는 상태에서 사회 계약을 맺는 상황을 가정했다. 이때 개인들은 자신이나 타인이 어떤 개별적 특성을 가질지 모르는 상태이므로, 사회 내에서 특권이나 차별로 적용될 수 있는 요소를 제거하려 할 것이다. 그 결과 최소 수혜자가 최대한 많은 부를 가질 수 있는 사회 운영 원칙이 세워질 것이다. 롤스는 이를 통해 사회 정의가 실현될 수 있다고 보았다.
이에 센델은 (㉠   ) 롤스의 이론을 비판하였다. 현실에는 자신의 인종이나 성별처럼 고유한 특성까지 모르는 개인이 존재하지 않으므로, 사회적 합의는 롤스가 가정한 것과 다른 상황에서 이루어진다는 것이다. 이에 롤스의 사회 계약 이론은 공정한 정치 규범을 형성하는 데 그 실효성을 의심받게 되었다.

① 사회 운영 원칙은 구성원들의 사회적 합의에 의해 형성되는 것이 아니라며
② 최소 수혜자가 최대한 많은 부를 가지는 사회 운영 원칙 또한 공정하지 않다며
③ 자신과 타인을 구별하는 것이 불합리한 사회 운영 원칙을 형성할 수 있다며
④ 현실의 사회적 합의 과정은 롤스가 가정한 상황에서 이루어질 수 없다며

매일 모고 영어 제17회

01 밑줄 친 부분에 들어갈 말로 가장 적절한 것은?

Spreading false rumors can seriously _____ someone's reputation.

① trust
② predict
③ explore
④ undermine

02 밑줄 친 부분에 들어갈 말로 가장 적절한 것은?

The judge has broad _____ authority to oversee the proceedings and make decisions based on the evidence.

① bare
② solitary
③ medieval
④ judicial

03 밑줄 친 부분에 들어갈 말로 가장 적절한 것은?

As technology advances, traditional ways of communication, like handwritten letters, are slowly _____ from everyday life.

① inducing
② preferring
③ vanishing
④ staging

04 밑줄 친 부분에 들어갈 말로 가장 적절한 것은?

The movie was criticized for containing scenes that could _____ certain cultural groups.

① commend
② offend
③ prepare
④ gratify

05 밑줄 친 부분에 들어갈 말로 가장 적절한 것은?

She couldn't help but feel flustered because she didn't know how to _____ to the unexpected question during the interview.

① respond
② afflict
③ efface
④ tally

06 밑줄 친 부분에 들어갈 말로 가장 적절한 것은?

I _____ carefully before signing the contract.

① looked over it
② looked it over
③ looking it over
④ looks it over

07 밑줄 친 부분 중 어법상 옳지 않은 것은?

Looking back at my past, I realize ① I missed many opportunities ② because I was not careful enough. If I had been more diligent, I could ③ succeed in life. ④ Hard work and consistency are key factors for success, and I now understand their importance.

08 밑줄 친 부분에 들어갈 말로 가장 적절한 것은?

A: Excuse me, I'd like to report a missing person.
B: Okay. Who is missing and when did you last see them?
A: It's my younger brother. I last saw him yesterday afternoon.
B: How old is he, and what was he wearing?
A: He's 15 years old. He was wearing a gray hoodie and jeans.
B: _____
A: No, this is the first time.
B: We'll start an investigation right away. Please fill out this form with his details.

① Where does he usually hang out?
② Has anyone seen him recently?
③ What time did you report this?
④ Has he gone missing before?

09 주어진 글 다음에 이어질 글의 순서로 가장 적절한 것은?

Biomimicry — the design of technology inspired by nature — has led to remarkable innovations in recent decades.

(A) These examples demonstrate how observing nature can lead to practical solutions for human problems, combining efficiency with sustainability.

(B) Another notable case is the creation of water-repellent surfaces modeled after lotus leaves; these surfaces are now widely used in textiles and electronic devices.

(C) One example is the development of bullet trains in Japan, which were redesigned after engineers studied the beak of a kingfisher bird to reduce noise and air resistance.

① (A) - (B) - (C)
② (A) - (C) - (B)
③ (B) - (C) - (A)
④ (C) - (B) - (A)

10 다음 글의 흐름상 어색한 문장은?

The central nervous system controls the movements and activities of the human body. Although it is traditionally seen as having two components, the brain and the spinal cord, the spinal cord is really just a bridge that connects the brain to the body. ① However, the spinal cord does control some bodily movements on its own. ② These movements are automatic reflexes that don't require conscious thought. ③ If you touch a hot surface, for example, your spinal cord will cause you to react before your brain even notices the pain. ④ The brain would be unable to perceive the outside world without the help of the rest of the central nervous system. This happens because nerves in your skin send a message to the spinal cord, which responds by telling the muscles in your arm to pull your hand away.

매일 모고 한국사 제17회

01 다음 글과 같은 생각을 가진 사람들을 <보기>에서 모두 고른 것은?

> 지금의 조선 민족에게는 왜 정치적 생활이 없는가? …… 일본이 조선을 병합한 이래로 조선인에게는 모든 정치 활동을 금지한 것이 첫째 원인이다. …… 지금까지 해 온 정치 운동은 모두 일본인을 적대시하는 운동뿐이었다. 이런 종류의 운동은 해외에서나 할 수 있는 일이고, 조선 내에서는 허용되는 범위 내에서 일대 정치적 결사를 조직해야 한다는 것이 우리의 주장이다.

<보기>
ㄱ. 이상재   ㄴ. 이광수   ㄷ. 최린   ㄹ. 조만식

① ㄱ, ㄴ ② ㄱ, ㄹ
③ ㄴ, ㄷ ④ ㄴ, ㄹ

02 다음은 국내에서 독립 투쟁을 전개할 때에 뿌려진 격문이다. 이 독립 투쟁과 관련된 설명으로 옳은 것은?

> ○ 검거된 학생들을 즉시 우리 손으로 탈환하자.
> ○ 언론·출판·집회·결사·시위의 자유를 획득하자.
> ○ 한국인 본위의 교육 제도를 확립하라.
> ○ 식민지적 노예 교육 제도를 철폐하라.
> - 1929년 11월경의 격문 -

① 탑골 공원에서 시위가 시작되었다.
② 헌병 경찰 통치가 문화 통치로 바뀌었다.
③ 가두시위와 동맹 휴학의 형태로 전개되었다.
④ 순종의 인산일을 이용하여 시위를 전개하였다.

03 다음 포고령의 시행 결과 나타난 남한 사회의 모습으로 적절한 것을 <보기>에서 모두 고른 것은?

> 포고령 제 1호(1945.9.9.)
> 제1조 북위 38도선 이남의 조선 영토와 조선 인민에 대한 통치의 전 권한은 당분간 본관의 권한하에 시행한다.
> 제2조 정부, 공공 단체 및 기타의 명예 직원과 고용인 또는 공익 사업, 공중 위생을 포함한 전 공공 사업 기관에 종사하는 유급 혹은 무급 직원과 고용인 또 기타 제반 중요한 사업에 종사하는 자는 별도의 명령이 있을 때까지 종래의 정당한 기능과 업무를 실행하고 모든 기록과 재산을 보존하여야 한다.
> - 시사 연구소, 「광복 30년사」 -

<보기>
ㄱ. 친일파 처단, 농지 개혁과 같이 시급한 당면 과제가 해결되었다.
ㄴ. 미 군정은 대한민국 임시정부를 하나의 정치 단체로만 인정하였다.
ㄷ. 일본군의 무장 해제를 명목으로 38도선 이남에서 미 군정이 실시되었다.
ㄹ. 미국은 조선 건국 준비 위원회에 행정권을 위임하면서 직접 군정을 행사하지는 않았다.

① ㄱ, ㄴ ② ㄱ, ㄷ
③ ㄴ, ㄷ ④ ㄴ, ㄹ

04 다음 (가)와 (나) 사이에 전개되었던 민족 운동에 대한 설명으로 옳은 것은?

> (가) 오늘 우리들의 이 거사는 정의, 인도, 생존, 번영을 위하는 겨레의 요구이니, 오직 자유의 정신을 발휘할 것이요, 결코 배타적 감정으로 치닫지 말라. / 마지막 한 사람에 이르기까지, 마지막 한 순간에 다다를 때까지, 민족의 정당한 의사를 시원스럽게 발표하라. / 모든 행동은 가장 질서를 존중하여, 우리들의 주장과 태도를 어디까지나 떳떳하고 정당하게 하라.
>
> (나) 검거된 학생들을 탈환하자! / 만행을 저지른 광주 중학(일본인 학교)을 즉각 폐쇄하라! / 집회, 결사, 언론의 자유를 획득하자! / 학원 내에 경찰의 출입을 반대한다! / 조선인 본위의 교육 제도를 확립하자! / 용감히 싸우는 학생 대중 만세!

① 신민회를 중심으로 문화적, 경제적 실력 양성 운동이 전개되었다.
② 일제의 신사 참배 강요에 대한 거부 운동이 전국으로 확산되었다.
③ 절대 독립론과 자치론의 갈등으로 민족 운동 내의 분열이 나타났다.
④ 독립 의군부, 대한 광복회를 중심으로 비밀 결사 운동이 전개되었다.

05 다음 글과 관련이 있는 민족 운동의 사례로 가장 적절한 것은?

> 총도 있다 하자. 돈도 있다 하자. 그러나 돈과 총만 가지고는 군대가 생겨날 수 없다. (우수한 장교와 많은 병졸이 있어야만 한다. 그러나 대체 그들을 언제 양성한다 말이냐? ⋯⋯) 또 모든 일이 설사 뜻과 같이 된다 하더라도 여간 몇백 명, 몇천 명쯤을 가지고는 도저히 뜻을 이루지 못할 것이다. (그러면 몇만 명을? 혹은 몇십만 명을? ⋯⋯) 그러나 그러는 사이에 세월은 덧없이 흐르고 왜적의 간악한 통치 아래서 동포의 정신은 이미 마비되고 민족의 붉은 피는 고갈하고 말 것이다. (무력 항쟁을 위한 군대 양성이란 적어도 오늘에 있어서는 현실과 너무나 몰교섭인 한 개의 망상일 뿐이다.)
> - 박태원, 「약산과 ○○○」 -

① 구미 위원부의 설치
② 김지섭의 의열 투쟁
③ 신흥 무관 학교의 설립
④ 연통제와 교통국의 운영

06 다음 자료와 관련된 설명으로 옳은 것을 <보기>에서 모두 고른 것은?

> 강도 일본의 구축을 주장하는 가운데 또 다음과 같은 논자들이 있으니, 첫째는 (가)이니, 망국 이후 해외로 나가는 아무개 지사들의 사상이 무엇보다도 먼저 이것이 제1장 제1조가 되며, ⋯⋯ 최근 3·1 운동에 일반 인사의 '평화 회의, 국제 연맹'에 대한 과신의 선전이 이천만 민중의 힘 있는 전진의 기운을 없애 버리는 계기가 될 뿐이었도다. 둘째는 (나)이니, ⋯⋯ 강도 일본이 정치·경제 양 방면으로 구박을 주어 경제가 날로 곤란하고 생산 기관이 날로 박탈되어 의식의 방책도 단절되는 때에 무엇으로 어떻게 실업을 발전하며, 교육을 확장하며, 더군다나 어디서 얼마나 군일을 양성하며 ⋯⋯ 이상의 이유에 의하여 우리는 위와 같은 미몽을 버리고 (다)의 수단을 취함을 선언하노라.
> - 「조선 혁명 선언」 -

<보기>
ㄱ. 이승만의 위임 통치론은 (가)에 바탕을 둔 것이다.
ㄴ. (나)를 토대로 김구는 한인 애국단을 조직하였다.
ㄷ. (가)는 상하이에, (나)는 블라디보스토크에 대한민국 임시정부를 두자고 하였다.
ㄹ. 신채호는 (다)만이 민족 해방을 가져올 수 있다고 하였다.

① ㄱ, ㄴ ② ㄱ, ㄹ ③ ㄴ, ㄷ ④ ㄴ, ㄹ

07 다음은 1920년대 만주 지역에서 활동한 독립군 단체에 대한 설명이다. 이 독립군 단체는?

> ○ 대종교 신자를 중심으로 결속되어 이루어졌다.
> ○ 청산리 일대에서 일본군과 교전하여 대승을 거두었다.
> ○ 병영을 설치하고 사관 양성소를 운영하였다.

① 서로 군정서   ② 광복군 총영
③ 북로 군정서   ④ 대한 독립군

08 고려시대 중앙정치기구에 관한 다음 설명 중 옳은 것은?

① 국가정책 심의 결정기구로서 중서문하성을 두었고, 상대등이 국정을 총괄하였다.
② 중서문하성과 더불어 국가중추기구로서 군사기밀과 왕명 출납을 담당하는 중추원이 있었다. 중추원은 군사기밀을 담당하는 추밀과 왕명 출납을 담당하는 승선으로 구성되었다.
③ 외교 문서를 담당하는 기관으로 어사대가 있었다.
④ 궁중 서적을 보관하는 춘추관이 있었다.

09 우리나라에서 활약한 승려에 관한 다음 설명 중 옳은 고르면?

> 가. 원효는 일심 사상을 바탕으로 종파 간의 대립극복에 노력하였고 화엄사상에 입각하여 송광사를 창건하였다.
> 나. 의상은 6두품 출신으로 불교의 대중화를 위해 관음신앙과 함께 아미타신앙을 주요 신앙으로 삼았다.
> 다. 지눌은 독경, 선 수행에 힘쓰자는 개혁 운동인 수선사 결사를 제창하였고 조계종을 발전시켰다.
> 라. 의천은 교종 중심의 교선통합을 강조하였고, 태조의 보호를 받았다.

① 가   ② 나   ③ 다   ④ 라

10 다음과 같은 주장을 한 인물을 등용하여 개혁을 단행하고자 했던 왕대에 있었던 사건으로 옳은 것은?

> '요사이 기강이 크게 무너져 사람들이 탐욕스럽고 포학하게 되어 종묘, 학교, 사원 등의 토지와 대대로 내려오는 토지와 노비를 권세가가 거의 다 빼앗아 차지하고는, 혹 이미 돌려주도록 판결 난 것도 그대로 가지고 있으며, 혹 양민을 노예로 삼고 있다. (중략) 이제 도감을 두어 고치도록 하니 잘못을 알고 스스로 고치는 자는 죄를 묻지 않을 것이나, 기한이 지나 일이 발각되는 자는 엄히 다스릴 것이다.'
> - 「고려사」 -

① 만권당을 지어서 조맹부, 이제현 등이 상호 교류할 수 있도록 하였다.
② 과거제도를 정비하여, 신진사대부를 육성하였다.
③ 성균감을 성균관으로 개편하였다.
④ 몽골의 침공으로 도읍을 강화도로 옮겼다.

매일 모고 행정법 제17회

01 행정입법에 대한 설명으로 옳지 않은 것은? (다툼이 있는 경우 판례에 의함)
① 법령의 위임이 없음에도 법령에 규정된 처분 요건에 해당하는 사항을 부령에서 변경하여 규정한 경우에는 그 부령의 규정은 행정명령의 성격을 지닐 뿐 국민에 대한 대외적 구속력은 없다.
② 위임명령이 위임 내용을 구체화하는 단계를 벗어나 새로운 입법을 한 것으로 평가할 수 있다면 이는 위임의 한계를 일탈한 것으로서 허용되지 않는다.
③ 부령의 형식으로 정해진 제재적 행정처분의 기준은 대외적인 구속력이 있는 법규명령이라고 할 것이고, 그것을 행정청 내부의 사무처리준칙을 규정한 행정규칙에 불과하다고 할 수는 없다.
④ 상위법령에서 세부사항 등을 시행규칙으로 정하도록 위임하였음에도 이를 고시 등 행정규칙으로 정하였다면 그 규칙은 대외적 구속력을 가지는 법규명령으로서 효력이 인정될 수 없다.

02 행정행위의 부관에 대한 설명으로 옳지 않은 것은? (다툼이 있는 경우 판례에 의함)
① 부담의 이행으로서 하게 된 사법상 매매 등의 법률행위는 부담을 붙인 행정처분과는 별개의 법률행위이므로, 그 부담의 불가쟁력의 문제와는 별도로 법률행위가 사회질서 위반이나 강행규정에 위반되는지 여부 등을 따져보아 그 법률행위의 유효 여부를 판단하여야 한다.
② 수익적 행정처분에 있어서는 법령에 특별한 근거규정이 있는 경우에만 그 부관으로서 부담을 붙일 수 있다.
③ 행정청은 처분에 재량이 없는 경우에는 법률에 근거가 있는 경우에 부관을 붙일 수 있다.
④ 기선선망어업의 허가를 하면서 운반선, 등선 등 부속선을 사용할 수 없도록 제한한 부관은 그 어업허가의 목적달성을 사실상 어렵게 하여 그 본질적 효력을 해하는 것이므로 위법한 것이다.

03 공법상 계약에 대한 설명으로 옳지 않은 것은? (다툼이 있는 경우 판례에 의함)
① 행정청은 공법상 계약의 상대방을 선정하고 계약 내용을 정할 때 공법상 계약의 공공성과 제3자의 이해관계를 고려하여야 한다.
② 공법상 계약이 법령 위반 등의 내용상 하자가 있는 경우에도 그 하자가 중대명백한 것이 아니면 취소할 수 있는 하자에 불과하고 이에 대한 다툼은 당사자소송에 의하여야 한다.
③ 공법상 계약의 한쪽 당사자가 다른 당사자를 상대로 효력을 다투거나 이행을 청구하는 소송은 공법상의 법률관계에 관한 분쟁이므로 분쟁의 실질이 공법상 권리·의무의 존부·범위에 관한 다툼이 아니라 손해배상액의 구체적인 산정방법·금액에 국한되는 등의 특별한 사정이 없는 한 당사자소송으로 제기하여야 한다.
④ 「지방공무원법」상 지방전문직공무원 채용계약에서 정한 채용기간이 만료한 경우에는 채용계약의 갱신이나 기간연장 여부는 기본적으로 지방자치단체장의 재량이다.

04 취소소송의 소송요건에 대한 설명으로 옳은 것은? (다툼이 있는 경우 판례에 의함)
① 행정처분과 동일한 사유로 위법한 처분이 반복될 위험성이 있어 행정처분의 위법성 확인 내지 불분명한 법률문제에 대한 해명이 필요한 경우에는 취소를 구할 소의 이익을 인정할 수 있는데, 그 행정처분과 동일한 사유로 위법한 처분이 반복될 위험성이 있는 경우란 해당 사건의 동일한 소송당사자 사이에서 반복될 위험이 있는 경우만을 의미한다.
② 취소소송의 제소기간에 관한 규정은 부작위위법확인소송에 준용되지 않으므로 행정심판 등 전심절차를 거친 경우에도 부작위위법확인소송에 있어서는 제소기간의 제한을 받지 않는다.
③ 국유의 일반재산에 대한 대부신청을 거부하는 행위는 취소소송의 대상이 되는 행정처분에 해당한다.
④ 당사자소송으로 서울행정법원에 제기할 것을 민사소송으로 지방법원에 제기하여 판결이 내려진 경우, 그 판결은 관할위반에 해당한다.

05 취소소송의 판결에 대한 설명으로 옳지 않은 것은? (다툼이 있는 경우 판례에 의함)

① 자동차운수사업면허조건 등을 위반한 사업자에 대한 과징금부과처분이 법이 정한 한도액을 초과하여 위법할 경우 법원으로서는 그 전부를 취소할 수밖에 없다.
② 전소의 판결이 확정된 경우 후소의 소송물이 전소의 소송물과 동일하지 않더라도 전소의 소송물에 관한 판단이 후소의 선결문제가 되는 경우에 후소에서 전소 판결의 판단과 다른 주장을 하는 것은 기판력에 반한다.
③ 처분의 취소판결이 확정된 후 새로운 처분을 하는 경우, 새로운 처분의 사유가 취소된 처분의 사유와 기본적 사실관계에서 동일하지 않다면 취소된 처분과 같은 내용의 처분을 하는 것은 기속력에 반하지 않는다.
④ 법원이 간접강제결정에서 정한 의무이행기한이 경과한 후에야 확정판결의 취지에 따른 재처분의 이행이 있었던 것이라면, 처분 상대방은 이미 발생한 배상금을 추심할 수 있다.

06 행정법관계의 기간에 대한 설명으로 옳은 것은? (다툼이 있는 경우 판례에 의함)

① 법령등에서 국민의 권익을 제한하는 경우, 권익이 제한되는 기간의 계산에 있어 기간의 말일이 토요일 또는 공휴일인 경우에는 기간은 그 날로 만료한다. 다만, 그러한 기준을 따르는 것이 국민에게 불리한 경우에는 그러하지 아니하다.
② 법령등의 시행일을 정하거나 계산할 때에는 법령등을 공포한 날부터 시행하는 경우 공포한 다음 날을 시행일로 한다.
③ 법령등의 시행일을 정하거나 계산할 때에는 법령등을 공포한 날부터 일정 기간이 경과한 날부터 시행하는 경우 법령등을 공포한 날을 첫날에 산입한다.
④ 변상금부과처분이 당연무효인 경우, 당해 변상금부과처분에 의하여 납부한 오납금에 대한 납부자의 부당이득반환청구권의 소멸시효는 변상금부과처분의 부과시부터 진행한다.

07 행정벌에 대한 설명으로 옳지 않은 것은? (다툼이 있는 경우 판례에 의함)

① 지방자치단체 소속 공무원이 지방자치단체 고유의 자치사무를 수행하던 중 구「도로법」에 위반하는 행위를 한 경우 지방자치단체는 구「도로법」상 양벌규정에 따라 처벌대상이 되는 법인에 해당한다.
② 양벌규정에 의한 영업주의 처벌은 금지위반행위자인 종업원의 처벌에 종속하는 것이 아니라 독립하여 그 자신의 종업원에 대한 선임감독상의 과실로 인하여 처벌되는 것이므로 종업원의 범죄성립이나 처벌이 영업주 처벌의 전제조건이 될 필요는 없다.
③ 「개인정보 보호법」에 따르면, 죄형법정주의의 원칙상 '법인격 없는 공공기관'을 「개인정보 보호법」 소정의 양벌규정에 의하여 처벌할 수 없고, 그 경우 행위자 역시 위 양벌규정으로 처벌할 수 없다.
④ 특별한 사정이 없는 이상 경찰서장은 범칙행위에 대한 형사소추를 위하여 이미 한 통고처분을 직권으로 취소할 수 있다.

08 행정절차에 대한 설명으로 옳지 않은 것은? (다툼이 있는 경우 판례에 의함)

① 국가에 대해 행정처분을 할 때에는 사전 통지, 의견 청취, 이유 제시와 관련한 「행정절차법」이 그대로 적용된다고 볼 수 없다.
② 다수의 당사자등이 공동으로 행정절차에 관한 행위를 할 때 선정한 대표자가 다수인 경우 그 중 1인에 대한 행정청의 행위는 모든 당사자등에게 효력이 있지만, 행정청의 통지는 대표자 모두에게 하여야 그 효력이 있다.
③ 대표자가 있는 경우에는 당사자등은 그 대표자를 통하여서만 행정절차에 관한 행위를 할 수 있다.
④ 처분상대방이 이미 행정청에 위반사실을 시인하였다는 사정은 사전통지의 예외가 적용되는 '의견청취가 현저히 곤란하거나 명백히 불필요하다고 인정될 만한 상당한 이유가 있는 경우'에 해당하지 않는다.

09 정보공개에 대한 설명으로 옳지 않은 것은? (다툼이 있는 경우 판례에 의함)
① 모든 국민은 정보의 공개를 청구할 권리를 가진다.
② 공공기관은 공개 청구된 정보가 공공기관이 보유·관리하지 아니하는 정보인 경우로서 「민원 처리에 관한 법률」에 따른 민원으로 처리할 수 있는 경우에는 민원으로 처리할 수 있다.
③ 형사재판확정기록의 공개에 관하여는 정보공개법에 의한 공개청구가 허용된다.
④ 정보공개청구권은 법률상 보호되는 구체적인 권리이므로 청구인이 공공기관에 대하여 정보공개를 청구하였다가 거부처분을 받은 것 자체가 법률상 이익의 침해에 해당한다.

10 국가배상에 대한 설명으로 옳지 않은 것은? (다툼이 있는 경우 판례에 의함)
① 피해자에게 손해를 직접 배상한 경과실이 있는 공무원은 특별한 사정이 없는 한 국가에 대하여 국가의 피해자에 대한 손해배상책임의 범위 내에서 공무원이 변제한 금액에 관하여 구상권을 취득한다.
② 생명·신체의 침해로 인한 국가배상을 받을 권리는 양도하거나 압류하지 못한다.
③ 공익근무요원은 「국가배상법」 제2조제1항 단서규정에 의하여 손해배상청구가 제한된다.
④ 영조물의 설치·관리자와 비용부담자가 다른 경우 피해자에게 손해를 배상한 자는 내부관계에서 그 손해를 배상할 책임이 있는 자에게 구상할 수 있다.

매일 모고 행정학 제17회

01 행정에 있어서 가외성(redundancy)에 대한 설명으로 옳지 않은 것은?
① 란다우(Landau)는 권력분립 및 연방주의를 가외성 현상으로 보았다.
② 정책결정의 불확실성에 대한 대처방안이다.
③ 체제의 창조성에 기여하며, 사회적 자본과 조화를 이룬다.
④ 조직 간에 갈등을 야기하고 책임성을 저해할 수 있다.

02 행태론적 접근방법에 대한 설명으로 옳지 않은 것은?
① 인간행태를 기술하고 설명하며 나아가 통제하고 예측하려는 것이 연구의 목적이다.
② 인간행태의 규칙성을 가정하고 이를 발견하려는 것이다.
③ 행정현상을 자연과학과 마찬가지로 보고 변수 간의 인과관계를 규명하고자 한다.
④ 인간행태를 종합적이고 거시적으로 분석하려는 것이다.

03 다음 중 정책과정의 공식적 참여자로 잘 묶인 것은?

㉠ 정당	㉡ 헌법재판소
㉢ 이익집단	㉣ 전문가집단
㉤ 정부관료	㉥ 입법부

① ㉠,㉡,㉢
② ㉡,㉢,㉥
③ ㉢,㉤,㉥
④ ㉣,㉤,㉥

04 쓰레기통모형의 기본적인 전제와 가장 관련이 없는 것은?
① 갈등의 준해결 : 정책결정과정에서 집단 간에 요구가 모두 수용되지 않고 타협하는 수준에서 대안을 찾는다.
② 문제있는 선호 : 정책결정에 참여하는 자들 간에 무엇을 선택하는 것이 바람직한지에 대해서 합의가 없다.
③ 불명확한 기술 : 목표와 수단 사이에 존재하는 인과관계가 명확하지 않아 조직은 시행착오를 거침으로써 이를 파악한다.
④ 수시적 참여자 : 동일한 개인이 시간이 변함에 따라 어떤 경우에는 결정에 참여했다가 어떤 경우에는 참여하지 않는다.

05 책임운영기관에 대한 설명으로 옳지 않은 것은?
① 책임운영기관은 집행기능 중심의 조직이다.
② 책임운영기관의 성격은 정부기관이며 구성원은 공무원이다.
③ 책임운영기관은 융통성과 책임성을 조화시킬 수 있다.
④ 책임운영기관은 공공성이 강하고 성과관리가 어려운 분야에 적용할 필요가 있다.

06 허쉬(P. Hersey)와 블랜차드(K. Blanchard)에 의할 때 부하들의 성숙수준이 가장 높은 경우에 필요한 리더십은?
① 위임형
② 설득형
③ 참여형
④ 지시형

07 다음 내용은 직무평가 방법을 설명한 것이다. ( )에 들어갈 단어를 바르게 연결한 것은?

> 직무평가 방법에는 사전에 작성된 등급기준표에 의하여 직무의 책임과 곤란도 등을 파악하는 방법으로서 정부부문에서 많이 사용하나 등급 정의 작업이 곤란한 (㉠), 가장 늦게 고안된 직무평가 방법으로서 평가요소의 비중결정과 단계구분에 따른 점수부여의 임의성을 극복하고자 개발된 (㉡), 직위의 직무구성요소를 정의하고 요소별로 평가한 점수를 총합하는 방식으로 고도의 기술과 많은 시간·노력이 요구되는 (㉢) 등이 있다.

① ㉠ 서열법 ㉡ 요소비교법 ㉢ 점수법
② ㉠ 서열법 ㉡ 점수법 ㉢ 요소비교법
③ ㉠ 분류법 ㉡ 요소비교법 ㉢ 점수법
④ ㉠ 분류법 ㉡ 점수법 ㉢ 요소비교법

08 다음 우리나라 예산의 구성 순서를 올바르게 나타낸 것은?
① 예산총칙 - 세입세출예산 - 계속비 - 명시이월비 - 국고채무부담행위
② 세입세출예산 - 명시이월비 - 국고채무부담행위 - 계속비 - 예산총칙
③ 세입세출예산 - 국고채무부담행위 - 예산총칙 - 명시이월비 - 계속비
④ 예산총칙 - 국고채무부담행위 - 계속비 - 명시이월비 - 세입세출예산

09 주민참여의 순기능에 관한 설명으로 옳지 않은 것은?
① 대의정치의 결함을 보완하여 행정의 민주화를 고양시킨다.
② 정책의 정당성 및 정책순응을 확보할 수 있다.
③ 주민의 권리와 책임의식을 고양시킨다.
④ 행정의 전문화를 향상시킨다.

10 「지방자치법」상 사무배분기준에 의한 시·도의 사무에 해당하지 않는 것은?
① 시·도 단위로 동일한 기준에 따라 처리되어야 할 성질의 사무
② 시·군 및 자치구가 독자적으로 처리하기에 적당한 사무
③ 국가와 시·군 및 자치구 사이의 연락·조정 등의 사무
④ 지역적 특성을 살리면서 시·도 단위로 통일성을 유지할 필요가 있는 사무

2025 공무원 시험대비 【8월분】

- 제18회 -

이 름: _____

제1과목 국어
제2과목 영어
제3과목 한국사
제4과목 행정법총론
제5과목 행정학개론

매일 모의고사 정오표

합격까지 박문각

매일 모고 국어 제18회

01 <보기>에 제시한 음운 변동 중 두 가지 종류 이상의 음운 변동이 나타나지 않은 것은?

<보기>
○ 교체: 어떤 음운이 다른 음운으로 바뀌는 음운 변동
○ 탈락: 어떤 음운이 없어지는 음운 변동
○ 첨가: 새로운 음운이 생기는 음운 변동
○ 축약: 두 음운이 하나의 음운으로 합쳐지는 음운 변동
㉠ 떳떳하다[떧떠타다]
㉡ 나뭇잎[나문닙]
㉢ 직행열차[지캥녈차]
㉣ 물난리[물랄리]

① ㉠
② ㉡
③ ㉢
④ ㉣

02 다음 문장 중 어법상 가장 자연스러운 문장은?
① 경쟁력 강화와 생산성의 향상을 위해 경영 혁신이 요구되어지고 있다.
② 한국 정부는 독도 영유권 문제에 대하여 일본에 강력히 항의하였다.
③ 이것은 아직도 한국 사회가 무사안일주의를 벗어나지 못했다는 생각이 든다.
④ 냉정하게 전력을 평가해 봐도 영국이 자력으로 4강 티켓 가능성은 높은 편이다.

03 다음 명제가 모두 참일 때, 항상 참인 것은?

○ 월요일에 요리를 하면 화요일에 기사를 작성한다.
○ 수요일에 학원을 가지 않으면 화요일에 기사를 작성하지 않는다.
○ 수요일에 학원을 가면 목요일에 쉬지 않는다.
○ 목요일에 쉬지 않으면 금요일에 미팅을 한다.

① 월요일에 요리를 하지 않으면 수요일에 학원을 가지 않는다.
② 목요일에 쉬면 월요일에 요리를 하지 않는다.
③ 금요일에 미팅을 하지 않으면 수요일에 학원을 간다.
④ 목요일에 쉬지 않으면 수요일에 학원을 간다.

04 다음 글의 모든 문장이 참일 때, 밑줄 친 결론을 이끌어 내기 위해 추가해야 할 것은?

야구를 좋아하는 모든 사람은 미술을 좋아하는 사람이다.
미술을 좋아하는 어떤 사람은 여행을 좋아하는 사람이다.
따라서 <u>여행을 좋아하는 어떤 사람은 야구를 좋아하는 사람이다.</u>

① 여행을 좋아하는 어떤 사람은 미술을 좋아하는 사람이다.
② 미술을 좋아하는 어떤 사람은 야구를 좋아하는 사람이다.
③ 미술을 좋아하는 사람 중 야구를 좋아하지 않는 사람은 없다.
④ 여행을 좋아하고 야구를 좋아하지 않는 모든 사람은 미술을 좋아하는 사람이다.

05 밑줄 친 표현이 ㉠의 의미와 가장 유사한 것은?

그는 차근차근 자신의 이야기를 ㉠<u>풀어</u> 가기 시작했다.

① 우리 엄마는 나를 <u>풀어서</u> 키우셨다.
② 팔레트에 물감을 <u>풀어</u> 채색을 하다.
③ 논리적으로 생각을 <u>풀어</u> 나가야 상대방을 설득할 수 있다.
④ 그가 사과를 해서 화를 <u>풀기</u>로 했다.

06 밑줄 친 표현이 ㉠의 의미와 가장 유사한 것은?

목숨이 ㉠<u>걸린</u> 싸움판이니 도대체 신명이 날 리가 없었다.

① 갑작스러운 감사 때문에 회사에 비상이 <u>걸리다</u>.
② 이 일의 성패는 순전히 너희들에게 <u>걸려</u> 있다.
③ 밤길을 걷다가 돌부리에 <u>걸려</u> 넘어졌다.
④ 내 대꾸가 없어지니 그의 말이 <u>걸리는</u> 데 없이 흘러나왔다.

07 ㉠~㉣과 바꿔 쓸 수 있는 유사한 표현으로 적절하지 않은 것은?

> (가) 우리 할아버지는 칠십이 넘으셨는데 아직도 ㉠ <u>정정하시다</u>.
> (나) 선생님께서는 반 임원회에 체육 행사 계획을 ㉡ <u>위임하셨다</u>.
> (다) 연구에 ㉢ <u>몰입한</u> 나머지 식사 시간도 잊어버리기 일쑤였다.
> (라) 작전 성공을 위해 아군은 적의 통신망을 ㉣ <u>교란하는</u> 전략을 사용했다.

① ㉠: 건강하시다
② ㉡: 맡으셨다
③ ㉢: 업신여긴
④ ㉣: 뒤흔드는

08 ㉠~㉣과 바꿔 쓸 수 있는 유사한 표현으로 적절하지 않은 것은?

> (가) 마음이 ㉠ <u>어수선하여</u> 일이 손에 안 잡힌다.
> (나) 그는 경찰을 볼 때마다 얼굴이 ㉡ <u>굳고</u> 온몸이 두려움에 떨리곤 했다.
> (다) 가족과의 생이별은 어린 나이에 ㉢ <u>받아들이기</u> 어려운 고통이었다.
> (라) 총탄이 가슴을 ㉣ <u>꿰뚫었다는</u> 검시 결과가 발표되었다.

① ㉠: 심란하여
② ㉡: 경직되고
③ ㉢: 감수하기
④ ㉣: 관철했다는

09 다음 글에 대한 이해로 적절하지 않은 것은?

> 마이어스와 디너는 1995년, 나이, 성별, 교육수준, 직업, 연봉 등의 인구통계학적 특성과 행복의 상관관계가 약하다는 연구 결과를 발표했다. 이 연구 결과를 토대로, 텔리건과 리켄은 행복과 사회적 조건의 상관관계가 약한 이유는 유전의 영향이 강하기 때문일 것이라는 가설을 세웠다.
> 이들은 이를 입증하기 위해 일란성 쌍둥이들과 이란성 쌍둥이들의 성격을 연구했고, 일란성 쌍둥이들이 이란성 쌍둥이들보다 성격적으로 더 유사하다는 것을 밝혀냈다. 또, 이러한 일란성 쌍둥이들의 행복지수는 이란성 쌍둥이들의 행복지수보다 더 유사한 것으로 나타났다. 이에 텔리건과 리켄은 행복지수를 높이려는 노력은 부질없는 것이라고 주장하는 논문을 발표했다.
> 그러나 3년 뒤, 리켄은 자신의 논문이 유전율과 변화 가능성의 관계에 대한 오류를 범했다며 주장을 번복하는 책을 발간하였다. 그는 유전율은 집단 내의 개인차와 관련된 상대적인 개념일 뿐, 절대적인 수치를 의미하지 않는다고 하였다. 가령, 갑의 부모의 키가 을의 부모의 키보다 크다면 갑이 을보다 키가 클 확률이 높을 것이다. 그러나 지난 100년 동안 인류의 평균 신장이 8~9cm 증가한 것은, 유전과는 별개로 키의 절대적인 수치는 변화할 수 있다는 것을 의미한다.
> 행복 또한 상대적인 관점에서 본다면 유전의 영향이 강할 수 있다. 그러나 자신의 현재 상태를 기준으로 본다면, 노력을 통해 현재의 자신보다 더 행복해질 수 있을 것이다. 즉, 유전자가 행복지수를 절대적으로 결정하며, 행복지수를 높이려는 노력은 부질없다는 주장은 잘못된 것이다.

① 부모의 행복지수가 높다면 자녀의 행복지수도 높을 가능성이 크다.
② 유전자는 행복지수에 영향을 미치지 못한다.
③ 노력으로 개인의 행복지수를 높일 수 있다.
④ 일란성 쌍둥이들은 이란성 쌍둥이들보다 비슷한 행복지수를 보일 가능성이 높다.

10 ㉠과 ㉡에 대한 이해로 가장 적절한 것은?

> 팝아트란 파퓰러 아트(Popular Art)를 줄인 말로, 1950년대에 영국 작가들에 의해 탄생한 예술 장르이다. 초기의 팝아트는 사회 비판적인 성격을 띠었으나, 1960년대 미국으로 옮겨 간 뒤 신문의 만화, 상업디자인, 영화, TV 등 대중 매체와 소비 사회를 적극적으로 수용하는 성격으로 변모해 갔다.
> 미국에서는 다양한 작가들의 활약으로 팝아트가 대중에게 알려지기 시작했는데, 대표적인 작가로는 앤디 워홀이 있다. 앤디 워홀은 1964년 뉴욕에서 ㉠ <u>〈브릴로 상자〉</u>를 발표했다. 이는 목수에게 주문 제작한 나무 상자 표면을 색칠한 뒤, 실크 스크린으로 수세미 브랜드인 '브릴로'의 실제 상표 로고를 찍어 만든 것이었다. 이 작품은 외관상 브릴로의 포장 상자와 똑같아 구분이 가지 않았다.
> '브릴로'를 보고 예술과 일상의 경계가 무너져 간다고 느낀 철학자 아서 단토는 1984년 ㉡ <u>〈예술의 종말〉</u>이라는 논문을 발표하였다. 그가 말한 예술의 종말이란 예술이 사라졌다는 것이 아니라 이전까지 우리가 생각했었던 예술 개념의 종말을 의미한다. 아서는 "하나의 대상이 예술 작품으로 간주되는 것은 그것이 해석의 지배를 받게 된다는 것을 의미한다."라고 말하며 모든 것이 예술 작품이 될 수 있다는 미학의 새로운 패러다임을 제시했다.

① ㉡은 ㉠을 비판하며 예술의 위기를 경고하는 내용을 담고 있다.
② ㉠은 대중 매체와 소비 사회에 대한 비판을 표현한 작품이다.
③ ㉠과 ㉡은 1960년대 이후 미국에서 인기를 끌었던 팝아트 예술 작품이다.
④ ㉡에 의하면 ㉠과 같은 작품도 해석을 통해 예술 작품이 될 수 있다.

매일 모고 영어 제18회

01 밑줄 친 부분에 들어갈 말로 가장 적절한 것은?

> I _____ him not to touch the hot stove, but he didn't listen and ended up burning his hand.

① abducted
② revered
③ warned
④ inhabited

02 밑줄 친 부분에 들어갈 말로 가장 적절한 것은?

> They _____ the bank a considerable amount after taking out multiple loans to expand their business.

① owe
② express
③ infer
④ diverge

03 밑줄 친 부분에 들어갈 말로 가장 적절한 것은?

> You need to provide the _____ arrival time so that I can pick you up at the airport on time.

① absurd
② awkward
③ marine
④ exact

04 밑줄 친 부분에 들어갈 말로 가장 적절한 것은?

> New regulations _____ the use of plastic bags in retail stores to reduce environmental pollution.

① prescribe
② restrict
③ inflate
④ retain

05 밑줄 친 부분에 들어갈 말로 가장 적절한 것은?

> Before going to the wedding venue, I _____ cash to give to my friend as a wedding gift.

① exposed
② withdrew
③ decry
④ deride

06 밑줄 친 부분에 들어갈 말로 가장 적절한 것은?

> _____ may seem, your health should come first.

① However important meeting
② However a important meeting
③ However important a meeting
④ However meeting a important

07 밑줄 친 부분 중 어법상 옳지 않은 것은?

> In recent decades, social norms have changed significantly. Many women choose ① going out ② to work. They balance their careers with family responsibilities. This shift has led to greater gender equality in ③ the workplace. More opportunities are now available ④ for women in various fields.

08 밑줄 친 부분에 들어갈 말로 가장 적절한 것은?

 Tim
Hello, I'd like to know how to reserve a public meeting room.

Jane
Sure! You can make a reservation online or visit this office in person.

 Tim
_____

Jane
Yes, the cost varies depending on the size of the room and the time of use.

 Tim
Can I cancel or change the reservation if needed?

Jane
Yes, you can modify or cancel the reservation up to 24 hours before the scheduled time.

① How do I make a reservation?
② What time is the meeting room available?
③ How many people can the room accommodate?
④ Is there a fee for using the meeting room?

09 다음 글의 주제로 가장 적절한 것은?

Between approximately 700 million and 550 million years ago, the amount of oxygen in Earth's oceans and atmosphere increased significantly. Around 600 million years ago in particular, the level of atmospheric oxygen reached about one-fifth of what it is today. This sharp rise in oxygen made it possible for organisms to evolve that could generate energy using oxygen. Surprisingly, oxygen was actually toxic to some organisms, so they either had to move to environments without oxygen or eventually went extinct. Some scientists believe that the rise in oxygen levels was one of the main factors behind the "Cambrian Explosion"—a period between about 530 and 509 million years ago when marine life rapidly diversified. At that time, most oxygen-using organisms lived in the ocean. But around 430 million years ago, some small invertebrates began to breathe oxygen directly from the air and started to live on land. Eventually, the first four-legged animals appeared between 416 and 397 million years ago, during a period known as the Devonian.

① The Origin of Life on Earth
② Oxygen: The Catalyst of Evolution
③ The Role of Oxygen in Land Evolution
④ The Transition of Animals from Oceans to Land

10 주어진 문장이 들어갈 위치로 가장 적절한 것은?

This hidden cost, known as "ecological overshoot," occurs when humanity's demand on nature exceeds what the Earth can regenerate in a given year.

Many people think of environmental damage only in terms of visible pollution—smog, litter, or oil spills. (①) However, modern ecological stress often results from less obvious forms of degradation, such as groundwater depletion or carbon accumulation. (②) These less visible processes can create long-term imbalances between natural resource use and renewal. (③) For instance, if we consume forest resources faster than trees can regrow or emit carbon faster than ecosystems can absorb it, we begin to accumulate environmental debt. (④) Recognizing and addressing this overshoot is essential to achieving sustainability and avoiding catastrophic tipping points.

매일 모고 한국사 제18회

01 자료와 관련된 독립군에 대한 설명으로 옳은 것은?

> ○ 1938년 중국의 임시 수도 한커우에서 창립되었다.
> ○ 구성원은 총대장 김원봉, 부대장 신악, 김학무(정치 조장), 선전 대장 김창제, 총무 대장 이집중, 서무 주임 이해명, 외교 주임 등 200명이다.
> ○ 이들의 활동은 전투, 일본 군정의 탐지 또는 점령 지역 내의 정보 수집, 일본인 포로 취조 및 사상 공작, 일본 군대에 대한 선전 공작, 중국 군대 및 민중에 대한 선전 공작, 적 문서의 번역 등 다양하였다.

① 대한민국 임시 정부에서 직접 운영하였다.
② 중국과 연합하여 흥경성에서 일본군을 격파하였다.
③ 중국의 국·공 내전이 끝난 뒤 북한의 인민군에 편입되었다.
④ 일부 세력이 한국광복군에 합류하여 광복군의 전력을 증강시켰다.

02 다음은 만주에서 활동한 독립 운동 단체의 계보이다. (가), (나)와 관련된 설명으로 옳은 것은?

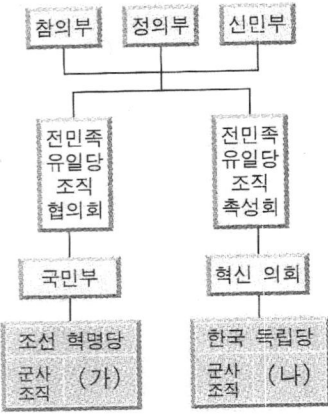

① (가) - 영국군의 요청으로 인도, 미얀마에 파견되었다.
② (가) - 조선 의용대와 함께 동북 항일 연군을 편성하였다.
③ (나) - 대종교 세력이 중심이 된 북로 군정서군이다.
④ (나) - 중국군과 함께 쌍성보에서 일본군을 격파하였다.

03 밑줄 친 '이 의거'와 관련이 깊은 단체는?

> 상하이의 중국 신문들은 이 의거를 보도하면서 "일본 국왕이 불행히도 명중되지 않았다."라고 표현하자, 만주에 자신들의 괴뢰 국가를 세우려고 꾀하였던 일본은 세계의 관심을 다른 곳으로 돌리기 위하여 이러한 중국의 반일적 태도를 구실삼아 중국 신문사를 습격하여 파괴하고, 군대를 동원하여 상하이를 침략하였다.

① 조선 의열단   ② 대한 광복회
③ 한인 애국단   ④ 대한 국민회

04 다음과 같은 상황을 극복하기 위해 대한민국 임시 정부가 추진한 사실로 옳은 것은?

> 상하이에서 개최한 국민 대표 회의가 실패한 이래 여러 민족 운동 계열의 분열과 대립은 점차 심화되어 갔다. 뿐만 아니라 그동안 항일 독립 운동의 기지로 자리를 잡고 있던 만주가 일제에 점령되자 우리 민족의 사기는 극도로 저하 되었다.

① 한인 애국단을 결성하였다.
② 김익상의 의거를 주도하였다.
③ 연통제와 교통국을 확대하였다.
④ 주석제로 개헌하여 체제를 강화하였다.

05 밑줄 친 '나'가 자신의 주장을 현실화하기 위해 노력했던 시기를 연표에서 고르면?

> 삼천만 동포에게 읍고함
> 통일하면 살고 분열하면 죽는 것은 고금의 철칙이니 …… 우리는 첫째로 자주 독립의 통일 정부를 수립할 것이며 이것을 완성하기 위하여 먼저 남북 정치범을 동시 석방하며, 미·소 양군을 철퇴시키고 남북 지도자 협의를 소집할 것이니 …… 나는 통일된 조국을 건설하려다 38도선을 베고 쓰러질지언정 일신에 구차한 안일을 취하여 단독 정부를 세우는 데에는 협력하지 않겠다. 나는 내 생전에 38도선 이북에 가고 싶다.

1945.12.	1946.10.	1947.11.	1948.8.	1949.6.
	(가)	(나)	(다)	(라)
모스크바 3국 외상 회의	좌우 합작 7원칙	유엔, 한국 임시 위원단	대한민국 수립선포	농지 개혁법 제정

① (가)   ② (나)
③ (다)   ④ (라)

06 (가)의 법률로 조직된 기구가 (나)와 같은 성과밖에 낼 수 없었던 이유로 가장 타당한 것은?

> (가)
> 제8조 반민족 행위를 예비 조사하기 위해 특별위원회를 설치한다. 특별 위원회는 10인으로 구성한다. 특별 조사 위원은 국회의원 중에서 좌기의 자격을 가진 자를 국회가 선거한다. ① 독립 운동의 경력이 있거나 절개를 견수하고 성의 있는 자 ② 애국의 성심이 있고 학식·덕망이 있는 자
> 제9조 특별 위원회는 위원장·부위원장 각 1인을 호선한다. 위원장은 조사 위원회를 대표하여 회의에 의장이 된다. 부위원장은 위원장을 보좌하고 위원장이 사고가 있을 때에는 그 직무를 대리한다.
> - 1948. 9. -

> (나)
> 총 취급 건수 682건 중 기소한 것이 221건인데, 재판부가 판결한 것은 40건이고 그 중 체형은 14명에 불과하였다. 실제 사형이 집행된 것은 1건도 없었으며, 체형을 받았던 사람들도 1950년 3월까지 형 집행 정지 등으로 전원 석방되었다.

① 6·25 전쟁의 발발로 국민 통합이 급선무였기 때문에
② 경제 안정을 바라면서 정치에 무관심했던 국민들의 태도 때문에
③ 미 군정청이 행정 업무를 명분으로 소극적 태도를 취했기 때문에
④ 이승만 정부가 소극적인 태도를 취하면서 업무를 방해했기 때문에

07 1930년대 중반 다음과 같은 정강을 내세운 단체와 관련된 설명으로 옳지 않은 것은?

> 1. 원수 일본의 침략 세력을 박멸하여 우리 민족의 자주 독립을 완성한다.
> 2. 봉건 세력 및 일체의 반혁명 세력을 숙청하여 민주 정권을 수립한다.
> 3. 소수인이 다수인을 괴롭히고 해치는 경제 제도를 소멸하여 국민 생활상 평등 제도를 확립한다.
> 9. 토지는 국유로 하고 농민에게 분급한다.
> 11. 국민 일체의 경제적 활동은 국가의 계획 아래 통제한다.

① 의열단, 한국 독립당, 조선 혁명당 등이 참여하였다.
② 중국 국민당의 도움으로 군대를 조직하여 항일 전쟁에 참가하였다.
③ 민주주의와 사회주의 요소를 함께 결합한 민주 공화정을 지향하였다.
④ 이념적으로 공감대를 형성하지 못한 대한민국 임시 정부와 주도권 쟁탈전을 벌였다.

08 다음은 독립군의 재편 과정이다. 이에 대한 설명으로 옳은 것은?

> (가) 간도 참변 → (나) 대한 독립 군단 결성 → (다) 자유시 참변 → (라) 3부 결성의 움직임

① (가)-조선 의용군의 일제 군경과의 유격전이 원인이 되었다.
② (나)-간도의 왕청에서 북로 군정서군 등 여러 독립군이 연합하여 결성되었다.
③ (다)-일본군의 대규모 공격을 받아 많은 독립군들이 희생되었다.
④ (라)-군사 조직인 동시에 만주 조선인 사회를 통치하는 자치 조직이었다.

09 다음 글의 밑줄 친 '통합 정당'에 대한 설명으로 옳은 것은?

> 좌익 성향이 강한 조선 민족 혁명당에서 탈퇴한 지청천, 조소앙은 김구와 함께 1937년 한국 광복 운동 단체 연합을 결성하였다. 3년 후 이 연합은 세 정당을 합당하여 우익계의 통합 정당을 탄생시키는 데 성공하였다.

① 조국 광복회를 모체로 성립하였다.
② 만주 지역에서의 항일 전쟁에 주력하였다.
③ 조선 민족 혁명당과는 이념상의 문제로 계속 대립하였다.
④ 대한민국 임시정부의 여당 역할을 하였다.

10 다음 글의 지은이가 참가한 대한민국 임시 정부의 작전에 대한 설명으로 옳은 것은?

> 장준하 동지와 나는 각각 경기 지구와 강원 지구를 담당하였기 때문에 둘이서 서로 연락하면서 지하 공작을 전개하기로 하였다. …… "드디어 시기가 온 것이다!" 독립 투쟁 수십 년에 조국을 탈환하는 결정적 시기가 온 것이다. …… 이번에는 분명히 조국으로 가는 것이 아닌가? 사지로 향하는 것은 마찬가지였지만 어쩐지 이번에는 죽을 것 같지가 않았다.
> - 김준엽, 「장정」 -

① 국내의 친일 세력을 처단하여 일본군을 고립시켰다.
② 일본이 설치한 군수 시설을 파괴하여 보급을 차단한다.
③ 일본군의 퇴로를 막아 연합군과 함께 포위 공격을 한다.
④ 한국광복군이 직접 국내로 진입하여 일본군과 전면전을 계획하는 것을 말한다.

매일 모고 행정법 제18회

01 행정행위의 내용에 대한 설명으로 옳지 않은 것은? (다툼이 있는 경우 판례에 의함)
① 시·도경찰청장이 횡단보도를 설치하여 보행자 통행방법 등을 규제하는 것은 국민의 권리·의무에 직접 관계가 있는 행위로서 행정처분이다.
② 허가관청은 산림훼손허가신청 대상토지의 현상과 위치 및 주위의 상황 등을 고려하여 국토 및 자연의 유지와 환경의 보전 등 중대한 공익상 필요가 있다고 인정될 때에는 허가를 거부할 수 있고, 그 경우 법규에 명문의 근거가 없더라도 거부처분을 할 수 있다.
③ 한의사 면허는 경찰금지를 해제하는 명령적 행위에 해당하고, 한약조제시험을 통하여 약사에게 한약조제권을 인정함으로써 한의사들의 영업상 이익이 감소되었다고 하더라도 이러한 이익은 사실상의 이익에 불과하다.
④ 재량행위에 대한 법원의 심사는 재량권의 일탈 또는 남용 및 재량권의 한계 내에서의 행정청의 판단, 즉 합목적성 내지 공익성의 판단 등을 대상으로 한다.

02 단계적 행정결정에 대한 설명으로 옳은 것은? (다툼이 있는 경우 판례에 의함)
① 「행정절차법」상 법령등에서 당사자가 신청할 수 있는 처분을 규정하고 있는 경우 행정청은 당사자의 신청에 따라 장래에 어떤 처분을 하거나 하지 아니할 것을 내용으로 하는 확약을 할 수 있으며, 문서 또는 말에 의한 확약도 가능하다.
② 행정청이 당사자의 신청에 따라 장래에 어떤 처분을 하거나 하지 아니할 것을 내용으로 하는 의사표시인 확약을 했다면, 그 확약이 위법한 경우라도 행정청은 이에 기속된다.
③ 어업권면허에 선행하는 우선순위결정은 행정청이 우선권자로 결정된 자의 신청이 있으면 어업권면허처분을 하겠다는 것을 약속하는 행위로서 그 우선순위결정에 공정력과 불가쟁력이 인정된다.
④ 구「원자력법」상 원자로 및 관계 시설의 부지사전승인처분 후 건설허가처분까지 내려진 경우, 선행처분은 후행처분에 흡수되어 건설허가처분만이 행정쟁송의 대상이 된다.

03 재개발·재건축에 대한 설명으로 옳지 않은 것은? (다툼이 있는 경우 판례에 의함)
① 「도시 및 주거환경정비법」에 근거한 조합설립인가처분은 행정주체로서의 지위를 부여하는 설권적 처분이고, 조합설립결의는 조합설립인가처분의 요건이므로, 조합설립결의에 하자가 있다면 그 하자를 이유로 직접 항고소송의 방법으로 조합설립인가처분의 취소 또는 무효확인을 구하여야 한다.
② 행정주체인 주택재건축정비사업조합을 상대로 관리처분계획안에 대한 조합총회결의의 효력을 다투는 소송은 「행정소송법」상 당사자소송에 해당한다.
③ 재개발조합과 조합장 또는 조합임원 사이의 선임·해임 등을 둘러싼 법률관계는 공법상의 법률관계로서 그 조합장 또는 조합임원의 지위를 다투는 소송은 당사자소송에 의하여야 한다.
④ 「도시 및 주거환경정비법」에 따라 인가·고시된 관리처분계획은 구속적 행정계획으로서 처분성이 인정된다.

04 취소소송의 대상이 되는 처분등에 대한 설명으로 옳은 것은? (다툼이 있는 경우 판례에 의함)
① 조달청장이 법령에 근거하여 입찰참가자격을 제한하는 것은 사법관계에 해당한다.
② 수익적 행정행위 신청에 대한 거부처분이 있은 후 당사자가 새로 신청하는 취지로 다시 신청하고, 이에 대해 행정청이 재차 거절한 경우 원칙적으로 새로운 거부처분에 해당한다고 보아야 한다.
③ 건물의 소유자에게 위법건축물을 일정기간까지 철거할 것을 명함과 아울러 불이행할 때에는 대집행한다는 내용의 철거대집행 계고처분을 고지한 후 이에 불응하자 다시 제2차, 제3차 계고서를 발송하여 일정기간까지의 자진철거를 촉구하고 불이행하면 대집행을 한다는 뜻을 고지한 경우, 제2차, 제3차의 계고처분은 새로운 철거의무를 부과한 것으로서 독립한 행정처분에 해당한다.
④ 행정심판을 청구하여 기각재결을 받은 후 재결 자체에 고유한 위법이 있음을 주장하며 그 기각재결에 대하여 취소소송을 제기한 경우, 수소법원은 심리결과 재결 자체에 고유한 위법이 없다면 각하판결을 하여야 한다.

05 당사자소송에 대한 설명으로 옳지 않은 것은? (다툼이 있는 경우 판례에 의함)
① 공법상 당사자소송에서는 이행소송이라는 직접적인 권리구제방법이 있더라도 확인소송을 제기하는 것이 허용된다.
② 사업주가 당연가입자가 되는 고용보험 및 산재보험에서 보험료 납부의무부존재확인의 소는 당사자소송에 해당한다.
③ 당사자소송의 경우 법원은 필요하다고 인정할 때에는 직권으로 증거조사를 할 수 있고, 당사자가 주장하지 아니한 사실에 대하여도 판단할 수 있다.
④ 당사자소송은 국가·공공단체 그 밖의 권리주체를 피고로 한다.

06 통치행위에 대한 설명으로 옳지 않은 것은? (다툼이 있는 경우 판례에 의함)
① 비상계엄선포가 고도의 정치적 결단을 요하는 행위라 하더라도 탄핵심판절차에서 그 헌법 및 법률 위반 여부를 심사할 수 있다.
② 비상계엄의 선포와 그 확대행위가 국헌문란의 목적을 달성하기 위하여 행하여진 경우에는 법원은 그 자체가 범죄행위에 해당하는지의 여부에 관하여 심사할 수 있다.
③ 신행정수도건설이나 수도이전의 문제는 그 자체로 고도의 정치적 결단을 요하여 사법심사의 대상으로 하기에는 부적절한 문제라고 할 수 있다.
④ 개성공단 전면중단 조치는 고도의 정치적 결단을 요하는 문제이기는 하나, 조치 결과 개성공단 투자기업인들에게 기본권 제한이 발생하였으므로 헌법소원심판의 대상이 될 수 있다.

07 이행강제금에 대한 설명으로 옳지 않은 것은? (다툼이 있는 경우 판례에 의함)
① 장기간 시정명령을 이행하지 아니하였더라도, 그 기간 중에는 시정명령의 이행 기회가 제공되지 아니하였다가 뒤늦게 시정명령의 이행 기회가 제공된 경우라면, 시정명령의 이행 기회 제공을 전제로 한 1회분의 이행강제금만을 부과할 수 있고, 시정명령의 이행 기회가 제공되지 아니한 과거의 기간에 대한 이행강제금까지 한꺼번에 부과할 수는 없으며 이를 위반하여 이루어진 이행강제금 부과처분은 무효이다.
② 「공정거래법」상 기업결합 제한위반행위자에 대한 이행강제금이 부과되기 전에 시정조치를 이행하거나 부작위 의무를 명하는 시정조치 불이행을 중단한 경우, 과거의 시정조치 불이행기간에 대하여 이행강제금을 부과할 수는 없다.
③ 행정청은 이행강제금을 부과받은 자가 납부기한까지 이행강제금을 내지 아니하면 국세강제징수의 예 또는 「지방행정제재·부과금의 징수 등에 관한 법률」에 따라 징수한다.
④ 「농지법」 제62조 제1항에 따른 이행강제금 부과처분에 불복하는 경우에는 「비송사건절차법」에 따른 재판절차가 적용되어야 하고, 「행정소송법」상 항고소송의 대상은 될 수 없다.

08 「개인정보 보호법」에 대한 설명으로 옳지 않은 것은? (다툼이 있는 경우 판례에 의함)
① 이미 공개된 개인정보를 정보주체의 동의가 있었다고 객관적으로 인정되는 범위 내에서 처리를 할 때는 정보주체의 별도의 동의는 불필요하다고 보아야 하고, 별도의 동의를 받지 아니하였다고 하여 「개인정보 보호법」을 위반한 것으로 볼 수 없다.
② 고정형 영상정보처리기기운영자는 고정형 영상정보처리기기의 설치 목적과 다른 목적으로 고정형 영상정보처리기기를 임의로 조작하거나 다른 곳을 비춰서는 아니 되며, 녹음기능은 사용할 수 없다.
③ 개인정보처리자는 정보주체가 필요한 최소한의 정보 외의 개인정보 수집에 동의하지 아니한다는 이유로 정보주체에게 재화 또는 서비스의 제공을 거부하여서는 아니 된다.
④ 개인정보자기결정권의 보호대상이 되는 개인정보는 개인의 신체, 신념, 사회적 지위, 신분 등과 같이 개인의 인격주체성을 특징짓는 사항으로서 그 개인의 동일성을 식별할 수 있는 일체의 정보를 의미하나, 이미 공개된 개인정보는 포함하지 않는다.

09 국가배상에 대한 설명으로 옳지 않은 것은? (다툼이 있는 경우 판례에 의함)

① 국가 또는 지방자치단체가 관리하지만 사인의 소유에 속하는 공물에 대하여는 「국가배상법」제5조가 적용되지 아니한다.

② 법관의 재판에 법령의 규정을 따르지 아니한 잘못이 있다 하더라도 이로써 바로 그 재판상 직무행위가 「국가배상법」제2조 제1항에서 말하는 위법한 행위로 되어 국가의 손해배상책임이 발생하는 것은 아니다.

③ 국가배상책임에서의 법령위반은, 인권존중·권력남용금지·신의성실·공서양속 등의 위반도 포함해 널리 그 행위가 객관적인 정당성을 결여하고 있음을 의미한다.

④ 국가나 지방자치단체의 손해배상 책임에 관하여는 「국가배상법」에 규정된 사항 외에는 「민법」에 따른다. 다만, 「민법」 외의 법률에 다른 규정이 있을 때에는 그 규정에 따른다.

10 행정상 손실보상에 대한 설명으로 옳은 것은? (다툼이 있는 경우 판례에 의함)

① 영업을 하기 위해 투자한 비용이나 그 영업을 통해 얻을 것으로 기대되는 이익에 대한 손실은 영업손실보상의 대상이 된다고 할 수 없다.

② 구「하천법」에 의한 하천수 사용권은 「공익사업을 위한 토지 등의 취득 및 보상에 관한 법률」이 손실보상의 대상으로 규정하고 있는 '물의 사용에 관한 권리'에 해당하지 않는다.

③ 이주대책은 이른바 생활보상에 해당하는 것으로서 헌법 제23조 제3항이 규정하는 손실보상의 한 형태로 보아야 하므로, 법률이 사업시행자에게 이주대책의 수립·실시의무를 부과하였다면 이로부터 사업시행자가 수립한 이주대책상의 택지분양권 등의 구체적 권리가 이주자에게 직접 발생한다.

④ 사업시행자는 동일한 사업지역에 보상시기를 달리하는 동일인 소유의 토지등이 여러 개가 있는 경우 토지등의 소유자가 일괄보상을 요구하더라도 「공익사업을 위한 토지 등의 취득 및 보상에 관한 법률」에 따라 단계적으로 보상금을 지급하여야 한다.

매일 모고 행정학 제18회

01 다음 내용과 관련된 민간위탁의 유형은?

○ 공공서비스에 대한 요건을 구체적으로 명시하기 곤란하거나, 서비스가 기술적으로 복잡하고 불확실한 경우에 활용된다.
○ 자율적인 시장가격을 왜곡할 수 있는 한계가 있다.

① 민간과의 계약 방식
② 면허 방식
③ 보조금 지급 방식
④ 증서교부 방식

02 현상학적 접근에 대한 설명으로 옳지 않은 것은?
① 환경결정론적 시각
② 상호주관성
③ 사회현상과 자연현상의 구별
④ 능동적·사회적 자아

03 다음의 내용과 관련된 규제는 무엇인가?

○ 정부가 피규제자에게 스스로 각 과정별 위해요소를 규명하고 중요 관리점을 선정해 관리를 수행하도록 과정을 통제하는 규제이다.
○ 식품안전을 위한 식품위해요소 중점관리기준(HACCP)이 이에 속한다.

① 수단규제
② 성과규제
③ 관리규제
④ 공동규제

04 콥(Cobb)과 로스(Ross)가 유형화한 정책의제 설정모형 중 다음의 특징을 지닌 유형은?

○ 사회문제가 바로 정부의제로 채택되며, 의제설정이 은밀히 진행된다.
○ 외교나 국방 등 비밀유지가 필요한 정책분야에서 주로 활용된다.
○ 의도적이고 일방적으로 국민을 무시하는 정부에서 관찰되는 유형이다.

① 외부주도형
② 내부접근형
③ 동원형
④ 굳히기형

05 정책집행에 대한 연구방법 중 상향적 접근방법(bottom-up approach 또는 backward mapping)에 대한 설명으로 옳지 않은 것은?
① 분명하고 일관된 정책목표의 존재가능성을 부인하고, 정책목표 대신 집행문제의 해결에 논의의 초점을 맞춘다.
② 집행의 성공 또는 실패의 판단기준은 '정책결정권자의 의도에 얼마나 순응하였는가'가 아니라 '일선집행관료의 바람직한 행동이 얼마나 유발되었는가'이다.
③ 말단집행계층부터 차상위계층으로 올라가면서 바람직한 행동과 조직운용절차를 유발하기 위하여 필요한 재량과 자원을 파악한다.
④ 일선집행관료의 재량권을 축소하고 통제를 강화한다.

06 다음 중 기계적 구조의 특징이 아닌 것은?
① 좁고 명확한 직무범위
② 채널의 분화
③ 낮은 팀워크
④ 명확한 조직목표

07 학습조직의 특성에 대한 설명으로 옳지 않은 것은?
① 기본단위는 통합기능팀이며 구성원의 권한 강화를 강조한다.
② 부서간 경계를 최소화해야 한다는 조직문화가 중요하다.
③ 조직 내 구성원 각자의 개인적 학습을 강조한다.
④ 신축성을 제고할 수 있는 네트워크조직과 가상조직을 활용한다.

08 역량평가에 대한 설명으로 옳지 않은 것은?
① 역량평가는 추측이나 유추가 아닌 관찰을 통해 평가한다.
② 역량평가는 실제업무와 유사한 모의 상황을 설정하여 평가한다.
③ 역량평가는 업무에 대한 성과를 사후적으로 평가한다.
④ 역량평가는 다수 평가자의 합의에 의한 평가가 이루어진다.

09 예비비에 대한 설명 중 옳지 않은 것은?
① 예비비는 예측할 수 없는 예산외의 지출 또는 예산 초과 지출 충당을 위한 경비이다.
② 정부는 예비비를 책정하여 총액으로 의회의 의결을 얻어야 한다.
③ 예비비는 각 중앙관서의 장이 관리한다.
④ 예비비는 예산의 신축성을 위한 방안이다.

10 다음 중 지방자치단체의 구역설정기준이 될 수 없는 것은?
① 지방선거의 참여율
② 자연지리적 조건
③ 재원조달능력
④ 주민접근성

2025 공무원 시험대비 【8월분】

매일 풀어서 합격을 만드는
매일 합격모의고사
8월

- 제19회 -

이 름: _____

제1과목 국어
제2과목 영어
제3과목 한국사
제4과목 행정법총론
제5과목 행정학개론

매일 모의고사 정오표

합격까지 박문각

매일 모고 국어 제19회

01 ㉠과 ㉡에 해당하는 예로 적절하게 짝지어진 것은?

> 두 음운이 만나면서 한 음운이 사라져 소리 나지 않는 현상을 음운의 탈락이라고 한다. 음운의 탈락은 ㉠ 표기에 반영되는 경우와 ㉡ 표기에 반영되지 않는 경우로 나뉜다.

	㉠	㉡
①	바느질, 부삽	배앓이, 밝기
②	아름다움, 마소	여닫이, 굵기
③	삶, 여닫이	넓이, 같이
④	부삽, 아드님	닭, 좁쌀

02 다음 <보기>의 내용과 관련하여 문장을 수정한 것으로 적절하지 않은 것은?

> <보기>
> 우리말 다듬기의 핵심은 잘못된 어휘를 고쳐 쓰는 것이지만 우리말 다듬기는 어휘만을 대상으로 하는 것은 아니고 문장도 대상이 된다. 우리말을 소리 없이 갉아먹고 있는 외국어 번역 투 문장 역시 우리말 다듬기의 대상이 된다.

① 우리 회사는 대전에 위치하고 있습니다.
→ 우리 회사는 대전에 있습니다.
② 공격할 기회가 생기면 재빠르게 움직여야 합니다.
→ 공격찬스가 주어지면 기민하게 행동해야 합니다.
③ 새로운 정부에는 유연한 정책 대응 자세가 요구된다.
→ 새로운 정부는 유연한 정책 대응자세가 필요하다.
④ 우리 모두 내일 오전 9시에 회의를 갖도록 하자.
→ 우리 모두 내일 오전 9시에 회의를 하도록 하자.

03 ㉠~㉣이 모두 참일 경우, 반드시 관람되는 스포츠 경기는?

> ㉠ <배구> 또는 <농구> 경기를 관람하지 않으면 <탁구> 경기를 관람하지 않는다.
> ㉡ <테니스> 경기를 관람하면 <배구>와 <골프> 경기를 관람한다.
> ㉢ <농구> 경기를 관람하지 않으면 <골프> 경기를 관람하지 않는다.
> ㉣ <탁구> 또는 <테니스> 경기를 관람한다.

① <탁구>
② <골프>
③ <농구>
④ <테니스>

04 다음 글의 밑줄 친 결론을 이끌어 내기 위해 추가해야 할 것은?

> ○ 빨간 펜을 고른 아이들 중 몇 명은 파란 펜도 고른다.
> ○ 노란 펜을 고른 아이들은 모두 초록 펜도 고른다.
> ○ 따라서 <u>빨간 펜을 고른 아이들 중 몇 명은 초록 펜도 고른다</u>.

① 파란 펜을 고르지 않은 아이들 중 몇 명은 노란 펜을 고르지 않는다.
② 노란 펜을 고르지 않은 아이들은 아무도 파란 펜을 고르지 않는다.
③ 파란 펜을 고른 모든 아이들은 빨간 펜도 고른다.
④ 초록 펜을 고른 아이들 중 몇 명은 파란 펜도 고른다.

05 밑줄 친 표현이 ㉠의 의미와 가장 유사한 것은?

> 글쓰기 수업에서 선생님은 이 문장은 어법에 ㉠ <u>맞으니</u> 참고하라고 했다.

① 이 안경이 바로 아까 그 학생 것이 <u>맞는</u> 것 같아요.
② 그것은 나의 분위기와는 절대로 <u>맞지</u> 않는다.
③ 그들은 우리를 반갑게 <u>맞아</u> 주었다.
④ 음식 맛이 내 입에 <u>맞지</u> 않으면 쉽게 질리기 마련이다.

06 밑줄 친 표현이 ㉠의 의미와 가장 유사한 것은?

> 임용장을 보고나서야 시험에서 ㉠ <u>벗어난</u> 기분이 들었다.

① 새장을 <u>벗어난</u> 새는 하늘 높이 날아 어디론가 가 버렸다.
② 그는 이상하게도 자꾸 주제를 <u>벗어난</u> 이야기만을 하였다.
③ 예의에 <u>벗어난</u> 행동은 사람들의 눈살을 찌푸리게 한다.
④ 상사의 눈을 <u>벗어난</u> 행동을 해서는 안 된다.

07 ⊙~@과 바꿔 쓸 수 있는 유사한 표현으로 적절하지 않은 것은?

> (가) 대제후가 병환 끝에 조용히 ⊙ 승하했다는 소식이 전해졌다.
> (나) 전산 장애로 일부 고객 정보가 기록이 ⓒ 소실되는 사고가 발생했다.
> (다) 안내 데스크에 가방을 ⓒ 보관해 두면 분실 걱정이 없다.
> (라) @ 구차한 살림에 쪼들려서 병원비조차 감당하기 힘들었다.

① ⊙: 죽었다는
② ⓒ: 잊어버리는
③ ⓒ: 맡아
④ @: 가난한

08 ⊙~@과 바꿔 쓸 수 있는 유사한 표현으로 적절하지 않은 것은?

> (가) 자신의 출세를 위해서라면 동료를 ⊙ 해하고 헐뜯는 일도 마다하지 않는다.
> (나) 그는 세계 평화에 ⓒ 이바지한 공로로 노벨 평화상을 수상하였다.
> (다) 선산 정비를 위해 조상의 묘를 ⓒ 파냈다.
> (라) 그 화가의 나이가 어리다고 해서 작품의 가치를 함부로 @ 깎아내릴 수는 없다.

① ⊙: 모략하고
② ⓒ: 기여한
③ ⓒ: 파묘하였다
④ @: 할인할

09 다음 글의 전개 순서로 가장 자연스러운 것은?

> 인간은 오래전부터 자연을 모방해왔다. 이카로스가 크레타섬을 탈출하기 위해 새의 깃털로 날개를 만들었다는 그리스 신화는 인간이 자연을 모방해 온 역사가 아주 오래되었음을 보여 준다.
> ㄱ. 벨크로 테이프에 적용된 기술처럼 자연 물질의 원리를 이용하여 개발된 기술을 '자연 모사 기술'이라고 한다.
> ㄴ. 프랑스의 메스트랄은 산책길에 옷에 붙어 온 엉겅퀴 씨앗에서 털이 붙어 있는 한쪽 면과 갈고리처럼 생긴 한쪽 면이 달라붙는 구조를 발견했다.
> ㄷ. 거미줄이 인장강도가 강한 자연 친화적 단백질이라는 것에 착안해 제작한 방탄복이나 흰개미 집을 모방하여 지은 건축물 또한 자연 모사 기술이 적용된 것이다.
> ㄹ. 그는 이 구조를 모방하여 우리가 '찍찍이'라고 부르는 벨크로 테이프를 발명했다.
> ㅁ. 최근에는 전자 현미경으로 분자 수준의 작은 단위까지도 관찰할 수 있게 되면서, 나노 기술 분야에서도 자연 모사 기술들이 활발하게 개발되고 있다.

① ㄴ-ㄹ-ㄱ-ㄷ-ㅁ
② ㄴ-ㄱ-ㄹ-ㄷ-ㅁ
③ ㅁ-ㄱ-ㄴ-ㄹ-ㄷ
④ ㅁ-ㄴ-ㄹ-ㄱ-ㄷ

10 다음 글에 나타난 필자의 견해로 볼 수 없는 것은?

> 민주주의 사회에서는 표현의 자유를 지향하고 수호한다. 다양한 목소리를 인정하고 건전한 비판이 오가는 속에서 사회가 발전하기 때문이다. 그러나 자유는 타인의 자유를 침해하지 않는 한에서 보장되어야 한다. 혐오 표현이 법으로 규제되어야 하는 이유가 여기에 있다.
> 혐오 표현 규제에 반대하는 사람들은 불쾌함이 주관적인 감정이므로 규제의 근거가 되기 힘들다고 말한다. 그러나 악플로 생을 마감하는 유명 연예인들과 일반인들이 늘고 있는 것은 불쾌함을 단순히 주관적 감정으로 치부하기 어렵다는 것을 보여준다. 혐오 표현이 유발하는 불쾌함은 사회 구성원들이 공감할 수 있는 보편적 감정이며, 그 정도가 과하다면 규제되어야 한다.
> 권력을 갖지 않는 대상을 향한 혐오 표현은 사회적 차별 또한 조장할 수 있다. 권력의 견제 수단으로서 표현의 자유는 순기능을 수행하지만, 인종이나 성별 등을 향한 혐오 표현에는 특정 집단에 대한 차별이 내재해 있다. 따라서 사회적 합의를 통해 혐오 표현의 기준을 마련하고, 특정 집단이 혐오 표현의 표적이 되지 않도록 규제해야 한다.
> 표현의 자유는 건전한 사회를 위해 보장되어야 한다. 그러나 개인의 자유는 동등한 타인의 자유를 침해하지 않아야 한다. 다양한 의견이 오갈 수 있는 건전한 소통의 장을 마련하기 위해서는 혐오 표현을 법으로 규제해야 한다.

① 불쾌함은 주관적인 감정이므로 법적 규제의 근거가 되기 힘들다.
② 타인의 자유를 침해하는 혐오 표현은 법으로 규제해야 한다.
③ 표현의 자유는 타인의 자유를 침해하지 않는 선에서 보장되어야 한다.
④ 권력을 가진 대상을 향한 비판은 순기능을 수행한다.

매일 모고 영어 제19회

01 밑줄 친 부분에 들어갈 말로 가장 적절한 것은?

Because his father was _____ due to an overseas business trip, he had to take responsibility for the household.

① definite
② positive
③ loyal
④ absent

02 밑줄 친 부분에 들어갈 말로 가장 적절한 것은?

She enjoys trying _____ foods from various countries when she travels abroad.

① desperate
② precious
③ pregnant
④ exotic

03 밑줄 친 부분에 들어갈 말로 가장 적절한 것은?

The security cameras helped identify the man who tried to _____ the convenience store, which allowed the police to catch the culprit quickly.

① rob
② inform
③ lay
④ distill

04 밑줄 친 부분에 들어갈 말로 가장 적절한 것은?

If deforestation continues at this rate, many species could become _____.

① mental
② awesome
③ extinct
④ private

05 밑줄 친 부분에 들어갈 말로 가장 적절한 것은?

He laughed out loud at the ____ notion that aliens were secretly controlling world governments.

① metropolitan
② relevant
③ absurd
④ disabled

06 밑줄 친 부분에 들어갈 말로 가장 적절한 것은?

They have _____ started their project, so there's still a lot to do.

① hard
② hardly
③ harden
④ hardened

07 밑줄 친 부분 중 어법상 옳지 않은 것은?

We recently upgraded ① the equipment in our main office to improve productivity. This machine is three times as efficient at ② handling large files and reducing processing time ③ than the previous model. Employees have already noticed faster results when running complex tasks. Not only ④ does it save time, but it also reduces system errors significantly.

08 밑줄 친 부분에 들어갈 말로 가장 적절한 것은?

A: Hello, I'd like to report a broken streetlight on Elm Street.
B: Thank you for letting us know. Can you tell me the exact location?
A: It's near the intersection of Elm Street and Maple Avenue.
B: _____
A: Yes, it's very dark at night, and some pedestrians have complained.
B: We'll send a maintenance team to fix it as soon as possible.

① Has the broken light caused any safety issues?
② How long has the light been broken?
③ Are there any other streetlights out nearby?
④ Is there a sidewalk at that location?

09 다음 글의 내용과 일치하지 않는 것은?

KIDS SUMMER ECO EXPLORERS CAMP 2025

Join the Green Valley Nature Center (GVNC) for a week of outdoor adventure! Campers explore forest trails, conduct hands-on nature experiments, and present their findings at a student-led eco fair.

WHO
- For children ages 7-13
- Each camper will receive personalized guidance and eco-friendly challenges tailored to their interests and ability.

ECO FAIR
Families are invited every Friday afternoon to attend the campers' eco fair exhibition, showcasing each child's discoveries and projects.

WHEN
- All camps run 8:30 am-2:30 pm, Monday-Friday.
- Monday, July 7 - Friday, August 15
  (no camp during the week of July 28)

① Campers will have the chance to present their work in an eco fair.
② The camp provides customized activities for children aged 7 to 13.
③ Families can also participate in the eco fair.
④ The camp runs continuously without a break from July 7 to August 15.

10 주어진 글 다음에 이어질 글의 순서로 가장 적절한 것은?

People often misunderstand introverts and extroverts by oversimplifying their behaviors.

(A) Extroverts, by contrast, tend to gain energy from social interaction and may seek frequent external stimulation to stay engaged.

(B) However, both personality types can be equally effective in social or professional settings, as success depends more on self-awareness and adaptability than on one's level of sociability.

(C) For instance, introverts are not necessarily shy; instead, they prefer meaningful conversations over small talk and often recharge by spending time alone.

① (A) - (C) - (B)
② (B) - (C) - (A)
③ (C) - (A) - (B)
④ (C) - (B) - (A)

매일 모고 한국사 제19회

01 광복 전 건국 강령을 발표한 정치 세력을 나타낸 표에서 (가)에 들어갈 내용으로 가장 적절한 것을 <보기>에서 모두 고른 것은?

구분	주체	연도	건국 강령의 공통점
국외	민족 혁명당	1935	(가)
	한국 국민당	1935	
	대한민국 임시정부	1941	
	조선 독립 동맹	1942	
국내	조선 건국 동맹	1944	

<보기>
ㄱ. 민주 공화국을 수립한다.
ㄴ. 국회 양원제와 내각 책임제를 실시한다.
ㄷ. 민주주의와 사회주의를 혼합한 사회 경제 체제를 지향한다.
ㄹ. 자본주의 경제 체제를 확립하고 사회주의 경제 체제를 배격한다.

① ㄱ, ㄴ   ② ㄱ, ㄷ   ③ ㄱ, ㄹ   ④ ㄴ, ㄷ

02 다음은 정부 수립 문제를 둘러싼 정치 세력 간의 대립을 표로 나타낸 것이다. (가)~(라)에 들어갈 내용으로 옳은 것은?

정치세력 \ 갈등문제	신탁 통치 문제	정부 수립 방안
이승만 계열	(가)	(라)
김구 계열	(나)	남북한 통일 정부 수립
좌익 계열	(다)	남북한 통일 정부 수립(표면적)
중도 세력	신탁 통치 문제 일단 보류	우선 통일된 임시 정부 수립

① (가)-신탁 통치 찬성
② (나)-신탁 통치 찬성
③ (다)-모스크바 3국 외상 회의 결정 지지
④ (라)-남북한 통일 정부 수립

03 1920년대 국내에서 전개된 <보기>의 민족 운동을 일어난 순서대로 바르게 나열한 것은?

<보기>
ㄱ. 신간회 창립
ㄴ. 6·10 만세 운동
ㄷ. 광주 학생 항일 운동
ㄹ. 조선 물산 장려회 창립

① ㄱ→ㄴ→ㄷ→ㄹ   ② ㄱ→ㄷ→ㄴ→ㄹ
③ ㄴ→ㄷ→ㄱ→ㄹ   ④ ㄹ→ㄴ→ㄱ→ㄷ

04 다음 사항이 국내에 알려진 결과 나타난 모습으로 가장 거리가 먼 것은?

○ 한반도에 독립 국가를 건설하기 위한 임시 조선 민주주의 정부를 수립한다.
○ 임시 정부 수립을 돕기 위해 미·소 공동 위원회를 조직한다.
○ 미·영·소·중 4개국이 공동 관리하는 최고 5년 시한의 신탁 통치를 실시한다.

① 국내의 정치 세력은 급속히 좌·우익으로 양분되어 심한 대립을 보였다.
② 신탁 통치 문제를 둘러싼 갈등 결과 우익이 세력 기반을 확대할 수 있었다.
③ 이승만과 한국 민주당 등 우익 세력들은 신탁 통치 반대 운동에 참가하였다.
④ 대부분의 국민들은 좌·우익의 심한 대립에 염증을 느끼고 중도 세력을 지지하였다.

05 다음 글의 밑줄 친 (가)~(라)에 대한 설명으로 옳은 것은?

소련 내전이 종식된 후 만주로 들어와 항일 독립 전쟁을 계속하려 하였던 독립군은 (가) 이 사건으로 인해 수많은 사상자를 낸 후 만주로 귀환하였다. 큰 피해를 입은 독립군은 조직을 정비하고 역량을 강화하기 위해 통합 운동을 추진하였다. 1922년 8월 재만 8개 독립 운동 단체가 (나) 통합되어 5개 중대의 독립군을 편성하였다. 그 후 만주 각 단체의 통합 운동이 본격적으로 진행되어 (다) 압록강 연안 지역, (라) 길림을 중심으로 한 남만주 일대 및 북만주 일대에서 각각 성과를 거두었다.

① (가) - 간도 참변을 의미한다.
② (나) - 육군 주만 참의부를 말한다.
③ (다) - 대한 통의부가 성립되었다.
④ (라) - 정의부가 결성되었다.

06 다음 표는 조선 민족 혁명당의 노선 변화를 나타낸 것이다. 빈칸 (가)에 들어갈 내용으로 옳은 것은?

> 중국 난징에서 의열단, 한국 독립당, 조선 혁명당 등 5개 단체가 참여하여 민족 혁명당이라는 이름으로 민족주의 진영과 사회주의 진영의 통일 전선 정당을 결성하였다.

⇩

> (가)

⇩

> 조선 민족 전선 연맹을 결성하고 조선 의용대를 조직하였다.

① 지청천과 조소앙 세력이 탈퇴하였다.
② 김구의 임시 정부 세력이 탈퇴하였다.
③ 소련 측의 군사적 지원을 받게 되었다.
④ 중국 공산당이 조직 운영에 개입하였다.

07 다음 자료에 대한 설명으로 옳지 않은 것은?

> (가) 남한에서는 농민들의 개혁 요구가 높아지자 농지 개혁법을 제정하였지만, 이듬해에야 농지 개혁법을 일부 개정하여 이를 시행할 수 있었다.
> (나) 북한에서는 '토지는 날가리하는 자에게'라는 구호 아래 토지 개혁을 실시하였다.

① (가)는 유상 매입, 유상 분배의 원칙하에 시행되었다.
② (나)는 무상 몰수, 무상 분배의 원칙하에 시행되었다.
③ (나)의 시행에 자극받아 (가)가 시행될 수 있었다.
④ (나)는 조선 민주주의 인민 공화국이 수립된 후 시행되었다.

08 다음 사상이 민족 운동 세력에 끼친 영향으로 옳은 것은?

> 보통 선거 제도를 실시하여 정권을 균히 하고 국유 제도를 채용하여 이권을 균히 하고 공비 교육으로써 학권을 균히 하며, 국내외에 대해 민족 자결의 권리를 보장하여서 민족과 국가의 불평등을 고쳐 버릴 것이니, 이로써 국내에 실현하면 특권 계급이 곧 없어지고 소수 민족의 침몰을 면하고, 정치와 경제와 교육 권리를 균히 하여 고저를 없이 하고 동족과 이족에 대해 또한 이렇게 한다.

① 사회주의 세력의 정치 이념이 되었다.
② 순수한 사회주의 경제 질서를 추구하였다.
③ 프롤레타리아 계급의 독재 정치를 도입하였다.
④ 대한민국 임시 정부의 건국 강령으로 정립되었다.

09 다음과 같은 헌법에 의하여 구성된 정부의 정치 상황에 대한 설명으로 옳지 않은 것은?

> 제33조 ① 민의원 의원의 임기는 4년으로 한다. 단, 민의원이 해산될 때에는 그 임기는 해산과 동시에 종료한다.
> ② 참의원 임기는 6년으로 하고 3년마다 의원의 2분의 1을 개선한다.
> 제53조 대통령은 양원 합동 회의에서 선거하고 재적 의원 3분의 2 이상의 투표를 얻어 당선된다.
> 제68조 행정권은 국무원에 속한다. 국무원은 국무 총리와 국무 위원으로 조직한다. 국무원은 민의원에 대하여 연대 책임을 진다.
> 제70조 국무 총리는 국무 회의를 소집하고 의장이 된다. 국무 총리는 법률에서 일정한 범위를 정하여 위임을 받은 사항과 법률을 실시하기 위하여 필요한 사항에 관하여 국무 회의의 의결을 거쳐 국무원령을 발할 수 있다. 국무 총리는 국무원을 대표하여 의안을 국회에 제출하고 행정 각부를 지휘 감독한다.

① 정부의 각종 규제가 풀리고 언론이 활성화 되었다.
② 노동 운동, 교원 노조 운동, 청년·학생 운동이 활발히 전개되었다.
③ 정부는 국정의 방향을 민주주의 체제를 유지 발전시키는 데 있다고 선언하였다.
④ 정부가 부정 선거 처리 문제와 통일 문제에 적극 노력하여 국민들의 지지를 얻었다.

10 다음 공약을 발표한 주체 세력들이 실시한 정책으로 거리가 먼 것은?

> 1. 반공을 국시의 제일의로 삼고 지금까지 형식적이고 구호에만 그친 반공 태세를 강화한다.
> 3. 이 나라 사회의 모든 부패와 구악을 일소하고 퇴폐한 국민 도의와 민족 정기를 다시 바로 잡기 위하여 청신한 기풍을 진작시킨다.
> 4. 절망과 기아 선상에서 허덕이는 민생고를 시급히 해결하고 국가 자주 경제 재건에 총력을 경주한다.
> 6. 이와 같은 우리의 과업이 달성되면 참신하고도 양심적인 정치인들에게 언제든지 정권을 이양하고 우리들 본연의 임무에 복귀할 준비를 갖춘다.

① 화폐 개혁 단행
② 신국가 보안법 제정
③ 부정 축재 처리법 제정
④ 농어촌 고리채 정리법 제정

매일 모고 행정법 제19회

01 행정입법에 대한 설명으로 옳지 않은 것은? (다툼이 있는 경우 판례에 의함)
① 법률조항의 위임에 따라 대통령령으로 규정한 내용이 헌법에 위반되는 경우에는 그로 인하여 모법인 해당 수권 법률조항도 위헌이 된다.
② 하위 행정입법의 제정 없이 상위 법령의 규정만으로도 집행이 이루어질 수 있는 경우라면 하위 행정입법을 하여야 할 헌법적 작위의무는 인정되지 아니한다.
③ 대통령령의 입법부작위에 대해서는 국가배상책임이 인정될 수 있다.
④ 행정기관 내부의 사무처리준칙에 불과한 행정규칙은 공포되어야 하는 것은 아니므로 특별한 규정이 없는 한, 수명기관에 도달된 때부터 효력이 발생한다.

02 행정행위의 취소와 철회에 대한 설명으로 옳지 않은 것은? (다툼이 있는 경우 판례에 의함)
① 행정청은 당사자의 신뢰를 보호할 가치가 있는 등 정당한 사유가 있는 경우에는 위법한 처분을 장래를 향하여 취소할 수 있다.
② 행정청은 적법한 처분이 중대한 공익을 위하여 필요한 경우에는 그 처분을 장래를 향하여 철회할 수 있다.
③ 보건복지부장관이 어린이집에 대한 평가인증이 이루어진 이후에 새로이 발생한 사유를 들어 「영유아보육법」 제30조 제5항에 따라 평가인증을 철회하는 처분을 하면서도, 그 평가인증의 효력을 과거로 소급하여 상실시키기 위해서는, 특별한 사정이 없는 한 「영유아보육법」 제30조 제5항과는 별도의 법적 근거가 필요하다.
④ 행정청이 의료법인의 이사에 대한 이사취임승인취소처분(제1처분)을 직권으로 취소(제2처분)한 경우, 제1처분과 제2처분 사이에 법원에 의하여 선임결정된 임시이사들의 지위는 법원의 해임결정이 있어야 소멸된다.

03 인허가의제에 대한 설명으로 옳지 않은 것은? (다툼이 있는 경우 판례에 의함)
① 도시계획시설인 주차장에 대한 건축허가신청을 받은 행정청으로서는 「건축법」상 허가 요건뿐 아니라 그에 의해 의제되는 국토의 계획 및 이용에 관한 법령이 정한 도시계획시설사업에 관한 실시계획인가 요건도 충족하는 경우에 한하여 이를 허가해야 한다.
② 인허가 의제대상이 되는 처분의 공시방법에 관한 하자가 있더라도, 그로써 해당 인허가 등 의제의 효과가 발생하지 않을 여지가 있게 될 뿐이고, 그러한 사정이 주택건설사업계획 승인처분 자체의 위법사유가 될 수는 없다.
③ 주택건설사업계획 승인권자가 구「주택법」에 따라 도시·군관리계획 결정권자와 협의를 거쳐 관계 주택건설사업계획을 승인하면 도시·군관리계획결정이 이루어진 것으로 의제되고, 이러한 협의 절차와 별도로 「국토의 계획 및 이용에 관한 법률」 등에서 정한 도시·군관리계획 입안을 위한 주민 의견청취 절차를 거칠 필요는 없다.
④ 「행정기본법」에 따르면, 관련 인허가 행정청은 주된 인허가 행정청으로부터 관련 인허가에 관하여 협의를 요청받으면 그 요청을 받은 날부터 20일 이내에 의견을 제출하여야 하고, 그 기간 내에 협의 여부에 관하여 의견을 제출하지 않으면 협의를 거부한 것으로 본다.

04 취소소송의 대상이 되는 처분등에 대한 설명으로 옳은 것은? (다툼이 있는 경우 판례에 의함)
① 「사회기반시설에 대한 민간투자법」상 민간투자사업의 사업시행자 지정은 행정처분이 아니라 공법상 계약의 체결에 해당한다.
② 행정처분에 대한 행정심판의 재결에 이유모순의 위법이 있다는 사유는 재결처분 자체에 고유한 하자로서 재결처분의 취소를 구하는 소송에서는 그 위법사유로서 주장할 수 있으나, 원처분의 취소를 구하는 소송에서는 그 취소를 구할 위법사유로서 주장할 수 없다.
③ 징계혐의자에 대한 감봉 1월의 징계처분을 견책으로 변경한 소청결정 중 그를 견책에 처한 조치는 재량권의 남용 또는 일탈로서 위법하다는 사유는 소청결정 자체에 고유한 위법을 주장하는 것이어서 소청결정의 취소사유가 된다.
④ 과세관청이 사업자등록을 관리하는 과정에서 위장사업자의 사업자명의를 직권으로 실사업자의 명의로 정정하는 행위는 사업자로서의 지위에 변동을 가져오는 것이므로 항고소송의 대상이 되는 행정처분으로 볼 수 있다.

05 행정심판에 대한 설명으로 옳지 않은 것은?

① 거부처분에 대한 취소심판이나 무효등확인심판청구에서 인용재결이 있었음에도 불구하고 피청구인인 행정청이 재결의 취지에 따른 처분을 하지 아니한 경우에는 당사자가 신청하면 행정심판위원회는 기간을 정하여 서면으로 시정을 명하고 그 기간에 이행하지 아니하면 직접 처분을 할 수 있다.
② 행정심판청구는 엄격한 형식을 요하지 아니하는 서면행위이다.
③ 심판청구서를 접수한 피청구인 행정청은 10일 이내에 심판청구서와 답변서를 위원회에 보내야 하나, 심판청구가 그 내용이 특정되지 아니하는 등 명백히 부적법하다고 판단되는 경우에는 답변서를 위원회에 보내지 아니할 수 있다.
④ 행정심판위원회는 임시처분을 결정한 후에 임시처분이 공공복리에 중대한 영향을 미치는 경우에는 직권으로 또는 당사자의 신청에 의하여 이 결정을 취소할 수 있다.

06 사인의 공법행위에 대한 설명으로 옳지 않은 것은? (다툼이 있는 경우 판례에 의함)

① 임시도로 개설 목적으로 법령에 규정되어 있는 요건을 갖추어 산지일시사용신고를 한 경우, 신고서 또는 첨부서류에 흠이 있거나 거짓 또는 그 밖의 부정한 방법으로 신고를 한 것이 아닌 한, 행정청은 그 신고를 수리하여야 하고, 법령에서 정한 사유 이외의 다른 사유를 들어 신고 수리를 거부할 수 없다.
② 납세의무자가 취득세를 신고·납부한 경우, 신고에 하자가 있다면 그 신고는 당연무효이므로 취득세의 신고에 하자가 있다는 사실만으로도 이미 납부하여 국가가 보유하고 있는 취득세액은 부당이득에 해당한다.
③ 부지 확보 요건을 완비하지 못한 상태에서 건축신고 수리처분이 이루어졌음에도 그 처분 당시 건축주가 장래에도 토지형질변경허가를 받지 않거나 받지 못할 것이 명백하였다면, 그 건축신고 수리처분은 위법하다.
④ 법령등으로 정하는 바에 따라 행정청에 일정한 사항을 통지하여야 하는 신고로서 법률에 신고의 수리가 필요하다고 명시되어 있는 경우에는 행정기관의 내부 업무 처리 절차로서 수리를 규정한 경우가 아닌 한, 행정청이 수리하여야 효력이 발생한다.

07 행정의 실효성 확보수단에 대한 설명으로 옳은 것은? (다툼이 있는 경우 판례에 의함)

① 「국세기본법」상 금지되는 재조사에 기하여 과세처분을 하는 것은 과세관청이 그러한 재조사로 얻은 과세자료를 배제하고서도 동일한 과세처분이 가능한 경우라면 적법하다.
② 재범의 위험성이 현저한 자를 상대로 긴급히 보호할 필요가 있는 경우에 단기간의 동행보호를 허용한 구 「사회안전법」상 동행보호규정은 사전영장주의를 규정한 헌법규정에 반한다.
③ 행정청은 당사자가 납부기한까지 과태료를 납부하지 아니한 때에는 납부기한을 경과한 날부터 체납된 과태료에 대하여 100분의 3에 상당하는 가산금을 징수한다.
④ 「국세징수법」상 공매통지에 하자가 있는 경우, 다른 특별한 사정이 없는 한 체납자는 공매통지 자체를 항고소송의 대상으로 삼아 그 취소 등을 구할 수 있다.

08 행정절차에 대한 설명으로 옳지 않은 것은? (다툼이 있는 경우 판례에 의함)

① 교육부장관이 부적격사유가 없는 후보자들 사이에서 어떤 후보자를 상대적으로 더욱 적합하다고 판단하여 국립대학교의 총장으로 임용제청을 하였다면, 그러한 임용제청행위 자체로서 이유제시의무를 다한 것이다.
② 「군인사법」에 따라 당해 직무를 수행할 능력이 없다고 인정하여 장교를 보직해임 하는 경우, 처분의 근거와 이유 제시 등에 관하여 「행정절차법」의 규정이 적용되지 않는다.
③ 공정거래위원회의 시정조치 및 과징금납부명령에 「행정절차법」 소정의 의견청취절차 생략사유가 존재하면 공정거래위원회는 「행정절차법」을 적용하여 의견청취절차를 생략할 수 있다.
④ 청문은 당사자가 공개를 신청하거나 청문 주재자가 필요하다고 인정하는 경우 공개할 수 있다. 다만, 공익 또는 제3자의 정당한 이익을 현저히 해칠 우려가 있는 경우에는 공개하여서는 아니 된다.

09 정보공개에 대한 설명으로 옳지 않은 것은? (다툼이 있는 경우 판례에 의함)
① 법인 등이 거래하는 금융기관의 계좌번호에 관한 정보는 영업상 비밀에 관한 사항으로서 「공공기관의 정보공개에 관한 법률」상 비공개대상정보에 해당한다.
② 행정소송의 재판기록 일부의 정보공개청구에 대한 비공개결정은 전자문서로 통지할 수 있다.
③ 정보공개가 신청된 정보를 공공기관이 보유·관리하고 있지 아니한 경우에는 특별한 사정이 없는 한 정보공개거부처분의 취소를 구할 법률상의 이익이 없다.
④ 정보공개거부처분의 취소를 구하는 소송에서 공공기관이 청구정보를 증거 등으로 법원에 제출하여 법원을 통하여 그 사본을 청구인에게 교부 또는 송달되게 하여 결과적으로 청구인에게 정보를 공개하는 셈이 되었다면, 당해 정보의 비공개결정의 취소를 구할 소의 이익은 소멸된다.

10 행정상 손실보상에 대한 설명으로 옳은 것은? (다툼이 있는 경우 판례에 의함)
① 어떤 보상항목이 공익사업을 위한 토지 등의 취득 및 보상에 관한 법령상 손실보상대상에 해당함에도 관할 토지수용위원회가 사실을 오인하거나 법리를 오해함으로써 손실보상대상에 해당하지 않는다고 잘못된 내용의 재결을 한 경우에는, 피보상자는 관할 토지수용위원회를 상대로 재결취소소송을 제기하여야 한다.
② 헌법 제23조 제3항에서 정한 '정당한 보상'이란 피수용재산의 객관적인 재산가치를 완전하게 보상하여야 한다는 완전보상을 뜻하는 것이므로, 해당 공익사업의 시행으로 인한 개발이익도 완전보상의 범위에 포함된다.
③ 사업인정고시가 된 후 사업시행자가 토지를 사용하는 기간이 3년 이상인 경우 토지소유자는 토지수용위원회에 토지의 수용을 청구할 수 있고, 토지수용위원회가 이를 받아들이지 않는 재결을 한 경우에는 사업시행자를 피고로 하여 토지보상법상 보상금의 증감에 관한 소송을 제기할 수 있다.
④ 공공사업 시행으로 사업시행지 밖에서 발생한 간접손실은 손실 발생을 쉽게 예견할 수 있고 손실 범위도 구체적으로 특정할 수 있더라도, 사업시행자와 협의가 이루어지지 않고 그 보상에 관한 명문의 근거 법령이 없는 경우에는 보상의 대상이 아니다.

매일 모고 행정학 제19회

01 우리나라 지능정보화와 관련하여 옳지 않은 것은?
① 현재 우리나라에 지능정보화책임관(CIO)제도가 도입되지 않고 있다.
② 전자정부의 원칙으로 정보통신기술아키텍처 원칙이 포함된다.
③ 예산회계정보시스템(D-brain)이 구축되어 있다.
④ 온라인 위주 전자정부가 유비쿼터스 전자정부로까지 확대·발전되고 있다.

02 '기업가 정신'과 '기업경영 원리'를 행정에 도입함으로써 정부의 효율성과 효과성을 높여나갈 수 있음을 강조한 오스본(D. Osborne)와 게블러(T. Gaebler)의 '정부 재창조 원리'에 대한 설명으로 옳지 않은 것은?
① 촉진적 정부: 노젓기보다 방향 잡아주기
② 지역사회가 주도하는 정부: 권한 부여보다 서비스 제공
③ 경쟁적 정부: 서비스 제공에 경쟁 도입
④ 고객지향적 정부: 관료제가 아닌 고객 요구의 충족

03 행정윤리에 대한 설명으로 옳지 않은 것은?
① 행정윤리란 관료가 행정이 추구하는 공공목적을 달성하기 위해 준수해야 할 행동규범을 말한다.
② 의무론적 윤리관은 부도덕한 동기실현의 사전제어를 위한 도덕적 원칙의 준수를 강조한다.
③ 주식백지신탁제도 등 이해충돌회피제도는 행정윤리에 대한 의무론적 시각을 반영한 것이다.
④ 공무원의 부정부패 척결 등 부정적 행위를 통제하려는 측면은 행정윤리의 적극적 측면이다.

04 나카무라와 스몰우드(Nakamura & Smallwood)가 제시한 모형 중 다음의 내용과 관련된 모형은?

○ 집행자는 정책목표를 설정하고 결정자로 하여금 이 목표를 수용하도록 모든 힘을 동원해서 종용한다.
○ 집행자는 자신들의 목표성취에 필요한 수단들을 결정자와 협상을 통해서 확보한다.
○ 집행자는 자신들의 정책목표달성에 필요한 능력을 보유하고 있다.

① 협상가형
② 지시적 위임가형
③ 재량적 실험가형
④ 관료적 기업가형

05 다음 중 정책의 주요 과정을 올바르게 연결한 것은?

○ ㉠ 정책의제설정
○ ㉡ 정책분석
○ ㉢ 정책종결
○ ㉣ 정책집행
○ ㉤ 정책평가
○ ㉥ 정책결정

① ㉠ - ㉥ - ㉡ - ㉣ - ㉤ - ㉢
② ㉡ - ㉠ - ㉥ - ㉣ - ㉤ - ㉢
③ ㉠ - ㉡ - ㉥ - ㉣ - ㉤ - ㉢
④ ㉠ - ㉡ - ㉥ - ㉢ - ㉣ - ㉤

06 베버(M. Weber)의 관료제론에 대한 설명으로 올바르지 않은 것은?
① 조직은 엄격한 계층제의 원리에 따라 운영되고 상명하복의 질서정연한 체제이다.
② 이상적인 관료제는 비정의성(impersonality)에 따라 움직인다.
③ 이상적인 관료제는 정치적 전문성에 의해 충원되는 제도를 갖는다.
④ 관료제는 일정한 자격 또는 능력에 따라 규정된 기능을 수행하는 분업의 원리에 따른다.

07 우리나라 소청심사위원회에 대한 설명으로 옳지 않은 것은?
① 인사혁신처에 설치된 소청심사위원회는 모든 국가기관 소속 공무원의 소청을 심사·결정한다.
② 소청심사는 일반직 공무원을 대상으로 하며, 다른 법률로 정하는 바에 따라 특정직 공무원의 소청을 심사·결정할 수 있다.
③ 지방소청심사위원회는 광역자치단체별로 설치된다.
④ 근무성적평정의 결과나 승진탈락은 소청심사의 대상이 될 수 없다.

08 공무원의 정치적 중립을 확보해야 할 필요성으로 옳지 않은 것은?
① 실적주의 확립
② 행정의 공정성 확보
③ 공무원의 신분보장
④ 공무원의 대표성 확보

09 계획예산제도(PPBS)에 대한 설명으로 옳지 않은 것은?
① 장기적 시각과 비용편익분석 등의 활용을 통해 예산결정자의 주관을 배제할 수 있다.
② 각 부처 중심의 할거주의를 지양하고 국가적 차원에서 재원배분이 이루어진다.
③ 목표달성을 위한 대안을 비교·평가하여 효과성이 높은 대안을 선택한다.
④ 목표보다는 평가를 중시하며, 거시적이고 하향적으로 예산이 편성된다.

10 우리나라의 주민투표제에 대한 설명 중 옳지 않은 것은?
① 주민은 주민투표를 청구할 수 있으나 지방의회는 청구할 수 없다.
② 주민투표사무는 관할 선거관리위원회가 담당한다.
③ 지방자치단체의 예산이나 지방세에 관한 사항은 주민투표의 대상에서 제외된다.
④ 국가정책의 수립에 관하여 주민의 의견을 듣기 위하여 필요한 경우에도 가능하다.

2025 공무원 시험대비 【8월분】

매일 풀어서 합격을 만드는
8월
매일 합격모의고사

- 제20회 -

이 름: _____

제1과목 국어
제2과목 영어
제3과목 한국사
제4과목 행정법총론
제5과목 행정학개론

매일 모의고사 정오표

합격까지 박문각

매일 모고 국어 제20회

亦功 국어
적중 혜선

01 다음에서 설명하고 있는 음운 변동의 예로 적절한 것은?

음운 변동은 그 결과에 따라 한 음운이 다른 음운으로 바뀌는 교체(交替), 원래 있던 음운이 없어지는 탈락(脫落), 없던 음운이 추가되는 첨가(添加), 두 개의 음운이 합쳐져서 하나로 되는 축약(縮約) 등으로 분류할 수 있다.

① 탈락 - 굳이[구지]
② 교체 - 부엌[부억]
③ 축약 - 솜이불[솜니불]
④ 첨가 - 법학[버팍]

02 다음 <보기>를 고친 결과로 적절하지 않은 것은?

<보기>
(가) 영수가 지금 학교 운동장에서 철호와 놀고 있겠다.
(나) 그녀는 나보다 게임을 더 좋아한다.
(나) 나는 오늘 아침 나무에게 물을 주었다.
(라) 소위 말하는 여소 야대 정국이 출현했다.

① 중의적인 의미의 문장이므로 '영수와 철호가'로 고쳐야 한다.
② 비교 구문의 중의성이 있으므로 '그녀는 나와 게임 중에 게임을 더 좋아한다'로 고쳐야 한다.
③ '에게'는 유정 명사에 쓰이는 조사이므로 '나무에'로 고쳐야 한다.
④ 같은 의미의 표현이 중복되므로 '말하는'을 삭제해야 한다.

03 광수는 배, 바나나, 포도, 체리 중에서 다음 조건에 따라 과일을 고를 예정이다. 광수가 고른 과일을 모두 고른 것은?

○ 광수는 배를 고른다.
○ 광수는 바나나를 고르지 않으면 배와 체리를 고른다.
○ 광수는 포도를 고르면 배를 고르지 않는다.
○ 광수는 체리를 고르면 포도를 고른다.

① 배, 바나나
② 배, 체리
③ 배, 포도, 바나나
④ 배, 체리, 바나나

04 다음 글의 밑줄 친 결론을 이끌어 내기 위해 추가해야 할 것은?

○ 첫째 주에 연차를 가지 않는 직원 중 몇 명은 셋째 주에 연차를 간다.
○ 넷째 주에 연차를 가지 않는 직원은 모두 둘째 주에도 연차를 가지 않는다.
○ 따라서 첫째 주에 연차를 가지 않는 직원 중 몇 명은 넷째 주에도 연차를 간다.

① 셋째 주에 연차를 가는 직원 중 몇 명은 넷째 주에도 연차를 간다.
② 둘째 주에 연차를 가지 않는 직원 중 몇 명은 셋째 주에 연차를 가지 않는다.
③ 둘째 주에 연차를 가지 않는 직원은 모두 셋째 주에도 연차를 가지 않는다.
④ 첫째 주에 연차를 가지 않는 직원은 모두 셋째 주에 연차를 간다.

05 밑줄 친 표현이 ⑦의 의미와 가장 유사한 것은?

빵 속에 ⑦ 든 단팥이 너무 많아 한 입에 다 들어가지 않았다.

① 언 고기가 익는 데에는 시간이 좀 드는 법이다.
② 노란 봉지에 어머니의 약이 들었다.
③ 노래를 잘하는 축에 든다.
④ 일단 마음에 드는 사람이 있으면 적극적으로 나설 작정이다.

06 밑줄 친 표현이 ⑦의 의미와 가장 유사한 것은?

우리는 회사의 사활을 걸고 상품 홍보에 적극적으로 ⑦ 나섰다.

① 새로 이사 온 사람들은 남의 일에 나서기 좋아하게 생긴 사람들이었다.
② 많은 사람들 앞에 나서려니 부끄러워 얼굴이 빨개졌다.
③ 고향을 떠나 도시에서 장삿길로 나선 친구를 응원했다.
④ 판매자가 주저할 때 구매자가 나서서 거래를 성사시켰다.

07 ㉠~㉣과 바꿔 쓸 수 있는 유사한 표현으로 적절하지 않은 것은?

(가) 그 정보가 벌써 경쟁 회사에까지 ㉠ 전달된 것으로 확인되어 조사 중이다.
(나) 가족의 권유로 결국 금연을 ㉡ 작심하게 되었다.
(다) 그는 낙향하여 시골집에 ㉢ 칩거하고 있다.
(라) 국민들은 대통령이 하려는 개헌에 ㉣ 반대하고 있다.

① ㉠: 닿은
② ㉡: 그만두게
③ ㉢: 틀어박혀
④ ㉣: 거스르고

08 ㉠~㉣과 바꿔 쓸 수 있는 유사한 표현으로 적절하지 않은 것은?

(가) 이 목재는 건조에도 ㉠ 달라지지 않는다.
(나) 급하게 먹었더니 소화가 안 돼서 속이 ㉡ 갑갑하다.
(다) 많은 사람들이 그의 호소에 마음이 ㉢ 흔들리다 기부에 동참했다.
(라) 오랜 전쟁 탓인지 그들의 표정은 항상 ㉣ 무겁다.

① ㉠: 변증하지
② ㉡: 불편하다
③ ㉢: 동요하다
④ ㉣: 우울하다

09 ㉠~㉣에 들어갈 접속 표현이 모두 적절한 것은?

천체의 운행은 불변의 정규 궤도에 따른다. 해와 달과 별이 움직이고 비가 내리고 바람이 부는 것은 모두 제 나름의 길이 있다. 사계절은 말없이 주기에 따라 움직일 뿐이다. (㉠) 일식과 월식이 일어나고 비바람이 아무 때나 일고 괴이한 별이 언뜻 출현하는 경우는 있을 수 있다. (㉡) 이런 일이 항상 벌어지는 것은 아니며 하늘이 이상 현상을 드러내 무슨 길흉을 예시하는 것은 더더욱 아니다. 즉, 하늘은 아무 이야기도 하지 않는데 사람들은 하늘과 관련된 이야기를 만들어 낸다는 것이다. (㉢) 순자는 천재지변이 일어난다고 해서 하늘의 뜻이 무엇인지 알려고 노력할 필요가 없다고 말한다. 그것이 바로 순자가 말하는 불구지천(不求知天)의 본뜻이다.
순자가 말한 '불구지천'의 뜻은 자연현상으로서의 하늘이 아니라 하늘에 무슨 의지가 있다고 주장하고 그것을 알아내겠다고 덤비는 종교적 사유의 접근을 비판하려는 것이다. (㉣) 억지로 하늘의 의지를 알려고 힘을 쏟을 필요가 없다. 사람들은 자연현상에 대해 특별한 의미를 부여하지 말고 오직 인간사회에서 스스로가 해야 할 일을 열심히 해야 한다.

	㉠	㉡	㉢	㉣
①	물론	하지만	그리고	그러나
②	따라서	그러므로	그러나	가령
③	물론	그러나	그래서	그러므로
④	가령	왜냐하면	그리고	그 결과

10 다음 글에서 추론한 내용으로 적절하지 않은 것은?

1960년대 미국의 기상학자 로렌츠는 3개의 연립미분방정식으로 구성된 기후 모형 방정식을 만들어 기후변화 예측 모델을 연구하고 있었다. 연구 중 과거에 수행했던 계산을 검토하던 그는, 이전에 소수점 아래 여섯 자리까지 입력했던 초깃값을 반올림하여 소수점 아래 세 자리까지만 입력하였다. 그런데 1,000분의 1 정도의 미세한 오차를 허용한 그 반올림의 결과는 처음의 결과와 전혀 다른 값으로 나타났다. 이 오차는 당시의 컴퓨터 기술과 사고방식으로는 합리적인 수준이었다. 그러나 초깃값이 약간 다르면 결과도 약간 다를 것이라는 예상과는 달리, 그가 고안한 모형 방정식은 작은 오차를 갖는 초깃값에 매우 예민하게 반응하였다. 이를 통해 로렌츠는 출력이 입력과 선형적 관계를 갖지 않는 계의 혼돈에서는 작은 변화가 큰 차이를 불러올 수 있다는 것을 발견하였다. 이는 브라질에서의 나비의 날갯짓이 미국 텍사스 주에서 토네이도가 될 수 있다는 '나비효과'의 발견으로 이어졌고, 수학의 새로운 분야인 '카오스 이론'을 탄생시켰다.

① '카오스 이론'의 탄생으로 이어진 로렌츠의 발견은 그가 예상하지 못한 것이었다.
② 1960년대의 컴퓨터 기술로는 1,000분의 1 정도의 오차는 합리적인 수준이었다.
③ 로렌츠가 고안한 모형 방정식은 출력이 입력과 선형적 관계를 갖지 않는 것이었다.
④ 로렌츠는 과거에 수행했던 계산을 검토하면서 이전과 크게 다른 값을 얻기 위해 초깃값을 반올림하여 입력하였다.

매일 모고 영어 제20회

01 밑줄 친 부분에 들어갈 말로 가장 적절한 것은?

To save energy, the building reduces electricity consumption by using only the _____ necessary lighting.

① abstract
② minimal
③ numerous
④ profound

02 밑줄 친 부분에 들어갈 말로 가장 적절한 것은?

He created a _____ identity online and pretended to be someone else in order to scam people.

① false
② proper
③ genuine
④ adequate

03 밑줄 친 부분에 들어갈 말로 가장 적절한 것은?

All humans are _____, which means everyone will eventually face death.

① absolute
② dominant
③ mortal
④ dual

04 밑줄 친 부분에 들어갈 말로 가장 적절한 것은?

The farm produces an _____ harvest every year thanks to the fertile soil.

① dynamic
② abundant
③ minimal
④ naive

05 밑줄 친 부분에 들어갈 말로 가장 적절한 것은?

Even experienced actors can feel _____ just before going on stage for a live performance.

① nervous
② authentic
③ elegant
④ racial

06 밑줄 친 부분에 들어갈 말로 가장 적절한 것은?

We _____ through the park this morning.

① were walked
② walking
③ are walked
④ walked

07 밑줄 친 부분 중 어법상 옳지 않은 것은?

He had been struggling ① with the problem for weeks without any solution in sight. Then, something ② unexpected happened. The idea occurred ③ him in a dream. He woke up suddenly, grabbed a pen, and ④ wrote it down before he forgot.

08 밑줄 친 부분에 들어갈 말로 가장 적절한 것은?

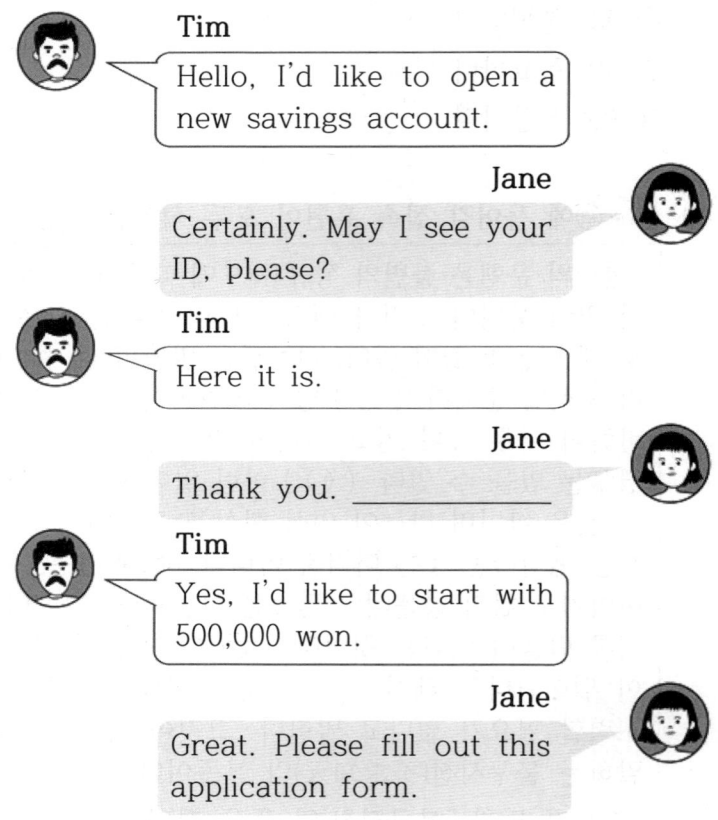

Tim: Hello, I'd like to open a new savings account.
Jane: Certainly. May I see your ID, please?
Tim: Here it is.
Jane: Thank you. _____
Tim: Yes, I'd like to start with 500,000 won.
Jane: Great. Please fill out this application form.

① Do you have an existing account with us?
② Would you like a debit card with this account?
③ Do you have any initial deposit in mind?
④ Can you provide your contact information?

09 다음 글의 흐름상 어색한 문장은?

Have you ever noticed that the buttons on men's clothing and women's clothing are arranged differently? On men's shirts, the buttons are located on the wearer's right-hand side. On women's shirts, they are on the left-hand side. This is because of a tradition that began when clothing with buttons was expensive. ① Women who were wealthy enough to buy button-up clothing rarely dressed themselves. ② Instead, they were dressed by maids, who, like most people, were usually right-handed. ③ Therefore, clothing makers made it easier for the maids to fasten the buttons by putting them on the wearer's left-hand side. ④ Buttons have been used as fasteners for thousands of years, although the material used to make them has changed. Today, most people dress themselves, and the placement of buttons can differ depending on the designer or brand, but many clothing makers are still reluctant to change such a well-known tradition.

10 다음 글의 주제로 가장 적절한 것은?

When we treat a task not as a collaboration between humans and machines but instead assign all automatable parts to machines and leave the rest to people, problems are likely to arise. This approach ends up demanding that humans behave like machines, which doesn't align with our natural abilities. For example, we expect people to constantly monitor machines, but maintaining focused attention for long periods is something humans are not naturally good at. Similarly, we ask people to perform repetitive tasks with machine-like precision and accuracy—again, an area where humans typically struggle. By dividing tasks strictly into what machines do and what humans do, we fail to make use of human strengths and instead place people in roles that go against their biological and cognitive tendencies. Yet, when mistakes happen, it is still the human who gets blamed.

① challenges in overcoming human limitations to prevent failure
② advantages of collaboration between humans and machines
③ problems with assigning unsuitable tasks to humans in automated systems
④ reasons why humans continue to pursue machine automation

매일 모고 한국사 제20회

01 다음 구호가 공통적으로 의미하는 역사적 사건에 대한 설명으로 가장 타당한 것은?

○ 학생의 피에 보답하라.
○ 학살 경찰 처단하라. 정·부통령 선거 다시 하자.
○ 이놈 저놈 다 글렀다. 국민은 통곡한다. 공명 선거를 다시 하자.
○ 마산 학생의 석방을 요구한다. 학원의 자유를 보장한다. 기성 세대를 불신하며 각성을 촉구한다.

① 대일 굴욕 외교에 반대한 학생 운동이었다.
② 이승만 독재 정권을 무너뜨린 민주주의 혁명이었다.
③ 노동자들의 권익을 옹호하기 위한 노동 운동이었다.
④ 민주주의 회복을 위한 유신 헌법의 개정 운동이었다.

02 밑줄 친 사건에 대한 설명으로 적절하지 않은 것은?

○○○ 외무부 장관 귀하
본인은 한국의 안전과 발전에 대한 우리의 공동 이익에 비추어 미국은 한국 방위의 경제적 발전이 더욱 증진되기 위하여 다음의 조치를 취할 용의가 있음을 말씀드릴 권한을 받았습니다.
○ 한국에 있는 한국군의 현대화 계획을 위해 앞으로 수년 동안에 걸쳐 상당한 장비를 제공한다.
○ <u>월남에 파견되는 추가 증파 병력</u>에 필요한 장비를 제공하는 한편, 증파에 따른 모든 추가적 원화 경비를 부담한다. ……
○ 수출을 진흥시키기 위한 모든 분야에서 한국에 대한 기술 원조를 강화한다.

① 미국이 한국에 요청하였다.
② 우리나라 경제 성장에 도움을 주었다.
③ 학생들을 중심으로 한 국민들의 반발로 6·3 항쟁이 일어났다.
④ 한국과 미국 간의 군사적 동맹 관계가 더욱 강화되는 계기가 되었다.

03 다음 자료에 해당하는 역사적 사건이 바르게 연결된 것은?

(가) 우리는 왜 총을 들 수밖에 없었는가. 그 대답은 간단합니다. 너무나 무자비한 만행을 더 이상 보고 있을 수만 없어서 너도나도 총을 들고 나섰던 것입니다. …… 그러나 정부 당국은 17일 야간에 계엄령을 확대 선포하고 학생과 민주 인사들을 불법 연행하였습니다. …… 그래서 우리는 이 고장을 지키고 우리의 부모 형제를 지키고자 손에 총을 들었던 것입니다.

(나) 무엇보다도 우리는 이른바 4·13 대통령의 특별 조치를 국민의 이름으로 무효임을 선언한다. 이 나라는 전제 군주 국가가 아니다. 이 나라의 엄연한 주인은 국민이요, 국민이 국가 권력의 주체이다. …… 민주, 민권의 승리의 확신과 필승의 의지를 가지고 오늘 우리 모두에게 맡겨진 민족의 과제 앞에 힘차게 전진하자.

	(가)	(나)
①	3선 개헌 반대	투쟁 유신 반대 시위
②	한·일 회담 반대 시위	4·19 혁명
③	4·19 혁명	한·일 회담 반대 시위
④	5·18 민주화 운동	6월 민주 항쟁

04 다음 자료를 발생한 시대순으로 바르게 연결한 것은?

(가) 금융 실명제와 함께 지방 자치제를 전면적으로 확대 실시하였다. 한편, '역사 바로 세우기' 운동을 전개하면서 전직 두 대통령을 반란 및 내란죄 혐의로 구속 기소하였다.
(나) 서울 올림픽을 성공적으로 치르고, 북방 외교를 추진하여 동유럽 국가, 소련, 중국 등과 외교 관계를 수립하였다.
(다) 민주화 요구를 탄압하면서 강제로 언론 매체들을 통폐합하였다. 그러나 다른 한편으로는 중·고등학생들의 교복 자율화, 야간 통행 금지 해제 등의 정책을 실시하였다.
(라) 많은 노력을 기울여 외환 위기에서 벗어났고, 대북 화해 협력 정책을 실시하여 남북 관계 개선에 힘써 남북 정상 회담을 개최하였다.

① (가)-(나)-(다)-(라)
② (가)-(다)-(라)-(나)
③ (나)-(가)-(라)-(다)
④ (다)-(나)-(가)-(라)

05 갑신정변에 대한 설명 중 옳지 않은 것은?
① 청·일전쟁 때문에 조선에 주둔하던 청군 일부가 일본 지역으로 이동한 것이 배경이 되었다.
② 김옥균을 비롯한 급진개화파 인사들이 주도하였다.
③ 14개 조항으로 이루어진 개혁 정강을 발표하였다.
④ 정변 이후 체결된 톈진 조약으로 청과 일본의 군대가 조선에서 철수하였다.

06 다음 글의 흐름으로 보아 밑줄 친 곳에 들어갈 내용을 추론할 때 가장 적절한 것은?

민족사는 바야흐로 위대한 결단을 요구하는 전환기에 있다. 4월 항쟁의 참다운 가치성은 반외세·반매판·반봉건에 있으며 민족 민주의 참된 길로 나가기 위한 도정이었으나 5월 군부 쿠데타는 이러한 민족 민주 이념에 대한 정면적인 도전이었으며 노골적인 대중 탄압의 시작이었다. …… 국제 협력이라는 미명 아래 우리 민족의 치 떨리는 원수 일본 제국주의를 수입, 대미 의존적 반신불수인 한국 경제를 이중 예속의 철쇄로 속박하는 것이 조국의 근대화로 가는 첩경이라고 기만하는 반민족적 음모를 획책하고 있다. _____

① 베트남 파병을 즉시 중단하라.
② 3선 개헌 추진을 즉각 중단하라.
③ 굴욕적 한·일 회담을 즉시 중단하라.
④ 정부는 3·15 부정 선거의 원흉을 체포하라.

07 다음과 같은 남북한의 공동 성명이 발표될 당시 상황에 대한 설명으로 옳지 않은 것은?

쌍방은 다음과 같은 조국 통일 원칙들에 합의를 보았다.
첫째, 통일은 외세에 의존하거나 외세의 간섭을 받음이 없이 자주적으로 해결하여야 한다.
둘째, 통일은 서로 상대방을 반대하는 무력 행사에 의거하지 않고 평화적 방법으로 실현하여야 한다.
셋째, 사상과 이념, 제도의 차이를 초월하여 우선 하나의 민족으로서 민족적 대단결을 도모하여야 한다.

① 미국은 주한 미군의 일부를 국내에서 철수시켰다.
② 미국은 닉슨 독트린을 발표하고 월남전 개입을 축소하려 하였다.
③ 세계 경제는 석유 파동으로 인해 불황을 맞았고 우리의 경제 발전도 주춤하였다.
④ 한·일 국교 정상화로 공산주의 세력에 대한 한·미·일 공동 안보 체제가 형성되었다.

08 밑줄 친 내용을 처음으로 공개 제안한 통일 정책으로 옳은 것은?

오늘을 대한민국이 유엔의 후원하에 탄생한 지 43년 만에 유엔의 정회원국으로 새출발하는 날이기에 한 국민 모두에게 매우 뜻 깊은 날이다. 대한민국은 동서 화해를 바탕으로 새롭게 형성되고 있는 국제 질서하에 유엔의 역할이 증대되고 있는 오늘날 정회원국으로서 응분의 역할을 다해야 할 것이다. 더욱 뜻 깊은 것은 조선 민주주의 인민 공화국이 우리와 함께 유엔에 가입하게 될 것이다. 이제 남북한 관계에 있어서 새로운 장을 여는 중요한 계기를 마련하게 되었다. '세계 평화의 날'이기도 한 오늘, 남북한은 한반도의 평화 통일을 달성하겠다는 굳은 결의를 새롭게 해야 할 것이다.
- 1991.9.18. 한국 외무부 장관의 유엔 가입 수락 연설 -

① 7·4 남북 공동 성명
② 6·23 평화 통일 선언
③ 6·15 남북 공동 선언
④ 한민족 공동체 통일 방안

09 다음은 어느 독립운동 단체의 선언문에 대한 당시의 신문 기사의 일부이다. 이 선언문 작성자에 관한 설명으로 옳은 것은?

혁명의 길은 파괴부터 개척할지니라. 그러나 파괴만 하려고 파괴하는 것이 아니라 건설하려고 파괴하는 것이니, 만일 건설할 줄을 모르면 파괴할 줄도 모를지며 파괴할 줄을 모르면 건설할 줄도 모를지니라. 건설과 파괴가 다만 형식상에서 보아 구별될 뿐이요 정신사에서는 파괴가 곧 건설이니. 이를테면 우리가 일본 세력을 파괴하려는 것이, 혁명은 전쟁이요 폭동은 예술이다.

① 이토 히로부미를 암살하였다.
② 신흥무관학교 출신으로 의열단을 결성하였다.
③ 민족주의 역사학을 추구하였다.
④ 국민대표회의에서 개조파에 속하였다.

10 다음 노래가 만들어질 당시 상황으로 옳지 않은 것은?

새벽종이 울렸네 새아침이 밝았네
너도나도 일어나 새마을을 가꾸세
초가집도 없애고 마을 길도 넓히고
푸른 동산 만들어 알뜰살뜰 다듬세
서로서로 도와서 땀 흘려서 일하고
소득 증대 힘써서 부자 마을 만드세
우리 모두 굳세게 싸우면서 일하고
일하면서 싸워서 새 조국을 만드세
살기 좋은 내 마을 우리 힘으로 만드세

① 정부는 저곡가 정책을 펼쳤다.
② 정부는 공업화 정책을 펼쳤다.
③ 정부는 성장 제일주의 정책을 펼쳤다.
④ 쌀 시장의 개방으로 농업이 큰 타격을 받았다.

매일 모고 행정법 제20회

01 행정행위의 내용에 대한 설명으로 옳지 않은 것은? (다툼이 있는 경우 판례에 의함)

① 「의료법」상 신의료기술의 안전성·유효성 평가나 신의료기술의 시술로 국민보건에 중대한 위해가 발생하거나 발생할 우려가 있는지 여부에 대한 판단과, 그 경우 행정청이 어떠한 종류와 내용의 지도나 명령을 할 것인지의 판단에 관해서는 행정청에 재량권이 부여되어 있다.

② 육아휴직 중인 여성 교육공무원이 출산휴가 요건을 갖추어 복직신청을 하는 경우는 물론 그 이전에 미리 출산을 이유로 복직신청을 하는 경우에도 임용권자는 출산휴가 개시 시점에 휴직사유가 없어졌다고 보아 복직명령과 동시에 출산휴가를 허가하여야 한다.

③ 자동차관리사업자로 구성하는 사업자단체 설립인가는 인가권자가 가지는 지도·감독 권한의 범위 등과 아울러 설립인가에 관하여 구체적인 기준이 정하여져 있지 않은 점 등에 비추어 재량행위로 보아야 한다.

④ 주택재건축조합의 정관변경에 대한 시장·군수등의 인가는 그 대상이 되는 기본행위를 보충하여 법률상 효력을 완성시키는 행위로서 시장·군수등이 변경된 정관을 인가하면 정관변경의 효력이 총회의 의결이 있었던 때로 소급하여 발생한다.

02 행정행위의 효력에 대한 설명으로 옳지 않은 것은? (다툼이 있는 경우 판례에 의함)

① 물품세 과세대상이 아닌 것을 세무공무원이 직무상 과실로 과세대상으로 오인하여 과세처분을 행함으로 인하여 손해가 발생된 경우에는, 동 과세처분이 취소되지 아니하였다 하더라도, 국가는 이로 인한 손해를 배상할 책임이 있다.

② 처분은 무효가 아닌 한 권한이 있는 기관이 취소 또는 철회하거나 기간의 경과 등으로 소멸되기 전까지는 적법한 것으로 통용된다.

③ 연령미달 결격자가 다른 사람 이름으로 교부받은 운전면허는 당연무효가 아니고 취소되지 않는 한 유효하므로 그 연령미달 결격자의 운전행위는 무면허운전에 해당하지 아니한다.

④ 불가변력은 당해 행정행위에만 인정되는 것이므로, 비록 동종의 행정행위라 하더라도 그 대상을 달리할 때에는 불가변력은 인정될 여지가 없다.

03 행정행위의 하자에 대한 설명으로 옳은 것은? (다툼이 있는 경우 판례에 의함)

① 과세처분의 근거규정에 대한 헌법재판소의 위헌결정이 내려진 후 행한 체납처분은 그 하자가 객관적으로 명백하다고 할 수 없다.

② 행정청이 사전에 교통영향평가를 거치지 아니한 채 '건축허가 전까지 교통영향평가 심의필증을 교부받을 것'을 부관으로 붙여서 한 '실시계획변경 승인 및 공사시행변경 인가 처분'은 그 하자가 중대하고 객관적으로 명백하여 당연무효이다.

③ 구 「학교보건법」상 학교환경위생정화구역에서의 금지행위 및 시설의 해제 여부에 관한 행정처분을 하면서 학교환경위생정화위원회의 심의를 누락한 흠은 행정처분을 위법하게 하는 취소사유가 된다.

④ 「주민등록법」상 최고·공고절차가 생략된 주민등록 말소처분은 당연무효이다.

04 법률상 이익에 대한 설명으로 옳은 것은? (다툼이 있는 경우 판례에 의함)

① 지방법무사회가 법무사의 사무원 채용승인 신청을 거부하여 사무원이 될 수 없게 된 자가 지방법무사회를 상대로 거부처분의 취소를 구하는 경우 항고소송의 원고적격이 인정된다.

② 교육감의 학교법인 이사장 및 학교장에 대한 호봉정정 및 급여환수 명령 등에 대하여, 호봉정정 및 급여환수의 대상인 사립학교 직원들은 항고소송으로 위 명령 등을 다툴 원고적격이 없다.

③ 재단법인 한국연구재단이 대학교 총장에게 연구개발비의 부당집행을 이유로 국가연구개발사업인 BK21 사업 협약을 해지하고 연구팀장에 대한 국가연구개발사업의 3년간 참여제한 등을 명하는 통보를 한 경우, 그 연구팀장은 위 협약 해지 통보의 효력을 다툴 법률상 이익이 없다.

④ 파면처분 취소소송의 사실심 변론종결 전에 금고 이상의 형을 선고받아 당연퇴직된 경우에는 해당 공무원은 파면처분의 취소를 구할 이익이 없다.

05 취소소송의 제소기간에 대한 설명으로 옳은 것은? (다툼이 있는 경우 판례에 의함)

① 제소기간의 적용에 있어 '처분이 있음을 안 날'이란 처분의 존재를 현실적으로 안 날을 의미하는 것이 아니라 처분의 위법 여부를 인식한 날을 말한다.
② 고시 또는 공고에 의하여 행정처분을 하는 경우 그 행정처분에 이해관계를 갖는 사람이 고시 또는 공고가 있었다는 사실을 현실적으로 알았는지 여부에 관계없이 고시 또는 공고가 효력을 발생한 날에 행정처분이 있음을 알았다고 보아야 한다.
③ 행정청이 행정심판청구를 할 수 있다고 잘못 알려 행정심판청구를 한 경우에는 재결서 정본을 송달받은 날이 아닌 처분이 있음을 안 날로부터 제소기간이 기산된다.
④ 행정심판을 청구하였으나 심판청구기간을 도과하여 각하된 후 제기하는 취소소송은 재결서를 송달받은 날부터 90일 이내에 제기하면 된다.

06 행정법관계에 대한 설명으로 옳지 않은 것은? (다툼이 있는 경우 판례에 의함)

① 사무처리의 긴급성으로 인하여 해양경찰의 직접적인 지휘를 받아 보조로 방제작업을 한 경우, 사인은 그 사무를 처리하며 지출한 필요비 내지 유익비의 상환을 국가에 대하여 민사소송으로 청구할 수 있다.
② 육군3사관학교 생도는 일반 국민보다 상대적으로 기본권이 더 제한될 수 있으나, 그러한 경우에도 법률유보원칙, 과잉금지원칙 등 기본권 제한의 헌법상 원칙들이 지켜져야 한다.
③ 「국유재산법」상 일반재산은 취득시효의 대상이 될 수 없다.
④ 지방법무사회는 법무사 감독 사무를 수행하기 위하여 법률에 의하여 설립과 법무사의 회원 가입이 강제된 공법인으로서 법무사 사무원 채용승인에 관한 공권력 행사의 주체라고 보아야 한다.

07 제재처분에 대한 설명으로 옳지 않은 것은? (다툼이 있는 경우 판례에 의함)

① 행정법규 위반에 대하여 가하는 제재조치는 반드시 현실적인 행위자가 아니라도 법령상 책임자로 규정된 자에게 부과되고 특별한 사정이 없는 한 위반자에게 고의나 과실이 없더라도 부과할 수 있다.
② 일정한 법규위반 사실이 행정처분의 전제사실이자 형사법규의 위반사실이 되는 경우, 형사판결이 확정되기 전에 그 위반사실을 이유로 제재처분을 하였다면 절차적 위반에 해당한다.
③ 여러 처분사유에 관하여 하나의 제재처분을 하였을 때 그중 일부가 인정되지 않는다고 하더라도 나머지 처분사유들만으로도 처분의 정당성이 인정되는 경우에는 그 처분을 위법하다고 보아 취소하여서는 아니 된다.
④ 행정청이 여러 개의 위반행위에 대하여 하나의 제재처분을 하였으나, 위반행위별로 제재처분의 내용을 구분하는 것이 가능하고 여러 개의 위반행위 중 일부의 위반행위에 대한 제재처분 부분만이 위법하다면, 법원은 제재처분 전부를 취소하여서는 아니 된다.

08 과징금에 대한 설명으로 옳지 않은 것은? (다툼이 있는 경우 판례에 의함)

① 구 「청소년보호법」 제49조 제1항, 제2항에 따른 동법 시행령 제40조 [별표 6]의 위반행위의 종별에 따른 과징금처분기준은 법규명령에 해당하고 과징금처분기준의 수액은 정액이 아니라 최고한도액이다.
② 「부동산 실권리자명의 등기에 관한 법률」상 실권리자명의 등기의무에 위반하여 부과된 과징금 채무는 대체적 급부가 가능한 의무이므로 과징금을 부과받은 자가 사망한 경우 그 상속인에게 포괄승계된다.
③ 과징금부과처분은 반드시 현실적인 행위자가 아니라도 법령상 책임자로 규정된 자에게 부과되고 원칙적으로 위반자의 고의·과실을 요하지 아니하나, 위반자의 의무 해태를 탓할 수 없는 정당한 사유가 있는 등의 특별한 사정이 있는 경우에는 이를 부과할 수 없다.
④ 「부동산 실권리자명의 등기에 관한 법률」상 명의신탁자에 대한 과징금의 부과 여부는 행정청의 재량행위이다.

09 정보공개에 대한 설명으로 옳은 것은? (다툼이 있는 경우 판례에 의함)
① 외국 또는 외국 기관으로부터 비공개를 전제로 입수한 정보는 비공개를 전제로 하였다는 이유만으로 비공개대상정보에 해당한다.
② 견책의 징계처분을 받은 자가 소속기관의 장에게 징계위원회에 참여한 징계위원의 성명과 직위에 대한 정보공개청구를 하였으나 해당 정보가 비공개 대상이라는 이유로 거부된 경우, 그 견책처분에 대한 취소소송의 기각판결이 확정되었다면 정보공개거부처분의 취소를 구할 법률상 이익은 인정되지 않는다.
③ 정보공개청구인은 공공기관의 비공개결정에 불복하는 행정심판을 청구하려면 「공공기관의 정보공개에 관한 법률」에서 정하는 이의신청 절차를 거쳐야 한다.
④ 의사결정과정에 제공된 회의관련 자료나 의사결정과정이 기록된 회의록 등은 의사가 결정되거나 의사가 집행된 경우에는 더 이상 의사결정과정에 있는 사항 그 자체라고는 할 수 없으나, 의사결정과정에 있는 사항에 준하는 사항으로서 비공개대상정보에 포함될 수 있다.

10 국가배상에 대한 설명으로 옳지 않은 것은? (다툼이 있는 경우 판례에 의함)
① 사인이 지방자치단체로부터 공무를 위탁받아 공무에 종사하는 경우 공무의 위탁이 일시적이고 한정적인 사항에 관한 활동이라면 「국가배상법」상 공무원에 해당하지 아니한다.
② 「국가배상법」이 정한 배상청구의 요건인 '공무원의 직무'에는 권력적 작용만이 아니라 행정지도와 같은 비권력적 작용도 포함되나 행정주체가 사경제주체로서 하는 활동만 제외된다.
③ 군 복무 중 사망한 사람의 유족이 국가배상을 받은 경우, 관할 행정청 등은 「군인연금법」상 사망보상금에서 소극적 손해배상금 상당액을 공제할 수 있을 뿐, 이를 넘어 정신적 손해배상금까지 공제할 수는 없다.
④ 국가배상청구권은 피해자나 법정대리인이 손해 및 가해자를 안 날로부터 3년간, 불법행위가 있은 날로부터 5년간 이를 행사하지 않으면 시효로 인하여 소멸된다.

매일 모고 행정학 제20회

01. 지식행정관리에 대한 내용으로 옳지 않은 것은?
① 정보와 지식의 중복활용
② 지식의 공동재산화
③ 학습조직 기반 구축
④ 공유를 통한 지식가치 향상

02. 피터스(B. Guy Peters)의 정부개혁모형 중 다음이 설명하는 것은?

> ○ 정책기능수행에서 기업가적 정부의 역할이 강조된다.
> ○ 조직구조에 대한 특정적 처방은 없다.
> ○ 관리작용의 자율성이 높다.
> ○ 거버넌스의 평가기준은 창의성과 행동주의이다.

① 탈규제적 정부모형
② 신축적 정부모형
③ 시장적 정부모형
④ 참여적 정부모형

03. 다음 중 정책유형과 예가 잘못 연결된 것은?
① 재분배정책 - 자영업자 금융지원
② 분배정책 - 국공립학교에서 교육서비스
③ 규제정책 - 항공노선 취항권 부여
④ 구성정책 - 행정구역 개편

04. 실험의 타당성 위협요인에 관한 설명으로 가장 적절한 것은?
① '역사효과' - 정책집행 기간 중 외부 환경에서 정책결과에 영향을 줄 수 있는 사건이 발생함으로써 나타나는 현상
② '모방 효과' - 실험대상자들이 실험의 대상으로서 그들이 관찰되고 있다는 사실을 알게 되어 평소와는 다른 행동을 함으로써 나타나는 현상
③ '호오손 효과' - 실험의 효과가 비교적 잘 나타날 가능성이 있는 조건이 좋은 집단을 실험집단으로 선정하고 그렇지 못한 집단을 비교집단으로 선정함으로써 나타나는 현상
④ '검사(측정)효과' - 실험 직전의 측정 결과를 토대로 평소와 달리 유별나게 좋거나 나쁜 결과를 받은 사람을 실험집단 구성원으로 선정함으로써 나타나는 현상

05. 조직관리에서 수직적 연결을 위한 조정기제가 아닌 것은?
① 태스크포스(TF)
② 계층제
③ 상위계획의 마련
④ 수직정보시스템

06. 동기이론 중 성격이 서로 다른 것끼리 연결된 것은?
① 브룸(Vroom)의 기대이론 - 아담스(Adams)의 형평성이론
② 매슬로우(Maslow)의 욕구계층이론 - 맥그리거(McGregor)의 X·Y이론
③ 핵크만(Hackman)과 올드햄(Oldham)의 직무특성이론 - 스키너(Skinner)의 학습이론
④ 로크(Locke)의 목표설정이론 - 허즈버그(Herzberg)의 동기·위생요인이론

07. 직위분류제와 계급제의 특성에 대한 비교설명으로 옳지 않은 것은?
① 직위분류제는 조직계획의 단기적 합리성을 확보할 수 있다.
② 직위분류제에서는 직무의 종류나 성격에 관계없이 폭넓은 인사이동이 가능하다.
③ 계급제에서는 직업공무원제 확립이 용이하다.
④ 계급제에서는 공무원 간의 유대의식이 높다.

08. 예산절차상의 특징에 따른 예산의 유형에 관한 설명으로 옳은 것은?
① 본예산은 정기국회의 심의를 거쳐 확정된 최초의 예산으로 당초예산이라고도 한다.
② 수정예산은 예산이 국회를 통과한 이후 예산집행과정에서 다시 제출되는 예산이다.
③ 추가경정예산은 예산안이 제출된 이후 국회의결 이전에 기존안의 일부를 수정해 제출한 예산이다.
④ 잠정예산은 회계연도개시 전에 예산이 의결되지 못하는 경우를 대비해 의회가 미리 1개월분 예산만 의결해 정부로 하여금 집행할 수 있도록 하는 예산이다.

- 10 -

09 정부 각 기관에 배정될 예산의 지출한도액은 중앙예산기관과 행정수반이 결정하고 각 기관의 장에게는 그러한 지출한도액의 범위 내에서 자율적으로 목표달성 방법을 결정하는 자율권을 부여하는 예산관리모형은 무엇인가?
① 계획예산제도
② 목표관리 예산제도
③ 성과주의 예산제도
④ 총액배분 자율편성 예산제도

10 특별지방자치단체에 대한 설명으로 옳지 않은 것은?
① 2개 이상의 자치단체가 공동으로 특정한 목적을 위하여 광역적으로 사무를 처리할 필요가 있을 때 법인으로 설치하는 자치단체를 말한다.
② 구성 자치단체는 특별지방자치단체의 경비에 대하여 특별회계를 설치하여 운영하여야 한다.
③ 특별지방자치단체의 의회는 규약으로 정하는 바에 따라 구성 자치단체의 의회의원으로 구성한다.
④ 특별지방자치단체의 장은 규약으로 정하는 바에 따라 특별지방자치단체의 의회에서 선출하며, 구성 자치단체의 장은 특별지방자치단체의 장을 겸할 수 없다.

2025 공무원 시험대비 【8월분】

-제21회-

이 름: _____

제1과목 국어
제2과목 영어
제3과목 한국사
제4과목 행정법총론
제5과목 행정학개론

매일 모의고사 정오표

합격까지 박문각

매일 모고 국어 제21회

01 <자료>의 (가)와 (나)가 옳게 짝지어진 것은?

<자료>
(가) 음운의 변동 양상
  ㉠ 어떤 음운이 음절의 끝 위치에서 다른 음운으로 바뀌는 현상
  ㉡ 두 음운이 하나의 음운으로 결합하거나 어느 하나가 없어지는 현상
  ㉢ 한 음운이 인접하는 다른 음운의 성질을 닮아가는 현상

(나) 예시
  ⓐ 좋고, 많다   ⓑ 바깥, 부엌
  ⓒ 촛불, 나뭇집   ⓓ 닫는, 신라

	㉠	㉡	㉢
①	ⓐ	ⓓ	ⓑ
②	ⓑ	ⓐ	ⓓ
③	ⓒ	ⓐ	ⓑ
④	ⓓ	ⓑ	ⓒ

02 다음 중 한 가지 뜻으로만 해석되는 것은?
① 상철이는 모임에 혼자 안 갔다고 말했다.
② 숲속에서 토끼 한 마리가 포수에게 쫓긴다.
③ 그릇의 얼음이 다 녹을 때까지 가열하지 마세요.
④ 군사 기밀을 적에게 넘긴 소령의 애인에 관한 이야기다.

03 영수는 서울, 대전, 포항, 전주 중에서 다음 조건에 따라 봉사활동을 갈 예정이다. 영수가 봉사활동을 갈 지역을 모두 고른 것은?

○ 영수는 서울에 간다.
○ 영수는 포항을 가면 서울을 가지 않는다.
○ 영수는 대전과 전주를 모두 가지 않으면 포항을 간다.
○ 영수는 전주를 가면 서울을 가지 않는다.

① 서울, 대전
② 서울, 대전, 포항
③ 서울, 대전, 전주
④ 서울, 포항

04 ㉠~㉣에 대한 평가로 적절한 것을 <보기>에서 모두 고른 것은?

㉠ 어떤 과학자는 데이터 분석을 잘한다.
㉡ 통계 이론을 잘 아는 모든 사람은 데이터 분석을 잘하지 못한다.
㉢ 데이터 분석을 잘하는 모든 사람은 통계 이론을 잘 안다.
㉣ 모든 과학자가 통계 이론을 잘 아는 것은 아니다.

<보 기>
㉮: ㉠과 ㉡이 참일 경우 ㉣이 참이 아닐 수 있다.
㉯: ㉠과 ㉢이 참일 경우 ㉣은 참일 수 있다.
㉰: ㉢과 ㉣이 참일 경우 ㉠은 참일 수 있다.

① ㉮
② ㉯
③ ㉮, ㉰
④ ㉯, ㉰

05 밑줄 친 표현이 ㉠의 의미와 가장 유사한 것은?

말이 목구멍까지 ㉠ 차 있는 상태에서 감정을 억누르기가 매우 힘들다.

① 술 냄새가 방 안에 가득 차다.
② 그녀는 패기에 차서 목표를 향해 끊임없이 노력하고 있다.
③ 쌓인 눈이 가랑이까지 찼다.
④ 서류 제출 기한이 차기 전에 모든 준비를 마쳐야 한다.

06 밑줄 친 표현이 ㉠의 의미와 가장 유사한 것은?

그는 오랜만에 선발 투수로 나와 완투 승을 거두면서 자신감을 ㉠ 찾았다.

① 감기로 병원을 찾는 환자가 부쩍 늘었다.
② 주말에 산이나 바다를 찾다.
③ 잃어버린 명예를 다시 찾기란 쉽지 않다.
④ 그는 자기가 하는 일에서 삶의 의미를 찾으려 했다.

07 ㉠~㉣과 바꿔 쓸 수 있는 유사한 표현으로 적절하지 않은 것은?

> (가) 독립에 크게 ㉠공헌한 이에게 훈장이 수여됐다.
> (나) 그는 오랜 정치 인생을 마무리하며 회고록을 ㉡집필하고 있다.
> (다) 그는 과거의 아픈 기억과 함께 내면의 상처를 ㉢치료하려고 노력했다.
> (라) 그는 지난날의 과오를 진심으로 반성하고 ㉣회개하였다.

① ㉠: 이바지한
② ㉡: 바로잡고
③ ㉢: 고치려고
④ ㉣: 뉘우쳤다

08 ㉠~㉣과 바꿔 쓸 수 있는 유사한 표현으로 적절하지 않은 것은?

> (가) 수사당국은 그 조직이 은밀히 ㉠움직이고 있다는 첩보를 입수했다.
> (나) 아이들과 함께 길가에 코스모스가 활짝 ㉡핀 들판을 걸었다.
> (다) 그녀는 ㉢지나친 지출로 파산 지경에 이르렀다.
> (라) 언론이 진실을 ㉣꾸미면 국민의 신뢰를 잃게 된다.

① ㉠: 활주하고
② ㉡: 만개한
③ ㉢: 과도한
④ ㉣: 날조하면

09 글의 내용을 고려할 때, ㉠에 들어갈 문장으로 가장 적절한 것은?

> 아들러는 개인의 사회적 감정을 중요시했던 심리학자로, 인간의 열등감에 주목했다. 그는 인간이 타인과 어울려 살아가는 과정에서 자신을 타인과 비교하면서 열등감을 겪을 수밖에 없다고 보았다. 아들러에 의하면 열등감은 인간이 사회적 존재이기에 느끼는 것이며, 갓 태어난 아기는 사회적 관계를 맺지 않은 존재이므로 열등감을 느끼지 않는다. 그러나 사회적 관계를 맺고 살아가는 인간에게는 타인보다 뛰어난 존재가 되고 싶은 욕구가 있고, 이러한 욕구는 열등감을 유발한다.
> (㉠) 인간은 자신이 타인에게 뒤처져 있다고 느낄 때 열등감을 느끼게 된다. 아들러는 이 열등감을 극복하기 위해 목표를 설정하고 그것을 달성하려는 노력이 인간을 발전하게 하는 최대의 동기라고 보았다. 그는 인간이 열등감을 극복하고 우월감을 향해 나아가는 과정을 '권력에의 의지'라고 하였다.

① 그러나 열등감에 대한 일반적인 사람들의 인식과는 달리, 아들러는 열등감의 긍정적 기능에 주목하였다.
② 그런데 열등감을 과도하게 느끼는 사람은 인격의 왜곡으로 반사회적 행동 등 문제를 일으킬 가능성이 높다.
③ 아들러는 인간이 사회적 관계를 맺는 것보다 내면의 열등감을 다루는 것에 더 집중해야 한다고 하였다.
④ 아들러는 인간이 열등감을 극복하기 위해서는 타인과 적극적으로 소통해야 한다고 보았다.

10 다음 글을 읽고 추론한 내용으로 적절하지 않은 것은?

> 1861년 외과의사 브로카는 뇌의 좌반구 하측 전두엽 부분에 이상이 생기면 언어 능력을 상실한다는 것을 발견했다. 오늘날 브로카 영역이라고 알려져 있는 이 영역에 이상이 생긴 사람들은 문법에 맞는 말을 구사하지 못했다. 1874년에는 오늘날 베르니케 영역이라고 알려져 있는 좌반구 측두엽에 이상이 생긴 사람들이 무의미한 말을 하고 다른 사람들의 말을 이해할 수 없게 된다는 것이 알려졌다. 브로카 영역과 베르니케 영역의 발견은 인간의 언어 중추가 뇌의 좌반구에 존재하며, 뇌의 우반구는 예술적 감성이나 직관력을 담당한다는 좌우반구 기능 분리론으로 이어졌다.
> 그런데 3세 이전에 브로카 영역이나 베르니케 영역에 이상이 생긴 아이들이 시간이 지나면서 언어 장애를 극복한 사례들이 발견되었다. 연구 결과, 이들은 우반구의 특정 영역이 브로카 영역이나 베르니케 영역과 동일한 기능을 할 수 있도록 성장했다는 것이 밝혀졌다. 다만 성장이 많이 진행된 11세 이후에는 이러한 회복이 거의 불가능하다.
> 한편, 오른손잡이는 뇌의 좌반구가 대부분의 언어 기능을 담당하지만, 왼손잡이는 뇌의 우반구에서 언어 기능의 3분의 1 정도를 담당한다는 것도 밝혀졌다. 그 결과 오늘날 뇌의 기능 분리론은 힘을 잃고 있으며, 언어 능력은 뇌의 여러 부위와 관련이 있다는 전체설이 주목받고 있다.

① 3세 이전에 뇌의 좌반구 하측 전두엽에 이상이 생긴 아이는 시간이 지나면 문법에 맞는 말을 구사할 수도 있을 것이다.
② 왼손잡이의 뇌와 언어 기능의 관계는 뇌의 기능 분리론에 부합하지 않는다.
③ 11세 이후에 뇌의 좌반구 측두엽에 이상이 생긴 오른손잡이들은 문법에 맞는 말을 구사하기 어려울 것이다.
④ 뇌의 기능 분리론에 따르면 언어의 문법을 이해하는 기능과 의미를 이해하는 기능은 뇌의 서로 다른 부위에서 담당한다.

매일 모고 영어 제21회

01 밑줄 친 부분에 들어갈 말로 가장 적절한 것은?

> She was _____ by her mother for coming home late at night without telling anyone.

① fascinated
② preserved
③ scolded
④ consumed

02 밑줄 친 부분에 들어갈 말로 가장 적절한 것은?

> After living in the city for several years, he became _____ with its streets and shortcuts.

① familiar
② ethical
③ rapid
④ naked

03 밑줄 친 부분에 들어갈 말로 가장 적절한 것은?

> The _____ crack in the wall does not have a significant impact on the building's stability.

① vast
② reluctant
③ minor
④ massive

04 밑줄 친 부분에 들어갈 말로 가장 적절한 것은?

> Using _____ measurements is crucial for the success of any scientific experiment.

① external
② false
③ ambiguous
④ accurate

05 밑줄 친 부분에 들어갈 말로 가장 적절한 것은?

> The artist spent several months working carefully to _____ an intricate and beautiful statue out of marble.

① sculpt
② fasten
③ inhibit
④ lean

06 밑줄 친 부분에 들어갈 말로 가장 적절한 것은?

> She found the instructions so clear that she _____ a tutor.

① could dispense with
② could dispensed with
③ can dispense with
④ could dispense without

07 밑줄 친 부분 중 어법상 옳지 않은 것은?

> Tensions in the region have been rising for weeks ① due to the ongoing conflict. Civilians have been forced ② to flee their homes, and international pressure has been mounting. The UN has demanded that all troops ③ being withdrawn. This call for immediate action reflects global concern over human rights violations. Negotiations are expected ④ to begin soon, though the outcome remains uncertain.

08 밑줄 친 부분에 들어갈 말로 가장 적절한 것은?

> A: Hello, I'd like to report a lost credit card.
> B: I'm sorry to hear that. When did you notice it was missing?
> A: I realized it was gone this morning.
> B: _____
> A: No, the card hasn't been used.
> B: We will block your card immediately to prevent unauthorized use.
> A: Thank you. How can I get a replacement card?
> B: You can apply here or online. It usually takes 5 to 7 business days.

① When did you lose your card?
② Who did you lend your credit card to?
③ Has the card been used since then?
④ What is your credit card limit?

09 다음 글의 흐름상 어색한 문장은?

In the 1980s, some prisons in the United States painted their cells pink in order to make the prisoners less violent and aggressive. This idea came from the work of a psychologist named Alexander Schauss. ① Schauss claimed that he had created a special shade of pink that could significantly reduce the strength and aggression of prisoners. ② He even conducted an experiment that showed a loss of physical strength in participants who had stared at a piece of pink paper. ③ Many people who ran prisons were impressed with Schauss' research, so they agreed to allow him to test the effects of his color on their prisoners. ④ Prison violence is a serious problem, and it is believed that overcrowding is one of the main causes. The color is still used today, not only in prisons but also in hospitals and psychiatric institutions.

10 주어진 글 다음에 이어질 글의 순서로 가장 적절한 것은?

Understanding history is more than memorizing dates and events; it helps individuals develop a sense of identity and perspective.

(A) Moreover, this understanding fosters critical thinking by encouraging individuals to question sources, analyze biases, and evaluate consequences.

(B) As a result, historical awareness not only deepens civic responsibility but also equips citizens to engage more thoughtfully in present-day social and political debates.

(C) Through studying history, people can recognize how past decisions, movements, and conflicts have shaped current societies and global relationships.

① (A) - (C) - (B)
② (B) - (C) - (A)
③ (C) - (A) - (B)
④ (C) - (B) - (A)

매일 모고 한국사 제21회

01 다음 글을 쓴 인물에 대한 설명으로 옳은 것은?

> ○ 화엄경의 의미를 분석하여, 말세에 큰마음을 지닌 중생으로 하여금 모든 부처의 지혜를 깨달아 처음 마음을 일으키는 근원을 삼고자 한다.
> ○ 신통변화는 깨달음에 의지하여 닦아 점점 나타나는 것이며, 깨달았을 때에 곧 발현되는 것을 말하는 것은 아니다. 능엄경에 이르기를, "진리는 단번에 깨닫지만, 구체적인 번뇌는 한 번에 없어지지 않아 차례로 제거한다."라고 한 것과 같다.

① 교학을 중심으로 선을 포용하였다.
② 화엄종을 형성하고 많은 제자를 양성하였다.
③ 백련 결사를 통해 고려 후기 불교계를 이끌었다.
④ 고려 불교에서 지향되던 선교 일치 사상을 완성하였다.

02 (가) 인물에 대한 설명으로 옳은 것은?

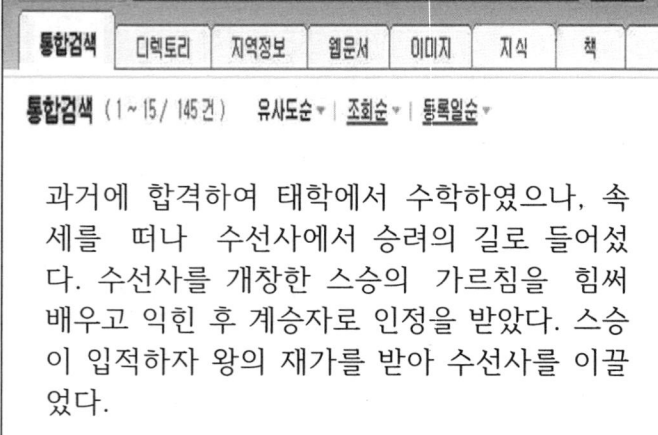

> 과거에 합격하여 태학에서 수학하였으나, 속세를 떠나 수선사에서 승려의 길로 들어섰다. 수선사를 개창한 스승의 가르침을 힘써 배우고 익힌 후 계승자로 인정을 받았다. 스승이 입적하자 왕의 재가를 받아 수선사를 이끌었다.

① 강진 만덕사에서 백련 결사를 제창하였다.
② 관음 신앙을 이끌었으며 부석사를 세웠다.
③ 화엄 사상을 정비하고 보살의 실천행을 폈다.
④ 유불 일치설을 주장하여 성리학 수용의 토대를 마련하였다.

03 밑줄 친 '그'의 활동으로 옳은 것은?

> 그는 제자 2명과 함께 상인의 배를 몰래 타고 송나라에 들어가 불교 경전 1천여 권을 얻어 가지고 와서 왕에게 바쳤다. 그는 이를 모두 수합하여 흥왕사에 교장도감을 설치하고 훼손된 부분을 교정·보완하여 전적을 간행하였다.

① 유불일치설을 주장하며 심성의 도야를 강조하였다.
② 주전도감을 창설하여 화폐주조를 주도하였다.
③ 아미타 신앙을 직접 전도하며 불교 대중화의 길을 열었다.
④ 화엄 사상을 바탕으로 교단을 형성하고 부석사를 창건하였다.

04 다음과 같은 사실들이 일어난 역사적 순서를 잡으면?

> (가) 묘종초를 설법하기 좋아하여 언변과 지혜가 막힘이 없었고, 대중에게 참회를 닦기를 권하였다.
> (나) 해동공자로 불리며, 훈고학적 유학에 철학적 성격을 부여하였다.
> (다) 성리학을 우리나라에 처음으로 도입하였다.
> (라) 임제종을 중심으로 9산선문의 통합을 시도하였다.

① (가) → (나) → (다) → (라)
② (가) → (라) → (다) → (나)
③ (나) → (가) → (다) → (라)
④ (나) → (가) → (라) → (다)

05 (가), (나) 인물에 대한 설명으로 옳은 것은?

> ※ 16세기의 성리학
> 1. 이기론의 선구적 연구
>   ① (가) : 기(氣)를 중심으로 세계를 이해, 불교와 노장 사상에 개방적, 이기설·태허설 등 저술
>   ② 이언적 : 이(理) 중심의 이론 전개, 후대에 큰 영향, 구인록 저술
> 2. 성리학의 융성
>   ① (나) : 주자서절요·성학십도 등 저술, 인간의 심성 중시
>   ② 이 이 : 동호문답·성학집요 등 저술, 기의 역할 강조

① (가) - 수미법 실시를 주장하였다.
② (가) - 양반 신분제 폐지를 주장하였다.
③ (나) - 학파를 이루고 서인을 형성하였다.
④ (나) - 일본의 성리학 발전에 영향을 끼쳤다.

06 다음은 사단칠정에 대한 어느 유학자의 견해이다. <보기>에서 이 유학자에 대한 설명으로 옳은 것을 모두 고른 것은?

○ 사단의 발은 순리이므로 선하지 않음이 없고, 칠정의 발은 이기를 겸하였기 때문에 선악이 있다.
○ 사단은 이가 발함에 기가 따른 것이고, 칠정은 기가 발함에 이가 탄 것이다.(理乘之)
- 「논사단칠정서」 -

<보기>
ㄱ. 이는 무형(無形)하지만 기는 유형하므로 이통기국(理通氣局)이라 주장하였다.
ㄴ. 일본의 성리학에 많은 영향을 끼쳤다.
ㄷ. 형이하의 현실세계를 기의 능동성으로 파악하여 경세적으로는 경장(更張)을 강조하였다.
ㄹ. 도덕적 행위의 근거로서 인간의 심성을 중시하고 근본적이며 이상주의적인 성격이 강하였다.

① ㄱ, ㄷ
② ㄱ, ㄹ
③ ㄴ, ㄷ
④ ㄴ, ㄹ

07 <보기>는 조선 시대 유학자들의 주장이다. 시기순으로 배열된 것은?

< 보기 >
ㄱ. 그는 성리학의 정치 이론서인 대학연의가 간결하지 못한 점을 비판하고, 군주가 성학(聖學)을 이해하는 데 신하의 역할을 중시하는 입장을 담은 책을 저술하였다. 이 책은 통설, 수기, 정가, 위정, 성현도통 등으로 구성되어 있으며, 이후 사상계에 널리 영향을 미쳤다.
ㄴ. 나의 저술 의도는 주자의 해석과 다른 이설(異說)을 제기하려는 것보다 의문점 몇 가지를 기록했을 뿐이다. 만약 내가 주자 당시에 태어나 제자의 예를 갖추었더라도 감히 구차하게 뇌동(雷同)하여 전혀 의문점을 해소하기를 구하지 못하고 찬탄만 하고 앉아 있지는 못했으리라. 반드시 반복하여 질문하고, 생각해서 분명하게 이해하기를 기대했을 것이다.
ㄷ. 양명학에 입각하여 민을 도덕 실천의 주체로 상정하였으며, 강화학파를 형성하여 양반 신분제의 폐지를 주장하였다.

① ㄱ-ㄴ-ㄷ
② ㄴ-ㄱ-ㄷ
③ ㄴ-ㄷ-ㄱ
④ ㄱ-ㄷ-ㄴ

08 다음 내용과 관계 깊은 민족 운동에 대한 설명으로 옳은 것은?

○ 이번 국장(國葬)*은 우리 사회주의 운동자들에게는 절호의 기회이다. 이때 선전 삐라를 뿌리고 대대적으로 소요를 일으키자.
*국장 : 왕의 장례

① 고종의 장례일에 발생하였다.
② 학생들이 민족운동의 주체로 부상하였다.
③ 신간회의 지원을 받아서 전국적인 동맹휴학이 전개되었다.
④ 경제적 실력 양성 운동의 일환이었다.

09 다음 주장을 한 실학자가 쓴 책은?

토지를 겸병하는 자라고 해서 어찌 진정으로 빈민을 못살게 굴고 나라의 정치를 해치려고 했겠습니까? 근본을 다스리고자 하는 자라면 역시 부호를 심하게 책망할 것이 아니라 관련 법제가 세워지지 않은 것을 걱정해야 할 것입니다.
(중략) 진실로 토지의 소유를 제한하는 법령을 세워, "어느 해 어느 달 이후로는 제한된 면적을 초과해 소유한 자는 더는 토지를 점하지 못한다. 이 법령이 시행되기 이전부터 소유한 것에 대해서는 아무리 광대한 면적이라 해도 불문에 부친다. 자손에게 분급해 주는 것은 허락한다. 만약에 사실대로 고하지 않고 숨기거나 법령을 공포한 이후에 제한을 넘어 더 점한 자는 "백성이 적발하면 백성에게 주고, 관(官) 적발하면 몰수한다"라고 하면 수십 년 못 가서 전국의 토지 소유는 균등하게 될 것입니다.

① 반계수록
② 성호사설
③ 과농소초
④ 목민심서

10 학자와 저서의 연결로 옳은 것은?
① 이수광 - 지봉유설
② 한백겸 - 목민심서
③ 정약용 - 열하일기
④ 박제가 - 의산문답

매일 모고 행정법 제21회

01. 법치행정의 원리에 대한 설명으로 옳지 않은 것은? (다툼이 있는 경우 판례에 의함)

① 행정작용은 법률에 위반되어서는 아니 되며, 국민의 권리를 제한하거나 의무를 부과하는 경우와 그 밖에 국민생활에 중요한 영향을 미치는 경우에는 법률에 근거해야 한다.
② 법률유보의 원칙은 법률에 근거한 규율을 요청하는 것이기 때문에 기본권제한의 형식은 반드시 법률의 형식이어야 한다.
③ 법률유보의 원칙은 단순히 행정작용이 법률에 근거를 두기만 하면 충분한 것이 아니라, 국가공동체와 그 구성원에게 기본적이고도 중요한 의미를 갖는 영역에 있어서는 행정에 맡길 것이 아니라 국민의 대표자인 입법자 스스로 그 본질적 사항에 대하여 결정하여야 한다는 요구까지 내포한다.
④ 지방의회의원에 대하여 유급보좌인력을 두는 것은 지방의회의원의 신분·지위 및 그 처우에 관한 현행 법령상의 제도에 중대한 변경을 초래하는 것으로서, 이는 개별 지방의회의 조례로써 규정할 사항이 아니라 국회의 법률로써 규정하여야 할 입법사항이다.

02. 행정행위의 부관에 대한 설명으로 옳은 것은? (다툼이 있는 경우 판례에 의함)

① 행정처분과 부관 사이에 실제적 관련성이 있다고 볼 수 없는 경우, 공무원이 공법상의 제한을 회피할 목적으로 행정처분의 상대방과 사이에 사법상 계약을 체결하는 형식을 취하였더라도 법치행정의 원리에 반하는 것으로서 위법하다고 볼 수 없다.
② 일반적으로 보조금 교부결정에 관해서는 행정청에게 광범위한 재량이 부여되어 있고, 행정청은 보조금 교부결정을 할 때 법령과 예산에서 정하는 보조금의 교부 목적을 달성 하는 데에 필요한 조건을 붙일 수 있다.
③ 도로점용허가의 점용기간을 정함에 있어 위법사유가 있다고 하여 도로점용허가처분 전부가 위법하게 되는 것은 아니다.
④ 지방국토관리청장이 매립준공인가를 함에 있어서 일부 공유수면매립지를 국가 또는 지방자치단체에 귀속처분한 부관은 독립하여 행정쟁송의 대상이 될 수 있다.

03. 행정행위의 하자의 승계에 대한 설명으로 옳은 것은? (다툼이 있는 경우 판례에 의함)

① 선행처분인 공무원직위해제처분과 후행 직권면직처분 사이에는 하자의 승계가 인정된다.
② 취소사유에 해당하는 하자가 있는 표준지공시지가 결정에 대한 취소소송의 제소기간이 지난 경우, 개별토지가격결정을 다투는 소송에서 그 개별토지가격 산정의 기초가 된 표준지공시지가의 위법성을 다툴 수 있다.
③ 「국토의 계획 및 이용에 관한 법률」상 도시·군계획시설결정과 실시계획인가는 동일한 법률효과를 목적으로 하는 것이므로 선행처분인 도시·군계획시설결정의 하자는 실시계획인가에 승계된다.
④ 「공인중개사법」 위반으로 업무정지처분을 받고 그 업무정지기간 중 중개업무를 하였다는 이유로 중개사무소개설등록취소처분을 받은 경우, 양 처분은 그 내용과 효과를 달리하는 독립된 행정처분으로서 서로 결합하여 1개의 법률효과를 완성하는 때에 해당한다고 볼 수 없다.

04. 행정소송의 피고적격에 대한 설명으로 옳지 않은 것은? (다툼이 있는 경우 판례에 의함)

① 권한의 위임이나 위탁을 받아 수임행정청이 자신의 명의로 한 처분에 관한 취소소송은 원칙적으로 수임행정청을 피고로 하여 제기하여야 한다.
② 대리권을 수여받은 데 불과하여 그 자신의 명의로는 행정처분을 할 권한이 없는 행정청의 경우 대리관계를 밝힘이 없이 그 자신의 명의로 행정처분을 하였다면 그에 대하여는 처분명의자인 당해 행정청이 항고소송의 피고가 되어야 하는 것이 원칙이다.
③ 건국훈장 독립장이 수여된 망인에 대한 서훈취소를 국무회의에서 의결하고 대통령이 결재함으로써 서훈취소가 결정된 후에 국가보훈처장이 망인의 유족에게 독립유공자 서훈취소결정 통보를 하였다면 서훈취소처분취소소송에서의 피고적격은 국가보훈처장에 있다.
④ 「행정소송법」 제39조는 당사자소송의 경우 항고소송과 달리 '행정청'이 아닌 '권리주체'에게 피고적격이 있음을 규정하는 것일 뿐, 피고적격이 인정되는 권리주체를 행정주체로 한정한다는 취지가 아니므로, 이 규정을 들어 사인을 피고로 하는 당사자소송을 제기할 수 없다고 볼 것은 아니다.

05 행정소송의 집행정지에 대한 설명으로 옳지 않은 것은? (다툼이 있는 경우 판례에 의함)
① 집행정지결정은 당사자의 신청이 있는 경우는 물론, 법원의 직권에 의해서도 행해질 수 있다.
② 집행정지의 요건인 '회복하기 어려운 손해'란 금전보상이 불가능한 경우뿐만 아니라 금전보상으로는 사회관념상 행정처분을 받은 당사자가 참고 견딜 수 없거나 또는 참고 견디기가 현저히 곤란한 경우의 유형·무형의 손해를 말한다.
③ 집행정지결정의 효력은 결정 주문에서 정한 시기까지 존속하며 그 시기의 도래와 동시에 효력이 당연히 소멸한다.
④ '처분등이나 그 집행 또는 절차의 속행으로 인한 손해발생의 우려' 등 적극적 요건에 관한 주장·소명책임은 원칙적으로 신청인 측에 있고, 이 요건을 결여하였다는 이유로 효력정지 신청을 기각한 결정에 대하여 행정처분 자체의 적법 여부를 가지고 불복사유로 삼을 수 있다.

06 행정소송의 판결에 대한 설명으로 옳지 않은 것은? (다툼이 있는 경우 판례에 의함)
① 취소판결의 효력은 원칙적으로 소급적이므로, 취소판결에 의해 취소된 영업허가취소처분 이후의 영업행위는 무허가영업에 해당하지 않는다.
② 처분등을 취소하는 확정판결은 그 사건에 관하여 당사자인 행정청과 그 밖의 관계행정청을 기속한다.
③ 법원의 부작위위법확인판결이 있은 후 행정청이 신청에 대한 거부처분을 한 경우, 그러한 거부처분은 기속력에 저촉되어 무효이므로 당사자는 간접강제를 신청할 수 있다.
④ 주택건설사업 승인신청 거부처분에 대한 취소의 확정판결이 있은 후 행정청이 재처분을 하였다 하더라도 그 재처분이 종전 거부처분에 대한 취소의 확정판결의 기속력에 반하는 경우, 「행정소송법」상 간접강제신청에 필요한 요건을 갖춘 것으로 보아야 한다.

07 행정의 실효성 확보수단에 대한 설명으로 옳지 않은 것은? (다툼이 있는 경우 판례에 의함)
① 국가는 국유재산의 무단점유자에 대하여 변상금부과·징수권의 행사와는 별도로 민사상 부당이득반환청구의 소를 제기할 수 없다.
② 공법인이 대집행권한을 위탁받아 공무인 대집행 실시에 지출한 비용을 「행정대집행법」에 따라 강제징수할 수 있음에도 민사소송절차에 의하여 상환을 청구하는 것은 허용되지 않는다.
③ 대집행에 요한 비용에 대하여는 행정청은 사무비의 소속에 따라 국세에 다음가는 순위의 선취득권을 가진다.
④ 즉시강제는 다른 수단으로는 행정목적을 달성할 수 없는 경우에만 허용되며, 이 경우에도 최소한으로만 실시하여야 한다.

08 행정절차에 대한 설명으로 옳지 않은 것은? (다툼이 있는 경우 판례에 의함)
① 처분의 처리기간에 관한 규정은 강행규정이므로 행정청이 처리기간이 지나 처분을 하였다면 이는 처분을 취소할 절차상 하자로 볼 수 있다.
② 행정청이 당사자와 사이에 도시계획사업의 시행과 관련한 협약을 체결하면서 관련 법령상 요구되는 청문절차를 배제하는 조항을 두었다 하더라도 청문을 실시하지 않아도 되는 예외적인 경우에 해당한다고 볼 수 없다.
③ 「행정절차법 시행령」 제2조 제8호는 '학교·연수원 등에서 교육·훈련의 목적을 달성하기 위하여 학생·연수생들을 대상으로 하는 사항'을 「행정절차법」이 적용되지 않는 경우로 규정하고 있으나 생도의 퇴학처분과 같이 신분을 박탈하는 징계처분은 여기에 해당한다고 할 수 없다.
④ 육군3사관학교의 사관생도에 대한 징계절차에서 징계심의대상자가 대리인으로 선임한 변호사가 징계위원회 심의에 출석하여 진술하려고 하였음에도, 징계권자나 그 소속 직원이 변호사가 징계위원회의 심의에 출석하는 것을 막은 후 내린 징계위원회의 징계의결에 따른 징계처분은 특별한 사정이 없는 한 위법하여 원칙적으로 취소되어야 한다.

09 국가배상에 대한 설명으로 옳은 것은? (다툼이 있는 경우 판례에 의함)

① 행위 자체의 외관을 객관적으로 관찰하여 공무원의 직무행위로 보여진다 하더라도 그것이 실질적으로 직무행위에 해당하지 않는다면 그 행위는 「국가배상법」 소정의 '직무를 집행하면서' 행한 것으로 볼 수 없다.

② 공무원의 직무집행이 법령이 정한 요건과 절차에 따라 이루어진 것이라면 특별한 사정이 없는 한 공무원의 행위는 법령에 적합한 것이나, 그 과정에서 개인의 권리가 침해된 경우에는 법령적합성이 곧바로 부정된다.

③ 외국인이 피해자인 경우에는 해당 국가와 상호보증이 있을 때에만 「국가배상법」이 적용되며, 상호보증은 해당 국가와 조약이 체결되어 있어야 한다.

④ 군 복무 중 사망한 군인 등의 유족이 「국가배상법」에 따른 손해배상금을 지급받은 경우 그 손해배상금 상당 금액에 대해서는 「군인연금법」에서 정한 사망보상금을 지급받을 수 없다.

10 토지보상법상 손실보상에 대한 설명으로 옳지 않은 것은? (다툼이 있는 경우 판례에 의함)

① 동일한 소유자에게 속하는 일단의 토지의 일부가 협의에 의하여 매수되거나 수용됨으로 인하여 잔여지를 종래의 목적에 사용하는 것이 현저히 곤란할 때에는 해당 토지소유자는 사업시행자에게 잔여지를 매수하여 줄 것을 청구할 수 있으며, 사업인정 이후에는 관할 토지수용위원회에 수용을 청구할 수 있고, 이 경우 수용의 청구는 매수에 관한 협의가 성립되지 아니한 경우에만 할 수 있으며 사업완료일까지 하여야 한다.

② 「공익사업을 위한 토지 등의 취득 및 보상에 관한 법률」에 의한 잔여지 수용청구를 받아들이지 않은 토지수용위원회의 재결에 대하여 토지소유자가 불복하여 제기하는 소송은 항고소송에 해당한다.

③ 사업시행자가 사업인정고시가 된 날부터 1년 이내에 재결신청을 하지 아니한 경우에는 사업인정고시가 된 날부터 1년이 되는 날의 다음 날에 사업인정은 그 효력을 상실한다.

④ 이주대책의 실시여부는 입법자의 입법정책적 재량의 영역에 속하므로, 세입자를 이주대책대상자에서 제외하는 것은 세입자의 평등권과 재산권을 침해하지 않는다.

매일 모고 행정학 제21회

01 다음 중 공공재의 특성과 관련이 없는 것은?
① 무임승차자의 문제
② 비배제성과 비경합성
③ 소비자 선호 파악의 제한
④ 축적성과 유형성

02 주인과 대리인 관계에서 나타나는 여러 문제를 다루기 위하여 제기된 대리인이론(Agency Theory)에 대한 설명과 가장 거리가 먼 것은?
① 주인과 대리인 모두 자신의 이익을 극대화하려는 합리적 행위자이다.
② 대리인의 선호가 주인의 선호와 일치하지 않을 수 있다.
③ 주인의 정보를 제공하거나 주인을 유인할 수 있는 제도 장치 마련을 강조한다.
④ 주인과 대리인 간에는 정보의 비대칭성이 존재한다.

03 다음 중 현행 「행정규제기본법」에서 규정하고 있는 내용으로 옳지 않은 것은?
① 규제는 법률에 근거를 두어야 한다.
② 규제를 정하는 경우에도 그 본질적 내용을 침해하지 않도록 하여야 한다.
③ 규제의 존속기한은 원칙적으로 5년을 초과할 수 없다.
④ 규제개혁위원회는 위원장 1명을 포함한 20명 이상 25명 이하의 위원으로 구성된다.

04 다음의 특징을 지닌 정책유형은 무엇인가?

○ 구성원 간 손익상황이 발생하지 않기 때문에 승자와 패자 간 정면대결을 벌일 필요가 없어 비영합게임(non zero-sum)이 발생한다.
○ 세부사업의 집합이 하나의 정책을 구성하며, 정책의 내용이 하위단위로 세분되고 각각의 하위단위가 독립적으로 처리된다.

① 규제정책
② 배분정책
③ 재분배정책
④ 구성정책

05 정책집행을 좌우하는 요인에 관한 설명 또는 접근방법 중 상향적 접근방법으로 보기 어려운 것은?
① 집행과정에서 가장 큰 영향력을 행사하는 집단은 정책문제 해결에 필요한 전문성과 지식을 가진 일선집행권자이다.
② 분명하고 일관된 정책목표의 존재가능성을 부인하고, 정책목표 대신 집행문제 해결에 논의의 초점을 둔다.
③ 실제의 정책결정은 일선집행권자의 집행과정에서 구체화되므로 정책결정과 정책집행간의 엄밀한 구분에 의문을 제기한다.
④ 정책결정자가 집행과정에서 발생하는 모든 것에 결정적인 영향력을 행사할 수 있고 그렇게 해야만 한다.

06 조직의 상황변수와 기본변수에 대한 설명으로 옳지 않은 것은?
① 복잡성이 높을수록 구성원이 준기계화되어 조직몰입도가 낮아진다.
② 일반적으로 단순하고 반복적 직무일수록 공식성이 높아진다.
③ 교통·통신의 발달은 분권화를 촉진한다.
④ 역사가 짧은 조직은 집권화 경향이 나타난다.

07 관료제의 여러 병리현상 중 '과잉동조'에 대한 설명으로 옳은 것은?
① 목표 달성을 위해 마련된 규정이나 절차에 집착함으로써 결국 수단이 목표를 압도해버리는 현상
② 세분화된 특정 업무에서는 전문적인 능력이 있지만 그 밖의 업무에 대해서는 문외한이 되는 현상
③ 다양한 외부 환경의 변화에 둔감하고 조직목표의 혁신에 적극적으로 저항하는 현상
④ 자신이 소속된 기관이나 부서만을 생각하고 다른 기관이나 부서를 배려하지 않는 현상

08 공무원 인사제도와 추구하는 이념이 잘못 연결된 것은?
① 직업공무원제 - 행정의 안정성과 계속성
② 엽관주의 - 행정의 민주성과 책임성
③ 실적주의 - 행정의 능률성과 전문성
④ 대표관료제 - 행정의 형평성과 생산성

09 전통적 예산원칙에 대한 설명 중 가장 옳지 않은 것은?
① 예산 단일의 원칙은 특정한 세입과 특정한 세출을 직접 연계시켜서는 안 된다는 원칙이다.
② 예산 공개의 원칙은 예산 운영의 전반적인 내용이 국민에게 공개되어야 한다는 원칙이다.
③ 예산 사전 의결의 원칙은 예산이 집행되기 전에 입법부의 의결을 거쳐야 한다는 원칙이다.
④ 예산 완전성의 원칙은 모든 세입과 세출이 예산에 계상되어야 한다는 원칙이다.

10 「지방자치법」상의 갈등을 조정하는 방법으로 성격이 다른 기구는?
① 행정협의조정위원회
② 행정협의회
③ 지방자치단체조합
④ 시·도지사협의체

2025 공무원 시험대비 【8월분】

- 제1회 -
[정답 및 해설]

이 름: _____

제1과목 국어
제2과목 영어
제3과목 한국사
제4과목 행정법총론
제5과목 행정학개론

매일 모의고사 정오표

합격까지 박문각

매일 모고 국어 제1회
정답 및 해설

亦功 국어
적중 혜선

01. ④ '않다, 못하다'는 앞의 용언이 동사인지 형용사인지에 따라 품사가 정해진다. '묻다'는 '묻는다'로 활용이 가능하므로 동사임을 알 수 있다. 나머지는 모두 품사가 형용사이다.
① '만하다'는 대표적인 보조 형용사이다. '만하다'와 비슷한 구조를 가진 보조 형용사에는 '듯하다, 듯싶다, 성하다, 성싶다, 만하다, 법하다, 뻔하다'가 있다. 보조 동사로는 '척하다, 체하다, 양하다'가 있다.
② '~기는 하다'의 구조에서 '하다'는 앞 용언이 동사인지 형용사인지에 따라 품사가 정해진다. '많다'가 형용사이므로 '하지만'의 품사 또한 형용사이다.
③ '싶다'는 대표적인 보조 형용사이다.

02. ② '말은'은 앞 문장과 뒤 문장의 공통적 주어로 기능한다. 동일한 형태의 주어를 두 번 반복할 필요는 없기 때문에 '서술어가 요구하는 문장 성분이 생략되었다'라는 서술은 옳지 않다.
① '활성화시키기'는 과도한 사동 표현이므로 '활성화하기'로 고치는 것이 적절하다.
③ '사람에게 권리·명예·임무 따위를 지니도록 해 주다'의 의미로 자주 사용하는 '부여하다' 보다는 '나누어 주다'의 의미로 자주 쓰이는 '제공할'이 더 자연스러우므로 적절하다.
④ '결코'는 부정의 서술어와 어울려 '절대'의 의미로 사용한다. 따라서 '거의 비슷하게'의 의미를 가진 '마치'를 사용하는 것이 적절하다.

03. ③ 두 번째 조건에 의해 '~B → D'이고 첫 번째 조건의 대우명제에 의해 'D → ~A ∧ ~C'이므로 '~B → ~A'를 도출할 수 있다.
① 첫 번째 조건에 의해 'A ∨ C → ~D'이기는 하지만 A가 참석한다고 C도 포럼에 참석한다고 판단하기 어려우므로 'A → C'는 항상 참이라고 보기 어렵다.
②에서 A가 참석하지 않는다고 했다. 따라서 첫 번째 명제 'A ∨ C → ~D'에 의해 'C → ~D'라고 도출할 수 있으므로 'D와 E' 모두 참석했다고 보기 어렵다.
④ 첫 번째 조건의 대우명제에 의해 'D → ~A ∧ ~C'이므로 D가 포럼에 참석하면 A도 참석하지 않고, C도 참석하지 않음을 알 수 있다. 세 번째 조건의 명제를 연결하려고 해도 '~E → ~C'일 뿐이므로 ④가 항상 참이라고 보기 어렵다.

04. ②
○ 거북이 → 개 ≡ ~개 → ~거북이
○ ~물고기 → ~햄스터 ≡ 햄스터 → 물고기
○ ~햄스터 → ~개 ≡ 개 → 햄스터

세 번째 조건의 대우명제에 의해 '개 → 햄스터'이고, 두 번째 조건의 대우명제에 의해 '햄스터 → 물고기'이므로 두 명제를 연결하면 '개 → 물고기'가 도출된다. 따라서 개를 키우면 물고기도 키운다.
① 첫 번째 조건에 의해 '거북이 → 개'이고 세 번째 조건의 대우명제에 의해 '개 → 햄스터'이며 두 번째 조건의 대우명제에 의해 '햄스터 → 물고기'이므로 세 명제를 순서대로 연결하면 '거북이 → 물고기'가 도출된다. 따라서 거북이를 키우면 물고기도 키운다. 반대의 오류이다.
③ '햄스터 → 개'로 세 번째 조건 '~햄스터 → ~개'의 이명제이다. 따라서 이 명제의 참, 거짓은 판단할 수 없다. 판단불가의 오류이다.
④ 첫 번째 조건에 의해 '거북이 → 개'이고 세 번째 조건의 대우명제에 의해 '개 → 햄스터'이므로 두 명제를 연결하면 '거북이 → 햄스터'가 도출된다. 따라서 거북이를 키우면 햄스터도 키운다. 반대의 오류이다.

05. ③ ㉠의 '젖다'는 「2」 어떤 영향을 받아 몸에 배다.'를 의미한다. 이와 가장 유사한 의미의 '젖다'는 ③이다.
① 「1」 물이 배어 축축하게 되다.
② 「3」 어떤 심정에 잠기다.
④ 「5」 (비유적으로) 하늘이 어떤 빛깔을 띤 상태가 되다.

06. ④ ㉠의 '돋다'는 '2「1」【…에서】속에 생긴 것이 겉으로 나오거나 나타나다.'를 의미한다. 이와 가장 유사한 의미의 '돋다'는 ④이다.
① 1「2」 입맛이 당기다.
② 2「2」 살갗에 어떤 것이 우툴두툴하게 내밀다.
③ 1「1」 해나 달 따위가 하늘에 솟아오르다.

07. ④ '구원하다'는 '어려움이나 위험에 빠진 사람을 구하여 주다.'를 의미한다. 따라서 '모자라는 것을 더하여 채우다.'를 의미하는 '보태다'는 ㉣과 바꿔 쓸 수 있는 유사한 표현으로 적절하지 않다. '남을 위하여 애써 주다.'를 의미하는 '도와주다'로 바꿔 쓸 수 있다.
① ㉠ '모호하다'는 '말이나 태도가 흐리터분하여 분명하지 않다.'를 의미한다. 따라서 '성질이나 행동 따위가 답답할 정도로 흐리고 분명하지 못하다.'를 의미하는 '흐리터분하다'로 바꿔 쓸 수 있다.
② ㉡ '침침하다'는 '눈이 어두워 물건이 똑똑히 보이지 아니하고 흐릿하다.'를 의미한다. 따라서 '눈이 잘 보이지 아니하거나 귀가 잘 들리지 아니하다.'를 의미하는 '어둡다'로 바꿔 쓸 수 있다.
③ ㉢ '직시하다'는 '정신을 집중하여 어떤 대상을 똑바로 보다.'를 의미한다. 따라서 '대상의 내용이나 상태를 알기 위하여 살피다.'를 의미하는 '보다'로 바꿔 쓸 수 있다.

08. ② '넉넉하다'는 '살림살이가 모자라지 않고 여유가 있다.'를 의미한다. 따라서 '사람됨이 믿음성 있게 묵직하다.'를 의미하는 '듬직하다'는 ㉡과 바꿔 쓸 수 있는 유사한 표현으로 적절하지 않다. 모자람이 없이 넉넉하다.'를 의미하는 '충분하다'로 바꿔 쓸 수 있다.
① ㉠ '차지하다'는 '비율, 비중 따위를 이루다.'를 의미한다. 따라서 '확실히 보증하거나 가지고 있다.'를 의미하는 '확보하다'로 바꿔 쓸 수 있다.
③ ㉢ '조용하다'는 '아무런 소리도 들리지 않고 고요하다.'를 의미한다. 따라서 '분위기나 활동 따위가 소란하지 않고 조용하다.'를 의미하는 '잠잠하다'로 바꿔 쓸 수 있다.
④ ㉣ '잊다'는 '기억해 두어야 할 것을 한순간 미처 생각하여 내지 못하다.'를 의미한다. 따라서 '어떤 사실을 잊어버리다.'를 의미하는 '망각하다'로 바꿔 쓸 수 있다.

09. ④ 500원 동전 A와 B는 개념적으로 동일하다. 하지만 다른 대상과의 비교를 통해 드러날 수 없고, 개념으로 표현할 수 없는 절대적 다름, 차이 자체를 가진다고 서술하고 있다. 또 들뢰즈는 세상에 동일한 것은 없다는 생각을 바탕으로 자신의 사상을 펼쳤으므로 각 얼음을 개념적으로는 동일한 것이나 절대적 다름을 지녀 다른 대상으로 파악

하는 것은 적절하다.
① '차이 자체'는 다른 대상끼리의 비교를 통해 파악할 수 없다.
② 들뢰즈는 세상에 동일한 것은 없다는 것을 바탕으로 자신의 사상을 전개했으므로 적절하지 못하다.
③ 대상의 비교를 통해서는 절대적 다름을 파악할 수 없다.

10. ③ 천리장성 축조에 많은 사람이 동원된 것은 맞으나 장성보다 건설하기 어려운지는 글에 제시되지 않으므로 알 수 없다.
① 수나라와 당나라의 침공 사이에 천리장성이 축조되었고 당나라는 고구려의 수도를 침공해보지도 못했다고 했으므로 방어에 비효율적인 장성 형태가 아니었음을 추론할 수 있다.
② 접경 지역에 고구려 성이 많이 위치하고 있다는 것은 장성 형태가 아닌 요새 네트워크 형식이었음을 추론할 수 있는 근거이다.
④ 하나로 이어진 장성 형태라면 성끼리의 구원이 자주 일어났다는 기록이 있을 수 없으므로 이 역시 천리장성이 요새 네트워크였음을 뒷받침하는 자료이다.

매일 모고 영어 제1회
정답 및 해설

01. ④ ★ evacuate 대피시키다, 떠나다
● presume 추정하다, 간주하다
● maintain 유지하다, 주장하다
● initiate 시작하다, 개시하다
[해석] 주민들은 산불이 빠르게 확산됨에 따라 즉시 그 지역을 <u>대피하라는</u> 지시를 받았다.

02. ① ★ persist 지속하다, 고집하다
● dig 파다
● flee 달아나다, 도망하다
● legislate 법률을 제정하다
[해석] 증상이 호전없이 일주일 이상 <u>지속된다면</u>, 즉시 의사의 진료를 받아야 한다.

03. ② ★ select 선택하다
● flip 뒤집다, 젖히다, 톡 치다
● inject 주사하다, 주입하다
● leave 떠나다, 그만두다, 남겨두다
[해석] 고객은 웹사이트에서 원하는 상품의 다양한 색상과 사이즈 중에서 <u>선택할</u> 수 있다.

04. ④ ★ exclude 배제하다, 제외하다
● proceed 진행하다, 계속하다
● injure 부상을 입다[입히다], 해치다[손상시키다]
● float 떠가다, 뜨다
[해석] 그들은 그의 돌발적인 행동 때문에 회의에서 그를 <u>제외하기로 결정했다.</u>

05. ② ★ adverse 부정적인, 불리한
● contemporary 동시대의, 현대의
● rare 드문[보기 힘든/희귀한]
● rational 합리적인, 이성적인
[해석] 해양 오염이 해양 생물에 미치는 <u>부정적인</u> 영향이 해마다 심각해지고 있다.

06. ④ [해설]
불가산 명사 money는 many나 few의 수식을 받을 수 없으며, little의 수식을 받는다. 그리고 불가산 명사는 단수 취급하고 단수 동사와 수 일치한다. 따라서 밑줄 친 부분에 가장 적절한 것은 ④이다.
[해석]
그 낡은 집을 수리하는 데 상당한 돈이 쓰였다.

07. ② [해설]
recede는 대표 1형식 자동사로 수동태(be p.p.)의 구조로는 쓸 수 없다. 따라서 밑줄 친 부분인 수동태 was receded를 능동태 receded로 고쳐야 한다.
[해석]
그는 작별 인사를 하고 싶지 않아 조용히 문가에 서서 기다렸다. 그녀의 발걸음 소리가 점점 멀어져 갔다. 저녁이 점점 어두워지자 가로등이 하나씩 깜빡이며 켜졌다. 그는 깊이 한숨을 쉬며, 오늘 밤 그녀를 마지막으로 보게 될 것임을 알고 있었다.

08. ③ [해석]
A: 안녕하세요. 방금 진료를 마쳤는데, 의사 선생님이 약을 받아야 한다고 하셨어요.
B: 알겠습니다. 처방전을 저희 약국으로 보내셨나요?
A: 네, 전자처방으로 이미 보내셨다고 했어요.
B: 좋아요. 시스템을 확인해 볼 테니 잠시만 기다려 주세요.
A: 네.
B: 확인됐습니다. 약은 두 가지입니다. 하나는 인후통 약이고, 하나는 해열제예요.
A: 어떻게 복용해야 하나요?
B: 인후통 약은 식후 하루 세 번, 해열제는 필요할 경우 6시간 간격으로 복용하세요.
① 이 약은 어린이에게도 안전한가요?
② 약국은 어디에 있나요?
③ 어떻게 복용해야 하나요?
④ 이 약은 어린이에게도 안전한가요?

09. ③ [해설]
이 글은 인공지능(AI)의 윤리적 문제와 책임 있는 관리의 필요성을 다룬다. 주어진 문장은 'AI를 무책임한 도구로 취급할 경우, 인간의 편견을 반영하거나 확대할 수 있다'는 점을 경고하며, ②번 문장에서 언급된 'AI가 편향된 데이터를 학습한다'는 사실을 보다 구체적으로 강조한다. 또한, ③번 문장의 'AI가 차별을 지속시킬 수 있다'는 문제 제기 앞에 위치함으로써, 이러한 편향이 실제 사회적 불평등으로 이어질 수 있음을 보여주는 연결 고리 역할을 한다. 따라서 주어진 문장이 들어갈 위치로 가장 적절한 것은 ③이다.
[해석]

> 인공지능(AI)이 일상생활에 점점 더 통합됨에 따라, 윤리와 책임에 대한 질문은 더욱 시급해지고 있다. (①) 많은 사람들은 AI를 중립적인 존재로 보고, 기계가 편견 없이 결정을 내린다고 가정한다. (②) 그러나 알고리즘은 인간에 의해 만들어지고, 종종 역사적인 편견이 담긴 데이터를 바탕으로 학습된다. (③) <u>만약 우리가 AI를 책임 없는 도구로 계속 취급한다면, 인간의 편견을 반영하거나 심지어 그것을 증폭시키는 시스템을 만들어낼 위험이 있다.</u>) 적절한 감독이 없다면, AI 시스템은 채용, 치안 유지, 대출 같은 분야에서 차별을 지속시킬 수 있다. (④) 이러한 점을 인식하여, 전문가들은 지능형 기술 개발을 이끌 수 있는 더 큰 투명성과 윤리적 틀을 요구하고 있다.

[어휘]
□ accountability 책임, 책무
□ amplify 증폭시키다
□ bias 편견
□ algorithm 알고리즘
□ oversight 감독, 관리
□ discrimination 차별
□ ethical framework 윤리적 틀, 기준

10. ③ [해설]
①, ②, ④번 문장과 마지막 문장은 모두 "이메일이 과거에는 효과적인 소통 수단이었지만, 현재는 다양한 이유로 그 효율성이 떨어지고 있다"는 글의 주제를 중심으로 논리적으로 연결되어 있다. 그러나 ③번 문장은 "이메일이 여전히 가장 선호되는 소통 수단이다"라는 내용을 담고 있어, 이메일의 하락세와 다른 기술의 부상을 강조하는 전체 흐름과 어긋나는 반대 논지를 제시한다. 따라서 글의 흐름상 어색한 문장은 ③이다.

[해석]

이메일이 처음 직장 환경에 도입되었을 때, 그것은 의사소통의 효율성을 크게 향상시켰다. 전자 메시지는 종이 기반 메시지보다 훨씬 빠르고, 종종 대면 회의나 전화 통화의 필요성을 없애기도 했다. ① 하지만 요즘에는 이메일의 효율성이 떨어지고 있으며, 많은 기업들이 다른 형태의 의사소통 수단을 찾고 있다. ② 이것은 부분적으로 사람들이 매일 받는 이메일의 양이 매우 많고, 그중 상당수가 스팸 메일이기 때문이다. (③ 회사가 모든 직원에게 정보를 빠르게 전달해야 할 때, 이메일은 선호되는 의사소통 수단이다.) ④ 이메일 사용 감소의 또 다른 이유는, 젊은 세대가 소셜 네트워크 플랫폼이나 인스턴트 메시징과 같은 다른 형태의 소통을 선호하는 경향이 있기 때문이다. 그 결과, 이메일은 점점 다른 기술에 자리를 내주면서 현대 직장에서의 역할이 줄어들고 있다.

[어휘]
- communication 소통
- eliminate 제거하다
- effectiveness 효율성, 효과
- junk mail 스팸 메일
- decline 감소, 하락
- take place 대신하다, 대체하다

매일 모고 한국사 제1회
정답 및 해설

01. ③ 삼국사기와 고려사, 해동역사는 기전체 사서이고, 동국통감과 동사강목은 편년체 사서이다. 연려실기술은 기사본말체 사서이다.

02. ④ 부족사회는 신석기시대 이후에 등장한 것이다.

03. ③ (가)는 이른바 문화 통치기(민족 분열 통치기)에 해당한다. 이 시기에 일제는 민족 운동을 약화시키고 식민 지배를 안정시키기 위해 친일파 양성에 노력하고 각종 친일 단체를 육성하였다. 또한 1925년에는 <보기>의 ㄷ과 같은 치안 유지법을 만들어 반제국주의와 독립 사상을 탄압하는 도구로 삼았다.
ㄱ. 창씨 개명과 관련된 내용으로, 창씨 개명의 강요는 민족 말살 통치기인 1939년에 있었다.
ㄹ. 일제는 1937년부터 황국 신민의 서사 암송을 강요하였다.

04. ③ 일제는 1910년 회사령을 공포하였다. 이것은 회사의 설립을 조선 총독의 허가제로 하고, 허가 조건을 어겼을 경우 총독이 회사를 해산시킬 수 있도록 한 것이었다. 결국 회사령 제정에는 한국인 기업의 설립과 발전을 막고 일본의 경제 발전을 위한 원료 공급지 및 상품 판매 시장으로 만들려는 목적과 의도가 내포되어 있었다.

05. ④ 일제는 공업화 정책을 추진하면서 자국의 식량이 부족해지자 우리나라의 식량을 수탈하려는 계획을 세웠다. 이 계획은 1920년부터 15년 계획으로 추진되었는데, 먼저 미곡 생산을 위하여 개간 사업과 간척 사업으로 농지를 확장하였으며, 수리 시설이 덜 된 농지를 개선하여 총 920만 석을 증산한다는 목표를 세웠다. 이를 위해서 비료 공급의 확대, 종자의 개량, 경작 방법의 개선에 중점을 두었다. 이 기간에 일제는 목표한 만큼 쌀 증산은 이루지는 못하였지만, 쌀의 수탈은 계획대로 강행하였다. 그 결과 한국에서는 농업 구조가 쌀 농사 중심으로 바뀌었다. 그리고 증산량보다 훨씬 많은 쌀을 빼앗긴 우리 농민들의 식량 사정은 극도로 악화되었다. 일제는 한국의 부족한 식량을 보충하기 위하여 만주에서 조, 콩 등을 들여왔다. 또 농민들은 과다한 수리 조합비, 비료 대금 등을 부담하였고, 지주들이 소작료를 점차 높이면서 농가 부채 또한 증가하였다. 그리하여 토지를 상실하고 화전민이 되거나 해외로 이주하는 농민들이 늘어났다.

06. ④ 신문기사 내용은 지주의 가혹한 수탈로 소작농들의 불평과 불만이 커지고 있는 모습을 보여 준다.
④ 한국인 지주들은 소작농에게 더 많은 양을 수탈하여 일본으로 수출함으로써 이익을 증대시켰고, 농민의 어려운 처지를 이용하여 토지 소유를 더욱 확대할 수 있었다.
①, ③ 지주가 지세를 소작농에게 전가하거나, 소작료로 수확의 절반 이상을 요구하고 있기 때문이다. 심지어 흉년에도 가혹하게 소작료를 징수하고 있었다.
② 지주들은 일제에 기대어 이익을 얻고 있기 때문에 일제 식민 통치의 기반이 되었다.

07. ④ 한인전은 6품 이하의 하급관리의 자제 중 관직에 오르지 못한 사람들에게 주는 토지이고, 구분전은 군인과 하급관리의 유가족에게 지급하는 토지이다.
공해전은 관공서에 지급하는 토지, 외역전은 향리와 하급 관리에게 지급하는 토지이다.

08. ④ 삼국사기(인종), 삼국유사(충렬왕), 제왕운기(충렬왕), 사략(공민왕) 순으로 저술되었다.

09. ④ 사료에서 상왕은 단종이고, 밑줄 친 '내'는 세조이다. 세조는 6조 직계제를 실시하여 왕권을 강화하였고, 집현전을 폐지하고 이곳에서 실시하던 경연을 금지하였다.
①은 광해군이다.
②는 세종이다.
③은 성종이다.

10. ③ 유향소를 잠시 폐지한 것은 세조이고, 사림의 건의로 이를 다시 부활시킨 왕이 성종이다.

한국사

매일 모고 행정법 제1회
정답 및 해설

01. ④ 행정소송법 제6조

행정소송법 제6조(명령·규칙의 위헌판결등 공고)
① 행정소송에 대한 대법원판결에 의하여 명령·규칙이 헌법 또는 법률에 위반된다는 것이 확정된 경우에는 대법원은 지체없이 그 사유를 행정안전부장관에게 통보하여야 한다.

① 법률유보의 원칙은 '법률에 의한' 규율만을 뜻하는 것이 아니라 '법률에 근거한' 규율을 요청하는 것이므로 기본권 제한의 형식이 반드시 법률의 형식일 필요는 없고 법률에 근거를 두면서 헌법 제75조가 요구하는 위임의 구체성과 명확성을 구비하기만 하면 위임입법에 의하여도 기본권 제한을 할 수 있다 할 것이다. 헌법재판소 2005. 2. 24. 선고 2003헌마289 결정
② 법률의 시행령은 모법인 법률에 의하여 위임받은 사항이나 법률이 규정한 범위 내에서 법률을 현실적으로 집행하는 데 필요한 세부적인 사항만을 규정할 수 있을 뿐, 법률에 의한 위임이 없는 한 법률이 규정한 개인의 권리·의무에 관한 내용을 변경·보충하거나 법률에 규정되지 아니한 새로운 내용을 규정할 수는 없다. 대법원 2020. 9. 3. 선고 2016두32992 전원합의체 판결
③ 법률에서 위임받은 사항을 전혀 규정하지 않고 재위임하는 것은 복위임금지 원칙에 반할 뿐 아니라 위임명령의 제정 형식에 관한 수권법의 내용을 변경하는 것이 되므로 허용되지 않으나, 위임받은 사항에 관하여 대강을 정하고 그 중의 특정사항을 범위를 정하여 하위법령에 다시 위임하는 경우에는 재위임이 허용된다. 이러한 법리는 조례가 지방자치법 제22조 단서에 따라 주민의 권리제한 또는 의무부과에 관한 사항을 법률로부터 위임받은 후, 이를 다시 지방자치단체장이 정하는 '규칙'이나 '고시' 등에 재위임하는 경우에도 마찬가지이다. 대법원 2015. 1. 15. 선고 2013두14238 판결

02. ② 수익적 행정처분에 대한 취소권 등의 행사는 기득권의 침해를 정당화할 만한 중대한 공익상의 필요 또는 제3자의 이익보호의 필요가 있는 때에 한하여 허용될 수 있다는 법리는, 처분청이 수익적 행정처분을 직권으로 취소·철회하는 경우에 적용되는 법리일 뿐 쟁송취소의 경우에는 적용되지 않는다. 대법원 2019. 10. 17. 선고 2018두104 판결
① 권한 없는 행정기관이 한 당연무효인 행정처분을 취소할 수 있는 권한은 당해 행정처분을 한 처분청에게 속하고, 당해 행정처분을 할 수 있는 적법한 권한을 가지는 행정청에게 그 취소권이 귀속되는 것이 아니다. 대법원 1984. 10. 10. 선고 84누463 판결
③ 도로관리청이 도로점용허가 중 특별사용의 필요가 없는 부분을 소급적으로 직권취소하였다면, 도로관리청은 이미 징수한 점용료 중 취소된 부분의 점용면적에 해당하는 점용료를 반환하여야 한다. 대법원 2019. 1. 17. 선고 2016두56721 판결
④ 변상금 부과처분에 대한 취소소송이 진행 중이라도 그 부과권자로서는 위법한 처분을 스스로 취소하고 그 하자를 보완하여 다시 적법한 부과처분을 할 수도 있다. 대법원 2006. 2. 10. 선고 2003두5686 판결

03. ③ 어떠한 처분의 근거가 행정규칙에 규정되어 있다고 하더라도, 그 처분이 상대방에게 권리의 설정 또는 의무의 부담을 명하거나 기타 법적인 효과를 발생하게 하는 등으로 그 상대방의 권리의무에 직접 영향을 미치는 행위라면, 이 경우에도 항고소송의 대상이 되는 행정처분에 해당한다. 대법원 2012. 9. 27. 선고 2010두3541 판결
① 공법인인 총포·화약안전기술협회가 자신의 공행정활동에 필요한 재원을 마련하기 위하여 회비납부의무자에 대하여 한 '회비납부통지'는 납부의무자의 구체적인 부담금액을 산정·고지하는 '부담금 부과처분'으로서 항고소송의 대상이 된다고 보아야 한다. 대법원 2021. 12. 30. 선고 2018다241458 판결
② 교육공무원법상 승진후보자 명부에 의한 승진심사 방식으로 행해지는 승진임용에서 승진후보자 명부에 포함되어 있던 후보자를 승진임용인사발령에서 제외하는 행위는 불이익처분으로서 항고소송의 대상인 처분에 해당한다. 대법원 2018. 3. 27. 선고 2015두47492 판결
④ 거부처분의 처분성을 인정하기 위한 전제요건이 되는 신청권의 존부는 구체적 사건에서 신청인이 누구인가를 고려하지 않고 관계 법규의 해석에 의하여 일반 국민에게 그러한 신청권을 인정하고 있는가를 살펴 추상적으로 결정되는 것이고, 신청인이 그 신청에 따른 단순한 응답을 받을 권리를 넘어서 신청의 인용이라는 만족적 결과를 얻을 권리를 의미하는 것은 아니다. 대법원 2009. 9. 10. 선고 2007두20638 판결

04. ① 추가 또는 변경된 사유가 당초의 처분시 그 사유를 명기하지 않았을 뿐 처분시에 이미 존재하고 있었고 당사자도 그 사실을 알고 있었다 하여 당초의 처분사유와 동일성이 있는 것이라 할 수 없다. 대법원 2003. 12. 11. 선고 2001두8827 판결
② 행정소송규칙 제9조

행정소송규칙 제9조(처분사유의 추가·변경)
행정청은 사실심 변론을 종결할 때까지 당초의 처분사유와 기본적 사실관계가 동일한 범위 내에서 처분사유를 추가 또는 변경할 수 있다.

③ 근거 법령의 추가를 통하여 위 제외처분의 성질이 기속행위에서 재량행위로 변경되고, 그로 인하여 위법사유와 당사자들의 공격방어방법 내용, 법원의 사법심사방식 등이 달라지며, 특히 종래의 법 위반 사실뿐만 아니라 처분의 적정성을 확보하기 위한 양정사실까지 새로 고려되어야 하므로, 당초 처분사유와 소송 과정에서 시장이 추가한 처분사유는 기초가 되는 사회적 사실관계의 동일성이 인정되지 않는다. 대법원 2023. 11. 30. 선고 2019두38465 판결
④ 처분청이 거부처분에 대한 항고소송에서 기존의 처분사유와 기본적 사실관계가 동일하지 않은 사유를 처분사유로 추가·변경한 것에 대하여 처분상대방이 추가·변경된 처분사유의 실체적 당부에 관하여 해당 소송 과정에서 심리·판단하는 것에 명시적으로 동의하는 경우에는, 법원으로서는 그 처분사유가 기존의 처분사유와 기본적 사실관계가 동일한지와 무관하게 예외적으로 이를 허용할 수 있다. 대법원 2024. 11. 28. 선고 2023두61349 판결

05. ② 청구인이 공공기관의 비공개 결정 등에 대한 이의신청을 하여 공공기관으로부터 이의신청에 대한 결과를 통지받은 후 취소소송을 제기하는 경우 그 제소기간은 이의신청에 대한 결과를 통지받은 날부터 기산한다고 봄이 타

당하다. 대법원 2023. 7. 27. 선고 2022두52980 판결
① 행정기본법 제36조

> **행정기본법 제36조(처분에 대한 이의신청)**
> ① 행정청의 처분(「행정심판법」 제3조에 따라 같은 법에 따른 행정심판의 대상이 되는 처분을 말한다. 이하 이 조에서 같다)에 이의가 있는 당사자는 처분을 받은 날부터 30일 이내에 해당 행정청에 이의신청을 할 수 있다.

③ 과세처분에 관한 이의신청절차에서 과세관청이 이의신청 사유가 옳다고 인정하여 과세처분을 직권으로 취소한 이상 그 후 특별한 사유 없이 이를 번복하고 종전 처분을 되풀이하는 것은 허용되지 않는다. 대법원 2010. 9. 30. 선고 2009두1020 판결
④ 행정기본법 제36조

> **행정기본법 제36조(처분에 대한 이의신청)**
> ⑦ 다음 각 호의 어느 하나에 해당하는 사항에 관하여는 이 조를 적용하지 아니한다.
> 6. 과태료 부과 및 징수에 관한 사항

06. ③ 행정기본법 제14조

> **행정기본법 제14조(법 적용의 기준)**
> ③ 법령등을 위반한 행위의 성립과 이에 대한 제재처분은 법령등에 특별한 규정이 있는 경우를 제외하고는 법령등을 위반한 행위 당시의 법령등에 따른다.

① 대학이 성적불량을 이유로 학생에 대하여 징계처분을 하는 경우에 있어서 수강신청이 있은 후 징계요건을 완화하는 학칙개정이 이루어지고 이어 당해 시험이 실시되어 그 개정학칙에 따라 징계처분을 한 경우라면 이는 이른바 부진정소급효에 관한 것으로서 구 학칙의 존속에 관한 학생의 신뢰보호가 대학당국의 학칙개정의 목적달성보다 더 중요하다고 인정되는 특별한 사정이 없는 한 위법이라고 할 수 없다. 대법원 1989. 7. 11. 선고 87누1123 판결
② 행정기본법 제14조

> **행정기본법 제14조(법 적용의 기준)**
> ① 새로운 법령등은 법령등에 특별한 규정이 있는 경우를 제외하고는 그 법령등의 효력 발생 전에 완성되거나 종결된 사실관계 또는 법률관계에 대해서는 적용되지 아니한다.

④ 산업재해보상보험법상 장해급여 지급을 위한 장해등급 결정 역시 장해급여 지급청구권을 취득할 당시, 즉 그 지급사유 발생 당시의 법령에 따르는 것이 원칙이다(주: 확인적 행정행위의 경우 다른 일반적인 행정행위의 경우와는 달리 처분시(확인시)가 아닌 확인의 대상이 되는 당해 법률관계의 확정시 시행 중인 법령을 적용해야 함). 대법원 2007. 2. 22. 선고 2004두12957 판결

07. ③ 행정대집행법 제6조

> **행정대집행법 제6조(비용징수)**
> ② 대집행에 요한 비용에 대하여서는 행정청은 사무비의 소속에 따라 국세에 다음가는 순위의 선취득권을 가진다.

① 경찰서장이 범칙행위에 대하여 통고처분을 한 이상, 범칙자의 위와 같은 절차적 지위를 보장하기 위하여 통고처분에서 정한 범칙금 납부기간까지는 원칙적으로 경찰서장은 즉결심판을 청구할 수 없고, 검사도 동일한 범칙행위에 대하여 공소를 제기할 수 없다고 보아야 한다. 대법원 2020. 4. 29. 선고 2017도13409 판결
② 통고처분은 상대방의 임의의 승복을 그 발효요건으로 하기 때문에 그 자체만으로는 통고이행을 강제하거나 상대방에게 아무런 권리의무를 형성하지 않으므로 행정심판이나 행정소송의 대상으로서의 처분성을 부여할 수 없고, 통고처분에 대하여 이의가 있으면 통고내용을 이행하지 않음으로써 고발되어 형사재판절차에서 통고처분의 위법·부당함을 얼마든지 다툴 수 있기 때문에 관세법 제38조 제3항 제2호가 법관에 의한 재판받을 권리를 침해한다든가 적법절차의 원칙에 저촉된다고 볼 수 없다. 헌법재판소 1998. 5. 28. 선고 96헌바4 전원재판부
④ 국세징수법 제27조

> **국세징수법 제27조(상속 또는 합병의 경우 강제징수의 속행 등)**
> ② 제1항을 적용할 때 체납자가 사망한 후 체납자 명의의 재산에 대하여 한 압류는 그 재산을 상속한 상속인에 대하여 한 것으로 본다.

08. ① 교육공무원승진규정 제26조에서 근무성적평정의 결과를 공개하지 아니한다고 규정하고 있다고 하더라도 위 교육공무원승진규정은 법률이 위임한 명령에 해당하지 아니하므로 위 규정을 근거로 정보공개청구를 거부하는 것은 잘못이다. 대법원 2006. 10. 26. 선고 2006두11910 판결
② 재소자가 교도관의 가혹행위를 이유로 형사고소 및 민사소송을 제기하면서 그 증명자료 확보를 위해 '근무보고서'와 '징벌위원회 회의록' 등의 정보공개를 요청하였으나 교도소장이 이를 거부한 사안에서, 근무보고서는 비공개대상정보에 해당한다고 볼 수 없고, 징벌위원회 회의록 중 비공개 심사·의결 부분은 비공개사유에 해당하지만 징벌절차 진행 부분은 비공개사유에 해당하지 않는다고 보아 분리 공개가 허용된다고 한 사례. 대법원 2009. 12. 10. 선고 2009두12785 판결
③ 청구인에게는 특정한 공개방법을 지정하여 정보공개를 청구할 수 있는 법령상 신청권이 있다. 따라서 공공기관이 공개청구의 대상이 된 정보를 공개는 하되, 청구인이 신청한 공개방법 이외의 방법으로 공개하기로 하는 결정을 하였다면, 이는 정보공개청구 중 정보공개방법에 관한 부분에 대하여 일부 거부처분을 한 것이고, 청구인은 그에 대하여 항고소송으로 다툴 수 있다. 대법원 2016. 11. 10. 선고 2016두44674 판결
④ 청구인이 정보공개거부처분의 취소를 구하는 소송에서 공공기관이 청구정보를 증거 등으로 법원에 제출하여 법원을 통하여 그 사본을 청구인에게 교부 또는 송달되게 하여 결과적으로 청구인에게 정보를 공개하는 셈이 되었다고 하더라도, 이러한 우회적인 방법은 정보공개법이 예정하고 있지 아니한 방법으로서 정보공개법에 의한 공개라고 볼 수는 없으므로, 당해 정보의 비공개결정의 취소를 구할 소의 이익은 소멸되지 않는다. 대법원 2016. 12. 15. 선고 2012두11409 판결

09. ④ 국민의 생명, 신체, 재산 등에 대하여 절박하고 중대한 위험상태가 발생하였거나 발생할 우려가 있어서 국민의 생명, 신체, 재산 등을 보호하는 것을 본래적 사명으로 하는 국가가 초법규적, 일차적으로 그 위험 배제에 나서지 아니하면 국민의 생명, 신체, 재산 등을 보호할 수 없는 경우에는 형식적 의미의 법령에 근거가 없더라도 국가나 관련 공무원에 대하여 그러한 위험을 배제할 작위의무를 인정할 수 있다. 대법원 1998. 10. 13. 선고 98다18520 판결
① 국회의원의 입법행위는 그 입법 내용이 헌법의 문언에 명백히 위반됨에도 불구하고 국회가 굳이 해당 입법을 한 것과 같은 특수한 경우가 아닌 한 국가배상법 제2조 제1항 소정의 위법행위에 해당한다고 볼 수 없다. 대법원 1997. 6. 13. 선고 96다56115 판결

② 법관의 재판에 법령의 규정을 따르지 아니한 잘못이 있다 하더라도 이로써 바로 그 재판상 직무행위가 국가배상법 제2조 제1항에서 말하는 위법한 행위로 되어 국가의 손해배상책임이 발생하는 것은 아니고, 그 국가배상책임이 인정되려면 당해 법관이 위법 또는 부당한 목적을 가지고 재판을 하였다거나 법이 법관의 직무수행상 준수할 것을 요구하고 있는 기준을 현저하게 위반하는 등 법관이 그에게 부여된 권한의 취지에 명백히 어긋나게 이를 행사하였다고 인정할 만한 특별한 사정이 있어야 한다. 대법원 2003. 7. 11. 선고 99다24218 판결
③ 법령에 대한 해석이 그 문언 자체만으로는 명백하지 아니하여 여러 견해가 있을 수 있는데다가 이에 대한 선례나 학설, 판례 등도 귀일된 바 없어 이의가 없을 수 없는 경우에 관계 공무원이 그 나름대로 신중을 다하여 합리적인 근거를 찾아 그 중 어느 한 견해를 따라 내린 해석이 후에 대법원이 내린 입장과 같지 않아 결과적으로 잘못된 해석에 돌아가고, 이에 따른 처리가 역시 결과적으로 위법하게 되어 그 법령의 부당집행이라는 결과를 가져오게 되었다고 하더라도, 그와 같은 처리 방법 이상의 것을 성실한 평균적 공무원에게 기대하기는 어려운 일이고, 따라서 이러한 경우에까지 국가배상법상 공무원의 과실을 인정할 수는 없다. 대법원 1995. 10. 13. 선고 95다32747 판결

10. ④ 사업인정고시는 수용재결절차로 나아가 강제적인 방식으로 토지소유자나 관계인의 권리를 취득·보상하기 위한 절차적 요건에 지나지 않고 영업손실보상의 요건이 아니다. 따라서 피고가 시행하는 사업이 토지보상법상 공익사업에 해당하고 원고들의 영업이 해당 공익사업으로 폐업하거나 휴업하게 된 것이어서 토지보상법령에서 정한 영업손실 보상대상에 해당하면, 사업인정고시가 없더라도 피고는 원고들에게 영업손실을 보상할 의무가 있다. 대법원 2021. 11. 11. 선고 2018다204022 판결
① 사업시행자의 이주대책 수립·실시의무를 정하고 있는 구 공익사업법 제78조 제1항은 물론 이주대책의 내용에 관하여 규정하고 있는 같은 조 제4항 본문 역시 당사자의 합의 또는 사업시행자의 재량에 의하여 적용을 배제할 수 없는 강행법규이다. 대법원 2011. 6. 23. 선고 2007다63089 판결
② 사업시행자는 이주대책기준을 정하여 이주대책대상자 중에서 이주대책을 수립·실시하여야 할 자를 선정하여 그들에게 공급할 택지 또는 주택의 내용이나 수량을 정할 수 있고, 이를 정하는 데 재량을 가지므로, 이를 위해 사업시행자가 설정한 기준은 그것이 객관적으로 합리적이 아니라거나 타당하지 않다고 볼 만한 다른 특별한 사정이 없는 한 존중되어야 한다. 대법원 2009. 3. 12. 선고 2008두12610 판결
③ 토지보상법 제85조

> **토지보상법 제85조(행정소송의 제기)**
> ② 제1항에 따라 제기하려는 행정소송이 보상금의 증감에 관한 소송인 경우 그 소송을 제기하는 자가 토지소유자 또는 관계인일 때에는 사업시행자를, 사업시행자일 때에는 토지소유자 또는 관계인을 각각 피고로 한다.

매일 모고 행정학 제1회
정답 및 해설

01. ④ 행정학 성립에 영향을 준 윌슨(Wilson)은 행정의 부패를 야기하는 정당정치로부터 행정을 분리하고(정치행정이원론), 행정을 전문적이고 기술적인 영역으로 보았다. 따라서 윌슨(Wilson)에 따르면 행정관료는 대표성(엽관주의)을 갖추는 것보다 전문성(실적주의)을 갖추는 것이 중요하다.

02. ① 신공공관리론은 관료의 손발을 묶는 규정과 절차(사전적 통제)를 완화하고 관료에게 재량권을 부여한 후 성과에 의한 통제(사후적 통제) 강화하고자 한다.

<<핵심정리>> 신공공관리론

개념	• 최협의 : 신관리주의(민간의 능률적인 경영관리기법을 행정에 도입) • 일반적 의미 : 신관리주의 + 시장주의(신자유주의 : 정부기능의 시장으로 이전) • 광의 : 신관리주의 + 시장주의 + 참여주의·공동체주의(자원봉사자의 활용)
배경	정부실패 - 공공재정의 구조적 위기 및 신보수주의 정권의 등장
가치	효율성(3Es ; 경제성, 능률성, 효과성)과 고객에의 대응성 증진
내용	작은정부 구축	• 정부와 민간 간 기능재조정 : '시장성검증' 통한 민영화, 민간위탁 • 정부 간 기능재조정 : '보충성의 원칙'을 통한 지방정부에게 권한위임 • 정부의 역할변화 : 노젓기(rowing)에서 방향잡기(steering)로 • 규제완화 : 시장의 자율성 증진 및 정부의 규모 감축
	성과체제 및 고객주의 확립	• 내부시장화 - 경쟁체제의 확립 및 수익자부담주의의 강화 : 공공조직을 산출물 단위로 분화하여 경쟁을 촉진하고 사용료, 수수료 등의 확대를 통해 수익자부담주의 강화 • 관리자에게 권한 부여 : 관리자의 재량적 전문관리 강조 • 성과(결과)에 의한 통제 : 규칙·법규 중심 통제(사전적 통제)를 완화하고 성과통제(성과평가 및 제재와 보상 - 사후적 통제) 강화 • 고객주의 확립 : 고객에게 선택권 보장, 고객지향적 관리기법(고객헌장, TQM, PAPR 등) 도입, 전자정부 구축 등

03. ④ 국민권익위원회는 부패행위에 대한 감사권 및 징벌권이 없다. 국민권익위원회는 부패행위와 관련하여 접수된 신고사항에 대하여 조사가 필요한 경우 이를 조사기관(감사원, 검찰청, 경찰청, 고위공직자범죄수사처)에 이첩하여야 한다. 다만, 검사의 불기소처분에 대하여 고등법원에 재정신청할 수 있는 권한을 지닌다.

<<핵심정리>> 국민권익위원회

목적 및 소속	고충민원의 처리와 이에 관련된 불합리한 행정제도를 개선하고, 부패의 발생을 예방하며, 부패행위를 효율적으로 규제하도록 하기 위해 국무총리 소속으로 설치된 중앙행정기관
기능	① 고충처리기능, ② 부패방지기능, ③ 행정심판기능
특이점	• 국민고충처리 : 조사권 있음(신청에 의한 조사 가능) • 부패신고처리 : 조사권 없음(신고접수된 부패혐의의 내용이 수사 및 공소제기가 필요한 경우 관할 수사기관에 고발하고, 검사가 불기소처분한 경우 고등법원에 재정신청 할 수 있음)

04. ③ 측정자와 측정방법이 달라짐으로써 측정결과에 영향을 미치는 것은 시험효과(측정효과)가 아니라 측정도구의 변화이다. 반면, 시험효과(측정효과)는 실험을 실시하기 이전에 실험집단을 구성하기 위한 측정(시험)이 실험실시 이후 실험집단의 측정 점수에 영향을 미쳐 실험결과를 왜곡시키는 요소를 말한다.

05. ③ 점증모형은 부분적·단편적 분석이 이루어지므로 분석시간과 노력이 적게 요구된다. 지나치게 많은 분석 시간과 노력이 요구되는 모형은 합리모형이다.

06. ② 동조과잉이란 행정의 궁극적 목표인 공익보다 수단적 목표인 법규를 중시하는 현상을 말한다. 동조과잉(목표의 전환, 목표의 대치)의 원인으로는 과두제의 철칙, 규칙이나 절차의 엄수에 대한 강조, 목표의 무형성과 과다측정, 할거주의 등 조직의 내부성 등이 있다.

<<핵심정리>> 동조과잉

의의	• 종국적 목표가 다른 목표나 수단으로 뒤바뀌는 현상 • 종국적 가치와 수단적 가치의 우선순위가 뒤바뀌는 현상 • 행정의 궁극적 목표인 공익보다 수단인 법규를 중시하는 현상
학자	• 미첼스의 '과두제의 철칙'에서부터 시작 • 머튼과 골드너는 관료제의 병리현상으로 동조과잉 지적
원인	① 과두제의 철칙(소수간부의 권력과 지위 강화 현상), ② 규칙과 절차에 대한 집착(동조과잉), ③ 목표의 무형성과 과다 측정(유형적 목표의 추구), ④ 조직의 내부성과 할거주의 등

07. ③ 부하직원의 성과에 따라 보상을 제공하는 교환관계를 동기부여의 핵심기제로 강조하는 리더십은 변혁적 리더십이 아니라 거래적(교환적) 리더십이다. 반면, 변혁적 리더십은 카리스마(①), 영감(②), 지적 자극(④), 개별적 배려를 특징으로 한다.

<<핵심정리>> 변혁적 리더십

의의	• 구성원들의 정서, 윤리규범, 가치체계, 의식수준 등을 변화시켜 개인, 집단, 조직을 바람직한 방향으로 변혁시키는 변화를 주도하

		고 관리하는 리더십 • 번스(Burns)에 의해 '안정중심의 거래적 리더십'과 대비되는 개념으로 제시되었고, 베스(Bass)에 의해 체계화 됨
구성요소	카리스마적 리더십	• 구성원들에게 미래에 대한 비전과 사명감을 제시하고 이것을 효과적으로 전달하는 리더의 행동이나 능력(이상적 영향력)
	영감적 리더십	• 구성원들이 비전을 실현하는 데 헌신하도록 동기유발시키는 리더의 행동이나 능력(카리스마와 유사)
	지적 자극 (촉매적 리더십)	• 구성원들에게 기존의 형식적 관례와 사고에 대해 의문을 제기하고 다시 생각하게 함으로써 새로운 관념을 촉발시키고 창의적 사고를 유도하는 리더의 행동이나 능력
	개별적 고려	• 구성원들의 개인적 욕구에 세심한 관심을 보이고 후원적인 업무환경을 조성하려는 리더의 행동이나 능력

지방의 관계		
자치단체의 지위	순수한 자치단체	이중적 지위(자치단체 + 일선기관)
특별지방 행정기관	많음	적음
통제	주민통제(아래로부터의 통제)	중앙통제(위로부터의 통제)
민주주의 와 관계	상관관계 인정설	상관관계 부정설
국가공무원	없음	있음
위법통제	입법적·사법적 통제	행정적 통제

08. ② 직업공무원제도는 신규인력을 조직의 최하위계층에서만 채용하는 폐쇄적 임용제도와 밀접한 관련성이 있다.
① 직업공무원제는 계급제에 입각한 공직분류 구조가 필수적이다.
③ 직업공무원제는 순환보직을 전제로 하므로 일반행정가 양성에 유리하다.
④ 직업공무원제는 연령과 학력의 제한을 전제로 하므로 제한된 기회균등을 보장한다.

09. ② 「국가재정법」에 의하면 정부는 국가재정의 효율적 운용을 위하여 필요한 경우에는 회계(일반회계, 특별회계)와 기금 간 또는 회계(일반회계, 특별회계) 및 기금 상호 간에 여유재원을 전입, 전출할 수 있다.

10. ① 단체자치는 법률적 의미의 지방자치이며, 지방분권의 원리에 입각해 있다면, 주민자치는 정치적 의미의 지방자치이며, 민주주의의 원리에 입각해 있다.

<<핵심정리>> 주민자치와 단체자치

구분	주민자치	단체자치
의미	정치적 의미의 지방자치	법률적 의미의 지방자치
	민주주의의 원리	지방분권의 원리
국가	영국·미국	독일·프랑스
자치권의 인식	자연적·천부적 권리	국가에서 전래된 권리
자치권의 범위	광범위함	협소함
자치권의 중점	지방정부와 주민과의 관계	중앙정부와 지방정부와의 관계
	주민참여에 초점	사무배분에 초점
권한부여 방식	개별적 수권주의	포괄적 수권주의
지방정부 구성형태	기관통합형(의회우월형)	기관대립형(집행기관 우월형)
사무구분	고유사무와 위임사무 미구분	고유사무와 위임사무 구분
조세제도	독립세(자치단체가 과세주체)	부가세(국가가 과세주체)
중앙과	기능적 상호협력관계	권력적 감독관계

2025 공무원 시험대비 【8월분】

8월

-제2회-
[정답 및 해설]

이 름: _____

제1과목 국어
제2과목 영어
제3과목 한국사
제4과목 행정법총론
제5과목 행정학개론

매일 모의고사 정오표

합격까지 박문각

매일 모고 국어 제2회
정답 및 해설

亦功 국어
적중 혜선

01. ④ '날이 밝다(= 동이 트다)'를 의미하는 '밝다'만 동사이고 나머지는 형용사인데, '밝은 빛, 벽지가 밝아'의 '밝다'는 나머지 의미이므로 모두 형용사이다.
① 체언 뒤에 관형격 조사 '의'가 결합된 것을 보면 '내일'은 명사임을 알 수 있다. '내일'은 뒤의 용언 '시작합시다'를 꾸미므로 부사이다.
② '성장하다, 자라다'를 의미하는 '크다'는 동사이므로 '키가 컸구나'의 '크다'는 동사이다. 그 외의 의미는 형용사이므로 '키가 큰 나무'의 '크다'는 형용사이다.
③ 체언 '영호' 뒤에 '만큼'이 결합된 것을 보면 '만큼'은 조사임을 알 수 있다. 용언의 관형사형 '먹을'은 관형어이므로 그 뒤는 무조건 체언이 와야 한다. 따라서 '만큼'은 의존 명사이다.

02. ① '과도(過度: 過 지날 과 度 정도 도)하다'는 '정도에 지나치다'를 의미하고 '과다(過多: 過 지날 과 多 많을 다)하다'는 '너무 많다.'를 의미하다. 사용 정도가 지나친 것이므로 '과도한 사용'으로 다시 고쳐야 한다. 또한 '삼가하다'가 아니라 '삼가다'가 표준어이므로 '삼가 + 아야'가 결합하여 '삼가야 한다'로 고쳐야 한다.
② '비'의 총량은 '강우량(降雨量)'이 옳다. '강수량'은 비뿐만 아니라 눈, 우박 따위의 것들을 모두 아우른 물의 총량을 말한다.
③ '접수(接受: 接 이을 접 受 받을 수)'는 신청을 받는 것이다. 내가 면회 신청을 '받는 것'이 아니라 '하는 것'이므로 '접수'가 아니라 '신청'으로 고친 것은 옳다.
④ '한문'이란 '한자로 쓴 문장'을 가리킨다. 이름을 적었으므로 '한자'가 자연스럽다.

03. ③
(가) 정원 ∧ 천재
(나) 천재 → 이성 ≡ ~이성 → ~천재

답은 '이성 ∧ 정원'이다. (가)에 의해 정원을 가꾸는 사람 중 천재적인 사람이 존재하고 (나)에 의해 천재적인 모든 사람은 이성적이기 때문에 이 정원을 가꾸는 사람 중 이성적인 사람이 존재한다는 결론, 즉 '정원 ∧ 이성'을 도출할 수 있다. 따라서 이성적인 어떤 사람은 정원을 가꾼다.
①은 '이성 → 천재'이다. 이 명제는 (나)의 역명제이므로 참, 거짓을 판단하는 것이 불가능하다. 따라서 (가), (나)를 통해 도출한 결론으로 부적절하다.
② (가)에서 '정원 ∧ 천재'이고 (나)에서 '천재 → 이성'이므로 정원을 가꾸면서 천재적인 사람이 존재하고 이 사람은 이성적인 사람이라는 결론을 내릴 수 있다. 즉, '정원 ∧ 이성'이므로 이성적인 어떤 사람은 정원을 가꾼다고 할 수 있다. 그러나 이를 통해 '이성 → 정원'을 도출하는 것은 불가능하다. 이성적인 사람 중 정원을 가꾸는 사람이 존재한다고 해서 이성적인 모든 사람이 정원을 가꾼다는 결론을 도출하는 것은 불가능하기 때문이다.
④은 '천재 → 정원'이다. (가)에서 '정원 ∧ 천재'이긴 하지만 이를 통해 '천재 → 정원'을 도출하는 것은 불가능하다. 천재적인 사람 중 정원을 가꾸는 사람이 존재한다고 해서 천재적인 모든 사람이 정원을 가꾼다는 결론을 도출하는 것은 불가능하기 때문이다.

04. ① ① 0개
· 첫 번째 결론: 타당하지 않다.
· 두 번째 결론: 타당하지 않다.
· 세 번째 결론: 타당하지 않다.

05. ② ㉠의 '쉬다'는 '1「4」 물체나 물질 따위가 움직임을 멈추다.'를 의미한다. 이와 가장 유사한 의미의 '쉬다'는 ②이다.
① 1「1」 피로를 풀려고 몸을 편안히 두다.
③ 2 일이나 활동을 잠시 그치거나 멈추다. 또는 그렇게 하다.
④ 3「1」 결근이나 결석을 하다.

06. ① ㉠의 '자르다'는 「1」【…을】 동강을 내거나 끊어 내다.'를 의미한다. 이와 가장 유사한 의미의 '자르다'는 ①이다.
②「2」 (속되게) 직장에서 해고하다.
③「3」 남의 요구를 야무지게 거절하다.
④「4」 말이나 일 따위를 길게 오래 끌지 아니하고 적당한 곳에서 끊다.

07. ② '모사하다'는 '사물을 형체 그대로 그리다.'를 의미한다. 따라서 '어떤 일을 이루려고 뜻을 두거나 힘을 쓰다.'를 의미하는 '꾀하다'는 ㉡과 바꿔 쓸 수 있는 유사한 표현으로 적절하지 않다. '연필, 붓 따위로 어떤 사물의 모양을 그와 닮게 선이나 색으로 나타내다.'를 의미하는 '그리다'로 바꿔 쓸 수 있다.
① ㉠ '분주하다'는 '이리저리 바쁘고 수선스럽다.'를 의미한다. 따라서 '일이 많거나 또는 서둘러서 해야 할 일로 인하여 딴 겨를이 없다.'를 의미하는 '바쁘다'로 바꿔 쓸 수 있다.
③ ㉢ '격려하다'는 '용기나 의욕이 솟아나도록 북돋게 하다.'를 의미한다. 따라서 '기운이나 정신 따위를 더욱 높여 주다.'를 의미하는 '북돋우다'로 바꿔 쓸 수 있다.
④ ㉣ '대적하다'는 '적이나 어떤 세력, 힘 따위와 맞서 겨루다.'를 의미한다. 따라서 '서로 굽히지 아니하고 마주 겨루어 버티다.'를 의미하는 '맞서다'로 바꿔 쓸 수 있다.

08. ① '속이다'는 '거짓이나 꾀에 넘어가게 하다.'를 의미한다. 따라서 '어떤 사물이나 사실을 실제와 다르게 지각하거나 생각하다.'를 의미하는 '착각하다'는 ㉠과 바꿔 쓸 수 있는 유사한 표현으로 적절하지 않다. '남을 속여 넘기다.'를 의미하는 '기만하다'로 바꿔 쓸 수 있다.
② ㉡ '거북하다'는 '마음이 어색하고 겸연쩍어 편하지 않다.'를 의미한다. 따라서 '잘 모르거나 아니면 별로 만나고 싶지 않았던 사람과 마주 대하여 자연스럽지 못하다.'를 의미하는 '어색하다'로 바꿔 쓸 수 있다.
③ ㉢ '가난하다'는 '살림살이가 넉넉하지 못하여 몸과 마음이 괴로운 상태에 있다.'를 의미한다. 따라서 '몹시 가난하다.'를 의미하는 '궁핍하다'로 바꿔 쓸 수 있다.
④ ㉣ '사랑하다'는 '어떤 사람이나 존재를 몹시 아끼고 귀중히 여기다.'를 의미한다. 따라서 '어떤 사람이나 존재를 사랑하여 간절히 그리워하다.'를 의미하는 '연모하다'로 바꿔 쓸 수 있다.

09. ① 시간의 흐름에 따른 내용 전개 방식을 '통시적 내용 전개', 그렇지 않은 것을 '공시적 내용 전개'라 하는데, 위 글은 통시적 내용 전개 방식을 가지고 있고 에스페란토 어에 상반된 인식이 나타나는 것은 맞으나 이를 절충하고 있는 것은 아니다.
② 1문단 끝에서 유럽이 전제주의의 광풍에 혼란을 겪고 있다고 했으므로 적절하다.
③ 시오니즘에 대한 자멘호프의 태도변화가 나타나 있고, 시오니즘의 선민사상에 반감을 가지고 인류 통합을 목적

으로 에스페란토어를 창작했다고 했으므로 적절하다.
④ 1인 2개 국어 운동 등의 자멘호프의 사상이 명시적으로 나타나고 있고 이를 통해 인류 통합을 이루려 했다고 했으므로 옳다.

10. ④ 현대 사회는 가족을 그 자체가 목적인 유기체로 보기보다는 식구들 각자의 개인적 목적 달성을 돕기 위한 수단적 성격의 조직체로 보는 경향이 우세하다.
① 3문단에 따르면, 개인주의의 색채가 강한 현대 서구의 가정에는 각자의 뜻에 따라서 자유롭게 살 수 있다는 장점이 있다고 하였다.
② 2문단에 따르면, 우리나라의 전통적 가족상의 장점으로 더 큰 '우리'를 위하여 소아를 잊을 수 있는 인간상을 들고 있다.
③ 2문단에 따르면, 전통적 가족 제도 아래서 여성의 인권이 부당하게 침해당했다고 하였다.

매일 모고 영어 제2회
정답 및 해설

01. ② ★ pollute 오염시키다
    ● disagree 일치하지 않다, 동의하지 않다
    ● flourish 번창하다, 번성하다
    ● inquire 묻다, 문의하다
    [해석] 많은 대형 공장들이 엄격한 환경법이 시행되고 있음에도 불구하고 여전히 정화되지 않은 폐수를 인근 강에 흘려보내 강을 <u>오염시키고</u> 있다.

02. ③ ★ shrink 줄어들다, 오그라들다
    ● mediate 중재하다, 조정하다
    ● insist 고집하다, 주장하다, 우기다
    ● disappoint 실망시키다
    [해석] 그 스웨터를 뜨거운 물에 빨면 <u>줄어들</u> 수 있어서 세탁할 때 주의가 필요하다.

03. ③ ★ authentic 진짜의, 진품의
    ● fatal 죽음을 초래하는, 치명적인
    ● crisp 바삭바삭한
    ● fierce 사나운, 험악한, 격렬한, 극심한
    [해석] 그는 역사 재현 행사에서 <u>진짜</u> 중세 복장을 입었다.

04. ③ ★ fertile 비옥한, 풍부한, 생식력 있는
    ● artificial 인공적인, 모조의, 인위적인
    ● constant 끊임없는, 거듭되는, 변함없는
    ● folk 민속의, 전통적인
    [해석] 과학자는 사막 지역조차도 적절한 관개를 하면 <u>비옥해질</u> 수 있다고 언급했다.

05. ④ ★ exhibit 전시하다, 나타내다
    ● dismiss 해산시키다, 해고하다
    ● merge 합병하다, 합치다
    ● fold 접다, 구부리다
    [해석] 박물관은 다음 달에 고대 이집트의 희귀 유물을 <u>전시할</u> 것이다.

06. ② [해설]
    'have the + 추상 명사 + to부정사' 구문은 '~하게도 …하다' 또는 '…할 정도의 ~가 있다'의 뜻을 가진다. 따라서 밑줄 친 부분에 가장 적절한 것은 ②이다.
    [해석]
    그들은 제품을 다 써 놓고도 환불을 요구할 정도의 뻔뻔함이 있었다.

07. ② [해설]
    전치사의 차이를 확인하는 문제이다. 'be familiar with 사물'로, 'be familiar to 사람'의 구조로 쓴다. 따라서 전치사 뒤에 사물(the computer software)이 나오므로 to를 with으로 고쳐야 한다.
    [해석]
    John이 새 일을 시작했을 때, 그는 직원 안내서를 공부하는 데 많은 시간을 보냈다. 그는 회사의 정책과 절차에 익숙하다. 이 지식 덕분에 그는 어려운 상황도 자신 있게 처리할 수 있었다. 그의 매니저는 그가 직장 규칙에 얼마나 빨리 적응했는지 높이 평가했다.

08. ② [해설]
    Tim: 안녕하세요. 진료를 받아야 할 것 같아요.
    Jane: 안녕하세요. <u>어디가 불편하신가요?</u>
    Tim: 사흘째 기침이 심하고 목이 아파요.
    Jane: 열이나 다른 증상도 있으신가요?
    Tim: 어제는 약간 열이 있었는데 지금은 내렸어요.
    Jane: 알겠습니다. 이 양식을 작성해 주시고, 저쪽에 앉아 계세요. 곧 이름을 부를 거예요.
    ① 최근에 다른 진료를 받은 적 있나요?
    ② 어디가 불편하신가요?
    ③ 마지막 예방접종은 언제였나요?
    ④ 왜 약은 복용을 안하시나요?

09. ② [해설]
    밑줄 친 'optimize'는 '최적화하다, 최대한 좋게[적합하게] 만들다'를 의미한다. 이와 의미가 가장 가까운 것은 ② 'refine 개선[개량]하다, 정제하다'이다.
    [오답 해설]
    ① neglect 방치하다, 도외시하다
    ③ imitate 모방하다, 흉내내다
    ④ replace 대신[대체]하다, 바꾸다

10. ③ 이 글을 개인정보 보호 포털의 사용 방법과 정부의 지속적인 개선 노력에 대해 설명하고 있다. 포털을 통해 사용자가 개인정보 열람, 동의 철회, 삭제 요청 등을 할 수 있다는 이용 절차를 안내하고 있으며, 접근성과 반응성을 높이기 위한 정기적인 성능 점검과 사용자 의견 반영 등 개선 활동도 함께 소개하고 있다. 따라서 글의 목적으로 가장 적절한 것은 ③이다.
    [해석]

    > **개인정보 보호 포털 이용 방법**
    >
    > 행정안전부는 국민이 자신의 개인정보 사용 현황을 확인하고 통제할 수 있도록 안전한 온라인 포털을 제공합니다. 이 플랫폼을 통해 이용자는 동의 철회, 데이터 삭제 요청, 접근 기록 조회 등을 할 수 있습니다.
    >
    > 이용을 시작하려면 privacycontrol.go.kr에 접속하여 정부에서 발급한 신분증으로 로그인하세요. 사용 편의를 위해 여러 언어로 된 단계별 안내서도 제공됩니다.
    >
    > 저희는 포털의 성능을 정기적으로 점검하고, 사용자 의견을 수집하여 접근성과 반응 속도를 지속적으로 개선하고 있습니다. 여러분의 이용 경험은 디지털 정보 오남용을 방지하고, 공공의 신뢰를 유지하기 위한 <u>보호 장치</u>를 <u>최적화하는</u> 데 큰 도움이 됩니다.

    [어휘]
    □ withdraw consent 동의 철회
    □ usability 사용 편의성
    □ responsiveness 반응성
    □ insight 통찰력
    □ misuse 오용

매일 모고 한국사 제2회
정답 및 해설

01. ③ 인조반정으로 권력을 잡은 서인은 친명배금정책을 추구하였다. 이에, 후금은 조선에서 이괄의 난이 일어난 것을 계기로 정묘호란을 일으켰고, 더 나아가 병자호란을 일으켜 조선을 굴복시켰다. 병자호란으로 인질로 청에 갔다가 돌아온 소현세자는 석연치 않은 이유로 죽음을 맞이했고, 인조의 차남인 봉림대군이 왕위를 계승하여 효종이 되었다. 효종은 청의 요청으로 나선정벌을 감행하였다.

02. ① 홍경래의 난과 관련된 사료이다. 홍경래의 난은 평안도에서 일어났다. 평안도는 청과의 무역으로 상업이 번창하였고, 대한제국시기 애국계몽운동의 중심지였다. 물산장려운동은 조만식을 중심으로 평양에서 시작한 운동이다.
①은 형평사인데, 형평사는 경상남도 진주에서 시작하였다.

03. ④ 정약용의 주장이다. 정약용은 탕론을 통해 민본주의 정치이념을 주장하였다.
①은 이익이다.
②는 유형원과 홍대용이다.
③은 유수원이다.

04. ④ 동학농민운동에서 나온 4대강령이다. ①, ②, ③은 동학농민운동 당시에 나온 폐정개혁안이다.
④는 갑오개혁과 관련한 내용이다.

05. ② 원산학사는 1883년, 한성 소학교는 1895년, 교육입국조서는 1895년, 오산학교는 1907년에 각각 발표 혹은 설립되었다.

06. ① 사료는 박은식의 유교구신론이다. 박은식은 유교구신론에서 기존의 성리학(주자학)을 버리고 양명학으로 사상의 전환을 꾀해야 한다고 주장하였다.
① 양명학은 조선의 비주류 유학이었다.

07. ① 자료는 문화통치 때 이루어진 제2차 교육령이다.
① 회사령은 무단통치 때 이루어진 일이다.

08. ② ㉠ 국민대표회의 개최 - 1923년
㉡ 한국광복군 창설 - 1940년
㉢ 윤봉길의 훙커우 공원 의거 - 1932년
㉣ 이승만을 대통령에서 탄핵 - 1925년

09. ① ㉠ 건국준비위원회 결성 - 1945년 8월
㉡ 이승만의 정읍발언 - 1946년 6월
㉢ 5·10 총선거 - 1948년 5월
㉣ 카이로 회담 - 1943년
㉤ 포츠담 회담 - 1945년 7월

10. ④ ㄴ. (나) - 중학교 입학 무시험제도 첫 실시는 박정희 정권
ㄹ. (라) - 초등학교 의무교육 실시는 이승만 정권

매일 모고 행정법 제2회
정답 및 해설

01. ③ 헌법 제107조 제2항의 규정에 따르면 행정입법의 심사는 일반적인 재판절차에 의하여 구체적 규범통제의 방법에 의하도록 명시하고 있으므로, 당사자는 구체적 사건의 심판을 위한 선결문제로서 행정입법의 위법성을 주장하여 법원에 대하여 당해 사건에 대한 적용 여부의 판단을 구할 수 있을 뿐 행정입법 자체의 합법성의 심사를 목적으로 하는 독립한 신청을 제기할 수는 없다. 대법원 1994. 4. 26.자 93부32 결정
① 입법부·행정부·사법부에서 제정한 규칙이 별도의 집행행위를 기다리지 않고 직접 기본권을 침해하는 것일 때에는 모두 헌법소원심판의 대상이 될 수 있는 것이다. 헌법재판소 1990. 10. 15. 선고 89헌마178 결정
② 행정처분이 법규성이 없는 내부지침 등의 규정에 위배된다고 하더라도 그 이유만으로 처분이 위법하게 되는 것은 아니고, 또 내부지침 등에서 정한 요건에 부합한다고 하여 반드시 그 처분이 적법한 것이라고 할 수도 없다. 처분의 적법 여부는 그러한 내부지침 등에서 정한 요건에 합치하는지 여부가 아니라 일반 국민에 대하여 구속력을 가지는 법률 등 법규성이 있는 관계 법령의 규정을 기준으로 판단하여야 한다. 대법원 2018. 6. 15. 선고 2015두40248 판결
④ 법원이 구체적 규범통제를 통해 위헌·위법으로 선언할 심판대상은, 해당 규정의 전부가 불가분적으로 결합되어 있어 일부를 무효로 하는 경우 나머지 부분이 유지될 수 없는 결과를 가져오는 특별한 사정이 없는 한, 원칙적으로 해당 규정 중 재판의 전제성이 인정되는 조항에 한정된다. 대법원 2019. 6. 13. 선고 2017두33985 판결

02. ④ 행정기본법 제14조

> **행정기본법 제14조(법 적용의 기준)**
> ② 당사자의 신청에 따른 처분은 법령등에 특별한 규정이 있거나 처분 당시의 법령등을 적용하기 곤란한 특별한 사정이 있는 경우를 제외하고는 처분 당시의 법령등에 따른다.

① 국토의 계획 및 이용에 관한 법률상 개발행위허가는 허가기준 및 금지요건이 불확정개념으로 규정된 부분이 많아 그 요건에 해당하는지 여부는 행정청의 재량판단의 영역에 속한다. 그러므로 그에 대한 사법심사는 행정청의 공익판단에 관한 재량의 여지를 감안하여 원칙적으로 재량권의 일탈·남용이 있는지 여부만을 대상으로 하고, 사실오인과 비례·평등원칙 위반 여부 등이 판단 기준이 된다. 대법원 2021. 3. 25. 선고 2020두51280 판결
② 행정행위를 기속행위와 재량행위로 구분하는 경우 양자에 대한 사법심사는, 기속행위의 경우 그 법규에 대한 원칙적인 기속성으로 인하여 법원이 사실인정과 관련 법규의 해석·적용을 통하여 일정한 결론을 도출한 후 그 결론에 비추어 행정청이 한 판단의 적법 여부를 독자의 입장에서 판정하는 방식에 의하게 된다. 대법원 2005. 7. 14. 선고 2004두6181 판결
③ 인가는 기본행위의 법률상의 효력을 완성시키는 보충행위이다(주: 강학상 인가는 특허, 대리와 함께 법률행위적 행정행위 중 형성적 행위에 속함). 대법원 1996. 5. 16. 선고 95누4810 전원합의체 판결

03. ④ 신청에 의한 처분의 경우에는 신청에 대하여 일단 거부처분이 행해지면 그 거부처분이 적법한 절차에 의하여 취소되지 않는 한, 사유를 추가하여 거부처분을 반복하는 것은 존재하지도 않는 신청에 대한 거부처분으로서 당연무효이다. 대법원 1999. 12. 28. 선고 98두1895 판결
① 민원사무를 처리하는 행정기관이 민원 1회방문 처리제를 시행하는 절차의 일환으로 민원사항의 심의·조정 등을 위한 민원조정위원회를 개최하면서 민원인에게 회의일정 등을 사전에 통지하지 아니하였다 하더라도, 이러한 사정만으로 곧바로 민원사항에 대한 행정기관의 장의 거부처분에 취소사유에 이를 정도의 흠이 존재한다고 보기는 어렵다. 대법원 2015. 8. 27. 선고 2013두1560 판결
② 행정청이 사전에 교통영향평가를 거치지 아니한 채 '건축허가 전까지 교통영향평가 심의필증을 교부받을 것'을 부관으로 붙여서 한 '실시계획변경 승인 및 공사시행변경 인가 처분'에 중대하고 명백한 흠이 있다고 할 수 없어 이를 무효로 보기 어렵다. 대법원 2010. 2. 25. 선고 2009두102 판결
③ 주민등록을 말소하는 처분을 한 경우 이 처분이 주민등록법 제17조의2에 규정한 최고, 공고의 절차를 거치지 아니하였다 하더라도 그러한 하자는 중대하고 명백한 것이라고 할 수 없어 처분의 당연무효사유에 해당하는 것이라고는 할 수 없다. 대법원 1994. 8. 26. 선고 94누3223 판결

04. ① 사단법인 대한의사협회는 의료법에 의하여 의사들을 회원으로 하여 설립된 사단법인으로서, 국민건강보험법상 요양급여행위, 요양급여비용의 청구 및 지급과 관련하여 직접적인 법률관계를 갖지 않고 있으므로, 보건복지부 고시인 '건강보험요양급여행위 및 그 상대가치점수 개정'으로 인하여 자신의 법률상 이익을 침해당하였다고 할 수 없는 결과 위 고시의 취소를 구할 원고적격이 없다. 대법원 2006. 5. 25. 선고 2003두11988 판결
② 법원에 의한 판결을 받지 않고서도 (중략) 직접 필요한 조치를 할 수도 있으므로, 국가가 국토이용계획과 관련한 지방자치단체의 장의 기관위임사무의 처리에 관하여 지방자치단체의 장을 상대로 취소소송을 제기하는 것은 허용되지 않는다. 대법원 2007. 9. 20. 선고 2005두6935 판결
③ 사증발급의 법적 성질, 출입국관리법의 입법 목적, 사증발급 신청인의 대한민국과의 실질적 관련성, 상호주의 원칙 등을 고려하면, 우리 출입국관리법의 해석상 외국인에게는 사증발급 거부처분의 취소를 구할 법률상 이익이 인정되지 않는다. 대법원 2018. 5. 15. 선고 2014두42506 판결
④ 개발제한구역 중 일부 취락을 개발제한구역에서 해제하는 내용의 도시관리계획변경결정에 대하여, 개발제한구역 해제대상에서 누락된 토지의 소유자는 위 결정의 취소를 구할 법률상 이익이 없다. 대법원 2008. 7. 10. 선고 2007두10242 판결

05. ③ 행정청에 대한 거부처분의 효력을 정지하더라도 거부처분이 없었던 것과 같은 상태, 즉 거부처분이 있기 전의 신청시의 상태로 되돌아가는 데에 불과하고 행정청에게 신청에 따른 처분을 하여야 할 의무가 생기는 것이 아니므로, 거부처분의 효력정지는 그 거부처분으로 인하여

신청인에게 생길 손해를 방지하는 데 아무런 보탬이 되지 아니하여 그 효력정지를 구할 이익이 없다. 대법원 1995. 6. 21.자 95두26 판결
① 행정소송법 제23조

> **행정소송법 제23조(집행정지)**
> ① 취소소송의 제기는 처분등의 효력이나 그 집행 또는 절차의 속행에 영향을 주지 아니한다.

② 사업여건의 악화 및 막대한 부채비율로 인하여 외부자금의 신규차입이 사실상 중단된 상황에서 285억 원 규모의 과징금을 납부하기 위하여 무리하게 외부자금을 신규차입하게 되면 주거래은행과의 재무구조개선약정을 지키지 못하게 되어 사업자가 중대한 경영상의 위기를 맞게 될 것으로 보이는 경우, 그 과징금납부명령의 처분으로 인한 손해는 효력정지 내지 집행정지의 적극적 요건인 '회복하기 어려운 손해'에 해당한다. 대법원 2001. 10. 10.자 2001무29 결정
④ 행정소송법 제23조

> **행정소송법 제23조(집행정지)**
> ② (중략) 다만, 처분의 효력정지는 처분등의 집행 또는 절차의 속행을 정지함으로써 목적을 달성할 수 있는 경우에는 허용되지 아니한다.

06. ② 지방자치단체가 일방 당사자가 되는 이른바 '공공계약'이 사경제의 주체로서 상대방과 대등한 위치에서 체결하는 사법상 계약에 해당하는 경우 그에 관한 법령에 특별한 정함이 있는 경우를 제외하고는 사적 자치와 계약자유의 원칙 등 사법의 원리가 그대로 적용된다. 대법원 2018. 2. 13. 선고 2014두11328 판결
① 법무사가 사무원 채용에 관하여 법무사법이나 법무사규칙을 위반하는 경우에는 소관 지방법원장으로부터 징계를 받을 수 있으므로, 법무사에 대하여 지방법무사회로부터 채용승인을 얻어 사무원을 채용할 의무는 법무사법에 의하여 강제되는 공법적 의무다. 대법원 2020. 4. 9. 선고 2015다34444 판결
③ 공공용지 특례법에 따른 토지 등의 협의취득은 공공사업에 필요한 토지 등을 그 소유자와의 협의에 의하여 취득하는 것으로서 공공기관이 사경제주체로서 행하는 사법상 매매 내지 사법상 계약의 실질을 가지는 것이지 행정청이 공권력의 주체로서 상대방의 의사 여하에 불구하고 일방적으로 행하는 행정처분이라 볼 수 없는 것이고, 위 협의취득에 기한 손실보상금의 환수통보 역시 사법상의 이행청구에 해당하는 것으로서 이를 항고소송의 대상이 되는 행정처분이라고 할 수 없다. 대법원 2010. 11. 11. 선고 2010두14367 판결
④ 개발부담금 부과처분이 취소된 이상 그 후의 부당이득으로서의 과오납금 반환에 관한 법률관계는 단순한 민사관계에 불과한 것이고, 행정소송 절차에 따라야 하는 관계로 볼 수 없다. 대법원 1995. 12. 22. 선고 94다51253 판결

07. ② 장기요양기관의 폐업신고와 노인의료복지시설의 폐지신고는, 행정청이 관계 법령이 규정한 요건에 맞는지를 심사한 후 수리하는 이른바 '수리를 필요로 하는 신고'에 해당한다. 그러나 행정청이 그 신고를 수리하였다고 하더라도, 신고서 위조 등의 사유가 있어 신고행위 자체가 효력이 없다면, 그 수리행위는 유효한 대상이 없는 것으로서, 수리행위 자체에 중대·명백한 하자가 있는지를 따질 것도 없이 당연히 무효이다. 대법원 2018. 6. 12. 선고 2018두33593 판결
① 신고납부방식의 조세는 원칙적으로 납세의무자가 스스로 과세표준과 세액을 정하여 신고하는 행위에 의하여 납세의무가 구체적으로 확정되고, 그 납부행위는 신고에 의하여 확정된 구체적 납세의무의 이행으로 하는 것이며, 국가나 지방자치단체는 그와 같이 확정된 조세채권에 기하여 납부된 세액을 보유한다. 납세의무자의 신고행위가 중대하고 명백한 하자로 인하여 당연무효로 되지 아니하는 한 그것이 바로 부당이득에 해당한다고 할 수 없다. 대법원 2018. 11. 9. 선고 2015다221026 판결
③ 체육시설의 설치·이용에 관한 법률상의 신고체육시설업에 있어서 적법한 요건을 갖춘 신고의 경우에는 행정청의 수리처분 등 별단의 조처를 기다릴 필요 없이 그 접수시에 신고로서의 효력이 발생하는 것이므로 그 수리가 거부되었다고 하여 무신고 영업이 되는 것은 아니다. 대법원 1998. 4. 24. 선고 97도3121 판결
④ 수리란 신고를 유효한 것으로 판단하고 법령에 의하여 처리할 의사로 이를 수령하는 수동적 행위이므로 수리행위에 신고필증 교부 등 행위가 꼭 필요한 것은 아니다. 대법원 2011. 9. 8. 선고 2009두6766 판결

08. ④ 공유재산의 점유자가 그 공유재산에 관하여 대부계약 외 달리 정당한 권원이 있다는 자료가 없는 경우 그 대부계약이 적법하게 해지된 이상 그 점유자의 공유재산에 대한 점유는 정당한 이유 없는 점유라 할 것이고, 따라서 지방자치단체의 장은 지방재정법 제85조에 의하여 행정대집행의 방법으로 그 지상물을 철거시킬 수 있다. 대법원 2001. 10. 12. 선고 2001두4078 판결
① 관계 법령에 위반하여 장례식장 영업을 하고 있는 자의 장례식장 사용중지의무는 비대체적 부작위 의무이므로 행정대집행법 제2조의 규정에 의한 대집행의 대상이 아니다. 대법원 2005. 9. 28. 선고 2005두7464 판결
② 건물을 철거하여 이 사건 공유수면을 원상회복하여야 할 의무는 대체적 작위의무에 해당하므로 행정대집행의 대상이 된다. 대법원 2017. 4. 28. 선고 2016다213916 판결
③ 대집행의 계고를 함에 있어서 의무자가 이행하여야 할 행위와 그 의무불이행시 대집행할 행위의 내용 및 범위는 반드시 대집행계고서에 의하여서만 특정되어야 하는 것은 아니고 그 처분 전후에 송달된 문서나 기타 사정을 종합하여 이를 특정할 수 있으면 족하다. 대법원 1992. 3. 10. 선고 91누4140 판결

09. ② 행정조사기본법 제5조

> **행정조사기본법 제5조(행정조사의 근거)**
> 행정기관은 법령등에서 행정조사를 규정하고 있는 경우에 한하여 행정조사를 실시할 수 있다. 다만, 조사대상자의 자발적인 협조를 얻어 실시하는 행정조사의 경우에는 그러하지 아니하다.

① 행정조사기본법 제3조

> **행정조사기본법 제3조(적용범위)**
> ② 다음 각 호의 어느 하나에 해당하는 사항에 대하여는 이 법을 적용하지 아니한다.
> 5. 조세·형사·행형 및 보안처분에 관한 사항
> ③ 제2항에도 불구하고 제4조(행정조사의 기본원칙), 제5조(행정조사의 근거) 및 제28조(정보통신수단을 통한 행정조사)는 제2항 각 호의 사항에 대하여 적용한다.

③ 행정조사기본법 제28조

> **행정조사기본법 제28조(정보통신수단을 통한 행정조사)**
> ① 행정기관의 장은 인터넷 등 정보통신망을 통하여 조사대상자로 하여금 자료의 제출 등을 하게 할 수 있다.

④ 행정조사기본법 제25조

> **행정조사기본법 제25조(자율신고제도)**
> ② 행정기관의 장은 조사대상자가 제1항에 따라 신고한 내용이 거짓의 신고라고 인정할 만한 근거가 있거나 신고내용을 신뢰할 수 없는 경우를 제외하고는 그 신고내용을 행정조사에 갈음할 수 있다.

10. ③ 정보공개법 제9조 제1항 제6호 본문의 규정에 따라 비공개대상이 되는 정보에는 구 공공기관의 정보공개에 관한 법률의 이름·주민등록번호 등 정보 형식이나 유형을 기준으로 비공개대상정보에 해당하는지를 판단하는 '개인식별정보'뿐만 아니라 그 외에 정보의 내용을 구체적으로 살펴 '개인에 관한 사항의 공개로 개인의 내밀한 내용의 비밀 등이 알려지게 되고, 그 결과 인격적·정신적 내면생활에 지장을 초래하거나 자유로운 사생활을 영위할 수 없게 될 위험성이 있는 정보'도 포함된다고 새겨야 한다. 대법원 2012. 6. 18. 선고 2011두2361 판결

① 정보공개법 제11조

> **정보공개법 제11조(정보공개 여부의 결정)**
> ① 공공기관은 제10조에 따라 정보공개의 청구를 받으면 그 청구를 받은 날부터 10일 이내에 공개 여부를 결정하여야 한다.
> ② 공공기관은 부득이한 사유로 제1항에 따른 기간 이내에 공개 여부를 결정할 수 없을 때에는 그 기간이 끝나는 날의 다음 날부터 기산하여 10일의 범위에서 공개 여부 결정기간을 연장할 수 있다. 이 경우 공공기관은 연장된 사실과 연장 사유를 청구인에게 지체 없이 문서로 통지하여야 한다.

② 정보공개법 제21조

> **정보공개법 제21조(제3자의 비공개 요청 등)**
> ① 제11조제3항에 따라 공개 청구된 사실을 통지받은 제3자는 그 통지를 받은 날부터 3일 이내에 해당 공공기관에 대하여 자신과 관련된 정보를 공개하지 아니할 것을 요청할 수 있다.

④ 전자적 형태로 보유·관리되는 정보의 경우에는, 그 정보가 청구인이 구하는 대로는 되어 있지 않다고 하더라도, 공개청구를 받은 공공기관이 공개청구대상정보의 기초자료를 전자적 형태로 보유·관리하고 있고, 당해 기관에서 통상 사용되는 컴퓨터 하드웨어 및 소프트웨어와 기술적 전문지식을 사용하여 그 기초자료를 검색하여 청구인이 구하는 대로 편집할 수 있으며, 그러한 작업이 당해 기관의 컴퓨터 시스템 운용에 별다른 지장을 초래하지 아니한다면, 그 공공기관이 공개청구대상정보를 보유·관리하고 있는 것으로 볼 수 있다. 대법원 2010. 2. 11. 선고 2009두6001 판결

매일 모고 행정학 제2회
정답 및 해설

01. ④ 설문은 외부효과에 대한 것이다. 외부효과는 어떤 경제활동과 관련해 다른 사람에게 의도하지 않은 혜택이나 손해를 가져다주는 것을 뜻하는 용어로 혜택이나 손해를 입혀도 이에 대한 대가를 받지도 않고 비용을 지불하지도 않는 것이 외부 효과의 특징이다. 외부효과에는 긍정적 외부효과와 부정적 외부효과가 있다.

02. ① 신공공관리론은 국가가 직접 공공서비스를 제공하는 노젓기 역할(정책집행)에서 벗어나 공공서비스의 제공권한을 시장에게 위임하고 국가는 국가가 나아가야 할 방향을 설정해 주는 방향잡기(정책결정) 역할을 수행할 것을 주장한다. 따라서 신공공관리론은 정책기능과 집행기능의 분리하고 집행기능을 담당하는 독립적인 책임행정체제 확립을 강조한다.

03. ④ 감사원은 헌법에 근거를 두고 있는 헌법기관이며, 대통령의 직속기구로 감사기능의 전문성을 바탕으로 내부통제를 실시하는 기관이다.

04. ② 정책수단과 정책목표 간의 인과관계를 검증하기 위해서는 정책결과는 오직 해당 정책수단(원인변수)에 의해서만 설명되어야 하며, 제3의 변수는 배제되어야 한다는 경쟁적 가설 배제의 원칙(비허위성의 조건)이 준수되어야 한다. ③은 공동변화의 조건, ④는 시간적 선행의 원칙에 대한 것이다.

<<핵심정리>> 인과관계

의의	독립변수(원인변수)가 종속변수(결과변수)의 결과를 가져왔다고 믿어지는 관계	
인과관계 증명의 조건	시간적 선행의 조건	시차적으로 정책수단(독립변수)이 정책목표(종속변수)의 달성에 앞서 있어야 함
	공동변화의 조건	정책수단(독립변수)의 집행에 따른 변화의 방향과 정도가 정책 결과의 변화의 방향과 정도와 일치해야 함(공변성, 연관성)
	경쟁적 가설 배제의 조건	정책결과는 오직 해당 정책수단(독립변수)에 의해서만 설명되어야 하며, 다른 요인들(제3의 변수)은 배제되어야 함(비허위성)

05. ② 쓰레기통 모형은 불확실성과 혼란이 심한 조직화된 무정부상태에서의 비합리적 의사결정을 설명하는 귀납적 모형으로 문제성 있는 선호, 불명확한 기술(불명확한 인과관계), 수시적 참여자(유동적 참여)를 전제로 한다.

<<핵심정리>> 쓰레기통 모형

의의	계층제적 위계질서가 없고, 구성원들의 응집성이 아주 약하며, 여유재원이 부족한 조직화된 무정부 상태(불확실성과 혼란이 심한 상태)에서의 비합리적 의사결정을 설명하는 귀납적 모형
적용	대학조직의 결정, 다당제로 구성된 의회의 결정, 입법부·사법부·행정부가 모두 관련되는 결정, 행정부 내의 여러 부처가 관련되는 정책결정 등

	문제성 있는 선호	참여자들은 선호하는 것이 무엇인지도 모른 채 의사결정에 참여하며, 참여자들 간 무엇을 선택해야 하는지에 합의가 없음
전제	불명확한 기술 (불명확한 인과관계)	목표와 수단 사이에 존재하는 인과관계가 명확하지 않아 조직은 시행착오를 거침으로써 이를 파악
	수시적 참여자 (유동적 참여)	의사결정 참여자의 범위와 그들이 투입하는 에너지가 유동적
의사결정	구성요소	① 문제, ② 해결책, ③ 선택기회, ④ 참여자
	의사결정	구성요소들은 독자적·개별적으로 떠다니다가 점화장치가 있으면 우연히 결합되어 의사결정이 이루어짐
	의사결정 방식	진빼기 결정(미뤄두기 : by flight), 날치기 통과(끼워넣기 : by oversight)

06. ③ 블라우(P. Blau)와 스코트(W. Scott)는 수혜자를 중심으로 조직을 호혜적 조직, 기업 조직, 봉사 조직, 공익 조직으로 구분하였다. 이 중 공익조직은 조직의 주요 수혜자가 국민일반인 조직으로 국민의 외재적 통제를 위한 민주적 장치를 발전시키는 것을 가장 중시한다. 경찰 조직을 비롯한 대부분의 행정조직이 이에 속한다.

<<핵심정리>> 블라우와 스코트(P. Blau & W. Scott)의 조직유형

구분	주요 수혜자	내용	예
호혜조직 (상호조직)	조직 구성원	• 시간이 지날수록 집권화되는 조직 (Michels의 과두제의 철칙) • 조직구성원의 참여와 통제를 위한 민주적 절차가 중시되는 조직	정당, 노동조합, 종교단체 등
기업조직	조직 소유자	경쟁상황에서 능률의 극대화를 중시하는 조직	사기업 등
봉사조직	고객 집단	• 고객에 대한 전문적 봉사를 강조하는 조직 • 고객의 요구와 행정적 절차 간 마찰이 심함	병원·학교·사회복지기관 등

| 공익조직 | 일반 국민 | 국민의 참여와 통제를 위한 민주적 절차기 중시되는 조직 | 행정기관·경찰·군대 등 |

07. ④ 직렬과 직군을 결정하는 직무분석이 등급과 직급을 결정하는 직무평가보다 앞서 이루어진다.
① 직무분석은 직위를 직무의 종류 또는 성질에 따라 직무의 종류별 분류(직군, 직렬, 직류)를 결정한다.
② 직무평가는 직무에 대한 책임도·난이도·곤란도 등을 기준으로 직무의 상대적 가치를 평가하여 등급과 직급을 결정한다.
③ 직무분석이 수평적 분석이라면, 직무평가는 수직적 분석이다.

08. ① 설문은 상동적 오차(선입견에 의한 오류)의 예이다. 상동적 오차란 평정의 요소와 관계가 없는 성별·출신학교·출신지역·종교·연령 등에 대해 평정자가 갖고 있는 편견이나 고정관념이 영향을 미쳐 나타나는 오류이다.

09. ④ 품목별 예산제도(LIBS)는 예산을 지출대상별로 분류하여 그 한계를 규정함으로써 예산통제를 기하려는 제도이다. 품목별예산제도는 예산 배분 및 회계가 품목별로 이루어지기 때문에 정부활동의 성과를 파악하기 곤란하다.
<<핵심정리>> 품목별 예산제도(LIBS)

개념	• 예산을 지출대상별로 분류하여 그 한계를 규정함으로써 예산통제를 기하려는 제도 • 재정민주주의에 입각한 통제지향적 예산
발달	'능률과 절약을 위한 대통령 위원회(Taft 위원회)'의 권고에 의해 1920년대 연방정부에 도입
편성	• 인건비(기본급, 수당 등), 물건비(관서운영비, 업무추진비 등) 등으로 편성 • 우리나라 예산편성과목 중 목(目)에 해당
특징	① 통제지향적 예산, ② 투입 중심 예산, ③ 점증주의적 예산, ④ 상향적·미시적 예산, ⑤ 다른 예산제도와 병용되어 활용, ⑥ 통제책임의 집중화, ⑦ 필요지식 - 회계학
장점	① 재정민주주의 확립, ② 회계책임의 명확화(관료통제 용이), ③ 편성의 능률성(간편한 예산편성), ④ 자원배분시 적은 마찰과 갈등(예산 삭감시 이익집단의 저항이 적음), ⑤ 인사행정에 대한 유용한 정보 제공, ⑥ 불법지출이나 초과지출 통제 용이, ⑦ 지출항목의 일목요연성, ⑧ 다음연도 예산편성에 유용한 자료제공(점증주의 예산)
단점	① 예산집행의 경직성 초래, ② 정부활동 파악 곤란, ③ 정책의 우선순위 파악 곤란, ④ 사업의 목표 및 성과(생산성) 파악 곤란, ⑤ 동조과잉과 번문욕례 야기, ⑥ 점증적 예산편성으로 자원낭비 우려, ⑦ 국민경제에 미치는 영향 파악 곤란, ⑧ 부서 간의 상황차이 무시, ⑨ 신규사업 창안 곤란, ⑩ 계획과 예산의 연계 미흡

10. ① 행정기구의 설치와 지방공무원의 정원은 인건비 등 (대통령령)으로 정하는 기준에 따라 그 지방자치단체의 (조례)로 정한다.

2025 공무원 시험대비 【8월분】

– 제3회 –
[정답 및 해설]

이 름: _____

제1과목 국어
제2과목 영어
제3과목 한국사
제4과목 행정법총론
제5과목 행정학개론

매일 모의고사 정오표

합격까지 박문각

매일 모고 국어 제3회
정답 및 해설

01. ④ '열을 배우면 백을 안다'의 '백'의 품사는 뒤의 조사가 붙은 것을 보면 수사이다. '백 말을 한다'에서 '백'이 직접 체언을 꾸미므로 '백'은 수 관형사이다.
    ① • 아니 온다: '아니'는 용언 앞에 쓰여 부정이나 반대의 뜻을 나타내는 말로 쓰인 부사이다.
    • 아니, 이럴 수가 있단 말인가?: '아니'는 놀라거나 감탄스러울 때, 또는 의아스러울 때 하는 감탄사이다.
    ② • 이지적이다: 접미사 '-적(的)'이 붙는 말의 경우, 뒤에 조사가 오면 명사이다.
    • 이지적 인간이다: 접미사 '-적(的)'이 붙는 말이 체언 앞에 단독으로 오면 관형사이다.
    ③ • 참을 만큼: '만큼'이 용언의 관형사형 다음에 오면 의존 명사이다.
    • 그 사람만큼: '만큼'이 체언 다음에 붙으면 조사이다.

02. ③ 주어진 문장에 사용된 중의적 표현은 '그의 사진'이다. '그의 사진'은 '그가 찍은 사진', '그를 찍은 사진', '그가 소유한 사진' 등으로 해석될 수 있다. 이러한 의미를 명시할 때 중의성이 해소될 수 있으며, '언제나'를 문장 맨 앞으로 옮긴다고 해서 중의성이 해소되는 것은 아니다.
    ① '개선시켜야'를 쓰면 객체인 '교육 환경'에게 '개선'을 시키게 된다는 의미의 문장이 된다. 그러나 '교육 환경'은 무언가를 개선할 능력을 지닌 존재가 아니며, 개선되어야 하는 대상이므로 '개선해야'로 고쳐 쓰는 것이 적절하다.
    ② '방화'는 '일부러 불을 지름'이라는 의미의 단어이므로, '고의적인'과 의미가 중복된다.
    ④ '불다'의 활용형인 '분다'는 '바람이'와는 호응하지만, 접속조사로 연결된 '비와'는 호응하지 않으므로 '비가 내리고 바람이 분다'로 고쳐 쓴다는 것은 적절하다.

03. ② ○ 천재 → IQ 140 이상 ≡ IQ 140 미만 → ~천재
    ○ 좋은 직업 → 부자 ≡ ~부자 → ~좋은 직업
    ○ 부자 → 성실 ≡ ~성실 → ~부자
    두 번째 조건에 의해 '좋은 직업 → 부자'이고 세 번째 조건에 의해 '부자 → 성실'이므로 두 명제를 연결하면 '좋은 직업 → 성실'이다. 따라서 좋은 직업을 가진 모든 사람은 성실하다.
    ① 첫 번째 조건의 대우명제에 의해 'IQ140 미만 → ~천재'이므로 IQ가 120인 사람은 모두 천재가 아니다.
    ③은 '~부자 → ~성실'로 세 번째 조건의 이명제이다. 따라서 이 명제의 참, 거짓을 정확하게 판단할 수 없으므로 반드시 참인 명제라 할 수 없다.
    ④ 두 번째 조건에 의해 '좋은 직업 → 부자'이고 세 번째 조건에 의해 '부자 → 성실'이므로 두 명제를 연결하면 '좋은 직업 → 성실'이다. 따라서 좋은 직업은 성실하기 위한 충분조건이지, 필요조건이 아니다.

04. ② '창고 → 건물'이고 '창고 ∧ ~고층'이므로 '건물 ∧ ~고층'이라는 결론을 내릴 수 있다. 모든 창고가 건물이고, 창고 중 고층이 아닌 것이 존재하므로 건물 중 고층이 아닌 것은 존재해야 한다. 따라서 어떤 건물은 고층이 아니다.
    ① '창고 ∧ ~고층'이라고 해서 '창고 ∧ 고층'이라는 결론을 내릴 수는 없다. 판단불가의 오류이다.
    ③ '창고 → 건물'이므로 창고가 건물에 포함되는 관계인 것은 맞으나 이를 통해 창고가 아닌 건물이 존재한다는 결론을 내릴 수는 없다. 판단불가의 오류이다.
    ④ '창고 → 건물'이고 '창고 ∧ ~고층'이므로 '건물 ∧ ~고층'이라는 결론을 내릴 수 있다. 하지만 이를 통해 '건물 ∧ 고층'이라는 결론을 도출하는 것은 불가능하다. 판단불가의 오류이다.

05. ① ㉠의 '내다'는 '2「7」돈이나 물건 따위를 주거나 바치다.'를 의미한다. 이와 가장 유사한 의미의 '내다'는 ①이다.
    ② 2「6」먹을 것이나 마실 것을 대접하려고 제공하다.
    ③ 2「4」문서, 서류, 편지 따위를 제출하거나 보내다.
    ④ 1「9」【…을 …으로】 안에서 밖으로 옮기다.

06. ④ ㉠의 '다스리다'는 「5」음식물을 먹어서 배고픔 따위를 없애다.'를 의미한다. 이와 가장 유사한 의미의 '다스리다'는 ④이다.
    ①「4」죄의 사실을 밝혀 벌을 주다.
    ②「1」국가나 사회, 단체, 집안의 일을 보살펴 관리하고 통제하다.
    ③「2」사물을 일정한 목적에 따라 잘 다듬어 정리하거나 처리하다.

07. ③ '갱신하다'는 '이미 있던 것을 고쳐 새롭게 하다.'를 의미한다. 따라서 '시간이나 기간을 길게 하다.'를 의미하는 '늘리다'는 ㉢과 바꿔 쓸 수 있는 유사한 표현으로 적절하지 않다. '모양이나 내용 따위를 바꾸다.'를 의미하는 '고치다'로 바꿔 쓸 수 있다.
    ① ㉠ '필사하다'는 '베끼어 쓰다.'를 의미한다. 따라서 '글이나 그림 따위를 원본 그대로 옮겨 쓰거나 그리다.'를 의미하는 '베끼다'로 바꿔 쓸 수 있다.
    ② ㉡ '회수하다'는 '도로 거두어들이다.'를 의미한다. 따라서 '흩어져 있는 물건 따위를 한데 모아서 들이다.'를 의미하는 '거두어들이다'로 바꿔 쓸 수 있다.
    ④ ㉣ '참담하다'는 '끔찍하고 절망적이다.'를 의미한다. 따라서 '진저리가 날 정도로 참혹하다.'를 의미하는 '끔찍하다'로 바꿔 쓸 수 있다.

08. ③ '꾸미다'는 '모양이 나게 매만져 차리거나 손질하다.'를 의미한다. 따라서 '의복, 기구, 장비 따위에 장치를 부착하다.'를 의미하는 '착장하다'는 ㉢과 바꿔 쓸 수 있는 유사한 표현으로 적절하지 않다. '등장인물의 성격, 나이, 특징 따위에 맞게 배우를 꾸미다.'를 의미하는 '분장하다'로 바꿔 쓸 수 있다.
    ① ㉠ '밝히다'는 '드러나지 않거나 알려지지 않은 사실, 내용, 생각 따위를 드러내 알리다.'를 의미한다. 따라서 '까닭이나 이유를 밝혀 설명하다.'를 의미하는 '소명하다'로 바꿔 쓸 수 있다.
    ② ㉡ '빽빽하다'는 '사이가 촘촘하다.'를 의미한다. 따라서 '빗살처럼 줄지어 빽빽하게 늘어서 있다.'를 의미하는 '즐비하다'로 바꿔 쓸 수 있다.
    ④ ㉣ '갖추다'는 '있어야 할 것을 가지거나 차리다.'를 의미한다. 따라서 '있어야 할 것을 빠짐없이 다 갖추다.'를 의미하는 '구비하다'로 바꿔 쓸 수 있다.

09. ④ 호프스테드는 서양인을 개인주의 문화, 동양인을 집단주의 문화로 규정했으나 동양권 출신의 학자들은 이에 반발하며 동양인은 집단의 가치를 우선시하는 것이 아니라 주변인 간의 관계에 집중함을 말하였다. 하지만 동양인

들이 개인주의적 문화를 가지고 있다고 말하는 것은 확인할 수 없다.
① 호프스테드의 연구에 따르면 동일한 회사에 근무하더라도 성장한 사회의 영향을 받아 동양과 서양의 인간관이 결정되는 모습을 보이므로 호프스테드는 인간이 성장한 사회의 영향을 받아 가치관을 형성할 것이라 생각한다고 추론할 수 있다.
② 호프스테드는 집단주의를 개인보다 조직을 우선하는 것으로 보았음을 알 수 있는데 이에 대비되는 개념으로 개인주의를 들었다. 따라서 서양인이 동양인보다 개인을 중요시할 것이라 생각했음을 알 수 있다.
③ 동양인 학자들은 동양인이 서양인보다 주변인과의 관계에 더 많이 신경 쓴다고 생각했다. 따라서 이들이 서양인은 동양인에 비해 상호관계에 무심한 모습을 보일 것이라 생각할 것임을 알 수 있다.

10. ④ 이 글은 고대 신화와 현대 신화를 비교, 대조하여 현대 신화가 어떤 특성을 지니고 있는지를 규명하고 있으며, 이를 뒷받침하기 위해 바르트의 견해와 사례를 들고 있다.
ㄱ. 이 글은 신화를 이루는 각각의 요소를 나누어 분석하고 있지 않다.
ㄷ. 고대 신화와 현대 신화의 공통점과 차이점을 설명하고 있을 뿐 신화의 변화 양상에 주목하고 있는 것은 아니다. 첫째 문단에서 신화의 시대에서 로고스의 시대로의 변천 과정을 묘사한 것은 대상(신화)의 의미 변화가 아니라 사람들의 인식의 변화를 반영한 것으로 볼 수 있다.

매일 모고 영어 제3회
정답 및 해설

01. ① ★ awful 형편없는, 끔찍한
● apparent 분명한, 명백한
● confident 자신감 있는, 확신하는
● fond 좋아하는[즐기는]
[해석] 그 식당은 음식의 맛은 괜찮았지만, 서비스가 형편없어서 우리는 다시 방문하지 않기로 했다.

02. ③ ★ predict 예측하다, 예언하다
● migrate 이동하다, 이주하다
● forbid 금지하다
● dispose 처리하다, 배치하다
[해석] 여론이 계속 변하고 있어서 선거 결과를 예측하기가 어렵다.

03. ③ ★ finite 유한한
● frequent 잦은, 빈번한
● anxious 불안해하는, 염려하는, 열망하는, 간절히 바라는
● foreign 외국의, 이질의
[해석] 인간의 삶은 무한한 우주와 달리 유한하기 때문에 매 순간을 소중히 여겨야 한다.

04. ① ★ skip 건너뛰다, 생략하다, 팔짝팔짝 뛰다
● disrupt 방해하다
● foster 조성하다, 양육하다
● inspire 고무[격려]하다, 영감을 주다
[해석] 기본 개념을 이미 학습했고 충분히 이해하고 있다면 이 챕터는 건너뛰어도 된다.

05. ② ★ prescribe 규정하다, 처방하다
● prohibit 금지하다
● distort 왜곡하다, 일그러뜨리다
● mock 놀리다, 조정하다
[해석] 새로운 법률은 작업장 사고를 방지하기 위해 공장이 따라야 할 구체적인 안전 절차를 규정하고 있다.

06. ④ [해설]
'교대로 ~하다'라는 뜻을 가진 관용 표현인 'take turns'는 상호 복수 명사 형태로 단수형으로 쓸 수 없고, 뒤에는 동명사(~ing) 형태가 와야 한다. 따라서 밑줄 친 부분에 가장 적절한 것은 ④이다.
[해석]
저녁 파티에서 손님들은 각자 자신이 가장 좋아하는 여행 경험에 대해 차례로 이야기했다.

07. ③ [해설]
등위접속사 and는 병렬 구조를 확인한다. 문장에서 and를 기준으로 형용사 weak와 타동사 exhaust가 병렬을 이루고 있으나, 이는 옳지 않다. 따라서 밑줄 친 부분인 타동사 exhaust를 형용사 exhausted로 고쳐야 한다.
[해석]
3일 동안 쉬지 않고 일한 후에야 그는 마침내 쉴 시간을 가졌다. 그는 몸이 약하고 지쳐 있었다. 상태가 좋지 않았음에도 불구하고, 그는 마감일까지 프로젝트를 끝내야 한다는 것을 알고 있었다.

08. ④ [해석]
A: 의사 선생님이 혈액 검사를 받아야 한다고 하셨어요.
B: 알겠습니다. 지금 예약하시겠어요?
A: 네, 부탁드려요. 가장 빠른 시간이 언제인가요?
B: 확인해볼게요... 가장 빠른 예약은 내일 오전 9시입니다.
A: 괜찮아요. 그 시간으로 할게요.
B: 좋아요. 오늘 밤 10시 이후부터는 아무것도 드시지 마세요. 공복 상태여야 하는 검사입니다.
A: 알겠습니다. 검사는 이 층에서 받으면 되나요?
B: 아니요, 혈액 검사실은 2층에 있어요. 병원에 오시면 안내 표지 따라가시면 됩니다.
① 검사는 비용이 얼마나 되나요?
② 친구를 데려가도 되나요?
③ 검사 전에 금식해야 하나요?
④ 검사는 이 층에서 받으면 되나요?

09. ④ [해설]
이 글은 전통적인 측정 단위들이 인간의 신체를 기준으로 만들어져 친숙하지만, 사람마다 기준이 달라 정확성이 떨어지고 단위 간 변환이 복잡하다는 문제점을 지적하고 있다. 이러한 문제를 해결하기 위해 논리적으로 연결되고 변환이 쉬운 표준화된 측정 체계의 필요성을 강조하고 있다. 따라서 글의 주제로 가장 적절한 것은 ④이다.
[해석]

> 역사 전반에 걸쳐 대부분의 사회는 길이, 부피, 무게와 같은 것들을 측정하기 위해 각자의 측정 체계를 만들어 왔다. 이러한 단위들은 보통 일상적인 인간 경험을 바탕으로 한다. 예를 들어, 파운드는 한 움큼의 고기나 곡물을 나타내고, 초는 심장 박동과 같은 짧은 순간을 반영한다. 실제로 많은 전통적인 단위들은 인간의 신체 일부를 기준으로 삼았다. 발(foot)은 실제 발 길이였고, 인치(inch)는 엄지손가락 너비였으며, 큐빗(cubit)은 팔꿈치부터 손끝까지의 거리였고, 마일(mile)은 로마 병사가 천 걸음 걸은 거리를 의미했다. 그러나 이러한 단위들의 문제점은 사람마다 다를 수 있다는 것이며, 이들 단위 간의 변환은 종종 복잡하고 비효율적인 계산을 필요로 한다는 점이다. 예를 들어, 1마일은 1,760야드, 5,280피트, 혹은 63,360인치와 같아 다소 번거로울 수 있다. 그래서 가장 좋은 방법은 단위들이 논리적으로 연결되어 있고 쉽게 변환할 수 있는 표준화된 측정 체계를 사용하는 것이다.

① 나라들이 서로 다른 측정 단위를 사용하는 이유
② 측정 단위를 표준화하려는 시도와 그 과정에서 직면하는 어려움
③ 측정 단위 표준화가 산업에 미치는 영향
④ 전통적인 측정 단위의 문제점과 표준화의 필요성
[어휘]
□ measurement 측정
□ reflection 반영
□ vary 달라지다
□ calculation 계산
□ cumbersome 번거로운
□ standardized 표준화된
□ convert 변환하다

10. ② [해설]
이 글은 대뇌 피질이 발달하는 시기와 그 기능이 일곱 살 이후 본격화된다는 점을 설명한다. (B)는 일곱 살 이전 아이들의 인지적 한계를 실험 사례를 통해 보여 주고, (A)는 이러한 한계의 원인인 되돌리기 사고 능력 부족을 구체적으로 설명한다. (C)는 일곱 살 이후 아이들의 인지 능력 변화와 중요한 인지 발달 이정표를 제시하며 글을 마무리한다. 글의 구조는 '제시문 → (B) 구체 사례 → (A) 인지적 이유 → (C) 성장 후 변화'의 흐름으로 이루어진다. 따라서 글의 순서로 가장 적절한 것은 ②이다.

[해석]

> 인간의 뇌는 점진적으로 발달하며, 모든 부위가 동시에 기능을 발휘하지는 않는다. 논리적 사고와 추상적 추론을 가능하게 하는 대뇌 피질은 일곱 살 이후에 상당히 활발해진다.
>
> (B) 이 나이 이전에 아이들은 주로 이성보다는 감정적이고 감각적인 입력에 의존한다. 예를 들어, 같은 양의 주스가 다른 모양의 컵에 담긴 두 잔을 보여주면, 아이는 한쪽이 더 키가 커 보인다는 이유로 그쪽에 양이 더 많다고 말할 수 있다.
> (A) 아이들은 정신적으로 행동을 되돌리는 능력이 부족한데, 이 능력은 대뇌 피질이 기능하기 시작할 때 발달한다. 만약 주스를 원래 컵에 다시 부어도, 아이들은 여전히 양이 변했다고 주장할 수 있다.
> (C) 그러나 아이들이 일곱 살 이상이 되면, 보존 개념이나 공정성 같은 개념을 이해하기 시작하며, 겉모습이 속일 수 있다는 것을 깨닫게 된다. 이러한 발달은 중요한 인지적 이정표를 의미한다.

[어휘]
☐ cerebral cortex 대뇌 피질
☐ abstract reasoning 추상적 추론
☐ conservation concept 보존 개념 (양은 변하지 않는다는 이해)
☐ insist 고집하다
☐ misleading 오해를 불러일으키는
☐ milestone 이정표
☐ rely on 기대다, 의존하다

매일 모고 한국사 제3회
정답 및 해설

01. ④ 흥수아이가 나온 유적지는 청원 두루봉 동굴이다. 부산 동삼동 유적은 신석기 시대의 유적이다.

02. ② 이른 민무늬토기, 빗살무늬 토기 등은 신석기 시대의 토기이다.

03. ④ ① 고구려 영양왕은 수나라의 요서 지방을 먼저 공격하였다. 당의 산둥지방을 공격한 왕은 발해 무왕이다.
② 고구려 을지문덕 장군은 살수에서 수나라의 군대를 크게 물리쳤다.
③ 광개토대왕은 후연의 군대를 격파하고 요동을 차지하였다.

04. ③ 자료는 세도정치기의 권력자였던 박종경에 대한 내용이다. 박종경은 순조 집권기에 권력을 누렸던 인물이다.
③ 병인박해는 흥선대원군 집권기 때 있었다.

05. ② 고왕(대조영)은 당과 친선을 맺고 발해군왕의 책봉을 받았다. 무왕은 수도를 천도한 명확한 기록이 없다. 문왕은 당의 문화를 수용하여 통치체제를 받아들였다.

06. ③ 나. 쌍기는 중국 후주에서 귀화한 인물이다.
라. 의창을 설치한 왕은 성종이다.
마. 광종이 정립한 관복은 자,단,비,녹의 사색공복이었다.

07. ③ 선지에 나와 있는 탑들은 모두 석탑이다. 다만 신라의 분황사 모전석탑은 벽돌모양을 흉내낸 석탑이다.
①, ④는 백제 탑이고, ②는 경덕왕 때 건립된 탑이다.

08. ② 제2대 국회 의원 선거에서 정부에 비판적인 무소속 출마자들이 대거 당선되자, 이승만은 자유당을 조직하였다. 이승만이 장기 집권을 획책하자, 이승만과 갈라선 보수 정치인들은 민주당을 만들어 1956년 대통령 선거에서 이승만 정권에 도전하였고, 혁신 세력을 대표하는 진보당의 조봉암은 유효 선거의 30%를 차지하는 돌풍을 일으켰다. 따라서 (가)는 자유당, (나)는 민주당, (다)는 진보당 순이다.

09. ④ 대한민국 임시정부는 1941년 12월, 일본에 정식으로 선전 포고를 하였다. 1943년에는 영국군의 요청으로 인도, 미얀마 전선에 한국 광복군 공작대를 파견하여 일본군을 상대로 한 대적 방송, 일본군 문서 번역, 정보 수집, 포로 심문 등에 종사하였다. 또한 임시 정부는 중국에 주둔하고 있는 미군의 지원으로 미군 전략 정보처(OSS)의 특수 훈련을 받은 한국 광복군을 국내에 침투시킬 계획이었다. 그러나 일본이 예상보다 빨리 패망함으로써 이 계획은 무산되고 말았다.

10. ④ 지도는 만주와 연해주의 독립 운동 기지를 보여주고 있다. 연해주에서는 대한 광복군 정부가 블라디보스토크에 수립됨으로써(1914) 독립군의 무장 항일 운동의 터전이 마련되었을 뿐 아니라 임시 정부 수립의 길을 열어 놓았다. 봉오동 전투와 청산리 대첩으로 큰 피해를 입은 일제는 독립군의 항전을 자기들의 식민 통치에 대한 위협이라 판단하고, 독립군은 물론 만주에 사는 한국인을 무차별 학살하고 마을을 초토화시킨 간도 참변을 일으켰다. 자유시 참변으로 와해된 독립군은 이에 굴하지 않고 다시 만주로 탈출하여 조직을 재정비하면서 역량을 강화한 다음 각 단체의 통합운동을 추진하였다. 그리하여 압록강 건너편 지역에서는 임시 정부 직할하에 육군 주만 참의부가 설립되었고, 길림과 봉천을 중심으로 한 남만주 일대에서는 정의부가 결성되었다. 또, 북만주 일대에서는 소련 영토에서 되돌아온 독립군을 중심으로 신민부가 조직되었다. 일제가 만주 사변을 일으키고 괴뢰 정권인 만주국을 수립한 이후 만주 일대를 장악함으로써 독립군은 보다 큰 위협을 받게 되었다. 이에 한국 독립군은 중국의 호로군과 한·중 연합군을 편성하고, 쌍성보 전투에서 일·만 연합 부대를 크게 격파하였으며, 조선 혁명군은 중국 의용군과 연합해서 영릉가 전투에서 일본군과 격전을 벌여 대승을 거두었다.
④ 중·일 전쟁으로 임시 정부는 중국 국민당 정부와 함께 이동하여 충칭에 정착하였다.

매일 모고 행정법 제3회
정답 및 해설

01. ③ 법령의 위임관계는 반드시 하위법령의 개별조항에서 위임의 근거가 되는 상위법령의 해당 조항을 구체적으로 명시하고 있어야만 하는 것은 아니라고 할 것이다. 대법원 1999. 12. 24. 선고 99두5658 판결
① 일반적으로 법률의 위임에 의하여 효력을 갖는 법규명령의 경우, 구법에 위임의 근거가 없어 무효였더라도 사후에 법개정으로 위임의 근거가 부여되면 그때부터는 유효한 법규명령이 된다. 대법원 1995. 6. 30. 선고 93추83 판결
② 헌법 제38조, 제59조에서 채택하고 있는 조세법률주의의 원칙은 과세요건과 징수절차 등 조세권행사의 요건과 절차는 국민의 대표기관인 국회가 제정한 법률로써 규정하여야 한다는 것이나, 과세요건과 징수절차에 관한 사항을 명령·규칙 등 하위법령에 위임하여 규정하게 할 수 없는 것은 아니다. 대법원 1994. 9. 30.자 94부18 결정
④ 법률이 주민의 권리의무에 관한 사항에 관하여 구체적으로 아무런 범위도 정하지 아니한 채 조례로 정하도록 포괄적으로 위임하였다고 하더라도, 행정관청의 명령과는 달라, 조례도 주민의 대표기관인 지방의회의 의결로 제정되는 지방자치단체의 자주법인 만큼, 지방자치단체가 법령에 위반되지 않는 범위 내에서 주민의 권리의무에 관한 사항을 조례로 제정할 수 있는 것이다. 대법원 1991. 8. 27. 선고 90누6613 판결

02. ② 부제소특약에 관한 부분은 당사자가 임의로 처분할 수 없는 공법상의 권리관계를 대상으로 하여 사인의 국가에 대한 공권인 소권을 당사자의 합의로 포기하는 것으로서 허용될 수 없다. 대법원 1998. 8. 21. 선고 98두8919 판결
① 위 고시에 정한 허가기준에 따라 보존음료수 제조업 허가에 붙여진 전량수출 또는 주한 외국인에 대한 판매에 한한다는 내용의 조건은 이른바 법정부관으로서 행정청의 의사에 기하여 붙여지는 본래의 의미에서의 행정행위의 부관은 아니다. 따라서 이와 같은 법정부관에 대하여는 행정행위에 부관을 붙일 수 있는 한계에 관한 일반적인 원칙이 적용되지는 않지만, 위 고시가 헌법상 보장된 기본권을 침해하는 것으로서 헌법에 위반될 때에는 그 효력이 없는 것으로 볼 수밖에 없다. 대법원 1995. 11. 14. 선고 92도496 판결
③ 수익적 행정처분에 있어서는 법령에 특별한 근거규정이 없다고 하더라도 그 부관으로서 부담을 붙일 수 있고, 그와 같은 부담은 행정청이 행정처분을 하면서 일방적으로 부가할 수도 있지만 부담을 부가하기 이전에 상대방과 협의하여 부담의 내용을 협약의 형식으로 미리 정한 다음 행정처분을 하면서 이를 부가할 수도 있다. 대법원 2009. 2. 12. 선고 2005다65500 판결
④ 행정청이 수익적 행정처분을 하면서 부가한 부담의 위법 여부는 처분 당시 법령을 기준으로 판단하여야 하고, 부담이 처분 당시 법령을 기준으로 적법하다면 처분 후 부담의 전제가 된 주된 행정처분의 근거 법령이 개정됨으로써 행정청이 더 이상 부관을 붙일 수 없게 되었다 하더라도 곧바로 위법하게 되거나 그 효력이 소멸하게 되는 것은 아니다. 대법원 2009. 2. 12. 선고 2005다65500 판결

03. ④ 구 도시계획법 제78조 제1항에 정한 처분이나 조치명령을 받은 자가 이에 위반한 경우 이로 인하여 같은 법 제92조에 정한 처벌을 하기 위하여는 그 처분이나 조치명령이 적법한 것이라야 하고, 그 처분이 당연무효가 아니라 하더라도 그것이 위법한 처분으로 인정되는 한 같은 법 제92조 위반죄가 성립될 수 없다. 대법원 1992. 8. 18. 선고 90도1709 판결
① 위법한 행정대집행이 완료되면 그 처분의 무효확인 또는 취소를 구할 소의 이익은 없다 하더라도, 미리 그 행정처분의 취소판결이 있어야만, 그 행정처분의 위법임을 이유로 한 손해배상 청구를 할 수 있는 것은 아니다. 대법원 1972. 4. 28. 선고 72다337 판결
② 조세의 과오납이 부당이득이 되기 위하여는 납세 또는 조세의 징수가 실체법적으로나 절차법적으로 전혀 법률상의 근거가 없거나 과세처분의 하자가 중대하고 명백하여 당연무효이어야 하고, 과세처분의 하자가 단지 취소할 수 있는 정도에 불과할 때에는 과세관청이 이를 스스로 취소하거나 항고소송절차에 의하여 취소되지 않는 한 그로 인한 조세의 납부가 부당이득이 된다고 할 수 없다. 대법원 1994. 11. 11. 선고 94다28000 판결
③ 연령미달의 결격자인 피고인이 소외인의 이름으로 운전면허시험에 응시, 합격하여 교부받은 운전면허는 당연무효가 아니고 도로교통법 제65조 제3호의 사유에 해당함에 불과하여 취소되지 않는 한 유효하므로 피고인의 운전행위는 무면허운전에 해당하지 아니한다. 대법원 1982. 6. 8. 선고 80도2646 판결

04. ① 취소소송은 다른 법률에 특별한 규정이 없는 한 그 처분 등을 행한 행정청을 피고로 한다. 여기서 '행정청'이라 함은 국가 또는 공공단체의 기관으로서 국가나 공공단체의 의견을 결정하여 외부에 표시할 수 있는 권한, 즉 처분권한을 가진 기관을 말하고, 대외적으로 의사를 표시할 수 있는 기관이 아닌 내부기관은 실질적인 의사가 그 기관에 의하여 결정되더라도 피고적격을 갖지 못한다. 대법원 2014. 5. 16. 선고 2014두274 판결
② 행정소송법 제39조

> **행정소송법 제39조(피고적격)**
> 당사자소송은 국가·공공단체 그 밖의 권리주체를 피고로 한다.

③ 행정소송법 제13조

> **행정소송법 제13조(피고적격)**
> ① 취소소송은 다른 법률에 특별한 규정이 없는 한 그 처분등을 행한 행정청을 피고로 한다. 다만, 처분등이 있은 뒤에 그 처분등에 관계되는 권한이 다른 행정청에 승계된 때에는 이를 승계한 행정청을 피고로 한다.

④ 행정처분의 취소 또는 무효확인을 구하는 행정소송은 다른 법률에 특별한 규정이 없는 한 그 처분을 행한 행정청을 피고로 하여야 하며, 행정처분을 행할 적법한 권한 있는 상급행정청으로부터 내부위임을 받은 데 불과한 하급행정청이 권한 없이 행정처분을 한 경우에도 실제로 그 처분을 행한 하급행정청을 피고로 하여야 할 것이지 그 처분을 행할 적법한 권한 있는 상급행정청을 피고로 할 것은 아니다. 대법원 1994. 8. 12. 선고 94누2763 판결

05. ① 주민 등의 도시관리계획 입안 제안을 거부한 처분을 이익형량에 하자가 있어 위법하다고 판단하여 취소하는 판결이 확정되었더라도 행정청에게 그 입안 제안을 그대로 수용하는 내용의 도시관리계획을 수립할 의무가 있다고

는 볼 수 없고, 행정청이 다시 새로운 이익형량을 하여 적극적으로 도시관리계획을 수립하였다면 취소판결의 기속력에 따른 재처분의무를 이행한 것이라고 보아야 한다. 다만 취소판결의 기속력 위배 여부와 계획재량의 한계 일탈 여부는 별개의 문제이므로, 행정청이 적극적으로 수립한 도시관리계획의 내용이 취소판결의 기속력에 위배되지는 않는다고 하더라도 계획재량의 한계를 일탈한 것인지의 여부는 별도로 심리·판단하여야 한다. 대법원 2020. 6. 25. 선고 2019두56135 판결
② 확정판결의 당사자인 처분행정청이 그 행정소송의 사실심 변론종결 이전의 사유를 내세워 다시 확정판결과 저촉되는 행정처분을 하는 것은 허용되지 않는 것으로서 이러한 행정처분은 그 하자가 중대하고도 명백한 것이어서 당연무효라 할 것이다. 대법원 1990. 12. 11. 선고 90누3560 판결
③ 행정소송법 제28조

> **행정소송법 제28조(사정판결)**
> ② 법원이 사정판결을 함에 있어서는 미리 원고가 그로 인하여 입게 될 손해의 정도와 배상방법 그 밖의 사정을 조사하여야 한다.

④ 취소 확정판결의 '기속력'은 취소 청구가 인용된 판결에서 인정되는 것으로서 당사자인 행정청과 그 밖의 관계행정청에게 확정판결의 취지에 따라 행동하여야 할 의무를 지우는 작용을 한다. 대법원 2016. 3. 24. 선고 2015두48235 판결

06. ③ 행정심판법 제15조

> **행정심판법 제15조(선정대표자)**
> ④ 선정대표자가 선정되면 다른 청구인들은 그 선정대표자를 통해서만 그 사건에 관한 행위를 할 수 있다.

① 취소심판의 대상에는 거부처분도 포함된다. 따라서 거부처분에 대해서는 의무이행심판을 청구할 수도 있고 취소심판을 청구할 수도 있다.
② 행정심판법 제14조

> **행정심판법 제14조(법인이 아닌 사단 또는 재단의 청구인 능력)**
> 법인이 아닌 사단 또는 재단으로서 대표자나 관리인이 정하여져 있는 경우에는 그 사단이나 재단의 이름으로 심판청구를 할 수 있다.

④ 행정심판법 제17조

> **행정심판법 제17조(피청구인의 적격 및 경정)**
> ② 청구인이 피청구인을 잘못 지정한 경우에는 위원회는 직권으로 또는 당사자의 신청에 의하여 결정으로써 피청구인을 경정할 수 있다.

07. ③ 취득세 등이 면제되는 구 지방세법 제288조 제2항에 정한 '기술진흥단체'인지 여부에 관한 질의에 대하여 건설교통부장관과 내무부장관이 비과세 의견으로 회신한 경우, 공적인 견해표명에 해당한다. 대법원 2008. 6. 12. 선고 2008두1115 판결
① 신뢰보호의 원칙의 요건이 되는 행정청의 선행조치에는 명시적·적극적 조치뿐만 아니라 묵시적·소극적 조치도 모두 포함된다.
② 헌법재판소의 위헌결정은 행정청이 개인에 대하여 신뢰의 대상이 되는 공적인 견해를 표명한 것이라고 할 수 없으므로 그 결정에 관련한 개인의 행위에 대하여는 신뢰보호의 원칙이 적용되지 아니한다. 대법원 2003. 6. 27. 선고 2002두6965 판결
④ 폐기물관리법령에 의한 폐기물처리업 사업계획에 대한 적정통보와 국토이용관리법령에 의한 국토이용계획변경은 각기 그 제도적 취지와 결정단계에서 고려해야 할 사항들이 다르다는 이유로, 폐기물처리업 사업계획에 대하여 적정통보를 한 것만으로 그 사업부지 토지에 대한 국토이용계획변경신청을 승인하여 주겠다는 취지의 공적인 견해표명을 한 것으로 볼 수 없다고 한 사례. 대법원 2005. 4. 28. 선고 2004두8828 판결

08. ④ 신청에 따른 처분이 이루어지지 아니한 경우에는 아직 당사자에게 권익이 부과되지 아니하였으므로 특별한 사정이 없는 한 신청에 대한 거부처분이라고 하더라도 직접 당사자의 권익을 제한하는 것은 아니어서 신청에 대한 거부처분을 여기에서 말하는 '당사자의 권익을 제한하는 처분'에 해당한다고 할 수 없는 것이어서 처분의 사전통지대상이 된다고 할 수 없다. 대법원 2003. 11. 28. 선고 2003두674 판결
① 국가공무원법상 직위해제처분은 당해 행정작용의 성질상 행정절차를 거치기 곤란하거나 불필요하다고 인정되는 사항 또는 행정절차에 준하는 절차를 거친 사항에 해당하므로, 처분의 사전통지 및 의견청취 등에 관한 행정절차법의 규정이 별도로 적용되지 않는다. 대법원 2014. 5. 16. 선고 2012두26180 판결
② 공무원 인사관계 법령에 의한 처분에 관한 사항이라 하더라도 전부에 대하여 행정절차법의 적용이 배제되는 것이 아니라, 성질상 행정절차를 거치기 곤란하거나 불필요하다고 인정되는 처분이나 행정절차에 준하는 절차를 거치도록 하고 있는 처분의 경우에만 행정절차법의 적용이 배제되는 것으로 보아야 하고, 이러한 법리는 '공무원 인사관계 법령에 의한 처분'에 해당하는 별정직 공무원에 대한 직권면직 처분의 경우에도 마찬가지로 적용된다(주: 별정직 공무원에 대한 직권면직처분에 대해서는 행정절차법이 적용된다는 의미). 대법원 2013. 1. 16. 선고 2011두30687 판결
③ 행정절차법의 적용이 제외되는 '외국인의 출입국에 관한 사항'이란 해당 행정작용의 성질상 행정절차를 거치기 곤란하거나 거칠 필요가 없다고 인정되는 사항이나 행정절차에 준하는 절차를 거친 사항으로서 행정절차법 시행령으로 정하는 사항만을 가리킨다. '외국인의 출입국에 관한 사항'이라고 하여 행정절차를 거칠 필요가 당연히 부정되는 것은 아니다. 대법원 2019. 7. 11. 선고 2017두38874 판결

09. ② 질서위반행위규제법 제5조

> **질서위반행위규제법 제5조(다른 법률과의 관계)**
> 과태료의 부과·징수, 재판 및 집행 등의 절차에 관한 다른 법률의 규정 중 이 법의 규정에 저촉되는 것은 이 법으로 정하는 바에 따른다.

① 질서위반행위규제법 제2조

> **질서위반행위규제법 제2조(정의)**
> 이 법에서 사용하는 용어의 뜻은 다음과 같다.
> 1. "질서위반행위"란 법률(지방자치단체의 조례를 포함한다. 이하 같다)상의 의무를 위반하여 과태료를 부과하는 행위를 말한다.

③ 질서위반행위규제법 제3조

> **질서위반행위규제법 제3조(법 적용의 시간적 범위)**
> ③ 행정청의 과태료 처분이나 법원의 과태료 재판이 확정된 후 법률이 변경되어 그 행위가 질서위반행위에 해당하지 아니하게 된 때에는 변경된 법률에 특별한 규정이 없는 한 과태료의 징수 또는 집행을 면제한다.

④ 질서위반행위규제법 제12조

> **질서위반행위규제법 제12조(다수인의 질서위반행위 가담)**
> ② 신분에 의하여 성립하는 질서위반행위에 신분이 없는 자가 가담한 때에는 신분이 없는 자에 대하여도 질서위반행위가 성립한다.

10. ④ 개인정보 보호법 제39조

> **개인정보 보호법 제39조(손해배상책임)**
> ① 정보주체는 개인정보처리자가 이 법을 위반한 행위로 손해를 입으면 개인정보처리자에게 손해배상을 청구할 수 있다. 이 경우 그 개인정보처리자는 고의 또는 과실이 없음을 입증하지 아니하면 책임을 면할 수 없다.

① 개인정보 보호법 제2조

> **개인정보 보호법 제2조(정의)**
> 이 법에서 사용하는 용어의 뜻은 다음과 같다.
> 1. "개인정보"란 살아 있는 개인에 관한 정보로서 다음 각 목의 어느 하나에 해당하는 정보를 말한다.

② 개인정보자기결정권의 보호대상이 되는 개인정보는 개인의 신체, 신념, 사회적 지위, 신분 등과 같이 인격주체성을 특징짓는 사항으로서 개인의 동일성을 식별할 수 있게 하는 일체의 정보를 의미하며, 반드시 개인의 내밀한 영역에 속하는 정보에 국한되지 않고 공적 생활에서 형성되었거나 이미 공개된 개인정보까지도 포함한다. 대법원 2016. 3. 10. 선고 2012다105482 판결
③ 개인정보자기결정권은 자신에 관한 정보가 언제 누구에게 어느 범위까지 알려지고 또 이용되도록 할 것인지를 그 정보주체가 스스로 결정할 수 있는 권리, 즉 정보주체가 개인정보의 공개와 이용에 관하여 스스로 결정할 권리를 말하는바, 개인의 고유성, 동일성을 나타내는 지문은 그 정보주체를 타인으로부터 식별가능하게 하는 개인정보이므로, 시장·군수 또는 구청장이 개인의 지문정보를 수집하고, 경찰청장이 이를 보관·전산화하여 범죄수사목적에 이용하는 것은 모두 개인정보자기결정권을 제한하는 것이다. 헌법재판소 2005. 5. 26. 선고 99헌마513 등 전원재판부

매일 모고 행정학 제3회
정답 및 해설

01. ② 비경합적이고 비배타적인 성격의 재화는 공공재를 의미하며, 공공재의 존재는 시장실패의 요인에 해당한다. ④와 관련하여 독점적 특혜로 인한 지대추구행위는 정부실패의 원인 중 하나인 권력의 편재로 인한 분배의 불형평과 관련된다.

<<핵심정리>> 정부실패의 유형

유형	내용	대응방안
사적목표의 설정 (내부성)	관료들이 공식적 목표인 공익보다는 비공식적 목표인 개인적 이익이나 소속기관의 이익을 우선함으로써 비공식적 목표가 공식적 목표를 대체하는 현상	• 민영화
파생적 외부효과	정부개입이 초래하는 의도하지 않은 부작용(예: 주택가격안정화를 위한 정부개입이 오히려 주택가격상승을 가져온 경우)	• 정부보조 삭감 • 규제완화
권력의 편재	정부가 규제권한 등을 통해 특정집단에게 특혜를 남용함으로써 발생하는 분배의 불형평	• 민영화 • 규제완화
X-비효율성 (공급비용체증)	독점으로 인해 경쟁메커니즘이 존재하지 않아 관료들의 잘못된 의식구조나 행태가 야기됨으로써 발생하는 관리적·기술적·행태적 비효율성	• 민영화 • 정부보조 삭감 • 규제완화
비용과 수익의 절연	시장의 '수익자부담주의'와 달리 정부는 편익 집단과 비용 집단이 서로 단절되어 있어 공급자인 정부는 원가개념 없이 과잉생산하고, 소비자인 국민은 비용개념없이 과잉소비함으로써 정부실패 야기	

02. ① 개방체제는 환경으로부터의 지지를 통해 체제의 해체와 소멸을 막으려는 부(-)의 엔트로피를 증가시키려는 경향을 띠고 있다.

<<핵심정리>> 개방체제의 특징

항상성	환경이 기존의 질서나 균형을 깨려는 방향으로 작용할 때 자기 내부의 기능을 통제하여 본래의 규칙성을 유지하려는 경향
부(-)의 엔트로피	외부로부터 자원을 받아들여 해체, 소멸 등의 엔트로피 현상을 낮추려는 경향
등종국성	신축적인 전환과정을 통해 투입과 전환을 달리해도 동일한 목표를 달성할 수 있는 성질(비선형적 인과관계)
동태적 균형	• 투입·전환·산출·환류 등이 반복적 상호작용하면서 균형을 유지하는 경향 • 투입(정책에 대한 요구와 인적·물적 자원의 지지), 전환(체제 내의 업무처리과정), 산출(환경에 내보내는 정책과 서비스), 환류(평가 및 시정조치), 환경(체제 밖의 모든 영역)
기타	내부구조와 기능의 다양성, 체제의 진화(분화와 통합의 동시 증진)

03. ② 듀브닉과 롬젝(Dubnick and Romzek)의 행정책임성 유형 중 외부지향적이고 통제의 강도가 높은 책임성은 법적 책임성이다.

<<핵심정리>> 듀브닉과 롬젝(Dubnick & Romzek)의 행정책임성 유형

구분		통제의 소재(기관통제의 원천)	
		외부	내부
통제의 강도	낮음	정치적 책임성	전문가적 책임성
	높음	법적 책임성	계층적(위계적) 책임성

04. ① 설문은 크리밍효과에 대한 것이다. 크리밍효과란 효과가 크게 나타날 사람만을 실험집단에 포함시키고, 그들을 대상으로 실험을 실시하여 얻어진 결과는 일반화 곤란하다는 의미로 외적 타당성 저해요인이다.

05. ④ 1종 오류는 정책대안이 효과가 없음에도 있다고 잘못 평가한 오류를 말한다. 1종 오류는 알파(α)오류, 잘못된 대안을 채택하는 오류, 옳은 영가설을 기각하는 오류, 틀린 대립가설을 채택하는 오류이다. 올바른 대안을 기각하는 오류는 2종 오류이다.

<<핵심정리>> 정책분석의 오류

제1종 오류(알파[α]오류)	제2종 오류(베타[β]오류)	제3종 오류(메타 오류)
정책 대안이 효과가 없음에도 있다고 잘못 평가한 오류	정책대안이 효과가 있음에도 없다고 잘못 평가한 오류	정책문제의 잘못된 인지로 인하여 대안을 잘못 선택하는 오류(근본적인 오류)
잘못된 대안을 채택하는 오류	올바른 대안을 기각하는 오류	
옳은 귀무가설(영가설)을 기각하는 오류	틀린 귀무가설(영가설)을 채택하는 오류	
틀린 대립가설을 채택하는 오류	옳은 대립가설을 기각하는 오류	

06. ① ㉠은 비숙련업무, ㉡은 전문가적업무, ㉢은 일선관료업무, ㉣은 고위관료업무를 의미한다.

<<핵심정리>> 직무전문화와 과제의 성격

구분		수직적 전문화	
		높음	낮음
수평적 전문화	높음	비숙련업무	전문가적업무
	낮음	일선관료업무	고위관료업무

07. ② 설문은 점수법에 대한 설명이다. 점수법은 평가요소별 점수를 부여한 직무평가기준표에 근거하여 직위를 평가요소별로 평가하여 각 직위의 등급을 결정하는 방법이다.

행정학 제3회

08. ② 미국의 행정학자인 스미스(Harold D. Smith)는 행정부의 재정활동에 재량과 신축성을 부여하기 위한 행정부 우위의 예산원칙으로 현대적 예산원칙을 제시하였다. 설문에서 현대적 예산원칙은 보고의 원칙(가), 책임의 원칙(다), 계획의 원칙(마)이다.

09. ① 우리나라의 세입예산과목은 관, 항, 목으로 구분된다. 따라서 세입예산과목에는 장, 세항이 존재하지 않는다.
<<핵심정리>> 우리나라의 세출예산과목

소관	입법과목			행정과목			
	장	관	항	세항	세세항	목	세목
중앙관서	분야	부문	프로그램	단위사업	세부사업	편성비목	통계비목
	기능	정책	정책사업			인건비 등	운영비 등
조직별 분류	기능별 분류		프로그램 구조 (사업별·활동별 분류)			품목별 분류	

❖ 세입예산과목 : 관·항·목으로 분류(관·항은 입법과목, 목은 행정과목)

10. ② 국세와 지방세의 비중은 중앙집권과 지방분권의 측정지표이나 국세와 지방세의 종류는 중앙집권과 지방분권의 측정지표가 될 수 없다.
<<핵심정리>> 중앙집권과 지방분권의 측정지표

측정지표	중앙집권	지방분권
지방자치단체의 조례제정 범위	좁음	넓음
지방자치단체 중요 직위의 선임방식	중앙임명	자체선출
국가공무원과 지방공무원 수의 대비	국가직이 많음	지방직이 많음
특별행정기관의 종류와 수	많음	적음
지방자치단체의 사무구성비율	위임사무가 많음	자치사무가 많음
민원사무의 비율	중앙정부가 담당	지방정부가 담당
국가재정과 지방재정규모의 대비	국가재정이 큼	지방재정이 큼
지방정부의 자체수입의 비율	자체수입 적음	자체수입 많음
국세와 지방세의 세원배분 비율	국세 비중 높음	지방세 비중 높음
지방정부의 재원 중 보조금의 비율	높음	낮음
지방채 발행에 대한 통제 정도	높음	낮음
중앙정부의 지방예산·지방조직·지방인사 통제 정도	높음	낮음
감사 및 보고의 횟수 정도	많음	적음

2025 공무원 시험대비 【8월분】

– 제4회 –
[정답 및 해설]

이 름: _____

제1과목 국어
제2과목 영어
제3과목 한국사
제4과목 행정법총론
제5과목 행정학개론

매일 모의고사 정오표

합격까지 박문각

매일 모고 국어 제4회
정답 및 해설

01. ④ '및'은 두 문장을 이어주는 기능을 하는 문장 접속 부사이다. '상철이가 웃는다.'와 '현숙이가 웃는다.'를 이어준다.
① '그리고'는 두 문장을 이어주는 접속 부사이다.
② 상철이와 현숙이가 묶여 하나의 주어가 되므로 접속 조사이다. 그런데 이때는 두 문장이 결합한 것이 아니므로 '와'는 단어 접속 조사이다.
③ '상철이가 웃는다.'와 '현숙이가 웃는다.'를 이어주는 문장 접속 조사이다.

02. ③ ⓒ의 '옳다고 생각한다'를 '옳다'로 고쳐 써도 주어 '내 의견은'과 호응하지 않는다. '내 의견은 법안에 반대하는 것이 옳다는 것이다.' 또는 '나는 법안에 반대하는 것이 옳다고 생각한다.'로 고치는 것이 적절하다.
① ㉠: '충분한 해명이 있었습니다'는 'There is'로 시작하는 영어의 번역투 문장이다. '충분히 해명했습니다'로 고쳐 쓴다.
② ㉡: 접속 조사로 연결된 '훌륭한 가르침과 풍부한 경험'은 같은 서술어와 호응하지 않으므로, '훌륭한 가르침을 받고 풍부한 경험을 쌓았다'로 고쳐 써야 한다.
④ ㉣: '훈육시키는'은 주체가 객체인 '아이'로 하여금 행위를 하게 만든다는 의미의 부적절한 사동 표현이다. 따라서 주체의 행위가 객체에 영향을 준다는 의미를 전달하도록 주동 표현인 '훈육하는'으로 고쳐 쓴다.

03. ①
(가) 런닝 ∧ 건강
(나) 건강 → 행복

'행복 ∧ 런닝'이다. (가)에 의해 런닝을 꾸준히 하는 사람 중 건강한 사람이 존재하고 (나)에 의해 건강한 모든 사람은 행복하기 때문에 이 런닝을 꾸준히 하는 사람 중 행복한 사람이 존재한다는 결론, 즉 '런닝 ∧ 행복'을 도출할 수 있다. 따라서 행복한 어떤 사람은 런닝을 꾸준히 한다.
②은 '행복 → 런닝'이다. ①에서와 같이 '행복 ∧ 런닝'을 도출하는 것은 가능하나 이를 통해 '행복 → 런닝'을 도출하는 것은 불가능하다. 행복한 사람 중 런닝을 꾸준히 하는 사람이 존재한다고 해서 행복한 모든 사람이 런닝을 꾸준히 한다는 결론을 내리는 것은 불가능하기 때문이다.
③은 '건강 → 런닝'이다. (가)에 의해 '런닝 ∧ 건강'은 참이지만 이를 통해 '건강 → 런닝'을 도출하는 것은 불가능하다. 건강한 사람 중 런닝을 꾸준히 하는 사람이 존재한다는 사실로부터 건강한 사람 모두가 런닝을 꾸준히 한다는 결론을 내리는 것은 불가능하기 때문이다.
④은 '행복 → 건강'이다. 이는 (나)의 역명제이므로 항상 참이라고 할 수 없고 따라서 (가)와 (나)를 통해 도출한 결론으로 부적절하다.

04. ②
전제 1: 수강생 → 성실함
전제 2: 사람 ∧ 성실함
전제 3:

결론: 사람 ∧ 수강생

첫 번째 문장은 '수강생 → 성실함'으로 표현할 수 있고, 두 번째 문장은 '사람 ∧ 성실함'으로 표현할 수 있으며, 결론은 '사람 ∧ 수강생'으로 표현할 수 있다. 답은 '성실함 → 수강생'이다. 두 번째 전제에 의해 사람 중 성실한 사람이 존재하고, 추가된 전제에 의해 성실한 모든 것은 수강생이므로 '사람 중 성실한 것'도 수강생이다. 따라서 사람 중 수강생이 존재한다는 결론, 즉 '어떤 사람은 수강생이다.'는 결론을 내릴 수 있다.
①은 '수강생 ∧ 성실함'이다. 이는 첫 번째 전제 '수강생 → 성실함'으로부터 도출할 수 있는 결론이므로 추가해야 할 전제로 적절하지 않다.
③은 '사람 ∧ ~성실함'이다. 추가된 전제에 의해 성실하지 않은 사람이 존재하고 첫 번째 명제의 대우명제에 의해 성실하지 않은 모든 것은 수강생이 아니므로 '성실하지 않은 사람'도 수강생이 아니다. 따라서 사람 중 수강생이 아닌 것이 있다는 결론, 즉 '사람 ∧ ~수강생'이 도출된다. 하지만 이를 통해 '사람 ∧ 수강생'을 도출하는 것은 불가능하다.
④은 '성실함 ∧ 사람'이다. 이는 두 번째 전제와 완전히 동치인 명제이므로 추가해야 할 전제로 적절하지 않다.

05. ② ㉠의 '세우다'는 '1「2」 처져 있던 것을 똑바로 위를 향하여 곧게 하다. '서다'의 사동사.'를 의미한다. 이와 가장 유사한 의미의 '세우다'는 ②이다.
① 「4」 무딘 것을 날카롭게 하다.
③ 「6」 물품을 생산하는 기계 따위의 작동을 멈추다.
④ 「8」 공로나 업적 따위를 이룩하다.

06. ④ ㉠의 '펴다'는 '1「2」 구김이나 주름 따위를 없애어 반반하게 하다.'를 의미한다. 이와 가장 유사한 의미의 '펴다'는 ④이다.
① 「3」 굽은 것을 곧게 하다. 또는 움츠리거나 구부리거나 오므라든 것을 벌리다.
② 「1」 접히거나 개킨 것을 젖히어 벌리다.
③ 「4」 생각, 감정, 기세 따위를 얽매임 없이 자유롭게 표현하거나 주장하다.

07. ① '수선하다'는 '낡거나 헌 물건을 고치다.'를 의미한다. 따라서 '그릇된 일을 바르게 만들거나 잘못된 것을 올바르게 고치다.'를 의미하는 '바로잡다'는 ㉠과 바꿔 쓸 수 있는 유사한 표현으로 적절하지 않다. '고장이 나거나 못 쓰게 된 물건을 손질하여 제대로 되게 하다.'를 의미하는 '고치다'로 바꿔 쓸 수 있다.
② ㉡ '혹독하다'는 '몹시 심하다.'를 의미한다. 따라서 '정도가 지나치다.'를 의미하는 '심하다'로 바꿔 쓸 수 있다.
③ ㉢ '표독하다'는 '사납고 독살스럽다.'를 의미한다. 따라서 '성질이나 행동이 모질고 억세다.'를 의미하는 '사납다'로 바꿔 쓸 수 있다.
④ ㉣ '공시하다'는 '일정한 내용을 공개적으로 게시하여 일반에게 널리 알리다.'를 의미한다. 따라서 '사물이나 상황에 대한 정보나 지식을 알게 하다.'를 의미하는 '알리다'로 바꿔 쓸 수 있다.

08. ② '속이다'는 '거짓이나 꾀에 넘어가게 하다.'를 의미한다. 따라서 '어리석고 사리에 어둡다.'를 의미하는 '몽매하다'는 ㉡과 바꿔 쓸 수 있는 유사한 표현으로 적절하지 않다. '남을 속이거나 남의 일을 그르치게 하려는 간사한 꾀를 쓰다.'를 의미하는 '농간하다'로 바꿔 쓸 수 있다.
① ㉠ '꾸미다'는 '거짓이나 없는 것을 사실인 것처럼 지어내다.'를 의미한다. 따라서 '본래의 정체나 모습이 드

러나지 않도록 거짓으로 꾸미다.'를 의미하는 '위장하다'로 바꿔 쓸 수 있다.
③ ⓒ '막다'는 '어떤 현상이 일어나지 못하게 하다.'를 의미한다. 따라서 '어떤 일이나 현상이 일어나지 못하게 막다.'를 의미하는 '방지하다'로 바꿔 쓸 수 있다.
④ ⓔ '가지런하다'는 '여럿이 층이 나지 않고 고르게 되어 있다.'를 의미한다. 따라서 '깨끗이 정리되어 가지런하다.'를 의미하는 '단정하다'로 바꿔 쓸 수 있다.

09. ② ㉠은 작품 창작에 열중하는 일이든 밭을 갈고 작물을 키우는 일이든 간에 일이란 언제나 거룩하고 귀한 것이라고 하였다. 따라서 ㉠이 작품을 창작하는 일을 밭을 가는 일보다 가치 있게 여겼다는 것은 적절하지 않다.
① 2문단의 ㉠은 일이라는 창조적 작업이 인간이 다른 동물과 다르다는 것을 증명해 준다고 하였다.
③ 3문단의 ㉡은 인간이 일을 하는 것은 살아남기 위해 어쩔 수 없이 견뎌야 하는 것으로 보았다는 내용을 통해 알 수 있다.
④ ㉡이 생각하는 일의 성격은 ㉢이 주장한 다른 사람에 의해 강요된 활동으로 기계적이고 인간의 존엄성을 떨어뜨리는 고역에 가깝다고 할 수 있다.

10. ④ 아렌트는 ⓐ와 ⓑ 모두 어떤 결과를 목적으로 하는 활동이라는 점에서 공통점을 지닌다고 보았다.
① ⓐ는 창조적인 데 반해, ⓑ는 기계적이라고 설명하고 있다.
② ⓐ로서의 일과 ⓑ로서의 일을 구별하는 기준은 인간의 존엄성을 높이느냐, 떨어뜨리느냐에 달려 있다고 제시하고 있다.
③ ⓐ는 창조적 활동으로 그 목적이 작품 창작에 있다면, ⓑ는 기계적 활동으로 그 목적이 상품 생산에만 있다고 한 것에서 알 수 있다.

매일 모고 영어 제4회
정답 및 해설

01. ④ ★ furious 몹시 화난, 맹렬한
    ● fortunate 운 좋은, 다행한
    ● crucial 중대한, 결정적인
    ● compatible 호환이 되는, 양립될 수 있는
    [해석] 고객은 한 시간 넘게 줄을 서서 기다렸지만 서비스를 받지 못해 몹시 화났다.

02. ② ★ explain 설명하다
    ● prosper 번영[번창/번성]하다
    ● ignore 무시하다, 못 본 척하다
    ● frustrate 방해하다, 좌절시키다
    [해석] 교수님은 모든 학생들이 명확하게 이해할 수 있도록 복잡한 이론을 설명하는 데 추가 시간을 할애했다.

03. ② ★ prevent 예방하다, 막다
    ● pronounce 발음하다, 선언하다
    ● distract 산만하게 하다, 주의를 돌리다
    ● furnish 비치하다, 제공하다, 공급하다
    [해석] 기계의 적절한 유지 관리는 예상치 못한 고장과 비용이 많이 드는 수리를 예방하는 데 필수적이다.

04. ① ★ spoil 망치다, 손상시키다
    ● instruct 지시하다, 가르치다
    ● fulfill 이행하다, 완료하다, 달성하다
    ● distribute 분배하다, 나누어 주다
    [해석] 갑자기 내린 비 때문에 아이와 함께 놀이공원으로 놀러 가려던 계획이 망쳐 버렸다.

05. ① ★ publish 출판[발행]하다, 발표[공표]하다
    ● disturb 방해하다, 불안하게 만들다
    ● punish 처벌하다, 벌주다
    ● disband 해체하다, 해산하다
    [해석] 기사를 출판하기 전에 편집팀은 내용이 높은 정확성과 진실성을 갖추었는지 철저히 검토했다.

06. ① [해설]
    조동사 will 다음에는 반드시 동사 원형이 온다. 또한, 'go to school'과 같이 시설의 본래 목적을 나타낼 때는 관사 the를 생략하는 것이 자연스럽다. 따라서 밑줄 친 부분에 가장 적절한 것은 ①이다.
    [해석]
    방학이 끝나면 학생들은 다음 주부터 다시 학교에 다닐 것이다.

07. ③ [해설]
    explain은 3형식 타동사로 4형식 구조인 '간접목적어+직접목적어'의 목적어 2개를 취할 수 없다. 간접목적어에 해당하는 내용은 '전치사+명사'의 형태로 쓰고 반드시 목적어 1개만을 취할 수 있다. 따라서 밑줄 친 부분인 you를 to you로 고쳐야 한다.
    [해석]
    그녀는 큰 건물 앞에 서서 다음에 어디로 가야 할지 몰라 어리둥절한 표정을 짓고 있었다. 내가 어디로 가야 할지 설명해 줄게. 먼저, 모퉁이에서 오른쪽으로 돌아 두 블록 정도 걸어가면 공원이 나올 거야. 그다음, 길을 건너서 3분 정도 더 직진해.

08. ② [해설]
    Tim: 안녕하세요. 저희 어머니가 방금 다인실에 입원하셨어요.
    Jane: 네, 확인됩니다. 어떻게 도와드릴까요?
    Tim: 다른 환자분들 때문에 쉬기 힘들어하셔서요. 혹시 1인실로 옮길 수 있을까요?
    Jane: 이용 가능 여부를 확인해볼게요... 죄송하지만 현재 1인실은 모두 만실입니다.
    Tim: 그렇군요. 빈 자리가 나면 바로 알려주실 수 있을까요?
    Jane: 물론입니다. 대기자 명단에 올려드리고, 1인실이 나면 바로 연락드릴게요.
    ① 지금 청구서를 보내주시겠어요?
    ② 빈 자리가 나면 바로 알려주실 수 있을까요?
    ③ 수술은 언제 가능할까요?
    ④ 그럼 다인실로 옮길 수 있을까요?

09. ③ [해설]
    이 글은 전통 컴퓨터의 한계와 양자 컴퓨팅의 혁신적 특성을 설명하고 있다. ②번 문장은 기존 이진 연산의 제약을 넘어서는 양자 컴퓨팅의 시도를 소개하고, ③번 문장은 큐비트가 0과 1을 동시에 표현할 수 있는 중첩 상태임을 구체적으로 설명한다. 주어진 문장은 양자 얽힘이라는 개념을 도입하여, 양자 컴퓨터가 고전 컴퓨터와 달리 병렬 연산을 수행할 수 있음을 보여 준다. 따라서 주어진 문장이 들어갈 위치로 가장 적절한 것은 ③이다.
    [해석]

    > 전통적인 컴퓨터는 강력하지만, 0 또는 1 두 가지 상태 중 하나로 존재하는 비트를 조작하여 작동한다. (①) 이러한 이진 연산은 대부분의 작업에 효과적이지만, 계산 속도와 복잡성에 근본적인 한계를 부과한다. (②) 그러나 양자 컴퓨팅은 양자 역학의 원리를 활용하여 이러한 이진 제약을 넘어서고자 한다. (③ 양자 얽힘을 이용함으로써―이는 아인슈타인이 "멀리 떨어진 곳에서의 유령 같은 작용"이라고 불렀던 현상이다―양자 컴퓨터는 고전 컴퓨터가 할 수 없는 방식으로 병렬 연산을 수행할 수 있다.) 그 기본 단위인 큐비트는 중첩 상태에 존재하여 동시에 0과 1을 나타낼 수 있다. (④) 이러한 급진적인 변화는 고전 기계로는 사실상 불가능한 암호학, 화학, 최적화 문제를 해결할 수 있는 길을 열어 준다.

    [어휘]
    □ quantum entanglement 양자 얽힘
    □ superposition 중첩 상태
    □ binary constrain 이진 제약
    □ exploit 활용하다
    □ parallel operations 병렬 연산
    □ radical shift 급진적 변화

10. ② [해설]
    본문의 열 번째 문장에서 '영업 부서는 시스템을 사용해 고객 송장과 결제 상태 보고서를 즉시 생성한다'라고 언급하고 있다. 따라서 윗글의 내용과 일치하지 않는 것은 ②이다.
    [오답 해설]
    ① 본문의 세 번째 문장에서 언급하고 있으므로 일치한다.
    ③ 본문의 열한 번째 문장에서 언급하고 있으므로 일치

한다.
④ 본문의 열다섯 번째 문장에서 언급하고 있으므로 일치한다.

[해석]

> **세미나: 2025년 새로운 회계 시스템 통합**
>
> 새롭게 도입된 회계 시스템의 원활한 실행을 지원하기 위해 회사는 부서 간 협력 세미나를 개최합니다. 참석자들은 이 시스템이 영업, 원자재, 문서 물류 부서의 업무 프로세스에 어떻게 영향을 미치는지 배우게 됩니다.
>
> **대상**
> - 영업, 원자재, 문서 부서 전 직원 필수 참석
> - 각 세션에는 부서별 사례 연구와 실시간 시스템 시연이 포함됩니다.
>
> **내용**
> 세미나에서는 신규 송장 추적 기능, 자동 구매 주문 처리, 문서 검증 절차 등을 다룹니다.
>
> **각 부서는 맞춤형 업무 흐름을 탐구합니다:**
> - 영업 부서는 시스템을 사용해 고객 송장과 결제 상태 보고서를 즉시 생성합니다.
> - 원자재 팀은 자동 재고 기록과 공급업체 결제 일정으로 전환합니다.
> - 문서 부서는 전자 문서 인증과 준수 검사를 담당합니다.
>
> **일시**
> - 평일 오후 2시부터 5시까지
> - 8월 18일(월)부터 8월 29일(금)까지
>   (8월 22일 세미나는 없음)

① 세미나는 세 부서에서의 업무 흐름 변화를 소개한다.
② 새로운 회계 시스템은 영업 팀이 보고서를 수동으로 생성할 수 있게 한다.
③ 원자재 팀은 자동화된 재고 관리와 결제 기능을 사용하기 시작할 것이다.
④ 세미나는 특정 날짜를 제외하고 약 열흘간 오후에 진행된다.

[어휘]
☐ implementation 실행, 도입
☐ invoice 송장
☐ compliance 규정 준수
☐ certification 인증
☐ demonstration 시연
☐ verification 검증
☐ transition 전환
☐ adopt 채택하다
☐ affect 영향을 미치다
☐ automate 자동화하다
☐ certify 인증하다
☐ verify 검증하다

매일 모고 한국사 제4회
정답 및 해설

01. ② ② 원의 부마국(원 황실의 사위)이 되었으므로, 관제도 이에 맞게 격하되었다.

02. ③ 고려 시대는 가정에서 남녀의 차별이 거의 없었다. 그러나 사회 진출에서의 차별은 존재하였다. 남귀여가혼은 처가살이를 말한다.

03. ② 가. 해동고승전은 각훈이 삼국시대 승려의 전기를 다룬 책이다.
다. 삼국유사는 일연이 저술한 사찬사서(개인이 집필한 역사서)이다.
라. 사략은 이제현이 저술하였다. 이규보는 동명왕편을 집필하였다.

04. ① 정도전은 도평의사사 중심의 정치를 주장하였다. 의정부는 정도전을 제거한 태종(이방원)이 정종 집권기에 만든 것이다. 아울러, 의정부의 권한을 확대한 의정부서사제는 세종이 실시한 정책이다. 한편, 정도전은 요동 정벌을 계획하여, 명과 대립하였다.

05. ③ ① 이황의 활약으로 백운동서원에 소수서원이라는 편액이 내려졌다.
② 기유약조가 수립되어 우호적 관계의 틀이 마련된 시기는 광해군 때이다.
④ 명종 때 도적의 수령은 임꺽정이었다. 홍경래의 난은 순조 때 일어났다.

06. ④ (가)는 이별의 부산 정거장, (나)는 껍데기는 가라, (다)는 독립 행진곡, (라)는 월남에서 돌아온 김상사 제목의 노래이다.
(가)는 6·25 전쟁 중의 피난살이 설움을, (나)는 1960년 4·19 혁명을, (다)는 1945년 광복의 기쁨을, (라)는 1965~1973년까지 시행한 베트남 파병을 소재로 하였다.

07. ③ 고종이 홍범 14조와 교육입국조서를 반포한 것은 2차 갑오개혁 때의 일이다.

08. ③ (가)는 미국인인 헐버트이다. 미국은 1882년 조미수호통상조약으로 조선과 국교를 수립하였다. 대한제국과 미국은 합자로 1898년 한성전기회사를 설립할 정도로 우의를 다졌으나, 미국은 1905년 가쓰라·태프트 밀약으로 일본의 대한제국 지배를 지원하면서 한국의 기대를 저버렸다.
③ 영국은 러시아의 남하를 저지하기 위해 1885년에 거문도를 불법으로 점령하였다.

09. ③ 남북한 유엔 동시 가입은 1991년에, 북한에 경수로 건설 시작은 1996년으로 북한이 핵 개발을 동결하는 대신에 한반도 에너지 개발 기구가 북한에 경수로형 원자력 발전소를 유상으로 건설해 주는 사업이었다. 금강산 관광은 김대중 정부가 들어서면서 시작되었다.

10. ① 제시문은 1987년 6월 민주항쟁에 대한 설명이다. 6월 항쟁의 결과 대통령 직선제가 실시되었다.
② 6월 항쟁 시기에는 계엄령이 선포되지 않았다.
③ 1987년 헌법은 5년 단임제이다.
④ 전두환이 주도했던 국가보위비상대책위원회에서 했던 일이다.

매일 모고 행정법 제4회
정답 및 해설

01. ② 텔레비전방송수신료는 대다수 국민의 재산권 보장의 측면이나 한국방송공사에게 보장된 방송자유의 측면에서 국민의 기본권실현에 관련된 영역에 속하고, 수신료금액의 결정은 납부의무자의 범위 등과 함께 수신료에 관한 본질적인 중요한 사항이므로 국회가 스스로 행하여야 하는 사항에 속하는 것임에도 불구하고 한국방송공사법 제36조 제1항에서 국회의 결정이나 관여를 배제한 채 한국방송공사로 하여금 수신료금액을 결정해서 문화관광부장관의 승인을 얻도록 한 것은 법률유보원칙에 위반된다. 헌법재판소 1999. 5. 27. 선고 98헌바70 결정
① 법률유보의 원칙이란 국민의 기본권에 영향을 미치는 중요한 사항에 대한 '행정작용'을 함에 있어서는 그 작용을 발동할 수 있는 근거가 국회에서 제정한 법률에 규정되어 있어야 함을 의미한다. 따라서 법률유보의 원칙에서 요구하는 법적 근거는 행정'작용'의 근거, 즉 작용법적 근거를 의미한다.
③ 오늘날 법률유보원칙은 단순히 행정작용이 법률에 근거를 두기만 하면 충분한 것이 아니라, 국가공동체와 그 구성원에게 기본적이고도 중요한 의미를 갖는 영역, 특히 국민의 기본권실현과 관련된 영역에 있어서는 국민의 대표자인 입법자가 그 본질적 사항에 대해서 스스로 결정하여야 한다는 요구까지 내포하고 있다(의회유보원칙). 헌법재판소 1999. 5. 27. 선고 98헌바70 결정
④ 행정기본법 제16조

> **행정기본법 제16조(결격사유)**
> ① 자격이나 신분 등을 취득 또는 부여할 수 없거나 인가, 허가, 지정, 승인, 영업등록, 신고 수리 등을 필요로 하는 영업 또는 사업 등을 할 수 없는 사유는 법률로 정한다.

02. ④ 상대방 있는 행정처분은 특별한 규정이 없는 한 의사표시에 관한 일반법리에 따라 상대방에게 고지되어야 효력이 발생하고, 상대방 있는 행정처분이 상대방에게 고지되지 아니한 경우에는 상대방이 인터넷 홈페이지 접속 등 다른 경로를 통해 행정처분의 내용을 알게 되었다고 하더라도 행정처분의 효력이 발생한다고 볼 수 없다. 대법원 2019. 8. 9. 선고 2019두38656 판결
① 납세고지서의 송달을 받아야 할 자가 부과처분 제척기간이 임박하자 그 수령을 회피하기 위하여 일부러 송달을 받을 장소를 비워 두어 세무공무원이 송달을 받을 자와 보충송달을 받을 자를 만나지 못하여 부득이 사업장에 납세고지서를 두고 왔다고 하더라도 이로써 신의성실의 원칙을 들어 그 납세고지서가 송달되었다고 볼 수는 없다. 대법원 2004. 4. 9. 선고 2003두13908 판결
② 행정절차법 제15조

> **행정절차법 제15조(송달의 효력 발생)**
> ③ 제14조 제4항의 경우에는 다른 법령등에 특별한 규정이 있는 경우를 제외하고는 공고일부터 14일이 지난 때에 그 효력이 발생한다. 다만, 긴급히 시행하여야 할 특별한 사유가 있어 효력 발생 시기를 달리 정하여 공고한 경우에는 그에 따른다.

③ 내용증명우편이나 등기우편과는 달리, 보통우편의 방법으로 발송되었다는 사실만으로는 그 우편물이 상당한 기간 내에 도달하였다고 추정할 수 없고, 송달의 효력을 주장하는 측에서 증거에 의하여 이를 입증하여야 한다. 대법원 2009. 12. 10. 선고 2007두20140 판결

03. ① 의제된 인허가는 통상적인 인허가와 동일한 효력을 가지므로, 적어도 '부분 인허가 의제'가 허용되는 경우에는 그 효력을 제거하기 위한 법적 수단으로 의제된 인허가의 취소나 철회가 허용될 수 있고, 이러한 직권 취소·철회가 가능한 이상 그 의제된 인허가에 대한 쟁송취소 역시 허용된다. 따라서 주택건설사업계획 승인처분에 따라 의제된 인허가가 위법함을 다투고자 하는 이해관계인은, 주택건설사업계획 승인처분의 취소를 구할 것이 아니라 의제된 인허가의 취소를 구하여야 하며, 의제된 인허가는 주택건설사업계획 승인처분과 별도로 항고소송의 대상이 되는 처분에 해당한다. 대법원 2018. 11. 29. 선고 2016두38792 판결
② 건축불허가처분을 하면서 그 처분사유로 건축불허가사유뿐만 아니라 형질변경불허가사유나 농지전용불허가사유를 들고 있다고 하여 그 건축불허가처분 외에 별개로 형질변경불허가처분이나 농지전용불허가처분이 존재하는 것이 아니므로, 그 건축불허가처분을 받은 사람은 그 건축불허가처분에 관한 쟁송에서 건축법상의 건축불허가사유뿐만 아니라 같은 도시계획법상의 형질변경불허가사유나 농지법상의 농지전용불허가사유에 관하여도 다툴 수 있는 것이지, 그 건축불허가처분에 관한 쟁송과는 별개로 형질변경불허가처분이나 농지전용불허가처분에 관한 쟁송을 제기하여 이를 다투어야 하는 것은 아니며, 그러한 쟁송을 제기하지 아니하였어도 형질변경불허가사유나 농지전용불허가사유에 관하여 불가쟁력이 생기지 아니한다. 대법원 2001. 1. 16. 선고 99두10988 판결
③ 인허가의제 제도는 관련 인허가 행정청의 권한을 제한하거나 박탈하는 효과를 가진다는 점에서 법률 또는 법률의 위임에 따른 법규명령의 근거가 있어야 한다. 대법원 2022. 9. 7. 선고 2020두40327 판결
④ 관련 인허가 의제 제도는 사업시행자의 이익을 위하여 만들어진 것이므로, 사업시행자가 반드시 관련 인허가 의제 처리를 신청할 의무가 있는 것은 아니다. 대법원 2020. 7. 23. 선고 2019두31839 판결

04. ② 보충역편입처분취소처분의 효력을 다투는 소에 공익근무요원복무중단처분, 현역병입영대상편입처분 및 현역병입영통지처분의 취소를 구하는 청구를 추가적으로 병합한 경우, 공익근무요원복무중단처분, 현역병입영대상편입처분 및 현역병입영통지처분의 취소를 구하는 소의 소제기 기간의 준수 여부는 각 그 청구취지의 추가·변경신청이 있은 때를 기준으로 개별적으로 판단하여야 한다. 대법원 2004. 12. 10. 선고 2003두12257 판결
① 행정소송법 제41조

> **행정소송법 제41조(제소기간)**
> 당사자소송에 관하여 법령에 제소기간이 정하여져 있는 때에는 그 기간은 불변기간으로 한다.

③ 행정소송법 제20조

> **행정소송법 제20조(제소기간)**
> 취소소송은 처분등이 있은 날부터 1년(제1항 단서의 경우는 재결이 있은 날부터 1년)을 경과하면 이를 제기하지 못한다. 다만, 정당한 사유가 있는 때에는 그러하지 아니하다.

④ 행정청이 식품위생법령에 따라 영업자에게 행정제재처분을 한 후 그 처분을 영업자에게 유리하게 변경하는 처분을 한 경우, 변경처분에 의하여 당초 처분은 소멸하

는 것이 아니고 당초부터 유리하게 변경된 내용의 처분으로 존재하는 것이므로, 변경처분에 의하여 유리하게 변경된 내용의 행정제재가 위법하다 하여 그 취소를 구하는 경우 그 취소소송의 대상은 변경된 내용의 당초 처분이지 변경처분은 아니고, 제소기간의 준수 여부도 변경처분이 아닌 변경된 내용의 당초 처분을 기준으로 판단하여야 한다. 대법원 2007. 4. 27. 선고 2004두9302 판결

05. ③ 사실심에서 변론종결시까지 당사자가 주장하지 않던 직권조사사항에 해당하는 사항을 상고심에서 비로소 주장하는 경우 그 직권조사사항에 해당하는 사항은 상고심의 심판범위에 해당한다. 대법원 2004. 12. 24. 선고 2003두15195 판결
① 원고적격은 소송요건의 하나이므로 사실심 변론종결시는 물론 상고심에서도 존속하여야 하고 이를 흠결하면 부적법한 소가 된다. 대법원 2007. 4. 12. 선고 2004두7924 판결
② 행정소송에 있어서 처분청의 처분권한 유무는 직권조사사항이 아니다. 대법원 1997. 6. 19. 선고 95누8669 전원합의체 판결
④ 행정처분의 당연무효를 구하는 소송에 있어서 그 무효를 구하는 사람에게 그 행정처분에 존재하는 하자가 중대하고 명백하다는 것을 주장 입증할 책임이 있다. 대법원 1984. 2. 28. 선고 82누154 판결

06. ④ 군인사법 제47조의2는 헌법이 대통령에게 부여한 군통수권을 실질적으로 존중한다는 차원에서 군인의 복무에 관한 사항을 규율할 권한을 대통령령에 위임한 것이라 할 수 있고, 대통령령으로 규정될 내용 및 범위에 관한 기본적인 사항을 다소 광범위하게 위임하였다 하더라도 포괄위임금지원칙에 위배된다고 볼 수 없다. 따라서 이 사건 군인복무규율 조항은 이와 같은 군인사법 조항의 위임에 의하여 제정된 정당한 위임의 범위 내의 규율이라 할 것이므로 법률유보원칙을 준수한 것이다. 헌법재판소 2010. 10. 28. 선고 2008헌마638 전원재판부
① 변호사 등록에 관한 한 공법인 성격을 가지는 대한변호사협회가 등록사무의 수행과 관련하여 정립한 규범을 단순히 내부 기준이라거나 사법적인 성질을 지니는 것이라 볼 수는 없고, 변호사 등록을 하려는 자와의 관계에서 대외적 구속력을 가지는 공권력 행사에 해당한다고 할 것이다. 헌법재판소 2019. 11. 28. 선고 2017헌마759 전원재판부 결정
② (육군3사관학교 사관생도인 갑이 4회에 걸쳐 학교 밖에서 음주를 하여 '사관생도 행정예규' 제12조에서 정한 품위유지의무를 위반하였다는 이유로 육군3사관학교장이 교육운영위원회의 의결에 따라 갑에게 퇴학처분을 한 사안에서) 위 금주조항은 사관생도의 일반적 행동자유권, 사생활의 비밀과 자유 등 기본권을 과도하게 제한하는 것으로서 무효인데도 위 금주조항을 적용하여 내린 퇴학처분이 적법하다고 본 원심판결에 법리를 오해한 잘못이 있다고 한 사례. 대법원 2018. 8. 30. 선고 2016두60591 판결
③ 헌법 제34조 제1항이 보장하는 인간다운 생활을 할 권리는 사회권적 기본권의 일종으로서 인간의 존엄에 상응하는 최소한의 물질적인 생활의 유지에 필요한 급부를 요구할 수 있는 권리를 의미하는데, 이러한 권리는 국가가 재정형편 등 여러 가지 상황들을 종합적으로 고려하여 법률을 통하여 구체화함으로써 법률적 권리로 인정된다. 의료급여법에 의하여 인정되는 의료급여수급권도 이러한 법률적 권리에 해당하는데, 다만 그 보장수준이 헌법 제34조 제1항의 인간다운 생활을 할 권리를 침해하는 정도로 되어서는 아니되는 것이다. 헌법재판소 2020. 4. 23. 선고 2017헌마103 전원재판부 결정

07. ① 행정청의 하명에 따라 부과된 의무의 불이행을 전제로 하는 실효성 확보수단인 직접강제와 달리 의무불이행을 전제로 하지 않는 즉시강제는 행정상 강제집행에 해당하지 않는다.
② 행정상 즉시강제란 급박한 행정상 장해를 제거할 필요가 있으나 미리 의무를 명할 시간적 여유가 없을 때 또는 그 성질상 의무를 명해서는 목적달성이 곤란한 경우에 직접 국민의 신체 또는 재산에 실력을 가하여 행정상 필요한 상태를 실현하는 행정작용을 말한다(즉시강제는 의무의 불이행을 전제로 하지 않음).
③ 행정상 즉시강제는 침익적 행위로서 법률유보의 원칙에 따라 반드시 법적 근거가 필요하다.
④ 영업소 폐쇄명령을 한 것은 처분의 상대방에게 의무를 부과한 것이고, 이후 계속하여 영업을 한 것을 이유로 영업소를 폐쇄하는 조치를 한 것은 의무불이행을 전제로 실력행사를 한 것이므로, 결국 식품위생법상 영업소 폐쇄는 행정상 강제집행수단의 한 종류인 직접강제이다.

08. ③ 구 개인정보 보호법은 제2조 제5호, 제6호에서 공공기관 중 법인격이 없는 '중앙행정기관 및 그 소속 기관' 등을 개인정보처리자 중 하나로 규정하고 있으면서도, 양벌규정에 의하여 처벌되는 개인정보처리자로는 같은 법 제74조 제2항에서 '법인 또는 개인'만을 규정하고 있을 뿐이고, 법인격 없는 공공기관에 대하여도 위 양벌규정을 적용할 것인지 여부에 대하여는 명문의 규정을 두고 있지 않으므로, 죄형법정주의의 원칙상 '법인격 없는 공공기관'을 위 양벌규정에 의하여 처벌할 수 없고, 그 경우 행위자 역시 위 양벌규정으로 처벌할 수 없다고 봄이 타당하다. 대법원 2021. 10. 28. 선고 2020도1942 판결
① 양벌규정이란 행위자와 함께 행위자 이외의 자에 대하여 형벌을 부과하도록 한 개별법상의 규정을 의미한다.
② 양벌규정에 의한 영업주의 처벌은 금지위반행위자인 종업원의 처벌에 종속하는 것이 아니라 독립하여 그 자신의 종업원에 대한 선임감독상의 과실로 인하여 처벌되는 것이므로 종업원의 범죄성립이나 처벌이 영업주 처벌의 전제조건이 될 필요는 없다. 대법원 2006. 2. 24. 선고 2005도7673 판결
④ 지방자치단체가 그 고유의 자치사무를 처리하는 경우에는 지방자치단체는 국가기관의 일부가 아니라 국가기관과는 별도의 독립한 공법인이므로, 지방자치단체 소속 공무원이 지방자치단체 고유의 자치사무를 수행하던 중 도로법 제81조 내지 제85조의 규정에 의한 위반행위를 한 경우에는 지방자치단체는 도로법 제86조의 양벌규정에 따라 처벌대상이 되는 법인에 해당한다. 대법원 2005. 11. 10. 선고 2004도2657 판결

09. ③ 국가배상법 제5조 소정의 공공의 영조물이란 공유나 사유임을 불문하고 행정주체에 의하여 특정공공의 목적에 공여된 유체물 또는 물적 설비를 의미하므로 사실상 군민의 통행에 제공되고 있던 도로 옆의 암벽으로부터 떨어진 낙석에 맞아 소외인이 사망하는 사고가 발생하였다고 하여도 동 사고지점 도로가 피고 군에 의하여 노선인정 기타 공용개시가 없었으면 이를 영조물이라 할 수 없다. 대법원 1981. 7. 7. 선고 80다2478 판결
① 안전성을 갖추지 못한 상태, 즉 타인에게 위해를 끼칠 위험성이 있는 상태라 함은 당해 영조물을 구성하는 물적 시설 그 자체에 있는 물리적·외형적 흠결이나 불비로 인하여 그 이용자에게 위해를 끼칠 위험성이 있는 경우뿐만 아니라, 그 영조물이 공공의 목적에 이용됨에 있어 그 이용상태 및 정도가 일정한 한도를 초과하여 제3자에게 사회통념상 수인할 것이 기대되는 한도를 넘는 피해를 입히는 경우까지 포함된다고 보아야 한다. 대법원 2005. 1. 27. 선고 2003다49566 판결

② 소음 등을 포함한 공해 등의 위험지역으로 이주하여 들어가 거주하는 경우와 같이 위험의 존재를 인식하거나 과실로 인식하지 못하고 이주한 경우에는 손해배상액의 산정에 있어 형평의 원칙상 과실상계에 준하여 감경 또는 면제사유로 고려하여야 한다. 대법원 2010. 11. 11. 선고 2008다57975 판결
④ 국가배상법 제6조

> **국가배상법 제6조(비용부담자 등의 책임)**
> ① 제2조·제3조 및 제5조에 따라 국가나 지방자치단체가 손해를 배상할 책임이 있는 경우에 공무원의 선임·감독 또는 영조물의 설치·관리를 맡은 자와 공무원의 봉급·급여, 그 밖의 비용 또는 영조물의 설치·관리 비용을 부담하는 자가 동일하지 아니하면 그 비용을 부담하는 자도 손해를 배상하여야 한다.

10. ④ 하천구역 편입토지에 대한 손실보상청구권은 공법상의 권리임이 분명하고, 따라서 그 손실보상을 둘러싼 쟁송은 사인 간의 분쟁을 대상으로 하는 민사소송이 아니라 공법상의 법률관계를 대상으로 하는 행정소송절차에 의하여야 한다. 위 규정들에 의한 손실보상청구권은 1984. 12. 31. 전에 토지가 하천구역으로 된 경우에는 당연히 발생되는 것이지, 관리청의 보상금지급결정에 의하여 비로소 발생하는 것은 아니므로, 위 규정들에 의한 손실보상금의 지급을 구하거나 손실보상청구권의 확인을 구하는 소송은 행정소송법 제3조 제2호 소정의 당사자소송에 의하여야 할 것이다. 대법원 2006. 5. 18. 선고 2004다6207 판결
① 국립공원구역지정 후 토지를 종래의 목적으로도 사용할 수 없거나 토지를 사적으로 사용할 수 있는 방법이 없이 공원구역내 일부 토지소유자에 대하여 가혹한 부담을 부과하면서 아무런 보상규정을 두지 않은 경우에는 비례의 원칙에 위반되어 당해 토지소유자의 재산권을 과도하게 침해하는 것이라고 할 수 있다. 헌법재판소 2003. 4. 24. 선고 99헌바110, 2000헌바46(병합) 전원재판부
② 문화적, 학술적 가치는 특별한 사정이 없는 한 그 토지의 부동산으로서의 경제적, 재산적 가치를 높여 주는 것이 아니므로 토지수용법 제51조 소정의 손실보상의 대상이 될 수 없다. 대법원 1989. 9. 12. 선고 88누11216 판결
③ 일반 공중의 이용에 제공되는 공공용물에 대하여 특허 또는 허가를 받지 않고 하는 일반사용은 다른 개인의 자유이용과 국가 또는 지방자치단체 등의 공공목적을 위한 개발 또는 관리·보존행위를 방해하지 않는 범위 내에서만 허용된다 할 것이므로, 공공용물에 관하여 적법한 개발행위 등이 이루어짐으로 말미암아 이에 대한 일정범위의 사람들의 일반사용이 종전에 비하여 제한받게 되었다 하더라도 특별한 사정이 없는 한 그로 인한 불이익은 손실보상의 대상이 되는 특별한 손실에 해당한다고 할 수 없다. 대법원 2002. 2. 26. 선고 99다35300 판결

매일 모고 행정학 제4회
정답 및 해설

빠른 고득점 합격
행정학 이명훈

01. ③ 교환적 정의란 사회적 공헌도에 따른 보상(거래의 공정성)을 강조하는 정의관으로 보수주의 정부관에서 중시된다. 반면, 진보주의 정부관은 부의 공정한 배분을 강조하는 분배적 정의를 중시한다.

<<핵심정리>> 보수주의 정부관과 진보주의 정부관

구분	보수주의 (작은정부론)	진보주의(큰정부론)
추구 하는 가치	• 자유(국가로부터의 자유) 강조 • 자유와 평등은 상충된다고 보고, 기회의 평등과 경제적 자유 강조	• 자유(국가에 의한 자유) 열렬히 옹호 • 자유와 평등은 양립가능하다고 보고, 실질적 평등(결과의 평등) 강조
인간 관	합리적이고 이기적인 경제인	욕구·협동·오류가능성 있는 인간관(행복의 극대화, 공동선, 시민의 미덕 강조)
시장 관	• 자유시장에 대한 신념 • 스미스(Smith)의 국부론 • 하이에크(Hayek)의 신자유주의	• 효율과 공정, 번영과 진보에 대한 시장의 잠재력을 인정하되 시장의 결함 인지 • 케인즈(Keynes)의 총수요관리정책
정의 관	교환적 정의	배분적 정의
정부 관	최소한의 정부 - 정부불신(자유방임적 자본주의)	적극적인 정부 - 정부개입 중시(복지국가, 수정자본주의, 사회민주주의)
경제 정책	규제완화, 조세감면, 복지정책 폐지 등	정부규제 옹호, 소득재분배정책, 사회보장정책 등
전개	• 제퍼슨 - 잭슨 패러다임 • 대처리즘, 레이거노믹스	• 루즈벨트의 뉴딜정책 • 존슨의 위대한 사회 건설

02. ② 탈신공공관리론은 신공공관리론의 지나친 탈관료제화를 비판하면서 조직개편의 기본방향으로 관료제와 탈관료제의 조화를 지향한다.

03. ② 국무조정실의 직무감찰은 정부관료제 내부 기관에 의한 통제이며, 통제권한이 법규화되어 있으므로 내부·공식적 통제에 해당한다.

<<핵심정리>> 행정통제의 유형

구분	공식통제	비공식통제
내부 통제	• 행정수반 및 국무총리에 의한 통제 • 계층제(상관)에 의한 통제 • 독립 통제 기관(감사원, 국민권익위)에 의한 통제 • 교차기능조직에 의한 통제 • 정부업무평가에 의한 통제 • 행정심판에 의한 통제 • 근평제도에 의한 통제 • 감찰통제, 예산통제, 정원통제 등	• 행정윤리에 의한 통제 • 기능적 책임에 의한 통제 • 대표관료제에 의한 통제 • 공무원노조에 의한 통제 • 행정문화에 의한 통제 • 비공식집단에 의한 통제 • 공익에 의한 통제
외부 통제	• 입법부에 의한 통제 • 사법부에 의한 통제 • 옴부즈만에 의한 통제	• 민중(NGO)통제 및 언론통제 • 이익집단(고객)에 의한 통제 • 정당에 의한 통제

04. ② 정책평가의 일반적 과정은 목표의 식별과 규명(①) → 평가기준 및 대상의 설정(④) → 인과모형의 설정 → 실험설계 → 자료수집 및 분석(③) → 평가결과의 활용과 환류(②) 순으로 진행된다.

05. ④ 설문은 명목집단 기법에 대한 설명이다. 명목집단 기법은 단일의 특정 주제에 대하여 문제해결에 참여하는 개인들이 개별적으로 아이디어를 구상하여 서면으로 제출하도록 하고, 제한된 토론만을 허용한 다음 투표를 통해 의사결정하는 집단토론기법이다.

06. ③ 복잡성은 한 조직을 구성하는 기구가 얼마나 나누어지고 흩어져 있는가의 분화정도를 말하며, 수평적·수직적·공간적 분화 등으로 세분화 할 수 있다.
① 애드호크라시는 관료제의 반개념으로 낮은 복잡성, 낮은 공식성, 낮은 집권성을 띠는 조직이다. 따라서 애드호크라시는 공식화 정도가 낮고 분권화되어 있으며, 수직적 분화가 낮은 특징을 보여주고 있다.
② 집권성은 자원배분을 포함한 의사결정 권한이 조직의 상하 직위 간에 어떻게 분배되어 있는가를 의미한다.
④ 공식성은 업무수행 방식이나 절차가 표준화되어 있는 정도를 의미하며 직무기술서, 내부규칙, 보고체계 등의 명문화 정도로 측정할 수 있다.

07. ② 아담스(Adams)의 공정성이론(ㄱ), 브룸(Vroom)의 기대이론(ㄴ), 로크(Locke)의 목표설정이론(ㄹ)은 과정이론에 속하며, 매클리랜드(McClelland)의 성취동기이론(ㄷ)은 내용이론에 속한다.

<<핵심정리>> 동기부여의 과정이론과 내용이론

내용 이론	• 매슬로우의 욕구단계론 • 맥그리거의 X·Y이론 • 허츠버그의 욕구충족요인이원론 • 맥클랜드의 성취동기이론 • 샤인의 인간관 • 오우치의 Z이론	• 앨더퍼의 E·R·G이론 • 머레이의 명시적 욕구이론 • 아지리스의 성숙·미성숙이론 • 맥코비의 2개요인론 • 리커트의 관리체제이론
	Z이론 : 룬드스테트의 방임형 관리, 롤리스의 상황적응적 관리, 라모스의 괄호인, 베니스의 탐구형 인간	
과정 이론	• 아담스의 공정성이론 • 스키너의 강화이론	• 로크의 목표설정이론 • 핵만과 올드햄의 직무특성이론
	• 기대이론 : 브룸의 기대이론, 포터와 로울러의 업적만족이론, 조고폴로스의 통로 - 목표이론 등	

08. ④ 대표관료제는 사회를 구성하는 모든 주요 집단(인종·종교·성별·직업·신분·계층·지역 등)으로부터 한 나라의 인구 전체 안에서 차지하는 비율에 따라 관료를 충원하여 정부 관료제가 그 사회의 모든 계층과 집단에 공평하게 대응하도록 하는 제도이다. 대표관료제는 실질적인 기회 균등을 보장함으로써 행정의 형평성을 제고할 수 있으나, 개인의 능력과 실적을 부차적인 기준으로 삼기 때문에 실적주의를 훼손하고 행정의 전문성과 생산성을 저해할 수 있다.

09. ③ 우리나라는 회계연도 개시일 전까지 예산이 의결되지 않을 경우 준예산을 사용한다.
《핵심정리》 성립시기에 따른 예산 분류

종류	의의	기간	국회의결	지출항목	채택국가
준예산	새로운 회계연도가 개시될 때까지 예산이 국회에서 의결되지 못한 때에 의회의 승인 없이 전년도 예산에 준하여 경비를 지출할 수 있는 예산	제한없음	불필요	한정적	한국, 독일
잠정예산	새로운 회계연도가 개시될 때까지 예산이 국회에서 의결되지 못한 때에 국회의 의결로 일정기간 동안 예산의 국고지출을 잠정적으로 허용하는 예산	제한없음	필요	전반적	영국, 미국, 일본, 캐나다
가예산	새로운 회계연도가 개시될 때까지 예산이 국회에서 의결되지 못한 때에 최초 1개월분을 국회에서 심의·의결하여 집행하는 예산	최초 1개월	필요	전반적	프랑스, 한국의 제1공화국

10. ② 자치구의 자치권의 범위는 법령으로 정하는 바에 따라 시·군과 다르게 할 수 있다. 현재 자치구는 시·군에 비하여 자치권의 범위가 좁고 지방세목의 수도 적다.

2025 공무원 시험대비 【8월분】

-제5회-
[정답 및 해설]

이 름: _____

제1과목 국어
제2과목 영어
제3과목 한국사
제4과목 행정법총론
제5과목 행정학개론

매일 모의고사 정오표

합격까지 박문각

매일 모고 국어 제5회
정답 및 해설

01. ③ '미연에'는 부사격 조사가 결합한 부사어이므로 주성분이 아니라 부속 성분이다. 부속 성분에는 부사어와 관형어가 있다. (참고로 필수 부사어는 주성분이 아니라 부속 성분이다.)
주성분은 '주어, 목적어, 보어, 서술어'이다. 격조사로 문장 성분을 파악할 수 있지만, 격조사가 아니라 보조사가 결합된 경우에는 자연스러운 격조사를 넣어서 파악해야 한다.
① 광수는(주어) 나에게(부사어) 커피만(목적어) 주었다.(서술어): '커피만'을 '커피를'로 고치면 자연스럽다. 따라서 '커피만'은 목적어이므로 주성분이다.
② 그(관형어) 사람(관형어) 말은(주어) 사실도(보어) 아니었다.(서술어): '사실도'를 '사실이'로 고치면 자연스럽다. 뒤에 '되다, 아니다'가 오는 경우에는 앞이 보어가 된다. 따라서 '사실도'는 보어이므로 주성분이다.
④ 지자체에서(주어) 그(관형어) 일을(목적어) 적극적으로(부사어) 추진하고 있다.(서술어): 주격 조사 '에서'가 쓰였으므로 '지자체에서'는 주어이므로 주성분이다.

02. ④ 쉼표를 사용함으로써 의미의 중복을 피했으므로 의사전달이 가장 명확하다. '국민의 안전을 지키는'은 '공무원'만 수식하기 때문이다.
① '영호'가 이발을 받는 손님인지 미용사인지 불명확한 중의적 표현이다.
② '풀려진'은 '풀 + 리(피동접사) + 어지다(통사적 피동)'의 이중피동표현이므로. 따라서 '풀린' 또는 '풀어진'으로 고쳐야 한다.
③ 두 명의 경찰이 '함께' 범죄자 둘을 잡은 것인지, 두 명의 경찰이 각각 한 명의 범죄자를 잡은 건지 불명확한 중의적 표현이다.

03. ④ 소독제는 '포자를 제외한 병원체를 사멸시키는 화합물'인 감염방지제 중에서 독성이 약한 것이라고 하였다. 그러나 감염방지제는 포자를 제외한 병원체를 사멸시키는 화합물이라고 했으므로, 감염방지제 및 이에 속한 소독제의 살균 효과가 가장 높다고 추측할 수 있는 근거는 없다. 오히려 포자를 포함한 모든 병원체를 파괴하는 멸균제가 감염방지제나 소독제보다 살균 효과가 더 높다고 추측하는 것이 더 타당하다.
① 사람의 세포는 지질 성분으로 이루어져 있으며, 소독제는 이를 죽일 수 있다고 하였다. 따라서 소독제에 사멸되는 병원체는 지질 성분으로 구성된 구조를 가지고 있을 것이다.
② '항미생물 화학제는 다양한 병원체가 공통으로 갖는 구조를 구성하는 성분들에 화학 작용을 일으'킨다고 하였으며, 멸균제는 모든 병원체를 파괴한다고 하였다. 따라서 멸균제는 모든 병원체가 공통으로 갖는 구조를 구성하는 성분들에 화학 작용을 일으킬 것이다.
③ 어떤 소독제의 지질을 파괴하는 기능을 강화한다면 세균에 대한 방역 효과는 높아지겠지만, 인체의 세포막 또한 지질 성분으로 구성되어 있으므로 인체에는 더 위험할 것이다.

04. ③

| 전제 1: 예술가 → 감성적 |
전제 2:
결론: 감성적 ∧ 수학

'예술가 ∧ 수학'이다. 이 조건에 의해 예술가 중 수학에 재능이 있는 사람이 적어도 하나 존재하고 첫 번째 전제 '예술가 → 감성적'에 의해 예술가들은 모두 감성적이므로 이를 통해 수학에 재능이 있는 사람 중 감성적인 사람이 적어도 하나 존재한다. 따라서 예술가 중 어떤 사람은 수학에 재능이 있다고 할 수 있다.
① '수학 ∧ ~예술가'이다. 이 전제를 '예술가 → 감성적'과 연결지어 '감성적 ∧ 수학'을 도출하는 것은 불가능하다.
② '~수학 ∧ ~감성적'이다. 이 전제를 '예술가 → 감성적'과 연결지어 '감성적 ∧ 수학'을 도출하는 것은 불가능하다.
④ '예술가 → ~수학'이다. 이 전제를 '예술가 → 감성적'과 연결하여 '감성적 ∧ 수학'을 도출하는 것은 불가능하다.

05. ③ ㉠의 '덮다'는 '2「4」 기세, 능력 따위에서 앞서거나 누르다.'를 의미한다. 이와 가장 유사한 의미의 '덮다'는 ③이다.
① 2「2」 펼쳐져 있는 책 따위를 닫다.
② 2「1」 일정한 범위나 공간을 빈틈없이 휩싸다.
④ 2「3」 어떤 사실이나 내용 따위를 따져 드러내지 않고 그대로 두거나 숨기다.

06. ④ ㉠의 '거두다'는 「1」 벌여 놓거나 차려 놓은 것을 정리하다.'를 의미한다. 이와 가장 유사한 의미의 '거두다'는 ④이다.
① 「3」 말, 웃음 따위를 그치거나 그만두다.
② 「4」 관심, 시선 따위를 보내기를 그치다.
③ 「5」 어떤 대상에 대한 감정, 염려 따위를 접거나 놓아두다.

07. ② '격상하다'는 '자격이나 등급, 지위 따위의 격이 높아지다. 또는 격을 높이다.'를 의미한다. 따라서 '높은 곳에서 낮은 곳으로 또는 위에서 아래로 가다.'를 의미하는 '내려가다'는 ㉡과 바꿔 쓸 수 있는 유사한 표현으로 적절하지 않다. '높게 되다.'를 의미하는 '높아지다'로 바꿔 쓸 수 있다.
① ㉠ '파악하다'는 '어떤 대상의 내용이나 본질을 확실하게 이해하여 알다.'를 의미한다. 따라서 '어떤 사실이나 존재, 상태에 대해 의식이나 감각으로 깨닫거나 느끼다.'를 의미하는 '알다'로 바꿔 쓸 수 있다.
③ ㉢ '추앙하다'는 '높이 받들어 우러러보다.'를 의미한다. 따라서 '마음속으로 공경하여 떠받들다.'를 의미하는 '우러러보다'로 바꿔 쓸 수 있다.
④ ㉣ '피곤하다'는 '몸이나 마음이 지치어 고달프다.'를 의미한다. 따라서 '몸이나 처지가 몹시 고단하다.'를 의미하는 '고달프다'로 바꿔 쓸 수 있다.

08. ④ '되찾다'는 '다시 찾거나 도로 찾다.'를 의미한다. 따라서 '받아야 할 것을 필요에 의하여 달라고 청하다.'를 의미하는 '요구하다'는 ㉠과 바꿔 쓸 수 있는 유사한 표현으로 적절하지 않다. '원래의 상태로 돌이키거나 원래의 상태를 되찾다.'를 의미하는 '회복하다'로 바꿔 쓸 수 있다.
① ㉠ '벗어나다'는 '구속이나 장애로부터 자유로워지다.'를 의미한다. 따라서 '어떤 대상으로부터 벗어나기 위하여 빠르게 움직여 피하다.'를 의미하는 '도망치다'로

바꿔 쓸 수 있다.
② ⓒ '자그마하다'는 '조금 작다.'를 의미한다. 따라서 '적당히 자그마하다.'를 의미하는 '아담하다'로 바꿔 쓸 수 있다.
③ ⓒ '정겹다'는 '정이 넘칠 정도로 매우 다정하다.'를 의미한다. 따라서 '대하는 태도가 매우 정겹고 고분고분하다.'를 의미하는 '친절하다'로 바꿔 쓸 수 있다.

09. ④ 반 고흐의 전기들로 인해 반 고흐에 대한 오해가 풀렸다는 내용은 이 글에서 확인할 수 없다.
① 반 고흐의 삶을 회고하는 카탈로그 표지에 '해바라기'가 있다는 것은 그만큼 그의 삶을 다룬 이야기들에서 해바라기를 분리하여 생각할 수는 없다는 것을 보여 주고 있다.
② 반 고흐를 상징하는 작품이 된 '해바라기'는 다양한 소품으로 활용되어 상품화되고 있으므로, 예술의 순수함과 동시에 이를 이용하는 상업주의를 함께 엿볼 수 있다.
③ 반 고흐는 이미 충분한 재능을 가지고 있는 성실한 화가였다. 여기에 그의 전기들이 더해져서 지금과 같은 지위를 얻을 수가 있었으므로, 그의 전기들이 촉진제로 작용하고 있음을 파악할 수가 있다.

10. ① 조선 중기 이후에 복고풍이 사라졌다고 하므로 기존에 존재하던 중국풍은 남아있었을 것이다. 따라서 '완전히 다르다'는 것은 옳지 않다.
② 당좌가 타종 부위라고 했는데 고려 시기 당좌의 위치가 변화했다고 했으므로 고려시대 타종위치가 신라시대와 달랐음을 추론할 수 있다.
③ 신라는 대형종을 주조했고 중국 종의 영향을 받은 조선 초기 소형 종을 제작했다고 했으므로 적절하다.
④ 조선 초기 종에는 중국 종과 같이 당좌가 사라졌다고 했으므로 적절하다.

매일 모고 영어 제5회
정답 및 해설

01. ① ★ guilty 죄책감을 느끼는, 유죄의
● civil 시민(들)의
● irresponsible 무책임한
● adorable 사랑스러운
[해석] 사고에 대해 죄책감을 느낀 그녀는 책임지기로 결심했다.

02. ③ ★ awkward 어색한, 서투른
● grateful 고마워하는, 감사하는
● chronic 만성적인
● gradual 점진적인, 단계적인
[해석] 친구 이름을 소개할 때 순간적으로 깜빡 잊어서 매우 어색한 순간이었다.

03. ③ ★ starve 굶기다, 굶주리다
● qualify 자격을 얻다, 자격[권리]을 주다
● interact 소통하다, 상호 작용을 하다
● donate 기부[기증]하다, 증여하다
[해석] 다이어트 계획으로 인해 식사를 거르고 굶기만 하면 건강에 해로울 수 있다.

04. ④ ★ gather 모으다, 수집하다
● interfere 간섭[개입/참견]하다
● glance 힐끗 보다
● dread 두려워하다
[해석] 관중들이 공연 시작 한 시간 전에 콘서트홀 밖에 점점 모이기 시작했다.

05. ④ ★ blind 눈이 먼, 맹인인
● cruel 잔혹한, 잔인한
● annual 매년의, 연례의
● ideal 이상적인, 가장 알맞은, 완벽한
[해석] 많은 맹인인 사람들은 야외 이동 시 맹인안내견에 의존한다.

06. ④ [해설]
빈칸은 명사를 꾸미는 형용사 역할을 하는 소유격 대명사가 와야 한다. 앞서 나온 주어가 단수인 it이므로, 이에 맞는 단수 소유격인 its가 와야 한다. 따라서 밑줄 친 부분에 가장 적절한 것은 ④이다.
[해석]
그 조직은 적절한 관리 없이 명성을 유지하는 데 어려움을 겪을 것이다.

07. ② [해설]
사역동사 let은 목적어와 목적격 보어 관계가 능동인 경우에는 원형부정사를 써야 한다. 문맥상 목적어인 me가 알려주는 행위의 대상이기 때문에 능동의 의미로 봐야 한다. 따라서 밑줄 친 부분인 be known을 know로 고쳐야 한다.
[해석]
오늘 아침, 나는 회의를 위해 카페에서 기다리고 있었다. 그가 나에게 그들이 출근하는 데 늦을 것이라고 알려주었다. 교통 체증 때문에 그들의 도착이 거의 한 시간이나 늦어졌다. 그래서 나는 그동안 커피를 주문하고 내 노트를 준비하기로 했다.

08. ① [해석]
A: 안녕하세요. 의사 선생님이 입원해야 한다고 하셨어요.
B: 알겠습니다. 신분증과 보험증 가지고 계신가요?
A: 네, 여기 있습니다.
B: 감사합니다. 이 입원 신청서를 작성해 주세요. 개인정보와 비상 연락처를 적는 칸이 있습니다.
A: 네. 병실은 2인실인가요, 1인실인가요?
B: 병실 배정은 가능 여부에 따라 달라요. 1인실을 원하시나요?
A: 네, 가능하다면 그러고 싶습니다.
B: 확인해 본 결과 1인실이 하나 남아있네요. 1인실로 배정해드리겠습니다.
① 1인실을 원하시나요?
② 입원을 못하시는 이유가 있을까요?
③ 병원에는 오신 적이 있으신가요?
④ 이번 수술이 처음이신가요?

09. ③ [해설]
이 글은 우연한 발견을 통해 이루어진 과학 혁신 사례들을 소개하며, 과학에서 유연함과 호기심의 중요성을 강조하고 있다. ①번과 ②번 문장은 실제 발견 사례를 제시하고, ④번 문장은 그 결과와 의미를 요약하며 핵심 교훈을 전달한다. 하지만 ③번 문장은 제품의 마케팅 전략에 관한 내용으로, 과학적 발견의 본질이나 전체 흐름과 관련이 없다. 따라서 글의 흐름상 어색한 문장은 ③이다.
[해석]

> 과학적 돌파구는 종종 예상치 못한 관찰이나 실수에서 비롯된다. ① 1928년, 알렉산더 플레밍은 자신이 청소하는 것을 잊었던 배양 접시에서 곰팡이가 박테리아를 죽였다는 사실을 발견했고, 이는 페니실린의 발견으로 이어졌다. ② 이와 비슷하게, 마이크로파 오븐은 퍼시 스펜서가 레이더 장비 근처에서 주머니에 있던 초콜릿 바가 녹는 것을 발견한 후 개발되었다. (③ 이러한 발명품들의 마케팅 전략은 보통 광범위한 소비자 테스트와 브랜드 포지셔닝을 포함한다.) ④ 많은 경우에, 이러한 우연한 발견들은 산업 전반에 혁명을 일으키고 공중 보건이나 일상생활을 향상시켰다. 이러한 사례들은 과학 연구에서 유연성과 호기심이 필수적인 특성임을 보여준다.

[어휘]
□ breakthrough 돌파구
□ observation 관찰
□ petri dish 페트리 디시(배양접시)
□ mold 곰팡이
□ revolutionize 혁신하다
□ flexibility 융통성
□ curiosity 호기심

10. ② [해설]
이 글은 육아가 매일 새로운 문제를 해결해야 하는 과정임을 강조하며, 아이의 성장과 변화에 맞춰 부모가 균형 잡힌 역할을 수행해야 함을 설명한다. 또한 다양한 조언과 외부 요인들이 더해져 육아가 끊임없는 도전임을 보여 준다. 따라서 글의 주제로 가장 적절한 것은 ②이다.
[해석]

아이를 돌보는 일은 끊임없이 변하는 퍼즐 조각을 맞추려 애쓰는 것과 같다. 아이들이 신발 끈 묶기나 장난감 나누기 같은 새로운 것을 배우도록 도와야 하지만, 매일 새로운 도전이 찾아온다. 예를 들어, 아이가 채소를 먹도록 하거나 잠자리를 원활하게 만드는 일은 부모가 지속적으로 마주하는 과제 중 일부에 불과하다. 아이들은 빠르게 성장하며, 성장하면서 스스로 생각하고 감정을 표현하기 시작한다－마치 흔들거리는 자전거 타기를 배우는 것처럼 말이다. 부모 역할은 단순히 아이를 지도하는 것을 넘어, 아이가 독립적으로 행동하도록 허용하면서도 안전을 지키는 균형을 찾는 것이다. 선 안에서 색칠하라는 말을 듣는 것처럼, 부모 역할은 많은 조언이 뒤따르며, 마치 모두가 각자의 규칙 책을 가진 것 같은 느낌을 준다. 사랑과 웃음이 가득하지만, 부모 역할은 매일매일 슈퍼히어로처럼 문제를 해결해야 하는 여정이기도 하다.

① 좋은 부모가 되기 위한 조언
② 부모 역할을 어렵게 만드는 도전 과제들
③ 아이들의 놀라운 학습 능력
④ 아이들의 독립성을 존중하는 것의 중요성

[어휘]
☐ challenge 도전
☐ wobble 흔들리다
☐ independence 독립
☐ capacity 능력
☐ journey 여정

매일 모고 한국사 제5회
정답 및 해설

01. ③ 제시된 내용은 생산력의 증대를 배경으로 빈부의 격차가 나타나고 이를 배경으로 계급이 등장하는 청동기 시대의 상황을 설명하고 있다.
    ③ 빗살무늬토기는 신석기시대의 토기이다.

02. ④ ㉠, ㉡, ㉢ 부여, ㉣은 삼한의 풍습에 해당한다. 부여는 12월에 영고라는 제천행사를 거행하였다.

03. ③ ③ 신라가 경주에 시사를 설치한 것은 5세기 소지마립간 때의 일이다.
    ① 고구려가 지두우를 분할 점령한 것은 장수왕 때의 일이므로 맞는 지문이다.
    ② 백제 동성왕은 탐라국을 복속하여 속국으로 삼았다.
    ④ 신라 진흥왕은 한강 유역을 차지하여 당항성을 통해 중국과 직접 교역하기 시작하였다.

04. ② 제시된 자료는 화랑도의 세속오계이다. 화랑도는 원시 사회의 청소년 집단에서 기원한 조직으로, 귀족은 물론 평민까지 여러 계층으로 구성되었다. 화랑도의 지도자인 화랑은 귀족 자제 중에서 선발하였으며 평민의 자제들은 낭도로서 그를 따랐다.
    ② 신라의 관등제도인 골품제도에 대한 설명이다.
    ① 화랑도는 정복 활동을 강화하던 진흥왕 때 국가 차원에서 공인·장려하면서 그 조직이 확대되었다.
    ③ 화랑도는 계층 간의 대립과 갈등을 조절, 완화하는 구실을 하였다.
    ④ 신라 청소년은 화랑도를 통해 전통적 사회 규범을 배우고, 협동과 단결 정신을 고취하였다.

05. ② ② 발해의 3성은 당과 명칭이 달랐으며, 정책 집행 기구인 정당성을 중심으로 운영되었다. 발해는 6부도 이원적으로 운영되었으며 명칭도 유교식이어서 당과는 다른 독자적인 면을 보여준다.

06. ① ① (가)는 감은사지 3층 석탑으로 통일신라 초기의 강건한 사회 분위기가 반영되어 있다.
    ② (나)는 통일 신라 석탑의 전형이라 할 수 있는 불국사 3층 석탑으로, 탑신에서 무구정광대다라니경이 발견되어 더욱 유명해졌다. 이 불경은 현존하는 세계 최고(最古)의 목판 인쇄물이다.
    ③ (다)는 신라 하대에 만들어진 진전사지 3층 석탑으로, 기단과 탑신에 부조로 불상을 새긴 것이 특이하다.
    ④ 선지는 승탑에 대한 설명이다.

07. ② 제시된 자료는 수학적 비례와 균형미가 돋보이는 석굴암의 배치도이다. 8세기 중엽에 세워진 불국사와 석굴암은 대표적인 통일 신라의 사원 건축으로 불교의 이상 세계를 표현한 것이다. 특히, 인공으로 축조한 석굴 사원인 석굴암은 건축 분야에서 세계적인 걸작으로 손꼽힌다.
    ㄷ. 불국사에 대한 설명이다.
    ㄹ. 석굴암은 신라 중대인 751년 경덕왕 때에 재상이었던 김대성에 의해 축조되기 시작하여 774년 혜공왕 때 완성되었다. 선종은 신라 하대에 유행하였다.

08. ③ 사료의 국왕은 문종(재위: 1046~1083)이다. 문종 때 공음전과 경정전시과 제도가 마련되었다.
    ① 성종, ② 정종, ④ 경종 때 시정전시과에 대한 설명이다.

09. ② ㉠ 역분전은 경기지방의 토지만을 대상으로 하였다. 최초의 전국적 토지 분급은 시정전시과 때 이루어졌다.
    ㉢ 경정전시과는 양계를 제외한 전국의 토지에 적용되었다.
    ㉣ 개정전시과는 인품이 배제되고 관품만을 반영하여 18등급에 따라 지급하였다.

10. ① ① 『칠대실록』은 고려 태조로부터 목종에 이르기까지 7대에 걸친 실록이나, 조선 중기에 소실되었다.(임진왜란 때 소실된 것으로 추정)

한국사

매일 모고 행정법 제5회
정답 및 해설

01. ③ 음주운전으로 인한 교통사고를 방지할 공익상의 필요는 매우 크다 아니할 수 없으므로, 음주운전 내지 그 제재를 위한 음주측정 요구의 거부 등을 이유로 한 자동차운전면허의 취소에 있어서는 일반의 수익적 행정행위의 취소와는 달리 그 취소로 인하여 입게 될 당사자의 개인적인 불이익보다는 이를 방지하여야 하는 일반예방적인 측면이 더욱 강조되어야 할 것이고, 특히 당해 운전자가 영업용 택시를 운전하는 등 자동차 운전을 업으로 삼고 있는 자인 경우에는 더욱 그러하다. 대법원 1995. 9. 26. 선고 95누6069 판결
① 한의사 면허는 경찰금지를 해제하는 명령적 행위(강학상 허가)에 해당하고, 한약조제시험을 통하여 약사에게 한약조제권을 인정함으로써 한의사들의 영업상 이익이 감소되었다고 하더라도 이러한 이익은 사실상의 이익에 불과하고 약사법이나 의료법 등의 법률에 의하여 보호되는 이익이라고는 볼 수 없다. 대법원 1998. 3. 10. 선고 97누4289 판결
② 재량행위에 대한 법원의 사법심사는 당해 행위가 사실오인, 비례·평등의 원칙 위배, 당해 행위의 목적 위반이나 부정한 동기 등에 근거하여 이루어짐으로써 재량권을 일탈·남용한 위법이 있는지 여부만을 심사하게 되는 것이나, 법원의 심사결과 행정청의 재량행위가 사실오인 등에 근거한 것이라고 인정된다면 이는 재량권을 일탈·남용한 것으로서 위법하여 그 취소를 면치 못한다. 대법원 2001. 7. 27. 선고 99두2970 판결
④ 지목은 토지소유권을 제대로 행사하기 위한 전제요건으로서 토지소유자의 실체적 권리관계에 밀접하게 관련되어 있으므로 지적공부 소관청의 지목변경신청 반려행위는 국민의 권리관계에 영향을 미치는 것으로서 항고소송의 대상이 되는 행정처분에 해당한다. 대법원 2004. 4. 22. 선고 2003두9015 판결

02. ③ 도시계획법은 "고시"를 도시계획구역, 도시계획결정 등의 효력발생요건으로 규정하였다고 풀이되므로, 건설부장관 또는 그의 권한의 일부를 위임받은 서울특별시장, 도지사 등 지방장관이 기안, 결재 등의 과정을 거쳐 정당하게 도시계획결정 등의 처분을 하였다고 하더라도 이를 관보에 게재하여 고시하지 아니한 이상 대외적으로는 아무런 효력도 발생하지 아니한다 할 것이다. 대법원 1985. 12. 10. 선고 85누186 판결
① 도시기본계획이라는 것은 도시의 장기적 개발방향과 미래상을 제시하는 도시계획 입안의 지침이 되는 장기적·종합적인 개발계획으로서 직접적인 구속력은 없는 것이므로, 도시계획시설결정 대상면적이 도시기본계획에서 예정했던 것보다 증가하였다 하여 그것이 도시기본계획의 범위를 벗어나 위법한 것은 아니다. 대법원 1998. 11. 27. 선고 96누13927 판결
② '4대강 살리기 마스터플랜' 등은 행정기관 내부에서 사업의 기본방향을 제시하는 계획일 뿐 국민의 권리·의무에 직접 영향을 미치는 것이 아니어서, 행정처분에 해당하지 않는다. 대법원 2011. 4. 21.자 2010무111 판결
④ 도시계획구역 내 토지 등을 소유하고 있는 주민으로서는 입안권자에게 도시계획입안을 요구할 수 있는 법규상 또는 조리상의 신청권이 있다고 할 것이고, 이러한 신청에 대한 거부행위는 항고소송의 대상이 되는 행정처분에 해당한다. 대법원 2004. 4. 28. 선고 2003두1806 판결

03. ② 다른 법률에 특별한 규정이 있는 경우이거나 또는 지방계약법의 개별 규정의 규율내용이 매매, 도급 등과 같은 특정한 유형·내용의 계약을 규율대상으로 하고 있는 경우가 아닌 한, 지방자치단체를 당사자로 하는 계약에 관하여는 그 계약의 성질이 공법상 계약인지 사법상 계약인지와 상관없이 원칙적으로 지방계약법의 규율이 적용된다고 보아야 한다. 대법원 2020. 12. 10. 선고 2019다234617 판결
① 행정기본법 제27조

> **행정기본법 제27조(공법상 계약의 체결)**
> ① 행정청은 법령등을 위반하지 아니하는 범위에서 행정목적을 달성하기 위하여 필요한 경우에는 공법상 법률관계에 관한 계약(이하 "공법상 계약"이라 한다)을 체결할 수 있다. 이 경우 계약의 목적 및 내용을 명확하게 적은 계약서를 작성하여야 한다.

③ 계약직공무원에 관한 현행 법령의 규정에 비추어 볼 때, 계약직공무원 채용계약해지의 의사표시는 일반공무원에 대한 징계처분과는 달라서 항고소송의 대상이 되는 처분 등의 성격을 가진 것으로 인정되지 아니하고, 일정한 사유가 있을 때에 국가 또는 지방자치단체가 채용계약 관계의 한쪽 당사자로서 대등한 지위에서 행하는 의사표시로 취급되는 것으로 이해되므로, 이를 징계해고 등에서와 같이 그 징계사유에 한하여 효력 유무를 판단하여야 하거나, 행정처분과 같이 행정절차법에 의하여 근거와 이유를 제시하여야 하는 것은 아니다. 대법원 2002. 11. 26. 선고 2002두5948 판결
④ 행정작용 중 중대명백설에 따라 그 위법의 정도를 무효와 취소사유로 구분하는 것은 오직 공정력이 인정되는 행정처분 밖에 없다. 따라서 공정력이 인정되지 않는 공법상 계약의 내용이 법령을 위반하는 등의 하자가 있다면 그 계약은 중대명백성을 따질 것도 없이 무조건 무효로 된다.

04. ① (교육부장관이 사학분쟁조정위원회의 심의를 거쳐 갑 대학교를 설치·운영하는 을 학교법인의 이사 8인과 임시이사 1인을 선임한 데 대하여 갑 대학교 교수협의회와 총학생회 등이 이사선임처분의 취소를 구하는 소송을 제기한 사안에서) 갑 대학교 교수협의회와 총학생회는 이사선임처분을 다툴 법률상 이익을 가지지만, 전국대학노동조합 갑 대학교지부는 법률상 이익이 없다. 대법원 2015. 7. 23. 선고 2012두19496,19502 판결
② 사립학교 교원에 대한 징계처분의 경우에는 학교법인 등의 징계처분은 행정처분성이 없는 것이고 그에 대한 소청심사청구에 따라 위원회가 한 결정이 행정처분이고 교원이나 학교법인 등은 그 결정에 대하여 행정소송으로 다투는 구조가 되므로, 행정소송에서의 심판대상은 학교법인 등의 원 징계처분이 아니라 위원회의 결정이 되고, 따라서 피고도 행정청인 위원회가 되는 것이다. 대법원 2013. 7. 25. 선고 2012두12297 판결
③ 교원소청심사위원회가 한 결정의 취소를 구하는 소송에서 그 결정의 적부는 결정이 이루어진 시점을 기준으로 판단하여야 하지만, 그렇다고 하여 소청심사 단계에서 이미 주장된 사유만을 행정소송의 판단대상으로 삼을 것은 아니다. 따라서 소청심사 결정 후에 생긴 사유가 아닌 이상 소청심사 단계에서 주장하지 아니한 사유도 행

정소송에서 주장할 수 있고, 법원도 이에 대하여 심리·판단할 수 있다. 대법원 2018. 7. 12. 선고 2017두65821 판결
④ 전심절차를 밟지 아니한 채 증여세부과처분취소소송을 제기하였다면 제소당시로 보면 전치요건을 구비하지 못한 위법이 있다 할 것이지만, 소송계속 중 심사청구 및 심판청구를 하여 각 기각결정을 받았다면 원심변론종결일 당시에는 위와 같은 전치요건흠결의 하자는 치유되었다고 볼 것이다. 대법원 1987. 4. 28. 선고 86누29 판결

05. ④ 과세처분을 취소하는 판결이 확정되면 그 과세처분은 처분시에 소급하여 소멸하므로 그 뒤에 과세관청에서 그 과세처분을 경정하는 경정처분을 하였다면 이는 존재하지 않는 과세처분을 경정한 것으로서 그 하자가 중대하고 명백한 당연무효의 처분이다. 대법원 1989. 5. 9. 선고 88다카16096 판결
① 행정처분을 취소하는 확정판결이 제3자에 대하여도 효력이 있다고 하더라도 일반적으로 판결의 효력은 주문에 포함한 것에 한하여 미치는 것이니 그 취소판결 자체의 효력으로써 그 행정처분을 기초로 하여 새로 형성된 제3자의 권리까지 당연히 그 행정처분 전의 상태로 환원되는 것이라고는 할 수 없고, 단지 취소판결의 존재와 취소판결에 의하여 형성되는 법률관계를 소송당사자가 아니었던 제3자라 할지라도 이를 용인하지 않으면 아니된다는 것을 의미하는 것에 불과하다 할 것이다. 대법원 1986. 8. 19. 선고 83다카2022 판결
② 처분을 할 것인지 여부와 처분의 정도에 관하여 재량이 인정되는 과징금 납부명령에 대하여 그 명령이 재량권을 일탈하였을 경우, 법원으로서는 재량권의 일탈 여부만 판단할 수 있을 뿐이지 재량권의 범위 내에서 어느 정도가 적정한 것인지에 관하여는 판단할 수 없어 그 전부를 취소할 수밖에 없고, 법원이 적정하다고 인정하는 부분을 초과한 부분만 취소할 수는 없다. 대법원 2009. 6. 23. 선고 2007두18062 판결
③ 행정처분의 위법 여부는 행정처분이 행하여진 때의 법령과 사실을 기준으로 판단하므로, 확정판결의 당사자인 처분 행정청은 종전 처분 후에 발생한 새로운 사유를 내세워 다시 처분을 할 수 있고, 새로운 처분의 처분사유가 종전 처분의 처분사유와 기본적 사실관계에서 동일하지 않은 다른 사유에 해당하는 이상, 처분사유가 종전 처분 당시 이미 존재하고 있었고 당사자가 이를 알고 있었더라도 이를 내세워 새로이 처분을 하는 것은 확정판결의 기속력에 저촉되지 않는다. 대법원 2016. 3. 24. 선고 2015두48235 판결

06. ② 조례안이 지방의회의 감사 또는 조사를 위하여 출석요구를 받은 증인이 5급 이상 공무원인지 여부, 기관(법인)의 대표나 임원인지 여부 등 증인의 사회적 신분에 따라 미리부터 과태료의 액수에 차등을 두고 있는 경우, 그와 같은 차별은 증인의 불출석이나 증언거부에 대하여 과태료를 부과하는 목적에 비추어 볼 때 그 합리성을 인정할 수 없고 지위의 높고 낮음만을 기준으로 한 부당한 차별대우라고 할 것이어서 헌법에 규정된 평등의 원칙에 위배되어 무효이다. 대법원 1997. 2. 25. 선고 96추213 판결
① 비례의 원칙은 법치국가 원리에서 당연히 파생되는 헌법상의 기본원리로서, 모든 국가작용에 적용된다. 행정목적을 달성하기 위한 수단은 목적달성에 유효·적절하고, 가능한 한 최소침해를 가져오는 것이어야 하며, 아울러 그 수단의 도입에 따른 침해가 의도하는 공익을 능가하여서는 안 된다. 대법원 2019. 7. 11. 선고 2017두38874 판결
③ 단순히 착오로 어떠한 처분을 계속한 경우는 행정관행이 성립한 경우에 해당하지 않는다 할 것이고, 따라서 처분청이 추후 오류를 발견하여 합리적인 방법으로 변경하는 것은 신뢰보호원칙에 위배되지 않는다. 대법원 1993. 6. 11. 선고 92누14021 판결
④ 여러 종류의 자동차운전면허는 서로 별개의 것으로 취급하는 것이 원칙이나, 취소·정지 사유가 특정 면허에 관한 것이 아니고 다른 면허와 공통된 것이거나 운전면허를 받은 사람에 관한 것일 경우에는 여러 면허를 전부 취소·정지할 수도 있다. 대법원 1997. 5. 16. 선고 97누2313 판결

07. ③ 행정절차법에 규정되어 있는 신고는 자기완결적 신고로서, 그 신고 요건으로 기재사항에 흠이 없을 것과 필요한 구비서류가 첨부되어 있을 것 등 형식적 요건에 관한 사항만을 규정하고 있을 뿐, 기재사항의 진실성에 대한 입증과 같은 실질적 요건(행정요건적 신고의 심사대상)에 대해서는 규정하고 있지 않다.
① 자기완결적 신고 또는 수리를 요하지 않는 신고는 적법한 신고가 행정청에 도달하면 곧바로 신고의 효력이 발생하고, 따라서 별도의 수리를 요하지 않는다. 또한 자기완결적 신고에 대한 행정청의 수리행위는 처분성이 없는 단순한 사실행위에 불과하다.
② 구 체육시설의 설치·이용에 관한 법률 제18조에 의한 골프장이용료 변경신고서는 그 신고 자체가 위법하거나 그 신고에 무효사유가 없는 한 이것이 도지사에게 제출하여 접수된 때에 신고가 있었다고 볼 것이고, 도지사의 수리행위가 있어야만 신고가 있었다고 볼 것은 아니다. 대법원 1993. 7. 6.자 93마635 판결
④ 납골당설치 신고는 이른바 '수리를 요하는 신고'라 할 것이므로, 납골당설치 신고가 구 장사법 관련 규정의 모든 요건에 맞는 신고라 하더라도 신고인은 곧바로 납골당을 설치할 수는 없고, 이에 대한 행정청의 수리처분이 있어야만 신고한 대로 납골당을 설치할 수 있다. 대법원 2011. 9. 8. 선고 2009두6766 판결

08. ④ '고시'의 방법으로 불특정 다수인을 상대로 의무를 부과하거나 권익을 제한하는 처분은 성질상 의견제출의 기회를 주어야 하는 상대방을 특정할 수 없으므로, 이와 같은 처분에 있어서까지 구 행정절차법 제22조 제3항에 의하여 그 상대방에게 의견제출의 기회를 주어야 한다고 해석할 것은 아니다. 대법원 2014. 10. 27. 선고 2012두7745 판결
① 행정절차법 제22조

행정절차법 제22조(의견청취)
④ 제1항부터 제3항까지의 규정에도 불구하고 제21조제4항 각 호의 어느 하나에 해당하는 경우와 당사자가 의견진술의 기회를 포기한다는 뜻을 명백히 표시한 경우에는 의견청취를 하지 아니할 수 있다.

② 행정절차법 제21조

행정절차법 제21조(처분의 사전 통지)
② 행정청은 청문을 하려면 청문이 시작되는 날부터 10일 전까지 제1항 각 호의 사항을 당사자등에게 통지하여야 한다. 이 경우 제1항제4호부터 제6호까지의 사항은 청문 주재자의 소속·직위 및 성명, 청문의 일시 및 장소, 청문에 응하지 아니하는 경우의 처리방법 등 청문에 필요한 사항으로 갈음한다.

③ 행정절차법 제30조

행정절차법 제30조(청문의 공개)
청문은 당사자가 공개를 신청하거나 청문 주재자가 필요하다고 인정하는 경우 공개할 수 있다. 다만, 공익 또는 제3자의 정당한 이익을 현저히 해칠 우려가 있는 경우에는 공개하여서는 아니 된다.

09. ④ 정보공개법 제9조

> **정보공개법 제9조(비공개 대상 정보)**
> ① 공공기관이 보유·관리하는 정보는 공개 대상이 된다. 다만, 다음 각 호의 어느 하나에 해당하는 정보는 공개하지 아니할 수 있다.
> 1. 다른 법률 또는 법률에서 위임한 명령(국회규칙·대법원규칙·헌법재판소규칙·중앙선거관리위원회규칙·대통령령 및 조례로 한정한다)에 따라 비밀이나 비공개 사항으로 규정된 정보

① 학교폭력대책자치위원회의 회의록은 공공기관의 정보공개에 관한 법률 제9조 제1항 제1호의 '다른 법률 또는 법률이 위임한 명령에 의하여 비밀 또는 비공개 사항으로 규정된 정보'에 해당하고, 또한 같은 법 제9조 제1항 제5호의 '공개될 경우 업무의 공정한 수행에 현저한 지장을 초래한다고 인정할 만한 상당한 이유가 있는 정보'에도 해당한다. 대법원 2010. 6. 10. 선고 2010두2913 판결
② 공공기관의 정보공개에 관한 법률 제6조 제1항은 "모든 국민은 정보의 공개를 청구할 권리를 가진다."고 규정하고 있는데, 여기에서 말하는 국민에는 자연인은 물론 법인, 권리능력 없는 사단·재단도 포함되고, 법인, 권리능력 없는 사단·재단 등의 경우에는 설립목적을 불문한다. 대법원 2003. 12. 12. 선고 2003두8050 판결
③ 법원이 정보공개거부처분의 위법 여부를 심리한 결과, 공개가 거부된 정보에 비공개대상정보에 해당하는 부분과 공개가 가능한 부분이 혼합되어 있으며, 공개청구의 취지에 어긋나지 아니하는 범위 안에서 두 부분을 분리할 수 있다고 인정할 수 있을 때에는, 공개가 거부된 정보 중 공개가 가능한 부분을 특정하고, 판결의 주문에 정보공개거부처분 중 공개가 가능한 정보에 관한 부분만을 취소한다고 표시하여야 한다. 대법원 2010. 2. 11. 선고 2009두6001 판결

10. ① 수사기관이 법령에 의하지 않고는 변호인의 접견교통권을 제한할 수 없다는 것은 대법원이 오래전부터 선언해 온 확고한 법리로서 변호인의 접견신청에 대하여 허용 여부를 결정하는 수사기관으로서는 마땅히 이를 숙지해야 한다. 이러한 법리에 반하여 변호인의 접견신청을 허용하지 않고 변호인의 접견교통권을 침해한 경우에는 접견 불허결정을 한 공무원에게 고의나 과실이 있다고 볼 수 있다. 대법원 2018. 12. 27. 선고 2016다266736 판결
② 법관의 재판에 법령의 규정을 따르지 아니한 잘못이 있다 하더라도 이로써 바로 그 재판상 직무행위가 국가배상법 제2조 제1항에서 말하는 위법한 행위로 되어 국가의 손해배상책임이 발생하는 것은 아니고, 그 국가배상책임이 인정되려면 당해 법관이 위법 또는 부당한 목적을 가지고 재판을 하였다거나 법이 법관의 직무수행상 준수할 것을 요구하고 있는 기준을 현저하게 위반하는 등 법관이 그에게 부여된 권한의 취지에 명백히 어긋나게 이를 행사하였다고 인정할 만한 특별한 사정이 있어야 한다. 대법원 2003. 7. 11. 선고 99다24218 판결
③ 지방자치단체장이 교통신호기를 설치하여 그 관리권한이 도로교통법 제71조의2 제1항의 규정에 의하여 관할 지방경찰청장에게 위임되어 지방자치단체 소속 공무원과 지방경찰청 소속 공무원이 합동 근무하는 교통종합관제센터에서 그 관리업무를 담당하던 중 위 신호기가 고장난 채 방치되어 교통사고가 발생한 경우, 국가배상법 제2조 또는 제5조에 의한 배상책임을 부담하는 것은 지방경찰청장이 소속된 국가가 아니라, 그 권한을 위임한 지방자치단체장이 소속된 지방자치단체라고 할 것이나, (중략) 교통신호기를 관리하는 지방경찰청장 산하 경찰관들에 대한 봉급을 부담하는 국가도 국가배상법 제6조 제1항에 의한 배상책임을 부담한다. 대법원 1999. 6. 25. 선고 99다11120 판결
④ 경과실이 있는 공무원이 피해자에 대하여 손해배상책임을 부담하지 아니함에도 피해자에게 손해를 배상하였다면 그것은 채무자 아닌 사람이 타인의 채무를 변제한 경우에 해당하고, 이는 민법 제469조의 '제3자의 변제' 또는 민법 제744조의 '도의관념에 적합한 비채변제'에 해당하여 피해자는 공무원에 대하여 이를 반환할 의무가 없고, 그에 따라 피해자의 국가에 대한 손해배상청구권이 소멸하여 국가는 자신의 출연 없이 채무를 면하게 되므로, 피해자에게 손해를 직접 배상한 경과실이 있는 공무원은 특별한 사정이 없는 한 국가에 대하여 국가의 피해자에 대한 손해배상책임의 범위 내에서 공무원이 변제한 금액에 관하여 구상권을 취득한다고 봄이 타당하다. 대법원 2014. 8. 20. 선고 2012다54478 판결

매일 모고 행정학 제5회
정답 및 해설

01. ① 1940년대 사이먼(H. Simon)이 주창한 행태주의는 행정학 연구의 과학화를 위해 가치와 사실을 구분하고, 가치중립적 입장에서 연구대상을 검증가능한 '사실'에 한정하였다.
② 행태주의는 가치와 사실을 구분하고 연구의 초점을 과학적 검증이 가능한 '사실'에 두었다.
③ 행태주의는 자연과학적 연구방법인 (논리)실증주의에서 출발하였다. 반실증주의에 기반한 해석학은 논리실증주의에 대한 반발한 학문적 경향이다.
④ 행태주의는 공사행정일원론의 관점에서 행정학의 과학성(인과관계의 검증)을 강조한 것이다.

02. ① 블랙스버그 선언(Blacksburg Manifesto)은 웜슬리(Wamsley), 굿셀(Goodsell) 등이 반관료제적·반직업공무원제적인 정치·사회적 환경을 비판하면서 행정의 정당성과 행정의 정체성을 주장하고 나선 행정재정립운동이다.

<<핵심정리>>블랙스버그 선언(Blacksburg Manifesto)

의의	• 신공공관리론이나 탈관료제 이론 등 반관료제적·반직업공무원제적인 정치·사회적 환경에 반발하면서 행정의 정당성과 행정의 정체성을 주장하고 나선 행정재정립운동 • 웜슬리(Wamsley), 굿셀(Goodsell) 등이 1987년에 공동선언
발상의 전환	행정의 효율성 논의는 정부 개입을 축소해야 한다는 자유주의적 발상이 아니라, 어떻게 정부개입이 이루어졌을 때 가장 효율적인가에 대한 것이어야 함
행정의 정당성 하락 이유	대통령 등이 자기통치를 원활히 하기 위해 관료후려치기를 행함으로써 관료제에 대한 공공의 인식이 왜곡되어 있기 때문
행정의 정당성 확립방안	행정의 정체성 확립	• 공사행정이원론: 행정과 경영의 차이점 강조(신공공관리론 비판) • 정치행정이원론: 정치로부터 행정의 분리 강조(관료후려치기 비판)
	전문직업주의의 확립	• 행정의 효율성: 정부재창조가 아니라 정부재정립으로 가능 • 정부재정립: 전문가적 자질 및 공직윤리에 기반한 전문직업주의 확립
	균형의 수레바퀴	전문직업주의 확립 하에 관료들은 때로는 대통령을, 때로는 의회를, 때로는 법원을, 때로는 이익집단을 지원해야 함
신행정론과 관계	• 전문직업주의를 통한 행정의 정체성 확립을 강조하는 신행정론의 정신을 계승 • 형평성과 대응성보다는 행정의 정당성을 중시한다는 점과 정치행정이원론적 시각이라는 점에서 신행정론과 차이가 있음

03. ③ 선의의 목적으로 행해지는 부패를 백색부패라고 한다. 반면 회색부패란 백색부패와 흑색부패의 중간 점이지대에서 발생하는 부패로, 사회구성원 중 일부는 처벌을 원하지만 다른 일부는 처벌을 원치 않는 부패를 말한다.

<<핵심정리>> 부패의 용인정도에 따른 부패의 유형

백색부패	선의의 목적으로 행해지는 부패로, 사회구성원 다수가 어느 정도 용인하는 관례화된 부패(예: 금융위기가 심각함에도 국민을 안심시키기 위해 금융위기가 없다고 선의의 거짓말을 하는 경우 등)
흑색부패	사회체제에 명백하고 심각한 해를 끼치는 부패로, 사회구성원 대부분이 처벌을 원하는 부패
회색부패	사회구성원 중 일부 집단은 처벌을 원하지만 다른 일부 집단은 처벌을 원하지 않는 부패(예: 과도한 선물수수에 대하여 윤리강령에 규정할 수는 있지만 「부패방지법」에 규정하는 것에는 반론이 있는 경우)

04. ④ 측정도구의 변화란 정책집행 전과 후에 측정하는 절차나 측정도구가 달라져 실험결과가 왜곡되는 것으로 내적 타당성 저해요인이다.

<<핵심정리>> 외적 타당성 저해요인

호손 효과 (실험조작의 반응효과)	실험집단 구성원이 실험의 대상이라는 인식 때문에 심리적 긴장감으로 인해 평소와는 다른 특별한 행동을 보이는 경우 이로부터 얻어진 결과는 일반화 곤란
선택과 실험조작의 상호작용	'실험집단과 통제집단의 선발에서의 편견'과 '실험집단의 실험조작'의 상호작용으로부터 얻어진 결과는 일반화 곤란
실험조작과 측정의 상호작용	'실험 전 측정 받은 경험'과 '피조사자의 실험조작'의 상호작용으로부터 얻어진 결과는 일반화 곤란
표본(표본추출)의 비대표성	두 집단 간에 동질성을 확보하여 실험결과를 얻었더라도 선정된 실험집단(표본)이 사회적 대표성이 없으면 일반화 곤란
크리밍효과	효과가 크게 나타날 사람만을 실험집단에 포함시키고, 그들을 대상으로 실험을 실시하여 얻어진 결과는 일반화 곤란
다수적 처리에 의한 간섭	동일 집단에 여러 번 실험적 처리를 실시하여 실험조작에 익숙해진 집단으로부터 얻어진 실험결과는 일반화 곤란

05. ③ 비용편익분석은 체제분석의 고유한 기법으로 공공투자사업의 비용과 편익을 화폐가치로 환산하여 공공사업의 경제적 타당성(능률성)을 검토하는 분석기법이다. 비용편익분석은 능률성 분석에 초점이 있으며, 형평성이나 대응성은 고려하지 못한다. 또한 능률성은 소망성을 평가하는 기준이며, 실현가능성을 평가하는 기준이 아니다.

06. ④ 역사가 오래된 조직일수록 상관의 직접적인 지시보다는 규칙과 선례에 대한 의존도가 높아 공식화되고 분권화된다.

<<핵심정리>> 조직구조의 기본변수와 상황변수

구분	복잡성	공식화	집권화
규모가 클 때	+	+	-
비일상적 기술일 때	+	-	-
불확실한 환경일 때	-	-	-

07. ① ㉠은 타당도를, ㉡은 신뢰도를, ㉢은 난이도를, ㉣은 객관성을 의미한다. (타당도)는 시험이 측정하려고 하는 바를 실제로 측정할 수 있는 정도를 말하며, (신뢰도)는 시험시기나 도구, 형식, 순서 등에 따라 점수가 영향을 받지 않는 정도를 말하며 시기 등을 다르게 하여도 일정한 점수를 나타내면 (신뢰도)가 높다고 할 수 있다. (난이도)는 어려운 문제와 쉬운 문제의 배합의 적정성을 말하며, (객관성)은 어느 누가 채점을 하여도 동일한 결과를 나타내는 것을 말한다.

08. ② 계급제는 폐쇄적 충원체제를 전제로 하는 인사제도로 공직에 자리가 비었을 때 내부임용을 원칙으로 한다.
<<핵심정리>> 계급제의 의의와 특징

의의	개별 공무원의 자격과 능력을 기준으로 계급을 설정하고 이에 따라 공직을 분류하는 제도 (사람중심의 공직구조).
발전	농업사회의 전통(영국, 군주국가의 전통을 지닌 대륙법계 국가, 아시아 국가 등)
특징	① 3~4대 계급제, ② 계급 간 차별, ③ 고급공무원의 엘리트화, ④ 일반행정가 지향성, ⑤ 강력한 신분보장, ⑥ 폐쇄형 충원 체제, ⑦ 높은 수평적 융통성, 낮은 수직적 융통성 등

09. ④ 우리나라 예산은 예산법률주의가 아닌 예산의결주의에 입각해 있다. 따라서 예산은 법률이 아니므로 예산에 대하여 대통령의 거부권 행사가 불가능하다.

10. ① 단층제는 관할구역 안에 자치단체가 하나만 존재하기 때문에 행정의 책임 소재가 명확하다. 반면, 중층제는 관할구역 안에 자치단체가 중첩되어 있기 때문에 자치단체 간 책임떠넘기 현상으로 행정의 책임 소재가 명확하지 않다.
<<핵심정리>> 자치계층구조 - 단층제와 중층제

구분	단층제	중층제(다층제)
의의	관할구역 안에 자치단체가 하나만 존재하는 구조	관할구역 안에 자치단체가 중첩되어 있는 구조
장점	• 이중행정으로 인한 지연 및 낭비를 방지하여 신속하고 능률적인 행정 수행 • 행정의 책임 소재 명확화 • 지역의 특수성·개별성 존중 • 중앙정부와 주민 간 의사소통 원활화(지역주민의 의사를 중앙정부에 신속하게 전달하고, 중앙정부의 정책을 주민에게 명확히 주지시키기 용이)	• 국가의 직접적 개입을 차단하여 민주주의의 원리 확산 • 기초와 광역 간의 분업적 업무수행을 통한 효율성 증진 • 중앙정부의 감독기능 실효성 확보(이중감독을 통한 효과적인 통솔) • 중앙정부의 과도한 확산 방지 • 자치단체 간 협력 증진 및 분쟁 조정 용이 • 광역자치단체가 기초자치단체의 능력을 보완하여 대규모 사업 수행 용이
단점	• 중앙정부의 직접적인 지시와 감독으로 중앙집권화 야기 • 중앙정부의 비대화 야기 • 중앙정부의 감독기능 확보 곤란 • 대규모 사업 수행 곤란 • 자치단체 간 분쟁 조정 곤란 • 국토가 넓고 인구가 많은 나라에서 채택 곤란	• 이중행정으로 인한 낭비와 지연 • 행정책임 불명확 • 중앙정부와 주민 간 의사소통 왜곡 • 기초자치단체와 광역자치단체 간 갈등 • 광역자치단체가 주도적 역할을 수행할 경우 각 지역의 특수성 경시

2025 공무원 시험대비 【8월분】

― 제6회 ―
[정답 및 해설]

이 름: _____

제1과목 국어
제2과목 영어
제3과목 한국사
제4과목 행정법총론
제5과목 행정학개론

― 매일 모의고사 정오표

합격까지 박문각

매일 모고 국어 제6회
정답 및 해설

亦功 국어
적중 혜선

01. ④ ㉣의 안은 문장의 목적어인 '가방을'과 '아버지가 선물로 (가방을) 주신'에서의 목적어 '가방을'은 동일하다. 그래서 안긴문장의 '가방을'이 생략된 것이므로 이 선택지는 옳지 않다.

> ㉠ 영철이는 [마음이 넓다].
> → 서술절을 안은 문장 (절 표지: 없음)
> ㉡ 그 아이는 학원으로 갔다.
> → 홑문장
> ㉢ 우리는 [그녀가 국어 교수님임]을 알았다.
> → 명사절을 안은 문장 (절 표지: 명사형 어미 -ㅁ)
> ㉣ 나는 [아버지가 선물로 (가방을) 주신] 가방을 멨다.
> → 관형절을 안은 문장 (절 표지: 관형사형 어미 -ㄴ)

① ㉠에서 안은문장의 주어는 '영철이는'이고, '안긴문장'의 주어는 '마음이'이므로 다르다는 설명은 옳다.
② '그(관형어) 아이는(주어) 학원으로(부사어) 갔다(서술어)'로서 주어와 서술어가 한 번씩만 나오므로 홑문장이다.
③ ㉢에는 안긴문장(그녀가 국어 교수님임) 뒤에 목적격 조사 '을'이 결합되어 있으므로 안긴문장이 목적어 기능을 한다고 볼 수 있다. ㉣에서는 '아버지가 선물로 주신'이 '가방'을 꾸며주는 말로, 안긴문장이 체언 '가방'을 수식하는 관형절 역할을 하므로 관형어의 기능을 한다고 볼 수 있다.

02. ②
| 전제 1: 두유 ∧ 차 |
| 전제 2: 스무디 → ~식혜 ≡ 식혜 → ~스무디 |
| 전제 3: |
~식혜 → ~두유 ≡ 두유 → 식혜
결론: 차 ∧ ~스무디

②은 '~식혜 → ~두유'이며 이 명제의 대우명제는 '두유 → 식혜'이다. 전제 2의 대우명제는 '식혜 → ~스무디'이고 이 두 명제를 연결하면 '두유 → ~스무디'를 도출할 수 있다. 전제 1에 의해 '두유 ∧ 차'이고 이 명제와 '두유 → ~스무디'를 연결하면 두유와 차 모두를 마시는 사람이 존재하고 두유를 마시는 모든 사람은 스무디를 마시지 않으므로 차를 마시는 사람 중 스무디를 마시지 않는 사람이 존재한다는 결론, 즉 '차 ∧ ~스무디'를 도출하는 것이 가능하다.
①은 '식혜 ∧ ~두유'이다. 전제 2의 대우명제 '식혜 → ~스무디'와 연결하면 식혜를 마시면서 스무디를 마시지 않는 사람이 존재하고 식혜를 마시는 모든 사람은 스무디를 마시지 않으므로 두유를 마시지 않는 사람 중 스무디를 마시지 않는 사람이 존재한다는 결론, 즉 '~두유 ∧ ~스무디'를 도출하는 것은 가능하나 이를 차와 연결하여 '차 ∧ ~스무디'를 도출하는 것은 불가능하다.
③은 '스무디 ∧ ~식혜'이다. 전제 2에서 스무디를 마시는 모든 사람은 식혜를 마시지 않는다고 하였으므로 이 명제는 전제 2를 통해 도출할 수 있는 명제로 추가해야 할 조건으로 적절하지 않으며(전제 2에 포함관계) 당연히 이를 통해 '차 ∧ ~스무디'를 도출하는 것도 불가능하다.
④은 '두유 ∧ 스무디'이다. ①, ② 에서와 같은 논리로 전제 2 '스무디 → ~식혜'와 연결하여 '두유 ∧ ~식혜'를 도출하는 것은 가능하다. 하지만 이를 통해 '차 ∧ ~스무디'를 도출하는 것은 불가능하다.

03. ④
○ A → (~D ∧ ~E) ≡ (D ∨ E) → ~A
○ ~B → C ≡ ~C → B
○ ~D → ~B ≡ B → D

④ 첫 번째 조건 'A → (~D ∧ ~E)'이므로 'A → ~D'를 도출할 수 있다. 이를 세 번째 조건 '~D → ~B'와 연결하면 'A → ~B'를 도출할 수 있으므로 A학원이 선정되면 B학원이 선정되지 않음을 알 수 있다.
① 세 번째 조건에 의해 '~D → ~B'이고 두 번째 조건에 의해 '~B → C'이므로 두 명제를 연결하면 '~D → C'가 도출된다. 따라서 D학원이 선정되지 않으면 C학원은 선정된다.
② 이 명제는 두 번째 조건의 이명제이다. 따라서 참, 거짓을 정확히 판단할 수 없다.
③ 두 번째 조건 '~C → B'와 세 번째 조건 'B → D'를 연결하면 '~C → D'가 된다. 이를 첫 번째 조건의 대우명제와 '(D ∨ E) → ~A'와 연결하면 A학원도 선정되지 않음을 알 수 있다.

04. ① A: 어휘적 중의성. '길'은 '도로', '지켜야 할 도리나 임무', '거쳐 가는 과정', '삶의 방향' 등으로 해석된다.
B: 구조적 중의성. '영철이가 보고 싶어 하는 친구들이 많다.'와 '영철이를 보고 싶어 하는 친구들이 많다.'로 해석이 가능하다. 이는 주어와 목적어의 범위에 따른 중의성이다.
C: 영향권 중의성. 전체 부정인지, 부분 부정인지 모호하다. '수강생이 일부만 왔다', '수강생이 아무도 오지 않았다'로 모두 해석이 가능하다.
D: 어휘적 중의성. '차'는 '도로 위의 차', '마시는 차'의 중의성이 있다.

05. ② ㉠의 '벌이다'는 '1 「1」 일을 계획하여 시작하거나 펼쳐 놓다.'를 의미한다. 이와 가장 유사한 의미의 '벌이다'는 ②이다.
① 2 「1」 여러 가지 물건을 늘어놓다.
③ 3 전쟁이나 말다툼 따위를 하다.
④ 3 전쟁이나 말다툼 따위를 하다.

06. ③ ㉠의 '펼치다'는 「3」 보고 듣거나 감상할 수 있도록 사람들 앞에 주의를 끌 만한 상태로 나타내다.'를 의미한다. 이와 가장 유사한 의미의 '펼치다'는 ③이다.
① 「2」 접히거나 개킨 것 따위를 널찍하게 펴다.
② 「5」 생각 따위를 전개하거나 발전시키다.
④ 「1」 펴서 드러내다.

07. ② '겸허하다'는 '스스로 자신을 낮추고 비우는 태도가 있다.'를 의미한다. 따라서 '티 없이 맑고 환하게 깨끗하다.'를 의미하는 '말끔하다'는 ㉡과 바꿔 쓸 수 있는 유사한 표현으로 적절하지 않다. '아래에서 위까지의 높이를 기준이 되는 대상이나 보통 정도에 미치지 못하는 상태가 되게 하다.'를 의미하는 '낮추다'로 바꿔 쓸 수 있다.
① ㉠ '갈구하다'는 '간절히 바라며 구하다.'를 의미한다. 따라서 '생각이나 바람대로 어떤 일이나 상태가 이루어지거나 그렇게 되었으면 하고 생각하다.'를 의미하는 '바라다'로 바꿔 쓸 수 있다.
③ ㉢ '단속하다'는 '주의를 기울여 다잡거나 보살피다.'를 의미한다. 따라서 '단단히 다스리거나 잡도리하다.'를 의미하는 '다잡다'로 바꿔 쓸 수 있다.

④ ⓔ '정숙하다'는 '여자의 성품과 몸가짐이 조용하고 얌전하다.'를 의미한다. 따라서 '성품이나 태도가 침착하고 단정하다.'를 의미하는 '얌전하다'로 바꿔 쓸 수 있다.

08. ③ '쌓이다'는 '하여야 할 일이나 걱정, 피로 따위가 한꺼번에 많이 겹치다.'를 의미한다. 따라서 '줄어서 간략하게 되다.'를 의미하는 '축약되다'는 ⓒ과 바꿔 쓸 수 있는 유사한 표현으로 적절하지 않다. '포개져 여러 번 쌓이다.'를 의미하는 '누적되다'로 바꿔 쓸 수 있다.
① ⓐ '물리치다'는 '거절하여 받아들이지 아니하다.'를 의미한다. 따라서 '상대편의 요구, 제안, 선물, 부탁 따위를 받아들이지 않고 물리치다.'를 의미하는 '거절하다'로 바꿔 쓸 수 있다.
② ⓑ '지저분하다'는 '보기 싫게 더럽다.'를 의미한다. 따라서 '지저분하고 더럽다.'를 의미하는 '누추하다'로 바꿔 쓸 수 있다.
④ ⓓ '움직이다'는 '기계나 공장 따위가 가동되거나 운영되다. 또는 가동하거나 운영하다.'를 의미한다. 따라서 '사람이나 기계 따위가 움직여 일하다. 또는 사람이나 기계 따위를 움직여 일하게 하다.'를 의미하는 '가동하다'로 바꿔 쓸 수 있다.

09. ③ 인간이 네 발로 지상을 돌아다닐 때에는 측면이 대표적 이미지였으나, 직립 보행을 하게 되면서 정면의 이미지가 측면 이미지와 함께 대표적 이미지가 되었다.
① 프로필 초상화는 서양에서 중세 말부터 르네상스 무렵에 많이 그려졌다. 우리나라를 비롯한 동양에서는 프로필 초상화는 거의 그려지지 않았다.
② 프로필 초상화는 사람의 측면을 묘사함으로써 인물의 핵심적인 특징을 뽑아낸 그림이라고 설명하고 있으므로 적절하다.
④ 우리 머릿속에 각인된 대표 이미지에서 비롯되는 것이라고 설명하고 있다.

10. ④ 2문단을 고려하면 대표 이미지란 어떤 것을 떠올렸을 때 가장 먼저 떠오르는 것을 의미한다. 자동차의 문짝과 창문, 그리고 바퀴, 트렁크 등 자동차를 구성하는 요소를 가장 많이 담고 있는 측면의 모습이 아이들에게는 자동차의 대표 이미지이기 때문에, 아이들은 자동차를 그릴 때 자동차의 측면을 주로 그리게 된다고 볼 수 있다.

매일 모고 영어 제6회
정답 및 해설

01. ② ★ hesitate 망설이다, 주저하다
● raise 들어 올리다, 일으키다, 기르다
● govern 통치하다, 지배하다
● drown 익사하다, 잠기게 하다
[해석] 결정을 내리기 전에 너무 오래 망설이면 흔치 않은 소중한 기회를 놓칠 수도 있다.

02. ② ★ punish 처벌하다
● recall 기억해 내다, 상기하다
● dwell 거주하다, 살다
● praise 칭찬하다
[해석] 정부는 강에 독성 폐기물을 불법 투기하는 기업들을 무거운 벌금과 법적 조치로 처벌할 계획이다.

03. ① ★ steal 훔치다
● interpret 설명하다, 해석하다, 이해하다
● relax 휴식을 취하다, 진정하다
● greet 인사하다, 환영하다
[해석] 아이는 아무도 보지 않는 틈을 타 쿠키를 훔치려다 들켜서 혼이 났다.

04. ④ ★ quote 인용하다
● refuse 거절하다, 거부하다
● loathe 혐오하다
● interrupt 방해하다, 중단시키다
[해석] 그녀는 연설 중 청중을 격려하기 위해 유명 작가들의 영감을 주는 여러 구절을 인용하기로 했다.

05. ④ ★ recover 회복하다, 되찾다
● modify 수정[변경]하다, 바꾸다
● happen 발생하다, 일어나다
● earn 벌다, 얻다
[해석] 그 운동선수는 부상에서 빠르게 회복하여 예정보다 일찍 경기장에 복귀했다.

06. ③ [해설]
빈칸은 전치사 between 뒤에 오는 목적어 자리이므로, 목적격 대명사만 올 수 있다. 제시된 보기 중 목적격 대명사 'me'뿐이므로 밑줄 친 부분에 가장 적절한 것은 ③이다.
[해석]
그 결정은 관리자와 나 사이에서만 이루어졌고, 다른 사람은 포함되지 않았다.

07. ① [해설]
find는 5형식 동사로 쓸 때 'find + it(가목적어) + 형용사/명사 목적격 보어 + to부정사(진목적어)'의 구조로 써야 한다. 따라서 밑줄 친 부분의 found 뒤에 it을 추가해야 한다.
[해석]
최근 회사 설문조사에서 많은 직원들이 생산성에 대한 생각을 나누었다. 근로자들은 목표를 갖는 것이 필수적이라는 것을 깨달았다. 그들은 명확한 목표가 없으면 하루 동안 동기부여를 잃기 쉽다고 말했다. 목표를 설정하는 것은 집중력을 유지하고 자신의 진행 상황을 효과적으로 측정하는 데 도움을 준다.

08. ③ [해석]
Tim: 안녕하세요. 아까 이 약을 받아갔는데요, 제대로 복용하고 있는지 확인하고 싶어요.
Jane: 물론이죠. 그렇게 해주셔서 좋아요. 궁금한 점 있으신가요?
Tim: 네. 복용 중 피해야 할 음식이나 음료가 있을까요?
Jane: 네, 자몽 주스는 약의 효과에 영향을 줄 수 있으니 피해주세요.
Tim: 알겠습니다. 공복에 먹어도 되나요?
Jane: 아니요, 속이 불편할 수 있으니 식후에 드시는 게 좋습니다.
① 이 약은 보험 적용이 되나요?
② 이 약은 어떻게 보관해야 하나요?
③ 공복에 먹어도 되나요?
④ 약도 유통기한이 있을까요?

09. ② [해설]
이 글은 감각기관의 중요성에 대해 개괄적으로 설명한다. (B)는 심장이나 뇌와 달리 감각기관의 상실이 생명에는 치명적이지 않지만, 삶의 질에 큰 변화를 가져올 수 있음을 언급하며 Jose Feliciano와 같은 구체적 사례로 자연스럽게 전환한다. (A)는 Feliciano가 어떻게 적응하며 살아가는지 구체적으로 소개하고, (C)는 그의 긍정적인 태도와 감정적 반응으로 글을 마무리한다. 이처럼 일반적인 설명에서 구체적인 사례, 나아가 개인적인 신념으로 이어지는 자연스럽고 논리적인 전개가 이루어지고 있다. 따라서 글의 순서로 가장 적절한 것은 ②이다.
[해석]

> 감각 기관은 심장이나 뇌처럼 당신을 살게 하지는 않지만, 세상을 경험하는 방식을 깊이 형성한다.
>
> (B) 생명을 위협하는 장기의 기능 상실과 달리, 시력이나 청력 같은 감각을 잃는 것은 생활 방식을 크게 바꿀 수 있지만 생명을 끝내지는 않는다. 어떤 사람들은 심지어 창의적으로 적응하는 방법을 찾아내기도 한다.
> (A) 좋은 예로는, 촉감으로 지폐를 구분하고 소리와 기억을 통해 세상을 탐색하는 시각장애 음악가 호세 펠리시아노가 있다.
> (C) 그가 시력을 다시 얻고 싶은 적이 있느냐는 질문에 그는 "아니오"라고 답했다. 그는 자신의 시각장애가 이끈 길에 감사함을 느꼈고, 자신이 쌓아온 삶에 대해 불평하는 것처럼 보이길 원하지 않았다.

[어휘]
□ implication 영향, 함축
□ adapt 적응하다
□ embrace 받아들이다, 포용하다
□ ungrateful 감사할 줄 모르는
□ navigate (길을) 찾다, 방향을 잡다
□ identify 식별하다
□ dramatically 극적으로, 현저하게
□ lifestyle 생활 방식

10. ③ [해설]
이 글은 학습 효율을 높이기 위해 뇌의 자연스러운 작동 방식에 맞춘 공부법을 제안한다. 주어진 문장은 '공부 중 짧은 휴식을 취하는 것이 뇌의 기억 통합과 집중력 유지에 도움을 준다'는 구체적인 해결책을 제시한다. 이는 ③번 문장의 '전문가들이 뇌 작동에 맞춘 학습 기법을 권한다'는 조언을 구체적으로 뒷받침하며, 바로 다음 ④번 문장에 나오는 '포모도로 기법'이라는 구체적인 예시로 자연스럽게 이어진다. 따라서 주어진 문장이 들어갈 위치로 가장 적절한 것은 ③이다.

[해석]

> 많은 학생들이 더 오래 공부하면 더 좋은 결과를 얻을 수 있다고 믿으며 멈추지 않고 몇 시간씩 공부하려 한다. (①) 하지만 연구에 따르면 이는 정신적 피로, 집중력 저하, 정보 기억력 감소를 초래할 수 있다. (②) 끊임없는 공부 대신, 전문가들은 뇌가 자연스럽게 작동하는 방식에 맞는 학습법을 채택할 것을 권한다. (③ 효과적인 학습법 중 하나는 공부하는 도중 짧은 휴식을 취하는 것인데, 이는 뇌가 기억을 통합하고 집중력을 유지하는 데 도움을 준다.) 예를 들어, 25분 공부 후 5분 휴식을 취하는 포모도로 기법은 유망한 결과를 보여주고 있다. (④) 짧은 휴식은 마음을 재충전할 뿐만 아니라 장기 기억 형성도 향상시킨다.

[어휘]
- consolidate 통합하다, 굳히다
- retention 유지, 보유, 기억력
- fatigue 피로
- promising 유망한, 긍정적인 결과를 보이는

매일 모고 한국사 제6회
정답 및 해설

01. ① 제시된 지도는 혼일강리역대국도지도이다. 조선 태종 때 지어진 세계 지도로, 아라비아 지도학의 영향을 받아 제작되었으며, 중국에서 도입되어 우리나라와 일본을 추가하여 편집한 지도이다. 태종이 이회, 이무, 김사형 등에게 제작되도록 명령하였으며, 조선의 크기가 크게 배치됨으로써 자주적인 면모를 보이고 있으나 신항로 개척 이전이므로 아메리카 대륙은 빠져 있다. 또한 이 지도는 동양에서 가장 오래된 세계 지도인데, 현재 일본으로 반출되어 있다.
    태종은 왕권강화를 위해 6조 직계제를 실시하였다.
    ② 조선 성종, ③ 세조, ④ 조선 정종에 대한 설명이다.

02. ① 제시된 자료의 (가)는 성종이다. 연산군의 생모인 계비 윤씨를 사사한 내용을 통해 성종을 추론할 수 있다.
    ① 세조에 대한 설명이다. 성종은 불교를 탄압하였다.

03. ④ (가)는 개시, (나)는 후시를 말한다. 개시무역은 공인된 무역 장소로 인조 때 중강개시가 최초로 공인되었고, 후시 무역은 사무역(밀무역)으로 책문후시가 가장 활발하였다.
    ④ 국경 무역은 17세기 중엽부터 개시와 후시가 동시에 활발하게 이루어졌다. 의주의 중강개시와 후시, 동래의 개시와 후시 무역이 유명하다.
    ① 대청 무역에 참여한 상인은 만상이다. 내상은 동래 상인으로 대일본 무역에 참여하였다고 시전상인은 서울의 상인집단이었다.
    ② 조선은 청에 은, 종이, 무명, 인삼을 수출하였다.
    ③ 경시서는 시전을 감독하는 기관이었다

04. ② (가)는 양천제, (나)는 반상제이다. 법적으로 양인은 차별이 없었으나, 실제로는 양인이 양반, 중인, 상민으로 구분되어 차별이 존재하였음을 이해해야 한다.
    조선 시대에 농민도 법적으로는 과거 응시 자격이 있었으며, 양반도 원칙적으로는 군역의 의무가 있었다. 그래서 법적으로는 같은 양인으로 파악하였다. 그러나 실제로는 농민은 과거 응시나 교육의 기회가 거의 없었으므로 양반 가문에서 양반이 배출되어 양반과 상민의 구분이 엄격해졌다.
    ② 반상제에서의 양반은 벼슬할 자격이 있는 가문, 즉 사족을 의미하는 말로 사용되었다.

05. ① (가) 칠정산 (나) 시헌력
    (ㄷ) 18세기 후반 농업뿐만 아니라 상공업의 진흥과 기술의 혁신을 주장하는 실학자들이 나타났는데, 이들을 북학파라고 한다. 시헌력은 17세기 왕인 효종 때 김육 등에 의해 도입되었다. 즉, 시헌력의 도입과 북학파의 주장 이전에 이루어졌다.
    (ㄹ) 태조 때 만들어진 천문도이다.

06. ④ 제시문은 홍경래의 난에 대한 설명이다. '평서 원수'는 홍경래가 스스로 평서대원수를 참칭한 것으로 이를 유추할 수 있다. 홍경래의 난은 평안도에서 일어났고, 이 지역은 오랜 차별을 받아왔다.
    ① 서북 지역은 타 지역에 비해 사족 층이 적었다.
    ② 당시의 지배층인 세도가문의 권력의 핵심은 의정부와 6조가 아니라 비변사였다.
    ③ 당시에는 향촌에서 수령과 향리의 관권이 강화되었다.

07. ② (ㄱ, ㄷ, ㅁ)
    독립협회(1896~1898)
    ㄱ. 대한제국의 수립(1897)
    ㄷ. 황국 중앙 총상회(1898)
    ㅁ. 명동성당(1898)
    ㄴ. 을사늑약(1905)
    ㄹ. 동학농민운동(1894)
    ㅂ. 을사늑약(1905)

08. ④ (가)는 홍대용의 <의산문답>, (나)는 박제가의 <북학의>, (다)는 박지원의 <허생전>, (라)는 유수원의 <우서>에 나온 내용이다.

09. ③ ㉠, ㉡, ㉣, ㉥이 맞다.
    ㉢ 윤봉길은 한인애국단 소속이다.
    ㉤ 이봉창은 한인애국단 소속이다.

10. ④ 제시문은 여운형과 김규식이 주도한 좌우합작위원회에서 제시한 7월칙에 대한 설명이다.
    ④ 이승만은 좌우합작 운동에 대해 조건부로 찬성을 하였으나, 공산당 측이 좌우 합작을 반대하는 이유로 단독정부론을 계속 주장하였다.

한국사

매일 모고 행정법 제6회
정답 및 해설

01. ③ 부작위위법확인소송의 대상이 될 수 있는 것은 구체적 권리의무에 관한 분쟁이어야 하고 추상적인 법령에 관하여 제정의 여부 등은 그 자체로서 국민의 구체적인 권리의무에 직접적 변동을 초래하는 것이 아니어서 그 소송의 대상이 될 수 없다. 대법원 1992. 5. 8. 선고 91누11261 판결
① 법률의 위임 규정 자체가 그 의미 내용을 정확하게 알 수 있는 용어를 사용하여 위임의 한계를 분명히 하고 있는데도 시행령이 그 문언적 의미의 한계를 벗어났다든지, 위임 규정에서 사용하고 있는 용어의 의미를 넘어 그 범위를 확장하거나 축소함으로써 위임 내용을 구체화하는 단계를 벗어나 새로운 입법을 한 것으로 평가할 수 있다면, 이는 위임의 한계를 일탈한 것으로서 허용되지 않는다. 대법원 2012. 12. 20. 선고 2011두30878 전원합의체 판결
② 시행령의 내용이 모법의 입법 취지와 관련 조항 전체를 유기적·체계적으로 살펴보아 모법의 해석상 가능한 것을 명시한 것에 지나지 아니하거나 모법 조항의 취지에 근거하여 이를 구체화하기 위한 것인 때에는 모법의 규율 범위를 벗어난 것으로 볼 수 없으므로, 모법에 이에 관하여 직접 위임하는 규정을 두지 않았다고 하더라도 이를 무효라고 볼 수 없다. 대법원 2016. 12. 1. 선고 2014두8650 판결
④ 법령의 규정이 특정 행정기관에게 법령 내용의 구체적 사항을 정할 수 있는 권한을 부여하면서 권한행사의 절차나 방법을 특정하지 아니한 경우에는 수임 행정기관은 행정규칙이나 규정 형식으로 법령 내용이 될 사항을 구체적으로 정할 수 있다. 대법원 2012. 7. 5. 선고 2010다72076 판결

02. ② 행정기본법 제37조

> **행정기본법 제37조(처분의 재심사)**
> ⑤ 제4항에 따른 처분의 재심사 결과 중 처분을 유지하는 결과에 대해서는 행정심판, 행정소송 및 그 밖의 쟁송수단을 통하여 불복할 수 없다.

① 제소기간이 이미 도과하여 불가쟁력이 생긴 행정처분에 대하여는 개별 법규에서 그 변경을 요구할 신청권을 규정하고 있거나 관계 법령의 해석상 그러한 신청권이 인정될 수 있는 등 특별한 사정이 없는 한 국민에게 그 행정처분의 변경을 구할 신청권이 있다 할 수 없다. 대법원 2007. 4. 26. 선고 2005두11104 판결
③ 불가쟁력은 행정행위의 상대방 또는 이해관계인에 대해서만 미치고 처분청을 구속하지는 않으므로, 처분청은 불가쟁력이 발생한 후에도 당해 행정행위를 직권으로 취소 또는 철회할 수 있다.
④ 부정한 방법으로 외국환은행장의 수입승인을 얻어 가지고 세관장에게 수입신고를 할 때 이를 함께 제출하여 수입면허를 받았다고 하더라도, 물품을 수입하고자 하는 자가 일단 세관장에게 수입신고를 하여 그 면허를 받고 물품을 통관한 경우에는, 세관장의 수입면허가 중대하고도 명백한 하자가 있는 행정행위이어서 당연무효가 아닌 한 관세법 제181조 소정의 무면허수입죄가 성립될 수 없다. 대법원 1989. 3. 28. 선고 89도149 판결

03. ① 행정절차법 제40조의2

> **행정절차법 제40조의2(확약)**
> ④ 행정청은 다음 각 호의 어느 하나에 해당하는 경우에는 확약에 기속되지 아니한다.
> 2. 확약이 위법한 경우

② 어업권면허에 선행하는 우선순위결정은 행정청이 우선권자로 결정된 자의 신청이 있으면 어업권면허처분을 하겠다는 것을 약속하는 행위로서 강학상 확약에 불과하고 행정처분은 아니므로, 우선순위결정에 공정력이나 불가쟁력과 같은 효력은 인정되지 않는다. 대법원 1995. 1. 20. 선고 94누6529 판결
③ 공정거래위원회가 부당한 공동행위를 행한 사업자로서 구 독점규제 및 공정거래에 관한 법률 제22조의2에서 정한 자진신고자나 조사협조자에 대하여 과징금 부과처분(선행처분)을 한 뒤, 동법 시행령 제35조 제3항에 따라 다시 자진신고자 등에 대한 사건을 분리하여 자진신고 등을 이유로 한 과징금 감면처분(후행처분)을 하였다면, 후행처분은 자진신고 감면까지 포함하여 처분 상대방이 실제로 납부하여야 할 최종적인 과징금액을 결정하는 종국적 처분이고, 선행처분은 이러한 종국적 처분을 예정하고 있는 일종의 잠정적 처분으로서 후행처분이 있을 경우 선행처분은 후행처분에 흡수되어 소멸한다. 따라서 위와 같은 경우에 선행처분의 취소를 구하는 소는 이미 효력을 잃은 처분의 취소를 구하는 것으로 부적법하다. 대법원 2015. 2. 12. 선고 2013두987 판결
④ 마약류 관련 수형자에 대하여 마약류반응검사를 위하여 소변을 받아 제출하게 한 것은 권력적 사실행위로서 헌법재판소법 제68조 제1항의 공권력의 행사에 해당한다. 헌법재판소 2006. 7. 27. 선고 2005헌마277 결정

04. ① 원고가 고의 또는 중대한 과실 없이 행정소송으로 제기하여야 할 사건을 민사소송으로 잘못 제기한 경우, 수소법원으로서는 만약 그 행정소송에 대한 관할도 동시에 가지고 있다면 이를 행정소송으로 심리·판단하여야 하고, 그 행정소송에 대한 관할을 가지고 있지 아니하다면 관할법원에 이송하여야 한다. 다만 해당 소송이 이미 행정소송으로서의 전심절차 및 제소기간을 도과하였거나 행정소송의 대상이 되는 처분 등이 존재하지도 아니한 상태에 있는 등 행정소송으로서의 소송요건을 결하고 있음이 명백하여 행정소송으로 제기되었더라도 어차피 부적법하게 되는 경우에는 이송할 것이 아니라 각하하여야 한다. 대법원 2020. 10. 15. 선고 2020다222382 판결
② 민사소송인 이 사건 소가 서울행정법원에 제기되었는데도 피고는 제1심법원에서 관할위반이라고 항변하지 아니하고 본안에 대하여 변론을 한 사실을 알 수 있는바, 공법상의 당사자소송 사건인지 민사사건인지 여부는 이를 구별하기가 어려운 경우가 많고 행정사건의 심리절차에 있어서는 행정소송의 특수성을 감안하여 행정소송법이 정하고 있는 특칙이 적용될 수 있는 점을 제외하면 심리절차 면에서 민사소송절차와 큰 차이가 없는 점 등에 비추어 보면, 행정소송법 제8조 제2항, 민사소송법 제30조에 의하여 제1심법원에 변론관할이 생겼다고 봄이 상당하다. 대법원 2013. 2. 28. 선고 2010두22368 판결
③ 행정소송법 제20조

> **행정소송법 제20조(제소기간)**
> ① 취소소송은 처분등이 있음을 안 날부터 90일 이내에 제기하여야 한다. 다만, 제18조제1항 단서에 규정한 경우와 그 밖에 행정심판청구를 할 수 있는 경우 또는 행정청이 행정심판청구를 할 수 있다고 잘못 알린 경우에 행정심판청구가 있은 때의 기간은 재결서의 정본을 송달받은 날부터 기산한다.

④ 저작권 등록처분에 대한 무효확인소송에서 피고적격은 저작권 등록업무의 처분청인 '저작권심의조정위원회'가 가진다. 대법원 2009. 7. 9. 선고 2007두16608 판결

05. ④ 도시 및 주거환경정비법상 주택재건축정비사업조합이 같은 법 제48조에 따라 수립한 관리처분계획에 대하여 관할 행정청의 인가·고시까지 있게 되면 관리처분계획은 행정처분으로서 효력이 발생하게 되므로, 총회결의의 하자를 이유로 하여 행정처분의 효력을 다투는 항고소송의 방법으로 관리처분계획의 취소 또는 무효확인을 구하여야 하고, 그와 별도로 행정처분에 이르는 절차적 요건 중 하나에 불과한 총회결의 부분만을 따로 떼어내어 효력 유무를 다투는 확인의 소를 제기하는 것은 특별한 사정이 없는 한 허용되지 않는다. 대법원 2009. 9. 17. 선고 2007다2428 판결
① 광주민주화운동 관련자 보상 등에 관한 법률 제15조 본문의 규정에서 말하는 광주민주화운동 관련자 보상심의위원회의 결정을 거치는 것은 보상금 지급에 관한 소송을 제기하기 위한 전치요건에 불과하다고 할 것이므로 위 보상심의위원회의 결정은 취소소송의 대상이 되는 행정처분이라고 할 수 없다. (중략) 그에 관한 소송은 행정소송법 제3조 제2호 소정의 당사자소송에 의하여야 할 것이며 보상금 등의 지급에 관한 법률관계의 주체는 대한민국이다. 대법원 1992. 12. 24. 선고 92누3335 판결
② 공무원연금관리공단의 인정에 의하여 퇴직연금을 지급받아 오던 중 구 공무원연금법령의 개정 등으로 퇴직연금 중 일부 금액의 지급이 정지된 경우에는 당연히 개정된 법령에 따라 퇴직연금이 확정되는 것이지 같은 법 제26조 제1항에 정해진 공무원연금관리공단의 퇴직연금 결정과 통지에 의하여 비로소 그 금액이 확정되는 것이 아니므로, 공무원연금관리공단이 퇴직연금 중 일부 금액에 대하여 지급거부의 의사표시를 하였다고 하더라도 그 의사표시는 퇴직연금 청구권을 형성·확정하는 행정처분이 아니라 공법상의 법률관계의 한쪽 당사자로서 그 지급의무의 존부 및 범위에 관하여 나름대로의 사실상·법률상 의견을 밝힌 것일 뿐이어서, 이를 행정처분이라고 볼 수는 없고, 이 경우 미지급퇴직연금에 대한 지급청구권은 공법상 권리로서 그의 지급을 구하는 소송은 공법상의 법률관계에 관한 소송인 공법상 당사자소송에 해당한다. 대법원 2004. 7. 8. 선고 2004두244 판결
③ 구 도시재개발법에 의한 재개발조합은 조합원에 대한 법률관계에서 적어도 특수한 존립목적을 부여받은 특수한 행정주체로서 국가의 감독하에 그 존립 목적인 특정한 공공사무를 행하고 있다고 볼 수 있는 범위 내에서는 공법상의 권리의무 관계에 서 있으므로, 따라서 조합을 상대로 한 쟁송에 있어서 강제가입제를 특색으로 한 조합원의 자격 인정 여부에 관하여 다툼이 있는 경우에는 그 단계에서는 아직 조합의 어떠한 처분 등이 개입될 여지는 없으므로 공법상의 당사자소송에 의하여 그 조합원 자격의 확인을 구할 수 있다. 대법원 1996. 2. 15. 선고 94다31235 판결

06. ④ 처분행정청은 재결에 기속되어 재결의 취지에 따른 처분의무를 부담하게 되므로 이에 불복하여 행정소송을 제기할 수 없다. 대법원 1998. 5. 8. 선고 97누15432 판결
① 재결에 판결에서와 같은 기판력이 인정되는 것은 아니어서 재결이 확정된 경우에도 처분의 기초가 된 사실관계나 법률적 판단이 확정되고 당사자들이나 법원이 이에 기속되어 모순되는 주장이나 판단을 할 수 없게 되는 것은 아니다. 대법원 2015. 11. 27. 선고 2013다6759 판결
② 영업의 금지를 명한 영업허가취소처분 자체가 나중에 행정쟁송절차에 의하여 취소되었다면 그 영업허가취소처분은 그 처분시에 소급하여 효력을 잃게 되며, 그 영업허가취소처분에 복종할 의무가 원래부터 없었음이 확정되었다고 봄이 타당하고, 영업허가취소처분이 장래에 향하여서만 효력을 잃게 된다고 볼 것은 아니므로 그 영업허가취소처분 이후의 영업행위를 무허가영업이라고 볼 수는 없다. 대법원 1993. 6. 25. 선고 93도277 판결
③ 교원소청심사위원회의 결정은 학교법인 등에 대하여 기속력을 가지고 이는 그 결정의 주문에 포함된 사항뿐 아니라 그 전제가 된 요건사실의 인정과 판단, 즉 불리한 처분 등의 구체적 위법사유에 관한 판단에까지 미친다. 대법원 2018. 7. 12. 선고 2017두65821 판결

07. ④ 행정기본법 제7조

행정기본법 제7조(법령등 시행일의 기간 계산)
법령등(훈령·예규·고시·지침 등을 포함한다. 이하 이 조에서 같다)의 시행일을 정하거나 계산할 때에는 다음 각 호의 기준에 따른다.
3. 법령등을 공포한 날부터 일정 기간이 경과한 날부터 시행하는 경우 그 기간의 말일이 토요일 또는 공휴일인 때에는 그 말일로 기간이 만료한다.

① 법령공포법 제13조

법령공포법 제13조(시행일)
대통령령, 총리령 및 부령은 특별한 규정이 없으면 공포한 날부터 20일이 경과함으로써 효력을 발생한다.

② 지방자치법 제32조

지방자치법 제32조(조례와 규칙의 제정 절차 등)
⑧ 조례와 규칙은 특별한 규정이 없으면 공포한 날부터 20일이 지나면 효력을 발생한다.

③ 행정기본법 제7조

행정기본법 제7조(법령등 시행일의 기간 계산)
법령등(훈령·예규·고시·지침 등을 포함한다. 이하 이 조에서 같다)의 시행일을 정하거나 계산할 때에는 다음 각 호의 기준에 따른다.
1. 법령등을 공포한 날부터 시행하는 경우에는 공포한 날을 시행일로 한다.

08. ② 후행처분인 대집행비용납부명령의 취소를 청구하는 소송에서 청구원인으로 선행처분인 계고처분이 위법한 것이기 때문에 그 계고처분을 전제로 행하여진 대집행비용납부명령도 위법한 것이라는 주장을 할 수 있다(주: 계고처분과 비용납부명령 사이에는 하자의 승계가 인정됨). 대법원 1993. 11. 9. 선고 93누14271 판결
① 공법인인 대한주택공사가 법령에 의하여 대집행권한을 위탁받아 공무인 대집행을 실시하기 위하여 지출한 비용을 행정대집행법 절차에 따라 징수할 수 있음에도 민사소송절차에 의하여 그 비용의 상환을 청구한 경우, 그 청구는 소의 이익이 없어 부적법하다. 대법원 2011. 9. 8. 선고 2010다48240 판결
③ 통고처분은 상대방의 임의의 승복을 그 발효요건으로 하기 때문에 그 자체만으로는 통고이행을 강제하거나 상대방에게 아무런 권리의무를 형성하지 않으므로 행정심판이나 행정소송의 대상으로서의 처분성을 부여할 수 없고, 통고처분에 대하여 이의가 있으면 통고내용을 이행하지 않음으로써 고발되어 형사재판절차에서 통고처분의 위법·부당함을 얼마든지 다툴 수 있기 때문에 관세법 제38조 제3항 제2호가 법관에 의한 재판받을 권리를 침해한다든가 적법절차의 원칙에 저촉된다고 볼 수 없다. 헌법재판소 1998. 5. 28. 선고 96헌바4 전원재판부
④ 국세징수법 제21조, 제22조가 규정하는 가산금 또는 중가산금은 국세를 납부기한까지 납부하지 아니하면 과

세청의 확정절차 없이도 법률 규정에 의하여 당연히 발생하는 것이므로 가산금 또는 중가산금의 고지가 항고소송의 대상이 되는 처분이라고 볼 수 없다. 대법원 2005. 6. 10. 선고 2005다15482 판결

09. ③ 군인·군무원 등 국가배상법 제2조 제1항에 열거된 자가 전투, 훈련 기타 직무집행과 관련하는 등으로 공상을 입은 경우라고 하더라도 군인연금법 또는 국가유공자예우등에관한법률에 의하여 재해보상금·유족연금·상이연금 등 별도의 보상을 받을 수 없는 경우에는 국가배상법 제2조 제1항 단서의 적용 대상에서 제외하여야 한다. 대법원 1997. 2. 14. 선고 96다28066 판결
① 국가배상법 제2조 소정의 '공무원'이라 함은 국가공무원법이나 지방공무원법에 의하여 공무원으로서의 신분을 가진 자에 국한하지 않고, 널리 공무를 위탁받아 실질적으로 공무에 종사하고 있는 일체의 자를 가리키는 것으로서, 공무의 위탁이 일시적이고 한정적인 사항에 관한 활동을 위한 것이어도 달리 볼 것은 아니다. 대법원 2001. 1. 5. 선고 98다39060 판결
② 본조 제1항에서 말하는 "직무를 행함에 당하여"라는 취지는 공무원의 행위의 외관을 객관적으로 관찰하여 공무원의 직무행위로 보여질 때에는 비록 그것이 실질적으로 직무행위이거나 아니거나 또는 행위자의 주관적 의사에 관계없이 그 행위는 공무원의 직무집행행위로 볼 것이요 이러한 행위가 실질적으로 공무집행행위가 아니라는 사정을 피해자가 알았다 하더라도 그것을 "직무를 행함에 당하여"라고 단정하는데 아무런 영향을 미치는 것이 아니다. 대법원 1966. 6. 28. 선고 66다781 판결
④ 가변차로에 설치된 두 개의 신호등에서 서로 모순되는 신호가 들어오는 오작동이 발생하였고 그 고장이 현재의 기술 수준상 부득이한 것이라고 가정하더라도 그와 같은 사정만으로 손해발생의 예견가능성이나 회피가능성이 없어 영조물의 하자를 인정할 수 없는 경우라고 단정할 수 없다. 대법원 2001. 7. 27. 선고 2000다56822 판결

10. ③ 어떤 보상항목이 공익사업을 위한 토지 등의 취득 및 보상에 관한 법령상 손실보상대상에 해당함에도 관할 토지수용위원회가 사실을 오인하거나 법리를 오해함으로써 손실보상대상에 해당하지 않는다고 잘못된 내용의 재결을 한 경우에는, 피보상자는 관할 토지수용위원회를 상대로 그 재결에 대한 취소소송을 제기할 것이 아니라, 사업시행자를 상대로 구 공익사업을 위한 토지 등의 취득 및 보상에 관한 법률 제85조 제2항에 따른 보상금증감소송을 제기하여야 한다. 대법원 2018. 7. 20. 선고 2015두4044 판결
① 공익사업으로 인하여 농업의 손실을 입게 된 자가 사업시행자로부터 구 공익사업법 제77조 제2항에 따라 농업손실에 대한 보상을 받기 위해서는 구 공익사업법 제34조, 제50조 등에 규정된 재결절차를 거친 다음 그 재결에 대하여 불복이 있는 때에 비로소 구 공익사업법 제83조 내지 제85조에 따라 권리구제를 받을 수 있다. 대법원 2011. 10. 13. 선고 2009다43461 판결
② 수용재결에 불복하여 취소소송을 제기하는 때에는 이의신청을 거친 경우에도 수용재결을 한 중앙토지수용위원회 또는 지방토지수용위원회를 피고로 하여 수용재결의 취소를 구하여야 하고, 다만 이의신청에 대한 재결 자체에 고유한 위법이 있음을 이유로 하는 경우에는 그 이의재결을 한 중앙토지수용위원회를 피고로 하여 이의재결의 취소를 구할 수 있다고 보아야 한다. 대법원 2010. 1. 28. 선고 2008두1504 판결
④ 토지보상법에 의한 보상합의는 공공기관이 사경제주체로서 행하는 사법상 계약의 실질을 가지는 것으로서, 당사자 간의 합의로 같은 법 소정의 손실보상의 기준에 의하지 아니한 손실보상금을 정할 수 있으며, (중략) 손실보상금에 관한 합의 내용이 공익사업법에서 정하는 손실보상 기준에 맞지 않는다고 하더라도 합의가 적법하게 취소되는 등의 특별한 사정이 없는 한 추가로 공익사업법상 기준에 따른 손실보상금 청구를 할 수는 없다. 대법원 2013. 8. 22. 선고 2012다3517 판결

매일 모고 행정학 제6회
정답 및 해설

01. ④ 테일러(F. Taylor)의 과학적 관리법은 지시, 명령, 통제 중심의 X이론적 관리를 지향한다.

<<핵심정리>> 과학적관리론의 특징과 한계

	특징	한계
추구하는 가치	기계적 능률성	능률지상주의 : 인간의 준 기계화로 인간소외 야기
중시하는 변수	공식적 구조	구조지상주의 : 비공식적 요인 및 인간적 요소 경시
인간관	합리적 경제인	편향된 인간관 : 인간의 사회적·자아성취적 동기 경시
관리관	X이론적 관리	지시·명령·통제중심의 하향적·단선적 관리
환경관	폐쇄체제	환경적 요소 불고려
접근방법	미시적·귀납적·상향적 접근	노동력 착취를 위한 관리자의 인간 조정술

02. ① 포스트모더니티는 '진리의 기준은 맥락 의존적'이라고 보고 이성(합리성)의 성격과 역할, 거시이론, 거시정치, 거대한 설화 등을 부인하면서 해방주의, 구성주의, 다원주의, 미시주의를 추구한다.

<<핵심정리>> 포스트모더니티(Postmodernity) 이론

의의		산업사회(모더니즘) 이후 사회의 조건을 설명하고 처방하는 하나의 관점
배경		합리주의에 입각한 산업사회에 대한 비판
포스트모더니티		진리의 기준은 맥락의존적이라고 보며, 이성(합리성)의 성격과 역할, 거시이론, 거시정치, 거대한 설화를 부인하고 미시이론, 미시정치 중시
파머(Farmer)의 탈근대적 행정학	상상	부정적으로는 규칙에 얽매이지 않는 행정을, 긍정적으로는 문제의 특수성을 인정해야 함
	해체	확실성 하에 전개된 이야기, 메타설화, 언어, 이론 등의 텍스트의 근거를 파헤쳐 새롭게 해석해야 함
	탈영역화	모든 지식의 고유영역이 해체되어 경계가 사라져야 함
	타자성	타인을 인식적 타인이 아닌 도덕적 타인으로 인정하고 타자에 대해 개방성을 지녀야 함(행정 측면에서는 반권위적 행정수행, 공무원 측면에서는 시민참여 촉진 및 담론적 행정수행)

03. ① 퇴직공무원의 취업제한은 공무원의 행위에 대한 사후적인 적발과 처벌을 강조하는 결과주의 윤리관에 입각한 제도가 아니라 공무원의 부도덕한 동기실현의 사전제어에 초점이 있는 의무론적 윤리관에 입각한 제도이다.

<<핵심정리>> 공직윤리의 철학적 기초

결과주의 (목적론)	• 공무원의 행위에 대한 사후적인 적발과 처벌 강조(통제) : 「부패방지법」, 「부정청탁 및 금품 등 수수의 금지에 관한 법률」 등
의무론	• 공무원의 부도덕한 동기실현의 사전제어 강조(안내나 관리) : 「공직자 윤리법」, 이해충돌방지제도 등

04. ③ 정책의 기본적 성격은 유지한 채 정책수단인 사업이나 담당조직을 바꾸는 경우는 정책승계가 아니라 정책유지이다. 반면, 정책승계는 정책의 내용을 상당 부분 수정하여 현존하는 정책의 기본적 성격을 바꾸는 것을 의미한다.

<<핵심정리>> 정책변동의 유형

정책혁신		기존의 정책을 폐지하고 새로운 형태의 개입을 결정하는 것(새로운 조직 형성, 새로운 법률 제정, 새로운 정부지출) - 사이버수사대 창설
정책승계	의의	현존하는 정책의 기본적 성격을 변화시키는 것(기존 조직개편, 법률 개정, 기존 예산 변경) - 과속운전단속을 경찰관에서 CCTV로 대체
	유형	① 정책대체(선형적 승계 : 정책목표를 유지하면서 정책내용을 새롭게 바꾸는 것), ② 정책분할, ③ 정책통합, ④ 부분종결, ⑤ 복합적 정책승계, ⑥ 파생적 승계(우발적 승계) 등
정책유지		• 현존하는 정책의 기본적 특성을 유지하면서 정책내용을 변화시키는 것(기존 조직, 기존 법률, 미미한 예산변동) - 교육비 보조를 상위 계층 자녀에게 확대 • 정책산출의 변화 야기(정책대상집단의 범위나 정책수혜수준의 변화 등)
정책종결		현존하는 정책을 완전히 폐지하고 이를 대체할 다른 정책수단을 마련하지 않는 것(기존 조직 폐지, 관련 법률 폐지, 모든 예산 소멸) - 야간통행금지 철폐

05. ③ 사이버네틱스모형은 설정된 목표를 달성하기 위해 환류 메커니즘을 통해 일정 수준으로 행동을 조절해 나가는 자동적 의사결정모형으로 최적화가 아닌 만족화를 추구한다.

<<핵심정리>> 합리모형과 사이버네틱스모형

구분	분석적 패러다임(합리모형)	사이버네틱스 패러다임
관련 모형	합리모형	적응모형
인간관	완전한 합리성(전지전능한 인간)	제한된 합리성
문제해결	알고리즘(연역적 방식)	휴리스틱(귀납적 방식)
학습	인과적 학습	도구적 학습(시행착오적 학습)
의사결정	목표달성을 위한 최적 수단의 선택	적응적·습관적 선택
접근방식	연역적 접근	귀납적 접근
대안의 분석	총체적·동시적 분석	순차적 분석
해답	최적화(최선의 답 추구)	만족화(그럴듯한 답 추구)

06. ① 페로우(Perrow)는 분석가능성과 과제의 다양성을 기준으로 기술의 유형을 분류하였다. 페로우(Perrow)에 의하면 분석가능성과 과제의 다양성이 모두 낮은 기술은 장인기술이다.

<<핵심정리>> 페로(C. Perrow)의 기술유형론

구분		과제 다양성	
		낮음	높음
분석 가능성	낮음	장인기술(기예적 기술) : 고급유리그릇 생산	비일상적 기술 : 핵추진장치
	높음	일상적 기술 : 표준화된 제품 생산	공학기술 : 자동차 엔진 생산

07. ② 특정직 공무원은 실적과 자격에 의하여 임용되고 그 신분이 보장되는 경력직 공무원의 유형 중 하나이다. 따라서 신분이 보장되며, 정년까지 공무원으로 근무할 것이 예정된다.
① 경찰공무원은 경력직 공무원 중 특정직 공무원에 해당한다.
③ 별정직 공무원은 특수경력직 공무원으로, 실적주의와 직업공무원제가 적용되지 아니한다.
④ 헌법재판소 재판관은 특수경력직 공무원 중 정무직에 해당하며, 헌법연구관은 경력직 공무원 중 특정직에 속한다.

08. ② 자원배분기능(①), 경제성장촉진기능(③), 소득재분배기능(④)은 모두 예산의 경제적 기능에 해당한다. 다만, 예산은 다양한 이해관계의 조정과 타협으로 결정된다는 것(②)은 예산의 정치적 기능에 해당한다.

09. ④ 성과주의 예산제도(PBS)는 지출항목이 명확하게 설정되어 있지 않고 투입보다는 관리에 초점을 둔다는 점에서 예산집행의 신축성 확보가 용이하다.

10. ③ 자치단체를 폐지하거나 설치하거나 나누거나 합칠 때, 구역을 변경할 때(경계변경 제외), 명칭을 변경할 때(한자명칭 변경 포함)에는 관계 지방의회의 의견을 들어야 한다. 다만, 주민투표를 한 경우에는 그러하지 아니하다.

<<핵심정리>> 지방자치단체의 명칭 및 구역변경 등

구분	내용
광역 및 기초 자치단체	• 명칭·구역변경·폐지·설치·분리·합병 : 지방의회의 의견청취 또는 주민투표 실시 후 법률로 정함 • 경계변경 및 한자 명칭의 변경 : 대통령령으로 정함(다만, 한자 명칭변경은 지방의회의 의견청취 또는 주민투표 실시 후 대통령령으로 정함)
행정구와 읍·면·동	• 폐지·설치·분리·합병 : 행정안전부장관의 승인을 받아 조례로 정함 • 명칭 및 구역변경 : 조례로 정하고, 그 결과를 광역자치단체장에게 보고
리	• 명칭·구역변경·폐지·설치·분리·합병 : 조례로 정함
사무소의 소재지	• 변경 또는 새로 설정 : 조례로 정함

2025 공무원 시험대비 【8월분】

- 제7회 -
[정답 및 해설]

이 름: _____

제1과목 국어
제2과목 영어
제3과목 한국사
제4과목 행정법총론
제5과목 행정학개론

매일 모의고사 정오표

합격까지 박문각

매일 모고 국어 제7회
정답 및 해설

01. ③ '주다'는 세 자리 서술어로서, 부사어를 꼭 필요로 하므로 '우리들에게'도 필수적인 문장 성분이 될 수 있다.
① '보다'는 주어와 목적어를 요구하는 두 자리 서술어이므로 ㉠에서 필수적인 문장 성분은 3개이다.
② '예쁘다'는 형용사로서, 주어만 필요한 한 자리 서술어이다.
④ '개통되다'의 주어는 '지하철이' 하나뿐이다. '우리도'는 서술어 '모른다'의 주어이다.

02. ① '비가 올 때에는 순회공연을 취소(取消)하기로 하였다'로 고쳐야 한다.
☞ '지연(遲延: 遲 더딜 지 延 늘일 연)하다'는 '무슨 일을 더디게 끌어 시간을 늦추다.'를 의미한다.
(예시: 협상을 지연하다. 관계 당국에서 허가를 지연하고 있다.)
하지만 비가 올 때에는 순회공연의 시간을 늦추는 것이 아니라 취소하는 것이 맞다. '취소(取消: 取 가질 취 消 사라질 소)하다'란 '발표한 의사를 거두어들이거나 예정된 일을 없애 버림'를 의미한다.
② '타락(墮落)하다'는 '올바른 길에서 벗어나 잘못된 길로 빠지다'라는 뜻이므로 옳다.
③ '뿌리와 줄기'라는 중심적인 의미를 가진 '근간(根幹)'은 '사물의 바탕이나 중심이 되는 중요한 것'이라는 주변 의미로 확장되어 쓰였으므로 옳다.
④ '금방(今方)'은 '방금'과 동의어이다. '금방'은 '말하고 있는 시점과 같은 때에'라는 뜻이므로 옳다.

03. ① ①은 '닭고기∧소고기∧나물'로 기호화할 수 있다. (가)에서 닭고기를 좋아하는 사람은 소고기를 좋아하는 조건을 만족하고 (나)에서 소고기를 좋아하는 사람은 나물을 좋아할 수 있음을 도출할 수 있다. 따라서 닭고기, 소고기, 나물을 모두 좋아하는 사람이 존재할 가능성은 개연적으로 충분히 있다.
②은 '~닭고기∧소고기∧나물'로 기호화할 수 있다. (가)에서 닭고기를 좋아하지 않는 사람이 소고기와 나물을 좋아하는지 여부는 명확하지 않다. (나)에 의해 소고기와 나물을 좋아하는 조합은 가능하지만, 닭고기를 좋아하지 않는다는 조건은 명시적으로 도출되지 않는다.
③은 '닭고기∧나물∧~소고기'로 기호화할 수 있다. (가)에서 닭고기를 좋아하는 사람은 반드시 소고기를 좋아해야 한다. 따라서 닭고기를 좋아하면서 소고기를 좋아하지 않는 것은 불가능하다.
④은 '~닭고기∧~나물∧소고기'로 기호화할 수 있다. (가)에 따르면 닭고기를 좋아하지 않는 사람이 소고기를 좋아하는지 여부는 명확하지 않다. (나)에서 소고기를 좋아하는 사람이 나물을 좋아할 수 있다고 했으나, 나물을 좋아하지 않는 경우도 배제할 수 없다. 따라서 이 결론은 반드시 참이라고 할 수 없고, 이 명제는 단정적으로 진술할 수 없다.

04. ③
○ 수영 → 테니스 ≡ ~테니스 → ~수영
○ ~야구 → 배구 ≡ ~배구 → 야구
○ 테니스 → ~배구 ≡ 배구 → ~테니스

세 번째 조건의 대우명제에 의해 '배구 → ~테니스'이고 첫 번째 조건의 대우명제에 의해 '~테니스 → ~수영'이므로 두 명제를 연결하면 '배구 → ~수영'이 도출된다. 따라서 배구를 좋아하는 사람은 수영을 좋아하지 않는다.

① 첫 번째 조건에 의해 '수영 → 테니스'이고 세 번째 조건에 의해 '테니스 → ~배구'이므로 두 명제를 연결하면 '수영 → ~배구'가 도출된다. 따라서 수영을 좋아하는 사람은 배구를 좋아하지 않는다. 반대의 오류이다.
② 첫 번째 조건에 의해 '수영 → 테니스'이고 세 번째 조건에 의해 '테니스 → ~배구'이며 두 번째 조건의 대우명제에 의해 '~배구 → 야구'이다. 세 명제를 연결하면 '수영 → 야구'가 도출된다. 하지만 이 명제의 역명제인 '야구 → 수영'의 참, 거짓 여부는 판단할 수 없다. 판단불가의 오류이다.
④ 세 번째 조건에 의해 '테니스 → ~배구'이고 두 번째 조건의 대우명제에 의해 '~배구 → 야구'이므로 두 명제를 연결하면 '테니스 → 야구'가 도출된다. 따라서 테니스를 좋아하는 사람은 야구도 좋아한다. 반대의 오류이다.

05. ① ㉠의 '끌다'는 「5」 시간이나 일을 늦추거나 미루다.'를 의미한다. 이와 가장 유사한 의미의 '끌다'는 ①이다.
② 「4」 남의 관심 따위를 쏠리게 하다.
③ 「7」 목적하는 곳으로 바로 가도록 같이 가면서 따라오게 하다.
④ 「2」 어느 곳에서 원하는 곳에 이르도록 전선 따위를 늘리다.

06. ② ㉠의 '끄다'는 「3」 빚이나 급한 일 따위를 해결하다.'를 의미한다. 이와 가장 유사한 의미의 '끄다'는 ②이다.
① 「1」 타는 불을 못 타게 하다.
③ 「2」 전기나 동력이 통하는 길을 끊어 전기 제품 따위를 작동하지 않게 하다.
④ 「2」 전기나 동력이 통하는 길을 끊어 전기 제품 따위를 작동하지 않게 하다.

07. ① '경미하다'는 '가볍고 아주 적어서 대수롭지 아니하다.'를 의미한다. 따라서 '비중이나 책임 따위가 크거나 중대하다.'를 의미하는 '무겁다'는 ㉠과 바꿔 쓸 수 있는 유사한 표현으로 적절하지 않다. '비중이나 가치, 책임 따위가 낮거나 적다.'를 의미하는 '가볍다'로 바꿔 쓸 수 있다.
② ㉡ '견지하다'는 '어떤 견해나 입장 따위를 굳게 지니거나 지키다.'를 의미한다. 따라서 '어떠한 상태나 태도 따위를 그대로 계속 유지하다.'를 의미하는 '지키다'로 바꿔 쓸 수 있다.
③ ㉢ '당도하다'는 '어떤 곳에 다다르다.'를 의미한다. 따라서 '목적한 곳에 이르다.'를 의미하는 '다다르다'로 바꿔 쓸 수 있다.
④ ㉣ '옹졸하다'는 '성품이 너그럽지 못하고 생각이 좁다.'를 의미한다. 따라서 '마음 쓰는 것이 너그럽지 못하다.'를 의미하는 '좁다'로 바꿔 쓸 수 있다.

08. ③ '물리다'는 '정해진 시기를 뒤로 늦추다.'를 의미한다. 따라서 '시간이나 거리 따위를 본래보다 길게 늘리다.'를 의미하는 '연장하다'는 ㉢과 바꿔 쓸 수 있는 유사한 표현으로 적절하지 않다. '정해진 기한을 뒤로 물려서 늘리다.'를 의미하는 '연기하다'로 바꿔 쓸 수 있다.
① ㉠ '물리치다'는 '극복하거나 치워 없애 버리다.'를 의미한다. 따라서 '악조건이나 고생 따위를 이겨 내다.'를 의미하는 '극복하다'로 바꿔 쓸 수 있다.
② ㉡ '하찮다'는 '그다지 훌륭하지 아니하다.'를 의미한다. 따라서 '신분이나 지위 따위가 하찮고 천하다.'를 의

미하는 '미천하다'로 바꿔 쓸 수 있다.
④ ㉣ '싣다'는 '글, 그림, 사진 따위를 책이나 신문 따위의 출판물에 내다.'를 의미한다. 따라서 '신문이나 잡지 따위에, 긴 글이나 만화 따위를 여러 차례로 나누어서 계속하여 싣다.'를 의미하는 '연재하다'로 바꿔 쓸 수 있다.

09. ② 2문단에서 아미타불의 구원을 받더라도 죄에 따라 극락에서의 생활이 차이가 나며 긴 시간 동안 갇혀 있는 이들이 존재한다는 서술을 통해 죄의 대가를 극락에서 치르기도 한다는 것을 알 수 있다.
① 2문단 끝에서 극락은 윤회의 끝을 의미한다고 했으므로 설법을 통해 환생하기 위해 노력한다는 서술은 옳지 않다.
③ 1문단에서 '예토'를 현재 삶의 공간이라 지칭하고 있다. 극락을 철학적 사유의 비유적 표현이라 말하는 이들은 현실 세계를 지옥 / 극락과 동일시하는 것이다.
④ 생각에 따라 현실이 지옥이 될 수도 있다고 보는 이들은 현실과 '극락'을 동일하게 바라보는 이들이다. 이들은 생각에 따라 현실이 지옥이 될 수도, '극락'이 될 수도 있다고 본다. 현실과 '극락'이 분리돼 있다고 생각하는 이들이 이렇게 생각하는지는 글에서 근거를 찾을 수 없다.

10. ④ 1문단 끝에서 '아그레망'은 주권국 사이의 외교 절차이기 때문에 국제기구의 인물은 이를 받을 필요가 없음을 밝히고 있다. 2문단에서 '페르소나 논 그라타'는 '아그레망'과 같이 '비엔나 협약'에 규정된 주권국의 권리임을 제시한다. 때문에 '아그레망'을 받을 필요가 없는 국제기구는 주권국으로서 지위를 가지지 않음을 알 수 있고 주권국의 권리인 '페르소나 논 그라타'를 선언할 수 없다.
① 파견 대상국은 '페르소나 논 그라타'로 선언된 인물을 불법 체류자로 간주하여 강제 추방 명령을 내릴 수 있으므로 이는 옳은 선택지이다.
② '아그레망'을 받아야만 외교 사절이 면책 특권과 같은 권리를 행사할 수 있다고 했으므로 적절하다.
③ 국제기구의 직원은 '아그레망'을 받을 필요가 없다. '아그레망'은 국가 원수의 선언으로 이루어지므로 국가 원수의 선언 없이 외교 사절의 임무를 수행할 수 있다는 서술은 적절하다.

매일 모고 영어 제7회
정답 및 해설

01. ③ ★ recruit 모집하다
● relieve 완화하다, 줄이다, 덜어[없애] 주다
● haunt 계속 떠오르다, 귀신이 나타나다, 괴롭히다
● edit 편집하다, 수정하다
[해석] 군대는 광고와 홍보 프로그램을 포함한 다양한 방법을 사용해 청년들을 모집한다.

02. ④ ★ submit 제출하다, 항복하다, 말하다, 진술하다
● reinforce 강화하다, 보강하다
● remove 제거하다
● mount 오르다, 증가하다
[해석] 대회에 참가하기 전에 필요한 모든 서류를 온라인으로 제출하는 것이 필수이다.

03. ③ ★ improve 향상시키다, 나아지다, 개선하다
● ruin 망치다, 파산시키다
● destroy 파괴하다, 말살하다
● disappear 사라지다, 없어지다
[해석] 꾸준한 연습은 시간이 지남에 따라 언어 능력을 크게 향상시킬 수 있다.

04. ④ ★ broad 넓은
● ancient 고대의
● narrow 좁은
● cynical 냉소적인, 부정적인
[해석] 그 강은 커다란 배도 쉽게 통과할 수 있을 만큼 넓다.

05. ① ★ recycle 재활용하다
● multiply 곱하다, 증가[증대]하다, 증가시키다
● narrate 이야기를 하다[들려주다]
● roast 굽다
[해석] 제조 폐기물을 재활용하는 기업들은 비용을 절감하면서 환경 보호에도 기여할 수 있다.

06. ③ [해설]
문장의 주어가 다시 목적어로 언급될 때는 재귀대명사('~self' 또는 '~selves')가 사용되어야 한다. 주어가 복수인 'we'이므로 복수형 재귀대명사인 'ourselves'가 와야 한다. 따라서 밑줄 친 부분에 가장 적절한 것은 ③이다.
[해석]
우리는 인내심을 가지고, 한 걸음씩 온라인 영상을 보면서 스스로 요리하는 법을 배웠다.

07. ③ [해설]
'머지않아 ~할 것이다'의 뜻으로 쓰일 때는 'It will not be long + before 주어 + 현재시제 동사'의 관용 구문으로 써야 한다. 따라서 밑줄 친 부분인 came을 comes로 고쳐야 한다.
[해석]
그녀는 수년간 쉬지 않고 노력하며 많은 어려움을 극복해 왔다. 내 꿈이 이루어지는 데 그리 오랜 시간이 걸리지 않을 것이다. 그녀의 헌신과 노력은 마침내 결실을 보기 시작했다. 그녀는 앞으로의 미래에 대해 희망과 기대를 느낀다.

08. ④ [해설]
A: 안녕하세요. 감기가 심해서요. 추천해주실 약이 있을까요?
B: 물론이죠. 처방전이 있으신가요, 아니면 일반 의약품을 찾으시나요?
A: 처방전은 없어요. 콧물과 인후통에 도움이 되는 약을 찾고 있어요.
B: 그렇다면 이 감기약을 추천드립니다. 두 가지 증상 모두에 효과가 있어요.
A: 복용은 어떻게 하나요?
B: 한 번에 두 알씩, 하루 세 번 식후에 드시면 됩니다.
A: 알겠습니다. 혹시 부작용은 없나요?
B: 약간 졸릴 수 있어서 운전이나 기계 조작은 피하시는 게 좋아요.
① 식전이 나은가요, 식후가 나은가요?
② 감기 증상 완화에 좋은 음식은 뭐가 있나요?
③ 이거 어린이에게 안전한가요?
④ 혹시 부작용은 없나요?

09. ④ [해설]
밑줄 친 'evaluate'는 '평가하다, 판단하다'를 의미한다. 이와 의미가 가장 가까운 것은 ④ 'measure 평가하다, 측정하다, 재다'이다.
[오답 해설]
① enhance 높이다, 향상시키다
② tolerate 참다, 용인하다
③ predict 예측하다, 예언하다

10. ③ [해설]
이 글은 디지털 접근성 서비스를 소개하고, 이용자들이 피드백을 제출할 수 있는 설문 참여 방법을 안내하는 데 중점을 두고 있다. 따라서 글의 목적으로 가장 적절한 것은 ③이다.
[해석]

> **모두를 위한 디지털 접근성 강화**
>
> 국가 디지털 기관은 모든 시민이 필수 공공 서비스를 온라인으로 이용할 수 있도록 최선을 다하고 있다. 우리는 노년층과 장애인을 위해 간소화된 인터페이스와 음성 지원 기능을 통해 디지털 자원을 확대하고 있다.
>
> 공정성을 유지하기 위해, 이용자들은 무료 상담 전화로 지원을 요청하거나 지역 디지털 지원 센터를 방문할 수 있다. 이 센터에는 온라인 절차를 안내할 수 있는 전문 교육을 받은 직원들이 배치되어 있다.
>
> 우리는 이용자의 의견을 소중히 여기며, 모든 이용자가 govaccess.org/survey에서 접근성 설문조사에 참여할 것을 권장한다. 여러분의 피드백은 서비스 성과를 평가하고 디지털 소외를 줄이기 위한 개선 사항을 우선순위에 두는 데 도움이 된다.

[어휘]
□ digital accessibility 디지털 접근성
□ essential 필수적인
□ helpline 지원 전화
□ exclusion 배제, 소외

- survey 설문조사
- priority 우선순위

매일 모고 한국사 제7회
정답 및 해설

합격까지 **박문각**

가장 빠른 한국사
한국사 박기훈

01. ④ 제시된 무덤은 모두 초기 철기 시대의 대표적인 무덤이다.
④ 초기 철기 시대에는 명도전·오수전·반량전과 같은 중국 화폐의 발견으로 중국과의 교역이 활발하게 나타났음을 알 수 있고, 경남 창원 다호리 유적에서 발견된 붓으로 한자가 유입되었음을 알 수 있다.
① 청동기 시대, ②, ③ 신석기 시대에 해당한다.

02. ④ 제시된 글 중 신라의 요청으로 보병과 기병 5만을 보내 왜인으로부터 신라를 구원하였다는 내용으로, 왕은 고구려의 광개토 대왕임을 알 수 있다. 따라서 여기서 '노객'은 내물마립간이다.
① 백제 근초고왕, ② 신라 진흥왕, ③ 백제 동성왕에 대한 설명이다.

03. ② 낙랑군을 축출하고 대동강 유역을 장악한 왕은 미천왕이다.

04. ③ 제시문에 "삼한의 종족", "지금의 고령" 등을 통해 '이 나라'가 대가야임을 알 수 있다. 또한, "보국장군 본국왕"이라는 관작을 통해서도 알 수 있다. 대가야는 백제와 신라가 고구려의 장수왕의 남진으로 주춤할 때를 활용하여, 세력을 확장하였다. 이 시기의 대가야는, 소백산맥을 넘어 지금의 남원(아막산성), 구례, 여수 등의 호남 동부 지역에까지 진출하였다. 대가야는 신라 진흥왕의 침공으로 멸망하였다.
① 백제 성왕, ② 신라 지증왕, ④ 고구려 광개토 대왕이다.

05. ① ① 고려의 백정은 농민으로 일반 양민 계층이었다. 고려시대에는 도축업자를 화척이라고 불렀다. 조선시대에 이르러 도축업자를 백정으로 부르게 되었다.

06. ③ 예종 때, 여진족을 토벌하고 동북 9성을 개척하였으나, 1년 만에 반환하였다.
① 의천의 건의를 받아들여 주전도감을 설치한 왕은 숙종이다.
② 제관과 의통을 중국에 유학 보내 천태학을 배우게 한 왕은 광종이다.
④ 예종은 도교를 중흥시키기 위하여 복원궁을 건립하였다.

07. ④ ① 고구려의 중앙교육기관은 태학이고, 지방에는 경당을 설치하였다. 국학은 통일신라의 최고 교육기관이었다.
② 고려는 지방의 교육기관으로 향교를 두었다.
③ 조선의 성균관은 원칙적으로 소과에 합격한 사람들을 학생으로 두었다.

08. ② 숙종(1095~1105) 때에는 의천의 적극적인 화폐사용 건의가 있어 주전도감이 설치되고(1097), 삼한통보, 해동통보, 해동중보 등 동전(1102)과 우리나라의 지형을 본떠서 만든 고가의 화폐인 활구(은병)라는 은전을 만들었으나(1101), 널리 유통되지 못하였다. 일반적인 거래는 여전히 곡식이나 삼베를 사용하였다. 또한, 의천은 천태종을 중심으로 불교 통합운동을 전개하였다.
① 성종
③ 태조
④ 광종

09. ① 제시된 글은 정몽주에 대한 설명이다. 정몽주는 고려 왕조의 유지를 주장하였다.

② 이제현에 대한 설명이다.
③ 정몽주는 이성계의 권력장악에는 찬성하였으나, 새로운 국가를 건설하는 것은 반대하였다.
④ 정도전의 저술이다.

10. ② 1923년 1월 열린 국민 대표 회의에는 국내외 여러 독립운동 단체의 대표 100여 명이 참가하였다. 그러나 회의 참가자들은 임시 정부를 해체하고 새로운 정부를 수립하자는 창조파와 임시 정부의 조직만 바꾸자는 개조파로 분열되었다.
회의는 끝내 두 입장을 좁히지 못한 채 결렬되고 말았다. 그 후 1925년에 임시 정부는 대통령 이승만을 탄핵·파면하고 박은식을 제2대 대통령으로 추대하였다. 곧이어 대통령제를 국무령제로 바꾸는 등 여러 가지 노력을 하였지만 내각도 구성하기 어려울 정도로 세력이 약화되었다.
① 복벽주의는 왕정을 부활하자는 것이며, 대한민국 임시정부는 민주 공화제 정부였다.
③ 국무 위원 중심의 집단 지도 체제였다. 이승만 등 외교론자들이 다시 집권하였다는 것은 사실과 다르다.
④ 3부의 통합 노력은 1920년대 후반이다.

한국사

제 7 회

매일 모고 행정법 제7회
정답 및 해설

01. ④ 공익법인의 기본재산에 대한 감독관청의 처분허가는 그 성질상 특정 상대에 대한 처분행위의 허가가 아니고 처분의 상대가 누구이든 이에 대한 처분행위를 보충하여 유효하게 하는 행위라 할 것이므로 그 처분행위에 따른 권리의 양도가 있는 경우에도 처분이 완전히 끝날 때까지는 허가의 효력이 유효하게 존속한다. 또한 위 처분허가에 부관을 붙인 경우 그 처분허가의 법률적 성질이 형성적 행정행위로서의 인가에 해당한다고 하여 조건으로서의 부관의 부과가 허용되지 아니한다고 볼 수는 없고, 다만 구체적인 경우에 그것이 조건, 기한, 부담, 철회권의 유보 중 어느 종류의 부관에 해당하는지는 당해 부관의 내용, 경위 기타 제반 사정을 종합하여 판단하여야 할 것이다. 대법원 2005. 9. 28. 선고 2004다50044 판결
① 음주운전으로 인한 교통사고를 방지할 공익상의 필요는 매우 크다 아니할 수 없으므로, 음주운전 내지 그 제재를 위한 음주측정 요구의 거부 등을 이유로 한 자동차 운전면허의 취소에 있어서는 일반의 수익적 행정행위의 취소와는 달리 그 취소로 인하여 입게 될 당사자의 개인적인 불이익보다는 이를 방지하여야 하는 일반예방적인 측면이 더욱 강조되어야 할 것이고, 특히 당해 운전자가 영업용 택시를 운전하는 등 자동차 운전을 업으로 삼고 있는 자인 경우에는 더욱 그러하다. 대법원 1995. 9. 26. 선고 95누6069 판결
② 건축허가는 대물적 성질을 갖는 것이어서 허가대상 건축물에 대한 권리변동에 수반하여 자유로이 양도할 수 있는 것이고, 그에 따라 건축허가의 효과는 허가대상 건축물에 대한 권리변동에 수반하여 이전되며 별도의 승인처분에 의하여 이전되는 것이 아니다. 대법원 2010. 5. 13. 선고 2010두2296 판결
③ 법률행위적 행정행위는 행정청의 의사표시를 요소로 하며 그 효과도 효과의사에 의하여 결정된다. 또한 법률행위적 행정행위 중 명령적 행위에는 하명, 면제, 허가가 있다.

02. ① 법정부관에 대하여는 행정행위에 부관을 붙일 수 있는 한계에 관한 일반적인 원칙이 적용되지는 않지만, 위 고시가 헌법상 보장된 기본권을 침해하는 것으로서 헌법에 위반될 때에는 그 효력이 없는 것으로 볼 수밖에 없다. 대법원 1995. 11. 14. 선고 92도496 판결
② 행정처분의 상대방이 수익적 행정처분을 얻기 위하여 행정청과 사이에 행정처분에 부가할 부담에 관한 협약을 체결하고 행정청이 수익적 행정처분을 하면서 협약상의 의무를 부담으로 부과하였으나 부담의 전제가 된 주된 행정처분의 근거 법령이 개정됨으로써 행정청이 더 이상 부관을 붙일 수 없게 된 경우에도 곧바로 협약의 효력이 소멸하는 것은 아니다. 대법원 2009. 2. 12. 선고 2005다65500 판결
③ 사도개설허가에서 정해진 공사기간 내에 사도로 준공검사를 받지 못한 경우, 이 공사기간을 사도개설허가 자체의 존속기간(유효기간)으로 볼 수 없다는 이유로 사도개설허가가 당연히 실효되는 것은 아니라고 한 사례. 대법원 2004. 11. 25. 선고 2004두7023 판결
④ 예외적인 개발행위의 허가는 상대방에게 수익적인 것이 틀림이 없으므로 그 법률적 성질은 재량행위 내지 자유재량행위에 속하는 것이고, 이러한 재량행위에 있어서는 관계 법령에 명시적인 금지규정이 없는 한 행정목적을 달성하기 위하여 조건이나 기한, 부담 등의 부관을 붙일 수 있고, 그 부관의 내용이 이행 가능하고 비례의 원칙 및 평등의 원칙에 적합하며 행정처분의 본질적 효력을 저해하지 아니하는 이상 위법하다고 할 수 없다. 대법원 2004. 3. 25. 선고 2003두12837 판결

03. ② 변상금 부과처분에 대한 취소소송이 진행 중이라도 그 부과권자로서는 위법한 처분을 스스로 취소하고 그 하자를 보완하여 다시 적법한 부과처분을 할 수도 있다. 대법원 2006. 2. 10. 선고 2003두5686 판결
① 행정처분이 취소되면 그 소급효에 의하여 처음부터 그 처분이 없었던 것과 같은 효과를 발생하게 되는바, 행정청이 의료법인의 이사에 대한 이사취임승인취소처분(제1처분)을 직권으로 취소(제2처분)한 경우에는 그로 인하여 이사가 소급하여 이사로서의 지위를 회복하게 되고, 그 결과 위 제1처분과 제2처분 사이에 법원에 의하여 선임결정된 임시이사들의 지위는 법원의 해임결정이 없더라도 당연히 소멸된다. 대법원 1997. 1. 21. 선고 96누3401 판결
③ 행정기본법 제19조

> **행정기본법 제19조(적법한 처분의 철회)**
> ② 행정청은 제1항에 따라 처분을 철회하려는 경우에는 철회로 인하여 당사자가 입게 될 불이익을 철회로 달성되는 공익과 비교·형량하여야 한다.

④ 과세관청은 부과의 취소를 다시 취소함으로써 원부과처분을 소생시킬 수는 없고 납세의무자에게 종전의 과세대상에 대한 납부의무를 지우려면 다시 법률에서 정한 부과절차에 좇아 동일한 내용의 새로운 처분을 하는 수밖에 없다. 대법원 1995. 3. 10. 선고 94누7027 판결

04. ① 사립학교 교원에 대한 징계처분의 경우에는 학교법인 등의 징계처분은 행정처분성이 없는 것이고 그에 대한 소청심사청구에 따라 위원회가 한 결정이 행정처분이고 교원이나 학교법인 등은 그 결정에 대하여 행정소송으로 다투는 구조가 되므로, 행정소송에서의 심판대상은 학교법인 등의 원 징계처분이 아니라 위원회의 결정이 되고, 따라서 피고도 행정청인 위원회가 되는 것이다. 대법원 2013. 7. 25. 선고 2012두12297 판결
② 대리권을 수여받은 데 불과하여 그 자신의 명의로는 행정처분을 할 권한이 없는 행정청의 경우 대리관계를 밝힘이 없이 그 자신의 명의로 행정처분을 하였다면 그에 대하여는 처분명의자인 당해 행정청이 항고소송의 피고가 되어야 하는 것이 원칙이지만, 비록 대리관계를 명시적으로 밝히지는 아니하였다 하더라도 처분명의자가 피대리 행정청 산하의 행정기관으로서 실제로 피대리 행정청으로부터 대리권한을 수여받아 피대리 행정청을 대리한다는 의사로 행정처분을 하였고 처분명의자는 물론 그 상대방도 그 행정처분이 피대리 행정청을 대리하여 한 것임을 알고서 이를 받아들인 예외적인 경우에는 피대리 행정청이 피고가 되어야 한다. 대법원 2006. 2. 23. 자 2005부4 결정
③ 처분이 甲에게 고지되어 처분이 있다는 사실을 현실적으로 알았을 때 행정소송법 제20조 제1항에서 정한 제소기간이 진행한다고 보아야 함에도, 甲이 통보서를 송달받기 전에 자신의 의무기록에 관한 정보공개를 청구하여 위 처분을 하는 내용의 통보서를 비롯한 일체의 서류를 교부받은 날부터 제소기간을 기산하여 위 소는 90일이 지난 후 제기한 것으로서 부적법하다고 본 원심판결

에는 법리를 오해한 위법이 있다. 대법원 2014. 9. 25. 선고 2014두8254 판결
④ 현역입영대상자로서는 현실적으로 입영을 하였다고 하더라도, 입영 이후의 법률관계에 영향을 미치고 있는 현역병입영통지처분 등을 한 관할지방병무청장을 상대로 위법을 주장하여 그 취소를 구할 소송상의 이익이 있다(주: 자진 입대가 아니라 강제 징집된 사례). 대법원 2003. 12. 26. 선고 2003두1875 판결

05. ③ 구 군인연금법령상 급여를 받으려고 하는 사람은 우선 관계 법령에 따라 국방부장관 등에게 급여지급을 청구하여 국방부장관 등이 이를 거부하거나 일부 금액만 인정하는 급여지급결정을 하는 경우 그 결정을 대상으로 항고소송을 제기하는 등으로 구체적 권리를 인정받은 다음 비로소 당사자소송으로 그 급여의 지급을 구해야 한다. 이러한 구체적인 권리가 발생하지 않은 상태에서 곧바로 국가를 상대로 한 당사자소송으로 급여의 지급을 소구하는 것은 허용되지 않는다. 대법원 2021. 12. 16. 선고 2019두45944 판결
① 사정판결은 당사자의 명백한 주장이 없는 경우에도 기록에 나타난 여러 사정을 기초로 직권으로 할 수 있다. 대법원 2006. 9. 22. 선고 2005두2506 판결
② 행정소송법 제24조

> **행정소송법 제24조(집행정지의 취소)**
> ① 집행정지의 결정이 확정된 후 집행정지가 공공복리에 중대한 영향을 미치거나 그 정지사유가 없어진 때에는 당사자의 신청 또는 직권에 의하여 결정으로써 집행정지의 결정을 취소할 수 있다.

④ 행정소송법 제16조

> **행정소송법 제16조(제3자의 소송참가)**
> ① 법원은 소송의 결과에 따라 권리 또는 이익의 침해를 받을 제3자가 있는 경우에는 당사자 또는 제3자의 신청 또는 직권에 의하여 결정으로써 그 제3자를 소송에 참가시킬 수 있다.

06. ③ 공익사업을 위한 토지 등의 취득 및 보상에 관한 법률 시행규칙 제57조에 따른 사업폐지 등에 대한 보상청구권은 공익사업의 시행 등 적법한 공권력의 행사에 의한 재산상 특별한 희생에 대하여 전체적인 공평부담의 견지에서 공익사업의 주체가 손해를 보상하여 주는 손실보상의 일종으로 공법상 권리임이 분명하므로 그에 관한 쟁송은 민사소송이 아닌 행정소송절차에 의하여야 한다. 대법원 2012. 10. 11. 선고 2010다23210 판결
① (갑 지방자치단체가 을 주식회사 등 4개 회사로 구성된 공동수급체를 자원회수시설과 부대시설의 운영·유지관리 등을 위탁할 민간사업자로 선정하고 을 회사 등의 공동수급체와 위 시설에 관한 위·수탁 운영 협약을 체결한 사안에서) 위 협약은 갑 지방자치단체가 사인인 을 회사 등에 위 시설의 운영을 위탁하고 그 위탁운영비용을 지급하는 것을 내용으로 하는 용역계약으로서 상호 대등한 입장에서 당사자의 합의에 따라 체결한 사법상 계약에 해당한다(주: 민사소송의 대상으로 본 사례). 대법원 2019. 10. 17. 선고 2018두60588 판결
② 국책사업인 '한국형 헬기 개발사업'(Korean Helicopter Program)에 개발주관사업자 중 하나로 참여하여 국가 산하 중앙행정기관인 방위사업청과 '한국형헬기 민군겸용 핵심구성품 개발협약'을 체결한 갑 주식회사가 협약을 이행하는 과정에서 환율변동 및 물가상승 등 외부적 요인 때문에 협약금액을 초과하는 비용이 발생하였다고 주장하면서 국가를 상대로 초과비용의 지급을 구하는 민사소송을 제기한 사안에서, 위 협약의 법률관계는 공법관계에 해당하므로 이에 관한 분쟁은 행정소송으로 제기하여야 한다고 한 사례. 대법원 2017. 11. 9. 선고 2015다215526 판결
④ 국가를 당사자로 하는 계약에 관한 법률에 따라 국가가 당사자가 되는 이른바 공공계약은 사경제 주체로서 상대방과 대등한 위치에서 체결하는 사법상 계약으로서 본질적인 내용은 사인 간의 계약과 다를 바가 없으므로, 그에 관한 법령에 특별한 정함이 있는 경우를 제외하고는 사적 자치와 계약자유의 원칙 등 사법의 원리가 그대로 적용된다. 대법원 2012. 9. 20.자 2012마1097 결정

07. ③ 행정절차법에 규정되어 있는 신고는 자기완결적 신고로서, 그 신고 요건으로 기재사항에 흠이 없을 것과 필요한 구비서류가 첨부되어 있을 것 등 형식적 요건에 관한 사항만을 규정하고 있을 뿐, 기재사항의 진실성에 대한 입증과 같은 실질적 요건(행정요건적 신고의 심사대상)에 대해서는 규정하고 있지 않다.
① 자기완결적 신고 또는 수리를 요하지 않는 신고는 적법한 신고가 행정청에 도달하면 곧바로 신고의 효력이 발생하고, 따라서 별도의 수리를 요하지 않는다. 또한 자기완결적 신고에 대한 행정청의 수리행위는 처분성이 없는 단순한 사실행위에 불과하다.
② 수산업법 제44조 소정의 어업의 신고는 행정청의 수리에 의하여 비로소 그 효과가 발생하는 이른바 '수리를 요하는 신고'라고 할 것이다. 대법원 2000. 5. 26. 선고 99다37382 판결
④ 행정기본법 제34조

> **행정기본법 제34조(수리 여부에 따른 신고의 효력)**
> 법령등으로 정하는 바에 따라 행정청에 일정한 사항을 통지하여야 하는 신고로서 법률에 신고의 수리가 필요하다고 명시되어 있는 경우(행정기관의 내부 업무 처리 절차로서 수리를 규정한 경우는 제외한다)에는 행정청이 수리하여야 효력이 발생한다.

08. ④ 구 공공용지의 취득 및 손실보상에 관한 특례법에 따른 토지 등의 협의취득은 공공사업에 필요한 토지 등을 그 소유자와의 협의에 의하여 취득하는 것으로서 공공기관이 사경제주체로서 행하는 사법상 매매 내지 사법상 계약의 실질을 가지는 것이므로, 그 협의취득시 건물소유자가 매매대상 건물에 대한 철거의무를 부담하겠다는 취지의 약정을 하였다고 하더라도 이러한 철거의무는 공법상의 의무가 될 수 없고, 이 경우에도 행정대집행법을 준용하여 대집행을 허용하는 별도의 규정이 없는 한 위와 같은 철거의무는 행정대집행법에 의한 대집행의 대상이 되지 않는다. 대법원 2006. 10. 13. 선고 2006두7096 판결
① 행정대집행법 제5조

> **행정대집행법 제5조(비용납부명령서)**
> 대집행에 요한 비용의 징수에 있어서는 실제에 요한 비용액과 그 납기일을 정하여 의무자에게 문서로써 그 납부를 명하여야 한다.

② 행정대집행법 제6조

> **행정대집행법 제6조(비용징수)**
> ① 대집행에 요한 비용은 국세징수법의 예에 의하여 징수할 수 있다.

③ 단순한 부작위의무의 위반, 즉 관계 법령에 정하고 있는 절대적 금지나 허가를 유보한 상대적 금지를 위반한 경우에는 당해 법령에서 그 위반자에 대하여 위반에 의하여 생긴 유형적 결과의 시정을 명하는 행정처분의 권한을 인정하는 규정을 두고 있지 아니한 이상, 법치주의의 원리에 비추어 볼 때 위와 같은 부작위의무로부터 그 의무를 위반함으로써 생긴 결과를 시정하기 위한 작위의

무를 당연히 끌어낼 수는 없으며, 또 위 금지규정(특히 허가를 유보한 상대적 금지규정)으로부터 작위의무, 즉 위반결과의 시정을 명하는 권한이 당연히 추론되는 것도 아니다. 대법원 1996. 6. 28. 선고 96누4374 판결

09. ② 처분을 할 것인지 여부와 처분의 정도에 관하여 재량이 인정되는 과징금 납부명령에 대하여 그 명령이 재량권을 일탈하였을 경우, 법원으로서는 재량권의 일탈 여부만 판단할 수 있을 뿐이지 재량권의 범위 내에서 어느 정도가 적정한 것인지에 관하여는 판단할 수 없어 그 전부를 취소할 수밖에 없고, 법원이 적정하다고 인정하는 부분을 초과한 부분만 취소할 수는 없다. 대법원 2009. 6. 23. 선고 2007두18062 판결
① 행정처분에 있어 수개의 처분사유 중 일부가 적법하지 않다고 하더라도 다른 처분사유로써 그 처분의 정당성이 인정되는 경우에는 그 처분을 위법하다고 할 수 없을 것이므로, 법 제206조의11에 따라 과징금을 부과함에 있어 여러 개의 처분사유에 기하여 하나의 과징금 부과처분을 하였으나 그 처분사유들 중 일부에 위법이 있다고 하더라도 위법한 부분이 그 과징금 부과처분에 영향을 미치지 아니하였다면 그 부과처분을 위법하다고 볼 것은 아니다. 대법원 2010. 12. 9. 선고 2010두15674 판결
③ 관할 행정청이 여객자동차운송사업자의 여러 가지 위반행위를 인지하였다면 전부에 대하여 일괄하여 5,000만 원의 최고한도 내에서 하나의 과징금 부과처분을 하는 것이 원칙이고, 인지한 여러 가지 위반행위 중 일부에 대해서만 우선 과징금 부과처분을 하고 나머지에 대해서는 차후에 별도의 과징금 부과처분을 하는 것은 다른 특별한 사정이 없는 한 허용되지 않는다. 대법원 2021. 2. 4. 선고 2020두48390 판결
④ 구 독점규제 및 공정거래에 관한 법률 제24조의2에 의한 부당내부거래에 대한 과징금은 행정상의 제재금으로서의 기본적 성격에 부당이득환수적 요소도 부가되어 있는 것이라 할 것이고, 이를 두고 헌법 제13조 제1항에서 금지하는 국가형벌권 행사로서의 '처벌'에 해당한다고는 할 수 없으므로, 공정거래법에서 형사처벌과 아울러 과징금의 병과를 예정하고 있더라도 이중처벌금지원칙에 위반된다고 볼 수 없다. 헌법재판소 2003. 7. 24. 선고 2001헌가25 결정

10. ④ 행정절차법 제23조

> **행정절차법 제23조(처분의 이유 제시)**
> ① 행정청은 처분을 할 때에는 다음 각 호의 어느 하나에 해당하는 경우를 제외하고는 당사자에게 그 근거와 이유를 제시하여야 한다.
>   1. 신청 내용을 모두 그대로 인정하는 처분인 경우
>   2. 단순·반복적인 처분 또는 경미한 처분으로서 당사자가 그 이유를 명백히 알 수 있는 경우
>   3. 긴급히 처분을 할 필요가 있는 경우
> ② 행정청은 제1항제2호 및 제3호의 경우에 처분 후 당사자가 요청하는 경우에는 그 근거와 이유를 제시하여야 한다(주: 제1항 제1호의 경우에는 당사자의 요청에도 불구하고 이유제시의무가 없음).

① 국가공무원법상 직위해제처분은 당해 행정작용의 성질상 행정절차를 거치기 곤란하거나 불필요하다고 인정되는 사항 또는 행정절차에 준하는 절차를 거친 사항에 해당하므로, 처분의 사전통지 및 의견청취 등에 관한 행정절차법의 규정이 별도로 적용되지 않는다. 대법원 2014. 5. 16. 선고 2012두26180 판결
② 공무원 인사관계 법령에 의한 처분에 관한 사항이라 하더라도 전부에 대하여 행정절차법의 적용이 배제되는 것이 아니라, 성질상 행정절차를 거치기 곤란하거나 불필요하다고 인정되는 처분이나 행정절차에 준하는 절차를 거치도록 하고 있는 처분의 경우에만 행정절차법의 적용이 배제되는 것으로 보아야 하고, 이러한 법리는 '공무원 인사관계 법령에 의한 처분'에 해당하는 별정직 공무원에 대한 직권면직 처분의 경우에도 마찬가지로 적용된다(주: 별정직 공무원에 대한 직권면직처분에 대해서는 행정절차법이 적용된다는 의미). 대법원 2013. 1. 16. 선고 2011두30687 판결
③ 행정절차법의 적용이 제외되는 '외국인의 출입국에 관한 사항'이란 해당 행정작용의 성질상 행정절차를 거치기 곤란하거나 거칠 필요가 없다고 인정되는 사항이나 행정절차에 준하는 절차를 거친 사항으로서 행정절차법 시행령으로 정하는 사항만을 가리킨다. '외국인의 출입국에 관한 사항'이라고 하여 행정절차를 거칠 필요가 당연히 부정되는 것은 아니다. 대법원 2019. 7. 11. 선고 2017두38874 판결

매일 모고 행정학 제7회
정답 및 해설

01. ① 행정학 연구의 과학성(science)은 사회현상이나 자연현상의 인과적 설명에 초점을 두는 연구를 의미하며, 행정행태론 등 정치행정이원론에서 강조된다.

<<핵심정리>> 행정학 연구의 과학성과 기술성

과학성(science) - 경험적 접근	기술성(art, professional) - 규범적 접근
사회현상이나 자연현상의 인과적 설명에 초점을 두는 연구(Why 중심)	사회문제의 해결을 위한 처방에 초점을 두는 연구(How 중심)
설명성, 인과성, 유형성, 객관성	실용성, 실천성, 처방성, 명령성, 규범성
가치중립적 연구(사실중심 연구)	가치지향적 연구(가치중심 연구)
정치행정이원론(행정행태설, 비교행정론)	정치행정일원론(통치기능설, 발전행정론, 신행정론), 행정관리설
순수과학	응용과학
Simon 등	Appleby, Esman, Waldo 등

• 행정학의 종합적 성격 : 행정학은 과학성과 기술성 양면을 지니며, 기술성을 강조했던 왈도(Waldo)는 과학성을 부인하지 않았고, 과학성을 강조했던 사이먼(Simon)은 기술성을 인정함

02. ③ 뉴거버넌스론은 다른 조직들과의 협력적 관계가 중시되므로 정부혁신의 초점은 조직 간의 관계에 있다. 반면, 신공공관리론은 정부조직 내부에 경영관리기법의 도입이나 고객관리기법 등의 도입을 강조한다는 점에서 정부혁신의 초점은 조직 내부의 혁신에 있다.

03. ② 「공직자윤리법」에는 재산등록 및 공개 의무, 외국정부로부터의 선물신고, 직무관련성 있는 주식의 매각 또는 신탁, 퇴직공무원의 취업제한, 이해충돌방지의무 등이 규정되어 있다. 반면, 영예 등의 제한은 「공직자윤리법」이 아니라 「국가공무원법」에 규정되어 있다.

04. ② 설문은 나카무라와 스몰우드(R.Nakamura & F.Smallwood)의 관료적 기업가형에 대한 설명이다. 관료적 기업가형은 집행자가 대부분의 권한을 갖고 정책과정 전반에 영향력을 행사해 실질적인 정책결정과 정책집행을 주도하는 관계 유형이다.

<<핵심정리>> 나카무라와 스몰우드(R.Nakamura & F.Smallwood)의 정책집행자 유형

구분		내용
고전적 기술자형	의의	결정자가 세부적인 내용까지 결정하고, 집행자는 제한된 재량권만 인정받아 집행하는 관계
	결정자	명확한 목표 설정, 집행과정에 대한 통제, 집행자에게 기술적 권한 위임
	집행자	결정자의 목표 지지, 목표달성을 위한 기술적 수단 강구
지시적 위임자형	의의	결정자는 정책목표 및 대체적인 방향을 설정하고, 집행자는 폭넓은 재량권을 위임받아 집행하는 관계
	결정자	명확한 목표 설정, 집행자에게 행정적 권한까지 위임
	집행자	결정자의 목표 지지, 목표달성에 필요한 기술적·행정적·협상적 능력 보유, 집행자들 상호 간 행정적 수단에 관해 교섭(협상)
협상자형	의의	결정자가 정책목표를 설정하지만 집행과정에서 결정자와 집행자 간 목표와 수단에 대해 협상과정을 거치게 되고, 그 결과 정책의 변화를 겪는 관계
	결정자	목표설정
	집행자	결정자의 목표에 동의하지 않고 목표와 수단에 대해 결정자와 협상
재량적 실험가형	의의	• 결정자는 추상적인 수준의 정책 방향을 제시하고, 집행자는 광범위하고 구체적인 책임 하에 정책을 집행하는 관계 • 결정자들이 무엇을 어떻게 해야 할지를 모르는 경우 또는 대립·갈등하고 있는 결정자들 간에 구체적인 목표 및 수단에 대해 합의를 보지 못하는 경우에 적합
	결정자	추상적인 목표의식은 갖고 있으나 목표를 명확히 표명하지 못하고 집행자에게 광범위한 재량권 위임
	집행자	결정자를 위해 목표와 수단을 구체화
관료적 기업가형	의의	집행자가 대부분의 권한을 갖고 정책과정을 주도하는 관계
	결정자	집행자가 설정한 목표와 수단 지지
	집행자	• 집행자가 목표를 수립하고 결정자에게 이를 받아들이도록 종용 • 집행자는 자신들의 목표달성에 필요한 능력 보유 • 집행자는 결정자와 협상해서 목표달성에 필요한 수단 확보

05. ④ 설문은 불확실성 대처방안 중 소극적 방안인 휴리스틱스에 대한 설명이다. 휴리스틱스는 직관적 판단, 상식, 시행착오 등을 통한 문제해결을 지향한다.

06. ② 조직의 원리 중 분업의 원리는 수평적 분화와 관련된 원리이며, 조정의 원리는 수직적 분화와 관련된 원리이다. 참모조직의 원리(②)는 수평적 분화와 관련된 원리이므로 분업의 원리에 해당한다. 반면, 계층제의 원리(①), 명령통일의 원리(③), 권한과 책임 일치의 원리(④)는 수직적 분화와 관련된 조정의 원리에 해당한다.

<<핵심정리>> 분업의 원리와 조정의 원리

분업에 관한 원리	조정에 관한 원리
• 분업의 원리	• 조정의 원리
• 부처편성(부성화)의 원리	• 계층제(계서제)의 원리
• 동질성의 원리 : 각 조직단위가 같은 조직의 활동으로만 구성되어야 한다는 원리	• 통솔범위의 원리
	• 명령 통일의 원리
	• 집권화의 원리
• 참모조직의 원리 : 계층제의 명령계통으로부터 참	• 명령계통의 원리
	• 목표의 원리

행정학 제7회

모를 분리해야 한다는 원리
• 기능명시의 원리 : 분화된 모든 기능은 명문으로 규정되어야 한다는 원리
• 권한과 책임 일치의 원리

07. ② 조직문화는 집단사고의 폐단으로 인하여 조직구성원의 유연성과 창의성을 저해하는 역기능을 지닌다.

<<핵심정리>> 조직문화

의의	조직원들이 공유하는 보편적인 사고방식·생활양식·행동양식의 총체
구성요소	집단규범, 철학, 지배적 가치관, 행태규칙성, 게임의 규칙(요령), 조직의 분위기 등
순기능	• 조직원들을 통합하여 응집력과 일체감 제고 • 조직원 간 모방과 학습을 통한 사회화 유도 • 조직원에게 행동지침을 제공하여 일탈행위에 대한 통제 • 조직의 경계를 설정하고 조직의 정체성 제공 • 조직원들의 불안·혼란·불확실성을 감소시켜주는 기능 • 조직의 안정성과 계속성에 기여 • 조직원들의 조직에 대한 충성심과 복종심 유발 • 조직원들의 조직몰입도를 증진하여 조직의 생산성 제고 • 조직원에게 게임의 규칙을 제공하여 공식화(규칙과 법규)의 대체적 기능 수행
역기능	• 경직성으로 인해 변화와 개혁의 장애요소 • 집단사고의 폐단으로 인해 조직의 유연성과 창의성 저해 • 조직의 조정과 통제 곤란
조직성장과 문화	초기성장기: 일체감의 원천이 되어 안정되고 예측가능한 환경 창출 성숙·쇠퇴기: 자부심과 자기방어의 원천이 되어 조직혁신의 저해요인으로 작용

08. ① 고위공무원단제는 미국의 카터 정부가 최초로 도입하였으며, 영국, 호주, 네덜란드로 확산되었다. 우리나라도 노무현 정부에서 2006년부터 채택하고 있다.
② 고위공무원단은 적격심사 등으로 인하여 직업공무원제가 완화되나 정년이 보장된다.
③ 현재 시행하고 있는 고위공무원단제도는 일반직, 특정직, 별정직 공무원 중 외무 공무원을 대상으로 하고 있다.
④ 고위공무원단에 속하는 모든 일반직 공무원의 신규 채용 임용권은 대통령이 가진다.

09. ④ 전통적 예산원칙은 행정부에 대한 국회의 통제를 강조하는 예산원칙이다. 공개성의 원칙(①), 사전의결의 원칙(②), 시기한정성의 원칙(③)은 모두 전통적 예산원칙에 해당한다. 반면 사업계획과 예산편성이 연계되어야 한다는 행정부 계획의 원칙(④)은 행정부의 재량과 융통성을 강조하는 현대적 예산원칙에 해당한다.

10. ② 국가의 통치영역 확대, 지역단위의 종합행정 실현, 주민의 복리 증진은 지방분권을 촉진하는 요인이나 규모의 경제 실현은 중앙집권을 촉진하는 요인이다.

<<핵심정리>> 중앙집권의 촉진요인과 지방분권의 촉진요인

중앙집권의 촉진요인	지방분권의 촉진요인
• 중복방지를 통한 경제적·기계적 능률 제고	• 민주적 통제를 통한 사회적 능률 제고
• 국가 위기상황에서의 신속한 대응	• 유동적인 환경에 대한 신속한 대응
• 국민적 최저 수준 복지 실현(사회복지수요)	• 주민의 복리 증진
• 새로운 정책의 채택 용이	• 새로운 정책의 지역적 실험 용이
• 규모의 경제 실현	• 국가의 통치영역 확대
• 행정의 통일성·안정성·획일성 유지	• 지역적 실정에 맞는 현지성 있는 행정
• 주민의 생활권 확대 및 광역적 행정 수요 증가	• 지역단위의 종합 행정 실현
• 특정관리기능의 전문화(기능별 전문화)	• 정보처리능력 향상
• 균형적 지역개발 도모	• 중앙정부의 업무부담 경감
• 국민적 최저(national minimum) 실현	• 시민적 최저(civil minimum) 실현
• 정책의 강력한 추진 • 과학기술과 교통·통신의 발달 • 공공재정의 비중 확대 • 신생국가에 유리	• 지방관료의 능력발전·사기양양·관리자 양성 • 세수입의 효과적인 활용 • 협력과 네트워크의 경제성 확보 • 도시화의 진전

2025 공무원 시험대비 【8월분】

-제8회-
[정답 및 해설]

이 름: _____

제1과목 국어
제2과목 영어
제3과목 한국사
제4과목 행정법총론
제5과목 행정학개론

매일 모의고사 정오표

합격까지 박문각

매일 모고 국어 제8회
정답 및 해설

01. ④ '한복이 우리나라 전통 의복임'은 서술절이 아니라 명사절이다. ⓒ 한복이 우리나라 전통 의복이다'라는 문장 끝에 명사형 전성 어미 '-(으)ㅁ'이 붙은 명사절이다. 이 명사절은 전체 문장에 안겨 '보여준다'는 전체 서술어의 목적어 역할을 하고 있다.
① [영수에게 좋아한다]라는 절에 간접 인용격 조사 '고'가 붙은 것이므로 인용절이다.
② [광수가 책을 읽다]라는 절에 관형사형 어미 '는'이 붙은 것이므로 관형절이다.
③ [글씨가 잘 보이다]라는 절에 부사형 어미 '도록'이 붙은 것이므로 부사절이다.

02. ④ 만약 '이 그림은 할아버지의 그림이다.'라고 되었다면 관형격 조사 '의'에 의해 중의성이 생긴다. '할아버지가 그려진 그림, 할아버지 소유의 그림, 할아버지가 그린 그림' 등으로 해석이 된다. 하지만 ④은 관형격 조사 없이 잘 쓰였다.
① '웃으면서 들어오는' 주체가 '아가'인지 '아빠'인지 모호하다.
② 사과와 토마토 각각 두 개인지, 사과와 토마토 합쳐서 두 개인지가 모호하다.
③ 비교의 대상이 '나와 야구'인지, '그이와 나'인지가 불명확하여 어색하다.

03. ③ 판단불가의 오류이다. (가)가 거짓이면 ' ~(~사람 ∨ 프랑스인) ≡ 사람 ∧ ~프랑스인'이 참이다. '사람 ∧ ~프랑스인'과 (나) '사람 ∧ 프랑스인'은 양립 가능하므로 (나)가 반드시 거짓이라고 할 수는 없다.
① (가)를 부정하면 (라)이다. 즉, (라)는 (가)의 반례가 되는 것이므로 (가)와 (라)가 동시에 참인 것은 불가능하다.
② '사람 ∧ 프랑스인'과 '사람 ∧ ~프랑스인'은 양립 가능하다.
④ 모든 사람이 프랑스인이 아니므로 그 일부인 어떤 사람은 프랑스인이 아니다.

04. ③ 조건에 따라 표를 그려가며 해결한다. 확실한 정보부터 표에 표시하면서 찾는다. 조건을 순서대로 따라가기보다는 확실한 정보를 주는 조건부터 시작해서 그 조건과 연계되는 조건을 따라가는 순서로 표에 표시하며 찾아간다.
○ 을을 만난 것은 이미 확인되었다.
○ 을을 만났으면 무를 만나지 않았다.

	갑	을	병	정	무
만남		O			X

○ 을을 만났으면 정도 만났다.

(1)	갑	을	병	정	무
만남		O		O	X

○ 병을 만나지 않았으면 무를 만났다.
: 대우명제는 '무를 만나지 않았으면 병을 만났다.'이다. 무를 만나지 않았으므로 병을 만났다.

(1)	갑	을	병	정	무
만남		O	O	O	X

○ 갑을 만나지 않았으면 병 또는 정도 만나지 않았다.
: 대우명제는 '병과 정을 만났으면 갑도 만났다.'이다. 병과 정을 모두 만났으므로 갑도 만났다.

(1)	갑	을	병	정	무
만남	O	O	O	O	X

따라서 A가 만난 공범은 갑, 을, 병, 정으로 4명이다.

05. ① ㉠의 '붇다'는 「2」 분량이나 수효가 많아지다.'를 의미한다. 이와 가장 유사한 의미의 '붇다'는 ①이다.
② 「1」 물에 젖어서 부피가 커지다.
③ 「1」 물에 젖어서 부피가 커지다.
④ 「1」 물에 젖어서 부피가 커지다.

06. ④ ㉠의 '솟다'는 3「1」 땀이나 눈물 따위가 몸 밖으로 다소 많이 나오다.'를 의미한다. 이와 가장 유사한 의미의 '솟다'는 ④이다.
① 2「2」 건물과 같은 구조물이나 산과 같은 지형물이 바닥에서 위로 나온 상태가 되다.
② 2「1」 해나 달이 땅위에서 모습을 드러내 하늘의 한가운데로 올라가다.
③ 1「2」 물가, 성적 따위의 수치화할 수 있는 지표가 이전보다 갑자기 올라가다.

07. ④ '조영하다'는 '집 따위를 짓다.'를 의미한다. 따라서 '막힌 통로나 닫힌 문 따위를 통하게 하다.'를 의미하는 '터놓다'는 ㉣과 바꿔 쓸 수 있는 유사한 표현으로 적절하지 않다. '재료를 들여 밥, 옷, 집 따위를 만들다.'를 의미하는 '짓다'로 바꿔 쓸 수 있다.
① ㉠ '중첩되다'는 '거듭 겹쳐지거나 포개어지다'를 의미한다. 따라서 '여럿이 서로 덧놓이거나 포개어지다.'를 의미하는 '겹쳐지다'로 바꿔 쓸 수 있다.
② ㉡ '편향되다'는 '한쪽으로 치우치게 되다.'를 의미한다. 따라서 '균형을 잃고 한쪽으로 쏠리다.'를 의미하는 '치우치다'로 바꿔 쓸 수 있다.
③ ㉢ '절개하다'는 '치료를 위하여 몸의 일부를 째서 열다.'를 의미한다. 따라서 '물건을 찢거나 베어 가르다.'를 의미하는 '째다'로 바꿔 쓸 수 있다.

08. ③ '벗어나다'는 '어려운 일이나 처지에서 헤어나다.'를 의미한다. 따라서 '몸을 빼쳐 달아나다.'를 의미하는 '탈주하다'는 ㉢과 바꿔 쓸 수 있는 유사한 표현으로 적절하지 않다. '일정한 상태나 처지에서 완전히 벗어나다.'를 의미하는 '탈피하다'로 바꿔 쓸 수 있다.
① ㉠ '살아남다'는 '여럿 가운데 일부가 죽음을 모면하여 살아 남아 있게 되다.'를 의미한다. 따라서 '살아 있거나 살아남다.'를 의미하는 '생존하다'로 바꿔 쓸 수 있다.
② ㉡ '가볍다'는 '생각이나 언어, 행동이 침착하지 못하거나 진득하지 못하다.'를 의미한다. 따라서 '행동이나 말이 가볍고 조심성 없는 데가 있다.'를 의미하는 '경망스럽다'로 바꿔 쓸 수 있다.
④ ㉣ '쉽다'는 '하기가 까다롭거나 힘들지 않다.'를 의미한다. 따라서 '까다롭지 않고 쉽다.'를 의미하는 '평이하다'로 바꿔 쓸 수 있다.

09. ③ 건물 모서리를 둥글게 만드는 것은 영국에서 시행하고 있는 빌딩풍을 막기 위한 정부의 강제 규정으로 빌딩풍의 기압을 낮추는 것과는 상관이 없다. 오히려 빌딩풍이 부는 지역의 기압이 낮아질수록 피해가 거세짐을 2문단 끝부분을 통해 확인할 수 있다.

① 1문단 끝에서 빌딩풍 발생 지역이 주변 지역보다 낮은 기압을 보인다고 말하고 있으므로 적절하다.
② 벤츄라 효과는 유체가 좁은 통로를 통과할 때 그 속도가 높아지고 압력이 낮아진다는 주장이다. 빌딩풍에도 이 원리가 적용되므로 바람이 높은 빌딩을 마주치면 느려진다고 생각하는 사람들은 벤츄라 효과를 잘 모르는 이들일 것이다.
④ 글의 마지막에서 빌딩풍을 막기 위한 제도적 장치가 존재하지 않음을 알 수 있다.

10. ② 문단의 중심 내용을 파악하여 구조적 흐름에 따라 배열하면 다음과 같다.
(나) 생물학에 대한 합리적인 전망과 그에 따른 연구 전략 요청 - 문제 제기
(라) 생물학과 국토 과학의 관련성, 국토 과학의 정의 - 주장 1을 위한 전제
(가) 국토 과학의 측면에서 생물학 연구 전략의 필요성 - 주장 1
(다) 21세기 경제 발전을 위한 생명 산업으로서 생물학 연구 전략의 필요성 - 주장 2

매일 모고 영어 제8회
정답 및 해설

01. ② ★ inhabit 서식하다, 거주하다
- educate 가르치다, 교육하다
- intervene 개입하다, 끼어들다
- neglect 방치하다, 무시하다

[해석] 북극곰은 기후가 매우 추운 북극 지역에 서식한다.

02. ② ★ suck 빨다
- boil 끓다, 끓이다
- heal 낫다, 치유하다, 고치다
- oblige 강요하다, 의무를 지게 하다

[해석] 아기들은 피곤하거나 스트레스를 받을 때 자신을 안정시키고 위안을 얻기 위해 엄지를 빠는 경우가 많다.

03. ③ ★ reduce 줄이다, 낮추다
- intrigue 음모를 꾸미다, 강한 흥미[호기심]를 불러일으키다
- revive 회복하다, 부활시키다, 활기를 되찾다
- increase 증가하다, 인상되다, 늘다

[해석] 에너지 효율이 높은 가전제품을 사용하면 시간이 지남에 따라 전기요금을 크게 줄일 수 있다.

04. ① ★ causal 인과 관계의, 원인의
- alive 살아 있는
- raw 익히지 않은, 날것의, 가공되지 않은
- independent 독립적인, 독자적인

[해석] 흡연과 폐암 사이의 인과 관계가 점점 더 명확히 밝혀지면서 금연이 더욱 권장되고 있다.

05. ④ ★ identical 똑같은, 동일한
- imperial 제국의, 황제의
- nasty 끔찍한, 형편없는, 못된
- dairy 유제품의, 낙농(업)의

[해석] 모조된 그림이 너무 똑같아서 전문가들조차 구분하기 어려웠다.

06. ④ [해설]
'in spite of oneself'는 '자기도 모르게'라는 뜻을 가진 관용 표현이다. 문장의 주어가 'she'이므로, 이에 맞는 재귀대명사 'herself'를 써야 한다. 따라서 밑줄 친 부분에 가장 적절한 것은 ④이다.
[해석]
그녀는 숨기려고 애썼지만, 자기도 모르게 진실을 인정했다.

07. ③ [해설]
'~한 지 시간이 ~지났다'의 뜻으로 쓰일 때는 '시간 + have/has passed + since 주어 + 과거시제 동사'의 관용 구문으로 써야 한다. 따라서 밑줄 친 부분인 moving을 moved로 고쳐야 한다.
[해석]
나는 종종 현관에 앉아 얼마나 많은 것이 변했는지를 생각하곤 한다. 이 집으로 이사 온 지 벌써 10년이 지났다. 이웃은 더 조용해졌고, 마당의 나무들은 훨씬 더 키가 커졌다. 이곳은 기쁠 때도 슬플 때도 많은 추억을 담고 있다. 앞으로 삶이 어디로 나를 데려가든, 이 집은 항상 내 마음속의 집처럼 느껴질 것이다.

08. ④
Tim: 저기요, 혹시 프린터가 왜 작동 안 하는지 아세요? 문서를 두 번이나 보냈는데 출력이 안 돼요.
Jane: 음, 한번 확인해볼게요… 아, 토너가 다 떨어졌네요.
Tim: 이런… 이 문서를 지금 당장 출력해야 하는데요. 다른 프린터 있나요?
Jane: 네, 회의실에 다른 프린터가 있어요. 그거 사용하시면 돼요.
Tim: 다행이네요. 수동으로 연결해야 하나요?
Jane: 사무실 와이파이에 연결돼 있으면 자동으로 뜰 거예요.
① 프린터를 마지막으로 누가 사용했는지 아세요?
② 이 문서 여기서 스캔할 수 있나요?
③ 파일을 PDF로 보낼까요, 워드로 보낼까요?
④ 다른 프린터 있나요?

09. ③ [해설]
이 글은 내향성과 외향성의 사회적 에너지 처리 방식 차이를 설명하며, 마지막 문장은 이러한 차이를 존중하는 환경 설계의 중요성을 강조한다. ①, ②, ④번 문장은 행동적·신경학적 차이를 구체적으로 설명하고 있다. 하지만 ③번 문장은 음식 취향에 관한 내용으로 중심 주제와 관련이 없다. 따라서 글의 흐름상 어색한 문장은 ③이다.
[해석]

> 내향성과 외향성은 사회적 경험을 처리하는 방식이 다르다. ① 내향적인 사람들은 오랜 사회적 상호작용 후에 기운이 빠지는 경우가 많아, 혼자 있는 시간을 통해 재충전하기를 선호한다. ② 반면에 외향적인 사람들은 사회적 활동에서 에너지를 얻으며, 주로 그룹 활동을 찾아 나선다. (③ 연구에 따르면 내향적인 사람들은 일반적으로 초콜릿 같은 단 과자보다 감귤류 과일을 더 선호하는 것으로 나타났다.) ④ 이러한 차이는 뇌 활동에서도 나타나는데, 외향적인 사람들은 외부 보상에 대한 반응이 더 활발하다. 이러한 대조는 서로 다른 성격 유형에 맞게 환경과 기대를 조절하는 것이 중요함을 보여준다.

[어휘]
- introvert 내향인
- extrovert 외향인
- drained 기력이 빠진
- solitude 고독, 혼자 있는 상태
- stimulation 자극
- tailor 맞추다, 조정하다
- personality type 성격 유형
- contrast 대조, 대비

10. ④ [해설]
이 글은 전통적인 믿음, 특히 '노파들의 이야기'가 현대 과학에 의해 어떻게 뒷받침되는지를 다루고 있다. 예를 들어, 닭고기 수프가 감기 증상 완화에 도움이 되고, 당근이 시력 저하를 예방하는 데 긍정적 영향을 준다는 점을 과학적으로 설명한다. 따라서 글의 주제로 가장 적절한 것은 ④이다.
[해석]

> "감기에 걸리면 닭고기 수프를 먹어라." "당근을 먹으면 시력이 좋아진다." 대부분의 사람들은 적어도

한 번쯤 이런 말을 들어본 적이 있을 것이다. 과학적 증거 없이 전해 내려오는 이러한 믿음들은 흔히 '노파의 속설(old wives' tales)'이라 불린다. 이런 이야기들은 아주 오래전부터 존재해 왔으며, 아마도 자식을 걱정하고 돌보던 어머니들로부터 비롯되었을 것이다. 이 속설들은 우리가 일상적으로 겪는 불편함을 달래고 조언하기 위한 의도로 만들어졌을 가능성이 크다. 흥미롭게도, 현대 과학은 이 중 일부 속설이 실제로 근거가 있음을 보여주었다. 예를 들어, 닭고기 수프가 감기를 완전히 치료하지는 못하지만, 코막힘 완화에 도움을 줄 수 있다. 또한 닭고기 수프에는 폐의 점액을 묽게 만들어 기침을 쉽게 하는 자연 화합물이 포함되어 있다. 마찬가지로, 당근이 직접적으로 시력을 개선하지는 않지만, 당근에 들어있는 베타카로틴은 나중에 시력 상실을 초래할 수 있는 안질환을 예방하는 데 도움을 준다. 결국, 한때 과학적 근거가 없다고 여겨졌던 이런 옛 속설들이 실제로 우리의 건강에 긍정적인 영향을 미칠 수 있음이 밝혀졌다.

① 대부분의 노파의 속설이 어떻게 기원되었는가
② 노파의 속설이 왜 미신으로 여겨지는가
③ 감기를 치료하는 노파의 속설의 예
④ 노파의 속설과 현대 과학과의 관계

[어휘]
□ discomfort 불편함
□ relieve 완화하다
□ congestion 혼잡, 막힘
□ compound 화합물
□ mucus 점액
□ eyesight 시력
□ prevent 예방하다

매일 모고 한국사 제8회
정답 및 해설

01. ④ 흥선 대원군은 (가) 재정 위기를 극복하기 위해 숨겨진 땅을 찾아내 세금을 매기고, 농민 봉기의 주요 원인이었던 삼정 개혁에 착수하였다. 이 과정에서 호포제와 사창제가 실시되었다. 그리고 (나) 지방 토호의 근거지이면서 정쟁의 원인이 되었던 서원을 대폭 정리하였다. (가), (나)의 경우 백성과 유생들이 서로 상반된 평가를 내렸다. (라) 대원군이 가장 먼저 착수한 개혁은 외척 세도를 부리던 안동김씨 일족을 정계에서 밀어내고 당파와 신분을 가리지 않고 인재를 골고루 등용하는 일이었다.
(다) 왕실의 위엄을 찾기 위해 경복궁 중건에 착수하였다. 하지만 이 과정에서 원납전을 징수하고 당백전을 발행하면서 유통 경제가 크게 흔들렸으며 백성과 유생 모두로부터 원성을 샀다.

02. ② (가) 조선 정부가 점차 커지는 일본의 군사 압력에 직면하여 일본에 대한 개항을 검토하는 자료이다. 따라서 이는 강화도 조약의 체결과 관련이 있다. (나) 1880년 일본에 수신사로 간 김홍집이 국내에 들여온 책으로, 이 책의 내용은 러시아의 남하에 대응하기 위해서 중국과 친교를 계속 유지하고, 일본과 결속을 맺으며, 미국과 연합해야 한다는 것이었다. 이러한 상황 속에서 청은 조선 정부에 미국과 수교할 것을 권하였다.
일본의 강요로 인해 수교하게 되었으며 일본은 청의 영향력을 배제하고자 하였다.

03. ④ ④ 안경은 조선 후기에 이미 도입되었다.
① 1898년에 발표된 통문이다.
② 전차는 1899년에 개통되었다.
③ 서울에서 인천으로 가는 경인선은 1899년 개통되었다.

04. ② 김홍도는 18세기에 활약한 화가이다.
① 1906년
③ 1908년 이후
④ 1908년

05. ④ 세종은 여진족을 축출하고 4군 6진을 개척하여 현재의 국경선을 완성하였다.
① 발해 선왕 때의 일이다.
② 태조 왕건의 영토 확장으로 청천강까지 진출하였다.
③ 공민왕은 쌍성총관부를 무력으로 수복하였다.

06. ③ 제시된 글에서 여러 형제들이 만주로 이주하기로 결정하고 재산과 가옥을 팔고 1910년 압록강을 건넜다는 내용으로 우당 이회영의 형제들의 이야기임을 알 수 있다.
③ 이회영은 신민회의 회원으로 만주에 독립운동 기지를 건설하기 위하여 형제들과 전 재산을 팔아 이주한 후 1911년 만주 삼원보에 신흥강습소를 세웠다.
① 김구
② 전명운, 장인환
④ 여운형

07. ② 일제강점기 대부분의 조선인들은 가난하게 살았으나, 일부 매판 자본가들과 대지주들은 일본과 서양의 상류층 못지않은 화려한 삶을 살았고, 이들을 모던보이, 모던걸로 불렀다.
① 농촌경제의 붕괴로 도시빈민이 급증하였다.
③ 산미증식계획으로 쌀의 유출이 심하여 잡곡의 소비량이 늘었다.

④ 보통교육을 이수한 조선인들의 비율은 높지 않았다. 보통교육의 의무교육이 이루어진 것은 해방 이후의 일이다.

08. ② 제시된 글에서 1935년 김구가 창당한 한국국민당과 조선혁명당, 한국독립당이 합당을 하는 것과 1937년 중·일 전쟁으로 시작된 항일전쟁이 4년째에 접어들었다는 표현으로 1940년 충칭 임시정부가 만들어지고 3당이 합당한 한국독립당임을 알 수 있다.
② 김구가 주도하던 한국독립당은 충칭 임시정부의 여당 역할을 하였다.
① 신채호가 작성한 조선혁명선언을 강령으로 삼은 단체는 의열단이다.
③ 조선민족혁명당에 대한 설명이다.
④ 신간회에 대한 설명이다.

09. ④ ㄱ. 1942년 일제가 조선어학회를 독립운동 단체로 규정하고 치안 유지법을 들어 주요 인사를 구속하고 단체를 해산시켰다.
ㄹ. 1946년에 있었던 이승만의 발언이다.
ㅁ. 1948년 10월 19일 제주 4·3사건의 진압을 위하여 내려진 파견명령을 여수 지역의 군부대 내부에 있던 좌익 계열 군인들이 반발하여 여수와 순천일대를 점령한 사건이다.
ㄴ. 1950년, ㄷ. 1954년

10. ④ 제시된 합의문은 남과 북을 특수한 관계로 설정하는 내용을 통하여 1991년 12월에 체결된 남북기본합의서임을 알 수 있다.
④ 남과 북은 남북기본합의서의 연장선상에서 한반도 비핵화에 관한 공동선언을 채택하였다.
① 1972년 체결된 7·4 남북공동성명에 관한 내용이다.
② 1985년 전두환 정권하에서 이산가족 상봉이 시작되었다.
③ 1990년에 이루어진 고위급 회담에 대한 내용이다.

한국사

제 8 회

매일 모고 행정법 제8회
정답 및 해설

합격까지 박문각
광야에서 합격까지
행정법 강성빈

01. ③ 구체성의 요구의 정도는 규제 대상의 종류와 성격에 따라 달라진다고 할 것이므로 보건위생 등 급부행정 영역에서는 기본권 침해 영역보다는 구체성의 요구가 다소 약화되어도 무방하다고 해석된다. 대법원 1995. 12. 8.자 95카기16 결정
① 법률의 시행령은 모법인 법률에 의하여 위임받은 사항이나 법률이 규정한 범위 내에서 법률을 현실적으로 집행하는 데 필요한 세부적인 사항만을 규정할 수 있을 뿐, 법률에 의한 위임이 없는 한 법률이 규정한 개인의 권리·의무에 관한 내용을 변경·보충하거나 법률에 규정되지 아니한 새로운 내용을 규정할 수는 없다. 대법원 2020. 9. 3. 선고 2016두32992 전원합의체 판결
② 행정기본법 제2조

> **행정기본법 제2조(정의)**
> 이 법에서 사용하는 용어의 뜻은 다음과 같다.
> 1. "법령등"이란 다음 각 목의 것을 말한다.
>   가. 법령: 다음의 어느 하나에 해당하는 것
>   1) 법률 및 대통령령·총리령·부령
>   2) 국회규칙·대법원규칙·헌법재판소규칙·중앙선거관리위원회규칙 및 감사원규칙
>   3) 1) 또는 2)의 위임을 받아 중앙행정기관(「정부조직법」 및 그 밖의 법률에 따라 설치된 중앙행정기관을 말한다. 이하 같다)의 장, 국회의장, 대법원장, 헌법재판소장, 중앙선거관리위원회위원장, 감사원장 등이 정한 훈령·예규 및 고시 등 행정규칙

④ 일반적으로 법률의 위임에 의하여 효력을 갖는 법규명령의 경우, 구법에 위임의 근거가 없어 무효였더라도 사후에 법개정으로 위임의 근거가 부여되면 그때부터는 유효한 법규명령이 된다. 대법원 1995. 6. 30. 선고 93추83 판결

02. ② 헌법재판소의 위헌결정의 효력은 위헌제청을 한 당해 사건, 위헌결정이 있기 전에 이와 동종의 위헌 여부에 관하여 헌법재판소에 위헌여부심판제청을 하였거나 법원에 위헌여부심판제청신청을 한 경우의 당해 사건과 따로 위헌제청신청은 아니하였지만 당해 법률 또는 법률의 조항이 재판의 전제가 되어 법원에 계속 중인 사건뿐만 아니라 위헌결정 이후에 위와 같은 이유로 제소된 일반사건에도 미친다. 대법원 1993. 1. 15. 선고 91누5747 판결
① 구 환경영향평가법상 환경영향평가를 실시하여야 할 사업에 대하여 환경영향평가를 거치지 아니하였음에도 승인 등 처분을 한 경우, 그 처분의 하자가 행정처분의 당연무효사유에 해당한다. 대법원 2006. 6. 30. 선고 2005두14363 판결
③ 행정청이 청문서 도달기간을 다소 어겼다 하더라도 영업자가 이에 대하여 이의하지 아니한 채 스스로 청문일에 출석하여 그 의견을 진술하고 변명하는 등 방어의 기회를 충분히 가졌다면 청문서 도달기간을 준수하지 아니한 하자는 치유되었다고 봄이 상당하다. 대법원 1992. 10. 23. 선고 92누2844 판결
④ 사업시행계획에 관한 취소사유인 하자는 관리처분계획에 승계되지 아니하여 그 하자를 들어 관리처분계획의 적법 여부를 다툴 수 없다는 이유로, 관리처분계획이 적법하다고 본 원심의 결론은 정당하다고 한 사례. 대법원 2012. 8. 23. 선고 2010두13463 판결

03. ④ 광주광역시문화예술회관장의 단원 위촉은 광주광역시문화예술회관장이 행정청으로서 공권력을 행사하여 행하는 행정처분이 아니라 공법상의 근무관계의 설정을 목적으로 하여 광주광역시와 단원이 되고자 하는 자 사이에 대등한 지위에서 의사가 합치되어 성립하는 공법상 근로계약에 해당한다고 보아야 할 것이므로, 광주광역시립합창단원으로서 위촉기간이 만료되는 자들의 재위촉 신청에 대하여 광주광역시문화예술회관장이 실기와 근무성적에 대한 평정을 실시하여 재위촉을 하지 아니한 것을 항고소송의 대상이 되는 불합격처분이라고 할 수는 없다. 대법원 2001. 12. 11. 선고 2001두7794 판결
① 행정주체가 행정계획을 입안·결정함에 있어서 이익형량을 전혀 행하지 아니하거나 이익형량의 고려 대상에 마땅히 포함시켜야 할 사항을 누락한 경우 또는 이익형량을 하였으나 정당성과 객관성이 결여된 경우에는 그 행정계획결정은 형량에 하자가 있어 위법하게 된다. 대법원 2007. 4. 12. 선고 2005두1893 판결
② 산업단지개발계획상 산업단지 안의 토지 소유자로서 산업단지개발계획에 적합한 시설을 설치하여 입주하려는 자는 산업단지지정권자 또는 그로부터 권한을 위임받은 기관에 대하여 산업단지개발계획의 변경을 요청할 수 있는 법규상 또는 조리상 신청권이 있고, 이러한 신청에 대한 거부행위는 항고소송의 대상이 되는 행정처분에 해당한다고 보아야 한다. 대법원 2017. 8. 29. 선고 2016두44186 판결
③ 행정절차법 제51조

> **행정절차법 제51조(다수인을 대상으로 하는 행정지도)**
> 행정기관이 같은 행정목적을 실현하기 위하여 많은 상대방에게 행정지도를 하려는 경우에는 특별한 사정이 없으면 행정지도에 공통적인 내용이 되는 사항을 공표하여야 한다.

04. ① 확정판결의 존부는 당사자의 주장이 없더라도 법원이 이를 직권으로 조사하여 판단하지 않으면 안되고, 더 나아가 당사자가 확정판결의 존재를 사실심변론종결시까지 주장하지 아니하였더라도 상고심에서 새로이 이를 주장, 입증할 수 있는 것이다. 대법원 1989. 10. 10. 선고 89누1308 판결
② 행정처분의 당연무효를 구하는 소송에 있어서 그 무효를 구하는 사람에게 그 행정처분에 존재하는 하자가 중대하고 명백하다는 것을 주장 입증할 책임이 있다. 대법원 1984. 2. 28. 선고 82누154 판결
③ 행정소송법 제26조는 법원이 필요하다고 인정할 때에는 직권으로 증거조사를 할 수 있고 당사자가 주장하지 아니한 사실에 대하여 판단할 수 있다고 규정하고 있으나, 이는 행정소송에 있어서 원고의 청구범위를 초월하여 그 이상의 청구를 인용할 수 있다는 뜻이 아니라 원고의 청구범위를 유지하면서 그 범위 내에서 필요에 따라 주장 외의 사실에 관하여 판단할 수 있다는 뜻이고 또 법원의 석명권은 당사자의 진술에 모순, 흠결이 있거나 애매하여 그 진술의 취지를 알 수 없을 때 이를 보완하여 명료하게 하거나 입증책임 있는 당사자에게 입증을 촉구하기 위하여 행사하는 것이지 그 정도를 넘어 당사자에게 새로운 청구를 할 것을 권유하는 것은 석명권의 한계를 넘어서는 것이다. 대법원 1992. 3. 10. 선고 91누6030 판결

④ 행정처분에 대한 무효확인과 취소청구는 서로 양립할 수 없는 청구로서 주위적·예비적 청구로서만 병합이 가능하고 선택적 청구로서의 병합이나 단순 병합은 허용되지 아니한다. 대법원 1999. 8. 20. 선고 97누6889 판결

05. ① 과세처분취소 청구를 기각하는 판결이 확정되면 그 처분이 적법하다는 점에 관하여 기판력이 생기고 그 후 원고가 다시 이를 무효라 하여 그 무효확인을 소구할 수는 없는 것이어서, 과세처분의 취소소송에서 청구가 기각된 확정판결의 기판력은 그 과세처분의 무효확인을 구하는 소송에도 미친다. 대법원 1996. 6. 25. 선고 95누1880 판결
② 행정소송법 제28조

> **행정소송법 제28조(사정판결)**
> ① 원고의 청구가 이유있다고 인정하는 경우에도 처분등을 취소하는 것이 현저히 공공복리에 적합하지 아니하다고 인정하는 때에는 법원은 원고의 청구를 기각할 수 있다. 이 경우 법원은 그 판결의 주문에서 그 처분등이 위법함을 명시하여야 한다.

③ 조세의 부과처분을 취소하는 행정소송판결이 확정된 경우 그 조세부과처분의 효력은 처분시에 소급하여 효력을 잃게 되고 따라서 그 부과처분을 받은 사람은 그 처분에 따른 납부의무가 없다고 할 것이므로 위 확정된 행정판결은 조세포탈에 대한 무죄 내지 원판결이 인정한 죄보다 경한 죄를 인정할 명백한 증거라 할 것이다. 대법원 1985. 10. 22. 선고 83도2933 판결
④ 주민 등의 도시관리계획 입안 제안을 거부한 처분을 이익형량에 하자가 있어 위법하다고 판단하여 취소하는 판결이 확정되었더라도 행정청에게 그 입안 제안을 그대로 수용하는 내용의 도시관리계획을 수립할 의무가 있다고는 볼 수 없고, 행정청이 다시 새로운 이익형량을 하여 적극적으로 도시관리계획을 수립하였다면 취소판결의 기속력에 따른 재처분의무를 이행한 것이라고 보아야 한다. 다만 취소판결의 기속력 위배 여부와 계획재량의 한계 일탈 여부는 별개의 문제이므로, 행정청이 적극적으로 수립한 도시관리계획의 내용이 취소판결의 기속력에 위배되지는 않는다고 하더라도 계획재량의 한계를 일탈한 것인지의 여부는 별도로 심리·판단하여야 한다. 대법원 2020. 6. 25. 선고 2019두56135 판결

06. ④ 행정심판법 제43조

> **행정심판법 제43조(재결의 구분)**
> ③ 위원회는 취소심판의 청구가 이유가 있다고 인정하면 처분을 취소 또는 다른 처분으로 변경하거나 처분을 다른 처분으로 변경할 것을 피청구인에게 명한다(주: 취소심판의 인용재결에 취소명령재결은 포함되지 않음).

① 행정심판법 제47조

> **행정심판법 제47조(재결의 범위)**
> ② 위원회는 심판청구의 대상이 되는 처분보다 청구인에게 불리한 재결을 하지 못한다.

② 행정심판법 제47조

> **행정심판법 제47조(재결의 범위)**
> ① 위원회는 심판청구의 대상이 되는 처분 또는 부작위 외의 사항에 대하여는 재결하지 못한다.

③ 행정심판법 제50조의2

> **행정심판법 제50조의2(위원회의 간접강제)**
> ④ 청구인은 제1항 또는 제2항에 따른 결정(주: 위원회의 간접강제결정)에 불복하는 경우 그 결정에 대하여 행정소송을 제기할 수 있다.

07. ③ 원고가 (행정서사업)허가를 받은 때로부터 20년이 다되어 피고가 그 허가를 취소한 것이기는 하나 피고가 취소사유를 알고서도 그렇게 장기간 취소권을 행사하지 않은 것이 아니고 1985. 9. 중순에 비로소 위에서 본 취소사유를 알고 그에 관한 법적 처리방안에 관하여 다각도로 연구검토가 행해졌고 그러한 사정은 원고도 알고 있었음이 기록상 명백하여 이로써 본다면 상대방인 원고에게 취소권을 행사하지 않을 것이란 신뢰를 심어준 것으로 여겨지지 않으니 피고의 처분이 실권의 법리에 저촉된 것이라고 볼 수 있는 것도 아니다. 대법원 1988. 4. 27. 선고 87누915 판결
① 비례의 원칙은 법치국가 원리에서 당연히 파생되는 헌법상의 기본원리로서, 모든 국가작용에 적용된다. 행정목적을 달성하기 위한 수단은 목적달성에 유효·적절하고, 가능한 한 최소침해를 가져오는 것이어야 하며, 아울러 그 수단의 도입에 따른 침해가 의도하는 공익을 능가하여서는 안 된다. 대법원 2019. 7. 11. 선고 2017두38874 판결
② 비록 과세관청이 질의회신 등을 통하여 어떤 견해를 표명하였다고 하더라도 그것이 중요한 사실관계와 법적인 쟁점을 제대로 드러내지 아니한 채 질의한 데 따른 것이라면 공적인 견해표명에 의하여 정당한 기대를 가지게 할 만한 신뢰가 부여된 경우라고 볼 수 없다. 대법원 2013. 12. 26. 선고 2011두5940 판결
④ 입법예고를 통해 법령안의 내용을 국민에게 예고한 적이 있다고 하더라도 그것이 법령으로 확정되지 아니한 이상 국가가 이해관계자들에게 위 법령안에 관련된 사항을 약속하였다고 볼 수 없으며, 이러한 사정만으로 어떠한 신뢰를 부여하였다고 볼 수도 없다. 대법원 2018. 6. 15. 선고 2017다249769 판결

08. ② 행정조사기본법 제24조

> **행정조사기본법 제24조(조사결과의 통지)**
> 행정기관의 장은 법령등에 특별한 규정이 있는 경우를 제외하고는 행정조사의 결과를 확정한 날부터 7일 이내에 그 결과를 조사대상자에게 통지하여야 한다.

① 우편물 통관검사절차에서 이루어지는 우편물의 개봉, 시료채취, 성분분석 등의 검사는 수출입물품에 대한 적정한 통관 등을 목적으로 한 행정조사의 성격을 가지는 것으로서 수사기관의 강제처분이라고 할 수 없으므로, 압수·수색영장 없이 우편물의 개봉, 시료채취, 성분분석 등 검사가 진행되었다 하더라도 특별한 사정이 없는 한 위법하다고 볼 수 없다. 대법원 2013. 9. 26. 선고 2013도7718 판결
③ 납세자 등이 대답하거나 수인할 의무가 없고 납세자의 영업의 자유 등을 침해하거나 세무조사권이 남용될 염려가 없는 조사행위까지 재조사가 금지되는 '세무조사'에 해당한다고 볼 것은 아니다. 대법원 2017. 3. 16. 선고 2014두8360 판결
④ 구 국세기본법 제81조의4 제1항, 제2항 규정의 문언과 체계, 재조사를 엄격하게 제한하는 입법 취지, 그 위반의 효과 등을 종합하여 보면, 구 국세기본법 제81조의4 제2항에 따라 금지되는 재조사에 기하여 과세처분을 하는 것은 단순히 당초 과세처분의 오류를 경정하는 경우에 불과하다는 등의 특별한 사정이 없는 한 그 자체로 위법하고, 이는 과세관청이 그러한 재조사로 얻은 과세자료를 과세처분의 근거로 삼지 않았다거나 이를 배제하고서도 동일한 과세처분이 가능한 경우라고 하여 달리 볼 것은 아니다. 대법원 2017. 12. 13. 선고 2016두55421 판결

09. ② 정보공개법 제17조

> **정보공개법 제17조(비용 부담)**
> ① 정보의 공개 및 우송 등에 드는 비용은 실비의 범위에서 청구인이 부담한다.

① 정보공개법 제5조

> **정보공개법 제5조(정보공개 청구권자)**
> ① 모든 국민은 정보의 공개를 청구할 권리를 가진다.

③ 국가정보원이 그 직원에게 지급하는 현금급여 및 월초수당에 관한 정보는 국가정보원 예산집행내역의 일부를 구성하는 것이므로, 위 현금급여 및 월초수당에 관한 정보는 국가정보원법 제12조에 의하여 비공개 사항으로 규정된 정보로서 공공기관의 정보공개에 관한 법률 제9조 제1항 제1호의 비공개대상정보인 '다른 법률에 의하여 비공개 사항으로 규정된 정보'에 해당한다고 보아야 하고, 위 현금급여 및 월초수당이 근로의 대가로서의 성격을 가진다거나 정보공개청구인이 해당 직원의 배우자라고 하여 달리 볼 것은 아니다. 대법원 2010. 12. 23. 선고 2010두14800 판결

④ 공공기관의 정보공개에 관한 법률, 행정소송법의 규정 내용과 그 취지 등을 종합하여 보면, 청구인이 공공기관의 비공개 결정 또는 부분 공개 결정에 대한 이의신청을 하여 공공기관으로부터 이의신청에 대한 결과를 통지받은 후 취소소송을 제기하는 경우 그 제소기간은 이의신청에 대한 결과를 통지받은 날부터 기산한다고 봄이 타당하다. 대법원 2023. 7. 27. 선고 2022두52980 판결

10. ④ 공익사업으로 인하여 농업의 손실을 입게 된 자가 사업시행자로부터 구 공익사업법 제77조 제2항에 따라 농업손실에 대한 보상을 받기 위해서는 구 공익사업법 제34조, 제50조 등에 규정된 재결절차를 거친 다음 그 재결에 대하여 불복이 있는 때에 비로소 구 공익사업법 제83조 내지 제85조에 따라 권리구제를 받을 수 있다. 대법원 2011. 10. 13. 선고 2009다43461 판결

① 하나의 재결에서 피보상자별로 여러 가지의 토지, 물건, 권리 또는 영업(이처럼 손실보상 대상에 해당하는지, 나아가 그 보상금액이 얼마인지를 심리·판단하는 기초단위를 이하 '보상항목'이라고 한다)의 손실에 관하여 심리·판단이 이루어졌을 때, 피보상자 또는 사업시행자가 반드시 그 재결 전부에 관하여 불복하여야 하는 것은 아니며, 여러 보상항목들 중 일부에 관해서만 불복하는 경우에는 그 부분에 관해서만 개별적으로 불복의 사유를 주장하여 행정소송을 제기할 수 있다. 이러한 보상금 증감 소송에서 법원의 심판범위는 하나의 재결 내에서 소송당사자가 구체적으로 불복신청을 한 보상항목들로 제한된다. 대법원 2018. 5. 15. 선고 2017두41221 판결

② 사업인정고시는 수용재결절차로 나아가 강제적인 방식으로 토지소유자나 관계인의 권리를 취득·보상하기 위한 절차적 요건에 지나지 않고 영업손실보상의 요건이 아니다. 따라서 피고가 시행하는 사업이 토지보상법상 공익사업에 해당하고 원고들의 영업이 해당 공익사업으로 폐업하거나 휴업하게 된 것이어서 토지보상법령에서 정한 영업손실 보상대상에 해당하면, 사업인정고시가 없더라도 피고는 원고들에게 영업손실을 보상할 의무가 있다. 대법원 2021. 11. 11. 선고 2018다204022 판결

③ 어떤 보상항목이 공익사업을 위한 토지 등의 취득 및 보상에 관한 법령상 손실보상대상에 해당함에도 관할 토지수용위원회가 사실을 오인하거나 법리를 오해함으로써 손실보상대상에 해당하지 않는다고 잘못된 내용의 재결을 한 경우에는, 피보상자는 관할 토지수용위원회를 상대로 그 재결에 대한 취소소송을 제기할 것이 아니라, 사업시행자를 상대로 구 공익사업을 위한 토지 등의 취득 및 보상에 관한 법률 제85조 제2항에 따른 보상금증감소송을 제기하여야 한다. 대법원 2018. 7. 20. 선고 2015두4044 판결

매일 모고 행정학 제8회
정답 및 해설

합격까지 박문각
빠른 고득점 합격
행정학 이명훈

01. ② 공유지의 비극은 개인의 합리적 선택으로 인한 편익의 집중과 비용의 분산 관계로 인해 발생한다.

<<핵심정리>> 하딘(Hardin)의 '공유지의 비극'

의의	개인의 합리적 선택(사익극대화)으로 인한 공유지의 과잉소비가 공유지를 황폐화하여 공동체 구성원 모두가 공멸하는 현상
원인	• 공유재의 성격 : 공유재는 비배제성과 경합성을 지녀 개인들의 과잉소비 야기 • 개인의 합리적 선택 : 개인적 비용보다 편익을 크게 하려는 개인의 합리적 선택 • 집단행동의 딜레마(무임승차) 현상 : 편익은 자신에게 집중시키고 비용은 다수에게 분산하려는 무임승차 현상에 기인 • 부정적 외부효과 : 개인의 합리적 선택이 다른 구성원에게 負의 외부효과를 야기
결론	개인의 합리적 선택(사익극대화)이 사회의 합리적 선택(공익극대화)을 보장하지 못하고 오히려 사회적 비효율성을 초래(시장실패 및 정부개입의 이론적 근거)

02. ② 저통제모형은 관료제의 내부규제를 비판하고 제시한 모형으로 조직구조에 대한 제안을 제시하지 못한다.

<<핵심정리>> 피터스(G. Peters)의 대안적 모형

구분		전통적 정부모형	시장모형	신축(유연조직)모형	참여모형	탈규제(저통제)모형
문제의 진단 수준	전근대적 권위	독점	영속성	계층제		내부 규제
	조직	구조	계층제	분권화된 조직	가상조직	평면조직
	관리	• 직업공무원제 • 절차적 통제	• 성과급 • 인센티브 • 민간의 기법	일시적 인사관리(임시직 공무원 활용)	• TQM, MBO • 팀제	자율적 관리(관리재량권 확대)
정책 결정		정치·행정의 구분	• 내부시장 • 시장적 유인	실험	협의, 협상	기업가적 정부
공익의 기준		안정성, 평등	저비용	조정과 저비용	참여, 협의	창의성, 능동성

03. ④ 구조적 접근방법이란 조직구조의 합리적 설계를 통해 행정개혁의 목표를 달성하려는 접근방법이다. 리엔지니어링(BPR)은 행정이 수행되는 절차나 과정·기술과 장비의 개혁 및 조직 내의 운영과정과 일의 흐름 개선을 통해 행정성과의 향상을 도모하려는 관리·기술적 접근방법에 속한다.

<<핵심정리>> 행정개혁의 접근방법

구조적 접근	의의	조직구조의 합리적 설계를 통해 행정개혁의 목표를 달성하려는 접근방법
	방법	① 기구·직제의 간소화와 기능중복의 제거(공무원 수의 감축), ② 책임의 재규정, ③ 조정 및 통제절차의 개선, ④ 표준적 절차의 간소화, ⑤ 의사소통체제의 개선, ⑥ 통솔범위의 수정 등 조직의 제 원리(명령통일·계층제·조정의 원리)와 리스트럭처링(restructuring), ⑦ 분권화 전략 등
관리·기술적 접근	의의	행정이 수행되는 절차나 과정·기술과 장비의 개혁 및 조직 내의 운영과정과 일의 흐름 개선을 통해 행정성과의 향상을 도모하려는 접근방법
	방법	① 관리과학(OR)·체제분석(B/C분석) 등 새로운 분석기법의 도입, ② 컴퓨터의 활용(EDPS, PMIS)·사무자동화(OA) 등 새로운 기술의 도입, ③ BPR(리엔지니어링)·TQM(총체적 품질관리)·BSC(균형성과표) 등을 통한 행정조직 내의 운영과정 및 일의 흐름 개선 등
인간관계적 접근	의의	인간행태의 변화를 통해 행정인의 가치관과 행태를 의도적으로 변화시켜 행정체제의 변화를 유도하려는 접근방법
	방법	감수성훈련, 태도조사, 집단토론 등 조직발전(OD)전략 및 목표에 의한 관리 등의 민주적·분권적·상향적·참여적 접근

04. ③ 정책집행과정은 정책지침의 개발(ⓒ) → 인적·물적 자원의 확보(ⓒ) → 전담기구의 설치 등 조직화(ⓒ) → 대상 집단에게 혜택과 제한의 전달(ⓒ) → 감시과정(㉠)으로 구성된다.

05. ④ 공무원의 보수 및 연금정책은 구성정책의 예이다. 구성정책이란 헌정수행에 필요한 운영규칙에 관한 정책을 말한다. 반면 추출정책이란 체제의 존립을 유지하기 위해 환경으로부터 인적·물적 자원을 동원해 나가는 정책을 말한다. 조세, 각종 부담금, 성금, 토지수용, 병역(징병제도), 공역, 노력동원 등이 이에 속한다.

06. ① 자원의존이론은 조직이 환경을 적극적으로 형성해 나간다고 보는 환경형성론적 시각에 해당하는 이론이다. 반면, 상황적응이론, 제도화이론, 조직군생태학은 조직의 행동이 환경의 제약에 의해 결정된다고 보는 환경결정론적 시각에 해당하는 이론이다.

<<핵심체크>> 거시조직이론

분석 수준 \ 행동적 정향	환경결정론		환경형성론 (임의론, 능동적 적응론, 자유의지론)
	환경결정론	수동적 적응론	
미시적(개별 조직) 수준	관료제 이론	상황적응이론	전략적 선택이론, 자원의존모형
거시적(조직군) 수준	조직경제학, 조직군 생태학	제도화 이론	조직 간 관계이론, 공동체 생태학

행정학 제8회

07. ① 인사행정의 3대 구성요소는 임용(유능한 인재채용), 능력발전, 사기앙양이다.

08. ② 엽관주의는 본래 초창기 미국에서 사회적 소외계층이었던 서부개척민을 국정운영과정에 참여시킴으로써 소수 상위계층의 공직독점(공직의 특권계층화)을 타파할 목적으로 도입되었다.

09. ③ 비용편익분석, 선형계획법 등 계량적 모형을 이용하여 예산을 배정하는 것이 사업목표를 효과적으로 달성할 수 있다고 보는 시각은 합리주의 모형이다.

<<핵심정리>> 예산과정에서 점증모형

의의	과정 측면	• 미시적 과정 : 연속적이고 제한된 비교분석(전략적 점증주의) • 거시적 과정 : 참여적 과정을 통한 정치적 상호조정(분할적 점증주의)
	결과 측면	• 소폭적 변화(단순 점증주의)
점증성의 대상		• 총예산규모 : 현년도 예산은 전년도 예산의 함수 • 기관 간 관계 : 현년도 행정부의 예산요구액과 전년도 의회의 예산 승인액 간에는 선형적 함수관계 • 사업별 예산 : 경직성 경비는 점증적이지만, 비경직성 경비는 점증성이 나타나지 않음
학자		버크헤드(초기의 대표적인 학자), 윌다브스키(점증주의 집대성)
적용이 용이한 경우		• 권력이 분산되어 있을 때, 입법기관의 지지를 얻고자 할 때 • 가용재원의 여유가 크지 않을 때, 결정비용을 경감하고자 할 때 • 미래에 대한 불확실성이 클 때(점증주의의 소폭적 변화는 잘못을 최소화) • 예산주기가 단기적일 때(단기적일 때 예산변동 폭이 좁기 때문) • 예산결정에 대한 이론이 없거나 이론에 대한 불신이 클 때 등
적용이 곤란한 경우		• 자원이 부족할 때(예산증액 곤란) • 예산 통일성의 원칙의 예외인 특별회계와 목적세가 많을 때(수입이 지출을 결정)
한계		• 다수파의 횡포로 인한 자원배분의 불공평 초래 • 비합리적·비포괄적·무계획적 과정으로 예산의 정책적 기능 약화 • 전년도 기준이 부적합할 경우 오류의 지속화 야기 • 전년도 기준만을 중시하므로 환경적 요인 과소평가 • 예산의 근본적 변화가 없어 경직성 경비의 비중이 지속적으로 증가 • 경직된 예산구조로 인해 예산의 재정정책적 기능 약화 • 기타 : 규범적 처방 곤란, 점증성 의미의 모호성, 보수주의적 성격(기득권 보호) 등

10. ② 단체자치는 포괄적 수권주의방식에 의한 권한부여를 특징으로 하며, 주민자치는 개별적 수권주의 방식에 따른 권한부여를 특징으로 한다.

<<핵심정리>> 주민자치와 단체자치

구분	주민자치	단체자치
의미	정치적 의미의 지방자치	법률적 의미의 지방자치
	민주주의의 원리	지방분권의 원리
국가	영국·미국	독일·프랑스
자치권의 인식	자연적·천부적 권리	국가에서 전래된 권리
자치권의 범위	광범위함	협소함
자치권의 중점	지방정부와 주민과의 관계	중앙정부와 지방정부와의 관계
	주민참여에 초점	사무배분에 초점
권한부여 방식	개별적 수권주의	포괄적 수권주의
지방정부 구성형태	기관통합형(의회우월형)	기관대립형(집행기관 우월형)
사무구분	고유사무와 위임사무 미구분	고유사무와 위임사무 구분
조세제도	독립세(자치단체가 과세주체)	부가세(국가가 과세주체)
중앙과 지방의 관계	기능적 상호협력관계	권력적 감독관계
자치단체의 지위	순수한 자치단체	이중적 지위(자치단체 + 일선기관)
특별지방 행정기관	많음	적음
통제	주민통제(아래로부터의 통제)	중앙통제(위로부터의 통제)
민주주의와 관계	상관관계 인정설	상관관계 부정설
국가공무원	없음	있음
위법통제	입법적·사법적 통제	행정적 통제

2025 공무원 시험대비 【8월분】

- 제9회 -
[정답 및 해설]

이 름: _____

제1과목 국어
제2과목 영어
제3과목 한국사
제4과목 행정법총론
제5과목 행정학개론

매일 모의고사 정오표

합격까지 박문각

매일 모고 국어 제9회
정답 및 해설

01. ① '우리는 운동을 열심히 하고 있었다.'는 '우리는(주어)', '운동을(목적어)', '열심히(부사어)', '하고 있었다(서술어 = 본용언 + 보조용언)'으로 구성된 홑문장이다.
② '잘할 수 있다'는 서술절 '잘할 수(가) 있다'와 서술절 내 관형절 '잘할'이 안겨 있는 문장이다. 용언의 관형사형은 거의 관형절이다. '나는 팔굽혀펴기를 남보다 잘하다'가 관형절로 안겨 있는 문장이다.
③ 간접 인용절 '일단 밥부터 먹자'가 안겨 있는 문장이다.
④ '강물이 푸르다'가 주어가 생략된 관형절로 안겨 있는 문장이다.

02. ③ '한 개의 화살은 꺾어도 여러 개 화살은 꺾지 못한다'는 화합의 중요성을 강조하는 말이나 상대의 말에 귀 기울임을 강조하는 뒷 문장과 호응하지 않으므로 바꾸기에 적절하지 못한 표현이다.
① 경제적 이득을 가져다 줄 것이라 예상하는 이들은 입장이 명확하지 않으므로 개최에 찬성한다는 내용을 삽입하기에 적절하다.
② '절대'는 '~안 된다, 못할 것이다' 등의 부정의 서술어와 호응하는 것이 자연스러우므로 '개최해야 한다'라는 서술어에 어울리지 않아 '반드시' 등으로 수정하는 것이 옳다.
④ '다음으로'는 순서를 나타내는 말이므로 앞 문장이 관용어를 사용하고 있는 현재 문맥에는 어울리지 않는다.

03. ④ '모든', '일부'와 같은 양화사(quantifier)에 주의하여 문장을 분석해야 한다. 기호를 이용하여 두 전제를 표현하면 아래와 같다. 이때 p → q ≡ ~p ∨ q 라는 것을 이용한다.

> ○ 자전거 ∧ 전기
> ○ 전기 → 기계

'자전거 ∧ 전기'에 의해 자전거 중 전기를 사용하는 것이 존재하고 '전기 → 기계'에 의해 전기를 사용하는 모든 것은 기계이므로 자전거 중 기계인 것이 존재한다. 즉, '자전거 ∧ 기계'이다.
① 전제 1 '자전거 ∧ 전기'를 통해 '자전거 ∧ ~전기'를 도출하는 것은 불가능하다. 반드시 거짓이라고 할 수도 없지만 반드시 참이라고 할 수도 없다.
② 전제 2 '전기 → 기계'이므로 '기계 ∧ 전기'는 반드시 참이라고 할 수 있으나 이를 통해 '기계 ∧ ~전기'를 도출하는 것은 불가능하다. 반드시 거짓이라고 할 수도 없지만 반드시 참이라고 할 수도 없다.
③ ④ 와 같이 '자전거 ∧ 기계'를 도출하는 것은 가능하나 이를 통해 '자전거 → 기계'를 도출하는 것은 불가능하다.

04. ③ ③ 2개
· 첫 번째 결론: 타당하다.
· 두 번째 결론: 타당하지 않다.
· 세 번째 결론: 타당하다.

05. ③ ㉠의 '나오다'는 '1「1」안에서 밖으로 오다.'를 의미한다. 이와 가장 유사한 의미의 '나오다'는 ③이다.
① 1「2」【…에서】속에서 바깥으로 솟아나다.
② 2「1」책, 신문 따위에 글, 그림 따위가 실리다.
④ 2「2」어떠한 분야에 투신하다.

06. ③ ㉠의 '놓다'는 '1「5」(('…을 놓고' 구성으로 쓰여)) 논의의 대상으로 삼다.'를 의미한다. 이와 가장 유사한 의미의 '놓다'는 ③이다.
① 1「3」걱정이나 근심, 긴장 따위를 잊거나 풀어 없애다.
② 1「2」계속해 오던 일을 그만두고 하지 아니하다.
④ 2「10」어떤 목적을 위하여 사람이나 짐승을 내보내다.

07. ② '각인되다'는 '머릿속에 새겨 넣듯 깊이 기억되다.'를 의미한다. 따라서 '깨달아 알게 하다.'를 의미하는 '깨우치다'는 ㉡과 바꿔 쓸 수 있는 유사한 표현으로 적절하지 않다. '기억이 되살아나거나 잘 구상되지 않던 생각이 나다.'를 의미하는 '떠오르다'로 바꿔 쓸 수 있다.
① ㉠ '결집하다'는 '한곳에 모여 뭉치다. 또는 한곳에 모아 뭉치다.'를 의미한다. 따라서 '한데 굳게 단결하다.'를 의미하는 '뭉치다'로 바꿔 쓸 수 있다.
③ ㉢ '대치하다'는 '서로 맞서서 버티다.'를 의미한다. 따라서 '서로 굽히지 아니하고 마주 겨루어 버티다.'를 의미하는 '맞서다'로 바꿔 쓸 수 있다.
④ ㉣ '진솔하다'는 '진실하고 솔직하다.'를 의미한다. 따라서 '감추거나 드러내지 않는 일이 없다.'를 의미하는 '숨김없다'로 바꿔 쓸 수 있다.

08. ④ '묶다'는 '끈, 줄 따위를 어떤 사람이나 사물에 단단히 잡아매다.'를 의미한다. 따라서 '잡아서 묶다.'를 의미하는 '포박하다'는 ㉣과 바꿔 쓸 수 있는 유사한 표현으로 적절하지 않다. '한 덩어리가 되게 묶다.'를 의미하는 '결속하다'로 바꿔 쓸 수 있다.
① ㉠ '쏘다'는 '활이나 총, 대포 따위를 일정한 목표를 향하여 발사하다.'를 의미한다. 따라서 '총이나 포를 쏘다.'를 의미하는 '발포하다'로 바꿔 쓸 수 있다.
② ㉡ '달라지다'는 '변하여 전과는 다르게 되다.'를 의미한다. 따라서 '모양이나 모습이 달라지거나 바뀌다.'를 의미하는 '변모하다'로 바꿔 쓸 수 있다.
③ ㉢ '쉬다'는 '일이나 활동을 잠시 그치거나 멈추다. 또는 그렇게 하다.'를 의미한다. 따라서 '의료 기관이나 의사가 하루 또는 한동안 진료를 하지 아니하고 쉬다.'를 의미하는 '휴진하다'로 바꿔 쓸 수 있다.

09. ② 마이야르 반응은 당분과 단백질 사이의 작용으로 일어난다고 하였다. 색이 갈색으로 변한다는 점에서 캐러멜라이즈와 동일하지만 캐러멜라이즈는 단백질 없이 당분만 있는 상태에서 일어나는 현상이라 하며 둘을 구분하고 있으므로 고기 겉면을 바싹 익히는 것이 캐러멜라이즈를 이용하기 위해서라는 선지는 옳지 않다.
① 1문단에서 고기의 수분이 증발하지 않는 수비드 조리법을 제시하고 2문단에서 스테이크 표면을 익히는 것은 육즙을 위한 것이 아님, 고기에 불을 가하면 육즙이 무조건 증발함을 말하고 있다. 따라서 고기를 가열하는 마이야르 반응을 이용한 방식보다 수비드 조리법을 사용한 고기가 육즙이 풍부할 것임을 알 수 있다.
③ 고기 안쪽의 육즙은 고기 안쪽까지 열이 도달하지 못해 지켜지는 것임을 2문단에서 밝히고 있다.
④ 마이야르 반응을 일으키면 화합물의 생성으로 독특한 풍미가 더해짐을 2문단에서 확인할 수 있다.

10. ④ ㄱ에서 전자기력이 운동에너지로 바뀌어 회전자를 회전시킴을 밝히고 있다. ㄴ은 자기장에 의한 전자기력 발생

과정을 밝힘으로 ㄱ의 앞에 있어야 한다. ㄹ은 회전자의 자기장 발생에 대해 다룸으로 ㄴ의 앞에 있어야 하며, ㄷ은 자동차가 움직이는 과정이므로 가장 뒤에 있어야 한다. 따라서 ㄹ - ㄴ - ㄱ - ㄷ인 ④가 가장 적절하다.

매일 모고 영어 제9회
정답 및 해설

01. ② ★ suffer 고통받다, 시달리다
● elect 선출하다, 선택하다
● invade 침입하다, 침해하다
● observe 관찰하다, 지키다, 준수하다
[해석] 꽃가루 알레르기가 심한 사람들은 봄철이 되면 알레르기로 인해 고통받는다.

02. ③ ★ install 설치하다
● scatter 흩뿌리다, 쫓아 버리다
● hide 감추다, 숨기다
● dismiss 묵살[일축]하다
[해석] 우리는 전기 요금을 절약하기 위해 지붕에 태양광 패널을 설치하기로 했다.

03. ④ ★ refuse 거부하다, 거절하다
● occupy 차지하다, 거주하다
● invent 발명하다
● embrace 포옹하다, 받아들이다, 포괄하다
[해석] 고집이 센 그녀는 자신의 신념과 맞지 않는 것은 뭐든 거부하는 경향이 있다.

04. ① ★ immune 면역성이 있는, 면역이 된
● brilliant 훌륭한, 멋진
● strange 이상한, 낯선
● identical 동일한, 똑같은
[해석] 백신을 세 차례 접종한 후, 대부분의 사람들은 바이러스에 면역이 생겨 더 이상 중증 질환의 위험에 놓이지 않게 되었다.

05. ④ ★ reinforce 보강하다, 강화하다
● offend 기분 상하게[불쾌하게] 하다, 범죄를 저지르다
● hurt 다치게[아프게] 하다, 아프다
● employ 고용하다, 사용하다
[해석] 우기가 시작되기 전에 다리의 부식된 부분을 보강할 필요가 있다.

06. ② [해설]
빈칸은 주어 자리로, 가까이 있는 복수 명사(book)를 지칭할 때는 복수 지시 형용사 these가 적절하다. 따라서 밑줄 친 부분에 가장 적절한 것은 ②이다.
[해석]
이 책들은 이번 주에 등록한 신입생들을 위한 것이니, 가져가지 마세요.

07. ② [해설]
obey는 전치사에 주의할 3형식 타동사로 전치사 없이 목적어를 취한다. 따라서 밑줄 친 부분인 obey 뒤에 전치사 to는 삭제해야 한다.
[해석]
아카데미 첫날에, 따라야 할 일련의 규칙이 주어질 것이다. 당신은 상급자들의 명령에 복종해야 한다. 이 환경에서는 규율과 존중이 필수적인 자질이다. 명령을 따르지 않는 사람들은 심각한 결과를 맞이할 수 있다. 지휘 체계를 따르는 것은 선택이 아니라 필수임을 명심하라.

08. ② [해석]
A: 저기, 잠깐 시간 괜찮아요? 새 프로젝트 관련해서 회의 일정을 잡아야 해서요.
B: 네, 괜찮아요. 언제쯤 생각하고 계세요?
A: 목요일 오후쯤 어떨까요? 3시쯤이요.
B: 캘린더 좀 볼게요… 아, 3시에 다른 회의가 있네요. 좀 더 일찍 가능할까요?
A: 괜찮아요. 1시 30분은 어때요?
B: 좋아요. 그 시간 괜찮아요. 작은 회의실 예약할까요?
A: 네, 부탁드릴게요. 그리고 나머지 팀원들에게 단체 메일도 보내면 좋겠어요.
B: 알겠습니다. 지금 바로 처리할게요.
① 작은 회의실이 어디에 있나요?
② 1시 30분은 어때요?
③ 그렇다면 저녁으로 옮겨도 될까요?
④ 새 프로젝트 아이디어에 대해 어떻게 생각하세요?

09. ④ [해설]
본문의 열두 번째 문장에서 '7월 28일이 포함된 주에는 워크숍이 열리지 않는다'라고 언급하고 있다. 따라서 윗글의 내용과 일치하지 않는 것은 ④이다.
[오답 해설]
① 본문의 세 번째 문장에서 언급하고 있으므로 일치한다.
② 본문의 다섯 번째 문장에서 언급하고 있으므로 일치한다.
③ 본문의 아홉 번째 문장에서 언급하고 있으므로 일치한다.
[해석]

> **2025 여름 창의적 리더십 워크숍**
>
> 혁신과 리더십 센터(CIL)와 함께 대학생을 위한 여름 프로그램에 참여해 보세요. 참가자들은 협업 프로젝트, 리더십 시뮬레이션, 그리고 전문가 패널 앞에서 창의적인 해결책을 발표하는 최종 쇼케이스에 참여하게 됩니다.
>
> **대상**
> ○ 전공에 관계없이 학부생 누구나 참여 가능
> ○ 모든 참가자는 프로그램 기간 동안 일대일 멘토링과 개별 맞춤 피드백을 받습니다.
>
> **내용**
> ○ 본 워크숍은 실습 기반의 리더십 훈련, 창의성 실험실, 전략적 사고 세미나로 구성됩니다.
> ○ 디자인적 사고 및 윤리적 리더십 세션은 조직 행동학 교수인 Dr. Nia Adams가 진행합니다.
>
> **일정**
> ○ 워크숍은 월요일부터 금요일까지, 오전 10시부터 오후 4시까지 진행됩니다.
> ○ 기간: 7월 14일(월) ~ 8월 8일(금)
> (7월 28일이 포함된 주에는 워크숍이 열리지 않습니다.)

① 참가자들은 최종 발표회에서 자신의 프로젝트를 발표할 것이다.
② 모든 전공의 학부생은 지원할 수 있다.
③ 조직 행동학 교수는 윤리적 리더십에 관한 수업을 진행한다.

④ 이 워크숍은 7월 14일부터 8월 8일까지 매 평일 중단 없이 열린다.
[어휘]
□ registration 등록
□ newsletter 소식지
□ empower 권한을 부여하다
□ conduct 수행하다
□ ethical 윤리적인
□ professional 전문적인
□ personalized 개인화된

10. ④ [해설]
이 이메일은 학생이 여름 연구 인턴십 프로그램에 지원하기 위해 교수에게 추천서를 요청하고 있다. 학생은 자신이 해당 교수의 수업을 들었던 경력을 언급하며, 프로그램의 성격과 교수 추천이 적절한 이유를 설명하고 있다. 따라서 글의 목적으로 가장 적절한 것은 ④이다.
[해석]

> 수신인: professor.ryan@westlakeuniv.edu
> 발신인: hannah.kim.biology@gmail.com
> 날짜: 2026년 2월 26일
> 제목: 요청사항
>
> Ryan 교수님께,
>
> 안녕하세요. 이 메시지가 평안히 닿기를 바랍니다. 저는 2023년 가을 학기에 교수님의 분자생물학과 유전학 수업을 들었던 학생 한나 킴입니다. 교수님의 수업을 매우 즐겁게 들었고, 특히 유전자 조작에 관한 저희 조별 연구 프로젝트에서 보여주신 격려에 감사드립니다.
>
> 이번에 스탠퍼드 대학교의 여름 글로벌 연구 인턴십 프로그램에 지원하게 되어, 추천서를 부탁드리고자 이렇게 연락드립니다. 이 프로그램은 세포생물학 분야의 실험실 기반 경험을 중점으로 하고 있으며, 교수님께서 써주시는 추천서는 제가 학생이자 연구자로서 지닌 강점을 잘 보여줄 수 있을 것이라 생각합니다.
>
> 혹시 추천서를 써주실 수 있다면, 제 이력서, 성적표, 간단한 자기소개서를 함께 보내드릴 수 있습니다. 마감일은 3월 15일이며, 추천서는 온라인으로 제출되어야 합니다. 제 요청을 고려해 주셔서 진심으로 감사드립니다.
>
> 감사합니다,
> Hannah Kim

① 최근 유전학 수업에 대한 피드백을 제공하려고
② 생물학과의 직위에 지원하려고
③ 성적표의 오류를 보고하려고
④ 추천서를 요청하려고
[어휘]
□ recommendation letter 추천서
□ transcript 성적표
□ resume 이력서
□ genetics 유전학
□ modification 조작
□ insight 통찰력, 이해

매일 모고 한국사 제9회
정답 및 해설

합격까지 박문각
가장 빠른 한국사
한국사 박기훈

01. ③ 제시문에서 '조선국왕 제(弟)에게 글을 전한다'라는 내용과 인조 집권 시기의 내용이라는 것을 통해 정묘호란(1627) 이후 형제(兄弟) 맹약을 체결한 시점이라는 것을 알 수 있다.
③ 후금이 청으로 국호를 개칭하고 조선에게 군신관계를 강요하였다. 이에 대하 조선 정부는 주화론과 척화론의 분열이 일어났다.
① 후금은 1616년에 건국되었다. 광해군 때, 명과 후금 사이의 중립외교 등을 통해 후금의 건국을 파악할 수 있다.
② 대보단은 숙종 때, 명나라 태조·신종·의종에 대한 제사를 지낸 사당으로 1704년에 설치되었다.
④ 삼전도의 항복(1636)은 병자호란 이후, 청 태종에게 인조가 굴복한 사건이다.

02. ④ (다)의 조·일 수호 조규 부록은 강화도 조약의 부속 조약으로 1876년에 체결된 것이다. 이 조약에서는 개항장에서의 일본 화폐의 유통이 허용되었는데, 이에 따라 우리나라의 경제 질서가 어지러워지고 일본의 경제적 침략이 용이하게 되었다. (나)의 조·미 수호 통상 조약은 조선이 서양국가와 맺은 최초의 조약이었다. 1882년에 체결된 이 조약에는 최혜국 대우와 거중 조정에 관한 규정이 포함되어 있었다. (가)의 조·프 수호 통상 조약은 1886년에 체결되었는데, 프랑스와의 수교가 이처럼 늦어진 것은 천주교 선교의 자유를 보장하는 문제와 관련하여 국내의 반발이 컸기 때문이었다. 조·프 수호 통상 조약 체결 이후 국내에서의 천주교 선교가 허용되었다.
④ 제시된 조약을 체결된 순서대로 나열할 경우 (다)-(나)-(가)가 된다.

03. ④ 제시된 글의 인물은 정약용이다. 정약용은 지방 행정개혁을 다룬 『목민심서』를 간행하였다.
①『색경』은 박세당이 편찬한 농서이다.
②『의방유취』는 세종 때 집현전에서 편찬한 의학백과사전이다.
③『의산문답』은 홍대용이 허자와 실옹의 대화로 구성한 책이다.

04. ① 제시된 지문은 흥선 대원군의 왕권 강화 정책을 긍정적으로 평가하면서 한계성을 지적한 것이다. 흥선 대원군은 대내적으로 왕권 강화 정책을 추진하여 국가 기강을 바로잡고 민생을 안정시켰으나 이는 궁극적으로 전제 왕권 강화를 목적으로 한 전통 체제 내에서의 개혁이라는 한계성을 가진 것이었다.
ㄷ. 왕권 강화 정책이었다.
ㄹ. 흥선 대원군은 세도 정치를 펴던 안동 김씨 일족을 쫓아내고, 당파, 지역, 신분을 가리지 않고 능력 있는 인재를 고루 등용하였다.

5. ② 제시된 개혁 요강은 1884년 갑신정변으로 정권을 장악한 급진 개화파의 개화당 정부가 마련한 14개조 개혁 정강 중 일부이다. 이는 개화당의 자주 독립과 국민 평등의 의지, 나아가서는 자주적 근대 국가 수립의 의지를 보여주는 것이다.
① 청국에 대한 종속관계의 폐지를 내세운 것이다.
③ 수취 제도의 개혁에 불과하였다.
④ 별기군은 개항 이후 개화 정책이 추진되면서 창설되었다.

06. ④ (가) 조약은 강화도 조약(조·일 수호 조규)이다. 흥선 대원군의 하야 이후 고종의 친정 체제가 수립되면서 대원군이 추진한 여러 가지 개혁 정책이 약화되고 통상 수교 거부 정책도 부분적으로 완화되었다. 그리고 일부 선각적인 양반과 중인들은 통상 개항의 필요성을 제기하였다. 조선 후기 북학파 실학의 맥을 이은 박규수, 오경석, 유홍기 등의 통상 개화론자들은 부국강병을 위해서는 문호 개방이 필요하다고 주장하였고, 흥선 대원군의 하야를 계기로 문호 개방의 여건이 조성되었다.
① 1872년 일본은 조선에 서계(외교문서)를 보냈으나, 당시 흥선 대원군은 문서 안에 일본이 황제의 국가임을 나타내는 문구가 있고 조선 정부에서 보내 준 도장을 사용하지 않았다고 하여 일본 사신의 입국을 거부하고 문서조차 받아들이지 않았다. 이후 일본 내에서는 일부 세력이 정한론을 펼치기도 하였다.
② 흥선 대원군은 통상 수교 거부 정책을 폈다.
③ 러시아가 연해주를 차지한 것과 강화도 조약은 직접적인 연관이 없다.

07. ④ (가)는 강화도 조약, (나)는 1883년에 체결된 조·영 통상 조약이다. 강화도 조약에서 일본은 조선이 자주국임을 명시하였는데, 이는 조선과 청의 전통적인 관계를 부인함으로써 조선을 침략하는 데 청의 간섭을 배제하려는 의도가 있었다. 그리고 영사 재판권을 보장한 것은 조선에 거주하는 일본인의 불법 행위에 대하여 조선의 사법권을 배제함으로써 그들의 침략적 활동을 보호하는 결과를 초래하였다. 또한 조선 정부는 영국과의 통상 조약을 통해 군함 입항권과 최혜국 대우의 혜택을 허용하였다.
④ 조·영 통상 조약에서는 영국 상인의 활동 범위를 개항장에서 100리 이내로 규정함으로써 실질적으로 내륙 무역권을 허용하고 있었으나, 강화도 조약의 부속 조약에서는 개항장에서 10리 이내로 활동 범위가 한정되었다.

08. ① 제시문은 삼정의 문란으로 인해 나타난 사회 현상으로 빈칸에는 흥선 대원군의 민생 안정 정책과 관련된 내용이 들어가야 한다. 집권 이후 흥선 대원군은 농민 봉기의 주요 원인이었던 삼정의 문란을 해결하고자 하였다. 권세가와 지방관, 양반 토호의 토지 겸병을 금지시키고, 토지 대장에서 누락된 땅을 찾아내어 재정을 충실히 하고자 하였다. 또한 종래 상민에게만 징수하던 군포를 양반에게도 징수하는 호포제를 실시하여 군정을 바로잡고 조세 부담을 공평히 하고자 하였다. 그리고 가장 폐해가 컸던 환곡을 개혁하여 사창제를 실시하였다.
②, ③, ④는 전제 왕권 강화를 위한 정책이다.

09. ① 제시된 자료는 청의 주일 외교관이었던 황쭌셴이 지은 조선책략의 일부 내용이다. 일본에 2차 수신사로 건너갔던 김홍집은 황쭌셴이 쓴 조선책략을 국내에 가지고 들어왔다. 이 서적이 유포되면서 국내에서는 미국과 수교하는 것이 필요하다는 주장이 일어났다. 이러한 상황 속에서 청은 일본과 러시아 세력을 견제하고 조선에 대한 종주권을 국제적으로 승인받기 위하여 조선 정부에 미국을 비롯한 서양의 여러 나라와 통상 조약을 체결할 것을 권하였다. 그 결과 1882년 조·미 수호 통상 조약이 체결되었다.
② 조선책략은 김홍집에 의해 국내에 유입되었다.
③ 삼군부는 흥선 대원군 집권기에 설치되었다.

④ 조선 정부가 러시아와 비밀 수교 교섭을 시작한 것은 갑신정변 이후이다.

10. ④ 밑줄 친 '신사상'은 개화 사상을 의미하고 있다. 양반 출신인 박규수와 중인 출신인 오경석, 유홍기 등은 우리나라 개화 사상의 선각자였다. 이들은 중국과 일본이 서양에 문호를 개방하고 베이징이 함락되는 급변하는 시기에 북학파의 실학 사상을 바탕으로 서양 근대 문물의 영향을 받아 개화 세력을 형성하였다. 문호 개방 이후 개화파 인사들은 다른 신진 관료들과 청년들에게 개화 사상을 전파하며 적극적으로 개화 사상을 확대시켜 나갔다. 김옥균이 그 중심 인물로서 왕족, 관리, 군인, 중인, 승려, 궁녀에 이르는 여러 계층의 사람들을 포섭하여 개화파는 1870년대 말에는 확고한 정치 세력을 형성하였다.
③ 주자 성리학의 절대화를 추구하는 집단은 위정척사파이다.

매일 모고 행정법 제9회
정답 및 해설

01. ① 구 국민건강보험법 등의 내용을 종합하면, 요양기관이 속임수나 그 밖의 부당한 방법으로 보험자에게 요양급여비용을 부담하게 한 때에 구 국민건강보험법 제85조 제1항 제1호에 의해 받게 되는 요양기관 업무정지처분은 의료인 개인의 자격에 대한 제재가 아니라 요양기관의 업무 자체에 대한 것으로서 대물적 처분의 성격을 갖는다. 따라서 속임수나 그 밖의 부당한 방법으로 보험자에게 요양급여비용을 부담하게 한 요양기관이 폐업한 때에는 그 요양기관은 업무를 할 수 없는 상태일 뿐만 아니라 그 처분대상도 없어졌으므로 그 요양기관 및 폐업 후 그 요양기관의 개설자가 새로 개설한 요양기관에 대하여 업무정지처분을 할 수는 없다. 대법원 2022. 1. 27. 선고 2020두39365 판결
② 강학상의 '인가'에 속하는 행정처분에 있어서 인가처분 자체에 하자가 있다고 다투는 것이 아니라 기본행위에 하자가 있다 하여 그 기본행위의 효력에 관하여 다투는 경우에는 민사쟁송으로서 따로 그 기본행위의 취소 또는 무효확인 등을 구하는 것은 별론으로 하고 기본행위의 불성립 또는 무효를 내세워 바로 그에 대한 감독청의 인가처분의 취소를 구하는 것은 특단의 사정이 없는 한 소구할 법률상의 이익이 있다고 할 수 없다. 대법원 1995. 12. 12. 선고 95누7338 판결
③ 납세고지서의 교부송달 및 우편송달에 있어서는 반드시 납세의무자 또는 그와 일정한 관계에 있는 사람의 현실적인 수령행위를 전제로 하고 있다고 보아야 하며, 납세자가 과세처분의 내용을 이미 알고 있는 경우에도 납세고지서의 송달이 불필요하다고 할 수는 없다. 대법원 2004. 4. 9. 선고 2003두13908 판결
④ 특허청장의 상표사용권설정등록행위는 사인간의 법률관계의 존부를 공적으로 증명하는 준법률행위적 행정행위임이 분명하다. 대법원 1991. 8. 13. 선고 90누9414 판결

02. ④ 납세자가 아닌 제3자의 재산을 대상으로 한 압류처분은 그 처분의 내용이 법률상 실현될 수 없는 것이어서 당연무효이다. 대법원 2012. 4. 12. 선고 2010두4612 판결
① 세관출장소장에게 관세부과처분을 할 권한이 있다고 객관적으로 오인할 여지가 다분하다고 인정되므로 결국 적법한 권한 위임 없이 세관출장소장에 의하여 행하여진 관세부과처분이 그 하자가 중대하기는 하지만 객관적으로 명백하다고 할 수 없어 당연무효는 아니다. 대법원 2004. 11. 26. 선고 2003두2403 판결
② 5급 이상의 국가정보원직원에 대한 의원면직처분이 임면권자인 대통령이 아닌 국가정보원장에 의해 행해진 것으로 위법하고, 나아가 국가정보원직원의 명예퇴직원 내지 사직서 제출이 직위해제 후 1년여에 걸친 국가정보원장 측의 종용에 의한 것이었다는 사정을 감안한다 하더라도 그러한 하자가 중대한 것이라고 볼 수는 없으므로, 대통령의 내부결재가 있었는지에 관계없이 당연무효는 아니다. 대법원 2007. 7. 26. 선고 2005두15748 판결
③ 어떤 행정처분이 실효의 법리를 위반하여 위법한 것이라고 하더라도, 이러한 하자의 존부는 개별·구체적인 사정을 심리한 후에야 판단할 수 있는 사항이어서 객관적으로 명백한 것이라고 할 수 없으므로, 이는 행정처분의 취소사유에 해당할 뿐 당연무효사유는 아니다. 대법원 2021. 12. 30. 선고 2018다241458 판결

03. ② 주된 인허가에 관한 사항을 규정하고 있는 법률에서 주된 인허가가 있으면 다른 법률에 의한 인허가를 받은 것으로 의제한다는 규정을 둔 경우, 주된 인허가가 있으면 다른 법률에 의한 인허가가 있는 것으로 보는 데 그치고, 거기에서 더 나아가 다른 법률에 의하여 인허가를 받았음을 전제로 하는 그 다른 법률의 모든 규정들까지 적용되는 것은 아니다. 대법원 2016. 11. 24. 선고 2014두47686 판결
① 행정기본법 제25조

행정기본법 제25조(인허가의제의 효과)
① 제24조제3항·제4항에 따라 협의가 된 사항에 대해서는 주된 인허가를 받았을 때 관련 인허가를 받은 것으로 본다.

③ 구 지원특별법 제11조에 의한 사업시행승인을 하는 경우 같은 법 제29조 제1항에 규정된 사업 관련 모든 인허가의제 사항에 관하여 관계 행정기관의 장과 일괄하여 사전 협의를 거칠 것을 요건으로 하는 것은 아니고, 사업시행승인 후 인허가의제 사항에 관하여 관계 행정기관의 장과 협의를 거치면 그때 해당 인허가가 의제된다고 보는 것이 타당하다. 대법원 2012. 2. 9. 선고 2009두16305 판결
④ 행정기본법 제24조

행정기본법 제24조(인허가의제의 기준)
① 이 절에서 "인허가의제"란 하나의 인허가를 받으면 법률로 정하는 바에 따라 그와 관련된 여러 인허가를 받은 것으로 보는 것을 말한다(주: 인·허가의제는 행정기관의 권한에 변경을 가져오므로 법률에 명시적인 근거가 있어야 함).

04. ③ 항고소송의 대상인 처분에 관한 법리에 비추어 고용보험 및 산업재해보상보험의 보험료징수 등에 관한 법률, 동법 시행령과 시행규칙 및 근로복지공단이 고용산재보험료징수법령 등에서 위임된 사항과 그 시행을 위하여 필요한 사항을 규정할 목적으로 제정한 '적용 및 부과업무 처리 규정' 등 관련 규정들의 내용과 체계 등을 살펴보면, 근로복지공단이 사업주에 대하여 하는 '개별 사업장의 사업종류 변경결정'은 행정청이 행하는 구체적 사실에 관한 법집행으로서의 공권력의 행사인 '처분'에 해당한다. 대법원 2020. 4. 9. 선고 2019두61137 판결
① (재단법인 한국연구재단이 대학교 총장에게 연구개발비의 부당집행을 이유로 '해양생물유래 고부가식품·향장·한약 기초소재 개발 인력양성사업에 대한 2단계 두뇌한국(BK)21 사업' 협약을 해지하고 연구팀장에 대한 대학자체 징계 요구 등을 통보한 사안에서), 사업협약 해지 통보는 항고소송의 대상이 되는 행정처분에 해당한다. 대법원 2014. 12. 11. 선고 2012두28704 판결
② 거부처분의 처분성을 인정하기 위한 전제요건이 되는 신청권의 존부는 구체적 사건에서 신청인이 누구인가를 고려하지 않고 관계 법규의 해석에 의하여 일반 국민에게 그러한 신청권을 인정하고 있는가를 살펴 추상적으로 결정되는 것이고, 신청인이 그 신청에 따른 단순한 응답을 받을 권리를 넘어서 신청의 인용이라는 만족적 결과를 얻을 권리를 의미하는 것은 아니다. 대법원 2009. 9. 10. 선고 2007두20638 판결
④ 징계혐의자에 대한 감봉 1월의 징계처분을 견책으로 변경한 소청결정 중 그를 견책에 처한 조치는 재량권의

남용 또는 일탈로서 위법하다는 사유는 소청결정 자체에 고유한 위법을 주장하는 것으로 볼 수 없어 소청결정의 취소사유가 될 수 없다. 대법원 1993. 8. 24. 선고 93누5673 판결

05. ④ 행정소송법 제39조는, "당사자소송은 국가·공공단체 그 밖의 권리주체를 피고로 한다."라고 규정하고 있다. 이것은 당사자소송의 경우 항고소송과 달리 '행정청'이 아닌 '권리주체'에게 피고적격이 있음을 규정하는 것일 뿐, 피고적격이 인정되는 권리주체를 행정주체로 한정한다는 취지가 아니므로, 이 규정을 들어 사인을 피고로 하는 당사자소송을 제기할 수 없다고 볼 것은 아니다. 대법원 2019. 9. 9. 선고 2016다262550 판결
① 당사자소송에 대하여는 행정소송법 제23조 제2항의 집행정지에 관한 규정이 준용되지 아니하므로, 이를 본안으로 하는 가처분에 대하여는 행정소송법 제8조 제2항에 따라 민사집행법상 가처분에 관한 규정이 준용되어야 한다. 대법원 2015. 8. 21.자 2015무26 결정
② 구 군인연금법령상 급여를 받으려고 하는 사람은 우선 관계 법령에 따라 국방부장관 등에게 급여지급을 청구하여 국방부장관 등이 이를 거부하거나 일부 금액만 인정하는 급여지급결정을 하는 경우 그 결정을 대상으로 항고소송을 제기하는 등으로 구체적 권리를 인정받은 다음 비로소 당사자소송으로 그 급여의 지급을 구해야 한다. 이러한 구체적인 권리가 발생하지 않은 상태에서 곧바로 국가를 상대로 한 당사자소송으로 급여의 지급을 소구하는 것은 허용되지 않는다. 대법원 2021. 12. 16. 선고 2019두45944 판결
③ (갑 지방자치단체가 을 주식회사 등 4개 회사로 구성된 공동수급체를 자원회수시설과 부대시설의 운영·유지관리 등을 위탁할 민간사업자로 선정하고 을 회사 등의 공동수급체와 위 시설에 관한 위·수탁 운영 협약을 체결한 사안에서) 위 협약은 갑 지방자치단체가 사인인 을 회사 등에 위 시설의 운영을 위탁하고 그 위탁운영비용을 지급하는 것을 내용으로 하는 용역계약으로서 상호 대등한 입장에서 당사자의 합의에 따라 체결한 사법상 계약에 해당한다(주: 민사소송의 대상으로 본 사례). 대법원 2019. 10. 17. 선고 2018두60588 판결

06. ③ 개성공단 전면중단 조치가 고도의 정치적 결단을 요하는 문제이기는 하나, 조치 결과 개성공단 투자기업인 청구인들에게 기본권 제한이 발생하였고, 국민의 기본권 제한과 직접 관련된 공권력의 행사는 고도의 정치적 고려가 필요한 행위라도 헌법과 법률에 따라 결정하고 집행하도록 견제하는 것이 헌법재판소 본연의 임무이므로, 그 한도에서 헌법소원심판의 대상이 될 수 있다. 헌법재판소 2022. 1. 27. 선고 2016헌마364 전원재판부 결정
① 비상계엄의 선포나 확대가 국헌문란의 목적을 달성하기 위하여 행하여진 경우에는 법원은 그 자체가 범죄행위에 해당하는지의 여부에 관하여 심사할 수 있다. 대법원 1997. 4. 17. 선고 96도3376 판결
② 신행정수도건설이나 수도이전의 문제가 정치적 성격을 가지고 있는 것은 인정할 수 있지만, 그 자체로 고도의 정치적 결단을 요하여 사법심사의 대상으로 하기에는 부적절한 문제라고까지는 할 수 없다. 다만, 이 사건 법률의 위헌여부를 판단하기 위한 선결문제로서 신행정수도건설이나 수도이전의 문제를 국민투표에 붙일지 여부에 관한 대통령의 의사결정이 사법심사의 대상이 될 경우 위 의사결정은 고도의 정치적 결단을 요하는 문제여서 사법심사를 자제함이 바람직하다고는 할 수 있다. 그러나 대통령의 위 의사결정이 국민의 기본권침해와 직접 관련되는 경우에는 헌법재판소의 심판대상이 될 수 있고, 이에 따라 위 의사결정과 관련된 법률도 헌법재판소의 심판대상이 될 수 있다. 헌법재판소 2004. 10. 21. 선고 2004헌마554·566 결정
④ 비록 서훈취소가 대통령이 국가원수로서 행하는 행위라고 하더라도 법원이 사법심사를 자제하여야 할 고도의 정치성을 띤 행위라고 볼 수는 없다. 대법원 2015. 4. 23. 선고 2012두26920 판결

07. ② 조세에 관한 소멸시효가 완성되면 국가의 조세부과권과 납세의무자의 납세의무는 당연히 소멸한다 할 것이므로 소멸시효완성 후에 부과된 부과처분은 납세의무 없는 자에 대하여 부과처분을 한 것으로서 그와 같은 하자는 중대하고 명백하여 그 처분의 효력은 당연무효이다. 대법원 1985. 5. 14. 선고 83누655 판결
① 헌법재판소는 권력분립의 관점에서 소위 과소보호금지원칙을, 즉 국가가 국민의 법익보호를 위하여 적어도 적절하고 효율적인 최소한의 보호조치를 취했는가를 기준으로 심사하게 된다. 헌법재판소 1997. 1. 16. 선고 90헌마110 결정
③ 조세환급금은 조세채무가 처음부터 존재하지 않거나 그 후 소멸하였음에도 불구하고 국가가 법률상 원인 없이 수령하거나 보유하고 있는 부당이득에 해당하고, 환급가산금은 그 부당이득에 대한 법정이자로서의 성질을 가진다. 대법원 2009. 9. 10. 선고 2009다11808 판결
④ 행정기본법 제6조

> **행정기본법 제6조(행정에 관한 기간의 계산)**
> ① 행정에 관한 기간의 계산에 관하여는 이 법 또는 다른 법령등에 특별한 규정이 있는 경우를 제외하고는 「민법」을 준용한다.

08. ② 구 국유재산법에 의한 변상금 부과·징수권은 민사상 부당이득반환청구권과 법적 성질을 달리하므로, 국가는 무단점유자를 상대로 변상금 부과·징수권의 행사와 별도로 국유재산의 소유자로서 민사상 부당이득반환청구의 소를 제기할 수 있다. 대법원 2014. 7. 16. 선고 2011다76402 전원합의체 판결
① 관계 법령상 행정대집행의 절차가 인정되어 행정청이 행정대집행의 방법으로 건물의 철거 등 대체적 작위의무의 이행을 실현할 수 있는 경우에는 따로 민사소송의 방법으로 그 의무의 이행을 구할 수 없다. 대법원 2017. 4. 28. 선고 2016다213916 판결
③ 시정명령을 받은 의무자가 그 시정명령의 취지에 부합하는 의무를 이행하기 위한 정당한 방법으로 행정청에 신청 또는 신고를 하였으나 행정청이 위법하게 이를 거부 또는 반려함으로써 결국 그 처분이 취소되기에 이르렀다면, 특별한 사정이 없는 한 그 시정명령의 불이행을 이유로 이행강제금을 부과할 수는 없다고 보는 것이 위와 같은 이행강제금 제도의 취지에 부합한다. 대법원 2018. 1. 25. 선고 2015두35116 판결
④ 통고처분은 상대방의 임의의 승복을 그 발효요건으로 하기 때문에 그 자체만으로는 통고이행을 강제하거나 상대방에게 아무런 권리의무를 형성하지 않으므로 행정심판이나 행정소송의 대상으로서의 처분성을 부여할 수 없고, 통고처분에 대하여 이의가 있으면 통고내용을 이행하지 않음으로써 고발되어 형사재판절차에서 통고처분의 위법·부당함을 얼마든지 다툴 수 있기 때문에 관세법 제38조 제3항 제2호가 법관에 의한 재판받을 권리를 침해한다든가 적법절차의 원칙에 저촉된다고 볼 수 없다. 헌법재판소 1998. 5. 28. 선고 96헌바4 전원재판부

09. ① 처분이나 민원의 처리기간을 정하는 것은 신청에 따른 사무를 가능한 한 조속히 처리하도록 하기 위한 것이다. 처리기간에 관한 규정은 훈시규정에 불과할 뿐 강행규정이라고 볼 수 없다. 행정청이 처리기간이 지나 처분을 하

였더라도 이를 처분을 취소할 절차상 하자로 볼 수 없다. 민원처리법 시행령 제23조에 따른 민원처리진행상황 통지도 민원인의 편의를 위한 부가적인 제도일 뿐, 그 통지를 하지 않았더라도 이를 처분을 취소할 절차상 하자로 볼 수 없다. 대법원 2019. 12. 13. 선고 2018두41907 판결

② 처분 당시 당사자가 어떠한 근거와 이유로 처분이 이루어진 것인지를 충분히 알 수 있어서 그에 불복하여 행정구제절차로 나아가는 데에 별다른 지장이 없었던 것으로 인정되는 경우에는 처분서에 처분의 근거와 이유가 구체적으로 명시되어 있지 않았다고 하더라도 그로 말미암아 그 처분이 위법한 것으로 된다고 할 수는 없다. 대법원 2013. 11. 14. 선고 2011두18571 판결

③ 행정청이 행정절차법 제20조 제1항의 처분기준 사전공표 의무를 위반하여 미리 공표하지 아니한 기준을 적용하여 처분을 하였다고 하더라도, 그러한 사정만으로 곧바로 해당 처분에 취소사유에 이를 정도의 흠이 존재한다고 볼 수는 없다. 대법원 2020. 12. 24. 선고 2018두45633 판결

④ 행정절차법 제21조

> **행정절차법 제21조(처분의 사전 통지)**
> ② 행정청은 청문을 하려면 청문이 시작되는 날부터 10일 전까지 제1항 각 호의 사항을 당사자등에게 통지하여야 한다. 이 경우 제1항제4호부터 제6호까지의 사항은 청문 주재자의 소속·직위 및 성명, 청문의 일시 및 장소, 청문에 응하지 아니하는 경우의 처리방법 등 청문에 필요한 사항으로 갈음한다.

10. ④ 국가배상법 제9조

> **국가배상법 제9조(소송과 배상신청의 관계)**
> 이 법에 따른 손해배상의 소송은 배상심의회에 배상신청을 하지 아니하고도 제기할 수 있다.

① 어떠한 행정처분이 후에 항고소송에서 취소되었다고 할지라도 그 기판력에 의하여 당해 행정처분이 곧바로 공무원의 고의 또는 과실로 인한 것으로서 불법행위를 구성한다고 단정할 수는 없는 것이다. 대법원 2000. 5. 12. 선고 99다70600 판결

② 100년 발생빈도의 강우량을 기준으로 책정된 계획홍수위를 초과하여 600년 또는 1,000년 발생빈도의 강우량에 의한 하천의 범람은 예측가능성 및 회피가능성이 없는 불가항력적인 재해로서 그 영조물의 관리청에게 책임을 물을 수 없다고 본 사례. 대법원 2003. 10. 23. 선고 2001다48057 판결

③ 하자 유무는 객관적 견지에서 본 안전성의 문제이고 그 설치자의 재정사정이나 영조물의 사용목적에 의한 사정은 안전성을 요구하는데 대한 정도 문제로서 참작사유에는 해당할지언정 안전성을 결정지을 절대적 요건에는 해당하지 아니한다 할 것이다. 대법원 1967. 2. 21. 선고 66다1723 판결

매일 모고 행정학 제9회
정답 및 해설

합격까지 박문각
빠른 고득점 합격
행정학 이명훈

01. ④ 정부실패의 원인으로는 비용과 수익의 절연, 내부성, 파생적 외부효과, 권력의 편재, X-비효율성(공급비용 체증) 등이 있다. 파생적 외부효과의 대응방안으로는 규제완화와 정부보조 삭감 등이 있다. 민영화는 파생적 외부효과의 대응방안이 아니다. 위 지문에서 감축관리는 민영화 등을 의미하며, 정부의 재정지원 삭감은 정부보조 삭감을 의미한다.

<<핵심정리>> 정부실패

유형	내용	대응방안
사적목표의 설정 (내부성)	관료들이 공식적 목표인 공익보다는 비공식적 목표인 개인적 이익이나 소속기관의 이익을 우선함으로써 비공식적 목표가 공식적 목표를 대체하는 현상	• 민영화
파생적 외부효과	정부개입이 초래하는 의도하지 않은 부작용(예 : 주택가격안정화를 위한 정부개입이 오히려 주택가격상승을 가져온 경우)	• 정부보조 삭감 • 규제완화
권력의 편재	정부가 규제권한 등을 통해 특정집단에게 특혜를 남용함으로써 발생하는 분배의 불형평	• 민영화 • 규제완화
X-비효율성 (공급비용 체증)	독점으로 인해 경쟁메커니즘이 존재하지 않아 관료들의 잘못된 의식구조나 행태가 야기됨으로써 발생하는 관리적·기술적·행태적 비효율성	• 민영화 • 정부보조 삭감 • 규제완화
비용과 수익의 절연	시장의 '수익자부담주의'와 달리 정부는 편익 집단과 비용 집단이 서로 단절되어 있어 공급자인 정부는 원가개념 없이 과잉생산하고, 소비자인 국민은 비용개념없이 과잉소비함으로써 정부실패 야기	

02. ④ ⓒ, ⓔ, ⓗ은 옳고, ⓐ, ⓒ, ⓜ은 옳지 않다. 뉴거버넌스론은 다양한 정부 및 비정부조직의 참여, 상호신뢰(ⓔ), 연결망을 통한 협력적 활동(ⓒ) 등을 특징으로 한다. 특히 정부는 이러한 협력체제에서 네트워크 조정자로서 역할(ⓗ)을 수행해야 한다.
ⓐ 뉴거버넌스는 공공과 민간이 협력하여 국정을 운영하는 방식이므로 공사구분이 모호해진다.
ⓒ 뉴거버넌스는 정부의 독점적 활동이 아닌 공공과 민간 간 협력적 활동을 지향한다.
ⓜ 뉴거버넌스는 결과(성과)보다는 (민주적·참여적) 과정을 중시한다.

03. ① 부패신고의무는 「국가공무원법」이 아니라 「부패방지 및 국민권익위원회 설치·운영법」에 규정되어 있다.

<<핵심정리>> 「국가공무원법」상 13대 의무

성실의무	모든 공무원은 법령을 준수하며 성실히 직무를 수행해야 함
선서의무	공무원은 취임할 때에 소속 기관장 앞에서 대통령령 등으로 정하는 바에 따라 선서해야 함
복종의무	공무원은 직무를 수행할 때 소속 상관의 직무상 명령에 복종해야 함
직장이탈금지의무	• 공무원은 소속 상관의 허가 또는 정당한 사유가 없으면 직장을 이탈하지 못함 • 수사기관이 공무원을 구속하려면 그 소속 기관의 장에게 미리 통보해야 함(다만, 현행범은 그러하지 아니함)
친절·공정의무	공무원은 국민 전체의 봉사자로서 친절하고 공정하게 직무를 수행해야 함
영리·겸직금지의무	공무원은 공무 외에 영리를 목적으로 하는 업무에 종사하지 못하며, 소속 기관장의 허가 없이 다른 직무를 겸할 수 없음
종교중립의무	공무원은 종교에 따른 차별 없이 직무를 수행해야 하며, 소속 상관이 이에 위배되는 직무상 명령을 한 경우에는 이에 따르지 아니할 수 있음
비밀엄수의무	공무원은 재직 중은 물론 퇴직 후에도 직무상 알게 된 비밀을 엄수해야 함
청렴의무	• 공무원은 직무와 관련하여 직접적이든 간접적이든 사례·증여·향응을 주거나 받을 수 없음 • 공무원은 직무상의 관계가 있든 없든 그 소속 상관에게 증여하거나 소속 공무원으로부터 증여를 받아서는 아니됨
품위유지의무	공무원은 직무의 내외를 불문하고 그 품위가 손상되는 행위를 해서는 아니됨
영예 등 제한	공무원이 외국 정부로부터 영예나 증여를 받을 경우에는 대통령의 허가를 받아야 함
정치적 중립의무	공무원은 정당이나 그 밖의 정치단체의 결성에 관여하거나 이에 가입할 수 없으며, 선거에서 특정 정당 또는 특정인의 지지나 반대를 하기 위한 행위를 해서는 아니됨
집단활동금지의무	공무원은 노동운동이나 그 밖에 공무 외의 일을 위한 집단 행위를 하여서는 아니됨(다만, 사실상 노무에 종사하는 공무원은 예외로 함)

04. ④ 립스키(Lipsky)의 일선관료제에 의하면 일선관료의 성과목표는 모호하고 대립적이며 비현실적이어서 업무성과를 객관적으로 평가할 기준이 결여되어 있다.

<<핵심정리>> 립스키(Lipsky)의 일선관료제

의의	• 일선관료 : 업무수행과정에서 시민과 직접 접촉하는 공무원(교사, 경찰, 복지요원 등) • 일선관료제 : 구성원의 상당부분이 일선관료로 구성되는 공공서비스 기관
직무특징	• 비정형적 업무상황 : 대면적 업무처리, 집행현장의 다양성과 복잡성 • 폭넓은 재량권 : 시민과 대면과정에 얻어진 전문지식 독점으로 재량권 보유

업무환경	• 불충분한 자원 : 인적·물적·시간적·기술적 자원의 만성적 부족으로 부분적·간헐적 법집행 또는 즉흥적·피상적 법집행 • 권위에 대한 위협 : 위협이 커질수록 권위를 과시하여 권위를 유지하려는 행동경향 • 모호하고 대립적인 기대 : 업무의 분할과 경계의 불분명성, 부서목표의 애매성과 이율배반성으로 객관적인 성과평가가 곤란하여 역할기대나 고객집단에 대한 재정의를 통해 모호하거나 모순되는 역할기대 회피
업무방식	• 고정관념에 따른 고객의 범주화 : 편견·선입견 등 고정관념을 통해 고객을 재량적으로 범주화·분류화하여 선별 • 업무수행의 단순화·정형화 : 복잡하고 불확실한 상황을 단순화·정형화하여 문제를 해결함으로써 고객의 요구와 필요에 민감하지 않은 반응을 보임

05. ③ 정책형성은 정책의제설정과 정책결정을 포함하는 개념이다. 정책형성절차는 정책문제와 국민욕구의 파악 → 목표의 설정 → 정책대안의 수립 및 분석 → 최적안의 선택 순으로 이루어진다.

06. ③ 고전적 조직이론은 공식적, 합리적 구조를 중시하며, 신고전적 조직이론은 비경제적 요인과 비공식적 집단을 중시한다.

<<핵심정리>> 왈도(Waldo)의 조직이론

구분	고전적 조직이론	신고전적 조직이론	현대적 조직이론
중심변수	구조	인간	환경
추구 가치	기계적 능률성	사회적 능률성	가치의 다원화
인간관	• 합리적 경제인 • X이론적 인간관	• 사회인 • Y이론적 인간관	• 자아실현인 또는 복잡인 • 쇄신적 가치관 중시
조직관	• 공식적·합리적 구조 중시 • 정치행정이원론	• 비경제적 요인과 비공식적 집단 중시 • 참여지향적 관리 중시	• 동태적·유기적 구조 • 상황적응적 접근 • 조직발전(OD) 및 종합적 행정개혁 중시
환경관	폐쇄체제	폐쇄체제	개방체제
관련 이론	• 과학적관리론 • 일반관리론 • 행정관리학파(원리주의) • 관료제론	• 인간관계론 • 후기인간관계론 • 행정행태론 • 환경유관론	• 거시조직이론(상황이론, 조직경제학, 조직군생태론, 자원의존모형 등) • 탈관료제모형
연구 방법	• 원리적 접근 • 형식적 과학성	• 경험적 접근 • 경험적 과학성	• 복합적 접근 • 종합과학적 성격

07. ③ 「국가공무원법」에 의하면 중앙인사관장기관은 헌법상 독립기관별로 설치되며, 국회는 국회사무총장, 법원은 법원행정처장, 헌법재판소는 헌법재판소사무처장, 선거관리위원회는 중앙선거관리위원회사무총장, 행정부는 인사혁신처장이 중앙인사관장기관이 된다.

08. ① 기획재정부장관은 매년 기금운용계획안을 마련하여 국무회의의 심의 및 대통령의 승인을 얻어야 한다. 또한 정부는 기금운용계획안을 회계연도 개시 120일 전까지 국회에 제출하고, 국회는 회계연도 개시 30일 전까지 심의·의결하여야 하며, 국회의 의결로 성립한다.

09. ② 특별회계는 사전의결의 원칙의 예외가 아니라 통일성의 원칙과 단일성의 원칙의 예외이다.

10. ② 설문은 티부(Tiebout)가설에 대한 설명이다. 티부가설은 '공공재는 분권적인 배분체제가 효율적이지 못하기 때문에 국민의 선호와 관계없이 중앙집권적·일방적 과정을 통하여 공급될 수밖에 없다'는 사무엘슨(Samuelson)의 이론에 대한 반론이다. 티부(Tiebout)가설은 공공선택론적 접근에 해당하며, 발에 의한 투표 가설이라고도 불린다.

2025 공무원 시험대비 【8월분】

― 제10회 ―
[정답 및 해설]

이 름: _____

제1과목 국어
제2과목 영어
제3과목 한국사
제4과목 행정법총론
제5과목 행정학개론

매일 모의고사 정오표

합격까지 박문각

매일 모고 국어 제10회
정답 및 해설

01. ③ '에서'는 보통 부사격 조사로 쓰이지만 제한적으로 주격 조사로 쓰이는 경우가 있다. 앞에 단체 무정 명사가 나오면서 어떤 행위를 한 '주체의 책임'에 대한 의미를 갖는다면 '에서'는 더 이상 부사격 조사가 아니다. 주격 조사로서 기능하게 되므로 ③ '정부에서'는 주어가 된다.
나머지 ①, ②, ④은 부사격 조사가 쓰인 것으로 부사어이다.

02. ④ 문장 성분의 호응이 모두 자연스럽다.
① 주어 '장점은'은 '것이다, 점이다'라는 서술어와 호응해야 하므로 '최선을 다한다는 것이다'로 고쳐야 한다.
② 이 문장에서는 지금이라는 '조건(자격)'으로는 해결할 수 없다는 것이므로 '지금으로서는'으로 고쳐야 한다.
③ '애환(哀歡)'은 '슬픔과 기쁨'이라는 말이므로 '위로해 주시려고'와 호응하는 것은 '애(哀)', 즉 '슬픔'뿐이다. 따라서 '애환'을 '슬픔'으로 고쳐야 한다.

03. ②
○ 회의 → 자료 ≡ ~자료 → ~회의
○ ~소풍 → ~자료 ≡ 자료 → 소풍
○ 소풍 → 휴식 ≡ ~휴식 → ~소풍
○ ~휴식 → 미팅 ≡ ~미팅 → 휴식

세 번째 명제의 대우명제에 의해 '휴식 → ~소풍'이고 두 번째 명제에 의해 '~소풍 → ~자료'이며 첫 번째 명제의 대우명제에 의해 '~자료 → ~회의'이므로 세 명제를 차례대로 연결하면 '휴식 → ~회의'가 도출된다. 따라서 목요일에 쉬면 월요일에 회의를 하지 않는다.
① 첫 번째 명제에 의해 '회의 → 자료'이고 두 번째 명제의 대우명제에 의해 '자료 → 소풍'이므로 두 명제를 연결하면 '회의 → 소풍'이 도출된다. 이 선지는 '~회의 → ~소풍'으로 도출한 결론의 이명제이다. 따라서 항상 참이라고 할 수 없다. 판단불가의 오류이다.
③ '~휴식 → 소풍'으로 세 번째 명제 '소풍 → ~휴식'의 역명제이다. 따라서 항상 참이라고 할 수 없다. 판단불가의 오류이다.
④ 네 번째 명제의 대우명제에 의해 '~미팅 → 휴식'이고 세 번째 명제의 대우명제에 의해 '휴식 → ~소풍'이므로 두 명제를 연결하면 '~미팅 → ~소풍'이 도출된다. 따라서 금요일에 미팅을 하지 않으면 수요일에 소풍을 가지 않는다. 반대의 오류이다.

04. ④
(가) 기계 → 고장 ≡ ~고장 → ~기계
(나) '물건 ∧ ~고장'

④ (가)의 대우명제 '~고장 → ~기계'에 의해 고장 나지 않는 것은 모두 기계가 아니므로 고장 나지 않는 물건, 즉 '~고장 ∧ 물건'은 기계가 아니다.
①, ③ (가)와 (나)로부터 도출할 수 없는 결론이다.
② '기계 ∧ ~고장'으로 (가)를 부정하는 반례이다. 따라서 전제에 의해 거짓임을 알 수 있는 명제이다.

05. ③ ㉠의 '넘치다'는 2「1」 느낌이나 기운이 정도를 벗어나도록 강하게 일어나다.'를 의미한다. 이와 가장 유사한 의미의 '넘치다'는 ③이다.
① 1「1」 가득 차서 밖으로 흘러나오거나 밀려나다.
② 2「2」 ((주로 '분수에', '분에'와 함께 쓰여)) 어떤 기준을 벗어나 지나다.
④ 2「2」 ((주로 '분수에', '분에'와 함께 쓰여)) 어떤 기준을 벗어나 지나다.

06. ④ ㉠의 '일어나다'는 '2「4」 약하거나 희미하던 것이 성하여지다.'를 의미한다. 이와 가장 유사한 의미의 '일어나다'는 ④이다.
① 2「8」 소리가 나다.
② 2「3」 어떤 마음이 생기다.
③ 2「10」 병을 앓다가 낫다.

07. ③ '개척하다'는 '새로운 영역, 운명, 진로 따위를 처음으로 열어 나가다.'를 의미한다. 따라서 '어떤 곳에 많은 것들이 들어가고 나오고 하다.'를 의미하는 '드나들다'는 ㉢과 바꿔 쓸 수 있는 유사한 표현으로 적절하지 않다. '새로운 기틀을 마련하다.'를 의미하는 '열다'로 바꿔 쓸 수 있다.
① ㉠ '흉악하다'는 '일 따위가 아주 나쁘거나 궂다.'를 의미한다. 따라서 '언짢고 나쁘다.'를 의미하는 '궂다'로 바꿔 쓸 수 있다.
② ㉡ '경주하다'는 '힘이나 정신을 한곳에만 기울이다.'를 의미한다. 따라서 '정성이나 노력 따위를 한곳으로 모으다.'를 의미하는 '기울이다'로 바꿔 쓸 수 있다.
④ ㉣ '신임하다'는 '믿고 일을 맡기다.'를 의미한다. 따라서 '어떤 사람이나 대상에 의지하며 그것이 기대를 저버리지 않을 것이라고 여기다.'를 의미하는 '믿다'로 바꿔 쓸 수 있다.

08. ③ '파묻히다'는 '보이지 않게 묻히다.'를 의미한다. 따라서 '물속에 가라앉게 되다.'를 의미하는 '침몰되다'는 ㉢과 바꿔 쓸 수 있는 유사한 표현으로 적절하지 않다. '보이지 아니하게 파묻히다.'를 의미하는 '매몰되다'로 바꿔 쓸 수 있다.
① ㉠ '지저분하다'는 '말이나 행동이 추잡하고 더럽다.'를 의미한다. 따라서 '말이나 행동 따위가 지저분하고 잡스럽다.'를 의미하는 '추잡하다'로 바꿔 쓸 수 있다.
② ㉡ '놀랍다'는 '감동을 일으킬 만큼 훌륭하거나 굉장하다'를 의미한다. 따라서 '놀랍고 신기한 데가 있다.'를 의미하는 '경이롭다'로 바꿔 쓸 수 있다.
④ ㉣ '지치다'는 '힘든 일을 하거나 어떤 일에 시달려서 기운이 빠지다.'를 의미한다. 따라서 '지치고 쇠약하여지다.'를 의미하는 '피폐하다'로 바꿔 쓸 수 있다.

09. ① ㉠은 긴장이고, ㉡은 이완이다. 2문단에서 노래를 부르는 부분인 창을 통해 창자는 긴장감을 끌어올린다고 했고, 이야기로 풀어 나가는 부분인 아니리를 통해 청중의 긴장을 풀어 이완을 하게 한다고 했다.

10. ② 3문단에서 판소리의 예술적 감동을 '울리고 웃긴다'라고 표현한다고 했다. 여기에서 '울리고 웃긴다'라는 것은 '비장'과 '골계'의 반복을 통해 청중이 하나의 감정으로만 치우치지 않도록 판소리 공연을 구성한다는 것을 의미한다. 따라서 판소리 공연이 초반과 후반에 특정한 감정을 고정하여 구성해 둔다는 ②의 설명은 적절하지 않다.

국어

매일 모고 영어 제10회
정답 및 해설

01. ② ★ intervene 개입하다, 끼어들다
    ● emit 내뿜다, 방출하다
    ● scramble 뒤섞다, 긁어모으다
    ● instigate 부추기다, 선동하다
    [해석] 국제기구들은 평화를 촉진하기 위해 분쟁에 <u>개입하는</u> 경우가 많다.

02. ③ ★ relieve 완화하다, 줄이다, 덜어 주다
    ● serve 제공하다, 섬기다
    ● operate 작동하다, 수술하다
    ● enclose 둘러싸다, 동봉하다
    [해석] 짧게 산책을 하는 것만으로도 스트레스를 <u>완화하고</u> 머리를 맑게 하는 데 도움이 될 수 있다.

03. ② ★ supervise 감독하다, 지도하다
    ● shave 면도하다, 깎다[낮추다]
    ● oppose 반대하다, 겨루다
    ● soak 담그다, 적시다, 흡수하다
    [해석] 선생님들은 견학 중에 학생들의 안전을 위해 계속해서 면밀하게 <u>감독해야</u> 한다.

04. ④ ★ compulsory 의무적인, 강제적인
    ● informal 격식에 얽매이지 않는, 허물없는, 편안한
    ● intermediate 중간의, 중급의
    ● damp 축축한, 눅눅한
    [해석] 차량 내 모든 승객에게 안전벨트 착용이 <u>의무적이다</u>.

05. ④ ★ suspend 중단하다, 연기하다, 정직시키다, 매달다
    ● swear 맹세하다, 욕을 하다
    ● steal 훔치다, 도둑질하다
    ● encourage 격려하다, 용기를 북돋우다
    [해석] 심판은 폭우로 인해 경기를 일시 <u>중단하기로</u> 결정하고 각 팀에게 통보했다.

06. ④ [해설]
    부정대명사를 활용한 관용 표현 'A is one thing, and B is another'는 'A와 B는 별개의 것이다'라는 의미로 쓰인다. 이 표현에서 앞의 'one thing'과 짝을 이루는 표현으로는 'another'가 자연스럽다. 따라서 밑줄 친 부분에 가장 적절한 것은 ④이다.
    [해석]
    도와주겠다고 말하는 것과 실제로 돕는 것은 별개의 것이다.

07. ② [해설]
    '~하는 데 시간이 ~걸리다'의 뜻으로 쓰일 때는 'it takes+(사람)+시간+to부정사'의 구조로 써야 한다. 따라서 밑줄 친 부분인 complete를 to complete로 고쳐야 한다.
    [해석]
    우리는 방금 기획 단계를 마쳤고 이제 본격적인 작업을 시작하려 한다. 이 프로젝트를 완성하는 데는 최소 한 달이 걸릴 것이다. 팀의 모든 구성원은 일정에 대해 알고 있고, 집중할 준비가 되어 있다. 만약 지연이 생기면 그에 따라 일정을 조정할 것이다. 목표는 마감 기한을 지키면서도 품질을 유지하는 것이다.

08. ③ [해석]
    Tim: 안녕하세요. 어제 지출 요청서를 제출했는데요, 이사님이 서명하셨는지 알 수 있을까요?
    Jane: 잠시만요… 아직 책상 위에 그대로 있네요. 오늘 아침엔 아직 출근 전이세요.
    Tim: 그렇군요. 이건 좀 급한 건데요. <u>메모를 남길까요, 아니면 나중에 다시 올까요?</u>
    Jane: 메모를 남기시는 게 좋겠어요. 이사님 돌아오시면 제가 꼭 다시 말씀드릴게요.
    Tim: 신경 써주셔서 정말 감사합니다.
    Jane: 괜찮습니다. 서명되면 바로 연락드릴게요.
    ① 이사님은 언제 돌아오시나요?
    ② 주말에도 사무실이 열리나요?
    ③ 메모를 남길까요, 아니면 나중에 다시 올까요?
    ④ 이사님 대신에 이 서류에 서명해 주실 수 있나요?

09. ④ [해설]
    이 글은 생활 습관이 유전자의 기능, 즉 유전자 발현을 변화시킬 수 있다는 사실을 소개하며 글을 시작한다. (C)는 이러한 내용에 대한 구체적인 예로, 1944년 네덜란드 기근 시기에 태어난 아이들이 성인이 된 후 건강 문제(당뇨병, 심장병 등)를 겪는 사례를 제시한다. (B)는 이러한 유전자 변화가 단지 개인 차원에 그치지 않고 후손에게까지 전달될 수 있다는 연구 결과로 내용을 확장한다. (A)는 이러한 유전자 변화가 과거에는 에너지 절약을 통해 생존에 유리하게 작용했지만, 오늘날과 같은 풍요로운 환경에서는 오히려 비만이나 고혈압 같은 질병 위험을 높일 수 있다는 점을 설명하며, 글의 의미를 정리하고 마무리한다. 따라서 글의 순서로 가장 적절한 것은 ④이다.
    [해석]

    > 최근 유전학 연구에 따르면, 우리의 생활 습관이 유전자의 기능에 직접적인 영향을 줄 수 있다고 합니다. 건강한 습관은 질병 예방을 돕는 유전자를 활성화시키고, 해로운 유전자는 억제할 수 있습니다.
    >
    > (C) 네덜란드 1944년 기근 기간 동안, 영양 부족 상태였던 어머니에게서 태어난 아기들은 나중에 당뇨병과 심장 질환에 걸릴 가능성이 더 높다는 잘 알려진 사례가 있습니다.
    > (B) 게다가 연구자들은 이러한 유전자 변화가 후손에게도 전달될 수 있음을 발견했으며, 이는 할머니의 영양 상태가 손주 세대의 건강에 영향을 미칠 수 있음을 시사합니다.
    > (A) 이러한 유전적 변화는 과거 어려운 환경에서 에너지를 절약하며 생존에 유리하게 작용했지만, 오늘날 풍요로운 환경에서는 오히려 비만과 고혈압의 위험을 증가시킬 수 있습니다.

    [어휘]
    □ chronic disease 만성 질환
    □ famine 기근
    □ malnourished 영양 결핍의
    □ inheritance 유전, 계승
    □ metabolize 대사하다
    □ high blood pressure 고혈압
    □ obesity 비만

10. ② [해설]
이 글은 문해력 개념의 변화를 다루며, 전통적인 문해력과 디지털 문해력의 차이를 설명하고 있다. ①번 문장은 과거 문해력의 정의를 제시하고, ②번 문장은 현대 문해력이 요구하는 새로운 역량 변화를 설명한다. 주어진 문장은 전통적 문해력과 디지털 문해력의 차이를 구체적으로 드러내며, ①번과 ②번 문장 사이를 자연스럽게 연결한다. 따라서 주어진 문장이 들어갈 위치로 가장 적절한 것은 ②이다.

[해석]

> '문해력'의 의미 정의는 최근 수십 년간 크게 변화해 왔다. (①) 예전에는 단지 인쇄된 글자를 해독하고 글로 답하는 능력으로 여겨졌지만, 이제 문해력은 훨씬 더 폭넓은 개념이 되었다. (② 전통적인 문해력은 정적인 텍스트를 읽고 쓰는 능력을 강조했지만, 디지털 문해력은 동적이며 여러 형태로 구성된 콘텐츠를 탐색하고 평가하며 생산하는 능력을 포함한다.) 온라인 플랫폼, 하이퍼링크 문서, 멀티미디어 환경이 의사소통의 중심이 되면서, 독자와 작가에게 요구되는 역량은 근본적으로 변화했다. (③) 오늘날의 문해력은 영상, 인터랙티브 그래픽, 협업 도구 등 다양한 형태의 텍스트와 적극적으로 소통하는 것을 필요로 한다. (④) 전 세계 교육 시스템은 21세기의 읽기와 쓰기가 단순히 펜과 종이를 넘어서야 한다는 점을 인식하며 디지털 문해력을 교육과정에 포함시키기 시작했다.

[어휘]
☐ static text 정적인(고정된) 글
☐ navigate 탐색하다
☐ evaluate 평가하다
☐ decode 해독하다
☐ encode 부호화하다
☐ curricula 교육과정 (curriculum의 복수형)

매일 모고 한국사 제10회
정답 및 해설

01. ④ 제시된 자료는 동도서기의 태도를 보여 주고 있다. 동도서기란 우리의 전통적인 제도와 정신을 유지한 채 서양의 발달된 기술을 받아들이자는 주장으로, 서양 문물에 대한 선택적 수용의 입장이라고 할 수 있다. 개화파는 임오군란을 전후하여 급진 개화파와 온건 개화파로 분화되었다. 이 가운데 온건 개화파는 당시 집권 세력의 일부로서 초기 개화 정책을 주도한 김홍집, 김윤식, 어윤중 등으로, 중국의 양무운동을 본받아 점진적인 개혁을 추구하였다. 이들의 개화 정책은 동도서기론으로 구체화되었으며, 정치적으로는 민씨세력, 외교적으로는 청과 가까웠다.
ㄱ,ㄷ 서양의 정치 제도까지 받아들이자고 주장하는 급진 개화파의 입장이다.

02. ③ 제시된 자료는 위정척사파의 대표적 인물인 최익현이 강화도 조약 체결에 반대하며 올린 상소의 일부 내용이다. 1870년대의 위정척사 운동은 개항 반대 운동으로 나타났다. 일본이 운요호 사건을 일으켜 개항을 요구해 오자, 최익현을 비롯한 유생들은 개항 불가론과 왜양 일체론을 내세우면서 개항에 반대하였다. 특히 최익현은 개항을 반대하는 상소를 올려 일본과 교역할 때 생길 수 있는 폐단을 지적하고, 일본도 서양과 같다는 왜양 일체론을 주장하였다.
ㄴ. 일본과의 조약 체결에 반대하는 상소이지, 무장 투쟁을 벌이자는 내용은 아니다.
ㄷ. 제시된 자료로는 알 수 없는 내용이다.

03. ③ 제시된 자료의 사건은 임오군란이다. 신식 군대인 별기군의 보급과 대우는 좋은 편이었으나 구식 군인에게는 13개월치나 녹봉미가 지급되지 않았다. 뿐만 아니라 군제 개혁으로 많은 구식 군인들이 직업을 잃고 생계의 위협까지 받게 되었다. 이러한 상황에서 구식 군인들은 임오군란을 일으켜 정부 고관의 집을 습격하여 파괴하는 한편, 별기군의 일본인 훈련 교관을 죽이고 일본 공사관을 습격하였다. 나아가 이들 군인들은 도시 빈민층이 합세한 가운데 왕궁을 습격하고 민겸호를 비롯한 민씨 정권의 고관들을 살해하였다. 이때 명성황후는 충주 지방으로 피신하였으며 민씨 일파는 청나라에 도움을 요청하였다. 이에 청은 군대를 파견하고 흥선 대원군을 군란의 책임자로 지목하여 톈진으로 압송하였다. 이후 조선 정부는 일본과 제물포 조약을 체결하여 일본 경비병의 주둔을 허용하였다.
③ 임오군란은 구식 군인과 별기군과의 차별 대우에서 비롯되었다. 임오군란으로 재집권한 대원군은 개화 시책을 중단하고 통리기무아문과 별기군을 혁파하였다.

04. ② 개화파 가운데 김옥균, 박영효, 홍영식, 서광범 등은 청의 내정 간섭과 청에 의존하려는 정부의 정책에 반대하면서, 청의 간섭 때문에 정부의 개화 정책이 제대로 추진되지 못하는 현실을 강력하게 비판하였다. 이들을 급진 개화파 또는 개화당이라고 한다. 이들은 무엇보다도 청과의 사대 관계를 단절하여 조선의 자주 독립권을 확립하고 일본의 메이지유신을 본받아 변법적 개혁을 급진적으로 추진하려고 하였다. 이들은 서양의 물질 문명뿐만 아니라 그 정치 체제와 정신 문화까지도 적극적으로 수용하려는 자세를 지니고 있었다.
① 온건 개화파의 태도이다.
③ 조선책략의 내용이다.
④ 위정척사파의 태도이다.

05. ② 제시된 자료는 영남 유생들이 올린 만인소의 일부 내용이다. 정부의 개화 정책과 조선책략의 유포에 반대하여 1881년 척사 운동이 거세게 일어났다. 그 대표적인 것이 이만손이 중심이 되어 영남 유생들이 집단적으로 올린 만인소였다. 이들은 조선책략이 나라를 망하게 하는 방안이며, 나라를 지키려면 서학을 물리치고 성리학을 굳건히 지켜야 한다고 주장하였다.

06. ④ 제시된 자료에 나타난 사상은 일본의 대표적인 근대 사상가인 후쿠자와 유키치의 문명 개화론이다. 김옥균, 박영효 등 급진 개화파들은 후쿠자와 유키치의 사상에 영향을 받아 서양의 물질 문명뿐만 아니라 그 정치 체제와 정신문화까지도 적극적으로 수용하려는 자세를 지니고 있었다. 또한 제시된 자료 가운데 '문명화를 꾀함에 있어서는 어려운 쪽을 먼저 하고 쉬운 쪽을 나중에 해야 한다.'는 구절을 통해서 서양의 정치 체제와 사상을 우선적으로 수용해야 한다는 주장임을 짐작할 수 있다.
ㄱ. 기기창은 무기 제조, 전환국은 화폐 주조를 맡아보는 발달된 서양의 근대 시설로 제시된 자료의 사상과는 거리가 있다.
ㄷ. 김홍집이 국내에 소개한 것은 황쭌셴이 저술한 조선책략이었다.

07. ② 김옥균을 중심으로 한 급진 개화파들은 1884년 10월에 우정총국 개국 축하연을 계기로 정변을 단행하였다. 이후 창덕궁에 있던 고종과 명성황후를 대동하고 경우궁으로 이동하였다. 김옥균 등은 청이 쳐들어올 것에 대비하여 적은 군사력으로도 효과적으로 막아 낼 수 있는 곳이 바로 경우궁이라고 판단했던 것이다. 이들은 국왕에게 변란이 발생하였다고 꾸며 보고하고, 정부 내 민씨 세력의 핵심 인물과 군 지휘관들을 살해하였다. 정권을 장악한 개화당은 개화당 인사들을 중심으로 하는 신정부를 수립하고 혁신 정강을 만들어 국왕의 전교로서 공포하였다.

08. ④ 밑줄 친 '최후의 선택'에 해당하는 사건은 갑신정변이다. 갑신정변은 비록 3일 천하로 끝났으나 역사적으로 큰 의미를 가진다. 정치면에서는 중국에 대한 전통적 사대 관계를 청산하려 하였고, 국왕의 전제 정치와 외척의 국정 간섭을 막고 근대 지향적인 정치 구조를 수립하고자 하였다. 사회적으로는 문벌을 폐지하고 인민 평등권을 확립하고자 하였다. 이와 같이 갑신정변은 근대 국민 국가 건설을 지향한 우리나라 근대화 운동의 선구라고 할 수 있다.
① 김윤식, 어윤중 등은 온건 개화파에 속하는 인물들이다.
② 갑신정변은 청군에 의해 진압되었다.
③ 제물포 조약은 임오군란 이후에 체결되었다.

09. ③ 제시된 지도는 갑신정변(1884)을 전후한 시기의 한반도 주변 상황을 보여 주고 있다. 이 즈음에 제국주의 열강이 한반도를 둘러싸고 더 많은 이익을 얻기 위하여 첨예하게 대립하는 가운데 조선을 중립국으로 만들자는 논의가 제기되었다. 조선 주재 독일 부영사 부들러는 한반도의 영세중립화를 조선 정부에 건의하고, 개화파인 유길준도 열강이 보장하는 한반도의 중립론을 구상하였다.

① 1895년 삼국 간섭 직후의 상황이다.
②, ④ 흥선 대원군 집권 시기의 일이다.

10. ④ 제시된 자료는 이른바 삼국 간섭의 상황을 보여주고 있다. 1895년 러시아, 프랑스, 독일이 삼국 간섭을 통하여 일본이 청으로부터 빼앗은 랴오둥 반도를 반환하게 하였다. 이에 조선 정부는 이러한 국제 정세를 이용하여 일본을 견제하고자 하였다. 고종과 명성 황후는 박영효를 실각시키고 김홍집, 김윤식, 이범진, 박정양, 이완용 등 온건 개화파와 친러파의 연립 내각을 성립시켰다.
① 1886년 프랑스와의 수교가 이루어진 이후의 일이다.
② 1884년 갑신정변 이후의 일이다.
③ 갑신정변 이후 조선 정부의 노력이다.

매일 모고 행정법 제10회
정답 및 해설

01. ④ 다만 그에 따른 양수인의 책임범위는 지위승계 후 발생한 유가보조금 부정수급액에 한정되고, 지위승계 전에 발생한 유가보조금 부정수급액에 대해서까지 양수인을 상대로 반환명령을 할 수는 없다. 유가보조금 반환명령은 '운송사업자등'이 유가보조금을 지급받을 요건을 충족하지 못함에도 유가보조금을 청구하여 부정수급하는 행위를 처분사유로 하는 '대인적 처분'으로서, '운송사업자'가 불법증차 차량이라는 물적 자산을 보유하고 있음을 이유로 한 운송사업 허가취소 등의 '대물적 제재처분'과는 구별되고, 양수인은 영업양도·양수 전에 벌어진 양도인의 불법증차 차량의 제공 및 유가보조금 부정수급이라는 결과 발생에 어떠한 책임이 있다고 볼 수 없기 때문이다. 대법원 2021. 7. 29. 선고 2018두55968 판결
① 만일 어떠한 공중위생영업에 대하여 그 영업을 정지할 위법사유가 있다면, 관할 행정청은 그 영업이 양도·양수되었다 하더라도 그 업소의 양수인에 대하여 영업정지처분을 할 수 있다고 봄이 상당하다. 대법원 2001. 6. 29. 선고 2001두1611 판결
② 개인택시 운송사업을 양수한 사람은 양도인의 운송사업자로서의 지위를 승계하는 것이므로, 관할관청은 개인택시 운송사업의 양도·양수에 대한 인가를 한 후에도 그 양도·양수 이전에 있었던 양도인에 대한 운송사업면허 취소사유를 들어 양수인의 사업면허를 취소할 수 있고, 가사 양도·양수 당시에는 양도인에 대한 운송사업면허 취소사유가 현실적으로 발생하지 않은 경우라도 그 원인되는 사실이 이미 존재하였다면, 관할관청으로서는 그 후 발생한 운송사업면허 취소사유에 기하여 양수인의 사업면허를 취소할 수 있는 것이다. 대법원 2010. 4. 8. 선고 2009두17018 판결
③ 행정청이 구 식품위생법 규정에 의하여 영업자지위승계신고를 수리하는 처분은 종전의 영업자의 권익을 제한하는 처분이라 할 것이고 따라서 종전의 영업자는 그 처분에 대하여 직접 그 상대가 되는 자에 해당한다고 봄이 상당하므로, 행정청으로서는 위 신고를 수리하는 처분을 함에 있어서 행정절차법 규정 소정의 당사자에 해당하는 종전의 영업자에 대하여 위 규정 소정의 행정절차를 실시하고 처분을 하여야 한다. 대법원 2003. 2. 14. 선고 2001두7015 판결

02. ④ 행정처분에 이미 부담이 부가되어 있는 상태에서 그 의무의 범위 또는 내용 등을 변경하는 부관의 사후변경은, 법률에 명문의 규정이 있거나 그 변경이 미리 유보되어 있는 경우 또는 상대방의 동의가 있는 경우에 한하여 허용되는 것이 원칙이지만, 사정변경으로 인하여 당초에 부담을 부가한 목적을 달성할 수 없게 된 경우에도 그 목적달성에 필요한 범위 내에서 예외적으로 허용된다. 대법원 1997. 5. 30. 선고 97누2627 판결
① 행정청이 종교단체에 대하여 기본재산전환인가를 함에 있어 인가조건을 부가하고 그 불이행시 인가를 취소할 수 있도록 한 경우, 인가조건의 의미는 철회권을 유보한 것이다. 대법원 2003. 5. 30. 선고 2003다6422 판결
② 부담부 행정처분에 있어서 처분의 상대방이 부담(의무)을 이행하지 아니한 경우에 처분행정청으로서는 이를 들어 당해 처분을 취소(철회)할 수 있다. 대법원 1989. 10. 24. 선고 89누2431 판결
③ 행정처분에 붙은 부담인 부관이 제소기간의 도과로 확정되어 이미 불가쟁력이 생겼다면 그 하자가 중대하고 명백하여 당연 무효로 보아야 할 경우 외에는 누구나 그 효력을 부인할 수 없을 것이지만, 부담의 이행으로서 하게 된 사법상 매매 등의 법률행위는 부담을 붙인 행정처분과는 어디까지나 별개의 법률행위이므로 그 부담의 불가쟁력의 문제와는 별도로 법률행위가 사회질서 위반이나 강행규정에 위반되는지 여부 등을 따져보아 그 법률행위의 유효 여부를 판단하여야 한다. 대법원 2009. 6. 25. 선고 2006다18174 판결

03. ② 교육인적자원부장관의 대학총장들에 대한 이 사건 학칙시정요구는 고등교육법 제6조 제2항, 동법시행령 제4조 제3항에 따른 것으로서 그 법적 성격은 대학총장의 임의적인 협력을 통하여 사실상의 효과를 발생시키는 행정지도의 일종이지만, 그에 따르지 않을 경우 일정한 불이익 조치를 예정하고 있어 사실상 상대방에게 그에 따를 의무를 부과하는 것과 다를 바 없으므로 단순한 행정지도로서의 한계를 넘어 규제적·구속적 성격을 상당히 강하게 갖는 것으로서 헌법소원의 대상이 되는 공권력의 행사라고 볼 수 있다. 헌법재판소 2003. 6. 26. 선고 2002헌마337 결정
① 국민건강보험 직장가입자 또는 지역가입자 자격 변동은 법령이 정하는 사유가 생기면 별도 처분 등의 개입 없이 사유가 발생한 날부터 변동의 효력이 당연히 발생하므로, 국민건강보험공단이 갑 등에 대하여 가입자 자격이 변동되었다는 취지의 '직장가입자 자격상실 및 자격변동 안내' 통보를 하였거나, 그로 인하여 사업장이 국민건강보험법상의 적용대상사업장에서 제외되었다는 취지의 '사업장 직권탈퇴에 따른 가입자 자격상실 안내' 통보를 하였더라도, 이는 갑 등의 가입자 자격의 변동 여부 및 시기를 확인하는 의미에서 한 사실상 통지행위에 불과할 뿐, (중략) 위 각 통보의 처분성이 인정되지 않는다. 대법원 2019. 2. 14. 선고 2016두41729 판결
③ 수형자의 영치품에 대한 사용신청 불허처분 후 수형자가 다른 교도소로 이송되었다 하더라도 수형자의 권리와 이익의 침해 등이 해소되지 않은 점 등에 비추어, 위 영치품 사용신청 불허처분의 취소를 구할 이익이 있다(주: 영치품 사용신청 불허행위가 취소소송의 대상이 되는 처분에 해당함을 전제로 소의 이익을 인정한 사례). 대법원 2008. 2. 14. 선고 2007두13203 판결
④ 행정지도가 강제성을 띠지 않은 비권력적 작용으로서 행정지도의 한계를 일탈하지 아니하였다면, 그로 인하여 상대방에게 어떤 손해가 발생하였다 하더라도 행정기관은 그에 대한 손해배상책임이 없다. 대법원 2008. 9. 25. 선고 2006다18228 판결

04. ③ 사단법인 대한의사협회는 의료법에 의하여 의사들을 회원으로 하여 설립된 사단법인으로서, 국민건강보험법상 요양급여행위, 요양급여비용의 청구 및 지급과 관련하여 직접적인 법률관계를 갖지 않고 있으므로, 보건복지부 고시인 '건강보험요양급여행위 및 그 상대가치점수 개정'으로 인하여 자신의 법률상 이익을 침해당하였다고 할 수 없는 결과 위 고시의 취소를 구할 원고적격이 없다. 대법원 2006. 5. 25. 선고 2003두11988 판결
① 행정처분이 수익적인 처분이거나 신청에 의하여 신청 내용대로 이루어진 처분인 경우에는 처분 상대방의 권리나 법률상 보호되는 이익이 침해되었다고 볼 수 없으므로 달리 특별한 사정이 없는 한 처분의 상대방은 그 취소를 구할

이익이 없다. 대법원 1995. 5. 26. 선고 94누7324 판결
② 사증발급의 법적 성질, 출입국관리법의 입법 목적, 사증발급 신청인의 대한민국과의 실질적 관련성, 상호주의원칙 등을 고려하면, 우리 출입국관리법의 해석상 외국인에게는 사증발급 거부처분의 취소를 구할 법률상 이익이 인정되지 않는다. 대법원 2018. 5. 15. 선고 2014두42506 판결
④ 고등학교졸업이 대학입학자격이나 학력인정으로서의 의미밖에 없다고 할 수 없으므로 고등학교졸업학력검정고시에 합격하였다 하여 고등학교 학생으로서의 신분과 명예가 회복될 수 없는 것이니 퇴학처분을 받은 자로서는 퇴학처분의 위법을 주장하여 그 취소를 구할 소송상의 이익이 있다. 대법원 1992. 7. 14. 선고 91누4737 판결

05. ① 행정처분의 근거 법률에 의하여 보호되는 직접적이고 구체적인 이익이 있는 경우에는 행정소송법 제35조에 규정된 '무효확인을 구할 법률상 이익'이 있다고 보아야 하고, 이와 별도로 무효확인소송의 보충성이 요구되는 것은 아니므로 행정처분의 무효를 전제로 한 이행소송 등과 같은 직접적인 구제수단이 있는지 여부를 따질 필요가 없다고 해석함이 상당하다. 대법원 2008. 3. 20. 선고 2007두6342 전원합의체 판결
② 행정처분의 당연무효를 선언하는 의미에서 그 취소를 청구하는 행정소송을 제기하는 경우에도 소원의 전치와 제소기간의 준수 등 취소소송의 제소요건을 갖추어야 한다. 대법원 1984. 5. 29. 선고 84누175 판결
③ 행정소송법 제38조 제1항이 무효확인 판결에 관하여 취소판결에 관한 규정을 준용함에 있어서 같은 법 제30조 제2항을 준용한다고 규정하면서도 같은 법 제34조는 이를 준용한다는 규정을 두지 않고 있으므로, 행정처분에 대하여 무효확인 판결이 내려진 경우에는 그 행정처분이 거부처분인 경우에도 행정청에 판결의 취지에 따른 재처분의무가 인정될 뿐 그에 대하여 간접강제까지 허용되는 것은 아니라고 할 것이다. 대법원 1998. 12. 24.자 98무37 판결
④ 당연무효의 행정처분을 소송목적물로 하는 행정소송에서는 존치시킬 효력이 있는 행정행위가 없기 때문에 행정소송법 제28조 소정의 사정판결을 할 수 없다. 대법원 1996. 3. 22. 선고 95누5509 판결

06. ② 대학이 성적불량을 이유로 학생에 대하여 징계처분을 하는 경우에 있어서 수강신청이 있은 후 징계요건을 완화하는 학칙개정이 이루어지고 이어 당해 시험이 실시되어 그 개정학칙에 따라 징계처분을 한 경우라면 이는 이른바 부진정소급효에 관한 것으로서 구 학칙의 존속에 관한 학생의 신뢰보호가 대학당국의 학칙개정의 목적달성보다 더 중요하다고 인정되는 특별한 사정이 없는 한 위법이라고 할 수 없다. 대법원 1989. 7. 11. 선고 87누1123 판결
① WTO 협정은 국가와 국가 사이의 권리·의무관계를 설정하는 국제협정으로, 그 내용 및 성질에 비추어 이와 관련한 법적 분쟁은 위 WTO 분쟁해결기구에서 해결하는 것이 원칙이고, 사인에 대하여는 위 협정의 직접 효력이 미치지 아니한다고 보아야 할 것이므로, 위 협정에 따른 회원국 정부의 반덤핑부과처분이 WTO 협정위반이라는 이유만으로 사인이 직접 국내 법원에 회원국 정부를 상대로 그 처분의 취소를 구하는 소를 제기하거나 위 협정 위반을 처분의 독립된 취소사유로 주장할 수는 없다. 대법원 2009. 1. 30. 선고 2008두17936 판결
③ 행정기본법 제14조

> **행정기본법 제14조(법 적용의 기준)**
> ③ 법령등을 위반한 행위의 성립과 이에 대한 제재처분은 법령등에 특별한 규정이 있는 경우를 제외하고는 법령등을 위반한 행위 당시의 법령등에 따른다.

④ 신법의 효력발생일 당시 종결되거나 완성되지 아니한 채 진행 중인 사건에 대하여 신법을 적용하는 것은 이른바 '부진정 소급적용'에 해당하므로, 진정 소급적용의 경우와 달리 원칙적으로 허용된다.

07. ④ 질서위반행위규제법 제21조

> **질서위반행위규제법 제21조(법원에의 통보)**
> ① 제20조제1항에 따른 이의제기를 받은 행정청은 이의제기를 받은 날부터 14일 이내에 이에 대한 의견 및 증빙서류를 첨부하여 관할 법원에 통보하여야 한다(주: 행정청이 관할 법원에 통보하는 경우는 질서위반행위 사실을 적발한 때가 아니라, 상대방이 이의를 제기한 때임).

① 어떤 행정법규위반의 행위에 대하여 이를 단지 간접적으로 행정상의 질서에 장애를 줄 위험성이 있음에 불과한 경우로 보아 행정질서벌인 과태료를 과할 것인지 아니면 직접적으로 행정목적과 공익을 침해한 행위로 보아 행정형벌을 과할 것인지는 기본적으로 입법권자가 제반사정을 고려하여 결정할 입법재량에 속하는 문제이다. 헌법재판소 1998. 5. 28. 선고 96헌바83 결정
② 통고처분을 할 것인지의 여부는 관세청장 또는 세관장의 재량에 맡겨져 있고, 따라서 관세청장 또는 세관장이 관세범에 대하여 통고처분을 하지 아니한 채 고발하였다는 것만으로는 그 고발 및 이에 기한 공소의 제기가 부적법하게 되는 것은 아니다. 대법원 2007. 5. 11. 선고 2006도1993 판결
③ 질서위반행위규제법 제4조

> **질서위반행위규제법 제4조(법 적용의 장소적 범위)**
> ② 이 법은 대한민국 영역 밖에서 질서위반행위를 한 대한민국의 국민에게 적용한다.

08. ① 행정기본법 제23조

> **행정기본법 제23조(제재처분의 제척기간)**
> ① 행정청은 법령등의 위반행위가 종료된 날부터 5년이 지나면 해당 위반행위에 대하여 제재처분(인허가의 정지·취소·철회, 등록 말소, 영업소 폐쇄와 정지를 갈음하는 과징금 부과를 말한다. 이하 이 조에서 같다)을 할 수 없다.
> ② 다음 각 호의 어느 하나에 해당하는 경우에는 제1항을 적용하지 아니한다.
>   2. 당사자가 인허가나 신고의 위법성을 알고 있었거나 중대한 과실로 알지 못한 경우

② 행정기본법 제23조

> **행정기본법 제23조(제재처분의 제척기간)**
> ④ 다른 법률에서 제1항 및 제3항의 기간보다 짧거나 긴 기간을 규정하고 있으면 그 법률에서 정하는 바에 따른다.

③ 행정처분과 형벌은 각각 그 권력적 기초, 대상, 목적이 다르다. 일정한 법규 위반 사실이 행정처분의 전제사실이자 형사법규의 위반 사실이 되는 경우에 동일한 행위에 관하여 독립적으로 행정처분이나 형벌을 부과하거나 이를 병과할 수 있다. 법규가 예외적으로 형사소추 선행 원칙을 규정하고 있지 않은 이상 형사판결 확정에 앞서 일정한 위반사실을 들어 행정처분을 하였다고 하여 절차적 위반이 있다고 할 수 없다. 대법원 2017. 6. 19. 선고 2015두59808 판결
④ 효력기간이 정해져 있는 제재적 행정처분의 효력이 발생한 이후에도 행정청은 특별한 사정이 없는 한 상대방에 대한 별도의 처분으로써 효력기간의 시기와 종기를 다시 정할 수 있다. 이는 당초의 제재적 행정처분이 유효

함을 전제로 그 구체적인 집행시기만을 변경하는 후속 변경처분이다. (중략) 이러한 후속 변경처분 권한은 특별한 사정이 없는 한 당초의 제재적 행정처분의 효력이 유지되는 동안에만 인정된다. 당초의 제재적 행정처분에서 정한 효력기간이 경과하면 그로써 처분의 집행은 종료되어 처분의 효력이 소멸하는 것이므로, 그 후 동일한 사유로 다시 제재적 행정처분을 하는 것은 위법한 이중처분에 해당한다. 대법원 2022. 2. 11. 선고 2021두40720 판결

09. ③ 「개인정보 보호법」 제39조 제1항은 정보주체가 개인정보처리자의 「개인정보 보호법」 위반행위로 입은 손해의 배상을 청구하는 경우에 개인정보처리자의 고의나 과실을 증명하는 것이 곤란한 점을 감안하여 그 증명책임을 개인정보처리자에게 전환하는 것일 뿐이고, 개인정보처리자가 「개인정보 보호법」을 위반한 행위를 하였다는 사실 자체는 정보주체가 주장·증명하여야 한다. 대법원 2024. 5. 17. 선고 2018다262103 판결
① 개인정보 보호법 제7조

> 개인정보 보호법 제7조(개인정보 보호위원회)
> ① 개인정보 보호에 관한 사무를 독립적으로 수행하기 위하여 국무총리 소속으로 개인정보 보호위원회를 둔다.

② 개인정보 보호법 제2조

> 개인정보 보호법 제2조(정의)
> 이 법에서 사용하는 용어의 뜻은 다음과 같다.
> 1. "개인정보"란 살아 있는 개인에 관한 정보로서 다음 각 목의 어느 하나에 해당하는 정보를 말한다.

④ 개인정보 보호법 제15조

> 개인정보 보호법 제15조(개인정보의 수집·이용)
> ① 개인정보처리자는 다음 각 호의 어느 하나에 해당하는 경우에는 개인정보를 수집할 수 있으며 그 수집 목적의 범위에서 이용할 수 있다.
> 7. 공중위생 등 공공의 안전과 안녕을 위하여 긴급히 필요한 경우

10. ③ 하천구역 편입토지에 대한 손실보상청구권은 공법상의 권리임이 분명하고, 따라서 그 손실보상을 둘러싼 쟁송은 사인 간의 분쟁을 대상으로 하는 민사소송이 아니라 공법상의 법률관계를 대상으로 하는 행정소송절차에 의하여야 한다. 위 규정들에 의한 손실보상청구권은 1984. 12. 31. 전에 토지가 하천구역으로 된 경우에는 당연히 발생되는 것이지, 관리청의 보상금지급결정에 의하여 비로소 발생하는 것은 아니므로, 위 규정들에 의한 손실보상금의 지급을 구하거나 손실보상청구권의 확인을 구하는 소송은 행정소송법 제3조 제2호 소정의 당사자소송에 의하여야 할 것이다. 대법원 2006. 5. 18. 선고 2004다6207 판결
① 헌법 제23조

> 헌법 제23조
> ③ 공공필요에 의한 재산권의 수용·사용 또는 제한 및 그에 대한 보상은 법률로써 하되, 정당한 보상을 지급하여야 한다.

② 도시계획시설의 지정으로 말미암아 당해 토지의 이용가능성이 배제되거나 또는 토지소유자가 토지를 종래 허용된 용도대로도 사용할 수 없기 때문에 이로 말미암아 현저한 재산적 손실이 발생하는 경우에는, 원칙적으로 사회적 제약의 범위를 넘는 수용적 효과를 인정하여 국가나 지방자치단체는 이에 대한 보상을 해야 한다. 헌법재판소 1999. 10. 21. 선고 97헌바26 전원재판부
④ 공익사업을 위한 토지 등의 취득 및 보상에 관한 법률 제28조, 제30조에 따르면, 편입토지 보상, 지장물 보상, 영업·농업 보상에 관해서는 사업시행자만이 재결을 신청할 수 있고 토지소유자와 관계인은 사업시행자에게 재결신청을 청구하도록 규정하고 있으므로, 토지소유자나 관계인의 재결신청 청구에도 사업시행자가 재결신청을 하지 않을 때 토지소유자나 관계인은 사업시행자를 상대로 거부처분 취소소송 또는 부작위 위법확인소송의 방법으로 다투어야 한다. 대법원 2019. 8. 29. 선고 2018두57865 판결

매일 모고 행정학 제10회
정답 및 해설

01. ① 현대 행정은 신행정국가를 지향하며, 신행정국가는 국가중심의 강력하고 단일한 권한과 권위에 바탕을 둔 행정국가의 국가운영방식을 비판하고 국가·시장·시민사회의 상호작용(다주체성)을 통한 뉴거버넌스적 국정운영방식을 지향한다.

02. ① 신공공관리론은 공공서비스의 공급에 있어서 시민과 기업이 참여하는 공동공급보다는 민영화와 민간위탁을 중시한다. 반면, 뉴거버넌스론은 정부, 시장, 시민이 모두 참여하는 공동급을 중시한다.

03. ④ 설문은 회색부패에 대한 것이다. 회색부패는 사회구성원 중 일부 집단은 처벌을 원하지만 다른 일부 집단은 처벌을 원하지 않는 부패이다.
    <<핵심정리>> 부패의 유형 - 부패의 용인정도에 따른 분류

백색부패	선의의 목적으로 행해지는 부패로, 사회구성원 다수가 어느 정도 용인하는 관례화된 부패(예 : 금융위기가 심각함에도 국민을 안심시키기 위해 금융위기가 없다고 선의의 거짓말을 하는 경우 등)
흑색부패	사회체제에 명백하고 심각한 해를 끼치는 부패로, 사회구성원 대부분이 처벌을 원하는 부패
회색부패	사회구성원 중 일부 집단은 처벌을 원하지만 다른 일부 집단은 처벌을 원하지 않는 부패(예 : 과도한 선물수수에 대하여 윤리강령에 규정할 수는 있지만「부패방지법」에 규정하는 것에는 반론이 있는 경우)

04. ② 국무총리는 정부업무평가위원회의 심의·의결을 거쳐 정부업무의 성과관리 및 정부업무평가에 관한 정책목표와 방향을 설정한 정부업무평가기본계획을 수립하여야 한다.

05. ① 정책의 창이론은 문제의 흐름, 정치의 흐름, 정책의 흐름들이 상호 독립적인 경로를 따라 진행되다가 어떤 특정한 시점인 정책의 창에 이르러 그들의 경로가 서로 교차될 때 정책형성이 이루어진다고 본다.
    <<핵심정리>> 킹던(J. W. Kingdon)의 '정책의 창이론 (Policy Window Theory)'

의의	• 문제의 흐름, 정치의 흐름, 정책의 흐름들이 상호 독립적인 경로를 따라 진행되다가 어떤 특정한 시점인 정책의 창에 이르러 그들의 경로가 서로 교차될 때 정책형성이 이루어진다고 보는 모형 • 쓰레기통 모형이 가정하는 조직화된 무정부상태를 받아들이고, 쓰레기통 모형을 발전시켜 정책의제설정 과정에 반영한 모형	
구성요소	문제의 흐름	정책결정자의 공중문제에 대한 인지
	정책의 흐름	여러 가지 정책 대안이나 해결책
	정치의 흐름	정권교체, 국회의 정당의석분포 변화, 국민의 여론 변화 등
	정책형성	국회의 예산주기, 정기회기 개회 등의 규칙적인 경우나 우연한 사건에 의해 구성요소가 교차하게 되면 정책의 창이 열리고 정책이 형성됨
	정책의 창	• 정책의 창이란 정책주창자들이 그들의 관심대상인 정책문제에 주의를 집중시키고 그들이 선호하는 대안을 관철시키기 위해 열려진 기회 • 정책의 창은 극적 사건보다는 정치적 사건에 의해 보다 많은 영향을 받음 • 정책의 창은 일시적으로 열리며, 열린 정책의 창을 최대한 활용하지 못한다면 정책의 주창자들은 다음번 창이 열릴 때까지 많은 시간 동안 기다려야 함
	평가	본래 정책의제설정과정의 비합리성을 설명하는 모형이나, 현재는 정책변동·정책형성·정책집행·정책평가 등 전 과정에 활용됨

06. ① 공식화란 개인의 지위·역할 및 권한이 명시적으로 성문화되고 업무수행에 관한 규칙과 절차가 표준화·정형화되는 현상을 말한다. 공식화의 수준이 높아지면 구성원들은 규칙과 절차에 따라서 업무를 수행해야 하므로 자율과 재량이 제약된다.

07. ③ 대표관료제는 관료들의 재사회화현상(채용 전과 채용 후에 이해관계나 신념이 변화되는 현상)으로 출신집단의 이익이 반영되기 곤란하다는 비판을 받는다.
    <<핵심정리>> 대표관료제

의의	사회를 구성하는 모든 주요 집단(인종·종교·성별·직업·신분·계층·지역 등)으로부터 한 나라의 인구 전체 안에서 차지하는 비율에 따라 관료를 충원하여 정부 관료제가 그 사회의 모든 계층과 집단에 공평하게 대응하도록 하는 제도
배경	행정국가화 현상(관료의 자원배분권 확대)
대표성의 의미	• 소극적·수동적·피동적·구성론적 대표성(상징적 측면[standing for]) : 사회를 구성하는 모든 주요 집단의 인구비례에 따라 관료를 충원하는 것 • 적극적·능동적·역할론적 대표성(행동적 측면 [acting for]) : 관료들이 자신들의 출신집단을 대변하여 정책을 결정하고 출신집단에 책임을 지는 것 • 관계 : 대표관료제는 소극적 대표성이 자동적으로 적극적 대표성을 보장한다는 가정을 전제하고 있으나, 소극적 대표성과 적극적 대표성의 관계는 현실에서 명확하게 검증되지 못했으며 허구에 불과하다는 비판을 받음
장점	① 실질적 기회균등(적극적·진보적 평등), ② 관료제의 민주적 대표성 확보, ③ 행정의 대응성 증진, ④ 사회적 형평성 제고, ⑤ 행정의 신뢰성 증진, ⑥ 행정의 책임성 제고(민중통제를 관료제에 내재화하여 행정통제 강화), ⑦ 주관적(심리적) 책임의 적정화를 통한 행정의 공정성 증진, ⑧ 다양성 관리기법 발전, ⑨ 실적주의의 폐단 시정, ⑩ 합리적 정책결정 등

단점	① 역차별과 사회적 분열 조장, ② 집단이기주의의 발현, ③ 공직취임 후의 재사회화 불고려, ④ 대표성 확보의 기술적 어려움, ⑤ 행정의 전문성·생산성 저하, ⑥ 시민통제의 무력화(국민주권의 원리에 반할 위험성), ⑦ 감축관리나 작은 정부이념과 충돌, ⑧ 자유주의 원리와 충돌(사회주의 이념에 입각) 등

08. ① 「국가재정법」은 예산의 원칙으로 재정건전성의 원칙, 국민부담최소화의 원칙(④), 재정성과의 원칙, 남녀평등의 원칙(③), 온실가스 감축의 원칙(②)을 규정하고 있다.

<<핵심정리>> 「국가재정법」상 예산의 원칙

재정건전성의 원칙	정부는 재정건전성의 확보를 위해 최선을 다해야 함
국민부담최소화의 원칙	정부는 국민부담의 최소화를 위해 최선을 다해야 함
재정성과의 원칙	정부는 재정을 운용할 때 재정지출 및 조세지출의 성과를 제고해야 함
투명성과 참여성의 원칙	정부는 예산과정의 투명성과 예산과정에의 국민 참여를 제고하기 위해 노력해야 함(국민참여예산제도 도입 근거)
남녀평등 원칙	정부는 성별영향평가의 결과를 포함하여 예산이 여성과 남성에게 미치는 효과를 평가하고, 그 결과를 정부의 예산편성에 반영하기 위해 노력해야 함
온실가스감축의 원칙	정부는 예산이 온실가스 감축에 미치는 효과를 평가하고, 그 결과를 정부의 예산편성에 반영하기 위하여 노력해야 함

09. ③ 지방정부 간 경쟁 촉진을 통한 효율성 제고, 정책의 지역적 실험 용이, 지역별 개성이나 특성에 맞는 발전 추구는 지방자치의 긍정적 측면이지만, 지방자치는 자치단체 간 자치역량의 차이로 인하여 지역 간 형평성이 저해될 수 있다.

10. ③ 결정과 집행의 유기성을 확보하여 행정의 능률성을 제고할 수 있는 기관구성형태는 기관통합형이다.

<<핵심정리>> 기관통합형과 기관대립형

비교	기관통합형 (의원내각제형)	기관대립형 (대통령중심제형)
장점	• 지방의회에 권한과 책임이 집중되어 책임행정 구현 용이 • 의결기관과 집행기관 간 갈등과 대립이 적어 지방행정의 안정성 및 신속성·능률성 제고 • 의결기관과 집행기관의 단일화로 결정과 집행의 유기성 확보 • 다수의 의원에 의한 의사결정으로 신중성과 공정성 확보 • 주민이 선출한 의원들이 행정을 담당하므로 지방행정에 주민의 의사 반영 용이 • 소규모 기초자치단체에 적합	• 견제와 균형을 통한 권력남용 방지 및 민주정치가능성 제고 • 전문적인 행정기구를 통한 행정의 전문성 향상 • 집행기관에 단일 지도자가 존재하여 행정책임 소재 명확 • 행정부서 간 분파주의 극복을 통한 행정의 종합성 제고 • 집행기관 직선형의 경우 주민통제가 용이하고, 강력한 정책추진이 가능하며, 국민의 대응성 증진
단점	• 견제와 균형에 의한 권력남용 방지 곤란 • 전문성이 약한 지방의회에 행정이 종속되어 행정의 전문성 저해 • 집행기관에 단일의 지도자가 없어 책임소재 불분명 • 행정부서 간 분파주의로 행정의 종합성 저해 • 지방행정에 정치적 요소 개입 • 공무원의 재량범위 협소 • 위원회형의 경우 대도시의 다양한 이익집단과 계층의 대표성 확보 곤란	• 집행기관과 의결기관의 갈등과 대립으로 지방행정의 안정성 및 신속성·능률성 저해 • 민주적 정당성의 이원화로 책임행정 저해 • 단일의 지도자에게 의사결정권한이 집중되어 신중한 의사결정 저해 • 집행기관 직선형의 경우 표를 의식한 인기영합적 정책 양산
우리 나라	• 우리나라는 기본적으로 집행기관과 의결기관이 분리된 기관대립형이며, 강시장 - 약의회형의 형태를 지님 • 최근 「지방자치법」의 개정을 통해 기관구성 형태를 다원화하기 위한 법적 근거를 마련함	
「지방 자치법」 제4조	• 지방의회와 집행기관에 관한 이 법의 규정에도 불구하고 따로 법률로 정하는 바에 따라 단체장의 선임방법을 포함한 자치단체의 기관구성 형태를 달리 할 수 있다. • 지방의회와 집행기관의 구성을 달리하려는 경우에는 주민투표를 거쳐야 한다.	

2025 공무원 시험대비 【8월분】

-제11회-
[정답 및 해설]

이 름: _____

제1과목 국어
제2과목 영어
제3과목 한국사
제4과목 행정법총론
제5과목 행정학개론

매일 모의고사 정오표

합격까지 박문각

매일 모고 국어 제11회
정답 및 해설

01. ④ '[내가 (합격을) 바라던] 합격이 현실이 되었다.'에서 '내가 바라던'은 끝에 관형사형 어미가 결합된 관형절이다. 안은문장의 피수식어 '합격'이 안긴문장에서 목적어 '합격을'로 생략되었다. '나는 [그 사람이 (손을) 잡은] 손을 놓지 않았다.'도 관형절을 안은 문장이면서 목적어 '손을'이 생략된 관계 관형절이다.
① [내 마음이 바뀌기]는 어렵다.
→ 안긴문장: 명사절 (절 표지: 명사형 어미 '-기')
② 하늘이 [눈이 부시게] 푸르다.
→ 안긴문장: 부사절 (절 표지: 부사형 어미 '-게')
③ 우리의 싸움은 [내가 항복함]으로써 끝났다.
→ 안긴문장: 명사절 (절 표지: 명사형 어미 '-ㅁ')
☞ '-(으)로써'는 부사격 조사이므로 '내가 항복함으로써'는 부사어가 된다. 하지만 부사형 어미가 결합한 것이 아니므로 부사절은 아님에 유의해야 한다.

02. ② 앞 문장의 개념들은 상충 관계인 반면, 뒷 문장의 개념들은 비례 관계이다. 그러나 이 글은 A와 B가 상충 관계, B와 C가 비례 관계이므로 A와 C는 역의 관계라는 내용을 전개하고 있다. 이는 상충 관계와 비례 관계의 차이에 주목하는 것이 아니라 두 관계를 조합하고 있으므로 ㉡을 '그리고'로 쓴 것은 적절하다. 따라서 '그러나'로 수정한다는 것은 적절하지 않다.
① 전체 문장의 주어인 '영국의 경제학자 필립스는'에 호응하는 서술어가 없으므로, ㉠을 서술절로 보아야 한다. 그러나 이 서술절은 주어 '영국의 경제학자 필립스는'과 호응하지 않는다. 따라서 '사실'을 앞의 관형절이 수식하는 목적어로, '발견했다'를 전체 문장의 서술어가 되도록 수정하는 것이 적절하다.
③ ㉢ '대행'은 '남을 대신하여 행함.'이라는 뜻이다. 그러나 '명목 임금 상승률'이나 '물가 상승률'은 어떠한 행위를 하는 주체가 될 수 없으므로 '다른 것으로 대신함'을 뜻하는 '대체'로 수정하는 것이 적절하다.
④ ㉣이 쓰인 문장은 주어 '이 곡선(필립스 곡선)'을 통해 '물가 안정과 완전 고용의 동시 달성이 어렵다'라는 정보를 알 수 있다는 내용이다. 이 문장의 주어는 '이 곡선은'이므로, 서술어는 '보여 준다'를 쓰는 것이 적절하다. 또, 사동사 '보이다'는 목적어를 필요로 하는 타동사이므로, '어렵다는 것을 보여 준다'로 고치는 것은 적절하다.

03. ③
(가) 딸기 → 달다 ≡ ~달다 → ~딸기
(나) 딸기 ∧ 달다
(다) 딸기 → ~달다 ≡ 달다 → ~딸기
(라) 딸기 ∧ ~달다

(다)는 전칭 부정, (나)는 특칭 긍정이므로 (나)와 (다)는 모순 관계이다. 모순 관계는 동시에 거짓일 수 없으므로 ③은 적절하지 않다.
① (가)가 참이라면 달지 않은 딸기는 존재할 수 없다. 따라서 (다)와 (라)는 모두 거짓이다.
② (나)와 (라)는 모두 딸기 중 일부(특칭)에 대한 진술이므로 동시에 참일 수 있다.((나)는 특칭 긍정, (라)는 특칭 부정이며 (나)와 (라)를 소반대 관계라고 한다). 하지만 (가)와 (다)는 딸기 전체(전칭)에 대한 진술이고 서로 반대되는 진술이므로 동시에 참일 수 없다.((가)는 전칭 긍정, (다)는 전칭 부정이며 (가)와 (다)를 대반대 관계라고 한다).
④ (나)는 단 딸기가 적어도 하나는 존재함을 의미한다. 따라서 (라)와 양립할 수도, 그렇지 않을 수도 있다. 따라서 (라)가 거짓일 수도 있다는 개연적 진술은 타당하다.((나)는 특칭 긍정, (라)는 특칭 부정이며 (나)와 (라)를 소반대 관계라고 한다.)

04. ① '설령 그 누구도 피해를 입지 않더라도 개개인 행복의 총합이 결과적으로 줄어들 것으로 보이는 선택지는 윤리적으로 그르다.'라는 파핏의 답이 ㉠의 근거이다. 따라서 파핏의 답에 부합하는 내용을 고르면 된다. 이는 1번 선지로, '처음 계획대로 아기가 태어난다면 누구도 생명상의 피해를 입지 않지만'은 '설령 그 누구도 피해를 입지 않더라도'에, '뇌 장애를 갖고 태어난 아기와 그 가족이 속한 사회 전체의 행복은 줄어들 수 있기 때문'은 '개개인 행복의 총합이 결과적으로 줄어들 것'에 대응된다.
③ '뇌 장애가 있는 아기는 아직 존재하지 않으므로, 존재하지 않는 아기의 행복은 제외하고'는 파핏이 제시한 근거에서 '누구도 피해를 입지 않더라도'에 부합하지 않는 내용이다.
②, ④ 제시문에 의하면 '처음 계획대로 임신하여 뇌 결함을 갖고 태어나는 아이'와 '임신을 미뤄 뇌 결함을 갖지 않고 태어나는 아이'가 동일하지 않은 존재이기 때문에 '비동일성의 문제'가 생긴 것이다. 그러나 이 선지는 두 대상을 같은 존재로 보고 있으므로 ㉠의 근거가 될 수 없다.

05. ② ㉠의 '서다'는 '1「5」질서나 체계, 규율 따위가 올바르게 있게 되거나 짜이다.'를 의미한다. 이와 가장 유사한 의미의 '서다'는 ②이다.
① 2「2」 나라나 기관 따위가 처음으로 이루어지다.
③ 1「6」 아이가 뱃속에 생기다.
④ 1「8」 물품을 생산하는 기계 따위가 작동이 멈추다.

06. ② ㉠의 '쫓다'는 「2」 어떤 자리에서 떠나도록 몰다.'를 의미한다. 이와 가장 유사한 의미의 '쫓다'는 ②이다.
①「3」 밀려드는 졸음이나 잡념 따위를 물리치다.
③「1」 어떤 대상을 잡거나 만나기 위하여 뒤를 급히 따르다.
④「1」 어떤 대상을 잡거나 만나기 위하여 뒤를 급히 따르다.

07. ① '과장하다'는 '사실보다 지나치게 불려서 나타내다.'를 의미한다. 따라서 '본디보다 더 길어지게 하다.'를 의미하는 '늘이다'는 ㉠과 바꿔 쓸 수 있는 유사한 표현으로 적절하지 않다. '어떤 일을 실제보다 과장되게 하다.'를 의미하는 '부풀리다'로 바꿔 쓸 수 있다.
② ㉡ '독특하다'는 '다른 것과 견줄 수 없을 정도로 뛰어나다.'를 의미한다. 따라서 '남보다 월등히 훌륭하거나 앞서 있다.'를 의미하는 '뛰어나다'로 바꿔 쓸 수 있다.
③ ㉢ '잔인하다'는 '인정이 없고 아주 모질다.'를 의미한다. 따라서 '괴로움이나 아픔 따위의 정도가 지나치게 심하다.'를 의미하는 '모질다'로 바꿔 쓸 수 있다.
④ ㉣ '경질하다'는 '어떤 직위에 있는 사람을 다른 사람으로 바꾸다.'를 의미한다. 따라서 '원래 있던 것을 없애고 다른 것으로 채워 넣거나 대신하게 하다.'를 의미하는 '바꾸다'로 바꿔 쓸 수 있다.

박문각 매일 합격모의고사   국어   제 11 회

08. ① '줄이다'는 '물체의 길이나 넓이, 부피 따위를 본디보다 작게 하다.'를 의미한다. 따라서 '매겨야 할 부담 따위를 덜어 주거나 면제하다.'를 의미하는 '감면하다'는 ⊙과 바꿔 쓸 수 있는 유사한 표현으로 적절하지 않다. '수량이나 무게를 줄이다.'를 의미하는 '감량하다'로 바꿔 쓸 수 있다.
② ⓒ '되풀이되다'는 '같은 말이나 일이 자꾸 반복되다. 또는 같은 사태가 자꾸 일어나다.'를 의미한다. 따라서 '같은 일이 되풀이되다.'를 의미하는 '반복되다'로 바꿔 쓸 수 있다.
③ ⓒ '거듭되다'는 '어떤 일이나 상황이 계속 생겨나거나 되풀이되다.'를 의미한다. 따라서 '거듭되거나 겹쳐지다.'를 의미하는 '중복되다'로 바꿔 쓸 수 있다.
④ ⓔ '깔보다'는 '얕잡아 보다.'를 의미한다. 따라서 '업신여기거나 하찮게 여겨 깔보다.'를 의미하는 '멸시하다'로 바꿔 쓸 수 있다.

09. ③ 글의 마지막 부분에서 '테이퍼링(tapering)'을 추가적으로 언급했으나, 이는 양적완화 정책과 유사하여 혼동할 수 있는 정책이 아니라 양적완화를 축소하는 정책이다. 즉, 양적완화의 진행과 반대로 가는 정책이므로 양적완화와 유사한 개념이라는 설명은 적절하지 않다.
① 중앙은행이 간접적으로 유동성을 조절하는 일반적인 방식과는 달리 유동성을 시중에 직접 공급하는 방식이라고 설명하였다.
② 정책 금리가 0%P에 가까운 초저금리 상태에서 더 이상 금리를 내릴 수 없을 때 국채 매입 등 양적완화 정책이 적용된다고 설명하였다.
④ 양적완화 정책이 통화량과 환율에 미치는 영향을 제시하여 수출 경쟁력에 미치는 영향을 설명하였다.

10. ③ 제시문은 개미와 진딧물이 공생 관계라는 통념을 언급하며 시작된다. 선지는 ㄴ, ㄷ, ㄹ, ㅁ으로 시작하는 것들이 있는데, ㄷ이 올 경우. '이것만으로는 부족한 듯' 뒤에 개미가 진딧물에게 해로운 일을 한다는 내용이 이어지므로 글의 흐름이 자연스럽지 않다. ①번 선지처럼 ㄴ. 진딧물이 날개를 기른다 - ㄱ. 개미가 '이를(날개를)' 물어 뜯는다 - ㄷ. 개미들이 날개를 물어 뜯는 것도 모자라 진딧물의 이동 속도를 늦추기까지 한다. 라고 전개하는 것은 적절해 보인다. 그러나 이는 모두 개미가 진딧물에게 부린 횡포에 가까우므로, ㄴ-ㄱ-ㄷ 뒤에 ㄹ이 이어지는 것은 적절하지 않다. 반면 ③번 선지처럼 ㄹ이 먼저 놓인 뒤 ㄴ-ㄱ-ㄷ이 오는 것은 자연스럽다. 또, ㄷ에서 개미들이 발산하는 화학 물질이 진딧물들의 이동 속도를 늦추기까지 한다는 내용에 '화학 물질'을 고리로 ㅁ의 내용이 자연스럽게 이어지므로 ③번의 순서가 가장 적절하다.

매일 모고 영어 제11회
정답 및 해설

01. ④ ★ sustain 견디다, 지탱하다, 버티다
● strip 옷을 벗다[벗기다], 빼앗다
● tease 놀리다, 괴롭히다
● toss 던지다
[해석] 이번에 건축된 다리는 무거운 하중과 강한 바람을 견딜 수 있도록 설계되었다.

02. ① ★ invest 투자하다
● endure 견디다, 참다
● surround 둘러싸다, 에워싸다
● tackle 부딪치다, 논쟁하다
[해석] 그 스타트업은 자금을 현명하게 투자하여 빠르게 사업을 확장했다.

03. ① ★ remove 제거하다
● enforce 집행하다, 강요하다
● suggest 제안[제의]하다, 추천하다, 암시[시사]하다
● transact 거래하다
[해석] 오염을 방지하고 냄새를 없애려면 냉장고에서 유통기한이 지난 음식들은 바로 제거해야 한다.

04. ③ ★ contrary 다른, 반대되는
● necessary 필요한, 필연적인
● alike 비슷한, 닮은
● decent 품위 있는, 예의 바른, 적당한, 훌륭한
[해석] 모든 사막이 다 덥고 건조하다는 많은 사람이 믿는 것과 달리, 건조하지 않는 사막도 존재한다.

05. ③ ★ repeat 반복하다
● undermine 약화시키다, 훼손하다
● organize 조직하다, 정리하다
● enhance 높이다, 향상시키다
[해석] 그 가수의 후렴구가 너무 중독성 있어서 많은 팬들이 반복해서 듣는 것을 좋아한다.

06. ③ [해설]
문장에서 빈칸 앞에는 three라는 수사와 days라는 복수가 있으므로, 형용사가 와서 days를 꾸며야 한다. 또한 문맥상 "3일 연속으로 비가 왔다"는 의미가 되어야 자연스러우므로, '연속적인'이라는 뜻의 형용사인 successive가 들어가야 한다. 따라서 밑줄 친 부분에 가장 적절한 것은 ③이다.
[해석]
3일 연속으로 폭우가 쏟아진 뒤 거리에는 물이 차오르기 시작했고, 지방 당국은 산사태와 도로 폐쇄 가능성에 대해 경고를 발표했다.

07. ① [해설]
불가산 명사는 부정관사나 수사와 함께 쓰이지 않고 복수형을 만들 수 없고, 불가산 명사는 단수 취급하고 단수 동사로 수 일치한다. 따라서 밑줄 친 부분인 equipments were installed를 equipment was installed로 고쳐야 한다.
[해석]
지난주에 회사는 생산성 향상을 위해 시설을 업그레이드했다. 우리 건물 3층에 새 장비가 설치되었다. 직원들은 업무에 최신 기술을 사용할 수 있게 되어 기대하고 있다. 경영진은 이러한 개선이 전반적인 성과 향상으로 이어질 것으로 기대하고 있다.

08. ④ [해석]
A: 안녕하세요. 오늘 퇴근하면서 제 업무를 인수인계할 수 있도록 필요한 것들을 확인하고 싶어요.
B: 알려줘서 고마워요. 현재 진행 중인 프로젝트 상태를 설명해 주시겠어요?
A: 네. 예산 검토는 거의 완료 단계이고, 최종 보고서는 금요일까지 준비될 예정이에요.
B: 좋아요. 다음 주에 있을 공급업체와의 회의는요?
A: 화요일 오전 10시에 예정되어 있습니다. 공급업체 관계자들에게 이미 회의 안건을 보냈어요.
B: 완벽하네요. 또 알아야 할 다른 사항이 있을까요?
A: 네, 매주 월요일 오전마다 주간 진행 보고서를 제출해야 하는 점 잊지 마세요.
① 사무실 문 잠그셨나요?
② 와이파이 비밀번호가 뭐죠?
③ 출장 언제 가세요?
④ 다음 주에 있을 공급업체와의 회의는요?

09. ③ [해설]
밑줄 친 'assess'는 '평가하다, 재다'를 의미한다. 이와 의미가 가장 가까운 것은 ③ 'appraise 평가하다, 살피다'이다.
[오답 해설]
① reject 거부하다, 거절하다
② dismiss 해고하다, 묵살하다
④ recommend 추천하다, 권하다

10. ① [해설]
이 글은 국가 기후 행동 프로그램에 시민들이 참여할 수 있도록 등록 방법과 오리엔테이션 절차를 안내하고, 프로그램의 효과를 평가하기 위한 피드백 참여 방법을 알려주고 있다. 따라서 글의 목적으로 가장 적절한 것은 ①이다.
[해석]

국가 기후 행동 프로그램에 참여하세요

환경보호국은 모든 시민을 대상으로 지역 지속 가능성 노력을 촉진하는 '국가 기후 행동 프로그램'에 참여할 것을 초대합니다. 참여자들은 자신이 거주하는 지역에서 나무 심기 행사, 쓰레기 줄이기 캠페인, 청정 에너지 워크숍 등에 참여할 수 있습니다.

참여를 원하시는 분은 ecoaction.gov/signup에서 등록하고, 온라인 또는 직접 참석하는 오리엔테이션에 참여해야 합니다. 등록 후에는 월간 소식지와 자원봉사 기회 안내를 이메일로 받게 됩니다.

또한, 프로그램의 효과성을 평가하고 참가자 의견을 수집하기 위해 정기적으로 설문조사를 실시합니다. 여러분의 솔직한 의견은 전략을 개선하고 기후 문제에 대한 공공 참여를 강화하는 데 큰 도움이 됩니다.

[어휘]
□ sustainability 지속 가능성
□ newsletter 소식지

- assess 평가하다
- calculate 산출하다, 평가하다
- waste 폐기물
- clean energy 청정 에너지

매일 모고 한국사 제11회
정답 및 해설

01. ② 동학 농민 운동은 고부 군수 조병갑의 학정에 반발한 고부 봉기가 발단이 되었다.
이어 농민군은 황토현과 황룡촌에서 정부군을 격파하였고 전주성에 입성하여 호남지역 전체를 장악하였다.
농민군 진압을 명분으로 청군과 일본군이 조선에 상륙하자 농민군은 정부와 전주화약을 체결하고 호남지역에서 집강소를 설치하여 폐정개혁을 실시하였다.

02. ① 우금치 전투에서 남북접의 연합 세력이 관군과 일본군에 패배한 뒤 동학 농민군의 주력 부대는 해산되고 지도자들은 체포되었다. 그러나 잔여 세력은 항일 의병 투쟁에 가담하여 일본 제국주의 침략자들을 상대로 구국 항쟁을 벌였다.
② 친러세력, ③ 대한제국의 지배층, ④ 서재필 등 개화 지식인에 대한 내용이다.

03. ④ 신민회는 일제의 침략이 미치지 않는 국외에 기지를 건설하여 독립군 양성에 힘썼다.
①, ②, ③ 신민회에 대한 설명이지만 의병 부대와의 연합을 도모한 것과는 관련 없다.

04. ② (가)는 갑신정변의 혁신 정강, (나)는 동학 농민운동의 폐정 개혁안 가운데 일부 내용이다. 급진 개화파와 동학 농민군의 주장은 봉건적 지배 질서의 변화에 크게 영향을 끼쳤는데 갑신정변과 동학 농민 운동의 반봉건적 성격은 갑오개혁에 영향을 끼쳐 전통적 봉건 질서의 붕괴를 촉진 시켰다. 특히 갑신정변 때의 인민 평등권 주장과 동학 농민 운동 당시의 노비 문서 소각 주장은 전근대적인 신분제의 철폐를 요구한 것으로써 역사적 의의가 크다.
ㄴ. 급진 개화파들은 일본의 지원 약속을 믿고 갑신정변을 감행하였다.
ㄹ. 동학 농민 운동에는 해당되지만 갑신정변에는 해당되지 않는 설명이다.

05. ④ 제시된 자료는 독립협회의 창립을 알리는 동시에 독립문·독립관 건립 사업의 참여를 호소하는 글이다. 독립협회는 1896년 7월에 창립되었다. 독립 협회는 독립문과 독립관의 건립을 통하여 조선의 자주 독립을 국내외에 뚜렷이 밝히고자 하였다. 독립협회는 독립문·독립관 건립을 위한 보조금을 내고 가입 의사를 밝히면 누구나 회원일 될 수 있도록 문호가 개방되어 있었다. 왕실에서도 거금을 기부하여 지원하였으며, 당시 대신들도 적극적으로 참여하였다.

06. ④ 동학 농민군을 '적당'이라고 칭하고 대다수 구성원을 천한 노비로 파악하여 신분 질서를 뒤흔드는 동학에 대한 적대감을 드러내고 있다.
동학 농민군이 내세운 평등 사상과 토지 제도에 대한 개혁 요구는 양반층의 기득권을 침해하는 것으로 받아들여졌다.
①, ③ 전주 화약 이후 동학 농민군은 집강소라는 자치기구를 조직하여 폐정 개혁안을 시행하였다.
② 2차 봉기에 대한 것이다.

07. ② 독립협회는 아관 파천 이후 본격화된 외국의 이권 침탈을 비판하고, 만민 공동회를 개최하여 민중 의식을 성장시킴으로써 자주 국권을 이룩하고자 하였다.
① 보수 유생층이 주도하였다.
③ 광무개혁은 구본신참을 시정 방침으로 하여 입헌 군주정을 추구하는 독립 협회와 충돌하였다.
④ 독립 협회는 러시아의 이권 침탈에 반발하였다.

08. ④ 해산 군인들이 정미의병에 참여함으로써 의병 부대의 전투력과 조직력이 강화되었고, 나아가 의병 연합 부대가 결성되어 서울 진공 작전을 펼쳤다. 그러나 이 작전은 실패로 끝나고 의병 부대는 개별적인 소규모 활동을 할 수밖에 없었다. 의병의 소규모 유격진술이 일본군의 활동과 일본의 지배 체제 유지에 큰 타격을 주었다. 이에 일본군은 특히 의병 활동이 활발한 호남 지역 의병을 탄압하기 위해 남한 대토벌 작전을 전개하였다.
① 의병 연합 부대가 추진한 것이다.
② 의병 부대가 각국 영사관에 통문을 보내 의병을 국제 법상의 교전 단체로 인정해 줄 것을 요청하였다.
③ 임오군란 당시 일시적으로 집권한 흥선 대원군이 2영을 폐지하고 5군영으로 복귀시켰다.

09. ③ 최익현과 이인영은 양반 출신의 의병장이다. 최익현은 의병 항쟁을 일으켰다가 관군과 맞닥뜨리자 전투를 포기하였고, 이인영은 13도 창의군을 지휘하는 중책을 맡았다가 부친상을 당하자 고향으로 돌아갔다. 두 사례의 공통점은 이들이 항일 투쟁이라는 민족적 과제보다는 성리학적 이념인 충효를 중시하였다는 사실이다.
최익현과 이인영이 성리학적 이념인 충효를 강조한 사실은 전투에 임하는 군인으로서의 자세보다는 봉건적 의식에 충실하였다고 볼 수 있다. 이러한 점은 평민 출신 의병장에서는 나타나지 않는다.
① 애국 계몽 운동에 해당한다.

10. ④ 황성신문에 실린 글은 항일 의병 투쟁이 젊은이들의 희생만 초래할 것이라며 반대하고 있다.
애국계몽운동을 전개한 사람들은 ㄷ, ㄹ과 같은 성향을 보여 의병 세력의 비판을 받았다.
ㄱ, ㄴ 항일 의병 투쟁에 대한 설명이다.

매일 모고 행정법 제11회
정답 및 해설

01. ④ 종전의 허가가 기한의 도래로 실효한 이상 원고가 종전 허가의 유효기간이 지나서 신청한 이 사건 기간연장신청은 그에 대한 종전의 허가처분을 전제로 하여 단순히 그 유효기간을 연장하여 주는 행정처분을 구하는 것이라기보다는 종전의 허가처분과는 별도의 새로운 허가를 내용으로 하는 행정처분을 구하는 것이라고 보아야 할 것이어서, 이러한 경우 허가권자는 이를 새로운 허가신청으로 보아 법의 관계 규정에 의하여 허가요건의 적합 여부를 새로이 판단하여 그 허가 여부를 결정하여야 할 것이다. 대법원 1995. 11. 10. 선고 94누11866 판결
① 허가에 붙은 기한이 그 허가된 사업의 성질상 부당하게 짧은 경우에는 이를 그 허가 자체의 존속기간이 아니라 그 허가조건의 존속기간으로 보아 그 기한이 도래함으로써 그 조건의 개정을 고려한다는 뜻으로 해석할 수는 있지만, 그와 같은 경우라 하더라도 그 허가기간이 연장되기 위하여는 그 종기가 도래하기 전에 그 허가기간의 연장에 관한 신청이 있어야 하며, 만일 그러한 연장신청이 없는 상태에서 허가기간이 만료하였다면 그 허가의 효력은 상실된다. 대법원 2007. 10. 11. 선고 2005두12404 판결
② 행정행위의 부관은 부담인 경우를 제외하고는 독립하여 행정소송의 대상이 될 수 없는바, 기부채납받은 행정재산에 대한 사용·수익허가에서 공유재산의 관리청이 정한 사용·수익허가의 기간은 그 허가의 효력을 제한하기 위한 행정행위의 부관으로서 이러한 사용·수익허가의 기간에 대해서는 독립하여 행정소송을 제기할 수 없으며, 결국 이 사건 청구는 부적법하여 각하를 면할 수 없다. 대법원 2001. 6. 15. 선고 99두509 판결
③ 심사대상기간이 이미 경과하였거나 상당 부분 경과한 시점에서 처분상대방의 갱신 여부를 좌우할 정도로 중대하게 변경하는 것은 갱신제의 본질과 사전에 공표된 심사기준에 따라 공정한 심사가 이루어져야 한다는 요청에 정면으로 위배되는 것이므로, 갱신제 자체를 폐지하거나 갱신상대방의 수를 종전보다 대폭 감축할 수밖에 없도록 만드는 중대한 공익상 필요가 인정되거나 관계 법령이 제·개정되었다는 등의 특별한 사정이 없는 한, 허용되지 않는다. 대법원 2020. 12. 24 선고 2018두45633 판결

02. ② 이 사건 처분에 관한 하자가 행정처분의 내용에 관한 것이고 새로운 노선면허가 이 사건 소 제기 이후에 이루어진 사정 등에 비추어 하자의 치유를 인정치 않은 원심의 판단은 정당하다(주: 하자의 치유는 절차·형식상 하자의 경우에만 인정되고, 내용상 하자의 경우 인정되지 않음). 대법원 1991. 5. 28. 선고 90누1359 판결
① 일반적으로 법률이 헌법에 위반된다는 사정이 헌법재판소의 위헌결정이 있기 전에도 객관적으로 명백한 것이라고 할 수는 없으므로 특별한 사정이 없는 한 이러한 하자는 위 행정처분의 취소사유에 해당할 뿐 당연무효사유는 아니라고 봄이 상당하다. 대법원 1994. 10. 28. 선고 93다41860 판결
③ 행정청이 어느 법률관계나 사실관계에 대하여 어느 법률의 규정을 적용하여 행정처분을 한 경우에 그 법률관계나 사실관계에 대하여는 그 법률의 규정을 적용할 수 없다는 법리가 명백히 밝혀져 그 해석에 다툼의 여지가 없음에도 행정청이 위 규정을 적용하여 처분을 한 때에는 그 하자가 중대하고도 명백하다고 할 것이나, 그 법률관계나 사실관계에 대하여 그 법률의 규정을 적용할 수 없다는 법리가 명백히 밝혀지지 아니하여 그 해석에 다툼의 여지가 있는 때에는 행정관청이 이를 잘못 해석하여 행정처분을 하였더라도 이는 그 처분 요건사실을 오인한 것에 불과하여 그 하자가 명백하다고 할 수 없다. 대법원 2009. 9. 24. 선고 2009두2825 판결
④ 위헌법률에 기한 행정처분의 집행이나 집행력을 유지하기 위한 행위는 위헌결정의 기속력에 위반되어 허용되지 않는다. 대법원 2002. 8. 23. 선고 2001두2959 판결

03. ② 다른 법률에 특별한 규정이 있는 경우이거나 또는 지방계약법의 개별 규정의 규율내용이 매매, 도급 등과 같은 특정한 유형·내용의 계약을 규율대상으로 하고 있는 경우가 아닌 한, 지방자치단체를 당사자로 하는 계약에 관하여는 그 계약의 성질이 공법상 계약인지 사법상 계약인지와 상관없이 원칙적으로 지방계약법의 규율이 적용된다고 보아야 한다. 대법원 2020. 12. 10. 선고 2019다234617 판결
① 행정기본법 제27조

> **행정기본법 제27조(공법상 계약의 체결)**
> ① 행정청은 법령등을 위반하지 아니하는 범위에서 행정목적을 달성하기 위하여 필요한 경우에는 공법상 법률관계에 관한 계약(이하 "공법상 계약"이라 한다)을 체결할 수 있다. 이 경우 계약의 목적 및 내용을 명확하게 적은 계약서를 작성하여야 한다.

③ 계약직공무원에 관한 현행 법령의 규정에 비추어 볼 때, 계약직공무원 채용계약해지의 의사표시는 일반공무원에 대한 징계처분과는 달라서 항고소송의 대상이 되는 처분 등의 성격을 가진 것으로 인정되지 아니하고, 일정한 사유가 있을 때에 국가 또는 지방자치단체가 채용계약 관계의 한쪽 당사자로서 대등한 지위에서 행하는 의사표시로 취급되는 것으로 이해되므로, 이를 징계해고 등에서와 같이 그 징계사유에 한하여 효력 유무를 판단하여야 하거나, 행정처분과 같이 행정절차법에 의하여 근거와 이유를 제시하여야 하는 것은 아니다. 대법원 2002. 11. 26. 선고 2002두5948 판결
④ (중소기업기술정보진흥원장이 갑 주식회사와 중소기업 정보화지원사업 지원대상인 사업의 지원에 관한 협약을 체결하였는데, 협약이 갑 회사에 책임이 있는 사업실패로 해지되었다는 이유로 협약에서 정한 대로 지급받은 정부지원금을 반환할 것을 통보한 사안에서) 협약의 해지 및 그에 따른 환수통보는 행정청이 우월한 지위에서 행하는 공권력의 행사로서 행정처분에 해당한다고 볼 수 없다(주: 중소기업 정보화지원사업에 따른 지원금 출연을 위하여 중소기업청장이 체결하는 협약을 공법상 계약으로 보아 당사자소송의 대상이 된다고 본 사례). 대법원 2015. 8. 27. 선고 2015두41449 판결

04. ③ 과세관청의 소득처분과 그에 따른 소득금액변동통지가 있는 경우 법인은 소득금액변동통지서를 받은 날에 그 통지서에 기재된 소득의 귀속자에게 당해 소득금액을 지급한 것으로 의제되고 그 때 원천징수하는 소득세 등의 납세의무가 성립함과 동시에 확정되어 원천징수세액을 납부할 의무를 부담하게 되므로, 과세관청의 원천징수의무자인 법인에 대한 소득금액변동통지는 항고소송의 대상이 되는 조세행정처분이다. 대법원 2006. 4. 20. 선고

2002두1878 판결
① 코로나바이러스감염증-19의 예방을 위하여 음식점 및 PC방 운영자 등에게 영업시간을 제한하거나 이용자 간 거리를 둘 의무를 부여하는 서울특별시고시들은 항고소송의 대상인 행정처분에 해당한다. 헌법재판소 2023. 5. 25. 선고 2021헌마21 전원재판부 결정
② 시험승진후보자명부에 등재되어 있던 자가 그 명부에서 삭제됨으로써 승진임용의 대상에서 제외되었다 하더라도, 그와 같은 시험승진후보자명부에서의 삭제행위는 결국 그 명부에 등재된 자에 대한 승진 여부를 결정하기 위한 행정청 내부의 준비과정에 불과하고, 그 자체가 어떠한 권리나 의무를 설정하거나 법률상 이익에 직접적인 변동을 초래하는 별도의 행정처분이 된다고 할 수 없다. 대법원 1997. 11. 14. 선고 97누7325 판결
④ 정부의 수도권 소재 공공기관의 지방이전시책을 추진하는 과정에서 도지사가 도 내 특정시를 공공기관이 이전할 혁신도시 최종입지로 선정한 행위는 항고소송의 대상이 되는 행정처분이 아니다. 대법원 2007. 11. 15. 선고 2007두10198 판결

05. ② 행정소송법 제9조

행정소송법 제9조(재판관할)
① 취소소송의 제1심 관할법원은 피고의 소재지를 관할하는 행정법원으로 한다.

① 도로교통법 제142조

도로교통법 제142조(행정소송과의 관계)
이 법에 따른 처분으로서 해당 처분에 대한 행정소송은 행정심판의 재결을 거치지 아니하면 제기할 수 없다(주: 도로교통법에 따른 처분에 대해서는 예외적 행정심판 전치주의가 적용됨).

③ 행정소송법상 행정청이 일정한 처분을 하지 못하도록 그 부작위를 구하는 청구는 허용되지 않는 부적법한 소송이다. 대법원 2006. 5. 25. 선고 2003두11988 판결
④ 행정소송법 제13조

행정소송법 제13조(피고적격)
② 제1항의 규정에 의한 행정청이 없게 된 때에는 그 처분등에 관한 사무가 귀속되는 국가 또는 공공단체를 피고로 한다.

06. ④ 장기요양기관의 폐업신고와 노인의료복지시설의 폐지신고는, 행정청이 관계 법령이 규정한 요건에 맞는지를 심사한 후 수리하는 이른바 '수리를 필요로 하는 신고'에 해당한다. 그러나 행정청이 그 신고를 수리하였다고 하더라도, 신고서 위조 등의 사유가 있어 신고행위 자체가 효력이 없다면, 그 수리행위는 유효한 대상이 없는 것으로서, 수리행위 자체에 중대·명백한 하자가 있는지를 따질 것도 없이 당연히 무효이다. 대법원 2018. 6. 12. 선고 2018두33593 판결
① 공무원이 한 사직 의사표시의 철회나 취소는 그에 터잡은 의원면직처분이 있을 때까지 할 수 있는 것이고, 일단 면직처분이 있고 난 이후에는 철회나 취소할 여지가 없다. 대법원 2001. 8. 24. 선고 99두9971 판결
② 신고납부방식의 조세는 원칙적으로 납세의무자가 스스로 과세표준과 세액을 정하여 신고하는 행위에 의하여 납세의무가 구체적으로 확정되고, 그 납부행위는 신고에 의하여 확정된 구체적 납세의무의 이행으로 하는 것이며, 국가나 지방자치단체는 그와 같이 확정된 조세채권에 기하여 납부된 세액을 보유한다. 납세의무자의 신고행위가 중대하고 명백한 하자로 인하여 당연무효로 되지 아니하는 한 그것이 바로 부당이득에 해당한다고 할 수 없다. 대법원 2018. 11. 9. 선고 2015다221026 판결
③ 주민등록은 단순히 주민의 거주관계를 파악하고 인구의 동태를 명확히 하는 것 외에도 주민등록에 따라 공법관계상의 여러 가지 법률상 효과가 나타나게 되는 것으로서, 주민등록의 신고는 행정청에 도달하기만 하면 신고로서의 효력이 발생하는 것이 아니라 행정청이 수리한 경우에 비로소 신고의 효력이 발생한다. 대법원 2009. 1. 30. 선고 2006다17850 판결

07. ④ 구 주택건설촉진법 제52조의3 제1항 제6호는 "제32조 제2호의 규정을 위반하여 주택을 공급한 자"를 과태료에 처하도록 규정하고 있으나, 주택공급계약이 위 법 제32조, 위 규칙 제27조 제4항, 제3항에 위반하였다고 하더라도 그 사법적 효력까지 부인된다고 할 수는 없다. 대법원 2007. 8. 23. 선고 2005다59475 등 판결
① 질서위반행위규제법 제2조

질서위반행위규제법 제2조(정의)
이 법에서 사용하는 용어의 뜻은 다음과 같다.
1. "질서위반행위"란 법률(지방자치단체의 조례를 포함한다. 이하 같다)상의 의무를 위반하여 과태료를 부과하는 행위를 말한다.

② 질서위반행위규제법 제5조

질서위반행위규제법 제5조(다른 법률과의 관계)
과태료의 부과·징수, 재판 및 집행 등의 절차에 관한 다른 법률의 규정 중 이 법의 규정에 저촉되는 것은 이 법으로 정하는 바에 따른다.

③ 과태료처분의 당부는 최종적으로 비송사건절차법에 의한 절차에 의하여만 판단되어야 한다고 보아야 할 것이므로 위와 같은 과태료처분은 행정소송의 대상이 되는 행정처분이라고 볼 수 없다. 대법원 1993. 11. 23. 선고 93누16833 판결

08. ③ 행정절차법의 규정과 행정의 공정성·투명성 및 신뢰성 확보라는 행정절차법의 입법 취지 등을 고려해 보면, 행정기관의 처분에 의하여 불이익을 입게 되는 국가를 일반 국민과 달리 취급할 이유가 없다. 따라서 국가에 대해 행정처분을 할 때에도 사전 통지, 의견청취, 이유 제시와 관련한 행정절차법이 그대로 적용된다고 보아야 한다. 대법원 2023. 9. 21. 선고 2023두39724 판결
① 국가공무원법상 직위해제처분은 당해 행정작용의 성질상 행정절차를 거치기 곤란하거나 불필요하다고 인정되는 사항 또는 행정절차에 준하는 절차를 거친 사항에 해당하므로, 처분의 사전통지 및 의견청취 등에 관한 행정절차법의 규정이 별도로 적용되지 않는다. 대법원 2014. 5. 16. 선고 2012두26180 판결
② 처분의 이유제시의무 이른바 '공통의 처분절차'로서 침익적·수익적 행정처분을 불문하고 모든 처분에 대하여 인정되는 절차이다.
④ 불이익처분의 직접 상대방인 당사자 또는 행정청이 참여하게 한 이해관계인이 아닌 제3자에 대하여는 사전통지 및 의견제출에 관한 행정절차법 제21조, 제22조가 적용되지 않는다. 대법원 2009. 4. 23. 선고 2008두686 판결

09. ① 제3자의 비공개요청이 있다는 사유만으로 정보공개법상 정보의 비공개사유에 해당한다고 볼 수 없다(주: 제3자의 비공개요청이 있다고 하여 공공기관이 비공개결정을 해야 하는 것은 아님). 대법원 2008. 9. 25. 선고 2008두8680 판결
② 문제은행 출제방식을 채택하고 있는 치과의사 국가시험의 문제지와 정답지는 비공개대상에 해당한다. 대법원 2007. 6. 15. 선고 2006두15936 판결
③ 정보공개법 제19조

> **정보공개법 제19조(행정심판)**
> ① 청구인이 정보공개와 관련한 공공기관의 결정에 대하여 불복이 있거나 정보공개 청구 후 20일이 경과하도록 정보공개 결정이 없는 때에는 「행정심판법」에서 정하는 바에 따라 행정심판을 청구할 수 있다. 이 경우 국가기관 및 지방자치단체 외의 공공기관의 결정에 대한 감독행정기관은 관계 중앙행정기관의 장 또는 지방자치단체의 장으로 한다.

④ 정보공개법 제17조

> **정보공개법 제17조(비용 부담)**
> ① 정보의 공개 및 우송 등에 드는 비용은 실비의 범위에서 청구인이 부담한다.
> ② 공개를 청구하는 정보의 사용 목적이 공공복리의 유지·증진을 위하여 필요하다고 인정되는 경우에는 제1항에 따른 비용을 감면할 수 있다.

10. ① 국가배상법 제5조 소정의 공공의 영조물이란 공유나 사유임을 불문하고 행정주체에 의하여 특정공공의 목적에 공여된 유체물 또는 물적 설비를 의미하므로 사실상 군민의 통행에 제공되고 있던 도로 옆의 암벽으로부터 떨어진 낙석에 맞아 소외인이 사망하는 사고가 발생하였다고 하여도 동 사고지점 도로가 피고 군에 의하여 노선인정 기타 공용개시가 없었으면 이를 영조물이라 할 수 없다. 대법원 1981. 7. 7. 선고 80다2478 판결

② 국가배상법 제5조 제1항 소정의 '공공의 영조물'이라 함은 국가 또는 지방자치단체에 의하여 특정 공공의 목적에 공여된 유체물 내지 물적 설비를 말하며, 국가 또는 지방자치단체가 소유권, 임차권 그 밖의 권한에 기하여 관리하고 있는 경우뿐만 아니라 사실상의 관리를 하고 있는 경우도 포함된다. 대법원 1998. 10. 23. 선고 98다17381 판결

③ 국가배상법 제6조

> **국가배상법 제6조(비용부담자 등의 책임)**
> ① 제2조·제3조 및 제5조에 따라 국가나 지방자치단체가 손해를 배상할 책임이 있는 경우에 공무원의 선임·감독 또는 영조물의 설치·관리를 맡은 자와 공무원의 봉급·급여, 그 밖의 비용 또는 영조물의 설치·관리 비용을 부담하는 자가 동일하지 아니하면 그 비용을 부담하는 자도 손해를 배상하여야 한다.

④ 군인·군무원 등 국가배상법 제2조 제1항에 열거된 자가 전투, 훈련 기타 직무집행과 관련하는 등으로 공상을 입은 경우라고 하더라도 군인연금법 또는 국가유공자예우등에관한법률에 의하여 재해보상금·유족연금·상이연금 등 별도의 보상을 받을 수 없는 경우에는 국가배상법 제2조 제1항 단서의 적용 대상에서 제외하여야 한다. 대법원 1997. 2. 14. 선고 96다28066 판결

매일 모고 행정학 제11회
정답 및 해설

합격까지 박문각
빠른 고득점 합격
행정학 이명훈

01. ① 「지능정보화기본법」에 의하면 과학기술정보통신부장관은 지능정보사회 정책의 효율적, 체계적 추진을 위하여 관계 중앙행정기관의 장 및 지방자치단체의 장의 의견을 들어 지능정보사회종합계획을 3년 단위로 수립하며, 정보통신 전략위원회의 심의를 거쳐 수립, 확정한다.

02. ③ 부가가치세 등의 비례세는 부자와 빈자를 구별하지 않고 소비하는 자들에게 동등한 비율로 세금을 부여하기 때문에 수평적 형평과 관련된 제도이며, 소득세 등의 누진세는 소득수준에 따라 세율이 부여되기 때문에 수직적 형평과 관련된 제도이다.

<<핵심정리>> 사회적 형평성

개념	• 사회적 가치의 배분과 관련된 가치지향적 개념으로 동일한 것은 동일하게 취급하고, 서로 다른 것은 다르게 취급해야 한다는 정의, 공정, 평등, 공평 중심의 이념 • 정당한 불평등의 개념과 부당한 불평등의 시정에 대한 개념을 모두 포함한 이념	
대두배경	후기행태주의(신행정론, 정치행정일원론)	
유형 (기회측면)	수평적 형평	동일한 것은 동일하게(정당한 불평등의 확보 : 수익자부담주의[응익주의], 비례세제[부가가치세], 공개채용[실적주의] 등)
	수직적 형평	다른 것은 다르게(부당한 불평등의 시정 : 조세부담주의[응능주의], 누진세제[소득세], 대표관료제[임용할당제], 동일노동 동일임금 등)

03. ① 규제개혁의 단계는 규제완화(절차와 구비서류의 간소화, 규제 총량의 감소 등을 추진하는 단계) - 규제품질관리(개별 규제의 질적 관리에 초점을 두는 단계) - 규제관리(국가 전체의 규제체제에서 규제 간 정합성 확보에 초점을 두는 단계) 순이다.

<<핵심정리>> 규제개혁

규제완화	절차와 구비서류의 간소화, 규제총량의 감소 등을 추진하는 단계
규제 품질관리	개별 규제의 질적 관리에 초점을 두는 단계 - 규제기획제도, 규제영향분석제도, 대안적 규제 수단의 설계 등의 활용
규제관리	국가 전체의 규제체제에서 규제 간 정합성 확보에 초점을 두는 단계

04. ④ 정책수단의 직접성이란 행정활동을 정부가 직접 하는지, 아니면 민간이 공동으로 하는지에 대한 기준이다. 경제적 규제(①), 공기업(②), 직접대출(③)은 직접수단에 해당하며, 사회적 규제는 간접수단에 해당한다.

<<핵심정리>> 정책수단 - 직접성에 따른 분류

간접수단	사회적 규제, 대출보증, 보험, 계약, 보조금, 조세지출, 바우처, 손해책임법, 사용료·과징금
직접수단	경제적 규제, 직접대출, 공기업, 정부소비, 정보제공

05. ③ 내부접근형은 사회문제가 정책 담당자들에 의해 바로 정책의제로 채택되나 공중의제화는 의도적으로 억제되는 정책의제형성과정이다. 따라서 일반대중이나 관련 집단들의 지원을 유도하기 위한 노력(행정PR 등)없이 의제채택이 이루어진다.

<<핵심정리>> 정책의제설정의 유형

구분	외부주도형	동원형	내부접근형 (음모형, 내부주도형)
과정	사회문제 ⇨ 사회적 이슈 ⇨ 공중의제 ⇨ 정부의제	사회문제 ⇨ 정부의제 ⇨ 공중의제	사회문제 ⇨ 정부의제
전개방향	외부(환경) ⇨ 내부(정부)	내부(정부) ⇨ 외부(환경)	내·외부 ⇨ 내부(정부)
Hirshman	강요된 의제	채택된 의제	-
특징	• 진흙탕 싸움 • 점증주의적 결정 • 정책결정비용 증가, 정책집행비용 감소 • 정책의제화 곤란	• 행정PR 중시 • 전문가의 영향력이 크며, 합리적·분석적 결정 • 정책결정비용 감소, 정책집행비용 증가	• 외교·국방, 국민이 알면 곤란하거나 시간이 급박할 때 활용(비교적 지위가 낮은 관료가 주도) • 의도적으로 국민을 무시하는 정부에서 활용
참여도	높음	중간	낮음
사회	주로 민주화된 선진국	주로 개발도상국	주로 개발도상국
구체적 예	「국민기초생활 보장법」, 「부패방지법」, 지방자치제 실시 등	올림픽·월드컵 유치, 새마을운동, 가족계획사업, 경제개발계획, 한미 FTA 등	차세대 전투기사업 등 무기구매계약, 대북지원사업 등 국방 및 외교정책

06. ① 블라우와 스콧(Blau & Scott)은 조직의 주요 수혜자를 중심으로 조직을 호혜적 조직, 기업조직, 봉사조직, 공익조직으로 분류하였다. 반면, 에치오니(Etzioni)는 권력의 유형에 따라 조직을 강제적 조직, 공리적 조직, 규범적 조직으로 분류하였다.

<<핵심정리>> 블라우와 스콧(Blau & Scott)의 조직 분류

구분	주요 수혜자	내용	예
호혜조직 (상호조직)	조직 구성원	• 시간이 지날수록 집권화되는 조직(Michels의 과두제의 철칙) • 조직구성원의 참여와 통제를 위한 민주적 절차가 중시되는 조직	정당, 노동조합, 종교단체 등
기업조직	조직 소유자	경쟁상황에서 능률의 극대화를 중시하는 조직	사기업 등

봉사조직	고객집단	• 고객에 대한 전문적 봉사를 강조하는 조직 • 고객의 요구와 행정적 절차 간 마찰이 심함	병원·학교·사회복지기관 등
공익조직	일반국민	국민의 참여와 통제를 위한 민주적 절차가 중시되는 조직	행정기관·경찰·군대 등

07. ③ 타협은 상호 희생과 양보를 통해 당사자 간의 이익을 부분적으로 만족시키는 방식이다. 반면, 협력은 양 당사자 모두 자신들의 목표 전부를 만족시키려는 단정적·협력적 방식이다.

≪핵심정리≫ 토마스(Thomas)의 갈등관리 방식

회피	• 양 당사자들이 갈등문제를 무시·회피·연기하는 비단정적·비협력적 방식 • 갈등이 존재함에도 양 당사자들이 갈등 상황을 무시하고 소극적으로 대응하는 방식
경쟁	• 양 당사자 모두 논쟁·권위·위협·물리력 등을 통해 다른 당사자를 희생시키고 자신의 목표만을 달성하려는 단정적·비협력적 방식 • 신속하고 결단성 있는 행동이 요구되거나 구성원들에게 인기 없는 조치를 할 때 활용
순응	한 당사자가 자신의 목표를 포기하고 다른 당사자의 관심사를 만족시키는 비단정적·협력적 방식
타협	• 양 당사자 모두 어느 정도 양보하고, 어느 정도 양보를 얻는 단정적·협력적 방식 • 분명한 승자나 패자가 없는 방식
협동	양 당사자 모두 자신들의 목표 전부를 만족시키려는 단정적·협력적 방식(win-win방식)

08. ④ 대표관료제는 관료들의 객관적 책임을 매우 비현실적이라고 주장하고 오히려 관료제의 인적구성을 다양화하여 관료들의 주관적 책임을 적정화함으로써 행정의 공정성을 확보하고자 한다.

09. ④ 정부 예산집행의 신축성을 확대하기 위해 만들어진 예산의 전용제도는 행정과목 간의 상호융통으로 국회의 동의를 요하지 않기 때문에 재정민주주의 확립에 기여하는 제도적 장치가 아니다.

10. ③ 단체자치는 국가와 지방자치단체 간의 관계에 초점을 둔 지방자치로 입법통제나 사법통제보다는 행정통제가 중시된다.

2025 공무원 시험대비 【8월분】

매일 풀어서
합격을 만드는
매일
합격모의고사
8월

- 제12회 -
[정답 및 해설]

이 름: _____

제1과목 국어
제2과목 영어
제3과목 한국사
제4과목 행정법총론
제5과목 행정학개론

매일 모의고사 정오표

합격까지 박문각

매일 모고 국어 제12회
정답 및 해설

亦功 국어
적중 혜선

01. ③ '젊기'는 형용사 어간 '젊-'에 명사형 어미 '-기'가 결합한 단어이다. '젊다'는 동사 '늙다'의 반의어이지만 형용사이다. 선지의 밑줄 친 단어들은 모두 용언의 어간에 명사형 어미가 결합한 형태이다. 명사와 명사형 어미를 사용한 용언, 용언 중에서는 동사와 형용사의 품사를 혼동하지 않도록 주의해야 한다.
① '늙기'는 명사절 '누구나 늙다'에 쓰인 서술어로, 동사 어간 '늙-'이 명사형 어미 '-기'와 결합하여 '마련'을 수식하는 관형어로 쓰였다. 즉, 동사이다.
② '달리기' 앞에 놓인 '어딘가로'는 '어디+(-이-)+ㄴ가+-로'가 결합한 부사어이므로, '달리기'는 부사어의 수식을 받는 동사이다. 명사형 어미 '-기'와 결합하여 기동형인 '-기 시작하다'의 형태로 쓰였다.
④ '곱하기'는 목적어 '두 수를'을 필요로 하는 명사절의 서술어로, 동사 어간 '곱하-'에 명사형 어미 '-기'가 결합하여 이어진 문장 중 뒤에 오는 문장의 주어로 쓰였다. 즉, 동사이다.

02. ② 인메모리 컴퓨터가 기존 컴퓨터보다 내부 최적화 알고리즘을 단순화하였다는 내용은 제시되어 있지만, 그 내부 최적화 알고리즘이 작동하는 과정은 구체적으로 언급되지 않았다.
① '인메모리 컴퓨터는 데이터를 디스크에 두는 기존 컴퓨터와 다른 방식의 색인을 활용하는데, ~ 더 적은 CPU 명령을 실행할 수 있게 한다.'라고 인메모리 컴퓨터가 디스크에 데이터를 두고 쓰는 컴퓨터보다 처리 속도가 빠른 원인을 제시하였다.
③ '갑작스러운 정전 등으로 컴퓨터의 전원이 꺼지는' 상황을 가정하여 '휘발성 RAM 안에 저장된 데이터'가 손실된다는 문제점을 설명하였다.
④ 글의 첫 문장에서 인메모리 데이터베이스의 정의를 제시하였다.

03. ③
(가) 금붕어 ∧ 전시용
(나) ~어류 → ~금붕어 ≡ 금붕어 → 어류

(가)에 의해 금붕어 중 전시용인 것이 존재하고 (나)의 대우명제 '금붕어 → 어류'에 의해 모든 금붕어는 어류이므로 금붕어 중 전시용인 것은 어류이다. 즉, 전시용인 것 중 어류인 것이 존재하고 이는 '전시용 ∧ 어류'로 나타낼 수 있다.
위와 같은 논증 과정을 통해 '전시용 ∧ 어류'를 도출할 수 있다.
① (가)에서 '금붕어 ∧ 전시용'이라고 해서 '금붕어 ∧ ~전시용'을 도출하는 것은 불가능하다. 반드시 거짓이라고 할 수는 없지만 반드시 참이라고 할 수도 없다.
② (나)에 의해 '어류 ∨ ~금붕어'이므로 어류가 아니면서 금붕어인 것, 즉 '~어류 ∧ 금붕어'는 (나)에 위배된다. 즉, (나)의 반례이며 (나)가 참이기 때문에 이 명제는 항상 거짓이다.
④ 위와 같은 논증 과정을 통해 '전시용 ∧ 어류'를 도출하는 것은 가능하다. 하지만 이를 통해 '어류 → 전시용'을 도출하는 것은 불가능하다.

04. ②
전제 1: 래퍼 ∧ 활동적
전제 2: ~(~진지 ∧ 래퍼) ≡ 진지 ∨ ~래퍼 ≡ 래퍼 → 진지

'래퍼 ∧ 활동적'이고 '래퍼 → 진지'이므로 래퍼 중 활동적인 사람이 존재하고 모든 래퍼는 진지하므로 활동적인 사람 중 진지한 사람이 있다는 결론을 내릴 수 있다.
① '래퍼 ∧ ~진지'이다. 두 번째 조건을 보면 래퍼는 모두 진지하므로 래퍼 중 일부가 진지하지 않다고 보는 것은 적절하지 않다.
③ 전제 1 '래퍼 ∧ 활동적'이지만 이를 통해 '래퍼 ∧ ~활동적'이라는 결론을 낼 수는 없다. '래퍼 ∧ 활동적'과 '래퍼 ∧ ~활동적'이 상호 배타적인 관계가 아니기에 반드시 거짓이라고 할 수는 없으나 주어진 전제만으로 논증을 통해 반드시 참이라는 결론을 도출하는 것은 불가능하다.
④ 전제 1이 '래퍼 ∧ 활동적'이고 전제 2가 '래퍼 → 진지'이므로 래퍼 중 활동적인 사람이 존재하고 모든 래퍼는 진지하므로 활동적인 사람 중 진지한 사람이 있다는 결론을 내릴 수 있다. 하지만 이를 통해 모든 활동적인 사람이 진지하다는 결론을 도출하는 것은 불가능하다.

05. ② ㉠의 '따르다'는 '1「4」관례, 유행이나 명령, 의견 따위를 그대로 실행하다.'를 의미한다. 이와 가장 유사한 의미의 '따르다'는 ②이다.
① 1「6」((주로 '따라(서)' 꼴로 쓰여)) 남이 하는 대로 같이 하다.
③ 1「2」앞선 것을 좇아 같은 수준에 이르다.
④ 1「3」좋아하거나 존경하여 가까이 좇다.

06. ① ㉠의 '밟다'는 '1「4」어떤 일을 위하여 순서나 절차를 거쳐 나가다.'를 의미한다. 이와 가장 유사한 의미의 '밟다'는 ①이다.
② 1「2」(비유적으로) 힘센 이가 힘 약한 이를 눌러 못살게 굴다.
③ 1「1」발을 들었다 놓으면서 어떤 대상 위에 대고 누르다.
④ 1「5」((주로 '뒤'를 목적어로 하여)) 어떤 이의 움직임을 살피면서 몰래 뒤를 따라가다.

07. ④ '의지하다'는 '다른 것에 마음을 기대어 도움을 받다.'를 의미한다. 따라서 '두루두루 자세히 보다.'를 의미하는 '살피다'는 ㉣과 바꿔 쓸 수 있는 유사한 표현으로 적절하지 않다. '남의 힘에 의지하다.'를 의미하는 '기대다'로 바꿔 쓸 수 있다.
① ㉠ '약소하다'는 '약하고 작다.'를 의미한다. 따라서 '길이, 넓이, 부피 따위가 비교 대상이나 보통보다 덜하다.'를 의미하는 '작다'로 바꿔 쓸 수 있다.
② ㉡ '직면하다'는 '어떠한 일이나 사물을 직접 당하거나 접하다.'를 의미한다. 따라서 '어떤 상황에 부닥치거나 직면하다.'를 의미하는 '맞서다'로 바꿔 쓸 수 있다.
③ ㉢ '재촉하다'는 '어떤 일을 빨리하도록 조르다.'를 의미한다. 따라서 '다른 사람에게 차지고 끈덕지게 무엇을 자꾸 요구하다.'를 의미하는 '조르다'로 바꿔 쓸 수 있다.

08. ③ '빠지다'는 '어떤 일이나 모임에 참여하지 아니하다.'를 의미한다. 따라서 '한 일자리에서 계속 근무하다.'를 의미하는 '근속하다'는 ㉢과 바꿔 쓸 수 있는 유사한 표현으로 적절하지 않다. '근무해야 할 날에 출근하지 않고 빠지다.'를 의미하는 '결근하다'로 바꿔 쓸 수 있다.
① ㉠ '어렴풋하다'는 '소리가 뚜렷하게 들리지 아니하고

희미하다.'를 의미한다. 따라서 '분명하지 못하고 어렴풋하다.'를 의미하는 '희미하다'로 바꿔 쓸 수 있다.
② ⓒ '움직이다'는 '멈추어 있던 자세나 자리가 바뀌다. 또는 자세나 자리를 바꾸다.'를 의미한다. 따라서 '물체 따위가 흔들리고 움직이다.'를 의미하는 '동요하다'로 바꿔 쓸 수 있다.
④ ⓔ '살아남다'는 '어떤 분야에서 밀려나지 않고 존속하다.'를 의미한다. 따라서 '어떤 대상이 그대로 있거나 어떤 현상이 계속되다.'를 의미하는 '존속하다'로 바꿔 쓸 수 있다.

09. ② 세균은 동식물보다 훨씬 오래 존재해 온 생물체인 만큼 더 많은 진화를 거쳤다고 하였다. 또, 수 분에서 수 시간 내에 증식할 수 있으므로, 오랜 세월에 거쳐 수차례 증식하는 동안 돌연변이도 빈번하게 나타났을 것이다.
① 세균은 발효나 부패 작용을 통해 생태계의 물질 순환에 중요한 역할을 할 뿐, 스스로 형태를 변화시키는 것은 아니다.
③ 새로운 종은 돌연변이가 축적되면 출현한다고 하였으므로, 원시 세균과 오늘날의 세균이 상당히 다르다면 이는 돌연변이가 축적되었기 때문이다.
④ 세균의 공간적 분포가 시간에 따른 세균의 변화에 영향을 주었다는 내용은 제시되지 않았다.

10. ③ 둘째 문단에서 과거제를 통해 '통치에 참여할 능력을 갖춘 지식인 집단이 폭넓게 형성'되었다는 것을 알 수 있다. 그러나 넷째 문단에서 '왕조 교체에도 불구하고 ~ 관료제 통치의 안정성에도 기여'했다는 점에서 과거제가 왕조 중심이 아닌 관료제 중심의 통치에 기여했다고 보는 것이 적절하다.
① 첫째 문단의 도입부에서 과거제가 '시험 성적이라는 합리적 기준'에 의한 시험이라는 것을 알 수 있다. 또한 셋째 문단에서 과거제를 '세습적 지위보다 학자의 지식이 우위'에 있는 체제로 본다는 점에서 과거제가 능력 중심의 관리 선발 시험이라는 것을 알 수 있다.
② 첫째 문단의 마지막 문장에서 과거제의 익명성 확보 장치는 시험의 '공정성 강화를 위한 노력'이라고 했다. 이러한 공정성을 바탕으로 보다 많은 이들에게 기회를 열어 줌으로써 '지위 획득에 대한 개방성'을 높일 수 있다는 점을 바로 앞 문장에서 확인할 수 있다.
④ 둘째 문단의 마지막 문장에서 '최종 단계까지 통과하지 못하더라도 국가가 여러 특권을 부여하고 그들이 지방 사회에 기여'할 수 있도록 했다는 것을 확인할 수 있다.

매일 모고 영어 제12회
정답 및 해설

01. ②
- ★ inevitable 불가피한, 필연적인
- ● aggressive 공격적인
- ● intimate 친(밀)한
- ● linguistic 언어(학)의
- [해석] 해수면 상승은 지구 온난화의 불가피한 결과이다.

02. ③
- ★ convenient 편리한
- ● uncomfortable 불편한
- ● legal 합법적인
- ● upset 속상한, 마음이 상한
- [해석] 집에서 걸어갈 수 있는 거리에 식료품점이 있어서 편리하다.

03. ①
- ★ swell 붓다, 부풀다, 부어오르다
- ● ensure 보증하다, 보장하다, 확실하게 하다
- ● identify 확인하다, 발견하다, 동일시하다
- ● investigate 조사하다, 연구하다
- [해석] 축구를 하다가 발목을 삐었더니 밤이 되자 점점 부어오르기 시작했다.

04. ①
- ★ irritate 짜증나게 하다, 거슬리다
- ● entertain 즐겁게 하다, 접대하다
- ● unify 통합[통일]하다
- ● overcome 극복하다
- [해석] 공사 현장의 끊임없는 소음이 이웃들을 짜증나게 하기 시작했다.

05. ④
- ★ replace 교체하다, 대신하다
- ● wander 돌아다니다, 헤매다
- ● overlook 못 보고 넘어가다, 간과하다
- ● ignore 무시하다, 못 본 척하다
- [해석] 난방비를 절약하기 위해 오래된 창문을 에너지 효율이 높은 창문으로 교체해야 한다.

06. ④ [해설]
'the + 형용사/분사 + 명사' 구조에서는, 명사(passenger)를 수식할 수 있는 형용사나 분사가 와야 한다. 하지만 asleep은 서술적 용법 전용 형용사로, 명사 앞(한정 용법)에는 쓸 수 없다. 문맥상 '자고 있는 승객'이라는 의미를 자연스럽게 표현하려면, 현재분사 sleeping을 써야 한다. 따라서 밑줄에 가장 적절한 것은 ④이다.
[해석]
그는 실수로 옆에서 자고 있던 승객을 걷어찼다.

07. ③ [해설]
이 문장에서 help는 3형식 동사로 쓰여, 목적어 자리 뒤에 to부정사 또는 동사원형을 취할 수 있다. 하지만 현재분사(-ing형)는 올바른 형태가 아니므로 밑줄 친 부분인 preventing을 prevent 또는 to prevent로 고쳐야 한다.
[해석]
기숙사에서는 여러분의 안전과 보안을 위해 몇 가지 규칙을 따라야 한다. 항상 방 문을 잠근 상태로 두어야 한다. 이것은 도난과 무단 출입을 방지하는 데 도움이 된다. 외출할 때 문을 꼭 확인하고, 열쇠를 다른 사람과 절대 공유하지 말아야 한다.

08. ① [해설]
Tim: 방금 계약서 문서가 책상에서 없어졌다는 걸 알았어요.
Jane: 그거 심각하네요. 파일이나 이메일 첨부파일은 확인해 보셨나요?
Tim: 네, 하지만 실물 서류는 어디에도 없어요.
Jane: 사무실 밖, 예를 들어 회의 장소에 두고 오신 건 아닐까요?
Tim: 잘 모르겠어요. 어제 회의실에 가지고 간 기억이 나요.
Jane: 회의실 직원에게 연락해서 누군가 발견했는지 알아봅시다. 그리고 분실물이 접수될 수 있도록 경비실에도 알려야 해요.
① 사무실 밖, 예를 들어 회의 장소에 두고 오신 건 아닐까요?
② 새로 복사본을 출력했나요?
③ 이메일이 제대로 전송됐는지 확인해보실래요?
④ 회의는 언제쯤 끝날 것 같나요?

09. ③ [해설]
이 글은 배터리 기술의 발전과 그 영향에 대해 설명하고 있다. ①번 과 ②번 문장은 기존 리튬이온 배터리의 문제점과 이를 해결하기 위한 솔리드 스테이트 배터리 개발을 다루며, ④번 문장은 이러한 신기술이 가져올 긍정적인 미래를 요약한다. 하지만 ③번 문장은 화석 연료 채굴 확대를 언급하는데, 이는 배터리 기술 발전과 직접적인 관련이 없다. 따라서 글의 흐름상 어색한 문장은 ③이다.
[해석]
> 최근 배터리 기술의 발전은 우리가 에너지를 저장하고 사용하는 방식을 혁신하고 있다. ① 전통적인 리튬이온 배터리의 주요 문제점 중 하나는 시간이 지나면서 과열되고 성능이 저하된다는 점이다. ② 이를 해결하기 위해, 연구자들은 가연성 액체 전해질 대신 고체 전해질을 사용하는 전고체 배터리를 개발하여 안전성과 수명을 크게 개선했다. (③ 또 다른 유망한 방법으로는 단기적인 에너지 생산을 늘리기 위해 화석 연료 채굴을 확대하는 것이다.) ④ 이러한 신기술들은 성능을 향상시킬 뿐만 아니라 보다 지속 가능한 에너지 시스템으로 나아가는 길을 열어준다. 이 혁신들은 에너지 저장이 더 안전하고, 깨끗하며, 효율적인 미래를 예고한다.

[어휘]
- □ advancement 발전
- □ degrade 성능이 저하되다
- □ electrolyte 전해질
- □ flammable 가연성의
- □ longevity 수명
- □ fossil fuel 화석 연료
- □ extraction 추출, 채굴
- □ pave the way 길을 열다

10. ② [해설]
이 글은 소셜 미디어가 정보 처리 방식을 어떻게 변화시켰는지, 그리고 그로 인해 발생하는 문제점(편향적이고 단편적인 정보에 기반한 의견 형성)을 설명한다. 또한 이를 해결하기 위한 디지털 리터러시 교육의 중요성을 강조한다. 따라서 글의 주제로 가장 적절한 것은 ②이다.

[해석]

> 소셜 미디어 플랫폼이 소통 방식을 혁신했지만, 동시에 우리가 정보를 처리하는 방식을 변화시켰다. 전통적인 인쇄 매체와 달리, 인쇄 매체는 일반적으로 내용이 선별되고 검토되지만, 소셜 미디어는 개인 의견과 바이럴 트렌드를 빠르고 필터 없이 공유할 수 있게 한다. 이러한 환경은 사용자들이 정확성이나 맥락보다는 속도와 감정적 영향에 집중하도록 만든다. 그 결과, 사람들은 단편적이거나 오해의 소지가 있는 내용에 근거해 의견을 형성할 수 있다. 이에 일부 교육자들은 학생들이 온라인 정보를 비판적으로 평가할 수 있도록 돕는 디지털 리터러시를 21세기에 꼭 필요한 기술로 강조하고 있다.

① 디지털 시대 인쇄 저널리즘의 쇠퇴
② 소셜 미디어 시대 디지털 리터러시의 역할
③ 끊임없는 미디어 노출이 정신 건강에 미치는 영향
④ 온라인 플랫폼에서 인플루언서 문화의 부상

[어휘]
☐ revolutionize 혁신하다
☐ process 처리하다
☐ curated 선별된
☐ fragmented 단편적인
☐ misleading 오해를 불러일으키는
☐ digital literacy 디지털 문해력
☐ context 맥락

매일 모고 한국사 제12회
정답 및 해설

01. ② 동학 농민군은 탐관오리의 축출, 신분 차별의 철폐, 양반과 토호의 수탈 금지를 요구하는 등 반봉건적 투쟁을 전개하였다. 또한 일본의 침략을 물리치려는 반침략적 민족운동을 전개하였다. 동학 농민 운동은 종래 농민 봉기와는 달리 동학 조직을 통한 전국적인 농민군 조직을 형성하여 연대하고, 전주 화약 이후에는 집강소를 통해 반봉건 개혁을 추진한 아래로부터의 개혁 운동이었다.
ㄴ. 동학 농민군은 정치적 개혁 방안을 구체적으로 제시하지 못하였다.
ㄹ. 최제우는 혹세무민의 죄목으로 1864년에 처형당했으며, 동학 농민 운동은 1894년에 일어났다.

02. ④ 제시된 지문은 대한 제국 정부에서 추진한 개혁의 내용을 열거한 것이다. 아관 파천 후 1년 만에 환궁한 고종은 칭제를 주장하는 여론을 받아들인다는 명분으로 1897년 8월에 연호를 광무로 확정하여 반포하고, 원구단을 축조하여 1897년 10월에 황제의 자리에 올랐다. 대한 제국은 황제권의 강화를 통하여 국가의 주권을 수호하고 자강 개혁을 이루고자 하였다. 이에 따라 대한 제국 정부는 개혁을 추진하였는데, 이를 광무 개혁이라고 한다. 광무 개혁의 방향은 한마디로 '옛 법을 근본으로 하고 새로운 제도를 참작한다.'는 의미의 구본신참이었다.
④ 대한 제국 수립 이후 급진 개화파가 정권을 장악한 적은 없었다.

03. ③ 독립 협회는 고종의 환궁을 요구하고 열강의 이권 침탈을 저지하는 운동을 전개하였다. 또한, 만민 공동회를 개최하여 민중 의식을 높이는 데 주력하였고, 정치 제도의 개선에도 힘써 의회식 중추원 관제를 개편하려는 움직임을 펼쳤다.
③ 황국 협회는 보부상들이 중심이 된 단체로서 독립협회의 활동을 방해하였다.

04. ④ 광무개혁은 정치적인 면에서는 복고적인 성격을 띠어 전제 군주권의 강화를 내세웠다. 그러나 경제, 교육, 시설면에서는 근대화를 지향하였다. 이러한 시정 방침을 구본신참(옛 것을 근본으로 하고 새로운 제도를 참작한다.)이라고 한다.

05. ④ (가)는 독립협회, (나)는 대한 제국과 관련된 자료이다. 독립협회는 1897년 중반부터 독립관에서 공개 토론회 및 강연회를 개최하면서 근대 개혁에 필요한 문제들은 물론 열강의 이권 침탈 반대, 의회 설립, 민권 신장 등을 폭넓게 다루었다. 독립협회의 초창기에는 왕실에서도 거금을 희사하여 지원하였으며, 정부 대신들도 적극적으로 참여하였다. 대한 제국은 양전 사업을 일부 지역에서 실시하여 토지 소유자들에게 토지에 대한 근대적 소유권을 인정한 증서인 지계를 발급하였다. 독립 협회와 대한 제국 모두 외세 침탈에 반대했다는 점에서는 공통적이다.
④ 대한 제국 성립 이전 갑오개혁 당시 조선 정부가 했던 일이다.

06. ③ 밑줄 친 '조약'은 을사조약을 가리킨다. 러·일 전쟁에서 승리한 일본이 1905년에 을사조약(제2차 한·일 협약)을 강요하여 대한 제국의 외교권을 박탈하고 보호국으로 만들자 항일 의거가 격렬하게 일어났다. 백성들은 일제의 침략을 규탄하고 조약의 폐기를 주장하였다. 고종의 시종 무관장이었던 민영환은 고종과 국민에게 남기는 유서를 남기고 자결하였으며, 조병세·이상철·홍만식·송병선 등도 스스로 순국하였다. 또한 의병 활동이 전국에서 활발하게 전개되었다. 1906년 6월에는 전북 태인에서 최익현이 의병을 일으켰다. 평민 출신 신돌석은 의병을 일으켜 영해, 평해, 양양, 울진 등 강원도와 경상도의 접경 지대에서 크게 활약하였다.
ㄱ. 을사조약 체결(1905) 이전인 1898년의 일이다.
ㄹ. 원수부를 설치한 것은 1899년 광무 개혁 때이다.

07. ④ 제시된 지문은 대한 제국의 군대 해산 이후의 상황을 서술한 것이다. 1907년 고종의 강제 퇴위와 군대 해산을 계기로 일어난 의병 투쟁은 그 규모나 성격 면에서 의병 전쟁으로 발전하였는데, 이 시기의 의병을 정미의병이라고 한다. 의병 전쟁이 전국적으로 확산되자 의병 부대 상호간의 연합 전선이 형성되어 1907년 겨울에는 13도 창의군이 결성되었다. 의병 지도자들은 전국의 의병을 연합하여 서울 진공 작전을 시도하였다. 또한 서울의 각국 영사관에 통문을 보내어 의병을 국제법상의 교전 단체로 인정해 줄 것을 요청하였다.
④ 유생 출신 의병장들은 전국 연합 의병 부대 편성 과정에서 당시 일본 군경의 가장 두려운 대상이었던 신돌석과 평민 출신 홍범도, 김수민 등과 같은 의병장이 이끄는 부대를 제외시켜 버렸다.(일부러 제외시킨 것이 아니라는 학계의 반론도 있음)

08. ② 제시된 지문과 같은 활동을 전개한 단체는 신민회이다. 1907년 애국 계몽 운동가들은 국권 회복을 위한 비밀 결사로 신민회를 조직하였다. 신민회는 안창호, 양기탁 등이 중심이 되어 언론인, 종교인, 교사, 학생 등을 총망라하여 결성된 단체로 회원이 800여 명이었다. 다른 애국 계몽 운동단체와는 달리 신민회는 무장 독립 투쟁의 필요성을 제기하고 만주에 국외 독립군 기지와 무관 학교 설립을 계획하는 등 독립 전쟁의 터전을 마련하였다.
ㄴ. 대한 자강회의 활동이다.
ㄹ. 신민회가 직접 나서서 의병을 조직하여 활동을 전개한 적은 없고 의병 운동을 지원하여 무장 투쟁을 전개하였다.

09. ② (가)는 을미의병(1895), (나)는 정미의병(1907)과 관련된 자료이다.
② 대한매일신보는 1910년 한·일 병합 조약 체결 다음날부터 '대한'을 떼고 매일신보라는 조선 총독부의 기관지로 발간되었다.
① 포츠머스 조약으로 러시아와의 전쟁을 마무리한 일본이 을사조약을 강요한 시점은 1905년 이다.
③, ④ 신돌석이 의병을 일으킨 것, 최익현이 쓰시마 섬에서 순절한 것은 둘 다 1906년이다.

10. ③ 제시된 주장은 애국 계몽 운동가들이 사회 진화론을 무비판적으로 받아들이면서 제국주의 침략성을 제대로 파악하지 못한 점을 비판하고 있다. 이 주장을 반박하기 위해서는 애국 계몽 운동 진영 내에서도 제국주의의 침략을 물리치려는 노력이 전개되었음을 밝힐 필요가 있다. 그 근거로서 적절한 것이 바로 신민회의 국외 독립군 기지 건설 계획이다. 신민회는 표면적으로는 문화적, 경제적 실력 양성 운동을 전개하면서, 내면적으로는 국외

독립군 기지 건설에 의한 군사적 실력 양성을 기도하였다. 그것은 독립군을 양성하여 적절한 시기에 일제와의 전쟁을 통하여 독립을 쟁취하려는 독립 전쟁론에 의거한 것이었다.

매일 모고 행정법 제12회
정답 및 해설

01. ② 도시 및 주거환경정비법상 사업시행자에게 사업시행계획의 작성권이 있고 행정청은 단지 이에 대한 인가권만을 가지고 있으므로 사업시행자인 조합의 사업시행계획 작성은 자치법적 요소를 가지고 있는 사항이라 할 것이고, 이와 같이 사업시행계획의 작성이 자치법적 요소를 가지고 있는 이상, 조합의 사업시행인가 신청시의 토지 등 소유자의 동의요건 역시 자치법적 사항이라 할 것이며, 따라서 개정된 도시 및 주거환경정비법 제28조 제4항 본문이 사업시행인가 신청시의 동의요건을 조합의 정관에 포괄적으로 위임하고 있다고 하더라도 헌법 제75조가 정하는 포괄위임입법금지의 원칙이 적용되지 아니하므로 이에 위배된다고 할 수 없다. 대법원 2007. 10. 12. 선고 2006두14476 판결
① 지방자치법 제28조

> **지방자치법 제28조(조례)**
> ① 지방자치단체는 법령의 범위에서 그 사무에 관하여 조례를 제정할 수 있다. 다만, 주민의 권리 제한 또는 의무 부과에 관한 사항이나 벌칙을 정할 때에는 법률의 위임이 있어야 한다.

③ 법원이 법률 하위의 법규명령, 규칙, 조례, 행정규칙 등이 위헌·위법인지를 심사하려면 그것이 '재판의 전제'가 되어야 한다. 여기에서 '재판의 전제'란 구체적 사건이 법원에 계속 중이어야 하고, 위헌·위법인지가 문제 된 경우에는 규정의 특정 조항이 해당 소송사건의 재판에 적용되는 것이어야 하며, 그 조항이 위헌·위법인지에 따라 그 사건을 담당하는 법원이 다른 판단을 하게 되는 경우를 말한다. 대법원 2019. 6. 13. 선고 2017두33985 판결
④ 부작위위법확인소송의 대상이 될 수 있는 것은 구체적 권리의무에 관한 분쟁이어야 하고 추상적인 법령에 관하여 제정의 여부 등은 그 자체로서 국민의 구체적인 권리의무에 직접적 변동을 초래하는 것이 아니어서 그 소송의 대상이 될 수 없다. 대법원 1992. 5. 8. 선고 91누11261 판결

02. ③ 사업양도·양수에 따른 허가관청의 지위승계신고의 수리는 적법한 사업의 양도·양수가 있었음을 전제로 하는 것이므로 그 수리대상인 사업양도·양수가 존재하지 아니하거나 무효인 때에는 수리를 하였다 하더라도 그 수리는 유효한 대상이 없는 것으로서 당연히 무효라 할 것이고, 사업의 양도행위가 무효라고 주장하는 양도자는 민사쟁송으로 양도·양수행위의 무효를 구함이 없이 막바로 허가관청을 상대로 하여 행정소송으로 위 신고수리처분의 무효확인을 구할 법률상 이익이 있다. 대법원 2005. 12. 23. 선고 2005두3554 판결
① 행정기본법 제14조

> **행정기본법 제14조(법 적용의 기준)**
> ② 당사자의 신청에 따른 처분은 법령등에 특별한 규정이 있거나 처분 당시의 법령등을 적용하기 곤란한 특별한 사정이 있는 경우를 제외하고는 처분 당시의 법령등에 따른다.

② 기본행위인 사업시행계획에는 하자가 없는데 보충행위인 인가처분에 고유한 하자가 있다면 그 인가처분의 무효확인이나 취소를 구하여야 할 것이지만, 인가처분에는 고유한 하자가 없는데 사업시행계획에 하자가 있다면 사업시행계획의 무효확인이나 취소를 구하여야 할 것이지 사업시행계획의 무효를 주장하면서 곧바로 그에 대한 인가처분의 무효확인이나 취소를 구하여서는 아니 된다. 대법원 2021. 2. 10. 선고 2020두48031 판결
④ 무허가건물을 무허가건물관리대장에 등재하거나 등재된 내용을 변경 또는 삭제하는 행위로 인하여 당해 무허가 건물에 대한 실체상의 권리관계에 변동을 가져오는 것이 아니고, 무허가건물의 건축시기, 용도, 면적 등이 무허가건물관리대장의 기재에 의해서만 증명되는 것도 아니므로, 관할관청이 무허가건물의 무허가건물관리대장 등재 요건에 관한 오류를 바로잡으면서 당해 무허가건물을 무허가건물관리대장에서 삭제하는 행위는 다른 특별한 사정이 없는 한 항고소송의 대상이 되는 행정처분이 아니다. 대법원 2009. 3. 12. 선고 2008두11525 판결

03. ① 민사소송에 있어서 어느 행정처분의 당연무효 여부가 선결문제로 되는 때에는 이를 판단하여 당연무효임을 전제로 판결할 수 있고 반드시 행정소송 등의 절차에 의하여 그 취소나 무효확인을 받아야 하는 것은 아니다. 대법원 2010. 4. 8. 선고 2009다90092 판결
② 조세의 과오납이 부당이득이 되기 위하여는 납세 또는 조세의 징수가 실체법적으로나 절차법적으로 전혀 법률상의 근거가 없거나 과세처분의 하자가 중대하고 명백하여 당연무효이어야 하고, 과세처분의 하자가 단지 취소할 수 있는 정도에 불과할 때에는 과세관청이 이를 스스로 취소하거나 항고소송절차에 의하여 취소되지 않는 한 그로 인한 조세의 납부가 부당이득이 된다고 할 수 없다. 대법원 1994. 11. 11. 선고 94다28000 판결
③ 제소기간이 이미 도과하여 불가쟁력이 생긴 행정처분에 대하여는 개별 법규에서 그 변경을 요구할 신청권을 규정하고 있거나 관계 법령의 해석상 그러한 신청권이 인정될 수 있는 등 특별한 사정이 없는 한 국민에게 그 행정처분의 변경을 구할 신청권이 있다 할 수 없다. 대법원 2007. 4. 26. 선고 2005두11104 판결
④ 불가쟁력은 행정행위의 상대방 또는 이해관계인에 대해서만 미치고 처분청을 구속하지는 않으므로, 처분청은 불가쟁력이 발생한 후에도 당해 행정행위를 직권으로 취소 또는 철회할 수 있다.

04. ④ 이미 제소기간이 지남으로써 불가쟁력이 발생하여 불복청구를 할 수 없었던 경우라면 그 이후에 행정청이 행정심판청구를 할 수 있다고 잘못 알렸다고 하더라도 그 때문에 처분 상대방이 적법한 제소기간 내에 취소소송을 제기할 수 있는 기회를 상실하게 된 것은 아니므로 이러한 경우에 잘못된 안내에 따라 청구된 행정심판 재결서 정본을 송달받은 날부터 다시 취소소송의 제소기간이 기산되는 것은 아니다. 불가쟁력이 발생하여 더 이상 불복청구를 할 수 없는 처분에 대하여 행정청의 잘못된 안내가 있었다고 하여 처분 상대방의 불복청구 권리가 새로이 생겨나거나 부활한다고 볼 수는 없기 때문이다. 대법원 2012. 9. 27. 선고 2011두27247 판결
① 행정소송법 제41조

> **행정소송법 제41조(제소기간)**
> 당사자소송에 관하여 법령에 제소기간이 정하여져 있는 때에는 그 기간은 불변기간으로 한다.

② 행정청이 식품위생법령에 따라 영업자에게 행정제재처분을 한 후 그 처분을 영업자에게 유리하게 변경하는 처분을 한 경우, 변경처분에 의하여 당초 처분은 소멸하

는 것이 아니고 당초부터 유리하게 변경된 내용의 처분으로 존재하는 것이므로, 변경처분에 의하여 유리하게 변경된 내용의 행정제재가 위법하다 하여 그 취소를 구하는 경우 그 취소소송의 대상은 변경된 내용의 당초 처분이지 변경처분은 아니고, 제소기간의 준수 여부도 변경처분이 아닌 변경된 내용의 당초 처분을 기준으로 판단하여야 한다. 대법원 2007. 4. 27. 선고 2004두9302 판결
③ 행정청이 법정 심판청구기간보다 긴 기간으로 잘못 알린 경우에 그 잘못 알린 기간 내에 심판청구가 있으면 그 심판청구는 법정 심판청구기간 내에 제기된 것으로 본다는 취지의 행정심판법 제18조 제5항의 규정은 행정심판 제기에 관하여 적용되는 규정이지, 행정소송 제기에도 당연히 적용되는 규정이라고 할 수는 없다. 대법원 2001. 5. 8. 선고 2000두6916 판결

05. ③ 양도소득세 및 방위세부과처분이 국세청장에 대한 불복심사청구에 의하여 그 불복사유가 이유있다고 인정되어 취소되었음에도 처분청이 동일한 사실에 관하여 부과처분을 되풀이 한 것이라면 설령 그 부과처분이 감사원의 시정요구에 의한 것이라 하더라도 위법하다. 대법원 1986. 5. 27. 선고 86누127 판결
① 행정심판법 제47조

> **행정심판법 제47조(재결의 범위)**
> ① 위원회는 심판청구의 대상이 되는 처분 또는 부작위 외의 사항에 대하여는 재결하지 못한다.

② 부작위에 대한 의무이행심판에 있어서는 청구기간의 제한은 없으나, 부작위위법확인소송과 달리 부작위에 대한 의무이행심판에 있어서도 사정재결이 인정된다.
④ 행정심판의 재결은 피청구인인 행정청을 기속하는 효력을 가지므로 재결청이 취소심판의 청구가 이유 있다고 인정하여 처분청에 처분을 취소할 것을 명하면 처분청으로서는 재결의 취지에 따라 처분을 취소하여야 하지만, 나아가 재결에 판결에서와 같은 기판력이 인정되는 것은 아니어서 재결이 확정된 경우에도 처분의 기초가 된 사실관계나 법률적 판단이 확정되고 당사자들이나 법원이 이에 기속되어 모순되는 주장이나 판단을 할 수 없게 되는 것은 아니다. 대법원 2015. 11. 27. 선고 2013다6759 판결

06. ③ 국책사업인 '한국형 헬기 개발사업'(Korean Helicopter Program)에 개발주관사업자 중 하나로 참여하여 국가 산하 중앙행정기관인 방위사업청과 '한국형헬기 민군겸용 핵심구성품 개발협약'을 체결한 갑 주식회사가 협약을 이행하는 과정에서 환율변동 및 물가상승 등 외부적 요인 때문에 협약금액을 초과하는 비용이 발생하였다고 주장하면서 국가를 상대로 초과비용의 지급을 구하는 민사소송을 제기한 사안에서, 위 협약의 법률관계는 공법관계에 해당하므로 이에 관한 분쟁은 행정소송으로 제기하여야 한다고 한 사례. 대법원 2017. 11. 9. 선고 2015다215526 판결
① 구 정부투자기관 관리기본법(2007. 1. 19. 법률 제8258호 공공기관의 운영에 관한 법률 부칙 제2조 제1호로 폐지)의 적용 대상인 정부투자기관이 일방 당사자가 되는 계약(이하 '공공계약'이라 한다)은 정부투자기관이 사경제의 주체로서 상대방과 대등한 위치에서 체결하는 사법(私法)상의 계약으로서 본질적인 내용은 사인 간의 계약과 다를 바가 없으므로 그에 관한 법령에 특별한 정함이 있는 경우를 제외하고는 사적 자치와 계약자유의 원칙 등 사법의 원리가 그대로 적용된다(주: 판결요지에 기재된 바와 같이 현재는 공공기관운영법이 제정되어 당해 법률을 대체하였고, 공공기관운영법에 따라 체결되는 공공계약에 대해서도 같은 법리가 적용된다). 대법원 2014. 12. 24. 선고 2010다83182 판결
② 공공용지 특례법에 따른 토지 등의 협의취득은 공공사업에 필요한 토지 등을 그 소유자와의 협의에 의하여 취득하는 것으로서 공공기관이 사경제주체로서 행하는 사법상 매매 내지 사법상 계약의 실질을 가지는 것이지 행정청이 공권력의 주체로서 상대방의 의사 여하에 불구하고 일방적으로 행하는 행정처분이라 볼 수 없는 것이고, 위 협의취득에 기한 손실보상금의 환수통보 역시 사법상의 이행청구에 해당하는 것으로서 이를 항고소송의 대상이 되는 행정처분이라고 할 수 없다. 대법원 2010. 11. 11. 선고 2010두14367 판결
④ 폐기물처리업의 허가를 받은 원고들이 피고의 시장으로부터 원고들이 진주시에서 발생하는 음식물류 폐기물의 수집·운반, 가로 청소, 재활용품의 수집·운반 업무를 대행할 것을 위탁받고, 각각 피고와 위 대행 업무에 관해 체결한 도급계약 및 위 계약체결 후 그 계약내용 중 일부를 변경하기로 한 변경계약을 사법상 계약으로 본 사례. 대법원 2018. 2. 13. 선고 2014두11328 판결

07. ④ 구 토지수용법 제63조의 규정에 따라 피수용자 등이 기업자에 대하여 부담하는 수용대상 토지의 인도 또는 그 지장물의 명도의무 등이 비록 공법상의 법률관계라고 하더라도, 그 권리를 피보전권리로 하는 명도단행가처분은 그 권리에 끼칠 현저한 손해를 피하거나 급박한 위험을 방지하기 위하여 또는 그 밖의 필요한 이유가 있을 경우에는 허용될 수 있다. 대법원 2005. 8. 19. 선고 2004다2809 판결
① 관리권자인 보령시장이 행정대집행을 실시하지 아니하는 경우 국가에 대하여 이 사건 토지 사용청구권을 가지는 원고로서는 위 청구권을 보전하기 위하여 국가를 대위하여 피고들을 상대로 민사소송의 방법으로 이 사건 시설물의 철거를 구하는 이외에는 이를 실현할 수 있는 다른 절차와 방법이 없어 그 보전의 필요성이 인정되므로, 원고는 국가를 대위하여 피고들을 상대로 민사소송의 방법으로 이 사건 시설물의 철거를 구할 수 있다. 대법원 2009. 6. 11. 선고 2009다1122 판결
② 도시공원시설인 매점의 관리청이 그 공동점유자 중의 1인에 대하여 소정의 기간 내에 위 매점으로부터 퇴거하고 이에 부수하여 그 판매 시설물 및 상품을 반출하지 아니할 때에는 이를 대집행하겠다는 내용의 계고처분은 그 주된 목적이 매점의 원형을 보존하기 위하여 점유자가 설치한 불법 시설물을 철거하고자 하는 것이 아니라, 매점에 대한 점유자의 점유를 배제하고 그 점유이전을 받는 데 있다고 할 것인데, 이러한 의무는 그것을 강제적으로 실현함에 있어 직접적인 실력행사가 필요한 것이지 대체적 작위의무에 해당하는 것은 아니어서 직접강제의 방법에 의하는 것은 별론으로 하고 행정대집행법에 의한 대집행의 대상이 되는 것은 아니다. 대법원 1998. 10. 23. 선고 97누157 판결
③ 대집행의 계고를 함에 있어서 의무자가 이행하여야 할 행위와 그 의무불이행시 대집행할 행위의 내용 및 범위는 반드시 대집행계고서에 의하여서만 특정되어야 하는 것은 아니고 그 처분 전후에 송달된 문서나 기타 사정을 종합하여 이를 특정할 수 있으면 족하다. 대법원 1992. 3. 10. 선고 91누4140 판결

08. ① 지방병무청장이 병역법 규정에 따라 산업기능요원에 대하여 한 산업기능요원 편입취소처분은, 행정처분을 할 경우 '처분의 사전통지'와 '의견제출 기회의 부여'를 규정한 행정절차법 제21조 제1항, 제22조 제3항에서 말하는 '당사자의 권익을 제한하는 처분'에 해당하는 한편, 행정절차법의 적용이 배제되는 사항인 행정절차법 제3조 제2항 제9호, 같은법 시행령 제2조 제1호에서 규정하

는 '병역법에 의한 소집에 관한 사항'에는 해당하지 아니하므로, 행정절차법상의 '처분의 사전통지'와 '의견제출 기회의 부여'등의 절차를 거쳐야 한다. 대법원 2002. 9. 6. 선고 2002두554 판결
② 공무원 인사관계 법령에 의한 처분에 관한 사항이라 하더라도 전부에 대하여 행정절차법의 적용이 배제되는 것이 아니라, 성질상 행정절차를 거치기 곤란하거나 불필요하다고 인정되는 처분이나 행정절차에 준하는 절차를 거치도록 하고 있는 처분의 경우에만 행정절차법의 적용이 배제되는 것으로 보아야 하고, 이러한 법리는 '공무원 인사관계 법령에 의한 처분'에 해당하는 별정직 공무원에 대한 직권면직 처분의 경우에도 마찬가지로 적용된다(주: 별정직 공무원에 대한 직권면직처분에 대해서는 행정절차법이 적용된다는 의미). 대법원 2013. 1. 16. 선고 2011두30687 판결
③ '고시'의 방법으로 불특정 다수인을 상대로 의무를 부과하거나 권익을 제한하는 처분은 성질상 의견제출의 기회를 주어야 하는 상대방을 특정할 수 없으므로, 이와 같은 처분에 있어서까지 구 행정절차법 제22조 제3항에 의하여 그 상대방에게 의견제출의 기회를 주어야 한다고 해석할 것은 아니다. 대법원 2014. 10. 27. 선고 2012두7745 판결
④ 퇴직연금의 환수결정은 당사자에게 의무를 과하는 처분이기는 하나, 관련 법령에 따라 당연히 환수금액이 정하여지는 것이므로, 퇴직연금의 환수결정에 앞서 당사자에게 의견진술의 기회를 주지 아니하여도 행정절차법 제22조 제3항이나 신의칙에 어긋나지 아니한다. 대법원 2000. 11. 28. 선고 99두5443 판결

09. ② (어린이가 '미니컵 젤리'를 먹다가 질식하여 사망한 사안에서) 당시의 미니컵 젤리에 대한 외국의 규제수준, 그 이전에 피고가 실시한 규제조치 등에 비추어 식품의약품안전청장 등 관계공무원으로서는 미니컵 젤리로 인한 질식의 위험을 인식하거나 예견하기 어려웠던 사정 등을 종합하면 식품의약품안전청장 등이 그 사고 발생 시까지 구 식품위생법상의 규제 권한을 행사하여 미니컵 젤리의 수입·유통 등을 금지하거나 그 기준과 규격, 표시 등을 강화하고 그에 필요한 검사 등을 실시하는 조치를 취하지 않은 것이 현저하게 합리성을 잃어 사회적 타당성이 없다거나 객관적 정당성을 상실하여 위법하다고 할 수 있을 정도에까지 이르렀다고 보기 어렵고, 그 권한 불행사에 과실이 있다고 할 수도 없다. 대법원 2010. 9. 9. 선고 2008다77795 판결
① 이 사건 사고 당시 설치하고 있던 옹벽은 소외 회사가 그 공사를 도급받아 공사 중에 있었을 뿐만 아니라 아직 완성도 되지 아니하여 일반 공중의 이용에 제공되지 않고 있었던 이상 원심 판시와 같이 국가배상법 제5조 제1항 소정의 영조물에 해당한다고 할 수 없고, 따라서 이 사건 사고를 영조물의 설치상의 하자로 인하여 발생한 것이라고는 볼 수 없다. 대법원 1998. 10. 23. 선고 98다17381 판결
③ (고등학교 3학년 학생이 교사의 단속을 피해 담배를 피우기 위하여 3층 건물 화장실 밖의 난간을 지나다가 실족하여 사망한 사안에서) 학교 관리자에게 그와 같은 이례적인 사고가 있을 것을 예상하여 복도나 화장실 창문에 난간으로의 출입을 막기 위하여 출입금지장치나 추락위험을 알리는 경고표지판을 설치할 의무가 있다고 볼 수는 없다는 이유로 학교시설의 설치·관리상의 하자가 없다. 대법원 1997. 5. 16. 선고 96다54102 판결
④ 도로법 제22조 제2항에 의하여 지방자치단체의 장인 시장이 국도의 관리청이 되었다 하더라도 이는 시장이 국가로부터 관리업무를 위임받아 국가행정기관의 지위에서 집행하는 것이므로 국가는 도로관리상 하자로 인한 손해배상책임을 면할 수 없다. 대법원 1993. 1. 26. 선고 92다2684 판결

10. ② 일반 공중의 이용에 제공되는 공공용물에 대하여 특허 또는 허가를 받지 않고 하는 일반사용은 다른 개인의 자유이용과 국가 또는 지방자치단체 등의 공공목적을 위한 개발 또는 관리·보존행위를 방해하지 않는 범위 내에서만 허용된다 할 것이므로, 공공용물에 관하여 적법한 개발행위 등이 이루어짐으로 말미암아 이에 대한 일정범위의 사람들의 일반사용이 종전에 비하여 제한받게 되었다 하더라도 특별한 사정이 없는 한 그로 인한 불이익은 손실보상의 대상이 되는 특별한 손실에 해당한다고 할 수 없다. 대법원 2002. 2. 26. 선고 99다35300 판결
① 공유수면 매립면허의 고시가 있다고 하여 반드시 그 사업이 시행되고 그로 인하여 손실이 발생한다고 할 수 없으므로, 매립면허 고시 이후 매립공사가 실행되어 관행어업권자에게 실질적이고 현실적인 피해가 발생한 경우에만 공유수면매립법에서 정하는 손실보상청구권이 발생하였다고 할 것이다. 대법원 2010. 12. 9. 선고 2007두6571 판결
③ 공익사업의 시행자는 해당 공익사업을 위한 공사에 착수하기 이전에 토지소유자와 관계인에게 보상액 전액을 지급하여야 한다. 공익사업의 시행자가 토지소유자와 관계인에게 보상액을 지급하지 않고 승낙도 받지 않은 채 공사에 착수함으로써 토지소유자와 관계인이 손해를 입은 경우, 토지소유자와 관계인에 대하여 불법행위가 성립할 수 있고, 사업시행자는 그로 인한 손해를 배상할 책임을 진다. 대법원 2021. 11. 11. 선고 2018다204022 판결
④ 토지보상법 제83조

토지보상법 제83조(이의의 신청)
② 지방토지수용위원회의 제34조에 따른 재결에 이의가 있는 자는 해당 지방토지수용위원회를 거쳐 중앙토지수용위원회에 이의를 신청할 수 있다.

매일 모고 행정학 제12회
정답 및 해설

01. ③ 공유재란 경합성과 비배제성을 지닌 서비스를 말한다. 공유재의 예로는 천연자원, 바닷속의 물고기, 녹지 등이 이에 속한다. 케이블TV는 배제성과 비경합성을 지닌 서비스인 요금재에 해당한다.

<<핵심정리>> 공공서비스의 유형

사적재 (시장재, 민간재)	의의	배제성과 경합성이 있는 서비스
	예	물건 구매, 택시, 전문교육, 의료, 음식점·호텔, 자동차 등
	정부역할	정부개입이 최소화되는 영역이지만, 소비자보호측면에서 서비스의 안전과 규격 등을 규제하거나 저소득층 배려를 위한 부분적인 정부 개입 필요
공공재 (집합재)	개념	비배제성과 비경합성을 지닌 서비스
	예	국방, 외교, 치안, 소방, 보편적 복지, 무료TV방송, 등대 등
	정부역할	시장에 맡겨 둘 경우 무임승차자의 발생으로 인해 항상 과소공급과 과다소비의 쟁점을 야기하므로 원칙적으로 정부가 보편적 서비스로 제공
공유재	의의	경합성과 비배제성을 지닌 서비스
	예	천연자원, 해저광물, 바다물고기, 지하수, 공기, 강·하천·호수, 연안어장, 관계시설, 국립도서관, 올림픽주경기장, 시내도로 등
	정부역할	정부가 공급비용부담과 무분별한 사용억제를 위한 규칙 설정을 위해 개입
요금재 (유료재)	의의	배제성과 비경합성을 지닌 서비스
	예	가스, 전기, 통신, 상하수도, 고속도로, 인터넷 서비스, 케이블 TV 등
	정부역할	자연독점으로 인한 시장실패에 대응하기 위해 일반적으로 정부가 공급하지만, 최근에는 민영화·민간위탁 등을 통해 민간기업의 참여가 활성화되는 영역

02. ③ ㉠, ㉡, ㉢은 옳고, ㉣은 옳지 않다. 공공선택론은 비시장적 의사결정에 대한 경제학적 연구로 방법론적 개체주의와 연역적 연구를 지향한다(㉠). 공공선택론은 인간을 합리적 경제인으로 인식하며, 정치인은 득표극대화를 위한 교환으로서의 정치를, 관료는 권한확대를 위한 예산극대화를 추구한다고 본다(㉡, ㉢).
㉣ 공공선택론은 인간을 합리적 경제인으로 인식하므로 개인은 부서목표의 극대화가 아닌 개인이익 극대화를 추구한다고 본다.

03. ② 이해충돌 방지의 의무는 「공직자윤리법」과 「공직자의 이해충돌방지법」에 규정되어 있다.

04. ④ 전통적 시장실패론은 타인이 야기하는 (긍정적, 부정적) 외부효과가 시장실패의 핵심요인으로 정의되지만, 넛지(Nudge) 방식이 지적하는 행동적 시장실패는 휴리스틱과 인지적 편향으로 인한 자신의 비합리적 의사결정이 자신의 후생손실을 초래하는 내부효과가 핵심요인으로 정의된다.

<<핵심정리>> 넛지(Nudge) 방식의 정책설계

의의	• 정부가 강제적이지 않은 방법으로 정책대상자의 행동변화를 유도하는 정책설계 • 개인에게 선택의 옵션을 부여하면서도 정부가 의도한대로 선택하도록 하는 메커니즘을 활용하는 선택설계방식의 정책수단
이론적 근거	• 행동경제학 : 심리학의 연구결과를 경제학에 반영하여 제한된 합리성과 인지적 편향을 지닌 인간을 전제로 인간의 비합리성을 분석하고 바람직한 행동변화를 유도
전제	• 행동적 시장실패와 내부효과 : 인간은 인지적 오류와 행동편향으로 인한 비합리적 의사결정으로 행동적 시장실패(내부효과 - 개인적 차원에서 중대한 피해와 문제가 발생하는 후생손실)야기함을 전제로 함
사상	• 자유주의적 개입주의 : 개인에게 선택의 옵션을 제공하면서도(자유주의), 개인이 올바른 선택을 하도록 정부가 간섭(개입주의)
대상과 강도	• 수단개입주의와 부드러운 개입주의 : 목적이 아닌 수단 선택과정에 개입하며, 개입의 강도는 부드러운 개입주의를 지향
방식	• 촉매적 정책수단 : 간접적이고 유도적인 정부개입방식
관점	• 급진적 점증주의 : 소규모 변화가 누적되면 혁신적 변화가 달성될 수 있다는 관점
설계	• 증거에 기반한 정책설계(귀납적 분석) : 엄격하게 검증된 증거에 기반

05. ④ 무의사결정은 엘리트의 가치나 이익에 대한 잠재적·현재적인 도전을 억제하는 의사결정으로 의도적으로 은밀하게 진행된다는 점에서 결정자의 무관심과 무능력에 기인한 의제채택 실패현상과는 구별된다.

06. ④ 설문은 목표의 확대에 대한 것이다. 목표의 확대란 조직이 종래의 목표범위를 확대하는 것으로 기존 목표를 확장하는 것을 말한다(목표의 양적 변동).

<<핵심정리>> 목표의 변동

목표의 전환 (목표의 대치, 동조과잉)	의의	• 종국적 목표가 다른 목표나 수단으로 뒤바뀌는 현상 • 종국적 가치와 수단적 가치의 우선순위가 뒤바뀌는 현상 • 행정의 궁극적 목표인 공익보다 수단인 법규를 중시하는 현상
	학자	• 미첼스의 '과두제의 철칙'에서부터 시작 • 머튼과 골드너는 관료제의 병리현상으로 동조과잉 지적
	원인	① 과두제의 철칙(소수간부의 권력과 지위 강화 현상), ② 규칙과 절차에 대한 집착(동조과잉), ③ 목표의 무형성과 과다측정(유형적 목표의 추구), ④ 조직의 내부성과 할거주의 등
목표의 승계	의의	조직의 목표가 이미 달성되었거나 아예 달성이 불가능한 경우 조직이 새로운 목표를 추구하는 현상
	원인	① 종결메커니즘의 결여, ② 관료들의 동태적 보수주의 성향

목표의 다원화	조직이 종래의 목표에 새로운 목표를 추가하는 것(목표의 질적 변동)
목표의 확대	조직이 종래의 목표범위를 확대하는 것(목표의 양적 변동)

07. ③ 목표관리(MBO)는 개별부서 중심의 구체적·양적·가시적·단기적 목표를 중심으로 상향적 방법으로 목표를 설정하므로 조직 전체적 관점에서 생산성 향상을 기대하기는 곤란하다.
    <<핵심정리>> 목표관리(MBO)

의의	조직의 효과성을 제고하기 위해 상·하 조직원의 참여와 협의를 통해 목표를 설정하고, 이에 따라 업무를 수행한 다음 업무수행결과를 평가·환류하는 동태적·민주적·참여적 관리방식
특징	• 구체적·양적·가시적·단기적 목표 중시 • Y이론적 인간관에 입각한 분권적 관리 • 조직목표와 개인목표의 통합을 지향하는 통합적 관리 • 평가와 환류과정을 중시하는 결과(성과)지향적 관리 • 하급자와의 협력적 목표설정이 중시되는 상향식 관리(bottom-up관리) • 지속적인 환류과정을 통해 조직의 약점을 발견하고 보완하는 동태적 관리

08. ③ 공무원의 보수수준은 정부의 재정력(경제적 요인)을 상한선으로, 공무원의 생계비(사회·윤리적인 요인)를 하한선으로 하여 정책과 능력에 따라 결정된다.

09. ③ 기금은 주요항목 지출금액의 변경범위가 10분의 2이하(금융성 기금은 10분의 3 이하)의 범위에서는 기금운용계획변경안을 국회에 제출하지 아니하고 대통령령으로 정하는 바에 따라 변경할 수 있다.

10. ④ 지방자치단체는 법령의 범위 안에서 그 사무(자치사무, 단체위임사무)에 관하여 조례를 제정할 수 있다. 기관위임사무는 지방자치단체의 사무가 아니므로 원칙적으로 조례제정범위에서 제외된다[예외적으로 개별 법률에서 기관위임사무를 조례로 규정하도록 하는 경우 조례로 규정할 수 있음(위임조례)].
    <<핵심정리>> 조례와 규칙

구분	조례	규칙
재정	지방의회	지방자치단체장
사무	자치사무 + 단체위임사무	자치사무 + 단체위임사무 + 기관위임사무
성격	법규의 성질(대외적 구속력 있음)	행정규칙의 성질(대외적 구속력 없음)
범위	법령의 범위 안에서 제정	법령 또는 조례의 범위에서 제정
벌칙	규정 가능	규정 못함

2025 공무원 시험대비 【8월분】

-제13회-
[정답 및 해설]

이 름: _____

제1과목 국어
제2과목 영어
제3과목 한국사
제4과목 행정법총론
제5과목 행정학개론

매일 모의고사 정오표

합격까지 박문각

매일 모고 국어 제13회
정답 및 해설

합격까지 박문각
亦功 국어
적중 혜선

---

01. ③ '갔어요'는 객체 높임법이 아니라 청자를 높이는 상대 높임법(해요체)에 해당하므로 옳지 않다.
① 주체 높임 주격 조사 '께서', 주체 높임 선어말 어미 '-시-'
② 주체 높임 선어말 어미 '-시-': 주체인 '할아버지'를 높이기 위해 할아버지의 소유물을 간접적으로 높인 것이므로 주체 높임법이 맞다.
④ 객체 높임 어휘 '뵈었다'가 쓰였으므로 옳다.

02. ④ '아는 행동과 생각을 하여'는 '아는 행동을 하고 생각을 하여'로 목적어와 서술어의 호응이 자연스럽다.
또한 '시키다' 대신 '-게 하다'를 넣어도 의미와 어법이 자연스럽다.
① '참여하는'은 필수적 부사어인 '~에'가 와야 하므로 '제주도 관광을 참여하다'는 옳지 않다. 따라서 '제주도 관광을 즐기고 제주도 관광에 참여하게 되기를 바란다.'로 고쳐야 한다.
② '짜여진'은 '짜+이(피동 접미사)+어지(피동 보조 용언)+ㄴ'이므로 이중피동이 쓰였다. '짜인, 짜진'으로 고쳐야 한다. 또한 '설계되어진'도 '설계+되(피동 접미사)+어지(피동 보조 용언)+ㄴ'이므로 이중피동이 쓰였다. '설계된'으로 고쳐야 한다. '고객님의 건축물'은 간접 높임의 대상이 아니므로 '100억 원입니다.'로 고쳐야 한다.
③ '회장님'은 높임의 대상이므로 '집'은 높임 명사 '댁'으로 고쳐야 한다. '아랫사람들에게'라는 부사어는 높임의 대상이 아니므로 객체 높임 어휘인 '여쭈다'를 사용하면 안 된다. '물어보셨다'로 고쳐야 한다.

03. ③
```
명제 1) 금리 상승 → 주가 하락
명제 2) 주가 하락 → 가계 소비 감소
```
명제 1)과 명제 2)를 통해 '금리 상승 → 가계 소비 감소'이 도출되고, 이의 대우인 '~가계 소비 감소 → ~금리 상승'은 반드시 참이다.
①은 '가계 소비 감소 → 주가 하락'으로 표현되지만 이는 명제 2)의 역의 명제이므로 항상 참이라고 보기 힘들다. 판단불가의 오류이다.
②은 '주가 하락 → 금리 상승'으로 표현되지만 이는 명제 1)의 역의 명제이므로 항상 참이라고 보기 힘들다. 판단불가의 오류이다.
④은 '~금리 상승 → ~주가 하락'으로 표현되지만 이는 명제 1)의 이의 명제이므로 항상 참이라고 보기 힘들다. 판단불가의 오류이다.

04. ②
```
전제 1: 교수 → 글쓰기
전제 2:
-----------------------------
결론: 글쓰기 ∧ 사색
```
첫 번째 문장은 '교수 → 글쓰기'로 표현할 수 있고 결론은 '글쓰기 ∧ 사색'으로 표현할 수 있다. 첫 번째 문장과 추가된 전제를 이용하여 결론을 도출할 수 있어야 한다. 이때 추가해야 할 전제는 '교수 ∧ 사색'이다. 교수 중 사색을 즐기는 사람이 존재하고 전제 '교수 → 글쓰기'에 의해 모든 교수는 글쓰기를 좋아하므로 교수 중 사색을 즐기는 사람은 글쓰기를 좋아하고, 따라서 글쓰기를 좋아하는 사람 중 사색을 즐긴다는 사람이 있다는 결론, 즉 '글쓰기 ∧ 사색'을 도출할 수 있다.
①은 '~(사색 ∧ 교수) ≡ ~사색 ∨ ~교수 ≡ 교수 → ~사색'이다. 이는 주어진 전제와 반대되는 명제이며, 결론을 이끌어내기 위해 적절하지 않다.
③은 '교수 → 사색'이다. 이는 주어진 전제와는 상반되는 명제로, 결론을 이끌어내기 위해 적절하지 않다.
④은 '~(~글쓰기 ∧ 교수) ≡ 글쓰기 ∨ ~교수 ≡ 교수 → 글쓰기'이다. 이를 전제 '교수 → 글쓰기'와 연결하여 '글쓰기 ∧ 사색'을 도출하는 것은 불가능하다. 전건이 같다고 해서 후건끼리 반드시 교집합이 존재한다고 보장할 수는 없기 때문이다.

05. ② ㉠의 '따지다'는 「2」 계산, 득실, 관계 따위를 낱낱이 헤아리다.'를 의미한다. 이와 가장 유사한 의미의 '따지다'는 ②이다.
① 「1」 문제가 되는 일을 상대에게 캐묻고 분명한 답을 요구하다.
③ 「1」 문제가 되는 일을 상대에게 캐묻고 분명한 답을 요구하다.
④ 「1」 문제가 되는 일을 상대에게 캐묻고 분명한 답을 요구하다.

06. ① ㉠의 '헤아리다'는 「3」 짐작하여 가늠하거나 미루어 생각하다.'를 의미한다. 이와 가장 유사한 의미의 '헤아리다'는 ①이다.
② 「1」 수량을 세다.
③ 「1」 수량을 세다.
④ 「1」 수량을 세다.

07. ① '환기하다'는 '주의나 여론, 생각 따위를 불러일으키다.'를 의미한다. 따라서 '가치, 명성, 지위, 품질 따위를 낮게 하거나 잃게 하다.'를 의미하는 '떨어뜨리다'는 ㉠과 바꿔 쓸 수 있는 유사한 표현으로 적절하지 않다. '어떤 마음, 행동, 상태를 일어나게 하다.'를 의미하는 '불러일으키다'로 바꿔 쓸 수 있다.
② ㉡ '기민하다'는 '눈치가 빠르고 동작이 날쌔다.'를 의미한다. 따라서 '동작이 날래고 재빠르다.'를 의미하는 '날쌔다'로 바꿔 쓸 수 있다.
③ ㉢ '지적하다'는 '허물 따위를 드러내어 폭로하다.'를 의미한다. 따라서 '흠을 지적하여 말하다.'를 의미하는 '나무라다'로 바꿔 쓸 수 있다.
④ ㉣ '감지하다'는 '느끼어 알다.'를 의미한다. 따라서 '감각 기관을 통하여 어떤 자극을 깨닫다.'를 의미하는 '느끼다'로 바꿔 쓸 수 있다.

08. ④ '점잖다'는 '언행이나 태도가 의젓하고 신중하다.'를 의미한다. 따라서 '성질이 싹싹하고 부드럽다.'를 의미하는 '상냥하다'는 ㉣과 바꿔 쓸 수 있는 유사한 표현으로 적절하지 않다. '태도나 분위기가 점잖고 엄숙하다.'를 의미하는 '정중하다'로 바꿔 쓸 수 있다.
① ㉠ '크다'는 '사람이나 사물의 외형적 길이, 넓이, 높이, 부피 따위가 보통 정도를 넘다.'를 의미한다. 따라서 '규모 따위가 거대하고 성대하다.'를 의미하는 '웅장하다'로 바꿔 쓸 수 있다.
② ㉡ '스산하다'는 '몹시 어수선하고 쓸쓸하다.'를 의미한다. 따라서 '분위기가 어두컴컴하고 스산하다.'를 의미하는 '음침하다'로 바꿔 쓸 수 있다.

③ ⓒ '부러워하다'는 '남이 잘되는 것이나 좋은 것을 보고 자기도 그렇게 되고 싶어 하다.'를 의미한다. 따라서 '부러워하여 바라다.'를 의미하는 '선망하다'로 바꿔 쓸 수 있다.

09. ① 우리나라는 역사적으로 국경을 맞댄 중국의 대륙 세력과 잦은 분쟁을 겪어 왔다. 제시문에 의하면 해양 세력과의 충돌은 주권을 크게 위협하기는 했지만, 대륙 세력과의 충돌보다 빈도는 적었다.
② 대륙 세력(중국)과 새로운 해양 세력(미국)과의 충돌로 한국전쟁이 벌어졌다고 하였다.
③ 1940년대 이후 해양 세력이 미국으로 교체되기 전까지, 임진왜란이나 일제강점기 등 우리나라와 충돌해 온 해양 세력은 주로 일본을 의미한다.
④ 한국은 경제력과 군사력이 모두 세계 10위 안에 드는 강국이지만, 지정학적으로는 중국, 러시아, 미국, 일본 등 강대국들로 둘러싸여 상대적인 완충지대로 분류된다.

10. ① 제시문에서 일반적인 사람들은 위기 상황의 정확한 원인을 알지 못한 채 추측하게 되며, 이러한 추측들은 빠르게 확산된다고 하였다. 그중에서도 '자신의 감정에 이유를 부여하는' 소문들은 더 쉽게 받아들여지는데, '사건을 누군가의 의도적인 행위 탓으로 돌리는 소문들'이 그러하다고 하였다. 이러한 내용을 고려할 경우, 상황이 불안정할수록 사람들은 이를 누군가의 '의도적인 행위 탓'으로 돌리며 감정을 완화하기 위해 '타인의 탓으로 돌리는 부당한 소문'을 쉽게 받아들일 것이다.
② 제시문은 비현실적인 소문에 대해서는 언급하지 않았다. 다만, 추측에 불과한 소문이 빠르게 확산되는데, 사람들은 자신의 감정을 완화하면서 그 소문의 내용을 합리화하게 된다고 하였다.
③ 사람들은 '감정 상태를 정당화하는 소문들을 더욱더 쉽게 받아들임'으로써 격분한 감정을 완화하려고 한다. 즉, 통제하지 못하는 것이 아니라 잘못된 방법(잘못된 소문을 신뢰함)으로 통제하게 될 수 있다는 것이 문제이다.
④ 글의 내용과 상반된 내용이다.

매일 모고 영어 제13회
정답 및 해설

01. ③ ★ lend 빌려주다
● weave 짜다, 엮다
● evolve 진화하다, 발달하다
● award 수여하다
[해석] 내 차가 수리 중이었을 때, 그녀는 내가 출근할 수 있도록 자신의 차를 빌려주겠다고 했다.

02. ④ ★ tease 놀리다, 괴롭히다
● update 갱신하다, 새롭게 하다
● illustrate 삽화를 쓰다, 설명하다, 실증하다
● establish 설립하다, 제정하다
[해석] 그는 옷과 어울리지 않는 신발을 신었다는 이유로 친구들에게 놀림을 받았다.

03. ② ★ resemble 닮다, 비슷하다
● overwhelm 압도하다, 제압하다
● evacuate 대피시키다, 떠나다
● consent 동의[허락]하다
[해석] 두 형제는 성격은 다르지만 얼굴 생김새와 표정에서 놀라울 정도로 닮았다.

04. ③ ★ dense 빽빽한, 밀집한
● bold 용감한, 대담한
● aesthetic 미학적인, 심미적인
● literal 문자 그대로의
[해석] 숲이 너무 빽빽해서 햇빛이 거의 땅에 닿지 않았다.

05. ① ★ melt 녹다
● imagine 상상하다, 생각해 내다
● involve 포함하다, 관련시키다
● cough 기침하다
[해석] 냉동 고기를 조리대에 꺼내 두면 서서히 녹아서 몇 시간 안에 요리할 수 있게 된다.

06. ① [해설]
막연한 수를 표현할 때는 복수형 수 단위 명사인 'millions of'가 쓰이며, 'million' 단수형이나 'million of'와 'both'는 문법에 맞지 않다. 따라서 밑줄 친 부분에 가장 적절한 것은 ①이다.
[해석]
이 책은 전 세계 수백만 명의 아이들에게 기쁨을 주었다.

07. ② [해설]
few는 복수 가산 명사를 수식한다. 따라서 밑줄 친 부분인 writer를 writers로 고쳐야 한다.
[해석]
많은 작가들이 복잡한 생각을 글로 담으려 노력한다. 그의 언어의 풍부함에 가까워지는 작가는 거의 없다. 그의 말은 생생한 그림을 그려내고 깊은 감정을 불러일으킨다. 독자들은 종종 그의 아름다운 표현에 빠져들곤 한다.

08. ① [해석]
A: 안녕하세요, 현재 프로젝트 진행 상황을 알려드리려고요.
B: 감사합니다. 어떻게 되어가고 있나요?
A: 초기 조사 단계는 완료했고, 지금은 데이터를 분석하고 있습니다.
B: 지금까지 문제는 없나요?
A: 네, 데이터에 몇 가지 불일치가 발견되어 해결해야 합니다.
B: 그것을 해결하는 데 얼마나 걸릴 것 같아요?
A: 아마 2주 정도 걸릴 것 같습니다. IT 부서와 함께 해결책을 찾고 있어요.
① 그것을 해결하는 데 얼마나 걸릴 것 같아요?
② 이 프로젝트 예산은 얼마인가요?
③ 데이터 백업은 완료됐나요?
④ 프로젝트 일정표 업데이트 했나요?

09. ② [해설]
밑줄 친 'fortify'는 '강화하다, 튼튼하게 하다'를 의미한다. 이와 의미가 가장 가까운 것은 ② 'strengthen 강화하다, 강력해지다, 튼튼하게 하다'이다.
[오답 해설]
① weaken 약화시키다, 약화되다
③ scatter 흩뿌리다, 흩어지게 만들다
④ substitute 대신하다, 교체하다

10. ② [해설]
이 글은 무료 비상용품 키트 배포 프로그램과 그 신청 방법을 안내하고 있으며, 자격 확인 절차와 향후 프로그램 개선을 위한 의견 수집에 대해 설명하고 있다. 따라서 글의 목적으로 가장 적절한 것은 ②이다.
① 재난 이후 자원봉사 활동을 홍보하려고
② 무료 비상용품 키트 신청 방법을 안내하려고
③ 해당 지역의 최근 자연재해를 보고하려고
④ 공공 안전 사무소 폐쇄를 알리려고
[해석]

공공 비상용품 배포 프로그램

국가 안전처는 재난 위험 지역 가정을 대상으로 무료 비상용품 키트를 배포하고 있습니다. 각 키트에는 기본 의료용품, 상하지 않는 식품, 손전등, 휴대용 라디오가 포함되어 있습니다.

신청하려면 safetykit.gov/apply를 방문하여 거주 증명서와 함께 자격 확인 양식을 작성하세요. 지역 사무소에서 승인된 신청자에게 픽업 일정을 연락할 예정입니다.

우리는 배포 결과를 지속적으로 모니터링하고 지역 사회의 의견을 수집하여 향후 프로그램을 개선합니다. 이 사업은 공공 대비 태세를 강화하고 재난 피해를 최소화하기 위한 보다 광범위한 전략의 일환입니다.

[어휘]
☐ disaster-prone 재난 취약한
☐ non-perishable 상하지 않는 (장기 보관 가능)
☐ eligibility 자격 요건
☐ monitor 감시하다, 점검하다
☐ revise 수정하다
☐ preparedness 대비 태세

매일 모고 한국사 제13회
정답 및 해설

01. ③ 개항 초기에 외국 상인의 활동 범위가 개항장에 한정되어 있었으므로, 토착 상인 가운데 객주와 여각, 보부상은 외국 상품을 내륙 시장에 판매하고, 곡물 등의 농산품을 개항장에 판매하여 많은 이익을 얻었다. 이들은 임오군란 이후 체결된 조·청 상민 수륙 무역 장정으로 외국 상인의 내륙 진출이 가능해지자 큰 타격을 입었다.
한편으로 자본 축적에 성공한 일부 객주들은 상회사를 설립하여 정부의 비호를 받아 성장해 갔다.
ㄴ. 송상(개성 상인)이다.
ㄷ. 객주와 여각은 조선 후기부터 활발한 활동을 벌였다.

02. ① 일본 상인들은 영국의 면직물을 중국 상하이 등지에서 매입하여 조선이 비싼 가격에 팔고, 조선의 곡물, 귀금속 등을 싼 값에 반출해 가는 중계 무역으로 막대한 이익을 얻었다. 이때 일본 상인이 가져온 면제품과의 경쟁에서 뒤진 조선의 면직물 수공업은 큰 타격을 입었다. 또한 곡물이 일본으로 유출되면서 국내 곡식 가격이 오르고, 민중들은 쌀값 인상과 식량 부족에 허덕였다.
ㄷ. 소작농은 금납화한 소작료의 납부나 생활 필수품을 마련하기 위해 쌀을 헐값에 판매하거나 일본 상인의 고리대 방식으로 입도선매하였기 때문에 몰락하는 경우가 많았다.
ㄹ. 만주에서 잡곡을 수입하여 부족한 식량을 해결한 것은 산미 증식 계획과 관련이 있다.

03. ② 제시된 자료는 황국 중앙 총상회의 외국 상인의 철거를 요구하는 자료이다. 당시 일본 상인들은 서울 등지에 진출하여 우리나라의 상권을 잠식하고 있었다. 일본 상인들은 일본의 영사 재판권, 일본 화폐의 유통권, 수출입 상품의 무관세 등을 규정한 강화도 조약과 그 부속 조약을 바탕으로 일본 정부의 정책적 지원을 받으며 약탈적 무역 활동을 하고 있었다.
ㄴ. 1898년은 청·일 전쟁에서 승리한 일본이 청과의 상권 경쟁에서 우위를 차지한 상황이었다.
ㄹ. 일본은 청·일 전쟁 이후 섬유 공업의 급속한 발전에 따라 일본산 면직물을 싼 값에 판매하였다.

04. ④ 방곡령은 이전에도 시행된 경우가 있었기 때문에 지방관들은 일본과 맺은 조약에 별로 개의치 않고 조치를 내렸다. 일제는 방곡령 실시 1개월 전에 일본 측에 통고해야 하지만 지키지 않았다고 하여 방곡령 철회를 요구하고, 더욱이 일본 상인이 손해를 입었다고 주장하면서 거액의 배상금까지 지불하라고 하였다. 이로 인해 농민들의 반일 감정이 더욱 고조되었다.
① 곡물 가격 폭등에 따라 나온 조치였다.
② 실시 자체가 아니라 절차 위반을 문제 삼았다.
③ 곡물 수출이 증가하였다.

05. ④ 1908년 일제는 사립 학교령을 공포하여 사립 학교의 설립과 운영을 통제하고, 교과서에 대한 검정 규정을 마련하여 애국 지사들이 편찬한 교과서의 사용을 금지시켰다.
①, ② 1920년대의 사실이다.
③ 1930년대 후반 민족 말살을 위해 강요하였다.

06. ③ 독립 협회 지도자들은 국가의 자주와 개화는 자유 민주주의적 개혁 의식을 가진 국민의 힘으로만 가능하다고 믿고, 신문과 잡지를 간행하고 강연과 연설을 통하여 민중을 계몽하였다. 그리하여 독립 협회는 대규모 민중 집회인 만민공동회를 통하여 근대적 계몽 운동을 전개하게 되었다. 따라서 독립 협회가 주도하는 민중 운동과 민권 운동에 의하여 자주적 근대 개혁 사상이 정착되어 가고, 자유와 평등의 민주주의 사상이 퍼지기 시작하였다. 이와 같은 분위기 속에서 천민 출신인 백정이 관민 공동회의 연사로 나설 정도로 사회 일반의 의식이 변화되어 갔다.

07. ④ 교육 입국 조서의 정신에 따라 한성 사범 학교 관제가 공포되고, 이어 외국어 학교 관제, 소학교령, 성균관 관제 등 근대적 학교 법규가 제정되었으며, 신학제에 따라 각종 관립 학교가 설립되었다. 이와 더불어 여러 계열의 사립 학교들도 세워졌다.
④ 일제가 1908년 제정한 사립 학교령에 해당하는 내용이다.

08. ① 신민회는 애국 계몽 운동과 의병 전쟁의 이념 및 논리를 연대시켰다. 이들은 국외 독립 운동 기지를 개척할 최적의 지역으로 남만주를 선택하여 삼원보를 기지로 조성하였다.
② 1920년대 국내 최대 규모의 민족 운동 단체이다.
③ 일제의 국권 피탈을 도운 친일 단체이다.
④ 독립 협회의 활동을 계승하여 을사조약 이후 설립된 애국 계몽 운동 단체이다.

09. ③ ㄱ. 처음 경인 철도 부설권과 경의 철도 부설권을 획득한 나라는 미국과 프랑스였다. 그러나 일본이 경인 철도 부설권을 매수하였고, 러·일 전쟁 중 군용 철도 유리한 대우를 조약 상대국에도 부여하는 것을 말한다. 이 조항이 미국에 처음 적용된 이후 다른 나라와 조약을 체결할 때에도 적용되어 이권 침탈에 이용되었다.
ㄴ. 러시아는 아관 파천 이후 두만강, 압록강, 울릉도의 삼림 채벌권을 독점하였다. 그 후 러·일 전쟁에서 승리한 일본이 러시아가 가지고 있던 방대한 삼림 이권을 가로채 갔다.
ㄷ. 일본은 청·일 전쟁 중에 서울에서 부산을 잇는 군용 전신선을 불법으로 가설하였다. 명목으로 프랑스가 반환한 경의 철도 부설권을 강탈하였다.
ㄹ. '최혜국 대우'란 한 나라가 어떤 외국에 부여하고 있는 가장 유리한 대우를 조약 상대국에도 부여하는 것을 말한다.

10. ② 제시된 지도에서 짙게 표시된 곳은 방곡령을 선포한 지역이다. 개항 이후 일본으로 곡물 유출이 급증하자, 곡물 가격이 폭등하여 민중들의 생활은 더욱 어려워졌다. 더욱이 흉년이 들어 국내에 필요한 곡물이 부족함에도 불구하고 일본으로 계속해서 곡물이 유출되자 함경도, 황해도, 전라도 등지의 지방관들이 방곡령을 내려 곡물의 유출을 막고자 하였다.
① 장수왕의 남진정책으로 확보한 지역은 한강유역이다. 지도에 있는 지역 중 경상도 지역까지 고구려가 영토를 확장한 적은 없다.
③ 동학농민운동이 시작된 곳은 전라도이다.
④ 전명운, 장인환의 의거는 미국 샌프란시스코에서 일어났다.

매일 모고 행정법 제13회
정답 및 해설

합격까지 박문각
광야에서 합격까지
행정법 강성빈

01. ④ 토지 등 소유자가 도시환경정비사업을 시행하는 경우 사업시행인가 신청시 필요한 토지 등 소유자의 동의는 개발사업의 주체 및 정비구역 내 토지등소유자를 상대로 수용권을 행사하고 각종 행정처분을 발할 수 있는 행정주체로서의 지위를 가지는 사업시행자를 지정하는 문제로서 그 동의요건을 정하는 것은 국민의 권리와 의무의 형성에 관한 기본적이고 본질적인 사항이므로 국회가 스스로 행하여야 하는 사항에 속하는 것임에도 불구하고 사업시행인가 신청에 필요한 동의정족수를 토지등소유자가 자치적으로 정하여 운영하는 규약에 정하도록 한 것은 법률유보원칙에 위반된다. 헌법재판소 2012. 4. 24. 선고 2010헌바1 결정
① 법률유보의 원칙이란 국민의 기본권에 영향을 미치는 중요한 사항에 대한 '행정작용'을 함에 있어서는 그 작용을 발동할 수 있는 근거가 국회에서 제정한 법률에 규정되어 있어야 함을 의미한다. 따라서 법률유보의 원칙에서 요구하는 법적 근거는 행정'작용'의 근거, 즉 작용법적 근거를 의미한다.
② 행정기본법 제16조

> **행정기본법 제16조(결격사유)**
> ① 자격이나 신분 등을 취득 또는 부여할 수 없거나 인가, 허가, 지정, 승인, 영업등록, 신고 수리 등을 필요로 하는 영업 또는 사업 등을 할 수 없는 사유는 법률로 정한다.

③ 수신료 징수업무를 한국방송공사가 직접 수행할 것인지 제3자에게 위탁할 것인지, 위탁한다면 누구에게 위탁하도록 할 것인지, 위탁받은 자가 자신의 고유업무와 결합하여 징수업무를 할 수 있는지는 징수업무 처리의 효율성 등을 감안하여 결정할 수 있는 사항으로서 국민의 기본권제한에 관한 본질적인 사항이 아니라 할 것이다. 헌법재판소 2008. 2. 28. 선고 2006헌바70 결정

02. ③ 망인에 대한 서훈취소는 유족에 대한 것이 아니므로 유족에 대한 통지에 의해서만 성립하여 효력이 발생한다고 볼 수 없고, 그 결정이 처분권자의 의사에 따라 상당한 방법으로 대외적으로 표시됨으로써 행정행위로서 성립하여 효력이 발생한다고 봄이 타당하다. 대법원 2014. 9. 26. 선고 2013두2518 판결
① 일반적으로 처분이 주체·내용·절차와 형식의 요건을 모두 갖추고 외부에 표시된 경우에는 처분의 존재가 인정된다. 대법원 2019. 7. 11. 선고 2017두38874 판결
② 법무부장관이 출입국관리법 및 동법 시행령에 따라 위 입국금지결정을 했다고 해서 '처분'이 성립한다고 볼 수는 없고, 위 입국금지결정은 법무부장관의 의사가 공식적인 방법으로 외부에 표시된 것이 아니라 단지 그 정보를 내부전산망인 '출입국관리정보시스템'에 입력하여 관리한 것에 지나지 않으므로, 위 입국금지결정은 항고소송의 대상이 될 수 있는 '처분'에 해당하지 않는다. 대법원 2019. 7. 11. 선고 2017두38874 판결
④ 내용증명우편이나 등기우편과는 달리, 보통우편의 방법으로 발송되었다는 사실만으로는 그 우편물이 상당한 기간 내에 도달하였다고 추정할 수 없고, 송달의 효력을 주장하는 측에서 증거에 의하여 이를 입증하여야 한다. 대법원 2009. 12. 10. 선고 2007두20140 판결

03. ① 도시기본계획이라는 것은 도시의 장기적 개발방향과 미래상을 제시하는 도시계획 입안의 지침이 되는 장기적·종합적인 개발계획으로서 직접적인 구속력은 없는 것이므로, 도시계획시설결정 대상면적이 도시기본계획에서 예정했던 것보다 증가하였다 하여 그것이 도시기본계획의 범위를 벗어나 위법한 것은 아니다. 대법원 1998. 11. 27. 선고 96누13927 판결
② '4대강 살리기 마스터플랜' 등은 행정기관 내부에서 사업의 기본방향을 제시하는 계획일 뿐 국민의 권리·의무에 직접 영향을 미치는 것이 아니어서, 행정처분에 해당하지 않는다. 대법원 2011. 4. 21.자 2010무111 판결
③ 도시계획구역 내 토지 등을 소유하고 있는 주민으로서는 입안권자에게 도시계획입안을 요구할 수 있는 법규상 또는 조리상의 신청권이 있다고 할 것이고, 이러한 신청에 대한 거부행위는 항고소송의 대상이 되는 행정처분에 해당한다. 대법원 2004. 4. 28. 선고 2003두1806 판결
④ 장기미집행 도시계획시설결정의 실효제도는 도시계획시설부지로 하여금 도시계획시설결정으로 인한 사회적 제약으로부터 벗어나게 하는 것으로서 결과적으로 개인의 재산권이 보다 보호되는 측면이 있는 것은 사실이나, 이와 같은 보호는 입법자가 새로운 제도를 마련함에 따라 얻게 되는 법률에 기한 권리일 뿐 헌법상 재산권으로부터 당연히 도출되는 권리는 아니다. 헌법재판소 2005. 9. 29. 선고 2002헌바84 등 전원재판부

04. ① 집행정지는 행정쟁송절차에서 실효적 권리구제를 확보하기 위한 잠정적 조치일 뿐이므로, 본안 확정판결로 해당 제재처분이 적법하다는 점이 확인되었다면 제재처분의 상대방이 잠정적 집행정지를 통해 집행정지가 이루어지지 않은 경우와 비교하여 제재를 덜 받게 되는 결과가 초래되도록 해서는 안 된다. 대법원 2020. 9. 3. 선고 2020두34070 판결
② 유흥접객영업허가의 취소처분으로 5,000여만원의 시설비를 회수하지 못하게 된다면 생계까지 위협받게 되는 결과가 초래될 수 있다는 등의 사정은 위 처분의 존속으로 당사자에게 금전으로 보상할 수 없는 손해가 생길 우려가 있는 경우라고 볼 수 없다. 대법원 1991. 3. 2. 선고 91두1 판결
③ 항고소송의 대상이 되는 행정처분의 효력이나 집행 혹은 절차속행 등의 정지를 구하는 신청은 행정소송법상 집행정지신청의 방법으로서만 가능할 뿐 민사소송법상 가처분의 방법으로는 허용될 수 없다. 대법원 2009. 11. 2.자 2009마596 결정
④ 행정소송법 제38조 및 제23조

> **행정소송법 제38조(준용규정)**
> ① 제9조, 제10조, 제13조 내지 제17조, 제19조, 제22조 내지 제26조, 제29조 내지 제31조 및 제33조의 규정은 무효등 확인소송의 경우에 준용한다.

> **행정소송법 제23조(집행정지)**
> ① 취소소송의 제기는 처분등의 효력이나 그 집행 또는 절차의 속행에 영향을 주지 아니한다.

05. ③ 처분을 할 것인지 여부와 처분의 정도에 관하여 재량이 인정되는 과징금 납부명령에 대하여 그 명령이 재량권을 일탈하였을 경우, 법원으로서는 재량권의 일탈 여부만 판단할 수 있을 뿐이지 재량권의 범위 내에서 어느 정도

가 적정한 것인지에 관하여는 판단할 수 없어 그 전부를 취소할 수밖에 없고, 법원이 적정하다고 인정하는 부분을 초과한 부분만 취소할 수는 없다. 대법원 2009. 6. 23. 선고 2007두18062 판결
① 사정판결은 당사자의 명백한 주장이 없는 경우에도 기록에 나타난 여러 사정을 기초로 직권으로 할 수 있다. 대법원 2006. 9. 22. 선고 2005두2506 판결
② 행정소송규칙 제14조

> **행정소송규칙 제14조(사정판결)**
> 법원이 법 제28조제1항에 따른 판결을 할 때 그 처분등을 취소하는 것이 현저히 공공복리에 적합하지 아니한지 여부는 사실심 변론을 종결할 때를 기준으로 판단한다.

④ 행정처분에 있어 수개의 처분사유 중 일부가 적법하지 않다고 하더라도 다른 처분사유로써 그 처분의 정당성이 인정되는 경우에는 그 처분을 위법하다고 할 수 없을 것이므로, 법 제206조의11에 따라 과징금을 부과함에 있어 여러 개의 처분사유에 기하여 하나의 과징금 부과처분을 하였으나 그 처분사유들 중 일부에 위법이 있다고 하더라도 위법한 부분이 그 과징금 부과처분에 영향을 미치지 아니하였다면 그 부과처분을 위법하다고 볼 것은 아니다. 대법원 2010. 12. 9. 선고 2010두15674 판결

06. ② 폐기물처리업에 대하여 사전에 관할 관청으로부터 적정통보를 받고 막대한 비용을 들여 허가요건을 갖춘 다음 허가신청을 하였음에도 다수 청소업자의 난립으로 안정적이고 효율적인 청소업무의 수행에 지장이 있다는 이유로 한 불허가처분은 신뢰보호의 원칙 및 비례의 원칙에 반하는 것으로서 재량권을 남용한 위법한 처분이다. 대법원 1998. 5. 8. 선고 98두4061 판결
① 헌법재판소의 위헌결정은 행정청이 개인에 대하여 신뢰의 대상이 되는 공적인 견해를 표명한 것이라고 할 수 없으므로 그 결정에 관련한 개인의 행위에 대하여는 신뢰보호의 원칙이 적용되지 아니한다. 대법원 2003. 6. 27. 선고 2002두6965 판결
③ 폐기물관리법령에 의한 폐기물처리업 사업계획에 대한 적정통보와 국토이용관리법령에 의한 국토이용계획변경은 각기 그 제도적 취지와 결정단계에서 고려해야 할 사항들이 다르다는 이유로, 폐기물처리업 사업계획에 대하여 적정통보를 한 것만으로 그 사업부지 토지에 대한 국토이용계획변경신청을 승인하여 주겠다는 취지의 공적인 견해표명을 한 것으로 볼 수 없다고 한 사례. 대법원 2005. 4. 28. 선고 2004두8828 판결
④ 실제의 공원구역과 다르게 경계측량 및 표지를 설치한 십 수 년 후 착오를 발견하여 지형도를 수정한 조치가 신뢰보호의 원칙에 위배되거나 행정의 자기구속의 법리에 반하는 것이라 할 수 없다. 대법원 1992. 10. 13. 선고 92누2325 판결

07. ④ 건축법상의 이행강제금은 시정명령의 불이행이라는 과거의 위반행위에 대한 제재가 아니라, 의무자에게 시정명령을 받은 의무의 이행을 명하고 그 이행기간 안에 의무를 이행하지 않으면 이행강제금이 부과된다는 사실을 고지함으로써 의무자에게 심리적 압박을 주어 의무의 이행을 간접적으로 강제하는 행정상의 간접강제 수단에 해당한다. 이러한 이행강제금의 본질상 시정명령을 받은 의무자가 이행강제금이 부과되기 전에 그 의무를 이행한 경우에는 비록 시정명령에서 정한 기간을 지나서 이행한 경우라도 이행강제금을 부과할 수 없다. 대법원 2018. 1. 25. 선고 2015두35116 판결
①, ② 이행강제금은 일정한 기한까지 의무를 이행하지 않을 때에는 일정한 금전적 부담을 과할 뜻을 미리 계고함으로써 의무자에게 심리적 압박을 주어 장래에 그 의무를 이행하게 하려는 행정상 간접적인 강제집행 수단의 하나로서 과거의 일정한 법률위반 행위에 대한 제재로서의 형벌이 아니라 장래의 의무이행의 확보를 위한 강제수단일 뿐이어서 범죄에 대하여 국가가 형벌권을 실행한다고 하는 과벌에 해당하지 아니하므로 헌법 제13조 제1항이 금지하는 이중처벌금지의 원칙이 적용될 여지가 없다. 헌법재판소 2011. 10. 25. 선고 2009헌바140 결정
③ 건축법상 이행강제금 납부의무는 상속인 기타의 사람에게 승계될 수 없는 일신전속적인 성질의 것이므로 이미 사망한 사람에게 이행강제금을 부과하는 내용의 처분이나 결정은 당연무효이고, 이행강제금을 부과받은 사람의 이의에 의하여 비송사건절차법에 의한 재판절차가 개시된 후에 그 이의한 사람이 사망한 때에는 사건 자체가 목적을 잃고 절차가 종료한다. 대법원 2006. 12. 8.자 2006마470 판결

08. ④ 성업공사(현 한국자산관리공사)가 체납압류된 재산을 공매하는 것은 세무서장의 공매권의 위임에 의한 것으로 보아야 할 것이므로, 성업공사가 한 그 공매처분에 대한 취소 등의 항고소송을 제기함에 있어서는 수임청으로서 실제로 공매를 행한 성업공사를 피고로 하여야 하고, 위 임청인 세무서장은 피고적격이 없다. 대법원 1997. 2. 28. 선고 96누1757 판결
① 국세징수법 제21조, 제22조가 규정하는 가산금 또는 중가산금은 국세를 납부기한까지 납부하지 아니하면 과세청의 확정절차 없이도 법률 규정에 의하여 당연히 발생하는 것이므로 가산금 또는 중가산금의 고지가 항고소송의 대상이 되는 처분이라고 볼 수 없다. 대법원 2005. 6. 10. 선고 2005다15482 판결
② 이 사건 심판대상 법률조항들은 법인이 고용한 종업원 등의 범죄행위에 관하여 비난할 근거가 되는 법인의 의사결정 및 행위구조, 즉 종업원 등이 저지른 행위의 결과에 대한 법인의 독자적인 책임에 관하여 전혀 규정하지 않은 채, 단순히 법인이 고용한 종업원 등이 업무에 관하여 범죄행위를 하였다는 이유만으로 법인에 대하여 형사처벌을 과하고 있는바, 이는 다른 사람의 범죄에 대하여 그 책임 유무를 묻지 않고 형벌을 부과함으로써 법치국가의 원리 및 죄형법정주의로부터 도출되는 책임주의원칙에 반하여 헌법에 위반된다. 헌법재판소 2010. 7. 29. 선고 2009헌가18 결정
③ 행정기본법 제32조

> **행정기본법 제32조(직접강제)**
> ① 직접강제는 행정대집행이나 이행강제금 부과의 방법으로는 행정상 의무 이행을 확보할 수 없거나 그 실현이 불가능한 경우에 실시하여야 한다.

09. ② 전자적 형태로 보유·관리되는 정보의 경우에는, 그 정보가 청구인이 구하는 대로는 되어 있지 않다고 하더라도, 공개청구를 받은 공공기관이 공개청구대상정보의 기초자료를 전자적 형태로 보유·관리하고 있고, 당해 기관에서 통상 사용되는 컴퓨터 하드웨어 및 소프트웨어와 기술적 전문지식을 사용하여 그 기초자료를 검색하여 청구인이 구하는 대로 편집할 수 있으며, 그러한 작업이 당해 기관의 컴퓨터 시스템 운용에 별다른 지장을 초래하지 아니한다면, 그 공공기관이 공개청구대상정보를 보유·관리하고 있는 것으로 볼 수 있다. 대법원 2010. 2. 11. 선고 2009두6001 판결
① 청구인에게는 특정한 공개방법을 지정하여 정보공개를 청구할 수 있는 법령상 신청권이 있다. 따라서 공공기관이 공개청구의 대상이 된 정보를 공개는 하되, 청구인이 신청한 공개방법 이외의 방법으로 공개하기로 하는 결정을 하였다면, 이는 정보공개청구 중 정보공개방법에

관한 부분에 대하여 일부 거부처분을 한 것이고, 청구인은 그에 대하여 항고소송으로 다툴 수 있다. 대법원 2016. 11. 10. 선고 2016두44674 판결
③ 원고가 이 사건 정보공개를 청구한 목적이 이 사건 손해배상소송에 제출할 증거자료를 획득하기 위한 것이었고 위 소송이 이미 종결되었다고 하더라도, 원고가 오로지 피고를 괴롭힐 목적으로 정보공개를 구하고 있다는 등의 특별한 사정이 없는 한, 위와 같은 사정만으로는 원고가 이 사건 소송을 계속하고 있는 것이 권리남용에 해당한다고 볼 수 없다. 대법원 2004. 9. 23. 선고 2003두1370 판결
④ 검찰보존사무규칙은 비록 법무부령으로 되어 있으나, 그 중 불기소사건기록 등의 열람·등사에 대하여 제한하고 있는 부분은 위임 근거가 없어 행정기관 내부의 사무처리준칙으로서 행정규칙에 불과하므로, 위 규칙에 의한 열람·등사의 제한을 구 정보공개법 제7조 제1항 제1호의 '다른 법률 또는 법률에 의한 명령에 의하여 비공개사항으로 규정된 경우'에 해당한다고 볼 수 없다. 대법원 2004. 9. 23. 선고 2003두1370 판결

10. ③ 우리 헌법상 수용의 주체를 국가로 한정한 바 없으므로 민간기업도 수용의 주체가 될 수 있고, (중략) 민간기업에게 산업단지개발사업에 필요한 토지 등을 수용할 수 있도록 규정한 산업입지 및 개발에 관한 법률 제22조 제1항은 헌법에 위반된다고 할 수 없다. 헌법재판소 2009. 9. 24. 선고 2007헌바114 결정
① 수용 대상 토지의 보상액을 산정함에 있어 해당 공익사업의 시행을 직접 목적으로 하는 계획의 승인, 고시로 인한 가격변동은 이를 고려함이 없이 재결 당시의 가격을 기준으로 하여 적정가격을 정하여야 하나, 해당 공익사업과는 관계없는 다른 사업의 시행으로 인한 개발이익은 이를 포함한 가격으로 평가하여야 하고, 개발이익이 해당 공익사업의 사업인정고시일 후에 발생한 경우에도 마찬가지이다. 대법원 2014. 2. 27. 선고 2013두21182 판결
② 헌법 제23조에서 보장하는 재산권은 사적 유용성 및 그에 대한 원칙적 처분권을 내포하는 재산가치 있는 구체적 권리이므로, 구체적인 권리가 아닌 단순한 이익이나 재화의 획득에 관한 기회 또는 기업활동의 사실적·법적 여건 등은 재산권보장의 대상에 포함되지 아니한다. 감염병예방법 제49조 제1항 제2호에 근거한 집합제한 조치로 인하여 청구인들의 일반음식점 영업이 제한되어 영업이익이 감소되었다 하더라도, 청구인들이 소유하는 영업 시설·장비 등에 대한 구체적인 사용·수익 및 처분권한을 제한받는 것은 아니므로, 보상규정의 부재가 청구인들의 재산권을 제한한다고 볼 수 없다. 헌법재판소 2023. 6. 29. 선고 2020헌마1669 전원재판부 결정
④ 사업시행자의 이주대책 수립·실시의무를 정하고 있는 구 공익사업법 제78조 제1항은 물론 이주대책의 내용에 관하여 규정하고 있는 같은 조 제4항 본문 역시 당사자의 합의 또는 사업시행자의 재량에 의하여 적용을 배제할 수 없는 강행법규이다. 대법원 2011. 6. 23. 선고 2007다63089 판결

매일 모고 행정학 제13회
정답 및 해설

합격까지 박문각
빠른 고득점 합격
행정학 이명훈

01. ① 민간화란 공기업 민영화(정부 보유 주식 및 자산 매각)뿐만 아니라 정부기능의 민간이양, 민간위탁, 규제완화 등을 포함하는 민간요소의 도입을 의미한다. 정부기업의 공사화는 여전히 정부가 소유권을 지니고 있다는 점에서 민간화의 방안이라 할 수 없다.

02. ① 신공공서비스론은 공공기관·비영리기관 및 민간기관들의 네트워크의 활용을 중시한다. 반면, 신공공관리론은 민간과 비영리기구의 활용을 중시한다.

<<핵심정리>> 덴하트(Denhardt & Denhardt)의 신공공서비스론

개념	행정에서 중요한 것은 '행정업무 수행에서의 효율성'이 아니라 '시민들에게 보다 나은 삶을 보장'하는 것이라고 보고, 행정이 소유주인 시민을 위해 봉사하도록 시민중심의 공직제도를 구축하고자 하는 행정개혁운동
배경	전통적 행정(관료제)과 신공공관리론에 대한 비판
이론적 기초	① 민주적 시민주의, ② 사회공동체주의, ③ 담론이론(포스트모더니즘, 신행정학), ④ 조직인본주의 등
내용	• 행정의 주요가치 : 공유된 가치와 공익 • 행정의 역할 : 방향잡기가 아닌 봉사 • 행정의 대상 : 고객이 아닌 시민 • 행정의 활동방식 : 전략적 사고와 민주적인 행동 • 행정의 책임 : 책임의 다원화(복잡화) • 관료에 대한 시각 : 통제에서 공유된 리더십 • 가치에 대한 시각 : 기업가 정신이 아닌 시민주의(citizenship) • 인간에 대한 시각 : 생산성보다는 사람 존중

03. ④ 개혁방법이나 기술의 융통성 있는 수정은 행정개혁의 저항극복방안 중 기술적·공리적 전략에 해당한다.

<<핵심정리>> 행정개혁의 저항극복방안

규범적·사회적 전략	① 개혁지도자의 신망(카리스마) 제고와 솔선수범, ② 의사소통의 개선 및 참여의 확대, ③ 사명감의 고취 및 역할인식 강화, ④ 시간적 여유 제공 등 적응 지원, ⑤ 가치갈등 해소, ⑥ 개혁의 당위성과 성과에 대한 정보제공 및 설득, ⑦ 교육훈련을 통한 자기계발 촉진, ⑧ 개혁안에 대한 집단토론 및 태도·가치관 변화를 위한 훈련 실시, ⑨ 자존적 욕구의 충족 및 불만해소 기회의 제공 등
기술적·공리적 전략	① 개인적으로 입게 되는 손해에 대한 적절한 보상, ② 신분이나 보수의 유지, 임용상 불이익 방지, 일자리 알선 등을 약속하거나 지원하는 호혜적 방법, ③ 개혁에 유리한 시기 선택, ④ 개혁의 방법 및 기술의 융통성 있는 수정, ⑤ 신축성 있는 인사배치를 통한 불만 해소, ⑥ 개혁안의 명확화와 공공성 강조, ⑦ 개혁의 편익에 대한 홍보, ⑧ 개혁의 점진적 추진을 통한 적응성 제고 등
강제적·물리적 전략	① 계층제(상·하 서열관계)상의 권한 사용, ② 의식적인 긴장 조성, ③ 제재나 불이익의 위협 등 압력의 행사, ④ 권력구조의 개편 등

04. ③ 재분배정책은 가치를 많이 가진 쪽에서 가치를 적게 가진 쪽으로 가치를 이전시켜주는 정책을 말한다. 재분배정책의 경우 정책당국의 정책효과는 환경에 많이 좌우된다는 점에서 정부정책의 타율성이 강하다.

05. ③ 정책문제의 정의란 정책문제의 구성요소·원인·결과 등의 내용을 규정하여 무엇이 문제인지를 밝히는 과정을 말한다. 정책문제의 정의는 차별적 이해성을 특징으로 정치적이고 주관인인 활동이다.

<<핵심정리>> 정책문제의 정의

개념	정책문제의 구성요소·원인·결과 등의 내용을 규정하여 무엇이 문제인지를 밝히는 과정
중요성	• 정책목표의 설정 및 정책내용의 형성과 직결되는 활동 • 제3종 오류의 방지를 위한 활동
특성	① 주관성·인공성·차별적 이해성, ② 정치성, ③ 상호의존성, ④ 역사성·동태성 등
고려사항	① 관련 요소의 파악, ② 가치판단, ③ 인과관계 파악, ④ 역사적 맥락 파악 등

06. ② 고전적 조직이론은 인간을 합리적 경제인으로 인식하고 조직의 구성원들은 합리적인 경제적 원리에 따라서 행동한다고 가정한다.

<<핵심정리>> 왈도(Waldo)의 조직이론

구분	고전적 조직이론	신고전적 조직이론	현대적 조직이론
중심변수	구조	인간	환경
추구 가치	기계적 능률성	사회적 능률성	가치의 다원화
인간관	• 합리적 경제인 • X이론적 인간관	• 사회인 • Y이론적 인간관	• 자아실현인 또는 복잡인 • 쇄신적 가치관 중시
조직관	• 공식적·합리적 구조 중시 • 정치행정이원론	• 비경제적 요인과 비공식적 집단 중시 • 참여지향적 관리 중시	• 동태적·유기적 구조 • 상황적응적 접근 • 조직발전(OD) 및 종합적 행정개혁 중시
환경관	폐쇄체제	폐쇄체제	개방체제
관련이론	• 과학적관리론 • 일반관리론 • 행정관리학파(원리주의) • 관료제론	• 인간관계론 • 후기인간관계론 • 행정행태론 • 환경유관론	• 거시조직이론(상황이론, 조직경제학, 조직군 생태론, 자원의존모형 등) • 탈관료제 모형
연구방법	• 원리적 접근 • 형식적 과학성	• 경험적 접근 • 경험적 과학성	• 복합적 접근 • 종합과학적 성격

07. ④ 대통령비서실장, 국무총리비서실장, 대법원장비서실장, 국회의장비서실장 등 차관급이상 보수를 받는 비서관은 정무직 공무원에 해당된다.

08. ②

개방형 인사관리제도는 외부인사의 영입을 전제로 하므로 내부 승진기회가 축소되어 재직자의 사기가 저하된다.

<<핵심정리>> 개방형 인사관리제도

개념	공직의 모든 계층에 공직 내·외부로부터의 신규채용이 허용되는 인사 체계(성과중심 인사체제)
발달	미국의 직위분류제와 친화성
특징	• 전문행정가 중심의 인력구조 • 개방과 경쟁을 통한 성과중심 인사 촉진 • 직무가 없어지면 담당 공무원 퇴직(약한 신분보장)
장점	① 민주통제가 용이하여 행정의 대응성 제고, ② 정치적 리더십이 강화되어 개혁의 추진세력 형성, ③ 공직의 신진대사를 촉진하여 공직침체 및 관료주의화 방지, ④ 민간의 우수인재 유치를 통한 행정의 전문성 제고 및 행정의 질적 수준 향상, ⑤ 개방과 경쟁을 통해 재직공무원의 자기개발 노력 촉진, ⑥ 성과중심 인사를 통해 권위주의 행정문화 타파, ⑦ 인력양성을 위한 교육·훈련비용 감소, ⑧ 공무원의 정책에 대한 충성심 제고 등
단점	① 장·단기적으로 직업공무원제 저해, ② 엽관(정실)인사 가능성, ③ 빈번한 교체로 행정의 책임성·일관성·안정성 저해, ④ 임용절차의 이원화로 임용비용 증가, 구성원 간의 불신 및 조직의 응집성 약화, ⑤ 재직공무원의 승진 기회 축소로 공무원의 사기 저하, 공직에 대한 애착심 및 충성심 저하, ⑥ 민관유착으로 인한 공공성 훼손 가능성, ⑦ 계속적 근무경험에 의해 축적될 수 있는 전문성 저해 등
우리나라	폐쇄형을 원칙으로 하나 개방형(개방형 임용제) 등을 보충적으로 활용

09. ③

자본예산은 경기불황기에 경제안정에 도움을 주지만, 인플레이션기에는 오히려 경제 불안정을 야기할 위험성이 있다.

<<핵심정리>> 자본예산제도

의의	정부예산을 경상지출과 자본지출로 구분하고, 경상지출은 경상수입(조세수입)으로 충당하여 수지균형을 이루도록 하지만, 자본지출은 적자재정과 공채발행으로 충당하여 불균형예산을 편성하는 복식예산
전제	자본적 지출에 충당하기 위한 공채발행은 정부재정의 건전성 요구에 위배되지 않는다는 점을 전제로 함(경기순환기를 중심으로 장기적 균형 중시)
대상	사회간접자본 등 지역사회에 미치는 외부효과가 큰 사업을 대상으로 하는 것이 바람직
분류	사업별 분류가 일반적이며, 기능별 분류나 조직별 분류의 세부분류로 사용됨
연혁	• 스웨덴(효시) : 국가적 차원에서 불경기나 실업을 타개할 목적으로 시행 • 미국 : 시 정부의 공공사업에 대한 투자재원 확보를 목적으로 시행 • 개발도상국가 : 경제성장을 위한 투자재원확보를 목적으로 시행
장점	① 투자분석(자본지출 분석)및 장기적 재정계획 수립 용이, ② 정부 순자산상태의 변동파악 가능, ③ 세대 간·지역 간 부담의 불공평 완화(수익자부담주의 확립), ④ 경제 불황 극복수단(유효수요 증대를 통한 경기회복), ⑤ 일관성 있는 조세정책 구현, ⑥ 국가의 경제안정화를 위한 경제정책 도구(재정정책) 등
단점	① 자본지출 대상 결정의 곤란성, ② 경상경비의 적자은폐 수단, ③ 인플레이션의 가속화, ④ 과중한 사업 또는 자본축적에 치중함으로써 자원배분의 불합리성 야기, ⑤ 적자재정의 정당화와 선심성 사업의 남발, ⑥ 미래세대에게 과다한 운영비 부담, ⑦ 물가상승을 가져와 경제안정 저해 가능성 등

10. ④

기초자치단체인 시가 인구 50만 이상일 때에 자치구가 아닌 행정구를 두며, 행정구는 지방자치단체가 아니므로 별도의 세원을 갖지 않는다.

2025 공무원 시험대비 【8월분】

- 제14회 -
[정답 및 해설]

이 름: _____

제1과목 국어
제2과목 영어
제3과목 한국사
제4과목 행정법총론
제5과목 행정학개론

매일 모의고사 정오표

매일 모고 국어 제14회
정답 및 해설

01. ④ 아버지는 할머니께 책을 드리셨습니다.

주체 높임	'드리셨습니다'의 주체 높임 선어말 어미 '-시-'
객체 높임	'할머니께'의 높임 부사격 조사 '께' '드리셨습니다'의 객체 높임 어휘 '드리-'
상대 높임	'드리셨습니다'의 종결 표현 '-습니다

① '드셨습니까?: 접미사 '-님', '진지', '드시다' 가 주체인 '상무님'을 높이고 있다. 또한 '-습니까?'는 상대를 높이고 있다. 객체 높임은 보이지 않는다.
② 모시고: 객체 높임 어휘
갔습니다: 상대 높임의 '습니다'
③ 선생님께서: 주체 높임 주격 조사 '께서'
하셨습니다: 주체 높임 선어말 어미 '-시-'와 상대 높임의 '습니다'

02. ④ '부딪-'에 피동 접미사 '-히-'가 결합된 '부딪히다'는 부딪음(=충돌함)을 당함을 의미한다. 경제적인 난관에 부딪음을 당한 회사에 대한 것이므로 '부딪히다'는 적절하게 쓰였다. '부딪치다'로 고치는 것은 옳지 않다.
① '걸맞다'는 형용사이며, 형용사는 관형사형 어미 '-는'과 결합하지 못하므로 '걸맞은'으로 고쳐 써야 한다.
② '얇다'는 종이, 책, 판자 등과 같이 넓고 판판한 물건의 두께를 나타낼 때 쓰인다. '가늘다'는 팔뚝, 허리, 기둥, 나뭇가지 등 긴 물체의 둘레나 너비, 부피, 글씨의 획 등을 나타낼 때 쓰인다.
③ 주어가 '나'이므로, 주체 높임을 사용하는 것은 적절하지 않다. 따라서 주체 높임 선어말 어미 '-시-'를 빼고 '아는'으로 고쳐 써야 한다.

03. ②

○ B → A ≡ ~A → ~B
○ C → D ≡ ~D → ~C
○ D → ~B ≡ B → ~D

두 번째 조건에 의해 'C → D'이고 세 번째 조건에 의해 'D → ~B'이므로 두 명제를 연결하면 'C → ~B'이 도출된다. 이 명제의 대우명제는 'B → ~C'이므로 B가 소풍에 참여하면 C는 소풍에 참여하지 않는다는 결론이 도출된다.
① 첫 번째 조건에 의해 'B → A'이고 세 번째 조건의 대우명제에 의해 'B → ~D'이긴 하지만 두 명제의 결론을 각각 전제와 결론으로 연결하여 'A → ~D'을 도출하는 것은 불가능하다. 판단불가의 오류이다.
③ 이 명제는 두 번째 조건 'C → D'의 이명제이다. 따라서 이 명제의 참 거짓을 판단할 수는 없다. 판단불가의 오류이다.
④ ②에서와 같은 논증과정을 거쳐 'C → ~B'가 도출된다. 하지만 이 역명제 '~B → C'의 참 거짓을 판단할 수는 없다. 판단불가의 오류이다.

04. ① ⓐ의 '떠돌다'는 '2「2」어떤 말이나 소문 따위가 여러 곳으로 퍼지다.'를 의미한다. 이와 가장 유사한 의미의 '떠돌다'는 ①이다.
② 2「3」어떤 기운이나 기미가 드러나 보이다.
③ 2「1」공중이나 물 위에 떠서 이리저리 움직이다.
④ 1 정한 곳 없이 이곳저곳을 옮겨 다니다.

05. ③
(가) 자동차 ∧ 휘발유
(나) 자동차 → 기계 ≡ ~기계 → ~자동차
(다) 휘발유 ∧ ~기계
(라) 기계 ∧ ~휘발유

(가)의 '자동차 ∧ 휘발유'와 (나)의 '자동차 → 기계'를 연결하여 '기계 ∧ 휘발유'를 도출할 수 있으므로 적절하다.
① (나)의 '자동차 → 기계'와 (라)의 '기계 ∧ ~휘발유'가 존재하기는 하지만 이들을 연결 지어 '자동차 ∧ ~휘발유'를 도출하는 것은 불가능하다. '기계'를 매개항으로 연결하려면 '기계'가 전칭의 주어에 있어야 하나 (나)에서 '기계'는 전칭의 서술어에 있으므로 (나)의 '자동차 → 기계'와 (라)의 '기계 ∧ ~휘발유'를 연결하여 '자동차 ∧ ~휘발유'를 도출하는 것은 불가능하다.
② (다)에 의해 휘발유를 사용하지만 기계가 아닌 것이 존재한다. 즉, 반례가 존재하므로 모든 기계는 휘발유를 사용한다고 할 수 없다.
④ (가)에 의해 '자동차 ∧ 휘발유'이므로 '자동차 ∧ ~휘발유'가 불가능한 것은 아니다. 하지만 단정적으로 '자동차 → 휘발유'를 도출하는 것은 불가능하다.

06. ③ ⓐ의 '고르다'는 「2」상태가 정상적으로 순조롭다.'를 의미한다. 이와 가장 유사한 의미의 '고르다'는 ③이다.
① 「1」여럿이 다 높낮이, 크기, 양 따위의 차이가 없이 한결같다.
② 「1」여럿이 다 높낮이, 크기, 양 따위의 차이가 없이 한결같다.
④ 「1」여럿이 다 높낮이, 크기, 양 따위의 차이가 없이 한결같다.

07. ③ '관전하다'는 '운동 경기나 바둑 대국(對局) 따위를 구경하다.'를 의미한다. 따라서 '자기 순서나 자리가 아닌 틈 사이를 비집고 들어서다.'를 의미하는 '끼어들다'는 ⓒ과 바꿔 쓸 수 있는 유사한 표현으로 적절하지 않다. '흥미나 관심을 가지고 보다.'를 의미하는 '구경하다'로 바꿔 쓸 수 있다.
① ⓐ '전환하다'는 '다른 방향이나 상태로 바꾸다.'를 의미한다. 따라서 '원래의 내용이나 상태를 다르게 고치다.'를 의미하는 '바꾸다'로 바꿔 쓸 수 있다.
② ⓑ '신중하다'는 '매우 조심스럽다.'를 의미한다. 따라서 '잘못이나 실수가 없도록 말이나 행동에 마음을 쓰는 태도가 있다.'를 의미하는 '조심스럽다'로 바꿔 쓸 수 있다.
④ ⓓ '편협하다'는 '한쪽으로 치우쳐 도량이 좁고 너그럽지 못하다.'를 의미한다. 따라서 '마음 쓰는 것이 너그럽지 못하다.'를 의미하는 '좁다'로 바꿔 쓸 수 있다.

08. ④ '넣다'는 '다른 것에 섞거나 타다.'를 의미한다. 따라서 '어떤 사물 또는 개념의 속 내용을 새겨서 느끼거나 생각하다.'를 의미하는 '음미하다'는 ⓓ과 바꿔 쓸 수 있는 유사한 표현으로 적절하지 않다. '맛이 나도록 음식 따위에 양념이나 식료품을 더 넣다.'를 의미하는 '가미하다'로 바꿔 쓸 수 있다.
① ⓐ '깎다'는 '값이나 금액을 낮추어서 줄이다.'를 의미한다. 따라서 '깎아서 줄이다.'를 의미하는 '삭감하다'로 바꿔 쓸 수 있다.
② ⓑ '흐리멍덩하다'는 '정신이 맑지 못하고 흐리다.'를 의미한다. 따라서 '의식이 흐리멍덩하다.'를 의미하는 '몽롱하다'로 바꿔 쓸 수 있다.

③ ⓒ '말쑥하다'는 '세련되고 아담하다.'를 의미한다. 따라서 '모습 따위가 말쑥하고 품위가 있다.'를 의미하는 '세련되다'로 바꿔 쓸 수 있다.

09. ③ 제시문의 첫 문단에서 작가주의는 '감독을 단순한 연출자가 아닌 '작가'로 간주'하는 이론이라고 하였으며, 이는 '프랑스 영화에 만연했던 문학적, 연극적 색채에 대한 반발로 주창'되었다고 하였다. 이를 종합하면 작가주의가 등장하던 당시, 프랑스 영화는 문학적, 연극적 색채가 짙었으며, 감독은 단순한 연출자에 불과했다는 것을 알 수 있다.
① 작가주의는 유명한 문학 작품을 원작 그대로(별다른 손질 없이) 영화화하려는 제작 관행에 반발하며 등장한 이론이다.
②, ④ 작가주의는 '작품 세계를 관통하는 감독의 세계관 혹은 주제 의식, 그것을 표출하는 나름의 이야기 방식, 고집스럽게 되풀이되는 특정한 상황이나 배경 혹은 표현 기법 같은 일관된 문체상의 특징'을 통해 감독의 창의성과 개성이 나타날 수 있다고 보았다. 즉, 감독 개인의 '일관된' 특징을 중시하였다.

10. ① <보기>의 문장 '대화 상대와 상황 맥락을 공유하므로, 그러한 문장 성분들이 불필요하다고 여기기 때문이다.'는 어떠한 현상의 원인을 설명하고 있다. 이 문장에는 지칭 표현인 '그러한'이 들어 있으므로, 이 문장의 앞에는 '그러한 문장 성분들'에 대응하는 문장 성분을 언급하는 문장이 와야 한다. 따라서 문장 성분에 대해 언급하고 있는 문장의 뒤인 ㉠, ㉢, ㉣을 답으로 고려할 수 있다. 그런데 ㉢, ㉣의 앞 문장들은 문장 성분을 생략해서는 안 되는 경우에 대해 이야기하고 있다. 이는 '그러한 문장 성분들이 불필요하다고 여기기 때문이다'라는 <보기>의 내용과 상반된 내용이므로, ㉢, ㉣은 <보기>가 들어갈 위치로 적절하지 않다. 따라서 예시를 들며 '주어나 목적어를 생략하는 경향이 강하다.'라고 설명하는 ㉠이 가장 적절하다.

매일 모고 영어 제14회
정답 및 해설

01. ③ ★ reserve 예약하다, 비축하다, 유보하다
● dispute 반박하다, 이의를 제기하다
● irritate 짜증나게 하다, 거슬리다
● exaggerate 과장하다
[해석] 이 호텔은 최소 한 달 전에 객실을 예약하는 손님에게 특별 할인을 제공한다.

02. ④ ★ inherent 내재하는, 본래의, 타고난
● acute 심한, 급성의, 예리한, 예민한
● pale 창백한, 핼쑥한
● negative 부정적인, 소극적인, 음성의
[해석] 수면에 대한 욕구는 인간 본성에 내재된 것으로, 결코 무시할 수 없다.

03. ① ★ distant 먼, 떨어져 있는
● nuclear 원자력의, 핵의
● neutral 중립적인
● organic 유기농의, 생물의
[해석] 멀리서 들려오는 천둥 소리가 다가오는 폭풍을 미리 알려주었다.

04. ④ ★ terminate 종료하다, 끝내다
● flame 활활 타오르다
● participate 참가[참여]하다
● immigrate 이주해[이민을] 오다
[해석] 회사는 반복된 위반으로 인해 계약서에 명시된 조항을 근거로 계약을 종료하기로 결정했다.

05. ② ★ testify 증언하다, 입증하다
● divorce 이혼하다, 분리하다
● imply 암시하다, 함축하다
● isolate 격리하다, 고립시키다, 분리하다
[해석] 증인은 범죄가 일어난 밤에 본 것에 대해 법정에서 증언하기 위해 불렸다.

06. ① [해설]
단위를 나타내는 명사가 수사(예: two, three, four 등)와 함께 다른 명사를 수식할 때는 하이픈(-)을 사용하며, 항상 단수형으로 쓴다. 예를 들어, 'three-bedroom house'에서 'bedroom'은 복수형이 아닌 단수형이다. 또한, 단수 가산명사인 'house' 앞에는 반드시 관사가 필요하다. 따라서 밑줄 친 부분에 가장 적절한 것은 ①이다.
[해석]
그들은 정원이 꽃으로 가득한 세 개의 침실이 있는 집으로 이사했다.

07. ③ [해설]
need는 본동사와 조동사 기능 둘 다 있으며, 특히 부정문에서 조동사 역할이 가능하다. '~할 필요가 없다'의 뜻으로 쓰일 때는 'need not 동사원형'의 구조로 써야 한다. 따라서 밑줄 친 부분인 to be를 be로 고쳐야 한다.
[해석]
과거에는 비즈니스 커뮤니케이션에서 공식적인 글쓰기만이 유일하게 허용되는 스타일로 여겨졌다. 많은 사람들은 비즈니스 편지가 항상 딱딱하고 냉정해야 한다고 생각한다. 그러나 비즈니스 편지는 꼭 형식적이고 비인격적일 필요는 없다. 사실, 친근한 어투는 고객과 더 나은 관계를 구축하는 데 도움이 될 수 있다.

08. ③ [해석]
Tim: 프로젝트 마감일을 다시 고려할 필요가 있다고 생각합니다. 현재 일정이 너무 빡빡해 보여요.
Jane: 동의합니다. 일부 업무가 예상보다 오래 걸리고 있습니다.
Tim: 연장 요청을 해야 할까요?
Jane: 네, 하지만 경영진에게 그 이유를 명확히 설명해야 합니다.
Tim: 요청을 뒷받침할 자세한 보고서를 준비하는 게 어떨까요?
Jane: 좋은 생각이에요. 제가 같이 보고서 작성하는 거 도와드리겠습니다.
① 회의를 연기할 수 있을까요?
② 인원을 더 뽑아야 할까요?
③ 요청을 뒷받침할 자세한 보고서를 준비하는 게 어떨까요?
④ 마감 기한이 현실적인가요?

09. ④ [해설]
이 글은 몰입형 언어 학습의 효과에 대해 소개하고 있다. (C)는 이 학습법이 실제로 어떻게 이루어지는지를 구체적인 예시와 함께 설명하며 개념을 풀어낸다. (A)는 이러한 방식의 결과로 학습자가 전통적인 교실 수업에서는 얻기 어려운 자연스러운 표현이나 문화적 뉘앙스를 습득하게 된다고 설명한다. (B)는 이러한 효과에 대해 연구 결과를 바탕으로 과학적 근거를 제시하며, 장기 기억 향상과 학습 불안 감소라는 추가적인 이점을 부여한다. 따라서 전개 방식은 '방법(C) → 효과(A) → 연구 근거(B)'의 흐름으로 글이 순서로 가장 적절한 것은 ④이다.
[해석]

> 몰입형 언어 학습은 유창함을 얻는 가장 효과적인 방법 중 하나로 점점 더 인식되고 있다.
>
> (C) 이 방법은 영화 시청, 책 읽기, 원어민과의 소통 등 실생활에서 목표 언어에 자신을 노출시키는 것을 포함한다.
> (A) 그 결과, 학습자는 전통적인 교실 수업에서 강조되지 않을 수 있는 자연스러운 표현이나 문화적 뉘앙스를 더 쉽게 익힐 수 있다.
> (B) 게다가 연구에 따르면, 몰입형 학습은 장기 기억력을 향상시키고, 공식적인 환경에서 언어를 배울 때 흔히 느끼는 불안감을 줄여줄 수 있다고 한다.

[어휘]
□ immersive 몰입형의
□ exposure 노출
□ nuance 뉘앙스, 미묘한 차이
□ retention 기억력, 유지
□ formal setting 공식적인 환경
□ interact 상호작용하다
□ pick up (자연스럽게) 익히다

10. ③ [해설]
이 글은 일기 쓰기의 심리적 효과와 치료적 가치를 설명하고 있다. ①번과 ②번 문장은 일기 쓰기의 일반적인 정신 건강 효과와 그 기제를 소개하고 있으며, ③번 문장은 실증적 연구들이 이러한 효과를 뒷받침한다고 주장한다. 주어진 문장은 "단 일주일 동안 하루 15분씩 개인적 실

패에 대해 글을 쓴 참가자들이 감정 조절과 인지 통제 능력에서 향상을 보였다"는 구체적인 연구 사례를 제시함으로써, ②번 문장의 일반적인 설명과 ③번 문장의 실증적 근거 사이를 자연스럽게 잇는 역할을 한다. 따라서 주어진 문장이 들어갈 위치로 가장 적절한 것은 ③이다.

[해석]

> 일기 쓰기는 종종 하찮거나 감상적인 습관으로 여겨지지만, 심리학 연구는 그것의 치료적 가치를 점점 더 뒷받침하고 있다. (①) 표현적 글쓰기는, 특히 감정적으로 강렬한 사건을 되돌아보는 경우, 다양한 정신 건강상의 이점과 연관되어 있다. (②) 이는 개인이 미처 해결되지 않은 감정을 처리하고, 생각을 정리하며, 자신의 내면 상태를 이해하도록 도와준다. (③ <u>한 연구에서는, 하루 15분씩 일주일 동안 개인적인 실패에 대해 글을 쓰도록 요청받은 참가자들이 감정 조절과 인지 통제 능력에서 측정 가능한 향상을 보였다.</u>) 이러한 결과들은 단순한 일화에 그치지 않는다. 실증적 연구들은 일기 쓰기가 스트레스 수준 감소, 집중력 향상, 심지어 면역 기능 개선으로 이어질 수 있음을 지속적으로 입증해왔다. (④) 그 결과, 많은 치료사들이 현재 구조화된 글쓰기 과제를 치료 계획에 포함시키고 있으며, 특히 트라우마나 만성 스트레스를 겪는 환자들에게 그러하다.

[어휘]
- journaling 일기
- expressive writing 표현적 글쓰기
- regulation 규정, 규제, 통제
- anecdotal 일화적인, 개인적 경험에 근거한
- empirical 실증적인
- therapeutic 치료의, 치료 효과가 있는

매일 모고 한국사 제14회
정답 및 해설

01. ③ 독립 협회는 산업의 진흥을 통한 자본주의 경제 체제의 수립을 지향하면서 상업 활동의 자유, 도량형 통일, 무역의 확대를 주장하고, 공장과 회사의 설립을 지원하였다. 한편, 러시아의 이권 침탈에 맞서 이권 수호 운동을 전개하였다.
① 경제 발전과 이권 양도 금지가 목적이었다.
② 입헌 군주정을 지향하였다.
④ 정부, 상인, 민간인들이 회사, 공장을 세워 자본을 육성하고자 하였다.

02. ② 신민회는 의병과 연대하여 무장 독립 투쟁을 전개하고, 국민의 권리가 보장되는 민주 공화정의 국민 국가 수립을 구상하였다.
① 독립 협회의 개화 자강 운동이 애국 계몽 운동으로 발전하였다.
③ 독립 협회의 활동과 관련 있다.
④ 개항 이후부터 꾸준히 전개되었다.

03. ④ 메가타의 화폐 정리 사업은 법령 공포 후 3일 만에 단행되어 국내 상공업자가 타격을 받았고, 화폐 부족 현상이 일어나 금융 공황이 발생하였다. 이 과정에서 일본 제일은행을 한국의 중앙은행으로 만들어 금융 지배 구조를 확보하였다.
④ 외국 상인의 시장 침투에 맞서 우리 상인들은 근대적 상회사를 세웠는데, 이들의 활동은 한때 상당한 성과를 거두기도 하였으나 화폐 정리 사업으로 몰락의 길을 걷게 되었다.

04. ① 을사조약 이후 국권 상실의 위기 속에서 신채호는 외국의 침략에 맞서 싸운 우리나라의 구국 영웅들에 대한 전기를 저술하였다. 그리고 역사 저술의 주체를 민족으로 상정하고 민족 사관을 정립하여 화이론적 사관을 극복하고자 하였다.
② 유물사관, ④는 식민 사관이다.
③ 신채호는 민족 영웅을 널리 알려 국민의 애국심 발흥을 기대하였다.

05. ① 제시된 신문 기사는 일제의 철도 부설로 농민의 농토가 온전한 곳이 없고, 기력이 없을 정도로 주변 주민들의 노동력을 착취함으로써 사람들이 도망을 가서 집이 비고 가축들이 모두 사라졌음을 고발하고 있다.
일본은 철도 부설 공사를 진행하면서 역과 창고 건립에 필요한 토지를 철도 용지라고 하여 실제 필요한 면적의 수십 배를 약탈하였다. 민간의 토지를 사들이는 경우에도 대한제국 정부가 토지의 소유자로부터 매입하여 제공할 것을 강요하였다. 뿐만 아니라 농민들을 강제로 철도 부역에 동원하였다.
ㄷ. 동양 척식 주식회사는 1908년에 설립되었다.
ㄹ. 철도 부지가 아니라 일반 농토에 해당하는 내용이다.

06. ① 제시된 글은 신채호가 대한 협회 회보 제3호(1908년 6월)에 실은 것이다. 을사조약 이후 국권 상실의 위기 속에서 한국사와 외국사에 대한 관심이 고조되었다. 특히 신채호는 역사 서술상의 주체를 민족으로 설정하고, 민족 사관을 정립하여 과거의 화이론적 역사관이나 당시 일제에 의한 고대사의 역사 왜곡을 강력히 비판하였다. 박은식도 국권이 상실되는 상황 속에서 국혼을 강조하여 민족의 정신을 일깨우고자 하였다.

07. ② 1908년 4월 20일에 신문지법을 개정하였다. 이전의 신문지법으로는 국내에서 한국인이 발행인으로 되어있는 신문만 탄압할 수 있었다. 그리하여 베델이 공동 발행인으로 대한매일신보를 통제할 수 없었다. 그런데 대한매일신보는 일제의 침략상을 폭로하여 국민의 애국심을 고취시키고, 정치 의식을 높이는 데 기여하였다.
통감부는 대한매일신보를 탄압하기 위해 '외국인이 국내에서 발행하는 국문 혹은 국·한문 또는 한문으로 된 신문'을 탄압할 수 있는 근거를 마련하였다. 또한 해외에서 발행하여 국내로 들어온 신문까지 탄압할 수 있었다.
ㄴ. 독립신문은 1899년에 폐간되었다.
ㄹ. 시일야방성대곡은 1905년 11월 20일자 황성신문에 실려있었다.

08. ③ 개화기의 유교는 위정척사 운동의 이론적 토대로서 강한 반침략성을 띠었지만, 개화나 개혁을 외면하여 시대의 흐름에 역행하는 면이 있었다. 이에 계신 유학자들은 유교의 개혁을 주장하였다. 특히 박은식은 주자 중심의 유학을 비판하고 양명학의 지행합일과 사회 진보의 원리를 조화시킨 대동사상을 주장하였다.
단기 -박은식은 위정척사 사상처럼 과거에 집착하는 성리학을 비판하였다.
커스 -박은식은 제왕에게 봉사하는 유교 대신 백성들에게 다가가는 유교가 필요함을 역설하였다.

09. ① 나철 등이 단군을 국조로 모시는 종교는 대종교이다. 을사조약 이후 오기호와 함께 오적 암살단을 조직하여 항일 운동을 폈던 나철은 1909년에 대종교를 개창하였다. 대종교는 예로부터 내려오던 단군 신앙을 근대 신앙으로 발전시킨 종교로 민족주의적 성향이 매우 강하였으며, 1910년대 많은 애국 지사들이 대종교에 가담하여 독립 운동을 폈다. 이들이 만든 단체로는 비밀 결사인 중광단, 이를 발전시킨 북로군정서가 있다
②는 개신교와 관련된다.
③, ④는 천도교와 관련된 활동이다.

10. ① 한반도의 철도 부설권은 미국, 프랑스. 일본에 양도되었으나 1904년에 이르러 모두 일본에 집중되었다. 제시된 자료는 경의선과 관련된 것이다. 군용으로 경의선을 부설하기 시작한 일본의 13개월 만에 속성으로 완공하고 러·일 전쟁 후 철도 복선화 작업을 개시하였다. 경의선은 서울에서 신의주를 연결하는 철도이다.

한국사

매일 모고 행정법 제14회
정답 및 해설

01. ① 토지대장에 기재된 일정한 사항을 변경하는 행위는, 그것이 지목의 변경이나 정정 등과 같이 토지소유권 행사의 전제요건으로서 토지소유자의 실체적 권리관계에 영향을 미치는 사항에 관한 것이 아닌 한 행정사무집행의 편의와 사실증명의 자료로 삼기 위한 것일 뿐이어서, 그 소유자 명의가 변경된다고 하여도 이로 인하여 당해 토지에 대한 실체상의 권리관계에 변동을 가져올 수 없고 토지 소유권이 지적공부의 기재만에 의하여 증명되는 것도 아니다. 따라서 소관청이 토지대장상의 소유자명의변경신청을 거부한 행위는 이를 항고소송의 대상이 되는 행정처분이라고 할 수 없다. 대법원 2012. 1. 12. 선고 2010두12354 판결
② 국가공무원법 제74조에 의하면 공무원이 소정의 정년에 달하면 그 사실에 대한 효과로서 공무담임권이 소멸되어 당연히 퇴직되고 따로 그에 대한 행정처분이 행하여져야 비로소 퇴직되는 것은 아니라 할 것이며 피고의 원고에 대한 정년퇴직 발령은 정년퇴직 사실을 알리는 이른바 관념의 통지에 불과하므로 행정소송의 대상이 되지 아니한다. 대법원 1983. 2. 8. 선고 81누263 판결
③ 국토의 계획 및 이용에 관한 법률상 개발행위허가는 허가기준 및 금지요건이 불확정개념으로 규정된 부분이 많아 그 요건에 해당하는지 여부는 행정청의 재량판단의 영역에 속한다. 그러므로 그에 대한 사법심사는 행정청의 공익판단에 관한 재량의 여지를 감안하여 원칙적으로 재량권의 일탈·남용이 있는지 여부만을 대상으로 하고, 사실오인과 비례·평등원칙 위반 여부 등이 판단 기준이 된다. 대법원 2021. 3. 25. 선고 2020두51280 판결
④ 구 수도권대기환경특별법 제14조 제1항에서 정한 대기오염물질 총량관리사업장 설치의 허가 또는 변경허가는 특정인에게 인구가 밀집되고 대기오염이 심각하다고 인정되는 수도권 대기관리권역에서 총량관리대상 오염물질을 일정량을 초과하여 배출할 수 있는 특정한 권리를 설정하여 주는 행위로서 그 처분의 여부 및 내용의 결정은 행정청의 재량에 속한다. 대법원 2013. 5. 9. 선고 2012두22799 판결

02. ④ 국가배상청구소송의 선결문제는 처분의 효력 유무가 아닌 처분의 '위법' 여부가 되므로, 수소법원인 민사법원은 처분에 취소사유에 해당하는 하자가 있는 경우, 즉 당해 처분이 위법한 경우 이를 이유로 배상청구를 인용할 수 있다.
① 소방시설 설치유지 및 안전관리에 관한 법률 제9조에 의한 소방시설 등의 설치 또는 유지·관리에 대한 명령을 정당한 사유 없이 위반한 자는 같은 법 제48조의2 제1호에 의하여 행정형벌에 처해지는데, 위 명령이 행정처분으로서 하자가 있어 무효인 경우에는 명령에 따른 의무위반이 생기지 아니하므로 행정형벌을 부과할 수 없다. 대법원 2011. 11. 10. 선고 2011도11109 판결
② 부정한 방법으로 외국환은행장의 수입승인을 얻어 가지고 세관장에게 수입신고를 할 때 이를 함께 제출하여 수입면허를 받았다고 하더라도, 물품을 수입하고자 하는 자가 일단 세관장에게 수입신고를 하여 그 면허를 받고 물품을 통관한 경우에는, 세관장의 수입면허가 중대하고도 명백한 하자가 있는 행정행위이어서 당연무효가 아닌 한 관세법 제181조 소정의 무면허수입죄가 성립될 수 없다. 대법원 1989. 3. 28. 선고 89도149 판결
③ 국가배상청구는 처분의 효력을 다투는 것이 아니므로 불가쟁력이 발생한 행정행위로 인해 손해를 입은 국민은 국가배상청구를 할 수 있다.

03. ④ (재단법인 한국연구재단이 대학교 총장에게 연구개발비의 부당집행을 이유로 '해양생물유래 고부가식품·향장·한약 기초소재 개발 인력양성사업에 대한 2단계 두뇌한국(BK)21 사업' 협약을 해지하고 연구팀장에 대한 대학자체 징계 요구 등을 통보한 사안에서), 사업협약 해지통보는 항고소송의 대상이 되는 행정처분에 해당하나, 연구팀장에 대한 대학자체 징계 요구는 항고소송의 대상이 되는 행정처분에 해당하지 않는다. 대법원 2014. 12. 11. 선고 2012두28704 판결
① 증액경정처분이 있는 경우, 당초 신고나 결정은 증액경정처분에 흡수됨으로써 독립된 존재가치를 잃게 된다고 보아야 하므로, 원칙적으로는 당초 신고나 결정에 대한 불복기간의 경과 여부 등에 관계없이 증액경정처분만이 항고소송의 심판대상이 되고, 납세의무자는 그 항고소송에서 당초 신고나 결정에 대한 위법사유도 함께 주장할 수 있다. 대법원 2009. 5. 14. 선고 2006두17390 판결
② 검사가 공소를 제기한 사건은 기본적으로 법원의 심리대상이 되고 피의자 및 피고인은 수사의 적법성 및 공소사실에 대하여 형사소송절차를 통하여 불복할 수 있는 절차와 방법이 따로 마련되어 있으므로 검사의 공소에 대하여는 형사소송절차에 의하여서만 이를 다툴 수 있고 행정소송의 방법으로 공소의 취소를 구할 수는 없다. 대법원 2000. 3. 28. 선고 99두11264 판결
③ 상표원부에 상표권자인 법인에 대한 청산종결등기가 되었음을 이유로 상표권의 말소등록이 이루어졌다고 해도 이는 상표권이 소멸하였음을 확인하는 사실적·확인적 행위에 지나지 않고, 말소등록으로 비로소 상표권 소멸의 효력이 발생하는 것이 아니어서, 상표권의 말소등록은 국민의 권리의무에 직접적으로 영향을 미치는 행위라고 할 수 없다. 대법원 2015. 10. 29. 선고 2014두2362 판결

04. ② 해당 처분을 다툴 법률상 이익이 있는지 여부는 직권조사사항으로 이에 관한 당사자의 주장은 직권발동을 촉구하는 의미밖에 없으므로, 원심법원이 이에 관하여 판단하지 않았다고 하여 판단유탈의 상고이유로 삼을 수 없다. 대법원 2017. 3. 9. 선고 2013두16852 판결
① 행정소송에서 쟁송의 대상이 되는 행정처분의 존부는 소송요건으로서 직권조사사항이고, 자백의 대상이 될 수 없는 것이므로, 설사 그 존재를 당사자들이 다투지 아니한다 하더라도 그 존부에 관하여 의심이 있는 경우에는 이를 직권으로 밝혀 보아야 할 것이다. 대법원 2004. 12. 24. 선고 2003두15195 판결
③ 항고소송은 다른 법률에 특별한 규정이 없는 한 원칙적으로 소송의 대상인 행정처분을 외부적으로 행한 행정청을 피고로 하여야 하고, 다만 대리기관이 대리관계를 표시하고 피대리 행정청을 대리하여 행정처분을 한 때에는 피대리 행정청이 피고로 되어야 한다. 대법원 2018. 10. 25. 선고 2018두43095 판결
④ 행정사건의 심리절차는 행정소송의 특수성을 감안하여 행정소송법이 정하고 있는 특칙이 적용될 수 있는 점을 제외하면 심리절차 면에서 민사소송 절차와 큰 차이가 없으므로, 특별한 사정이 없는 한 민사사건을 행정소송 절차로 진행한 것 자체가 위법하다고 볼 수 없다. 대법원 2018. 2. 13. 선고 2014두11328 판결

05. ③ 행정심판법 제29조

> **행정심판법 제29조(청구의 변경)**
> ⑧ 청구의 변경결정이 있으면 처음 행정심판이 청구되었을 때부터 변경된 청구의 취지나 이유로 행정심판이 청구된 것으로 본다.

① 행정심판법 제31조

> **행정심판법 제31조(임시처분)**
> ③ 제1항에 따른 임시처분은 제30조제2항에 따른 집행정지로 목적을 달성할 수 있는 경우에는 허용되지 아니한다.

② 행정심판법 제39조

> **행정심판법 제39조(직권심리)**
> 위원회는 필요하면 당사자가 주장하지 아니한 사실에 대하여도 심리할 수 있다.

④ 행정심판법 제43조의2

> **행정심판법 제43조의2(조정)**
> ① 위원회는 당사자의 권리 및 권한의 범위에서 당사자의 동의를 받아 심판청구의 신속하고 공정한 해결을 위하여 조정을 할 수 있다. 다만, 그 조정이 공공복리에 적합하지 아니하거나 해당 처분의 성질에 반하는 경우에는 그러하지 아니하다.

06. ③ 행정기본법 제6조

> **행정기본법 제6조(행정에 관한 기간의 계산)**
> ② 법령등 또는 처분에서 국민의 권익을 제한하거나 의무를 부과하는 경우 권익이 제한되거나 의무가 지속되는 기간의 계산은 다음 각 호의 기준에 따른다. 다만, 다음 각 호의 기준에 따르는 것이 국민에게 불리한 경우에는 그러하지 아니하다.
> 1. 기간을 일, 주, 월 또는 연으로 정한 경우에는 기간의 첫날을 산입한다.

① 법령공포법 제13조

> **법령공포법 제13조(시행일)**
> 대통령령, 총리령 및 부령은 특별한 규정이 없으면 공포한 날부터 20일이 경과함으로써 효력을 발생한다.

② 행정기본법 제7조

> **행정기본법 제7조(법령등 시행일의 기간 계산)**
> 법령등(훈령·예규·고시·지침 등을 포함한다. 이하 이 조에서 같다)의 시행일을 정하거나 계산할 때에는 다음 각 호의 기준에 따른다.
> 2. 법령등을 공포한 날부터 일정 기간이 경과한 날부터 시행하는 경우 법령등을 공포한 날을 첫날에 산입하지 아니한다.

④ 행정기본법 제14조

> **행정기본법 제14조(법 적용의 기준)**
> ① 새로운 법령등은 법령등에 특별한 규정이 있는 경우를 제외하고는 그 법령등의 효력 발생 전에 완성되거나 종결된 사실관계 또는 법률관계에 대해서는 적용되지 아니한다.

07. ① 행정조사기본법 제5조

> **행정조사기본법 제5조(행정조사의 근거)**
> 행정기관은 법령등에서 행정조사를 규정하고 있는 경우에 한하여 행정조사를 실시할 수 있다. 다만, 조사대상자의 자발적인 협조를 얻어 실시하는 행정조사의 경우에는 그러하지 아니하다.

② 행정조사기본법 제4조

> **행정조사기본법 제4조(행정조사의 기본원칙)**
> ④ 행정조사는 법령등의 위반에 대한 처벌보다는 법령등을 준수하도록 유도하는 데 중점을 두어야 한다.

③ 행정조사기본법 제13조

> **행정조사기본법 제13조(자료등의 영치)**
> ② 조사원이 제1항에 따라 자료등을 영치하는 경우에 조사대상자의 생활이나 영업이 사실상 불가능하게 될 우려가 있는 때에는 조사원은 자료등을 사진으로 촬영하거나 사본을 작성하는 등의 방법으로 영치에 갈음할 수 있다. 다만, 증거인멸의 우려가 있는 자료 등을 영치하는 경우에는 그러하지 아니하다.

④ 행정조사기본법 제17조

> **행정조사기본법 제17조(조사의 사전통지)**
> ① 행정조사를 실시하고자 하는 행정기관의 장은 제9조에 따른 출석요구서, 제10조에 따른 보고요구서·자료제출요구서 및 제11조에 따른 현장출입조사서(이하 "출석요구서등"이라 한다)를 조사개시 7일 전까지 조사대상자에게 서면으로 통지하여야 한다. 다만, 다음 각 호의 어느 하나에 해당하는 경우에는 행정조사의 개시와 동시에 출석요구서 등을 조사대상자에게 제시하거나 행정조사의 목적 등을 조사대상자에게 구두로 통지할 수 있다.
> 3. 제5조 단서에 따라 조사대상자의 자발적인 협조를 얻어 실시하는 행정조사의 경우

08. ③ 세법상 가산세는 과세권의 행사 및 조세채권의 실현을 용이하게 하기 위하여 납세자가 정당한 이유 없이 법에 규정된 신고, 납세 등 각종 의무를 위반한 경우에 개별세법이 정하는 바에 따라 부과되는 행정상의 제재로서 납세자의 고의, 과실은 고려되지 않는 반면, 이와 같은 제재는 납세의무자가 그 의무를 알지 못한 것이 무리가 아니었다고 할 수 있어서 그를 정당시할 수 있는 사정이 있거나 그 의무의 이행을 당사자에게 기대하는 것이 무리라고 하는 사정이 있을 때 등 그 의무해태를 탓할 수 없는 정당한 사유가 있는 경우에는 이를 과할 수 없다. 대법원 2005. 1. 27. 선고 2003두13632 판결
① 공정거래법상 부과되는 과징금은 행정법상의 의무를 위반한 자에 대하여 당해 위반행위로 얻게 된 경제적 이익을 박탈하기 위한 목적으로 부과하는 금전적인 제재로서, 같은 법이 규정한 범위 내에서 그 부과처분 당시까지 부과관청이 확인한 사실을 기초로 일의적으로 확정되어야 할 것이고, 그렇지 아니하고 부과관청이 과징금을 부과하면서 추후에 부과금 산정 기준이 되는 새로운 자료가 나올 경우에는 과징금액이 변경될 수도 있다고 유보한다든지, 실제로 추후에 새로운 자료가 나왔다고 하여 새로운 부과처분을 할 수는 없다. 대법원 1999. 5. 28. 선고 99두1571 판결
② 관할 행정청이 여객자동차운송사업자의 여러 가지 위반행위를 인지하였다면 전부에 대하여 일괄하여 5,000만 원의 최고한도 내에서 하나의 과징금 부과처분을 하는 것이 원칙이고, 인지한 여러 가지 위반행위 중 일부에 대해서만 우선 과징금 부과처분을 하고 나머지에 대해서는 차후에 별도의 과징금 부과처분을 하는 것은 다른 특별한 사정이 없는 한 허용되지 않는다. 대법원 2021. 2. 4. 선고 2020두48390 판결
④ 행정절차법 제40조의3

> **행정절차법 제40조의3(위반사실 등의 공표)**
> ⑦ 행정청은 위반사실등의 공표를 하기 전에 당사자가 공표와 관련된 의무의 이행, 원상회복, 손해배상 등의 조치를 마친 경우에는 위반사실등의 공표를 하지 아니할 수 있다.

09. ② 신청에 따른 처분이 이루어지지 아니한 경우에는 아직 당사자에게 권익이 부과되지 아니하였으므로 특별한 사정이 없는 한 신청에 대한 거부처분이라고 하더라도 직접 당사자의 권익을 제한하는 것은 아니어서 신청에 대한 거부처분을 여기에서 말하는 '당사자의 권익을 제한하는 처분'에 해당한다고 할 수 없는 것이어서 처분의 사전통지대상이 된다고 할 수 없다. 대법원 2003. 11. 28. 선고 2003두674 판결

① 행정청이 행정절차법 제20조 제1항의 처분기준 사전공표 의무를 위반하여 미리 공표하지 아니한 기준을 적용하여 처분을 하였다고 하더라도, 그러한 사정만으로 곧바로 해당 처분에 취소사유에 이를 정도의 흠이 존재한다고 볼 수는 없다. 대법원 2020. 12. 24. 선고 2018두45633 판결

③ 일반적으로 당사자가 근거규정 등을 명시하여 신청하는 인·허가 등을 거부하는 처분을 함에 있어 당사자가 그 근거를 알 수 있을 정도로 상당한 이유를 제시한 경우에는 당해 처분의 근거 및 이유를 구체적 조항 및 내용까지 명시하지 않았더라도 그로 말미암아 그 처분이 위법한 것이 된다고 할 수 없다. 대법원 2002. 5. 17. 선고 2000두8912 판결

④ 행정절차법 제28조

> **행정절차법 제28조(청문 주재자)**
> ② 행정청은 다음 각 호의 어느 하나에 해당하는 처분을 하려는 경우에는 청문 주재자를 2명 이상으로 선정할 수 있다. 이 경우 선정된 청문 주재자 중 1명이 청문 주재자를 대표한다.
> 2. 다수 국민에게 불편이나 부담을 주는 처분

10. ④ 국가배상법 제2조 제1항 단서가 보훈보상자법 등에 의한 보상을 받을 수 있는 경우 국가배상법에 따른 손해배상청구를 하지 못한다는 것을 넘어 국가배상법상 손해배상금을 받은 경우 보훈보상자법상 보상금 등 보훈급여금의 지급을 금지하는 것으로 해석하기는 어려운 점 등에 비추어, 국가보훈처장은 국가배상법에 따라 손해배상을 받았다는 사정을 들어 보상금 등 보훈급여금의 지급을 거부할 수 없다. 대법원 2017. 2. 3. 선고 2015두60075 판결

① 재판에 대하여 불복절차 내지 시정절차 자체가 없는 경우에는 부당한 재판으로 인하여 불이익 내지 손해를 입은 사람은 국가배상 이외의 방법으로는 자신의 권리 내지 이익을 회복할 방법이 없으므로, 이와 같은 경우에는 배상책임의 요건이 충족되는 한 국가배상책임을 인정하지 않을 수 없다. 대법원 2003. 7. 11. 선고 99다24218 판결

② 국가가 일정한 사항에 관하여 헌법에 의하여 부과되는 구체적인 입법의무를 부담하고 있음에도 불구하고 그 입법에 필요한 상당한 기간이 경과하도록 고의 또는 과실로 이러한 입법의무를 이행하지 아니하는 등 극히 예외적인 사정이 인정되는 사안에 한정하여 국가배상법 소정의 배상책임이 인정될 수 있으며, 위와 같은 구체적인 입법의무 자체가 인정되지 않는 경우에는 애당초 부작위로 인한 불법행위가 성립할 여지가 없다. 대법원 2008. 5. 29. 선고 2004다33469 판결

③ 일반적으로 공무원이 직무를 집행함에 있어서 관계법규를 알지 못하거나 필요한 지식을 갖추지 못하여 법규의 해석을 그르쳐 잘못된 행정처분을 하였다면 그가 법률전문가가 아닌 행정직 공무원이라고 하여 과실이 없다고 할 수 없다. 대법원 1995. 10. 13. 선고 95다32747 판결

매일 모고 행정학 제14회
정답 및 해설

01. ④ 효과성은 목표달성도를 의미하며, 기능적 전체목표의 달성비율을 강조하는 질적 개념이다. 반면 능률성은 산출/투입을 의미하며, 구조적 단일목표의 달성비율을 강조하는 양적 개념이다.
<<핵심정리>> 능률성, 효과성, 효율성

능률성	효과성	효율성
최소의 비용으로 최대의 산출(output)을 얻는 것	목표달성도를 나타내는 결과(outcome)지향적 이념	경제성(투입) + 능률성(산출/투입) + 효과성(목표달성도)
투입대비 산출(산출/투입)	목표대비 산출(산출/목표)	산출/투입, 산출/목표 모두 고려
수단·과정적 측면 중시 (조직 내적 조건)	목표달성도 중시 (조직과 환경과의 관계)	수단·과정적 측면과 목표달성도 모두 중시
하위목표적 성격	상위목표적 성격	종합적 성격
구조적 단일목표의 달성비율	기능적 전체목표의 달성비율	모두 고려
양적·단기적	질적·장기적	종합적

02. ③ 신공공관리론은 중앙정부의 방향잡기 역할인 전략기능을 강조하는 반면, 노젓기 역할인 집행기능을 민간에 이양하고자 한다.

03. ④ 우리나라의 옴부즈만인 국민권익위원회는 「부패방지 및 국민권익위원회의 설치와 운영에 관한 법률」에 의해 설치된 기관이기 때문에 헌법상 독립기관이 아니라 법률상 독립기관이다.
<<핵심정리>> 스웨덴의 옴부즈만과 우리나라의 옴부즈만

차이점		공통점
스웨덴의 옴부즈만	우리나라 옴부즈만	
헌법상 독립기관	법률기관(직무상 독립)	
입법부에 설치 - 의회형(공식통제·외부통제)	행정부 내부에 설치 - 행정부형(공식통제·내부통제)	
독임형	위원회형	
신청에 의한 조사와 직권에 의한 조사 모두 가능	신청에 의한 조사만 가능하며, 직권조사 불가 - 접수된 민원은 60일 내 처리	• 합법적·합목적적 통제 • 간접적 통제 • 사후적 통제
행정부 외에 입법부·사법부에 대한 통제도 가능	행정부 내부의 통제만 가능(국회·법원·헌재·선관위·지방의회 통제 불가)	

04. ① 알몬드와 포웰(Almond & Powell) 체제의 기능(투입기능, 산출기능)에 따라 정책을 규제정책, 배분정책, 상징정책, 추출정책으로 구분하였다.
<<핵심정리>> 학자별 정책유형

Almond & Powell	Lowi	Salisbury	Ripley & Franklin
규제정책	규제정책	규제정책	경쟁적 규제정책
배분정책	배분정책	배분정책	보호적 규제정책
상징정책	재분배정책	재분배정책	배분정책
추출정책	구성정책	자율규제정책	재분배정책

05. ③ 행정인은 제한된 합리성을 전제로 하므로 불확실성이나 불충분한 정보 등으로 대안의 결과를 예측하지 못하나, 경제인은 완전한 합리성과 경제적 합리성을 전제로 하므로 동태적 상황을 고려하여 대안의 결과예측을 시도한다.
<<핵심정리>> 사이먼(Simon)의 만족모형

의의	인간은 인지능력 상의 한계로 제한된 합리성을 지녀 최선의 대안보다는 현실적으로 만족할 만한 대안을 선택하게 된다고 보는 현실적·실증적·귀납적 모형(인지모형)
특징	인간에 대한 가정: 인지능력상의 한계를 지닌 행정인
	추구하는 합리성: 제한된 합리성(주관적 합리성 : 주관적 만족감에 의한 대안 선택)
	정책결정과정: 의사결정자는 만족스러울만한 목표를 설정하고, 무작위적이고 순차적으로 몇 개의 대안만을 탐색하며, 만족할만한 결과를 가져오는 대안이 나타나면 그 대안을 선택하고 의사결정 종료
장점	• 실제의 의사결정을 설명할 수 있는 경험적·실증적 모형 • 만족모형의 제한된 합리성은 점증모형에 영향을 줌
단점	• 주관적 만족도를 중시하므로 대안선택의 객관적 기준 제시 곤란 • 개인 차원의 의사결정만 설명가능하며, 집단 차원의 의사결정 설명 곤란 • 만족할 만한 수준에서 대안탐색이 중단되므로 중요한 대안이 무시될 수 있음 • 만족화를 중시하므로 쇄신적·창조적 대안이나 최선의 대안 발굴 곤란(현상유지적·보수적)

06. ④ 행정업무의 내용이 전문적일 때는 그 업무를 수행하는 전문가에게 권한을 부여해야 하기 때문에 분권화를 촉진한다. 반면, 조직의 개혁이나 변화가 필요할 때, 규모의 경제를 실현하고자 할 때, 신속한 정책결정이 필요할 때는 집권화를 촉진한다.

07. ① 설문은 연쇄효과의 예이다. 연쇄효과란 한 평정 요소에 대한 평정자의 판단이 다른 평정 요소에도 영향을 주게 되어 나타나는 오류를 말한다.

08. ③ 우리나라의 세입예산과목은 관, 항, 목으로 구분된다. 따라서 장, 세항이 존재하지 않는다.
<<핵심정리>> 우리나라의 세출예산과목

입법과목					행정과목		
소관	장	관	항	세항	세세항	목	세목
중앙관서	분야	부문	프로그램	단위사업	세부사업	편성비목	통계비목
	기능	정책	정책사업			인건비 등	운영비 등
조직별 분류	기능별 분류	프로그램 구조 (사업별·활동별 분류)				품목별 분류	

✪ 세입예산과목 : 관·항·목으로 분류(관·항은 입법과목, 목은 행정과목)

09. ③ 예산의 편성은 행정부가 담당하며, 예산의 심의는 국회가 담당하고, 예산의 집행은 주로 행정부가 담당한다. 한편, 결산의 심의는 국회가 담당하나 결산검사(회계검사)는 대통령 소속의 감사원이 담당하므로 행정부가 담당한다.

10. ③ 단체자치의 경우 지방자치단체가 국가의 위임사무를 처리하나, 주민자치는 지방자치단체가 국가의 위임사무를 처리하지 않으므로 주민자치국가가 단체자치국가보다 특별지방행정기관의 필요성이 크다.

<<핵심정리>> 특별지방행정기관

의의	국가사무의 처리에 있어 전국적 통일성과 전문성의 요구 등에 따라 국가가 지방에 설치한 일선집행기관(지방노동청, 지방병무청, 지방세무서, 출입국관리소, 교도소, 우체국 등)
특징	• 출입국관리, 공정거래, 노동조건 등 주로 국가적 통일성이 요구되는 업무 수행 • 국가업무의 효율적·광역적인 추진이라는 긍정적인 목적과 관리·감독의 용이성이라는 부처이기주의적 목적이 결합되어 설치 • 중앙정부와의 관계는 정치상 집·분권이 아닌 행정상 집·분권 • 정치적이기보다는 관료적인 의미가 강하며, 중앙부처인 감독기관에 의하여 공식적으로 정의된 구조와 계층의 일부분으로 형성 • 자치단체의 관할 경계와 반드시 일치하도록 설치되는 것은 아님
필요성	• 규모의 경제 실현을 통해 광역적 행정에 대응하기 용이 • 신속한 업무처리 및 통일적인 기술·절차·장비의 전국적 활용 가능 • 중앙정부와 지방정부 간 매개역할(현장의 정보를 중앙정부에게 전달) • 중앙행정기관의 업무부담 경감 및 중앙통제와 감독 용이
한계	• 단체자치의 경우 자치단체가 국가의 위임사무를 처리하므로 단체자치와 충돌 • 지역주민의 의사 반영 통로 결여로 민주적 통제 및 책임행정 결여 • 자치단체와 일선기관 간 기능중복(이중행정)으로 비효율성 및 고객의 혼란과 불편 야기 • 분야별로 각각 개별조직이 설치되어 지역의 종합행정 저해 • 중앙통제가 강조되어 지방자치 저해

2025 공무원 시험대비 【8월분】

-제15회-
[정답 및 해설]

이 름: _____

제1과목 국어
제2과목 영어
제3과목 한국사
제4과목 행정법총론
제5과목 행정학개론

매일 모의고사 정오표

합격까지 박문각

매일 모고 국어 제15회
정답 및 해설

亦功 국어
적중 혜선

01. ④ '께서, -시-'는 주체 높임, '뵙고'는 객체 높임, '-어요'는 상대 높임이다.
① 주체 높임 '께서'는 있지만 객체 높임과 상대 높임은 쓰이지 않았다.
② 주체 높임 '께서, 만나시고, 하셨는지'의 '-시-'는 있지만 객체 높임과 상대 높임은 쓰이지 않았다.
③ 주체 높임은 존재하지 않는다. '께'는 객체 높임, '해요'는 상대 높임이 사용된 것이다.

02. ④ 역접의 어미 '-으나'가 대조의 의미를 나타내는 두 문장을 잘 이어주고 있다.
① '지연되고 있다'와 호응되는 주어가 없으므로 주어 '협상이'를 추가해야 한다.
② 주어 '모습은'은 서술어 '것이다'와 호응해야 하므로 '담당하는 것이다'로 고쳐야 한다.
③ '관람하다'는 보통 드라마, 영화, 뮤지컬 등과 같이 공연이나 시청 대상에 어울리는 동사이므로, '해외여행'과는 의미상 잘 맞지 않는다. 따라서 '해외여행을 관람하다'는 표현은 부자연스럽고, '해외여행을 가거나' 또는 '해외여행을 즐기거나'와 같이 어울리는 동사로 고쳐야 한다.

03. ③ 공화제나 입헌군주제, 민주주의나 자본주의와 같은 관념이 등장하여 기존 체제를 대체한 것은, 이전까지 존재하지 않았던 관념을 만들어 낸 것이므로 발명의 사례로 볼 수 있다. 제시문에서 발명의 대상은 '종교나 관습과 같은 관념'일 수도 있다고 하였다.
① 신대륙은 이미 존재하고 있는 것이었으므로 이를 찾아낸 것은 발견의 사례이지만, 인공섬은 존재하지 않았던 것을 만들어 낸 것이므로 발명의 사례이다.
② 세균은 파스퇴르가 그 존재를 확인하기 전부터 존재해 왔던 것이므로 이를 찾아낸 것은 발견의 사례이다.
④ 서양 음악에서 소나타 형식이 완성된 것은 세상에 없던 것을 만들어 낸 것이므로 '발명'에 해당한다. 또, 모차르트나 베토벤이 소나타 형식에 따라 작곡한 것은 세상에 없는 곡을 만들어 낸 것이므로, 소나타 형식을 토대로 한 2차 발명으로 볼 수 있다.

04. ③
| ㉠ 직원 ∧ 야유회
| ㉡ 야유회 → 부가 수당 ≡ ~부가 수당 → ~야유회
| ㉢ ~야유회 → ~부가 수당 ≡ 부가 수당 → 야유회
| ㉣ 직원 ∧ 부가 수당

㉮: ㉠에 의해 야유회에 참석하는 직원이 있고, ㉡에 의해 야유회에 참석하는 모든 사람은 부가 수당을 받으므로 어떤 직원은 부가 수당을 받는다는 결론을 내릴 수 있다. 따라서 ㉣은 반드시 참이다.
㉯: ㉣에 의해 어떤 직원은 부가 수당을 받고, ㉢의 대우 명제에 의해 부가 수당을 받는 모든 사람은 야유회에 참석하므로 어떤 직원은 야유회에 참석한다는 결론을 내릴 수 있다. 따라서 ㉠은 반드시 참이다.
㉰: ㉠과 ㉢의 경우 매개항 '야유회'가 ㉢의 후건에 있으므로 연결하여 '직원 ∧ 부가 수당'을 도출하는 것이 불가능하다.

05. ④
| 민지: ~지구과학 ∧ 경제학
| 채영: ~화학 → 지구과학 ≡ ~지구과학 → 화학

지구과학을 수강하지 않은 학생 중 경제학을 수강한 학생이 있고, 지구과학을 수강하지 않은 모든 학생들은 화학을 수강하므로 지구과학을 수강하지 않은 학생 중 경제학과 화학을 모두 수강한 학생이 있다는 결론(~지구과학 ∧ 경제학 ∧ 화학)을 내릴 수 있다.
① 지구과학을 수강하지 않은 학생 중 경제학을 수강한 학생이 있고, 지구과학을 수강하지 않은 모든 학생들은 화학을 수강한다. 따라서 지구과학을 수강하지 않은 학생 중 경제학과 화학을 모두 수강한 학생이 있다는 결론(~지구과학 ∧ 경제학 ∧ 화학)을 내릴 수 있다. 하지만 이를 통해 경제학, 화학, 지구과학을 모두 수강한 학생이 있다는 결론(경제학 ∧ 화학 ∧ 지구과학)을 내리는 것은 불가능하다.
② 지구과학을 수강하지 않은 학생 중 경제학을 수강한 학생이 있고, 지구과학을 수강하지 않은 모든 학생들은 화학을 수강하므로 경제학을 수강한 학생 중 화학을 수강한 학생이 있다는 결론(경제학 ∧ 화학)을 내릴 수 있다. 하지만 이를 통해 화학을 수강한 학생이 모두 경제학을 수강했다는 결론(화학 → 경제학)을 내리는 것은 불가능하다.
③ 지구과학을 수강하지 않은 학생 중 경제학을 수강한 학생이 있고, 지구과학을 수강하지 않은 모든 학생들은 화학을 수강하므로 경제학을 수강한 학생 중 화학을 수강한 학생이 있다는 결론(경제학 ∧ 화학)을 내릴 수 있다. 하지만 이를 통해 경제학을 수강하지 않고 화학을 수강한 학생이 있다는 결론(~경제학 ∧ 화학)을 내리는 것은 불가능하다.

06. ① ㉠의 '잡히다'는 '1「6」일, 기회 따위가 얻어지다.'를 의미한다. 이와 가장 유사한 의미의 '잡히다'는 ①이다.
② 1「5」자동차 따위가 탈 목적으로 세워지다.
③ 3「1」손에 움켜지다.
④ 1「1」붙들리다.

07. ② '우매하다'는 '어리석고 사리에 어둡다.'를 의미한다. 따라서 '사리에 밝고 총명하다.'를 의미하는 '똑똑하다'는 ㉡과 바꿔 쓸 수 있는 유사한 표현으로 적절하지 않다. '슬기롭지 못하고 둔하다.'를 의미하는 '어리석다'로 바꿔 쓸 수 있다.
① ㉠ '개입하다'는 '자신과 직접적인 관계가 없는 일에 끼어들다.'를 의미한다. 따라서 '자기 순서나 자리가 아닌 틈 사이를 비집고 들어서다.'를 의미하는 '끼어들다'로 바꿔 쓸 수 있다.
③ ㉢ '구제하다'는 '자연적인 재해나 사회적인 피해를 당하여 어려운 처지에 있는 사람을 도와주다.'를 의미한다. 따라서 '남을 위하여 애써 주다.'를 의미하는 '도와주다'로 바꿔 쓸 수 있다.
④ ㉣ '저속하다'는 '품위가 낮고 속되다.'를 의미한다. 따라서 '고상하지 못하고 천하다.'를 의미하는 '속되다'로 바꿔 쓸 수 있다.

08. ② '갚다'는 '남에게 빌리거나 꾼 것을 도로 돌려주다.'를 의미한다. 따라서 '윗사람에게 돈이나 물건을 바치다.'를 의미하는 '상납하다'는 ㉡과 바꿔 쓸 수 있는 유사한 표현으로 적절하지 않다. '갚거나 돌려주다.'를 의미하는 '상환하다'로 바꿔 쓸 수 있다.
① ㉠ '없애다'는 '어떤 일이나 현상, 증상 따위를 사라지

게 하다.'를 의미한다. 따라서 '부정적인 것을 모조리 없애다.'를 의미하는 '소거하다'로 바꿔 쓸 수 있다.
③ ⓒ '살아남다'는 '어떤 일이나 효력 따위가 유지되다.'를 의미한다. 따라서 '어떤 상태나 상황이 그대로 보존되거나 변함없이 계속되어 지탱되다.'를 의미하는 '유지되다'로 바꿔 쓸 수 있다.
④ ⓔ '크다'는 '동식물이 몸의 길이가 자라다.'를 의미한다. 따라서 '사람이나 동식물 따위가 자라서 점점 커지다.'를 의미하는 '성장하다'로 바꿔 쓸 수 있다.

09. ③ 제시문에서 우리 몸은 '유전적으로 동일하지 않은 이식편에 대해 항상 거부 반응을 일으킨다.'라고 했다. 따라서 자신이나 일란성 쌍둥이가 아닌 사람의 이식편을 이식할 경우 신체는 항상 거부 반응을 일으킨다.는 것은 적절하다.
① 면역 억제제는 신체에 다른 사람의 장기를 이식할 경우 MHC차이로 인한 거부 반응을 막기 위해 사용하는 것이다. 면역 억제제를 사용하면 면역 반응이 억제되어 질병 감염의 위험성은 높아진다.
② 유전적으로 동일하지 않은 사람의 세포나 장기로도 '동종 이식'을 할 수 있다. 이 경우 면역적 거부 반응이 일어나지만, 면역 억제제를 사용하여 면역 반응을 억제할 수 있다.
④ 자신이나 일란성 쌍둥이의 이식편을 이용할 수 없을 경우 다른 사람의 이식편을 이용하는데, 이를 '동종 이식'이라고 한다.

10. ③ ⓐ의 뒤에 오는 문장의 내용을 고려했을 때, '성장 과정에서 키가 자라거나 지식을 더 많이 쌓는 것'처럼 뉴런의 수도 ⓐ '증가'한다는 것이 적절하다. ⓑ이 속한 문장의 앞 문장에서는 직관적으로 타당해 보이는 뇌의 변화 방식을 언급하였다. 그러나 ⓑ이 속한 문장은 '그러나'라는 역접 표현으로 이어지고 있으므로, ⓑ에는 '반대된다'가 오는 것이 적절하다. ⓒ의 뒤에는 '뉴런이 없어지는 과정'이 언급되고 있으므로, ⓒ에는 '잃는다'가 오는 것이 적절하다.

매일 모고 영어 제15회
정답 및 해설

01. ② ★ innocent 무고한, 무죄의, 결백한
● permanent 영구[영속]적인
● physical 육체[신체]의, 물질의
● potential 가능성이 있는, 잠재적인
[해석] 그 분쟁 중 많은 무고한 민간인들이 아무런 정당한 이유 없이 교전의 희생자가 되었다.

02. ① ★ migrate 이동하다, 이주하다
● evaluate 평가하다, 감정하다
● justify 정당화하다
● lecture 강의[강연]하다
[해석] 어떤 동물들은 먹이와 번식지를 찾기 위해 매년 수천 마일을 이동한다.

03. ① ★ resist 견디다, 참다, 저항하다
● examine 조사하다, 검사하다
● impress 깊은 인상을 주다, 감명[감동]을 주다
● mistake 오해[오인]하다, 잘못 판단하다
[해석] 식물들은 자생지의 혹독한 기상 조건에 견디도록 진화해 왔다.

04. ④ ★ neglect 방치하다, 무시하다
● perceive 지각하다, 인지하다
● improve 나아지다, 개선하다, 향상시키다
● exceed 넘다, 초과하다
[해석] 자녀 교육을 방치하는 부모는 자녀의 미래 기회를 제한할 수 있다.

05. ③ ★ throw 던지다, 내던지다
● exhaust 기진맥진하게 하다, 고갈시키다
● infect 감염시키다, 오염시키다
● preach 설교하다, 전하다, 설파하다
[해석] 졸업식에서 졸업을 축하하며 모자를 공중에 던지고 사진을 찍는 것은 오랜 전통이다.

06. ④ [해설]
문장에서 명사 agreement를 수식할 형용사가 필요하다. 문맥상 'confidential'은 '기밀의, 비밀의'라는 뜻으로, 문맥상 영업 비밀을 보호하기 위해 '기밀 계약서'에 서명했다는 내용이 자연스럽다. 따라서 밑줄 친 부분에 가장 적절한 것은 ④이다.
[해석]
그 회사는 영업 비밀을 보호하기 위해 기밀 계약서에 서명했다.

07. ② [해설]
감각 동사 sound는 2형식 자동사로 주격 보어 자리에 부사가 아닌 형용사를 써야 한다. 따라서 밑줄 친 부분인 부사 strangely를 형용사 strange로 고쳐야 한다.
[해석]
어떤 사람들은 휴식을 취하면 생산성이 떨어진다고 믿는다. 이것이 이상하게 들릴지 모르지만, 사실이다. 연구에 따르면 짧은 휴식은 집중력과 창의력을 향상시키는 데 도움이 된다. 마음을 쉬게 하면 문제를 해결하고 새로운 아이디어를 내는 것이 더 쉬워진다.

08. ② [해석]
A: 안녕하세요. 소음 신고를 하고 싶습니다.
B: 네, 무슨 일이 있었는지 말씀해 주세요.
A: 이웃이 매일 밤 자정이 넘도록 시끄럽게 음악을 틉니다.
B: 그런 일이 얼마나 계속되었나요?
A: 소음이 시작된 지 약 일주일 됐어요.
B: 직접 이야기해 보셨나요?
A: 네, 이야기했지만 달라진 게 없어요.
B: 알겠습니다. 오늘 밤 상황을 확인하러 경찰관을 보내겠습니다. 주소를 알려 주세요.
① 전에 경찰에 신고한 적 있나요?
② 그런 일이 얼마나 계속되었나요?
③ 이웃에게 우리가 이야기해 주길 원하나요?
④ 어떤 종류의 음악을 틀고 있나요?

09. ③ [해설]
①, ②, ④번 문장은 최근 주택 비용 상승 문제에 대응하기 위한 정부 및 사회의 구체적이고 적극적인 해결책을 제시하고 있다. 하지만 ③번 문장은 주택 가격 상승을 경제 성장의 자연스러운 결과로 간주하며 규제를 반대하는 경제학자들의 견해를 소개한다. 이는 문제에 대한 인식과 해결책 모색이라는 글의 전반적인 흐름과 달리, 오히려 해결 의지를 부정하는 내용으로 문맥상 부적절하다. 따라서 글의 흐름상 어색한 문장은 ③이다.
[해석]

> 최근 몇 년간, 전 세계 도시 지역에서 주택 비용 상승이 큰 문제로 떠오르고 있다. ① 이 문제를 해결하기 위해 여러 정부는 급격한 가격 상승을 막기 위해 임대료 통제 정책을 시행해 왔다. ② 또 다른 접근 방식으로는 주택에 대한 공평한 접근을 보장하기 위해 저렴한 주택 사업에 대한 투자를 확대하는 것이 있다. (③ 일부 경제학자들은 높은 주택 가격이 경제 성장의 자연스러운 결과이며 규제되어서는 안 된다고 주장한다.) ④ 복합 용도 개발과 같은 혁신적인 도시 계획도 보다 지속 가능하고 살기 좋은 공동체를 만들기 위해 장려되고 있다. 궁극적으로 이러한 종합적인 노력은 주택 시장을 안정시키고 도시 인구의 다양한 수요를 충족시키는 것을 목표로 한다.

[어휘]
☐ urban center 도시 중심지
☐ rent control 임대료 통제
☐ affordable housing 저렴한 주택, 공공주택
☐ equitable 공평한
☐ mixed-use 혼합 용도의
☐ stabilize 안정시키다
☐ consequence 결과

10. ③ [해설]
이 글은 외로움이 단순한 물리적 고립이 아니라 의미 있는 관계와 정서적 친밀감의 부족에서 비롯된다고 설명한다. 정신 건강 전문가들은 깊이 있는 소통과 공감, 자원봉사나 관심사 모임 참여 같은 활동이 연결감을 키워 외로움을 완화하는 데 중요하다고 권장한다. 빠르게 변화하는 현대 사회에서 의도적인 인간관계 형성이 더욱 필요하다는 점도 강조한다. 따라서 글의 주제로 가장 적절한 것은 ③이다.

[해석]
많은 사람들은 외로움이 단순히 혼자 있기 때문에 생긴다고 생각한다. 그러나 심리학자들은 외로움이 신체적인 고립보다는 사회적 단절감, 즉 자신이 다른 사람들과 연결되어 있지 않다고 느끼는 데서 더 많이 비롯된다고 주장한다. 한 사람이 주변에 많은 사람이 있어도 의미 있는 관계나 정서적 친밀감이 부족하면 깊은 외로움을 느낄 수 있다. 이를 해결하기 위해 정신 건강 전문가들은 피상적인 대화를 줄이고 더 깊이 있는 대화를 촉진할 것을 권장한다. 자원봉사 참여, 관심사 기반 모임 가입, 또는 반성적 일기 쓰기 같은 활동들이 개인이 더 연결되어 있다고 느끼도록 도울 수 있다. 이러한 전략들은 진정성과 공감을 키우는 데 중점을 두며, 이는 외로움이 가져오는 심리적 고통을 줄이는 데 핵심적인 요소이다. 사회가 점점 더 빠르게 변화하고 디지털화됨에 따라, 의도적인 관계 형성 노력이 그 어느 때보다 중요해지고 있다.

① 사회적 고립이 신경학적으로 미치는 영향
② 현대 생활 방식이 신체적 피로를 심화시키는 방법
③ 외로움을 극복하는 데 있어 정서적 연결의 중요성
④ 불안 치료를 위한 집단 치료의 이점

[어휘]
☐ disconnection 단절감
☐ intimacy 친밀감
☐ surface-level 표면적인
☐ reflective 자기 성찰적인
☐ authenticity 진정성
☐ empathy 공감
☐ foster 조성하다, 발전시키다

매일 모고 한국사 제15회
정답 및 해설

01. ④ 일본군 현역 대장 중에서 임명된 조선 총독은 일본 국왕에 직속되어 입법권, 행정권, 사법권은 물론 군대 통수권까지 장악하여 절대 권력을 행사하였다.
ㄱ. 현역 정치인이 총독으로 임명된 사례는 한 번도 없었다.
ㄷ. 조선 총독은 일본 내각의 통제를 받지 않았다.

02. ④ 1920년대 일제는 이른바 문화 통치를 표방하며 무력 지배를 완화하였다. 헌병 경찰제는 보통 경찰제로 바꾸고, 언론의 자유를 부분적으로 허용하여 동아일보, 조선일보 등이 발행되었다. 그러나 실상은 우리 민족의 저항 의지를 약화시키고 민족을 이간·분열시키기 위한 것이었다.
ㄱ. 1910년대 헌병 경찰에 의한 무단 통치기의 사실이다.
ㄴ. 1930년대 민족 말살 통치기의 사실이다.

03. ① 1907년 네덜란드 헤이그에서 제2회 만국 평화 회의가 개최되자 고종 황제는 이상설, 이준, 이위종 등 3명의 특사를 파견하여 을사조약의 무효와 일제의 불법 무도한 만행을 세계에 알리고자 하였다.
헤이그 특사 파견을 계기로 일제는 한국에 대한 지배권을 강화하고자 자기들에게 방해가 되는 고종 황제를 강제로 퇴위시켰다. 그리고 정미7조약(한·일 신협약)을 체결하여 우리 정부 내에 일본인 차관을 두어 내정을 완전히 장악하였다. 이외에도 조약에 따른 각서를 만들어 한국군을 강제로 해산하였다.
ㄷ. 헤이그 특사 파견의 이유이다.
ㄹ. 1905년에 봉기한 을사의병장이다.

04. ① 러·일 전쟁에서 승리한 일제는 고종 황제와 정부 대신을 위협하여 을사조약을 체결하고 통감부를 설치하였다. 통감부는 조약에 규정된 외교권뿐만 아니라 내정도 관장하여 사실상 식민 통치가 시작되었다.
1905년 을사조약의 체결에 항거하여 우리 민족은 다음과 같은 저항 움직임을 보였다.
· 상소 운동 전개 : 이상철, 조병세, 안병찬 등 - 조약 파기와 을사5적 제거 주장
· 순국 항쟁 : 민영환, 홍만식, 송병선 등
· 을사의병 봉기 : 민종식, 최익현, 신돌석 등
· 항일 언론 투쟁 : 장지연의 시일야방성대곡(황성 신문)
· 5적 암살단 조직 : 나철, 오기호 등
ㄹ. 1895년 을미의병에 대한 것이다.
ㅁ. 동학 농민 운동은 1894년에 전개되었다.

05. ④ 1937년에 일제는 일본 왕의 백성으로서 충성을 다하겠다는 내용의 황국 신민 서사를 만들어 우리 민족에게 일본어로 외우도록 강요하였다.
1930년대 중반 일제는 대륙 침략을 본격화하면서 우리 민족을 침략 전쟁에 동원하기 위해 한국인을 일본인으로 동화시키는 황국 신민화에 박차를 가하였다. 이에 일제는 우리 민족에게 일본식 성과 이름을 쓰도록 강요하였으며, 우리글과 말을 쓰지도 배우지도 못하게 하였다.
① 1920년대, ②, ③ 1910년대의 사실이다.

06. ④ 우리의 국권을 강탈한 일제는 일본인의 토지 소유를 합법화하고 한국인 소유의 토지를 빼앗아 식민 통치의 경제적 기반을 확고히 다지고자 토지 조사 사업을 실시하였다.
제시된 자료는 1912년에 공포된 토지 조사령의 일부이다. 일제는 한국인이 소유하고 있는 토지를 재조사하면 소유권이 불분명한 많은 토지를 약탈할 수 있다고 판단하였다. 신고주의를 적용하여 토지 소유권을 주장하려는 사람은 필요한 서류를 구비해서 지정된 기일 내에 신고해야만 소유권을 인정받았다. 그러나 신고 절차가 복잡하여 신고를 못한 농민들이 토지를 빼앗겼다.
ㄱ. 조선 후기 이래 농민들이 누려 왔던 관습상의 경작권, 도지권 등을 부정하였다.
ㄴ. 지주의 소유권만을 인정하여 식민지 지주제가 강화되었다.

07. ② 대한 광복회는 군대식 조직을 갖추고 총사령 박상진과 부사령 김좌진 등을 중심으로 활동하였다. 독립 전쟁을 통한 국권 회복을 최종 목표로 삼았다.
제시된 자료는 1913년에 조직된 대한 광복회의 서약문이다. 이 단체는 일제와 싸우기 위한 준비 단계로서 군자금을 모아 만주에 독립군 사관 학교를 설립하고, 연해주 지방에서 무기를 구입한 후 독립군을 편성하여 독립 전쟁을 치르고자 하였다. 또한, 관찰사 장승원, 도고 면장 박용하 등의 친일파를 처단하여 광복의 의지를 온 세상에 밝혔다.
ㄴ. 입헌정이 아니라 공화정을 지향하였다.
ㄷ. 임병찬이 조직한 독립 의군부가 전개한 활동이다.

08. ④ 박은식과 신채호에 의해 성립된 계몽 사학은 근대 민족 주체성을 확립하기 위한 활동을 전개하였다. 국난을 극복한 영웅들과 이국의 흥망사를 소개하여 애국심 조취, 민족 의식 고양, 독립 의지 강화를 이루고자 하였다.
① 식민사관에 대한 설명이다.
② 진단 학회에 해당하는 내용이다.
③ 중국 중심의 성리학적 역사 인식과는 관련 없다.

09. ① 1914년에 러시아는 러·일 전쟁 10주년을 맞아 전쟁의 패배를 설욕하겠다는 분위기가 팽배하였다. 권업회를 주도한 이상설, 이동휘 등은 이러한 항일 분위기를 이용하여 블라디보스토크에 대한 광복군 정부를 수립하였다. 대한 광복군 정부는 짧은 기간 존재하였지만 무장 항일 투쟁의 토대를 마련하고 대한민국 임시 정부 수립의 길을 열어 놓았다.
ㄷ. 사회주의는 1920년대에 보급되었다.
ㄹ. 명동 학교는 북간도 용정에 설립되었다.
ㅁ. 채응언은 1910년대 국내에서 활동한 마지막 의병장이다.

10. ② 3·1 독립 선언서는 인류의 양심에 따라 우리 민족의 강렬한 독립 의지를 전 세계에 천명한 것이다.
3·1 독립 선언서는 1910년대 독립 운동의 이론과 논리를 정리한 것으로 국내외에 선포되었다.
① 대한인 국민회는 외교 활동과 대한민국 임시 정부 지원에 주력하였다.
③ 2·8 독립 선언에 대한 것이다.
④ 최남선과 한용운이 작성하였다.

매일 모고 행정법 제15회
정답 및 해설

01. ③ 행정소송법 제6조

> **행정소송법 제6조(명령·규칙의 위헌판결등 공고)**
> ① 행정소송에 대한 대법원판결에 의하여 명령·규칙이 헌법 또는 법률에 위반된다는 것이 확정된 경우에는 대법원은 지체없이 그 사유를 행정안전부장관에게 통보하여야 한다.

① 형벌법규에 대하여도 특히 긴급한 필요가 있거나 미리 법률로서 자세히 정할 수 없는 부득이한 사정이 있는 경우에 한하여 수권법률이 구성요건의 점에서는 처벌대상인 행위가 어떠한 것일 거라고 이를 예측할 수 있을 정도로 구체적으로 정하고, 형벌의 점에서는 형벌의 종류 및 그 상한과 폭을 명확히 규정하는 것을 조건으로 위임입법이 허용되며 이러한 위임입법은 죄형법정주의에 반하지 않는다. 헌법재판소 1996. 2. 29. 선고 94헌마213 결정
② 법률의 시행령은 모법인 법률의 위임 없이 법률이 규정한 개인의 권리·의무에 관한 내용을 변경·보충하거나 법률에서 규정하지 아니한 새로운 내용을 규정할 수 없고, 특히 법률의 시행령이 형사처벌에 관한 사항을 규정하면서 법률의 명시적인 위임 범위를 벗어나 그 처벌의 대상을 확장하는 것은 죄형법정주의의 원칙에도 어긋나므로, 그러한 시행령은 위임입법의 한계를 벗어난 것으로서 무효이다. 대법원 2017. 2. 21. 선고 2015도14966 판결
④ 행정처분이 법규성이 없는 내부지침 등의 규정에 위배된다고 하더라도 그 이유만으로 처분이 위법하게 되는 것은 아니고, 또 내부지침 등에서 정한 요건에 부합한다고 하여 반드시 그 처분이 적법한 것이라고 할 수도 없다. 처분의 적법 여부는 그러한 내부지침 등에서 정한 요건에 합치하는지 여부가 아니라 일반 국민에 대하여 구속력을 가지는 법률 등 법규성이 있는 관계 법령의 규정을 기준으로 판단하여야 한다. 대법원 2018. 6. 15. 선고 2015두40248 판결

02. ③ 구 폐기물처리시설 설치촉진 및 주변지역 지원 등에 관한 법률에 정한 입지선정위원회가 그 구성방법 및 절차에 관한 같은 법 시행령의 규정에 위배하여 군수와 주민대표가 선정·추천한 전문가를 포함시키지 않은 채 임의로 구성되어 의결을 한 경우, 그에 터잡아 이루어진 폐기물처리시설 입지결정처분의 하자는 중대한 것이고 객관적으로도 명백하므로 무효사유에 해당한다. 대법원 2007. 4. 12. 선고 2006두20150 판결
① 행정처분에 있어 수개의 처분사유 중 일부가 적법하지 않다고 하더라도 다른 처분사유로써 그 처분의 정당성이 인정되는 경우에는 그 처분을 위법하다고 할 수 없다. 대법원 2013. 10. 24. 선고 2013두963 판결
② 행정청의 권한에는 사무의 성질 및 내용에 따르는 제약이 있고, 지역적·대인적으로 한계가 있으므로 이러한 권한의 범위를 넘어서는 권한유월의 행위는 무권한 행위로서 원칙적으로 무효라고 할 것이나, 행정청의 공무원에 대한 의원면직처분은 공무원의 사직의사를 수리하는 소극적 행정행위에 불과하고, 당해 공무원의 사직의사를 확인하는 확인적 행정행위의 성격이 강하며 재량의 여지가 거의 없기 때문에 의원면직처분에서의 행정청의 권한유월 행위를 다른 일반적인 행정행위에서의 그것과 반드시 같이 보아야 할 것은 아니다. 대법원 2007. 7. 26. 선고 2005두15748 판결
④ 원고의 이 사건 대문설치신고는 형식적 하자가 없는 적법한 요건을 갖춘 신고라고 할 것이어서 피고의 신고증 교부 또는 수리처분 등 별단의 조처를 기다릴 필요가 없이 그 신고의 효력이 발생하였다고 할 것이어서 이 사건 대문은 적법한 것임에도 피고가 원고에 대하여 명한 이 사건 대문의 철거명령은 그 하자가 중대하고 명백하여 당연무효라고 할 것이고, 그 후행행위인 이 사건 계고처분 역시 당연무효라고 할 것이다. 대법원 1999. 4. 27. 선고 97누6780 판결

03. ② 공정거래위원회가 부당한 공동행위를 행한 사업자로서 구 독점규제 및 공정거래에 관한 법률 제22조의2에서 정한 자진신고자나 조사협조자에 대하여 과징금 부과처분(선행처분)을 한 뒤, 동법 시행령 제35조 제3항에 따라 다시 자진신고자 등에 대한 사건을 분리하여 자진신고 등을 이유로 한 과징금 감면처분(후행처분)을 하였다면, 후행처분은 자진신고 감면까지 포함하여 처분 상대방이 실제로 납부하여야 할 최종적인 과징금액을 결정하는 종국적 처분이고, 선행처분은 이러한 종국적 처분을 예정하고 있는 일종의 잠정적 처분으로서 후행처분이 있을 경우 선행처분은 후행처분에 흡수되어 소멸한다. 따라서 위와 같은 경우에 선행처분의 취소를 구하는 소는 이미 효력을 잃은 처분의 취소를 구하는 것으로 부적법하다. 대법원 2015. 2. 12. 선고 2013두987 판결
① 행정청이 상대방에게 장차 어떤 처분을 하겠다고 확약 또는 공적인 의사표명을 하였다고 하더라도, 그 자체에서 상대방으로 하여금 언제까지 처분의 발령을 신청을 하도록 유효기간을 두었는데도 그 기간 내에 상대방의 신청이 없었다거나 확약 또는 공적인 의사표명이 있은 후에 사실적·법률적 상태가 변경되었다면, 그와 같은 확약 또는 공적인 의사표명은 행정청의 별다른 의사표시를 기다리지 않고 실효된다. 대법원 1996. 8. 20. 선고 95누10877 판결
③ 지방계약직공무원인 옴부즈만 채용행위를 공법상 계약에 해당하는 것으로 본 사례. 대법원 2014. 4. 24. 선고 2013두6244 판결
④ 행정기본법 제20조

> **행정기본법 제20조(자동적 처분)**
> 행정청은 법률로 정하는 바에 따라 완전히 자동화된 시스템(인공지능 기술을 적용한 시스템을 포함한다)으로 처분을 할 수 있다. 다만, 처분에 재량이 있는 경우는 그러하지 아니하다.

04. ④ 구 건축법상 국가라 하더라도 미리 건축물의 소재지를 관할하는 허가권자인 지방자치단체의 장과 건축협의를 하지 아니하면 건축물을 건축할 수 없다. 따라서 허가권자인 지방자치단체의 장이 국가에 대하여 건축협의를 거부하는 것은 (중략) 처분에 해당한다고 볼 수 있고, 이에 대한 법적 분쟁을 해결할 실효적인 다른 법적 수단이 없는 이상 국가 등은 허가권자를 상대로 항고소송을 통해 그 거부처분의 취소를 구할 수 있다고 해석된다. 대법원 2014. 3. 13. 선고 2013두15934 판결
① 현역입영대상자로서는 현실적으로 입영을 하였다고 하더라도, 입영 이후의 법률관계에 영향을 미치고 있는 현역병입영통지처분 등을 한 관할지방병무청장을 상대

로 위법을 주장하여 그 취소를 구할 소송상의 이익이 있다(주: 자진 입대가 아니라 강제 징집된 사례). 대법원 2003. 12. 26. 선고 2003두1875 판결
② 제재적 행정처분의 가중사유나 전제요건에 관한 규정이 법령이 아니라 규칙의 형식으로 되어 있다고 하더라도, 그러한 규칙이 법령에 근거를 두고 있는 이상 그 법적 성질이 대외적·일반적 구속력을 갖는 법규명령인지 여부와는 상관없이, (중략) 규칙이 정한 바에 따라 선행처분을 가중사유 또는 전제요건으로 하는 후행처분을 받을 우려가 현실적으로 존재하는 경우에는, 선행처분을 받은 상대방은 비록 그 처분에서 정한 제재기간이 경과하였다 하더라도 그 처분의 취소소송을 통하여 그러한 불이익을 제거할 권리보호의 필요성이 충분히 인정된다고 할 것이므로, 선행처분의 취소를 구할 법률상 이익이 있다. 대법원 2006. 6. 22. 선고 2003두1684 판결
③ 인·허가 등의 수익적 행정처분을 신청한 수인이 서로 경쟁관계에 있어서 일방에 대한 허가 등의 처분이 타방에 대한 불허가 등으로 귀결될 수밖에 없는 때(이른바 경원관계에 있는 경우로서 동일대상지역에 대한 공유수면 매립면허나 도로점용허가 혹은 일정지역에 있어서의 영업허가 등에 관하여 거리제한규정이나 업소개수제한규정 등이 있는 경우를 그 예로 들 수 있다) 허가 등의 처분을 받지 못한 자는 비록 경원자에 대하여 이루어진 허가 등 처분의 상대방이 아니라 하더라도 당해 처분의 취소를 구할 당사자적격이 있다. 대법원 1992. 5. 8. 선고 91누13274 판결

05. ② 행정소송법 제18조

> **행정소송법 제18조(행정심판과의 관계)**
> ③ 제1항 단서의 경우에 다음 각 호의 1에 해당하는 사유가 있는 때에는 '행정심판을 제기함이 없이' 취소소송을 제기할 수 있다.
>   1. 동종사건에 관하여 이미 행정심판의 기각재결이 있은 때

① 국회사무처법 제4조

> **국회사무처법 제4조(사무총장)**
> ③ 의장이 한 처분에 대한 행정소송의 피고는 사무총장으로 한다.

③ 부작위위법확인의 소에 있어 당사자가 행정청에 대하여 어떠한 행정행위를 하여 줄 것을 요구할 수 있는 법규상 또는 조리상 권리를 갖고 있지 아니한 경우에는 원고적격이 없거나 항고소송의 대상인 위법한 부작위가 있다고 볼 수 없어 그 부작위위법확인의 소는 부적법하다. 대법원 1999. 12. 7. 선고 97누17568 판결
④ 행정소송법 제36조

> **행정소송법 제36조(부작위위법확인소송의 원고적격)**
> 부작위위법확인소송은 처분의 신청을 한 자로서 부작위의 위법의 확인을 구할 법률상 이익이 있는 자만이 제기할 수 있다.

06. ① 과세관청이 납세의무자에게 면세사업자등록증을 교부하고 수년간 면세사업자로서 한 부가가치세 예정신고 및 확정신고를 받은 행위만으로는 과세관청이 납세의무자에게 그가 영위하는 사업에 관하여 부가가치세를 과세하지 아니함을 시사하는 언동이나 공적인 견해를 표명한 것이라 할 수 없다. 대법원 2002. 9. 4. 선고 2001두9370 판결
② 같은 정도의 비위를 저지른 자들 사이에 있어서도 그 직무의 특성 등에 비추어, 개전의 정이 있는지 여부에 따라 징계의 종류의 선택과 양정에 있어서 차별적으로 취급하는 것은, 사안의 성질에 따른 합리적 차별로서 이를 자의적 취급이라고 할 수 없는 것이어서 평등원칙 내지 형평에 반하지 아니한다. 대법원 1999. 8. 20. 선고 99두2611 판결
③ 제1종 보통면허로 운전할 수 있는 승합자동차를 음주운전한 경우, 제1종 보통면허뿐만 아니라 제1종 대형면허까지 취소할 수 있다는 사례. 대법원 1997. 3. 11. 선고 96누15176 판결
④ 지방공무원 임용신청 당시 잘못 기재된 호적상 출생연월일을 생년월일로 기재하고, 이에 근거한 공무원인사기록카드의 생년월일 기재에 대하여 처음 임용된 때부터 약 36년 동안 전혀 이의를 제기하지 않다가, 정년을 1년 3개월 앞두고 호적상 출생연월일을 정정한 후 그 출생연월일을 기준으로 정년의 연장을 요구하는 것이 신의성실의 원칙에 반하지 않는다. 대법원 2009. 3. 26. 선고 2008두21300 판결

07. ④ 사직원 제출자의 내심의 의사가 사직할 뜻이 아니었다 하더라도 그 의사가 외부에 객관적으로 표시된 이상 그 의사는 표시된 대로 효력을 발하는 것이며, 민법 제107조 제1항 단서의 비진의 의사표시의 무효에 관한 규정은 그 성질상 사인의 공법행위에 적용되지 아니하므로 원고의 사직원을 받아들여 의원면직처분한 것을 당연무효라고 할 수 없다. 대법원 2001. 8. 24. 선고 99두9971 판결
① 구 유통산업발전법에 따른 대규모점포의 개설등록 및 구 재래시장법에 따른 시장관리자 지정은 행정청이 실체적 요건에 관한 심사를 한 후 수리하여야 하는 이른바 '수리를 요하는 신고'로서 행정처분에 해당한다. 대법원 2019. 9. 10. 선고 2019다208953 판결
② 인·허가의제 효과를 수반하는 건축신고는 일반적인 건축신고와는 달리, 특별한 사정이 없는 한 행정청이 그 실체적 요건에 관한 심사를 한 후 수리하여야 하는 이른바 '수리를 요하는 신고'로 보는 것이 옳다. 대법원 2011. 1. 20. 선고 2010두14954 전원합의체 판결
③ 행정청으로 하여금 신청에 대하여 거부처분을 하기 전에 반드시 신청인에게 신청의 내용이나 처분의 실체적 발급요건에 관한 사항까지 보완할 기회를 부여하여야 할 의무를 정한 것은 아니라고 보아야 한다. 대법원 2020. 7. 23 선고 2020두36007 판결

08. ① 단순한 부작위의무의 위반, 즉 관계 법령에 정하고 있는 절대적 금지나 허가를 유보한 상대적 금지를 위반한 경우에는 당해 법령에서 그 위반자에 대하여 위반에 의하여 생긴 유형적 결과의 시정을 명하는 행정처분의 권한을 인정하는 규정을 두고 있지 아니한 이상, 법치주의의 원리에 비추어 볼 때 위와 같은 부작위의무로부터 그 의무를 위반함으로써 생긴 결과를 시정하기 위한 작위의무를 당연히 끌어낼 수는 없으며, 또 위 금지규정(특히 허가를 유보한 상대적 금지규정)으로부터 작위의무, 즉 위반결과의 시정을 명하는 권한이 당연히 추론되는 것도 아니다. 대법원 1996. 6. 28. 선고 96누4374 판결
② 행정기본법 제29조

> **행정기본법 제29조(과징금의 납부기한 연기 및 분할 납부)**
> 과징금은 한꺼번에 납부하는 것을 원칙으로 한다. 다만, 행정청은 과징금을 부과받은 자가 다음 각 호의 어느 하나에 해당하는 사유로 과징금 전액을 한꺼번에 내기 어렵다고 인정될 때에는 그 납부기한을 연기하거나 분할 납부하게 할 수 있으며, 이 경우 필요하다고 인정하면 담보를 제공하게 할 수 있다.
>   1. 재해 등으로 재산에 현저한 손실을 입은 경우

③ 관할 지방병무청장이 1차로 공개 대상자 결정을 하고, 그에 따라 병무청장이 같은 내용으로 최종적 공개결

정을 하였다면, 공개 대상자는 병무청장의 최종적 공개 결정만을 다투는 것으로 충분하고, 관할 지방병무청장의 공개 대상자 결정을 별도로 다툴 소의 이익은 없어진다. 대법원 2019. 6. 27. 선고 2018두49130 판결
④ 시정명령은 제13조 위반의 행위가 있음을 확인하거나 재발방지 등을 위한 조치를 취하는 것이 아니라, 당해 위반행위로 인하여 현실로 존재하는 위법한 결과를 바로잡는 것을 내용으로 하는 것이므로, 비록 법 위반행위가 있었더라도 하도급대금 채무의 불발생 또는 변제, 상계, 정산 등 사유 여하를 불문하고 위반행위의 결과가 더 이상 존재하지 아니한다면, 그 결과의 시정을 명하는 내용의 시정명령을 할 여지는 없다고 보아야 한다. 대법원 2002. 11. 26. 선고 2001두3099 판결

09. ③ 국가나 지방자치단체가 행정절차를 진행하는 과정에서 주민들의 의견제출 등 절차적 권리를 보장하지 않은 위법이 있다고 하더라도 그 후 이를 시정하여 절차를 다시 진행한 경우, 종국적으로 행정처분 단계까지 이르지 않거나 처분을 직권으로 취소하거나 철회한 경우, 행정소송을 통하여 처분이 취소되거나 처분의 무효를 확인하는 판결이 확정된 경우 등에는 주민들이 절차적 권리의 행사를 통하여 환경권이나 재산권 등 사적 이익을 보호하려던 목적이 실질적으로 달성된 것이므로 특별한 사정이 없는 한 절차적 권리 침해로 인한 정신적 고통에 대한 배상은 인정되지 않는다. 대법원 2021. 7. 29 선고 2015다221668 판결
① 영업허가취소처분이 나중에 행정심판에 의하여 재량권을 일탈한 위법한 처분임이 판명되어 취소되었다고 하더라도 그 처분이 당시 시행되던 공중위생법시행규칙에 정하여진 행정처분의 기준에 따른 것인 이상 그 영업허가취소처분을 한 행정청 공무원에게 그와 같은 위법한 처분을 한 데 있어 어떤 직무집행상의 과실이 있다고 할 수는 없다. 대법원 1994. 11. 8. 선고 94다26141 판결
② 어떠한 행정처분이 후에 항고소송에서 취소되었다고 할지라도 그 기판력에 의하여 당해 행정처분이 곧바로 공무원의 고의 또는 과실로 인한 것으로서 불법행위를 구성한다고 단정할 수는 없는 것이다. 대법원 2000. 5. 12. 선고 99다70600 판결
④ 국가배상법 제7조

> **국가배상법 제7조(외국인에 대한 책임)**
> 이 법은 외국인이 피해자인 경우에는 해당 국가와 상호 보증이 있을 때에만 적용한다.

10. ② 토지보상법 제50조

> **토지보상법 제50조(재결사항)**
> ② 토지수용위원회는 사업시행자, 토지소유자 또는 관계인이 신청한 범위에서 재결하여야 한다. 다만, 제1항 제2호의 손실보상의 경우에는 증액재결을 할 수 있다.

① 토지보상법 제61조

> **토지보상법 제61조(사업시행자 보상)**
> 공익사업에 필요한 토지등의 취득 또는 사용으로 인하여 토지소유자나 관계인이 입은 손실은 사업시행자가 보상하여야 한다.

③ 토지보상법 제23조

> **토지보상법 제23조(사업인정의 실효)**
> ① 사업시행자가 제22조제1항에 따른 사업인정의 고시가 된 날부터 1년 이내에 제28조제1항에 따른 재결신청을 하지 아니한 경우에는 사업인정 고시가 된 날부터 1년이 되는 날의 다음 날에 사업인정은 그 효력을 상실한다.

④ 토지보상법 제67조

> **토지보상법 제67조(보상액의 가격시점 등)**
> ① 보상액의 산정은 협의에 의한 경우에는 협의 성립 당시의 가격을, 재결에 의한 경우에는 수용 또는 사용의 재결 당시의 가격을 기준으로 한다.

매일 모고 행정학 제15회
정답 및 해설

01. ① 전자적 시민참여는 전자정보화(정부가 생산한 정보를 전자적 채널을 통해 일방적으로 제공하는 단계) - 전자자문(가상공간에서 공무원과 시민 간에 소통과 청원 및 정책토론과 토론에 대한 환류가 일어나는 단계) - 전자결정(정부가 중요쟁점을 공론화하고 시민들이 정책과정에 참여하여 토론을 거쳐 합의를 도출하는 단계)로 진화되고 있다.

<<핵심정리>> 전자적 시민참여

	전자정보화 (정보제공)	전자자문 (협의)	전자결정 (정책결정)
의의	정부가 생산한 정보를 전자적 채널을 통해 일방적으로 제공하는 단계	가상공간에서 공무원과 시민 간에 소통과 청원 및 정책토론과 토론에 대한 환류가 일어나는 단계	정부가 중요쟁점을 공론화하고 시민들이 정책과정에 참여하여 토론을 거쳐 합의를 도출하는 단계
특징	관심이 없거나 수동적인 시민은 혜택을 보지 못함	쌍방향적 의사소통이나 정부 주도로 시민의 정책순응을 확보하기 위해 활용	특정 정책에 대한 시민 토론 및 평가
관련 제도	정보공개법 등	행정절차법, 옴부즈만 제도, 민원 관련 법 등	전자국민투표법, 국민의 입법제안 등

02. ③ 행정의 민주성은 대내적으로는 조직관리의 민주화를, 대외적으로 시민의 의사에 입각한 행정을 말한다. 행정의 민주성은 참여, 공개, 책임(통제)을 구성요소로 한다. 정치적 중립은 공무원의 정치적 참여를 제한하는 것으로 민주성과 관련이 없는 제도이다.

03. ④ 대표관료제에 의한 통제는 내부통제이면서 비공식통제에 해당한다.

<<핵심정리>> 행정통제의 유형

구분	공식통제	비공식통제
내부통제	• 행정수반 및 국무총리에 의한 통제 • 계층제(상관)에 의한 통제 • 독립통제기관(감사원, 국민권익위)에 의한 통제 • 교차기능조직에 의한 통제 • 정부업무평가에 의한 통제 • 행정심판에 의한 통제 • 근평제도에 의한 통제 • 감찰통제, 예산통제, 정원통제 등	• 행정윤리에 의한 통제 • 기능적 책임에 의한 통제 • 대표관료제에 의한 통제 • 공무원노조에 의한 통제 • 행정문화에 의한 통제 • 비공식집단에 의한 통제 • 공익에 의한 통제
외부통제	• 입법부에 의한 통제 • 사법부에 의한 통제 • 옴부즈만에 의한 통제	• 민중(NGO)통제 및 언론통제 • 이익집단(고객)에 의한 통제 • 정당에 의한 통제

04. ③ 재산이나 권리를 많이 소유한 집단에게서 그렇지 않은 집단으로 소득이전을 가져다주는 정책은 규제정책이 아니라 재분배정책이다.

<<핵심정리>> 규제정책

개념	민간의 의사결정과 행위를 강제로 제약하는 통제적 성격의 정책수단
비용부담자와 수혜자	비용부담자와 수혜자가 명확히 구분되고 이슈에 따라 정부, 이익집단, NGO 등 다양한 사회세력들 간 정치적 연합 및 상호작용이 발생(다원주의적 성격)
갈등	영합게임(Zero-Sum game)이 벌어지고 집단 간 갈등의 수준이 높음
특성	비용부담자와 수혜자가 정책결정 시에야 비로소 선택됨
형식	법률로 정하는 것이 원칙(규제법정주의)이지만 관료의 재량권 행사도 가능

05. ② 설문은 조합주의에 대한 설명이다. 조합주의에서 정부는 자체이익을 가지면서 이익집단의 활동을 규정하고 포섭·억압하는 능동적·자율적·독립적 실체이며, 이익집단과의 상호협력을 중시한다.

<<핵심정리>> 조합주의

의의	다양한 이익집단을 기능적으로 대표성을 지닌 대규모의 조직체(조합)로 묶고 지배기구로 편입시켜 국가와 함께 상호협력을 통한 의사결정을 하는 체제	
배경	미국의 다원주의적 이익집단체제의 무질서와 혼란에 대한 반발로 유럽에서 발달	
특징	이익집단 (조합)	• 전문화된 단일의 독점적 정상이익집단 : 기능적으로 분화된 특정집단이익의 독점적 대표로 기능하기 때문에 단일의, 강제적·비경쟁적·위계적으로 조직화되며, 특정영역에서 전문화되고, 전국적이고, 독점적인 정상이익집단의 형태를 지님
	참여	• 제도적·공식적 참여 : 고용주 연합이나 노동조합 등의 조직체들은 지배기구로 편입되어 국가와 함께 정책과정 주도(노사정위원회)
	국가	• 능동적 존재 : 정부는 자체이익을 가지면서 조합의 활동을 규정하고 포섭·억압하는 능동적·자율적·독립적 실체로 중립적이지 않으며, 특정 이익집단을 차별하는 등 민간부문에 대해 강력한 주도권을 행사하는 존재
	의사결정	• 상호협력을 통한 합의 : 조합은 구성원의 이익뿐만 아니라 사회적 책임 등을 공유하며, 정부와 협력을 통한 합의를 형성해 나감

06. ② 학습조직의 이론적 기반인 센지(Senge)의 제5수련에 의하면 학습조직은 시스템적 사고, 개인적 숙련(전문적 소양), 사고의 틀, 공동의 비전, 팀학습을 전제로 한다.

<<핵심정리>> 학습조직

의의	조직 자체의 성장과 발전 또는 문제해결능력을 개선하기 위해 개방체제와 자아실현적 인간관을 바탕으로 구성원이 새로운 지식을 창출하고 이를 조직 전체에 보급하여 지속적인 학습활동을 전개하는 조직	
센지(Senge)의 제5수련	① 시스템적(체제적) 사고, ② 전문적 소양(자기완성·자기숙련), ③ 사고의 틀(기존의 사고방식을 깨는 과정), ④ 공동의 비전, ⑤ 팀학습	
특징	구조상 특징	• 문제해결능력 향상을 위한 실험적 조직 • 수평적이고 유연한 조직구조(네트워크 구조, 팀제, 가상조직 등) • 사려 깊은 리더의 학습형 리더십 중시 • 정보인프라 구축을 통한 정보공유 활성화
	운영상 특징	• 구성원의 권한 강화를 통한 자율적 학습 강조 • 관계지향성과 집합적 행동 등 응집성이 강한 조직문화 형성 • 시행착오적 학습(실패를 용인하는 문화 - 성과급이나 신상필벌 거부) • 변화와 발전을 지속적으로 추구하는 장기적이고 유동적 과정

07. ② 보수, 작업조건, 대인관계는 허츠버그(Herzberg)의 위생이론에 해당하며, 성취감, 책임감, 직무내용은 허츠버그(Herzberg)의 동기요인에 해당한다.

<<핵심정리>> 허즈버그(F. Herzberg)의 만족요인·동기요인

요인	위생요인(불만요인)	동기요인(만족요인)
개념	불만족을 느끼게 하는 요인	만족을 느끼게 하는 요인
성격	사람과 직무상황이나 환경과의 관계	사람과 사람이 하는 일 사이의 관계
역할	불만족만 제거(생산성은 높여주지 못함)	동기부여(생산성을 높여줌)
예	봉급, 감독방식과 내용, 작업조건, 대인관계(감독자와 부하와의 관계), 임금, 직위, 신분보장, 정책과 관리(조직의 방침과 관행) 등	성취감, 인정감, 책임감, 승진, 직무 그 자체, 직무에 대한 만족감, 보람 있는 일, 능력신장 등
직무 확충	직무확장	직무충실

08. ② 다면평가제도에는 부하평정이 포함되므로 상급자는 직원들의 눈치를 보게 되어 강력하게 업무를 추진하기 곤란하다.

<<핵심정리>> 다면평가제도

의의	조직원을 평가할 때 상사에 의한 일방향적 평가가 아닌 다양한 수준과 측면에서 상사·동료·부하·고객 등 다양한 평가자가 평가하는 포괄적인 평가체제(360° 피드백)
등장 배경	① 관리범위의 확대, ② 지식노동자의 출현, ③ 팀위주의 조직 지향, ④ 조직원들의 참여의식 확대, ⑤ 내·외부 고객들의 피드백 등
장점	① 종합적·객관적 평가로 평가결과에 대한 피평가자의 승복 용이, ② 소수 편견 배제를 통한 평가의 정확성 제고, ③ 구성원의 자기개발에 대한 동기부여, ④ 조직 내·외의 커뮤니케이션 증진 및 인간관계 개선, ⑤ 현대 조직특성(팀제)과 부합, ⑥ 충성심의 다원화, ⑦ 조직의 생산성 증대, ⑧ 참여문화의 유도 및 고객 서비스 증대, ⑨ 분권화의 촉진, ⑩ 민주적 리더십 확립
단점	① 물리적 평가 비용 증대, ② 평가자의 한계로 인한 과다한 평정오류, ③ 인기투표로의 전락 가능성(조직 내 포퓰리즘 유발), ④ 담합으로 인한 목표의 왜곡, ⑤ 평가 방향의 불안정성, ⑥ 부처별·직급별·직종별 평가의 적합성 확보 곤란, ⑦ 조직의 통제 및 조정 곤란(리더십 손상), ⑧ 피평가자의 갈등과 스트레스 증가

09. ① 총체주의(합리주의) 예산결정이론은 완전한 정보와 경제적 합리성을 전제로 하므로 실증적 성격이 강한 의사결정방식이 아니라 규범적 성격이 강한 의사결정방식이다.

10. ③ 소방안전교부세는 행정안전부장관이 특정재원으로 시·군·구(기초자치단체)에는 교부하지 않고 특별시·광역시·도(광역자치단체)에 교부한다.

2025 공무원 시험대비 【8월분】

– 제16회 –
[정답 및 해설]

이 름: _____

제1과목 국어
제2과목 영어
제3과목 한국사
제4과목 행정법총론
제5과목 행정학개론

매일 모의고사 정오표

합격까지 박문각

매일 모고 국어 제16회
정답 및 해설

亦功 국어
적중 혜선

01. ① 상대 높임법이란 청자에 대해 높이거나 낮추어 말하는 표현법이다. 이러한 상대 높임법의 개념에 의하면 상대를 낮추는 것도 [+상대]라고 볼 수 있는 것이다. 따라서 옳지 않은 것은 '어머니께서 순자에게 꽃을 주셨다.(+주체, -객체, -상대)'이다 '~주셨다'로 아주 낮춤의 해라체가 쓰였더라도 '+상대'이기 때문이다.
② 영호가 할머니께 꽃을 드렸다.
[-주체]: 주체인 '영호'를 높이고 있지 않다.
[+객체]: 객체 높임 '께, 드리다'가 쓰였다.
[+상대]: '드렸다'로 아주 낮춤의 해라체가 쓰였으나, 낮춤도 상대 높임으로 봐야하기 때문에 [+상대] 이다.
③ 어머니께서 할머니께 꽃을 드리셨습니다.
[+주체]: '께서' '-시-'
[+객체]: '께'는 높임의 부사격 조사, '드리다'는 객체 높임 어휘
[+상대]: 하십시오체로, [+상대] 이다.
④ 어머니께서 영자에게 꽃을 주셨습니다.
[+주체]: '께서' '-시-'
[-객체]: '에게'는 높임의 조사가 아니다. '주다' 또한 객체 높임의 어휘가 아니다.
[+상대]: 하십시오체로, [+상대] 이다.

02. ② '아버지는 나를 좋아하는 것보다 축구를 더 좋아한다.'는 중의적인 문장이 아니라 명확한 의미의 문장이므로 고칠 필요가 없다. 따라서 고쳐서는 안 된다.
① 보고 싶은 주체가 '교수님' 혹은 '학생'이므로 '교수님이, 보고 싶은 학생이 많다'로 고치는 것은 옳다.
③ '불려졌다'는 '불리(피동사)+어지다(통사적 피동)'의 이중피동표현이므로 '불렸다, 불러졌다'로 고치는 것은 옳다.
④ '마음씨가 좋은'이 '할머니'를 꾸밀 수도, 할머니의 '손자'를 꾸밀 수도 있으므로'그는 마음씨 좋은, 할머니의 손자이다'로 고치는 것은 옳다. (그렇게 되면 '손자'를 꾸미게 된다)

03. ③
○ 광수 → ~영자 ≡ 영자 → ~광수
○ ~영수 → ~순자 ≡ 순자 → 영수
○ (영수 ∨ 순자) → 영자 ≡ ~영자 → (~영수 ∧ ~순자)

첫 번째 조건에 의해 '광수 → ~영자'이고 세 번째 조건의 대우명제에 의해 '~영자 → (~영수 ∧ ~순자)'이므로 광수가 수련원을 가면 영자가 수련원을 가지 않고, 영자가 수련원을 가지 않으면 영수와 순자가 모두 수련원을 가지 않는다. 따라서 광수가 수련원을 가면 영자, 영수, 순자가 모두 수련원을 가지 않는다.
① 첫 번째 조건의 대우명제에 의해 '영자 → ~광수'이므로 영자가 수련원을 가면 광수는 수련원을 가지 않는다.
② 세 번째 조건에 의해 '(영수 ∨ 순자) → 영자'이고 첫 번째 조건의 대우명제에 의해 '영자 → ~광수'이므로 영수가 수련원을 가면 영자도 수련원을 가고, 영자가 수련원을 가면 광수는 수련원을 가지 않는다. 따라서 영수가 수련원을 가면 광수는 수련원을 가지 않는다.
④ 세 번째 조건의 대우명제에 의해 '~영자 → (~영수 ∧ ~순자)'이므로 영자가 수련원을 가지 않으면 영수와 순자가 모두 수련원을 가지 않는다. 따라서 영자가 수련원을 가지 않을 때 영수가 수련원을 갈 수는 없다.

04. ④ ㉠의 '감추다'는 '1「2」 어떤 사실이나 감정 따위를 남이 모르게 하다.'를 의미한다. 이와 가장 유사한 의미의 '감추다'는 ④이다.
① 「3」 어떤 사물이나 현상 따위가 없어지거나 사라지다.
② 「1」 남이 보거나 찾아내지 못하도록 가리거나 숨기다.
③ 「1」 남이 보거나 찾아내지 못하도록 가리거나 숨기다.

05. ④ ㉠의 '밀다'는 '1「7」【…을】바닥이 반반해지도록 연장을 누르면서 문지르다.'를 의미한다. 이와 가장 유사한 의미의 '밀다'는 ④이다.
① 1「6」 뒤에서 보살피고 도와주다.
② 1「1」 일정한 방향으로 움직이도록 반대쪽에서 힘을 가하다.
③ 1「3」 머리카락이나 털 따위를 매우 짧게 깎다.

06. ④ ㉠의 '깎다'는 '「2」【…을】풀이나 털 따위를 잘라 내다.'를 의미한다. 이와 가장 유사한 의미의 '깎다'는 ④이다.
① 「3」 값이나 금액을 낮추어서 줄이다.
② 「4」 체면이나 명예를 상하게 하다.
③ 「5」 구기 종목에서, 공을 한옆으로 힘 있게 치거나 차서 돌게 하다.

07. ① '은닉하다'는 '남의 물건이나 범죄인을 감추다.'를 의미한다. 따라서 '속에 있는 것이 드러나도록 파서 젖히다.'를 의미하는 '파헤치다'는 ㉠과 바꿔 쓸 수 있는 유사한 표현으로 적절하지 않다. '남이 보거나 찾아내지 못하도록 가리거나 숨기다.'를 의미하는 '감추다'로 바꿔 쓸 수 있다.
② ㉡ '곤란하다'는 '사정이 몹시 딱하고 어렵다.'를 의미한다. 따라서 '하기가 까다로워 힘에 겹다.'를 의미하는 '어렵다'로 바꿔 쓸 수 있다.
③ ㉢ '격렬하다'는 '말이나 행동이 세차고 사납다.'를 의미한다. 따라서 '기세나 형세 따위가 힘 있고 억세다.'를 의미하는 '세차다'로 바꿔 쓸 수 있다.
④ ㉣ '조장하다'는 '바람직하지 않은 일을 더 심해지도록 부추기다.'를 의미한다. 따라서 '감정이나 상황 따위가 더 심해지도록 영향을 미치다.'를 의미하는 '부추기다'로 바꿔 쓸 수 있다.

08. ③ '맞대다'는 '같은 자격으로 서로 비교하다.'를 의미한다. 따라서 '일정한 양을 기준으로 하여 같은 종류의 다른 양의 크기를 재다.'를 의미하는 '측정하다'는 ㉢과 바꿔 쓸 수 있는 유사한 표현으로 적절하지 않다. '둘 이상의 사물을 견주어 서로 간의 유사점, 차이점, 일반 법칙 따위를 고찰하다.'를 의미하는 '비교하다'로 바꿔 쓸 수 있다.
① ㉠ '지다'는 '책임이나 의무를 맡다.'를 의미한다. 따라서 '어떠한 의무나 책임을 지다.'를 의미하는 '부담하다'로 바꿔 쓸 수 있다.
② ㉡ '무겁다'는 '비중이나 책임 따위가 크거나 중대하다.'를 의미한다. 따라서 '가볍게 여길 수 없을 만큼 매우 중요하고 크다.'를 의미하는 '중대하다'로 바꿔 쓸 수 있다.
④ ㉣ '죽다'는 '생명이 없어지거나 끊어지다.'를 의미한다. 따라서 '뜻밖의 재앙으로 죽다.'를 의미하는 '횡사하다'로 바꿔 쓸 수 있다.

09. ① 제시문의 첫 문단에서는 우리나라의 엄격한 수질 검사 기준과 우리나라 수돗물의 뛰어난 수질을, 둘째 문단에

서는 저렴한 수도 요금을 다른 국가와 비교하여 제시하였다. 그러나 이러한 장점에도 불구하고, 다른 나라들에 비해 수돗물 음용률이 현저하게 낮다. ⓒ의 앞 문장에서는 '품질과 가격 모두 경쟁력을 갖춘 우리 수돗물이 정작 국민에게 외면당하는 것이다.'라고 문제를 제시하고 있다. 따라서 ⓒ에는 수돗물 음용을 늘리자는 내용이 와야 하며, 이에 가장 적합한 것은 '이제 자부심과 믿음을 갖고 생수 대신 수돗물을 마셔보자. 생수병으로 사용되는 플라스틱도 줄일 수 있고, 저렴한 가격은 가정 경제에도 도움이 될 것이다.'이다.
② 제시문에 의하면 우리나라 수돗물의 관리는 이미 훌륭한 수준이므로 관리를 더욱 철저하게 하자는 내용이 들어가는 것은 적절하지 않다.
③ 국내 수돗물 음용률이 낮은 것이 문제시되고 있으므로, 이와 관련된 내용을 제시해야 한다. 또, 수돗물 음용률이 낮은 것일 뿐, 국내 수돗물 사용량이 부족하다는 내용을 언급하지도 않았으므로 수출과 관련된 내용이 오는 것은 적절하지 않다.
④ 제시문은 우수한 수질과 저렴한 수도 요금에도 불구하고 수돗물 음용률이 낮다는 것을 문제시하고 있을 뿐, 수도 요금이 저렴한 것에 문제를 제기하고 있지는 않다. 오히려 수도 요금이 저렴한 것을 '가격 경쟁력'을 갖춘 것으로 긍정적으로 보고 있다.

10. ③ ⓒ의 '954321'은 발행자 번호로, 한국문헌번호센터에서 발행자에게 부여하는 것이다. 출판사는 이 번호를 부여하는 곳이 아니라 부여받는 입장이다.
① ⓒ의 발행자 번호는 '954321', 서명 식별 번호는 '0'으로, 둘이 합쳐져 7자리 숫자를 이룬다.
② '우리나라는 접두부에서 978을 사용하는 경우 '89'를, 979를 사용하는 경우는 '11'을 사용한다.'라는 문장을 통해 알 수 있다.
④ ⓒ의 맨 앞의 세자리 숫자는 '접두부'로, '국제상품코드관리협회'에서 부여한다고 하였다.

매일 모고 영어 제16회
정답 및 해설

01. ② ★ resolve 해결하다, 결심하다, 분해[용해]하다
- pollute 오염시키다
- pair (둘씩) 짝을 짓다
- exist 존재[실재/현존]하다

[해석] 많은 논의 끝에 그들은 의견 차이를 <u>해결하고</u> 타협에 도달할 수 있었다.

02. ③ ★ transform 탈바꿈시키다, 변형시키다, 바꾸다
- explain 설명하다
- plot 음모[모의]하다
- scream 비명을 지르다, 소리치다

[해석] 그 도시는 오래되고 사용되지 않는 기차역을 공공 도서관으로 <u>탈바꿈시켜</u> 활용할 계획이다.

03. ② ★ nominate 지명하다, 임명하다
- smoke (담배를) 피우다
- swing 흔들리다, 흔들다
- explode 폭발하다, 터지다

[해석] 신중한 검토 끝에 당은 다가오는 지방 선거의 공식 후보로 그녀를 <u>지명하기로</u> 결정했다.

04. ① ★ evident 분명한, 눈에 띄는
- lone 혼자인, 단독의
- polite 예의 바른, 공손한, 정중한
- volatile 변덕스러운, 불안한

[해석] 규칙적인 운동의 이점은 전반적인 건강 개선에서 <u>분명하게</u> 드러나며, 그래서 운동이 적극 권장된다.

05. ④ ★ translate 번역하다, 해석하다, 설명하다
- wonder 궁금해하다
- breed 사육하다, 재배하다, 새끼를 낳다
- yell 소리[고함]치다, 소리 지르다, 외치다

[해석] 각각 다른 나라의 유머는 종종 한 언어에서 다른 언어로 <u>번역하기</u> 어렵다.

06. ③ [해설]
부사 enough는 형용사나 부사를 뒤에서 수식한다. 여기서 'problem'은 명사이고, 'difficult'는 그 명사를 꾸며주는 형용사가 필요하다. 따라서 밑줄 친 부분에 가장 적절한 것은 ③이다.
[해석]
이 문제는 전문가들도 도전할 만큼 충분히 어렵다.

07. ② [해설]
find는 5형식 동사로, 목적어와 목적격 보어가 능동일 때는 현재분사를, 수동일 때는 과거분사를 쓸 수 있다. 하지만 목적격 보어 자리에 원형부정사는 올 수 없다. 문맥상 '나 스스로가 음악을 즐기는' 능동의 의미이므로 밑줄 친 부분인 enjoy는 enjoying으로 고쳐야 한다.
[해석]
요즘 나는 퇴근 후에 휴식을 위해 다양한 음악 장르를 탐색하고 있다. 나는 클래식 음악을 즐기는 나 자신을 발견한다. 그 부드러운 멜로디가 나를 진정시키고 마음을 맑게 해 준다. 때로는 독서하거나 취미를 즐길 때도 클래식 음악을 틀곤 한다.

08. ③ [해석]
Tim: 실례합니다, 사고가 났을 때 상황을 보셨나요?
Jane: 네, 근처를 걷고 있었어요.
Tim: 어떤 일이 있었는지 설명해 주시겠어요?
Jane: 빨간 차가 신호를 위반하고 교차로를 지나던 파란 차를 들이받았어요.
Tim: 중요한 정보네요. 진술서를 작성해 주실 수 있을까요?
Jane: 물론이죠. 도움이 되고 싶습니다.
① 경찰에 신고하셨나요?
② 어디 가시는 중이었나요?
③ 어떤 일이 있었는지 설명해 주시겠어요?
④ 운전자와 아는 사이인가요?

09. ② [해설]
이 글은 도시와 교외 지역에서 나무를 심어 자연을 복원하는 'Green City Trees' 캠페인에 시민들의 참여를 독려하는 데 중점을 두고 있다. 캠페인의 시작 배경과 목적, 참여 방법, 그리고 참여 수준을 구체적으로 안내하고 있다. 따라서 글의 제목으로 가장 적절한 것은 ②이다.
① 산불이 환경에 미치는 영향을 이해하세요
② "나무 심기, 미래 키우기" 캠페인에 참여하세요
③ 나무 종의 기원에 대해 배우세요
④ 목재 산업의 경제적 이점

10. ③ [해설]
본문의 열한 번째 문장에서 참여 방법 중 '학교나 이웃과 함께 나무 심기 행사를 조직하기' 부분이 언급되어 있다. 따라서 윗글에 관한 내용으로 일치하지 않는 것은 ③이다.
[오답 해설]
① 본문의 다섯 번째 문장에서 언급하고 있으므로 일치한다.
② 본문의 아홉 번째 문장에서 언급하고 있으므로 일치한다.
④ 본문의 열넷 번째 문장에서 언급하고 있으므로 일치한다.
[해석]

"나무 심기, 미래 키우기" 캠페인에 참여하세요

매분 개발과 기후 변화로 인해 넓은 산림 지역이 사라지고 있습니다. 그린 시티 트리 캠페인은 시민들에게 도시와 교외 지역에서 나무를 심어 자연을 복원할 것을 촉구합니다. 나무 한 그루를 심으면 오랫동안 탄소를 흡수하고, 그늘을 제공하며, 공기질을 개선할 수 있습니다.

이 캠페인은 2015년 밴쿠버에서 시작되어 북미 전역으로 확산되었습니다. 개인, 가족, 학교 모두 나무 심기 행사에 참여하여 지역사회 재조림을 촉진할 수 있습니다.

참여 방법:
☐ 지역 나무 심기 행사에 참여하기
☐ 나무 한 그루 심기 후원하기 (1그루당 10,000원)
☐ 소셜 미디어에 나무 심기 이야기 공유하기
☐ 학교나 이웃과 함께 나무 심기 행사를 조직하기

참여 수준:
☐ 이번 주말 나무 한 그루 심기
☐ 6개월 동안 매달 참여하기
☐ 학교 전체 나무 심기 캠페인 시작하기
☐ 가족 전통으로 나무 심기 만들기

[어휘]
- absorb 흡수하다
- reforestation 재조림
- sponsor 후원하다
- organize 조직하다
- suburban 교외의
- commitment 헌신, 다짐
- shade 그늘

매일 모고 한국사 제16회
정답 및 해설

01. ④   ④ 1907년에 일제는 한·일 신협약을 강요하여 통감이 추천하는 일본인을 차관에 임명하도록 하는 차관 정치를 시행하였다.
① 한·일 의정서는 러·일 전쟁 중에 체결되었다. 일본은 대한 제국의 영토를 군사 용지로 이용할 수 있는 권한을 요구하고, 정부 시책을 개선하는 데 도움을 주겠다는 명분으로 우리의 내정에 간섭하고자 하였다.
② 제1차 한·일 협약은 러·일 전쟁에서 일본에 전세가 유리해지는 상황에서 체결되었다. 이를 토대로 일제는 대한 제국 각 부처에 고문을 파견하였다.
③ 을사조약으로 일제는 대한 제국의 외교권을 박탈하고, 통감부를 설치하여 대한 제국의 내정에 대한 지배권을 강화하였다.

02. ④   (가)는 가쓰라·태프트 밀약, (나)는 을사조약 직후 고종이 미 대통령에게 보낸 친서의 내용이다.
④ (나)는 을사늑약을 부당성을 알리기 위해 고종이 미국에 보낸 서한이다. 총독부는 대한제국이 완전히 주권을 강탈당하고 난 뒤의 일이다.
① 1905년 러·일 전쟁에서 일본이 유리하게 전개되는 상황에서 미국과 가쓰라·태프트 비밀 합의 각서를 체결하여 미국의 지지를 얻어냈다.
② 조·미 수호 통상 조약에 '양국 중 어느 한 나라가 제3국으로부터 어려움을 겪을 경우에 반드시 서로 돕는다.'는 거중 조정이 포함되어 있었다. 따라서 가쓰라·태프트 밀약은 이 조항을 위반한 것이었다.
③ 고종은 가쓰라·태프트 밀약을 모른 상태에서 미국 대통령에게 도움을 요청하였다.

03. ④   (가)는 철기시대의 무덤인 독무덤이다.
(나)는 청동기 시대의 무덤인 고인돌이다.
ㄱ. 농경과 목축이 시작된 것은 신석기 시대부터이다.
ㄷ. 애니미즘 신앙이 처음 출현한 것은 신석기 시대이다.

04. ②   신라 소지마립간 때의 일이다. 소지마립간은 백제 동성왕과 혼인 동맹을 맺어 나제동맹을 강화하였고, 경주에 시사(시장)을 설치하였다.
① 국학의 설립은 신문왕 때의 일이다.
③ 불교의 공인과 율령 반포는 법흥왕 때의 일이다.
④ 김씨의 독점적 왕위 세습은 내물마립간 때 이루어졌다.

05. ②   원광에 대한 설명이다. 원광은 진평왕의 명령으로 수나라에 고구려 출병을 요구하는 외교문서를 작성하였다.
① 천태종을 창설하고 교관겸수를 주장한 사람은 의천이다.
③ 임제종을 중심으로 불교 통합운동을 전개한 승려는 보우이다.
④ 화쟁사상을 주장하여 종파간의 화합을 추구한 인물은 원효이다.

06. ①   사료는 최승로의 5조 정적평에서 광종을 평가한 부분이다. 광종은 과거제도를 처음으로 실시하였다.
② 관리에게 토지를 지급하는 전시과 제도를 시행한 왕은 경종이다.
③ 전국 주요 지역에 9주 5소경을 설치하고 지방관을 파견한 사람은 신문왕이다.
④ 정계와 계백료서를 지어 관리가 지켜야 할 규범을 제시한 군주는 태조 왕건이다.

07. ④   토지 조사 사업을 전개하면서 일제는 대한 제국 정부와 황실이 가지고 있던 땅을 모두 총독부 재산으로 전환 시켰을 뿐만 아니라, 황무지나 소유 관계가 불분명한 땅들도 모두 차지하였다. 조선 총독부는 이 땅을 동양 척식 주식 회사를 비롯한 토지 회사나 일본인들에게 헐값에 넘겨주었다. 그리하여 일본인 지주들은 한반도에서 빠르게 성장할 수 있었다. 이것은 우리나라의 쌀을 약탈하는 데 유리한 식민지 지배 체제를 만드는 토대가 되었다.
④ 동양 척식 주식 회사는 1908년에 설립되었고, 토지 조사 사업은 1912~1918년에 추진되었다.

08. ②   1918년 11월 여준, 김교헌, 이상룡, 박용만, 김규식, 김동삼, 박은식 등 망명 독립 운동가 39인은 만주 길림에서 독립 선언서를 낭독하였다. 이 선언서는 외교 독립론이 반영된 다른 독립 선언서와는 달리 무력으로 독립을 쟁취할 것을 선언하였다.
ㄴ. 3·1 운동에 영향을 주었다.
ㄹ. 대한민국 임시정부 수립의 계기가 된 것은 3·1 운동이다.

09. ①   신민회 회원이었던 이회영 형제가 개척한 곳은 (가)지역인 서간도 삼원보이다.
삼원보는 장기적인 무장투쟁을 위한 기지 역할을 하였다.

10. ①   제시문은 조광조의 급진적 왕도정치(도학정치)의 내용이다.
① 조광조 등의 기묘사림들은 3사 언론 활동의 활성화와 경연의 확대를 통해 왕도 정치를 지향하였다. 이를 위해 사림을 추천하는 현량과의 실시를 추친하였다.
② 갑자사화를 주도한 것은 연산군의 폭정을 지지하는 임사홍, 신수근 등의 궁중파 세력이다.
③ 소수서원은 중종 때 이황의 건의로 건립된 최초의 사액 서원이었다.(기존의 풍기군수 주세붕이 설립한 백운동 서원이 사액을 받아 명칭이 변경되었다.)
④ '신언패'는 연산군이 관리들에게 착용하게 했던 것으로 연산군 폭정을 단적으로 드러내는 것이다.

한국사

매일 모고 행정법 제16회
정답 및 해설

합격까지 **박문각**
광야에서 합격까지
행정법 강성빈

01. ④ 인가는 기본행위인 재단법인의 정관변경에 대한 법률상의 효력을 완성시키는 보충행위로서, 그 기본이 되는 정관변경 결의에 하자가 있을 때에는 그에 대한 인가가 있었다 하여도 기본행위인 정관변경 결의가 유효한 것으로 될 수 없다. 대법원 1996. 5. 16. 선고 95누4810 전원합의체 판결
① 공무원 임용을 위한 면접전형에서 임용신청자의 능력이나 적격성 등에 관한 판단은 면접위원의 고도의 교양과 학식, 경험에 기초한 자율적 판단에 의존하는 것으로서 오로지 면접위원의 자유재량에 속하고, 그와 같은 판단이 현저하게 재량권을 일탈·남용하지 않은 한 이를 위법하다고 할 수 없다. 대법원 2008. 12. 24. 선고 2008두8970 판결
② 공유수면매립의 면허로 인한 권리의무의 양도·양수에 있어서의 면허관청의 인가는 효력요건으로서, 위 각 규정은 강행규정이라고 할 것인바, 위 면허의 공동명의자 사이의 면허로 인한 권리의무양도약정은 면허관청의 인가를 받지 않은 이상 법률상 아무런 효력도 발생할 수 없다. 대법원 1991. 6. 25. 선고 90누5184 판결
③ 건축허가는 대물적 성질을 갖는 것이어서 허가대상 건축물에 대한 권리변동에 수반하여 자유로이 양도할 수 있는 것이고, 그에 따라 건축허가의 효과는 허가대상 건축물에 대한 권리변동에 수반하여 이전되며 별도의 승인처분에 의하여 이전되는 것이 아니다. 대법원 2010. 5. 13. 선고 2010두2296 판결

02. ④ 권한 없는 행정기관이 한 당연무효인 행정처분을 취소할 수 있는 권한은 당해 행정처분을 한 처분청에게 속하고, 당해 행정처분을 할 수 있는 적법한 권한을 가지는 행정청에게 그 취소권이 귀속되는 것이 아니다. 대법원 1984. 10. 10. 선고 84누463 판결
① 행정기본법 제18조

> **행정기본법 제18조(위법 또는 부당한 처분의 취소)**
> ② 행정청은 제1항에 따라 당사자에게 권리나 이익을 부여하는 처분을 취소하려는 경우에는 취소로 인하여 당사자가 입게 될 불이익을 취소로 달성되는 공익과 비교·형량하여야 한다. 다만, 다음 각 호의 어느 하나에 해당하는 경우에는 그러하지 아니하다.
> 1. 거짓이나 그 밖의 부정한 방법으로 처분을 받은 경우

② 행정처분을 한 처분청은 그 처분의 성립에 하자가 있는 경우 이를 취소할 별도의 법적 근거가 없다고 하더라도 직권으로 이를 취소할 수 있다. 대법원 2002. 5. 28. 선고 2001두9653 판결
③ 직권취소는 그 자체가 하나의 독립한 처분이므로, 행정절차법상 이유제시 등 절차규정이 적용된다.

03. ④ 행정기본법 제26조

> **행정기본법 제26조(인허가의제의 사후관리 등)**
> ① 인허가의제의 경우 관련 인허가 행정청은 관련 인허가를 직접 한 것으로 보아 관계 법령에 따른 관리·감독 등 필요한 조치를 하여야 한다.

① 행정절차법 제20조

> **행정절차법 제20조(처분기준의 설정·공표)**
> ② 「행정기본법」 제24조에 따른 인허가의제의 경우 관련 인허가 행정청은 관련 인허가의 처분기준을 주된 인허가 행정청에 제출하여야 하고, 주된 인허가 행정청은 제출받은 관련 인허가의 처분기준을 통합하여 공표하여야 한다. 처분기준을 변경하는 경우에도 또한 같다.

② 행정기본법 제24조

> **행정기본법 제24조(인허가의제의 기준)**
> ⑤ 제3항에 따라 협의를 요청받은 관련 인허가 행정청은 해당 법령을 위반하여 협의에 응해서는 아니 된다. 다만, 관련 인허가에 필요한 심의, 의견 청취 등 절차에 관하여는 법률에 인허가의제 시에도 해당 절차를 거친다는 명시적인 규정이 있는 경우에만 이를 거친다.

③ 건축법에서 인허가의제 제도를 둔 취지는, 인허가의제사항과 관련하여 건축허가의 관할 행정청으로 창구를 단일화하고 절차를 간소화하며 비용과 시간을 절감함으로써 국민의 권익을 보호하려는 것이지, 인허가의제사항 관련 법률에 따른 각각의 인허가 요건에 관한 일체의 심사를 배제하려는 것으로 보기는 어려우므로, 도시계획시설인 주차장에 대한 건축허가신청을 받은 행정청으로서는 건축법상 허가 요건뿐 아니라 국토의 계획 및 이용에 관한 법령이 정한 도시계획시설사업에 관한 실시계획인가 요건도 충족하는 경우에 한하여 이를 허가해야 한다. 대법원 2015. 7. 9. 선고 2015두39590 판결

04. ① 어떠한 처분의 근거가 행정규칙에 규정되어 있다고 하더라도, 그 처분이 상대방에게 권리의 설정 또는 의무의 부담을 명하거나 기타 법적인 효과를 발생하게 하는 등으로 그 상대방의 권리의무에 직접 영향을 미치는 행위라면, 이 경우에도 항고소송의 대상이 되는 행정처분에 해당한다. 대법원 2012. 9. 27. 선고 2010두3541 판결
② 어떠한 처분에 법령상 근거가 있는지, 행정절차법에서 정한 처분절차를 준수하였는지는 본안에서 당해 처분이 적법한가를 판단하는 단계에서 고려할 요소이지, 소송요건 심사단계에서 고려할 요소가 아니다. 대법원 2020. 1. 16. 선고 2019다264700 판결
③ 한국마사회가 조교사 또는 기수의 면허를 부여하거나 취소하는 것은 국가 기타 행정기관으로부터 위탁받은 행정권한의 행사가 아니라 일반 사법상의 법률관계에서 이루어지는 단체 내부에서의 징계 내지 제재처분이다. 대법원 2008. 1. 31. 선고 2005두8269 판결
④ 세무서장의 국세환급금에 대한 결정은 이미 납세의무자의 환급청구권이 확정된 국세환급금에 대하여 내부적인 사무처리절차로서 과세관청의 환급절차를 규정한 것에 지나지 않고 그 규정에 의한 국세환급금의 결정에 의하여 비로소 환급청구권이 확정되는 것이 아니므로, 국세환급금결정이나 그 결정을 구하는 신청에 대한 환급거부결정 등은 항고소송의 대상이 되는 처분이라고 볼 수 없다. 대법원 1994. 12. 2. 선고 92누14250 판결

05. ③ 노동위원회법 제27조

> **노동위원회법 제27조(중앙노동위원회의 처분에 대한 소송)**
> ① 중앙노동위원회의 처분에 대한 소송은 중앙노동위원회 위원장을 피고로 하여 처분의 송달을 받은 날부터 15일 이내에 제기하여야 한다.

① 행정처분의 취소 또는 무효확인을 구하는 행정소송은

다른 법률에 특별한 규정이 없는 한 소송의 대상인 행정처분 등을 외부적으로 그의 명의로 행한 행정청을 피고로 하여야 하는 것으로서 그 행정처분을 하게 된 연유가 상급행정청이나 타행정청의 지시나 통보에 의한 것이라 하여 다르지 않다. 대법원 1995. 12. 22. 선고 95누14688 판결
② 취소소송은 다른 법률에 특별한 규정이 없는 한 그 처분 등을 행한 행정청을 피고로 한다. 여기서 '행정청'이라 함은 국가 또는 공공단체의 기관으로서 국가나 공공단체의 의견을 결정하여 외부에 표시할 수 있는 권한, 즉 처분권한을 가진 기관을 말하고, 대외적으로 의사를 표시할 수 있는 기관이 아닌 내부기관은 실질적인 의사가 그 기관에 의하여 결정되더라도 피고적격을 갖지 못한다. 대법원 2014. 5. 16. 선고 2014두274 판결
④ 조례가 집행행위의 개입 없이도 그 자체로서 직접 국민의 구체적인 권리의무나 법적 이익에 영향을 미치는 등의 법률상 효과를 발생하는 경우 그 조례는 항고소송의 대상이 되는 행정처분에 해당하고, 이러한 조례에 대한 무효확인소송을 제기함에 있어서 행정소송법 제38조 제1항, 제13조에 의하여 피고적격이 있는 처분 등을 행한 행정청은, 행정주체인 지방자치단체 또는 지방자치단체의 내부적 의결기관으로서 지방자치단체의 의사를 외부에 표시한 권한이 없는 지방의회가 아니라, 구 지방자치법 제19조 제2항, 제92조에 의하여 지방자치단체의 집행기관으로서 조례로서의 효력을 발생시키는 공포권이 있는 지방자치단체의 장이다. 대법원 1996. 9. 20. 선고 95누8003 판결

06. ② 개발부담금 부과처분이 취소된 이상 그 후의 부당이득으로서의 과오납금 반환에 관한 법률관계는 단순한 민사관계에 불과한 것이고, 행정소송 절차에 따라야 하는 관계로 볼 수 없다. 대법원 1995. 12. 22. 선고 94다51253 판결
① 구 공익사업을 위한 토지 등의 취득 및 보상에 관한 법률 제91조에 규정된 환매권의 존부에 관한 확인을 구하는 소송 및 같은 조 제4항에 따라 환매금액의 증감을 구하는 소송은 민사소송에 해당한다. 대법원 2013. 2. 28. 선고 2010두22368 판결
③ 조세부과처분이 당연무효임을 전제로 하여 이미 납부한 세금의 반환을 청구하는 것은 민사상의 부당이득반환청구로서 민사소송절차에 따라야 한다. 대법원 1995. 4. 28. 선고 94다55019 판결
④ 국유림의 경영 및 관리에 관한 법률에 따른 임산물매각계약은 사법상 계약이다. 대법원 2020. 5. 14. 선고 2018다298409 판결

07. ② 개발이익환수에 관한 법률에 정한 개발사업을 시행하기 전에, 행정청이 민원예비심사에 대하여 관련부서 의견으로 '저촉사항 없음'이라고 기재하였다고 하더라도, 이후의 개발부담금부과처분에 관하여 신뢰보호의 원칙을 적용하기 위한 요건인, 신뢰의 대상이 되는 공적인 견해표명을 한 것이라고는 보기 어렵다. 대법원 2006. 6. 9. 선고 2004두46 판결
① 과세관청의 공적 견해표명이 있었는지의 여부를 판단하는 데 있어 반드시 행정조직상의 형식적인 권한분장에 구애될 것은 아니고 담당자의 조직상의 지위와 임무, 당해 언동을 하게 된 구체적인 경위 및 그에 대한 납세자의 신뢰가능성에 비추어 실질에 의하여 판단하여야 한다. 대법원 1996. 1. 23. 선고 95누13746 판결
③ 주민등록번호와 주민등록증은 외부에 공시되어 대내외적으로 행정행위의 적법한 존재를 추단하는 중요한 근거가 되는 점에 비추어 볼 때 행정청이 원고들에게 공신력이 있는 주민등록번호와 이에 따른 주민등록증을 부여한 행위는 원고들에게 대한민국 국적을 취득하였다는 공적인 견해를 표명한 것이라고 보아야 한다. 대법원 2024. 3. 12. 선고 2022두60011 판결
④ 시의 도시계획과장과 도시계획국장이 도시계획사업의 준공과 동시에 사업부지에 편입한 토지에 대한 완충녹지 지정을 해제함과 아울러 당초의 토지소유자들에게 환매하겠다는 약속을 했음에도, 이를 믿고 토지를 협의매매한 토지소유자의 완충녹지지정해제신청을 거부한 것은, 행정상 신뢰보호의 원칙을 위반하거나 재량권을 일탈·남용한 위법한 처분이다. 대법원 2008. 10. 9. 선고 2008두6127 판결

08. ③ 관계 법령에 위반하여 장례식장 영업을 하고 있는 자의 장례식장 사용중지의무는 비대체적 부작위 의무이므로 행정대집행법 제2조의 규정에 의한 대집행의 대상이 아니다. 대법원 2005. 9. 28. 선고 2005두7464 판결
① 건물을 철거하여 이 사건 공유수면을 원상회복하여야 할 의무는 대체적 작위의무에 해당하므로 행정대집행의 대상이 된다. 대법원 2017. 4. 28. 선고 2016다213916 판결
② 구 공공용지의 취득 및 손실보상에 관한 특례법에 따른 토지 등의 협의취득은 공공사업에 필요한 토지 등을 그 소유자와의 협의에 의하여 취득하는 것으로서 공공기관이 사경제주체로서 행하는 사법상 매매 내지 사법상 계약의 실질을 가지는 것이므로, 그 협의취득시 건물소유자가 매매대상 건물에 대한 철거의무를 부담하겠다는 취지의 약정을 하였다고 하더라도 이러한 철거의무는 공법상의 의무가 될 수 없고, 이 경우에도 행정대집행법을 준용하여 대집행을 허용하는 별도의 규정이 없는 한 위와 같은 철거의무는 행정대집행법에 의한 대집행의 대상이 되지 않는다. 대법원 2006. 10. 13. 선고 2006두7096 판결
④ 상당한 의무이행기간을 부여하지 아니한 대집행계고처분이 있었다면, 설사 피고가 대집행영장으로써 대집행의 시기를 늦추었더라도 위 대집행계고처분은 상당한 이행기한을 정하여 한 것이 아니어서 대집행의 적법절차에 위배된 것으로 위법한 처분이라고 할 것이다. 대법원 1990. 9. 14. 선고 90누2048 판결

09. ② 질서위반행위규제법 제12조

질서위반행위규제법 제12조(다수인의 질서위반행위 가담)
③ 신분에 의하여 과태료를 감경 또는 가중하거나 과태료를 부과하지 아니하는 때에는 그 신분의 효과는 신분이 없는 자에게는 미치지 아니한다.

① 질서위반행위에 대하여 과태료를 부과하는 근거 법령이 개정되어 행위 시의 법률에 의하면 과태료 부과대상이었지만 재판 시의 법률에 의하면 부과대상이 아니게 된 때에는 개정 법률의 부칙 등에서 행위 시의 법률을 적용하도록 명시하는 등 특별한 사정이 없는 한 재판 시의 법률을 적용하여야 하므로 과태료를 부과할 수 없다. 대법원 2017. 4. 7. 자 2016마1626 결정
③ 질서위반행위규제법 제7조

질서위반행위규제법 제7조(고의 또는 과실)
고의 또는 과실이 없는 질서위반행위는 과태료를 부과하지 아니한다.

④ 질서위반행위규제법 제8조

질서위반행위규제법 제8조(위법성의 착오)
자신의 행위가 위법하지 아니한 것으로 오인하고 행한 질서위반행위는 그 오인에 정당한 이유가 있는 때에 한하여 과태료를 부과하지 아니한다.

10. ① 정보공개법 제9조

> **정보공개법 제9조(비공개 대상 정보)**
> ① 공공기관이 보유·관리하는 정보는 공개 대상이 된다. 다만, 다음 각 호의 어느 하나에 해당하는 정보는 공개하지 아니할 수 있다.
>   1. 다른 법률 또는 법률에서 위임한 명령(국회규칙·대법원규칙·헌법재판소규칙·중앙선거관리위원회규칙·대통령령 및 조례로 한정한다)에 따라 비밀이나 비공개 사항으로 규정된 정보

② 정보공개법 시행령 제3조

> **정보공개법 시행령 제3조(외국인의 정보공개 청구)**
> 법 제5조제2항에 따라 정보공개를 청구할 수 있는 외국인은 다음 각 호의 어느 하나에 해당하는 자로 한다.
>   2. 국내에 사무소를 두고 있는 법인 또는 단체

③ 사면대상자들의 사면실시건의서와 그와 관련된 국무회의 안건자료에 관한 정보는 비공개대상에 해당하지 않는다. 대법원 2006. 12. 7. 선고 2005두241 판결

④ 정보공개법 제18조

> **정보공개법 제18조(이의신청)**
> ③ 공공기관은 이의신청을 받은 날부터 7일 이내에 그 이의신청에 대하여 결정하고 그 결과를 청구인에게 지체 없이 문서로 통지하여야 한다. 다만, 부득이한 사유로 정하여진 기간 이내에 결정할 수 없을 때에는 그 기간이 끝나는 날의 다음 날부터 기산하여 7일의 범위에서 연장할 수 있으며, 연장 사유를 청구인에게 통지하여야 한다.

매일 모고 행정학 제16회
정답 및 해설

01. ② 사회적 자본은 대외적인 폐쇄성을 지녀 사회적 균열을 초래하고 다양성을 저해할 위험성이 있다.

<<핵심정리>> 사회적 자본(social capital)

개념	• 사회적 효율성을 높일 수 있는 상호신뢰(믿음), 호혜성의 규범(친사회적 규범), 시민들 간의 수평적 네트워크 등과 같은 사회조직의 속성(Putnam) - 참여자들이 공동목적을 위해 효율적으로 일할 수 있도록 만드는 조건
이론적 기초	공동체주의와 뉴거버넌스론
성질	• 사회적 관계 : 인적·물적 자본과 대비되며, 사회적 관계 속에서 형성되는 자본 • 경제적 가치 : 국가경쟁력의 원천이 되는 자본 • 공공재적 성격 : 한 개인이 배타적으로 소유할 수 없는 자본 • 장기간에 걸친 형성과 자기강화성 : 사용할수록 증가하는 자본 • 비(非)등가적·비(非)동시적 교환관계 : 지속적인 교환과정을 통해 유지·재생산되나 등가적 교환이나 동시적 교환이 이루어지지 않은 자본 • 상향적 형성 : 시민사회에 의해 자발적·상향적으로 형성되는 자본
순기능	• 진정한 자치 및 담론적 민주주의 실현 • 사회적 제재력을 통한 상호 소망스러운 행위 유도 • 거래비용 감소를 통한 경제발전 • 정책순응도 향상 및 협력을 통한 효율성 제고 • 가외적 장치의 필요성 감소 및 지식 공유와 학습 촉진
역기능	• 타집단에 대한 대외적 폐쇄성과 배타성으로 집단 간 갈등이나 균열 야기 • 집단규범 강요수단으로 동조성을 요구하여 개인의 사적 선택 제한 • 정부정책의 비판 결여 • 형성과정의 불투명성 및 측정의 곤란성

02. ④ 신행정론은 가치중립적이고 순수과학적 연구를 지향하는 행정행태론을 비판하고, 가치지향적이고 응용과학적 연구를 지향하였다.

<<핵심정리>> 신행정론

개념	전통적 행정이론이 사회문제해결능력이 없음을 비판하고 행정의 사회적 적실성과 실천, 정책지향, 행정학의 정체성을 강조하면서 등장한 이론적 경향
대두 배경	• 현실적 배경 : 사회적 격동기의 급박한 사회문제 해결 필요성 • 이론적 배경 : 행태주의가 사회문제해결능력이 없음을 비판하고 등장
전개	• 왈도(Waldo) 주도하에 시라큐스 대학 주최의 미노브룩 회의에서 주창 • 마리니(Marini)는 회의의 내용을 정리하여 「신행정학을 지향하며」라는 저서 발간
이념	사회적 형평성과 고객에의 대응성
정책	정책지향적 접근으로 정책학의 발전에 기여
조직	계층제를 비판하고 민주적 조직설계를 위한 탈관료제 지향
인사	행동주의적 행정인인 적극적 행정인(적극적 책임) 중시
통제	시민참여를 통한 시민통제 중시
연구 방향	① 순수과학적이기보다는 응용과학적, ② 서술적이기보다는 처방적, ③ 기관지향적이기보다는 수익자지향적, ④ 가치중립적이기보다는 가치지향적, ⑤ 과학적이기보다는 철학적
학문적 특징	• 행정의 적실성, 기술성(처방성), 문제지향성 강조 • 행태주의(실증주의)의 지양과 규범주의(가치주의) 추구 • 과학적 연구의 배격이 아닌 과학적 지식의 활용 강조 • 행정학의 정체성 위기 극복(Waldo - 전문직업주의 확립)
한계	다양한 학문적 경향을 포함하고 있어 학문적 응집성 결여

03. ③ 설문은 기업가정치상황에 해당한다. 기업가정치상황은 규제의 비용은 동질적인 특정소수에게 집중되어 개인으로 보면 그 크기는 큰 반면, 편익은 불특정다수에게 분산되어 개인으로 보면 그 크기가 작은 상황으로 대부분의 사회적 규제가 이에 해당한다. 기업가정치상황에서는 응집력이 강한 소수의 비용부담자의 논리가 투입되어 규제 형성이 곤란하다.

<<핵심정리>> 윌슨(J. Q. Wilson)의 규제정치이론

구 분		감지된 편익	
		넓게 분산	좁게 집중
감지된 비용	넓게 분산	대중적 정치(Ⅰ)	고객 정치(Ⅱ)
	좁게 집중	기업가적 정치(Ⅲ)	이익집단 정치(Ⅳ)

04. ① 정책네트워크는 공식적 참여자(공적부문)와 비공식적 참여자(사적부문)들 간의 상호작용을 중심으로 연구하는 모형이므로 공적부문과 사적부문의 불명확한 관계를 설명하고 있다.
② 정책네트워크는 정책과정에서 참여자들 간에 복잡한 상호작용을 설명하기에 적합하다.
③ 정책네트워크는 정책결정과정의 비공식적 측면을 설명하는 것이다.
④ 이슈네트워크는 정책네트워크의 유형 중 하나이다.

05. ② 혼합모형은 근본적 결정은 거시적이고 장기적인 안목에서 대안의 방향성을 탐색하는 한편 세부적 결정은 그 방향성 안에서 심층적이고 대안적인 변화를 시도하는 것이 바람직하다고 본다. ①은 최적모형, ③은 쓰레기통모형, ④는 점증모형에 대한 설명이다.

06. ① 설문은 자원의존이론에 대한 것이다. 자원의존이론은 어떤 조직도 필요로 하는 모든 자원을 획득할 수 없다는 것을 전제로 최고관리자의 희소자원에 대한 통제능력이 환경을 조작하고 통제할 수 있다고 본다.

<<핵심정리>> 자원의존이론

의의	어떤 조직도 필요로 하는 모든 자원을 획득할 수 없다는 것을 전제로 최고관리자의 희소자원에 대한 통제능력이 환경을 조작하고 통제할 수 있다고 보는 이론(전략적 선택이론의 관점)
특징	• 자원의존성 : 조직 간 자원의존성을 관리자가 다루어야 할 가장 중요한 요인으로 인식 • 조직의 주도적·능동적 환경관리(환경형성론) : 환경에 대한 피동적 대응이 아닌 관리자의 희소자원 통제능력에 의한 능동적·적극적 환경관리 강조

07. ② 연쇄효과란 한 평정요소에 대한 평정자의 판단이 연쇄적으로 다른 요소의 평정에도 영향을 미치는 현상을 말한다. 도표식평정척도법은 연쇄효과(halo effect)를 발생시킬 우려가 있다. 연쇄효과를 극복하기 위한 기법에는 체크리스트법이나 강제선택법 등이 있다.

08. ① 임용주체에 따라 국가공무원과 지방공무원으로 구분되며, 국가공무원은 「국가공무원법」이 적용되며, 지방공무원은 「지방공무원법」이 적용된다(㉠). 경력직 공무원은 일반직 공무원과 특정직 공무원으로 구분되며, 특수경력직 공무원은 정무직 공무원과 별정직 공무원으로 구분된다(㉢).

09. ③ 이용은 질적 한정성의 원칙의 예외, 예비비는 양적 한정성의 원칙의 예외, 계속비는 시간 한정성의 원칙의 예외이다. 따라서 이용, 예비비, 계속비는 모두 한정성의 원칙의 예외 제도들이다.

<<핵심정리>> 한정성의 원칙

개념	예산은 국회가 의결해 준 목적범위 내, 규모범위 내, 시간범위 내에서 사용되어야 한다는 원칙
예외	• 목적(질적) 한정성 예외 : 이용, 전용 • 규모(양적) 한정성 예외 : 예비비, 추가경정예산 • 시간(기간) 한정성 예외 : 이월, 계속비, 과년도 수입과 지출, 조상충용

10. ④ 지방교부세와 국고보조금 및 교육재정교부금은 중앙정부가 지원하는 지방재정조정제도이나 조정교부금은 상급자치단체(시·도)가 하급자치단체(시·군·구)에게 행하는 지방재정조정제도이다.

2025 공무원 시험대비 【8월분】

— 제17회 —
[정답 및 해설]

이 름: _____

제1과목 국어
제2과목 영어
제3과목 한국사
제4과목 행정법총론
제5과목 행정학개론

매일 모의고사 정오표

합격까지 박문각

매일 모고 국어 제17회
정답 및 해설

합격까지 **박문각**
亦功 국어
적중 혜선

01. ② ㉠ 주어의 직접적 행위와 간접적 행위를 모두 나타내는 경우는 파생적 사동문에 해당한다. 따라서 ㉠은 파생적 사동문이 있는 (가)에 해당한다. ㉡ 주어의 간접적 행위만을 나타내는 경우는 통사적 사동문에 해당한다. 따라서 ㉡은 통사적 사동문이 있는 (나)이다. 단순 부정 혹은 의지 부정을 뜻하는 문장은 '안 부정문'이다. 따라서 ㉢은 (라)에 해당한다. 능력 부정을 뜻하는 경우는 '못 부정문'이다. 따라서 ㉣은 (다)에 해당한다.

02. ② (나): 과거에 직접 경험한 사실을 말할 때는 종결 어미 '-데'를 쓰는 것이 적절하다. 이때 '-데'는 '-더라'로 바꿔 쓸 수 있다. 종결 어미 '-대'는 주로 남의 말을 전달할 때 사용하는 표현으로, "철수 말로는 네 동생 일 참 잘한대"와 같이 '-다고 해'의 준말로 쓰인다. 또한 "숙제가 왜 이렇게 많대?"처럼 놀라움이나 못마땅함 등의 감정을 담아 말할 때도 사용된다.
① (가): 연결 어미 '-러'는 '가거나 오거나 하는 동작의 목적을 나타내는 연결 어미'로, 부정문과 결합할 수 없다.
③ (다): '할아버지'를 가리키는 재귀 대명사로 '자기'를 쓰는 것은 높임 표현을 적절하지 않게 사용한 것으로, '당신'으로 고쳐야 한다.
④ (라): 보조사 '만'과 '은'이 결합한 '만은'은 다른 것으로부터 제한하여 어느 것을 한정하거나 무엇을 강조할 경우, 또는 화자가 기대하는 마지막 선을 나타낼 경우에 쓰는 보조사 '만'의 의미가 중요하다. '여행을 가서만은 일 생각을 하지 마라.'와 같이 쓰인다.

03. ③
○ A → (~B ∨ ~C) ≡ (B ∧ C) → ~A
○ ~B → ~D ≡ D → B
○ (~C ∨ ~D) → E ≡ ~E → (C ∧ D)
○ ~E

네 번째 조건에 의하여 E동아리는 선정되지 않는 것이 확정된다. 그러면 세 번째 명제의 대우명제 '~E → (C ∧ D)'에 의해 C동아리와 D동아리는 모두 선정된다. D동아리가 선정되었으므로 두 번째 명제의 대우명제 'D → B'에 의해 B동아리도 선정된다. 지금까지 B동아리, C동아리가 둘 다 선정된 것이 확인되었으므로 첫 번째 명제의 대우명제 '(B ∧ C) → ~A'에 의해 A동아리는 선정되지 않는다. 모두 종합하면 지원 대상으로 선정되는 동아리는 B, C, D이다.

04. ①
㉠ 학생 ∧ ~영어회화
㉡ ~봉사활동 → 영어회화 ≡ ~영어회화 → 봉사활동
㉢ 봉사활동 → ~영어회화 ≡ 영어회화 → ~봉사활동
㉣ 학생 ∧ 봉사활동

㉮: ㉠에 의해 영어회화를 수강하지 않는 학생이 존재(학생 ∧ ~영어회화)하고, ㉡의 대우명제에 의해 영어회화를 수강하지 않는 모든 사람은 봉사활동에 참여하므로(~영어회화 → 봉사활동) 어떤 학생은 봉사활동에 참여한다는 결론(학생 ∧ 봉사활동)을 내릴 수 있다. 따라서 ㉣은 반드시 참이다.
㉯: '㉠ 학생 ∧ ~영어회화'와 '㉢ 봉사활동 → ~영어회화'의 경우 매개항 '~영어회화'가 ㉢의 후건에 있으므로 연결하여 '학생 ∧ 봉사활동'을 도출하는 것이 불가능하다.
㉰: '㉠ 학생 ∧ ~영어회화'에 의해 영어회화를 수강하지 않는 학생이 존재하고, '㉣ 학생 ∧ 봉사활동'에 의해 봉사활동에 참여하는 학생이 존재한다. '학생'이 공통되기는 하나 전칭의 주어에서 주연되고 있지는 않으므로 두 명제 연결 자체가 불가능하다. 따라서 '㉡ ~봉사활동 → 영어회화'는 반드시 참이라고 말할 수 없다.

05. ② ㉠의 '쏘다'는 '1 「2」 말이나 시선으로 상대편을 매섭게 공격하다.'를 의미한다. 이와 가장 유사한 의미의 '쏘다'는 ②이다.
① 2 「1」 벌레가 침과 같은 것으로 살을 찌르다.
③ 2 「2」 매운맛이나 강한 냄새가 사람의 입안이나 코를 강하게 자극하다.
④ 1 「1」 활이나 총, 대포 따위를 일정한 목표를 향하여 발사하다.

06. ① ㉠의 '배다'는 '「1」 스며들거나 스며 나오다.'를 의미한다. 이와 가장 유사한 의미의 '배다'는 ①이다.
② 「2」 버릇이 되어 익숙해지다.
③ 「2」 버릇이 되어 익숙해지다.
④ 「3」 냄새가 스며들어 오래도록 남아 있다.

07. ② '이양하다'는 '남에게 넘겨주다.'를 의미한다. 따라서 '지식이나 기능, 이치 따위를 깨닫게 하거나 익히게 하다.'를 의미하는 '가르치다'는 ㉡과 바꿔 쓸 수 있는 유사한 표현으로 적절하지 않다. '물건, 권리, 책임, 일 따위를 남에게 주거나 맡기다.'를 의미하는 '넘겨주다'로 바꿔 쓸 수 있다.
① ㉠ '가혹하다'는 '몹시 모질고 혹독하다.'를 의미한다. 따라서 '마음씨가 몹시 매섭고 독하다.'를 의미하는 '모질다'로 바꿔 쓸 수 있다.
③ ㉢ '기피하다'는 '꺼리거나 싫어하여 피하다'를 의미한다. 따라서 '사물이나 일 따위가 자신에게 해가 될까 하여 피하거나 싫어하다.'를 의미하는 '꺼리다'로 바꿔 쓸 수 있다.
④ ㉣ '수수하다'는 '물품을 주고받다'를 의미한다. 따라서 '서로 주기도 하고 받기도 하다.'를 의미하는 '주고받다'로 바꿔 쓸 수 있다.

08. ② '잡히다'는 '어떤 상태가 유지되다.'를 의미한다. 따라서 '어떤 기회나 정세가 알아차려지다.'를 의미하는 '포착되다'는 ㉡과 바꿔 쓸 수 있는 유사한 표현으로 적절하지 않다. '어떤 상태나 상황이 그대로 보존되거나 변함없이 계속되어 지탱되다.'를 의미하는 '유지되다'로 바꿔 쓸 수 있다.
① ㉠ '빠져나가다'는 '제한된 환경이나 경계의 밖으로 나가다.'를 의미한다. 따라서 '적극적으로 나서야 할 일에서 몸을 사려 빠져나가다.'를 의미하는 '도피하다'로 바꿔 쓸 수 있다.
③ ㉢ '치르다'는 '주어야 할 돈을 내주다.'를 의미한다. 따라서 '돈을 내어주다. 또는 값을 치르다.'를 의미하는 '지불하다'로 바꿔 쓸 수 있다.
④ ㉣ '맡기다'는 '어떤 일에 대한 책임을 지고 담당하게 하다.'를 의미한다. 따라서 '어떤 일을 남에게 부탁하여 맡게 하다.'를 의미하는 '위촉하다'로 바꿔 쓸 수 있다.

09. ① <보기>의 문장에서 '이 경우'가 지칭하는 대상이 <보기>의 앞에 와야 한다. <보기>에서 '이 경우'는 두 활동을 하는 것임을 알 수 있다. 그런데 ㉠~㉣ 주변의 문장들은

모두 두 가지 활동을 동시에 하는 경우를 설명하고 있다. 따라서 <보기>에서 그 중 '무의식적으로 수행'이라는 말에 집중하면, <보기>는 운전을 무의식적으로 수행할 수 있다는 내용의 앞인 ㉠이나 그 뒤인 ㉡에 들어가는 것이 적절하다. 그런데 <보기>의 내용은 특정 행동을 구체적으로 설명하는 것이 아니라 일반적인 경우에 대한 서술이다. 반면, '가령' 뒤에 이어지는 문장은 운전을 구체적인 사례로 들고 있으므로, 일반적인 경우에 대한 서술인 <보기>가 먼저 ㉠의 위치에 오고, 그 뒤에 구체적인 예시로 운전 중 대화가 제시되는 것이 적절하다.

10. ④ 롤스는 사회 구성원들이 자신과 타인에 대해 아무것도 모르는 상태에서 사회 운영 원칙을 정하는 상황을 가정하였다. 그러나 센델은 '현실에는 자신의 인종이나 성별처럼 고유한 특성까지 모르는 개인이 존재하지 않는다'고 주장하였다. 또, '사회적 합의는 롤스가 가정한 것과 다른 상황에서 이루어진다'라고 하였다. 이는 롤스의 가정의 비현실성을 지적하고 있는 것이므로, ㉠에는 롤스의 가정이 현실적으로 불가능하다는 내용이 오는 것이 적절하다.
① 센델은 '사회적 합의는 롤스가 가정한 것과 다른 상황에서 이루어진다'라고 하였다. 즉, 센델 또한 사회 운영 원칙이 구성원들의 사회적 합의에 의해 형성된다고 보는 입장이다.
②, ③ 센델은 롤스가 가정한 상황이 불공정하다고 비판한 것이 아니라 비현실적이라고 비판하였다.

매일 모고 영어 제17회
정답 및 해설

반드시 합격 진가영 영어

01. ④ ★ undermine 훼손하다, 약화시키다
● trust 신뢰하다[신임하다/믿다]
● predict 예측하다, 예언하다
● explore 탐험하다, 탐구하다
[해석] 허위 소문을 퍼뜨리는 것은 누군가의 평판을 심각하게 훼손할 수 있다.

02. ④ ★ judicial 사법의, 재판의
● bare 벌거벗은, 맨-
● solitary 혼자 하는, 홀로 있는, 외딴
● medieval 중세의
[해석] 판사는 절차를 감독하고 증거에 따라 결정을 내릴 수 있는 광범위한 사법 권한을 가지고 있다.

03. ③ ★ vanish 사라지다
● induce 설득하다, 유도하다, 유발[초래]하다
● prefer 좋아하다, 선호하다
● stage 개최하다[무대에 올리다]
[해석] 기술이 발전함에 따라 손글씨 편지와 같은 전통적인 소통 방식이 일상에서 점점 사라지고 있다.

04. ② ★ offend 불쾌하게 하다, 범죄를 저지르다
● commend 칭찬하다, 추천하다
● prepare 준비하다, 대비하다
● gratify 기쁘게 하다, 충족[만족]시키다
[해석] 그 영화는 특정 문화 집단을 불쾌하게 할 수 있는 장면이 포함되어 비판받았다.

05. ① ★ respond 대답하다, 반응하다
● afflict 괴롭히다, 피해를 입히다
● efface 지우다, 없애다
● tally 부합[일치]하다, 총계를 내다
[해석] 그녀는 면접 중 예상치 못한 질문에 어떻게 대답해야 할지 몰라 당황할 수밖에 없었다.

06. ② [해설]
빈칸은 문장의 동사 자리이며, 이어동사(구동사)에서 부사는 '타동사 + 대명사 + 부사' 순서로 써야 한다. 따라서 밑줄 친 부분에 가장 적절한 것은 ②이다.
[해석]
매일 꾸준히 새로운 어휘를 외우는 것은 언어 능력 향상에 필수적이다.

07. ③ [해설]
'if+주어 + had p.p.'가 나오면 가정법 과거 완료를 의미하고 '주어 + would/should/could/might have p.p.'가 올바르게 쓰였는지 확인해야 한다. 따라서 밑줄 친 부분인 succeed를 have succeed로 고쳐야 한다.
[해석]
과거를 되돌아보니, 나는 충분히 신중하지 않았기 때문에 많은 기회를 놓쳤다는 것을 깨닫는다. 더 부지런했더라면, 나는 인생에서 성공할 수 있었을 것이다. 노력과 꾸준함은 성공의 핵심 요소이며, 나는 이제 그 중요성을 이해하게 되었다.

08. ④ [해설]
A: 실례합니다. 실종 신고를 하려고 합니다.
B: 알겠습니다. 누가 실종되었고, 마지막으로 본 건 언제인가요?
A: 제 남동생이에요. 어제 오후에 마지막으로 봤습니다.
B: 몇 살이고, 어떤 옷을 입고 있었나요?
A: 15살이에요. 회색 후드티에 청바지를 입고 있었어요.
B: 전에 실종된 적이 있나요?
A: 아니요, 이번이 처음이에요.
B: 바로 수사에 착수하겠습니다. 이 양식에 그의 정보를 작성해 주세요.
① 평소 어디에 자주 가나요?
② 최근에 누군가 그를 봤나요?
③ 이 신고는 몇 시에 하셨나요?
④ 전에 실종된 적이 있나요?

09. ④ [해설]
이 글은 자연에서 영감을 받은 기술(생체모방)이 혁신을 이끌었다고 설명한다. (C)는 대표적 사례인 물총새를 본떠 소음과 공기저항을 줄인 일본 총알열차를 소개하며 구체적 예를 든다. (B)는 또 다른 사례로 연잎 표면을 모방한 발수 기술을 설명하며 기술 적용 분야를 언급한다. 마지막으로 (A)는 이들 사례가 자연 관찰을 통해 효율성과 지속가능성을 겸비한 실용적 해법을 제시한다는 점을 종합적으로 정리하며 글을 마무리한다. 따라서 글의 순서로 가장 적절한 것은 ④이다.
[해석]

> 생체모방, 즉 자연에서 영감을 받은 기술 설계는 최근 수십 년간 놀라운 혁신을 이끌어냈다.
>
> (C) 한 예로, 일본의 신칸센(총알열차)은 엔지니어들이 물총새의 부리를 연구한 후 소음과 공기 저항을 줄이기 위해 재설계되었다.
> (B) 또 다른 주목할 만한 사례로는 연잎을 본뜬 발수 표면의 개발이 있는데, 이 기술은 현재 섬유 및 전자기기 분야에서 널리 사용되고 있다.
> (A) 이러한 사례들은 자연을 관찰함으로써 인간의 문제에 실용적인 해결책을 제시할 수 있음을 보여주며, 효율성과 지속가능성을 동시에 추구한다.

[어휘]
□ biomimicry 생체모방 기술
□ resistance 저항
□ water-repellent 발수성의, 물을 튕겨내는
□ lotus leaf 연잎
□ sustainability 지속 가능성
□ textile 섬유
□ practical 실용적인

10. ④ [해설]
이 글은 척수가 자동 반사작용을 수행하는 기능을 중심으로 중추신경계의 구조와 역할을 설명한다. ①번부터 ③번 문장까지는 척수의 독립적인 기능인 무의식적 반사작용에 초점을 맞추고 있다. 하지만 ④번 문장은 '뇌가 중추신경계 없이는 외부 세계를 인식할 수 없다'는 중추신경계 전체에 관한 일반적 설명으로, 글의 핵심 흐름인 '척수의 반사 기능'과 논리적 연결이 약하다. 따라서 글의 흐름상 어색한 문장은 ④이다.
[해석]

3

중추신경계는 인간의 신체 움직임과 활동을 조절한다. 전통적으로 뇌와 척수 두 부분으로 구성된 것으로 여겨지지만, 척수는 사실 뇌와 몸을 연결하는 다리 역할을 한다. ① 그러나 척수는 자체적으로도 일부 신체 움직임을 조절한다. ② 이 움직임들은 의식적인 생각 없이 자동으로 일어나는 반사 작용이다. ③ 예를 들어, 뜨거운 표면을 만지면 척수가 통증을 뇌가 인지하기도 전에 반응하게 만든다. (④ 이것은 피부의 신경이 척수로 신호를 보내고, 척수가 팔 근육에 손을 치우라는 명령을 내리기 때문이다.) 뇌는 나머지 중추신경계의 도움 없이는 외부 세계를 인식할 수 없다.

[어휘]
- central nervous system 중추신경계
- spinal cord 척수
- reflex 반사 작용, 반응
- perceive 인지하다, 감지하다
- external world 외부 세계
- respond 반응하다, 대응하다
- muscle 근육
- bridge (비유적 의미) 연결 통로, 중간 매개체

매일 모고 한국사 제17회
정답 및 해설

01. ③ 제시된 사설은 이광수가 집필했으며 이에 대해 국내는 물론 해외에서도 반대 운동이 일어났다. 이 사설의 요지는 민족의 백년대계를 위해서는 일제가 허용하는 범위 내에서 정치적 결사를 조직해야 한다는 것이다. 이는 일제의 통치를 기정사실로 인정하고 이 울타리 안에서 자치 운동을 전개할 것을 주장한 것으로 1922년 민족 개조론과 일맥상통한다. 이광수, 최린 등이 이러한 변절적인 주장을 하였다. 이에 비해 이상재, 조만식 등은 일제와의 타협을 거부하는 비타협적 민족주의를 추구하였다.

02. ③ 광주 학생 항일 운동은 차별과 일제의 식민지 교육에 반대하여 전라남도 광주에서 시작된 항일 시위이며, 12월에는 서울에서 시위가 일어났다. 이듬해 1930년 1월 신학기가 시작되자 학생들의 시위는 하거나 동맹 휴학으로 일제의 탄압에 맞섰다. 전국적으로 시위에 참여한 학교는 194개 교, 참여 학생은 5만 5천여 이르렀다. 더 나아가 이 운동은 만주의 민족 학교 학생이나 일본 유학생으로까지 확대되었다.
① 3·1 운동이다.
② 일제는 3·1운동을 계기로 식민 통치 방식을 헌병 경찰 통치에게서 소위 문화 통치로 바꾸었다.
④ 6·10 만세 운동이다.

03. ③ 자료는 미 군정의 시작을 알리는 미국 극동 사령부 포고령이다. 미 군정은 일본군의 무장 해제를 명목으로 38도선 이남에서 군정을 실시하였다. 미 군정은 대한민국 임시정부를 정부로서 인정하지 않고 하나의 정치 단체로만 인정하였다.
ㄱ. 미 군정은 우리 민족의 염원이었던 친일파 처단과 농지 개혁의 염원을 무시하였다.
ㄹ. 미군은 군정을 선포하고 직접 통치의 방식을 취하면서, 조선 건국 준비 위원회의 활동과 조선 인민 공화국 수립을 부정하였다.

04. ③ (가)는 1919년 3·1 운동 당시 발표되었던 독립 선언서 중 공약 3장이다.
(나)는 1929년 광주 학생 항일 운동 당시의 격문이다. 3·1 운동 직후 국내에서는 이념과 노선을 달리하는 세력이 등장하여 독립 운동계의 분화가 일어났다. 민족주의 세력은 물산 장려 운동, 민립 대학 설립 운동을 중심으로 실력 양성 운동을 전개하였으며, 사회주의 세력은 노동·농민 운동 등 사회 운동과 경제 운동을 전개하였다. 이때 민족주의 세력 내에서도 분화가 일어나 자치 운동론이 대두하였다. 이것은 일제가 허락하는 범위 내에서 자치권을 획득하자는 것이어서 이제까지 민족주의자들이 주장하였던 완전 독립론, 절대 독립론에 크게 배치되는 것이었다.
① 신민회는 1907년에 조직되어 1911년 105인 사건으로 해체되었다.
② 신사 참배는 민족 말살 통치기(1930년대)의 사실이다.
④ 1910년대에 활동한 독립 운동 단체이다.

05. ② 제시된 글은 김원봉이 의열단을 만든 이유를 설명한 것이다. 의열단원으로 활동한 인물로는 종로 경찰서에 투탄한 김상옥, 그리고 총독부에 투탄한 김익상과 동양 척식 주식 회사에 투탄한 나석주 등이 있다. 특히 일본에 건너가 일본 국왕을 죽이려 하였던 김지섭의 거사는 국제적으로 한국 독립 운동의 의기를 드높였다.
① 구미 위원부는 대한민국 임시정부에서 외교 활동을 전개하였다.
③ 군대 양성이 아니라 즉각적인 항일 투쟁을 강조하고 있다.
④ 대한민국 임시정부가 군자금을 모금하고 국내와의 연결을 꾀하던 비밀 행정 조직망이다.

06. ② (가)는 외교 독립론, (나)는 실력 양성론이다. 신채호는 조선혁명선언에서 외교 독립론과 실력 양성론을 모두 비판하며 민중의 직접적인 (다)에 해당하는 폭력혁명론을 주장하였다. 이승만의 위임통치론은 대표적인 외교독립론의 방식이다.
ㄴ. 김구의 한인애국단은 무장투쟁론에 근거한 조직이다.
ㄷ. 외교론자들 상하이에 임시정부를 두는 것을 선호하였지만, 실력 양성론과 블라디보스토크는 별 상관이 없다.

07. ③ 길림성 왕청현에는 대종교 세력이 중심이 되어 조직된 북로 군정서가 있었다. 이 단체는 홍범도의 대한 독립군을 비롯한 독립군 연합 부대를 구성하여 청산리 일대의 삼림 지대에서 6일 동안 10여 차례의 크고 작은 전투 끝에 일본군을 크게 격파하였다.
① 서간도 지역에 설치된 신흥 무관 학교는 지청천 등을 교관으로 영입하고 본격적인 무관 교육에 힘을 기울여 1920년 가을에 폐교될 때까지 많은 독립군을 양성하였다. 이들을 중심으로 서로 군정서라는 독립군 조직이 결성되었다.
② 대한민국 임시정부 직속의 독립군 부대이다.
④ 홍범도가 이끈 독립군 부대이다. 안무의 국민회군, 최진동의 군무 도독부군과 연합 부대를 편성하여 봉오동에서 일본군을 기습하여 커다란 전과를 올렸다.

08. ② ① 국가정책 심의 결정기구로서 중서문하성을 두었고, 문하시중이 국정을 총괄하였다. 상대등은 신라의 국정총괄자이다.
③ 외교문서를 담당하는 기관은 한림원이다. 어사대는 감찰기관이다.
④ 궁중 서적을 보관하는 보문각이 있었다.

09. ③ 가. 송광사는 고려 후기의 승려 지눌이 본부로 삼았던 곳이다.
나. 의상은 진골 출신이다.
라. 의천은 숙종의 지원을 받았다.

10. ② 공민왕은 과거제도를 정비하여 신진사대부를 육성하였다.
①, ③ 충선왕
④ 공민왕은 홍건적의 침공으로 거처를 복주로 옮겼다.

매일 모고 행정법 제17회
정답 및 해설

01. ③ 제재적 행정처분의 기준이 부령 형식으로 규정되어 있더라도 그것은 행정청 내부의 사무처리준칙을 규정한 것에 지나지 않아 대외적으로 국민이나 법원을 기속하는 효력이 없다. 대법원 2019. 9. 26. 선고 2017두48406 판결
① 법령의 위임이 없음에도 법령에 규정된 처분 요건에 해당하는 사항을 부령에서 변경하여 규정한 경우에는 그 부령의 규정은 행정청 내부의 사무처리 기준 등을 정한 것으로서 행정조직 내에서 적용되는 행정명령의 성격을 지닐 뿐 국민에 대한 대외적 구속력은 없다고 보아야 한다. 대법원 2013. 9. 12. 선고 2011두10584 판결
② 법률의 위임 규정 자체가 그 의미 내용을 정확하게 알 수 있는 용어를 사용하여 위임의 한계를 분명히 하고 있는데도 시행령이 그 문언적 의미의 한계를 벗어났다든지, 위임 규정에서 사용하고 있는 용어의 의미를 넘어 그 범위를 확장하거나 축소함으로써 위임 내용을 구체화하는 단계를 벗어나 새로운 입법을 한 것으로 평가할 수 있다면, 이는 위임의 한계를 일탈한 것으로서 허용되지 않는다. 대법원 2012. 12. 20. 선고 2011두30878 전원합의체 판결
④ 상위법령에서 세부사항 등을 시행규칙으로 정하도록 위임하였음에도 이를 고시 등 행정규칙으로 정하였다면 그 역시 대외적 구속력을 가지는 법규명령으로서 효력이 인정될 수 없다. 대법원 2012. 7. 5. 선고 2010다72076 판결

02. ② 예외적인 개발행위의 허가는 상대방에게 수익적인 것이 틀림이 없으므로 그 법률적 성질은 재량행위 내지 자유재량행위에 속하는 것이고, 이러한 재량행위에 있어서는 관계 법령에 명시적인 금지규정이 없는 한 행정목적을 달성하기 위하여 조건이나 기한, 부담 등의 부관을 붙일 수 있고, 그 부관의 내용이 이행 가능하고 비례의 원칙 및 평등의 원칙에 적합하며 행정처분의 본질적 효력을 저해하지 아니하는 이상 위법하다고 할 수 없다. 대법원 2004. 3. 25. 선고 2003두12837 판결
① 행정처분에 붙은 부담인 부관이 제소기간의 도과로 확정되어 이미 불가쟁력이 생겼다면 그 하자가 중대하고 명백하여 당연 무효로 보아야 할 경우 외에는 누구나 그 효력을 부인할 수 없을 것이지만, 부담의 이행으로서 하게 된 사법상 매매 등의 법률행위는 부담을 붙인 행정처분과는 어디까지나 별개의 법률행위이므로 그 부담의 불가쟁력의 문제와는 별도로 법률행위가 사회질서 위반이나 강행규정에 위반되는지 여부 등을 따져보아 그 법률행위의 유효 여부를 판단하여야 한다. 대법원 2009. 6. 25. 선고 2006다18174 판결
③ 행정기본법 제17조

> **행정기본법 제17조(부관)**
> ② 행정청은 처분에 재량이 없는 경우에는 법률에 근거가 있는 경우에 부관을 붙일 수 있다.

④ 기선선망어업의 허가를 하면서 운반선, 등선 등 부속선을 사용할 수 없도록 제한한 부관은 그 어업허가의 목적달성을 사실상 어렵게 하여 그 본질적 효력을 해하는 것일 뿐만 아니라 위 시행령의 규정에도 어긋나는 것이며, 더욱이 어업조정이나 기타 공익상 필요하다고 인정되는 사정이 없는 이상 위법한 것이다. 대법원 1990. 4. 27. 선고 89누6808 판결

03. ② 행정작용 중 중대명백설에 따라 그 위법의 정도를 무효와 취소사유로 구분하는 것은 오직 공정력이 인정되는 행정처분 밖에 없다. 따라서 공정력이 인정되지 않는 공법상 계약의 내용이 법령을 위반하는 등의 하자가 있다면 그 계약은 중대명백성을 따질 것도 없이 무조건 무효로 된다.
① 행정기본법 제27조

> **행정기본법 제27조(공법상 계약의 체결)**
> ② 행정청은 공법상 계약의 상대방을 선정하고 계약 내용을 정할 때 공법상 계약의 공공성과 제3자의 이해관계를 고려하여야 한다.

③ 공법상 계약의 한쪽 당사자가 다른 당사자를 상대로 효력을 다투거나 이행을 청구하는 소송은 공법상의 법률관계에 관한 분쟁이므로 분쟁의 실질이 공법상 권리·의무의 존부·범위에 관한 다툼이 아니라 손해배상액의 구체적인 산정방법·금액에 국한되는 등의 특별한 사정이 없는 한 공법상 당사자소송으로 제기하여야 한다. 대법원 2021. 2. 4. 선고 2019다277133 판결
④ 지방전문직공무원 채용계약에서 정한 채용기간이 만료한 경우 채용계약을 갱신하거나 채용기간을 연장할 것인지 여부는 지방자치단체장의 재량에 맡겨져 있는 것으로 보아야 할 것이다. 대법원 1993. 9. 14. 선고 92누4611 판결

04. ④ 이 사건 소는 제1심 관할법원인 서울행정법원에 제기되었어야 할 것인데도 서울북부지방법원에 제기되어 심리되었으므로 확인의 이익 유무에 앞서 전속관할을 위반한 위법이 있는바, 이송 후 행정법원의 허가를 얻어 이 사건이 조합설립인가처분에 대한 항고소송으로 변경될 수 있음을 고려해 보면 이송하더라도 부적법하게 되어 각하될 것이 명백한 경우에 해당한다고 보기는 어려우므로, 이 사건은 관할 법원으로 이송함이 마땅하다. 대법원 2009. 9. 24. 선고 2008다60568 판결
① 여기에서 '그 행정처분과 동일한 사유로 위법한 처분이 반복될 위험성이 있는 경우'란 불분명한 법률문제에 대한 해명이 필요한 상황에 대한 대표적인 예시일 뿐이며, 반드시 '해당 사건의 동일한 소송 당사자 사이에서' 반복될 위험이 있는 경우만을 의미하는 것은 아니다. 대법원 2020. 12. 24. 선고 2020두30450 판결
② 부작위위법확인의 소는 부작위상태가 계속되는 한 그 위법의 확인을 구할 이익이 있다고 보아야 하므로 원칙적으로 제소기간의 제한을 받지 않는다. 그러나 행정소송법 제38조 제2항이 제소기간을 규정한 같은 법 제20조를 부작위위법확인소송에 준용하고 있는 점에 비추어 보면, 행정심판 등 전심절차를 거친 경우에는 행정소송법 제20조가 정한 제소기간 내에 부작위위법확인의 소를 제기하여야 한다. 대법원 2009. 7. 23. 선고 2008두10560 판결
③ 지방자치단체장이 국유 잡종재산을 대부하여 달라는 신청을 거부한 것은 항고소송의 대상이 되는 행정처분이 아니므로 행정소송으로 그 취소를 구할 수 없다. 대법원 1998. 9. 22. 선고 98두7602 판결

05. ④ 간접강제결정에 기한 배상금은 확정판결의 취지에 따른 재처분의 지연에 대한 제재나 손해배상이 아니고, 재처분의 이행에 관한 심리적 강제수단에 불과한 것이므로, 특별한 사정이 없는 한 간접강제결정에서 정한 의무이행

기한이 경과한 후에라도 확정판결의 취지에 따른 재처분의 이행이 있으면 처분 상대방이 더 이상 배상금을 추심하는 것은 허용되지 않는다. 대법원 2004. 1. 15. 선고 2002두2444 판결
① 자동차운수사업면허조건 등을 위반한 사업자에 대하여 행정청이 행정제재수단으로 사업 정지를 명할 것인지, 과징금을 부과할 것인지, 과징금을 부과키로 한다면 그 금액은 얼마로 할 것인지에 관하여 재량권이 부여되었다 할 것이므로 과징금부과처분이 법이 정한 한도액을 초과하여 위법할 경우 법원으로서는 그 전부를 취소할 수밖에 없고, 그 한도액을 초과한 부분이나 법원이 적정하다고 인정되는 부분을 초과한 부분만을 취소할 수 없다. 대법원 1998. 4. 10. 선고 98두2270 판결
② 행정소송법 제8조 제2항에 의하여 행정소송에 준용되는 민사소송법 제216조, 제218조가 규정하고 있는 '기판력'이란 기판력 있는 전소 판결의 소송물과 동일한 후소를 허용하지 않음과 동시에, 후소의 소송물이 전소의 소송물과 동일하지는 않더라도 전소의 소송물에 관한 판단이 후소의 선결문제가 되거나 모순관계에 있을 때에는 후소에서 전소 판결의 판단과 다른 주장을 하는 것을 허용하지 않는 작용을 한다. 대법원 2016. 3. 24. 선고 2015두48235 판결
③ 취소 확정판결의 기속력은 판결의 주문 및 전제가 되는 처분 등의 구체적 위법사유에 관한 판단에도 미치나, 종전 처분이 판결에 의하여 취소되었더라도 종전 처분과 다른 사유를 들어서 새로이 처분을 하는 것은 기속력에 저촉되지 않는다. 여기에서 동일 사유인지 다른 사유인지는 확정판결에서 위법한 것으로 판단된 종전 처분사유와 기본적 사실관계에서 동일성이 인정되는지 여부에 따라 판단되어야 하고, 기본적 사실관계의 동일성 유무는 처분사유를 법률적으로 평가하기 이전의 구체적인 사실에 착안하여 그 기초인 사회적 사실관계가 기본적인 점에서 동일한지에 따라 결정된다. 대법원 2016. 3. 24. 선고 2015두48235 판결

06. ① 행정기본법 제6조

> **행정기본법 제6조(행정에 관한 기간의 계산)**
> ② 법령등 또는 처분에서 국민의 권익을 제한하거나 의무를 부과하는 경우 권익이 제한되거나 의무가 지속되는 기간의 계산은 다음 각 호의 기준에 따른다. 다만, 다음 각 호의 기준에 따르는 것이 국민에게 불리한 경우에는 그러하지 아니하다.
> 2. 기간의 말일이 토요일 또는 공휴일인 경우에도 기간은 그 날로 만료한다.

② 행정기본법 제7조

> **행정기본법 제7조(법령등 시행일의 기간 계산)**
> 법령등(훈령·예규·고시·지침 등을 포함한다. 이하 이 조에서 같다)의 시행일을 정하거나 계산할 때에는 다음 각 호의 기준에 따른다.
> 1. 법령등을 공포한 날부터 시행하는 경우에는 공포한 날을 시행일로 한다.

③ 행정기본법 제7조

> **행정기본법 제7조(법령등 시행일의 기간 계산)**
> 법령등(훈령·예규·고시·지침 등을 포함한다. 이하 이 조에서 같다)의 시행일을 정하거나 계산할 때에는 다음 각 호의 기준에 따른다.
> 2. 법령등을 공포한 날부터 일정 기간이 경과한 날부터 시행하는 경우 법령등을 공포한 날을 첫날에 산입하지 아니한다.

④ 지방재정법 제87조 제1항에 의한 변상금부과처분이 당연무효인 경우에 이 변상금부과처분에 의하여 납부자가 납부하거나 징수당한 오납금은 지방자치단체가 법률상 원인 없이 취득한 부당이득에 해당하고, 이러한 오납금에 대한 납부자의 부당이득반환청구권은 처음부터 법률상 원인이 없이 납부 또는 징수된 것이므로 납부 또는 징수시에 발생하여 확정되며, 그 때부터 소멸시효가 진행한다. 대법원 2005. 1. 27. 선고 2004다50143 판결

07. ④ 특별한 사정이 없는 이상 경찰서장은 범칙행위에 대한 형사소추를 위하여 이미 한 통고처분을 임의로 취소할 수 없다. 대법원 2021. 4. 1. 선고 2020도15194 판결
① 지방자치단체가 그 고유의 자치사무를 처리하는 경우에는 지방자치단체는 국가기관의 일부가 아니라 국가기관과는 별도의 독립한 공법인이므로, 지방자치단체 소속 공무원이 지방자치단체 고유의 자치사무를 수행하던 중 도로법 제81조 내지 제85조의 규정에 의한 위반행위를 한 경우에는 지방자치단체는 도로법 제86조의 양벌규정에 따라 처벌대상이 되는 법인에 해당한다. 대법원 2005. 11. 10. 선고 2004도2657 판결
② 양벌규정에 의한 영업주의 처벌은 금지위반행위자인 종업원의 처벌에 종속하는 것이 아니라 독립하여 그 자신의 종업원에 대한 선임감독상의 과실로 인하여 처벌되는 것이므로 종업원의 범죄성립이나 처벌이 영업주 처벌의 전제조건이 될 필요는 없다. 대법원 2006. 2. 24. 선고 2005도7673 판결
③ 구 개인정보 보호법은 제2조 제5호, 제6호에서 공공기관 중 법인격이 없는 '중앙행정기관 및 그 소속 기관' 등을 개인정보처리자 중 하나로 규정하고 있으면서도, 양벌규정에 의하여 처벌되는 개인정보처리자로는 같은 법 제74조 제2항에서 '법인 또는 개인'만을 규정하고 있을 뿐이고, 법인격 없는 공공기관에 대하여도 위 양벌규정을 적용할 것인지 여부에 대하여는 명문의 규정을 두고 있지 않으므로, 죄형법정주의의 원칙상 '법인격 없는 공공기관'을 위 양벌규정에 의하여 처벌할 수 없고, 그 경우 행위자 역시 위 양벌규정으로 처벌할 수 없다고 봄이 타당하다. 대법원 2021. 10. 28. 선고 2020도1942 판결

08. ① 행정절차법의 규정과 행정의 공정성·투명성 및 신뢰성 확보라는 행정절차법의 입법 취지 등을 고려해 보면, 행정기관의 처분에 의하여 불이익을 입게 되는 국가를 일반 국민과 달리 취급할 이유가 없다. 따라서 국가에 대해 행정처분을 할 때에도 사전 통지, 의견청취, 이유 제시와 관련한 행정절차법이 그대로 적용된다고 보아야 한다. 대법원 2023. 9. 21. 선고 2023두39724 판결
② 행정절차법 제11조

> **행정절차법 제11조(대표자)**
> ⑥ 다수의 대표자가 있는 경우 그 중 1인에 대한 행정청의 행위는 모든 당사자등에게 효력이 있다. 다만, 행정청의 통지는 대표자 모두에게 하여야 그 효력이 있다.

③ 행정절차법 제11조

> **행정절차법 제11조(대표자)**
> ⑤ 대표자가 있는 경우에는 당사자등은 그 대표자를 통하여서만 행정절차에 관한 행위를 할 수 있다.

④ '의견청취가 현저히 곤란하거나 명백히 불필요하다고 인정될 만한 상당한 이유가 있는 경우'에 해당하는지는 해당 행정처분의 성질에 비추어 판단하여야 하며, 처분 상대방이 이미 행정청에 위반사실을 시인하였다거나 처분의 사전통지 이전에 의견을 진술할 기회가 있었다는 사정을 고려하여 판단할 것은 아니다. 대법원 2016. 10. 27. 선고 2016두41811 판결

09. ③ 형사소송법 제59조의2는 형사재판확정기록의 공개 여부나 공개 범위, 불복절차 등에 대하여 구 공공기관의 정보공개에 관한 법률과 달리 규정하고 있는 것으로 정보공개법 제4조 제1항에서 정한 '정보의 공개에 관하여 다른 법률에 특별한 규정이 있는 경우'에 해당한다. 따라서 형사재판확정기록의 공개에 관하여는 정보공개법에 의한 공개청구가 허용되지 아니한다. 대법원 2016. 12. 15. 선고 2013두20882 판결
① 정보공개법 제5조

> **정보공개법 제5조(정보공개 청구권자)**
> ① 모든 국민은 정보의 공개를 청구할 권리를 가진다.

② 정보공개법 제11조

> **정보공개법 제11조(정보공개 여부의 결정)**
> ⑤ 공공기관은 정보공개 청구가 다음 각 호의 어느 하나에 해당하는 경우로서 「민원 처리에 관한 법률」에 따른 민원으로 처리할 수 있는 경우에는 민원으로 처리할 수 있다.
>   1. 공개 청구된 정보가 공공기관이 보유·관리하지 아니하는 정보인 경우

④ 정보공개청구권은 법률상 보호되는 구체적인 권리이므로 청구인이 공공기관에 대하여 정보공개를 청구하였다가 거부처분을 받은 것 자체가 법률상 이익의 침해에 해당한다. 대법원 2004. 8. 20. 선고 2003두8302 판결

10. ③ 비록 병역법 제75조 제2항이 공익근무요원으로 복무 중 순직한 사람의 유족에 대하여 국가유공자등예우및지원에관한법률에 따른 보상을 하도록 규정하고 있다고 하여도, 공익근무요원이 국가배상법 제2조 제1항 단서의 규정에 의하여 국가배상법상 손해배상청구가 제한되는 군인·군무원·경찰공무원 또는 향토예비군대원에 해당한다고 할 수 없다. 대법원 1997. 3. 28. 선고 97다4036 판결
① 피해자에게 손해를 직접 배상한 경과실이 있는 공무원은 특별한 사정이 없는 한 국가에 대하여 국가의 피해자에 대한 손해배상책임의 범위 내에서 공무원이 변제한 금액에 관하여 구상권을 취득한다고 봄이 타당하다. 대법원 2014. 8. 20. 선고 2012다54478 판결
② 국가배상법 제4조

> **국가배상법 제4조(양도 등 금지)**
> 생명·신체의 침해로 인한 국가배상을 받을 권리는 양도하거나 압류하지 못한다.

④ 국가배상법 제6조

> **국가배상법 제6조(비용부담자 등의 책임)**
> ② 제1항의 경우에 손해를 배상한 자는 내부관계에서 그 손해를 배상할 책임이 있는 자에게 구상할 수 있다.

매일 모고 행정학 제17회
정답 및 해설

01. ③ 가외성은 동일 기능을 수행하는 여러 기관 간 의사소통을 촉진하여 인식의 편협성을 극복하고 창의성을 제고하는데 기여한다. 다만, 신뢰 등 사회적 자본을 통한 불확실성 감소는 가외적 장치의 필요성을 약화시켜 사회적 효율성을 증진시킨다.

<<핵심정리>> 가외성

개념	행정체제가 기본 구성요소 외에 잉여요소를 갖는 것
배경	1960년대 정보과학, 컴퓨터 기술, 사이버네틱스 이론 발달과 함께 논의되고, 란다우(Landau)에 의해 행정학에 도입
구성요소	중첩성: 동일기능을 여러 기관이 협력적으로 수행하는 것(재난관리)
	반(중)복성: 동일기능을 여러 기관이 독자적으로 수행하는 것(정보관리)
	동등잠재력: 주된 조직단위의 기능이 작동하지 않을 때 보조적 단위기관이 이를 대신 수행토록 하는 것(등전위현상, 대통령 유고시 국무총리 권한대행)
기능	① 신뢰성과 안정성 증진, ② 정보의 정확성 증진, ③ 적응성과 대응성 증진, ④ 창조성과 다양성 증진, ⑤ 목표의 전환 방지, ⑥ 체제의 수용능력 확대
한계	① 능률성(감축관리)과 충돌가능성, ② 갈등 증폭 및 책임한계의 모호성, ③ 불확실성에 대한 소극적 대처 방안

02. ④ 행태론적 접근방법은 인간의 개별적 행태에 대한 연구에 치중하므로 인간행태를 개별적이고 미시적으로 분석하려는 것이다.

<<핵심정리>> 행태론적 접근방법

의의	조직 내부의 인간행태를 경험적·실증적·과학적으로 연구하는 접근방법
대두배경	• 원리주의적 접근 비판 : 제시된 '원리'가 과학적 검증을 거치지 못했음을 비판 • 구제도론적 접근 비판 : 제도 내의 인간행태의 중요성을 간과하였음을 비판
행정개념	행정이란 사실에 관한 집단적(협동적) 의사결정 과정
연구범위	가치중립적 연구 : 가치와 사실을 구분하고 사실 중심의 연구
연구대상	• 행태 : 관찰·질문·면접 등을 통해 파악 가능한 외면화·표면화된 가치관·사고·태도 • 집단규범(집단행태)과 문화 중시
연구방법	• 자연(순수)과학적 연구 : 행태의 규칙성과 인과성을 경험적으로 입증(논리실증주의) • 조작적 정의를 통한 계량적 분석 및 확률적 설명
접근방법	• 미시적 접근(방법론적 개체주의, 환원주의적 시각) • 연역적 접근과 귀납적 접근의 통합 • 연합(종합)학문적 성격(심리학, 사회학, 문화인류학 등과 통합) • 사회심리학적 접근 : 인간을 감정, 신념, 인격을 지닌 존재로 인식
행정관점	종합적 관점(과학적 관리론과 인간관계론의 절충 - 행정인, 제한된 합리성 등)
공헌	행정학 연구의 과학화 및 보편·일반법칙적 이론 구축에 기여

03. ② 정책과정의 공식적 참여자는 국가기관을 의미한다. 따라서 헌법재판소(ⓒ), 정부관료(ⓑ), 입법부(ⓔ)는 공식적 참여자에 해당한다.

04. ① 정책결정과정에서 집단 간에 요구가 모두 수용되지 않고 타협하는 수준에서 대안을 찾는다는 갈등의 준해결은 쓰레기통 모형의 전제조건이 아니라 회사모형에서 의사결정의 특징이다.

05. ④ 책임운영기관은 공공성이 강하여 민영화, 민간위탁이 곤란한 부분 중 성과관리가 용이한 분야에 적용된다.

<<핵심정리>> 책임운영기관

의의	• 정책기능과 집행기능을 구분하여 집행기능을 담당하는 독립기관을 설치하고 이 기관에 인사·예산 등 조직 운영에 자율성을 부여하는 반면 운영성과에 대하여 책임을 지도록 하는 제도 • 공공성이 강해 민영화가 어려운 부분을 정부가 직접 수행하기 위해 설치
배경	신공공관리론
각국	• 영국 : 대처정부의 Next Steps에 의해 최초로 설치(1988년) • 미국 : 클린턴 정부가 '성과중심조직(PBO)'으로 도입 • 일본 : '독립행정법인'으로 도입 • 우리나라 : '국민의 정부(김대중 정부)'에서 도입(1999년)
내용	• 대상 - 집행기능 : 집행·사업적 성격이 강한 부분 중 공공성이 강해 민영화가 곤란한 부분 • 경쟁 - 개방형 직위 : 공직외부에서 공개모집을 통해 선발(임기제 공무원) • 자율 - 관리상 자율 : 성과계약을 체결하는 대신 기관장에게 인사·예산관리상 자율성 부여 • 책임 - 성과평가 및 성과책임 : 성과평가 및 이에 따른 기관장 교체 • 소속 및 직원 - 내부봉 : 정부조직이며, 구성원의 신분은 공무원

06. ① 허쉬와 블랜차드(Hersey & Blanchard)는 부하의 성숙도를 상황변수로 보아 부하의 성숙도가 높아짐에 따라 리더십의 유형이 지시형 → 설득형 → 참여형 → 위임형으로 나아가야 조직의 효율성이 제고된다고 보았다.

<<핵심정리>> 허쉬(P. Hersey)와 블랜차드(K. Blanchard)의 성장순기론

의의	리더의 행동을 과업지향적 행동과 관계지향적 행동으로 구분하고, 상황변수로 부하의 성숙도를 채택해 3차원적 리더십 모형 제시
결론	부하의 성숙도가 높아짐에 따라 리더십의 유형이 지시형 ⇨ 설득형 ⇨ 참여형 ⇨ 위임형으로 나아가야 조직의 효과성이 제고됨

07. ③ 직무평가 방법에는 사전에 작성된 등급기준표에 의하여 직무의 책임과 곤란도 등을 파악하는 방법으로서 정부부문에서 많이 사용하나 등급 정의 작업이 곤란한 (분류법), 가장 늦게 고안된 직무평가 방법으로서 평가요소의 비중 결정과 단계구분에 따른 점수부여의 임의성을 극복하고자 개발된 (요소비교법), 직위의 직무구성요소를 정의하고 요소별로 평가한 점수를 종합하는 방식으로 고도의 기술과 많은 시간·노력이 요구되는 (점수법) 등이 있다.

08. ① 우리나라 예산서는 예산총칙 - 세입세출예산 - 계속비 - 명시이월비 - 국고채무부담행위 순으로 구성되어 있다.

09. ④ 주민참여는 지방행정의 아마추어리즘을 야기하여 행정의 전문화를 저해한다.
<<핵심정리>> 주민참여의 기능과 한계

시민참여의 기능		시민참여의 한계
정치적 기능	행정적 기능	
• 대의민주주의 한계 극복 및 절차적 민주주의 확립 • 지방자치의 활성화 및 풀뿌리민주주의 실현 • 시민통제를 통한 행정의 독선화 방지 및 책임성 증진 • 행정 내부의 저항 극복을 통한 행정개혁 추진 용이 • 시민의 권리와 책임의식 고양 • 사회적 소외계층 보호	• 시민의 지식과 정보를 활용한 정책결정의 합리성 제고 • 시민 요구에 적합한 서비스 제공으로 대응성 증진 • 행정에 대한 이해와 협력 • 주민 상호 간의 이해 증진을 통한 분쟁 해결 • 순응확보를 통한 정책집행의 효율성 제고	• 전문성 부족(아마추어리즘) • 행정의 책임성 저하(행정의 책임 떠넘기기 현상) • 시민 간의 분열과 대립 격화 • 참여하는 시민의 대표성 결여(특정집단 이익의 과다반영과 침묵하는 다수의견의 묵살) • 행정지체와 비능률성 야기(시간소모적 정책결정으로 결정비용 과다 발생)

10. ② 시·군 및 자치구가 독자적으로 처리하기에 곤란한 사무를 시·도가 담당한다.
<<핵심정리>> 「지방자치법」상 시·도의 사무배분기준

자치단체별 사무배분 기준	시·도	• 행정처리 결과가 2개 이상의 시·군 및 자치구에 미치는 광역적 사무 • 시·도 단위로 동일한 기준에 따라 처리되어야 할 성질의 사무 • 지역적 특성을 살리면서 시·도 단위로 통일성을 유지할 필요가 있는 사무 • 국가와 시·군 및 자치구 사이의 연락·조정 등의 사무 • 시·군 및 자치구가 독자적으로 처리하기 어려운 사무 • 2개 이상의 시·군 및 자치구가 공동으로 설치하는 것이 적당하다고 인정되는 규모의 시설을 설치하고 관리하는 사무
	시·군·자치구	시·도가 처리하는 것으로 되어 있는 사무를 제외한 사무 담당(다만, 인구 50만 이상의 시는 도가 처리하는 사무 일부를 직접 처리하게 할 수 있음)
		시·도와 시·군 및 자치구는 사무를 처리할 때 서로 겹치지 아니하도록 하여야 하며, 사무가 서로 겹치면 시·군 및 자치구에서 먼저 처리함

2025 공무원 시험대비 【8월분】

- 제18회 -
[정답 및 해설]

이 름: _____

제1과목 국어
제2과목 영어
제3과목 한국사
제4과목 행정법총론
제5과목 행정학개론

매일 모의고사 정오표

합격까지 박문각

매일 모고 국어 제18회
정답 및 해설

01. ④ '물난리 → [물랄리]'에서는 유음이 아닌 'ㄴ'이 유음 'ㄹ'로 변하는, 일종의 교체 현상인 유음화 현상만 나타날 뿐이므로 두 가지 종류 이상의 음운 변동이 나타난다고 말할 수 없다.
① 교체(음절의 끝소리 규칙), 축약이 나타난다.
② 교체(음절의 끝소리 규칙), 첨가(사잇소리 현상)가 나타난다.
③ 축약, 첨가('ㄴ' 첨가)가 나타난다.

02. ② 무정 명사인 '독도 영유권 문제, 일본'에 '-에'라는 조사를 사용한 것은 어법이 옳다.
① '요구 + 되(피동 접미사) + 어지(피동 보조 용언) + 고'는 이중 피동 표현이므로 옳지 않다. '요구되고'라 바꿔야 한다.
③ '이것은 ~ 생각이 든다'는 주어의 서술어가 호응되지 않는다. 따라서 '생각을 들게 한다'로 고쳐야 한다.
④ '4강 티켓'에 호응되는 서술어가 없다. 따라서 필수 성분인 서술어 '얻을'을 추가하여 '4강 티켓 얻을 가능성은 높은 편이다.'로 고쳐야 한다.

03. ②
○ 요리 → 기사 ≡ ~기사 → ~요리
○ ~학원 → ~기사 ≡ 기사 → 학원
○ 학원 → ~휴식 ≡ 휴식 → ~학원
○ ~휴식 → 미팅 ≡ ~미팅 → 휴식

세 번째 명제의 대우명제에 의해 '휴식 → ~학원'이고 두 번째 명제에 의해 '~학원 → ~기사'이며 첫 번째 명제의 대우명제에 의해 '~기사 → ~요리'이므로 세 명제를 차례대로 연결하면 '휴식 → ~요리'가 도출된다. 따라서 목요일에 쉬면 월요일에 요리를 하지 않는다.
① 첫 번째 명제에 의해 '요리 → 기사'이고 두 번째 명제의 대우명제에 의해 '기사 → 학원'이므로 두 명제를 연결하면 '요리 → 학원'이 도출된다. 이 선지는 '~요리 → ~학원'으로 도출한 결론의 이명제이다. 따라서 항상 참이라고 할 수 없다. 판단불가의 오류이다.
③ 네 번째 명제의 대우명제에 의해 '~미팅 → 휴식'이고 세 번째 명제의 대우명제에 의해 '휴식 → ~학원'이므로 두 명제를 연결하면 '~미팅 → ~학원'이 도출된다. 따라서 금요일에 미팅을 하지 않으면 수요일에 학원을 가지 않는다. 반대의 오류이다.
④ '~휴식 → 학원'으로 세 번째 명제 '학원 → ~휴식'의 역명제이다. 따라서 항상 참이라고 할 수 없다. 판단불가의 오류이다.

04. ③
전제 1: 야구 → 미술
전제 2: 미술 ∧ 여행(≡ 여행 ∧ 미술)
전제 3: [   ]   미술 → 야구

결론: 여행 ∧ 야구(≡ 야구 ∧ 여행)

답은 '미술 → 야구'이다. 이를 '전제 2 여행 ∧ 미술'으로 연결하면 결론 '여행 ∧ 야구'가 도출된다.
① '여행 ∧ 미술'이므로 사실상 두 번째 전제와 동치인 명제이다.
② '미술 ∧ 야구'이므로 사실상 첫 번째 전제를 통해 이끌어낼 수 있는 결론이다.
④ '(여행 ∧ ~야구) → 미술'으로 표현할 수 있다. 이를 통해 결론을 이끌어낼 수는 없다.

05. ③ ㉠의 '풀다'는 '1「2」 생각이나 이야기 따위를 말하다.'를 의미한다. 이와 가장 유사한 의미의 '풀다'는 ③이다.
① 1「7」 가축이나 사람 따위를 우리나 틀에 가두지 아니하다.
② 2「1」 액체에 다른 액체나 가루 따위를 섞다.
④ 1「3」 일어난 감정 따위를 누그러뜨리다.

06. ② ㉠의 '걸리다'는 '2「5」 목숨, 명예 따위가 달리다. '걸다'의 피동사.'를 의미한다. 이와 가장 유사한 의미의 '걸리다'는 ②이다.
① 2「7」 긴급하게 명령이 내려지거나 요청되다.
③ 2「8」 다리나 발 또는 도구 따위로 인해 넘어질 상태가 되다.
④ 1「11」 말이 막히다.

07. ③ '몰입하다'는 '깊이 파고들거나 빠지다.'를 의미한다. 따라서 '교만한 마음에서 남을 낮추어 보거나 하찮게 여기다.'를 의미하는 '업신여기다'는 ㉢과 바꿔 쓸 수 있는 유사한 표현으로 적절하지 않다. '무엇에 정신이 아주 쏠리어 헤어나지 못하다.'를 의미하는 '빠지다'로 바꿔 쓸 수 있다.
① ㉠ '정정하다'는 '늙은 몸이 굳세고 건강하다.'를 의미한다. 따라서 '정신적으로나 육체적으로 아무 탈이 없고 튼튼하다.'를 의미하는 '건강하다'로 바꿔 쓸 수 있다.
② ㉡ '위임하다'는 '어떤 일을 책임 지워 맡기다.'를 의미한다. 따라서 '어떤 일에 대한 책임을 지고 담당하다.'를 의미하는 '맡다'로 바꿔 쓸 수 있다.
④ ㉣ '교란하다'는 '마음이나 상황 따위를 뒤흔들어서 어지럽고 혼란하게 하다.'를 의미한다. 따라서 '큰 파문을 일으키다.'를 의미하는 '뒤흔들다'로 바꿔 쓸 수 있다.

08. ④ '꿰뚫다'는 '이쪽에서 저쪽까지 꿰어서 뚫다.'를 의미한다. 따라서 '사물을 속속들이 꿰뚫어 보다.'를 의미하는 '관철하다'는 ㉣과 바꿔 쓸 수 있는 유사한 표현으로 적절하지 않다. '꿰뚫어서 통하다.'를 의미하는 '관통하다'로 바꿔 쓸 수 있다.
① ㉠ '어수선하다'는 '마음이나 분위기가 안정되지 못하여 불안하고 산란하다.'를 의미한다. 따라서 '마음이 어수선하다.'를 의미하는 '심란하다'로 바꿔 쓸 수 있다.
② ㉡ '굳다'는 '근육이나 뼈마디가 뻣뻣하게 되다.'를 의미한다. 따라서 '몸 따위가 굳어서 뻣뻣하게 되다.'를 의미하는 '경직되다'로 바꿔 쓸 수 있다.
③ ㉢ '받아들이다'는 '어떤 사실 따위를 인정하고 용납하거나 이해하고 수용하다.'를 의미한다. 따라서 '책망이나 괴로움 따위를 달갑게 받아들이다.'를 의미하는 '감수하다'로 바꿔 쓸 수 있다.

09. ② 이 글은 '자신의 현재 상태를 기준으로 본다면, 노력을 통해 현재의 자신보다 더 행복해질 수 있을 것이다.'라고 하였다. 즉, 노력으로 개인의 행복지수를 높일 수 있다는 것이다(③). 그러나 행복이 유전의 영향을 받을 수 있다는 점을 부정하는 것은 아니다. '유전율'이라는 상대적인 측면에서는 행복지수가 높은 부모에게서 태어난 자식이 행복지수가 낮은 부모에게서 태어난 자식보다 행복지수가 높을 수 있다(①). 일란성 쌍둥이의 행복지수가 이란성 쌍둥이의 행복지수보다 유사하다는 연구 결과(④)도 유전자가 상대적인 행복지수에는 영향력을 미친다는 증거이다.

10. ④ ⓒ의 저자 아서 단토는 "하나의 대상이 예술 작품으로 간주 되는 것은 그것이 해석의 지배를 받게 된다는 것을 의미한다."라고 말했다. 제시문의 마지막 문장에 의하면 이는 해석을 통해 모든 것이 예술 작품이 될 수 있다는 것을 의미한다. 즉, 겉보기에 수세미 포장 상자와 다를 바 없는 ⓐ도 해석을 통해 예술 작품이 될 수 있다고 보는 것이다.
① ⓒ은 ⓐ을 비판하며 예술의 위기를 경고하는 것이 아니라, ⓐ을 보고 '모든 것이 예술 작품이 될 수 있다는 미학의 새로운 패러다임을 제시'하는 입장에서 쓴 글이다.
② ⓐ은 '대중 매체와 소비 사회를 적극적으로 수용하는 성격'의, 1960년대 미국의 팝아트 작품이다.
③ ⓐ은 1960년대 이후 미국에서 인기를 끌었던 팝아트 예술 작품이지만, ⓒ은 이에 대한 논문이다.

매일 모고 영어 제18회
정답 및 해설

01. ③ ★ warn 경고하다
● abduct 유괴[납치]하다
● revere 숭배하다
● inhabit 살다[거주/서식하다]
[해석] 나는 그에게 뜨거운 난로를 만지지 말라고 경고했지만, 그는 듣지 않았고 결국 손에 화상을 입었다.

02. ① ★ owe 빚지고 있다
● express 표현하다, 나타내다
● infer 추론하다, 암시하다
● diverge 갈라지다, 나뉘다, 벗어나다
[해석] 그들은 사업 확장을 위해 여러 차례 대출을 받은 후 은행에 상당한 금액을 빚지고 있다.

03. ④ ★ exact 정확한, 엄밀한
● absurd 우스꽝스러운, 터무니없는
● awkward 어색한, 곤란한
● marine 바다의, 해양의
[해석] 당신이 정확한 도착 시간을 알려줘야 내가 공항에 제시간에 마중 나갈 수 있다.

04. ② ★ restrict 제한하다, 한정하다
● prescribe 처방하다, 규정하다
● inflate 부풀다, 과장하다
● retain 유지하다, 보유하다
[해석] 새로운 규정은 환경 오염을 줄이기 위해 소매점에서 비닐봉지 사용을 제한한다.

05. ② ★ withdraw 인출하다, 철수하다, 취소하다
● expose 노출시키다, 드러내다, 폭로하다
● decry 매도하다, 비난하다
● deride 조롱하다
[해석] 결혼하는 친구에게 축의금을 전하기 위해 결혼식장에 가기 전에 현금을 인출했다.

06. ③ [해설]
however는 'however + 형용사 + a + 명사'의 어순으로 써야 한다. 따라서 밑줄 친 부분에 가장 적절한 것은 ③이다.
[해석]
아무리 중요한 회의라 해도 건강이 우선이다.

07. ① [해설]
choose는 to부정사를 목적어로 취하는 특정 3형식 타동사이다. 따라서 밑줄 친 부분인 going을 to go로 고쳐야 한다.
[해석]
최근 수십 년 동안 사회적 규범이 크게 변해왔다. 많은 여성들이 밖으로 나가서 일을 선택한다. 그들은 경력과 가정의 책임을 균형 있게 조절한다. 이러한 변화는 직장에서의 성 평등을 더욱 증진시켰다. 현재 다양한 분야에서 여성들을 위한 더 많은 기회가 주어지고 있다.

08. ④ [해설]
Tim: 안녕하세요, 공공 회의실 예약 방법을 알고 싶습니다.
Jane: 네! 온라인으로 예약하거나 이 사무실에 직접 방문하셔도 됩니다.
Tim: 회의실 이용료가 있나요?
Jane: 네, 비용은 방의 크기와 사용 시간에 따라 다릅니다.
Tim: 예약을 취소하거나 변경할 수 있나요?
Jane: 네, 예약 시간 24시간 전까지는 수정이나 취소가 가능합니다.
① 예약은 어떻게 하나요?
② 회의실 사용 가능 시간은 언제인가요?
③ 이 방은 몇 명까지 수용할 수 있나요?
④ 회의실 이용료가 있나요?

09. ② [해설]
이 글은 산소의 급격한 증가가 생물 진화에 미친 영향을 설명하고 있다. 특히 산소 농도 상승으로 산소를 이용해 에너지를 생성하는 생물이 등장했고, 이는 '캄브리아기 대폭발' 같은 중요한 진화 변화를 촉발했다. 또한 일부 생물이 육지로 올라가 새로운 진화 단계를 맞이한 점도 다루고 있다. 따라서 글의 주제로 가장 적절한 것은 ②이다.
[해석]
> 약 7억 년 전부터 5억 5천만 년 전 사이에, 지구의 바다와 대기 중 산소량이 크게 증가했다. 특히 약 6억 년 전에는 대기 중 산소 농도가 현재의 약 5분의 1 수준에 이르렀다. 산소의 급격한 증가는 산소를 이용해 에너지를 생성할 수 있는 생물들이 진화할 수 있게 만들었다. 놀랍게도, 산소는 일부 생물에게는 독성이 있었기 때문에, 이들은 산소가 없는 환경으로 이동하거나 결국 멸종할 수밖에 없었다. 일부 과학자들은 산소 농도 증가가 약 5억 3천만 년 전부터 5억 900만 년 전까지 해양 생물이 급격히 다양화된 '캄브리아기 대폭발'의 주요 원인 중 하나라고 생각한다. 당시 대부분의 산소를 사용하는 생물들은 바다에 살았다. 그러나 약 4억 3천만 년 전, 일부 작은 무척추동물이 공기 중 산소를 직접 호흡하며 육지에 서식하기 시작했다. 그리고 결국 '데본기'라고 불리는 시기인 약 4억 1천 6백만 년 전에서 3억 9천 7백만 년 전 사이에 최초의 네 발 달린 동물이 나타났다.

① 지구 생명의 기원
② 진화의 촉매제, 산소
③ 육지 진화에서 산소의 역할
④ 동물의 바다에서 육지로의 이동
[어휘]
□ organism 유기체
□ generate 생성하다
□ toxic 독성의
□ extinct 멸종된
□ diversification 다양화
□ invertebrate 무척추동물
□ breathe 호흡하다

10. ④ [해설]
이 글은 환경 피해가 눈에 보이는 오염뿐 아니라 보이지 않는 형태로도 발생하며, 이를 '생태 초과'라는 개념으로 설명한다. ①번부터 ③번 문장은 환경 파괴의 다양한 모습과 결과를 순차적으로 다룬다. 삽입문장은 '생태 초과'의 정의와 발생 조건을 구체적으로 제시하여, ③번 문장의 예시 설명과 ④번의 대응 필요성 사이를 자연스럽게 잇는다. 따라서 주어진 문장이 들어갈 위치로 가장 적절한 것은 ④이다.

[해석]

많은 사람들은 환경 피해를 대기 오염, 쓰레기, 유출 사고 등 눈에 보이는 오염으로만 생각한다. (①) 그러나 현대의 생태적 스트레스는 지하수 고갈이나 탄소 축적과 같은 덜 명백한 형태의 훼손에서 비롯되는 경우가 많다. (②) 이러한 덜 보이는 과정들은 자연 자원의 사용과 재생 간의 장기적인 불균형을 초래할 수 있다. (③) 예를 들어, 우리가 나무가 다시 자라는 속도보다 더 빨리 산림 자원을 소비하거나 생태계가 흡수할 수 있는 속도보다 더 빨리 탄소를 배출하면, 환경 부채가 쌓이기 시작한다. (④ 이러한 숨겨진 비용을 '생태 초과'라고 하는데, 이는 인류가 자연에 요구하는 양이 지구가 일정 기간 내에 재생할 수 있는 양을 초과할 때 발생한다.) 이 '생태 초과'를 인식하고 해결하는 것은 지속 가능성을 달성하고 치명적인 임계점에 도달하는 것을 피하는 데 필수적이다.

[어휘]
- ecological overshoot 생태 초과
- depletion 고갈
- regenerate 재생하다
- accumulate 축적하다
- tipping point 급변점, 임계점
- debt 부채

매일 모고 한국사 제18회
정답 및 해설

01. ④ 제시된 독립군은 조선 의용대이다. 김원봉이 주도하는 민족 혁명당은 1937년 중·일 전쟁이 시작되자, 조선 민족 해방 운동자 동맹 및 조선 혁명자 연맹과 연합하여 조선 민족 전선 연맹을 결성하고, 이듬해 군사 조직인 조선 의용대를 만들었다. 조선 의용대는 중국 국민당 정부의 지원을 받아 주로 정보 수집과 포로 심문, 후방 교란 등의 활동을 벌였다. 1940년 하반기부터 일본군과 중국 공산당 사이에 싸움이 치열하게 전개되자 1941년에 조선 의용대의 일부가 화북 지역으로 들어가 조선 의용군에 합류하였다. 한편, 그대로 남아 있던 조선 의용 대원들은 1942년 한국 광복군에 합류하여 광복군의 전력을 증강시키는 데 크게 기여하였다.
① 대한민국 임시정부에서 직접 운영한 독립군 부대는 1920년대의 광복군 총영, 참의부와 1940년에 조직된 한국 광복군이 있다.
② 양세봉이 이끄는 조선 혁명군에 대한 설명이다.
③ 조선 의용군에 대한 설명이다.

02. ④ 지청천의 한국 독립군은 중국군과 연합하여 1932년 쌍성보 전투, 이듬해 7월의 대전자령 전투에서 큰 전과를 거두었다. 그러나 거듭된 일제의 공격으로 지청천은 군대를 해산하고 중국 관내로 옮겨갔다.
① 영국군의 요청으로 인도, 미얀마에 파견된 독립군은 한국 광복군이다.
② 만주 지역에서 활동하던 공산주의자들은 모든 반일 세력을 받아들여 본격적으로 항일 투쟁에 돌입한다는 방침을 세우고 1936년 동북 항일 연군을 편성하였다.
③ 북로 군정서군은 대종교 신자들이 중심이 되어 결성한 중광단과 정의단을 연합하여 결성한 독립군 조직이다.

03. ③ 한인 애국 단원인 이봉창은 도쿄에서 히로히토 일본 국왕을 저격하였다. 이 의거는 비록 실패로 끝났지만, 일제에게 적지 않은 충격을 주었다. 이 사건의 신문 보도 내용을 빌미로 일제는 이른바 상하이 사변을 일으켰다.
① 조선 의열단은 신채호가 쓴 '조선 혁명 선언'을 활동 지침으로 삼아 활발한 투쟁을 벌였다. 종로 경찰서에 투탄한 김상옥, 그리고 총독부에 투탄한 김익상과 동양 척식 주식 회사에 투탄한 나석주의 활동이 유명하다.
② 1915년에 대구에서 비밀 결사로 조직된 대한 광복회는 만주에 무관 학교를 설립하기 위해 군자금을 모으고 만주의 독립 운동 단체와 연락을 꾀하였다.
④ 개신교 신자들이 중심이 되어 만주에서 조직되었다.

04. ① 국민 대표 회의가 결렬된 뒤 무장 독립 단체가 임시 정부를 떠나 임시 정부의 위상과 활동이 크게 위축되었다. 이러한 가운데 만주 사변이 발생하자 임시 정부도 적극적인 무장 항일 투쟁 노선을 택하게 되었다.
김구가 조직한 한인 애국단은 이봉창과 윤봉길의 의거 활동을 통해 침체된 임시 정부에 새로운 활력을 불어 넣었다. 특히 윤봉길의 훙커우 공원 의거는 중국 정부에 임시 정부의 위상을 크게 끌어 올리는 계기가 되었다. 그리하여 우리 민족이 중국 내에서 무장 투쟁을 준비하는 것을 중국 정부가 허용하기에 이르렀다.
② 의열단의 활동이다.
③ 일제의 탄압으로 연통제는 1912년, 교통국은 1922년에 해체되었다.
④ 1940년 충칭에서 주석제로 개헌하였다.

05. ③ 1947년 11월 유엔 총회에서 유엔 감시하의 인구 비례에 의한 남북한 총선거를 통한 한국 통일 방안을 결의하였으나 소련은 유엔 한국 임시 위원단의 북한 입국을 막았다. 이에 유엔 소총회에서는 1948년 2월 유엔 한국 임시 위원단이 임무를 수행할 수 있는 지역에서 총선거를 실시하기로 가결하였다. 김구는 '삼천만 동포에게 읍고함'이라는 성명을 통해 남한 단독 정부 수립을 강력히 반대하였고, 통일 정부 수립을 위한 남북 협상을 전개하였다.

06. ④ (가)는 반민족 행위 처벌법이다. (나)는 반민족 행위 특별 조사 위원회의 활동 내용이다. 반민 특위는 이승만 정부가 반공 정책을 우선하면서 친일파 처단에 소극적이었으며, 반민 특위의 활동을 견제하고 억압하였기 때문에 결국 실패하고 말았다.
① 반민 특위는 1949년 8월 말에 공소 시효가 만료되어 와해되고 말았다. 6·25 전쟁은 1950년 발발하였다.
② 당시 국민들은 친일파를 처단하여 민족 정기를 바로 잡는 것을 무엇보다 급선무라 생각하였다.
③ 반민 특위는 대한민국 수립 후 조직되었다.

07. ④ 원수 일본, 봉건 세력, 반혁명, 경제적 평등 제도, 토지 국유제와 균등 분배, 계획·통제 경제 등을 종합하면 사회주의적 성격이 강한 단체의 정강임을 파악할 수 있다. 1930년대 중반 의열단, 한국 독립당, 조선 혁명당을 비롯한 여러 단체들이 조선 민족 혁명당을 창건하였다. 이 단체는 민주주의와 사회주의 요소가 통합된 정강을 내세워 민주 공화정의 수립을 목표로 하고, 토지 및 대규모 생산 기관의 국유화를 추진하였다. 산하의 군대인 조선 의용대는 중국 국민당 정부에 항일 투쟁이 소극적으로 바뀌자, 일부가 중국 공산당이 활동하는 화북지방으로 이동하여 호가장전투 등의 전과를 올리기도 했다.
④ 1942년 김원봉 계열이 임시정부에 합류하였다.

08. ④ 참의부, 정의부, 신민부는 군사 조직뿐만 아니라 행정 제도를 갖추고 만주 조선인 사회를 통치하는 자치 조직이었다. 임시 정부 직속의 참의부는 압록강 연안의 집안현 일대를 통할하였으며, 정의부는 남만주의 길림성과 봉천성 일대, 신민부는 북만주 지역 조선인 사회의 자치를 담당하였다.
① 간도 참변은 일본군이 봉오동과 청산리에서 우리 독립군에 크게 패한 데 대한 보복으로 독립군은 물론 만주에 사는 조선인 양민을 학살한 사건이다.
② 청산리 전투 후 북로 군정서를 비롯한 독립군 단체들은 소련·만주 국경 지대인 밀산부에서 대한 독립 군단을 결성하였다.
③ 자유시 참변은 소련 적색군의 공격으로 우리 독립군이 크게 피해를 본 사건이다.

09. ④ 독립운동 단체들은 일본의 중국 침략이 강화되자 세력을 한 곳으로 모으는 데 힘을 기울였다. 그리하여 1940년 민족주의 계열의 세 개 정당을 한국 독립당으로 통합하는 데 성공하였다. 그리고 1941년 삼균주의에 입각한 건국 강령을 발표하여 좌익 세력과도 연대할 수 있는 가능성을 열어 놓았다. 한국 독립당은 대한민국 임시정부의 집권당 역할을 하였다.
① 조국 광복회는 사회주의 계열이 주도한 통합 단체이다.
② 중국 본토에서 한국 광복군을 창설하였다.
③ 김원봉 세력이 합류해 왔다.

10. ④ 제시된 자료는 국내에서 지하 공작을 추진하기 위해 비밀리에 잠입할 계획을 준비하였음을 밝히고 있다. 조국을 탈환할 결정적 시기가 있다고 하여 일제의 패망이 임박한 시점에서 계획이 마련되었음도 파악할 수 있다.
김준엽은 대한민국 임시 정부의 요원으로 국내 진공 작전에 투입되었다. 임시 정부는 한국 광복군이 일본군을 격퇴하기 위해 전면전을 벌이며 한국으로 진주할 때, 이에 앞서 미리 국내에 잠복해 들어가 전면전의 여건을 조성할 목적으로 국내 정진군을 편성하고 특수 군사 훈련을 실시하였다.
김준엽은 일본 게이오 대학에 재학 중이던 1943년 일제의 조선인 학생 강제 징병에 따라 학병으로 중국에 끌려간 뒤 탈출하여(학병 탈출 제1호) 장준하 등과 함께 충칭으로 가서 한국 광복군에 가담하여 독립 운동을 전개하였다. 1945년 한국 광복군이 미국 전략 정보국과 합작한 국내 진공 계획을 위해 유격 훈련을 받았다.

매일 모고 행정법 제18회
정답 및 해설

01. ④ 재량행위에 대한 법원의 심사는 합법성 심사, 즉 재량권의 일탈 또는 남용이 있는지 여부만을 대상으로 할 뿐이고, 이와 달리 적법한 재량의 한계 내에서 한 행정청의 판단이 합목적성을 준수하였는지 여부, 이른바 합목적성 심사는 권력분립의 원칙상 법원의 심사 대상이 되지 아니한다.
① 도로교통법 제10조 제1항의 취지에 비추어 볼 때, 지방경찰청장이 횡단보도를 설치하여 보행자의 통행방법 등을 규제하는 것은 행정청이 특정사항에 대하여 의무의 부담을 명하는 행위이고 이는 국민의 권리의무에 직접 관계가 있는 행위로서 행정처분이라고 보아야 할 것이다. 대법원 2000. 10. 27. 선고 98두8964 판결
② 산림훼손행위는 국토의 유지와 환경의 보전에 직접적으로 영향을 미치는 행위이므로 법령이 규정하는 산림훼손 금지 또는 제한지역에 해당하는 경우는 물론 금지 또는 제한지역에 해당하지 않더라도 허가관청은 산림훼손허가신청 대상토지의 현상과 위치 및 주위의 상황 등을 고려하여 국토 및 자연의 유지와 환경의 보전 등 중대한 공익상 필요가 있다고 인정될 때에는 허가를 거부할 수 있고, 그 경우 법규에 명문의 근거가 없더라도 거부처분을 할 수 있다. 대법원 1997. 9. 12. 선고 97누1228 판결
③ 한의사 면허는 경찰금지를 해제하는 명령적 행위(강학상 허가)에 해당하고, 한약조제시험을 통하여 약사에게 한약조제권을 인정함으로써 한의사들의 영업상 이익이 감소되었다고 하더라도 이러한 이익은 사실상의 이익에 불과하고 약사법이나 의료법 등의 법률에 의하여 보호되는 이익이라고는 볼 수 없다. 대법원 1998. 3. 10. 선고 97누4289 판결

02. ④ 원자로 및 관계 시설의 부지사전승인처분은 건설허가 전에 신청자의 편의를 위하여 미리 그 건설허가의 일부 요건을 심사하여 행하는 사전적 부분 건설허가처분의 성격을 갖고 있는 것이어서 나중에 건설허가처분이 있게 되면 그 건설허가처분에 흡수되어 독립된 존재가치를 상실함으로써 그 건설허가처분만이 쟁송의 대상이 되는 것이므로, 부지사전승인처분의 취소를 구하는 소는 소의 이익을 잃게 되고, 따라서 부지사전승인처분의 위법성은 나중에 내려진 건설허가처분의 취소를 구하는 소송에서 이를 다투면 된다. 대법원 1998. 9. 4. 선고 97누19588 판결
① 행정절차법 제40조의2

> **행정절차법 제40조의2(확약)**
> ② 확약은 문서로 하여야 한다.

② 행정절차법 제40조의2

> **행정절차법 제40조의2(확약)**
> ④ 행정청은 다음 각 호의 어느 하나에 해당하는 경우에는 확약에 기속되지 아니한다.
> 2. 확약이 위법한 경우

③ 어업권면허에 선행하는 우선순위결정은 행정청이 우선권자로 결정된 자의 신청이 있으면 어업권면허처분을 하겠다는 것을 약속하는 행위로서 강학상 확약에 불과하고 행정처분은 아니므로, 우선순위결정에 공정력이나 불가쟁력과 같은 효력은 인정되지 않는다. 대법원 1995. 1. 20. 선고 94누6529 판결

03. ③ 재개발조합과 조합장 또는 조합임원 사이의 선임·해임 등을 둘러싼 법률관계는 사법상의 법률관계로서 그 조합장 또는 조합임원의 지위를 다투는 소송은 민사소송에 의하여야 할 것이다. 대법원 2009. 9. 24.자 2009마168,169 결정
① 행정청이 도시 및 주거환경정비법 등 관련 법령에 근거하여 행하는 조합설립인가처분은 단순히 사인들의 조합설립행위에 대한 보충행위로서의 성질을 갖는 것에 그치는 것이 아니라 법령상 요건을 갖출 경우 도시 및 주거환경정비법상 주택재건축사업을 시행할 수 있는 권한을 갖는 행정주체(공법인)로서의 지위를 부여하는 일종의 설권적 처분의 성격을 갖는다고 보아야 한다. (중략) 조합설립결의는 조합설립인가처분이라는 행정처분을 하는 데 필요한 요건 중 하나에 불과한 것이어서, 조합설립결의에 하자가 있다면 그 하자를 이유로 직접 항고소송의 방법으로 조합설립인가처분의 취소 또는 무효확인을 구하여야 한다. 대법원 2009. 9. 24. 선고 2008다60568 판결
② 도시 및 주거환경정비법상 행정주체인 주택재건축정비사업조합을 상대로 관리처분계획안에 대한 조합 총회결의의 효력 등을 다투는 소송은 행정처분에 이르는 절차적 요건의 존부나 효력 유무에 관한 소송으로서 그 소송결과에 따라 행정처분의 위법 여부에 직접 영향을 미치는 공법상 법률관계에 관한 것이므로, 이는 행정소송법상의 당사자소송에 해당한다. 대법원 2009. 9. 17. 선고 2007다2428 판결
④ 재건축조합이 행정주체의 지위에서 도시정비법 제48조에 따라 수립하는 관리처분계획은 (중략) 이는 구속적 행정계획으로서 재건축조합이 행하는 독립된 행정처분에 해당한다. (중략) 관리처분계획은 재건축조합이 조합원의 분양신청 현황을 기초로 관리처분계획안을 마련하여 그에 대한 조합 총회결의와 토지 등 소유자의 공람절차를 거친 후 관할 행정청의 인가·고시를 통해 비로소 그 효력이 발생하게 된다. 대법원 2009. 9. 17. 선고 2007다2428 전원합의체 판결

04. ② 수익적 행정행위 신청에 대한 거부처분은 당사자의 신청에 대하여 관할 행정청이 거절하는 의사를 대외적으로 명백히 표시함으로써 성립되고, 거부처분이 있은 후 당사자가 다시 신청을 한 경우에는 신청의 제목 여하에 불구하고 그 내용이 새로운 신청을 하는 취지라면 관할 행정청이 이를 다시 거절하는 것은 새로운 거부처분으로 봄이 원칙이다. 대법원 2019. 4. 3. 선고 2017두52764 판결
① 국가를 당사자로 하는 계약에 관한 법률 또는 지방자치단체를 당사자로 하는 계약에 관한 법률에 근거하여 국가 또는 지방자치단체 등이 행하는 입찰참가자격제한조치는 공권력의 행사로서 처분성이 인정된다(대법원 2018. 11. 29. 선고 2018두49390 판결 등 다수).
③ 시장이 무허가건물소유자인 원고들에게 일정기간까지 철거할 것을 명함과 아울러 불이행할 때에는 대집행한다는 내용의 철거대집행계고처분을 고지한 후 원고들이 불응하자 다시 2차 계고서를 발송하여 일정기간까지의 자진철거를 촉구하고 불이행하면 대집행을 한다는 뜻을 고지하였다면 원고들의 행정대집행법상의 건물철거의무는 제1차 철거명령 및 계고처분으로서 발생하였고 제2차의 계고처분은 원고들에게 새로운 철거의무를 부

과하는 것이 아니고 다만 대집행기한의 연기통지에 불과하므로 행정처분이 아니다. 대법원 1991. 1. 25. 선고 90누5962 판결
④ 재결취소소송의 경우 재결 자체에 고유한 위법이 있는지 여부를 심리할 것이고, 재결 자체에 고유한 위법이 없는 경우에는 원처분의 당부와는 상관없이 당해 재결취소소송은 이를 기각하여야 한다. 대법원 1994. 1. 25. 선고 93누16901 판결

05. ① 공법상 계약의 무효확인을 구하는 당사자소송에 있어서는 항고소송의 무효확인소송과 달리 확인의 이익(보충성)이 요구된다. 따라서 이행소송 등 다른 직접적인 구제수단이 있는 경우 무효확인을 구하는 당사자소송은 확인의 이익이 없어서 부적법하다.
② 사업주가 당연가입자가 되는 고용보험 및 산재보험에서 보험료 납부의무 부존재확인의 소는 공법상의 법률관계 자체를 다투는 소송으로서 공법상 당사자소송이다. 대법원 2016. 10. 13. 선고 2016다221658 판결
③ 행정소송법 제44조 및 제26조

> **행정소송법 제44조(준용규정)**
> ① 제14조 내지 제17조, 제22조, 제25조, 제26조, 제30조제1항, 제32조 및 제33조의 규정은 당사자소송의 경우에 준용한다.

> **행정소송법 제26조(직권심리)**
> 법원은 필요하다고 인정할 때에는 직권으로 증거조사를 할 수 있고, 당사자가 주장하지 아니한 사실에 대하여도 판단할 수 있다.

④ 행정소송법 제39조

> **행정소송법 제39조(피고적격)**
> 당사자소송은 국가·공공단체 그 밖의 권리주체를 피고로 한다.

06. ③ 신행정수도건설이나 수도이전의 문제가 정치적 성격을 가지고 있는 것은 인정할 수 있지만, 그 자체로 고도의 정치적 결단을 요하여 사법심사의 대상으로 하기에는 부적절한 문제라고까지는 할 수 없다. 다만, 이 사건 법률의 위헌여부를 판단하기 위한 선결문제로서 신행정수도건설이나 수도이전의 문제를 국민투표에 붙일지 여부에 관한 대통령의 의사결정이 사법심사의 대상이 될 경우 위 의사결정은 고도의 정치적 결단을 요하는 문제여서 사법심사를 자제함이 바람직하다고는 할 수 있다. 그러나 대통령의 위 의사결정이 국민의 기본권침해와 직접 관련되는 경우에는 헌법재판소의 심판대상이 될 수 있고, 이에 따라 위 의사결정과 관련된 법률도 헌법재판소의 심판대상이 될 수 있다. 헌법재판소 2004. 10. 21. 선고 2004헌마554·566 결정
① 비상계엄선포가 고도의 정치적 결단을 요하는 행위라 하더라도 탄핵심판절차에서 그 헌법 및 법률 위반 여부를 심사할 수 있다. 헌법재판소 2025. 4. 4.자 2024헌나8 결정
② 비상계엄의 선포나 확대가 국헌문란의 목적을 달성하기 위하여 행하여진 경우에는 법원은 그 자체가 범죄행위에 해당하는지의 여부에 관하여 심사할 수 있다. 대법원 1997. 4. 17. 선고 96도3376 판결
④ 개성공단 전면중단 조치가 고도의 정치적 결단을 요하는 문제이기는 하나, 조치 결과 개성공단 투자기업인 청구인들에게 기본권 제한이 발생하였고, 국민의 기본권 제한과 직접 관련된 공권력의 행사는 고도의 정치적 고려가 필요한 행위라도 헌법과 법률에 따라 결정하고 집행하도록 견제하는 것이 헌법재판소 본연의 임무이므로, 그 한도에서 헌법소원심판의 대상이 될 수 있다. 헌법재판소 2022. 1. 27. 선고 2016헌마364 전원재판부 결정

07. ② 공정거래법상 기업결합 제한위반행위자에 대한 이행강제금이 부과되기 전에 시정조치를 이행하거나 부작위 의무를 명하는 시정조치 불이행을 중단한 경우 과거의 시정조치 불이행기간에 대하여 이행강제금을 부과할 수 있다고 봄이 타당하다. 대법원 2019. 12. 12 선고 2018두63563 판결
① 비록 건축주 등이 장기간 시정명령을 이행하지 아니하였더라도, 그 기간 중에는 시정명령의 이행 기회가 제공되지 아니하였다가 뒤늦게 시정명령의 이행 기회가 제공된 경우라면, 시정명령의 이행 기회 제공을 전제로 한 1회분의 이행강제금만을 부과할 수 있고, 시정명령의 이행 기회가 제공되지 아니한 과거의 기간에 대한 이행강제금까지 한꺼번에 부과할 수는 없고, 이를 위반하여 이루어진 이행강제금 부과처분은 법규의 중요한 부분을 위반한 것으로서, 그러한 하자는 중대할 뿐만 아니라 객관적으로도 명백하다. 대법원 2016. 7. 14. 선고 2015두46598 판결
③ 행정기본법 제31조

> **행정기본법 제31조(이행강제금의 부과)**
> ⑥ 행정청은 이행강제금을 부과받은 자가 납부기한까지 이행강제금을 내지 아니하면 국세강제징수의 예 또는 「지방행정제재·부과금의 징수 등에 관한 법률」에 따라 징수한다.

④ 농지법은 농지 처분명령에 대한 이행강제금 부과처분에 불복하는 자가 그 처분을 고지받은 날부터 30일 이내에 부과권자에게 이의를 제기할 수 있고, 이의를 받은 부과권자는 지체 없이 관할 법원에 그 사실을 통보하여야 하며, 그 통보를 받은 관할 법원은 비송사건절차법에 따른 과태료 재판에 준하여 재판을 하도록 정하고 있다. 따라서 농지법 제62조 제1항에 따른 이행강제금 부과처분에 불복하는 경우에는 비송사건절차법에 따른 재판절차가 적용되어야 하고, 행정소송법상 항고소송의 대상은 될 수 없다. 대법원 2019. 4. 11. 선고 2018두42955 판결

08. ④ 개인정보자기결정권의 보호대상이 되는 개인정보는 개인의 신체, 신념, 사회적 지위, 신분 등과 같이 인격주체성을 특징짓는 사항으로서 개인의 동일성을 식별할 수 있게 하는 일체의 정보를 의미하며, 반드시 개인의 내밀한 영역에 속하는 정보에 국한되지 않고 공적 생활에서 형성되었거나 이미 공개된 개인정보까지도 포함한다. 대법원 2016. 3. 10. 선고 2012다105482 판결
① 이미 공개된 개인정보를 정보주체의 동의가 있었다고 객관적으로 인정되는 범위 내에서 수집·이용·제공 등 처리를 할 때는 정보주체의 별도의 동의는 불필요하다고 보아야 하고, 별도의 동의를 받지 아니하였다고 하여 개인정보 보호법 제15조나 제17조를 위반한 것으로 볼 수 없다. 대법원 2016. 8. 17. 선고 2014다235080 판결
② 개인정보 보호법 제25조

> **개인정보 보호법 제25조(고정형 영상정보처리기기의 설치·운영 제한)**
> ⑤ 고정형 영상정보처리기기운영자는 고정형 영상정보처리기기의 설치 목적과 다른 목적으로 고정형 영상정보처리기기를 임의로 조작하거나 다른 곳을 비춰서는 아니 되며, 녹음기능은 사용할 수 없다.

③ 개인정보 보호법 제16조

> **개인정보 보호법 제16조(개인정보의 수집 제한)**
> ③ 개인정보처리자는 정보주체가 필요한 최소한의 정보 외의 개인정보 수집에 동의하지 아니한다는 이유로 정보주체에게 재화 또는 서비스의 제공을 거부하여서는 아니 된다.

09. ① 국가배상법 제5조 소정의 공공의 영조물이란 공유나 사유임을 불문하고 행정주체에 의하여 특정공공의 목적에 공여된 유체물 또는 물적 설비를 의미하므로 사실상 군민의 통행에 제공되고 있던 도로 옆의 암벽으로부터 떨어진 낙석에 맞아 소외인이 사망하는 사고가 발생하였다고 하여도 동 사고지점 도로가 피고 군에 의하여 노선인정 기타 공용개시가 없었으면 이를 영조물이라 할 수 없다. 대법원 1981. 7. 7. 선고 80다2478 판결
② 법관의 재판에 법령의 규정을 따르지 아니한 잘못이 있다 하더라도 이로써 바로 그 재판상 직무행위가 국가배상법 제2조 제1항에서 말하는 위법한 행위로 되어 국가의 손해배상책임이 발생하는 것은 아니고, 그 국가배상책임이 인정되려면 당해 법관이 위법 또는 부당한 목적을 가지고 재판을 하였다거나 법이 법관의 직무수행상 준수할 것을 요구하고 있는 기준을 현저하게 위반하는 등 법관이 그에게 부여된 권한의 취지에 명백히 어긋나게 이를 행사하였다고 인정할 만한 특별한 사정이 있어야 한다. 대법원 2003. 7. 11. 선고 99다24218 판결
③ '법령을 위반하여'라고 함은 엄격하게 형식적 의미의 법령에 명시적으로 공무원의 행위의무가 정하여져 있음에도 이를 위반하는 경우만을 의미하는 것은 아니고, 인권존중·권력남용금지·신의성실과 같이 공무원으로서 마땅히 지켜야 할 준칙이나 규범을 지키지 아니하고 위반한 경우를 비롯하여 널리 그 행위가 객관적인 정당성을 결여하고 있는 경우도 포함한다. 대법원 2015. 8. 27. 선고 2012다204587 판결
④ 국가배상법 제8조

> **국가배상법 제8조(다른 법률과의 관계)**
> 국가나 지방자치단체의 손해배상 책임에 관하여는 이 법에 규정된 사항 외에는 「민법」에 따른다. 다만, 「민법」 외의 법률에 다른 규정이 있을 때에는 그 규정에 따른다.

> **토지보상법 제65조(일괄보상)**
> 사업시행자는 동일한 사업지역에 보상시기를 달리하는 동일인 소유의 토지등이 여러 개 있는 경우 토지소유자나 관계인이 요구할 때에는 한꺼번에 보상금을 지급하도록 하여야 한다.

10. ① 구 토지수용법 제51조가 규정하고 있는 '영업상의 손실'이란 수용의 대상이 된 토지·건물 등을 이용하여 영업을 하다가 그 토지·건물 등이 수용됨으로 인하여 영업을 할 수 없거나 제한을 받게 됨으로 인하여 생기는 직접적인 손실을 말하는 것이므로 위 규정은 영업을 하기 위하여 투자한 비용이나 그 영업을 통하여 얻을 것으로 기대되는 이익에 대한 손실보상의 근거규정이 될 수 없고, (중략) 이러한 손실은 그 보상의 대상이 된다고 할 수 없다. 대법원 2006. 1. 27. 선고 2003두13106 판결
② 하천법 제50조에 의한 하천수 사용권은 공익사업을 위한 토지 등의 취득 및 보상에 관한 법률 제76조 제1항이 손실보상의 대상으로 규정하고 있는 '물의 사용에 관한 권리'에 해당한다. 대법원 2018. 12. 27. 선고 2014두11601 판결
③ 같은 법 제8조 제1항이 사업시행자에게 이주대책의 수립·실시의무를 부과하고 있다고 하여 그 규정 자체만에 의하여 이주자에게 사업시행자가 수립한 이주대책상의 택지분양권이나 아파트 입주권 등을 받을 수 있는 구체적인 권리(수분양권)가 직접 발생하는 것이라고는 도저히 볼 수 없으며, 사업시행자가 이주대책에 관한 구체적인 계획을 수립하여 이를 해당자에게 통지 내지 공고한 후, 이주자가 수분양권을 취득하기를 희망하여 이주대책에 정한 절차에 따라 사업시행자에게 이주대책대상자 선정신청을 하고 사업시행자가 이를 받아들여 이주대책대상자로 확인·결정하여야만 비로소 구체적인 수분양권이 발생하게 된다. 대법원 1994. 5. 24. 선고 92다35783 판결
④ 토지보상법 제65조

매일 모고 행정학 제18회
정답 및 해설

01. ③ 설문은 보조금 지급 방식에 대한 것이다. 보조금 지급 방식이란 정부가 민간조직 또는 개인의 서비스 제공 활동에 대한 재정 및 현물을 지원하는 방식이다.

《핵심정리》 보조금 지급 방식

개념	정부가 민간조직 또는 개인의 서비스 제공 활동에 대한 재정 또는 현물을 지원하는 방식
특징	① 공공서비스에 대한 요건을 구체적으로 명시하기 곤란하거나, 서비스가 기술적으로 복잡하고 불확실한 경우에 활용 ② 자율적인 시장가격의 왜곡 야기

02. ① 현상학적 접근은 외면화·표면화된 행태보다는 인간의 내면적인 의식이나 동기를 중시하는 접근방법으로 환경형성론적 시각에 입각해 있다.

《핵심정리》 현상학적 접근

개념	사회현상은 자연현상과 달리 인간의 의식·동기·언어 등으로 구성되며 그들의 상호주관적 경험으로 이룩되므로, 행정현상을 이해하기 위해서는 외면화·표면화된 행태보다는 인간의 내면적인 의식이나 동기를 파악해야 한다고 보는 접근방법
전개	하몬(Harmon)의 '행위이론'에 의해 정립
특징	① 철학적·심리학적 접근(주관주의), ② 선험적 관념론, ③ 주지주의(主知主義)가 아닌 주의주의(主意主義), ④ 가치주의(가치중심 연구), ⑤ 미시적 접근
주요 내용	① 사회현상과 자연현상의 구별, ② 능동적·사회적 자아(행정인의 적극적 책임 중시), ③ 상호주관성(간주관성), ④ 탈물상화, ⑤ 순수이성에 근거한 직관적 포착(괄호 안에 묶어두기, 현상학적 판단정지), ⑥ 행태(behavior)가 아닌 행위(action) 중시, ⑦ 조직을 인간들의 의도적(가치 함축적) 행위의 집합물로 인식, ⑧ 환경형성론적 입장(외재적 결정론 배척), ⑨ 투표가 아닌 합의적 의사결정 중시
효용	• 미시적 접근(상호주관성 - 담론)을 통한 거시적 사회문제의 해결 • 인간에 대한 이해 증진(인간의 주관적 관념·의식·동기 파악)
한계	• 인간의 모든 행위를 의식과 주관의 산물로 본다는 점에서 인간의 무의식적 행위, 집단규범, 사회문화 등에 대한 인식 미흡 • 기술성(처방성)을 강조하나 구체적인 처방 및 연구방법 제시 미흡

03. ③ 설문은 관리규제에 대한 것이다. 관리규제는 정부가 피규제자에게 스스로 각 과정별 위해요소를 규명하고 중요 관리점을 선정해 관리를 수행하도록 과정을 통제하는 규제이다.

《핵심정리》 정부규제의 유형 - 규제대상에 따른 분류

수단 (투입) 규제	의의	정부가 민간 행위자들이 사용하는 기술이나 행위 등(투입수단)을 사전적으로 통제하는 규제
	예	• 환경오염방지를 위해 기업에게 특정 환경 통제기술을 사용케 하는 것 • 작업장 안전을 위해 반드시 안전장비를 착용케 하는 것
	평가	• 규제준수여부를 측정하여 정책 순응도 파악 용이 • 피규제자의 재량이 가장 낮고, 불필요한 규제 준수비용 유발가능성
성과 (산출) 규제	의의	정부가 목표 달성 수준을 정하고 피규제자에게 달성할 것을 요구하는 규제
	예	• 대기오염방지를 위해 이산화탄소 농도를 일정수준으로 유지토록 하는 것 • 인체건강을 위해 개발된 신약에 허용 가능한 부작용 수준을 요구하는 것
	평가	• 피규제자에게 목표달성을 위한 수단과 방법에 대한 재량을 부여하여 수단규제보다 피규제자의 재량이 큼 • 정부가 최적의 목표 수준을 찾아 제시하기 곤란
관리 (과정) 규제	의의	정부가 피규제자에게 스스로 각 과정별 위해요소를 규명하고 중요 관리점을 선정해 관리를 수행하도록 과정을 통제하는 규제
	예	식품안전을 위한 식품위해요소 중점관리기준(HACCP) 등
	평가	• 피규제자에게 규제설계의 자율성을 부여하여 피규제자의 특성과 상황에 맞는 유연한 규제설계 가능(수단규제의 한계 극복) • 정부가 직접 성과목표달성 수준을 정하고 확인할 필요 없음(성과규제의 한계 극복)

04. ② 설문은 내부접근형에 대한 설명이다. 내부접근형은 정책결정자에게 접근이 용이한 소수의 외부집단이나 정책담당자들이 정책결정자나 그 측근에게 은밀히 접근하여 정부의제화하는 의제설정모형이다.

05. ④ 하향적 접근방법은 바람직한 집행이란 결정자의 의도를 충실히 수행하는 것으로 보고, 결정자가 집행과정에 대해 절대적 영향력을 가지고 일선집행관료의 재량권을 축소하고 통제를 강화하고자 한다.

06. ② 채널의 분화는 다양한 의사소통채널의 존재를 의미한다. 채널의 분화는 유기적 구조의 특징이다.

《핵심정리》 기계적 구조와 유기적 구조

구분	기계적 구조	유기적 구조
기본변수	복잡, 공식, 집권	단순, 융통, 분권
장점	예측가능성	적응성
조직 특성	• 좁고 명확한 직무범위 • 표준운영절차(많은 규칙과 규정) • 분명한 책임 관계 • 계층제 • 낮은 팀워크 • 공식적·몰인간적 대면 관계 • 좁은 통솔범위	• 넓고 모호한 직무범위 • 적은 규칙과 절차 • 모호한 책임 관계 • 분화된 채널(채널의 분화) • 높은 팀워크 • 비공식적·인간적 대면 관계 • 넓은 통솔범위
상황 조건	• 명확한 조직목표와 과제	• 모호한 조직목표와 과제

	• 분업적 과제 • 단순한 과제 • 성과측정이 가능 • 금전적 동기부여 • 권위의 정당성 확보 (합법적 권위)	• 분업이 어려운 과제 • 복합적 과제 • 성과측정이 어려움 • 복합적 동기부여 • 도전받는 권위(지식에 의한 권위)
조직	관료제, 기능구조	탈관료제, 학습조직, 네트워크 조직

07. ③ 학습조직은 구성원 각자의 개인적 학습이 아닌 구성원들이 함께 사고하고 조직의 의미를 자연스럽게 체화하도록 하는 팀학습을 강조한다.
<<핵심정리>> 학습조직

의의	조직 자체의 성장과 발전 또는 문제해결능력을 개선하기 위해 개방체제와 자아실현적 인간관을 바탕으로 구성원이 새로운 지식을 창출하고 이를 조직 전체에 보급하여 지속적인 학습활동을 전개하는 조직
센지(Senge)의 제5수련	① 시스템적(체제적) 사고, ② 전문적 소양(자기완성·자기숙련), ③ 사고의 틀(기존의 사고방식을 깨는 과정), ④ 공동의 비전, ⑤ 팀학습
특징	구조상 특징	• 문제해결능력 향상을 위한 실험적 조직 • 수평적이고 유연한 조직구조(네트워크 구조, 팀제, 가상조직 등) • 사려 깊은 리더의 학습형 리더십 중시 • 정보인프라 구축을 통한 정보공유 활성화
	운영상 특징	• 구성원의 권한 강화를 통한 자율적 학습 강조 • 관계지향성과 집합적 행동 등 응집성이 강한 조직문화 형성 • 시행착오적 학습(실패를 용인하는 문화 - 성과급이나 신상필벌 거부) • 변화와 발전을 지속적으로 추구하는 장기적이고 유동적 과정

08. ③ 역량평가는 대상자의 업무에 대한 성과를 사후적으로 평가하는 것이 아니라 미래행동에 대한 잠재력을 사전적으로 평가한다.
<<핵심정리>> 역량평가

의의	일종의 사전적 검증장치로 단순한 근무실적 수준을 넘어 평가대상자가 자신이 담당해야 할 업무수행과 관련된 역량을 보유하고 있는지에 대해 평가하는 제도
평가기법	평가센터(Assessment Center)기법의 활용
특징	• 미래의 잠재력 평가 : 대상자의 과거 성과가 아닌 미래의 잠재력 측정(성과에 대한 외부 변수를 통제하여 개인의 역량에 대한 객관적인 평가 수행) • 관찰에 의한 평가 : 구조화된 모의 상황을 설정해 현실적 직무 상황에 근거한 행동을 관찰하여 평가(추측이나 유추가 아닌 직접적 관찰을 통해 평가자의 주관성 배제) • 다양한 역량 측정 : 다양한(복합적) 실행과제를 종합적으로 활용하여 다양한 역량 측정 • 다수 평가자의 합의에 의한 평가 : 다수의 평가자가 참여해 합의를 통해 평가 결과를 도출함으로써 개별 평가자의 오류를 방지하고 평가의 공정성 확보

09. ③ 예비비는 기획재정부장관이 관리하며, 각 중앙관서의 장은 예비비의 사용이 필요한 때에는 명세서를 작성하여 기획재정부장관에게 제출해야 한다. 또한 기획재정부장관은 예비비 신청을 심사한 후 필요하다고 인정하는 때에는 이를 조정하고 예비비사용계획명세서를 작성한 후 국무회의의 심의를 거쳐 대통령의 승인을 얻어야 한다.

10. ① 지방자치단체의 구역설정기준으로는 자연지리적 조건, 행정의 편의성, 주민접근성, 재원조달능력, 민주성과 능률성의 조화 등이 있다. 지방선거의 참여율은 지방자치단체의 구역설정기준이 될 수 없다.

2025 공무원 시험대비 【8월분】

-제19회-
[정답 및 해설]

이 름: _____

제1과목 국어
제2과목 영어
제3과목 한국사
제4과목 행정법총론
제5과목 행정학개론

매일 모의고사 정오표

합격까지 박문각

매일 모고 국어 제19회
정답 및 해설

01. ① 바느질은 명사 '바늘'에 접사 '-질'이 결합할 때 '바늘'의 받침 'ㄹ'이 탈락하여 [바느질]로 발음되며, 부삽은 명사 '불'에 명사 '삽'이 결합할 때 '불'의 받침 'ㄹ'이 탈락하여 [부삽]으로 발음된다. 이들은 모두 이 발음을 표기에 반영하였으므로 ㉠의 예로 적절하다. '배앓이'는 어근 '앓-'과 접사 '-이'가 결합하면서 어근의 받침 'ㅎ'이 탈락했지만, 이를 표기에 반영하지 않고 명사 '배'와 결합한 합성어이며, '밝기'는 어근 '밝-'과 접사 '-기'가 결합하면서 자음군 단순화에 의해 '밝'의 'ㄱ'이 탈락했지만, 이를 표기에 반영하지 않은 파생어이다. 두 단어 모두 ㉡의 예로 적절하다.
② '아름다움'은 형용사 어간 '아름답-'에 접미사 '-음'이 결합하면서 어간 말음 'ㅂ'이 '우'로 교체된 것이다. 발음을 표기에 반영하였으나 음운 탈락이 일어난 단어가 아니므로 ㉠의 예로 적절하지 않다. '마소'는 어근 '말'의 받침 'ㄹ'이 어근 '소'와 결합할 때 탈락한 것을 표기에 반영하여 만들어진 단어이다. '여닫이'는 어간 '열-'의 받침 'ㄹ'이 어간 '닫-'과 결합하면서 탈락한 것을 표기에 반영하였으므로 ㉡의 예로 적절하지 않다. '굵기'는 형용사 어간 '굵-'의 받침 'ㄱ'이 접미사 '-기'와 결합하면서 탈락한 것을 표기에 반영하지 않고 만들어진 단어이다. '배앓이'는 동사 어근 '앓-'의 받침 'ㅎ'이 모음으로 시작하는 접미사 '-이'와 결합하면서 탈락한 것을 표기에 반영하지 않고 만들어진 단어이다.
③ '삶'의 표준발음은 '[삼]'으로, 발음할 때 받침의 'ㄹ'이 탈락하지만 이를 표기에 반영하지 않았으므로 ㉠의 예로 적절하지 않다. '넓이'는 연음, '같이'는 교체(구개음화)가 일어난 단어이므로 ㉡의 예로 적절하지 않다.
④ '부삽'은 어근 '불'의 받침 'ㄹ'이 어근 '삽'과 결합할 때 탈락한 것을, '아드님'은 어근 '아들'의 받침 'ㄹ'이 접사 '-님'과 결합할 때 탈락한 것을 표기에 반영하였으므로 ㉠의 예는 모두 적절하다. '닭'은 자음군 단순화에 의해 받침 'ㄹ'이 탈락하지만 표기에 반영하지 않는 단어이므로 ㉡의 예로 적절하다. 그러나 '좁쌀'은 '조'와 '쌀'이 결합할 때 'ㅂ'이 덧나는 경우로, ㉡의 예로 적절하지 않다.

02. ② '기회'를 외래어 '찬스'를 바꾸고, '재빠르게 움직이다'를 어려운 한자어 '기민하다'로 바꾼 것은 적절하지 않다.
① '-에 위치하다'는 'be located in'을 번역한 것이므로 옳지 않다. 따라서 '-에 있다'로 바꾸는 것이 적절하다.
③ 요구되다(required)는 영어식 표현이므로 '필요하다'로 고치는 것이 적절하다.
④ '회의를 갖다(have a meeting)'은 영어식 표현이므로 '회의를 하다'로 고치는 것이 적절하다.

03. ③ ㉠ ~ ㉣을 기호화해서 나타내면 다음과 같다.

| ㉠ (~배구 ∨ ~농구) → ~탁구 ≡ 탁구 → (배구 ∧ 농구) |
| ㉡ 테니스 → (배구 ∧ 골프) ≡ (~배구 ∨ ~골프) → ~테니스 |
| ㉢ ~농구 → 골프 ≡ 골프 → 농구 |
| ㉣ 탁구 ∨ 테니스 |

㉣을 이용하여 <탁구> 경기를 관람하는 경우와 <테니스> 경기를 관람하는 경우로 분류할 수 있다.
(1) <탁구> 경기를 관람하는 경우
㉠의 대우명제에 의해, '배구 ∧ 농구'가 도출된다. 따라서 이 경우 관람되는 경기는 <탁구>, <배구>, <농구>이다.
(2) <테니스> 경기를 관람하는 경우
㉡에 의해, '배구 ∧ 골프'가 도출되고, 이 경우 '골프'가 만족되므로 ㉢의 대우명제에 의해 '농구'가 도출된다. 따라서 이 경우 관람되는 경기는 <테니스>, <배구>, <골프>, <농구>이다.
따라서 (1)과 (2)에 의해 반드시 관람되는 경기는 두 경우 모두에서 관람되는 <농구>이다.

04. ② 주어진 전제와 결론을 기호화해서 나타내면 다음과 같다.

| ○ 전제 1: 빨강 ∧ 파랑 |
| ○ 전제 2: 노랑 → 초록 ≡ ~초록 → ~노랑 |
| ○ 전제 3: ~노랑 → ~파랑 ≡ 파랑 → 노랑 |
| ○ 결론: 빨강 ∧ 초록 |

'~노랑 → ~파랑 ≡ 파랑 → 노랑'이 추가되면 전제 1과 연결하여 '빨강 ∧ 노랑'이 도출되고, 이를 '노랑 → 초록'과 연결하여 '빨강 ∧ 초록'이 도출된다.
① '~파랑 ∧ ~노랑'이 추가되어도 전제 1, 2와 연결이 불가능하다. 매개항이 전칭의 주어에서 주연이 되어야만 하는데 전제 1은 특칭이므로 주연되지 않았으므로 '~파랑 ∧ ~노랑'과 연결될 수 없다. 전제 2는 '~노랑'이 전칭의 주어가 아니라 전칭의 서술어에 있으므로 '~파랑 ∧ ~노랑'과 연결될 수 없다.
③ '파랑 → 빨강'은 전제 1을 함축하는 전제일 뿐이므로 '빨강 ∧ 초록'을 도출할 수 없는 명제이다.
④ '초록 ∧ 파랑'이 추가되어도 전제 1, 2와 연결이 불가능하다. 매개항이 전칭의 주어에서 주연이 되어야만 하는데 전제 1은 특칭이므로 주연되지 않았으므로 '초록 ∧ 파랑'과 연결될 수 없다. 전제 2는 '초록'이 전칭의 주어가 아니라 전칭의 서술어에 있으므로 '초록 ∧ 파랑'과 연결될 수 없다.

05. ④ ㉠의 '맞다'는 '3「2」 어떤 행위나 내용이 일정한 기준이나 정도에 어긋나거나 벗어나지 아니한 상태이다.'를 의미한다. 이와 가장 유사한 의미의 '맞다'는 ④이다.
① 2「1」 어떤 대상이 누구의 소유임이 틀리지 아니하다.
② 4「2」 모습, 분위기, 취향 따위가 다른 것에 잘 어울리다.
③ 1「1」 오는 사람이나 물건을 예의로 받아들이다.

06. ① ㉠의 '벗어나다'는 '1「3」 구속이나 장애로부터 자유로워지다.'를 의미한다. 이와 가장 유사한 의미의 '벗어나다'는 ①이다.
② 1「6」 이야기의 흐름이 빗나가다.
③ 1「9」 (('…에서' 대신에 '…에'가 쓰이기도 한다)) 규범이나 이치, 체계 따위에 어긋나다.
④ 1「10」 (('…에서' 대신에 '…에'가 쓰이기도 한다)) 남의 눈에 들지 못하다.

07. ② '소실되다'는 '사라져 없어지다.'를 의미한다. 따라서 '기억하여 두어야 할 것을 한순간 전혀 생각하여 내지 못하다.'를 의미하는 '잊어버리다'는 ㉡과 바꿔 쓸 수 있는 유사한 표현으로 적절하지 않다. '현상이나 물체의 자취 따위가 없어지다.'를 의미하는 '사라지다'로 바꿔 쓸 수 있다.
① ㉠ '승하하다'는 '임금이나 존귀한 사람이 세상을 떠나다.'를 의미한다. 따라서 '생명이 없어지거나 끊어지다.'를 의미하는 '죽다'로 바꿔 쓸 수 있다.

③ ⓒ '보관하다'는 '물건을 맡아서 간직하고 관리하다.'를 의미한다. 따라서 '어떤 물건을 받아 보관하다.'를 의미하는 '맡다'로 바꿔 쓸 수 있다.
④ ⓔ '구차하다'는 '살림이 몹시 가난하다.'를 의미한다. 따라서 '살림살이가 넉넉하지 못하여 몸과 마음이 괴로운 상태에 있다.'를 의미하는 '가난하다'로 바꿔 쓸 수 있다.

08. ④ '깎아내리다'는 '인격이나 권위 따위를 헐뜯어서 떨어지게 하다.'를 의미한다. 따라서 '일정한 값에서 얼마를 빼다.'를 의미하는 '할인하다'는 ⓔ과 바꿔 쓸 수 있는 유사한 표현으로 적절하지 않다. '가치를 깎아내리다.'를 의미하는 '폄하하다'로 바꿔 쓸 수 있다.
① ⓐ '해하다'는 '이롭지 아니하게 하거나 손상을 입히다.'를 의미한다. 따라서 '사실을 왜곡하거나 속임수를 써 남을 해롭게 하다.'를 의미하는 '모략하다'로 바꿔 쓸 수 있다.
② ⓑ '이바지하다'는 '도움이 되게 하다.'를 의미한다. 따라서 '도움이 되도록 이바지하다.'를 의미하는 '기여하다'로 바꿔 쓸 수 있다.
③ ⓒ '파내다'는 '묻히거나 박힌 것을 파서 꺼내다.'를 의미한다. 따라서 '옮기거나 고쳐 묻기 위하여 무덤을 파내다.'를 의미하는 '파묘하다'로 바꿔 쓸 수 있다.

09. ① 선지는 ㄴ또는 ㅁ으로 시작한다. ㄴ으로 시작할 경우, ㄹ 또는 ㄱ이 이어지는데, ㄴ은 엉겅퀴 씨앗의 구조를 설명하고 있을 뿐, 아직 벨크로 테이프에 대해 언급하지 않았으므로 '이 구조'로 '엉겅퀴 씨앗의 구조'를 지칭하며 벨크로 테이프의 발명에 대해 언급하는 ㄹ이 ㄱ보다 먼저 오는 것이 자연스럽다. 이 경우 ㄹ의 '그는' 역시 ㄴ의 '메스트랄'에 대응하므로 적절하다. 벨크로 테이프를 발명했다는 내용인 문장 ㄹ의 뒤에 ㄱ이 오는 것 또한 자연스럽다. 그 뒤에는 자연 모사 기술이 적용된 다른 사례들을 제시하는 ㄷ이 오고, 최근의 기술 상황에 대해 다루는 문장 ㅁ이 가장 마지막에 오는 것이 적절하다.

10. ① '불쾌함은 주관적인 감정이므로 법적 규제의 근거가 되기 힘들다'는 것은 혐오 표현 규제에 반대하는 사람들의 주장이다. 글쓴이는 '혐오 표현이 유발하는 불쾌함은 사회 구성원들이 공감할 수 있는 보편적 감정이며, 그 정도가 과하다면 규제되어야 한다.'라고 하였다.
②, ③ '자유는 타인의 자유를 침해하지 않는 한에서 보장되어야 한다. 혐오 표현이 법으로 규제되어야 하는 이유가 여기에 있다.'에서 확인할 수 있는 내용이다.
④ 글쓴이는 '권력의 견제 수단으로서 표현의 자유는 순기능을 수행'한다고 하였다. 다만 '권력을 갖지 않는 대상을 향한 혐오 표현은 사회적 차별 또한 조장할' 수 있다고 하였다.

매일 모고 영어 제19회
정답 및 해설

01. ④ ★ absent 부재한, 결석한
    ● definite 확실한, 확고한
    ● positive 긍정적인
    ● loyal 충실한, 충성스러운
    [해석] 아버지가 해외 출장으로 인한 부재 중이어서, 그가 집안 책임을 떠맡아야 했다.

02. ④ ★ exotic 이국적인, 외국의
    ● desperate 절망적인, 필사적인
    ● precious 귀중한, 값비싼
    ● pregnant 임신한
    [해석] 그녀는 해외 여행할 때 다양한 나라의 이국적인 음식을 먹어보는 것을 좋아한다.

03. ① ★ rob 털다, 강탈하다
    ● inform 알리다, 통지하다
    ● lay 놓다, 두다
    ● distill 증류하다
    [해석] 보안 카메라가 편의점을 털려던 남자를 식별하는 데 도움이 되어 범인을 바로 잡을 수 있었다.

04. ③ ★ extinct 멸종된, 사라진
    ● mental 정신적인
    ● awesome 기막히게 좋은, 굉장한, 엄청난
    ● private 사유의, 사적인
    [해석] 현재 속도로 산림 파괴가 계속된다면, 많은 종이 멸종할 수 있다.

05. ③ ★ absurd 터무니없는, 우스꽝스러운
    ● metropolitan 대도시[수도]의
    ● relevant 관련 있는, 적절한
    ● disabled 장애를 가진
    [해석] 그는 외계인이 세계 정부를 몰래 조종하고 있다는 터무니없는 생각에 크게 웃음을 터뜨렸다.

06. ② [해설]
    빈칸은 동사를 수식하는 부사 자리이며, 문맥상 접속사 so 뒤에 "아직 할 일이 많다"는 내용이 나오는 것으로 보아, "그들은 프로젝트를 거의 시작하지 않았다"는 의미가 자연스럽다. '거의 ~아니다'라는 뜻의 부사 hardly가 들어가야 한다. 따라서 밑줄 친 부분에 가장 적절한 것은 ②이다.
    [해석]
    그들은 프로젝트를 거의 시작하지 않았기 때문에 아직 할 일이 많다.

07. ③ [해설]
    '~보다 몇 배 더 ~한'의 뜻으로 쓰일 때는 '배수사 as 형용사/부사의 원급 as'의 구문으로 써야 하고, 원급 비교 구문에서 as를 more로 쓰거나 than으로 쓰면 안 된다. 따라서 밑줄 친 부분인 than을 as로 고쳐야 한다.
    [해석]
    우리는 생산성을 높이기 위해 최근 본사 사무실의 장비를 업그레이드했다. 이 기계는 대용량 파일을 처리하고 작업 시간을 줄이는 데 있어 이전 모델보다 세 배 더 효율적이다. 직원들은 이미 복잡한 작업을 실행할 때 결과가 더 빨라졌다는 것을 느끼고 있다. 이 장비는 시간을 절약해 줄 뿐만 아니라 시스템 오류도 크게 줄여 준다.

08. ① [해석]
    A: 안녕하세요, 엘름 스트리트에 있는 가로등이 고장 나서 신고하려고 합니다.
    B: 알려 주셔서 감사합니다. 정확한 위치를 알려 주시겠어요?
    A: 엘름 스트리트와 메이플 애비뉴 교차로 근처입니다.
    B: 고장 난 가로등 때문에 안전 문제가 있나요?
    A: 네, 밤에 매우 어둡고 보행자들이 불편해합니다.
    B: 가능한 빨리 수리팀을 보내겠습니다.
    ① 고장 난 가로등 때문에 안전 문제가 있나요?
    ② 가로등이 고장 난 지 얼마나 되었나요?
    ③ 근처에 고장 난 가로등이 더 있나요?
    ④ 그 위치에 인도가 있나요?

09. ④ [해설]
    본문의 열두 번째 문장에서 '7월 28일 주간에는 캠프 없음'이라고 언급하고 있다. 따라서 윗글의 내용과 일치하지 않는 것은 ④이다.
    [오답 해설]
    ① 본문의 세 번째 문장에서 언급하고 있으므로 일치한다.
    ② 본문의 다섯 번째 문장에서 언급하고 있으므로 일치한다.
    ③ 본문의 여덟 번째 문장에서 언급하고 있으므로 일치한다.
    [해석]

    ### 2025 어린이 여름 환경 탐험 캠프

    그린 밸리 자연 센터(GVNC)와 함께하는 일주일간의 야외 모험에 참여하세요! 캠프 참가자들은 숲길을 탐험하고, 자연 체험 실험을 하며, 학생들이 주도하는 생태 박람회에서 그들의 연구 결과를 발표합니다.

    대상
    ○ 7세에서 13세 어린이
    ○ 각 참가자에게는 관심사와 능력에 맞춘 맞춤형 지도와 친환경 도전 과제가 제공됩니다.

    환경 박람회
    가족들은 매주 금요일 오후에 열리는 캠프 참가자들의 환경 박람회 전시에 참석하여 각 어린이의 발견과 프로젝트를 감상할 수 있습니다.

    일정
    ○ 캠프는 월요일부터 금요일까지 오전 8시 30분부터 오후 2시 30분까지 운영됩니다.
    ○ 7월 7일 월요일부터 8월 15일 금요일까지 (7월 28일 주간에는 캠프 없음)

    ① 캠프 참가자들은 환경 박람회에서 자신의 작업을 발표할 기회를 갖는다.
    ② 이 캠프는 7세에서 13세 어린이를 위한 맞춤형 활동을 제공한다.
    ③ 환경 박람회에는 가족들도 참여할 수 있다.
    ④ 캠프는 7월 7일부터 8월 15일까지 중단 없이 계속 운영된다.

10. ③ [해설]
    이 글은 내향성과 외향성에 대한 일반적인 오해를 지적

하고 있다. (C)에서는 내향성의 실제 특징을 구체적으로 설명하고, (A)에서는 외향성과 대비하여 차이를 명확히 보여준다. 마지막으로 (B)에서는 두 성격 유형 모두 사회적·직업적 성공에 기여할 수 있음을 균형 있게 정리하고 있다. 따라서 글의 순서로 가장 적절한 것은 ③이다.

[해석]

> 사람들은 종종 내향적 성격과 외향적 성격을 단순화하여 오해하곤 한다.
>
> (C) 예를 들어, 내향적인 사람들은 반드시 수줍음이 많은 것은 아니며, 대신에 사소한 대화보다는 의미 있는 대화를 선호하고 혼자 시간을 보내면서 에너지를 회복하는 경우가 많다.
>
> (A) 반면, 외향적인 사람들은 사회적 상호작용에서 에너지를 얻으며, 활발하게 참여하기 위해 자주 외부 자극을 찾는 경향이 있다.
>
> (B) 그러나 두 성격 유형 모두 사회적 혹은 직업적 상황에서 동일하게 효과적일 수 있는데, 이는 성공이 사교성 수준보다는 자기 인식과 적응력에 더 크게 좌우되기 때문이다.

[어휘]
☐ introvert 내향적인 사람
☐ extrovert 외향적인 사람
☐ self-awareness 자기 인식
☐ adaptability 적응력
☐ sociability 사교성
☐ oversimplify 지나치게 단순화하다

매일 모고 한국사 제19회
정답 및 해설

01. ② 광복 전 국내외의 독립 운동 세력들은 광복 후에 민주 공화국을 수립하고 민주주의와 사회주의를 혼합한 사회 경제 체제를 확립한다는 공통점을 지녔다.
ㄴ. 국회 양원제와 내각 책임제는 1960년 4·19 혁명을 계기로 성립되었다.
ㄹ. 토지와 대생산 기구의 국유화 등을 규정하여 사회주의 제도를 일부 혼합하였다.

02. ③ 좌익 세력은 신탁 통치 문제에 대하여 처음에는 반대하였지만, 얼마 뒤 모스크바 3국 외상 회의의 결정 지지로 그 입장을 바꾸었다.
①, ② 김구, 이승만은 신탁 통치를 반대하였다.
④ 이승만은 1차 미·소 공동 위원회 결렬 후 남한 단독 정부 수립을 주장하였다.

03. ④ 조선 물산 장려회는 1923년에 실력 양성 운동의 일환으로 서울에서 창립되었고, 6·10 만세 운동은 1926년에 일어나 민족주의 계열과 사회주의 계열의 연대 가능성을 제시하였다. 신간회는 민족 유일당 운동의 성과로 1927년에 설립되어 1929년에 일어난 광주 학생 항일 운동을 지원하였다.

04. ④ 자료는 1945년 12월 발표된 모스크바 3국 외상 회담의 협정문이다. 신탁 통치 문제가 국내에 알려지자 국내의 정치 세력은 급속히 좌·우익으로 양분되어 심한 대립을 보였다가, 국민들의 반탁 운동 지지로 결국 우익이 세력 기반을 확대할 수 있었다. 이승만, 한국 민주당 등 우익 세력들은 신탁 통치 반대 운동에 참가하였다. 좌익 세력은 처음에는 신탁 통치에 반대하였다가 입장을 바꾸어 3국 외상 회의의 결정을 지지하였다.
④ 대다수의 국민들은 반탁 운동을 지지하였기 때문에 우익은 세력을 확대하였고, 좌익 세력은 국민의 지지를 상실하였다.

05. ④ (가)는 자유시 참변, (나)는 대한 통의부, (다)는 육군 주만 참의부, (라)는 정의부이다.
간도 참변 후 독립군은 일본과 싸우고 있는 자신들을 소련이 도와줄 것으로 기대하고 자유시로 이동하였다. 그런데 독립군 내부에서 지휘 체계를 둘러싼 갈등이 발생하자 소련이 일본과의 마찰을 피하고자 독립군의 무장 해제를 요구하며 공격하여 자유시 참변이 일어났다. 이후 만주로 귀환한 독립군은 조직을 정비하고 역량을 강화하기 위해 통합을 추진하여 먼저 대한 통의부가 발족되었고, 그 후 지역별로 참의부, 정의부, 신민부가 결성되었다.
① 자유시 참변, ② 대한 통의부, ③ 육군 주만 참의부이다.

06. ① 김원봉을 중심으로 하는 의열단 계열의 인사들이 조선 민족 혁명당을 주도하자 민족주의 계열의 지청천, 조소앙 등이 여기서 탈퇴하였다. 이를 극복하기 위해 여러 단체를 규합하여 조선 민족 전선 연맹을 결성하였다.
② 김구 계열과 임시 정부 고수파는 처음부터 참여하지 않았다.
③, ④ 중국 정부의 지원을 받아 조선 의용대를 조직하였다.

07. ④ 북한은 토지 개혁을 1946년 3월 시행하였다. 이에 자극 받아 대한민국 정부는 1949년 농지 개혁법을 공포하고, 1950년 3월 일부 개정하여 시행하였다. (가)는 유상 매입, 유상 분배의 원칙하에 시행되었다. (나)는 무상 몰수, 무상 분배의 원칙하에 시행되었다. (가)에서 농지 개혁법이 제정된 후 시행되기까지 시간이 지체되었던 것은 정부의 과중한 재정 부담 때문이었다.
④ 조선 민주주의 인민 공화국은 1948년 9월 수립되었고, 토지 개혁은 1946년에 추진되었다.

08. ④ 조소앙이 제시한 삼균주의는 보통선거-정권의 균-정치평등, 국유제도-이권의균-경제평등, 균비교육-학권의 균-교육평등으로 정리할 수 있다. 세 부문의 평등을 통해 불평등과 특권계급을 없애고, 국제관계에서도 동일한 질서를 수립하고자 하였다.
1930년대 좌우세력을 통합할 이론의 필요성에 따라 나온 것이 조소앙의 삼균주의이다. 이것은 자본주의와 사회주의의 한계를 극복하는 이념일 뿐만 아니라 대한민국 임시정부의 독립운동 및 건국 이념의 바탕이 되었다.
①, ② 좌우 통합 이념이다.
③ 사회주의 계열에서 내세운 주장이다.

09. ④ 제시된 헌법은 장면 정부 시기의 것이다. 장면 내각은 민주주의의 발전과 언론의 활성화를 위해 노력하였고, 4·19 혁명의 영향으로 노동 운동, 교원 노조 운동, 청년·학생 운동과 같은 사회 각계 각층의 민주화의 움직임이 거세게 일어났다. 따라서 이 시기에는 국민들의 불만이 각종 시위로 폭발하였으나, 장면 내각은 강력한 개혁 의지를 실천에 옮기지 못했고, 특히 부정 선거 책임자 처벌에 소극적이었으며, 남북 협상에 대해서는 부정적인 태도를 취하였다.

10. ② 제시된 자료는 5·16 군사 정변시 발표한 혁명 공약이다. 5·16 군사 정변 이후 성립한 박정희 군사 정부는 부정 축재자를 처벌하고, 화폐 개혁을 단행하였으며, 농어촌의 부채를 줄여주고, 1962년부터 경제 개발 5개년 계획을 실시하였다.
② 신국가 보안법은 이승만 정부가 야당 세력을 탄압하기 위해 1958년 12월 제정한 것으로, 5·16 군사 정변을 일으킨 군부 세력과는 거리가 있다.

매일 모고 행정법 제19회
정답 및 해설

01. ① 법률조항의 위임에 따라 대통령령으로 규정한 내용이 헌법에 위반될 경우라도 그 대통령령의 규정이 위헌으로 되는 것은 별론으로 하고, 그로 인하여 정당하고 적법하게 입법권을 위임한 수권법률조항까지도 위헌으로 되는 것은 아니라고 할 것이다. 헌법재판소 2019. 2. 28. 선고 2017헌바245 전원재판부 결정
② 삼권분립의 원칙, 법치행정의 원칙을 당연한 전제로 하고 있는 우리 헌법 하에서 행정권의 행정입법 등 법집행의무는 헌법적 의무라고 보아야 할 것이다. 그런데 이는 행정입법의 제정이 법률의 집행에 필수불가결한 경우로서 행정입법을 제정하지 아니하는 것이 곧 행정권에 의한 입법권 침해의 결과를 초래하는 경우를 말하는 것이므로, 만일 하위 행정입법의 제정 없이 상위 법령의 규정만으로도 집행이 이루어질 수 있는 경우라면 하위 행정입법을 하여야 할 헌법적 작위의무는 인정되지 아니한다. 헌법재판소 2005. 12. 22. 선고 2004헌마66 결정
③ 구 군법무관임용법 제5조 제3항과 군법무관임용 등에 관한 법률 제6조가 군법무관의 보수의 구체적 내용을 시행령에 위임했음에도 불구하고 행정부가 정당한 이유 없이 시행령을 제정하지 않은 것은 불법행위에 해당한다(주: 대통령령을 제정하지 아니한 입법부작위가 국가배상책임을 구성하는 것으로 본 사례). 대법원 2007. 11. 29. 선고 2006다3561 판결
④ 행정부 내부의 사무처리준칙에 불과한 행정규칙은 그 성립에 있어서 특별한 요건이 요구되지 않는다. 따라서 법규명령과 달리 그 효력을 발하기 위한 요건으로 공포가 필요한 것도 아니며, 통상 수범기관(수명기관)에 도달함으로써 효력이 발생한다.

02. ④ 행정처분이 취소되면 그 소급효에 의하여 처음부터 그 처분이 없었던 것과 같은 효과를 발생하게 되는바, 행정청이 의료법인의 이사에 대한 이사취임승인취소처분(제1처분)을 직권으로 취소(제2처분)한 경우에는 그로 인하여 이사가 소급하여 이사로서의 지위를 회복하게 되고, 그 결과 위 제1처분과 제2처분 사이에 법원에 의하여 선임결정된 임시이사들의 지위는 법원의 해임결정이 없더라도 당연히 소멸된다. 대법원 1997. 1. 21. 선고 96누3401 판결
① 행정기본법 제18조

> **행정기본법 제18조(위법 또는 부당한 처분의 취소)**
> ① 행정청은 위법 또는 부당한 처분의 전부나 일부를 소급하여 취소할 수 있다. 다만, 당사자의 신뢰를 보호할 가치가 있는 등 정당한 사유가 있는 경우에는 장래를 향하여 취소할 수 있다.

② 행정기본법 제19조

> **행정기본법 제19조(적법한 처분의 철회)**
> ① 행정청은 적법한 처분이 다음 각 호의 어느 하나에 해당하는 경우에는 그 처분의 전부 또는 일부를 장래를 향하여 철회할 수 있다.
> 3. 중대한 공익을 위하여 필요한 경우

③ 영유아보육법 제30조 제5항 제3호에 따른 평가인증의 취소는 평가인증 당시에 존재하였던 하자가 아니라 그 이후에 새로이 발생한 사유로 평가인증의 효력을 소멸시키는 경우에 해당하므로, 법적 성격은 평가인증의 '철회'에 해당한다. (중략) 이처럼 행정청이 평가인증이 이루어진 이후에 새로이 발생한 사유를 들어 영유아보육법 제30조 제5항에 따라 평가인증을 철회하는 처분을 하면서도, 평가인증의 효력을 과거로 소급하여 상실시키기 위해서는, 특별한 사정이 없는 한 영유아보육법 제30조 제5항과는 별도의 법적 근거가 필요하다. 대법원 2018. 6. 28. 선고 2015두58195 판결

03. ④ 행정기본법 제24조

> **행정기본법 제24조(인허가의제의 기준)**
> ④ 관련 인허가 행정청은 제3항에 따른 협의를 요청받으면 그 요청을 받은 날부터 20일 이내에 의견을 제출하여야 한다. 이 경우 전단에서 정한 기간 내에 협의 여부에 관하여 의견을 제출하지 아니하면 협의가 된 것으로 본다.

① 도시계획시설인 주차장에 대한 건축허가신청을 받은 행정청으로서는 건축법상 허가 요건뿐 아니라 국토의 계획 및 이용에 관한 법령이 정한 도시계획시설사업에 관한 실시계획인가 요건도 충족하는 경우에 한하여 이를 허가해야 한다. 대법원 2015. 7. 9. 선고 2015두39590 판결
② 인허가 의제대상이 되는 처분의 공시방법에 관한 하자가 있더라도, 그로써 해당 인허가 등 의제의 효과가 발생하지 않을 여지가 있게 될 뿐이고, 그러한 사정이 주택건설사업계획 승인처분 자체의 위법사유가 될 수는 없다. 대법원 2017. 9. 12. 선고 2017두45131 판결
③ 인허가 의제 규정의 입법 취지를 고려하면, 주택건설사업계획 승인권자가 구 주택법 제17조 제3항에 따라 도시·군관리계획 결정권자와 협의를 거쳐 관계 주택건설사업계획을 승인하면 같은 조 제1항 제5호에 따라 도시·군관리계획결정이 이루어진 것으로 의제되고, 이러한 협의 절차와 별도로 국토의 계획 및 이용에 관한 법률 제28조 등에서 정한 도시·군관리계획 입안을 위한 주민 의견청취 절차를 거칠 필요는 없다. 대법원 2018. 11. 29. 선고 2016두38792 판결

04. ② 행정처분에 대한 행정심판의 재결에 이유모순의 위법이 있다는 사유는 재결처분 자체에 고유한 하자로서 재결처분의 취소를 구하는 소송에서는 그 위법사유로서 주장할 수 있으나, 원처분의 취소를 구하는 소송에서는 그 취소를 구할 위법사유로서 주장할 수 없다. 대법원 1996. 2. 13. 선고 95누8027 판결
① 사회기반시설에 대한 민간투자법 상 민간투자사업의 사업시행자지정처분은 행정처분이다. 대법원 2009. 4. 23. 선고 2007두13159 판결
③ 징계혐의자에 대한 감봉 1월의 징계처분을 견책으로 변경한 소청결정 중 그를 견책에 처한 조치는 재량권의 남용 또는 일탈로서 위법하다는 사유는 소청결정 자체에 고유한 위법을 주장하는 것으로 볼 수 없어 소청결정의 취소사유가 될 수 없다. 대법원 1993. 8. 24. 선고 93누5673 판결
④ 과세관청이 사업자등록을 관리하는 과정에서 위장사업자의 사업자명의를 직권으로 실사업자의 명의로 정정하는 행위는 당해 사업사실 중 주체에 관한 정정기재일 뿐 그에 의하여 사업자로서의 지위에 변동을 가져오는 것이 아니므로 항고소송의 대상이 되는 행정처분으로 볼 수 없다. 대법원 2011. 1. 27. 선고 2008두2200 판결

05. ① 행정심판법 제50조

행정심판법 제50조(위원회의 직접 처분)
① 위원회는 피청구인이 제49조제3항에도 불구하고 처분을 하지 아니하는 경우에는 당사자가 신청하면 기간을 정하여 서면으로 시정을 명하고 그 기간에 이행하지 아니하면 직접 처분을 할 수 있다 (주: 행정심판위원회의 직접처분은 의무이행심판에서 처분명령재결이 있는 경우에만 인정됨).

② 행정심판청구는 엄격한 형식을 요하지 아니하는 서면행위이므로 행정청의 위법·부당한 처분으로 인하여 권리나 이익을 침해당한 사람이 당해 행정청에 그 처분의 취소나 변경을 구하는 취지의 서면을 제출하였다면 서면의 표제나 형식 여하에 불구하고 행정심판청구로 봄이 옳다. 대법원 1999. 6. 22. 선고 99두2772 판결
③ 행정심판법 제24조

행정심판법 제24조(피청구인의 심판청구서 등의 접수·처리)
② 제1항에도 불구하고 심판청구가 그 내용이 특정되지 아니하는 등 명백히 부적법하다고 판단되는 경우에 피청구인은 답변서를 위원회에 보내지 아니할 수 있다. 이 경우 심판청구서를 접수하거나 송부받은 날부터 10일 이내에 그 사유를 위원회에 문서로 통보하여야 한다.

④ 임시처분에 관해 규정한 행정소송법 제31조 제2항에 따라 준용되는 집행정지의 취소에 관한 규정인 행정소송법 제30조 제4항에 따라 위원회는 임시처분을 결정한 후에 임시처분이 공공복리에 중대한 영향을 미치거나 그 처분의 사유가 없어진 경우에는 직권으로 또는 당사자의 신청에 의하여 임시처분 결정을 취소할 수 있다.

06. ② 납세의무자의 신고행위가 중대하고 명백한 하자로 인하여 당연무효로 되지 아니하는 한 그것이 바로 부당이득에 해당한다고 할 수 없다. 대법원 2014. 4. 10. 선고 2011다15476 판결
① 산지일시사용신고를 받은 군수 등은 신고서 또는 첨부서류에 흠이 있거나 거짓 또는 그 밖의 부정한 방법으로 신고를 한 것이 아닌 한, 그 신고내용이 법령에서 정하고 있는 신고의 기준, 조건, 대상시설, 행위의 범위, 설치지역 및 설치조건 등을 충족하는 경우에는 그 신고를 수리하여야 하고, 법령에서 정한 사유 외의 다른 사유를 들어 신고 수리를 거부할 수는 없다. 대법원 2022. 11. 30. 선고 2022두50588 판결
③ '부지 확보' 요건을 완비하지 못한 상태에서 건축신고 수리처분이 이루어졌음에도 그 처분 당시 건축주가 장래에도 토지형질변경허가를 받지 않거나 받지 못할 것이 명백하였다면, 그 건축신고 수리처분은 '부지 확보'라는 수리요건이 갖추어지지 않았음이 확정된 상태에서 이루어진 처분으로서 적법하다고 볼 수 없다. 대법원 2023. 9. 21. 선고 2022두31143 판결
④ 행정기본법 제34조

행정기본법 제34조(수리 여부에 따른 신고의 효력)
법령등으로 정하는 바에 따라 행정청에 일정한 사항을 통지하여야 하는 신고로서 법률에 신고의 수리가 필요하다고 명시되어 있는 경우(행정기관의 내부 업무 처리 절차로서 수리를 규정한 경우는 제외한다)에는 행정청이 수리하여야 효력이 발생한다.

07. ③ 질서위반행위규제법 제24조

질서위반행위규제법 제24조(가산금 징수 및 체납처분 등)
① 행정청은 당사자가 납부기한까지 과태료를 납부하지 아니한 때에는 납부기한을 경과한 날부터 체납된 과태료에 대하여 100분의 3에 상당하는 가산금을 징수한다.

① 금지되는 재조사에 기하여 과세처분을 하는 것은 단순히 당초 과세처분의 오류를 경정하는 경우에 불과하다는 등의 특별한 사정이 없는 한 그 자체로 위법하고, 이는 과세관청이 그러한 재조사로 얻은 과세자료를 과세처분의 근거로 삼지 않았다거나 이를 배제하고서도 동일한 과세처분이 가능한 경우라고 하여 달리 볼 것은 아니다. 대법원 2017. 12. 13. 선고 2016두55421 판결
② 구 사회안전법 제11조 소정의 동행보호규정은 재범의 위험성이 현저한 자를 상대로 긴급히 보호할 필요가 있는 경우에 한하여 단기간의 동행보호를 허용한 것으로서 그 요건을 엄격히 해석하는 한, 동 규정 자체가 사전영장주의를 규정한 헌법규정에 반한다고 볼 수는 없다. 대법원 1997. 6. 13. 선고 96다56115 판결
④ 한국자산공사의 공매통지는 공매의 요건이 아니라 공매사실 자체를 체납자에게 알려주는 데 불과한 것으로서, 통지의 상대방의 법적 지위나 권리·의무에 직접 영향을 주는 것이 아니라고 할 것이므로 이것 역시 행정처분에 해당한다고 할 수 없다. 대법원 2007. 7. 27. 선고 2006두8464 판결

08. ③ 행정절차법 시행령 제2조 제6호에 의하면 공정거래위원회의 의결·결정을 거쳐 행하는 사항에는 행정절차법의 적용이 제외되게 되어 있으므로, 설사 공정거래위원회의 시정조치 및 과징금납부명령에 행정절차법 소정의 의견청취절차 생략사유가 존재한다고 하더라도, 공정거래위원회는 행정절차법을 적용하여 의견청취절차를 생략할 수는 없다. 대법원 2001. 5. 8. 선고 2000두10212 판결
① 부적격사유가 없는 후보자들 사이에서 어떤 후보자를 상대적으로 더욱 적합하다고 판단하여 임용제청하는 경우라면, 이는 후보자의 경력, 인격, 능력, 대학운영계획 등 여러 요소를 종합적으로 고려하여 총장 임용의 적격성을 정성적으로 평가하는 것으로 그 판단 결과를 수치화하거나 이유제시를 하기 어려울 수 있다. 이 경우에는 교육부장관이 어떤 후보자를 총장으로 임용제청하는 행위 자체에 그가 총장으로 더욱 적합하다는 정성적 평가 결과가 당연히 포함되어 있는 것으로, 이로써 행정절차법상 이유제시의무를 다한 것이라고 보아야 한다. 여기에서 나아가 교육부장관에게 개별 심사항목이나 고려요소에 대한 평가 결과를 더 자세히 밝힐 의무까지는 없다. 대법원 2018. 6. 15. 선고 2016두57564 판결
② 구 군인사법상 보직해임처분은 구 행정절차법 제3조 제2항 제9호, 같은 법 시행령 제2조 제3호에 의하여 당해 행정작용의 성질상 행정절차를 거치기 곤란하거나 불필요하다고 인정되는 사항 또는 행정절차에 준하는 절차를 거친 사항에 해당하므로, 처분의 근거와 이유 제시 등에 관한 구 행정절차법의 규정이 별도로 적용되지 아니한다고 봄이 상당하다. 대법원 2014. 10. 15. 선고 2012두5756 판결
④ 행정절차법 제30조

행정절차법 제30조(청문의 공개)
청문은 당사자가 공개를 신청하거나 청문 주재자가 필요하다고 인정하는 경우 공개할 수 있다. 다만, 공익 또는 제3자의 정당한 이익을 현저히 해칠 우려가 있는 경우에는 공개하여서는 아니 된다.

09. ④ 청구인이 정보공개거부처분의 취소를 구하는 소송에서 공공기관이 청구정보를 증거 등으로 법원에 제출하여 법원을 통하여 그 사본을 청구인에게 교부 또는 송달되게

하여 결과적으로 청구인에게 정보를 공개하는 셈이 되었다고 하더라도, 이러한 우회적인 방법은 정보공개법이 예정하고 있지 아니한 방법으로서 정보공개법에 의한 공개라고 볼 수는 없으므로, 당해 정보의 비공개결정의 취소를 구할 소의 이익은 소멸되지 않는다. 대법원 2016. 12. 15. 선고 2012두11409 판결
① 법인 등이 거래하는 금융기관의 계좌번호에 관한 정보는 법인 등의 영업상 비밀에 관한 사항으로서 공개될 경우 법인 등의 정당한 이익을 현저히 해할 우려가 있다고 인정되는 정보에 해당한다. 대법원 2004. 8. 20. 선고 2003두8302 판결
② (甲이 재판기록 일부의 정보공개를 청구한 데 대하여 서울행정법원장이 민사소송법 제162조를 이유로 소송기록의 정보를 비공개한다는 결정을 전자문서로 통지한 사안에서) 비공개결정 당시 정보의 비공개결정은 구 공공기관의 정보공개에 관한 법률 제13조 제4항에 의하여 전자문서로 통지할 수 있다고 본 사례. 대법원 2014. 4. 10. 선고 2012두17384 판결
③ 만일 공개청구자가 특정한 바와 같은 정보를 공공기관이 보유·관리하고 있지 않은 경우라면 특별한 사정이 없는 한 해당 정보에 대한 공개거부처분에 대하여는 취소를 구할 법률상 이익이 없다. 대법원 2013. 1. 24. 선고 2010두18918 판결

10. ③ 위 규정이 정한 수용청구권은 토지보상법 제74조 제1항이 정한 잔여지 수용청구권과 같이 손실보상의 일환으로 토지소유자에게 부여되는 권리로서 그 청구에 의하여 수용효과가 생기는 형성권의 성질을 지니므로, 토지소유자의 토지수용청구를 받아들이지 아니한 토지수용위원회의 재결에 대하여 토지소유자가 불복하여 제기하는 소송은 토지보상법 제85조 제2항에 규정되어 있는 '보상금의 증감에 관한 소송'에 해당하고, 그 피고는 토지수용위원회가 아니라 사업시행자로 하여야 한다. 대법원 2015. 4. 9. 선고 2014두46669 판결
① 어떤 보상항목이 공익사업을 위한 토지 등의 취득 및 보상에 관한 법령상 손실보상대상에 해당함에도 관할 토지수용위원회가 사실을 오인하거나 법리를 오해함으로써 손실보상대상에 해당하지 않는다고 잘못된 내용의 재결을 한 경우에는, 피보상자는 관할 토지수용위원회를 상대로 그 재결에 대한 취소소송을 제기할 것이 아니라, 사업시행자를 상대로 구 공익사업을 위한 토지 등의 취득 및 보상에 관한 법률 제85조 제2항에 따른 보상금증감소송을 제기하여야 한다. 대법원 2018. 7. 20. 선고 2015두4044 판결
② 개발이익은 그 성질상 완전보상의 범위에 포함되는 피수용자의 손실이라고는 볼 수 없으므로, 개발이익을 배제하고 손실보상액을 산정한다 하여 헌법이 규정한 정당보상의 원리에 어긋나는 것이라고는 판단되지 않는다. 헌법재판소 1990. 6. 25. 선고 89헌마107 결정
④ 공공사업의 시행으로 인하여 그러한 손실이 발생하리라는 것을 쉽게 예견할 수 있고 그 손실의 범위도 구체적으로 이를 특정할 수 있는 경우라면 그 손실의 보상에 관하여 공공용지의 취득 및 손실보상에 관한 특례법 시행규칙의 관련 규정 등을 유추적용할 수 있다고 해석함이 상당하다. 대법원 1999. 10. 8. 선고 99다27231 판결

매일 모고 행정학 제19회
정답 및 해설

01. ① 현재 우리나라는 「지능정보화기본법」에 의하여 지능정보화책임관제도(CIO)를 도입하고 있다.

02. ② 오스본과 게블러는 지역사회가 주도하는 정부를 주창하면서 정부가 관료제적 통제와 직접 서비스를 제공하는 공급자 위주의 행정에서 벗어나 주민들에게 권한을 부여해 지역공동체를 형성함으로써 지역주민과 지역공동체를 서비스 공급주체의 일원으로 참여시켜주어야 한다고 주장하였다(서비스 제공보다 권한부여).

<<핵심정리>> 기업가적 정부

정부형태	관료제 (행정 : government)	기업가적 정부(NPM : governance)
촉매적 정부	노 젓기 : 추진 (rowing)	방향잡기 : 방향설정 (steering)
지역사회 소유의 정부	명령과 통제 : 직접 서비스 제공 (service)	권한 부여 : 할 수 있도록 해줌 (empowerment)
경쟁적 정부	독점(monopoly)	경쟁(competition)
임무지향적 정부	규칙위주 : 역할에 의한 추진	임무위주 : 사명감에 의한 추진
결과지향적 정부	과정지향 : 예산투입	결과지향 : 자금산출
고객지향적 정부	관료제의 편의 중시 : 관료지향	고객의 편의 중시 : 고객지향
기업가적 정부	지출에 초점 : 소비중시	수익에 초점 : 수입중시
예방적 정부	단기적·반응적 : 사후치료	예견적·예방적 : 사전예방
분권적 정부	집권화 : 계층제	분권화 : 참여, 팀워크
시장지향적 정부	행정메커니즘 : 조직중심	시장메커니즘 : 시장중심

03. ④ 공무원의 부정부패 척결 등 부정적 행위를 통제하는 측면은 행정윤리의 소극적 측면이며, 공무원이 바람직한 가치를 실현하도록 하는 측면은 행정윤리의 적극적 측면이다.

<<핵심정리>> 행정윤리

의의	공무원이 국민 전체에 대한 봉사자로서 행정이 추구하는 공공목적을 달성하기 위해 준수해야 할 행동규범 또는 바람직한 행위의 준칙	
두 측면	소극적 측면	• 부정부패 등 부정적 행위를 하지 않아야 한다는 측면 : 「국가공무원법」, 「부패방지법」, 「부정청탁 및 금품 등 수수의 금지에 관한 법률」 등
	적극적 측면	• 긍정적 가치(공익성·책임성 등)에 입각한 행정을 수행해야 한다는 측면 : 「공무원헌장」 등
특징	① 가치함축적·규범적 측면, ② 구체적·실질적 행위기준, ③ 두터운 제도화(공식적·비공식적 구조의 결합체 - 셀즈닉), ④ 정책내용의 윤리성까지 내포하는 개념, ⑤ 민간수준보다 높은 수준의 윤리(수직적 공평 적용 - 공공신탁의 원리에 기인), ⑥ 내재적·비공식적 통제 등	
철학적 기초	결과주의 (목적론)	• 공무원의 행위에 대한 사후적인 적발과 처벌 강조(통제) : 「부패방지법」, 「부정청탁 및 금품 등 수수의 금지에 관한 법률」 등
	의무론	• 공무원의 부도덕한 동기실현의 사전 제어 강조(안내나 관리) : 「공직자 윤리법」, 이해충돌방지제도 등

04. ④ 설문은 관료적 기업가형에 대한 설명이다. 관료적 기업가형은 집행자가 대부분의 권한을 갖고 정책과정을 주도하는 관계이다.

05. ③ 정책과정은 정책의제설정(㉠), 정책분석(㉡)을 통한 정책결정(㉾), 정책집행(㉣), 정책평가(㉿), 정책종결(㉰)로 이루어져 있다.

06. ③ 베버(M. Weber)의 이상적인 관료제는 정치적 요인을 고려하지 않고 전문적인 자격이나 시험을 통해 충원되는 제도를 갖는다.

07. ① 소청심사위원회는 행정기관 소속 공무원의 소청을 심사·결정하기 위하여 인사혁신처에 설치되며, 국회, 법원, 헌법재판소 및 선거관리위원회 소속 공무원의 소청에 관한 사항을 심사·결정하기 위하여 국회사무처, 법원행정처, 헌법재판소 사무처 및 중앙선거관리위원회 사무처에 각각 해당 소청심사위원회를 둔다.

<<핵심정리>> 소청심사위원회

의의	공무원의 징계처분, 그 밖에 그 의사에 반하는 불리한 처분이나 부작위에 대한 소청을 심사·결정하는 기관
설치	• 행정부 : 인사혁신처 소속 소청심사위에서 담당 • 자치단체 : 시·도(광역자치단체)별로 설치된 지방소청심사위에서 담당 • 헌법상 독립기관 : 국회·법원·헌법재판소·선관위 소속 공무원에 대한 소청은 헌법상 독립기관별로 설치된 소청심사위에서 담당
심사 대상	• 일반직 공무원을 대상으로 하며, 다른 법률로 정하는 바에 따라 특정직 공무원의 소청을 심사·결정할 수 있음 • 특수경력직은 신분보장이 되지 않기 때문에 소청심사청구가 인정되지 않음
결정	• 결정은 재적 위원 2/3 이상의 출석과 출석 위원 과반수의 합의에 따르되, 의견이 나눌 경우에는 출석 위원 과반수에 이를 때까지 소청인에게 가장 불리한 의견에 차례로 유리한 의견을 더하여 그중 가장 유리한 의견을 합의된 의견으로 봄 • 결정은 처분 행정청을 기속하며, 행정소송은 소청심사위의 심사·결정을 거치지 아니하면 제기할 수 없음(필요적 전심절차)
특징	• 소청 사건을 심사할 때에는 소청인에게 진술 기회를 주어야 하며, 진술 기회를 주지 아니한 결정은 무효로 함 • 소청심사위의 결정은 원징계처분보다 무거운 징계 또는 원징계부가금 부과처분보다 무거운 징계부가금을 부과할 수 없음

	• 근무성적평정의 결과나 승진탈락은 소청의 대상이 되지 않음 • 중앙고충처리기능도 소청심사위가 담당(소청심사에 대한 결정은 구속력이 있으나, 고충처리에 대한 결정은 구속력 없음)

08. ④ 공무원의 정치적 중립은 다양한 국민의 의사를 국정운영과정에 반영하고자 하는 공무원의 대표성 확보와 상충된다.

<<핵심정리>> 공무원의 정치적 중립

개념	공무원이 국민 전체에 대한 봉사자로서 그 직무를 수행함에 있어서 어떤 정당이 집권하더라도 편당성을 떠나 공평무사하게 봉사하는 것
각국의 경향	• 미국 : 펜들턴(Pendelton)법에서 최초로 규정, 해치(Hatch)법에서 강화 • 영국 : 고급공무원은 강한 정치적 중립, 하위공무원은 완화되어 제약 없음 • 서유럽, 북유럽 : 원래부터 완화되어 있음
필요성	① 행정의 공평성 확보, ② 행정의 일관성·안정성 확보, ③ 부정부패의 방지, ④ 엽관주의의 방지와 실적주의의 확립, ⑤ 행정의 정치로부터 자율성 확보, ⑥ 정치체제의 세력균형과 민주정치의 기본질서 확립 등
한계	① 공무원의 참정권 제한, ② 참여적 관료제의 저해, ③ 공무원 집단의 특권집단화와 행정책임 저해, ④ 정행일원론과 부정합, ⑤ 대표관료제와 부조화 등

09. ④ 계획예산제도(PPBS)는 평가보다는 목표를 중시하며, 거시적이고 하향적으로 예산이 편성된다.

10. ① 주민투표의 청구권자로는 일정 수 이상의 주민과 지방의회가 있다. 또한 중앙행정기관의 장도 주민투표를 요구할 수 있으며, 지방자치단체의 장이 직권으로 주민투표를 실시할 수도 있다.

<<핵심정리>> 주민투표의 청구·요구권자

주민투표 청구·요구권자	• 단체장은 주민이나 지방의회가 주민투표실시를 청구한 경우 주민투표를 실시해야 하며(강제사항), 단체장이 필요한 경우 직권으로 주민투표를 실시할 수 있음(임의사항) • 중앙행정기관의 장은 자치단체의 폐치·분합·구역변경, 주요 시설의 설치 등 국가정책의 수립에 관해 관계 단체장에게 주민투표 실시를 요구할 수 있음(임의사항) - 주민투표를 반드시 실시해야 하는 것도 아니고 결과의 구속력도 없음

2025 공무원 시험대비 【8월분】

-제20회-
[정답 및 해설]

이 름: _____

제1과목 국어
제2과목 영어
제3과목 한국사
제4과목 행정법총론
제5과목 행정학개론

매일 모의고사 정오표

합격까지 박문각

매일 모고 국어 제20회
정답 및 해설

01. ② 부엌[부억]: 음절의 끝소리 규칙이므로 음운 변동의 유형은 대치(교체)이다.
① '굳이'는 'ㅣ' 모음 앞에서 'ㄷ'이 'ㅈ'으로 되는 구개음화 현상이므로 '탈락'은 옳지 않다.
③ 솜이불[솜니불]: ㄴ 첨가이므로 음운 변동의 유형은 첨가이다.
④ 법학[버팍]: 'ㅂ'과 'ㅎ'이 만나 'ㅍ'으로 축약된 것이므로 자음 축약(거센소리되기)이다. 따라서 음운 변동의 유형은 축약이다.

02. ① 영수가 철호와 노는 의미이므로 중의성이 없다.
② 비교 구문의 중의성. 그녀가 나와 게임 둘 중에 게임을 더 좋아하는 것인지, 그녀가 나보다 게임을 좋아하는 정도가 더 큰지에 대한 중의성이 있다.
③ '에게'는 유정 명사(사람, 동물) 앞에 오고 '에'는 무정 명사(사람, 동물을 제외한 존재) 앞에 온다. 이때 '나무'는 무정 명사이므로 '에'로 교체하는 것은 옳다.
④ '소위(所謂 : 所 바 소 謂 이를 위)'는 '이른바'를 의미하는데 '이르다(=말하다)'와 뒤의 '말하는'이 중복된다.

03. ① 주어진 조건을 기호화해서 나타내면 다음과 같다.

조건 1: 배	
조건 2: ~바나나 → (배 ∧ 체리) ≡ (~배 ∨ ~체리) → 바나나	
조건 3: 포도 → ~배 ≡ 배 → ~포도	
조건 4: 체리 → 포도 ≡ ~포도 → ~체리	

조건 1	배
조건 3 대우명제	배 → ~포도
결론 1	~포도
조건 4 대우명제	~포도 → ~체리
결론 2	~체리
조건 2 대우명제	(~배 ∨ ~체리) → 바나나
결론 3	바나나

조건 1과 결론 1, 2, 3에 의해 광수가 고른 과일은 배, 바나나이다.

04. ③ 주어진 전제와 결론을 기호화해서 나타내면 다음과 같다.
○ 전제 1: ~첫째 주 ∧ 셋째 주
○ 전제 2: ~넷째 주 → ~둘째 주 ≡ 둘째 주 → 넷째 주
○ 전제 3: ☐ 셋째 주 → 둘째 주
○ 결론: ~첫째 주 ∧ 넷째 주

'~둘째 주 → ~셋째 주 ≡ 셋째 주 → 둘째 주'가 추가가 되면 전제 2의 대우 명제인 '둘째 주 → 넷째 주'와 연결하여 '~셋째 주 → 넷째 주'를 도출할 수 있고, 이를 전제 1의 '~첫째 주 ∧ 셋째 주'와 연결하면 '~첫째 주 ∧ 넷째 주'를 도출할 수 있다.
① '셋째 주 ∧ 넷째 주'가 추가되어도 전제 1, 2와 연결이 불가능하다.
② '~둘째 주 ∧ ~셋째 주'가 추가되어도 전제 1, 2와 연결이 불가능하다.
④ '~첫째 주 → 셋째 주'는 전제 1과 함축관계이므로 결론을 유의미하게 도출해 낼 수 없다.

05. ② ⊙의 '들다'는 '2「4」【…에】 안에 담기거나 그 일부를 이루다.'를 의미한다. 이와 가장 유사한 의미의 '들다'는 ②이다.
① 2「1」 어떤 일에 돈, 시간, 노력, 물자 따위가 쓰이다.
③ 2「3」 어떤 범위나 기준, 또는 일정한 기간 안에 속하거나 포함되다.
④ 2「6」 (('눈', '마음' 따위의 뒤에 쓰여)) 어떤 물건이나 사람이 좋게 받아들여지다.

06. ③ ⊙의 '나서다'는 '1「2」 어떠한 일을 적극적으로 또는 직업적으로 시작하다.'를 의미한다. 이와 가장 유사한 의미의 '나서다'는 ③이다.
① 2 어떠한 일을 가로맡거나 간섭하다.
② 1「1」 앞이나 밖으로 나와 서다.
④ 4 구하던 사람, 물건 따위가 나타나다.

07. ② '작심하다'는 '마음을 단단히 먹다.'를 의미한다. 따라서 '할 일이나 하려고 하던 일을 안 하다.'를 의미하는 '그만두다'는 ⓒ과 바꿔 쓸 수 있는 유사한 표현으로 적절하지 않다. '무엇을 하겠다는 생각을 하다.'를 의미하는 '마음먹다'로 바꿔 쓸 수 있다.
① ⊙ '전달되다'는 '자극, 신호, 동력 따위가 다른 기관에 전하여지다.'를 의미한다. 따라서 '소식 따위가 전달되다.'를 의미하는 '닿다'로 바꿔 쓸 수 있다.
③ ⓒ '칩거하다'는 '나가서 활동하지 아니하고 집 안에만 틀어박혀 있다.'를 의미한다. 따라서 '밖에 나가지 않고 일정한 공간에만 머물러 있다.'를 의미하는 '틀어박히다'로 바꿔 쓸 수 있다.
④ ② '반대하다'는 '어떤 행동이나 견해, 제안 따위에 따르지 아니하고 맞서 거스르다.'를 의미한다. 따라서 '일이 돌아가는 상황이나 흐름과 반대되거나 어긋나는 태도를 취하다.'를 의미하는 '거스르다'로 바꿔 쓸 수 있다.

08. ① '달라지다'는 '변하여 전과는 다르게 되다.'를 의미한다. 따라서 '직관 또는 경험에 의하지 않고, 개념을 논리적으로 분석하여 대상을 연구하다.'를 의미하는 '변증하다'는 ⊙과 바꿔 쓸 수 있는 유사한 표현으로 적절하지 않다. '모양이나 형태가 달라지거나 달라지게 하다.'를 의미하는 '변형하다'로 바꿔 쓸 수 있다.
② ⓒ '갑갑하다'는 '가슴이나 뱃속이 꽉 막힌 듯이 불편하다.'를 의미한다. 따라서 '몸이나 마음이 편하지 아니하고 괴롭다.'를 의미하는 '불편하다'로 바꿔 쓸 수 있다.
③ ⓒ '흔들리다'는 '어떤 일이나 말에 사람의 마음이 동요되거나 약한 상태가 되다.'를 의미한다. 따라서 '생각이나 처지가 확고하지 못하고 흔들리다.'를 의미하는 '동요하다'로 바꿔 쓸 수 있다.
④ ② '무겁다'는 '마음이 유쾌하지 않고 우울하다.'를 의미한다. 따라서 '근심스럽거나 답답하여 활기가 없다.'를 의미하는 '우울하다'로 바꿔 쓸 수 있다.

09. ③ ⊙의 앞 문장은 천체의 운행이 불변의 정규 궤도에 따른다는 내용이지만, ⊙의 뒤에는 정규 궤도에 따르지 않는 천체의 움직임들이 제시되고 있다. 이처럼 예외를 언급할 때는 역접의 접속 표현인 '그러나', '하지만' 등을 쓰거나, '물론'을 쓰는 것이 적절하다. 주어진 선지 중 적절한 것은 ①, ③ 이다. 한편, ⓒ 뒤에는 이러한 현상들이 예외이며 항상 발생하는 것은 아니라고 말하고 있으므로

역접의 표현이 들어가는 것이 적절하다. ①, ③ 선지의 ⓒ은 각각 '하지만'과 '그러나'로, 모두 적절하다. ⓒ은 하늘은 의도가 없다는 내용과 순자가 하늘의 뜻(존재하지 않는 것)을 알 필요 없다고 했다는 내용을 연결하는 표현이다. 이 경우 인과의 관계를 나타내는 접속 표현인 '그래서', '그러므로', '그러니까', '따라서' 등이 올 수 있다. 이러한 순자의 주장을 근거로, ⓔ 뒤에서는 '억지로 하늘의 의지를 알려고 힘을 쏟을 필요가 없다'라는 주장을 도출하고 있다. 근거와 주장을 연결하는 표현으로는 '그러므로', '그러니까' 등 인과의 관계를 나타내는 표현들이 적절하다.

10. ④ 로렌츠는 과거에 수행했던 계산을 검토하면서 '초깃값이 약간 다르면 결과도 약간 다를 것'이라고 예상하고 초깃값을 반올림하여 입력하였다.
① 로렌츠는 '초깃값이 약간 다르면 결과도 약간 다를 것'이라고 예상하였으나, 이와 달리 그의 방정식이 '작은 오차를 갖는 초깃값에 매우 예민하게 반응'하는 것을 발견하였다.
② 로렌츠는 1960년대의 기상학자이며, 1,000분의 1 정도의 오차는 '당시의 컴퓨터 기술과 사고방식으로는 합리적인 수준'이었다고 하였다.
③ 로렌츠가 만든 방정식은 '작은 오차를 갖는 초깃값에 매우 예민하게 반응'하는 것이었으며, 그는 이를 통해 '출력이 입력과 선형적 관계를 갖지 않는 계의 혼돈에서는 작은 변화가 큰 차이를 불러올 수 있다는 것을 발견'하였다. 즉, 그가 고안한 모형 방정식은 출력이 입력과 선형적 관계를 갖지 않는 것이었다.

매일 모고 영어 제20회
정답 및 해설

01. ②　★ minimal 최소의, 아주 적은
　　● abstract 관념적인, 추상적인
　　● numerous 많은
　　● profound 깊은, 심오한
　　[해석] 에너지를 절약하기 위해 그 건물은 필요한 최소한의 조명만 사용하여 전력 소비를 줄인다.

02. ①　★ false 거짓의, 틀린
　　● proper 적절한, 제대로 된
　　● genuine 진짜의, 진품의
　　● adequate 충분한, 적절한
　　[해석] 그는 온라인에서 거짓 신원을 만들어 다른 사람인 척하며 사람들을 속이려 했다.

03. ③　★ mortal 죽을 운명의, 치명적인
　　● absolute 완전한, 완벽한, 절대적인
　　● dominant 우세한, 지배적인
　　● dual 이중의
　　[해석] 모든 인간은 죽을 운명이며, 결국 모두 죽음을 맞이하게 된다.

04. ②　★ abundant 풍부한, 많은
　　● dynamic 역동적인, 정력적인
　　● minimal 아주 적은, 최소의
　　● naive 순진한, 천진난만한, 잘 속는
　　[해석] 그 농장은 비옥한 토양 덕분에 매년 많은 수확을 거둔다.

05. ①　★ nervous 불안해하는, 초조한
　　● authentic 진본[진품]인, 진짜인
　　● elegant 품격 있는, 우아한
　　● racial 인종[민족]간의
　　[해석] 경험 많은 배우들도 무대에서 라이브 공연하러 올라가기 직전에는 초조할 수 있다.

06. ④　[해설]
빈칸은 동사 자리이며, walk는 '걷다'라는 뜻의 1형식 자동사로 수동태 구조인 'be p.p.'로 쓸 수 없다. 따라서 밑줄 친 부분에 가장 적절한 것은 ④이다.
[해석]
우리는 오늘 아침 공원을 걸었다.

07. ③　[해설]
'일어나다'라는 뜻을 가진 occur는 자동사로 뒤에 명사를 바로 취할 수 없으므로 전치사가 필요하다. 따라서 밑줄 친 부분인 him을 to him으로 고쳐야 한다.
[해석]
그는 몇 주 동안 그 문제로 씨름했지만 해결책이 보이지 않았다. 그러던 중 예상치 못한 일이 일어났다. 그 생각은 꿈속에서 그에게 떠올랐다. 그는 갑자기 잠에서 깨어나 잊기 전에 펜을 들고 그것을 적어 두었다.

08. ③　[해설]
Tim: 안녕하세요. 새 저축 계좌를 개설하고 싶습니다.
Jane: 네, 신분증을 보여 주시겠어요?
Tim: 여기 있습니다.
Jane: 감사합니다. 초기 입금액은 얼마로 하시겠어요?
Tim: 50만 원으로 시작하려고 합니다.
Jane: 좋습니다. 이 신청서를 작성해 주세요.
① 저희 은행에 기존 계좌가 있으신가요?
② 이 계좌에 직불카드를 연결하시겠어요?
③ 초기 입금액은 얼마로 하시겠어요?
④ 연락처를 알려주실 수 있나요?

09. ④　[해설]
이 글은 남성과 여성 의복 단추 배열의 역사적 배경을 설명한다. ①번부터 ③번 문장까지는 과거 여성 의복이 하녀에 의해 입혀졌고, 이들의 편의를 위해 단추 위치가 정해졌다는 이유를 중심으로 전개된다. 마지막 문장은 이러한 전통이 현대에도 여전히 유지되고 있음을 자연스럽게 마무리한다. 하지만 ④번 문장은 단추의 기원과 재료 변화에 대한 일반적인 내용으로, 단추 위치의 유래 및 관습 유지라는 글의 핵심 주제와는 논리적 연결이 약하다. 따라서 글의 흐름상 어색한 문장은 ④이다.
[해석]

> 남성 옷과 여성 옷의 단추 배열이 다르다는 것을 눈치챈 적이 있나요? 남성 셔츠의 단추는 착용자의 오른쪽에 위치해 있다. 여성 셔츠의 단추는 왼쪽에 위치해 있죠. 이것은 단추가 달린 옷이 비쌌던 시절부터 내려온 전통 때문이다. ① 단추가 달린 옷을 살 정도로 부유한 여성들은 거의 스스로 옷을 입지 않았다. ② 대신, 그들은 대부분 오른손잡이인 하녀들이 옷을 입혀 주었다. ③ 그래서 옷 제작자들은 하녀들이 단추를 채우기 쉽게 하기 위해 단추를 착용자의 왼쪽에 달았다. (④ 단추는 수천 년 동안 옷을 여미는 데 사용되어 왔으며, 재료는 변했지만 역할은 같았다.) 오늘날 대부분의 사람들은 스스로 옷을 입으며, 단추 위치는 디자이너나 브랜드에 따라 다를 수 있지만, 많은 옷 제작자들은 이 잘 알려진 전통을 바꾸기를 꺼린다.

[어휘]
☐ button-up clothing 단추가 달린 옷
☐ fasten 고정시키다, 채우다
☐ reluctant 꺼리는
☐ wealthy 부유한
☐ placement 배치, 배열

10. ③　[해설]
이 글은 기계와 인간의 역할 분담이 잘못될 때 발생하는 문제를 중심으로 설명하고 있다. 자동화가 가능한 작업을 모두 기계에 맡기고 나머지 작업만 인간에게 배정하는 방식은 인간의 생물학적·인지적 특성과 맞지 않아 집중력 저하와 반복 작업의 어려움을 초래하며, 실수 책임 역시 인간에게 전가된다고 비판한다. 따라서 글의 주제로 가장 적절한 것은 ③이다.
[해석]

> 우리가 어떤 작업을 인간과 기계가 협력하는 방식으로 처리하지 않고, 자동화할 수 있는 부분은 모두 기계에 맡기고 나머지 부분만 사람에게 남겨둔다면 문제가 발생하기 쉽다. 이런 방식은 결국 인간이 기계처럼 행동하기를 요구하게 되는데, 이는 우리의 본능적인 능력과 맞지 않는다. 예를 들어, 우리는 사람들이 기계를 지속적으로 감시하기를 기대하지만, 인간

은 오랜 시간 집중을 유지하는 데 능숙하지 않다. 마찬가지로, 우리는 사람들에게 기계처럼 정밀하고 정확하게 반복적인 작업을 수행하도록 요구하는데, 이것 역시 인간이 일반적으로 어려워하는 영역이다. 작업을 기계가 하는 부분과 인간이 하는 부분으로 엄격히 나누면, 인간의 강점을 제대로 활용하지 못하고 오히려 인간의 생물학적·인지적 특성에 맞지 않는 역할을 맡기게 된다. 그럼에도 실수가 발생하면 책임은 여전히 인간에게 돌아간다.

① 실패를 예방하기 위해 인간의 한계를 극복하는 데 따른 어려움
② 인간과 기계의 협업이 가지는 장점
③ 자동화 시스템에서 부적합한 작업을 인간에게 배정하는 문제점
④ 인간이 계속해서 기계 자동화를 추구하는 이유

[어휘]
☐ collaboration 협력
☐ precision 정밀도
☐ accuracy 정확성
☐ divide 나누다
☐ tendency 경향
☐ blame 비난

매일 모고 한국사 제20회
정답 및 해설

01. ② 자료에서 '학생의 피', '정·부통령 선거', '마산 학생' 등의 구절을 통해 4·19 혁명에 관한 설명임을 알 수 있다. 4·19 혁명은 이승만의 장기 독재 정권을 무너뜨린 민주주의 혁명이었다.
① 1964년의 6·3 항쟁에 대한 설명이다.
③ 1987년 6월 민주 항쟁 이후 노동 운동이 활발히 전개되었다.
④ 1970년대 중반 이후 활발히 전개되었다.

02. ③ 자료는 주한 미국 대사가 한국에 월남에 파견되는 추가 증파 병력에 필요한 장비를 제공하겠다는 약속을 하는 내용이다. 이를 통해 베트남 파병은 미국이 한국에 요청한 것임을 알 수 있다. 베트남 파병을 대가로 경제 개발에 필요한 기술과 차관을 미국에서 들여오고, 파병된 군인들로 인해 외화를 얻을 수 있었다. 베트남 파병을 계기로 우리나라는 베트남 특수를 누리게 되었는데, 이는 1960년대 중반부터 우리나라가 경제 발전을 이룩하는데 큰 도움이 되었다.
③ 6·3 항쟁은 1964년에 일어난 것으로, 굴욕적인 대일 외교에 반대한 것이었다.

03. ④ 자료의 (가)는 '이 고장을 지키고 우리의 부모 형제를 지키고자 손에 총을 들었던 것'의 구절을 통해 5·18민주화 운동에 관한 것임을 알 수 있다. (나)는 '4·13 대통령의 특별 조치를 국민의 이름으로 무효임을 선언한다.'의 구절을 통해 6월 민주 항쟁임을 알 수 있다.
① 3선 개헌 반대 투쟁은 야당과 재야 세력 및 대학생들이 합세하여 1969년 7월에 크게 확산되었다. 유신 반대 시위는 1972년 성립한 유신 체제에 대한 반발이었다.
②, ③ 한·일 회담 반대 시위는 1964년 6·3 항쟁으로 나타났다. 4·19 혁명은 1960년 3·15 부정 선거에 대한 반발로 일어났다.

04. ④ (가)는 김영삼 정부(1993. 3.~1998. 2.) 시기의 상황이다.
(나)는 노태우 정부(1988. 2.~1933. 2) 시기 상황이다.
(다)는 전두환 정부(1981. 3.~1988. 2.) 시기의 상황이다.
(라)는 김대중 정부(1998. 2.~2003. 2.) 시기의 상황이다.
따라서 (다)-(나)-(가)-(라)의 순으로 전개되었다.

05. ① 청·프전쟁의 여파로 조선에 주둔하던 청군의 일부가 베트남으로 이동하였다. 이는 급진개화파가 갑신정변을 일으키는 원인이 되었다.

06. ③ 자료에서 '5월 군부 쿠데타', '국제 협력이라는 미명 아래' '이중 예속의 철쇄'의 구절을 통해 한·일 회담에 반대한 것임을 알 수 있다.
① 박정희 정부는 베트남에 1965년부터 1973년까지 전투 부대를 파견하였다.
② 3선 개헌에 대한 반대 투쟁은 1969년 7월에 크게 확산되었다.
④ 장면 내각은 부정 선거 원흉과 부정 축재자 처리 문제에 대하여 적극적으로 대처하지 못했다.

07. ④ 제시된 자료는 7·4 남북 공동 성명서의 일부이다. 7·4 남북 공동 성명이 발표된 1972년을 전후한 시기에 국내외적으로 많은 변화가 있었다. 1970년대 초 미국은 닉슨 독트린을 발표하고 월남전 개입을 축소하려 하였고, 주한 미군 감축 결정이 내려졌다. 국내에서는 1971년 대선과 국회의원 선거에서 야당 세력이 성장하여 더 이상 여당은 선거에 의한 집권 연장이 어렵게 되었다. 박정희 정부는 1971년 12월 국가 비상 사태를 선포하고, 국가 보위에 관한 특별 조치법을 공포하여 정치적 통제를 강화하였다. 또한 세계 경제는 석유 수출국 기구(OPEC)의 석유 감산과 석유 무기화 정책으로 인해 극심한 석유 파동이 나타나 불황을 맞았고, 우리 경제 발전도 주춤하였다.
④ 공산주의 세력에 대한 한·미·일 공동 안보 체제가 형성된 것은 1965년 한·일 국교 정상화의 결과였다.

08. ② 1973년 발표한 6·23 평화 통일 외교 정책 선언에서는 남북한의 유엔 동시 가입을 최초로 제안하였다. 이것은 1991년 실현될 수 있었다.
① 7·4 남북 공동 성명은 남북한이 자주적·평화적·민족적 통일 원칙에 합의한 것으로 1972년 발표되었다.
③ 6·15 남북 공동 성명은 2000년에 발표되어 화해와 협력의 새 시대 출발점이 되었다.
④ 한민족 공동체 통일 방안은 자주·평화·민주의 3원을 바탕으로 남북 연합의 중간 과정을 거쳐 통일 민주 공화국을 실현하자는 것으로, 노태우 정부는 1989년 발표하였다.

09. ③ 신채호는 민족주의적 입장에서 역사를 연구하였다.
① 안중근이다.
② 신채호가 의열단을 결성한 것은 아니다.
④ 국민대표회의에서 창조파에 속하였다.

10. ④ 제시된 자료는 새마을 운동 노래이다. 새마을 운동은 1970년부터 시작되었다. 당시 정부는 성장 제일주의 정책, 공업화 정책을 펼치면서 수출 단가를 낮추기 위해 저임금 정책을 고수하였고, 이를 위해 저곡가 정책을 시행하였다. 그 결과 도시와 농촌의 소득 격차가 날로 커지자 정부는 새마을 운동을 통해 농어촌 근대화, 농민 소득 증대 사업을 추진하였다.
④ 1994년 우루과이 라운드 협상에서 타결된 10년간의 쌀 시장 개방 유예 기간이 끝나자 정부는 2004년 미국, 중국 등 9개국과 쌀 시장 개방에 관해 재협상을 하였다. 그 결과 쌀 시장 개방 유예를 10년간 더 연장하는 대신, 외국 쌀 의무 수입 물량을 늘리는 데 합의하였다.

매일 모고 행정법 제20회
정답 및 해설

01. ④ 구 도시 및 주거환경정비법 제20조 제3항은 조합이 정관을 변경하고자 하는 경우에는 총회를 개최하여 조합원 과반수 또는 3분의 2 이상의 동의를 얻어 시장·군수의 인가를 받도록 규정하고 있다. 여기서 시장 등의 인가는 그 대상이 되는 기본행위를 보충하여 법률상 효력을 완성시키는 행위로서 이러한 인가를 받지 못한 경우 변경된 정관은 효력이 없고, 시장 등이 변경된 정관을 인가하더라도 정관변경의 효력이 총회의 의결이 있었던 때로 소급하여 발생한다고 할 수 없다. 대법원 2014. 7. 10. 선고 2013도11532 판결
① 신의료기술의 안전성·유효성 평가나 신의료기술의 시술로 국민보건에 중대한 위해가 발생하거나 발생할 우려가 있는지에 관한 판단은 고도의 의료·보건상의 전문성을 요하므로, (중략) 특별한 사정이 없는 한 존중되어야 한다. 대법원 2016. 1. 28. 선고 2013두21120 판결
② 육아휴직 중인 여성 교육공무원이 출산휴가 요건을 갖추어 복직신청을 하는 경우는 물론 그 이전에 미리 출산을 이유로 복직신청을 하는 경우에도 임용권자는 출산휴가 개시 시점에 휴직사유가 없어졌다고 보아 복직명령과 동시에 출산휴가를 허가하여야 한다. 대법원 2014. 6. 12. 선고 2012두4852 판결
③ 인가권자인 국토해양부장관 또는 시·도지사는 조합 등의 설립인가 신청에 대하여 자동차관리사업의 건전한 발전과 질서 확립이라는 사업자단체 설립의 공익적 목적에 부합하는지 등을 함께 검토하여 설립인가 여부를 결정할 재량을 가진다. 대법원 2015. 5. 29. 선고 2013두635 판결

02. ② 행정기본법 행정기본법 제15조

> **행정기본법 행정기본법 제15조(처분의 효력)**
> 처분은 권한이 있는 기관이 취소 또는 철회하거나 기간의 경과 등으로 소멸되기 전까지는 유효한 것으로 통용된다. 다만, 무효인 처분은 처음부터 그 효력이 발생하지 아니한다.

① 물품세 과세대상이 아닌 것을 세무공무원이 직무상 과실로 과세대상으로 오인하여 과세처분을 행함으로 인하여 손해가 발생된 경우에는, 동 과세처분이 취소되지 아니하였다 하더라도, 국가는 이로 인한 손해를 배상할 책임이 있다. 대법원 1979. 4. 10. 선고 79다262 판결
③ 연령미달의 결격자인 피고인이 소외인의 이름으로 운전면허시험에 응시, 합격하여 교부받은 운전면허는 당연무효가 아니고 도로교통법 제65조 제3호의 사유에 해당함에 불과하여 취소되지 않는 한 유효하므로 피고인의 운전행위는 무면허운전에 해당하지 아니한다. 대법원 1982. 6. 8. 선고 80도2646 판결
④ 불가변력은 당해 행정행위에만 인정되는 것이므로, 비록 동종의 행정행위라 하더라도 그 대상을 달리할 때에는 불가변력은 인정될 여지가 없다. 대법원 1974. 12. 10. 선고 73누129 판결

03. ③ 행정청이 구 학교보건법 소정의 학교환경위생정화구역 내에서 금지행위 및 시설의 해제 여부에 관한 행정처분을 하면서 절차상 학교환경위생정화위원회의 심의를 누락한 흠이 있다면 그와 같은 흠을 가리켜 위 행정처분의 효력에 아무런 영향을 주지 않는다거나 경미한 정도에 불과하다고 볼 수는 없으므로, 특별한 사정이 없는 한 이는 행정처분을 위법하게 하는 취소사유가 된다. 대법원 2007. 3. 15. 선고 2006두15806 판결
① 조세 부과의 근거가 되었던 법률규정이 위헌으로 선언된 경우, 비록 그에 기한 과세처분이 위헌결정 전에 이루어졌고, 과세처분에 대한 제소기간이 이미 경과하여 조세채권이 확정되었으며, 조세채권의 집행을 위한 체납처분의 근거규정 자체에 대하여는 따로 위헌결정이 내려진 바 없다고 하더라도, 위와 같은 위헌결정 이후에 조세채권의 집행을 위한 새로운 체납처분에 착수하거나 이를 속행하는 것은 더 이상 허용되지 않고, 나아가 이러한 위헌결정의 효력에 위배하여 이루어진 체납처분은 그 사유만으로 하자가 중대하고 객관적으로 명백하여 당연무효이다. 대법원 2012. 2. 16. 선고 2010두10907 전원합의체 판결
② 행정청이 사전에 교통영향평가를 거치지 아니한 채 '건축허가 전까지 교통영향평가 심의필증을 교부받을 것'을 부관으로 붙여서 한 '실시계획변경 승인 및 공사시행변경 인가 처분'에 중대하고 명백한 흠이 있다고 할 수 없어 이를 무효로 보기 어렵다. 대법원 2010. 2. 25. 선고 2009두102 판결
④ 주민등록을 말소하는 처분을 한 경우 이 처분이 주민등록법 제17조의2에 규정한 최고, 공고의 절차를 거치지 아니하였다 하더라도 그러한 하자는 중대하고 명백한 것이라고 할 수 없어 처분의 당연무효사유에 해당하는 것이라고는 할 수 없다. 대법원 1994. 8. 26. 선고 94누3223 판결

04. ① 법무사규칙 제37조 제4항이 이의신청 절차를 규정한 것은 채용승인을 신청한 법무사뿐만 아니라 사무원이 되려는 사람의 이익도 보호하려는 취지로 볼 수 있다. 따라서 지방법무사회의 사무원 채용승인 거부처분 또는 채용승인 취소처분에 대해서는 처분 상대방인 법무사뿐만 아니라 그 때문에 사무원이 될 수 없게 된 사람도 이를 다툴 원고적격이 인정되어야 한다. 대법원 2020. 4. 9. 선고 2015다34444 판결
② 원고들은 급여가 실질적으로 삭감되거나 기지급된 급여를 반환하여야 하는 직접적이고 구체적인 손해를 입게 되므로, 원고들은 이 사건 각 명령을 다툴 개별적·직접적·구체적 이해관계가 있다고 볼 수 있다. 대법원 2023. 1. 12. 선고 2022두56630 판결
③ 재단법인 한국연구재단이 甲 대학교 총장에게 연구개발비의 부당집행을 이유로 '해양생물유래 고부가식품·향장·한약 기초소재 개발 인력양성사업에 대한 2단계 두뇌한국(BK)21 사업' 협약을 해지하고 연구팀장 乙에 대한 국가연구개발사업의 3년간 참여제한 등을 명하는 통보를 하자 乙이 통보의 취소를 청구한 사안에서, 乙은 위 사업에 관한 협약의 해지 통보의 효력을 다툴 법률상 이익이 있다고 한 사례. 대법원 2014. 12. 11. 선고 2012두28704 판결
④ 파면처분취소소송의 사실심변론종결전에 동원고가 허위공문서등작성 죄로 징역 8월에 2년간 집행유예의 형을 선고받아 확정되었다면 원고는 지방공무원법 제61조의 규정에 따라 위 판결이 확정된 날 당연퇴직되어 그 공무원의 신문을 상실하고, 당연퇴직이나 파면이 퇴직급여에 관한 불이익의 점에 있어 동일하다 하더라도 최소한도 이 사건 파면처분이 있은 때부터 위 법규정에 의한 당연퇴직일자까지의 기간에 있어서는 파면처분의 취소

를 구하여 그로 인해 박탈당한 이익의 회복을 구할 소의 이익이 있다 할 것이다. 대법원 1985. 6. 25. 선고 85누39 판결

05. ② 통상 고시 또는 공고에 의하여 행정처분을 하는 경우에는 그 처분의 상대방이 불특정 다수인이고, 그 처분의 효력이 불특정 다수인에게 일률적으로 적용되는 것이므로, 그에 대한 행정심판 청구기간도 그 행정처분에 이해관계를 갖는 자가 고시 또는 공고가 있었다는 사실을 현실적으로 알았는지 여부에 관계없이 고시가 효력을 발생하는 날인 고시 또는 공고가 있은 후 5일이 경과한 날에 행정처분이 있음을 알았다고 보아야 한다. 대법원 2000. 9. 8. 선고 99두11257 판결
① 행정소송법 제20조 제2항 소정의 제소기간 기산점인 "처분이 있음을 안 날"이란 통지, 공고 기타의 방법에 의하여 당해 처분이 있었다는 사실을 현실적으로 안 날을 의미하고 구체적으로 그 행정처분의 위법 여부를 판단한 날을 가리키는 것은 아니다. 대법원 1991. 6. 28. 선고 90누6521 판결
③ 행정소송법 제20조

> **행정소송법 제20조(제소기간)**
> ① 취소소송은 처분등이 있음을 안 날부터 90일 이내에 제기하여야 한다. 다만, 제18조제1항 단서에 규정한 경우와 그 밖에 행정심판청구를 할 수 있는 경우 또는 행정청이 행정심판청구를 할 수 있다고 잘못 알린 경우에 행정심판청구가 있은 때의 기간은 재결서의 정본을 송달받은 날부터 기산한다.

④ 처분이 있음을 안 날부터 90일 이내에 행정심판을 청구하지도 않고 취소소송을 제기하지도 않은 경우에는 그 후 제기된 취소소송은 제소기간을 경과한 것으로서 부적법하고, 처분이 있음을 안 날부터 90일을 넘겨 청구한 부적법한 행정심판청구에 대한 재결이 있은 후 재결서를 송달받은 날부터 90일 이내에 원래의 처분에 대하여 취소소송을 제기하였다고 하여 취소소송이 다시 제소기간을 준수한 것으로 되는 것은 아니다. 대법원 2011. 11. 24. 선고 2011두18786 판결

06. ③ 국유재산 중 행정재산과 달리 공적 목적에 제공되고 있지 않은 일반재산의 경우 시효취득의 대상이 된다.
① 사인이 처리한 국가의 사무가 사인이 국가를 대신하여 처리할 수 있는 성질의 것으로서, 사무 처리의 긴급성 등 국가의 사무에 대한 사인의 개입이 정당화되는 경우에 한하여 사무관리가 성립하고, 사인은 그 범위 내에서 국가에 대하여 국가의 사무를 처리하면서 지출된 필요비 내지 유익비의 상환을 청구할 수 있다(甲 주식회사 소유의 유조선에서 원유가 유출되는 사고가 발생하자 乙 주식회사가 피해 방지를 위해 해양경찰의 직접적인 지휘를 받아 방제작업을 보조한 사안에서, 乙 회사는 사무관리에 근거하여 국가에 방제비용을 청구할 수 있다고 한 사례). 대법원 2014. 12. 11. 선고 2012다15602 판결
② 사관생도는 군 장교를 배출하기 위하여 국가가 모든 재정을 부담하는 특수교육기관인 육군3사관학교의 구성원으로서, 학교에 입학한 날에 육군 사관생도의 병적에 편입하고 준사관에 준하는 대우를 받는 특수한 신분관계에 있다. 따라서 그 존립 목적을 달성하기 위하여 필요한 한도 내에서 일반 국민보다 상대적으로 기본권이 더 제한될 수 있으나, 그러한 경우에도 법률유보원칙, 과잉금지원칙 등 기본권제한의 헌법상 원칙들을 지켜야 한다. 대법원 2018. 8. 30. 선고 2016두60591 판결
④ 지방법무사회는 법무사 감독 사무를 수행하기 위하여 법률에 의하여 설립과 법무사의 회원 가입이 강제된 공법인으로서 법무사 사무원 채용승인에 관한 한 공권력 행사의 주체라고 보아야 한다. 대법원 2020. 4. 9 선고 2015다34444 판결

07. ② 행정처분과 형벌은 각각 그 권력적 기초, 대상, 목적이 다르다. 일정한 법규 위반 사실이 행정처분의 전제사실이자 형사법규의 위반 사실이 되는 경우에 동일한 행위에 관하여 독립적으로 행정처분이나 형벌을 부과하거나 이를 병과할 수 있다. 법규가 예외적으로 형사소추 선행원칙을 규정하고 있지 않은 이상 형사판결 확정에 앞서 일정한 위반사실을 들어 행정처분을 하였다고 하여 절차적 위반이 있다고 할 수 없다. 대법원 2017. 6. 19. 선고 2015두59808 판결
① 행정법규 위반에 대한 제재조치는 행정목적의 달성을 위하여 행정법규 위반이라는 객관적 사실에 착안하여 가하는 제재이므로, 반드시 현실적인 행위자가 아니라도 법령상 책임자로 규정된 자에게 부과되고, 특별한 사정이 없는 한 위반자에게 고의나 과실이 없더라도 부과할 수 있다. 대법원 2017. 5. 11. 선고 2014두8773 판결
③ 여러 처분사유에 관하여 하나의 제재처분을 하였을 때 그중 일부가 인정되지 않는다고 하더라도 나머지 처분사유들만으로도 처분의 정당성이 인정되는 경우에는 그 처분을 위법하다고 보아 취소하여서는 아니 된다. 대법원 2020. 5. 14. 선고 2019두63515 판결
④ 행정청이 여러 개의 위반행위에 대하여 하나의 제재처분을 하였으나, 위반행위별로 제재처분의 내용을 구분하는 것이 가능하고 여러 개의 위반행위 중 일부의 위반행위에 대한 제재처분 부분만이 위법하다면, 법원은 제재처분 중 위법성이 인정되는 부분만 취소하여야 하고 제재처분 전부를 취소하여서는 아니 된다. 대법원 2020. 5. 14. 선고 2019두63515 판결

08. ④ 부동산 실권리자명의 등기에 관한 법률 및 시행령 상 명의신탁자에 대하여 과징금을 부과할 것인지 여부는 기속행위에 해당한다. 대법원 2007. 7. 12. 선고 2005두17287 판결
① 구 청소년보호법 제49조 제1항, 제2항에 따른 같은 법 시행령 제40조 [별표 6]의 위반행위의 종별에 따른 과징금 처분기준은 법규명령이기는 하나 (중략) 여러 요소를 종합적으로 고려하여 사안에 따라 적정한 과징금의 액수를 정하여야 할 것이므로 그 수액은 정액이 아니라 최고한도액이다. 대법원 2001. 3. 9. 선고 99두5207 판결
② 부동산 실권리자명의 등기에 관한 법률 제5조에 의하여 부과된 과징금 채무는 대체적 급부가 가능한 의무이므로 위 과징금을 부과받은 자가 사망한 경우 그 상속인에게 포괄승계된다. 대법원 1999. 5. 14. 선고 99두35 판결
③ 과징금부과처분은 반드시 현실적인 행위자가 아니라도 법령상 책임자로 규정된 자에게 부과되고 원칙적으로 위반자의 고의·과실을 요하지 아니하나, 위반자의 의무 해태를 탓할 수 없는 정당한 사유가 있는 등의 특별한 사정이 있는 경우에는 이를 부과할 수 없다. 대법원 2014. 10. 15. 선고 2013두5005 판결

09. ④ 정보공개법 제9조 제1항 제5호에서의 '감사·감독·검사·시험·규제·입찰계약·기술개발·인사관리·의사결정과정 또는 내부검토과정에 있는 사항'은 비공개대상정보를 예시적으로 열거한 것이라고 할 것이므로 의사결정과정에 제공된 회의관련 자료나 의사결정과정이 기록된 회의록 등은 의사가 결정되거나 의사가 집행된 경우에는 더 이상 의사결정과정에 있는 사항 그 자체라고는 할 수 없으나, 의사결정과정에 있는 사항에 준하는 사항으로서 비공개대상정보에 포함될 수 있다. 대법원 2003. 8. 22. 선고

2002두12946 판결
① 외국 또는 외국 기관으로부터 비공개를 전제로 정보를 입수하였다는 이유만으로 이를 공개할 경우 업무의 공정한 수행에 현저한 지장을 받을 것이라고 단정할 수는 없다. 다만 위와 같은 사정은 정보 제공자와의 관계, 정보 제공자의 의사, 정보의 취득 경위, 정보의 내용 등과 함께 업무의 공정한 수행에 현저한 지장이 있는지를 판단할 때 고려하여야 할 형량 요소이다. 대법원 2018. 9. 28. 선고 2017두69892 판결
② 견책의 징계처분을 받은 갑이 사단장에게 징계위원회에 참여한 징계위원의 성명과 직위에 대한 정보공개청구를 하였으나 위 정보가 공공기관의 정보공개에 관한 법률 제9조 제1항 제1호, 제2호, 제5호, 제6호에 해당한다는 이유로 공개를 거부한 사안에서, 비록 징계처분 취소 사건에서 갑의 청구를 기각하는 판결이 확정되었더라도 이러한 사정만으로 위 처분의 취소를 구할 이익이 없어지지 않고, 사단장이 갑의 정보공개청구를 거부한 이상 갑으로서는 여전히 정보공개거부처분의 취소를 구할 법률상 이익이 있으므로, 이와 달리 본 원심판결에 법리오해의 잘못이 있다고 한 사례. 대법원 2022. 5. 26. 선고 2022두33439 판결
③ 정보공개법 제19조

> **정보공개법 제19조(행정심판)**
> ② 청구인은 제18조에 따른 이의신청 절차를 거치지 아니하고 행정심판을 청구할 수 있다.

10. ① 국가배상법 제2조 소정의 '공무원'이라 함은 국가공무원법이나 지방공무원법에 의하여 공무원으로서의 신분을 가진 자에 국한하지 않고, 널리 공무를 위탁받아 실질적으로 공무에 종사하고 있는 일체의 자를 가리키는 것으로서, 공무의 위탁이 일시적이고 한정적인 사항에 관한 활동을 위한 것이어도 달리 볼 것은 아니다. 대법원 2001. 1. 5. 선고 98다39060 판결
② 국가배상법이 정한 배상청구의 요건인 '공무원의 직무'에는 권력적 작용만이 아니라 행정지도와 같은 비권력적 작용도 포함되나 행정주체가 사경제주체로서 하는 활동만 제외된다. 대법원 1998. 7. 10. 선고 96다38971 판결
③ 구 군인연금법이 정하고 있는 급여 중 사망보상금은 일실손해의 보전을 위한 것으로 불법행위로 인한 소극적 손해배상과 같은 종류의 급여이므로(대법원 2018. 7. 20. 선고 2018두36691 판결 등 참조), 군복무 중 사망한 망인의 유족이 국가배상을 받은 경우 피고는 사망보상금에서 소극적 손해배상금 상당액을 공제할 수 있을 뿐, 이를 넘어 정신적 손해배상금 상당액까지 공제할 수는 없다. 대법원 2022. 3. 31. 선고 2019두36711 판결
④ 국가배상법은 배상청구권의 소멸시효에 대한 명문의 규정을 두고 있지 않다. 따라서 민법에 따라 피해자나 그 법정대리인이 손해 및 가해자를 안 날로부터 3년간 또는 국가재정법에 따라 불법행위가 있은 날부터 5년간 이를 행사하지 않으면 배상청구권은 시효로 인하여 소멸된다.

매일 모고 행정학 제20회
정답 및 해설

01. ① 지식행정관리는 공유를 통한 지식가치 향상 및 확대 재생산을 특징으로 한다. 반면, 기존의 행정관리는 정보의 지식의 중복활용을 특징으로 한다.
   《《핵심정리》》 기존의 행정관리과 지식행정관리

구분	기존의 행정관리	지식 행정관리
조직 구성원의 능력	조직 구성원의 기량과 경험이 일과성으로 소모됨	개인의 전문적 자질 향상
지식공유	조직 내 정보 및 지식의 분절·파편화	공유를 통한 지식가치 향상 및 확대 재생산
지식소유	지식의 개인 사유화	지식의 조직 공동재산화
지식활용	정보·지식의 중복 활용	조직의 업무능력 향상
조직성격	계층제적 조직	학습조직 기반 구축

02. ① 피터스(B. Guy Peters)가 제시한 정부개혁모형으로는 시장모형, 신축모형, 탈규제모형, 참여모형이 있다. 이중 탈규제적 정부모형은 관료제의 내부규제를 비판하고 자율적 관리를 강조하며, 거버넌스의 평가기준으로 창의성과 행동주의를 지향한다. 탈규제적 모형은 기업가적 정부를 지향하며, 조직구조에 대한 처방은 없다.

03. ① 자영업자 금융지원은 분배정책의 예이다. 분배정책이란 정부가 공공재원(조세)을 통해 특정 개인·조직·지역사회에 권리나 이익 또는 재화나 서비스 등의 가치를 배분해주는 정책을 의미한다. 반면 재분배정책이란 재산·소득·권력 등을 상대적으로 많이 가진 계층(집단)으로부터 적게 가진 계층(집단)으로 이전시키는 정책을 의미한다. 재분배정책의 예로는 누진소득세, 통합의료보험, 임대주택건설, 노령연금, 영세민 취로사업, 부(負)의 소득세 제도, 「생활보호법」에 의한 극빈자 보호, 저소득층의 소득안정정책, 각종 사회보장제도 등이 있다.

04. ① '역사효과'는 정책집행 기간 중 외부 환경에서 정책결과에 영향을 줄 수 있는 사건이 발생함으로써 나타나는 현상을 말한다.
   ② '호오손 효과' - 실험대상자들이 실험의 대상으로서 그들이 관찰되고 있다는 사실을 알게 되어 평소와는 다른 행동을 함으로써 나타나는 현상
   ③ '크리밍 효과' - 실험의 효과가 비교적 잘 나타날 가능성이 있는 조건이 좋은 집단을 실험집단으로 선정하고 그렇지 못한 집단을 비교집단으로 선정함으로써 나타나는 현상
   ④ '회귀인공요소' - 실험 직전의 측정 결과를 토대로 평소와 달리 유별나게 좋거나 나쁜 결과를 받은 사람을 실험집단 구성원으로 선정함으로써 나타나는 현상

05. ① 수직연결기제는 상위계층의 관리자가 하위계층의 관리자를 통제하고 하위계층 간 활동을 조정하는 것을 말한다. 태스크포스(TF)는 임시사업단으로 수평적 연결기제에 해당한다. 반면, 계층제, 상위계획의 마련, 수직정보시스템은 수직연결기제에 해당한다.
   《《핵심정리》》 조직관리의 조정기제

수평적 기제	동일한 계층의 부서 간 조정과 의사소통 방법 : 정보시스템, 직접접촉(연락담당자 지정), 임시사업단(TF), 프로젝트 매니저(통합관리자), 프로젝트 팀, 위원회나 회의, 상위통합기구의 활용 등
수직적 기제	상위계층이 하위계층을 통제·조정하는 방법 : 계층제의 활용 또는 계층직위의 추가, 규칙과 상위계획의 마련, 수직정보시스템(정기보고, 문서화된 정보, 정보통신시스템)의 활용 등

06. ④ 로크(Locke)의 목표설정이론은 동기부여의 과정이론이며, 허즈버그(Herzberg)의 동기·위생요인이론은 동기부여의 내용이론이다.
   ① 브룸(Vroom)의 기대이론과 아담스(Adams)의 형평성이론은 동기부여의 과정이론에 속한다.
   ② 매슬로우(Maslow)의 욕구계층이론과 맥그리거(McGregor)의 X·Y이론은 동기부여의 내용이론에 속한다.
   ③ 핵크만(Hackman)과 올드햄(Oldham)의 직무특성이론과 스키너(Skinner)의 학습이론은 동기부여의 과정이론에 속한다.

07. ② 계급제는 일반행정가주의를 지향하므로 직무의 종류나 성격에 관계없이 폭넓은 인사이동이 가능하다. 반면, 직위분류제는 직무의 종류나 성격이 유사한 동일 직렬 내에서 인사이동이 가능할 뿐 다른 직렬로의 전직이 곤란하다.

08. ① 본예산은 정기국회의 심의를 거쳐 확정된 최초의 예산으로 당초예산이라고도 한다. 본예산은 입법부에 의해 의결된 시점에 성립한다.
   ② 추가경정예산은 예산이 국회를 통과한 이후 예산집행 과정에서 다시 제출되는 예산이다.
   ③ 수정예산은 예산안이 제출된 이후 국회의결 이전에 기존안의 일부를 수정해 제출한 예산이다.
   ④ 가예산은 회계연도개시 전에 예산이 의결되지 못하는 경우를 대비해 의회가 미리 1개월분 예산만 의결해 정부로 하여금 집행할 수 있도록 하는 예산이다.

09. ④ 설문은 총액배분 자율편성예산제도에 대한 설명이다. 총액배분 자율편성 예산제도는 중앙예산기관과 행정수반이 국가재정운용계획에 근거해 연도별 재정규모, 분야별·부문별·중앙관서별 지출 한도를 제시하고 각 중앙관서가 이 지출 상한선 안에서 정책의 우선순위에 입각하여 자율적으로 재원을 배분하도록 하는 제도이다.
   《《핵심정리》》 총액배분 자율편성예산제도

의의	기획재정부가 국가재정운용계획에 근거해 연도별 재정규모, 분야별·부문별·중앙관서별 지출 한도를 제시하고 각 중앙관서가 이 지출 상한선 안에서 정책의 우선순위에 입각해 자율적으로 재원을 배분하도록 하는 제도
배경	미시적·상향식 예산제도 방식의 한계를 극복하기 위한 거시적·하향식 예산제도
특징	• 총량에 대한 재정 규율(집권) : 기획재정부가 지출한도를 설정해 줌으로써 예산총량에 대한 재정규율 강화 - 중앙관서의 과도한 예산요구 관행을 줄임

	• 자율편성권의 보장(분권) : 각 중앙관서에게 자율편성권 보장으로 각 중앙관서의 사업별 자원배분 권한과 이에 따른 책임 강화 • 역할 분담 : 기획재정부는 전략기획 및 전략적 자원배분과 중앙통제를, 각 중앙관서는 담당업무의 전문성에 근거하여 자율적으로 사업별 예산 편성 • 성과통제 강화 : 각 중앙관서에 부여된 예산편성 상의 자율성이 도덕적 해이를 야기하지 않도록 성과통제 강화 – 기획재정부의 사업별 예산 통제기능 유지

10. ④ 특별지방자치단체의 장은 규약으로 정하는 바에 따라 특별지방자치단체의 의회에서 선출한다. 구성 자치단체의 장은 특별지방자치단체의 장을 겸할 수 있다.

<<핵심정리>> 특별지방자치단체

의의		2개 이상의 자치단체가 공동으로 특정한 목적을 위하여 광역적으로 사무를 처리할 필요가 있을 때 법인으로 설치된 자치단체
설치	설립절차	특별자치단체를 구성하는 자치단체는 상호 협의에 따른 규약을 정하여 구성 자치단체의 지방의회 의결을 거쳐 행안부장관의 승인을 받아야 함
	설치권고	행안부장관은 공익상 필요하다고 인정할 때에는 관계 자치단체에 대해 특별자치단체의 설치, 해산 또는 규약 변경을 권고할 수 있음
	지방의회	구성 자치단체의 의회의원으로 구성(구성 자치단체 의원이 겸함)
	집행기관	의회에서 선출하며, 구성 자치단체의 장이 특별자치단체장을 겸할 수 있음
	경비	구성 자치단체가 분담하며, 구성 자치단체는 경비에 대하여 특별회계를 설치하여 운영해야 함
	해산	구성 자치단체는 해당 지방의회의 의결을 거쳐 행안부장관의 승인을 받아 특별자치단체를 해산해야 함

2025 공무원 시험대비 【8월분】

- 제21회 -
[정답 및 해설]

이 름: _____

제1과목 국어
제2과목 영어
제3과목 한국사
제4과목 행정법총론
제5과목 행정학개론

매일 모의고사 정오표

합격까지 박문각

매일 모고 국어 제21회
정답 및 해설

亦功 국어
적중 혜선

01. ② ㉠ 음절의 끝소리 규칙의 교체, ㉡ 축약, 탈락, ㉢ 동화이다.
ⓐ: '좋고[조코], 많다[만타]'는 거센소리되기(자음 축약)에 해당하므로 ㉡이다.
ⓑ: '바깥[바깓], 부엌[부억]'은 음절의 끝소리가 각각 'ㄷ, ㄱ'으로 교체된 것이므로 ㉠에 해당한다.
ⓒ: '초+불, 나무+집'의 합성어 사이에서 각각 [초뿔/촏뿔], [나무찝/나묻찝]으로 발음된다. 이는 울림 소리와 안울림 소리에서 된소리되기가 일어나는 사잇소리 현상이다. 사잇소리 현상은 첨가에 해당한다. ㉠~㉢에 모두 해당하지 않는다.
ⓓ: '닫는[단는], 신라[실라]'는 각각 비음화와 유음화로 '동화' 현상이다. 동화 현상은 ㉢이다.

02. ② '숲속에서 토끼 한 마리가 포수에게 쫓긴다.'는 한 가지 뜻만 있다.
① '상철이만 모임에 안 갔다'는 '상철이만 모임에 가지 않았다'와 '상철이는 다른 사람과 함께 모임에 갔다' 두 가지로 해석될 수 있다. 부정 표현 '안'과 수량을 나타내는 부사 '다', '모두', '혼자'가 함께 쓰여 중의적인 의미를 가진다.
③ '그릇이 얼음이 전부 녹기 전에는 가열하지 마세요'와 '얼음이 전부 녹을 때까지 가열하면 안 돼요(일부만 녹도록 가열하세요.)'로 해석될 수 있다.
④ 수식 관계로 인한 중의성이 발생한다. '군사 기밀을 적에게 넘긴 소령의, 애인에 관한 이야기다.'와 '군사 기밀을 적에게 넘긴 소령의 애인에 관한 이야기다.'로 해석될 수 있다.

03. ① 주어진 조건을 기호화해서 나타내면 다음과 같다.

| 조건 1: 서울 |
| 조건 2: 포항 → ~서울 ≡ 서울 → ~포항 |
| 조건 3: (~대전 ∧ ~전주) → 포항 ≡ ~포항 → (대전 ∨ 전주) |
| 조건 4: 전주 → ~서울 ≡ 서울 → ~전주 |

조건 1	서울
조건 2 대우명제	서울 → ~포항
결론 1	~포항
조건 3 대우명제	~포항 → (대전 ∨ 전주)
결론 2	대전 ∨ 전주

조건 1	서울
조건 4 대우명제	서울 → ~전주
결론 3	~전주
결론 2	대전 ∨ 전주
결론 4	대전

조건 1과 결론 1, 3, 4에 의해 영수가 봉사활동을 갈 지역은 서울, 대전이다.

04. ④ ㉠ 과학자 ∧ 데이터 분석
㉡ 통계 이론 → ~데이터 분석 ≡ 데이터 분석 → ~통계 이론
㉢ 데이터 분석 → 통계 이론 ≡ ~통계 이론 → ~데이터 분석
㉣ ~(과학자 ∧ 통계 이론)
  ≡ ~(~과학자 ∨ 통계 이론)
  ≡ 과학자 ∧ ~통계 이론

㉯: ㉠에 의해 '과학자 ∧ 데이터 분석'과 ㉢에 의해 '데이터 분석 → 통계 이론'을 연결할 수 있다. 공통되는 '데이터 분석'이 전칭 명제의 주어에서 반복되므로 ㉠과 ㉢을 통해 '과학자 ∧ 통계 이론'를 도출할 수 있다. 따라서 ㉣ '과학자 ∧ ~통계 이론'은 참일 수 있음을 알 수 있다. 특칭 긍정이 참일 때, 특칭 부정이 참일 수 있기 때문이다.
㉰: ㉣에 의해 '과학자 ∧ ~통계 이론'과 ㉡의 대우명제에 의해 '~통계 이론 → ~데이터 분석'을 연결할 수 있다. 공통되는 '~통계 이론'이 전칭 명제의 주어에서 반복되므로 '과학자 ∧ ~데이터 분석'을 도출할 수 있다. 따라서 ㉠의 '과학자 ∧ 데이터 분석'은 참일 수 있음을 알 수 있다. 특칭 부정이 참일 때, 특칭 긍정이 참일 수 있기 때문이다.
㉮: ㉠에 의해 '과학자 ∧ 데이터 분석'과 ㉡의 대우 명제에 의해 '데이터 분석 → ~통계 이론'을 연결할 수 있다. 공통되는 '데이터 분석'이 전칭 명제의 주어에서 반복되므로 ㉠과 ㉡을 통해 '과학자 ∧ ~통계 이론'을 도출할 수 있다. 따라서 ㉠과 ㉡이 참일 경우 ㉯ '과학자 ∧ ~통계 이론'은 반드시 참이므로 ㉣이 참이 아닐 수 있다는 것은 적절하지 않다.

05. ③ ㉠의 '차다'는 '2「3」어떤 높이나 한도에 이르는 상태가 되다.'를 의미한다. 이와 가장 유사한 의미의 '차다'는 ③이다.
① 1 일정한 공간에 사람, 사물, 냄새 따위가 더 들어갈 수 없이 가득하게 되다.
② 2「1」감정이나 기운 따위가 가득하게 되다.
④ 3「1」정한 수량, 나이, 기간 따위가 다 되다.

06. ③ ㉠의 '찾다'는 '3「5」자신감, 명예, 긍지 따위를 회복하다.'를 의미한다. 이와 가장 유사한 의미의 '찾다'는 ③이다.
① 3「3」어떤 사람이나 기관 따위에 도움을 요청하다.
② 1「1」어떤 사람을 만나거나 어떤 곳을 보러 그와 관련된 장소로 옮겨 가다.
④ 1「2」모르는 것을 알아내고 밝혀내려고 애쓰다. 또는 그것을 알아내고 밝혀내다.

07. ② '집필하다'는 '어떤 내용을 책이나 논문 따위의 형식으로 쓰다.'를 의미한다. 따라서 '그릇된 일을 바르게 만들거나 잘못된 것을 올바르게 고치다.'를 의미하는 '바로잡다'는 ㉡과 바꿔 쓸 수 있는 유사한 표현으로 적절하지 않다. '원서, 계약서 등과 같은 서류 따위를 작성하거나 일정한 양식을 갖춘 글을 쓰는 작업을 하다.'를 의미하는 '쓰다'로 바꿔 쓸 수 있다.
① ㉠ '공헌하다'는 '힘을 써 이바지하다.'를 의미한다. 따라서 '도움이 되게 하다.'를 의미하는 '이바지하다'로 바꿔 쓸 수 있다.
③ ㉢ '치료하다'는 '병이나 상처 따위를 잘 다스려 낫게 하다.'를 의미한다. 따라서 '병 따위를 낫게 하다.'를 의미하는 '고치다'로 바꿔 쓸 수 있다.
④ ㉣ '회개하다'는 '잘못을 뉘우치고 고치다.'를 의미한다. 따라서 '스스로 제 잘못을 깨닫고 마음속으로 가책을 느끼다.'를 의미하는 '뉘우치다'로 바꿔 쓸 수 있다.

08. ① '움직이다'는 '어떤 목적을 가지고 활동하다. 또는 활동하게 하다.'를 의미한다. 따라서 '항공기가 이착륙하기

1

위하여 빨리 내닫다.'를 의미하는 '활주하다'는 ㉠과 바꿔 쓸 수 있는 유사한 표현으로 적절하지 않다. '어떤 일의 성과를 거두기 위하여 힘쓰다.'를 의미하는 '활동하다'로 바꿔 쓸 수 있다.
② ㉡ '피다'는 '꽃봉오리 따위가 벌어지다.'를 의미한다. 따라서 '꽃이 활짝 다 피다.'를 의미하는 '만개하다'로 바꿔 쓸 수 있다.
③ ㉢ '지나치다'는 '일정한 한도를 넘어 정도가 심하다.'를 의미한다. 따라서 '정도에 지나치다.'를 의미하는 '과도하다'로 바꿔 쓸 수 있다.
④ ㉣ '꾸미다'는 '거짓이나 없는 것을 사실인 것처럼 지어내다.'를 의미한다. 따라서 '사실이 아닌 것을 사실인 것처럼 거짓으로 꾸미다.'를 의미하는 '날조하다'로 바꿔 쓸 수 있다.

09. ① ㉠으로 시작하는 두 번째 문단의 내용은 아들러가 열등감을 극복하려는 노력을 인간을 발전하게 하는 원동력이라고 보았다는 것이다. '인간을 발전하게 하는 최대의 동기'라는 표현에서 아들러가 통념과는 달리 열등감의 긍정적 기능에 주목하고 있다는 것을 알 수 있다. 따라서 ㉠에는 두 번째 문단의 내용을 두괄식으로 제시하는 문장인 '그러나 열등감에 대한 일반적인 사람들의 인식과는 달리, 아들러는 열등감의 긍정적 기능에 주목하였다.'가 오는 것이 적절하다.
② ㉠의 뒷내용을 고려했을 때, ㉠에 열등감의 부정적 기능에 대한 내용이 들어가는 것은 적절하지 않다.
③ 아들러는 인간이 사회적 관계를 맺으면서 열등감을 느낀다고 보았으나, ㉠의 앞 또는 뒤에서 아들러가 사회적 관계와 열등감의 경중에 대해 논하는 내용은 언급되지 않았다.
④ 아들러는 인간이 열등감을 극복하는 과정에서 발전한다고 보았으나, 타인과 적극적으로 소통해야 한다는 것은 글의 내용과 관련이 없다.

10. ③ 뇌의 좌반구 측두엽은 베르니케 영역으로, 이 영역에 이상이 생기면 무의미한 말을 하고 다른 사람의 말을 이해할 수 없게 된다. 문법에 맞는 말을 구사하는 기능은 뇌의 좌반구 하측 전두엽 부분인 브로카 영역에서 담당한다. 3세 이전에 베르니케 영역이나 브로카 영역에 이상이 생긴다면 이들이 담당하는 기능을 우반구의 특정 영역에서 수행할 수 있게 되지만, 11세 이후에는 회복이 어렵다고 하였다. 또, 오른손잡이들은 뇌의 좌반구가 대부분의 언어 기능을 담당한다고 하였다. 그러므로 11세 이후에 베르니케 영역에 이상이 생긴 오른손잡이는 문법에 맞는 말을 구사하되, '무의미한 말을 하고 다른 사람들의 말을 이해할 수 없게' 될 것이다.
① 뇌의 좌반구 하측 전두엽 즉, 브로카 영역에 이상이 생긴다면 문법에 맞는 말을 구사할 수 없게 된다. 그러나 3세 이전에 브로카 영역에 이상이 생긴 아이라면 우반구의 특정 영역이 브로카 영역의 기능을 수행할 수 있도록 성장하여 문법에 맞는 말을 구사할 수도 있을 것이다.
② 뇌의 기능 분리론은 인간의 언어 중추가 좌반구에 존재한다는 주장이다. 그러나 왼손잡이는 언어 기능의 3분의 1 정도를 우반구에서 담당한다고 하였으므로, 뇌의 기능 분리론에 부합하지 않는다.
④ 뇌의 기능 분리론에 따르면 언어의 문법을 이해하는 기능은 뇌의 브로카 영역에서, 의미를 이해하는 기능은 뇌의 베르니케 영역에서 담당한다.

매일 모고 영어 제21회
정답 및 해설

01. ③ ★ scold 꾸짖다, 야단치다
● fascinate 마음을 사로잡다, 매혹[매료]하다
● preserve 지키다[보호하다], 보존[관리]하다
● consume 소모하다, 먹다, 마시다
[해석] 그녀는 아무에게도 알리지 않고 밤늦게 집에 들어와서 엄마에게 꾸중을 들었다.

02. ① ★ familiar 익숙한, 친숙한, 잘 알려진, 알고 있는
● ethical 윤리적인, 도덕에 관계된
● rapid 빠른, 신속한
● naked 벌거벗은
[해석] 몇 년 동안 그 도시에 살면서 그는 거리와 지름길에 익숙해졌다.

03. ③ ★ minor 작은, 가벼운
● vast 어마어마한[방대한/막대한]
● reluctant 꺼리는, 마지못한, 주저하는
● massive 거대한
[해석] 벽에 난 작은 금은 건물의 안정성에 큰 영향을 미치지 않는다.

04. ④ ★ accurate 정확한, 정밀한
● external 외부[겉/외면]의
● false 틀린, 사실이 아닌
● ambiguous 애매모호한
[해석] 정확한 측정값을 사용하는 것은 과학 실험의 성공에 매우 중요하다.

05. ① ★ sculpt 형상을 만들다, 조각하다
● fasten 매다, 고정시키다
● inhibit 억제하다, ~하지 못하게 하다
● lean 기울다, 기대다
[해석] 예술가는 대리석으로 정교하고 아름다운 조각상을 만들기 위해 몇 달간 정성을 들였다.

06. ① [해설]
문장의 주절 'found'가 과거 시제이므로, 종속절에서도 시제를 맞춰 조동사 could를 사용하는 것이 자연스럽다. 조동사 뒤에는 항상 동사원형이 와야 하므로 dispense가 맞고, '~없이 하다, 지내다'는 의미를 나타낼 때는 dispense with + 명사 형태로 써야 한다. 따라서 밑줄 친 부분에 가장 적절한 것은 ①이다.
[해석]
그녀는 설명이 너무 명확해서 과외 교사 없이도 공부할 수 있었다.

07. ③ [해설]
주장, 명령, 요구, 제안, 충고 동사의 that절의 동사는 '(should) 동사원형'으로 쓴다. 따라서 밑줄 친 부분인 being을 be로 고쳐야 한다.
[해석]
그 지역에서는 지속적인 분쟁으로 인해 몇 주째 긴장이 고조되고 있다. 민간인들은 집을 떠나야 했고, 국제적인 압박도 점점 커지고 있다. 유엔은 모든 군대의 철수를 요구해왔다. 이러한 즉각적인 조치는 인권 침해에 대한 세계적인 우려를 반영한다. 협상이 곧 시작될 것으로 예상되지만, 그 결과는 여전히 불확실하다.

08. ③ [해석]
A: 안녕하세요, 신용 카드를 분실해서 신고하려고 합니다.
B: 안타깝네요. 언제부터 없어진 것을 알았나요?
A: 오늘 아침에 없어진 것을 알게 됐어요.
B: 그 이후로 카드가 사용된 적 있나요?
A: 아니요, 카드는 사용되지 않았습니다.
B: 무단 사용을 막기 위해 바로 카드를 차단하겠습니다.
A: 감사합니다. 새 카드는 어떻게 발급받나요?
B: 여기서 신청하거나 온라인으로 신청할 수 있습니다. 보통 5~7 영업일이 걸립니다.
① 카드를 언제 잃어버리셨나요?
② 신용 카드를 누구한테 빌려주셨나요?
③ 그 이후로 카드가 사용된 적 있나요?
④ 카드 한도는 얼마인가요?

09. ④
이 글은 특정 색채(분홍색)가 사람의 심리에 미치는 영향을 다룬 심리학 실험과 그 실제 적용 사례(교도소 등)를 중심으로 전개된다. ①번, ②번, ③번 문장 모두 Schauss 박사의 색채 실험과 그 효과가 교도소에 적용된 과정을 설명하고 있다. 하지만 ④번 문장은 교도소 폭력의 원인을 일반적으로 설명하며, 색채 실험 및 적용이라는 핵심 주제와 연결되지 않아 앞뒤 문장의 흐름을 방해한다. 따라서 글의 흐름상 어색한 문장은 ④이다.
[해석]

> 1980년대에 미국의 일부 교도소들은 재소자들을 덜 폭력적이고 공격적으로 만들기 위해 감방 벽을 분홍색으로 칠했다. 이 아이디어는 심리학자 알렉산더 샤우스의 연구에서 비롯되었다. ① 샤우스는 죄수들의 힘과 공격성을 현저히 줄일 수 있는 특별한 분홍색 음영을 만들어냈다고 주장했다. ② 그는 분홍색 종이를 응시한 참가자들의 신체적 힘이 감소했다는 실험 결과도 제시했다. ③ 교도소 운영자들은 샤우스의 연구에 감명을 받아 그가 자신의 색상이 죄수들에게 미치는 영향을 시험해보도록 허락했다. (④ 교도소 내 폭력은 심각한 문제이며, 과밀 수용이 주요 원인 중 하나로 여겨진다.) 이 분홍색은 오늘날에도 교도소뿐만 아니라 병원과 정신병원에서도 사용되고 있다.

[어휘]
□ aggressive 공격적인
□ psychologist 심리학자
□ shade 색조, 색상의 미묘한 차이
□ participant 참가자
□ institution 시설

10. ③ [해설]
이 글은 역사 교육의 본질적 가치를 설명하고 있다. (C)는 역사가 현재에 미치는 영향을 인식하는 측면을 다루고, (A)는 그러한 인식이 비판적 사고력 함양으로 이어지는 과정을 제시한다. (B)는 이 비판적 사고력이 시민의 사회 참여로 확장되는 결과를 보여준다. 글의 구조는 '배경 이해(C) → 사고력 강화(A) → 시민 참여 확대(B)'의 흐름이 가장 자연스럽고 논리적이다. 따라서 글의 순서로 가장 적절한 것은 ③이다.
[해석]

역사를 이해하는 것은 단순히 날짜와 사건을 외우는 것 이상이며, 개인이 정체성과 관점을 발전시키는 데 도움을 준다.

(C) 역사를 공부함으로써 사람들은 과거의 결정, 운동, 갈등이 현재의 사회와 국제 관계를 어떻게 형성했는지를 인식할 수 있다.

(A) 게다가 이러한 이해는 개인이 자료의 출처를 의심하고, 편견을 분석하며, 결과를 평가하도록 독려함으로써 비판적 사고를 촉진한다.

(B) 그 결과, 역사 인식은 시민의 책임감을 심화시킬 뿐만 아니라, 시민들이 현재의 사회적·정치적 논쟁에 더 사려 깊게 참여할 수 있도록 준비시킨다.

[어휘]
- identity 정체성
- perspective 관점
- bias 편견
- consequence 결과
- responsibility 책임
- engage in ~에 참여하다
- thoughtfully 사려 깊게

매일 모고 한국사 제21회
정답 및 해설

01. ④ 지눌이 설파한 돈오점수에 대한 내용이다. 지눌은 무신 정권의 후원과 본인의 노력으로 선교일치사상을 완성하였다.
① 의천, ② 의상, ③ 요세이다.

02. ④ 유학을 공부하여 과거에 합격하였으나, 지눌의 제자로 들어가 수선사를 계승한 인물은 혜심이다. 혜심은 유불일치설을 주장하여 이후 성리학이 별다른 저항 없이 들어오는 원인을 제공하였다.
① 요세, ②, ③ 의상이다.

03. ② 송나라에 유학을 다녀왔고, 귀국 후 교장도감을 설치한 승려는 대각국사 의천이다. 의천은 주전도감의 설치를 건의하여 화폐의 사용을 장려하였다.
① 혜심, ③ 원효와 의상, ④ 의상이다.

04. ③ (가)는 무신정권기에 활약한 요세, (나)는 고려 중기에 활약한 최충, (다)는 원 간섭기에 성리학을 도입한 안향, (라)는 공민왕 때 활약한 보우이다.

05. ④ (가)는 서경덕, (나)는 이황이다. 이황의 성리학은 일본에 많은 영향을 끼쳤다.
① 이이, 유성룡, ② 정제두 등, ③ 이이, 성혼 등에 해당하는 설명이다.

06. ④ "사단은 이가 발함에"라는 표현에 주목하자, 공무원 한국사 수준에서 "이가 발(운동)한다"라는 것을 주장하는 표현이 나오면 무조건 이황이다.
ㄴ, ㄹ은 이황, ㄱ, ㄷ은 이이의 주장이다.

07. ① ㄱ은 이이의 <성학집요>, ㄴ은 성리학의 상대화를 추구한 윤휴의 주장, ㄷ은 강화학파를 이끈 정제두의 주장이다.

08. ② ② 자료에서 '사회주의 운동자들', '대대적 소요', '국장', 등의 내용을 통해 1926년에 발생한 6·10 만세 운동임을 알 수 있다. 이 운동을 통해 학생들이 민족운동의 주체로 부상하게 되었다.
① 고종의 장례일에 발생된 것은 3·1 운동이다.
③ 신간회는 1929년에 광주 학생 운동이 일어나자 광주에 조사단을 파견한 뒤, 민중 대회를 개최하였다. 그러므로 신간회의 지원을 받은 운동은 광주 학생 항일 운동이다.
④ 일제시대에 경제적 실력 양성 운동의 일환으로 일어난 운동은 1922년의 물산장려운동이다.

09. ③ 사료는 박지원이 주장한 한전론에 대한 글이다. 박지원은 토지 소유의 상한선을 설정하여 지주제를 점진적으로 개혁할 것을 주장하였다. 박지원은 청의 사신으로 다녀와 열하일기를 저술하였으며, 농서로 과농소초를 저술하였다.
① 유형원, ② 이익, ④ 정약용의 저서이다.

10. ① 이수광은 실학의 선구자로 일종의 백과사전인 지봉유설을 저술하였다. 목민심서는 정약용, 열하일기는 박지원, 의산문답은 홍대용의 저서이다.

매일 모고 행정법 제21회
정답 및 해설

합격까지 박문각
광야에서 합격까지
행정법 강성빈

01. ② 법률유보의 원칙은 '법률에 의한' 규율만을 뜻하는 것이 아니라 '법률에 근거한' 규율을 요청하는 것이므로 기본권 제한의 형식이 반드시 법률의 형식일 필요는 없고 법률에 근거를 두면서 헌법 제75조가 요구하는 위임의 구체성과 명확성을 구비하기만 하면 위임입법에 의하여도 기본권 제한을 할 수 있다 할 것이다. 헌법재판소 2005. 2. 24. 선고 2003헌마289 결정
① 행정기본법 제8조

> **행정기본법 제8조(법치행정의 원칙)**
> 행정작용은 법률에 위반되어서는 아니 되며, 국민의 권리를 제한하거나 의무를 부과하는 경우와 그 밖에 국민생활에 중요한 영향을 미치는 경우에는 법률에 근거하여야 한다.

③ 오늘날 법률유보원칙은 단순히 행정작용이 법률에 근거를 두기만 하면 충분한 것이 아니라, 국가공동체와 그 구성원에게 기본적이고도 중요한 의미를 갖는 영역, 특히 국민의 기본권실현과 관련된 영역에 있어서는 국민의 대표자인 입법자가 그 본질적 사항에 대해서 스스로 결정하여야 한다는 요구까지 내포하고 있다(의회유보원칙). 헌법재판소 1999. 5. 27. 선고 98헌바70 결정
④ 지방의회의원에 대하여 유급보좌인력을 두는 것은 지방의회의원의 신분·지위 및 그 처우에 관한 현행 법령상의 제도에 중대한 변경을 초래하는 것으로서, 이는 개별 지방의회의 조례로써 규정할 사항이 아니라 국회의 법률로써 규정하여야 할 입법사항이다. 대법원 2013. 1. 16. 선고 2012추84 판결

02. ② 일반적으로 보조금 교부결정에 관해서는 행정청에게 광범위한 재량이 부여되어 있고, 행정청은 보조금 교부결정을 할 때 법령과 예산에서 정하는 보조금의 교부 목적을 달성 하는 데에 필요한 조건을 붙일 수 있다. 대법원 2021. 2. 4. 선고 2020두48772 판결
① 행정처분과 부관 사이에 실제적 관련성이 있다고 볼 수 없는 경우 공무원이 위와 같은 공법상의 제한을 회피할 목적으로 행정처분의 상대방과 사이에 사법상 계약을 체결하는 형식을 취하였다면 이는 법치행정의 원리에 반하는 것으로서 위법하다. 대법원 2009. 12. 10. 선고 2007다63966 판결
③ 도로점용허가의 점용기간은 행정행위의 본질적인 요소에 해당한다고 볼 것이어서 부관인 점용기간을 정함에 있어서 위법사유가 있다면 이로써 도로점용허가 처분 전부가 위법하게 된다. 대법원 1985. 7. 9. 선고 84누604 판결
④ 지방국토관리청장이 일부 공유수면매립지에 대하여 한 국가 또는 직할시 귀속처분은 매립준공인가를 함에 있어서 매립의 면허를 받은 자의 매립지에 대한 소유권취득을 규정한 공유수면매립법 제14조의 효과 일부를 배제하는 부관(주: 법률효과의 일부배제)을 붙인 것이고, 이러한 행정행위의 부관은 위 법리와 같이 독립하여 행정소송 대상이 될 수 없다. 대법원 1993. 10. 8. 선고 93누2032 판결

03. ④ 선행처분인 업무정지처분은 일정 기간 중개업무를 하지 못하도록 하는 처분인 반면, 후행처분인 이 사건 처분은 위와 같은 업무정지처분에 따른 업무정지기간 중에 중개업무를 하였다는 별개의 처분사유를 근거로 중개사무소의 개설등록을 취소하는 처분이다. 비록 이 사건 처분이 업무정지처분을 전제로 하지만, 양 처분은 그 내용과 효과를 달리하는 독립된 행정처분으로서, 서로 결합하여 1개의 법률효과를 완성하는 때에 해당한다고 볼 수 없다. 대법원 2019. 1. 31. 선고 2017두40372 판결
① 구 경찰공무원법 제50조 제1항에 의한 직위해제처분과 같은 제3항에 의한 면직처분은 후자가 전자의 처분을 전제로 한 것이기는 하나 각각 단계적으로 별개의 법률효과를 발생하는 행정처분이어서 선행 직위해제처분의 위법사유가 면직처분에는 승계되지 아니한다 할 것이므로 선행된 직위해제 처분의 위법사유를 들어 면직처분의 효력을 다툴 수는 없다. 대법원 1984. 9. 11. 선고 84누191 판결
② 표준지로 선정된 토지의 공시지가에 대하여 불복하기 위하여는 지가공시및토지등의평가에관한법률 제8조 제1항 소정의 이의절차를 거쳐 처분청을 상대로 그 공시지가결정의 취소를 구하는 행정소송을 제기하여야 하는 것이지, 그러한 절차를 밟지 아니한 채 개별토지가격 결정을 다투는 소송에서 그 개별토지가격 산정의 기초가 된 표준지 공시지가의 위법성을 다룰 수는 없다(주: 하자의 승계가 인정되지 않음). 대법원 1996. 12. 6. 선고 96누1832 판결
③ 도시·군계획시설결정과 실시계획인가는 도시·군계획시설사업을 위하여 이루어지는 단계적 행정절차에서 별도의 요건과 절차에 따라 별개의 법률효과를 발생시키는 독립적인 행정처분이다. 그러므로 선행처분인 도시·군계획시설결정에 하자가 있더라도 그것이 당연무효가 아닌 한 원칙적으로 후행처분인 실시계획인가에 승계되지 않는다. 대법원 2017. 7. 18. 선고 2016두49938 판결

04. ③ (국무회의에서 건국훈장 독립장이 수여된 망인에 대한 서훈취소를 의결하고 대통령이 결재함으로써 서훈취소가 결정된 후 국가보훈처장이 망인의 유족 甲에게 '독립유공자 서훈취소결정 통보'를 하자 甲이 국가보훈처장을 상대로 서훈취소결정의 무효 확인 등의 소를 제기한 사안에서) 甲이 서훈취소 처분을 행한 행정청(대통령)이 아니라 국가보훈처장을 상대로 제기한 위 소는 피고를 잘못 지정한 경우에 해당한다. 대법원 2014. 9. 26. 선고 2013두2518 판결
① 항고소송은 원칙적으로 소송의 대상인 행정처분 등을 외부적으로 그의 명의로 행한 행정청을 피고로 하여야 하는 것으로서, 그 행정처분을 하게 된 연유가 상급행정청이나 타행정청의 지시나 통보에 의한 것이라 하여 다르지 않고, 권한의 위임이나 위탁을 받아 수임행정청이 자신의 명의로 한 처분에 관하여도 마찬가지이다. 대법원 2013. 2. 28. 선고 2012두22904 판결
② 대리권을 수여받은 데 불과하여 그 자신의 명의로는 행정처분을 할 권한이 없는 행정청의 경우 대리관계를 밝힘이 없이 그 자신의 명의로 행정처분을 하였다면 그에 대하여는 처분명의자인 당해 행정청이 항고소송의 피고가 되어야 하는 것이 원칙이다. 대법원 2006. 2. 23.자 2005부4 결정
④ 행정소송법 제39조는, "당사자소송은 국가·공공단체 그 밖의 권리주체를 피고로 한다."라고 규정하고 있다. 이것은 당사자소송의 경우 항고소송과 달리 '행정청'이 아닌 '권리주체'에게 피고적격이 있음을 규정하는 것일 뿐, 피고적격이 인정되는 권리주체를 행정주체로 한정한

다는 취지가 아니므로, 이 규정을 들어 사인을 피고로 하는 당사자소송을 제기할 수 없다고 볼 것은 아니다. 대법원 2019. 9. 9. 선고 2016다262550 판결

05. ④ '처분 등이나 그 집행 또는 절차의 속행으로 인한 손해발생의 우려' 등 적극적 요건에 관한 주장·소명 책임은 원칙적으로 신청인 측에 있으며, 이러한 요건을 결여하였다는 이유로 효력정지 신청을 기각한 결정에 대하여 행정처분 자체의 적법 여부를 가지고 불복사유로 삼을 수 없다. 대법원 2011. 4. 21.자 2010무111 전원합의체 결정
① 행정소송법 제23조

> 행정소송법 제23조(집행정지)
> ② 취소소송이 제기된 경우에 처분등이나 그 집행 또는 절차의 속행으로 인하여 생길 회복하기 어려운 손해를 예방하기 위하여 긴급한 필요가 있다고 인정할 때에는 본안이 계속되고 있는 법원은 당사자의 신청 또는 직권에 의하여 처분등의 효력이나 그 집행 또는 절차의 속행의 전부 또는 일부의 정지를 결정할 수 있다.

② 행정소송법 제23조 제2항에 정하고 있는 행정처분 등의 집행정지 요건인 '회복하기 어려운 손해'라 함은 특별한 사정이 없는 한 금전으로 보상할 수 없는 손해로서 이는 금전보상이 불능인 경우 내지는 금전보상으로는 사회관념상 행정처분을 받은 당사자가 참고 견딜 수 없거나 또는 참고 견디기가 현저히 곤란한 경우의 유형, 무형의 손해를 일컫는다. 대법원 2003. 10. 9.자 2003무23 결정
③ 행정소송법 제23조에 의한 집행정지결정의 효력은 결정주문에서 정한 시기까지 존속하며 그 시기의 도래와 동시에 효력이 당연히 소멸하는 것이다. 대법원 1999. 2. 23. 선고 98두14471 판결

06. ③ (부작위위법확인판결이 있은 후) 피신청인이 신청인을 승진임용하는 처분을 하는 경우는 물론이고, 승진임용을 거부하는 처분을 하는 경우에도 위 확정판결의 취지에 따른 처분을 하였다고 볼 것이다. 그런데 위 확정판결이 있은 후에 피신청인은 신청인의 승진임용을 거부하는 처분을 하였다. 따라서 결국 신청인의 이 사건 간접강제신청은 그에 필요한 요건을 갖추지 못하였다는 것이다. 대법원 2010. 2. 5.자 2009무153 결정
① 영업의 금지를 명한 영업허가취소처분 자체가 나중에 행정쟁송절차에 의하여 취소되었다면 그 영업허가취소처분은 그 처분시에 소급하여 효력을 잃게 되며, 그 영업허가취소처분에 복종할 의무가 원래부터 없었음이 확정되었다고 봄이 타당하고, 영업허가취소처분이 장래에 향하여서만 효력을 잃게 된다고 볼 것은 아니므로 그 영업허가취소처분 이후의 영업행위를 무허가영업이라고 볼 수는 없다. 대법원 1993. 6. 25. 선고 93도277 판결
② 행정소송법 제30조

> 행정소송법 제30조(취소판결등의 기속력)
> ① 처분등을 취소하는 확정판결은 그 사건에 관하여 당사자인 행정청과 그 밖의 관계행정청을 기속한다.

④ 거부처분에 대한 취소의 확정판결이 있음에도 행정청이 아무런 재처분을 하지 아니하거나, 재처분을 하였다 하더라도 그것이 종전 거부처분에 대한 취소의 확정판결의 기속력에 반하는 등으로 당연무효라면 이는 아무런 재처분을 하지 아니한 때와 마찬가지라 할 것이므로 이러한 경우에는 행정소송법 제30조 제2항, 제34조 제1항 등에 의한 간접강제신청에 필요한 요건을 갖춘 것으로 보아야 한다. 대법원 2002. 12. 11.자 2002무22 결정

07. ① 구 국유재산법에 의한 변상금 부과·징수권은 민사상 부당이득반환청구권과 법적 성질을 달리하므로, 국가는 무단점유자를 상대로 변상금 부과·징수권의 행사와 별도로 국유재산의 소유자로서 민사상 부당이득반환청구의 소를 제기할 수 있다. 대법원 2014. 7. 16. 선고 2011다76402 전원합의체 판결
② 공법인인 대한주택공사가 법령에 의하여 대집행권한을 위탁받아 공무인 대집행을 실시하기 위하여 지출한 비용을 행정대집행법 절차에 따라 징수할 수 있음에도 민사소송절차에 의하여 그 비용의 상환을 청구한 경우, 그 청구는 소의 이익이 없어 부적법하다. 대법원 2011. 9. 8. 선고 2010다48240 판결
③ 행정대집행법 제6조

> 행정대집행법 제6조(비용징수)
> ② 대집행에 요한 비용에 대하여서는 행정청은 사무비의 소속에 따라 국세에 다음가는 순위의 선취득권을 가진다.

④ 행정기본법 제33조

> 행정기본법 제33조(즉시강제)
> ① 즉시강제는 다른 수단으로는 행정목적을 달성할 수 없는 경우에만 허용되며, 이 경우에도 최소한으로만 실시하여야 한다.

08. ① 처분이나 민원의 처리기간을 정하는 것은 신청에 따른 사무를 가능한 한 조속히 처리하도록 하기 위한 것이다. 처리기간에 관한 규정은 훈시규정에 불과할 뿐 강행규정이라고 볼 수 없다. 행정청이 처리기간이 지나 처분을 하였더라도 이를 처분을 취소할 절차상 하자로 볼 수 없다. 민원처리법 시행령 제23조에 따른 민원처리진행상황 통지도 민원인의 편의를 위한 부가적인 제도일 뿐, 그 통지를 하지 않았더라도 이를 처분을 취소할 절차상 하자로 볼 수 없다. 대법원 2019. 12. 13. 선고 2018두41907 판결
② 행정청이 당사자와 사이에 도시계획사업의 시행과 관련한 협약을 체결하면서 관계 법령 및 행정절차법에 규정된 청문의 실시 등 의견청취절차를 배제하는 조항을 두었다고 하더라도, (중략) 이러한 협약이 체결되었다고 하여 청문의 실시에 관한 규정의 적용이 배제된다거나 청문을 실시하지 않아도 되는 예외적인 경우에 해당한다고 할 수 없다. 대법원 2004. 7. 8. 선고 2002두8350 판결
③ 행정절차법 시행령 제2조 제8호는 '학교·연수원 등에서 교육·훈련의 목적을 달성하기 위하여 학생·연수생들을 대상으로 하는 사항'을 행정절차법의 적용이 제외되는 경우로 규정하고 있으나, 이는 교육과정과 내용의 구체적 결정, 과제의 부과, 성적의 평가, 공식적 징계에 이르지 아니한 질책·훈계 등과 같이 교육·훈련의 목적을 직접 달성하기 위하여 행하는 사항을 말하는 것으로 보아야 하고, 생도에 대한 퇴학처분과 같이 신분을 박탈하는 징계처분은 여기에 해당한다고 볼 수 없다. 대법원 2018. 3. 13. 선고 2016두33339 판결
④ 육군3사관학교의 사관생도에 대한 징계절차에서 징계심의대상자가 대리인으로 선임한 변호사가 징계위원회 심의에 출석하여 진술하려고 하였음에도, 징계권자나 그 소속 직원이 변호사가 징계위원회의 심의에 출석하는 것을 막았다면 징계위원회 심의·의결의 절차적 정당성이 상실되어 그 징계의결에 따른 징계처분은 위법하여 원칙적으로 취소되어야 한다. 대법원 2018. 3. 13. 선고 2016두33339 판결

09. ④ 다른 법령에 따라 지급받은 급여와의 조정에 관한 조항을 두고 있지 아니한 보훈보상대상자 지원에 관한 법률과 달리, 군인연금법 제41조 제1항은 "다른 법령에 따라

국가나 지방자치단체의 부담으로 이 법에 따른 급여와 같은 종류의 급여를 받은 사람에게는 그 급여금에 상당하는 금액에 대하여는 이 법에 따른 급여를 지급하지 아니한다."라고 명시적으로 규정하고 있다. 나아가 군인연금법이 정하고 있는 급여 중 사망보상금(군인연금법 제31조)은 일실손해의 보전을 위한 것으로 불법행위로 인한 소극적 손해배상과 같은 종류의 급여라고 봄이 타당하다. 따라서 피고에게 군인연금법 제41조 제1항에 따라 원고가 받은 손해배상금 상당 금액에 대하여는 사망보상금을 지급할 의무가 존재하지 아니한다(군복무 중 사망한 망인의 유족이 국가배상을 받은 경우, 피고는 사망보상금에서 소극적 손해배상금 상당액을 공제할 수 있는 것으로 본 사례). 대법원 2018. 7. 20. 선고 2018두36691 판결

① 국가배상법 제2조 제1항의 '직무를 집행함에 당하여'라 함은 직접 공무원의 직무집행행위이거나 그와 밀접한 관련이 있는 행위를 포함하고, 이를 판단함에 있어서는 행위 자체의 외관을 객관적으로 관찰하여 공무원의 직무행위로 보여질 때에는 비록 그것이 실질적으로 직무행위가 아니거나 또는 행위자로서는 주관적으로 공무집행의 의사가 없었다고 하더라도 그 행위는 공무원이 '직무를 집행함에 당하여' 한 것으로 보아야 한다. 대법원 2005. 1. 14. 선고 2004다26805 판결

② 국가배상책임은 공무원의 직무집행이 법령에 위반한 것임을 요건으로 하는 것으로서, 공무원의 직무집행이 법령이 정한 요건과 절차에 따라 이루어진 것이라면 특별한 사정이 없는 한 이는 법령에 적합한 것이고 그 과정에서 개인의 권리가 침해되는 일이 생긴다고 하여 그 법령적합성이 곧바로 부정되는 것은 아니다. 대법원 2000. 11. 10. 선고 2000다26807 판결

③ 상호보증은 외국의 법령, 판례 및 관례 등에 의하여 승인요건을 비교하여 인정되면 충분하고 반드시 당사국과 조약이 체결되어 있을 필요는 없으며, 해당 외국에서 구체적으로 우리나라의 같은 종류의 판결을 승인한 사례가 없다고 하더라도 실제로 승인할 것이라고 기대할 수 있을 정도이면 충분하다. 대법원 2017. 5. 30. 선고 2012다23832 판결

10. ② 구 '공익사업을 위한 토지 등의 취득 및 보상에 관한 법률' 제74조 제1항에 규정되어 있는 잔여지 수용청구권은 손실보상의 일환으로 토지소유자에게 부여되는 권리로서 그 요건을 구비한 때에는 잔여지를 수용하는 토지수용위원회의 재결이 없더라도 그 청구에 의하여 수용의 효과가 발생하는 형성권적 성질을 가지므로, 잔여지 수용청구를 받아들이지 않은 토지수용위원회의 재결에 대하여 토지소유자가 불복하여 제기하는 소송은 위 법 제85조 제2항에 규정되어 있는 '보상금의 증감에 관한 소송'에 해당하여 사업시행자를 피고로 하여야 한다. 대법원 2010. 8. 19. 선고 2008두822 판결

① 토지보상법 제74조

> **토지보상법 제74조(잔여지 등의 매수 및 수용 청구)**
> ① 동일한 소유자에게 속하는 일단의 토지의 일부가 협의에 의하여 매수되거나 수용됨으로 인하여 잔여지를 종래의 목적에 사용하는 것이 현저히 곤란할 때에는 해당 토지소유자는 사업시행자에게 잔여지를 매수하여 줄 것을 청구할 수 있으며, 사업인정 이후에는 관할 토지수용위원회에 수용을 청구할 수 있다. 이 경우 수용의 청구는 매수에 관한 협의가 성립되지 아니한 경우에만 할 수 있으며, 사업완료일까지 하여야 한다.

③ 토지보상법 제23조

> **토지보상법 제23조(사업인정의 실효)**
> ① 사업시행자가 제22조제1항에 따른 사업인정의 고시가 된 날부터 1년 이내에 제28조제1항에 따른 재결신청을 하지 아니한 경우에는 사업인정고시가 된 날부터 1년이 되는 날의 다음 날에 사업인정은 그 효력을 상실한다.

④ 이주대책의 실시 여부는 입법자의 입법정책적 재량의 영역에 속하므로 공익사업을 위한 토지 등의 취득 및 보상에 관한 법률 시행령 제40조 제3항 제3호가 이주대책의 대상자에서 세입자를 제외하고 있는 것이 세입자의 재산권을 침해하는 것이라 볼 수 없다. 헌법재판소 2006. 2. 23. 선고 2004헌마19 결정

매일 모고 행정학 제21회
정답 및 해설

01. ④ 공공재는 생산과 소비가 동시에 이루어지기 때문에 비축적성을 띤다. 또한 공공재는 눈에 보이지 않는 무형성을 띤다(예: 치안서비스[범죄억지력], 국방서비스[전쟁억지력] 등).

<<핵심정리>> 공공재

개념	비배제성과 비경합성을 지닌 서비스
예	국방, 외교, 치안, 소방, 보편적 복지, 무료TV방송, 등대 등
성격	① 집합생산·집합소비(공동생산·공동소비) ② 비분리성, ③ 등량소비성, ④ 선호표출 메커니즘의 결여(무임승차) ⑤ 비시장성, ⑥ 무형성, ⑦ 비축적성, ⑧ 외부성 등
정부역할	시장에 맡겨 둘 경우 무임승차자의 발생으로 인해 항상 과소공급과 과다소비의 쟁점을 야기하므로 원칙적으로 정부가 보편적 서비스로 제공

02. ③ 대리인이론은 대리인 문제를 극복하기 위해 대리인의 정보를 제공하거나 대리인을 유인할 수 있는 제도 장치 마련을 강조한다.

<<핵심정리>> 대리인이론(Agency Theory)

의의	한 사람(주인)이 다른 사람(대리인)으로 하여금 자신의 이익과 관련된 행위를 그의 재량으로 해줄 것을 내용으로 하는 계약이 있을 때 이들 간의 관계를 분석하는 이론
가정	• 인간 : 자기이익을 추구하는 합리적 경제인 • 정보 : 비대칭적 정보(불완전한 정보, 정보의 편재) • 관계 : 대리인의 기회주의적 행태로 주인과 대리인 간의 이해 상충
대리 손실	• 역선택 : 대리인의 감추어진 특성으로 인해 주인의 잘못된 선택이 발생하는 상황 • 도덕적 해이 : 대리인의 감추어진 행동으로 주인의 손실이 발생하는 상황
대리 손실 해소 방안	정보 불균형 해소: 정보공개법 및 행정절차법의 내실화, 내부고발자보호제도, 행정 및 재정정보 공표제도, 정책실명제, 전자정부의 구현, 공청회·청문회 등
	유인설계 장치의 마련: 성과급제, 신성과주의 예산, 직무성과계약제 등을 통한 성과관리
	효과적인 외부 통제장치 마련: 주민소환제, 주민소송제, 국민(주민)감사청구제, 불법재정지출에 대한 국민(주민)감시제 등 외부통제장치 마련
한계	• 비경제적 요인에 대한 불고려 • 청지기 이론에 의한 비판 : 이기적 인간모형에 대한 비판

03. ④ 「행정규제기본법」에 의하면 규제개혁위원회는 위원장 2명을 포함한 20명 이상 25명 이하의 위원으로 구성된다.

<<핵심정리>> 규제개혁위원회

설치	정부의 규제정책을 심의·조정하고 규제의 심사·정비 등을 종합적으로 추진하기 위해 대통령 소속으로 규제개혁위원회를 둠
구성	위원장 2명(국무총리와 대통령이 위촉한 자)을 포함한 20명 이상 25인 이하의 위원으로 구성

04. ② 설문은 배분정책에 대한 것이다. 배분정책은 정부가 공공재원을 통해 특정 개인, 조직, 지역사회에 권리나 이익 또는 재화나 서비스 등의 가치를 배분해주는 정책을 말한다. 배분정책은 비용부담자와 편익자가 모두 불특정 다수이기 때문에 승자와 패자 간 정면대결을 벌일 필요가 없어 비영합게임(non zero-sum)이 발생한다. 배분정책은 하나의 정책이 여러 하위단위로 구분되고 각각의 하위단위의 세부사업이 독자적으로 처리된다.

05. ④ 하향적 접근방법은 결정된대로 집행되기 위한 방법을 찾는 연구방법으로 정책결정자가 집행과정에서 발생하는 모든 것에 결정적인 영향력을 행사할 수 있고 그렇게 해야만 한다고 본다.

06. ③ 교통·통신의 발달은 의사결정에 필요한 정보를 집중시켜 집권화를 촉진한다.

07. ① 관료제의 병리현상 중 과잉동조란 목표달성을 위해 마련된 규정이나 절차에 집착함으로써 결국 수단이 목표를 압도해버리는 현상을 말한다. ②는 훈련된 무능을, ③은 변동에의 저항을, ④는 부처할거주의(국지주의)를 의미한다.

<<핵심정리>> 관료제의 병리현상

훈련된(전문화된) 무능	관료들이 한 가지 기술에 대해서만 훈련받고 기존 규칙을 준수하도록 길들여져 타 분야에 대한 이해가 부족하고 새로운 조건에 적응하지 못하는 현상
할거주의(국지주의, 분파주의)	전문성으로 인한 분업구조로 인해 관료가 자신이 소속한 부서의 이익만 고려하고 타 부서에 대해 배려하지 않는 편협한 태도를 취하는 경향
피터(Peter)의 원리	계층제로 인하여 관료들이 무능력의 수준까지 승진하는 현상(관료를 무능화시키는 승진제도)
권력구조의 이원화	상사의 직위에 근거한 권한과 부하의 전문성에 근거한 권한의 충돌 현상
인간적 발전의 저해	집권적·권위적 통제, 법규우선주의, 비사인적 역할관계 등으로 조직원의 사회적 욕구 충족 및 성장이 저해되고 피동적 존재로 전락되는 현상
과잉동조(목표대치)	조직원들이 조직의 실질적인 목표보다 목표달성 수단으로 제정된 규칙과 법규에 집착하는 행태(Merton)
번문욕례(red tape)와 형식주의	불필요하거나 번거로운 문서처리(red tape)로 인해 번거롭고 까다로운 규칙이나 절차를 지나치게 강조(형식주의)하여 국민의 불편 가중
변동에의 저항	관료들이 규칙과 선례에 집착하는 등 보수적·현상유지적 성향을 지녀 변화에 둔감하고 변동과 쇄신에 대하여 저항하는 행태
무사안일주의	관료들이 적극성이나 창의성을 발휘하지 못하고 선례만을 따르거나 상관의 지시에 무조건 영합하여 자리만 보존하려는 소극

	적인 행태
권위주의	권한과 능력의 괴리, 상위직으로 갈수록 모호해지는 업적평가기준, 법규우선주의로 인해 위계질서와 지배·복종의 관계를 중시하는 현상
관료제국주의 (제국건설)	스스로를 항구화하려는 자기보존 및 권한행사의 영역을 계속 확장하려는 현상
마일(Mile)의 법칙	관료들이 편협한 안목으로 직접적인 고객의 특수이익에 묶여 전체이익을 망각하는 현상(관료가 자신이 속한 조직·지위·신분을 대변하는 현상)

08. ④ 대표관료제는 사회를 구성하는 모든 주요 집단(인종·종교·성별·직업·신분·계층·지역 등)으로부터 한 나라의 인구 전체 안에서 차지하는 비율에 따라 관료를 충원하여 정부 관료제가 그 사회의 모든 계층과 집단에 공평하게 대응하도록 하는 제도이다. 대표관료제는 실질적인 기회균등을 보장함으로써 행정의 형평성을 제고할 수 있으나, 개인의 능력과 실적을 부차적인 기준으로 삼기 때문에 실적주의를 훼손하고 행정의 전문성과 생산성을 저해할 수 있다.

09. ① 예산 단일의 원칙은 예산장부는 하나여야 한다는 원칙이며, 특정한 세입을 특정한 세출로 연계해서는 안 된다는 원칙은 예산 통일의 원칙이다.

《《핵심정리》》 전통적 예산원칙

사전의결의 원칙	개념	예산은 행정부가 집행하기 이전에 입법부에 의해 먼저 심의·의결되어야 한다는 원칙(절차성의 원칙)
	예외	준예산, 사고이월, 전용, 이체, 예비비, 긴급재정경제명령·처분, 단체장의 선결처분 등
엄밀성의 원칙	개념	예산과 결산은 되도록 일치되어야 한다는 원칙(정확성의 원칙)
	예외	예산의 신축성 확보 장치들
완전성의 원칙 (예산총계주의)	개념	예산에 모든 세입과 세출이 명시적으로 나열되어 빠짐없이 계상되어야 한다는 원칙(포괄성의 원칙)
	예외	순계예산, 기금, 수입대체경비, 국가의 현물출자, 전대(轉貸)차관 등
공개성의 원칙	개념	예산과 결산은 국민에게 공개되어야 한다는 원칙
	예외	우리나라 일부 국방비·외교활동비·정보비, 신임예산 등
단일성의 원칙	개념	예산은 하나의 장부에 전부 기록되어야 한다는 원칙
	예외	특별회계, 기금, 추가경정예산 등
명확(료)성의 원칙	개념	예산은 예산구조와 과목이 단순하고 명확하여 국민과 국회가 이해하기 쉬워야 한다는 원칙(예산공개의 전제조건)
	예외	총액계상예산(총괄예산), 안전보장 관련 예비비 등
통일성의 원칙	개념	예산은 특정세입을 특정세출에 연계하면 안 된다는 원칙(정부의 모든 수입은 국고로 편입되고 여기에서 지출되어야 한다는 원칙 - 국고통일의 원칙·비영향의 원칙·수입금 직접사용 금지의 원칙)
	예외	특별회계, 기금, 수입대체경비, 수익금마련지출제도, 목적세(국세 - 교육세, 농어촌특별세, 교통·에너지·환경세/지방세 - 지역자원시설세, 지방교육세) 등

10. ① 행정협의회, 지방자치단체조합, 시·도지사협의체는 지방자치단체 간 갈등을 해결하는 수평적 조정기구이지만, 행정협의조정위원회는 중앙정부와 지방자치단체 간 갈등을 해결하는 수직적 조정기구이다.